초연결 시대 기독교교육의 핵심 가치

한미라 교수 논문 컬렉션

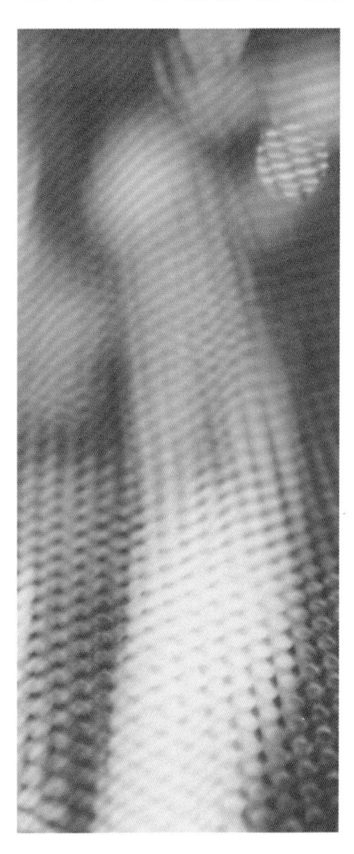

한미라 교수 근영

권 두 언

한미라 교수님의 정년을 기념하며

이 책은 한국 기독교교육학의 대표적 학자인 한미라 박사님의 정년을 기념하여 한국기독교교육정보학회가 두 번째로 발간하는 논문 컬렉션이다. 책의 제목은 제4차 산업혁명에 진입한 이 시대, 한국기독교교육정보학회가 나아가야 할 방향을 제시해줄 수 있는 '초연결 시대 기독교교육의 핵심 가치'이다. 여기서의 핵심 가치는, 2018년 한미라 교수가 『기독교교육정보』 학술지를 한국연구재단의 등재학술지로서 위상을 유지하려는 목적으로 학회 설립 당시부터 추구해온 핵심 가치를 명료화하는 작업 과정에서 얻은 개념으로, '정체성', '융합성', '실천성', '공공성', '정보성'의 총 다섯 가지이다. 본 논문 컬렉션의 이러한 분류는 그간 학회를 향한 한미라 박사의 사랑과 비전 그리고 헌신과 성실함을 보여주려는 발상에서 비롯된 것이라고 볼 수 있다.

이 책은 총 24편의 논문을 본 학회 학술지의 핵심 가치로 나누어 5부로 구성하였다. 일별해보면 1부는 기독교교육의 '정체성'과 '전문성'에 관한 것으로 9편의 논문으로 구성되어 있고, 2부는 기독교교육 연구의 '융합성'으로 4편의 논문으로 요약되어 있다. 3부는 기독교교육의 '실천성'을 중심으로 5편의 논문으로 구성되어 있고, 4부는 기독교교육의 '공공성'에 관한 논문으로 4편의 논문이 수록되어 있고, 5부는 기독교교육의 '정보성'에 관한 2편의 논문이 담겨 있다.

1부에서 다루고 있는 핵심 가치 '정체성'은 기독교교육을 위한 기초이론 연구로서, 한미라 박사가 기독교교육의 정체성을 어떻게 규정하고 있는지를 가늠할 수 있는 논문들이다. 24편의 그의 논문 중 약 3분의 1에 해당하는 9편의 논문이 정체성에 관한 논문이라는 것은, 한미라 교수가 얼마나 기독교교육이라는 학문의 정체성을 중시했는가를 보여주는 단편적인 예라고 볼 수 있다.

2부는 '융합성'에 관한 논문들이다. '융합성'은 학회 설립 초기로부터 본 학회가 착념해왔던 핵심 가치로서, 한미라 교수는 '융합성'을 4편의 논문을 통하여 포스트모던 시대와 부단히 소통하고자 했다. 그중 「포스트모더니즘과 기독교교육: 상생인가 해체인가」는 우리 시대, 기독교교육학의 위상과 역할에 대하여 고민한 흔적이 역력한 논문이며, 또한 「포스트모던 시대의 핵심 인재 개발을 위한 기독교 영성교육모델」이나 「포스트모던 관점에서 본 10대문화 위기와 기독교교육적 대안」과 같은 학제 간 융합 형태의 논문들은 기독교교육학자로서 인접 학문과의 대화를 통해 현장의 소리에 응답하려는 전문가의 몸부림이 느껴지는 뛰어난 논문들이다.

3부는 '실천성'이라는 핵심 가치를 지향하는 5편의 논문들로, 교육현장에서의 적용성을 주제로 하여 작성된 논문들이다. 실천신학의 영역으로 분류할 수 있는 기독교교육학자로서 한미라 교수의 실천의 장은 기독교 대학과 교회였다. 교회를 위한 교육 전문가이자 이론가로서 한 교수는 늘 교회교육에 많은 관심을 보여주었고, 아울러 2년간의 교목실장으로서의 그의 사역은 한 교수로 하여금 기독교대학의 채플의 위기를 기독교의 위기로 체감하는 고통을 통해 이론과 실천의 통합을 모색하는 가운데 작성한 논문이라 사료된다.

4부는 '공공성'에 해당하는 논문이 수록된 장으로, 공교육과 기독교교육과의 관계 설정을 위한 4편의 논문들이 눈에 뜨인다. 특별히 기독교가 사적 영역으로 내몰리는 현실 속에서 미래 세대를 위한 공교육에서의 기독교교육 혹은 종교교육의 역할에 대한 한 교수의 관심은 기독교교육에 대한 전망과 통찰력을 보여주고 있다.

마지막으로 5부에서는 기독교교육의 '정보성'에 관한 2편의 논문이 수록되어 있다. 특별히 「기독교교육 정보화의 가능성과 한계」와 「디지털 문화와 인간화」와 같은 논문은 논문의 편수와 관계없이 정보공학 시대, 최적화된 첨단의 교육방법론의 필요성과 함께 기독교교육의 가장 본질적인 자기 정체성인 인간화교육과의 관계를 다룸으로써 기독교교육의 전승과 현재의 경험, 나아가 과거와 현재와 미래를 연결시켜주는 매우 균형 잡힌 탁월한 논문이라고 할 수 있을 것이다.

끝으로 필자는 지난 20여 년간 학문적 대화의 좋은 파트너로서, 그리고 자매와 같은 우의를 다졌던 한 교수님의 정년을 진심으로 축하하며 다음과 같은 글로 한국기독교교육정보학회에 뚜렷한 족적을 남기신 한 교수님을 그려보고자 한다.

한국기독교교육정보학회를 생각하면서
한미라 교수님을 떠올리지 않는 분이 계실까요?

학회에 크고 작은 일이 있을 때
한 번도 그가 계시지 않은 자리가 없었고,
그의 도움이 없었을 때가 없었습니다.
학회에 대한 책임감과 애정과 관심에 있어서
한국기독교교육정보학회의 역사에
교수님을 필적할 만한 분이 없었고,
이후에도 기대하기 어려울 것입니다.

그는 자신의 학생 누구라도 사랑과 헌신을 아끼지 않았던
진정한 교사였고,
독창적인 아이디어로 학문의 길을 걸어온 한국의 대표적인
기독교교육학자였습니다.

탁월한 행정 능력으로 그가 속한 조직을 발전시켰던
교육행정가였고,
진심으로 동료와 후배들을 격려하고 세워주기를 힘썼던
동역자였습니다.
무엇보다도 그는 하나님 앞에서 신실하게 살고자 몸부림쳤던
목사였습니다.

우리가 사랑한 한미라 교수님,
그는 한 시대 기독교교육계를 풍미한
탁월한 크리스천 지도자였습니다.

2019년 5월 13일
서울여자대학교
김 기 숙

회고의 글

나는 먼저 한미라 교수의 정년을 맞아 이 글을 쓰게 된 것을 기쁘게 생각하며 아울러 진심으로 축하한다. 먼저는 하나를 영광스럽게 마치고 또 다른 시작을 하기 때문이고, 다음은 그 또 다른 시작의 새로운 소망을 품게 되었기 때문이다.

한미라 교수는 그의 평생을 호서대학교 한 곳에서만 기독교교육학에 바쳤다. 이는 세칭 공부벌레들이 모인 하버드 대학교에서 박사후과정을 하며 MTS학위를 취득한 예리한 지성과 윤리적 덕성에 기초한다.

학자의 지성은 글로 정리된 책으로 말한다. 이를테면 인문학자는 그가 저술하여 게재한 논문의 숫자로, 자연과학자는 그가 연구하여 등록한 특허발명의 건수로 지성이 평가된다.

한미라 교수는 일찍이 40대 초반에 호서대학교 최우수연구자상을 수상했고, 금년 정년까지 기독교교육의 정체성, 융합성, 실천성, 공공성, 그리고 정보성과 관련한 24편의 논문을 저술하여 발표하고 실천했다. 대학이 지성의 전당이라면 학자는 지성의 대변인일진대, 한미라 교수는 호서대뿐만 아니라 대한민국 지성의 전당에서 자타가 공인하는 기독교교육학 분야의 대표 대변인으로 존경받고 있다.

한미라 교수의 가치는 무엇보다도 그의 덕성에서 더욱 빛난다.

한 교수는 기독교교육미디어지식재산권을 독자 연구개발하여 제품화하고 실용화하는 과정에서 막대한 부를 축적할 기회를 선배 교수에게 탈취당하고도 그를 세상 법정에 끌고 가 관원에게 넘겨주지 아니하고 도리어 그의 발을 씻어주고 삼위일체 하나님의 이름으로 그리스도의 세례를 베풀어주었다.

한 교수는 선배 교수가 대학 행정관리에 실족하여 실형을 받아 영어의 몸으로 옥고를 치를 때, 탄원서를 작성하여 교수들과 동문들에게 서명을 받아 법정에 제출하게 하는가 하면, 마치 그의 어머니인 것처럼 부지런히 그를 돌보았다.

그뿐만이 아니다. 그는 후배 교수가 어려움에 처할 때는 왼손이 모르게 도와주었으며, 30여 년간 허다한 무리의 호서대 학생들의 등록금과 생활비를 비밀히 지원하여 졸업을 시켜왔다.

마지막으로 나는 한미라 교수의 정년을 맞아 그의 사람됨, 곧 아담의 갈비뼈에서 취하여 지음받은 하와 한미라에 대하여 회고하며 이 글을 마치려고 한다.

인간 한미라는 하나님과 그의 복음 예수 그리스도를 위하여 핍박을 많이 받았다. 동료 교수들의 모함과 모략에 대하여는 에스더와 같이 기도로 지혜를 구하고 죽으면 죽으리라는 각오로 실천에 옮겼으며, 아끼던 후배 교수의 가룟 유다 같은 배신에 대하여는 예수님처럼 담담하고 의연하게 대처했다. 그는 그리스도와 함께 십자가에서 죽었고 그리스도와 함께 무덤에서 부활했다. 바울처럼 날마다 죽었다. 그 여자 안에 있는 그리스도를 믿는 믿음이 그를 주장하고, 성령이 그를 인도하셨다. 그는 언제 어디서나 그리스도의 좋은 군사로 선한 일꾼으로 다녔다.

당연한 결과라고 보이나 호서대학교에서는 한미라 교수의 지성과 덕성을 기려 그의 이름을 명예의 전당에 기록하였다고 들린다.

끝으로 한미라 교수는 자신의 부친이 나와 같은 고시 출신이며 관료 출신인고로 나를 마르다의 오라버니같이 유독 예우하여 내게 이 회고사를 쓰게 한 것 같다. 나처럼 교육학과 신학을 전공한 한미라 교수의 은퇴에 즈음하여 한 가지 아쉬운 점이 있다면, 호서대학교가 그가 가진 풍성한 교육공학적 아이디어를 제대로 살릴 수 있는 다른 기회를 제공하지 못했다는 것이다. 모쪼록 한미라 교수가 부재하더라도 호서의 신학 동문으로서 호서대학교의 무궁한 발전을 기원한다.

2019년 7월

이덕록 목사

예일국제특허법인 대표 변리사, 공학박사, 신학박사

추천의 글

한미라 원장은 자녀를 품는 어머니의 모습이었다. 공부하느라 제대로 자지도 못하고 아침도 거른 채 학교에 왔음을 헤아린 그는 친교실에 먹거리를 준비했다. 학생들의 배움에 대한 고픔과 더불어 육신의 배고픔도 채워주었다. 학생들을 챙기는 손길에는 식사를 거른 자녀를 안타까워하는 어머니의 마음이 담겨 있었다. 교수와 학생이라는 거리감이나 사무적인 느낌이 없는, 진솔하고 따뜻한 모습이었다. 깨끗한 환경을 만들고, 더 좋은 먹거리를 제공하기 위해 얼마나 힘쓰던지….

이뿐이랴. 학비가 부족하여 학업을 계속하지 못하는 원우들을 도우려고 애쓰는 모습은, 마치 목자 잃은 양이 이리저리 헤매는 모습에 마음 아파하시는 우리 예수님의 모습을 보는 듯했다. 그 애씀이 너무나도 간절하여 때론 안쓰러운 마음이 들기도 했다. 언제나 학교를 생각하고 학생들을 위하는 모습은 영락없는 학교의 주인이요 어머니의 모습이었다.

자애로운 어머니의 모습만이 전부는 아니었다. 한미라 원장은 하버드를 졸업하고 100편이 넘는 논문을 쓴 뛰어난 학자였다. 한없이 높아 보였지만, 그는 여러모로 부족함이 많았을 제자들에게 다정하면서도 깊이 있는 가르침으로 다가왔다. 그가 가르치고 실천한 기독교교육의 모습은 후학들에게 참된 본보기였다. 그런 그가 이제 정년을 맞아 학교를 떠난다고 하니 아쉽고 허전한 마음을 이루 표현하기 어렵다.

다행인 것은 한미라 원장의 학교 사랑과 학생 사랑이 글로 남는다는 것이다. 일생을 바쳐 학교와 학생을 사랑한 마음 모두가 이 글에 있을 것임을 의심할 필요가 없다. 그렇지 않은가? 한 사람의 마음은 그 사람의 글에 고스란히 드러나지 않던가! 우리는 그가 남겨준 글을 통해 그의 소명과 열정을 더욱 깊이 알게 될 것이다.

누구나 사랑의 마음으로 자신의 일터를, 사역지를, 교류하는 사람들을 돌보고자 한다. 그러나 그 길이 어디 쉽기만 하던가. 참된 애정으로 주변을 돌보고자 하는 사람들은 이 책을 통해 진심을 배우길 바란다. 이제 우리는 작은 소망을 담아본다. 그것은 한미라 원장의 마음을 이어서 학교를 사랑하며, 학생들을 잘 섬기고자 하는 다짐이다. 그의 마음이 이 책을 통해, 후대에도 고스란히 이어지길 바란다.

2019년 7월

이상근 목사

구약학 Ph.D., 거제 옥포제일교회 담임목사

목 차

권두언 | 김기숙 _v
회고의 글 | 이덕록 _ix
추천의 글 | 이상근 _xii

1부. 기독교교육의 정체성과 전문성

『기독교교육정보』 학술지의 핵심 가치체계와 학문적 성과에 관한 연구 3
: 2015–2017년 게재 논문을 중심으로
한국 기독교교육학의 비판적 성찰 37
Groome의 『Sharing Faith』에 나타난 '앎'에 대한 철학적 논의 81
체제론적 세계관과 종교교육 115
: 한국 교회교육의 새 지평을 위한 체제적 사고의 필요
기독교교육 덕목(德目)으로서의 생명윤리 165
'불임 치유'와 생명윤리 문제 217
예수의 제자도와 제자교육의 모형화 251
근대 교육의 사도 코메니우스: 『Unum Necessarium』 299
인성교육, 기독교는 어떻게 할 것인가 325

2부. 기독교교육 연구의 융합성

포스트모더니즘과 기독교교육: 상생인가 해체인가 365
포스트모던적 관점에서 본 교회 교육자 이성봉 407
포스트모던 시대의 핵심 인재 개발을 위한 기독교 영성교육모델 439
: 기독교대학의 위기 극복을 위한 대안
포스트모던 관점에서 본 10대문화 위기와 기독교교육적 대안 483
: 학업 중단 청소년 문제를 중심으로

3부. 기독교교육의 실천성

기독교교육학자의 관점에서 본 예배의 위기와 성서적 대안 523
기독교대학의 예배에 대한 창의적 접근 553
: 채플 교육과정의 개발 및 평가
기로에 선 기독교대학의 채플: 문제점과 개선방향 593
교회교육의 규모와 과제 635
교회의 교사교육 실태와 성서적 대안 665

4부. 기독교교육의 공공성

공교육의 위기와 기독교교육학의 역할 재정립 705
공교육에서 개신교학교 종교교육의 희생 739
기독교적 관점에서 본 미래인재상에 대한 비판적 성찰 775
한국 청소년 가치관의 연구사적 고찰 807

5부. 기독교교육의 정보성

기독교교육 정보화의 가능성과 한계 853
디지털문화와 인간화: 기독교교육학적 관점에서 889

연보 _939
연구 업적 _944
감사의 글 _957

1부

기독교교육의 정체성과 전문성

『기독교교육정보』 학술지의 핵심 가치체계와 학문적 성과에 관한 연구 : 2015-2017년 게재 논문을 중심으로

한미라 (호서대학교 교수)
mrhahn2022@gmail.com
김기숙 (서울여자대학교 교수)
ksk9@swu.ac.kr

■ 본 논문은 두 가지 목적으로 공동 집필되었다. 첫째, 한국연구재단의 등재학술지로서의 위상을 유지하기 위해서 한국기독교교육정보학회가 추구해온 학술지 정책을 알리기 위해 학술지가 추구하는 핵심 가치들을 명료화하는 것이다. 둘째, 2015년부터 2017년까지 3년 동안 『기독교교육정보』지에 게재된 논문들(117편)의 학문적 성과를 분석하는 것이다. 본 학회의 학술지인 『기독교교육정보』지의 분석 준거는, 본 학회의 설립취지로부터 도출된 다섯 개의 핵심 가치(정체성, 융합성, 실용성, 공공성, 정보성)와 열다섯 가지의 하위 가치(전통, 전문성, 인성, 개방, 통합, 혁신, 적용성, 현실성, 효율성, 정의, 평등, 공익, 공유, 콘텐츠, 첨단성)로 구성되어 있다.

첫째, 정체성이란 기독교교육을 위한 기초이론 연구를 포함하고 있다. 정체성의 핵심 가치를 구현하는 하위 가치로는 역사와 전통, 전문성, 인성으로 보았다. 둘째, 융합성은 2000년 설립 당시부터 본 학회가 추구해왔던 핵심 가치에 해당된다. 융합성의 핵심 가치를 구현하는 하위 가치로는 개방, 통합, 혁신으로 보았다. 셋째, 실용성이란, 학술논문의 교육현장에서의 적용성(applicability)을 말한다. 하위 가치로는 적용성, 현실성, 효율성으로 보았다. 넷째, 모든 학문이 본질적으로 공공성을 추구하고 있듯이, 기독교교육학도 궁극적으로는 인간 공동체의 공공성을 지향함을 강조한다. 본 학술지가 규정한 공공성의 하위 가치란 정의, 평등, 공익에 관한 내용에 근거한다. 다섯째, 정보성은 본 학회 설립 당시부터 일관되게 강조하고 있는 기본 가치이다. 정보성의 정의는 시대의 변화에 따라 조금씩 최신화되어야 한다. 본 학회가 이해하고 있는 21세기 정보성은 공유, 콘텐츠, 첨단성에 초점을 맞추고 있다.

최근 3년간 본 학술지 게재 논문들의 자체 평가에서 발견한 성과는 크게 세 가지로 요약할 수 있겠다. 첫째, 지난 10년간 한국연구재단의 학술지 계속평가 이후 본 학술지 게재 논문들의 이론과 실천의 균형 비율은 지속적으로 향상되고 있다(2008년 이론과 실천의 비율이 1:9, 2010년에 3:7, 그리고 2014년에 4:6, 2017년에는 6:4). 둘째, 학제 간 융합 연구가 활성화된 것이 커다란 성과라고 평가할 수 있다. 논문을 투고하는 연구자들의 전공을 보면, 교육학, 사회복지학, 경영학, 상담학, 심리학, 행정학, 심지어는 공학, 의학 교수들에 이르기까지 다양한 학문적 배경을 가지고 있다. 셋째, 투고 논문들이 관련된 교육현장과 연구 결과들의 적용 범위가 확대되고 있는 것이 괄목할 만한 변화이다. 즉, 연구재단의 분류에서는 기타로 분류된 교육현장 영역이 크게 증가하고 있다는 말이다. 기독교교육 연구자들이 교회, 가정, 학교라는 기존의 영역을 넘어 보다 광역의 교육현장에서 연구한 논문들을 많이 게재하고 있음을 의미한다. 끝으로, 지난 18년간 정보성과 융합성을 꾸준히 강조해온 본 학술지 『기독교육정보』는 기독교계 첨단 학술 저널의 하나로서, 공적 책무성을 강화하는 학술지로 자리매김해가고 있다고 평가할 수 있을 것이다. ■

Ⅰ. 서론

대한민국의 교수들은 매우 특별한 케이스를 제외하고는 한국연구재단이 정기적으로 평가하는 전공 관련 학술지를 통해 자신의 학문의 업적을 평가받게 되어 있다. 연구를 마친 연구자는 자신의 연구 결과를 발표할 장을 찾게 되고, 그 과정에서 투고를 앞둔 연구자들은 관련 학회의 홈페이지에 수록된 자료집이나 연구 활동을 검토하게 된다. 이때 대부분의 연구자들은 홈페이지에 진술된 학회의 설립취지와 목적 그리고 학회의 제 연구 활동으로 학회를 파악하게 된다. 그러나 홈페이지에 간략하게 수록되어 있는 소개 글만으로는 해당 학술지에 대한 피상적인 이해에 그치는 경우가 많고, 그간의 학회의 설립 취지와 목적에 상응하는 연구와 활동이 제대로 이루어지고 있는지에 대하여 정당하게 평가하기 어려울 수 있다. 더구나 자신이 투고한 논문의 범주가 본 학회 학술지의 어떤 연구 분야에 해당되는지, 또한 그 논문이 그와 유사한 연구분야에서는 어느 정도의 비중을 차지하는지에 대해서는 쉽게 알 수가 없었다.

이러한 문제에 착안하여, 본 연구는 한국연구재단이 실시하는 2018년도 학술지 계속평가를 준비하는 과정에서[1] 단순히 관례적인 평가를 위한 보고서를 넘어서 그간 본 학회의 학술지인 『기독교교육정보』가 설립 목적에 맞게 연구 활동을 시행해왔는지, 그리고 이제까지 학술지가 보여주

1 본 연구는 2018년 한국연구재단이 실시하는 학술지 계속평가를 준비하는 과정에서 시작된 논문이다. 1998년부터 한국연구재단이 실시한 학술지 평가제도에 대한 대학교수들의 평가는 그간 계속적으로 논란이 있었지만, 그럼에도 불구하고 여전히 시행되고 있는 것은 연구재단의 학술지 평가 결과가 각 대학의 교수 승진과 임용 그리고 승급의 지표로 사용된다는 점, 그리고 평가의 결과와 성과는 다음 평가의 준거로 작용할 수 있다는 점에서 실용성이 있기 때문이라고 사료된다. 본 연구에서는 학술지의 평가 자체에 대한 논의는 논외로 하고, 한국기독교교육정보학회가 추구하는 학술지의 핵심 가치를 중심으로 그간 본 학술지에 투고된 논문 내용을 분류하여 내용을 분석하는 데 초점을 맞추었다. 투고 논문의 분류는 본 학회 편집위원회에서 합의된 결과임을 밝힌다.

었던 연구의 성과와 업적이 무엇이었는지, 나아가 본 학술지를 통해서 한국기독교교육정보학회가 앞으로 얼마나 미래 시대를 준비하고 학회 차원에서 새로운 시대에 대응하려는 노력을 경주했는지에 대해서 파악하고 스스로 평가할 필요가 있다고 판단되어 시작된 논문이다. 특별히 본 연구의 관심은 기독교교육 관련 연구자들(학생 포함 교수들)이 본 학회에 투고하기 위해서 학회의 홈페이지에 접속했을 때, 본 학회를 보다 신속하고 친절하게 알릴 뿐 아니라 자신들이 투고할 논문의 범주가 어느 핵심 가치에 해당하는지에 대한 이해를 돕기 위함이기도 하다.

이런 맥락에서 지난 5월 한국연구재단 4주기 평가를 준비하면서 본 학술지에 투고된 논문의 내용이 다음과 같은 다섯 가지 주제의 핵심 가치와 각각의 주제에 세 개의 하위 가치로 분류될 수 있다는 것을 알 수 있었다. 여기서 『기독교교육정보』지의 분석 준거는 우선 본 학회의 설립 취지로부터 도출된 다섯 개의 핵심 가치(정체성, 융합성, 실용성, 공공성, 정보성)와 열다섯 개의 하위 가치(전통, 전문성, 인성, 개방, 통합, 혁신, 적용성, 현실성, 효율성, 정의, 평등, 공익, 공유, 콘텐츠, 첨단성)로 구성되어 있다.[2] 특별히 지난 2015년부터 2017년까지 3년 동안 『기독교교육정보』지에 게재된 117편 논문의 학술적 가치와 학문적 성과를 분석한 본 논문은 『기독교교육정보』가 명실공히 기독교교육의 이론과 실천을 선도해나갈 수 있는 학술지가 될 뿐 아니라, 21세기 기독교의 첨단 저널의 하나로서 기독교교육의 공적 책무성을 강화하는 전문 학술지로 성장하는 데 있어서 스스로를 돌아보는 중요한 자체 평가가 될 것이다.

2 본 논문의 핵심 가치와 하위 가치는 본 학회지의 설립 취지와 목표에 의해 고안된 것이며, 그 타당성은 그간 투고된 논문을 심사하고 분석하는 과정에서 편집위원들 간에 논의되고 확인된 것임을 밝혀둔다.

II. 국문 학술지 『기독교교육정보』의 5대 핵심 가치

한국기독교교육정보학회(이하 '한기정', 영문으로는 'KSCEIT'로 표기함)가 계간으로 발행하고 있는 학술지는 『기독교교육정보』이며, 이 학술지가 처음 15년 동안 추구해왔던 가치들이 게재 논문들에서 제대로 구현되고 있었는가를 분석하기 위하여 2015년에는 세 가지 가치 준거를 적용하여 분석하였다(그림 1 참조).

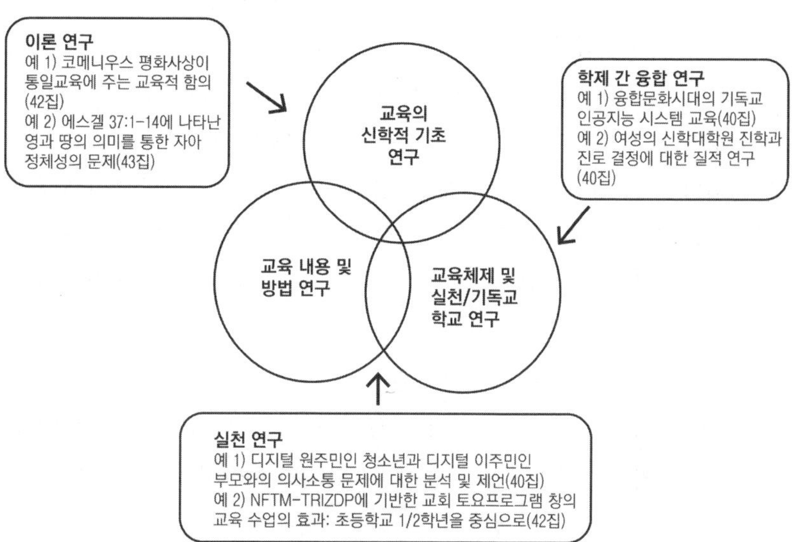

그림 1. 학술지 3차 계속평가에 적용된 가치 준거

그러나 2018년 4차 평가에서는 다섯 가지로 가치 영역을 업데이트하였고 각 핵심 가치별로도 세 개의 하위 가치척도들을 세분화하여 총 열다섯 개의 세부 가치 준거들을 적용하여, 최근 3년간의 본 학술지 내용들이 지닌 학술적 가치를 보다 심층적으로 분석하였다(표 1 참조).

표 1. 국문 학술지 『기독교교육정보』의 다섯 가지 핵심 가치(2018)

핵심 가치(core values)	세부 가치(sub-values)
학문적 정체성(academic identity)	전통, 전문성, 인성
융합성(hybrid)	개방성, 통합성, 혁신성
실용성(practicality)	적용성, 현실성, 효율성
공공성(publicness)	정의, 평등, 공익
정보성(informativeness)	첨단성, 공유, 콘텐츠

물론 이런 가치 준거들이 처음부터 투고 전에 연구자들에게 체계적으로 알려져서 원고가 모집된 것은 아니다. 본 학회 창립 당시(2000년)부터 학술지 성격이 학제 간 융합 연구와 실천 연구들을 중점적으로 게재한다는 정책이 학술대회나 웹사이트를 통해 알려지기 시작했다. 그러나 기독교교육학의 뿌리가 되는 신학과 성서와 인문학적 기초에 관한 이론 연구 또한 소홀이 여겨지고 있지 않았음은, 지난 18년간 게재된 논문들의 이론과 실제의 균형 비율에서 분명하게 드러나고 있다. 분과 학술 콜로키움이라는 학회의 셀모임과 같은 작은 학술대회는 신진학자들의 논문들을 활발히 유인하여 발표시키는 장으로서 개방성을 촉진시키는 바이털(vital)이 되고 있다. 이러한 학술지의 핵심 가치는 비단 국문 학술지만이 아니라 국제 학술대회의 개최를 통해서도 본 학술지가 추구하는 학문적 가치가 홍보되기 시작한 것이다. 본 학회 구성원들이 소속된 대학이나 연구소와 같은 기관들의 SNS와 인터넷을 통해 본 학회의 학술지와 학술대회 및 연구 결과들이 직·간접적으로 널리 알려왔던 홍보의 결과에 의한 것이라고도 말할 수 있을 것이다.

1. 정체성(Academic identity of KSCEIT)

정체성이란 기독교교육을 위한 기초이론 연구를 포함하고 있다. 이것은 주로 기독교교육이 전통적으로 어떠한 역사적 과정을 거쳐왔는지, 기독교교육이라는 학문의 정체성 및 한국기독교교육정보학회의 특수성을 어떻게 확립하고자 하는지 등에 대한 논의에 해당한다. 본 학회에서는 정체성을 통하여 학술지의 전문성과 질적 가치를 제고할 수 있다고 본다. 정체성의 핵심 가치를 구현하는 하위 가치로는 역사와 전통, 전문성, 인성(人性)으로 보았다.

2. 융합성(Hybrid)

본 학회지에서 융합성은 2000년 설립 당시부터 본 학회가 추구해왔던 핵심 가치에 해당한다. 본 학술지는 창간호부터 신학 및 인접 학문과의 연계뿐 아니라 인문학, 사회학, 공학 등 기타 학문 분야와의 연계에 이르기까지 학문의 경계를 뛰어넘는 개방성을 유지하면서, 연구 내용 면에서만 아니라 방법에서도 창의 및 혁신 역량을 지닌 연구자들이 논문을 발표할 수 있는 장(場)을 제공하여왔고, 기존의 학자들까지도 융합 학문적 연구의 필요성을 인식시켜 융합 연구를 진작시키는 데도 기여한 바가 크다고 평가할 수 있을 것이다. 융합성의 핵심 가치를 구현하는 하위 가치로는 개방, 통합, 혁신으로 보았다.

3. 실용성(Practicality)

본 학회가 강조하는 실용성이란 학술논문의 교육현장에서의 적용성(applicability)을 말한다. 이는 기독교교육의 학문적 탐구가 이론에 머물지 않고 교육의 현장에서 구체적이며 실용적 가치로 전환할 수 있는가, 더 나아가 얼마나 효율적이며 현실성이 있는가에 대한 논의와 교육방법론을 기초로 한다. 하위 가치로는 적용성, 현실성, 효율성으로 보았다.

4. 공공성(Publicness)

모든 학문이 본성상 공공성을 가지고 있지만 기독교교육은 그 어느 학문보다 공공성을 잘 대변해주고 있다. 예컨대 기독교교육은 학교, 교회, 그리고 사회라는 영역에서 책임을 다해야 한다는 것, 사랑과 정의와 평화와 같은 가치를 지향한다는 것, 그리고 삶의 모든 영역에서 모두에게 공공의 가치를 제공해주어야 한다는 것을 강조한다. 특별히 통일 한국 시대에 공공성 실현에 대한 연구와 논의는 기독교의 사회적 책임과 실천적 역할이라는 측면과 맞물려 기독교교육의 중요한 담론으로 자리 잡고 있다. 본 학술지에서 규정한 공공성의 하위 가치는 정의, 평등, 공익에 관한 내용으로 보았다.

5. 정보성(Informativeness)

정보성은 본 학회 설립 당시부터 강조하고 있는 핵심 가치인바, 한국기독교교육정보학회가 급변하는 시대적 변화의 흐름을 파악하여 가정과 교회, 그리고 학교와 사회라는 교육의 현장에 구체적으로 활용할 수 있는 방법론을 개발하거나 연구하려는 데 목표를 두고 있는 중요한 가치이다.

본 학술지는 이 핵심 가치를 통하여 변화하는 시대를 읽고, 새로운 시대를 준비해왔다. 지난 3차년도(2012~2014) 학술지 평가에서는, 게재 학술지의 가치 분석을 위해 네 가지 핵심 가치 준거를 사용하였다. 그러나 4차 계속평가는 네 가지 핵심 가치에 '정보성'이라는 핵심 가치를 덧붙여 다섯 개의 핵심 가치를 준거로 사용하고자 하였다. 본 평가에 '정보성'이라는 개념을 핵심 가치에 포함시킨 이유는, '정보성'이 본 학회의 특화된 영역(학회명: 한국기독교교육정보학회)으로서 태생적으로 타 학회와 차별화될 수 있는 부분이라는 것이 부각될 필요가 있다고 보았기 때문이다. 이것을 평가하는 하위 가치는 공유, 콘텐츠, 첨단성으로 보았다.

Ⅲ. 게재 논문의 학술적 가치 분석

금번 4차 국문 학술지의 계속평가는 크게 두 가지로 자체 평가해보았다. 정량적 측면에서의 평가와 정성적 평가이다. 먼저 정량적 평가는 5대 핵심 가치별로 총 평가 대상 게재 논문인 117편을 분석하여 가치 준거별 논문 편수의 비중을 중점적으로 분석하였다.

1. 정량적 분석

제4차 학술지 내용 평가에 있어서 계속평가의 대상이 되는 게재 논문들은 2015년 3월호부터 2017년 12월까지 발간된 논문들로, 총 12권 117편이다. 이 논문들을 5대 핵심 가치에 따라 게재 비중을 보면 다음의 표 2와 같다.

표 2. 핵심 가치 준거에 따른 게재 논문의 편수

학술적 가치 구분	게재 논문의 수	비율
정체성	37	31.6%
융합성	32	27.4%
실용성	27	23.1%
공공성	15	12.8%
정보성	6	5.1%
계	117	100.0%

가장 많은 비중을 나타낸 가치 준거는 정체성으로 전체의 31.6%에 달했고, 이어서 융합성(27.4%), 실용성(23.1%), 공공성이 12.8%의 순으로 나타났다. 흥미로운 것은 정보성이 설립 취지와는 다르게 최근에 들어와서 게재율이 낮아지고 있는 것으로 나타났다.

표 2의 분석 내용을 각 집(輯)별로 분석해보면 다음의 표 3과 같다.

첫째, 총 12집(輯)의 국문 학술지 중에서 49집(2016년 2권)과 55집(2017년 4권)에서 가장 높은 비율을 나타내고 있는 가치 준거는 정체성으로 나타났다. 이 두 집(輯)의 학술지에서는 당시 게재된 논문들의 과반수 이상이 기독교교육학의 정체성을 분명하게 드러내는 논문들을 발표했다고 해석할 수 있겠다. 뿐만 아니라 과반수는 아니지만 40% 이상의 비중을 드러내면서 정체성의 가치를 구현하고 있는 논문들이 44집, 47집, 48집, 50집에 게재되었다.

둘째, 융합성은 정체성 다음으로, 지난 3년간 본 학술지의 게재 논문들이 담고 있는 핵심 가치로서 3차 평가 때와 비교해볼 때 유의미한 차이를 보여주었다. 새로운 밀레니엄이 시작되면서부터 주목하게 된 학제 간의 융합적인 연구들은 통섭, 융합, 연계 등의 단어를 통하여 회자되어 있다.

표 3. 집(輯)별 게재 논문의 학술적 가치 성향의 양적 분석

연도	집	정체성		융합성		실용성		공공성		정보성		합계
		편수	비율	편수	비율	편수	비율	편수	비율	편수	비율	
2015	44	4	44.4%	1	11.1%	1	11.1%	2	22.2%	1	11.1%	9
	45	1	9.1%	3	27.3%	6	54.5%	1	9.1%			11
	46	2	18.2%	6	54.5%	1	9.1%		0.0%	2	18.2%	11
	47	6	46.2%	4	30.8%	1	7.7%	2	15.4%			13
	소계	13	29.5%	14	31.8%	9	20.5%	5	11.4%	3	6.8%	44
2016	48	4	40.0%	4	40.0%			1	10.0%	1	10.0%	10
	49	5	55.6%	3	33.3%			1	11.1%			9
	50	3	42.9%	1	14.3%	1	14.3%	1	14.3%	1	14.3%	7
	51	2	20.0%	2	20.0%	6	60.0%					10
	소계	14	38.9%	10	27.8%	7	19.4%	3	8.3%	2	5.6%	36
2017	52	3	30.0%	1	10.0%	5	50.0%	1	10.0%			10
	53			3	42.9%	2	28.6%	2	28.6%			7
	54	2	18.2%	3	27.3%	3	27.3%	2	18.2%	1	9.1%	11
	55	5	55.6%	1	11.1%	1	11.1%	2	22.2%			9
	소계	10	27.0%	8	21.6%	11	29.7%	7	18.9%	1	2.7%	37
합계		37	31.6%	32	27.4%	27	23.1%	15	12.8%	6	5.1%	117

융합성은 또한 정체성의 핵심 가치와 함께 본 학술지의 주된 특성임에도 불구하고 지난 3차 평가 때까지는 논문 투고자들이 이것을 확실하게 인식하고 있는 것 같지는 않았다(3차 평가 시 17.4%). 그러나 최근 3년 동안 본 학회가 꾸준히 융합 연구의 발표를 진작하는 학술대회를 개최함으로써 본 학술지 게재 논문들의 융합적 가치 비중이 높아지고 있음을 알 수 있었다(전체 논문의 27.4%). 4차 평가 대상인 총 12권의 논문집 중에서 가장 높은 비율의 융합 논문을 게재한 논문집(輯)은 46집으로 총 게재 논문의 54.5%를 차지하고 있다. 이 밖에도 47, 48, 49, 53집에서도 30%가 넘는 게재 논문들이 융합적인 연구 결과를 발표하는 논문인 것으로 드러나고 있다. 융합 연구에 대한 학문적 관심은 앞으로도 계속될 것으로 전망한다. 한국사회가 4차 산업혁명 시대로 진입하면서 융합은 공학과 기술만이 아니라 한국인의 삶의 모든 분야에 이르기까지 영향을 주고 있는 중요한 키워드로 자리 잡아가고 있다 해도 과언이 아닐 것이다.

셋째, 실용성의 가치는 연구 결과가 현실성이 있어야 하며, 삶과 교육의 현장에서 적용 가능하여, 지금까지의 교육의 효율성을 개선하는 데 기여하는가를 평가하는 준거를 말한다. 표 3을 보면, 이런 논문들이 가장 많이 실린 집(輯)은 51집(60%), 45집(54.5%), 52집(50%)의 순으로 나타났다. 실용성은 본 학술지의 다섯 가지 핵심 가치 중 논문 분포나 비율의 측면에서 중간 순위를 차지하고 있다(23.1%). 기독교교육의 학문적 특성상 지속적으로 다루고 있는 가치 개념이라고 할 수 있을 것이다. 또한, 지난 3차 학술지 평가 결과(32.2%)와 비교해볼 때 약 10%가량 낮아진 것으로 나타났다. 3차 평가에 비해 다소 낮아지긴 했으나 다섯 가지 핵심 가치별 평균 분포치(20%)보다는 높은 3위에 머무르고 있다는 것은, 본 학회가 추구하는 기독교교육학의 특성인 실천 학문으로서의 정신과 본질이 잘 유지되고 있는 것으로 해석할 수 있을 것이다.

넷째, 공공성의 가치를 추구하거나 관련된 게재 논문들은 총 평가 대상 논문의 12.8%에 해당하며 공공성 관련 논문들이 가장 많이 게재된 논문집은 53집(28.6%)으로 나타났다(표 3). 모든 학문이 본질적으로 그리고 당위적으로 가지고 있는 사회적 책임 내지 실천은 결국 공공성이라는 핵심 가치를 실현하고자 하는 것이다. 기독교교육학도 예외는 아니다. 한국기독교교육정보학회에서는 공공성에 관한 논의 및 연구가 활발하게 이루어져왔다. 이것은 지난 3차 학술지 게재 논문 평가 시 입증된 바 있다. 그러나 지난 3년간 게재 논문들에는 기독교교육의 공공성에 대한 논의가 다소 약화되었다는 것을 알 수 있었다. 보다 구체적으로 그 내용을 분석해보면, 공공성은 내용적으로 보다 심도 있게 다루어지고 있다는 것을 알 수 있었다. 예컨대, 학교교육의 폐해를 기독교대안교육을 통해 해결해보고자 한다든지, 정의와 평화의 가치를 폭력 예방의 측면에서 연구한 것이라든지, 평화교육의 측면에서 통일교육을 모색해보려는 시도는 기독교교육의 사회적 책임을 공적 관점에서 포섭했다는 점에서 더 큰 의미가 있다고 사료된다.

다섯째, 정보성은 3차 평가에 이어 제4차 계속평가에도 산입(算入)시킨 핵심 가치 중의 하나이다. 한국기독교교육정보학회에서 정보성은 태생적으로 타 학회와 차별화되는 핵심 가치 개념이다. 최근 한국은 과학기술 기반 최첨단 정보사회로의 진보가 가속화되면서, 기독교교육학과 같이 특정 종교를 전제로 한 학문 분야라 할지라도 인터넷, SNS, 스마트폰, UCC, MOOK 등과 같은 미디어 자체와 그것을 통해 매일 생산되고 유통되는 정보와 정보성에 관하여 보다 다양한 관심을 갖는 것은 더 이상 특이사항이 아니다. 지난 3년 동안 117편의 논문 중에서 정보화로 분류되는 논문은 총 6편(5.1%)에 불과했다. 비록 적은 편수의 논문이지만, '공유, 콘텐츠, 첨단성'의 가치를 구현하고자 하는 신선한 논문들이 투고되었다는 것은 의미 있는 변화라고 평가할 수 있을 것이다. 기독교교육학이 교육공학과 다양한 첨단 미디어 환경 속에서 종교교육을 연계시키는 새로운 시도들은 일반 교육이 아닌 특수한 분야의 교육인 기독교 종교교육을 정보화하는 개척자정신이 없이는 불가능하다고 본다. 본 학술지는 연 4회 총 12

집의 논문집을 발간하는데, 1집당 평균적으로 게재되는 논문은 약 10편이며, 그중 정보성에 관한 논문들이 연 최저 1~3편 정도 발표되고 있다는 것은 아쉬운 현실이다. 이 가치는 본 학회의 중요한 키워드요 핵심 가치인 만큼, 학회 차원에서 이 분야의 연구 진작을 위한 대안 마련이 시급해 보인다.

2. 정성적 분석

1) 세부 가치별 『기독교교육정보』의 내용 분석: 2015~2017

게재 논문들의 학술적 가치를 분석하는 다음 작업은 정성적 분석이다.

표 4. 최근 3년간 학술지 『기독교교육정보』 내용의 세부 가치 분석(2015~2017)

가치	세부 가치	편수	세부 비율	전체 비율	편수	비율
정체성	전통	6	16.2%	5.1%	37	31.6%
	전문	24	64.9%	20.5%		
	인성	7	18.9%	6.0%		
융합성	개방	16	50.0%	13.7%	32	27.4%
	통합	13	40.6%	11.1%		
	혁신	3	9.4%	2.6%		
실용성	적용	11	40.7%	9.4%	27	23.1%
	현실	11	40.7%	9.4%		
	효율	5	18.5%	4.3%		
공공성	정의	1	6.7%	0.9%	15	12.8%
	평등	7	46.7%	6.0%		
	공익	7	46.7%	6.0%		
정보성	공유	2	33.3%	1.7%	6	5.1%
	콘텐츠	2	33.3%	1.7%		
	첨단	2	33.3%	1.7%		
합계		117		100.0%	117	100%

표 4는 117편의 내용을 5대 핵심 가치 및 15개의 세부 가치에 따라 심층적으로 분석한 결과이다. 게재 논문의 정성적 분석은 본 학회 편집위원회가 개발한 15개의 세부 가치척도에 따라 논문 내용의 타당도(validity)를 평가하는 것이다. 논문 내용과 가치척도와의 신뢰도는 20년 이상 기독교교육학 교수로서의 연구 경력을 지닌 전문 편집위원 3인의 117개 논문에 대한 conference 분석 결과에 따라 전원 의견 일치할 경우만 신뢰도가 있는 것으로 판정하고 채택하였음을 밝혀둔다.

첫째, 정량적 분석에서 이미 언급한 바와 같이 이번 4차 평가 대상 게재 논문들(117편)은 전체의 32%가 기독교교육학의 학문적 정체성과 관련된 논문들이었다. 이것을 보다 심층적으로 분석하기 위해 세 가지 세부 가치인 '전통성, 전문성, 인성'별로 논문 내용이 어느 것에 가장 근접하게 관련되어 있는가를 분석하였다. 표 4에 보이고 있는 바와 같이, 게재 논문들의 20.5%는 기독교교육학의 전문성과 관련이 높은 내용으로 나타났다. 기독교교육의 전통과 인성에 관한 내용은 각각 5~6%의 점유율을 보이고 있다. 둘째, 융합성과 관련된 논문들은 전체의 27%에 해당되었고, 이 논문들 중에는 기독교교육학과 타 학문과의 학제적 연구를 긍정적으로 보고 문호를 개방하거나 통합적인 연구 방법을 보이는 논문들이 전체의 약 15% 정도인 것을 알 수 있었다. 그러나 혁신 성향이 있는 융합적 연구논문들은 3% 미만에 머무르고 있다. 셋째, 실용성과 관련된 논문들은 전체의 23%를 차지하고 있다. 좀 더 자세히 분석해보면, 기독교교육 '현실'을 분석한 논문과 자신들의 연구 결과를 교육현장에 '적용'하는 실천적 논문들이 차지하는 비율은 전체 논문 중에서 19%를 차지하는 반면, 기독교교육의 '효율성'을 다루는 논문은 아직도 5% 미만에 머무르고 있는 것으로 나타났다. 넷째, 공공성의 핵심 가치를 구현하고 있는 논문은 전체 대상 논문의 13% 정도이며, 세부 가치인 '평등, 공익'별로 보면 각각 6%씩 차지하고 있고 '정의' 부문은 1% 미만으로 매우 저조한 수준이다. 마지막으로, 정보성에 있어서는 전체 논문의 5%를 갓 넘는 것으로 나타났고, 세 가지 세부 가치 '공유, 콘텐츠, 첨단'별로 보아도 각각 2% 미만의 저조한 게재율을 보이고 있다.

2) 세 가지 준거별 게재 논문의 학술적 가치 분석: 2015~2017

게재 논문들의 내용이 지닌 학술적 가치 분석을 위하여 수행한 정성적 분석의 두 번째 과제는 '다섯 가지의 핵심 가치와 그에 따른 열다섯 개의 세부 가치척도 그리고 이론과 실제의 균형성'의 세 가지 준거를 가지고 117편의 모든 논문을 자세하게 분석하는 것이다. 그 결과를 요약하면 다음과 같다.

첫째, 정체성은 한국기독교교육정보학회의 정체성을 뜻하는 것으로, 보다 정확하게는 학문으로서의 기독교교육학의 정체성(academic identity)을 의미하는 것이라고 말할 수 있을 것이다. 기독교교육학의 학문적 특성을 제대로 이해하기 위해서는 기독교교육학이 어떤 학문적 배경을 가지고 있으며, 이 학문의 성격을 형성해온 인접 학문들은 역사적으로 어떤 것들이 있으며 어떻게 변천해왔는가를 보면 자명해질 것이다. 신학은 학문으로서의 기독교교육학의 기초를 다져왔다 할 정도로 가장 중요한, 그리고 오랫동안 학문적 배경으로서 자리를 지켜왔다. 성경은 신학과 함께 어떤 학문적 배경보다 더 강력한 기독교교육학의 학문적 기초로서 불가분의 관계이다. 그러나 르네상스와 종교개혁기 이후 근대 인문학의 등장으로 기독교교육학, 특히 한국 기독교교육학의 학문적 배경은 다양하면서도 융합의 성격을 띠기 시작했다. 21세기에 들어와서는 기독교교육학이 실천신학의 한 분야로서 자리매김하면서 인터넷과 첨단 소셜 미디어의 출현과 함께 정보와 통신공학과의 학제 간 접목을 통해 기독교 융섭[융합(融合)과 통합(統攝)] 학문으로서의 지평을 지속적으로 확장해가고 있다.

특별히 지난 3년간 본 학술지는 급변하는 현대사회 변화와 다가올 시대의 예감된 변화 사이에서 부단히 적응하려는 강한 의지를 보여주었을 뿐 아니라, 그러한 과정에서 오히려 기독교교육의 학문적 정체성을 유지하고 이를 더욱 공고히 하도록 긴장의 끈을 놓지 않으려던 노력을 분명히 확인할 수 있었다. 즉, 본 학술지에 투고된 전체 논문의 32%가 정체성에 관한 논문이라는 것이 바로 이러한 노력을 입증해주고 있다. 또 이것을 보다 세밀하게 분석하면, 정체성의 세부 가치 개념인 전통, 전문성, 인성 중에서도 전문성에 쏠려 있다는 것을 알 수 있다(65%). 전문성에 대한 이러한 비율은 전체 15개의 세부 가치 개념 중에서도 최상위를 차지하는 비율(21%)이다. 이러한 결과는 한국기독교교육정보학회가 가장 첨단의 IT를 기독교교육과 접목시키려는 학회이지만, 동시에 기독교교육이라는 학문의 전통적 유산을 잃지 않고자 온고지신(溫故知新)의 노력을 경주하는 학회임을 증명하고 있는 것이다. 전체 대상 논문들 중에서 임의로 몇 가지 사례를 들어 가치 분석의 예를 설명하면 다음과 같다.

정체성이라는 핵심 가치를 정확히 나타내는 세 가지 세부 가치는 다음 논문들의 사례에서 잘 나타나고 있다. 47집의 「인성교육, 기독교는 어떻게 할 것인가」라는 논문은 기독교교육을 넓은 의미에서 인성교육이라고 할 때, 기독교교육의 정체성 중 인성이라는 세부 가치를 매우 직접적으로 드러내 보여주었던 논문이라고 할 수 있다. 51집의 「보헤미야 형제연합교회(Unitas fratrum) 교육실제에 대한 역사적 고찰: 코메니우스와의 관계를 중심으로」는 기독교교육의 사상적 기초를 연구한 논문으로서, 기독교교육의 전통적 가치를 보여준 교육적 유산이다. 또한 54집의 「Groome의 『Sharing Faith』에 나타난 '앎'에 대한 철학적 논의」도 전통적인 기독교교육의 철학적 기초에 해당하는 전문성을 보여주었던 논문이라고 할 수 있다.

둘째, 융합성은 간학문적(interdisciplinary) 대화와 관련된 주제로서, 기독교교육과 인접학문, 즉 심리학, 사회학, 교육학과의 융합 그리고 공학 및 예술과의 융합이라는 매우 개방적이고 통합적이며 때로는 혁신적이기까지 한 가치에 해당된다. 여기에서 의미 있는 발견은 융합성의 세부 가치 중 개방성은 융합성으로 분류된 논문 중 가장 많은 편수에 해당되었다(전체 32편 중 16편, 50%). 이는 본 학회가 타 학문과의 연계와 융합을 위하여 경계를 허물고 적극적으로 개방한 결과라고 평가된다. 본 학술지 46집의 「기독교교육을 위한 콤플렉스 에너지의 이해와 그 활용에 관한 정신분석학적 연구」는 전형적인 간학문적 연구(개방성)이며, 50집의 「'수저계급론' 논쟁의 중심에 선 한국 청년들의 열등감(inferiority) 극복을 위한 영성교육: 아들러(Alfred Adler) 심리학을 중심으로」는 기독교교육과 심리학 그리고 교육학 및 영성신학을 통합적으로 다루고 있는 개방형 융합논문의 전형이다. 또한 52집의 「유아의 수학적 성향을 위한 기독교적 유아기하학 교육 프로그램 개발」이라는 논문은 기독교적 유아교육과 기하학의 융합이라는 매우 혁신적인 논문이다.

표 5. 세 가지 준거별 게재 논문의 학술적 가치 분석: 2015~2017

	논문명	핵심 가치	세부 가치	실천 /이론
44집 (2015-3)	기독교에 대안학교 교사 육성을 위한 교육적 제언	공공성	평등	실천
	멀티미디어 창작을 활용한 기독교교육의 가능성 연구	정보성	I.T.	실천
	초임 유치부 교육전도사의 적응에 관한 연구	실용성	적용	실천
	기독교 전문대학생의 학업중도포기 의도에 영향을 미치는 요인 연구	실용성	적용	실천
	기독교 유아교사의 전문적 자질강화를 위한 재교육 프로그램의 개발 및 효과	정체성	적용	실천
	기독교 다문화교육기관 운영자들이 교단과의 관계에서 경험하는 갈등과 어려움에 관한 질적 연구	융합성	개방	실천
	한국 기독교 여성과 남성의 종교성 비교 연구	정체성	전통	실천
	몰트만의 신학이 한국 기독교교육에 미친 영향	정체성	전문	실천
	단절과 소외 극복을 위한 교육목회의 방안: Parker Palmer의 진리의 공동체를 중심으로	정체성	인성	이론
45집 (2015-6)	영아부 예배의 커뮤니케이션 방법: 기초화와 베이비사인을 중심으로	실용성	효율	실천
	부모의 인구통계학적 변인과 영적 변인에 따른 부모-자녀 관계, 기독교 자녀 양육의 인식과 실천의 차이	실용성	현실	실천
	어린이의 영성이해와 발달과 교육을 위한 적용 연구	실용성	적용	실천
	Q방법론을 활용한 인성에 관한 부모들의 인식 연구	융합성	통합	실천
	유용성, 즐거움, 공동체의식이 성인교회학교 학습의 지식 경영활동에 미치는 영향	공공성	평등	실천
	기독교 교양과목의 인문학적 재개념화	정체성	전문	이론

45집 (2015-6)	교회교육에서 행동주의에 대한 수용적 해석학의 모색	융합성	통합	이론
	노인 자서전쓰기 교회 프로그램 모형 개발	실용성	적용	실천
	요한계시록의 천년왕국: 독자반응비평적 관점에서	융합성	개방	이론
	교회학교 청소년 사역의 실행과정 탐색	실용성	적용	실천
	교회학교 교육부서 풍토의 효과성 개선을 위한 연구	실용성	현실	실천
46집 (2015-9)	성인 발현기(Emerging Adulthood) 청년들(20-29세)의 요구분석에 기초한 교회교육과정개발을 위한 제안	융합성	통합	실천
	학교장의 수업지도성이 교사들의 수업행동과 교수효과성에 미치는 영향	실용성	효율	실천
	지혜와 기독교교육: 성경신학적 관점에서의 지혜서 이해와 Sternberg의 지혜교육에 관한 기독교 교육적 비판적 성찰	융합성	개방	이론
	과학적 사실과 기독교교육의 상상력을 연계하는 창조적-융합 교육 모형의 예비적 고찰	융합성	창의	이론
	몬테소리 종교교육 사상에 대한 개혁주의의 비판적 고찰	정체성	역사	이론
	기독교교육을 위한 콤플렉스 에너지의 이해와 그 활용에 관한 정신분석학적 연구	융합성	개방	이론
	기독교 교육과정에서의 가상성	정보성	S.N.S.	이론
	기독 청소년의 스마트폰 과다사용문제에 대한 기독교 교육적 대안	정보성	I.T.	이론
	코메니우스의 교육개념 팜패디아(pampaedia) 의미 고찰: 파이데이아와의 관계를 중심으로	정체성	전문	이론
	한국사회에서 증가하고 있는 분노 문제에 대한 기독교적 성찰	융합성	혁신	이론
	심미적 체험을 통한 통일인성교육 기초 연구: 코메니우스의 인간본성을 중심으로	융합성	통합	이론
47집 (2015-12)	기독교인성교육의 성경적 기초	정체성	전문	이론
	사도신경의 "음부에 내려가사" 고백에 관한 기독교 교육적 고찰	융합성	개방	이론
	기독교대안학교 교사의 교육체험에 대한 질적 연구: Max Van Manen의 해석학적 현상학을 중심으로	공공성	평등	이론
	개신교 교회의 교육선교 계승을 위한 교회주도형 대안교육의 타당성 연구	정체성	전문	실천
	초기 교회 입교에서 본 현대 기독교 입교의 갱신방안 연구: 입교예식과 교육을 중심으로	정체성	역사	실천
	기독교 유아 홈스쿨링 가정의 실태 및 요구도 조사	실용성	현실	실천
	종교 사회화에서의 부모와 자녀의 상호작용에 대한 성찰	정체성	전문	실천
	에코세대를 위한 대학에서의 결혼준비교육과 기독교적 교육의 당위성 연구	융합성	개방	실천
	기독교대안학교 교사공동체의 집단적 수업성찰 사례연구	공공성	평등	실천
	신앙의 대잇기를 위한 기독교부모교육을 위한 기초적 연구: 그룸의 Will there be faith?와 웨스터호프 Will our children have faith?를 기초로	정체성	전문	이론

47집 (2015-12)	청소년의 자율성 관련 부모 갈등과 신앙 성숙과의 관계	융합성	통합	실천
	신앙성숙에 미치는 영향 분석: 신앙경력, 부모애착, 하나님 이미지	융합성	통합	실천
	인성교육, 기독교는 어떻게 할 것인가	정체성	인성	이론
48집 (2016-3)	기독교 대학교육과 봉사-학습(Service-Learning): S여자대학교의 도입과 정착사례를 중심으로	공공성	공익	실천
	기독교교육의 새로운 접근 - 비블리오드라마	정체성	전문	이론
	유아를 위한 기독교 성품교육 프로그램 평가와 프로그램 개발을 위한 제언	융합성	통합	실천
	교회학교에서 이루어지는 소셜미디어 활용에 대한 교사의 사용 의도 탐색 연구	정보성	S.N.S.	실천
	교사의 다문화역량과 탈북청소년의 인성교육	정체성	인성	실천
	아동 · 청소년 내담자의 문제행동에 대한 부모상담의 탐색적 연구	융합성	개방	실천
	기독대학생과 일반대학생의 가족구조에 따른 대학생활 적응에 관한 연구	융합성	개방	실천
	정신분석학적 부모 상담 교육 연구 - F. Dolto의 정신분석학적 아동이해에 기초하여	융합성	통합	이론
	타자 중심적 인성교육	정체성	인성	이론
	기독대학생의 영적안녕과 회복탄력성에 대한 연구	정체성	인성	실천
49집 (2016-6)	하나님 경험을 돕는 통전적 교회교육 패러다임 연구	정체성	전문	이론
	전인교육 컨트롤타워로서의 교회교육체계와 장년교육의 방향	정체성	전문	이론
	기독교인과 비기독교인의 모자화 반응특성에 따른 심리적 안녕감에 관한 연구: 20-30대 미혼을 중심으로	융합성	개방	실천
	기독교교육에서 부모의 역할과 책임: 주체와 객체의 경계에 대한 재고	정체성	전문	이론
	공교육 기독교사들의 기독교사로서의 정체성 형성 과정에 관한 연구	정체성	전문	이론
	목회자의 영적 리더십이 신앙의 성숙과 조직몰입에 미치는 영향	정체성	전통	실천
	방관자 중심 집단 따돌림 예방교육	공공성	정의	실천
	음악의 치유기능에 대한 고찰	융합성	통합	실천
	일상을 통한 기독교 유아 창의성교육의 이론과 실제	융합성	통합	이론
50집 (2016-9)	여성적 가치의 관점에서 본 평화지향적 통일교육의 기독교교육적 함의	공공성	평등	이론
	취학 전 유아를 위한 기독교교육용 스마트폰 어플리케이션 개발	융합성	혁신	실천
	영아부 예배를 통한 영아와 부모의 신앙 변화	정체성	전문	실천
	기독교 영성교육에 있어서 교수 - 학습과정의 원리에 대한 고찰	실용성	적용	이론
	'수저계급론' 논쟁의 중심에 선 한국 청년들의 열등감(inferiority) 극복을 위한 영성교육: 아들러(Alfred Adler) 심리학을 중심으로	융합성	통합	이론
	웨슬리 초기공동체의 교육목회 방법 연구: 은총의 수단	정체성	전문	실천
	예수의 제자도와 제자교육의 모형화	정체성	전문	이론

51집 (2016-12)	교회학교 교사의 헌신을 촉진하기 위한 내적 동기의 적용 방안 연구	실용성	적용	실천
	'탈가부장' 시대의 자녀 교육 문제와 아버지의 역할: 자크 라깡(Jacques Lacan)의 정신분석학 이론을 중심으로	융합성	개방	이론
	예수기도의 영성 교육적 적용에 관한 연구	실용성	적용	실천
	보헤미아 형제연합교회(Unitas fratrum) 교육실제에 대한 역사적 고찰: 코메니우스와의 관계를 중심으로	정체성	전통	이론
	연령주의와 베이비부머 세대를 위한 교회교육에 관한 제언	실용성	현실	실천
	A Qualitative Study on the Experiences of Small Church Pastors and their Christian Education Ministry	실용성	개방	실천
	부모의 인식변화와 정신건강에 초점을 맞춘 교회의 부모교육	융합성	전문	실천
	미래시대 참된 공동체를 위한 리더십 원리 연구: 본회퍼의 신도의 공동생활을 중심으로	정체성	현실	이론
	하나님 나라를 지향하는 지역교회의 코이노니아(Koinonia) 형성을 위한 교육	실용성	혁신	실천
	요한계시록의 장르적 특성과 기독교교육적 적용 가능성에 대한 연구	융합성	효율	이론
52집 (2017-3)	성경에 기초한 영아 오감 프로그램 개발	실용성	전문	실천
	한국 기독교인 '신생 성인'의 삶에 관한 내러티브 탐구	정체성	공익	이론
	예비종교교사의 교생실습경험을 통한 인식변화 및 교직수업에 대한 제안	공공성	전문	실천
	청소년을 위한 학원선교 활성화 방안 연구: 교회와 청소년선교단체의 학원선교를 중심으로	정체성	전문	실천
	대학 교양교육으로서 성서교육의 방법에 관한 연구: 안양대학교 [성서의 이해] 사례를 중심으로 한 연구	정체성	현실	실천
	한국 신학대학원생의 신학대학원 학습경험 유형과 특징	실용성	적용	실천
	작은 교회와 큰 가정의 파트너십: 가정, 작은 교회로서의 교육목회 커리큘럼	실용성	적용	실천
	작은 교회들의 연합활동으로서의 교육목회, 뭉치면 살고, 흩어지면 죽는다!	실용성	적용	실천
	한국 기독교적 학교교육의 현실과 방안: 상동교회와 삼일학원을 중심으로	실용성	현실	실천
	유아의 수학적 성향을 위한 기독교적 유아기하교육 프로그램 개발	융합성	현실	실천
53집 (2017-6)	작은 교회의 문을 두드리다: 기독교교육의 호교론적 테오프락시스접근	실용성	적용	이론
	세부 전공 커리큘럼 개발을 통한 소규모 신학대학의 생존전략 연구	실용성	현실	실천
	'현재'의 고난과 '영원'한 구원의 징검다리 놓기: 반 고흐(Vincent van Gogh)의 기독교적 상징을 활용한 영성교육	융합성	혁신	이론
	아브라함 카이퍼(Abraham Kuyper, 1837-1920)의 신-칼빈주의(Neo-Calvinism)가 기독교통일교육에 주는 함의	공공성	공익	이론

53집 (2017-6)	폭력예방을 위한 평화인식 증진의 방향 연구: 기독교 평화교육을 중심으로	공공성	평등	이론
	입양어머니의 입양경험과 입양가정을 위한 기독교교육적 함의	융합성	개방	실천
	G. Dolto의 정신분석학적 관점에서 본 '존재의 집 형성으로서의 기독교교육' 연구	융합성	개방	이론
54집 (2017-9)	미래시대(포스트휴먼) 인성교육의 방향: J. A. Comenius 범지혜론을 중심으로	정체성	인성	이론
	기독대학생의 부모 애착표상이 종교적 성향에 미치는 영향	융합성	개방	실천
	기독교인 보육교사의 개인 및 신앙 변인에 따른 아동학대 인식의 차이	공공성	공익	실천
	기독교 세계관에 기초한 누리과정 '바른 식생활' 내용 분석과 조망	공공성	공익	실천
	재미한인청소년의 부모애착, 종교적 문제대응방식, 그리고 자존감과의 관계	융합성	개방	실천
	먹거리를 통한 기독교영성교육	융합성	개방	실천
	언어네트워크 분석을 활용한 기독교교육 연구동향 분석	융합성	혁신	이론
	교회갱신을 위한 지역사회 돌봄과 섬김의 리더십 훈련 연구	실용성	적용	실천
	한국 기독교인의 일상생활 속 기도 유형이 행복에 미치는 영향	실용성	효율	실천
	일하는 그리스도인들의 일상을 담아내는 교회교육 프로그램 제안	실용성	효율	실천
	Groome의 『Sharing Faith』에 나타난 '앎'에 대한 철학적 논의	정체성	전문	이론
55집 (2017-12)	교회 자원봉사자들의 사역참여 만족도 연구	실용성	현실	실천
	근래의 세대통합예배의 등장과 모형 연구	정체성	전문	실천
	미학(美學)과 기독교교육에 관한 연구(신학적 미학의 "방법론적 유비: methodological analogy"를 중심으로)	융합성	통합	이론
	남북통일 준비를 위한 기독교 교육적 시도: 섬김(Diakonia)의 융화교육	공공성	공익	실천
	기독교교육 분야에서 통일 교육 연구의 동향 분석	공공성	공익	이론
	유아교육기관에서의 교회 공과교재 '예꿈' 활용이 유아의 인성에 미치는 영향	정체성	이성	실천
	온 신학(Ohn Theology)이 제시하는 신앙교육의 방향	정체성	전문	이론
	신앙형성을 위한 존 웨슬리의 은총의 수단 연구	정체성	전통	이론
	"성찬, 경배의 대상인가?" 루터파와 후스파의 대화를 통해 본 종교 개혁적 성찬 이해	정체성	전통	이론

셋째, 본 학술지의 핵심 가치인 실용성은 기독교교육이 가지고 있는 교육의 실용적 기능과 역할에 기초하여 학술 연구의 적용성과 현실성과 효율성과 같은 세부 가치 개념을 척도로 한다. 실용성에서 가장 높은 비율을 보여준 세부 가치는 현실성과 적용성이다(각 41%). 현실성과 적용성에 보여준 관심은 전체 세부 가치 15개 중에서도 상위에 해당한다. 여기에

해당되는 사례를 들어보면, 52집의 「작은 교회와 큰 가정의 파트너십: 가정, 작은 교회로서의 교육목회 커리큘럼」은 교육목회 커리큘럼이 특별히 소규모의 교회와 가정에 어떻게 파트너십을 가지고 적용될 수 있는가를 보여준 대표적인 연구라 할 수 있다. 또한 45집의 「영아부 예배의 커뮤니케이션 방법: 기초화와 베이비사인을 중심으로」 역시 예배의 커뮤니케이션 이론이 유아 예배에 어떻게 현실적으로 사용될 수 있는가를 보여준 실용적 연구라고 할 수 있다. 52집의 「성경에 기초한 영아 오감 프로그램 개발」은 성경이라는 텍스트가 영아의 오감에 어떻게 효율적으로 활용될 수 있는지에 대한 좋은 예가 되는 논문이다.

넷째, 공공성은 전체 게재 논문 중 13%에 해당한다. 게재 논문들의 편수는 3차 평가 시보다 적지만 내용 면에서는 과거에 비해 심도 있는 연구들이 발표되었다. 49집의 「방관자 중심 집단 따돌림 예방교육」은 핵심가치인 공공성에서 정의라는 세부 가치를 강조한 논문이라고 할 수 있겠다. 이 논문이 목표하는 것은 집단 따돌림을 예방함으로써 평화롭고 정의로운 교육환경을 제공하려는 것이었다. 50집에 수록된 「여성적 가치의 관점에서 본 평화지향적 통일교육의 기독교교육적 함의」는 하나님 앞에서의 인간의 평등성('여성적 가치')을 통일교육이라는 관점에서 본 공공성에 관한 독특한 논문이다. 또한 54집의 「기독교 세계관에 기초한 누리과정 '바른 식생활' 내용 분석과 조망」은 기독교 관점에서 누리과정이라는 공교육과의 관련 속에서 공공의 유익과 사회적 참여를 분석하고 조망한 논문이다.

다섯째, 본 학회의 설립 때부터 지금까지 본 학회는 기독교교육이 고답적인 학문이 아니라 시대적 변화에 적응하는 학문이 되도록 하는 학회가 되기 위하여 정보화라는 핵심 가치를 내세우고 유사 학회와 차별화하려는 강한 의지를 가지고 노력해왔다. 본 학회가 정보성이라는 핵심 가치를 추가하게 된 이유는 4차산업 시대를 맞이하여 그 중요성이 점점 더 커져가고 있는 현실을 도외시하지 않고 학회 활동과 연구를 수행하기 위함이다. 따라서 머지않아 기독교 학문 연구 분야에서 정보화와 관련한 연구에서는 독보적 업적과 활동을 기대할 수 있을 것이라고 확신한다. 여기에 해당되는 사례를 들어보면, 48집의 「교회학교에서 이루어지는 소셜미디어 활용에 대한 교사의 사용의도 탐색 연구」는 공유의 세부 가치를 강조한 연구논문이며, 50집의 「취학 전 유아를 위한 기독교교육용 스마트폰 어플리케이션 개발」은 기독교교육과 콘텐츠 개발을 잘 접목시킨 새로운 시도였다고 평가한다. 끝으로 54집의 「언어네트워크 분석을 활용한 기독교교육 연구동향 분석」은 언어네트워크라는 첨단 커뮤니케이션 방법이 기독교교육의 연구동향을 파악하는 새로운 프로토콜이 될 가능성을 열어준 연구였다.

이상과 같이 4차 학술지 계속평가를 위한 정량적, 정성적 자체 평가를 종합해보면, 정량적으로 본 핵심 가치들은 분석의 타당도를 높이는 역할을 하였다고 본다면, 정성적으로 볼 때, 15개의 세부 가치는 정보화시대의 핵심 가치에 부합하는 전문성과 특수성을 고양하기 위해 개발된 분석의 척도이다. 상기 내용 분석을 통해서 본 학술지는 본 학회가 수립한 5대 핵심 가치를 균등하게(평균 21%) 실현하고 있음을 알 수 있었다. 가장 높은 핵심 가치가 정체성이었다는 것은 본 학회가 기독교교육이라는 학문의 전문성(81%, 전통 가치 포함)을 잘 견지함으로써 역시 학회의 정체성을 잘 유지하고 있다는 것으로 이해할 수 있다. 끝으로, 본 학술지의 독특성이라 할 수 있는 것은 매우 개방적이고 통합적이며 때로는 혁신적이기까지 한 논문들이 발표되고 있다는 것이다. 어떤 의미에서, 본 학술지는 기독교와 관련된 다양한 영역의 융섭(융합과 통합)적 논문들이 발표되고 있는 보기 드문 기독교 융합학회라고 할 수 있을 것이다. 이러한 자체 평가를 통해서 제4차 산업혁명 시대에 진입하는 시점에서 『기독교교육정보』 학술지는 한국의 기독교교육학의 새로운 위상을 정립하는 데 선도적인 역할을 수행하고 있음을 확인하는 과정이었다. 더욱이 A.I.가 지배할 미래 시대의 기독교 학문 세대를 위한 신개념의 학술지의 가치가 과연 무엇이어야 하는가를 심도 있게 학회 자체적으로 평가한 것은 우리 학술지가 한 단계 업그레이드하기 위해서 꼭 필요한 성찰이었다고 말할 수 있을 것이다.

Ⅳ. 게재 논문들의 학술적 성과

1. 게재 논문의 학술적 성과

최근 정부는 우리 사회에서 주 52시간 노동 시간의 엄수라는 새로운 원칙을 내세우며 강력히 그 시행을 요구하고 있다. 이러한 노동의 새로운 규칙을 정부가 나서서 실천하려는 열정의 속내는 무엇일까? 그것은 잃어버린 가족의 저녁 시간을 되찾아주겠다는 대통령의 선거 공약이었기 때문일까? 반드시 그런 것만은 아닐 것이다. 한국인의 노동의 조건을 선진국의 수준으로 업그레이드하려는 시책인 것이다. 다시 말하면, 우리의 노동 시간과 여가 시간의 균형, 즉 '워라밸(work and life balance)'을 잡아보려는 정부의 노력이라고 말할 수 있을 것이다. 같은 맥락에서 우리 학회지 『기독교교육정보』가 이론과 실제의 균형[티오-프라밸(theo-praxis balance)]을 유지하고 있다는 것은 학술지 평가 사업이 가져다준 첫 번째 학술 논문들의 성과라고 말할 수 있을 것이다.

첫째, 2011년 2차 계속평가 이후 본 학술지 게재 논문들의 이론과 실천의 균형비는 꾸준히 향상되어왔다. 이것은 연구재단의 학술지 계속평가가 주는 긍정적 영향이라고 평가할 수 있을 것이다. 2008년 이론과 실천의 비율은 1:9, 2010년에 3:7, 그리고 2014년에 들어와서는 4:6, 2017년에는 6:4로 해가 갈수록 게재 논문들의 이론과 실천의 균형비가 개선되고 있다(그림 2 참조). 이것은 본 학술지 『기독교교육정보』가 사변적이고 신학 일변도인 타 학술지와는 달리 시대의 변화를 읽고 발 빠르게 대처해가는 21

세기 학문 공동체로서의 공적 역할과 학문 정체성을 유지하는 기존의 역할을 균형적으로 그리고 건강하게 수행하고 있음을 반증하고 있기 때문이라 사료된다.

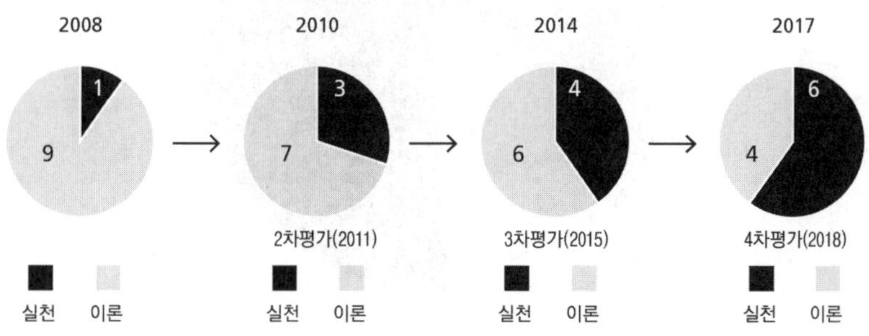

그림 2. 게재 논문의 이론과 실천의 균형비(티오-프라밸)

둘째, 학제 간 융합 연구가 활성화된 것이 커다란 성과이다. 본 학회는 창립 이후부터 기독교 인접 학문의 학회와 일반 학문의 논문 투고자들에게도 논문 투고의 기회를 개방하여왔다. 춘계와 추계 학술대회를 통하여 타 학문과의 융합 연구를 환영하고 본 학회에서의 논문 발표와 학회 활동 참여 기회를 더욱 개방하여 한국 기독교교육학의 학제 간 소통과 위상을 제고하여왔다. 21세기는 급변하는 미디어 혁명의 물결 속에서 기독교교육학의 생존을 위한 정체성을 갱신하는 세기라고 할 수 있다. 이것은 마치 미국의 오래된 REA(종교교육학회)와 APPRE(종교교육 교수자 연구자 협의회)가 겪어왔던 과정과도 같을 것이다. 앞으로도 '기독교와 그것을 가르치는 교육학'에 관련된 제반 학문들 간의 융합 연구, 학제 간 연구들을 격려하고 지원함으로써 한국 기독교교육학의 학문적 위상을 세계 속에서 널리 알리고 글로벌 학자들과의 소통의 네트워크를 더욱 개방하고 넓혀갈 것이다.

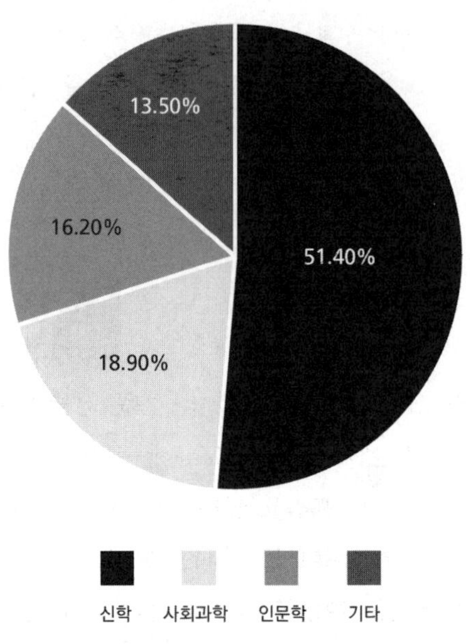

그림 3. 게재 논문의 학문 영역별 비율

최근에 들어와서 국내외에서 기독교교육학으로 박사학위를 취득한 신진학자들이 더욱 활발히 본 학술지에 논문 게재를 신청하고 있고, 또 연 1회 국제 학술대회를 개최함으로써 세계적인 기독교교육학자 및 실천 신학자들의 빈번한 내한이 있어왔다. 투고하는 교수들도 기독교교육학을 전공한 자들만이 아니라 일반 교육학, 사회복지학, 경영학, 상담학, 심리학, 행정학 등과 같이 다양하며, 공학, 의학 전공자들까지 그 영역을 넓히고 있다. 이는 학회의 국제교류와 학제 간 융합적 연구를 위한 학문의 경계 허물기와 지평의 확대를 통해 얻어진 값진 성과라고 평가할 수 있을 것이다. 올해 게재 논문들의 학문 영역 비율을 보면, 신학이 51%로 1위이고, 사회과학이 2위(19%), 3위가 인문학(16%) 그리고 기타 학문(14%)이 그 뒤를 이어 나타나고 있다.

셋째, 교육현장 및 실천 연구의 범위가 확대되고 있는 것이 또 하나의 성과이다. 오랫동안 기독교교육은 교회교육이라 불릴 만큼 연구의 현장성이 교회로 한정되는 경향이 있어왔다. 그러나 최근의 연구에서 나타나고 있듯이 기독교교육의 현장은 이제 교회를 넘어서 가정과 학교 그리고 사회와 글로벌 기관 등으로 점차 다양화되어 기존의 교육현장의 경계를 허물고 확장하고 있는 중이다. 3차 연도에 비해 4차 연도인 2017년에는 기타(전체의 49%)와 교회(전체의 24%)가 증가한 것으로 나타났다. 2014년 3차 평가 시에는 가정과 학교가 각각 38%로 제일 많았고, 교회가 17%, 기타가 7%를 기록했었다.

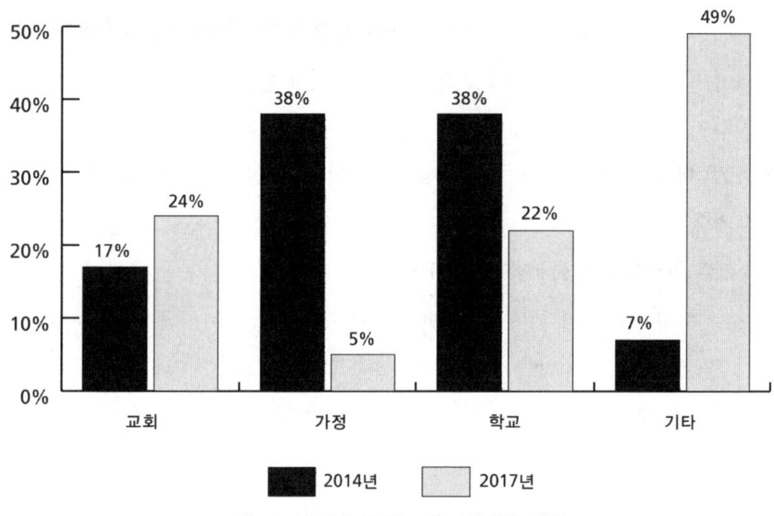

그림 4. 게재 논문의 교육 현장별 비율

본 학술지의 경우 2008년부터 2014년에 이르기까지 지속적으로 연구 및 교육 현장의 확대를 시도하였으며, 그 결과가 비교적 성공적으로 나타나고 있다. 그 이후로는 사회 영역을 보다 더 강조함으로써 현대사회에서 실용적 가치가 높은 학문으로서의 위상을 제고하고자 노력하였고, 그 결과 게재 논문의 교육현장별 비율에서 기타로 분류된 영역이 크게 증가하였다. 이는 교회, 가정, 학교라는 특정 영역에 국한된 연구들보다 다양하고 포괄적인 교육현장을 다루고 있는 논문들이 많이 게재되고 있다는 것을 시사하고 있다고 평가할 수 있을 것이다.

2. 기독교 최신 저널로서의 공적 책무성 내실화

『기독교교육정보』는 올해로 발간 18주년을 맞이하고 있다. 처음 설립 당시 본 학회는 국·영문 학술지를 각각 연 2회 발간하였다. 그러나 현재는 국문은 연 4회, 영문은 연 2회, 총 6회의 국·영문 학술지를 발간하고, 학술지 평가도 최초 등재 후보지에서 출발하여 지금까지 연속 3회 계속평가에서 국·영문 학술지 모두가 통과됨으로써 등재학술지로서의 명예를 유지하며 본 학회는 발전하고 있다. 이 과정에서 한국연구재단의 지원을 언급하지 않을 수 없을 것이다. 한국연구재단은 본 학술지가 오늘에 이르기까지 학술지 발간비와 학술대회 행사비를 연구비로 지원하여 학회와 학술지의 발전에 크게 기여하였다. 본 학회와 같이 소규모의 특수 학문을 연구하는 교수와 대학원생과 연구자들을 위해서 국가가 소액이라도 지속적으로 지원해준다면 특수한 학회의 존립에 크게 기여하게 될 것이고, 그것이 한국의 작은 학회들과 특수한 전공 학문을 생존케 하는 연구재단의 유익한 정책이 될 것이라고 사료된다. 특수한 학문의 작은 학회들의 유지 발전을 위해 꼭 필요한 정부기관으로서 존립해야 할 당위성이 여기에 있는 것이다.

큰 학회만을 국가 연구재단의 관리 대상으로 삼지 말고 작은 학회이지만 300명 이상의 전국 대학의 교수들이 회원인 우리 학회도 국가와 민족을 위해 기독교라는 종교를 통해 봉사하고 기여하고 있다는 것을 감안하여 지속적인 지원을 해주어야 한다. 그 이유는 본 학술지가 창간 이후 18년간 단순히 기독교교육학에 국한하지 않고 꾸준히 학문 간 융합을 위해 학술지의 공공성을 확대시키는 노력을 계속해왔기 때문이다. 기독교교육은 단순히 기독교의 교육학만을 말하지 않는다. 기독교는 2000여 년 동안 이어져오면서 서양의 많은 학자들이 전통과 시대적 상황과의 융합을 추구해왔다. 르네상스 시대부터 시작된 근대 교육학은 인문학적 접근이었지만 기본 정신은 기독교정신에 두었다. 루소, 페스탈로치, 코메니우스 등이 그러하였다. 따라서 본 학회 산하에는 지난 3차 평가 이후 코메니우스 분과와 기독교학교 분과를 증설하여 이 학문의 올드 앤 뉴(old & new)의 융합적 접근을 적극적으로 시도해오고 있다. 이 시도는 단순히 기독교교육과 인문학의 융합이 아니라, 이 연구를 시초로 하여 타 학문(사회학, 사회복지학, 행정학, 역사학, 예술학, IT 및 교육공학 등)과의 융합의 광역화도 적극적으로 확대시켜나가려고 한다. 뿐만 아니라 SNS 시대에 일반 독자와 종교 독자들을 위해 스마트폰에서도 구동이 쉬운 앱을 개발할 계획을 가지고 있다. 언제 어디서나 연구자들이 논문을 볼 수 있고 사용할 수 있도록 본 학술지의 모바일 서비스와 학술지의 종이 없는 전자 출간을 위한 앱 개발도 구상하고 있다.

V. 결론

4차 산업혁명 시대가 몰고 올 큰 충격 중 하나는 "인문학이 더 이상 인간에 관한 연구를 할 수 없게 될지도 모른다"는 불안일 것이다. 벌써부터 세계에서 가장 설교를 잘하는 자는 사람이 아니라 A.I.라는 예측이 나오고 있고, 그런 날이 오면 교회의 종말이 될지도 모른다는 공포가 엄습할 것이다. A.I.의 실용화는 인문학의 영역뿐 아니라 신학의 붕괴를 가져올지도 모른다는 우려들이 있다. 위기는 기회라는 말처럼 한국이 처한 글로벌 환경의 변화 속에서도 본 학회는 대한민국의 우수 종교교육 학술지가 되는 그날까지 질적 향상을 위해 계속 정진할 것이며, 기독교가 한국사회의 빛과 소금으로서의 본분을 잃지 않도록 지속적으로 학문적 파수꾼의 역할을 감당해갈 것이다. 특별한 재정적 지원 없이 기독교 관련 학회로서 전문성과 특수성을 지켜오는 것은 쉽지 않은 일이었다. 한국에는 현재 30

여 종의 기독교 학술지가 발간되고 있다. 연구재단이 처음으로 학술지 등재를 시작한 초기에 기독교학회들 중에서 우리 학술지가 세 번째로 등재되었던 것을 기뻐하던 그날을 아직도 생생하게 기억한다. 우리 학회는 그동안 충실하고 정직하게, 연구재단의 등재학술지로서의 질적 수준 향상을 위해 우직할 정도로 정부 연구재단의 프로토콜을 철저히 지키며 국·영문 학술지 두 종류를 포기하지 않고 발행해왔다.

'존재론자' 마르틴 하이데거(Martin Heidegger, 1889-1976)는 인간 문명의 '코드'인 과학적 사고는 인간의 잣대로 세상의 존재들을 해석하고 평가하려 한다고 지적한다(하이데거, 1927/1998). 학술지는 인간의 이성이 만들어낸 고급 문명의 산물 중 하나일 것이다. 그리고 이 고급 문명의 산물은 매 3년마다 연구재단에 의해 평가를 받아야 존재할 수 있게 된다. 만일 이 심사에 통과하지 못하면 학술지는 존재하더라도 무존재(non-being)일 수밖에 없다는 것이다. 왜냐하면 더 이상 학술지로서의 가치가 매겨지지 않기 때문이다. 등재학술지의 가치가 대학교수의 연봉에 직접적인 영향을 끼치게 되면서 무가치한 학술지에 논문을 게재하는 것은 어리석은 일이 되어버렸다. 왜냐하면 아무도 그 글을 읽지도 인정하지도 않기 때문이다. 비등재지에 논문을 내지 말아야 하는 가장 중요한 이유는, 그러한 행위가 교수 자신의 연구의 질에 어떠한 부가가치도 창출하지 못하기 때문이다. 그러므로 이 시대 대학교수들에게 등재학술지 외에 다른 학술지에는 논문을 게재하지 않도록 한 것은, 연구재단이 이룩한 또 하나의 공권력의 쾌거라고 비판받을 수 있을 것이다. 매 3년 주기마다 돌아오는 등재학술지의 계속평가는 이런 이유로 학자들에게 그들의 존재 유무를 결정해주는 중요한 변수가 되었다. 인간의 지성에 가치가 매겨지는 존재의 치열한 싸움은 이미 시작되었고, 이 배틀에서 영원한 승자는 없는 것 같다. 본 학회의 학술지가 심사자들에 의해 이성적으로 얼마나 잘 파악될 수 있는가에 따라 '타당성과 신뢰성'은 결정될 것이고, 한국 땅에서 학술지로서의 존재 가치를 인정받게 될 것이다. 그러나 고급 지성을 연마한 자들은 언제나 심사자의 역할만 하지는 않는다. 그들 자신도 심사를 받고 평가를 받아야 할 때가 반드시 있기 때문이다.

결론적으로, 하이데거의 말처럼, 우리는 인간이 아닌 세상과 존재에 더 가치를 두며 살아가야 한다. 왜냐하면 세상은 우리가 어떻게 평가하건 간에 이미 의미를 지니고 있기 때문이다. 세상은 우리의 지성만을 통해 파악되는 것이 아니라, 세상의 가치가 우리의 이성을 통해 드러난다는 사실도 잊어서는 안 될 것이다. 모든 심사와 평가는 완벽할 수가 없다는 것이다. 신은 우리가 지성의 한계를 깨닫고 겸손할 때만이 우리를 그의 대화자로 초대할 것이다.

한기정의 국문학술지 『기독교교육정보』의 학문적 성과는 지난 18년간 이사장을 포함한 이사들, 편집위원장들과 편집위원들, 편집간사들(esp. 이종식 박사), 논문 저자들, 또한 비판적 독자들의 공동 노력의 결과로 얻어진 산물이다. 앞으로 KSCEIT는 지금까지와 마찬가지로 더욱더 기독교 학문공동체와 그들을 위한 학문적 이슈 제기(issue-posing)의 선두주자가 될 것을 약속하며 이번 4차 한국연구재단의 계속평가에서도 좋은 소식이 있기를 기대한다.

참고 문헌

기독교교육정보, 44집~55집.

마르틴 하이데거(1998). **존재와 시간**. (이기상 역). 서울: 까치. (원전은 1927년에 출간).

Abstract

A Self-Evaluation on the Core Values and Academic Outcomes of the Journal "Christian Education & Information Technology" in the Period of 2015 to 2017

Meerha Hahn
(Professor, Hoseo University)
Ki-Sook Kim
(Professor, Seoul Women's University)

This article has been prepared for the 4th continuous evaluation of the academic journal by the Korea Research Foundation. More specifically, it analyzes the core values and scholarly achievements of 117 articles published by the Korea Society of Christian Education & Information Technology (KSCEIT) during the three years from 2015 to 2017.

The criteria consisting of 5 core values and 15 sub-values for analyzing the Journal of "Christian Education & Information Technology," are developed by the editorial committee of the journal of KSCEIT. The five core values of academic journals pursued by the KSCEIT are academic identity, hybrid, practicality, publicness, informativeness. Identity includes the study of basic theories for Christian education. The three sub-values that embody the identity of Christian education are seen as history & tradition, professionalism, and humanness.

Since the KSCEIT's genesis in 2000, the concept of hybrid has become one of core values that the Society has pursued. The sub-values that embody hybrid are seen as openness, integration, and innovation. The practicality emphasized by the Society is the application of academic discoveries in the various fields of education. The sub-values are considered as application, realness, and efficiency. Although all academic disciplines claim to pursue a public nature, Christian education considers more preciously of publicness than any academic discipline. The sub-values of as defined in this article is about justice, equality and public interest. Informativeness is the core value emphasized since the establishment of the Society. The sub-values used for evaluating this category are shared-ness, digital contents, and cutting-edged.

The findings of this article are as follows. First, since the 3rd evaluation (2011), the balance between theory and practice of the articles published has been improved. The balance ratio between theory and practice of the articles was shown improving: in 2008 9:1, reached 7:3 in 2010, 6:4, in 2014, and 4:6 in 2017. Second, it is a great achievement that interdisciplinary hybrid researches were conducted most during the same period.

The professors who contributed to this journal are getting diverse, such as general education, social welfare, business administration, counseling, psychology, and public administration, and nowadays even professors of engineering and medicine are contributing their articles as well.

Third, it is another achievement that the scope of education field and practice research is expanding. As a result, in the ratio of educational papers in KSCEIT's Journal, there is a large increase in unclassified education field. This means that there are a lot of papers dealing with a more inclusive field of education than those limited to the conventional Christian education field like church, home, and school.

This journal is one of the cutting-edge journals in Korean Christian academics and its fame has been build up and improving as a reliable academic journal enhancing public accountability. Finally, one of the greatest fears in the era of the Fourth Industrial Revolution might be that "humanities will no longer be able to study humanness."

The quality of this journal is a result of the joint efforts of editors, authors of the last 18 years, and critical readers. In the future, KSCEIT promises to become a leader of the Christian academic community and to raise awareness of these issues. We look forward to hearing good news from the fourth evaluation of the Korea Research Foundation.

Key words: identity, hybrid, practicality, publicness, informativeness, core values, academic journal, Fourth Industrial Revolution.

한국 기독교교육학의 비판적 성찰*

한미라 (호서대학교 교수, 한국기독교교육정보학회)
mrhahn2022@gmail.com

프롤로그

50년 전 신학자들은 기독교 교회들은 쇠잔해갈 것이라고 예측하였다. 그러나 50년이 지난 지금 세계 기독교 교회들은 예측과 달리 성장의 또 다른 국면을 맞이하고 있다(Cox, 2009). 물론 기존의 교파주의 교회들은 전반적으로 교세가 서서히 감소되고 있지만 항상 예외적인 교회는 있기 마련이다. 아직도 어린이 신자의 성장이 멈추지 않고 있는 교회들은 대부분 오순절 교회나 천안의 G 교회와 같이 독특하게 목회 전 영역에서 기독교교육을 접목시켜 교회 전체가 교육에 올인하는 교회들이라고 할 수 있다.

* 이 논문은 한국기독교교육학회 설립 50주년 기념으로 열린 한국기독교교육학회와 한국기독교교육정보학회의 공동학술대회(2010년 11월 20일, 사랑의 교회)에서의 주제 발표를 수정 보완한 것임.

30년 전 존 웨스터호프(John H. Westerhoff III)는 미국 교회의 "주일학교는 죽었다"고 단언하였다(1980, 639-642). 웨스터호프가 『Will our Children have Faith?』(1976)라는 책을 썼을 때 미국교회는 사실상 죽어가고 있었다. 그러나 이후, 미국교회는 어떻게 되었을까? 하비 콕스(Harvey Cox)의 『Future of Faith』(2009)에 의하면 50년 전 그의 예측과는 달리 미국교회를 포함한 세계 교회들 중 성령운동 교회와 초교파 독립 교회들은 놀라운 성장을 계속하여 세계 초대형 교회들 중 20% 이상을 차지하고 있어 기독교의 성장에 효자 노릇을 하고 있다고 하였다. 그런데 이렇게 성장하는 교회들의 특징은 하나같이 그들의 교회학교에 있다고 필자는 분석한다. 한국에는 전 세계적으로 50대 교회 안에 들어가는 교회가 23개나 있다. 미국 전역에 걸쳐 주일 출석 교인 수가 2,000명이 넘는 교회는 1,300개 교회로 집계되었다(http://hirr.hartsem.edu/megachurch/database.html). 실제로 남부의 초대형 교회들인 North Point, Victory World, Dunwoody, Elizabeth, 그리고 First Baptist 교회 등과 동부 보스톤의 Grace chapel을 탐방하면서 필자가 체감한 것은 이러하다. 이 초대형 교회들의 교회학교가 우리의 것보다 특별한 것은 '교육환경과 시설의 철저함', '거대한 교육조직의 셀모임화', '발달단계를 고려한 완벽한 돌봄과 교육의 운영', 그리고 한 가지를 덧붙인다면 '훈련받은 헌신적인 교사들'이었다. 특히 젊은 부부 신자들을 위한 신생아에서부터 3세 미만의 영유아를 위한 탁아와 보육을 겸한 철저한 교육적 서비스의 제공이 교회를 부흥시키는 원인이라고 필자는 느꼈다. 이 점이 아마도 한국 초대형 교회와 미국교회의 다른 점이 아닌가 생각하였다.

그렇다면 유럽의 상황은 어떠할까? 유럽의 교회 상황을 다 언급할 수는 없을 것이나, 지난 2000년 영국의 종교 담당 저널리스트인 헤이절 사우탬(Hazel Southam)은 「영국 교회가 주일학교의 죽음을 예언한다(Church predicts death of Sunday School)」는 기고문을 『더 인디펜던트(The Independent)』라는 잡지에 기고한 적이 있었다. 영국은 1780년 세계 최초로 주일학교를 탄생시킨 종주국이다. 그러나 그러한 나라의 교회에서 주일학교가 죽을 것이라는 예측은 다른 나라의 주일학교마저 불길하게 만드는 파장을 불러일으킬 수 있을 것이다. 영국 성공회 신자들은 주일학교가 죽어가는 이유를 크게 네 가지로 들고 있다. 첫째, 주일학교에서 더 이상 배울 것이 없다. 둘째, 영국의 40대 미만의 부부들이 그들의 자녀를 주일학교에 보내지 않는다. 그 이유는 이혼 가정이 늘고 있기 때문이라고 보고 있다. 셋째, 어린이들은 교회 밖에 더 재미있는 것들이 많아 교회의 교육에 관심이 없어지고 있다. 넷째, 교회 지도자들인 감독들이 어린이 교육에 목회의 우선순위를 두지 않고 있다는 것이다. 이와 같은 사우탬의 진단은 한국교회 교회학교의 위기의 원인과도 동일하다고 본다(http://www.independent.co.uk/news/uk/this-britain/church-predicts-death-of-sunday-school-707079.html).

한 신학생의 블로그에 올라와 있는 「지금 상태로는 정말 어려운 교회학교」라는 글에서 말하고 있듯이, 현재 한국교회의 상황은 대체로 적신호임에는 분명하다(http://blog.daum.net/rlakdgus/ 8627017).[1] 그러나 여기에서 우리가 분명히 해두어야 할 것이 있다. 이러한 한국교회교육의 위기는 사실 30년 전이나 20년 전이나 존재해왔다는 것이다(한미라, 2005, 35).[2] 그러나 2000년대 들어와서 기독교교육이 도전받고 있는 것은 질적으로 다른 위기라는 것이다. 교회의 자정 능력으로는 도저히 불가능한 교회의 외적 위기, 즉 저출산율과 삶의 스타일의 대전환 등과 같은 생태학적 혹은 환경적 도전에 직면해 있다는 것이다.

한국 기독교교육학에 대해 비판적으로 성찰한다는 것은 한국에서 논의되고, 행해지고, 경험되어온 기독교교육의 과거, 현재, 미래에 관해 언급하고 논의하겠다는 것을 의미한다.[3] 즉, 과거를 회상하고, 현재의 이슈와

---

1 원출처를 알 수 없는 유사한 글들이 웹상에 올려져 있다.

2 본 논문 중 '개신교 교회학교의 7대 문제'(pp. 60-70) 참조.

3 '비판적 성찰'이라는 용어는 이미 오래전부터 철학자들과 사회과학자들에 의해 사용되어왔다. 기독교교육학자들이 사용하기 훨씬 이전부터 이른바 '비판이론 학파'에 의해 제

문제를 분석하여 미래를 창조적으로 상상하는 고도의 이성적, 실천적 사고가 요구되는 작업인 것이다. 지난 27년간 기독교교육학을 가르치는 교수와 연구자로 살아온 사람으로서 한국 기독교교육에 대해 긍정적인 평가와 격려보다는 문제와 위기로 점철되고 있다는 비판의 소리를 더 많이 들어왔다. 30년 전이나 지금이나 기독교교육 현장에 있는 교회학교 교사들이나 목사들, 그리고 기독교교육학 교수들은 표현은 상이하지만 한 가지 공통된 마인드를 가지고 있다. 즉, 한국 기독교교육이 위기 상황에 처해 있다는 것이다. 현재 한국의 기독교교육은 분명 위기상황에 놓여 있다. 교회의 어린이와 청소년 신자가 줄고 있고, 교회에서 교사대학이 중단되거나 소원해졌고, 대학 기독교교육학과 재적률의 감소, 심지어는 기독교교육학과를 이미 폐쇄한 대학이 생겨났으니 이런 말을 할 만도 하다. 그러나 기독교교육으로 인해 한국교회가 세계적으로 주목받을 만큼 성장한 것은 인정하지 않은 채 지난 30년 기독교교육이 지속적으로 위기에 처했다는 말을 듣는 것에 회의를 느끼지 않을 수 없다. 위기가 출현되었다면 반드시 그 이면에는 원인이 있을 것이고, 그 위기에 대한 대처방안이 모색되었어야 하지 않았을까? 최근 한국기독교교육학회에서 발제를 맡으신 원로 학자께서 자신부터 회개한다고 하셔서 우리를 숙연케 하셨지만, 한 원로 학자의 자기반성만으로 기독교교육학이 제 기능을 회복하지는 않을 것이다. 한국 기독교교육학이 쇠퇴할 것이냐 아니면 도약할 것이냐를 전

시되었던 이 개념은 사회와 세계에 대한 인간의 허구의식을 밝혀내는 구체적인 탐구 방법이라는 의미로 정의되어왔다. 찰스 우드(Charles M. Wood)에 의하면 '비판적 성찰'이란 연구 대상에 대한 일종의 판단을 시도하는 접근 방법이다. 이 방법의 기본 전제는 인간들이 구성해온 진리 체계나 가치 판단의 형태는 특정한 시대적 정황 속에서 형성된 '역사적 산물'이기 때문에 절대적일 수 없으며, 따라서 그에 대한 수정은 불가피하다는 것이다. 그리고 이 같은 기본 전제를 수용하는 학문적 입장이란 비판적 성찰을 통해 과거보다 더 나은 판단 기준을 마련함으로써, 왜곡된 인식의 형태나 시대적 편견 등을 분석할 뿐 아니라, 합리적인 인식과 누적된 경험 그리고 창의적 상상력을 토대로 한 새로운 진리 체계와 가치 판단의 가능성도 긍정적으로 전망할 수 있다.

망하는 일은 한국 기독교교육과 관련된 한국교회를 포함한 많은 요인들을 폭넓고 심층적으로 고찰한 후에 도출할 수 있다고 생각한다.

1983년 신학대학 기독교교육학 교수로 부임하여 기독교교육현장에 나아가보았다. 그때까지 한국 교회교육을 위해 준비된, 그리고 세련되고 효율적인 교육환경을 갖춘 교회는 거의 없었지만, 어린이와 청소년들을 위한 교사와 교육현장만큼은 뜨거운 열정이 느껴졌던 것을 잊을 수 없다. 여름성경학교 교사강습회에 초대받아 시골 교회 '교사대학'을 가보면 빼곡히 둘러앉아 한 자라도 더 배우려던 교사들의 초롱초롱한 눈빛이 생생하게 기억난다. 토마스 그룸(Thomas H. Groome)은 우리에게 문제나 위기나 이슈가 있다면, 그것을 있게 한 우리들의 과거에서 누가, 왜, 무슨 동기로 그리하였는지, 그 당시 어떤 상황과 배경이 그러한 현상과 행동을 발생시켰는지를 분석하고 기억하라고 말한다. 그러나 만일, 비판적 성찰이 여기에서 종료된다면 우리는 남의 과실이나 오류를 탄핵하는 과거로의 회귀만을 일삼게 될 것이다. 분석을 하였으면 그에 상응하는 대책을 제시하고, 기억을 하였다면 그 기억 속에서 반성할 일을 반면교사(反面教師)로 삼음으로써, 미래에 같은 실수를 저지르지 않고 더 악화된 상황을 만들지 않도록 온고지신(溫故之新)하는 창조적 상상을 제시하는 것이 비판적 성찰의 목적인 것이다.

한국에서 경험되었던 기독교교육, 그것은 교회와 기독교학교들의 교육현장을 떠나서는 생각해 볼 수 없다. 120년이 넘는 소중한 기독교교육의 경험들이 쌓여 이제는 한국적 기독교교육학의 체계를 세울 충분한 역사와 시간이 되었다고 필자는 생각한다. 이에 그동안 한국 기독교교육을 위해 현장에서 헌신하였던 이름 없는 교사들을 위해 무한한 찬사를 보낸다. 그리고 그들을 헌신하도록 격려하고 이끌어준 이 땅 위의 목회자들과 평신도들에게도 하나님의 축복이 임하길 기원한다. 그러나 무엇보다도 교회교육의 주역들은 말없이 교사들의 가르침에 따라주었던, 교회학교를 거쳐나간 셀 수 없이 많은 교회학교의 학생들이 있었기에 오늘의 한국 기독교

교육은 가능한 것이었음을 또한 잊어서는 안 될 것이다.

그룹은 비판적 성찰을 자아 성찰의 3단계로 설명한다(1980, pp. 185-188). 첫 번째는 현재의 상태를 평가하기 위한 비판적 추론의 단계로서, 예를 들어 현재 시점에서 기독교교육학의 위기나 문제라고 명백하게 알려져 있는 것에 대해 비판적으로 추론하기 시작하는 것을 의미한다. 그러므로 한국 기독교교육학의 위기나 문제를 보다 신빙성 있는 자료에 근거하여 객관적으로 정의해야 할 필요가 있을 것이다. 두 번째 단계에서 요청되는 것은 과거의 연장선상에 있는 현재 속의 과거의 뿌리를 밝히기 위한 '비판적 기억'의 행위이다. 예를 들어 현재 한국 교회학교의 실태는 이미 과거로부터 전수되어온 것이기 때문에 총체적 상태로서의 '현재'를 비판적으로 평가하는 작업은 당연히 현재 속에 있는 '과거' 한국 교회교육에 대한 분석을 필요로 한다. 그러므로 '비판적 기억'이란 교회 전통의 개인적, 사회적 기원을 자기 반성적 차원에서 찾아내어 그 정당성이나 적절성의 여부를 구별하려는 시도라고 말할 수 있다. 이런 관점에서 지난 춘계 학술대회에서 은준관 교수가 기독교교육자들에 대해 회개를 촉구한 것은 타당성을 지닌 것이라고 평가한다. 그러나 학자들의 회개만으로 기독교교육학을 위기에서 구할 수는 없을 것이다. 세 번째 단계에서는 오늘의 한국 기독교교육학에 함축되어 있는 우리들의 미래를 준비하기 위한 '창의적 상상'이 필요하다. 앞서 언급한 바대로, '현재에 대한 비판적 추론'이나 '과거의 비판적 기억' 그 자체는 비판적 성찰의 최종 목표가 아니라, 좀 더 적절한 기독교교육의 방향과 발전 전략을 탐색하기 위한 과정적 단계라고 말할 수 있다. 이에 비해 한국 기독교교육학의 새로운 전통을 수립하고 새로운 지평을 열기 위한 도약을 위해 '창의적 상상'은 본 발제(problem posing)의 궁극적 목적으로 제시될 것이다.

한국인들에게 기독교교육학은 어떤 학문이었나?

루이스 셰릴(Lewis Sherrill)은 그의 명저『기독교교육의 발생(The Rise of Christian Education)』(故 이숙종 역)에서 기독교교육의 시작이 히브리인 공동체가 하나님을 알아가는 과정으로부터 발생되었다고 전제하였다(Sherrill, 1944/1994). 셰릴의 이와 같은 사유 방식을 빌린다면, 한국 기독교교육의 발생도 한국에서 크리스천 공동체가 형성되면서부터 시작되었다고 보아야 할 것이다. 물론 역사적으로 볼 때, 한국에서 가톨릭 공동체의 형성은 개신교의 그것보다 오랜 역사를 가지고 있는 것이 사실이다. 그러나 본고에서는 연구 범위를 개신교만으로 좁혀서 논의하고자 한다. 즉, 한국 개신교는 1884년부터 들어온 미국 선교사들에 의해 이 땅에, 병원과 교회와 일반 학교와 주일학교가 설립되고, 이어 대학들이 세워졌다. 또한 목사를 양성할 목적으로 1901년 평양에 신학교가 설립되었고 설교학, 목회학, 종교교육이란 과목이 교수되었다는 것도 알 수 있었다(김영한, 2009). 추론하건대 기독교교육은 실천신학 과목이나 목회학 과목 속에서 다루어졌을 가능성이 높다. 후에 한국 최초로 기독교대학에(숭실대학교, 1960년) 기독교교육학과가 설립되어 바야흐로 기독교교육학이 한국 대학에서 그 존재를 드러내게 된다(http://new.ssu.ac.kr/web/kor/intro_c_02_03_ a). 그리고 같은 시기에 미국에서 기독교교육학으로 박사학위를 받고 귀국한, 기독교교육학을 전공한 남자 목사들이 한국 교계와 대학 사회에 알려지기 시작한다. 기독교교육학 분야에서 박사학위를 취득한 학자들이 생겨나기 시작했다는 것은 그 학문의 나무를 가꿀 인재가 나왔다는 뜻이기에, 이것을 한국 기독교교육학의 실질적 태동이라고 볼 수도 있을 것이다.

이보다 앞서 1905년 선교연합공의회가 조직되었는데, 그 조직 안에 한국 최초로 주일학교위원회가 조직되었다. 이어서 1922년 조선주일학교연합회로 출범, 1928년 교파 중심의 주일학교연합회로 각기 분리 설립되었다가, 1948년에 다시 조선주일학교연합회를 재건하여 현재의 대한기독교

교육협회(Korean Council of Christian Education, KCCE)로 개칭하고, 재출범하여 오늘에 이르고 있다(엄요섭, 1959, p. 25). 지금과 같은 현대 학문으로서의 학회 조직인 한국기독교교육학회나 한국기독교교육정보학회가 설립되기 전까지 KCCE는 미국의 REA(Religious Education Association) 단체와 같이 기독교교육 현장 교사들과 평신도 지도자들을 위해 현장과 기독교교육 이론들을 이어주는 준(準)학회(para academic society)로, 가교 같은 역할을 잘 감당해주었다고 평가할 수 있을 것이다. 그러나 KCCE는 교회 연합 단체이기 때문에 교파별로 파송되는 리더십은 책임 있는 기독교교육학의 전문성을 제고시키기에는 구조적 한계를 안고 있다고 본다. 그래도 KCCE가 이룩한 대학의 기독교교육학과 교수들과 교회학교 현장과의 연계 작업은 협회가 주최하는 각종 세미나와 공개 강연, 공동 교육과정 및 교재 개발 사업을 통하여 한국 기독교교육 현장을 개선시키고 업그레이드시키는 데 있어서 누구도 부인할 수 없는 공헌을 남겼다고 평가된다. 특히 아날로그 시대까지는 한국에서 기독교교육학의 이론들을 소개하고 소통하게 하는 유일한 교육전문잡지인 월간 『기독교교육』이란 매체를 지속적으로 출간함으로써 수많은 교회학교 교사들에게 지면으로 교사의 길라잡이가 되어주었다는 사실은 아마도 한국 크리스천들의 삶 속에 오래 기억될 부분임에 틀림이 없다.

그러나 90년대 들어와서 매체의 혁명이라고 할 수 있는 디지털 매체와 인터넷의 개발로 기독교교육 현장은 엄청난 속도로 변화를 요구받고 있었다. 90년대 중반부터 대학교수들의 연구 역량이 국가적으로 강화되면서부터 기독교교육학자들의 유일한 현장과의 통로였던 월간 『기독교교육』은 기독교교육학자들로부터 멀어지기 시작하였다. 국내 유일의 초교파 기독교교육 전문 월간 저널이었던 이 기관지는 아날로그 시대의 종언과 더불어 디지털 시대의 변화에 제대로 부응하지 못한 채 오늘에 이르고 있다. 현재도 교파 연합단체 기관지로서 찬양 및 율동, 설교 자료집 이상의 기능을 하지 못하고 있는 것은 큰 아쉬움으로 남는다. 더욱이 90년이 다 되어가는 한국의 현존하는 유일한 교단 연합 기독교교육 전문기관임을 천명하고 있기는 하지만, 또 하나의 실패한 기독교교육 기관이 아니기를 바랄 뿐이다. KCCE가 진정 기독교교육 전문기관으로 거듭나기 위해서는 이 기관의 리더십의 선정과 운영이 보다 시대의 변화에 맞게 전문가 집단으로 전환되어야 하며, 우리가 직면하고 있는 한국 기독교교육의 위기를 극복하는 데 적극 나서야 할 것이다.

한국 기독교교육학의 발생과 성장에 지난 50년간 중요한 기여를 해온 학문공동체는 한국기독교교육학회임을 믿어 의심치 않는다. 이 학회의 회장을 지냈던 한 사람으로 22년 만에 다시 찾은 이 학회에 서니 격세지감을 느낀다. 그리고 나 자신도 나에게 다시 묻는다. "나에게 기독교교육학은 어떤 의미를 지니는가?" 그리고 오늘 이 학술대회에 참석한 모든 기독교교육을 사랑하는 여러분께 묻고 싶다. "여러분에게 기독교교육학은 어떤 의미를 갖는가?" 이 질문은 우리 모두에게 왜 기독교교육을 우리의 중요한 가치로 선택했으며, 우리가 기독교교육학을 가르치고 연구하는 궁극적인 목적이 과연 무엇인가를 질문하는 것이다.

셰릴은 "기독교는 각 시대마다 그 시대가 원하는 특수한 종교의식을 가지고 그 속에 존재해왔다. 그 형식 속에 담겨져 있는 내용은 그 시기의 크리스천들이 가졌던 신앙이었으며, 그 신앙은 모든 종교 형식과 교육행위의 내용이 되었다. 바로 그 신앙이라는 내용과 그 틀은 시대마다 요구하는 기독교교육의 교육과정을 갱신하는 결정적 요소가 되었다"고 말하였다(Sherrill, 1944, pp. 1-2). 이 말을 잘 새겨보면 60년대 이후 한국의 산업화와 정치 민주화의 물결 속에서 예수가 제시한 복음과 진리의 길을 따르는 것이 곧 그 시대의 우리에 대한 요청(소명)이라고 믿어왔기 때문이다. 더 나아가, 우리가 이끌어야 할 차세대들을 우리가 신앙하는 바대로 살아가도록 교육(제자화)하는 것이야말로, 앞선 세대인 우리가 해야 할 최대의 사명이라고 공감하였기 때문이다. 이러한 예수 의식과 제자 양육에 관한 생각과 경험들을 좀 더 체계적으로 연구하고 성찰한 것들을 함께 나누는 장이 곧 학회가 된 것이다.

기독교의 진리를 가르치는 것에 관한 경험과 이론들을 함께 통합하는 지성적인 작업은 많은 학자들에 의해 저술로 쏟아져 나왔고, 70년대 말부터 90년대에 이르기까지 한국 기독교교육학에서 많은 학술적인 성과를 내게 되었다. 또한 신학의 관점을 전제로 한 교육신학과 철학, 그리고 심리학적 이론들을 접목한 기독교교육 이론들에 관한 저서와 역서들이 기독교서회를 중심으로 출간되어 나오기 시작했다. 그러나 필자가 이 책들을 섭렵해본 결과, 고도의 학술적 지식들을 심층적인 자기 주관으로 세운 후에 내놓은 책이라기보다, 외국 학자들의 사유 방식을 마치 자신의 것인 양, 그대로 번역하여놓은 책에서부터, 많은 자료들을 자신의 책 안에서 대화시키기보다는 그 책을 서평하는 정도의 깊이를 지닌 책들도 많았다. 한국적 기독교교육의 현상을 깊이 관찰하고 그것에 대한 대안과 교훈을 주는 저서들보다는 대학교에 기독교교육학의 영역에 개설된 교과목을 가르치기 위한 목적으로 저술한 교재가 대부분이었다고 하는 것이 보다 정확한 평가이다. 영미 기독교교육학자들의 저술들과 한국 기독교교육학자들의 저술의 제목에서 오는 차이가 이것을 극명하게 잘 증거하고 있다. 물론 한국에서 기독교교육학자들이 과목명 같은 책 제목으로 책을 저술하지 않는다면 책의 판로에 큰 지장을 받는다고 하는 것에 어느 정도 공감이 가기는 한다. 최근 대학마다 교수들의 업적 평가를 할 때 이렇게 교재 같은 저술일 경우는 아예 교재로 인정한다는 규정이 있다는 것이다. 그러므로 기독교교육학자들의 학문적 역량을 높이기 위해서는 교재 같은 책을 쓰는 데 들어가는 시간과 열정이 있다면 차라리 한 편의 심도 있는 논문을 써야 한다는 것이 한국연구재단이나 대학 사회의 공통된 의견이다. 그런데 유독 이러한 한국 학계의 요청에 반응이 늦게 오는 사람들이 기독교교육학자인 것 같다는 생각을 지울 수 없는 것은 필자의 생각만은 아닐 것이다.

서양의 기독교교육학자들은 기독교교육학의 역사를 구약 시대로부터 시작하여 유대인들의 회당 및 학교교육 시대를 거쳐 초기 기독교교회 시대와 종교개혁을 지나 영국에서 발원된 주일학교 운동이 미국으로 확산되면서 오히려 근대 기독교교육학은 급속도로 발전하게 된다고 기술한다. 이때부터 미국은 기독교교육학의 학문적 중심이 되어왔다. 한국에서의 기독교교육학 역시 같은 기독교신앙의 뿌리를 공유함으로 인해 히브리적, 유대적 전통을 기독교교육의 기원으로 공유할 수밖에 없으며, 영국의 주일학교 운동이 전 세계적으로 확산될 때, 한국도 세계주일학교 연합회 결성에 참여했다는 역사적 발자취를 찾을 수 있다는 것만은 자부심을 갖게 하는 대목이라 할 수 있을 것이다. 그러나 이 시점으로부터 한국의 기독교교육학은 일제의 침략이라는 암흑기를 거치게 되는데, 가장 치명적인 것은 기독교교육학의 인재들이 이 시기에 양육될 수 없었다는 것이다. 한국기독교교육학회가 해방 이후 15년이 지난 뒤에야 설립되었지만, 본격적으로 각 신학대학에 기독교교육학 교수가 전임 교수로 임용되기 시작한 것은 학회의 역사와 같이 오래된 것은 아니다. 아무래도 기독교교육학의 발전은 대학에서의 고등학문으로서의 기독교교육학이 교수되고 연구되어야 활발히 발전할 수 있음은 주지의 사실일 것이다. 그런데 21세기가 도래된 이 시점에서도 한국 대학에서의 기독교교육학은 아직도 그 학문적 터전을 뿌리내리기 위해 생존경쟁을 계속해야 한다. 저출산과 청년 인구 감소로 인해 대학 인구의 격감이 예측되는 2020년까지 교파가 연계된 신학대학의 기독교교육학과를 제외한 기독교 종합대학 내의 기독교교육학과들과 교수들은 대학의 경영논리에 맞서야 하는 도전 앞에 놓여 있다. 여기에 목회상담 및 기독교 상담학에 대한 요구가 증가됨으로 인해 기독교교육학과에 불필요한 긴장을 주고 있는 것도 또 하나의 현실이다.

그렇다면 한국에서 기독교교육학은 어떤 특성을 지닌 학문으로 이해되고 있는가?

넬스 페레(Nels F. S. Ferre)가 저술한 『기독교교육을 위한 신학(A Theology for Christian Education)』(1967)은 기독교교육학을 주로 복음과 그것의 해석으로 이해하고 있다. 즉 신(계시), 인간, 성서, 죄와 용서, 교회 등과 같이 하나님과 인간 사이의 기본적인 관계를 설명하는 것으로써 이것(복음)이 기독교교육학의 내용(구조)이 되는 것으로 이해한다. 하나님과 인간 사이의 관계는 인간의 삶 속에서 경험되고 해석되고 사건화되는 과정에까지 이어져야 하는데, 이것을 그는 전달(과정)이라고 표현하였다. 은준관은 페레의 '구조-과정'설의 상관성의 이해를 바탕으로 구조(복음)와 그것을 전달하는 과정(교육)이 만나는 자리를 장(Context)이라고 칭하며 이 장에 대한 연구가 교육신학이라고 정의하였다(1976, p. 13). 은준관은 컨텍스트, 즉 인간과 세계가 한데 어울려 있는 삶의 공간, 그곳은 복음에 의해 일어나는 인간 삶의 변화가 나타나는 과정이기도 하다고 말한다(1976, p. 17). 결국 은준관이 초기에 이해한 기독교교육학은 기독교교육 신학에 치중되어 있으며, 텍스트와 컨텍스트와의 관계를 신학적으로 또는 교육학적으로 해석해나가는 것이 기독교교육학의 학문적 과제라고 설명하고 있는 것이다.[4]

신학과 기독교교육학과의 관계는 신학이 기독교교육을 결정하던 신학

4 은준관은 페레의 '구조와 과정'의 상관성으로 이 양자의 관계를 관조하려 하나 오히려 그것은 복음 자체를 인간의 개념적 틀인 구조에 갇히게 하는 우를 범할 수 있다는 우려가 든다는 것이 필자의 견해이다. 페레는 기독교교육을 신학의 교육적 해석을 통하여 차세대가 보다 나은 삶을 살 수 있도록 이 세계와 역사를 보다 창조적으로 만드는 데 참여하게 하는 것이라고 정의하였다. 물론 기독교교육은 특수한 관점에서 신학을 해석하는 작업이다. 그러나 기독교교육학이 해석학적 연구방법을 강조하고 있음을 간과해서는 안 될 것이다. 즉, 필자는 이것을 기독교교육학은 이미 신앙과 신학 공동체에서 해석된 기독교의 진리들을 교육의 상황에 맞게 해석하고 실천하는 과정이라고 정의한다.

적 기독교교육학의 시대로부터 시작하여, 1960년대 기독교교육학이 대학에서 하나의 학과로서 정립된 후에 기독교교육학은 독립 학문으로서 길을 가게 되었다. 이때부터 기독교교육학은 실천신학으로부터도 독립을 하게 된다. 대학원에서 전공을 세분화할 때도 실천신학과는 별도의 전공 세부 영역으로 분리되어 운영하고 있다. 90년대 이후에는, 현대 기독교교육학에서 신학은 여전히 기독교교육학의 기초로 필요한 학문적 요소로서 인정하지만 옛날만큼 지배적인 영향력이 있지는 않다. 과거 20년 전만 해도 한국기독교교육학회에서 발표된 논문은 주로 교육신학에 치중되어 있었다. 그러나 2000년대 들어와서 다른 모든 인문학의 경우와 마찬가지로 학제 간 연구, 학문 상호 간의 소통이 그 어느 때보다 활발히 일어나, 기독교교육학 여느 분야의 융합적인 논문(fusion academic paper)들이 한국기독교교육정보학회의 저널에 자주 게재되고 있다.

한국기독교교육정보학회는 2000년대의 서막을 알리는 1999년 말에 고(故) 강희천, 한미라, 김희자, 손삼권이 발의하여 2000년 2월에 '사랑의 교회'에서 준비 모임을 하고 3월 18일에 소망교회에서 창립총회를 가졌다. 이때 한국 기독교교육학의 학문적 성격을 새롭게 규정짓는 학문 분류 작업을 가동하였다. 그것은 바로, 필자가 학회의 5개 분과에 대해 발의한 것이었다. 필자는 2000년이라는 새로운 시대에 부응하여, 기독교교육학을 신학 중심에서 해방시켜 보다 독자적인 학문 분야로 발전시켜야 함을 역설하였다. 한국에서 기독교교육학을 하는 것은 미국이나 영국에서 하는 것과는 그 컨텍스트가 다르다는 것을 전제로 하여, 교육신학 및 철학, 교육과정, 교육방법 및 공학, 교육체제 및 환경, 교육실천 분과로 세분화하였다. 이와 같은 기독교교육학의 세부 학문 분류는 아마도 세계적으로 한국에서 처음 시도한 것일 것이다. 현재는 5개 분과를 다시 재편성하여 3개 분과로 학회를 운영하고 있는데, 각 분과별 학문 활동의 특징은 다음과 같다.

첫째, 교육신학 분과는 기독교교육의 본질 및 그 수행과 관련된 다양한 이론들을 신학 및 철학적 입장에서 비판적으로 성찰한다. 특히 오랫동안 실천신학의 한 영역으로 간주되어왔던 기독교교육학의 위상을 재정립하기 위해 신학의 여러 분야, 곧 성서신학, 조직신학, 교회사 및 실천신학 분야와의 지속적인 대화를 시도함으로써, 학문적 타당성과 적절성을 비판적으로 탐구한다. 또한 기독교교육학은 신학뿐만 아니라 실천을 중시하는 사회과학적 성격을 지닌다는 전제 위에서 다양한 사회과학들과의 학문적 대화도 시도한다. 예를 들어 다양한 신학적 주제들과 사회과학적 주제 사이의 상호 관련성 탐구를 통해, 기독교교육의 이론과 실천을 위한 다양한 방법과 대안을 마련하는 것이 본 분과의 주요한 연구 과제 중 하나이다. 뿐만 아니라 본 분과는 교회에서 실시하고 있는 성서교육의 형태로부터 시작하여 목사 양성을 위한 신학교육에 이르기까지 다양한 실천 형태의 철학적, 신학적 기반에 관한 타당성 연구를 주요 탐구 주제로 삼는다 (http://www.ksceit.or.kr/2008/sub04/page01_01.htm).

둘째, 교육정보 분과로, 교육공학은 21세기 교육현장에서는 필수불가결한 것으로 중시되고 있다는 것은 누구나 다 인정하는 바이다. 이것의 중요성을 인식하는 새로운 기독교교육학의 세부 학문 분야가 기독교교육정보공학(Division of Information Technology in Christian Education) 분과이다. 보다 구체적으로는, 새로운 통신 커뮤니케이션 환경과 뉴미디어와 멀티미디어 기독교교육과의 연관성을 탐구한다. 특히 파워포인트의 직접 활용법, 간단한 인터넷 홈페이지 제작을 익히게 하여 실제 교회교육과 학습현장에서 활용할 수 있도록 한다. 컴퓨터를 기반으로 하는 원격 교육의 시스템에서 인터넷을 기반으로 하여 지식을 생성, 조직, 전파할 수 있는 새로운 교육방식인 Web-Based Education에 대해서도 고찰하고, 그 외 교회교육에서 활용할 수 있는 다방면의 방안도 논의하며 탐구하는 분야이다. 21세기 기독교교육의 현장이 다양하게 변화함에 따라 온라인과 오프라인상의 기독교교육의 통합 가능성과 그 효과를 또한 평가한다. 기독교교육정보 분과에서는 기독교교육에서 정보공학을 활용할 수 있는 실천방안 및 이론들을 나누어 연구하고, 실제 적용을 위한 세미나 개최 및 학술논문 발표회를 개최한다(http://www.ksceit.or.kr/2008/sub04/page02_01.htm).

끝으로, 교육체제 및 실천 분과에서는 기독교교육 현상에 관해 탐구하는데, 그 연구 주제와 세부 내용은 다양하다. 특히 이 분과는 기독교교육 체제와 그 환경에 관한 관찰과 분석을 위해 사회과학적 접근을 시도하는 학문적 특수성을 보인다. 구체적으로 기독교교육을 지원하는 행정체제와 과정의 이해, 기독교교육을 위한 조직, 교사교육, 리더십 등 기독교교육이 운영되기 위해서 필요하고 지원되어야 하는 제반 체제와 환경에 대해 연구한다. 시스템 이론뿐만 아니라 교육 실천에 관련된 다양한 이론의 개발, 창의적인 기독교교육의 설계와 그 효율성과 적절성을 비판적으로 탐구하는 연구 방법도 연구의 범위에 포함된다. 위 두 분과에 해당되지 않는 융합적 기독교교육 논문들과 학제 간 논문 발표도 이 분과에서 수용할 수 있다. 이 분과의 학문적 특성은 '이론적 실천 및 실천적 이론'의 논의와 개발에 주요 관심을 지닌다. 기독교교육에 관한 학술적 연구의 편협한 울타리를 확장시켜 기독교교육학의 학문적 이해 지평을 넓히는, 새로운 형태의 종합적, 간학문적 접근을 시도하는 역동적인 연구 방법을 환영하고 권장한다. 한국기독교교육정보학회의 학문적 활동의 독특성과 창의성은 바로 신학적, 교육학적 지식과 정보를 첨단 교수공학을 통해 전달하는 것을 연구하여 보다 더 효율적이고 역동적인 기독교교육의 체제를 구축하는 것이다(http://www.ksceit.or.kr/2008/sub04/page03_01.htm).

한편 한국기독교교육학회의 원로학자 오인탁은 기독교교육학을 기본적으로 경건과 학문의 두 축을 지닌 종합과학, 간접적 · 주관적 학문으로 정의한다. 그는 또 우리나라에서는 일반적으로 기독교교육학이라는 용어를 하나의 독립과학이요 실천신학의 한 영역으로서 교회와 학교와 가정과 사회에서 실천하는 기독교교육으로 표현한다. 그렇지만 실천신학으로서의 기독교교육학은 설교학, 상담학, 선교학, 교회론 같은 실천신학의 영역들과는 구별되는 것이다. 학문으로서의 기독교교육학은 실천신학의 다른 영역들보다 역사적으로도 가장 오래된 영역일 뿐만 아니라 영역 자체가 대단히 광범위하고 복잡하게 세분화되어 있다. 그는 또한 어떤 의미에서 기독교교육학은 실천신학의 모든 영역들을 이미 그 연구와 실천의 대상으로 포괄하고 있다고 말한다. 필자는 이러한 오인탁의 견해를 높이 평가하고 싶다. 그는 또한 기독교교육학은 신학적 오리엔테이션을 가지고 하나님의 교육을 우리 인간이 깨달아가는 과정이며, 여기에는 일반 교육학의 모든 연구 결과들과 실천 이론들도 함께 소통하는 것을 수용할 수 있다고 말한다(오인탁, 2004). 그러나 기독교교육학의 전문 영역으로 들어가면, 교회학교교육, 교회교육, 교육목회, 기독교가정교육, 기독교학교교육, 기독교영유아교육에서 기독교노인교육에 이르기까지 인간의 삶의 단계에 따른 다양한 기독교교육의 주제들이 기독교교육학의 세분화된 학문영역들이 된다. 그는 기독교교육은 교육신학(은준관, 1976)일 뿐 아니라 사회변혁을 위한 실천신학(윤응진, 2000)이고 하나님나라 운동(김형태, 1994, p. 35)이요 교회적 교육(김형태, 2003, p. 9)이라고 주장하며, 이러한 모든 노력들이 전체적으로 기독교교육학을 이론과 실천에서 풍요롭게 만들어주고 있다고 역설한다(오인탁, 2004).

강용원은 기독교교육학이란 "교회를 중심으로 하는 기독교공동체가 지닌 기독교신앙의 소유와 표현에 관여하는 참된 인간형성의 행위"에 관해 연구하는 학문이라고 정의하였다. 그가 이해하고 있는 기독교교육학의 특성은 다음과 같다. 첫째, 기독교교육학의 연구 대상은 다분히 실천신학적이며, 교회 공동체와 기독교신앙을 토대로 한 인간 형성과 관련된 것이다. 둘째, 기독교교육학의 연구 범위는 신학적 연구를 넘어서 교육학, 심리학, 사회학, 철학, 윤리학, 심지어는 생물학 등 다양한 학문의 연구와 병행되어야 한다. 오인탁과 동질적인 견지를 가지고 있으며, 기독교교육학을 종합과학으로 규정하고 있다. 셋째, 종합과학으로서의 기독교교육학은 어느 분야보다도 탈신학적인 속성이 강한 신학의 영역이다. 기독교교육학은 실천신학의 속성을 강조함으로써 실천신학의 연구에 구심점이 되며, 나아가

신학 학문 자체의 성격 변화에 기여할 수도 있다고 주장한다. 그는 최근에 들어와서 기독교교육학이 다루는 주제가 "상징, 영성, 평화와 통일, 환경 등"과 같이 다양해지고 있다고 말한다. 이러한 연구 영역들은 주로 철학, 심리학, 행정학, 사회학, 교육학, 예술을 비롯한 여러 학문의 이론들이 기독교교육학에서 폭넓게 사용되고 있음을 입증하는 것이며, 이것은 또한 기독교교육학이 종합과학으로서의 특성을 지니고 있음을 보여주는 것이라고 말한다. 최근의 기독교교육학 연구에서 특이한 것은, 종전에는 교회가 주된 연구 현장이었는 데 반하여 보다 넓은 컨텍스트에서 교육 연구가 이루어지고 있다는 것이 차이점이라 할 수 있다(강용원, 2004).

고(故) 강희천은 기독교교육이라는 교육행위는 앎과 삶을 연결시키는 실천의 행위로서, 학생들로 하여금 정확한 성서의 이해 위에 덧붙여 그 말씀이 현재 각자의 삶에 주는 의미를 깨닫도록 도와주고, 그 깨달음에 따라 행동하도록 격려하는 실천의 행위이어야 한다고 주장하였다(강희천, 1989). 현재 독특한 전제를 지니고 있는 사회과학적 연구방법에 의해 연구되고 있는 기독교교육학은 종합 학문적 성격을 지니고 있음을 알 수 있다. 특히 고(故) 강희천은 연구 영역의 구분에 있어서는 기독교교육학과 일반 교육학이 유사성을 지닌다고 주장하였다(강희천, 1989). 즉, 교육철학, 교육사, 교육과정, 교육사회학, 교육심리학, 교수학습과정, 교육행정 등으로 구분되는 교육학의 연구 영역은 기독교교육철학, 기독교교육사, 기독교교육과정, 기독교교육행정 및 기독교교육에의 사회학적, 심리학적, 인류학적 접근이라는 영역으로 분류되는 기독교교육학의 연구 영역과 거의 똑같은 형태로 대칭을 이루고 있으며, 이 두 학문 간의 연구 '영역'은 연구 방법에 있어서의 유사성을 가지고 있다고 하였다(강희천, 1989).

은준관과 오인탁 그리고 강용원의 기독교교육학에 대한 견해의 공통점은 제임스 스마트(James D. Smart)의 말처럼 "어느 지점에서 보아도 기독교교육은 신학적 문제"라는 전제를 통해 기독교교육에 접근하는 방식에 비중을 두고 있다는 것이다.[5] 첨언하면, 김기숙의 현대 기독교교육학 교수들이 한기정 국문 저널에 투고한 논문을 분석한 결과에 의하면, 발표 논문들이 아직도 신학적 해석이나 접근 방법에 기초한 것이 전체 발표 논문의 42%나 차지하고 있다는 것은 우리들에게 시사하는 바가 크다(김기숙, 2008). 물론 오인탁과 강용원도 기독교교육학의 연구를 위해 타 학문과의 소통을 적극적으로 허용한다는 열린 입장을 취하고 있다. 여기에서 필자는 고(故) 제임스 마이클 리(James Michael Lee)의 명언을 첨가하고자 한다. 기독교교육학은 더 이상 신학에 관한 논쟁만은 아니다. 기독교교육학자들은 이제 신학만으로 해법을 찾으려 하지 말고, 사회과학을 인식하고 그것과의 학문 상호 간 소통도 필요하다(한미라, 2005, p. 346). 이러한 입장을 견지했던 학자로는 고(故) 강희천 교수를 들 수 있겠다. 그는 특히 사회과학으로서의 교육학과 기독교교육학은 기독교만 덧붙인 동전의 양면과 같은 학문의 유사성을 지녔다고 언급한 바 있다(강희천, 2003, pp. 13-18).

위의 기독교교육학자들이 주장한 기독교교육학의 학문적 성격과 상이점 또는 유사점이 있을지도 모르지만, 필자가 가지고 있는 기독교교육학의 학문적 성격에 관한 견해를 다음과 같이 피력하고자 한다.

기독교교육학은 기독교를 가르치고 배우는 것과 관련된 지식과 경험을 체계화하는 학문이다. 일반 교육의 목적은 인간을 국가와 사회가 필요로 하는 바람직한 방향으로 변화시키는 것이다. 기독교교육의 목적은 인간을 하나님의 뜻에 합당한 선한 존재로 형성하고 변화시키는 것이다. 일반 교육과 기독교교육의 대상은 모두 인간이지만, 일반 교육에서는 인간을 사회가 요구하고 국가가 필요로 하는 인력으로 양성해내는 것을 목표로 한다면, 기독교교육에서는 하나님 나라의 실현을 위해 필요로 하는 일꾼으로 만들어내는 것을 목표로 한다는 점에서 큰 차이가 있다 할 것이다. 기

---

5 제임스 스마트(James D. Smart)에 관해서는 한미라, 『**개신교 교회교육**』, 서울: 대한기독교서회, 2005, pp. 342-343 참조.

독교교육은 일종의 종교교육이다. 즉, 종교가 표방하는 교육이다. 기독교교육은 종교를 믿고, 그 믿음에 따라 살며, 그 믿음을 다음 세대에게 전달하려 하는 신앙공동체(교회, 가정, 혈연, 윤리, 규범을 바탕으로 형성된 조직)를 필요로 하는데, 이 신앙공동체에는 일반 공동체가 가지고 있지 못한 독특한 것이 존재한다. 그것은 신앙공동체가 공인하는 정경(성경)과 역사(세계, 한국 교회의 역사)와 윤리(하나님의 말씀을 지키며 살아야 하는 책임)이다. 기독교교육은 이러한 것들을 인간의 발달 단계에 맞게 적절하고도 효과적으로 가르치고 배우는 전 활동이며 과정이다.

학문으로서의 기독교교육학은 기독교를 효과적으로 가르치고 배우는 것과 관련된 제반 지식과 그것의 실천을 전문적으로 조직화하고 체계화하는 분야이다. 보다 구체적으로는, 기독교교육에 있어서의 교수-학습이론은 학습의 대상과 연령, 발달이론에 따른 그들의 성장과 변화만을 다루는 것이 아니라, 인간을 영적인 전 존재(holistic being)로 이해하는 것까지를 연구 범주에 포함시킨다. 일반 교육학과 달리 기독교교육학은 전통과 현대를 넘나드는 다른 차원의 시간 개념이 공존하는 학문이다. 따라서 기독교교육학 학문공동체는 과거, 현재, 미래 세 차원의 시간과 시제 속에서 동시적인 연구를 수행한다. 즉 기독교의 오랜 전통 안에서(in), 그리고 그 전통을 초월하여(above), 현대 문화와 충돌하면서(against), 현재 문화 속(into)으로 들어가 전통을 갱신(renew)하고 전통(과거)과 현재와 비전(미래) 사이의 시간적 차이를 극복하여 조화롭고 건강한 삶(well-being)을 살도록 차세대를 이끌어주는 것이 바로 기독교교육이라는 학문이라고 생각한다.

무엇이 한국 기독교교육학의 위기를 초래하고 있는가?

본 논문의 세 번째 질문은 한국 기독교교육학의 현재에 관한 비판적 분석을 요구하는 것이다. 먼저 한국 기독교교육학의 위기를 발생시킨 장본인은 다름 아닌 교회 현장과 리더십, 학계, 그리고 사회적, 생태적 환경들로, 이 모두에게 원인을 제공한 책임을 물어야 한다고 본다.

교계와 학계 이곳저곳에서 작금의 기독교교육학이 위기라고 하는 소리가 자주 들린다. 그러나 대부분이 위기이고 문제라고 느끼는 것이지, 위기의 심각성이나 문제의 객관적 사실성을 인식하도록 해주는 증거는 불충분하다. 뿐만 아니라 사용하는 용어의 정확성 결여로 인해 오해의 여지를 불러일으킨다. 교회와 신학대학교 및 대학원에서 사회조사방법을 가르치지 않고 있는 것이 이것을 설명해줄 수 있을 것 같다. 또 하나는 대부분 한국 기독교교육의 문제라고 제시하는 것들이 이미 30년 전부터 미국의 기독교교육학자가 예언했던 '주일학교의 죽음'의 상태를 재언급하고 있는 경향을 나타낸다. 한국교회는 미국교회와는 다른 문화적, 민족적 차이를 인정해야 한다고 주장하면서도 기독교교육의 문제를 보는 시각은 흥미롭게도 서양 학자의 렌즈를 그대로 인용하는 모순을 드러내고 있다.

문제를 진짜 문제로 인식하게 되는 것은 연구자가 교육현장에서 직접 그 문제를 체험하면서부터일 것이다. 때로는 글을 통하여 간접적으로 그 문제의 심각성을 인식할 수도 있을 것이다. 그러나 무엇보다도 문제를 제기하기 이해서는 적어도 교육현장에서 직접 체감 온도를 느껴봐야 문제를 제기할 자격이 있다 할 것이다.

최근 기독교교육의 위기를 말하는 다양한 프리즘을 가지고 문제를 제기하는 교수와 목회자들의 글을 읽고 필자는 한 가지 공통점을 발견하였다. 그것은 그들이 현상을 보는 시각이 일정 부분 공감이 가는 것도 있으나, 대부분 현재의 기독교교육이 내일 당장이라도 붕괴되고 해체될지도 모른다는 불안감을 주고 있다.

주일학교의 '위기'라는 용어를 수면 위에 올려놓고 말하기 시작한 것은 1970년대 웨스터호프였다. 이미 그는 당시 교회학교의 위기의 원인을 기존의 교회학교가 '학교교육-교수형 패러다임'을 따라가기 때문이라고 보왔다. 그는 이에 대한 대안으로 '신앙공동체-문화화 패러다임'을 제시한 바 있다. 고(故) 마리아 해리스(Maria Harris)도 웨스터호프와 같은 견해를 가지고 교회교육의 학교식 구조를 비판하였다. 해리스는 위기의 원인을 전통적으로 교회교육이 어린이들만을 위한 것이라고 생각하는 것과 그것을 학교교육과 동일시하는 오류를 범해온 것 때문이라고 지적하면서(Harris, 1997, p. 47), 그 대안으로, 교회 전 생활이 교육되어야 한다고 주장하였다. 사도행전에 나타난 초기 교회의 5대 기능인 케리그마, 디다케, 디아코니아, 코이노니아, 레이투르기아를 통해 총체적으로 교육이 이루어진다고 보았다.

1980년대에 들어와서 피스터(J. Fister) 역시 "주일학교는 죽어가고 있다. 아니 이미 죽었다. 이를 장사지내고 새롭게 출발하자. 이미 장례식 조사가 여러 해 동안 낭독되어왔다"고 진단하고 있다(Lynn and Wright, 1980, p. 1). 다시 말해 주일학교는 기독교교육으로서 더 이상 그 기능을 발휘하지 못하게 되었다는 말이다.

한평생 기독교교육학에 투신했던 기독교교육학자 은준관은 지난 2005년 자신의 교육학적 이상을 실험하고자 지금의 실천신학대학원대학교를 설립했다. 당시 학생 22명에 교수 28명이라는 파격을 단행했을 만큼 이 학교에 건 은 박사의 기대는 컸다. 그는 "1960~80년대 급성장 단계를 지난 지금, 교회의 개념부터 전면 바꾸는 실험을 진행 중"이라고 했었다. 이후 5년, 그의 실험의 성공 여부는 2010년 5월 3일 기독교교육학회 춘계학술대회 발제에서 충분히 드러났다. 은준관은 "참회하는 마음으로 이 자리에 섰음을 먼저 고백하고자 한다"면서 "한평생 기독교교육과 씨름해왔다고 자부했지만 이 땅의 기독교교육이 곤두박질하고 있는 이 현실 앞에서 무엇으로도 변명할 수 없는 자책감에 빠져 있기 때문"이라고 했다.

그는 "그동안 범해온 두 가지 치명적 오류"를 고백했다. 먼저, 기독교교육이라는 교회의 공동체적 행위를 '기독교교육학'이라는 학문적 이데올로기로 접근해온 방법론적 오류였다. 은준관은 "이것은 소위 학문적인 틀을 설정해놓고 그것을 현장에 적용하는 응용신학에서 온 것"이며, "그러나 이것이 현장 그 자체를 난도질하는 결과를 낳고 말았다"고 했다. 그러면서 "기독교교육학 이론이 발전하면 할수록 교육현장이 소멸돼가는 역설적 현상은 아이러니일 수밖에 없다"고 덧붙였다. 두 번째 오류는 "지금까지 기독교학교교육, 주일학교교육 등은 말해왔으나 이 모든 것의 원초적 장(場)이 되는 교회공동체의 교육은 존재하지 않았음을 발견하게 된 것이다. 다시 말하면 한국교회는 단 한 번도 온전한 교회교육 시스템이 존재하지 않았다는 것과 같다. 결국 지금까지의 기독교교육학이 교회공동체라는 현실과 유리된 채 단지 '학문을 위한 학문'에만 머물렀다는 것이 원로 기독교교육학자 은준관의 고백인 것이다. 그는 앞으로의 기독교교육은 '기독교교육학'이 아닌 '교회론'을 그 학문의 출발점으로 삼아야 하며, 교육(Didache)이라는 것도 "교사가 가르치는 행위가 아니라 하나님의 구원 사건을 기억하게 하고 또 현재화하는" '종말론적 통로'로 이해해야 한다는 대안을 제시하였다(김진영, 2010).

그러나 이와 같은 은준관의 평가와 상반되는 평가가 최근 한국기독교교육정보학회 추계학술대회에서 발제되어 우리의 시선을 끌고 있다. 김명용(장신대 조직신학 교수)은 오늘의 한국교회의 목회와 교육에서 신학적 지성의 훈련이 매우 약화되어 있다고 지적하면서 이로 인해 교회는 반이성적인 문화로 가득하고, 지성적인 토론은 불필요한 일로 자주 간주하고 있다고 비판하였다. 또한 갈수록 음악과 체험만 강조하고 영성의 이름으로 지성을 억압되고 규탄하는 교회가 되어가고 있다고 개탄하였다. 그는 기독교교육이 반지성주의적 방향으로 흘러서는 안 되는 이유는 교육의 방법은 다양할 수 있다 할지라도, 성령론적 차원의 신학적 지성의 형성은 여전히 기독교교육의 핵심이 되어야 하기 때문이라고 주장한다(김명용, 2010).

박상진은 오늘날 교회학교의 위기는 교회학교 학생 수의 격감이라는 양적인 현상(대한예수교장로회총회, 2007, pp. 27-28)으로 나타날 뿐 아니라, 교회교육의 무기력이라는 질적인 현상으로도 나타나고 있다고 지적한다. 그는 교회학교의 위기는 신앙의 대 잇기의 위기와 기독교인의 정체성 위기인 두 가지로 구분되며, 이는 한국교회 성장의 정체는 물론 대사회적 기독교의 영향력의 약화라는 결과를 초래하고 있다고 말한다. 박상진은 특히 현대 교회교육의 위기는 기독교교육에 있어서 교회, 가정, 학교가 분리된 것에서 연유되었다고 보는 입장을 표명하면서 이 세 주체들이 통합하는 것만이 대안이라는 결론을 내렸다. 교회학교 위기를 교회 내에서만 해결하기엔 역부족이라는 박상진의 견해에 필자도 동의한다. 또한 기독교학교교육연구소, 기독교윤리실천운동, 좋은 교사운동 등 세 개 단체를 중심으로 출범한 '입시 사교육 바로세우기 기독교운동'(공동대표 박상진, 방선기, 정병오)이 지속되길 바라며 수험생들이 마음 놓고 교회에 출석하는 그날이 속히 돌아오길 기대해본다(양봉식, 2008).

지난 20여 년간 필자가 관찰하고 직접 경험하고 있는 기독교교육 현장에서 체감된 위기는 다음의 7대 고질적인 문제가 그 기본적인 원인이라고 분석하였다.

개신교 교회학교의 7대 문제

첫째, 교회학교의 교세가 감소하고 있다.

2002년 당시 한국 개신교교회 산하에는 총 41,273개의 교회학교가 있는 것으로 추정되었다. 교회학교 부서의 규모로 보면 영아부에서 청년(대학)부까지 총 412,730개의 교육부서가 있는 셈이다. 2004년 현재 개신교 교회학교에 출석하는 총 학생 수는 전체 개신교 신자(1873만 명)의 27.2%인 509만 명에 이르렀다. 이 수치에 미자립교회를 포함시키면 실제적인 개신교 총 학생수는 315만 명 정도로 추산된다. 이들 중 아동부는 52.7%(166만 명), 중 · 고등부는 26.3%(828만 명), 청년(대학)부는 21%(66만 명)

정도이다(한미라, 2005, p. 397). 이것을 17년 전과 비교해볼 때 1987년 한국의 개신교 교회학교 총 학생 수는 전체 개신교 교인 수에 육박하는 규모였으나(47.5%) 7년 후인 1994년에는 전체 교인의 32%로 줄어들었고, 10년 후인 2004년에는 27%로 다시 그 비율이 점차로 감소하고 있다. 수적으로 보면 1987년 교회학교 학생은 302만 명이었으나, 7년 만인 1994년에 281만 명으로 줄어들었다가 2004년엔 다시 315만 명으로 회복되고 있다(한미라, 2005, p. 125).

교회학교 교세가 급감하면서 교세가 감소된 것인지 아니면 그 반대인지 정확한 그 인과 관계는 정밀 분석이 필요하다. 10년 전보다 한국 여성의 출산율이 저조하고 아이들이 교회학교에 덜 나오고 있는 사실과의 관련성은 분명 있을 것이다. 기독교대한성결교회(2002년 현재 2,169교회)의 경우는 교회학교 학생이 100명 이상인 교회는 16개에 불과하다고 보고되어 교회학교 교세의 정체 및 감소 현상이 예상보다 심각함을 말해준다. 개교회의 장년과 아동의 구성 비율도 심각한 불균형을 이루고 있다. 장년 50명 미만인 872개 교회의 교회학교 수는 장년 1,000명 이상 교회(85개)의 교회학교 수보다 훨씬 더 많아 심각한 유(幼)-노(老) 불균형을 초래하고 있다. 또한 교회학교 현장에서 느끼는 위기의식은 더욱 심각하다. 필자의 소속 교회(서울 강북에 소재한 48년의 역사의 감리교회로, 20년 전만 해도 교육 잘하는 교회로 알려져 있었음)를 예로 들면 과거에는 교회학교 교세가 장년 교세와 비슷하거나 오히려 많았지만 지금은 학생 수가 장년 성도 수의 20%에도 못 미치고 있다.

그렇다면 왜 교회에 나오는 아이들이 줄고 있을까? 첫째, 10~15년 전부터 시작된 한국 여성의 저출산 붐과 이로 인한 어린이 및 청소년 인구의 자연 감소가 그 주된 원인이라 할 수 있을 것이다. 최근 10년간 한국의 자녀 출산율은 크게 줄어들어 정부는 이미 기혼 여성의 출산 장려책을 내놓고 있다. 둘째, 주 5일 근무와 토요일 등교가 학교 재량으로 넘어간 이후 학생과 학부모에게 보다 많아진 여가 시간은 교회학교 결석을 부추기는 또 다른 이유가 되고 있다. 셋째, 20년 전부터 가열되기 시작한 조기교육에 대한 교육열은 세월이 가도 크게 변화되지 않는 교회학교 교육 프로그램에 대해 학습자나 학부모가 흥미를 잃게 하는 원인이기도 하다. 그러나 교회학교가 아무리 좋은 교육시설과 기자재를 확충한다 하여도 교회 밖 사교육의 그것과는 경쟁할 수 없는 구조적 모순을 지닌다. 즉, 교회학교가 종교교육의 범주를 크게 벗어나지 못하는 한 한국 학부모의 영재 및 특기 교육뿐 아니라 소위 과외라 하는 교과 보충수업에 대한 욕구를 교회학교가 충족시키기엔 역부족인 것이다. 그렇다고 이러한 상태로 가다가는 어린이가 사라진 교회로 남게 될지도 모른다. 교회학교 없는 교회는 결국 장년과 노인 회중이 주가 되는 고령화 교회가 됨을 의미한다.[6]

둘째, 교회학교 제도의 문제로서 교육과 목회의 이원화된 구조 속에서 평생교육의 체제가 아닌 학교교육의 체제를 닮아가려는 데 있다.

현행 교회학교 교육은 원칙적으로는 전 교인을 대상으로 한다고 하지

6 한국어린이교육선교회를 운영하고 있는 꽃동산교회 김종준의 진단 또한 비슷하다. 그는 한국교회 성도 비율을 조사한 한 자료를 인용해 "한국교회 성도의 대부분이 40~50대이며 10대 이하는 10%에도 못 미치는 것으로 조사됐다"면서 "지금 이대로 간다면 웅장하게 지어놓은 교회 건물은 애물단지로 전락하고 말 것"이라고 지적한다. 이러한 진단은 김득룡이 주요 도시 교회 교인 300명을 조사한 결과 "유초등부를 거친 교인 수가 무려 87%였으며 교회 직분자의 85%가 유초등부 교육을 받은 사람"이라고 밝혀 지금과 같은 교회학교 위기는 결국 한국교회의 전반적인 위기로 이어질 가능성이 높은 것으로 나타나고 있다. 그러나 현재는 별다른 대책을 내놓지 못하고 있는 실정이다. 이러한 교회학교의 감소에 대해 많은 사람들은 태어나는 어린이 수가 줄어드는 것을 일차적인 이유로 지적한다. 또한 조기 영어교육이나 음악교육, 영재교육 등으로 인해 바빠진 아이들의 상황도 중요한 원인으로 꼽힌다. 여기에 70~80년대의 교육환경을 가지고 있는 교회가 학교나 학원의 우수한 교육환경과 수준 높은 교육내용을 따라잡지 못해, 어린이들을 교회에 붙잡아둘 수 없다는 지적도 높다. 교회학교전국연합회 회장 송장옥은 "70년대 식 긴 의자에 앉아, 다른 반 선생님의 목소리가 들리는 예배실에서 무슨 성경교육이 이뤄질 수 있겠느냐"고 말하고 '담임 목회자와 교회 지도자들의 관심'을 촉구했다. 많은 교회학교 관계자들은 이 밖에도 전담 교역자가 없다는 점, 주일날 봉사하는 교사의 준비 부족, 교사교육의 문제, 교육 프로그램의 부족한 점 등을 교회학교 위기의 중요한 문제점으로 지적하고 있다.

만, 실제로는 어린이와 청소년이 중심이 되어 있고 장년, 노년들은 속회나 구역회 또는 노인대학으로 소속되어 교회학교 제도권 밖에서 평생교육을 받고 있는 셈이다. 최근에 들어와서 대한예수교장로회(통합)와 기독교대한감리회 교회에서 노년부가 교화학교의 직제로 편성되어 있는 것은 20년 전에 비해 달라진 큰 변화라고 할 수 있다. 그러나 사실상 전 교인을 대상으로 하는 연속성 있는 평생교육으로서의 신앙교육 체제는 매우 드물게 발견된다. 주요 교단의 교회학교 체제는 학교교육의 그것과 거의 동일하여 부서별 조직과 분반조직의 형태에 이르기까지 학교교육의 틀에서 크게 벗어나지 못하고 있다. 여기에다 실제 교회학교의 프로그램은 기본적으로 예배와 공과교육이라는 이원적 구조를 오랜 기간 유지해오면서 기독교교육의 전문성을 교회교육에서조차 신장시키지 못한 결과를 초래하였다. 한국 개신교교회는 기독교교육의 전문성을 외면해왔다는 비판에서 자유롭지 못할 것이다. 실례로 대부분의 교회학교 교사들은 기독교교육에 대한 전문 훈련을 제대로 받지 못한 평신도 자원봉사자들이고, 교회학교 예배를 담당하는 교역자들 역시 기독교교육의 전문성이 없는 신학을 전공한 자들이 대부분이다. 교회교육 현장에서 가장 많이 봉사를 해야 할 기독교교육 전공자들은 전공을 살리지 못한 채 교회의 무보수 자원봉사자인 교사나 아예 평신자로 전락하여 평생을 단순 봉사자로 헌신하는 것이 대부분이다. 아직도 기독교교육 전문성의 필요를 인식하지 못하는 목회자들과 교회가 있는 한 기독교교육의 전문성은 교회교육의 필요충분조건이 될 수 없을 것이다.

지금처럼 교육과 예배가 이원화되어 있고 예배에 최우선 순위를 두고 있는 목회정책하에서는 기독교교육의 전문성은 언제나 차순위에 머무를 수밖에 없다. 교회교육의 핵이라 할 수 있는 성경교육 및 신앙교육 활동은 주로 평신도 비전문가 교사가 주도하고 예배와 예전은 주로 안수받은 교역자가 이끌어 가는 현 교회학교 체제를 개혁하는 것은 매우 난해한 일이 될 것이다. 어쩌면 이러한 구조가 오히려 한국 교회교육의 강점이라고 말한 토마스 그룸(Thomas Groome)의 말이 위로로 들릴지 모르겠으나, 이러한 구조가 100년 이상 축적되다 보니 교회학교의 모든 부서의 활동에서 예배의 우선순위가 당연시되고 있다. 교회는 예배 이외에도 교육, 교제, 봉사, 선교 등과 같이 수행해야 할 다양한 기능을 수행해야 한다. 교회의 사명을 균형 있게 수행할 때 신앙과 삶의 건강한 균형감각을 지닌 성도들이 나오게 될 것이다.

셋째, 개신교 교회학교의 고질적 문제는 교사 양성 및 교사 재교육이다.

개신교 교회학교 교사 교육의 문제는 크게 두 가지로 말할 수 있다. 첫째는 무엇보다도 교사 자신의 문제이다. 교회학교 교사는 무임의 청지기, 자원봉사 직임이다. 그렇기 때문에 모든 교회학교 교사는 하나님의 소명을 부여받은 자기-동기 부여자(self-motivator)가 되어야 하고, 교사직임에 대한 소명의식 또한 투철해야 한다. 그런데 현대 교회학교 교사들의 최대의 문제는 부름받은 교사로서의 소명의식이 결여되고 있는 것이다(신언혁, 2003). 두 번째 문제는 교회학교 교사의 소명 고취를 위한 체계적이고 지속적인 교사교육의 부재와 교회학교 교사를 양성하는 제도 자체에 있다 하겠다. 교회학교가 제대로 운영되기 위해서는 무엇보다도 잘 훈련받은, 소명이 확실한 질 좋은 교사가 있어야 한다. 경건과 지혜를 겸비한 교사가 헌신, 봉사하는 교회학교 풍토는 사실상 모든 교회들의 소망이다. 교회는 현대 청년들과 성도들의 교사직임을 수행하는 데에서 야기되는 실생활과의 갈등을 최소화해줄 수 있는 현실적 인적 자원 활용 방안을 모색해야 한다. 예를 들어 시간제 교사, 교사 안식년제, 전문성을 살린 교사 bank 구축 등을 활용해서 '한번 교사는 영원한 교사'가 될 수 있는 체계적인 교사 양성 및 관리 시스템을 개발해야 한다.

넷째, 개신교 교회학교의 교육과정은 난개발을 거듭하고 있다.

교육과정은 교회교육을 하는 데 있어서의 교사와 학습자가 함께 배우고 가르쳐야 할 내용을 말한다. 루터가 종교개혁을 한 것은 사실상 기독교교육과 밀접한 관련이 있다. 평신도들에게 마음대로 성서를 읽고 가르칠 신앙교육의 자유를 획득한 셈이다. 모든 성경이 성직자들만 알 수 있는 라틴어로 쓰여 있었던 시대, 루터가 독일어로 성경을 번역하여 그것으로 평신도들에게 성경을 읽게 한 것은 종교개혁이 이룩한 위대한 교육적 유산인 것이다. 현대 크리스천들은 자신의 모국어로 된 성경을 마음대로 읽을 수 있는 자유를 지녔음에도 불구하고 어린이와 청소년들에게는 성경 자체를 직접 읽히기보다는 성경을 가르치기 위한 교수·학습 자료를 더 많이 읽히고 있다는 것이다. 신앙교육에 있어서 아무리 학습자의 흥미 유발과 학습의 동기화가 중요한 것이라 할지라도 텍스트보다 컨텍스트를 더 중요시하는 현재 한국의 교회학교 교육과정과 그 운영은 종교개혁이 이룩한 위대한 교육유산과는 거리가 멀다 하겠다. 뿐만 아니라 각 교단의 신학 노선에 따른 교회학교 교육 내용의 양극화 현상 역시 심히 우려되는 문제이다. 같은 성경을 가지고 보수주의 교회에서는 성경무오설에 입각한 근본주의 신앙을 교육하는 반면, 진보적 교회는 다양한 사회적 시각에서 성경을 해석함으로써 교육과정의 세속화를 초래했다는 비판을 받고 있다. 한국교회 일치 운동은 정치적 논쟁만 일삼지 말고 적어도 개신교교회 간의 성서와 교리에 대한 최소공배수적 견해를 합의하고 도출하여 그것이 각 교단의 교회학교 교육과정의 기초로 활용될 수 있도록 연구하는 데 관심하여야 한다. 이렇게 된다면 장기적으로 볼 때 교단은 상이해도 개신교인으로서의 정체성은 어느 교회 신자든 동질적인 크리스천들이 양성될 수 있을 것이다.

이제는 교육과정이 없어 교육을 못 하는 시대가 아니다. 문제는 어떤 교육과정을 개발하는가이며, 이것은 차세대 크리스천의 신앙적 정체성을 형성하는 데 직접적인 영향을 주게 된다. 중장기 교회학교 교육과정을 개발하는 끊임없는 노력이 있어야 종교개혁의 위대한 교육유산을 계승할 수 있을 것이다.

다섯째, 교회학교의 교육방법은 쉽게 변화되지 못하고 있다.

엘리엇 아이스너(Elliott Eisner)에 의하면 현대 교육은 공장의 부품 라인이라는 근본 이미지를 갖고서 규격에 맞는 교육만을 고집한다고 비판하였다(1995, p. 10). 공교육으로서의 학교교육은 학생 선발과 평가에 있어서 공정성을 위해 교육의 기회 균등을 최우선 실현 목표로 삼고 있다. 그러나 교회교육은 학교교육과는 달리 학습자의 선발과 평가가 목적이 아니라 신앙을 통한 그들의 전인적 성장을 도모하는 데 목적을 둔다. 이러한 교육목적에서의 근본적인 차이에도 불구하고 교회학교는 예배와 집중적 계절학교 교육을 제외하고는 대부분 지적인 측면의 신앙교육에 치중하고 있는 것이 사실이다. '규격화와 표준화'의 개념이 강조되는 학교교육의 겉모양만 닮은 오늘의 교회학교의 현실은 다양하고 창의적인 신앙교육의 방법을 개발하고 연구하는 데 노력을 경주하지 않았다. 신앙의 성장은 좋은 신앙인과의 만남, 그들과의 신앙적 관계와 나눔, 삶에서 좋거나 어려웠던 수많은 경험들을 통해서도 가능하다. 공과교육과 정형화된 예배 속에서는 학습될 수 없는 이러한 경험적 신앙교육이 가능하기 위해서는 현재 교회학교의 인적 자원인 교사가 무엇보다도 변해야 하며 교사들을 변화시키기 위해서는 교회 전체가 기독교교육의 마인드를 갖는 신앙공동체로 거듭나지 않으면 안 된다.

엘리스 넬슨(C. Ellis Nelson)은 신앙은 회중의 삶, 즉 신앙공동체의 생활 속에서 배양되고 양육된다는 것을 일찍이 강조하였다(1976, p. 101). 웨스트호프(John H. Westerhoff III)도 신앙을 가르치는 특별한 교수법이 있는 것이라기보다는 신앙으로 살아온(lived) 공동체 안에서 자연적으로 신앙의 전통과 연결되면서 현재 그 믿음을 서로 공유하는 사람들에 의해서 새로운 의미를 획득해가는 것이라고 말한다(1983, p. 23). 그러므로 이러한 정의에 기초해서 본다면 기독교교육은 신앙공동체의 생활을 통해 구성원 간의 자연스러운 상호 작용을 통하여 그들의 세계관과 가치관이 형성되도록 돕는 것이다. 신앙을 답습하고 암기하도록 하는 교육방법이 아닌 자신의 신앙을 창의적으로 표현하도록 돕는 교육방법의 개발이야말로 지금 한국 교회학교에게 가장 필요한 현실적 처방인 것이다(박원호, 1996,

p. 23).

마리아 해리스(M. Harris)가 언급한 대로 교육 주체로서의 전 신앙공동체는 함께 생활하고 함께 기도드리며 예배하는 공동체의 삶을 통하여 배우며 동시에 또 가르치는 교육의 과정(제자화)에 참여하도록 해야 한다(1989, p. 49). 그러나 학교교육은 교실과 교과 범위를 벗어나는 모든 잠재적 교육과정에 대해서는 거의 중요성을 부과하지 않고 있다. 왜냐하면 주지주의 교육에서 배움이란 교사의 교수 행위에 의해서 학습자에게 나타나는 지적인 결과만을 중요하게 여기기 때문이다. 이와 같은 학교식 교육을 답습하는 한 교회교육은 신앙공동체의 예배, 절기, 교제 등과 같이 종교교육에 있어서 핵심적인 활동들인 잠재적 커리큘럼이 소외되는 것은 당연한 결과일 수밖에 없을 것이다. 해리스는 교회교육의 참된 목적은 신앙공동체의 전통을 배우고 그 법을 준수하며 세상 속의 각자의 사역에 참여하는 것이라고 하였다(Harris, 1989, p. 85). 그것은 초기 교회가 행했던 기본적인 과업들에서 찾아볼 수 있었던 것으로, 이른바 "디다케, 레이뚜르기아, 디아코니아, 케리그마, 코이노니아"를 포함하는 총체적 삶의 형태로 교육, 예배, 공동체 생활, 복음 선포, 그리고 섬김으로 재해석되는 교회생활의 전 과정에 이미 나타나고 있는 것들이다. 결국, 현대의 기독교교육학자들이 지적하고 있듯이 오늘날 교회교육의 근본 문제 가운데 하나는 잠재적 커리큘럼의 부재와 등한시라고 할 수 있겠다(Harris, 1989, 69). 한국 개신교의 교회교육도 이제는 분반 교실로 국한되는 협의의 신앙교육을 벗어나 전 신앙공동체가 함께 차세대 크리스천을 교육하는 일에 참여하는 광범위한 차원의 신앙교육을 교육목회 과제로 삼아야 할 것이다. 신앙교육에 있어서 왕도는 따로 없다. 오히려 오랫동안 한 신앙으로 함께 살아온 신앙공동체 속에서 지혜를 찾을 때이다.

여섯째, 교회는 여전히 21세기가 요구하는 교육환경 조성에 뒤처지고 있다.

오늘의 교육환경의 특징은 디지털과 웹 환경이다. 이미 디지털이 교육

환경의 대부분을 차지하고 있고 인터넷은 이미 웹 2.0(인터넷상에서 개방형 양방향 정보 공유 체계)에서 3.0(지능형 실시간 웹)으로 업그레이드가 되고 있다. 과거에는 강의 내용을 교수가 다 준비하고 교실에 들어가야 되지만 지금은 웹사이트에 올려져 있는 하이퍼 텍스트를 교육현장에서 바로 클릭하여 학생들에게 보여주며 강의를 하는 경우가 보편적이다. 이제는 내용을 재처리하는 노력보다 웹주소를 정확히 조사하고, 그곳에 있는 자료나 콘텐츠가 제대로 구동이 되는지만 점검할 뿐이다. 교사만이 교수학습 콘텐츠를 만드는 것이 아니라 학생이 만들어 웹에 올려놓고 학생들 간에 자료를 공유하고 또 그것을 자신의 블로그나 스마트폰에 올려놓고 이동하면서도 학습을 가능하게 하는 웹 환경이 가능해졌고, 또 개인별로 필요한 애플리케이션을 자신의 스마트폰에 구비하여 최적의 웹 환경을 조성하고 최적의 시간에 스마트폰상에서 자신의 콘텐츠나 문서를 만들어 웹을 연결하고 과제를 수행하는, 이른바 폰과 네트워크가 하나로 묶이는 환상적인 웹 환경의 진보로 인하여 교수학습 환경은 나날이 3A(anywhere, anytime, anyone)의 속성을 극대화시켜가고 있다. 성경 애플리케이션을 스마트폰상의 앱스토어에서 구입하여 그것을 자신의 폰에 다운받아 설교 준비를 한 후 그것을 다시 폰상에서 교회 사무실에 전송한다. 집에 돌아와서는 이동 중 작성했던 설교문을 자신의 홈 PC에 연결하여 인쇄하여놓는다. 설교문에 대한 PPT 작성을 비서에게 부탁하고, 비서는 대용량이므로 웹하드와 같은 가상저장 공간에 임시 저장해놓고 집에 돌아와 다시 웹하드에 접속한 후 그것을 자신의 개인 PC에 다운로드받아 사용한다. 이와 같은 양방향 3차원 웹과 휴대 통신 기반 교수학습 체제가 되기 위해서 교회는 어떤 교육환경을 조성해주어야 하는지를 전문가의 도움을 받아 설계해야 할 것이다.

교회의 교육환경에 대한 무관심은 어제오늘의 문제는 아니다. 아무리 강조해도 해소되지 않는 교회의 한국병이 바로 교육에 대한 무관심이다. 성인 회중을 위한 시설을 위해서는 소중한 성도들의 헌금을 아끼지 않으면서 교회학교 교육 여건을 개선하는 데는 왜 그렇게 인색한지 모르겠다. 앞에서 지적한 바와 같이 아이들이 교회학교에 오지 않는 이유는 인구의 자연 감소도 절대적인 이유가 되지만 교회가 학원이나 학교보다 화장실에서부터 교실, 식당에 이르기까지 더 열악한 시설을 갖추고 있기 때문인 것으로 조사되었다. 미국이나 유럽의 교회에 가보면 교회 문의 문고리 장식 하나에서부터 교회학교의 책상과 의자에 이르기까지 교회 어른들의 정성이 스며난다. 그리고 한 번 지으면 100년 이상 가는 그들의 교회와 교육관을 본받을 필요가 있다. 전통은 교회 건물에도 배어 있어야 한다. 185년이나 된 미국 보스턴의 한 감리교회는 지상에는 대예배실과 친교실이 있고 지하에는 교회학교의 활동을 위한 분반 교실과 공간, 실내체육관, 식당까지 다 갖추고 있다. 어린아이들을 유리로 된 보호실에 가두고 예배를 하고 있는 건물 구조를 지닌 교회는 아마도 한국교회뿐 일 것이다. 필자가 조사한 바에 의하면 대형 교회라 할지라도 분반 교실을 위한 충분한 공간을 확보한 상태는 아니다. 여의도 S교회나 천호동 C교회와 같이 교사를 위한 부별 연구실이나 도서실을 갖춘 교회도 있으나 아직은 소수의 교회에 지나지 않는다. 또한 도서실을 갖추었다 하여도 교사에게 실질적으로 도움을 줄 수 있는 연구 자료와 장서는 태부족이다. 최근에 들어와서 멀티미디어를 많이 사용하고는 있으나 아직도 빔 프로젝터 한 대도 갖지 못한 교회는 무수히 많다. 있다 하더라도 교회별 평균 1대 이상의 빔 프로젝터를 구비하고 있는 교회는 아직도 극소수에 지나지 않는다. 교육부서가 최소 5개 이상인 한국 개신교 교회학교에서 멀티미디어 수업이나 영상매체를 활용하려고 할 때는 교회 전체를 통틀어 1대 밖에 없는 경우 빔 프로젝터를 사용하기 위해서 교사들은 거의 쟁취를 해야 한다고 한다. 불필요하게 큰 대형 TV를 강대상 옆에 설치하여 철거하지도 못한 채 흉물로 남아 있는 예배당을 주변에서 어렵지 않게 발견하게 될 것이다. 예배실에 불필요하게 큰 영상 기자재를 설치하여 교회 예산을 낭비하지 말고 차라리 이동형 빔 프로젝터 여러 대를 구입하여 교회 예배와 교회학교를 위해서도 쓸 수 있도록 하는 것이 최소의 예산으로 최대의 효과를 가져올 수 있는 지혜가 될 것이다.

일곱째 문제는 기독교교육학계는 교회교육 현장을 개선하는 실효성 있는 연구를 하지 못하고 있다. 이 문제에 관해서는 이미 은준관의 발표에서 설명이 잘 되었으리라 믿지만, 보다 실증적으로 이 문제를 분석하려면, 지금까지 기독교교육학자들의 연구가 어느 부분에 치중되어 있는가를 보면 쉽게 알 수 있을 것이다. 김기숙의 연구에 의하면 기독교교육 정보 저널에 게재된 지난 10년간의 기독교교육학 교수들의 논문 중 42%가 교육신학에 관한 것으로 제일 많은 분포를 나타내었고, 뒤를 이어서 38%가 교육체제 및 교육실천에 관한 내용이며, 12%가 교육정보, 기타가 8%로 나타났다. 이것을 이론과 실천의 준거로 분류해보면, 이론적 논문이 89.5%, 실천에 관한 논문이 10.5%에 지나지 않아 기독교교육학자들의 논문은 교회 교육현장을 개선하는 데 도움을 주기보다는 자신들의 업적을 위한 이론적 논문에 치중하고 있음이 증명되었다. 그런데 교수들이 이러한 이론적 논문을 많이 선호하게 된 이면에는 대학교수 연구 역량 평가의 기준에 그 근본적인 원인이 있다 하겠다. 실천적 논문을 쓰게 될 경우, 논문 평가 시 불이익을 당하기 때문이다. 보다 고가의 평가를 받기 위해서는 이론적인 성찰에 기초한 논문을 쓸 수밖에 없다는 것이다. 사실 현장 연구(action research)는 온몸으로 뛰어야 하는 연구이기 때문에 사회과학적 조사 및 검증 작업을 해야 하므로, 연구 기간도 연구비도 해석학적 연구방법에 의존하는 신학적 논문을 쓰는 것에 비해 훨씬 노동과 손이 많이 가는 연구임에 틀림이 없다. 따라서 아직도 기독교교육학의 연구논문이 신학적 연구논문에 압도적으로 기울어져 있다는 것은 기독교교육학계가 교회학교 일선 교사들로부터 비난을 면치 못하게 된 것이다.

한국 기독교교육학의 위기를 어떻게 대처해야 하는가?

90년대까지 한국교회는 각 연령층에 맞는, 그러면서도 교단의 교육목적을 이룰 수 있는 적절한 공과교재를 교육과정의 형태로 개발해내는 데 온 힘을 쏟아부었다. 그러나 새천년 시대가 도래하면서 공과 위주의 교육과정과 교육방법은 새로운 디지털 콘텐츠들의 출현으로 말미암아 큰 위기에 봉착하게 되었다. 낡은 시청각 기자재, 비디오테이프와 OHP를 공과수업에 활용하는 것만으로도 교회학교에서는 커다란 부담이 되었던 시절이 있었다. 그러나 그것이 전국적으로 정착되기도 전에 인터넷을 통하여 언제 어디서나 지식과 정보를 활용할 수 있는 웹 1.0 그리고 2.0 시대가 온 것이다.

1. **디지털 혁명은 학교교육뿐만 아니라 한국사회를 정보화시키고 교육방법에 있어서도 획기적인 패러다임의 전환을 가져왔다.** 교육은 이제 교실에서만 이루어지는 것이 더 이상 아니며, 흰 분필 가루 날리던 칠판과 종이 교재만이 유일한 교구였던 교실 상황에 인터넷이 연결된 퍼스널 컴퓨터와 전자칠판, 전자교탁, 그리고 천장에 빌트인된 프로젝터를 리모콘으로 우아하게 조정하면서 웹상에 올려져 있는 멀티미디어 콘텐츠를 수업에 사용한다. 동시에 접속하여 소규모의 그룹 토의도 가능한 웹 2.0 시대의 온라인 수업은 항상 오프라인 수업과 병행할 수 있다. **기독교교육학은 IT와 접목하여 앞으로 이러한 웹 기반 수업을 어떻게 영성교육과도 연결시키는가를 연구해야 한다.**

2. **21세기 학생들이 21세기적 첨단매체를 통하여 수업을 받고 있는 동안 그들의 삶에도 큰 변화가 일어났다.** 손에는 늘 핸드 캐리(hand carry)할 수 있는 통신기구가 나타난 것이다. 앞다투어 부모들은 자녀들에게 핸드폰을 사주었고 그것을 통해 자녀들은 그들이 받고 있는 수업의 현장을 생생하게 부모에게 중계할 수도 있게 된 것이다. **과거의 교실은 문만 닫고 들어가면 블랙**

박스처럼 그 속에서 교사와 학생들의 교육활동을 그 누구도 개입 내지 감독할 수가 없었던 신비의 공간이었다. 따라서 이러한 시스템하에서 교사는 절대적 권위와 모든 지식의 주도권을 가지고 있었다. 교사는 그 시대의 유일한 지식의 포털사이트였다. 즉, 지식검색을 하기 위해서, 지식을 추구하기 위해서, 지식을 사용하기 위해서는 반드시 '교사'라는 포털사이트를 거쳐야만 하던 시절이 있었다. 이러한 상황하에서 교사와 학생의 관계란 절대지식의 권력을 가진 자와 그것에 순종해야만 지식의 편린이라도 가져갈 수 있는 수동적이고 순종적인 지식의 학습자의 관계가 되어야 했다.

그러나 교회학교에서만큼은 이들의 관계는 전혀 달랐다. 아이들은 교회학교에 와서 학교 선생님처럼 엄하지도, 지식을 장악하지도 않으며, 따듯하게 위로해주는 선생님을 만나게 된다. 교회학교는 언제나 아이들이 좋아하는 간식을 준비했고 그들을 위해 축복해주는 기도자가 있었다. 그리고 학교에서 받았던 상처들을 싸매주는 치유자가 있었다. 아이들은 숙제도 없고 스트레스도 주지 않는 이러한 학교의 선생님을 무척이나 따르고 좋아했다. 그리고 교회학교에서는 경쟁하지 않아도 되는 친구들을 폭넓게 사귈 수도 있었다. 특히 부활절과 크리스마스와 같은 교회 절기 행사에는 함께 노래도 부르고 연극도 하며 아이들은 소중한 그들의 꿈을 함께 키워나갔던 것이다. 입시지옥 속에서도 그들의 순수성을 지키며 자신을 핍박하는 많은 친구들과 선생님, 그리고 대한민국의 살벌한 입시제도에서, 만일 신앙이 없었더라면 지금보다도 더 많은 청소년들이 자살하였을 것은 그리 어렵지 않게 상상할 수 있는 것이다.

이러한 모든 아름다운 한국 교회교육에 대한 추억들은 이제 한국 교회교육의 역사에 한 장으로만 남을 것인가? 분명히 현재 한국 교회교육은 기로에 서 있다. 아무리 주일성수를 하자고 교회가 캠페인을 벌여도 이미 유일하게 쉴 수 있는 주말의 시간을 인터넷 게임과 온라인 채팅으로 밤을 지새운 청소년들은 잠을 이기지 못해 주일예배를 빠질 수밖에 없다고 하였다. 그러한 청소년 자녀를 둔 부모 역시 밤새 자녀들이 입시 준비를 한다고 생각하며 주일성수를 그들에게 강제할 수 없다고 하였다.

3. 주일성수를 해야 하는 것을 알면서도 모든 것은 대한민국의 입시제도에 있다고 그 원인을 말하고 있다. **과연 입시 준비가 청소년들로 하여금 교회를 오지 못하게 하는 진짜 원인인가?** 물론 궁극적인 원인은 될 것이다. 그러나 10년 전, 20년 전에도 대한민국의 입시는 지옥이라고 비유될 만큼 치열하고 힘든 것이었다. 그렇지만 그때는 지금과 같이 청소년들의 출석이 저조하지는 않았다. 그렇다면 무엇이 문제인가? **우리는 지금까지 많은 학자들과 목회자들의 한국 교회학교 위기 진단이라는 발제 속에서 한 가지 공통점을 발견하게 된다. 그들의 위기 진단은 그들의 직접 경험에서 나온 문제 분석이라기 보다는 교회학교의 위기를 보다 인과관계적으로 보려는 그들의 편향된 시각에서 기인되었음을 알 수 있다.** 왜냐하면 그들이 보는 위기란 교회 내적 문제에서 찾기보다는 교회 외적인 원인을 찾으려고 했기 때문이다. 즉 자신의 잘못을 남 탓으로 돌리며 핑계를 찾는 것에 비유할 수 있을 것이다.

4. 우리가 어떠한 잘못을, 어떠한 부정적 현상을 만났을 때 대개 두 가지 시각으로 그 현상을 보고 있음을 알 수 있다. 첫째, 모든 것이 나로부터 기인되었다는 것, 둘째 모든 것은 남의 탓이라고 보는 시작일 것이다. 지금까지 교회학교의 위기 진단을 혹시 우리는 후자의 시각으로만 보려고 한 것은 아닐까? 우리가 전자의 시각으로 교회학교의 위기를 진단한다면 우리에게는 특히 기독교교육을 하는 나 자신을 포함한 모두가 먼저 자신을 돌아보고 어떤 과오가 오늘날 교회학교의 위기를 초래했는가를 성찰할 수 있을 것이다. **이제 더 이상 필자는 위기라는 말을 쓰지 않으려 한다. 기독교교육학의 위기는 30년 전에도 있었고 20년 전에도 있었으며 지금도 그 위기를 말하고 있기 때문이다. 위기의 진단은 시대의 변화에 따라 감지되고 진단되어 왔으나 이에 따른 각 시대마다의 위기 대처방안들은 잘 지켜져왔는지 또한 이 시점에서 살펴보아야 할 것이다.**

5. 공과의 부족이 위기였던 시절은 공과를 개발함으로써 극복되었다.

교사교육의 전문성이 부재했던 시대의 위기는 교사교육을 활성화시킴으로써 그 위기를 극복하였다. 그러나 교육매체의 혁명이 시작되어 디지털 콘텐츠가 교육매체의 대세를 장악하고 있는 이 시대에 기독교교육의 위기는 아직도 그 대처방안을 찾느라 급급해하고 있다. **언젠가 교회학교에도 최첨단 매체를 자유자재로 활용할 수 있는 날이 올 것이다. 온라인과 오프라인상에서 하이퍼텍스트와 교재 사이를 능숙한 운영방식으로 사용하며 수업을 할 수 있는 교회학교 교사가 구비될 때까지 교회학교는 교사교육을 그리고 교회학교 교수공학을 지속적으로 개발시키고 업그레이드시켜야 한다. 이것이 바로 오늘날 우리가 당면하고 있는 교회학교 기독교교육의 시급한 과제일 것이다. 그러나 교회가 할 수 없는 과제도 산재해 있다. 이러한 위기는 오히려 가정의 부모와 교회 주일 성수와 직접 관련을 가지고 있는 사교육의 학원과 더 나아가 국가의 주일 교육 행사 금지에 대한 의지와 밀접한 관련이 있다. 이와 같이 교회 밖의 환경과 상황 또는 제도와 제도를 개선하기 전에는 궁극적인 해결방안이 나오지 않는 것도 오늘날 기독교교육을 무력하게 만드는 핵심 요인이다.**

6. 교회 내에서 교사를 지원하는 자들이 줄어들고 전문교사대학이 언제부터인가 사라지고 있다. **교회교육이 지속되기 위해서는 전문교사가 양성되어야만 하는데 교회는 왜 차세대 교사 양성에 박차를 가하지 않고 있는 것일까?** 여기에는 또 다른 설명이 필요할 것 같다. 교회마다 교사 훈련을 하지 않는 것은 아니다. 그 명칭이 바뀌었을 뿐이다. 최근에 교회마다 교사를 대상으로 이루어지고 있는 행사는 교사의 영성훈련이라는 것이 대세인 것 같다. **교사가 예수님의 참사랑을 아동과 청소년들에게 전하기 위해서는 그가 먼저 영성을 구비해야 한다는 사실은 아무리 강조해도 지나치지 않는다.** 그래서 교사의 영성훈련은 매우 중요한 교사교육의 커리큘럼이 되어야 한다. 이 시대가 '영의 세기'라고 말한 하비 콕스의 말처럼 이 시대 사람들은 신앙보다 더 포괄적인 의미로 영성을 사용하고 있다(Cox, 2009). 그 말 속엔 지, 정, 의의 조화로운 믿음과 지성과 감성을 모두 포함하는 영적인 에너지로서,

삶을 보다 풍요롭고 건강하게 만들어주는 파워로서의 영성의 의미가 내포되어 있다.

7. **그런데 교회마다 영성을 이렇게 포괄적으로 통전적인 의미로 사용하는가에 대해서는 의문이 든다.** 어떤 교회에서 영성은 신비주의적 믿음을 강조하며 교사에게 모두 신유의 능력을 가질 것을 훈련한다. 또 어떤 교회에서는 오순절의 영성을 강조하며 모든 교사가 방언하기를 강조한다. 방언과 금식은 경건의 한 훈련일 뿐이다. 그것이 영성훈련을 대변하고 영성훈련의 전부인 것처럼 생각하는 것은 조화로운 영성을 갖도록 하는 데 제한을 주게 된다. **만일 개교회마다 교사의 영성훈련을 강조하겠다고 한다면 먼저 영성의 의미를 신학적으로 제대로 가르쳐야 할 것이다.** 그런 후에 영성훈련으로서의 경건을 생활 속에서 먼저 실천하도록 해야 할 것이다. 왜냐하면 영성은 원래 경건이라는 말과 동의어로 사용되기 시작했기 때문이다. 경건은 곧 영성을 이루는 매우 중요하고도 효과적인 삶의 방식이 되어야 하기 때문이다. 교회는 영적 메시지가 풍부한 곳이다. 그러나 그것을 제대로 전달해야 하는 것도 역시 교회의 과제인 것이다. **잘 전달되지 못하는 영적 메시지는 회중들의 영적 갈급함을 해소해주지 못한다. 따라서 교회가 가지고 있는 영적 메시지를 회중에게 감동과 감격이 수반하는 메시지로 전달되게 하기 위해서는 위에서 언급한 모든 매체와 기술이 동원되어야만 한다.**

8. **교사의 전문성으로서의 영성을, 조화로운 영성을 훈련받기 위해서는 그들에게 지성과 덕성과 의지 이 세 가지가 모두 영성 안에서 조화를 이루어야 할 것이다.** 영성의 강조까지는 좋았으나 그것을 제대로 훈련하지 못하고 그것의 신학적 타당성을 제대로 논의하지 못한 채 교회마다 제한적으로 영성을 훈련하는 과정에서 소홀히 된 것이 신학적 지성이다. **한때, 80년대 중반까지 한국교회 대부분의 교파에서는 말씀 중심의 기독교교육을 발전시켜왔다.** 그 결과 많은 신자들이 성경의 중요성을 깨닫게 되고 어떤 모임에서나 한국의 크

리스천들은 성경을 하나님의 말씀으로 인식하고 귀하게 여기는 습관을 갖게 된 것은 말씀 중심의 기독교교육이 공헌한 부분이다. **그러나 기독교교육학자들은 머리로는 말씀을 많이 암기하고 알고 있는 신자지만 그것이 삶으로까지 이어지지 못한 말씀과 삶의 괴리현상을 가져왔다고 비판하기 시작하였다.** 이후 한국 기독교교육은 감성을 중시하는 교육방법을 강조하며 기독교교육 현장에서 말씀이 삶과의 관련을 가질 것을 강조하기 시작하였다.

9. **말씀의 실천이 삶의 현장에서 지켜지는지를 충분히 평가하기도 전에 우리는 멀티미디어 시대를 맞이하고 인터넷 시대를 맞이하게 된 것이다.** 아직 한국교회 교육현장은 멀티미디어의 충분한 활용과 그 비판을 경험하기도 전에 **우리는 또 다른 매체의 혁명인 인터넷 네트워크상에서 하이퍼텍스트를 직접 교육현장에서 활용해야 하는 최첨단 디지털 콘텐츠 교육에서의 접목을 요청받고 있다. 교회는 아직 성경 콘텐츠조차 완벽하게 만들어내지 못했는데, 설교, 예배, 교육의 모든 사역 과정에서 빔 프로젝터와 디지털 콘텐츠의 사용은 필수적인 요소가 되어버렸다.** 또한 뮤지컬, 스킷드라마, 동영상, CCM밴드, CCD팀이 추구하는 예술적 요소들은 설교, 예배, 교육, 부흥회, 선교와 같은 교회의 주요 사역 분야에서 없어서는 안 되는 매체들이 되어버렸다. **교회는 이제 이러한 디지털적인 요소와 예술적인 요소, 즉 정보화의 기술과 예술적인 요소가 긴밀히 융합하여 영적인 사역의 효과를 극대화해야 하는 과제에 직면해 있다.**

10. 학문으로서의 기독교교육학은 기독교교육을 가르치고 배우는 것에 관련된 지식과 경험을 조직화하는 기능을 완수해야 한다. **하나님이 우리를 구원해주신 것만을 기억하는 것이 아니라 기억을 토대로 현재의 삶을 하나님의 자녀로 잘 살아낼 수 있도록 격려하고 권능을 부여하는 것도 매우 중요한 기독교교육의 역할이다.** 더 나아가 미래에는 이 사회가 어떠한 인재를 필요로 하는가를 귀를 기울여 그것에 대비하는 지식, 경험, 지혜들을 가르쳐서 세상 속으로 파송해야 한다. 그러기 위해서는 교육내용을 그들의 문화적 컨텍스

트에 맞도록 업데이트시켜주어야 한다.

11. 이제는 기독교교육학회의 궁극적인 목적과 취지를 우리와 다음 세대가 살아갈 시대적 요청에 비추어 다시 한번 되새겨보아야 할 때이다. 예수님의 교육은 세상 속에서 더욱 빛이 났었다. 그러므로 기독교교육학자들의 연구도 교회현장에서 더욱 빛이 나기 위해서는 기독교대학과 교회와 기독교교육학자들 간의 원활한 의사소통이 반드시 필요하다. 한 가지 바람이 있다면 기독교교육학이 일반 교육학을 반드시 따라갈 필요는 없지만 기독교 학자들이 주관에 치우치는 해석학에 편중되지 말고 현상학적으로 객관성을 유지하면서 학문의 질적 수준을 높여주었으면 한다. 그리고 학자 공동체의 윤리와 도덕이 지켜졌으면 좋겠다.

12. 한국교회의 기독교교육학의 미래는 위기이고 어둡다고 했지만 이 땅에 교회가 존재하는 한 기독교교육학은 계속될 것이기 때문에 미래를 그렇게 암울하게 보고 싶지는 않다. 한국교회는 아직도 건재하며, 50년 전 신학자들이 교회의 죽음을 예언한 것이 빗나갔다는 것을 우리는 이미 알기 때문이다. 신학이 오만하고 인간을 정죄하는 도구로 전락할 때 하나님은 그 신학을 축복하시지 않는다는 것을 우리는 똑똑히 보고 있다. 편협하고 배타적이고 근본주의적인 교파주의 신학의 굴레에서 어떤 참된 예수의 자유정신과 구원의 진리가 교육될 수 없음을 우리는 깨달아야 할 것이다.

에필로그

하나님은 한국의 기독교교육학을 통해 한국교회를 부흥시키셨다. 교회학교가 시들해졌다고 기독교교육학자들에게 책임을 전가하는 것은 마치 아이들이 줄었다고 여자들이 애를 낳지 않기 때문이라며 여성에게 모든 책임을 전가하는 것과 같은 오류를 범하게 될 것이다. 교회학교의 문제는 교회 내적으로도 극복해야 할 과제가 있지만, 보다 근원적인 문제는 사회적, 생태학적 환경의 변화가 더욱 교회학교의 위기를 가속화시킬 것이라는 전망이다. 이제 교회학교를 살리기 위해서 교회 밖의 인프라를 먼저 점검하고, 보다 큰 교회 공동체, 즉, 교단 본부 차원에서의 거시적인 교회학교 살리기 정책을 채택하도록 촉구해야 한다. 더 나아가 교회가 속해 있는 지자체를 포함한 NGO단체와 사교육기관, 그리고 학부모에 이르기까지 교회학교 학생들의 삶의 전 영역에 크고 작게 영향을 주고 있는 모든 파워 집단 당사자들과 적극적인 대화를 시작해야 할 때이다. 그러나 결국 이 모든 교육적 노력의 키워드는 교회학교 학생들 안에 잠재한 그리스도의 인성을 회복시키고, 나보다는 '우리'라는 공동체성을 함양시키며, 개인의 존엄성과 차이를 인정할 줄 아는 영적 분별력을 갖도록 하며, 몸과 마음과 영이 조화로운 건강한 삶을 살도록 도와주는 기독교교육 과정을 강화하여 교육 내용과 방법의 내실화를 기해야 하는 것도 기독교교육의 위기를 극복하여 교회학교를 살려내는 실질적인 노력이 될 것이다. 최근 없어진 학교 체벌로 인하여 공교육의 현장이 무척 어수선하다. 자칫 교사와 학생 간, 세대 간의 충돌과 갈등과 패륜이 범람할 수 있는 위험이 도사리고 있다. 그렇기 때문에 그 어느 때보다도 교회 아동, 청소년들에게 그리스도를 닮은 인성교육을 철저히 하여 이러한 학교 환경의 변화에 대처할 수 있도록 해주어야 한다. 한국 기독교교육학의 미래는 아동과 청소년의 전인적 인성교육에 달려 있다. 왜냐하면 한국의 공교육은 학교 체벌 금지라는 초강수를 둠으로써 대입이라는 큰 골리앗을 더욱 이기지 못하게 되었고, 이제 공교육은 더욱 지속적으로 지식의 획득에만 집중할 것으로 예측되므로 인성교육은 교회교육에서 해야 할 몫으로 남겨지게 된 것이다.

기독교교육학의 위기는 교회교육을 내실화하고 학자들의 현장을 개선하기 위한 헌신적인 연구와 노력이 뒤따라준다면 그리 어려운 일이 아닐 것이다. 어린이가 줄어든다고 하지만 이런 시대에도 지속적으로 어린이가 늘고 있는 교회도 있음을 간과해서는 안 될 것이다. 기도와 영성의 수련만으로 아이들이 교회학교로 다시 몰려오지는 않는다. 무엇이 우리들의 교육현장에 지금 그리고 여기에 꼭, 즉시 필요한 것일까는 교육 당사자와 교회의 교육 지도자들이 더 잘 알 것이다. 이제는 거창한 개혁이 세상을 바꾸는 시대가 아니라 작고 사소한 것의 개선이 필요한 때인 것 같다. 가만히 주위를 둘러보면 우리 교육현장에는 꽤 쓸만한 교구들이 어느새 많이 들어와 있음을 본다. 우리에게 친숙한 것들로부터 지혜를 얻어 교육현장과 환경을 저예산으로 개선할 수 있는 길이 바로 생태적 갱신의 방법이다. 지금 하나님은 겸손하고 작은 것이지만 오랫동안 잊혀져 있었던 것들을 기억해내어 기독교교육을 개선하는 데 사용하라고 하시는 것 같다. 지금 우리에게 필요한 것은 겸손한 녹색 개혁이다!

참고 문헌

Cox, Harvey (2009). *The future of faith*. NY: Harper One/Harper Collins.

Eisner, Elliott (1995). *The educational imagination: On the design and evaluation of school programs*. NY: Macmillan Publishing Company.

Ferre, Nels F. S. (1967). *A theology for Christian education*. Philadelphia: The Westminster Press.

Groome, Thomas H. (1980). *Christian religious education: Sharing our story and vision*. San Francisco: Harper & Row.

Sherrill, Lewis J. (1994). **기독교 교육의 발생**. (이숙종 역). 서울: 대한기독교서회. (원전은 1944년에 출판).

Harris, M. (1989). *Fashion me a people*. Louisville, Kentucky: Westminster/John Knox Press.

Hartford Institute for Religion Research (2009). Database of megachurches in the U.S. In http://hirr.hartsem.edu/mega church/database.html.

http://www.independent.co.uk/news/uk/this-britain/church-predicts-death-of-sunday-school-707079.html.

Hahn, Mee-Rha (2010 October). Teaching Christian education as practical theology in Korea contexts. *Journal of Christian Education & Information Technology*, vol. 18.

Nelson, C. Ellis (1976). *Where faith begin*. Atlanta: John Knox Press.

Westerhoff III, John H. (1976). *Will our children have faith?*. New York: The Seabury Press.

Westerhoff III, John H. (1980 June). The Sunday school of tomorrow. *Christian Century*.

강용원 (2004). 기독교교육의 과제와 전망. **기독교교육논총**, 제10집, 135-176.

강희천 (1989). 기독교교육학의 학문적 성격. **신학논단**, 18집, 291-324.

강희천 (2003). **비판적 성찰**. 서울: 대한기독교서회.

김기숙 (2008). 한국기독교교육정보학회의 설립목적에 기초한 학회의 방향과 과제에 관한 연구. **기독교교육정보**, 제20집.

김진영 (2010, 4, 5). 은준관 박사가 범했던 두 가지 치명적 오류. **크리스찬투데이**.

김명용 (2010). 기독교교육에 있어서의 신학적 지성의 중요성. **2010 추계학술대회 프로시딩**, 51.

김영한 (2009). 정암(正岩) 박윤선 신학의 특성: 계시의존 사색을 중심으로. **한국개혁신학논문집**, vol. 25, 8-33.

김형태 (1994). **기독교교육의 기초**. 서울: 한국장로교출판사.

김형태 (2003). **목회적 교육**. 서울: 한국장로교출판사.

박원호 (1996). **신앙의 발달과 기독교교육**. 서울: 장로교신학대학출판부.

신언혁 (2003). **교사의 소명교육 효과에 관한 연구**. 박사학위논문. 드루대학교, Madison, NJ.

양봉식 (2008, 10, 10). 주일학교 부흥, 교회 · 가정 · 학교 연계가 핵심. *Amennews*.

엄요섭 (1959). **한국기독교교육사 소고**. 서울: 대한기독교교육협회.

오인탁 (2004). 기독교교육이란 무엇인가?. 오인탁 (편), **기독교교육학개론**. 서울: 대한기독교서회.

윤응진 (2000). **비판적 기독교교육론**. 서울: 다산글방.

은준관 (1976). **교육신학**. 서울: 대한기독교서회.

한미라 (2005). **개신교교회교육**. 서울: 대한기독교서회.

한국기독교교육정보학회 홈페이지 http://www.ksceit.or.kr.

Groome의 『Sharing Faith』에 나타난 '앎'에 대한 철학적 논의

한미라 (호서대학교 교수)
mrhahn2022@gmail.com
전예령 (서울신학대학교 강사)
Yeryungc@gmail.com

■ 본 논문의 목적은 그룸의 두 번째 저서 『Sharing Faith』에 나타난 '앎(Knowing)'의 방식에 관한 철학적 기반이 무엇인지를 탐구하는 것이다. 그룸이 영미권의 학자이므로 그가 인용하고 있는 고대 그리스 철학자 2인(플라톤과 아리스토텔레스)과 근대 유럽 철학자 2인(데카르트와 칸트)의 인식론을 조사하고 각 인식론의 공통점과 차이점을 살펴보았다. 그리고 그룸이 그 이론들을 어떻게 비판 또는 수용하고 있는지를 논의하였다. 또한 그룸이 자신의 각 이론들의 비판과 수용들이 어떻게 나눔의 프락시스 교육론에서 접목되었는지를 찾아내어 설명하였다. 주요 발견 사실을 요약하면 다음과 같다.

그룸의 나눔의 프락시스 기독교 신앙교육에서 프락시스는 핵심적인 개념이다. 프락시스는 이론의 반대어가 아니다. 프락시스의 개념을 이해하기 위해선 플라톤의 아남네시스의 개념을 이해해야 한다. 이 개념으로부터 그룸은 존재에 대한 기억을 상기하였다. 이것은 그의 프락시스 방법에서 사람들의 현재 삶을 명명할 때 적용되는 인식의 방식인 기억으로 재수정되었다. 또한 아리스토텔레스의 세 가지 삶의 방식을 통전하여 하나님의 말씀과 계시를 알고, 그것을 자신의 삶에 도입하며, 마지막에는 그것을 실행하기 위한 자신의 책임을 결단하는 것까지, 즉 앎과 삶이 하나로 통전되는 교육방법을 그룸은 나눔의 프락시스 교육론에서 새롭게 재구성하였다. 그러므로 그룸이 사용하는 프락시스는 아리스토텔레스의 세 가지 삶의 방식에서 유래한 것으로 '존재'에 대한 통전적 이해이다. 우리가 처한 시간과 장소에서의 우리 존재의 역사적 의식과 현실에서의 '프락시스(praxis, 실천)'라고 정의할 수 있겠다.

이 논문을 준비할 때 두 연구자의 질문은 "그룸의 프락시스는 어떤 인식론적 철학적 배경을 갖고 있을까?"였다. 이 연구의 두 연구자는 자신들의 질문에 답을 찾아가며 자신들이 누군지, 관심이 무엇인지, 기억과 분석과 창조적 상상을 하면서 프락시스의 개념을 탐구하는 결론에 도달하게 된 것 같다. ■

I. 서론

토마스 그룸(Thomas H. Groome)의 두 번째 저서인 『Sharing Faith』(1991)에는 긴 부제목이 붙어 있다. 연구자는 'A Comprehensive Approach to Religious Education and Pastoral Ministry: The Way of Shared Praxis'를 '종교교육과 목회에 대한 종합적 접근: 나눔의 프락시스 방식'이라고 번역하였다. 이 제목이 뜻하는 바대로 이 책은 철학이나 신학 책으로 저술된 것이 아니라 기독교신앙을 가르치는 종교교육과 교회 목회를 수행하는 접근 방식, 즉 교회 목회와 교육방법에 관한 책이다. 이 제목에는 그룸의 '나눔의 신앙 교육방법론'의 의도를 파악할 수 있는 또 하나의 실마리가 나타나 있는데 그 단어가 바로 'comprehensive'이다. 그룸이 주장하는 방법론의 특징은 한마디로 '포괄적이며 종합적'인 접근 방법이다. '종합적'이란 단편적이고 주도적인 한 가지에 제한되어 있는 것이 아니라 다양한 방법들이 포함되어 있음을 뜻한다. 기독교신앙을 가르치고 배우는 것은 그 신앙을 알게 하고(to teach) 아는 일(to learn)과 관련된 일이다. 그룸의 나눔의 프락시스 신앙교육의 과정에서는 성직자나 교사가 일방적으로 주도하는 '앎(knowing)'이란 의도되지 않는다. 종교교육에 대한 그룸의 기본적인 입장은 가르치는 자(또는 수업을 이끄는 자)와 학습자(또는 참여하는 자)가 대화를 통해 하나님과 나, 교사와 나, 나와 공부 파트너, 이웃, 그리고 공동체와의 다양한 관계를 새롭게 정립해가는 것으로 볼 수 있을 것이다. 그러므로 나눔의 프락시스 방법으로 신앙교육을 한다는 것의 대표적 속성은 관계적(relational)이면서 대화적(conversational)이라 할 수 있을 것이다. 그룸의 나눔의 프락시스 신앙교육방법은 신자 스스로를 '신앙교육'에 대한 능동적인 학습자요 참여자로 변화시켰다는 점에서 21세기 기독교교육학의 중요한 업적으로 평가할 수 있을 것이다.[1]

나눔의 신앙교육에서 궁극적인 목표는 그것이 프락시스 방법이라 할지라도 기독교에 관한 지식의 획득과 그것을 현실에서 배운 대로 삶에서 실천하는 것이다. 즉, 궁극적인 목표는 기독교 신자가 되기 위해 알아야 할 수많은 신학적 개념들과 교리와 성경의 말씀에 관한 지식들이다. 구약 성경에서 950회 이상 사용되고 있는 '알다와 지식(know, knowledge)'과 관련된 히브리어 어원은 야다(yada, ידע)이다(http://dictionary.cambridge.org/dictionary/english/knowledge).[2] 그 뜻에는 인식, 학습, 이해 등이 포함되어

---

1 그룸은 가톨릭교회의 성직자이고 미국의 주류 문화는 기독교이기 때문에 그가 말하는 종교교육은 기독교 종교교육으로 당연시할 수 있을 것이다. 그러나 연구자가 속한 상황은 다종교사회 속의 기독교, 그것도 개신교의 교육을 지칭하기에, 한국과 같이 다종교문화권에서 실상 모든 종교의 신앙교육도 종교교육으로 칭할 수 있음을 감안하여, 예를 들어 '개신교 종교교육'이란 용어와 같이 분명한 종교적 정체성이 드러나는 명명(naming)이필요하다.

2 Understanding of or information about a subject that you get by experience or study, either known by one person or by people generally and the state of knowing about or being

영어 단어 'know'보다 그 뜻이 더 광범위하다. 지식(knowledge)은 정보를 소유하는 것이 아니라 오히려 그것을 훈련하거나 실현하는 것이라고 정의할 수 있을 것이다. 무엇을 안다는 것(to know)은 어떤 추상적인 원리에 대해 지적으로 정보를 제공받는 것이 아니라 현실을 파악하고 경험하는 것이다(http://www.biblestudytools.com).

그러므로 성경적으로 하나님을 안다는 것은 그분을 추상적이고 비인격적으로 안다는 것이 아니라, 하나님의 구원행위 속으로 들어감을 뜻하는 것이다(미 6:5). 하나님을 아는 것은 하나님의 영원성의 문제를 가지고 철학적으로 씨름하는 것이 아니라 오히려 그분의 주장하심을 인정하고 받아들이는 것이다. 그것은 신비로운 묵상이 아니라 의무적인 순종이다.

요시야는 공의와 의를 행함으로써 하나님을 알게 되었다고 말한다(렘 22:15-16). 또한 하나님을 안다는 것은 하나님에 대한 참된 지식을 가졌다는 뜻으로, 계약에 관한 규정에 순종하는 것을 의미한다. 즉, 하나님의 뜻에 일치하여 살아가는 것이 하나님을 아는 자의 태도라고도 말할 수 있을 것이다. 이렇게 본다면 성경적으로 하나님을 아는 지식의 반대는 무지가 아니라 반역인 것이다(렘 22:11-14).

그렇다면 위에서 살펴본 바와 같이 나눔의 프락시스 교육방법론에서 '앎'이란 어떻게 체득되는 것인가? 그룸만이 대화적 교수법을 말한 학자는 아니다. 소크라테스(Socrates)의 산파법, 존 아모스 코메니우스(John Amos Comenius), 존 스튜어드 밀(John Stuart Mill), 레프 비고츠키(Lev S. Vygotsky), 파울로 프레이리(Paulo Preire) 등도 그들의 교육이론에서 교사와 학습자 간의 상호 대화의 중요성을 강조하고 있다. 그러나 교사와 학습자의 관계가 올바르지 않다면, 예를 들어, 예레미야가 말한 것처럼, 가

---

familiar with something: 번역하면, 지식이란 한 사람 또는 사람들이 일반적으로 학습이나 경험으로 알게 된 한 주제에 대한 정보나 이해를 말하거나 어떤 것에 대해 익숙해지거나, 알고 있는 상태를 뜻하기도 한다.

르치는 자에게 반역하거나 저항을 한다면 무엇을 배웠다 해도 참된 지식은 남아 있지 않을 것이다. 교사와의 올바른 관계의 형성이 학습자의 참된 '앎'에 미치는 영향에 대해 한국 교사들은 심각하게 깨닫고 있지 않는 것 같다. 만일 한국 공교육의 현장에서 그룸의 나눔의 프락시스로 교육방법을 일찍이 도입하였다면 지금보다는 훨씬 학교폭력과 교사와 학생뿐 아니라 학부모와 학교 행정가들의 관계들까지도 많이 개선될 것이며, 아울러 대화적 분위기가 조성되어 학생들의 학교활동에의 자발적 참여가 증진되었을 것이다. 결국, 한 사람에게 하나님에 대한 참지식을 가르친다는 것은 그 개인과 관련된 많은 사람들과의 관계에도 교사가 관여하게 된다는 사실도 염두에 두어야 하는 것이다.

연구자는 그룸의 나눔의 프락시스 교육론에서 지식의 체득은 교육목표 중 하나로서, 사람과 하나님, 사람과 사람, 그리고 자연과의 올바른 관계를 이루어가는 데 유용하게 사용되어 다양한 관계적 삶을 선하게 변화시키는 지혜가 되어야 한다는 전제로 출발한다고 보았다. 그룸의 나눔의 프락시스 교육은 궁극적으로 가르치는 자나 배우는 자 모두가 서로 가르치고 배우면서 성장함을 돕는 교학상장(敎學相長)의 교육이라 말할 수 있을 것이다.[3]

최근에 한국에 소개되고 있는 유대 랍비의 전통에서 유래된 하브루타(havruta) 교육법도, 토라(Torah)를 공부할 때 둘이 한 짝을 이루어 각자 공부해온 것을 서로 질문하고 논박하면서 지식을 터득하는 공부법이다. 이 대화적 공부법의 성패는 기본적으로 상대방의 질문을 잘 듣고 조리있게 대답을 하는 것에 달려 있다. 제대로 된 질문을 해야 원하는 답을 얻을 수 있다는 것을 훈련하는 목적은 참된 '앎'을 얻으려면 교학상장의 이치를 깨달아야 함을 일깨워주기 위함일 것이다. 조이스 벨러스(Joucey Bellous) 또한 유대인들의 지혜(Sapientia)의 훈련(Paideia)은 진리를 듣고

3 왕양명(王陽明)의 사자성어로 표현하면 효학상장(斅學相長) 또는 교학상장(敎學相長)임.

(Hearing)-행하고(Acting)-따르는(Following) 과정(신 6:4)을 반복하는 것을 교육의 중심으로 삼았다고 말한다(Joyce Bellous, 2007, p. 29).

한편, 헬라인(the Greek)들의 사고에서는 인간은 들음을 통해서가 아니라 보는 것을 통해서도 '앎'을 얻을 수 있다고 믿었다. 인간은 이성(dianonia)이라는 사물을 볼 수 있는(seeing) 능력, 즉 인식할 수 있는(perceiving) 능력을 가지고 있기 때문이다(Peters, 1967, p127, 133). 결국 이 사람들은 인간이 지식의 주체가 되어 인식의 내용뿐만 아니라 대상 그리고 인식의 옳고 그름까지도 판단할 수 있는 능력이 있다고 믿게 되었다. 이렇게 볼 때, 헬라인들에게 있어서 교육은 지식의 수업을 통해 이론(theroria)과 철학(philosophia)을 구축하는 것이다(오인탁, 1994, p. 313).

그룸 역시 이러한 헬라적인 사고의 영향이 일반 교육은 물론 신앙교육의 장에도 오랜 세월 동안 깊게 뿌리 박혀왔음을 비판적으로 성찰하고 그의 새로운 교수방법인 나눔의 프락시스에서의 '앎'에 대한 철학적 기초를 다음과 같은 철학자들로부터 취사선택하게 되었다고 연구자는 보는 것이다.

II. 플라톤과 아리스토텔레스의 인식론 비판과 수용

1. 서양의 이분법적 인식론에 대한 그룹의 비평

철학의 연구 영역 분류에 의하면 인식론은 '앎'의 성격과 원천 그리고 앎에 대한 주장들의 신뢰성을 연구하는 분야이다(James Donald Butler, 1957, p. 51). 사실, 모든 서양 철학사상의 체계에는 함축적으로 인식론적인 면이 부분적으로 포함되어왔지만 가장 두드러지게 인식론에 관심을 두게 된 것은 아리스토텔레스 이후부터 시작하여, 중세기 말, 그리고 데카르트에서 칸트에 이르는 시기와 19세기 중반부터 20세기 초까지로 구분할 수 있겠다(Sofia Vanni Rovighi, 2004, p. 10).

그룹은 모든 교육 활동은 어떤 형태를 지니고 있든지 간에 지식을 증진하기 위한 것이기에 "'앎'은 무엇이며, 어떻게 '앎'을 증진시킬 것인가" 하는 인식론적 질문은 교육자들에게도 중요한 관심사라고 말한다. 또한 그는 기독교신앙은 "그리스도 안에 있는 자신과 하나님 그리고 우리가 사는 세계를 아는 방법"이기에 기독교 신앙교육에도 인식론은 중요한 관심사라고 강조하였다(Thomas H. Groome, 1980, p. 139).

가톨릭은 물론 개신교에까지 그룹을 21세기 영향력 있는 기독교 신앙교육[4]의 학자 중에 하나로 만들어 준 그의 두 저서 『Christian Religious Education』(1980)과 『Sharing Faith』(1991)에서 신앙교육의 기반은 서양철학의 인식론과 불가분의 관련성이 있음을 공통적으로 피력하고 있다(김도일, 1999 pp. 545-547). 그룹은 그의 첫 번째 저서 7장과 8장에서, 아리스토텔레스를 시작으로 프레리 같은 철학자들의 인식론에 기초하여 종교교육을 위한 나눔에 참여하는 실천적 앎의 방법(praxis)를 풀어나갔다(Thomas H. Groome, 1980, p. 265).[5]

본 논문에서는 존재론과 인식론을 이분법적으로 생각하도록 이끈 서양철학의 이분법적 사고의 단초인 플라톤을 시작으로 아리스토텔레스 그리고 근대의 데카르트와 칸트의 합리적 인식론에 대한 그룹의 비평(critique)을 논의하고자 한다.

그룹은 『Sharing Faith』의 2장과 3장에서는, 이성의 "인식론적 특권을 부여하였던 교육"의 장(場)에서 교육자들이 '아는 것(knowing)'과 '존재하는(being) 모든 것'을 기독교 종교교육에서 재결합하기 위하여 '존재론적

---

4 그룹은 '기독교 종교교육'이라고 부르고, 한미라는 '기독교 신앙교육'이라 명명한다.

5 그룹은 이 책을 쓰는 당시에 8년 동안 프락시스가 앎을 촉진시킬 수 있는 방법이며 신앙과 우리의 삶의 방법의 균열을 해소할 수 있다고 생각할 뿐만 아니라, 인간에게 자유와 해방을 촉진시키는 앎의 방법이라 믿어 실천적 접근을 연구하고 사용해왔음을 설명하였다(Thomas H. Groome, 1980, p. 177).

전환'을 하도록 도울 수 있는 '인식론적 변화'를 시도해야 함을 주장하였다. 이를 위하여 기본적으로 합리적 인식론으로의 전환을 주도했던 데카르트와 칸트의 업적을 인정하면서 그룸은 기독교 종교교육은 비판적인 이성의 도움을 받아 수행되어야 한다는 주장에 힘을 싣는다(Thomas H. Groome, 1991, pp. 59-80). 그러나 그룸은 기독교 종교교육자들에게 합리주의자들이 만들어놓은 기계화된 이성(technical rationality), 즉 기계론적 인식론 속에 길들여진 사고의 틀에서 먼저 진정한 앎의 의미를 재정의(再定義)해야 한다고 도전한다(Thomas H. Groome, 1991, p. 81; Marx Horkheimer, 2012).[6] 신앙교육의 장에서 기계화된 이성이 만들어준 '앎'은 사람들 또는 어떤 것에 대하여(knowing about something) 아는 것이 지식이라고 생각하게 하였고, 더 나아가 '앎'과 '삶'을 이분화시키도록 만든 바로 그 서양철학의 고질화된 이분법적 인식론의 문제였음을 거듭 강조하였다.

서양의 이분법적 인식론의 역사는 고대 그리스 철학으로 거슬러 올라간다.[7] 이 오래된 인식론의 이분법은 우리로 하여금 '주관(subject)-객관(object)', '정신(Mind)-몸(Body)', '내면(inner)-외부(outer)', '이성(reason)-감각(sense)' 등과 같이 이원론적(dualism) 사고가 체화되었을 뿐만 아니라 미셸 푸코(Michel Foucault)는 그 양자 사이에 높고 낮음이라는 계급화(지식을 가진 자의 권력화)를 당연하게 여기게 되는 도덕적인 문제까지 발생하게 되었다고 신랄하게 비판하며 철학의 해체를 주장하기도 하였던 것이다(송도선, 2004, pp. 43-46; Everlyn Fox Keller, 1995, p. 37; Michel Foucault, 1980, pp. 81-82).

그룸은 이와 같은 서양 인식론의 이분법의 문제점을 비판하면서 이것

6 Also other authors strongly claim that rationality has brought us to the brink of nuclear destruction and is the logical outcome of patriarchy.

7 플라톤에서 시작한 이원론은 아리스토텔레스의 인식론으로 승계되고 근대의 철학에까지 연결되어 있음을 보게 될 것이다.

으로부터 자유로운 앎의 방법을 통해 앎과 삶이 하나 되고 지식의 주체와 객체의 관계가 중요시되는 새로운 기독교 종교교육의 방안을 제시하게 된다. 그의 앎의 방식인 인식론적 존재론(epistemological ontology)을 통해 히브리인들의 신앙과 지혜에서 통찰을 얻는 '교육을 위한 지혜(conation for pedagogy)'가 가능하다고 보았다.[8] 구체적으로 그의 저서 『Sharing Faith』의 2장을 통하여 그룹은 서양 철학자들의 인식론으로부터 자산을 발굴하여 지혜의 교육을 위한 프락시스(praxis)를 만들어가는 자산들은 기독교 신앙교육에 큰 반향이 되리라 믿는다고 언급하였다(Thomas H. Groome, 1991, Ch. 2).[9] 그 작업을 위하여 이원론의 근간이 되는 고대 그리스의 대표 철학자 플라톤과 아리스토텔레스의 인식론과 그룹의 인식론적 존재론과의 연관성을 논의해보기로 한다.

2. 플라톤(Plato, 428-348, B.C.): 아남네시스에서 기억으로

그의 스승인 소크라테스의 인식론이 윤리적 가르침의 방법론으로 함축적이라면, 플라톤의 인식론은 명시적으로 발전되었다(Sofia Vanni Rovighi, 2004, p. 26) 그가 분명하게 구별 짓는 지성의 세계와 감각의 세계에는 두 개의 다른 지식의 유형이 상응된다. "진정한 실제는 눈이나 귀와 같은 전체 몸을 배제하여", 즉 감각적으로 포착되지 않는 초월적인 실제로, "육체 없는 마음(disembodied mind)"에 의해서 얻을 수 있다고 주장한다(Plato, 1892, p. 449; Everlyn Fox Keller, 1995, p. 22). 인간의 감각이나 몸의 경험들을 배제한 인간의 이성을 통한 이데아는 도대체 어디에서 얻게 되는 것일까 하는 질문은 그룹(1991, p. 40)뿐 아니라 누구나 쉽게 던지게

---

8 그룹은 그의 책 『Sharing Faith』에서 "conation for pedagogy"와 "wisdom for pedagogy"를 혼용하여 사용하므로, 이 논문에서는 지혜의 교육이라 통일하여 부른다.

9 흥미롭게도 그룹은 그의 저서 2장에서 매번 철학자들의 인식론을 소개하고 적용하기 위한 부분을 소개할 때마다 'asset'이라는 단어를 사용한다.

되는 인식론적 호기심으로, 이에 대하여 "상기(想起)로서의 인식론(아남네시스, anamnesis)"으로 플라톤은 설명한다(Plato, 1968, pp. 336-344). 그에 의하면 우리의 감각경험은 이미 가지고 있던 아이디어를 생각나게 하거나, 떠오르게 하는 기회가 주어질 때, 지성에 대한 직관, 즉 영혼이 육체에 들어가기 전에 이미 가지고 있던 이데아를 직관할 때, 얻을 수 있다는 주장이다(Sofia Vanni Rovighi, 2004, p. 28). 그룸은 플라톤의 상기론적 인식론(아남네시스)에서 지혜교육을 위한 중요한 요소인 '기억(memory)'에 대한 통찰력을 얻는다(Thomas Groome, 1991, p. 41). 플라톤의 형상의 세계는 인간의 감각을 초월한 믿을 수 있는 근원이고, 인간이 만들어낼 수 없는 진리의 근원이다. 그룸은 플라톤이 그의 형상의 세계를 따라 우주의 공간과 시간을 만드신 신성한 창조주이신 하나님의 존재를 묘사하고 있다고 설명한다(Thomas H. Groome, 1991, p. 40).

정신과 몸을 분리한 플라톤의 이원론(dualism)은 인간의 역사에 중요한 부분들을 배제하게 만들었고, 급기야는 그의 인식론의 영향으로 플라톤 이후 사람들은 이성을 단지 생산과 통제를 위한 기계적 합리성(technical rationality)으로만 이해하게 되었다(Plato, 1968, p. 337). 그룸은 기독교 종교교육의 현장에서도 뿌리 깊게 박혀 있는 플라톤의 도구화된 인식론(instrumental reasoning)의 문제점에 대한 처방을 그의 인식론적 존재론의 근간이 되는 인간화된 인식론 또는 합리성(humanizing rationality)으로 제안한다(Thomas H. Groome, 1991, p. 81).

인간화된 인식론은(Josephine Donovan, 2000, p. 172; Parker Palmer, 2006, p. 112) 이미 그의 첫 번째 저서인 기독교적 종교교육(1980)에서 히브리적 인식론의 기초인 안다(yada, ידע)의 개념으로 설명한 바 있다(Thomas H. Groome, 1980, p. 141). 하나님과 인간이 서로를 향해 열려 있는 인격적인 경험을 통하여 알고 있다는 의미이다(Parker Palmer, 2006, p. 149).[10] 기억

10 마찬가지로 인간은 다른 인간에 대해서 동일한 인식을 교류할 수 있어서, 인간이 지식을

(memory)과 창조적인 상상력(imagination)을 가진 인간화된 이성(humaninzing rationality)은 우리에게 그동안 보이지 않았던 것을 보게 하고, 전혀 다른 현실을 살도록 한다고 말한다(Parker Palmer, 2006, p. 82).

또한 그룹은 플라톤의 도구화된 이성에 의존하는 '앎'의 방법은 기독교인들의 신앙생활에 있어서 신자들의 개인 구원에만 관심을 갖도록 만들고 사랑으로 진리를 행해야 하는 신앙인의 책임에서 멀어지도록 하는 주된 원인이 되었다고 분석하였다. 다시 말하면, "기독교의 진리가 예수의 성육신을 통해 구체화되었고, 성육신의 역사는 바로 자신들이 존재하는 시간과 장소에서 일어난다는 신앙과 성육신하신 예수를 간과하도록" 만들었다는 것이 그룹의 지적이다(Thomas H. Groome, 1980, p. 41). 또한 플라톤의 인간의 이성에 대한 과신에 일침을 가하며 그룹은 로마서에 나타난 사도 바울의 인식론을 빌려 우리 인간은 아는 바 선을 행하지 못할 때가 있음(롬 7:19)을 지적하면서 반박한다(Thomas H. Groome, 1991, p. 41). 뿐만 아니라 바울이 갈라디아서에서 보여준 여성과 남성뿐만 아니라 모두를 아우르고 포함하는 인식론과는 대조적인 플라톤의 인식론적 결핍은 현대에 들어와서 많은 여성학자들의 논쟁의 대상이 되었다고 언급한다(Sandra Hardings, 1986, p. 136). 그러나 그룹은 플라톤의 인식론은 계속되는 논쟁의 여지가 있음에도 불구하고 그의 제자 아리스토텔레스는 물론 후대의 많은 합리주의자들과 이상주의자들의 사고에 기반이 되었음을 부인할 수는 없다고 덧붙인다(Sofia Vanni Rovighi, 2004, pp. 26-32; Thomas H. Groome, 1991, p. 41).

플라톤에 있어서 이 세상은 동굴의 벽에 투영된 그림자이기에 실재는 우리가 사는 바깥에 존재하고 우리가 사는 세상은 하나의 어두운 동굴일 뿐이다. 반면 아리스토텔레스는 이 세상은 신의 작품(Werner Jaeger, 1953, pp. 216-217)이기에 "이 세상, 땅과 태양, 행성들이 '그 자체로' 신들의 흔

갖게 되는 것은 공동체 형성과 연합에 있어서 필수불가결한 것이다.

적을 지니고 있는 하나의 놀라운 실재인 것이다"(Sofia Vanni Rovighi, 2004, p. 28). 연구자는 플라톤의 이데아에서 아리스토텔레스의 형상(Form)으로의 전환은 인식론의 커다란 발전의 계기가 되었다고 생각한다.

3. 아리스토텔레스(Aristotle, 384-322, B.C.)의 theoria, praxis, poiesis: 그룹의 존재론적 인식론의 철학적 기반

아리스토텔레스(Aristotle)는 '앎'의 방법을 세 가지로 나누어 각각 관념적 삶(theoria), 실천적인 삶(praxis), 그리고 생산적인 삶(poiesis)으로 설명한다. 이러한 그리스의 자유인들이 지적인 삶과 연계되는 '앎'의 방법 안에서 그룹은 실천적 '앎'의 방법을 위한 철학적 근거인 Praxis의 개념을 도출해내었다(Thomas H. Groome, 1980, pp. 154-157).

또한 그룹은 인식론적 존재론에 기초한 지혜의 교육(pedagogy for conation)에도 아리스토텔레스의 앎의 세 가지 방법에서 많은 영향을 받았음을 그의 두 번째 저서 『Sharing Faith』를 통해 알 수 있다(Thomas H. Groome, 1991, pp. 42-46). 따라서 상대적으로 그의 책의 많은 지면을 아리스토텔레스의 인식론을 소개하는 데 할애하고 있다. 그러므로 본고에서도 그룹의 존재론적 인식론의 큰 기반이 된 아리스토텔레스의 인식론적 3요소에 대해 논의하는 데 상대적으로 더 많은 지면을 할애함을 밝혀둔다.

Theoria(관상적 '앎'의 활동): 아리스토텔레스에 의하면 제1원리를 파악하는 정신의 상태로서 필수적이고 보편적으로 인정되는 이성적인 직감인 '누스(nous)'와 가장 기본적인 원리에서 과학 지식으로의 삼단 논리를 추론할 수 있게 하는 힘인 '에피스테메(episteme)'가 있다(Aristotle, 1999, p. 207-211). 또한 신학적인 지혜로서의 '소피아(sophia)'는 누스와 에피스테메를 다 포함하고 있고 그 둘의 개념을 초월한 것이라고 한다(Aristotle, 1999, p. 212). 관상(theoria)적인 삶을 일으키는 세 가지 정신의 조건들 또는 상태들은 역으로 관상적인 앎의 활동들을 통해 이 세 가지 기질들을 발전시켜나간다(Aristotle, 1999, p. 93).

진리에 대한 관상적 '앎'의 형태인 테오리아는 지혜의 최고의 형태인 소피아를 소유하게 된다(Thomas H. Groome, 1980, p. 154) 신성한 지혜, 소피아는 인간의 육체의 세계를 초월하여 내면의 영원한 것을 관조하게 하고 우리 안에 있는 신성에 힘입어 선을 행하고 하나님의 삶에 접근할 수 있게 한다(Aristotle, 1999, p. 617) 그러므로 아리스토텔레스는 "인간의 활동 중에서 신성에 가장 가까운 '관상적 앎'의 활동은 완전한 형태의 행복에로 이끄는 유일한 삶이라고 결론을 내린다(Thomas H. Groome, 1991, p. 42).

Praxis(실천): 아리스토텔레스의 '실천'이라는 말은 인간의 의도적인 성찰을 통한 모든 '앎'의 활동이다(Aristotle, 1991, p. 44). 프락시스에서는 언제나 '쌍둥이 순간'이라는 그룸의 표현처럼 행동과 성찰이 분리되지 않는데, 이는 성찰을 통해 행해진 실천, 또는 참여 대한 성찰이라는 표현이 이 두 가지의 역학적 관계를 잘 설명해주리라 본다(Thomas H. Groome, 1980, p. 154). 따라서 앎은 인간의 내면적 사변에서가 아니라 사회적인 실제에 의도적인 참여와 그 실제에 대한 경험을 통하여 일어난다. 아리스토텔레스는 앎의 방법으로서의 프락시스란 실행적인 앎의 방법으로서의 한 프락시스가 또 다른 프락시스를 목적으로 두고 있다는 점을 지적한다(Thomas H. Groome, 1980, p. 154; 1991, p. 44). 이것은 그룹의 프락시스 방법론을 무브먼트로 부르는 것을 설명할 수 있을 것이다.

진리를 얻게 하는 인간의 활동, 즉 프락시스를 조절하는 영혼의 세 가지 요소로서 감각, 지성, 그리고 욕망이 있는데, 감각은 "행동의 근원이기도 하지만 실천으로 옮기지 못하는 것"이기도 하다는 주장을 하였다. 이에 대해 아리스토텔레스는 동물도 감각을 가지고 있다는 사실을 예로 들었다(Aristotle, 1999, pp. 327-329). 인간의 세계와의 지적인 교전을 위해서는 경험이 필요하다는 면에서 감각은 실천의 근거라기보다는 선제되어야 하는 것이나, 인간이 감각적인 것에 의해 흔들리는 존재이기보다는 지성이 올바른 이성에 의해 살도록 한다는 것이다. 이러한 실질적인 이성은 관상의 사색과는 구별되고, 이때 이성이라 함은 그 자체가 목적인 것이 아니라 윤리적인 행동을 하도록 하는 바른 판단의 실질적인 동기가 되는 것이다(Aristotle, 1999, p. 187) 인간이 감각에 의해, 실천적인 이성을 가지고 올바른 선택을 위한 올바른 욕망을 가지고 실천을 행할 때 프락시스는 아리스토텔레스가 부르는 실질적이고 신중한 지혜인 "phronesis"로 표출된다는 것이다(Thomas H. Groome, 1991, 45). 실행적인 지혜(practical wisdom) 또는 신중함(prudence)으로 해석되는 아리스토텔레스의 프로네시스(phronesis)를 통하여 프락시스가 생기지만 프락시스에 의해 프로네시스가 발전되는 '정신의 상태'이다(Thomas H. Groome, 1980, p. 154) 아리스토텔레스가 말하는 '신중한' 사람은 "최선의 선을 위해 올바른 목표를 알고 올바른 수단으로 그 목표를 이루는 사람으로 일반적인 원리들을 바르고 실질적인 판단과 그에 따라 행동함으로 특별한 정황에 적용할 능력과 성향이 있는 사람"을 말하는 것이다(Aristotle, 2015, pp. 345-347; Thomas H. Groome, 1991, p. 45) 그룸은 자신의 지혜교육의 인식론적 기초가 된 아리스토텔레스의 앎의 방법으로서의 'praxis'는 주기적이고 통전적인 과정이었다고 주장한다(Thomas H. Groome, 1991, p. 45).

Poiesis(생산적인 삶): 제작 또는 생산적인 삶을 앎의 하나의 방법이며 인간의 숭고한 삶의 방법으로 인정함으로써 아리스토텔레스는 플라톤을 뛰어넘어 또 하나의 중요한 진보를 이룬 것이다(Thomas H. Groome, 1991, p. 48). 아리스토텔레스의 생산적인 삶인 제작은 그룸의 지혜교육을 위한 인식론적 근거로서 아주 중요한 자산이 되었다. 연구자는 개인적으로 그의 첫 번째 책이 아리스토텔레스의 프락시스에서 아이디어를 얻어 시작한 것이라면 『Sharing Faith』를 읽는 내내 포이에시스에서 통찰력을 얻어 쓴 책임에 틀림이 없다고 상상하게 되었다. 프락시스는 성찰의 활동 즉 행함인 데 반해, 포이에시스는 일종의 예술적이거나 기술적인 '제작'을 말한다(Aristotle 2015, p. 335; Thomas H. Groome, 1980, p. 155에서 재인용). 아리스토텔레스는 생산의 최고의 표현인 형태를 시인의(poetics) 저작 속에 표현된 앎이라 생각했고 그 밖에도 약, 법 등의 전문적인 직업도 포함되었고 장인의 공예품도 포함시켰다(Thomas H. Groome, 1991, p. 45). '포이에시스'를 일으키는 정신적인 조건 즉 인간의 영혼은 제작의 삶을 촉진시키는 'techne', 즉 기술, 공예이다(Aristotle, 2015, pp. 335-337). 인간의 예술의 활동을 위해 이성적인 자질이 요구될 뿐만 아니라 생산 및 제작 활동을 위하여 아리스토텔레스가 주장하는 유효한 지식의 방식과 지식 표현이 있다. 포이에스 속에 인지적인 구성요소가 없다고 가정을 하지 않도록 명쾌하게 그룸은 프락시스가 '사고와 행함의' 통합이라면 포이에시스는 '사고와 만듦'의 통합이라고 정리해준다(Thomas H. Groome, 1980, p. 155). 예술에는 생산적인 목적을 가진 이성적인 지식이라는 것 외에 연습이 요구되는 것임을 강조한다. 다시 말하면 특정한 것을 해낸다는 의미에서 예술은 기술을 잘 개발하기 위해서 반복적인 연습이 요구되지만 또한 기술에 관련된 원칙을 식별할 능력(이성)이 있어야 한다(Aristotle, 1999, p. 5).

플라톤과는 대조적으로 아리스토텔레스는 상상력을 모든 이성적인 활동의 기본으로 보았다(Thomas H. Groome, 1991, p. 46에서 재인용). 상상력은 창의적인 것과 상관 있으며 특별히 제작의 최고의 표현인 시를 짓는 작업에서 분명히 나타난다고 말하면서, 아리스토텔레스는 "역사가들이 기억에 의존하여 이미 일어난 일을 보도한다면 시인은 상상력을 사용하여 일어날 일들을 만드는 사람들이다"라고 흥미로운 해석을 덧붙였다(Aristosle, 2015, p. 35; Thomas H. Groome, 1991, p. 46에서 재인용).

아리스토텔레스는 경험적이고 합리적인 입장, 이론적이며 실질적이고 생산적인 관심을 모두 중요시 여기는 인식론을 성공적으로 펼치지는 못했다. 그러나 그의 스승인 플라톤과는 다르게 신뢰할 수 있는 지식 안에 감각 경험을 포함시킴으로써 감각적 인식에 중요한 가치(Thomas H. Groome, 1991, p. 42)를 둔 일은 바람직하다고 여긴다. 다시 말하면 비록 만족할 만한 것은 못 되지만 역동적인 앎의 구조 속에 경험적인 것과 이성적인 것을 포함하려는 아리스토텔레스의 시도는 아주 획기적인 것이다(Thomas H. Groome, 1991, p. 47). 그러나 그룸은 아리스토텔레스의 세 가지 삶의 계층화, 즉 삼중체화의 문제를 "인류의 존재의 망각(forgetfulness of being)"을 반영한 일이라고 단언한다(Thomas Groome, 1980, p. 232; 1991, p. 46). 관상적인 삶이 프락시스를 제공하기 위함이 아닌 그 자체가 목적인 최고의 지혜라고 여겼던 아리스토텔레스와 그의 후예들의 하나님에 대한 인식의 방법이 정작 구약과 신약을 통해 보여주는 하나님은 모든 인류, 특별히 가난한 자, 억눌린 자와 소외된 자들을 모두 포함하여 언약을 맺으시는 사랑과 정의의 하나님임을 망각하도록 한 것이다(Thomas H. Groome, 1980, p. 15, p. 232; 1991, pp. 46-47). 그룸은 아리스토텔레스가 '앎'의 방법 중 가장 천한 것으로 여기는 '제작 또는 생산의 앎의 방식'이 바로 하나님이 모든 인류에게 생명을 주시기 위한 역사적인 실천과 가장 비슷한 것이라고 주장한다(Thomas H. Groome, 1991, p. 47). 이 부분에서 연구자는 그룸이 아리스토텔레스의 실천적인 앎의 방법을 프락시스로 번역하였듯이, 생산적인 삶 또는 제조라고 해석되는 포에시스가 그의 인식론적 존재론의 부싯돌이 되었음을 직감하게 되었다. 또한 그룸이 여성들의 돌봄의 일을 진짜 일로 여기기에는 너무나 하찮은 것으로 치부했던 아리스토텔레스 문제점을 비판하고, 역으로 지혜교육의 자산으로, 앎과 삶의 존재론적 인식론의 기초로서 도입하였다(Sandra Hardings, 1986, p. 142).[11]

---

11 아리스토텔레스는 여전히 그 사회의 관념을 뛰어넘어 여성의 자유나 중요성에 대한 인식을 가지고 여성을 자유시민 안에 포함하려는 데까지는 이르지 못하였다(Thomas H. Groome, 1991, p. 46).

또한 그룸은 아리스토텔레스의 "존재의 기억(remembrance of being)"은 모든 삶의 의도적인 참여가 신학적, 실천적 그리고 생산적 활동으로 표현되고 이 세 가지 삶의 계속적인 조합이 시공 안에서 우리의 존재를 깨닫게 한다는 성찰을 주었다. 만약 아리스토텔레스가 말하는 세 가지 앎의 방식이 서로 잘 조합을 이루어 우리의 삶의 현장에서 건설적인 활동으로서의, 지혜교육에 참여를 제안하는 것으로 시작할 수 있다면 그것은 진리를 알게 하는 타당한 방법이 될 것임을 확언하였다(Aristotle, 2015, pp. 331-333; Thomas H. Groome, 1991, p. 47에서 재인용)

또한 그룸이 아리스토텔레스의 인식론을 지혜교육의 철학적 기반으로서 논거하기 위하여 각각의 앎의 방법을 구체적으로 언급한 것을 정리하면 다음과 같다(Thomas H. Groome, 1991, pp. 47-49).

첫째, 테오리아는 비록 기독교에서 말하는 것과는 다르지만 이성 안의 관상적인 삶을 포함한 것은 고무적인 일이다. 또한 그룸은 "(우리 안에) 신성한 것이 있다"는 인식은 모든 사람들 안에 있는 영적 지혜를 위한 능력을 존중하도록 해주며, "우리가 알고 있는 대로 알게 하는 과정에서 사람들 안에서 일어나는 신비하고 영적인 역동성을 인식하게 해준다"고 설명한다(고전 13:12 참조).

그룸은 아리스토텔레스의 실천의 개념에서 관상(이론)과 실천에 대한 이분법적인 생각과 실천을 열등한 것으로 인식해왔던 것에 대해 비판하면서 위에서도 언급했듯이 이 인식의 전환이 바로 인식론적 존재론을 위해 선결되어야 하는 일임을 강조한다(Thomas H. Groome, 1991, p. 47). 그러므로 지혜교육을 위한 인식론은, 궁극적인 진리에 대한 진정한 '지식'과 하나님의 뜻을 행함이 언제나 공생하는 것임을 잊지 말고 기억함으로써 가능한 일이다(Thomas H. Groome, 1991, p. 47). 또한 그룸은 아리스토텔레스의 실천(praxis)은 모든 사람들의 감각, 지성, 실제적인 이해와 판단, 그리고 윤리적인 의사 결정을 내리도록 하게 하는 일에 참여하는 모든 반성적인 활동을 포함하는 것이라고 확신하였다. 여기에서 그룸은 아리스토텔레스가 실천적 지혜(phronesis)라는 사회적인 표현에서 직관을 얻어 지혜(conation)의 근원과 표현으로서의 실천에 대한 통전적인 이해를 바탕으로 지혜의 교육을 제안하게 되었음을 밝히고 있다(Aristotle, 2015, pp. 186-191; Thomas H. Groome, 1991, p. 48).

앞에서 언급한 것처럼, 그룸이 지혜교육을 위해 앎의 방법으로서의 생산활동을 하찮게 여겼을 뿐만 아니라, 생산적인 노동의 하나인 사람들을 양육하고 돌보는 일과 같은 재생산의 일을 배제한 것은 하나님 이해와 연결지을 수 있기에 그 문제의 심각성이 더해진다고 그룸은 주장한다(Jane Ronald Martin, 1985). 그에 따르면, 우리가 고백하듯이 하나님은 창조의 근원이시며 계속적인 창조의 역사에 참여하시는 인류의 자애로운 부모님이심을 믿는다. 또한 우리의 부모이신 하나님과 같이 우리도 하나님의 계속되는 창조의 역사 속에 동참함을 믿기에 생산적인 활동은 하나님의 동역자인 우리에게 요구되는, 결코 가벼이 여길 수 없는 앎의 방법이고 과정이기 때문이라는 것이다(Elisabeth S. Fiorenza, 1984, p. 154). 그러므로 그룸은 기독교신앙에 있어서 지혜교육은 생산활동에서 통찰력을 얻어 모든 인류의 창의적이고 상상력 풍부한, 생명을 주는 일들을 모두 포함하도록 재구성하기를 촉구한다(Thomas H. Groome, 1991, p. 48).

그룸은 플라톤의 이분법적인 인식론적 사고가 빚어낸 생산과 통제를 위한 기술로서의 이성에 대한 이해가 '도구적 이성'을 만들어냈음을 비판한 바 있다. 또한 아리스토텔레스 역시 성찰의 활동과 사회적인 윤리의 실천으로부터 인간의 생산성과 창의성을 분리한 일이 결국 그들의 후손에게 우리 자신과 사회를 파괴하는 잠재력을 가진 '도구적인 이성'을 위한 길을 열어주는 데 일조하였음을 지적한다. 그러나 그룸은 기독교적 종교교육의 장에서 아리스토텔레스의 세 가지 삶을 아리스토텔레스의 방법으로 이분화하거나 계층화하지 않고 통전하며 인간 존재의 기억(remembrance of being)을 구성하고 지혜교육에 촉진하는 기초 활동을 제공한다고 믿어, 실제로도 그룸은 그 가능성을 아래와 같이 모색하고 제시하고 있다.[12]

그룹은 아리스토텔레스의 '앎'의 활동으로서 테오리아(현실에서 하나님의 계시하심을 분별하는 활동), 프락시스(자신의 존재에 대한 비판과 성찰의 활동) 그리고 포이에시스(공동체에 대한 하나님의 계시로부터 실제적인 지혜를 얻는 생산적 활동)를 지혜교육으로 재형성하고 통합해야 함을 시도한다(Thomas H. Groome, 1991, p. 48).

그룹은 아리스토텔레스의 세 가지 삶은 "'존재'에 대한 전체론적 이해로서 우리가 처한 시간과 장소에서의 우리 존재의 역사적 의식과 현실에서의 '실천(praxis)'"이라고 말한다(Thomas H. Groome, 1991, p. 49).

가다머가 강조한 것처럼 사람들은 자신들의 질문에 답을 찾아가며 자신들의 관심이 무엇인지 확인하게 되고 생각의 결론에 도달하게 된다. 그 구체적인 예를 바로 르네상스와 계몽주의 그리고 종교개혁으로 이어지는 17세기 이후의 사상사 속에서 살펴볼 수 있다. 이 시대를 이끈 근세철학의 사조는 르네상스 프로테스탄트의 종교개혁이라는 인간해방과 종이와 인쇄기, 천문학 등과 같은 과학 발달의 영향으로 관심의 대상이 신 중심에서 인간 중심으로 이동하였다(송도선, 2004, p. 53). 그 결과 철학의 일차적인 관심이 인간의 앎에 대한 욕구의 충족에 치중하게 되면서 진리는 무엇이며, 지식의 기원과 본질은 무엇이고, 그 가능성과 한계는 어디인가, 또한 지식의 주체와 대상과의 관계에 대한 인식론적 질문에 답을 찾는 학문적 노력에 집중할 수 있게 되었다.

12 아리스토텔레스는 기억과 상상력에 대한 이해는 제한되어 있었지만, 인간의 창조성의 역할에 대해 어느 정도 감지하고 있었다(Thomas H. Groome, 1991, p. 48).

Ⅲ. 데카르트와 칸트의 인식론 비판과 수용

1. 르네 데카르트(Rene Descartes): 인식의 주체로서 이성과 비판적 사고의 유용성

중세철학의 목적이 신의 존재를 밝히고자 하는 것이었다면 데카르트 이후에는 인간은 이성과 자의식을 사용하여 사물과 세계의 원리를 밝히는 것이 목적이었다. 또한 중세에는 기독교적 준거에 의해 인간들 자신의 정체성을 찾았으나 르네 데카르트는 주체를 주체 되게 하는 것은 오로지 이성이라고 믿게 되었다. 그러므로 이성을 가진 인간이 이성을 사용하기 때문에 주체가 될 수 있다고 주창함으로써 데카르트는 근대성(modernity)의 아버지가 되었다(Thomas H. Groome, 1991, p. 191; 박정하, 1998). 아리스토텔레스 시대의 좋은 사람은 좋은 시민과 동의어로 쓰였듯이, 폴리스라는 도시 국가 안에서 인간은 결정된 사회적 역할, 지위에 알맞은 일을 수행하는 시민이었다가, 계몽주의로 들어오면서 인간은 주체를 가진 한 개인이라는 의식이 형성되었다(오가와 히토시, 2014, pp. 73-74).

데카르트는 주체가 된 인간의 이성이 근원의 확실성(unshakable foundation)을 찾아내고 그 과정을 통해 검증된 확실성(certainty)만이 모든 진리와 참된 사고의 기준이 될 수 있다고 믿었다(Thomas H. Groome, 1991, p. 59; Rene Descartes, 2007, p. 80). 그러나 데카르트는 역설적으로 주체의 확립을 그의 첫 번째 규칙, 회의(skeptics)를 통하여 형성한다(Thomas H. Groome, 1991, p. 60). "나는 생각한다, 고로 존재한다(I think therefore I am)"는 그의 명제가 보여주듯이 방법적 회의(Rene Descartes, 1997, pp. 15-18)를 통하여 인간 개인이 모든 지식에 대한 확실성을 만들어가는 것이다. 데카르트의 초기 작품인 사고 진행 규칙 중 두 번째와 세 번째 규칙에서 "우리는 우리의 정신이 어떤 확실하고 의심할 수 없는 지식을 가질 수 있는 그런 대상만을 취급해야 한다", 그리고 "이 대상들에 대해서… 우리 자신이 명석히 판명하게 볼 수 있는 것 또는 확실하게 연역할 수 있는 것만을 추구해야 한다"고 명백히 그의 인식의 대상과 방법론을 표명한다(Sofia Vanni Rovighi, 2004 p. 153에서 재인용).

데카르트는 수학적인 인식의 방법을 사용하였으며 직관과 추론의 과정을 통해 지식의 확실성을 검증하려 하였다(Thomas H. Groome, 1991, p. 59). 신이 아닌 '이성적인 인간'을 제1원리로 한 데카르트의 인식론은 자연을 하나님의 피조물로 여겼던 중세의 사고를 자연은 인간의 탐구의 대상이고 이용할 대상이라는 사고로 전환시켰다(Rene Descartes, 1997, pp. 15-18). 데카르트가 만든 인간 주체성의 확립과 이성 즉 정신만을 인식의 방법으로 여기는 이원론적인 사고는 자연학, 의학, 기술학은 물론 실천적인 분야의 윤리학에까지 깊은 영향을 주었고, 결국 이성은 지식과 동의어로 바뀌었다(김성기, 1994, pp. 5-15).

그룸은 데카르트가 서양철학사에 끼친 엄청난 영향력을 지적하면서 '지혜교육(pedagogy for conation)'이 그의 사상과 접목할 수 있는 두 가지 자산(asset)을 지적한다(Thomas H. Groome, 1991, p. 61).

이성주의의 원조인 플라톤의 부동의 이데아의 세계에서 지식을 위한 인간의 주체적인 활동을 강조함은 여전히 논란의 근거가 있음에도 불구하고 그룸은 진화라 보고 있다. 더욱이 인간이 이성을 사용하여 지식을 얻는 과정에 사용하는 비판적인 사고는 반드시 지혜의 교육에서 적용해야 할 부분임을 인정한다(Thomas H. Groome, 1991, p. 62). 그럼에도 불구하고 데카르트의 이성 우월주의가 낳은 계층화된 이분법은 이성 외의 다른 인류의 역사에 중요한 '앎'의 방법들을 제외한 것이다(Jodephine Donovan, 2000, p. 172). 그러므로 그룸은 데카르트가 낳은 근대성(modernism)은 성찰의 능력이나 윤리적인 의식이 없는 오늘날의 기계적인 이성, 도구주의적인 이성을 낳고 그 결과물인 인간을 "I am a thing that think"로 추락시켰다고 강하게 비판한다(Thomas H. Groome, 1991, p. 62).

또한 데카르트 이후 이성과 지식이 동의어로 되어가는 과정에서 교육의 장에서 이성의 인식론적 특권을 부여받게 됨으로써 아리스토텔레스가 주장하고 그룹이 심화한 실천적 참여나 활동과 생산적 활동으로서의 '앎'의 방법들을 간과함으로 치러야 하는 결과들을 우리 모두는 경험하고 있다(Thomas H. Groome, 1991, p. 62). 이에 대해 그룹은 신 · 구약 성서 전체를 통해 말씀으로 보여주는 하나님, 늘 언약을 이루는 하나님이 우리 모두를 파트너로 부르셔서 예수의 성육신함과 같이 우리의 역사 현장에서 창조와 생산의 과정에 함께하길 초대하고 있음을 반복하여 강조한다.

인식론에 대한 여러 가지 질문들을 간단히 요약하면, 누가 알고(인식의 주체에 관한 물음), 무엇을 알고(인식의 대상에 관한 물음), 어떻게 아는가(인식의 주체와 대상에 대한 질문)에 대한 답을 찾아가는 것이다.

근대철학의 아버지 데카르트가 인간의 이성만이 인식의 주체가 될 수 있음을 주창하여 계몽주의 문을 열었고, 칸트는 오히려 인간 이성의 한계를 지적하면서 인간 인식에 선험적(a priori) 형식을 도입하는 '코페르니쿠스 전환(copernican revolution)'을 일으켜 근대 계몽주의의 정점을 찍었다(오가와 히토시, 2014, p. 134).

그룹의 데카르트에 대한 비판에도 불구하고, 오늘날까지도 교육의 현장은 이성만이 인식의 주체라는 교육론이 지배적인 것을 부인할 수는 없을 것이다. 21세기 자녀 교육에서 프락시스와 포이에시스에 대한 활동은 아직도 메인이 아닌 마이너에 위치하다고 지적한다. 최근 공교육에서 자유학기제나 창의적 재량학습 등을 시도하고 있지만 그룹의 프락시스 교육방법이 도입되기 위해서는 아직도 많은 시간과 인내가 필요할 것 같다.

2. 임마누엘 칸트(Immanuel Kant): a priori와 생각의 전환

서양철학의 새로운 지평을 연 임마누엘 칸트의 관심사는 정말 데카르트가 주장하듯이 "이성은 무한한 것이기에 인간은 이성을 가지고 무엇이든지 알아낼 수 있을까"에 대한 답을 찾으려 '앎'을 분석하고 종합하는 작업을 하였다(오가와 히토시, 2014, p. 134). 칸트는 인간의 정신을 감성(intuition), 지성(perception) 그리고 이성(reason)으로 세 가지 기능과 역할로 구분하여 설명하고 있다. 물론 하나의 정신을 그 적용의 범주에 따라 셋으로 나누어 설명한 것이고, 그 적용 범주를 칸트는 크게 두 가지로 나누어 '과학적 이성(theoretical reason)'과 '실천적 이성(practical reason)'으로 구분하여 설명한다. 이때 과학적 이성은 우리가 살아가는 일상에 적용되는 것이며, 실천적 이성이란 하나님, 불멸 그리고 자유와 같이 인간의 감각으로 그 대상을 알 수 없는 것에 대하여 인식할 때 적용되는 것이다. 그의 대표적인 저서 『실천이성비판(Critique of Practical Reason)』(1788)에서 주로 이 부분을 다루고 있다(Immanuel Kant, 1895, p. 7; Thomas H. Groome, 1991, p. 66에서 재인용). 칸트는 그의 저서 『순수이성비판(Critique of Pure Reason)』(1781)에서 인간의 지식은 경험에서 시작되는 일이지만 그러나 우리의 '앎'이 경험 하나만으로 구성되는 것이 아님을 확인시키기 위해 정신의 세 가지 기능과 역할을 자세히 설명한다. 시간과 공간의 틀 속에서 감성(a category of sensation)은 감각 자료를 초월적인(transcendental) 직관(intuition)을 통해 받아들이는 틀이다(Thomas H. Groome, 1991, p. 67). 인식을 통해 개념을 적용해서 판단을(synthetic a priori) 내려 명제를 설립하도록 하는 것은 지성의(a categories of understanding) 역할이다(Sofia Vanni Rovighi, 2004, pp. 242-244; Immanuel Kant, 1895, pp. 61-62). 따라서 수동적인 감성과 능동적인 지성에 의해 '앎'이 형성되고, 이성(a categories of reason)은 인식을 성립시키는 데 외부로부터 형성되는 것이 아니라 이미 인간 안에 선험적(a priori) 형식에 도입된다(Thomas H. Groome, 1991, p. 66). 칸트의 인식론에 자주 인용되는 선험적(a priori)이라는 범주를 네 가지로 설명하고 있는데, 이미 선험적이라는 말에서 제일 먼저 유추할 수 있듯이 우리의 경험 전의 것이며, 경험과는 독립적으로 획득되고 설정되어 우리의 경험에 의해 조정하고 수정할 수 있는 것이 아니다. 또한 칸트의 'a prior'는 보편적인 것이며 필수불가결한 것이기에 이것이 없이는 과학적인 실체가 될 수 없는 것이다(Immanuel Kant, 1895, pp. 43-45; 2002, p. 97). 칸트는, 과학적인 이성(Theoretical reason)은 경험을 통해 얻을 수도 있지만 인간 인식에 선험적 형식(a priori)을 도입함으로써 인식론에 있어서 '생각의 전환(paradigm shift)'을 일으킨다. 인간은 대상을 있는 그대로가 아니라, 인식이 대상의 관념을 만들어 지식을 주체의 판단 형식에서 찾아야 한다는 것이다(Immanuel Kant, 2016, p. 42). 결국 '앎'의 주체와 객체 간의 상호 작용이 일어나게 됨을 통해 '앎'이 형성되고, 이러한 과정을 칸트는 '사고의 생물학(biology of thought)'이라고 부른다(Immanuel Kant, 1781, pp. 22-25; Thomas H. Groome, 1991, p. 67에서 재인용). 또한 칸트는 과학적인 이성을 통해 진리의 판단을 내리는 과정을 두 가지 유형으로 설명한다. 경험이나 실증적인 탐색과는 독립적으로 설정되는 선험적 판단(a priori judgement)과는 다르게 경험 후의 판단(a posteria judgement)은 감각 경험을 기초로 한 판단이다. 또한 칸트는 이 둘을 분석적(analytic) 판단과 종합적(synthetic) 판단이라고도 부르는데, 분석적 판단과는 다르게 종합적 판단은 그 판단 자체의 의미일 뿐만 아니라 또 다른 판단과 명제 성립에 영향을 미친다. 칸트는 플라톤의 이분법적인 사고를 뛰어넘어 직관(intuition)에 의해 감각적 자료들을 수용함으로써 감성이 형성됨을 주장한 것처럼, 이례적으로 감성에서 지성으로 옮겨 갈 때 상상력(imagination)의 중요성을 강조한다(Thomas H. Groome, 1991, p. 67). 부연 설명하면, 감성(intuition)을 통해서 받아들여진 감각자료들을 통해 지성(preception)을 인식하여 종합적인 판단(synthetic judgement)에 이르게 되는 과정 속에서의 '감성적인 형태(intuitive form)'는 데카르트의 주장처럼 본유적인 사상(innate ideas)이 아니라 경험을 가능하게 하고 그것을 인식하도록 하는 선험적인 구조(a priori structures)이다(Immanuel Kant, 1895, pp. 48-51).

그룸은 '선험적'이라는 말의 이해를 돕기 위해 "경험 전에 이미 지식이 있었던 것(already knowledge)이기보다는, 경험이 일어날 때 지식이 발생한다"는 의미로 부연 설명하고 있는데, 우리가 경험하는 모든 것들은 시간과 공간의 틀 속에서 일어나는 것이기에 칸트는 '경험의 조건들'이라고도 부른다(Thomas H. Groome, 1991, p. 68; Immanuel Kant, 1895, p. 111). 감성이 감각을 받아들이는 시간과 공간의 틀 안에서 이성적인 이해의 단계에 칸트는 상상력(einbildungskraft)을 "판단이나 명제를 만들어내는 힘"이라 정의 내리며 상상력은 감각자료들을 이해하며 적절한 개념에 적용하여 인식을 성립하는 데 중요한 역할을 한다고 주장한다(Immanuel Kant, 1781, pp. 113-119; Thomas H. Groome, 1991, p. 68).

과학적 이성이 인간의 감성을 통해 시작되는 경험에 기초한 제한적인 과학적 지식이 과연 인간의 행동의 기준으로서 윤리를 설정하고 종교 활동에 지침이 될 실천적인 지식으로 전환이 가능한 일일까 하는 질문에, 칸트도 그가 주장하는 실천적 이성은 규칙이나 원칙 정도를 제시할 수 있는 기계적인 실제성(technical practicality)으로 제한됨을 인정한다(Immanuel Kant, 2015, p. 17). 그럼에도 불구하고 칸트는 순수이성이 우리의 도덕적이고 종교적인 행위를 위한 결정을 내리기 위한 충분한 근거가 될 수 있어서 경험에 상관없이 절대적이고 보편적이고 도덕적인 규칙과 법을 만들 수 있다고 주장한다(Immanuel Kant, 2015, p. 17). 데카르트가 흔들리지 않는 합리적인 지식을 위한 근거로서의 이성을 찾으려고 부단히 노력하였다면, 칸트는 절대적이고 보편적일 수 있는 정언명령(categorical imperative)이 모든 도덕성에 기초가 될 수 있음을 설명하는 일에 주력을 다하였다(Thomas H. Groome, 1991, pp. 69-70).

> "너희 의지의 준칙이 항상 동시에 보편적인 입법의 원리로 타당할 수 있도록 행위하라"(Immanuel Kant, 2015, p. 30).

그룸은 칸트의 도덕법칙은 마태복음 7장 12절의 "그러므로 무엇이든지 네가 대접받고자 하는 대로 너희도 남을 대접하여라"는 말씀과 상통하는 의미라고 설명을 덧붙인다(Thomas H. Groome, 1991, p. 70). 실천이성의 주 관심사인 자유, 신, 그리고 불멸성에 대하여, 칸트는 말한다. 자유는 도덕을 위한 조건이다. 신과 불멸은 또한 정언명령과 자유가 의지에 의미를 부여하는 것이기에 필요한 조건이다. 또한 칸트는 신의 존재를 존재론적으로 증명하려는 것과 같이 초이성적인 것을 이성(speculative reasoning)으로 알려는 것을 비판하였으나, 신과 불멸성은 실천이성을 추정하기 위해 필요한 것으로 '자연의 질서(nature order)'를 통해 이해해야 한다고 주장한다(김석수, 2002, pp. 174-175; Immanuel Kant, 2015, p. 163).

그룹은 칸트의 인식이 성립되는 과정으로서의 감성과 지성 그리고 이성의 절차를 우리가 세상을 이해하는 데 사용할 뿐만 아니라, 지혜교육에도 원용할 수 있는 중요한 부분이라 주장한다. 다시 말하면 칸트에 있어서 인간은 시간과 공간의 틀 속에서 감각자료를 사용하여 감성(intuition)과 상상력(imagination)을 통해 지성을 인식하고 개념을 적용하여 정리 정돈하는 가운데 판단과 명제가 성립되고 '앎'이라는 인식을 성립시킨다(Immanuel Kant, 2002, pp. 174-175). 그룹은 칸트의 인식론에서 특별히 인식의 주체(subject knowing)와 인식의 대상(object known)의 조화로운 상호 작용의 역동성을 지혜교육의 튼튼한 기반이 될 뿐만 아니라 '사고에 대한 사고(thinking about thinking)'의 과정은 교육에 있어서 비판적 의식으로 원용할 수 있게 되었다고 주장한다. 더욱이 칸트의 선험적 범주(a priori category)라는 인간 지성의 활동은 이성이 원래 소유하고 있는 비경험적인 능력인 아프리오리에 근거하고 있다. 여기에서 그룹은 아프리오리를 우리를 형성하고 또 우리가 만들어가게 되는 공간에 대하여 학습자들의 참여를 촉진시키는 지혜교육을 제안한다(Sofia Vanni Rovighi, 2004, pp. 259-262; Thomas H. Groome, 1991, pp. 71-72). 이것에 첨언하여 신앙공동체에서 계속되는 상호 작용을 통해 사람들이 자신의 존재를 깨닫게 된다고 그룹은 설명하고 있다.

칸트의 인식론도 앞선 플라톤, 아리스토텔레스, 그리고 데카르트와 마찬가지로 이분법적인 사고의 벽을 넘지 못하였다. 칸트의 순수이성과 실천이성의 이분법을 지적하면서 그룸은 칸트의 과학적인 이성은 "how to do it"에 관심을 갖게 하고 기술적인 효용성 외에 자신의 비판이나 윤리적인 면을 소홀히 여기거나 무시하게 만들었다는 지적이다(Thomas H. Groome, 1991, p. 71; Jane Flax, 1983, p. 248; Clark H. Pinnock, 1980, pp. 30-32).

또한 칸트는 인간의 역사 속에 적극적으로 참여하는 주역이 되어 믿음을 아는 것이나 윤리적인 확신을 취하는 것은 불가능하다고 생각한다. 칸트에게 있어서 인간은 지성을 수단으로 경험되는 현상에 대해서만 객관적으로 사고할 수 있을 뿐이며 우리가 실제로 인식하는 것은 우리의 지성에 대한 현상으로서 '실재'일 뿐이기 때문이다(Immanuel Kant, 2016, p. 97).

Ⅳ. 결론

토마스 그룸의 나눔의 프락시스(Shared Praxis)를 통한 기독교 신앙교육은 과연 무엇을 어떻게 하라고 말하고 있는 교육론인가? 프락시스를 과연 무엇이며 어떻게 설명할 수 있을까? 결론부터 말하면 핵심은 프락시스를 제대로 이해해야 그룸의 나눔의 프락시스 교육방법을 온전하게 활용할 수 있다는 것이다. 이 논문은 이러한 연구 동기를 가지고 그룸의 '나눔의 프락시스' 방식에 의한 기독교 신앙교육의 인식론에 대한 철학적 근거를 탐색해보았다.

플라톤은 동서양을 막론하고 모든 인식론의 병폐의 원인인 이분화된 사고의 원조이다. 아리스토텔레스 역시 실천의 개념에서 관상과 실천을 이분화시켰으며 생산 활동을 열등한 것으로 인식해왔던 것에 대해 그룸의 비판을 면하지는 못했다. 근대의 데카르트와 칸트는 무엇이 존재하느냐의 존재론적 문제보다 어떻게 인간이 인식할 수 있고, 어떻게 인간의 지식을 확신할 수 있는가의 인식론적 문제가 그들의 관심사였기에 결국 근대의 존재론적 구조는 인식론적 구조에 의해 정당화되었다. 하나님마저 인식의 대상으로 삼은 그들의 인식론적 구조에 대하여 그룸은 이것은 인간이 하나님과 같아지고자 함을 단적으로 나타낸 것이라고 비판하였다. 데카르트가 인식의 주체를 강조한 나머지 이성과 지식을 동의어로 환원시켰다면, 칸트는 "이성의 한계가 곧 세계의 한계"라는 생각을 이끌었다는 것이 연구자의 생각이다. 그룸은 이러한 칸트의 인식론에 대해 "하나님의 하나님 되심과 인간의 존재에 대한 망각(forgetfulness of being)에서 빚어진 문제"라고 지적한다. 칸트에 의하면 인간의 정신은 감성과 지성과 이성으로 구성되어 있고, 각기 고유한 기능을 하는 역할을 지니고 있다. 그리고 이러한 기능들이 하나의 정신을 이루고 있으나 적용하는 범주는 과학적 이성과 실천적 이성으로 이분화되어 설명된다. 우리가 하고 있는 일인 신앙교육은 하나님, 구원, 자유, 영생 등과 같이 인간의 감각으로서는 그 대상을 알 수 없는 것이며, 이런 것에 대한 인식을 하는 분야는 실천적 이성이 적용되는 범주라는 것이다. 물론 그룸의 주장처럼 인식의 과정 자체를 이분화해서 보는 것을 부인하는 포스트모던 시대에서는 칸트의 이성에 대한 적용 범주 역시 원천적으로 수용불가일 수도 있다.

결론적으로 그룸은 칸트의 인식론을 수정하여 기독교 종교교육은 신앙과 윤리교육에 있어서 비판적인 성찰을 하도록 도와야 하며, 사람들이 자신의 삶의 경험과 실천을 신앙 안에서 통합하는 책임적인 존재로서 살아가도록 자신들의 기독교적 정체성을 형성하는 것을 목표로 삼을 것을 역설한다. 또한 그룸은 고대에서부터 근대에 이르기까지 인식론의 이분법을 맹목적으로 비판하기보다는 수정하여 현대 기독교 신앙교육에서 활용할 것을 제안하였다. 그것이 지식이 아닌 지혜를 위한 교육이다. 지혜를 위한 인식론의 근거는 다음과 같이 요약하여 설명할 수 있을 것이다.

그룸은 플라톤과 아리스토텔레스의 이분법적인 인식론적 사고가 빚어낸 생산과 통제를 위한 기계화된 이성이 '도구적 이성'을 만들어냈음을 비판한 바 있다. 그럼에도 불구하고 그룹은 기독교적 종교교육의 장(場)에서 아리스토텔레스의 세 가지 삶을 이분화 및 계층화하지 않고 오히려 통전하여 인간 존재의 기억(remembrance of being)을 구성하고 지혜를 위한 교육을 다음과 같이 제안하였다. 아리스토텔레스의 앎의 활동으로서 테오리아(현실에서 하나님의 계시하심을 분별하는 활동), 프락시스(자신의 존재에 대한 비판과 성찰의 활동), 그리고 포이에시스(공동체에 대한 하나님의 계시로부터 실제적인 지혜를 얻는 생산적 활동)를 지혜의 교육으로 재형성하고 통합하는 시도, 즉 하나의 접근방법이 바로 나눔의 프락시스 방식이라고 정의할 수 있을 것이다.

그러므로 그룹이 사용하는 프락시스는 아리스토텔레스의 세 가지 삶의 방식에서 유래한 것으로 '존재'에 대한 통전적 이해로서 우리가 처한 시간과 장소에서의 우리 존재의 역사적 의식과 현실에서의 '프락시스(praxis, 실천)'라고 정의할 수 있겠다.

이 논문을 준비할 때 두 연구자의 질문은 "그룹의 프락시스는 어떤 인식론적 철학적 배경을 갖고 있을까?"였다. 사람들은 자신들의 질문에 답을 찾아가며, 자신들이 누군지, 관심이 무엇인지, 기억과 분석과 창조적 상상을 하면서 생각의 결론에 도달하게 된다.

> "사람이 무엇이기에 주께서 그를 생각하시며
> 인자가 무엇이기에 주께서 그를 돌보시나이까."
>
> -시편 8편 4절-

참고 문헌

Aristotle (1999). *Aristotle's metaphysics*. (Trans. by Ross, W. D.). Santa Fe, NM: Green Lion Press.

Bellous, J. (2007). *Conversation that change us*. Toronto, Canada: Clements publishing.

Belenky, M. F., Clinchy, B. M., Goldberer, N. R. & Tarule, J. M. (1969). *Women's ways of knowing*. New York: Basic Books.

Butler, J. D. (1951) *Four philosophies and their practice in education and religion*. New York: Harper&Row.

Kant I. (2015) *Critique of practical reasoning*. (Trans. by Gregor, M. J.). Cambridge: Cambridge University Press.

Descartes, R. (1991) *Discourse on method and meditations on 1st philosophy, 4th edition*. (Trans. by Cress, D. A.). Cambridge, MA: Hackett Publishing Company.

Donovan, J. (2000). *Feminist theory: The intellectual traditions*. New York: Bloomsbury Academic.

Flax, J. (1983). Political philosophy and the patriarchal unconsciousness: A psychoanalytic perspective on epistemology and metaphysics. *Discovering Reality*, 161, 245-281.

Flax, J. (1987). Postmodernism and gender relations in feminist theory. *Signs*, 12(4), 621-643.

Flax, J. (1990). *Thinking fragments: Psychoanalysis, feminism, and post-modernism in the contemporary west*. Oakland, CA: University of California Press.

Foucault, M. (1980). *Power/knowledge: Selected interviews and other writings, 1972-1977*. (Edited by Gordon, C.). New York: Random House.

Freire, P. (1998). *Pedagogy of the oppressed*. (Trans. by Ramos, M. B.). New York.

Continuum.

Keller, E. F. (1995). *Reflection on gender science*. New Haven, CT: Yale University.

Fiorenza, E. S. (1984). *A feminist theological reconstruction of Christian origins*. New York: Crossroad Publishing Company.

Gilligan, C. (1982). *In a different voice*. Cambridge, MA: Harvard University Press.

Griffth, C. & Groome, T. H. (2014) *Catholic spiritual practices: A treasury of old and new*. Brewster, MA: Paraclete Press.

Groome, T. H. (1980). *Christian religious education: Sharing our story and vision*. SanFrancisco, CA: Harper San Francisco.

Groome, T. H. (1991) *Sharing faith. A comprehensive approach to religious education and pastoral ministry the way of shared praxis*. SanFrancisco, CA: Harper San Francisco.

Harris, M. (1991) *Teaching and religious imagination: An essay in the theology of Teaching*. New York: Harpercollins.

Hardings, S. (1986). *The science question in feminism*. Ithaca, NY: Cornell University Press.

Horheimer, M. (2012). *Critique of instrumental reason*. (Trans. by O'connell, M., et. al.). Brooklyn, NY: Verso.

Jaeger, W. (1953) *Paideia, vol. III*. (Trans. by Hightet, G.). New York: Oxford University Press.

Kant, I. (1893) *Fundamental principle of the metaphysics of morals*. (Trans. by Abbot, T. K.). Amherst, NY: Prometheus Books.

Martin, J. R. (1985). *Reclaiming a conversation: The ideal of educated woman*. New Haven, CT: Yale University Press.

Noddings, N. (1984). *Caring: A feminine approach to ethics and moral education*. Oakland, CA: University of California Press.

Palmer, P. J. (1998). *The courage to teach: Exploring the inner landscape of a teacher's life*. SanFrancisco. CA: John Wiley & Sons.

Peters, F. E. (1967). *Greek philosophical terms*. New York: New York University Press.

Pinnock, C. H. (1980) *Reason enough: A case for the Christian faith*. Downers Grove, IL: Intervarsity Press.

Plato (1968). *The republic*. (Trans. by Bloom, A.). New York: Basic Books.

Plato (1892). *The dialogue of Plato*. (Trans. by Jowett, B.). Oxford: Oxford University Press.

Descartes, R. (1989). **방법서설 · 성찰 · 데까르트 연구**. (최명관 역). 서울: 서광사.

Descartes, R. (1997). **방법서설: 정신지도를 위한 규칙들**. (이현복 역). 서울: 문예출판사.

Descartes, R. (2007). **방법서설(성찰 세계론)**. (권오석 역). 서울: 홍신문화사.

Kant, I. (2016). **순수이성비판**. (정명오 역). 서울: 동서문화사.

Kant, I. (2002). **순수이성 비판 서문**. (김석수 역). 서울: 책세상.

Plato (1982). **국가 소크라테스의 변명**. (조우현 역). 서울: 삼성출판사.

Rovighi, S. V. (2004). **인식론의 역사**. (이재룡 역) 부천: 가톨릭대학교출판부.

김도일 (1991). **토머스 그룸의 저술에 대한 인식론적 비평**. 서울: 한국장로교출판사.

김성기 (1994). **포스트모더니즘과 비판사회과학**. 서울: 문학과 지성사.

박정하 (1998). **칸트의 인과 이론에 대한 연구: 순수이성비판과 제2 유추의 원칙을 중심으로**. 박사학위논문, 서울대 대학원.

박종현 (1982). **희랍 사상의 이해**. 서울: 종로서적.

오인탁 (1994). **고대그리스의 교육사상**. 서울: 종로서적.

오가와 히토시 (2014). **곁에 두고 읽는 서양 철학사**. (황소연 역). 서울: 다산에듀.

Abstract

Philosophical Discussion of "Knowing" in Thomas H. Groome's *Sharing Faith*

MeeRha Hahn
(Professor, Hoseo University)
Ye-Ryung Chun
(Lecturer, Seoul Theological University)

The purpose of this paper is to explore what the philosophical basis of the 'knowing' in Thomas H. Groome's second book, *Sharing faith* is. Since Groome is a western scholar, we examined the epistemology of two ancient Greek philosophers (Plato and Aristotle) and two modern European philosophers (Descartes and Kant), and examined the commonalities and differences of each epistemology. And discussed how Groome criticizes or accepts those theories.

In addition, Groome found out how critics and receptions of these theories were incorporated into his theory of Shared praxis approach to Christian religious education. The main findings are summarized as follows.

Praxis is a key concept in Groome's Sharing Faith. Praxis is not the opposite of theory. To understand the concept of Praxis, we must understand the concept of Plato's Anamnesis. From this concept, Groome recalled it as the memory of existence. This was reassessed in his epistemology of existence, which is the way of recognition applied when naming people's present lives. It is also possible to integrate the three types of knowing by Aristotle; to know God's Word and revelation, to apply it into his life, and finally to commit his own responsibility to carry it out, that is, which has been reconstructed from Shared praxis approach to Christian religious education by

Thomas H. Groome.

Therefore, the praxis used by Groome is derived from the three ways of knowing by Aristotle, which can be integrated understanding of "being." It can be defined as "praxis" in the historical consciousness and reality of our existence at the time and place that we are in.

In preparing this paper, the two researchers' questions were "What epistemological and philosophical background do Groome's praxis have?" The two researchers in this study seem to have come to the conclusion that they are searching for answers to their questions, exploring the concepts of who they are, what they are interested in, memory, analysis, and creative imagination.

Key words: Thomas H. Groome, sharing faith, epistemology, shared praxis approach, Christian religious education.

체제론적 세계관과 종교교육
: 한국 교회교육의 새 지평을 위한 체제적 사고의 필요*

한미라(호서대학교)
mrhahn2022@gmail.com

Ⅰ. 한국 개신교 교회교육 현실에 대한 비판적 성찰

한국 땅에 개신교가 들어온 지 벌써 120년이 다 되어간다.[1] 새로운 세기를 맞이하고 있는 개신교교회는 선교 초기의 순수한 선교 이념과 정신이 퇴색되면서 위대한 신앙 유산보다는 거대한 건물과 조직으로서의 세계적인 몇몇 교회를 다음 세대에 남겨주는 공적만 쌓아왔다 해도 지나친 평가는 아닐 것이다. 역사 속에 나타난 한국 개신교교회의 시행착오와 현

* 이 논문은 한국기독교교육정보학회(KSCEIT) 체제 및 환경분과 콜로키움(2000년 4월 11일)에서 발표한 것이다.

1 한국에서 교회가 창설된 것은 1784년 이승훈(李承薰)이 중국 베이징에서 영세를 받고 돌아와 정약전(丁若銓) 등과 신앙공동체를 구성한 것이 그 효시이다. 프로테스탄트인 개신교도가 처음 교회를 세운 것은 1884년 황해도 솔내에서 서상륜(徐相崙)에 의해서였다. 개신교의 설립은 천주교와 직접적인 관련이 없다는 특징을 지니고 있으며, 종교공동체로서만이 아닌 새로운 사회변혁을 주도한 사회세력으로서 크게 이바지하였다. 특히 교육 · 의료 · 한글보급 및 새로운 인간관의 제시를 통하여 근대적 이념을 고취하였다.

재 직면하고 있는 문제들을 유의 깊게 살펴보면서 21세기 개신교교회가 새롭게 수행해야 할 과제가 무엇인지를 성찰하고자 한다.

첫째, 한국 개신교의 교육적 관심은 처음부터 선교와 전도를 위한 것이었다.[2] 이러한 관심은 교회 밖에서의 교육적 관심과 교회 안에서의 교육적 관심으로 이분화되었으며 전자의 경우는 한국 현대사와 교육사에 남을 만한 업적과 발전을 가져왔으나 후자의 경우는 상대적으로 후진성을 면치 못하고 있다.

둘째, 한국 개신교 교회교육은 선교 초기의 문맹 퇴치 및 사회 계몽적 도덕 교육과는 달리 어린이와 청소년들을 교회에 순응하고 배타적 신앙관을 가지도록 교육시킴으로써 성(聖)과 속(俗)에 대한 극단적 분별 등과 같이 다종교 사회인 한국사회에 적절한 기독교적 사회화를 돕는 데는 성공하지 못했다.

---

2 1884년 미국 감리교 선교사인 R. S. 매클레이(R. S. McClay) 박사가 고종으로부터 한국에서의 감리교 선교를 수락받았다. 단, 교육과 의료사업에 국한할 것을 조건으로 선교활동을 펴나갔다. 1885년 미국 감리교 선교회가 목사 아펜젤러(Appenzeller) 부부와 의사 스크랜턴(Scranton) 부부를 파견, 개화의 추진력 역할을 담당하며 일제하의 민족 교육과 의료사업으로 선교의 기초를 다졌다. 1885년 9월 의료선교사인 W. B. 스크랜턴이 서울 정동(貞洞)에 정동감리교병원을 세워 가난한 계층의 환자들을 치료해주면서 의료선교를 시작하였다. 1885년 8월에 H. G. 아펜젤러가 정동에 배재학당을 세워 한국 근대교육을 창시하였다. 특히 배재학당 내의 최초의 학생단체 협성회(協成會)는 1896년에 조직된 독립협회의 전위대가 될 정도로 정치적, 사회적 개혁과 개화에 앞장섰다. 감리교의 교육목적은 교회 중심적인 교인 양성에 있기보다는 민족 계몽교육에 치중하였던 것이다. 이렇듯 감리교는 이 땅에 교회를 세우기 전에 먼저 민족의 과제였던 근대교육과 의료사업을 전개하면서 한국 근세사 발전에 공헌하였다.
한편 한국 장로교는 1884년 H. G. 언더우드(Underwood)와 H. N. 알렌(Allen)이 인천에 도착한 날부터 시작되었으나 선교활동은 미미하였다. 장로교의 정신이 구체적으로 정착되기 시작한 것은 1891년 '네비우스(Nevius) 방법'이란 선교원칙을 적용한 뒤부터이다. 이 방법은 자립선교 · 자립정책 · 자립수급의 3원칙으로 장로교 선교의 기본적인 방향이 되었으며, 장로교회는 자체적으로 발전해가는 토착교회 선교정책에 의하여 급속도로 성장하게 되었다. 장로교의 한국 선교는 의료선교와 학교교육에서 현저한 공을 남겼고, 특히 한국 근대교육은 장로교와 감리교에 의해서 주도되었다(참조: 한메 디지털백과사전 밀레니엄판).

셋째, 과거 120년 동안 예배와 교육을 분리시켜온 교회학교 교육구조는 그동안 많은 기독교교육학자들의 비판과 권고의 대상이었음에도 불구하고, 교회교육 현장을 크게 개선시키지 못해왔다. 그 이유는 아마도 교회교육의 질적 개선이 교회교육 행정가나 교사의 노력 부재 때문이 아니라 목회자의 예배 최우선의 목회관과 그의 교육에 대한 관심 및 투자 부족일 것이다. 대부분의 개신교교회에서 교육은 목회자나 교회의 최고 정책결정 기구인 당회 또는 기획위원회(이하 당회로 통일함)라 하는 당회원들에 의해서 좌우된다. 당회의 인적 구성은 신학적 훈련을 받은 목회자와 각기 전문 직업이나 혹은 재력을 가진 장로들이다. 간혹 이들 중에 교회교육에 대한 전문성과 정열을 가진 사람도 발견되나 흔치 않으며, 그들의 교육 열정을 설득시키고 관철시키기엔 현 교회 교육 관행의 뿌리가 너무 깊다. 그러므로 한국 교회교육은 새로운 도약과 개혁이 필요하다. 이것의 가능성은 교회 지도자(평신도)들의 열정과 재력도 중요하지만 교회를 목회 구조에서 교육 구조로 전환하는 것이 우선되어야 하며, 목회자와의 당회의 정치적 역학 관계도 보다 민주적으로 개선되어야 할 것이다.

넷째, 10년 전만 하더라도 한국 개신교교회의 교육 내용은 양극화를 보이고 있었다. 한편으로는 한국의 정치, 사회 및 문화의 변화에 부응하여 교회의 교육 내용도 새롭게 해야 한다는 진보적, 개혁적 입장과, 다른 한편으로는 성서와 신앙공동체의 전통만으로도 교회교육의 내용은 충분히 만족스럽다는 보수적 입장이 그것이었다. 그러나 최근에 들어와서 이 두 가지 극단적 입장에 다소 변화가 일기 시작하였다. 그것은 교회의 진보 성향과 보수 성향에 관계없이 모두 성서와 삶의 접목을 추구하는 내용으로의 변화였다. 이러한 변화는 반목하던 교단 간의 화해 분위기 조성과 교회 일치를 위한 에큐메니컬(ecumenical) 단체들의 지속적인 교회 일치 운동에 힘입은 탓도 있겠지만 현대라는 시대성이 갖는 경제적 풍요와 현대인의 양극화된 삶의 형태에서 야기된 실존적 위기와 불안 요인이 교회 교육 내용의 변화를 자극했다고 연구자는 분석한다. 성서는 이제 모든 현대 교회의 교과서이다.

다섯째, 위에서 언급한 바 있듯이 한국 개신교교회는 주일학교(Sunday school)를 교회 부흥의 수단으로 삼았던 역사를 가지고 있다. 이러한 역사적 내력이 교회학교(church school)로 변모된 지금에 와서도 교회로부터의 자주적인 교육 자치(educational autonomy)를 갖지 못하게 하고 있다. 이것은 교회학교가 교회 체제로부터 완전 분리해야 한다는 것은 결코 아니다. 교회학교가 적어도 교회의 공식적 기관으로서 독립적인 행정과 경영을 할 수 있는 재정적, 행정적 조건을 재정비하고 조성하지 못하였다는 것이다. 여기서 교회교육의 자치라 함은 개교회의 중앙집권적 체제에 종속된 한 하위 체제(a sub-system)로서만 기능할 것이 아니라 교회교육을 위해 자율적이고 자주적인 능력과 기능을 가지며 교육에 관한 자주적 운영도 할 수 있어야 함을 뜻한다. 교회학교는 교회 전체 체제 속에서 상호 독립적이면서 상호 의존적인 관계로서 기능할 때 건전한 것이다. 이러한 맥락에서 볼 때 현재 한국교회와 교회교육의 유기적 관계를 새롭게 이해하는 관념적 틀이 필요하다.

교회의 교육구조란 교육을 행하는 교육기관의 신학 및 철학, 내용 및 방법, 제도 및 행정 등의 상호 관계와 기능을 나타내는 개념적 틀(conceptual framework)이며 동시에 실천적 과정을 수반하는 활성적 실체(mobile entity)이기도 하다. 한 교회의 교육구조는 그 교회의 역사, 전통, 문화(언어, 행동 양식, 가치, 제도, 관습을 포함한 의미의 문화)를 대변한다. 그러므로 이것이 확실하게 정의되지 않는다면 교회의 정체성 또한 애매모호할 수밖에 없다. 예수는 그의 사역을 성취하기 위해 먼저 12제자라는 교육구조를 확립하였다. 지금까지 우리가 예수에 대해서 확실히 알 수 있었던 것도 바로 그가 선택한 12제자들에 의해서가 아닌가? 이처럼 교육의 구조란 정체성을 알고, 다음 세대로 전달하기 위해 정의되어야 할 중요한 큰 틀이다. 이 틀은 개교회 차원이 아니라 한국교회 전체로 확대해서 적용할 수 있는 개념이며 또 그 역으로도 가능한 것이다. 즉, '분화와 통일'

의 역동적 관계를 이루고 상호 독립적이며 상호 의존적인 관계를 유지하는 교회교육 제를 논리적으로 설명하는 준거를 마련하는 것은 21세기 한국교회를 위해 시급한 과제인 것이다.

II. 체제론적 세계관의 특징

1. 기초 개념들

1) 체제의 성서적 의미

바울은 교회의 머리인 그리스도와 그것을 구성하는 지체의 관계를 이미 오래전부터 체제로 개념화하였다. 체제 또는 시스템은 바울이 말하는 교회와 교회의 구조를 현대어로 완벽하게 표현할 수 있는 최적의 언어이다.

> 몸은 하나인데 많은 지체가 있고 몸의 지체가 많으나 한 몸임과 같이 그리스도도 그러하니라… 몸 가운데서 분쟁이 없고 오직 여러 지체가 서로 같이하여 돌아보게 하셨으니 만일 한 지체가 고통을 받으면 모든 지체도 함께 고통을 받고 한 지체가 영광을 얻으면 모든 지체도 함께 즐거워하나니 너희는 그리스도의 몸이요 지체의 각 부분이라(고전 12:12; 25-27).

이 본문은 교회가 부분이 모여서 된 전체임을, 즉 체제임을 말하고 있다. 그리고 이 체제는 상호 관련을 밀접하게 주고받고 있으며, 그리스도라는 한 몸을 이루고 있다고 말한다. 뿐만 아니라 교회 체제의 구성원 간의 기능도 다음과 같이 말하고 있다.[3]

---

3 다음 본문도 체제 구성원 간의 능력의 우열보다는 체제 구성요소 간의 기능적 차이를 말하고 있다. "하나님이 교회 중에 몇을 세우셨으니 첫째는 사도요 둘째는 선지자요 셋

은사는 여러 가지나 성령은 같고 직분은 여러 가지나 주는 같으며 또 사역은 여러 가지나 모든 것을 모든 사람 가운데서 이루시는 하나님은 같으니 각 사람에게 성령을 나타내심은 유익하게 하려 하심이라 어떤 사람에게는 성령으로 말미암아 지혜의 말씀을, 어떤 사람에게는 같은 성령을 따라 지식의 말씀을, 다른 사람에게는 같은 성령으로 믿음을, 어떤 사람에게는 한 성령으로 병 고치는 은사를, 어떤 사람에게는 능력 행함을, 어떤 사람에게는 예언함을, 어떤 사람에게는 영들 분별함을, 다른 사람에게는 각종 방언 말함을, 어떤 사람에게는 방언들 통역함을 주시나니 이 모든 일은 같은 한 성령이 행하사 그의 뜻대로 각 사람에게 나누어 주시는 것이니라(고전 12:4-11).

이 밖에도 성서에 나타난 체제의 의미를 지닌 언어는 많다. 성서에서 시스템이란 하나님이 만든 창조세계의 질서를 함축한다. 창세기에 나타난 하나님의 속성은 혼돈으로부터 질서를 구축하시는 분이다. 창조의 전 과정은 하나님이 설계한 모든 피조물 세계가 겉으로는 복잡 미묘한 것 같으나 피조물들 간의 관계를 질서 정연하게 하시고 그들이 상호 의존적이며 상호 독립적으로 유지할 수 있도록 하시되 동시에 보다 큰 하나의 우주 질서인 하나님 자신을 향하도록 설계하시고 역사하심을 깨닫게 한다.

2) 체제의 개념

체제 또는 시스템(system)은 라틴어와 헬라어 sustema(sun: 함께, stenai: 서다, ma: 어미)에 그 어원이 있으며 그 뜻은 '부분이 모여서 된 전체'이다. 체제란 말은 오늘날 컴퓨터시스템 · 항공관제시스템 · 은행온라인시스

째는 교사요 그다음은 능력이요 그다음은 병 고치는 은사와 서로 돕는 것과 다스리는 것과 각종 방언을 하는 것이라 다 사도겠느냐 다 선지자겠느냐 다 교사겠느냐 다 능력을 행하는 자겠느냐 다 병 고치는 은사를 가진 자겠느냐 다 방언을 말하는 자겠느냐 다 통역하는 자겠느냐 너희는 더욱 큰 은사를 사모하라 내가 또한 제일 좋은 길을 너희에게 보이리라"(고전 12:28-31).

템·쓰레기처리시스템 등 도처에서 사용되며, 이전에는 태양계(solar system)처럼 '-계'라고 하는 경우도 있었다. 1960년대부터 시스템공학[4]이라는 분야가 대두되었고 여기에서 말하는 시스템은 다음과 같이 정의할 수 있다. 즉 시스템이란 '복수의 요소로 구성되고, 이것들이 서로 유기적 관련을 갖고 결합하여 전체로서 목적을 달성해야 하며, 특정한 기능을 완수하도록 구성된 여러 요소의 결합체'이다. 시스템에는 크게 세 가지 개념이 유효하다. 첫째 정적(靜的) 시스템, 둘째 시간의 흐름을 받아들인 동적(動的) 시스템, 셋째 반드시 실체 시스템에만 한정되지 않는, 개념적 시스템의 경

---

4 시스템이라는 사고방식에 근거하여, 그 시스템의 목적을 가장 효율적으로 달성하기 위해 여러 과학·기술을 종합적, 체계적으로 적용하여, 복잡한 문제를 해석·해결하는 종합적인 공학적 방법의 체계. 시스템공학(system engineering)이 하나의 학문체계로 등장한 것은 1960년 무렵이며, 미국을 중심으로 발달해왔다. 시스템이라는 사고방식 또는 방법을 명확하게 특정한 의미에서 최초로 기술의 세계에 도입한 것은 테일러(F. W. Taylor)의 『과학적 관리법(Scientific Management)』(1911)에서이며, 뒤에 테일러 시스템이란 이름으로 알려져, 1920년대 미국 자동차공업 발전의 기초가 되었다. 시스템공학이 하나의 학문체계로서 유효성과 역할을 선명하게 한 것은 1969년 아폴로계획에 의한 달 착륙의 성공이었다. 아폴로계획에는 수만 명이 동원되었고, 아폴로 11호에는 500만 개의 부품이 사용되었는데, 여기에 시스템공학의 모든 지식과 경험이 이용되어, 이후 이 호칭이 널리 알려지게 되었다.

시스템공학은 시스템의 개발·제작·운용을 그 목적에 따라 합리적 또는 효율적으로 수행하기 위한 종합적인 기술체계이기 때문에 일반적으로 시스템의 개발, 설계·제작, 운용의 각 단계를 통해 적용된다. 이 시스템공학 적용 전 과정의 기본에 있는 사고방식이 시스템공학의 기본적 방법이며, 시스템 어프로치(systems approach)라고 한다. 이것은 시스템의 개념, 기본적 구성·성질의 입장에서 대상을 받아들이고 해석하여 그 결과를 종합하고 대상을 시스템으로 종합, 구성, 평가하여 목적을 달성한 다음 가장 효율적인 시스템으로 구체화한다는 사고방식이다. 이것과 관련해서 시스템공학의 직접적인 이론적 기반, 기초이론이 되는 학문을 시스템이론(system theory)이라 하며, 분야별로는 정보이론·결정이론·대기행렬이론·오토메이트이론·시뮬레이션이론·네트워크이론·제어이론·최적화이론 등으로 정보과학체계의 개별분야와 겹치는 바가 많다. 시스템공학 적용과정에서 시스템 어프로치의 사고방식을 가장 단적인 형태로 구체화하고 있는 것이 시스템해석·시스템설계이며, 그중에서 특히 중요한 위치를 차지하는 것이 시스템해석이다. 시스템해석에서도 구체적 방법으로 중요한 역할을 하는 것이 시뮬레이션(simulation)·최적화(optimization)·평가(evaluation)의 세 가지 방법이다(참조: 한메 디지털백과사전 밀레니엄판).

우도 포함된다. 또한 구조적인 관점에서 볼 때 체제는 '강(剛)구조 시스템'과 '유(柔)구조 시스템'으로 분류할 수 있다. 전자의 경우는 합목적성이 매우 강하게 관철되고 있어 정해진 목적을 논리적으로 수행하는 메커니즘을 갖는 반면, 후자의 경우는 환경에 따라 구조 자체가 변해가는 환경적응형 시스템이다. 일반적으로 사용되고 있는 기계 및 기계체계는 강구조이며(예: 전화통신시스템), 생물 · 생체계는 시스템공학적으로 말하면 유구조 시스템이다. 쓰레기처리시스템과 같은 사회적 체제는 특히 유구조성이 요구된다. 교회는 어떠한가? 교회는 강구조이면서도 유구조적인 체제의 특성을 지닌다고 할 수 있다.

팔슨과 실스(Parsons와 Shils)는 체제의 가장 일반적인 특성은 체제를 이루고 있는 부품 또는 부분이나 변인들 간의 상호 의존성이라고 하였다.[5] 체제의 개념을 쉽게 이해하기 위해서는 개방체제 모델을 구성하는 내용을 알아보는 것이 필요하다. 개방체제의 모델을 구성하는 요소는 동(動)과 부동(不動)의 상징들, 물건들, 사람들의 총화로 구성된다. 여기에 체제 활동의 주기성과 환경과의 연결 및 상호 작용이 포함되어야 개방체제가 된다.

3) 체제의 속성: 활동의 주기성

체제의 속성은 활동의 주기성이며 그것의 특성은 순환성이다. 신선한 물의 순환주기 즉 바람, 태양, 열 등의 활동이 발생되어야 한다.[6] 체제의 주기는 체제 내에서 자체적으로 강화되어야 한다. 그렇지 않으면 작동을 멈추게 되고, 엔트로피를 통한 해체가 일어나게 된다. 체제의 주기는 그 체제가 존속되는 한 지속되어야 한다.

교회학교 체제의 활동을 예로 들어보자. 교회학교 큰 활동의 주기는 1

---

5 T. Parsons and E. Shils, "Categories of the Orientation & Organization of Action" in *Toward a General Theory of Action* (New York: Harper & Row, 1962), 107.

6 E. Mark Hanson, *Educational Administration Organizational Behavior* (New York: Allyn & Bacon, Inc., 1979), 149.

년을 기준으로 하는 학사 연도이다. 매년 1월 혹은 3월 학사 연도의 시작에서 학생들이 입학하고 나면 그다음 활동은 가르치고 배우는 교수학습 과정이 진행되고 이어서 각종 행사와 절기 교육이 진행되면서 각 분야 활동에 대한 점수가 매겨지고, 완료되면 1년 학사 연도의 주기는 끝나고 다시 익년의 학사 연도가 시작된다. 교회학교의 학사 연도는 1년을 원칙으로 하여 다시 각 부별, 학년별, 프로그램별, 학생집단별, 교실별, 교사별, 학생별 주기로 구분된다. 이들은 다시 시간을 기준으로 하는 또 다른 주기로 나누어져서 발전된다. 즉 연간, 월간, 주간, 일간, 시간 등으로 이루어져 전체 교회학교 체제가 운영되어간다.

개방체제인 교회학교에서 조직의 규칙, 업무, 분담표, 비공식 조직의 규범, 위계 등은 교회학교 체제를 구성하는 활동의 주기들에 방향을 제시하고 주기들을 형성하는 매우 중요한 역할을 담당한다. 학교 체제의 주기들을 형성하는 활동들의 형태는 시간이 지나면서 점차 합리적으로 안정되려 하기 때문에 교회학교의 활동 주기에 어떤 변화가 일어난다는 것은 쉬운 일이 아니다. 변화가 일어난다면 그것은 주기들 속의 활동이 수정된다는 것을 의미하는데 이때 변화란 새로운 형태의 활동이 체계적으로 반복될 때만이 반영되는 성질을 갖는다.

4) 체제의 요소: 투입, 과정, 산출(inputs-process-outputs)

교회학교 체제의 투입들은 크게 인간적 투입(human inputs), 물질적 투입(physical inputs), 제약(constraints)의 세 가지로 분류할 수 있다.[7] 인간적 투입은 교역자, 교사, 학생, 행정가, 교회 식당의 봉사자, 사찰, 교회학교 버스 운전기사 등이고, 물질적 투입은 건물, 책상, 연필, 성경책, 공과책,

---

7 Meerha Hahn, "An Investigation of Factors in School Productivity: The Input-Output Analysis of School Performance in High Schools of Seoul, Korea" (Ph. D. Diss., SUNY/Buffalo, 1982), 28-35.

수송장비, 축구공 등과 같은 것이며, 제약들은 학부모의 기대 및 요청, 교회법 및 관련 규정, 교회 및 교단 정책상의 요구, 사회의 가치관, 규범, 정보통신 기술의 진보, 첨단 미디어의 출현 등이다.

교회학교 체제의 '과정'이란 요소는 투입 단계에서 돌아온 에너지를 전환시키는 단계이므로 주로 교수·학습과정을 말한다. 즉, 가르치고 배우는 것에 관련된 모든 활동들이다. 이 과정은 크게 다섯 가지로 구분된다. 첫째 교수학습 기술(자료은행, 학습이론, 교수공학), 둘째 공식 및 비공식 하위체제의 역할(교사, 학생, 행정가의 역할), 셋째 의사결정 방법(중앙집권적이냐 자치적이냐), 넷째 보상 체제(내부적인가 외부적인가), 다섯째 평가 방법(학사평가냐 교사근무평가냐 등)이다.

교회학교 체제의 산출은 상급 학년 또는 학교로의 진급 또는 진학, 영적/태도/행동의 변화, 언어 및 의사소통 기술의 획득, 성경적 지식의 증가, 분석적/통합적 사고 및 성찰, 심미적 변화, 봉사심과 헌신, 희생정신, 이타적 삶의 방식, 경건과 검약적 삶, 성숙된 인격, 사회 질서의식, 원활한 인간관계 기술, 리더십 등이다. 이러한 교회학교의 산출로 인하여 교회학교로 돌아오는 수익은 일반 학교와 달리 경제적이진 못하지만 교회로부터 학교 체제 주기의 순환과 계속적인 봉사를 보장받을 수 있는 재원을 지원받는다.

5) 체제의 개방성과 폐쇄성

조직이 개방적이냐 폐쇄적이냐는 어떤 절대적인 기준으로 판정할 수는 없다. 만일 완전히 철의 장막처럼 폐쇄된 체제라면 그 조직의 생산체제를 위해 인간이나 물질 투입이 전혀 들어가지도 않으며, 따라서 생산품인 산출도 환경 속으로 배분되지 않게 되어 결국 존재할 수 없는 것이 된다. 그 반대로 완전히 개방된 체제도 마찬가지일 것이다. 그러므로 조직이 개방적이냐 폐쇄적이냐를 논할 때는 주어진 시간에서 조직이 내리는 결정, 외부로부터의 압력을 견디고 처리하는 방법, 체제가 직면하고 있는 위기 등에 대하여 그 조직이 보여주는 개방성과 폐쇄성이 어느 정도이냐를 보는 것이 현명하다고 하겠다. 예를 들면 학교는 학부모들의 교육과정에 대한 정책 변화를 요청하는 조언에는 매우 개방적 태도를 취하나, 학생들의 징계를 위한 적절한 방법에 대한 그들의 요구나 조언에는 매우 폐쇄적이다.

칼슨(Carlson)은 환경과의 관계에 있어서 현저하게 다른 두 가지 조직의 유형으로 '교화된 조직'과 '야생 조직'을 제시하였다.[8] '교화된 조직'은 공립학교와 같은 조직을 말한다. 이런 조직은, 예를 들어 그들의 학생들을 위해 다른 학교 조직과 경쟁을 하지 않는다. 이들 학교는 그들의 존재 이유를 성립시키는 거의 안정된 학생 수가 유입되는 것이 확실히 보장된다. 그러므로 조직의 존재를 인정받기 위해 생존 투쟁을 하지 않는다. 다만 학교에 필요한 재정을 따내기 위해 극히 제한된 영역에서만 경쟁을 한다(예를 들면 학교별 예산 책정을 위한 심의회 등에서). 교사가 잘 가르치는가 아닌가는 학교의 재원(財源)을 더 얻느냐 그렇지 않느냐와는 관계가 없다. 왜냐하면 이러한 조직은 환경인 사회로부터 보호를 받고 있다. 어떻게 보면 교회학교 교육도 이와 유사하다. 누구도 교회학교 교사의 근무평가를 하지 않으며, 그 결과가 교회학교 재원에 영향을 주지도 않기 때문이다.

두 번째의 유형은 야생조직을 말한다. 이 조직은 생존이나 조직의 존재를 인정받기 위해 투쟁을 해야만 된다. 환경에서 돌아올 자원은 이런 조직이 내놓은 산출의 질에 밀접하게 관련되어 있으므로 자원과 시장을 확보하기 위해 다른 조직과 경쟁이 불가피하다. '야생 조직'은 교화된 조직과는 달리 그들의 수익자로부터 보호되지 않는다. 대부분의 기업, 사립학교, 사립병원들은 '야생' 조직으로 분석된다. 기업과 같은 야생조직은 그들이 내놓은 산출로부터 환원받은 이익이 투입되면 이것이 그들의 산출

8 Richard Carlson, "Barriers to Change in Public Schools," *Change Processes in the Public Schools* (Oregon: Univ. of Oregon, 1965), 6.

의 질과 양을 좌우한다. 만약 기업이 양질의 산출을 내놓지 못해 시장의 주식을 소유하지 못한다면 환원될 이익이 감소될 것이고 경쟁기업이 그 기업을 삼켜버릴 것이다. 그러므로 기업과 같은 야생조직들은 항상 생산 공정의 특성을 변화시킬 준비를 계속적으로 해야 하며, 그리하여 시장의 주식을 만족할 만큼 보유하고 경쟁적으로 이익을 가져가야 한다. 또한 이런 기업조직의 성공의 척도는 그들이 얻는 기업 수익에 의해 가름되어 그 수익은 시장에 농축되어 나온다는 것을 항상 명심해야 한다.

반면에 교화된 조직의 경우는 하나의 지방 전매청과도 같다. 예를 들면 시의회나 국회와 같은 기관들이 극단적으로 비능률적이라 해도 능률적 기관과 똑같은 재정적 보조를 받는다. 간략하게 말해서, 국가가 설립한 학교는 사학재단이 설립한 학교하고는 달리 기본적으로 학교의 산출의 질이 어떠하느냐에 관계없이 보장된 투입을 갖고 있기 때문에 조직 내에서 일을 하는 데 있어서는 외부로부터의 압력, 일의 기회 등은 비교적 폐쇄체제의 모습에 적합하게 되어버린다. 이러한 폐쇄체제로의 지향은 변화를 요구하는 환경의 요구를 줄이는 데 매우 유리하다.

그러므로 폐쇄체제로의 지향은 한정된 상황에 대한 예측에서 출발한 것이기 때문에 예측 불가능한 사태에 대해서는 거의 무방비 상태로 그 충격을 수렴해야 한다는 것이 큰 단점이 된다. 교회는 언제까지나 하나님이 지켜주기 때문에 어떤 변화에도 문을 닫지 않는다는 우리의 믿음은, 순진함을 떠나서 교회를 폐쇄체제로 나아가도록 한다. 어제까지 예배 보며 교육하던 교회가 오늘은 문을 닫게 될지도 모른다. 교회는 회중이 와주어야 교회다운 교회가 된다는 말이다. 회중은 환경으로부터 들어오는 교회의 주요 투입 자원이다. 회중은 예측 가능하기도 하지만 또 그 반대이기도 하다. IMF 경제 위기가 바로 그 좋은 예이다. IMF는 실직한 회중들을 창출했으며, 교회로 유입되던 물질적 자원을 줄게 만들었다. 이로 인해 많은 수의 교회가 문을 닫았고, 프로그램을 취소 및 축소했으며, 교회는 황급히 예산안을 삭감해야 했다. 이렇듯 환경은 언제나 예측 불가능한 요소를 지니고 있기 때문에 교회는 그 환경과 더불어 살아가야 하는 개방체제이어야 하는 것이다.

2. 체제론적 세계관

현재의 삶과 세계를 주의 깊게 관찰하면 천천히 그러면서도 고통스런 시행착오를 인내하면서 다가오는 새로운 세계관이 있다. 이것이 바로 체제론적 세계관(systemic worldview)이다. 체제론적 세계관은 아직 형성 단계에 있으며 어떤 것에 의해서도 완벽하게 발전되지는 않았다. 리션(Lawrence LeShan)과 마지노(Henry Margenau)는 이를 가리켜 "체제론적 세계관은 상호 관련된 학문에 의해서 개발되고 있는 중이다"[9]라고 언급하였으며, 카프라(Fritjof Capra) 역시 "실재에 대한 개념의 혁명으로부터 하나의 일관된 세계관이 지금 우리에게 다가오고 있다"라고 표현하였다.[10] 이제까지 세계가 직면해왔던 문제들은 과거의 세계관만으로는 단순히 해결할 수 없는 것이었다. 그렇다고 체제론적 세계관만은 절대 오류가 없을 것이라고 말할 수도 없다. 다만 과거의 고전 과학적 세계관(classical scientific worldview)이 오랜 세월 동안 계속해서 노력해왔던 것에도 불구하고 그것의 특성인 "계량화(quantification), 결정론(determinism), 기계적 모델(mechanical models)"은 모두 실패하였다. 그렇기 때문에, 이제 무엇인가 새로운 것(something new)이 궁리되어야만 하며, 체제론적 세계관은 곧 무엇인가 새로운 것의 창조를 향한 노력인 것이다. 라인즈(Timothy Arthur Lines)는 체제론적 세계관의 특성을 다음과 같이 여덟 가지로 요약하여 설명한다.[11]

---

9 Lawrence LeShan and Henry Margenau, *Einstein's Space and Van Gogh's Sky: Physical Reality and Beyond* (New York: Macmillan, 1980), 13.

10 Fritjof Capra, *The Turning Point: Science, Society and the Rising Culture* (New York: Simon and Schuster, 1982), 77.

11 T. A. Lines, *Systemic Religious Education* (Birmingham, Ala.: Religious Education Press,

1) 모든 실재는 유기체적이다

고전과학의 세계관에 있어서 대표적인 특징은 '기계적'인 것이었다. 그 기본적인 사상은 실재를 기계로 해석하는 데 있었다. 그러나 체제론적 세계관은 실재를 유기체로 해석하는 데 기본을 두고 있다. 유기체(organism)는 체제론적 세계관에 있어서 중요한 개념이다. 즉 실재를 유기체로 해석하려는 하나의 유비(analogy)이다. 물론 일부 과학자들은 우주가 유기체와 같이 기능하지 않는다고 주장할지 모르나, 우주는 하나의 유기체라는 것이 체제론적 세계관의 기본사상이다. 유비에 의존하는 유기체적 사고가 어떤 특정 현상을 단순화하여 설명한다고 할 수도 있을 것이다. 그러나 직유(直喩)에 의한 사고 또한 지나친 과장이 될 수도 있고 때로는 불합리성을 위해 남용될 수도 있다는 것이다. 사이버네틱스 연구의 아버지라고 불리는 위너(Norbert Wiener)는 유기체적 유비의 사용에 대한 좋은 관점을 시사하고 있다. 그에 의하면 유기체란 하나의 메시지 또는 패턴으로서, 혼돈, 해체, 소요와 반대되는 것으로 이해될 수 있다고 하였다. 유기체적 유비의 강조점은 유기체의 내용 자체에 있는 것이 아니라 유기체 내의 관계들과 과정에 있다는 점이다. 모든 유기체는 유사한 실체로서 구성되어 있다. 유기체들에 있어서의 차이란 실체 그 자체에 있는 것이 아니라 실체들 간의 관계구조에 있는 것이다.

유기체와 기계의 차이는 다음과 같다. 체제론적 세계관은 유기체의 개념을 사용하여 물리적 세계만이 아닌 모든 실재세계의 체제적 관계(systemic relationship)와 작동적 통합(operational integration)을 강조한다. 즉, 유기체란 폐쇄된 것이 아니라 하나의 개방체제이다. 개방된 체제란 환경으로부터 유기체에 필요한 것을 수입(imports)하고 그것을 전환(transforms)시켜 환경으로 수출(export)하는 특성을 갖고 있다. 유기체와 기계가 다른 점은 기계는 그의 작동을 통하여 기계 자신을 변화시키지 못한다. 단지 점차적

1987), 104-15.

으로 그 기계는 손상되어갈 뿐이다. 그러나 유기체는 변화와 성장과 미래를 위한 에너지 저장까지를 가능케 하는 것이다. 카프라는 기계와 유기체의 차이를 다음과 같이 설명하고 있다. "기계의 활동은 그것의 구조에 의해 결정되지만 유기체는 유기체 내의 관계들에 의해서 결정된다. 유기체적 구조란 기본적으로 과정에 의해서 결정된다." 이와 같은 유기체적 유비는 기계 개념에 기초한 고전과학의 세계관을 전적으로 수정하지 않으면 안 되게 되었던 것이다.

2) 모든 유기체는 관계적이다

과거 고전과학의 세계관은 모든 것을 가장 기본적인 건축 요소들과 같이 축소해야 한다는 환원주의(reductionism)와 분석(analysis)이었다. 그리하여 고전과학적 세계관은 될 수 있으면 작은 것을 탐구해왔다. 이러한 세계관은 사회에 많은 유용한 정보를 제공하였으나, 동시에 많은 정보가 무의미하고 무용지물이 되기도 했다. 즉, 의미는 물질 자체에 있는 것이 아니라 관계성 속에 있기 때문이었다.

체제론적 세계관에서는 환원주의적 업적을 인정하면서, 분석의 한계를 극복해야 한다고 보았다. 그리하여 분석된 부분들과 그것의 보다 큰 맥락과의 관계와 그 환경과 부분의 의미들을 보기 시작했다. 케네스 불딩(Kenneth E. Boulding)[12]이나 러셀 에이코프(Russell Ackoff)[13]에 의하면, 이 우주의 모든 것들이 상호 관계를 맺고 있다면 모든 것은 어떤 것의 환경임에 분명하다. 또한 어떤 주변 체제가 그 내부에서 일어나는 것과 무관하게 존재한다면 환경은 존재할 수 없다. 따라서 모든 유목적적 체제는 환경을 가지며, 동시에 보다 큰 체제의 일부분이 된다는 것이다. 이 분야

---

12 Kenneth E. Boulding, Ecodyna*mics: A New Theory of Societal Evolution* (Beverly Hills, Calif.: Sage Publications, 1978), 31.

13 Russell L. Ackoff, *Redesigning the Future: A Systems Approach to Societal Problems* (New York: John Wiley & Sons, 1974), 55.

에 있어서 초기 공헌자는 아인슈타인(Albert Einstein)이다. 그의 상대성 이론은 관찰자가 관찰로부터 제외될 수 없는 가능성을 보여준 것이었으며, 제이콥 브로놉스키(Jacob Bronowski)는 이에 대해 다음과 같이 진술하고 있다.[14]

> 우리가 처음부터 무엇인가를 관찰하려고 한다면, 우리 자신이 관찰하려는 세계의 일부분이라는 것을 먼저 알아야 한다. 즉, 스크린의 한 부분을 떼어낼 수 없듯이 우리가 멀리서 관찰하는 세계는 이와 같이 더 큰 세계의 일부분이 될 수 있다.

고전과학적 세계관이 실패했던 원인은 '절대론(absolutism)' 때문이었다. 그러나 체제론적 세계관은 문제를 관계적인 것이라고 보기에 '상대적'이다. 사실(facts)이란 더 이상 절대적인 것으로 보여지지 않는다. 그것은 다만 관찰자의 자료 해석에 의하여 비춰지는 것일 뿐이다.

3) 다원주의적인 접근이다

고전과학적 접근은 너무나 오랫동안 그와 반대되는 학문적 접근을 어리석다고 밀어냈다. 그러나 체제적 사고는 이것에 반대하는 학문적 사고를 배격하지 않는다. 학문이란 인간의 인위적인 추정(推定, constructs)으로 구성된 것이라고 인식할 뿐이다. 왜냐하면 이 우주는 학문에서 말하는 대로 건설되지 않았으며, 실제로 물리학, 화학, 생물학, 심리학, 사회학 등의 학문은 실제 세계와 분리되어서가 아니라 뒤섞여져 있다.

케네스 불딩은 교육의 분류학들은 그들이 기술하고자 하는 참우주에 대해서보다는 인간 두뇌에 대해 더 많이 기술하고 있다고 하였다.[15] 따라

---

14 Jacob Bronwoski, *The Common Sense of Science* (New York: Random House, 1951), 102.
15 Boulding, *Ecodynamics*, 12.

서 다원주의란 어떤 현상에 대하여 기술할 때 한 가지 방식이나 학문으로 완벽하게 기술할 수 없다는 것을 인식하는 것이다. 물리학자 닐스 보어(Niels Bohr)는 이것을 상보성(complementarity)의 원리로 설명하였다.[16] 과학자가 관찰하고 있는 것은 때때로 그가 발견하고자 하는 것에 의해서 결정되고 있음을 깨닫게 되었다. 그는 양자 기계학 연구에서 서로 반대되는 것으로 보이는 한 쌍에 대해 발견하였다. 즉, 원자 활동은 파장 운동이나 정입자 중 그 어느 것 한 가지에 의해서만 기술될 수 없었다. 왜냐하면 원자 활동은 서로 반대되는 성질을 가진 한 쌍으로 이해되어야 했기 때문이다. 이러한 상보적 장면들은 우리에게 보다 정확하고 나은 기술을 제공할 수 있다. 이것이 바로 체제적 세계관 속에 나타나는 다원주의 특성의 예이다.

즉, 한 가지 기술만으로는 오류에 빠지기 쉽다. 뿐만 아니라 둘도 충분하지 못하다. 왜냐하면 실재는 다원적이기 때문이다. 여기에서 다원주의와 상보성에 관한 사고는 자칫 헤겔주의적 합(合, synthesis)으로 보여주기 쉽다. 그러나 체제적 사고의 목적은 정(正)과 반(反)의 합(合)이 아니라 실재의 측면을 동시에 보는 것이다. 에릭 잰츠(E. Jantsch)는 이를 가리켜 '과정적 사고(process thinking)'라고 부른다.[17] 과정적 사고란 "실재에 관해 서로 반대되는 관점들 간의 어떤 예리한 차이가 있음을 인식하지 않는다. 과정적 사고에서는 단지 서로 반대되는 것을 보충하는 상보성이 있을 뿐이다." 다원주의란 공동의 목적을 함께 추구하는 것이다. 한스 몰겐토(Hans Morgenthau)가 지적하듯이 다원주의란 서로 관련이 없는 과학, 철학, 종교와 같은 학문적 활동들이 서로 다른 시도로 출발하지만 결국 동일한 기본 질문에 대한 해답을 찾아가는 것과 같은 것이다.[18] 같은 지점에

16 Niels Bohr, *Atomic Physics and Human Knowledge* (New York: John Wiley & Sons, 1958). 이것을 상보성의 원리(the Principle of Complementarity)라 함.

17 Erich Jantsch, *The Self-Organizing Universe: Scientific and Human Implications of the Emerging Paradigm of Evolution* (Oxford: Pergamon Press, 1980), 274.

서 출발하여 같은 목적을 향해 가지만 서로 다른 길을 택하여 움직이는 것과 같은 이치이다. 다원주의에서의 주안점은, 실재는 각기 다른 출발점과 선택된 길들이 수렴되는 것으로부터 기인된다고 보는 것이다. 그렇기 때문에 하나의 완전하고 최종적인 관점이란 있을 수 없다.

4) 추정주의(Stochastic)이다

고전과학적 세계관의 기본 관점 중의 하나는 결정론(determinism)이었다. 결정론이란 미래는 과거에 의해 전적으로 결정되며, 이러한 사고만이 인간에게 안락과 안전을 줄 수 있다고 보았다. 그러므로 이러한 사고는 역사의 전환이나 돌연변이란 있을 수 없다고 믿었다. 이러한 세계관에 영향을 준 것은 기본적으로 인간의 확실성에 대한 욕구(human need for certainty)였으며 고전 물리학은 이러한 특성을 잘 반영하였다.[19] 그러나 인간의 확실성에 대한 욕구는 지금도 남아 있는 반면, 결정론이나 고전 물리학은 그렇지가 못하다. 양자물리학과 그의 추종자들은 논리적이고 폐쇄적인 미래에 관하여 문을 닫아버리고 말았다. 이들은 새롭게 다가오는 체제적 세계관이 임의성(randomness)을 포함하는 관점임을 인식하였기 때문이다. 임의의 변인 하나가 역사 속에 주사되었을 때, 그 역사의 미래는 더 이상 결정될 필요가 없게 된다. 즉, 과거에 일어난 사건들에 의해서 그 역사의 미래가 한 치의 오류 없이 예측되거나 투사될 수는 없는 것이다. 일리야 프리고진(Ilya Prigogine)은 다음과 같은 개혁적인 설명을 하고 있다.[20] "구조적 안정성에 있어서 한계란 있을 수 없다. 모든 체제는 적절한 동요가 일어날 때 불안정성을 나타내게 되어 있다. 그러므로 역사에 있어

18 Hans J. Morgenthau, *Science: Servant or Master?* (Oxford: Pergamon Press, 1980), 274.

19 Heinz R. Pagels, *The Cosmic Code: Quantum Physics as the Language of Nature* (New York: Bantam Books, 1983), 68.

20 Ilya Prigogine, *From Being to Becoming: Time and Complexity in the Physical Sciences* (San Francisco: W. H. Freeman, 1980), 127-128.

서 끝이란 없는 것이다."

여기에서 의미하는 추정주의란 하나의 체제가 임의적 요소들의 가능성과 시간을 통하여 개발되어가는 것을 나타낸 언어이다. 존 서더랜드(John Sutherland)는 추정주의를 다음과 같이 설명하고 있다.[21] "한 체제의 투입과 산출의 관계는 어떤 시간적 간격을 지나는 동안 예측할 수 없는 효과적 방법들에 의해서 개조되어간다." 위와 같은 추정주의에 관한 정의들이 말하고자 하는 핵심은 임의성(randomness)이다. 즉, 지나간 사건들로부터 다음에 올 사건들에 대한 예측을 할 수 있는 절대적 방법이란 존재할 수 없다는 것이다. 예측을 하는 유일한 길은 확률의 정규성에 의존하는 것뿐이다. 일리야 프리고진이 언급한 것처럼 결정론적 법칙의 한계는 우리를 이미 모든 것이 주어진 폐쇄된 우주로부터 흥망성쇠와 개혁과 임의성이 열려져 있는 새로운 것으로 향하게 하였다.

5) 역동성이다

그리스 철학에서 고전 과학적 세계관으로 넘어오는 동안 우주의 개념은 정적인 것과 변치 않은 것으로 남아 있었다. 그러나 '운동과 변화'는 그 규범에서 예외와 변이를 만들었다. 체제적 세계관에 있어서는 이러한 변화와 예외가 고전과학적 세계관에서 보는 것과는 반대로 해석된다. 즉, 어떤 것도 휴식하지는 않는다. 변화와 역동성은 누구도 저항할 수 없는 것이요, 멈출 수 있는 것도 아니요, 어디에서나 편재해 있는 것이다. 이와 같은 계속적 운동과 진화는 비가역적 시간의 흐름 속에서의 체제적 사고를 어렵게 한다. 그렇기 때문에 카프라의 주장처럼 체제적 사고가 곧 과정적 사고라는 입장은 타당하다고 볼 수 있다.[22] "현상은 과정과 연합하

---

21 John W. Sutherland, *Systems: Analysis, Administration, and Architecture* (New York: Van Nostrand Reinhold, 1975), 24.

22 Capra, *The Turning Point*, 267.

여 만들어지고, 상호 작용에 의하여서만 상호 관계를 맺게 되나, 서로 반대되는 것들은 진동(oscillation)에 의하여만 연합이 된다."

이러한 과정적 사고는 체제를 구조적 분석이라는 측면에서 취급해야 할 때가 있다. 즉, 마치 스냅사진을 찍는 것과 같이 체제를 어떤 특정 시간과 공간에 있어서 정적인 상태로 간주하고 연구하는 것이다. 그러나 이러한 스냅사진은 실재나 구조를 이미 결정한 것이 절대 아니다. 단순히 분석과 이해를 위한 일순간의 정지일 뿐이다. 마치 음표가 악보 위에 인쇄되어 있을 때는 음악이 아닌 패턴에 지나지 않지만 음악이 연주되면 그것은 실재를 생산하게 되는 것과 같은 이치이다. 역동성은 안전성과 함께 이해되어야 한다. 과거와 현재와의 역사적 관련이 없는 미래란 단지 혼란일 뿐이다. 그러나 미래는 과거와는 다르다. 미래는 언제나 과거 위에 건설되기 때문이다. 즉, 과정의 변화를 통하여 구별할 수 있는 정도의 계속성의 흔적은 있어야 한다는 것이다. 역동성은 또한 자기의 것과 남의 것을 혼동하는 것으로부터 구별되어야 하기 때문에 경계(Boundaries)의 개념을 수반한다. 경계란 체제와 환경을 단순히 구별하는 것이 아니라 그들이 관계에 주의를 기울인다는 의미에서 인터페이스(interface, 접점)란 용어가 보다 적절하다.

체제적 사고가 체제의 내용보다는 체제의 상호 관계들에 더 관심을 두는 이유는 바로 역동성의 특성에 기인된 것이다. 체제론적 세계관은 과정, 패턴, 역동성에 관심을 두는 만큼 존재(되어 있는 것, being)보다는 되어가는 것(becoming)에 더 강조점을 두고 있다.

6) 부(負)의 엔트로피(negentropie)이다

엔트로피는 혼란과 분해의 증가를 말한다. 열역학법칙에 따르면 만일 우주가 폐쇄 체제이면서 엔트로피가 계속되면 그것은 우주의 파멸이라고 한다. 그러나 체제론적 세계관은 다른 가능성을 제시하였다. 즉 부의 엔트로피가 그것이다. 부의 엔트로피란 질서와 복잡성의 증가를 말한다.[23]

하나의 개방체제는 그의 환경으로부터 체제 유지에 필요한 것을 수입하고 그것을 전환시켜 구조와 기능의 복잡성이 증가된 산출을 환경으로 되돌려 보낸다. 모든 인간의 태어남은 열역학법칙을 부정하는 예가 된다. 그러나 결국 엔트로피는 부의 엔트로피를 정복하여 죽음을 가져온다. 모든 인간은 태어나면서 죽을 것이기에(죽음은 적어도 전환의 다른 형태이기도 하다) 죽음이 일어나는 것은 자명한 일이다. 여기에서 중요한 것은 부의 엔트로피가 발생한다는 사실이다. 이 단순한 사실 하나만으로도 우주는 폐쇄체제가 아니라는 것을 증명할 수 있다. 체제론적 세계관은 죽음을 우주의 불가피한 종말로 받아들일 필요가 없다는 인식이다. 하나의 개방된 우주 속에서 과거만이 고정된 것이다. 미래는 아직 개발되어야 하는 것이기에 역사에는 아마도 끝이 없는 것이다.

7) 전체주의이다

고전과학적 세계관은 영과 육, 정신과 자연, 과학과 신학같이 이원론적이었다. 그러나 체제적 접근은 다원론적이고 전체적인 것이 그 특징이다. 이원론의 실질적인 반영이 일원론이기 때문에 체제적 사고는 일원론과 이원론을 초월한다. 체제적 사고는 비분리적인 것과 기능적 전체들을 보는 하나의 노력이다. 여기에서 기능적 전체들이란 관계성과 상황 속에서 보여질 때만이 손상되지 않는 특성을 지닌다. 라슬로(Ervin Laszlo)는 체제적 사고를 다음과 같이 서술하고 있다.[24] 한 번에 하나씩, 그리고 상호 노출되었을 때만 개개의 형태를 보는 것 대신에, 지금의 과학자들은 다양한 영향들 아래서 여러 개의 서로 다른 것들이 상호 작용(interacting)하는 것과 하나의 전체인 형태를 관찰하고 있다. 전체주의란 그러므로 통합을 향

---

23 John A. Dillon, Jr, *Foundations of General Systems Theory* (Louisville, Ky.: University of Louisville, 1982), 149.

24 Ervin Laszlo, *The Systems View of the World: The Natural Philosophy of the New Developments in the Sciences* (New York: George Braziller, 1972), 6.

한 운동이다. 이제까지는 분화에 대한 탐구가 오랫동안 지속되어왔다. 그러나 지금은 '생물권(biosphere)의 성스런 통일'을 추구할 때이다.[25]

8) 사이버네틱스(인공 두뇌공학)이다

고전과학적 세계관은 실증주의적이었다. 즉, 미래란 자연의 법칙에 의해 결정된 것이었다. 자연은 과학의 독점적인 영역이었기 때문에 과학은 진리의 마지막 조정자였다. 체제론적 세계관은 과학의 영향을 많이 받았음에도 불구하고 실증주의적은 아니다. 왜냐하면 미래는 자연법칙에 의해 전적으로 결정된다고 보지 않으며, 또한 자연은 과학만의 유일한 영역이 아니고, 진리는 과학이 포함할 수 있는 것보다는 훨씬 광범위한 것이라고 보기 때문이다. 여기에서 체제론적 세계관은 그 관심을 두뇌공학 또는 인공 두뇌공학이라 불리는 사이버네틱스로 돌린다.

위너가 개발한 사이버네틱스란 말은 키잡이(helmsman, steerman)라는 어원을 갖고 있다.[26] 따라서 사이버네틱스란 체제 내에서의 통제(제어)와 안내에 관한 학문 또는 연구 분야라고 할 수 있다. 카프라에 의하면 하나의 살아 있는 유기체는 자기 조직적 체제이다. 따라서 구조와 기능에 있어서 체제의 질서는 환경에 의해서 부과되는 것이 아니라 체제 자체적으로 이룩된다. 이렇게 볼 때, 두뇌공학의 목적은 체제 자체의 통신에 의해서 결정된 피드백(송환)과 운동의 과정에 있다. 그러므로 고전과학적 세계관의 활력론자들이나 결정론자들이 기술한 목적론은 두뇌공학적 측면에서 재정의되어야 한다. 목적론은 체제론적 세계관의 큰 부분을 차지한다. 그러나 과거의 목적론에 대한 이해와는 전적으로 다른 것이다. 즉, 자기 결정적 미래와 절대적 예측이란 불가능한 것임을 시사한다.

---

25 Gregory Bateson, *Mind and Nature: A Necessary Unity* (New York: Bantam Books, 1980), 21.

26 Stafford Beer, *Cybernetics and Management* (New York: John Wiley & Sons, 1959), 30.

가설과 실험의 과학적 방법은 전적으로 예측을 위해 개발된 것이었다. 과학이 정확한 예측에 가깝게 가면 갈수록 과학은 절대적 진리에 가까워져갔다. 그러나 개방체제가 갖는 임의성, 자기 조직성, 두뇌공학의 출현과 함께 이와 같은 과거의 방식은 희망 잃은 방황이 되어버렸다. 체제론적 세계관이 운동과 과정을 다루는 방식은 자기 발견적 연구이다. 따라서 미래는 해결되어야 하는 문제이며 탐험되어야 하는 기회들인 것이다. 그러므로 에이코프는 미래는 우리가 일하기로 결정한 문제들과 그것을 해결하기 위하여 얼마만큼 체제시대 기술(system age technology)을 잘 사용하는가에 달려 있다고 하였다.[27]

해결하기 위해 우리가 선택한 문제들, 그리고 그것을 해결하는 방법은 과학이나 기술에 의존하기보다는 우리의 세계관과 철학에 더 의존하고 있다. 미래는 개방되어 있다. 개방은 위협을 내포하고 있는 자유를 허용한다. 역사는 계속될 것이지만 인간들이 반드시 그것의 일부분이 되어야 할 당위성은 없다. 체제론적 세계관은 하나의 새로운 사고방식 이상이며 그것은 생존을 이한 탐구라고 할 수 있다. 위너는 이것을 다음과 같이 보다 명백하게 진술하고 있다.[28]

> 그러므로 새로운 산업혁명은 날이 두 개인 검이다. 한쪽 날은 인류의 이익을 위해 사용할 수도 있다. 그러나 이것은 아직 알려지지 않았기에 그러한 이익이 가능한 시대가 올 때까지 오래 생존하였을 때만이 누릴 수 있는 것이다. 다른 한쪽 날은 인류를 파괴시키는 데 사용될 수도 있다. 그리고 그것은 이미 우리에게 알려지고 있다. 그러므로 이것을 지적으로 사용하지 않으면 안 된다.

---

27 Ackoff, *Redesigning the Future,* 18.

28 Norbert Wiener, *The Human use of Beings: Cybernetics and Society* (New York: Avon Books, 1967), 220.

9) 체제적 종교교육의 특성

위에서 살펴본 바와 같이 체제론적 세계관은 체제적 종교교육의 비전을 가져다주었다. 위에서 설명한 여덟 가지 특성에 비추어 체제적 종교교육의 특성을 요약하면 다음과 같다.[29]

첫째, 체제적 종교교육은 인지적 과정 이상이다. 체제론적 세계관으로 접근하는 종교교육은 배타(exclusion)와 고립(isolation)보다는 통합과 전환을 추구한다.

둘째, 체제적 종교교육은 단순히 신학, 문화, 종교에 관한 사실과 진리의 전달이 아니다. 전달, 기억, 반복의 활동으로서 종교교육은 절대주의적이고, 그것은 고전과학적 세계관과 신학적 세계관이 낳은 산물이다. 따라서 체제적 종교교육은 관계적이다. 즉, 사랑과 정보와 공동체 사이에서 관계들을 소망하는 것이다. 이러한 종교교육의 특성은 또한 의미의 통합을 향한 해석과 가치탐구 운동을 요구한다. 그러므로 체제적 종교교육은 정답을 듣는 것보다는 진보적인 질문을 하는 것에 더 관심을 둔다.

셋째, 체제적 종교교육(기독교교육)은 어떤 특정주의를 배격한다. 즉, 종교교육(기독교교육)이 어느 한 문화적, 종교적 유산(여기서는 교파를 의미)에 대해서만 응답하는 것을 지양한다. 마이클 리(James Michael Lee)는 이러한 태도를 가리켜 거시적 종교교육 접근(macro approach, 초교파적 기독교교육)이라 하였다.[30] 이런 맥락에서 그가 시도해왔던 종교교육의 사회과학적 접근은 어떤 신학적 관점이 옳고, 어떤 교단이 가장 정통적인 기독교단이라는 것과 같은 입장은 취하지 않는다. 체제적 종교교육이 사회과학적 접근 방법만을 사용하는 것은 아니나 특정한 환경에서 특정한 패러다임을 주장하는 교단 중심적 종교교육은 지양한다는 뜻이다. 따라서

---

29 T. A. Line, *Systemic Religious Education*, 226-31.

30 M. Lee, *The Shape of Religious Education* (Birmingham, Ala.: Religious Education Press, 1981), 158.

체제적 종교교육은 교파의 다원주의 현상에 대해 가치 판단을 하지 않고 교파 간의 다양성을 수용하며 대화하는 다원적 접근을 추구한다.

넷째, 체제적 종교교육은 과정을 묻어두는 교육이 아니라, 미래가 어떤 과정을 택해야 한다고 강요하지 않는 한 과거를 수용한다. 즉, 과거의 유산은 소망된 미래를 실현하기 위하여 실질적으로 전환되거나 사용된다고 본다. 따라서 체제적 종교교육에서 보는 미래는 발생되도록 허용하는 것이 아니라, 창조되는 것이요 안내되는 것이요 가능한 정도까지 통제되는 것이다. 우리가 미래를 계획하는 노력에도 불구하고 미래는 변덕스럽고 경이적일 때가 많다. 그렇기 때문에 현재 알려지지 않는 미래에 적응할 수 있도록 학습과 적응과정을 개발하는 이유가 바로 여기에 있는 것이다.

다섯째, 체제적 종교교육은 실재를 진보적이고 역동적인 것으로 간주한다. 그런고로 체제적 종교교육은 과정이다. 그것은 멈춤이 없는 탐구활동이며 시도와 창조와 전환이 계속되는 과정이다.

여섯째, 체제적 종교교육은 질서와 성장과 복합성을 향하고 있다. 그러므로 체제적 종교교육의 궁극적 목적은 총체적 관계를 성취하는 것이며, 모든 기준에 의해서 질서와 성장과 복합성을 향하여 나아가려는 하나의 노력이다. 체제적 종교교육은 엔트로피인 죽음을 극복하고 부의 엔트로피인 삶을 개발하는 탐구에 참여하는 것이다. 이러한 탐구는 종교교육의 학문적 생존을 위해서만이 아니라 사회적 생존을 위해서이다. 체제적 종교교육은 외적 권위와 학문으로부터 구조와 질서를 부여받는 것이 아니라, 환경과의 상호 작용과 상호 관계성을 통하여 체계적으로 구조와 질서를 창조하고, 시도하고, 탐구하는 것이다. 이런 의미에서 한국기독교교육정보학회의 출범은 체제론적 종교교육의 특성을 만족시킨다고 볼 수 있다.

일곱째, 체제적 종교교육의 과업은 삶을 통합적으로 만드는 길을 찾도록 도와주는 것이다. 체제적 종교교육의 영향이 없이는 혼돈과 분해가 삶을 정복하게 될 것이다. 체제적 종교교육은 총체성과 유기체성이 증진되는 삶, 즉 개체이면서 총체인 'one & many'의 방식을 탐구한다.

여덟째, 인공 두뇌공학의 기능은 체제적 종교교육에 있어서 기본적인 것이다. 체제적 종교교육은 하나의 관계가 전체적인 관계, 이미 결정된 미래가 아닌 이상적 미래를 추구한다. 사이버네틱스는 종교교육 체제에 필요한 정보의 생성과 유통과 공유의 흐름을 통제하고 평가해주는 데 큰 역할을 하고 있다. 체제적 종교교육의 미래는 사이버 네트워크를 통한 커뮤니케이션과 피드백을 주된 대상으로 하는 사이버네틱스를 절대적으로 요한다. 이제 사이버네틱스는 기독교교육을 나무 그늘 아래 앉아서 교사의 진리를 듣는 것이 아니라 학습자 스스로가 진리와 정보를 찾아 나서고 그것을 자신의 가상공간으로 가져와서 목적에 맞게 정보를 처리하고 분석, 해석할 수 있도록까지 해준다.

기독교교육의 주된 목적 중의 하나는 예나 지금이나 복음을 가르치는 것이다. 그러나 전자기술 혁명은 인터넷이라는 사이버 공간을 창조하여 복음을 담아 전달하는 용기(container)의 혁명을 가져오게 했다. 여기에서 한 가지 강조할 것은 복음을 전달하는 용기(교육방법)는 변할 수 있어도 그것의 본질은 변할 수 없다는 것이다.

위에서 논의 한 바와 같이 체제적 종교교육은 체제론적 세계관의 맥락에서 기능적으로 관련지어 본 것이다. 체제론적 세계관은 체제적 종교교육의 개발을 통해서 실현되며, 이를 보다 구체화시키기 위해 체제적 종교교육의 범위를 교육현장인 교회교육으로 제한하여 논하고자 한다.

Ⅲ. 체제로서의 교회교육

교회학교에 체제(a system)의 개념을 적용시킬 수 있느냐 없느냐에 대한 논의는 아래와 같은 교회교육의 특성을 분석하면서 그 해답을 얻을 수 있다.

첫째, 교회교육은 교육위원회 또는 교육부라고 하는 행정기구가 주체가 되어 행해지고 있다. 그러나 실제로 교회교육의 전체 청사진이 만들어지기 위해서는 각 부서별 계획이 기초 자료로 사용되어야 한다. 유치부에서 장년부에 이르기까지 각 단계별 교육계획은 각 학년별 구체적 교육계획으로 세분되어 짜이게 된다. 즉 교육계획에 있어서 각 반은 각 학년에, 각 학년은 각 부서의 전체 계획에 영향을 미치고 있음을 알 수 있으며 각 부서별 계획은 전체 교육위원회의 계획을 수립하는 데 기본골격이 된다는 것을 알 수 있다. 이렇게 교회교육의 계획은 상호 독립적이면서도 상호 의존적인 각 부서와 학년과 반의 관계성 위에서 수립된다. 이러한 상호 독립적이면서도 동시에 상호 의존적인(interdependency) 특성은 체제의 대표적 속성이다.

둘째, 교회교육을 체제적으로 접근할 수 있는 이유는 교회학교가 교육활동과 행사에 있어서 반복적이며 계속되는 주기(a cycle)를 갖고 있다는 점이다. 교회학교의 모든 교육활동은 교회력에 기초하고 있으며, 교회학교의 행사 계획도 교회의 절기에 맞추어 우선적으로 수립된다. 따라서 매년 거의 같은 시기에 부활절, 감사절, 성탄절과 같은 행사를 하도록 짜여지며 이들 주요 절기 교육행사를 기획한 다음 정규교육 일정을 정한다. 정규교육 일정도 절기 교육행사와 마찬가지로 반복성과 지속성을 지니고 있다. 새로운 학생들이 입학, 진급, 졸업하게 되는 것과 같은 일들은 1년을 주기로 반복되며 계속되고 있다. 이렇게 하나의 조직이나 기관에서 일정 기간을 단위로 수행되어야 할 과업들이 반복적으로 계속되는 것을 활동의 주기성이라고 한다. 한 조직이 체제인가 아닌가를 구별하는 준거 중의 하나가 바로 활동 주기의 계속성이다.

셋째, 교회교육의 체제적 속성은 교회학교가 갖는 자기 수정의 기능 및 환경과의 상호 작용이다. 교회교육을 기획할 때 그 기획은 교회가 속한 지역사회와 아동 및 청소년들의 요구를 고려하지 않으면 안 된다. 교회가 위치한 지역이 공장지대 및 상업지역이라면 근로 청소년을 위한 교육프로그램이 짜여지지 않을 수 없듯이, 또한 교회가 대학가에 위치하고 있다면 대학부를 운영하지 않을 수 없듯이, 교회는 지리적, 문화적 환경으로부터 영향을 받지 않을 수 없다는 말이다. 이러한 외부 환경으로부터의 투입을(그것이 부정적인 것일지라도) 받지 않을 수 없다.

실질적으로 교회에 출석하는 성도들은 환경으로부터의 투입이라고 보아야 한다. 교회학교의 학생들도 역시 교회학교 체제의 관점에서는 투입에 해당된다. 교회는 성도들이 처해 있는 곳이 다양한 환경이라는 것을 받아들이나 실제로 성도들이 속한 사회 환경과의 직접적인 상호 작용은 의도적으로 회피하고 있는 경향이 있다. 따라서 교회가 환경과의 관계에서 성도들을 모이게 하는 데는 개방적이며, 동시에 교회의 사회적 참여에서는 폐쇄적인 면도 간과할 수 없다. 환경으로부터의 영향이나 유입된 투입이 교회의 엔트로피(혼란과 분해의 증가)를 조장할 때 교회는 그 교리나 신앙고백을 지키기 위해서 이에 대한 통제를 하지 않을 수 없다. 이것은 교회뿐만 아니라 다른 사회조직도 마찬가지다. 그러나 이것이 지나치게 강조되면 환경에 대해 문을 닫게 되는 폐쇄 체제로 되어버린다. 모든 개방적 사회체제는 조직의 생명유지를 위해 자체 수정을 하는 어느 정도의 폐쇄성을 갖고 있으나, 그것은 체제의 엔트로피 상태를 극복하기 위한 부의 엔트로피가 진행될 때만 가능하다.

넷째, 교회교육은 환경으로부터 들어온 학습자들(투입)을 가르치고 깨닫게 하여(전환과정), 교회교육에서 의도하는 신앙과 인격을 소유한 사람들로 변화(산출)되게 하는 데 근본 의도를 두고 있다. 이와 같이 투입이 전환(transforming) 과정을 통하여 의도하는 바의 산출(outputs)을 낳게 되는 과정을 체제의 과정이라고 한다. 좀 더 구체적으로 살펴보면, 교회학교 체제에 유입된 학생들은 예배와 교육을 통하여 회개와 회심을 경험하게 되고 신앙 안에서 성장하게 되어 그리스도를 닮은 인격체로 변화되어가는 과정을 밟는다. 이러한 과정은 체제이론에서 전환 과정에 해당된다. 예수 그리스도를 모르던 학생이 예수가 구주임을 배우고 깨닫게 되는 것도 전환이요, 성서의 내용과 그 의미를 배워 말씀으로 인해 인성의 변화를 가져오는 것도 전환의 과정에서 일어난다. 뿐만 아니라 이미 회심한 학습자들을 보다 성숙된 신앙과 영적 생활을 할 수 있도록 가르치고, 배우는 일련의 교수·학습과정은 각 학년별, 단계별로 수준의 차이가 있으나 모두가 교회학교 체제의 전환 과정에서 일어난다.

다섯째, 그렇다면 이제 이러한 교회학교의 전환 과정을 거쳐서 교회교육의 성과(out-comes)로서 기대할 수 있는 산출(결과)은 무엇인가? 이것은 매우 심각한 질문이다. 왜냐하면 교육적으로는 기독교교육의 궁극적 목적을 묻는 것이요, 신학적으로는 교회의 궁극적 목적을 묻는 질문이기 때문이다. 그러나 본 연구에서는 교회학교를 교회 체제의 하나의 하위 체제로 전제할 때 교회교육의 산출 및 성과를 가시적이고 예측 가능한 외형적 행동의 변화 및 결과로서 조심스럽게 표현할 수 있다.

즉, 교회학교가 학생들을 받아들여 성서를 가르치고, 교리를 예배하는 자세를 가르치고, 말씀을 묵상케 하며 변화된 삶과 인격을 목표로 하는 이유가 무엇인가? 개인적으로는 결국 예수 그리스도를 구주로 영접함이 확실하고 성서를 바르게 읽고 이해하며 거듭난 체험이 확실하게 고백될 수 있는 사람을 교육하고자 하는 데 있으며, 사회적으로는 신앙공동체 속에서 성도들과 교제하고 서로 돕고 봉사에서도 항상 선을 먼저 행하고 사랑하기를 먼저 하는 것과 같은 적극적 신앙의 실천자를 교육하기 위함이라고 본다. 위와 같은 교회학교 교육의 상과 이 외에도 신학적으로는 '제자화'라든지 '사회구원 및 인류구원' 또는 거시적 선교 차원에서는 '하나님 나라의 확장' 등과 같은 목적이 가능하다. 그러나 앞에서 전제한 대로 체제이론이란 그 태동에서부터 전체와 부분과의 관계, 작은 체제와 큰 체제들 간의 통합적 관계를 연구함으로써 인간의 다양한 기능 또는 체제의 특성을 하나의 전체적인 틀이나 모델로 보려는 경향을 가지고 있다. 이러한 특성은 문제 해결을 구조적으로 해나가는 데 매우 유익하나, 반면에 체제이론의 제한성이 되기도 한다.

따라서 이러한 제한성을 인내하면서 교회교육 체제의 개인적 차원에서의 산출을 측정하는 준거를 제시하면 다음과 같다.

(1) 인지적 측면에서의 산출: 성서 및 교리적 지식의 획득: **앎으로서의 신앙**
(2) 영적 측면에서의 산출: 예배를 포함한 교회 생활 전반에 대한 기본 습관 및 자세의 획득 및 성숙 정도; 기도·찬양·헌금·교제 등에 있어서의 참여도와 적극성, 주도력: **믿음으로서의 신앙**
(3) 행동적 측면에서의 성과: 교회 생활과 개인 생활에 있어서 신행일치(信行一致) 정도; 개인적 삶의 영역에서 이웃 사랑과 봉사를 위한 헌신도, 결단력(헌금과 자원 봉사), 교회 생활에의 참여도, 전도 및 선교, 교육 봉사 실적 등: **행함으로서의 신앙**

그러나 위와 같은 목적 분류는 각 항목의 독립된 성취만을 강조하기 위해서 제시된 것이 아니다. 세 가지 차원의 교육목표가 학습자에게 때로는 동시에 때로는 각각 성취될 수 있으며, 체제적 교회교육의 궁극적 목적은 이러한 산출이 전체적이고 통합적이며 역동적으로 함께 이루어지길 의도하는 것이다. 위에서 진술되고 있는 교회교육 체제의 성과와 산출은 무리가 없지 않다. 그러나 교회학교는 엄연히 도달해야 하는 목적이 있고 그것을 주어진 기간 내에 효과적으로 달성하려는 인간적 노력이 극대화되어야 한다는 것을 추구한다면(교육적 낭비를 막기 위해서라도) 교회교육 계획을 얼마만큼 잘 실행에 옮겼느냐에 대한 점검이 필요하고, 또 이것을 위해서는 관찰할 수 있으며 비교 분석할 수 있는 명백한 교회교육의 산출 및 결과가 진술되어야만 한다(이것은 교회교육 평가의 준거가 된다). 명백한 교회교육 산출의 진술은 교회교육이 목적적인 활동이기 때문에 더욱 필요하다.

이상에서는 교회학교 교육의 특성을 체제의 개념을 적용해서 하나씩 논증하였다. 이제 교회교육은 하나의 체제로서의 조건들을 충분히 충족시킨다고 할 수 있다. 이것을 토대로 개신교 종교교육의 효율화를 위한 체제적 교회교육 모형을 설계한 것을 소개하고자 한다.

Ⅳ. 체제적 교회교육의 모형

위에서 살펴본 체제론적 세계관과 그것에 기초한 종교교육의 특성은 교회교육을 하나의 체제로 볼 수 있음을 논거하기 위한 철학적 탐구였다. 그러나 철학적 탐구는 보다 현실적인 이해의 감각을 요구한다. 따라서 어떻게 위와 같은 체제적 사고가 교회교육 현장에서 가능할 것인가를 제시할 필요가 있다.

모형이란 특정한 목적을 위해서 하나의 복합적 체제의 선택된 행위를 상징적으로 나타낸 것이다. 따라서 모형은 실제와 추정 사이의 일대일의 상응 관계를 나타내는 것이 아니라 체제가 갖는 경험을 질서화하기 위한 도구이다. 그러므로 리(J. M. Lee)는 "모델설계(model building)란 새로운 발견을 의미 있게 만들거나 보다 더 유용한 설명을 하려고 할 때 가장 바람직한 방법 중의 하나이다"라고 하였다. 여기에서 모델은 세계관이 하나의 특수한 패턴(이것을 패러다임 또는 범례라고 함)으로부터 하나의 일반적 지각방식으로 확대된 것이라 한다면, 모델은 이와 반대이다. 즉 하나의 패러다임을 보다 더 구체적이고 제한된 활동과 구조에 적용한 것이라 할 수 있다. 그러므로 체제적 교회교육의 모델을 설계하는 일은 체제적 교회교육을 이루고 있는 부분들 간의 관계와 교회교육 체제가 경험하는 과정을 하나의 상징적 방식으로 탐험하는 기회를 제공하기 위한 것이다. 전술한 바와 같이 교회교육은 살아 있는 역동적 체제이다. 그러나 살아 움직이는 교회교육 체제를 구조적으로 분석하여 지면으로 나타내기란 어렵다. 따라서 모형화(modeling) 작업은 어떤 시공간에 있어서 교회교육 체제의 활동과 과정을 정적인 상태로 간주하고 있는 것이다. 이것은 마치 오선지위의 음표가 악보 위에 있을 때는 음악이 아닌 하나의 패턴이지만 교향악단에 의해 연주되었을 때 그 패턴은 살아 있는 음악이 되며 역동적인 실재를 생산해내는 것이 되는 이치와 같다. 이것을 형상화하여 나타내면 그림 1과 같다.

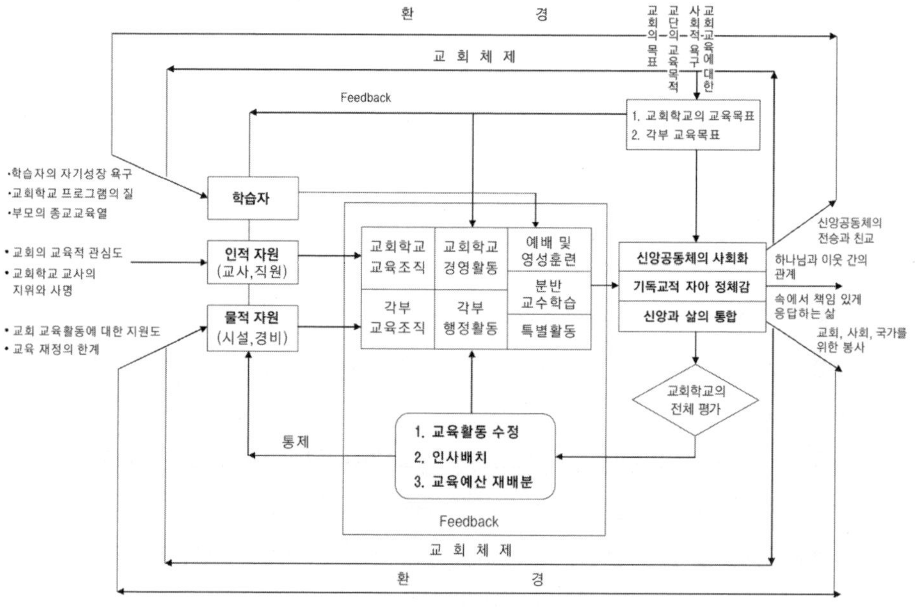

그림 1. 체제적 교회교육의 모형

그림 1은 체제론적 세계관과 체제적 종교교육의 특성에 입각하여 개발한 체제적 교회교육의 모형이다. 모형의 각 부분과 그들의 관계를 설명하면 다음과 같다.

1. 교회교육의 투입(inputs)

교회교육 체제는 진공관에서 출발하는 것이 아니다. 성도와 예배당과 교역자가 없는 교회가 교회로서 기능할 수 없듯이 교회학교 역시 이들과 같은 투입을 필요로 한다. 그림 1에서 나타나고 있듯이 교회교육에 필요한 투입은 가깝게는 교회 내부로부터, 보다 넓게는 외부 환경으로부터 투입된다. 교회에 출석하는 학생이나 교사들은 교회에 거주하는 것이 아니기 때문에 엄격히 말하면 교회교육에 투입인 학생, 교사, 물적 자원들은 환경으로부터 교회체제 내에 들어온 후 다시 교회교육 체제로 재투입된다. 맨 처음 교회에 들어올 때 학생은 처음부터 교회학교로 배치되지만 교사는 그렇지 않다. 그들 중에 집사, 권사, 장로들과 같은 성인들도 처음엔 평범한 구도인이었다. 그러나 교회체제에 들어와 활동하면서 교사, 성가대원, 임원 등과 같이 교회체제 내에서 각기 맡은 기능이 부가되어 교회의 기관(하위 체제)으로 재투입된 것이다. 그러면 교회학교의 학습자, 인적 자원, 물적 자원의 특성을 살펴보기로 한다.

학습자

교회교육의 학습자는 우선 그 연령층이 영아(1-2세)에서 청년, 대학부(19-28세)까지 다양하다. 필자가 몇 년 전에 조사한 바에 의하면, 수적으로 교회학교 인구는 전 교회 회중의 48%로 큰 비중을 차지하고 있었다. 구체적으로는 어린이 학습자가 전체 학습자의 58%, 청소년 학습자가 30%, 청년 · 대학부의 학습자가 12%의 순으로 나타났었다. 그러나 최근에는 어린이 인구 자체가 줄고 있기 때문에 이 수치는 의미가 없을지도 모르겠다. 교회학교의 학습자 중 어린이가 많은 이유는 한국교회가 지닌 주일학교의 전통이 아직까지는 계승되고 있기 때문이라고 해석할 수 있으며, 기독교인 부모들의 어린 자녀에 대한 종교교육열도 또 다른 요인이 될 것이다. 연령층이 높아질수록, 예를 들어 청소년들이나 대학생 및 청년들은 학습자 스스로, 친구 또는 교사의 권유로 교회학교에 들어오는 경우가 보편적이다. 한국의 종교인들이 처음 종교를 선택했던 연령층은 다름 아닌 중 · 고등학교 시기였던 것으로 나타났다. 그러나 현재 교회학교에서 가장 많은 유동 인구를 가진 부서가 중 · 고등부이다. 종교적 존재로서의 자아에 대해 눈뜨기 시작할 나이인 청소년기이지만 대학 입시와 청소년 문화의 반문화적 특성은 어느 때보다도 교회학교에게 위기감을 주는 요인이 되고 있다. 교회는 질풍노도와 같이 불안한 정서와 대학 입시라는 복병을 안고 살아가는 중·고등부의 부활을 위해 획기적인 방안을 내놓아야 할 것이다.

청년, 대학부의 학습자는 교회교육의 연령층 중에서 가장 비판적이고 자율적인 집단이다. 그러므로 이들은 교회교육의 기존활동 과정에서 혼돈과 분해를 조장하기도 한다. 즉, 교회교육 체제의 엔트로피를 증가시키는 주요인이 되기도 한다. 그래서 어떤 교회에서는 대학부와 청년부를 아예 두지 않는 교회도 있다. 그러나 이와 같은 현상은 지역에 따라 차이가 있으며 요구와 정서 면에서 근로 청년들과 다르다. 그렇기 때문에 교회교육 체제는 환경으로부터 들어오는 투입인 학습자가 어떤 환경에서 살고 있으며, 그들이 해결하고자 하는 문제가 무엇이고 무엇이 결핍되어 있는가(욕구)를 이해하는 것이 중요하다.

인적 자원

교회교육의 두 번째 투입은 교회교육 활동에 있어서 없어서는 안 되는 교사들과 직원들이다. 첨단공학이 발달하고 인터넷으로 인간의 할 일 대부분을 하는 시대에 살고 있다 하더라도 교육에 있어서 교사의 자리와 역할을 대신할 수 있는 대체물은 아직까지 없다. 특히 어린이와 청소년들에게 삶과 신앙과 같은 종교적 주제를 실존적으로 다루어야 하는 교회교육에서 교사는 다른 어느 것과도 대체될 수 없는 소중한 인적 자원이다.

그런데 교회교육에 있어서 교사는 모두가 자원(무보수) 봉사자이다. 일반 교육에서 교사는 대가를 지불하고 구매할 수 있는 인적 자원이다. 그러나 교회학교에서 교사는 그의 노력과 봉사에 대한 경제적 대가를 받지 않는다. 다만 심리적 소득이나 영적 소득만을 받을 수 있다. 이것이 교회학교 인적 자원의 독특성이다. 자신이 하는 일에서 만족을 얻고자 하는 것은 모든 노동자와 봉사자의 공통된 욕구이다. 그래서 고용주들은 고용인의 직무만족도를 높이느라 임금 인상, 작업조건 개선, 인간관계 개선, 인정과 상벌 등과 같이 고용원을 동기화하는 데 부심하고 있다. 그러나 교회학교 교사들은 무보수로 자원한 자들이기 때문에 경제적 요인으로 동기화되지는 않는다. 교회학교 교사들에게는 매슬로(A. Maslow)가 말한 자아실현의 욕구나 존경과 인정의 욕구와 같은 사회적 욕구를 만족시킬 수 있는 방도를 마련해야 한다. 교사의 봉사에 대해 감사를 표하고 그들의 노고를 인정해주며, 교사의 전문성을 향상시키기 위한 계속교육(교사훈련)의 기회를 제공해주는 것 등과 같은 일은 교회학교 교사의 직무를 생산적으로 동기화시키는 계기가 된다.

교회학교장이나 교육위원장은 무엇보다도 교사들에게 긍지와 사명을 고취시켜주기 위해서 지도력을 발휘해야 한다. 그러기 위해서 우선, 교사들은 무슨 일이든 스스로 찾아서 하려는 본성을 지녔다는 Y이론적 인간관(McGreger)을 가지고 교회학교 교사를 관리하고 성장시키는 정책을 수립해야 할 것이다.

물적 자원

교회교육은 학생과 교사로만 성립될 수 없다. 교육이 진행되기 위해서는 교육관, 예배실, 분반 공부실, 특별활동실, 도서실 등의 시설과 조명, 융판, 시청각 기자재, 칠판, 멀티미디어 등과 같은 교육시설과 기자재들이 있어야 한다. 뿐만 아니라, 교회교육 활동은 각종 기독교 절기의 특별활동과 수련회, 친교, 회의 등과 같은 행사가 빈번하므로 많은 소모품과 경비가 소요된다. 또한 교회교육은 공과와 교사용 연구자료 등과 같이 교수 및 학습에 직간접으로 영향을 주는 교육자료 및 도서가 구비되어야 한다.

위와 같은 제반 조건들이 갖추어지기 위해서는 교육비가 필요하다. 교회 교육비의 수입원은 교회 수입이며, 교회 수입의 주요 원천은 교인들이 내는 헌금이다. 물론 교회학교 자체의 헌금 수입도 있으나 약 50%는 교회의 일반회계에서 보조를 받고 있다. 교인이 2,000명 이상인 교회의 교회교육 예산은 전체 예산 10%를 넘지 못하고 있다. 교육예산의 적정 수준에 대해서 구체적으로 분석한 연구가 아직은 없기 때문에 몇 퍼센트가 적정선이라고 말하기는 어렵다. 그러나 교회교육 활동이 원활히 그리고 효율적으로 잘 이루어지게 하려면 최저 교육경비를 확보하는 종래의 교육예산 편성 방법에서 교육활동 유지에 필요충분한 재정을 확보할 수 있도록 배려해야 한다. 갑자기 교육예산을 증가시키는 것은 무리가 될 수 있기 때문에 점진적으로 중점 교육사업을 장기적으로 계획하여 매년 한 가지 사업을 특성화하는 방법을 채택하는 것이 바람직하다. 무엇보다도 교회교육의 물적 자원의 효과를 극대화할 수 있는 방법을 모색해야 한다.

예를 들어 적어도 여섯 개의 교육부서가 있는 교회학교에서 멀티미디어 프로젝터와 VTR을 각 부서별로 한 대씩 구입하는 것은 낭비일 것이다. 그러므로 한두 대 구입하고 수업 시간이 중복되지 않도록 함으로써 최소한의 자원을 최대한으로 활용하는 운영의 묘가 아울러 모색되어야 한다. 뿐만 아니라 고가품의 교육 기자재는 지출이 가장 많은 하기 성경학교 기간을 피하여 지출하는 것이 현명하다. 또한 자체 교사교육 및 강습회에 필요한 재원을 마련할 수 없는 작은 교회나 개척교회에서는 같은 교구나 지방회에 있는 교회와 연합해서 실시함으로써 경비 부담을 줄일 수 있을 것이다. 교육방법에서도, 교사 예비교육과 계속교육에 있어서 기초 과목은 모든 부서의 교사가 공통으로 수강할 수 있으므로 시간 운영에만 주의를 기울이면 인건비(강사비) 절감을 할 수 있다.

자원이 제한되어 있고 희소할 때에는 무엇보다도 주어진 자원을 어떻게 효율적으로 나누며 사용하느냐(자원 배분의 효율화와 자원의 효율적 활용)를 궁리해야 한다. 그러나 지나친 절약과 소비의 억제는 생산성과 일의 효율을 저하시킨다는 것을 또한 알아야 한다. 즉 교사 훈련비를 절약하기 위하여 전 교회학교 교사를 모두 참여시킨다면 각 부서별 교사의 욕구가 다양함을 무시하고 수박 겉핥기 식의 교육이 되기 쉽다. 교사의 전문성 향상은 양보다 질에 있으며, 지나친 대규모 강습회나 강연회 형식의 교사교육은 실질적인 훈련의 효과를 저하시킬 우려가 있다. 무엇보다도 교회교육이 질적으로 개선되기 위해서는 최저(minimal) 경비가 아닌 최적(optimal)의 교육경비가 요구된다. 이를 위하여 교회는 연차적으로 교회학교 예산을 증액시켜야 하며, 교회학교에서는 배분된 예산에 대한 철저한 평가를 하여 자원 배분과 활용의 최대 효과를 기할 수 있도록 노력해야 한다.

2. 교회교육의 전환 과정(transformation process)

체제적 교회교육 모형의 심장부에 해당되는 전환은 과정이라고도 한다. 과정의 단계에서는 서로 다른 특성을 가진 투입(학생, 교사, 물적 자원)들이 공동의 목적을 향하여 같이 출발하지만 서로 다른 길을 선택한다. 즉 학생은 예배와 분반학습 그리고 특별활동과 같은 과정에 직접적으로 참여하며, 교사는 각 부서별 혹은 중앙 교육 행정조직인 교육부나 교육위원회에 배치되어 각자의 역할과 업무를 분담한다. 이것을 모형에서는 '교육조직'이라고 명명하였다. 물적 자원은 각 교육활동의 목적에 맞도록 건물을 배정하고, 교육 기자재를 사용하며, 교육경비인 재화를 필요한 물품 구입을 위해 지불한다. 물적 자원을 실질적 교육활동인 예배-분반공부-특별활동을 위해 지원하며, 이 과정에서 경영 활동과 행정 활동을 발생시킨다. 목적 달성을 위해 어떤 수단을 선택하고, 선택된 수단에 대한 최대의 교육 효과를 모색하는 경영전략은 주로 교육위원장(또는 교육부장)과 각 부서장의 직무이며, 교사 간의 화합 및 협동을 도모함으로써 계획된 교육 일정을 잘 진행하도록 감독하고 조정하는 역할은 총무나 학감 또는 부감(교회마다 명칭이 다름)의 경영 및 행정 활동이다. 뿐만 아니라 정기적으로 교사기도회(교역자가 인도하는 경우도 많음)와 교재 연구위원회를 조직함으로써, 교사의 영성과 교수 능력을 도모하는 주임 교사의 역할도 행정 과정에서 빼놓을 수 없을 것이다.

교사는 각 반의 최고 학급 경영자이므로 자기 반의 학생에 대한 모든 것을 책임진다. 학생의 신앙과 삶의 변화에 대한 것을 주의 깊게 관찰하고 문제가 생겼을 때 시기 적절하게 지도하는 것 등과 같이 교사 본래의 의무가 있는 반면, 기타 학급의 친교 및 봉사활동에 적극적으로 참여하고 때로는 심방도 하여 학생의 삶의 변화 과정에서 오는 짐을 함께 나누어져야 하는 도덕적 의무도 있다. 다시 말하여 교사는 학생에게 성서의 지식을 가르치고 해석해주는 단순한 지식의 전달자가 아니라 성서의 지식을 학습자의 삶과 연관지을 수 있도록 안내해주고 통찰을 얻게 도와주는 촉진자요 조력자이며, 그리스도 안에서 부모와 형제의 역할을 다 감당해야 한다. 무엇보다도 중요한 것은 교회학교 교사는 권위적으로 학급경영을 해서는 실패한다는 사실이다. 일반 학교와는 달리 교회학교 교사는 우선적으로 신앙에 기초한 인간관계 중심의 학급경영을 해야 한다. 학생들과 먼저 레포(rapport)를 형성해야 성서 지식의 전달과 그것에 대한 통찰과 실천도 원활히 이루어짐을 알아야 한다. 그러기 위해서 교사는 친절하고 인내력이 있으며, 말을 많이 하기보다는 잘 들어주는 사람으로 보이는 것이 바람직하다. 그렇다고 교사가 서야 할 곳에 서지 못하게 하는 것을 말하는 것은 아니다. 성서 교육에 있어서 교사는 무엇보다도 올바른 성서 지식과 적절한 해석을 온전히 할 수 있어야 하며, 이를 위해 전문가의 조력을 받아 성서 교육자로서의 전문교육을 지속적으로 받을 필요가 있다.

지금까지 교육의 투입이 어떻게 조직되고 어떤 행정 및 경영 활동을 거쳐 전환되는가를 설명하였다. 그런데 이와 같은 교육조직, 경영 및 행정 활동은 교회교육의 핵심적 과정인 예배-분반공부-특별활동을 지원하기 위한 것이다. 학생들을 예배로 안내하여 신앙공동체의 전통과 의식, 언어를 배우게 하고 그것에 적응하게 하며[이를 웨스터호프(John Westerhoff)는 문화화 또는 사회화라고 함] 공동체의 일원으로서 일체감을 갖도록 해야 한다. 분반공부에서는 교사와 학생이 상호 작용하면서 상호 전환이 일어날 수 있다. 학생은 성서 지식을 통해 회심, 중생, 부활과 같은 의미를 알게 되고 이를 묵상하며 자신의 경우를 반추해보는 가운데 전환이 일어날 수도 있고, 교회 밖에서 전환이 일어날 수도 난다. 언제 어디서 무엇이 계기가 되어 전환이 일어나는지는 학습자와 교사 당사자 이외에 아무도 정확히 알 수는 없으며, 그들 자신도 언제 이러한 전환(회심, 깨달음)이 일어날지 모른다. 이것이 바로 교수 · 학습과정이 갖는 전환의 신비라고 할 수 있다. 그래서 이 과정을 암흑상자(black box)라고도 하였다. 기독교교육자들은 이를 가리켜 성령의 역사라고 한다. 전환은 역동적인 변화를 의미한다. 이것은 양적으로 변화되는 것만이 아니라 질적으로도 변화되는 것이다.

교회에 나오기 전에는 거짓말과 싸움을 잘하던 어린이가 성서를 배우고 예배를 드리면서 거짓말과 싸움을 멈추게 되었고 이제는 오히려 싸우는 친구와 거짓말하는 친구를 말리는 입장이 되었다면, 이것은 일대 전환이 일어났음을 말해주는 것이다. 문자를 모를 때와 문자를 알고 난 후의 어린이의 인성은 분명 다르다. 하물며 성서말씀이 무엇인지를 모르던 시절의 어린이와 성서말씀을 읽고 자신의 언어로 그 느낌을 표현하게 된 후의 어린이는 더 이상 같은 인격체라고 할 수 없다. 이렇게 교회교육의 전환은 과거를 변혁시켜 새로운 것을 창조시키는(이것을 성장이라고도 볼 수 있다) 힘을 가지고 있다. 이것은 기본적으로 교회학교 체제가 체제를 이루고 있는 부분들과의 관계 속에서 성장해나간다는 체제로서의 특성을 잘 대변해주고 있다고 해석된다.

교회교육 체제의 과정에서 중요한 점은 체제의 과정으로 들어온 투입은 각각의 교육목적을 향한 길을 선택하지만 모두 하나의 공통된 목적을 향하여 상호 작용하면서 상호 관련을 맺는다(관계의 형성)는 것이다. 특히 교회교육 체제의 과정에서는 관련된 요소들 간의 상호 작용 관계 속에서 전환이 일어나며, 이러한 전환은 각 부분의 성장을 촉진시키는 특성을 가지게 된다. 이것을 교역자들은 기관들 간의 교제를 통해 교회가 성장한다고 표현하기도 한다. 즉 학생의 신앙 성장, 교사의 전문성 향상, 각 교육부서 간의 협조를 통해 교회학교 전체 분위기의 쇄신 등과 같은 변화는 전환이 가져오는 성장의 청신호인 것이다.

3. 교회교육의 산출

교회교육의 산출은 크게 두 가지로, 성장과 성과에서의 산출이다. 첫째, 성장의 산출이란 교사가 학습자에게 가한 교육적 작용과 양자 간의 상호작용 또는 교회교육의 잠재적 교육과정에 의하여 학습자가 무의도적으로 획득하고 변화된 산출이다. 둘째로 이러한 성장에 투자된 모든 교육적 노력에 대한 결과로서의 산출이 있다. 성장이든 성과이든, 그것은 교회교육의 목적이 달성된 것이며 성취 상태요, 최종 결과이다. 본 모형에서는 교회교육의 산출을 크게 세 가지 측면으로 제시하였다. 산출을 세 가지로 보게 된 배경은 개신교 교회교육의 목적을 다음 세 가지에 두고 있기 때문이다. 즉 개신교교회의 교육을 의도적 형성, 자기 발견적 교육, 문제 해결적 교수라는 세 가지 차원에서 개념화시킨 것이다.

첫째, **신앙공동체의 사회화이다**(의도적 형성). 사회화란 개인이 속한 공동체나 사회에서 요구하는 언어, 관습, 의식, 태도, 지식, 가치관, 상징 등에 대하여 자신을 조율하고 적응시켜나가는 과정이다. 따라서 사회화는 먼저 개인이 그가 속한 공동체의 전통과 문화를 수용하겠다고 하는 의지가 전제되어 있어야 한다. 물론 사회화는 억압적 사회화와 참여적 사회화가 있는데, 여기서 의미하는 사회화란 후자를 의미한다. 교회교육은 결국 기독교인으로의 형성을 돕는 의도적 교육이다. 교회교육은 태어나서부터 죽을 때까지 평생을 통해 계속적으로 교육을 받음으로써 전 생애 동안 점점 더 기독교인이 되어가도록 하는 것이다.

이런 의미에서 볼 때 기독교인은 태어나는 것이 아니라 형성되는 것이다. 형성된다는 것의 의미는 한 사람이 기독교 신앙공동체 안으로 들어온다는 것을 뜻한다. 즉, 그리스도의 몸으로서의 교회 구성원이 되었다는 종교적 의식(세례)을 거쳐서 기독교인으로서의 품성과 신앙을 가지고 살아기도록 공동체 안으로 의도적으로 안내되는 것이다. 따라서 역사적 전통과 공통된 신앙을 가진 신앙공동체는 학습자에게 기독교인의 삶의 근본을 모방하고 관찰할 수 있는 장을 제공하는 것이다. 다시 말하면, 교회의 예배와 의식에 참여케 하고 교회의 주변 환경을 이해하게 하고, 공동체 안에서의 친교의 경험을 갖게 하며, 교회의 시간과 조직과 프로그램에 익숙하게 되며, 교회의 언어와 상징을 배우고 바르게 사용할 수 있게 한다.

한마디로 말해서 예배와 영성훈련의 전 과정을 관찰하고 모방하고 참여함으로써 기독교 신앙과 삶을 직접 경험하는 것이다. 따라서 신앙공동체의 사회화란 다음 세대에게 기독교 신앙공동체의 전통을 계승시키고 그 공동체 안에서 친교를 강화하는 성과를 산출로 낳게 된다. 이런 관점에서 교회교육의 성과는 다음과 같은 질문으로 평가될 수 있다. 학습자들이 자기가 속한 교회의 역사와 예배의식, 교회조직과 시간 운영, 프로그램에 대하여 얼마나 정확히 잘 알고 있는가? 보다 구체적으로는 주기도문과 사도신경을 외우는가? 찬송가는 얼마나 많이 아는가? 성서를 얼마나 알고 있는가? 교회에서 사용하는 언어와 상징에 익숙한가? 중요한 것은 사회화란 그 공동체의 일원이 되어가는 과정이다. 그러므로 이 부분의 산출은 개인의 교회 생활에서 나타나는 언어 및 상징의 사용 정도, 교회 역사 이해도, 예배 참석 정도, 집회 및 친교 활동에의 적극성을 기준으로 평가할 수 있을 것이다.

둘째, **기독교적 자아정체감이다.** 교회교육이 지나치게 첫 번째의 산출을 강조한 나머지 학습자를 교회에 너무 순종시키고 말았다는 비판을 받았던 것이 사실이다. 지나친 기독교적 사회화의 강조는 학습자의 개성과 자율성의 개발을 약화시킨다. 예를 들어 교회에 오래 나온 신자에게 당신은 누구인가라고 물으면 "○○장로요", "○○집사요"라는 대답이 "그리스도인"이라는 말보다 먼저 나온다. 교회가 사람들을 기독교인으로 만드는 것이 아니라 또 다른 교회적 계층의 상징인 장로, 권사, 집사를 형성시켰다고 하는 비판이다. 그러나 장로든 집사든 간에 그들이 지닌 교회적 지위보다 먼저 그리스도 안에서 자신을 책임적 자아로 만들어야 한다. 즉, 하나님 안에 홀로 섰을 때 과연 나는 얼마나 그리스도를 닮은 인격체이며 나의 신앙의 깊이는 어느 정도인가를 반성하고 채찍질하여 자신이 체험한 것을 해석하고, 그 의미를 이해하며 실천할 때까지 계속해야 한다.

신앙의 완성이란 있을 수 없다. 기독교적 자아정체감은 '나와 너'의 관계 속에서 보다 확실하게 노출된다. 물론 하나님과 나, 그리스도와 나와의 절대적 관계에서의 자아정체감도 전제되어야 하나 그것은 오히려 첫 번째 산출인 신앙공동체의 사회화가 갖는 기능이라고 보았다. 따라서 본 논문은 두 번째 산출은 다음과 같은 질문을 통하여 관찰할 수 있다고 제언한다. 즉, "이웃과의 관계 속에서 그리스도인인 나는 그들의 짐을 과연 얼마나 나누어 지면서 살고 있는가?"라는 질문에 대답을 구함으로써 기독교적 자아정체감을 확인할 수 있을 것이다. 기독교적 자아정체감이란 하나님 앞에서 약속한 것은 아무리 힘들고 어려워도 끝까지 책임지고 수행하겠다고 하는 계속적이고 일관된 응답이며 결단이다. 여기에서 기독교적 자아정체감은 기독교 신앙의 윤리를 표현할 수 있고 기독교적인 것과 비기독교적인 것을 분별할 수 있는 능력이며 기준이기도 하다. 다시 말하면 무엇이 기독교인의 윤리인가? 기독교적 윤리와 사회 윤리의 차이는 무엇인가? 따라서 기독교적 자아정체감이란 기독교인으로서의 자신의 행위를 결단하고 그 결단된 행위를 평가할 수 있는 비판적 의식을 훈련시킴으로써 개발될 수 있다. 현재 한국 개신교 교회교육에서 실패하고 있는 신앙과 삶의 이원화 문제는 교회가 성도에게 비판적 의식보다는 복종하고 순응하는 기계주의적 의식을 배양해온 데 그 원인이 있다고 본다.

셋째, **신앙과 삶의 통합이다.** 체제적 교회교육의 산출은 신앙공동체와 그 주변 환경에서 기독교적 삶을 살고 적응해가는 데만 목적을 두는 것이 아니다. 체제적 교육이 의미하듯이 여기에서 신앙과 삶이 분리되지 않고 통합된 하나로 보여지고 실천되기 위해서 보다 큰 환경을 요구한다. 자신의 신앙이 삶 속에 완전히 통합되어 있지 못하는 사람은 삶이 혼돈되고 분해되기 시작한다. 혼돈과 분해는 체제의 엔트로피가 증가되어 궁극에는 체제의 죽음을 가져오게 한다. 반면에, 신앙과 삶이 통합된 학습자는 교회에서나 사회에서 솔선수범해서 봉사하고 자신이 속한 보다 큰 환경의 도전을 기꺼이 받는다. 신앙과 삶의 통합은 마치 예수를 증거하기 위하여 모든 훈련을 마친 선교사가 세계 선교를 위해 보다 넓은 체제로 흩어지는 것을 의미한다. 위의 첫 번째, 두 번째 산출이 체제 안으로 모이는 특징을 가졌다고 한다면 이것은 보다 큰 체제 속으로 흩어져서 신앙을 다른 차원의 환경에서 실천하는 일종의 선교적 산출이다. 그러므로 다음과 같은 질문을 제기할 수 있다. 예를 들어 "월드컵 대회를 위해 교회가 또는 기독교인인 나는 무엇을 어떻게 도와주어야 하나?" "남북통일을 위해 나는 무엇을 도울 수 있는가?" 등과 같은 거시적 차원의 교회교육의 산출을 의미한다.

넷째, **사이버네틱스를 가지고 있다.** 그림 1의 체제적 교회교육 모형은 살아 있고 개방된 체제인 교회교육 체제를 일순간 멈추게 하여 구조화한 것이다. 위에서 설명한 체제의 단계별 요소들 이외에 체제가 체제로 기능을 하기 위해서는 '평가'를 정기적으로 해야 한다. 그 결과에 의하여 전환 과정에서 수정해야 할 문제들이 제기되면 전환 과정에서 문제를 해결하고, 투입 단계에 문제가 있다면 유입되는 것부터 통제할 수 있는, 이른바 사이버네틱스(제어 기능)를 가지고 있다. 사이버네틱스는 교회교육에 유용한 정보를 처리하고 지나친 정보의 양을 통제하며, 문제가 발생한 곳을 즉시 발견하여 체제가 무질서의 상태에 있지 않도록 하는 자체 정보관리 및 인공적 통제기능을 갖는다.

본 모형에서 이것을 피드백으로 표현하였다. 피드백이란 작게는 교실에서 교사와 학생이 수업을 통한 상호 작용의 채널이 될 수도 있고 크게는 교회 전반적으로 여론을 조사하거나 각종 위원회와 회의를 통해 수렴된 의견들을 정책과 의사결정에 반영시킴으로써 체제를 개선하고 통제해가는 경로이다. 따라서 이 채널이 얼마나 개방되어 있고 활성화되어 있느냐 하는 것은 체제의 정보관리 및 통제망인 사이버네틱스에 달려 있다. 교회에는 잘 알려진 통신망이 있는 반면, 비공식적 통신망이 다양하게 많으므로 때로는 이러한 비공식적 통신망에 의한 소문과 파괴적 정보들이 교회 체제를 위기에 몰아넣기도 한다.

끝으로 **교회교육 체제는 살아 있는 하나의 유기체이다.** 즉, 유기체란 폐쇄된 것이 아니라 하나의 개방 체제이다. 개방된 교회교육 체제란 교회교육의 환경인 교회와 환경으로부터 필요한 것을 수입하고 그것을 전환시켜 다시 교회와 환경으로 수출하는 특성을 갖고 있다. 교회교육 체제의 환경은 항상 열려 있다. 열려 있음은 임의성이 교회교육 체제 안으로 갑자기 뛰어들어와 엔트로피를 증가시킬 수도 있다는 뜻이다. 이것을 웨스터호프는 '주일학교의 죽음'이라고 선포하였고 은준관은 '교회교육의 위기'라고 표현한다. 죽음은 부의 엔트로피가 엔트로피에게 정복당한 것이다. 그러나 중요한 사실은 죽음이란 적어도 또 다른 형태의 전환을 가져온다는 것이다. 왜냐하면 이러한 경고가 있기에 지금 한국 교회교육은 새로운 전환(교육 목회라든지 교육사 제도, 교회 속의 작은 교회운동, 팀-목회 등)을 시도하고 있는 것이다. 이것은 마치 옛것이 죽어야 영원히 산다는 기독교의 진리를 말해주는 것이다.

V. 결론

교회교육은 교회와 분리되어 존재할 수 없다. 따라서 현재 한국 개신교 교회가 안고 있는 현실적 문제들(신앙의 개인화, 개교회주의, 교직주의, 물량주의 등)이 교회교육에서도 그대로 전이되어 있음을 본다. 특히 개신교교회가 교회 연합정신을 상실해가면서부터 교회 분열이 가속화되고, 이로 인하여 오늘날 한국사회에서 가장 분열이 심한 종교가 되어버렸다. 불교는 18개 교단이고 가톨릭은 단일 교단인 데 비해 개신교는 70개가 넘는 교단으로 그 분열의 심각성을 말해준다.

이와 같은 교회 분열은 한국 개신교 교회교육을 분열시키게 했다. 그 결과 초교파적으로 교육사업을 하면 시간과 교육적 낭비를 막을 수 있는 데도 불구하고 개교회주의의 장막에 가려져 교회학교 연합사업이라든지 기독교교육 협의회의 초교파적 교육사업은 사실상 불가능해져버렸다. 1960년대 이래 한국교회를 이론적으로 이끌어온 한국 기독교교육학은 개신교 교회교육 현장과의 괴리감(지나친 신학의 영향 때문이라고 봄)으로 인하여 재조명을 받아야 할 시점에 와 있다. 즉, 오늘날 기독교교육학이란 제목하의 저서들이 수없이 나왔건만 한국 교회교육의 현장을 제도적으로, 질적으로 개선시킬 수 있는 이론과 저술은 그다지 많지 않았다. 매년 새로운 시도가 소개되어 막상 시행하려고 하면 100년 이상이나 굳어져 변화를 거부하고 있는 교회학교의 위세는 교회학교의 발전과 성숙을 저해하는 끈질긴 요소가 되고 있다. 그럼에도 불구하고 새로운 변화는 시도되어야 한다. 한 가지 사상이나 이론이 아무런 비판을 받지 않고 한 시대의 한국 교회교육을 지배할 수는 없다. 그것은 기독교교육학의 학문적 발전을 저해하는 길이기도 하다. 시간의 흐름과 우리의 노력 여하에 따라 몸과 마음과 영이 자라는 것과 같이 교회교육도 이제 총체적으로 전환되어야 할 것이다.

120년 전이나 지금이나 한국 교회교육은 교육관 건립과 교육과정 개발 이외에는 별다른 교육적 발전을 가져오지 못했다. 왜 그런가? 무엇이 한국 교회교육의 발전을 둔화시키고 있는가? 본 연구자는 그 원인이 '기독교교육'이 지나치게 목회와 신학에 예속되어 있었던 점과 모든 교육활동이 '하나님-성서-교회'에 강박적으로 집중되어왔기 때문이라고 보았다. 하나님은 숨 쉬는 하나님이다. 성령도 살아서 우리의 삶 속에서 움직인다. 율법주의적 삶은 사랑이 내재된 삶이 아니다. 한국 개신교가 가장 사랑의 실천이 없는 종교라고 평가받고 있다. 21세기 개신교교회의 교육적 사명은 '사랑'을 가르치고 '정의'를 가르쳐서 이 땅에 참된 샬롬(하나님의 나라)이 실현되게 하는 것이다. 한국교회의 성자와 성녀를 만드는 것보다 더 중요하고 시급한 것은 이웃과 사회와 국가, 민족과의 올바른 관계를 정립하고, 더 나아가 하나님과의 관계에서도 올바른 관계를 형성하고 있는지 성찰하여 더불어 사랑하고 용서하며 민족 화해를 위한 짐을 함께 나누는 책임을 교육하는 것이다.

본 논문에서는, 지금 한국 개신교 교회교육에 새로운 전환이 일어나야 한다는 신념 위에 교회교육을 하나의 개방 체제로서 개념화하고 그 모형을 설계하였다. 교회교육은 무엇보다도 개교회 이기주의와 폐쇄성에서 벗어나 열린 한국사회 환경과의 역동적이고 개방적인 상호 작용을 하면서 상호 반대되는 입장도 적절한 긴장으로 수용할 수 있는, 보다 폭넓은 믿음과 자세가 요구된다. 비록 '나와 너'의 신학과 교리가 다르다 할지라도 갈라디아 3장 28절의 정신(그리스도 안에서 한 형제 됨)을 살려 기독교 안에서는 한 종교로 통합될 수 있는 개방성과 수용성을 키워주는 사고가 필요하다. 이것은 다원적 사고와 통합적 사고를 요청하며 한마디로 체제적 사고(systemic thinking)라고 한다. 한국 개신교 교회교육의 미래는 체제적 사고를 개발하는 데 초점을 두어야 한다.

논문의 서두에서 연구자는 이제까지 한국교회의 기독교교육이 어린이와 청소년들을 지나치게 교회와 교파주의에 순종하도록 하였기 때문에 의도적으로 종교교육이란 말을 사용하였다. 한국은 종교의 자유가 허용되고 있는 국가이다. 따라서 기독교도 한국의 여타 종교와 마찬가지로 하나의 종교이다. '나'의 종교만이 유일한 종교이고 너의 종교는 아니라고 규정지을 수는 없다. 더욱이 종교 다원화 시대에 살고 있는 현 시점에서 보면, 이제 한국교회는 개교회 이기주의와 배타적 신앙에서 벗어나 타 교파와 타 종교와도 대화할 수 있는 개방적 체제로의 전환이 시급하다.

끝으로 연구자는 개신교의 종교교육이란 용어를 의도적으로 사용하였는데 그 이유는 특정 교파, 어떤 신학에도 종속되지 않는 개방적이면서도 가장 기독교적인 교육을 창출할 수 있는 교육체제를 설계하려는 의도에 비롯되었다. 이러한 시도가 21세기 한국 개신교의 교회교육과 기독교교육학의 학문적 발전에 많은 자극과 도움이 되길 바란다. 여기에서 제시된 체제적 교회학교 모형은 그것이 실제 교육현장에서 실천되기 전까지는 아직 연주되지 않은 하나의 악보에 지나지 않음을 강조하고 싶다. 작곡된 악보가 아무리 훌륭해도 그것이 연주되지 않으면 살아 있는 실재(음악)가 아니듯이, 체제적 교회교육 모형도 하나의 유기체로서 살아서 움직이는 체제가 되기 위해서는 설계된 모형의 프락시스가 있어야만 된다. 이 모형의 적용을 위해서는 보다 구체적인 체제적 교회교육의 운영방안이 개발되어야 할 것이다. 한 가지 첨언하면, 체제적 교회교육에서는 개교회나 교파의 독특성을 인정하기 때문에 교회교육의 내용이 되는 것을 구체적으로 설계하지는 않는다. 체제적 종교교육의 '관계적' 특성이 말해주듯이 교회교육 체제의 내용보다는 그 체제의 구성요소들 간의 관계에 보다 많은 의미를 부여하고 있기 때문이다. 이 논문이 새로운 세기에 막 들어온 한국 개신교 교회교육의 비전을 제시해주는 실질적인 도움이 되길 바란다.

참고 문헌

Ackoff, Russell L. (1974). *Redesigning the Future: A Systems Approach to Societal Problems*. New York: John Wiley & Sons.

Bateson, Gregory (1980). *Mind and Nature: A Necessary Unity*. New York: Bantam Books.

Beer, Starfford (1959). *Cybernetics and Management*. New York: John Wiley & Sons.

Benson, C. H. (1943). *A Popular History of Christian Education*. Chicago: Moody Press.

Boulding, Kenneth E. (1978). *Ecodynamics: A New Theory of Societal Evolution*. Beverly Hills, Calif: Sage Pub.

Bronowski, Jacob (1951). *The Common Sense of Science*. New York: Random House.

Capra, Fritjof (1982). *The Turning Point: Science, Society and the Rising Culture*. New York: Simon and Schuster.

Dillon, John A. Jr. (1982). *Foundation of General Systems Theory*. Louisville, KY: University of Louisville.

Groome, Thomas (1980). *Christian Religious Education*. San Francisco: Harper & Row.

Hahn, MeeRha (1982). An Investigation of Factors in School Productivity: The Input-Output Analysis of School Performance in High Schools of Seoul, Korea. Ph.D. Dissertation. State University of New York/Buffalo.

Jantsch, E. (1980). *The Self-Organizing Universe: Scientific and Human Implications of the Emerging Paradigm of Evolution*. Oxford: Pergamum Press.

Laszlo, Ervin (1972). *The Systems View of the World: the Natural Philosophy of the New Developments in the Science*. New York: George Braziller.

Lee, J. M. (1971). *The Shape of Religious Education*. Birmingham, AL: Religious Education Press.

Lines, T. A. (1987). *Systemic Religious Education*. AL: Religious Education Press.

Margenau, Henry and LeShan, Lawrence (1980). *Einstein's Space and Van Gogh's Sky: Physical Reality & Beyond*. NY: Macmillan.

Pagels, Heinz R. (1983). *The Cosmic Code: Quantum Physics as the Language of Nature*. New York: Bantam Books.

Seymour, J. (1982). *From Sunday School to Church School*. University Press of America.

Sutherland, John W. (1975). *Systems: Analysis, Administration, and Architecture*.

New York: Van Nostrand Reinhold.

Toffler, Alvin (1980). *The Third Wave*. New York: William Morrow.

Westerthoff, J. (1971). *Values for Tomorrow's Children*. Philadelphia: Pilgrims Press.

_________ (1987). Formation, Education & Instruction. *Religious Education*, Vol. 82, No. 4.

Wiener, Norbert (1967). *The Human Use of Human Beings: Cybernetics and Society*. New York: Avon Books.

기독교교육 덕목(德目)으로서의 생명윤리*

한미라 (호서대학교)
mrhahn2022@gmail.com

Ⅰ. 왜 기독교교육은 생명윤리를 덕목으로서 다루어야 하는가

1. 기독교교육학의 윤리적 기능

생명과 관련된 윤리적 문제들을 신학적으로 연구하는 것이 기독교교육학의 일차적 목적은 아니다. 그러나 기독교교육학은 생명을 지닌 인간의 출행에서부터 죽음에 이르기까지 전 생애에 걸쳐 그 생명의 성장 및 발달 과정을 신과의 관계성 속에서 다루는 분야이기에 생명윤리를 하나의 덕목으로 다루어야 할 당위성을 갖는다. 기독교교육에서 다루는 인간의 행위는 자율의지가 아닌 성서 속에 계시된 신의 진리[啓示眞理]에 의거해서

* 한국기독교교육정보학회(ksceit) 제2회 학술대회(2000년 10월 14일, 호서대학교 아산캠퍼스)의 주제강연을 한 것임.

고찰하는 기독교 윤리에 기초한다. 따라서 기독교교육의 덕목으로서 생명윤리는 기독교 생명윤리이어야 함을 전제한다. 즉, 인간에게 생명을 준 것은 신이며 이로 인해 신은 인간에게 어떤 사명과 가치질서를 주었다는 선험적 전제에 기초한다. 기독교 윤리학이 신에 의해 계시된 진리들이 시대와 문화여건에 따라 어떻게 표현되었는지를 성찰하고 연구하는 분야라고 한다면, 그것을 현 세대와 다음 세대에게 가르치고 전승하는 문화적 작용은 기독교교육의 몫이다.

윤리의 기능[1]이 인간의 행위의 규범을 제시하고 행위자의 품성을 배양하며 행위자의 존재 이유를 성찰하는 데 있다면 기독교교육은 원천적으로 윤리의 기능을 수행하고 있다 해도 지나치지 않는다. 생명과 관련하여

---

1 Bob Harrison, "Virtue Ethics and the New Testament," *Philisophy Now* (Summer 1998), 22-24.
Kant와 Mill은 윤리의 기능은 우리의 행위(actions)와 관련된 것으로서 주어진 상황에서 내가 무엇을 해야만 하는가를 알도록 하는 것이라고 하였다. 아리스토텔레스는 '내가 무엇을 해야만 하는가'보다는 '내가 어떤 사람이어야 하는가'에 더 관심을 갖는다. 즉, 행위자의 성품(character)을 윤리의 기능으로서 강조한다. 그의 윤리학은 그것이 나의 의무를 충족시켰는가를 보기 위해 내 행위를 보는 것이 아니며, 또한 다수에게 다수의 선을 얼마나 생산해냈는가를 보면서 업적을 승인하는 것에 관심을 갖지 않는다. 아리스토텔레스는 오히려 성품, 즉 무엇이 선하고 악한 성품을 만들게 하는가에 더 관심을 갖는다. 즉 덕과 악(virtue and vices)이다.
아리스토텔레스냐 칸트와 밀이냐에 따라 두 가지 윤리로 구분된다. 즉, 행위자 중심의 윤리와 행위 중심의 윤리로 말이다. 아리스토텔레스는 행위자중심(agent-centered)이론가이고, Kant & Mill은 행위중심(act-centered ethicists)이론가이다. 두 가지 이론 모두 다 현대에서도 성행한다. 해리슨은 구약(모세를 통한)이 행위 중심의 윤리를 강조하는 반면 신약(예수를 통한)은 행위자 중심의 윤리라고 주장한다. 그러나 Michael Williams는 해리슨의 이와 같은 주장에 반박하여 이 두 가지 윤리는 모두 다 '내'가 논의의 중심이며, 내가 무엇을 해야 하는가, 나는 어떤 종류의 사람이 되어야 하는가를 묻고 있다고 지적한다. 윤리의 궁극적 기능은 나를 초월하여 타자를 바라봐야 한다고 하면서 "우리가 '나'를 망각하지 않는 한 우리 자신을 온전히 발견하는 것은 불가하다"고 역설한다. 그러므로 행위와 존재 중심의 윤리를 극복하는 길은 내가 "…을 위한 행위자"이냐를 묻는 행위자의 목적 중심 윤리(포스트모던의 윤리라 함)를 주장한다. 그에 의하면 예수는 포스트모던 윤리가이며 나를 교육(율법)으로 훈련하는 것이 아니라 나를 망각하는 훈련으로써(자신에 대한 위험을 감수하며, 자신에 대해 방임적이 되는)윤리의 새로운 기능을 제안한다.

생명의 존엄성을 지키는 도덕적 행위의 규범을 제시하고 하나님의 자녀로서의 생명에 대한 올바른 태도와 의식(기독교적 생명관)을 배양하여 왜 그리고 무엇을 위해 생명을 소중히 여기며 살아야 하는지를 성찰할 수 있게 돕는 일은 기독교교육의 사명이요 동시에 과제인 것이다. 기독교교육의 궁극적 목적은 하나님 나라의 성취이며 이를 달성하기 위한 인간의 사명과 가치질서를 가르치고 배우는 것이다. 하나님 나라의 시민이 되기 위해서는 무엇보다도 생명을 존중히 여기고 모든 인간의 생명의 가치를 평등하게 여기는 생명윤리가 확립되어야 한다. 즉, 기독교교육은 생명의 창조에서 신의 주권을 인정하고 신이 인간에게 의도하는 '생명의 길[道]' 윤리를 제시하고 지키도록 하는 사명을 감당해왔으며, 감당해갈 것이다.

2. 생명을 위협하는 죽음의 문화

요한 바오로 2세(현 교황)는 이 시대를 '죽음의 문화'로 정의하고 있다.[2] 죽음의 문화는 생명의 위협과 경시 현상이 만연되면서 하나님의 창조 행위를 부인하고 그것에 도전하는 문화이기도 하다. 몇 년 전 실시한 한국인의 생명에 대한 의식조사[3]는 현대 한국사회가 죽음의 문화에 오염되어

2 가톨릭대학교 사목연구소, 『사목연구』 4(1996) 121-42. 제2차 바티칸공의회는 "온갖 종류의 살인, 집단 학살, 낙태, 안락사, 고의적인 자살과 같이 생명 자체를 거역하는 모든 행위와 지체의 상해, 육체와 정신의 고문, 심리적 탄압과 같이 인간의 존엄성을 침해하는 모든 행위와 인간 이하의 생활 조건, 불법감금, 추방, 노예화, 매춘, 부녀자와 연소자의 인신매매, 또는 노동자들이 자유와 책임을 가진 인간으로 취급되지 못하고 단순히 수익의 도구로 취급되는 노동의 악조건과 같이 인간의 존엄성을 해치는 모든 행위 등, 또 이와 비슷한 다른 모든 행위는 실로 파렴치한 노릇이다. 그것은 인간 문명을 손상시키는 행위이며 불의를 당하는 사람보다 불의를 자행하는 사람을 더럽히는 행위로서 창조주께 대한 극도의 모욕이다"라고 고발한다.

3 서강대학교 생명문화연구소, '생명에 대한 사회의식조사', 1992년 6월. 이 조사에서 응답자들은 "낙태, 사형제도, 안락사, 자살" 등의 행위들은 명백한 '반생명적' 행위라고 응답하면서도 이러한 행위들이 허용되어야 한다는 데에 찬성하고 있다. 또한 한국사회에서 가장 반생명적 행위로 생각되는 행위는 의약품이나 식품 등에 유해물질을 사용하는

있음을 심각하게 보여준다. 이 조사에서 응답자들은 자살이나 낙태, 안락사, 인공수정 등은 분명 반생명적 행위라고 응답하면서도 현실에서는 이러한 행위가 허락되어도 무방하다고 답하여 윤리 의식과 행위 사이의 불일치를 보여준다.

실제로 한국사회에 얼마나 죽음의 문화가 심각히 도래하였는가를 나타내는 사례는 첫째, 자살의 증가[4]이다 특히 청소년의 자살[5]이 꾸준히 늘고 있다. 둘째, 낙태[6]를 대수롭지 않게 생각하는 풍조가 만연되고 있다.

행위와 폐수 등의 공해물질을 사용하는 것이고, 마약, 낙태, 자살, 안락사 등의 행위들이 그다음이라고 조사되었다.

4 경찰청 집계에 의하면 1991년에 6,593건이었던 자살 건수가 1995년에 7,401건으로 증가되어 4년 전에 비해 12.2%가 증가했고, 이후 매년 증가 추세에 있다. 인구 10만 명당 자살자 17.2명으로, 매일 20명 이상이 자살하는 셈이다. 서강대 생명문화연구소의 조사에서 "자살을 생각해본 적이 있는가?"라는 질문에 응답자의 52.4%가 '그렇다'라고 대답하였다.

5 최재경, 「청소년의 자살행동 예방을 위한 기독교 교육적 대안」(호서대학교 연합신학대학원 석사학위논문, 1997), 27-45. 논문에서 1996년 10대 자살 지수는 615명으로 1995년 대비 30% 증가되었다. 1990년대를 기준으로 보면 한국의 청소년 평균 자살률(29%)은 미국의 그것(13%)보다 높다. 특이할 만한 사실은 응답자(충남 예산 지역 중 · 고등학교 1,130명)의 60% 이상이 한두 번 자살 충동을 느낀 적이 있으며, 자주 자살 충동을 느끼는 학생도 18% 이상이나 된다. 이들이 자살 충동을 느끼는 이유는 성적 하락이 주된 원인이고, 부모들로부터의 꾸중이나 가정불화가 두 번째 원인이며, 교우관계가 그다음으로 나타났다.

6 서강대학교 생명문화연구소, '생명에 대한 사회의식조사'. 우리나라에서는 매년 150-200만 건의 낙태 시술이 불법적으로 이루어지고 있다. 이것은 하루에 평균 약 6,000명의 무죄한 태아가 살해당하고 있다는 말이다, 국내법에는 낙태죄가 엄연히 존재하고 있지만 낙태죄로 인해 처벌받은 사람은 아직까지 한 사람도 없다. 인공임신중절을 규제하기 위한 제도적인 장치는 1953년 9월에 제정 공포된 형법(법률 제293호) 낙태죄가 그 효시인데, 이 법에는 인공임신중절을 제공한 의료인과 수여한 부녀 모두가 소정의 징역형에 처하도록 되어 있으나 다른 허용하는 기준이 없었다. 그 후 1973년 5월에 제정, 공포된 모자보건법은 몇 가지 인공임신중절 허용 기준을 마련하여 그 기준에 따라 임신 28주 내에 있는 자가 배우자의 동의를 얻어 의사가 인공임신중절을 시행할 수 있도록 명문화되었다. 서강대학교 생명문화연구소의 조사에서 밝혀진 사실은 응답자의 대부분은 낙태를 부분적으로는 허용해야 한다는 생각이 지배적이었다. 1994년도에 실시한 미혼 남성의 혼전 임신에 대한 태도를 보면, 남성 근로자의 9.2%, 남자 재학생의 42.3%가 인공임신중절을 하겠다는 태도를 보이고 있어 미혼층의 임신중절률은 날로 크게 증가될 것으로

셋째, 안락사[7] 및 뇌사 판정[8]에 대한 현대인들의 의식은 생명의 주권이 신에게 있음을 절감하지 않는 것 같다. 보건복지부 산하 생명윤리위원회에 종교인이 위원으로 포함되어 있으나 그 활동은 미미하다. 2000년 11월 과학기술부 산하에도 생명윤리자문위원회가 발족되어 현재까지 10차에 걸쳐 "생명윤리기본법" 상정을 위한 준비 협의를 활발하게 하고 있다(www.kbac.or.kr 참조). 이 자문위에는 종교계에서 개신교, 불교, 가톨릭의 전무가 3인(구영모, 김용정, 박영율)이 위원으로 활동하고 있다. 관련 법

예상된다.

7 「네덜란드, 안락사 세계 최초로 합법화」, 『동아일보』, 2001. 4. 11. 네덜란드 상원이 10일 안락사(安樂死)를 최종 승인함으로써 네덜란드는 세계 최초로 이를 합법화한 국가가 됐다. 네덜란드 하원이 지난해 11월 이 법안을 의결한 데 이어 상원이 이날 표결에서 46 대 28로 이 법안을 의결함으로써 네덜란드 의사는 빠르면 올 여름부터 안락사를 시행할 수 있게 된다. 이날 통과된 법안은 다음과 같이 규정하고 있다. 첫째, 불치병에 걸려 치료가 불가능한 환자가 온전한 정신으로 안락사에 꾸준히 동의할 때 의료진의 권고에 따라 실시할 수 있다. 둘째, 환자는 의사가 충분히 상태를 파악하고 있어야 하며, 법적으로 네덜란드 국민이어야 한다. 셋째, 환자가 물리적, 정신적 고통으로 인해 자신의 결정을 말할 수 없을 경우 서면을 통해 안락사를 요구할 수도 있다. 넷째, 안락사 과정에서 위법한 의사는 조사를 통해 처벌을 받을 수도 있다.

8 전현희, 「뇌사 공식 인정은 오해」, 『조선일보』, 논단, 2000. 2. 10. "장기 이식의 구체적 기준을 정한 「장기 등 이식에 관한 법률 시행령」이 지난 2월 2일 국무회의에서 의결돼 금년 2월 9일부터 시행되고 있다. …그러나 장기 등 이식에 관한 법률과 그 시행령으로 해서 우리나라가 뇌사를 공식적으로 인정했다고 단정하는 것은 무리라고 생각한다. …현행법상의 '뇌사'는 장기 이식을 위한 장기 적출에만 적용되는 개념으로 '생존과 사망의 중간' 정도로 이해할 수 있을 것이다. 다시 말해 공식적으로는 심장 기능이 멈추어야 사망으로 인정되며, 일정한 요건을 충족한 뇌사자의 경우에만 법적으로 살아 있는 사람(심장이 아직도 뛰고 있는, 즉 심장사가 도래하지 않은 사람)임에도 불구하고 장기 이식이 허용되는 것이다. 따라서 장기 등 이식에 관한 법률의 시행에도 불구하고 뇌사자로부터 산소호흡기 같은 연명 장치를 제거하면 형법상 살인죄로 처벌받거나, 민법상 불법행위 책임을 질 가능성은 여전히 있다. 뇌사가 공식 인정된다고 하는 것은 안락사 문제, 그리고 뇌사자로부터 연명 장치를 제거한 의사에 대해 살인죄를 적용할 수 있는가를 가리를 중요한 사안이다. 그리고 민법, 친족상속법, 형법, 보험법 등에서는 여전히 심장의 기능이 회복 불가능한 상태로 정지된 때에만 사람이 사망한 것으로 인정하고 있다. 다시 말해 장기 등 이식에 관한 법률을 포함한 어떠한 현행법을 보더라도 뇌사자는 엄연히 '살아 있는 사람'인 것이다.

률에 의하면 생명윤리위원회는 15인 이상 20인 이하의 위원으로 구성하되, 위원은 의사 또는 변호사의 자격을 가진 자로, 판사, 검사, 공무원과 학식과 사회적 덕망이 풍부한 자 중에서 보건복지부 장관이 임명 또는 위촉하며, 뇌사판정위원회는 대통령령이 정하는 바에 따라 전문의사 3인 이상을 포함한 7인 이상 10인 이하의 생명윤리위원회에 적극적으로 관여하여 인간의 제한되고 성급한 결정으로 한 사람의 고귀한 생명이라도 헛되게 실종되는 일이 일어나지 않도록 권고해야 할 사명을 가져야 한다.

3. 생명공학과 생명 정보의 남용을 예방하는 생명윤리의 필요성

현대인은 하루가 다르게 진보하는 생식 기법과 유전공학으로 인하여 인간 생명의 시작에 대한 혼돈의 늪으로 빠져들고 있다. 대부분의 크리스천들은 생명이 수태되는 순간부터 시작된다고 믿어왔다. 그러나 리 실버(Lee Silver)는 1997년 2월 27일 이후 이러한 믿음은 더 이상 논리적 뒷받침을 할 수가 없게 되었다고 주장한다.[9] 성숙한 양의 체세포로부터 복제된 양 '돌리'는 수태라는 과정 없이 탄생되었기 때문이다. 이 사실은 인간도 수태를 거치지 않고 복제될 수 있음을 시사하기에 큰 충격이 아닐 수 없다. 더욱더 우리를 놀라게 하는 일이 2000년 10월 5일 일간 신문에 보도되었다.[10] 이제까지 유전자 검사는 유전병을 피하기 위해 사용했지만 미국의 한 부부는 자신의 딸을 치료할 두 번째 아이(애덤)를 낳기 위해 이 검사를 실시하고 배아[11]를 선별하였다. 애덤은 불치의 빈혈병을 앓고 있

9 L, Siver, *Remaking Eden* (New York Avon books, 1997) 44.

10 「골수장애 딸 치료 위해 유전자 선별을 통해 출산」, 『조선일보』, 2000. 10. 5.

11 배아(embryo). 수정 후 처음 8주 동안의 수정란을 말한다. 보통 수정란을 뜻하기도 하지만 9주째부터는 '내아(fetus)'라고 부른다. 배아는 자궁 벽에 스스로 착상된 난이라고 이해해왔지만 체외수정으로 인하여 수정된 배아를 자궁에 착상시키기도 하며 또 그 반대도 가능해졌다.

는 누나 몰리에게 골수를 이식하기 위한 치료 목적으로 태어났다. 이 부부는 유전 검사를 통해 15개의 배아 중에서 몰리의 체질과 맞으며 불치병 유전자가 없는 건강한 배아를 선별하였다. 생명윤리학자들은 배아 선별은 엄연히 반윤리적 행위라고 강력히 비난하고 있는 반면 어떤 의사는 이 경우는 윤리적으로 아무 문제가 없다고 주장한다. 그러나 배아의 선별은 부모가 자녀의 생명의 시작에 있어서 주권을 가진 것처럼 오도할 충분한 가능성을 제공한다. 이러한 풍조가 만연될 때 인간의 생명을 쇼핑하게 되는 비윤리적 행위를 범하게 될 것이다. 실버 역시 머지않아 부모의 취향에 맞는 '맞춤식 자녀(designer child)'들이 태어난다고 예측하고 있다.[12] 인간 '게놈(genome)'[13]의 지도가 완성되면 질병과 선천적 장애는 지금보다 현저하게 줄어들 것이다. 그러나 역기능으로서 인간은 남보다 우월한 게놈을 소유하려 할 것이며 사회는 인간의 게놈을 인간의 정체성으로 동일시하게 될 것이다. 21세기 생식유전학의 기술로서는 유전자 합성과 보강 기술이 가능하다고 예측되며, 이렇게 되면 앞으로의 사회는 보강된 유전자(gene-enriched)[14]를 지닌 인간을 자연인(naturals)[15]보다 선호하게 될 것이 확실하다. 실버는 예를 들어 운동선수의 우수 유전자의 선별과 보강이 몇 세대를 거치는 동안 계속된다면 미래의 유전자 보강 계층은 우리가 상상

---

12 Silver, *Remaking Eden*, 299.

13 genome. 유기체가 지닌 유전정보 전체를 나타내는 일반 용어. 모든 유전자와 그것을 연결하는 구조를 포함한다. 한 종이 갖는 염색체 전체를 말한다. 인간의 게놈은 23상의 염색체로 구성되어 있다. 염색체의 염기 서열에 의하여 나타난 각 종의 유전적 특성의 조합이다. 유전자가 어떤 특정한 개인의 게놈을 말할 때 그 의미는 개인의 유전자를 의미하기도 하고, 인간 게놈의 유전자를 의미하기도 하고, 전 인구의 유전인자를 의미하기도 한다. 그러므로 게놈은 개인 또는 한 종의 염색체 안에 들어 있는 유전적 요인의 완전한 조합이라 할 수 있다.

14 보강된 유전자(gene-ennched) 또는 부유유전자(GenRich)는 인공적 유전자로서, 실험실에서 인공적으로 합성하여 만들어진 것으로 21세기 생식유전학자들에 의해서 가능하다고 실버는 예측하고 있다. 이 부유유전자 계층은 미래의 지배계층이 될 것으로 예측된다.

15 유전자 보강 없이 남녀의 성적 결합에 의해 태어난 사람.

할 수 없는 초강력 운동능력을 갖게 되며 자연인은 이제 그들과 경쟁할 수 있는 상대가 되지 못한다고 예측한다.[16]

필자를 포함한 교육자들은 한 유기체의 성장과 발달은 유전과 환경 두 요인으로 설명되는 것이라고 믿어왔다. 그러나 학습자인 인간을 이해하는 데 있어서 게놈이 지배적인 요인(dominant factor)이 된다면 극단적으로는 교육무용론이 제기될 것이며 교육학자들은 심각하게 교육의 목적 및 기능 자체에 대한 근원적 질문을 다시 해야 할 것이다. 이러한 예측들은 가상현실이 아니라 아주 가능한 현실이다. 인간이 '어떻게 태어났는가'가 '어떻게 형성되었는가'보다 중시되는 사회는 하나님의 나라와는 거리가 멀다. 성서가 말하는 '은사, 또는 달란트(talent)'는 하나님이 주시는 것이지 실험실에서 생식유전공학자가 조작하는 것이 아니기 때문이다. 하나님 나라의 시민들은 전적으로 신의 의사와 계획 아래 태어나고 각자에게 주신 게놈의 달란트대로 선의의 경쟁(합하여 선을 이루며)을 하며 살아가는 자들이어야 한다.

앞으로 생명윤리는 모든 인간사회의 시민윤리가 되어야 한다[17]는 주장처럼, 21세기의 인간과 인간 공동체는 그들 자신의 생존을 위해서 생명윤리가 필요하다. 사실 생명윤리는 21세기의 산물이 아니다. 그것은 신이 인간을 창조한 역사만큼 오랜 것이다. 그러나 최근 논란이 되고 있는 생명공학 기술의 진보와 생명 정보의 발견은 오히려 우리에게 생명윤리에 대한 관심과 인식을 새롭게 만들어주고 있다. 기독교교육에서 덕목으로서 생명윤리를 다루어야 하는 이유는 좁게는 개인의 생명 정보를 보호하여 정당한 생명권을 누리기 위해서이며, 넓게는 하나님의 창조세계의 질서와 평화를 위해서이다.

---

16 Silver, *Remaking Eden*, 5.

17 D. Gracia, "The Intellectual Basis of Bioethics in Southem European Countries," *Bioethics* 7 (1993) 97-107.

II. 기독교교육이 다루어야 할 생명윤리는 어떤 것인가?

생명윤리를 하나의 덕목으로 다루자고 하는 주장은 생명과 생명 현상에 대한 철학적 논의들을 이론화하는 작업이 아니라 생명윤리에 대한 지금까지의 담론들로부터 생명윤리의 교육적 타당성을 찾으려는 작업이다. 그러나 생명 윤리에 대한 사변적 논의보다는 그것의 도덕적 실천을 위한 향후 생명윤리 교육의 방향과 과제를 제시함에 이 논문의 초점을 둘 것이다. 이를 위해 먼저 생명윤리학에 대한 일반적 고찰이 필요하다. 둘째로는 생명윤리가 다루는 이슈를 조사하고, 셋째로는 현재 진행되고 있는 담론들을 비판적으로 성찰하면서 기독교 생명윤리 교육을 위한 이론적 기초를 탐색하려고 한다.

1. 생명윤리의 뜻

생명윤리의 영어 표기는 'bioethics'이다.[18] 'bioethics'는 희랍어로 'bios(생명)'와 'ethike(윤리)'라는 단어의 합성어이다. 길론은 생명윤리란 생물학의 실천에 있어서 제기되는 윤리적 이슈를 연구하는 분야라고 정의한다.[19] 응용윤리로서의 생명윤리는 초기엔 의료 윤리 및 기타 보건 위생과 관련된 윤리에 국한되었지만 지금은 그 범위가 확산되어 생명과학 연구에 대한 윤리뿐 아니라, 환경윤리(환경오염이나, 인간과 동물과 자연의 관계에 관한)와 성, 생식, 유전학, 인구에 관한 윤리적 이슈, 그리고 다양한 사회 정치적, 도덕적 이슈를 또한 연구 대상으로 포함한다. 최근에 와서는 사람들의 건강과 실적, 빈곤, 차별, 범죄, 전쟁, 고문 등과 같이 생명에 끼치는 사회적 영향들도 연구 범위에 포함되고 있다. 그러므로 광의의 생명

---

18 'life ethics'라고 하는 학자도 있다. 그러나 일반적으로는 'bioethics'로 사용한다.

19 Rannan Gillon, "Bioethics, Overview," *Encylopedia of Applied Ethics,* vol 1, 3017

윤리학은 사람들에 관한 윤리적 이슈의 다양성을 다루는 분야로도 정의할 수 있겠다. 생명을 다루는 의사, 간호사, 수의사 이외에 생명과학자, 환자, 실험 대상인 동물까지도 다 생명윤리의 범주에 있다. 생명윤리를 연구하는 데 관련된 학문도 도덕철학, 도덕신학, 심리학, 법학, 경제학, 사회학, 인류학, 역사학 등에 이르기까지 다양하다. 그러나 생명윤리를 주된 학문적 관심으로 논의하는 학문은 철학, 신학, 법학이다.[20]

생명윤리란 용어가 처음으로 사용된 것은 1970년 미국의 한 생물학자이며 암 연구가인 위스콘신 대학의 Van Rensselaer Potter에 의해서이다. 곧이어 1971년 이 용어는 네덜란드 출신 산부인과 의사이며 태아 생리학자였던 Andre Hellegers와 그의 동료들이 미국 조지타운 대학에 '케네디 인간 생식과 생명윤리' 연구소를 설립하면서 사용되었다. Van Rensselaer는 생명윤리란 "생물학적 지식과 인간의 가치체계에 관한 지식을 융합하는 새로운 학문이다"라고 정의하였다.[21] 한편 Hellergers와 그의 동료들은 이 용어를 의료윤리와 生의학 연구에 사용하였다. 이렇게 하여 시작한 생명윤리는 과학과 인문학을 연결하는 교량이 되었고 더 나아가 문명세계를 개선하고 유지하고 생존케 하기 위해 인간을 돕는 학이라고까지 정의하게 되었다.

2. 최근 생명윤리의 이슈와 문제

1) 생명윤리의 이슈들

기독교교육에서 다루어야 할 생명윤리의 내용을 제안하기 위해서는 먼저 생명윤리가 다루고 있는 실질적 이슈를 알아야 한다. 길론은 현대에 들어오면서 생명 윤리의 실질적 이슈들인데 매우 광범위해지고 있다고

---

20 Ibid.

21 Ibid, 306.

하면서 미국의 경우 이슈가 되는 것들을 다음과 같이 열거한다.[22]

a. 의사와 환자 및 의료 서비스 종사들과의 관계(health care relationship)
b. 삶과 죽음의 이슈
c. 환자의 이익 對 타자의 이익
d. 분배 정의의 이슈
e. 기초 개념의 분석(인간, 생명, 죽음, 의료적 돌봄 등)
f. 의학의 실천 윤리적 이슈
g. 생명윤리, 과학기술, 사회
h. 환경윤리

그러나 이용필은 생명윤리는 "생명과 관련된 연구를 하는 생물학과 의학의 기술적인 발전이 야기시키는 윤리적인 문제를 다루는 응용윤리학"이라고 정의하고 그 이슈를 다음과 같이 설명한다.[23] 특히 20세기 후반에 들어와서 낙태, 안락사, 장기 이식의 문제가 빈번하게 제기되면서부터 생명의 시작, 사망의 기준, 생명의 유지와 연장을 위한 특수치료의 중단(예: 뇌사자와 식물 상태에 있는 환자에 대한 특수치료의 계속의 여부), 체외수정, 대리모에 의한 임신, 출생 이전의 태아 진단과 치료, 정자의 냉동보존, 연구를 위한 인간과 동물의 태아조직의 이용의 한계, 후천성면역결핍증 바이러스 등의 질병을 진단하고 연구하기 위한 인체의 실험, 유해물질의 저장, 유전공학 기술의 확산에서 파생되는 문제(예: 유전자 조작 및 재조합, 인조 염색체 합성), 인간의 정체성의 위기를 초래한 인간복제, 그 밖에 넓은 의미로 생태학적 위기의 극복과 관련된 논의들이 제기되고 있다. 이러한 논의들은 좁은 의미의 의사 중심적 의료윤리의 범위를 넘어서 여러

22 Ibid., 308-10.

23 이용필, '생명윤리학', http://unuweb.umtel.co.kr · 8033/class/ethics/actiuity/papers/p1-1.html.

분야들의 전문가들에 의한 공동 연구와 토론을 통해서만 비로소 해명될 수 있는 매우 복합적인 문제들이다. 그러므로 생명윤리학의 연구는 의학자, 법학자, 생명과학자, 사회과학자, 신학자, 윤리학자들이 함께 참여하는 학제 간 접근을 하지 않을 수 없다. 이용필은 생명윤리학에서 논의되어야 할 생의학적 문제들을 다음과 같이 설명하고 있다.

a. 유전자 조작 및 재조합의 문제[24]

유전자 재조합은 생물체의 유전자를 조작하여, 새로운 미생물이나 동물과 식물을 만들어내는 것으로, 의약품, 농업, 공업, 환경 분야에서 이용된다. 이용필은 유전공학 및 생명공학은 몰가치론적 사고를 가지고 있는 과학자에게만 내맡겨질 수 없다고 말한다. 왜냐하면 생명공학의 역기능과 부작용은 근본적으로 생명 질서의 위기를 가져올 수 있기 때문이다. 유전자 재조합은 우선적으로 돌연변이 생물체의 전파와 확산 등 돌이킬 수 없는 재앙을 자연에 가져올 수 있으므로 엄격한 감시와 예방책의 강구가 선결되어야 한다. 유전자 재조합 연구자는 어떤 경우에도 인간의 존엄성과 모든 생명체의 정체성의 문제를 고려해야 할 것이며, 무엇보다도 안전성 확보를 우선시해야 한다.

b. 인조염색체 합성의 문제[25]

복제(cloning), 그 자체는 유전공학이 아니다.[26] 배아가 가진 유전물질을 변경하거나 특수한 유전자를 주입시키는 등의 기술이 유전공학에 속한다. 인조염색체의 합성은 인간의 의지대로 유전자를 설계할 수 있다는 것을 의미한다. 2005년경에는 인간 게놈 프로젝트의 응용에 염색체합성이 직

24 Ibid.

25 Ibid.

26 Silver, *Remarking Eden*, 173.

접적으로 실용될 것으로 전망하고 있다. 유전자 요법은 유전병 치료에 응용될 수 있다. 예를 들어 다운증후군과 같이 염색체의 분열 및 합성에 중요한 역할을 하는 중심체의 기능 이상으로 21번째 염색체가 하나 더 추가 발생하는 질병의 예방과 치료에 큰 역할을 할 것으로 기대된다. 또한 염색체 분리 이상으로 생기는 모든 질병(예: 노화현상, 암 등)도 예방할 수 있으며 그 역기능도 예상된다. 이해관계가 있는 기관(예: 보험회사 등)이나 개인이 특정한 사람의 유전자 정보를 유출시킬 수 있으며, 낙태, 영아살해, 안락사, 우생학 등에도 큰 영향을 주게 될 것이다.

c. 신 생식기술의 문제[27]

새로운 생식기술의 발달로 불임 부부와 동성애자들 심지어 남성 없이도 여성 혼자서 실제로 임신이 가능하게 되었다. 인공수정의 다양한 생식기술로 인하여 과거엔 불가능한 출산이 가능해지고 있다. 그러나 일부 의료인들의 윤리적 불감증과 불성실로 인하여 정자 공여자의 AIDS 및 성병 등 악성 질환 등에 철저한 검사 없이 동일한 사람의 정자를 수많은 여성에게 수정시킨다거나 우량 정자를 돈을 주고 사는 비윤리적 작태가 벌어지기도 한다. 비(非)배우자 간의 인공수정 자체를 부정하는 사람들은 이 경우를 '기계적 간통'이라고 단정하고 혼인의 신성함을 부정하는 비인간적인 행위라고 규탄한다. 자녀의 출산은 부부의 성관계에 의해서만 이루어져야 한다. 따라서 신원을 확인할 수 없는 정자 공여자는 정자 판매자인 동시에 수많은 아기들의 익명의 유전학적 아버지가 되며 후일에 동일한 정자 공여자의 직계 후손들 간에 혼인도 발생할 수 있을 것이라는 우려를 갖게 한다.

가톨릭교회는 비배우자 간의 인공수정은 일종의 간음 행위며 혼인권리를 침해하는 것이라고 규정하고 있다. 인간의 성 기능은 해부학적으로 보

27 이용필, '생명윤리학'.

나 생리학적으로 보나 분명히 성교를 위한 것이다. 따라서 성교가 아닌 어떤 인공적인 수단 방법에 의해 출산하려는 것은 자연법을 거스르는 것이며, 비윤리적이다. 비배우자 간의 인공수정은 수태를 위해 제3자의 정자를 받아들인다는 것 자체가 혼인 계약의 신성성을 파괴하는 것이 된다. 또 이러한 방법으로 태어난 자녀가 자신의 유전적 비밀을 알았을 때 받을 충격과 씨(seed) 사상이 강한 가부장적 풍토에서 이혼이 발생할 경우 상속의 문제 등과 같은 심리적, 사회적 갈등은 쉽게 해소되지 않을 것이다.

d. 태내진단 기술의 우생학적 사용의 문제[28]

양수 검사, 융모막 융모샘플링(CVS, chorionic villus sampling), 수정관 치료법 등의 태내진단 기술은 더 이상 무간섭 상태로 방치될 수 없다. 임신한 여성이 실제로 태내진단과 위험한 수정란 치료에 대하여 자발적 선택을 할 수 있어야 하며, 또 의사가 윤리적인 책임의식을 가지고 이에 임하여야 한다. 각종 검사에서 태아는 생존권을 침해받지 않을 권리를 보장받아야 한다. 임신한 여성은 유산하지 않도록 조심해야 하며 하나의 생명을 가능한 한 최상의 건강한 상태로 태어나게 할 의무를 지닌다. 따라서 모체는 태아에 해를 주는 행동이나 태만한 행동을 하지 아니하여야 할 의무가 있다.

e. 장기 이식과 관련된 윤리 문제[29]

인간의 생명을 구하거나 연장하기 위해 필요한 기관이나 조직을 얻기 위하여 또 다른 인간의 장기를 매매하여 이식하는 것은 부도덕하다. 특히 동의를 제대로 구하기 어려운 미성년자의 장기 이식과 의식이 없거나 희미한 자식의 장기를 타인에게 매매하는 등과 같은 부모의 행위도 부도덕

28 Ibid.

29 Ibid.

한 짓이다. 부모는 자식의 장기를 임의로 제3자에게 떼어 줄 권리가 없다. 인간의 장기는 생명을 유지하는 데 기능하는 필수 요소이기 때문에 그 일부를 해하거나 임의로 매매하는 것은 생명의 존엄성을 해치는 행위이며 창조주에 대한 모독이기도 하다(182쪽 참조).

f. 인간복제의 문제[30]

영국 스코틀랜드 로스린 연구소의 윌머트(Willmut)는 양의 유선세포(체세포)를 가지고 277번의 시도 끝에 양(돌리)을 복제하는 데 성공했다. 이 복제양 돌리의 유선세포의 핵치환 기술의 성공은 인간복제를 가능하게 하였다. 그러나 이용필은 다음과 같은 이유로 인간복제는 금지되어야 한다고 주장한다.

첫째, **인간 간의 상호 의존성이 파괴된다.** 남녀 간의 성적 결합에 의한 출산이 아니라 한 사람의 체세포로부터 많은 복제인간이 태어난다면 인간의 상호 의존성은 파괴된다. 인간의 상호 의존성이 파괴되면 인간사회는 와해되고 만다. 기독교적 관점에서도 이것은 분명 하나님이 인간을 창조하신 목적에 위배된다. 하나님은 남자와 여자는 적령기가 되면 부모를 떠나 연합하여 한 몸(가정)을 이루라고 하신다(창 2:24).

둘째, **복제인간은 인간의 유일성과 대체 불가능성을 파괴한다.** 자녀는 부(父)와 모(母) 두 사람으로부터 각기 다른 유전형질을 물려받아 부와 모의 유전형질과는 다른 자녀만의 유일한 유전형질을 갖게 되어 있다. 그러나 복제인간은 누구를 복제하는가에 따라 부모의 자녀가 아니라 복제에 사용되는 자의 '지연된 일란성 쌍둥이'가 되는 등 혈연관계의 질서에 혼돈이 온다.

---

30 Ibid.

셋째, **인간의 정체성과 미정성(未定性)과 자발성이 상실되고 만다.** 인간복제술은 동일한 인간을 대량으로 복제하여 나쁜 수단으로 악용될 수 있다. 아이로부터 아이가 생기고 남녀가 각각 독립적으로 자신을 복제할 수 있다. 그렇게 되면 인간은 남녀의 성적 역할이 불필요하게 될 것이며 결국에 가서는 결혼제도와 가정제도가 파괴될 것이다.

g. 환경윤리(생태윤리)의 이슈

생태윤리는 인간의 자연에 대한 도덕적인 가치 판단에 관한 실천을 탐구한다. 환경에 대한 윤리적 가치 판단은 다음 네 가지 지식에 근거한다. ① 생태계의 보전 및 다양성을 이해할 수 있는 지식, ② 인간은 자연의 지배자가 아니고, 인간도 자연의 한 구성원이라는 것, ③ 모든 생물종은 생존할 권리가 있으므로, 인간이 함부로 생태권을 위험에 빠뜨리게 해서는 안 된다는 것, ④ 지구 자원의 낭비는 환경의 오염과 파괴와 직결된다는 것 등의 생태학적 지식이 요청된다. 우리는 생태학에 대한 지식 없이는 우리의 행동이 환경(자연)에 대하여 유익한지 유해한지를 판단하지 못한다. 단 하나뿐인 지구에서 자연과 환경의 보전을 위한 교육이야말로 사회윤리학의 근본 과제이다. 자연 보전은 특정한 개인이나 집단 또는 민족의 번영과 안녕과 질서를 도모하는 이데올로기 교육보다 우선되어야 한다. 자연과 인간의 공생관계야말로 자연 보전의 윤리적 기반을 형성하는 것이다. 이용필은 생태윤리 교육은 인간의 교양교육에서 가장 중요한 부분을 차지해야 한다고 주장한다.

3. 생명윤리에 관한 담론들

생명윤리에 대한 담론들은 연구자들의 이슈가 다양하므로 일반화하기가 쉽지 않다. 손건영은 생명윤리와 관련된 문제들이 도전하는 이슈들은 다양하지만 그것들의 공통된 질문은 다음의 네 가지로 집약된다고 하였다.[31] 또한 박상은도 생명윤리에서 물어야 할 질문들을 크게 세 가지 문제로 집약시켰다.[32] 두 사람의 질문과 문제를 종합해보면 다음과 같다.

박상은의 문제들	손건영의 질문들
생명의 시작과 관련된 윤리적 문제들	생명의 근원은 어디인가?(Origin of life) 생명의 시작은 언제부터인가?(Commencement of life)
생명기간 중에 야기되는 윤리적 문제들	생명의 질은 어떠해야 하는가? (Quality of life)
생명의 마지막과 관련된 윤리적 문제들	생명은 언제 끝나는가? (Termination of life)

1) 생명의 기원과 시작

기독교적 생명관과 생물학적 생명관을 중심으로 생명의 시작과 기원에 관한 논의를 다루고자 한다. 생명은 과연 언제 시작되는가? 가톨릭에서는 정자와 난자가 만나는 시점이 생명의 시작이라고 말한다. 하지만 착상이 이뤄지는 순간을 생명의 시작이라고 주장하는가 하면, 출산하고 나서야 비로소 생명임을 인정하는 법적 해석도 있다. 인간의 생명의 시초를 규정하는 시각은 다음과 같이 다섯 가지로 요약된다. 아래 다섯 가지 규정 중에서 ⓐ의 수정란설은 가톨릭의 입장이며, ⓑ의 착상설은 대부분 과학자들과 일부 개신교 신학자들의 입장이다.[33]

ⓐ 수정, 정자와 난자가 만나는 순간-유전자 결합하는 데 48시간

ⓑ 착상, 일란성 쌍둥이 완성-수정 후 7일 시작, 14일째 마감

ⓒ 뇌기능, 뇌간 형성이 생명의 시작-수정 후 60일

---

31 손건영, 「의학의 발달과 의료윤리적 상황의 변화」, 생명의료윤리. http:// www.sangeun.co.kr

32 박상은, 「현대의학의 위기와 생명윤리」, 생명윤리. http:// www. sangeun.co.kr

33 박원기, 「생명복제, 과연 하나님이 원하심인가?」, 제6회 신촌포럼. http://shinchon.kehc.org.

ⓓ 체외생존능력, 미숙아 생존 가능성-수정 후 28주

ⓔ 진통, 출산, 민법과 형법의 생명론-수정 후 10개월

기독교적 생명관

생명윤리의 담론은 생명이 어디서 유래한다고 보는가에 따라 차이를 만든다. 특히 기독교의 담론들은 생명에 대한 성서적 이해에서부터 출발을 달리하고 있다. 김민철은 생명에 대한 세 가지 성경적 견해를 설명한다.[34] **첫째, 생명의 기원은 하나님이며 인간은 그의 형상대로 창조되었다.**[35] 인간의 생명은 하나님의 창조에 의해서 시작되었다(창 1:26-28). 처음에는 하나님이 창조하신 그 흙('하아다마[הָאֲדָמָה]')으로부터 고은 흙(먼지, '아파르[עָפָר]')을 사용하셔서 남자의 형태를 만드시고, 그의 코에 하나님의 생기를 불어넣어 그로 살게 하신 것이다. 이때부터 아담이 '산 존재'(즉, '네페쉬 하야[נֶפֶשׁ חַיָּה]', 생물, living soul)가 되었다(창 2:7). 하나님은 그의 창조 계획에 따라 인간을 포함한 모든 생명을 창조하셨다.[36] 성서는 인간이 처음부터 하나님의 계획과 설계에 의해 창조되었음을 분명히 하고 있다. 인간이 다른 동물들과 달리 하나님을 경배하고 교제하며 세상을 다스릴 수 있는 존재인 것은 하나님이 최초로 그의 다스릴 권한(governing authority)을 인간에게 위임한 피조물이기 때문이며, 여기에 바로 인간 생명의 존엄성이 근거하고 있다.

둘째, 생명은 수태된 때로부터 시작된다. 욥의 고백(욥 10:8-12)과 다윗의 시(시 139:13-16)에서 보듯이 인간은 수정되는 순간부터 완전한 인격과

34 김민철, 「성경적 생명의료윤리」, 생명의료윤리. http://www.sangeun.co.kr

35 창 1:27-28. "하나님이 자기 형상 곧 하나님의 형상대로 사람을 창조하시되 남자와 여자를 창조하시고 하나님이 그들에게 복을 주시며 그들에게 이르시되 생육하고 번성하여 땅에 충만하라, 땅을 정복하라, 바다의 고기와 공중의 새와 땅에 움직이는 모든 생물을 다스리라 하시니라."

36 이승구, 「생명의 기원에 대한 신학적 논의」, 생명의료윤리연구소. http:// www.bioethics.or.kr

영혼을 갖추고 하나님의 은혜를 받는 존재로 해석된다. 생명은 또한 성령의 사역으로부터 시작(창 2:7, 시 104:30, 욥 33:4)되는데, 특히 누가는 태아도 하나님의 성령을 받을 수 있는 존재로 기록하고 있다(눅 1:15-16, 1:39-44). 태아는 생명이 없는 세포 또는 물질 덩어리가 아니라 아기, 어린이, 청년, 장년, 노인 등과 마찬가지로 한 인간인 것이다.[37]

셋째, 모든 생명은 고귀하다. "지극히 작은 자에게 한 것이 곧 내게 한 것이라"(마 25:40)는 말씀처럼, 그리스도 앞에서 모든 생명의 가치는 고귀하다. 인간의 존엄성은 그 인간의 능력과 지위에 근거한 것이 아니라, 생명, 즉 존재 자체에 근거한 것이다. 그러므로 생명윤리를 논할 때 의료인과 공중 보건 위생에 관계된 종사자들은 생명의 가치를 상대적 가치가 아닌 절대적 가치로 인정해야 한다.

기독교적 생명관을 심도 있게 논하기 위해서는 신 · 구약성서에 나타난 생명에 대한 언급을 보다 구체적으로 살펴볼 필요가 있다.

구약에서의 생명 이해[38]

구약성서에서 생명을 뜻하는 단어 '하이임(hajim)', '네페쉬(nephesh)', '루아흐'(ruah), '너샤마'(neshama)이다. 먼저 '하이임(hajim)'은 우리가 '삶'이라고 말하는 것에 해당하는 의미로 육체적, 감정적인 차원의 생의 힘과 표현의 총체를 뜻하는 것으로서 매우 구체적이며 객관화할 수도 있는 것이다. 이 단어의 복수형은 생의 풍부성, 존엄, 활력성 등으로 사용된다(신 28:66; 사 38:12). 지혜문학에서 사용될 때 하이임은 고귀한 가치를 지닌 덕목으로 표현되기도 하며, **'생명을 누린다'는 것의 구약적 의미는 상대화시킬 수 없는 최고의 선이다**(잠 3:16).

두 번째, '네페쉬(nephesh)'는 일차적으로 숨이나 음식을 넘기는 목 또

37 낙태반대운동연합, 「언제부터 생명이 시작하는가?」, http://www.prolife.or.kr/life_frame.html
38 조권형, 「요한복음에 나타난 생명이해」(협성대학교 신학대학원 신학과 석사학위논문, 1998).

는 생명과 직결된 신체기관으로서의 목구멍을 뜻한다. 잠 8:35, 시 30:4, 신 12:23, 레 17:11 등에서는 생명이라는 의미로 사용된다. 창 2:7의 '네페쉬'는 인간을 정의하고 있는 말이다. 여기서 네페쉬의 의미는 '살아 있는 존재, 생명체' 즉, 'living being'의 뜻으로서 '살아 있을 때만이 인간'이라는 의미를 지닌다. 또한 네페쉬(nephesh)는 어원상 'apal(먼지)'+'neshama(숨, 입김)'가 결합된 의미도 지니고 있는데, 이것은 **인간은 먼지뿐인데 하나님이 생기를 불어넣어주실 때 비로소 살아 있는 생명체, 구체적인 존재가 된다**는 것으로 해석한다.

세 번째, '루아흐(ruah)'에는 '숨(neshama)'이라는 뜻이 있다. 때로는 루아흐(ruah)가 '바람, 영'이 갖고 있는 '힘'이라는 뉘앙스를 가지고 사용되기도 한다(창 6:17, 7:15, 22; 사 42:5 등). 욥기 34:14-15에서는 '루아흐'와 '너샤마'가 동의어로 쓰이고 있다. "그가 만일 자기만 생각하시고 그 신(ruah)과 기운(neshama)을 거두실진대 모든 혈기 있는 자가 일체로 망하고 사람도 진토로 돌아가리라"는 본문처럼 인간은 생명의 주(主)인 하나님을 떠나서는 살 수 없는 존재임을 말해준다.

이상을 종합해보면, **구약성서에서의 생명은 무엇보다도 하나님이 주신 것으로, 모든 살아 있는 인간에게 공통되게 있는 것으로서 인간을 존재케 하는 육체적 정신적 힘 이상의 의미를 갖고 있다. 그러므로 구약에서 생명(수)을 누린다는 것은 하나님이 인간에게 수여한 최고의 선물이며, 인간은 그것을 최고의 선으로 인식하여야 할 것을 강조하고 있다.**

신약에서의 생명 이해

신약성서에서 생명을 의미하는 단어는 '비오스(bios)', '프쉬케(psyche)', '조에(zoe)'이다. '비오스'는 육체적 생명을 나타내는 것으로서 바이오(bio, 생)라는 이름의 접두어로 변화되었다. '프쉬케'는 목숨, 혼, 마음, 정신, 생명 등으로 번역되면서 정신적 생명을 의미한다. '조에'는 영원한 생명을 뜻한다. 육체적 생명과 정신적 생명은 하나님이 생기를 불어넣었을 때 비

로소 시작된 생명이다. 이 두 생명은 구별되면서도 서로 뗄 수 없는 인간의 생명을 의미하게 되었다.[39]

신약성서는 생명의 정신적 또는 영적 의미를 함축하고 있다. 예수는 "생명은 떡보다 귀하며"(마 6:25), "세상보다 귀하다"(마 16:26)라고 말씀하시며 생명의 육체적 세속적 의미를 초월한다. 요한복음은 생명은 하나님이 주셨고(5:26), 그리스도 안에 있으며(1:4), 그 생명을 믿는 자에게 주시려고 그리스도가 오셨음을 말하고 있다(20:31). 그러므로 예수를 믿는 자는 영생을 얻을 것이요(요 15:12), 그리스도의 사랑의 계명을 순종하는 것은 곧 죽음에서 생명으로 들어가는 길이다(요 3:14)라고 말한다.

신약성서 안에서 생명에 관한 내용들은 대부분 그리스도와 관련되어 있다. 죽은 자를 다시 살리시는(막 5:21, 마 9:18-26, 눅 7:11-17, 8:40-56, 요 11:38-44). 그리스도와 십자가 처형 후 다시 살아나는 예수 자신은 인간의 능력이나 의지에 의한 것이 아니라 하나님의 권능으로만이 가능하다는 것을 분명히 언급하고 있다. 즉, **생명은 오직 하나님에게서만 비롯된다는 것을 증거하고 있다.**[40] 그러나 여기서 한 가지 간과해서는 안 되는 사실은 인간의 생명을 영육 이원론으로 보는 극단적 입장이다. 경건주의 크리스천들은 흔히 영혼에 비해 육체를 비하하는 성향이 있다. 그러나 바울은 인간의 육체를 성전에 비유한다(고전 3:19). 육체를 영혼보다 경시하는 자들은 의료(육체 치료)를 전도(영혼 구원)의 수단 정도로 이해하는 경우도 많다. 치유는 하나님 나라가 임했다는 한 표현이지 수단이 아니다(눅 9:1-2). 반면에 영혼을 무시한 채 육체의 쾌락만을 추구하는 무리들도 있다. 쾌락주의이든 신비주의이든 간에 이들은 모두 인간 생명의 본질을 왜곡시키고 있는 것이다. 인간 생명은 영과 육이 상호 의존적(interdependent)이면서

---

39 맹용길, 「생명의료윤리학이란」, 생명의료윤리. http://www.sangeun.co.kr.

40 이동익, 「신학적 측면에서 보는 현실과 인류의 미래–인간복제의 현실과 윤리 신학적 반성」, http://www.cbck.or.kr/publish.samok/s1999/s9911/ spec3htm.

상호 독립적인(inter-independent) 관계에 있으며, 무엇보다도 인간은 머리-가슴-몸이 조화를 이루어야 하는 전인적 존재임을 인식해야 한다.

구약과는 달리 신약성서에서 생명의 의미는 인간의 영적 구원과 관련하여 빈번히 언급되고 있다. 즉, 성육신의 목적이 인간에게 참되고 영원한 생명을 주기 위함이며, 그것은 곧 하나님 나라와 관련된다. 신약성서에서 강조되는 생명이란 인간이 죄를 깨닫고 하나님의 사람으로 돌아선 후에 받게 될 하나님 나라에서의 상급으로도 이해된다. 예수와 바울의 사역에서 공통되게 강조되는 것도 바로 참된 생명이며 영원한 생명이다. 즉, 죄와 사망으로부터 자유로워진 자들이 누릴 하나님의 은총이며, 그리스도의 희생이 아니면 얻어질 수 없는 고귀한 생명이라는 점이 신약 전반에 걸쳐 강조되고 있다.

생물학적 생명관[41]

분자생물학자인 실버는 가능한 일반적인 방법으로 생명을 정의하기 위해서는 먼저 우리가 알고 있는 편견, 즉 지구상의 생물체(biolife)만이 생명이라고 생각하는 것으로부터 벗어나야 한다고 말한다. 예를 들어, 비록 상상 속의 물체지만 프레드 호일(Fred Hoyle)의 소설 속의 '검은 구름(Black Cloud)'이라든지 컴퓨터 과학자가 만들어낼 인조생명(artificial life: a-life)[42] 같은 것도 생명이라고 불릴 수 있다고 암시한다. 그러나 사람과 같은 생물체는 자신을 스스로 인식하고 표현하는 데 반해 a-life나 다른 생물체들은 그렇지 못하다. 실버는 여러 종류의 생명체가 가질 수 있는 공

---

41 Silver, *Remaking Eden*, 31-37.

42 토마스 레이(Thomas Ray)는 델라웨어 대학의 교수인데, 컴퓨터 메모리 칩 안에서 스스로 자신을 복제하고 진화할 수 있는 Teirra라는 프로그램을 만들었다. 인공생명인 a-life는 컴퓨터 칩의 세계에서 자손을 번식시키고, 진화와 경쟁, 그리고 공생 또는 기생까지도 가능하다는 것이다. 1990년대 이후 컴퓨터 과학자들은 다양한 컴퓨터 칩 속에서 생존하는 독특한 a-life를 만들었다.

통점을 발견하기 위하여 생명을 다음 두 가지 의미(보편 대 특수)로 설명하고 있다.

보편적 생명의 의미

보편적 의미의 생명이란 지구상의 생물체에만 한정 적용되는 것이 아닌 우주 전체의 생명체에도 적용할 수 있는 것이다. 생명이 보편적 생명으로 불리기 위해서는 다음의 조건이 충족되어야 한다.

첫째, **에너지 사용 능력**이다. 모든 종류의 생명에 절대적으로 필요한 조건은 '조건을 축적하고 구조를 유지하기 위해 필요한 에너지를 사용할 수 있는 능력이다.'

둘째, **번식력**이 있어야 한다. 생명체는 일반적으로 번식능력을 가지고 있다. 생명은 생명을 낳는다. 물론 이 법칙에도 많은 예외는 있다.

셋째, **진화력**이 있어야 한다. 컴퓨터 과학자들이 a-life[43]를 살아 있다고 생각하는 이유는 a-life가 새로운 특성을 가지도록 진화하는 능력을 가지고 있기 때문이다.[44] 즉 원래 프로그램 되어 있지 않던 특성이 복제된 자손에서 나타날 수 있기 때문이다. 진화란 복제 과정이 정확하지 않을 때, 프로그램이나 기계의 자손이 그들의 원조와 약간 다를 때, 그리고 그 다른 점이 다음 세대로 유전될 때 비로소 가능해진다.

넷째, **생물의 복잡성**(complexity)이다. 붕괴와 무질서를 향한 엔트로피의 진행을 역행하여 진화하고 번식하여 살아남기 위한 일련의 목표를 위해서는 어느 정도의 복잡성이 불가피하다. 즉, 아무리 작은 세포라 할지라도

43 a-life: 다른 종류의 생명체로, 공상과학 작가가 아닌 컴퓨터 과학자가 만들어낸 '인공적인 생명(artificial life)' 또는 간단히 '에어-라이프'라고 부른다. 이러한 인조생명의 개척자는 델라웨어 대학교의 토마스 레이(Tomas Ray) 교수에 의하면 a-life는 복제와 번식에 필요한 80개의 명령어를 가진 하나의 프로그램으로 이것을 '티에라(tierra)'라고 부른다. a-life는 컴퓨터 칩의 세계에서 자손을 번식시킬 뿐만 아니라, 진화와 경쟁 그리고 때로는 공생, 또는 기생 관계까지 발전하기도 하였다.

44 Silver, *Remaking Eden*, 33.

수백만의 분자물질을 갖고 있음을 의미한다.[45]

위의 네 가지 조건들을 종합하면 보편적 생명으로서 개체란 "자기를 특징짓는 정보와 조직체계를 유지하기 위하여 에너지를 사용하여 복제와 진화를 하는 산물"이라고 정의할 수 있겠다.[46]

복제와 진화라는 말은 모든 생물학적 생명을 설명하는 데 있어서 자연스러운 개념이지만 기독교 윤리학자들과 일반인에게 있어서 이 두 단어는 매우 민감한 반응을 일으킨다. 1993년 조지워싱턴 대학교의 홀과 스틸만(Jerry Hall & Robert Stillman)은 '인간 배아 복제'에 대해서 발표를 했다. 이에 대해 바티칸은 "사악한 선택," "광기의 터널 속으로의 모험"이라고 비판하였고, 제레미 리프킨(Jeremy Rifkin, Biotech critic)도 "인종개량시대의 개막(the dawn of eugenics era)"이라고 개탄해 마지않았다. 유럽의회는 이것을 가리켜 "비윤리적이며, 도덕적으로 증오스럽고, 인간의 존엄성에 위배되며, 어떤 경우에도 정당화되거나 받아들일 수 없는 인류의 기본권에 대한 중대한 위반이다"라고 하면서 만장일치로 복제를 금지하는 데 동의하였다.[47] 홀과 스틸만이 비난받은 이유는 단지 배아를 조심스럽

---

45 Ibid., 39-42. 생물학적 생명의 기본단위는 세포다. 성인은 100조에 달하는 세포를 가지고 있다. 각 세포는 핵과 세포질로 구성되는데, 핵은 염색체라는 구조물을 가지며 그 속에 유전물질인 DNA가 보관되어 있다. 정상적인 사람은 23쌍의 염색체를 가지고 있으며, 각 염색체는 한 개의 DNA 분자를 가진다. 세포질은 핵으로부터 전달되는 유전정보를 해석하는 기계를 가지고 있다. 또한 세포질은 체내외의 다른 세포로부터 들어오는 정보를 핵으로 전달하여 유전자 발현의 변화를 가져오게 한다. 세포가 자기 복제를 하기 위해서는 두 가지 단계를 거쳐야 한다. 첫째, 세포 크기의 두 배만큼 더 많은 세포 구성물을 만들어내야 한다. 둘째, DNA 분자를 정확하게 복사해야 한다. 이 두 단계가 완성되면 비로소 세포분열이 일어난다. 세포분열이 끝나면, 분열 전 모세포와 완벽하게 동일한 유전자를 갖는 두 개의 딸세포가 생기게 된다. 여기서 단세포생물인 경우 세포분열은 곧 자손의 번식을 의미하고, 인간과 같이 다세포생물인 경우는 세포분열에 의해 몸체가 커지고 정교하고 복잡한 형태로 변화한다.

46 Ibid., 34. 즉, 무생명체가 진화할 수 있는 능력을 성취할 때, 비로소 무생명체가 생명체가 될 수 있다. 이것을 신학적으로 해석하면 죄인인 인간은 스스로 구원(진화)할 수 있는 능력이 없지만 예수의 구속적 은총으로 그 능력을 얻을 때 비로소 생명을 얻게 됨으로 은유할 수 있을 것이다.

게 열어 그 속의 2, 3, 4개의 세포를 분리하고 죽어가기 전 며칠간 길렀다(배양)는 것이다. 실버의 생각으로는 그들이 만일 '복제(cloning)'라는 단어를 사용하지만 않았어도 언론의 폭풍 같은 비난은 피할 수 있었을 것이라고 한다. 그만큼 대중이 이해하고 수용하는 복제라는 개념은 생명공학자들이 사용하는 그것과는 상당한 차이가 있음을 확인할 수 있다.

특수한 의미에서의 생명

생물학적 생명의 두 번째 의미는 인간에게만 있는 의식적 생명(conscious life)의 의미이다.[48] 예를 들어, 여러분의 로봇(전자 인간) 친구가 있다고 가정하자. 분명 로봇은 인간과 같이 번식되고 진화된 산물은 아니다. 스스로 복제하는 능력도 없다. 그러나 어떤 이는 동의하지 않을지 모르지만 **우리가 로봇을 살아 있다고 보는 것은 사람과 같은 감정을 가지고 느끼며 표현할 수 있기 때문이다(영화 〈로보캅〉을 상기해볼 것). 무엇보다도 중요한 것은 그들이 자아의식이라는 극히 인간적인 특성도 가지고 있다는 것이다.** 즉, 우리가 사람과 연관하여 생명을 정의할 때는 두 개의 전혀 다른 의미를 부여한다. 하나는, 모든 생명이 공통적으로 가지는 기본 틀로서 에너지를 사용하여 조직과 정보를 유지하며 번식하고 진화하는 것이다. 다른 하나는 대뇌의 기능에 그 근거를 두나, 신경세포 개개의 기능을 뛰어넘는 특수한 의미의 생명을 함축하고 있는 것이다.[49]

특수한 의미로서의 생명을 정의하기 위해서는 신경계의 기능이 살아 있다는 것을 설명해야 한다. 예를 들면, 태아의 태내 발달 단계에서 언제 신경계가 비로소 가능하기 시작하며, 그 작용이 상실된다면 언제를 죽음으로 단정할 수 있는가에 대하여서는 과학이 아무리 진보한다 해도 그 답

---

47 Ibid., 132-33.

48 Silver, *Remaking Eden*, 36-37.

49 Ibid.

을 쉽게 하지는 못한다. 결과적으로 실버는 특수한 의미로서의 생명과 죽음의 경계는 항상 애매할 수밖에 없고 정의 자체가 불필요하다고 말한다.

생물학적 관점에서 본 생명의 두 가지 의미가 구별하기 어려운 만큼 인간의 수정란(배아)이 생명체냐 아니냐를 이야기하기란 더욱 쉽지 않다. 보편적인 생명의 정의에 의하면, 이식된 혈액이나 장기가 살아 있다면 수정란은 엄연히 살아 있는 것이다. 그러나 이 단세포는 특수한 의미에서의 인간을 상징할 수는 없다고 한다. 이 수정란이 인간의 모든 유전인자를 가지고 있고, 하나의 사람으로 발생할 수 있는 가능성을 지닌 것은 사실이지만 그것을 가졌다는 이유만으로 특별히 취급되어야 하는지는 생각해 보아야 할 과제라고 말한다.[50]

이상에서와 같이 기독교적 생명관과 생물학적 생명관 사이에는 공통된 견해도 있지만 극복할 수 없는 긴장과 차이가 있음을 알 수 있다. 기독교의 입장에서 본 인간의 생명은 하나님에 의해서 창조된 것이고 생명의 시작과 끝은 다 하나님께 달려 있음을 믿는다. 크리스천들은 인체의 기본 단위가 되는 최초의 세포의 발생도 다 하나님의 창조 구도에 있었다고 믿는 반면, 생물학에서는 세포의 원형(prototype, 최초의 모세포)이 어디에서 왔는지 알 수 없다고 하면서도 그것을 우연성과 진화의 원리로 설명하려고 한다. 생명을 이해하는 창조론과 진화론 입장은 포기 분열을 하는 배아(수정란)에 대하여 기본적인 견해 차이를 갖고 있다. 생물학적 관점에서 신경계가 발생되기 전(14주)까지의 배아는 인간이라고 볼 수 없기 때문에 복제와 유전자 조작 등을 하는 것은 윤리적으로 아무 문제가 되지 않는다고 주장하는 학자들도 있다. 그러나 기독교적 관점에서는 배아의 발생 단계가 문제가 아니라 원천적으로 인간의 배아를 대상으로 그것을 조작하고 인공적으로 복제를 유도하는 행위를 문제 삼는 것이다. 왜냐하면, 배아라 할지라도 그것은 하나님의 생명 창조 작업이 시작되었음을 의

50 Ibid.

미하기 때문이다. 현재로서는 크리스천 공동체로부터 배아 선별, 배아 복제, 유전자 조작 등과 같이 생명의 창조(시작)와 관련하여 사용되는 생명공학, 생식기술에 대해 비판이 멈추지 않을 전망이다. 그러나 태아의 장애여부와 불치병에 대한 유전자 검사 및 배아 선별을 둘러싸고 많은 논란이 예상된다. 이 문제에 한해서는 태어날 당사자와 창조주 이외에는 그 누구도 말할 권한이 없기 때문이다. 불치병이나 장애자로 태어날 배아나 태아가 아직 의식이 형성되지 않았다는 이유로 부모가 그들의 생명을 중단시킬 권리가 있는가? 최적의 해답은 인간의 윤리적 판단 저편에 있다.

2) 생명 기간 중에 야기되는 윤리적 문제

생명이 진행되는 기간 중에 야기되는 윤리적 이슈와 문제들은 많겠으나 전문적 지식의 한계 때문에 여기에서는 유전자 조작 및 치료와 관련된 윤리 문제를 주로 살펴보겠다.

유전자 조작

유전공학과 생명공학의 발전은 기존의 개념들을 쉽게 허물어버린다. 과거에는 머리가 좋은 아이나 손재주가 좋은 아이들은 천부적인 것으로 인정해왔으나, 최근의 보도에 의하면 인위적 유전자 조작으로 IQ가 인간에 버금가는 뛰어난 원숭이를 생산해낼 수 있게 되었고, 아이들도 공부시키기보다는 유전자 조작으로 뇌를 개조시키는 편이 더 쉬워지게 되어 학습의 근본적 개념이 흔들릴 전망이다.[51] 어떤 사람들은 이러한 인간 유전자 조작이 불임 부부들의 불임 치료를 비롯해서 유전적 난치병을 해결하거나 장기 이식에 필요한 장기를 손쉽게 구할 수 있는 획기적인 전기를 마련했다고 높이 평가하기도 한다. 그러나 교육자들에게 있어서 이것은 결코 쉽게 동조할 수 있는 것이 아니다. 이제는 더 이상 상상이나 가상현

51 박상은, 「새로운 천년과 도전받는 생명윤리」, 생명윤리. http://www.sangeun.co.kr.

실이 아닌 현실로 다가온 복제인간의 이슈는 교육계에 엄청난 파장을 몰고 올 것으로 예상된다. 인간의 생명이 실험실에서 조작되고 생산된다고 하는 것은 분명 생명 질서의 파괴뿐 아니라 인간의 삶의 모든 기존 질서를 송두리째 바꾸어버리게 될 것이다. 복제인간의 범죄 이용, 장기 이식용 복제인간, 전쟁 수행을 위한 복제인간 등의 양산으로 이제 인간의 존엄성이나 인권, 인간적 출생이니 하는 단어들은 사치스런 단어로 전락해버리게 될 지경에 이른 것이다.[52] 다행스러운 것은 아직까지는 인간복제를 찬성하는 나라가 몇 안 되고 의학계를 포함한 사회의 각처에서 인간복제를 우려하는 목소리와 그에 따른 제도적 장치를 마련하려는 움직임이 있기 때문이다. 아무리 유용한 측면이 있다 하더라도 인간 자신이 실험의 대상으로 사용된다는 것은 결코 용납될 수 없다는 입장을 보이고 있다는 점은 기독교의 관점과 그 맥을 같이한다.[53]

그렇다면, 유전자 조작 기술의 폐해는 무엇인가? 학자들은 첫째로, '종의 혼란'을 꼽는다. 유전자는 그 종이 가지는 독특한 성질을 나타내는 표징인데, 이 유전자의 조작을 통해 경계가 불분명한 식물과 동물이 등장하게 된다.[54] 하나님이 생물을 창조하실 때 모든 동식물을 '그 종류대로' 창조하셨다. 하나님은 피조물의 다양성을 존중하시며 그 가운데 일치와 조화를 이루어내신다. 기독교인은 이러한 유전자 조작에 대해 어떤 입장을 취해야 할 것인가? 기독교 대응이 늦은 감이 있으나 지금이라도 유전자 조작 술에 대한 성경적 해석을 면밀히 탐구하여 신학적 대응을 시도해야 할 것이다.[55]

---

52 이동익, 「현대 사회와 생명윤리의 몇몇 주제들」, http://chathohc.ac.kr/donglee

53 Ibid. 유럽 40개국으로 구성된 정치 사회 분야 협력 기구인 '유럽회의(CE)'는 이미 인간복제와 관련한 행동의 일체 금지를 압도적으로 통과시켰으며(1997년 7월), '유네스코'에서는 제2의 인권선언이라고 할 수 있는 「인간 게놈과 인권보호에 관한 국제선언」을 만장일치로 채택한것이다(1997월 11월 10일). 곧 인간복제와 같은 존엄성에 우선할 수 없다는 내용을 담고 있다.

54 박상은, 「유전자 조작에 대한 기독교적 접근」, 생명윤리. http:// www.sangeun.co.kr.

둘째로, 유전자 조작 기술의 폐해는 환경보전의 문제이다. 지금 당장 이익이 된다 하더라도 새로운 생물을 유전자 조작으로 대량 생산해낼 때 기존의 열등한 유사 종들은 사멸될 것이며, 한번 유전자 조작에 문제가 발생되면 과거의 종들을 되살리기란 쉽지 않을 것이다. 최근 우리나라에서 문제가 되고 있는 식용 황소개구리가 그 좋은 예이다. 이 외에도 유전자 조작을 시행한 식물을 섭취하는 경우 인체에 예기치 않은 유전자 변형을 가져와 암이나 면역계에 이상을 초래할 수도 있다는 학계의 우려가 있다. 이 시대가 과학기술의 진보에 의존하지 않고는 유지될 수 없다 하지만 무조건적으로 의존적일 필요는 없을 것이다. 하나님이 주신 이성과 지성을 최대한 활용하여 더 나은 삶을 추구하는 것은 필요하지만, 인간의 필요가 도를 넘어서 탐욕에 이르면 자연과 환경 생태계를 파괴하거나 변질시킬 수 있다는 것을 공감하고 상호 통제해야 할 것이다.[56]

유전자 치료

유전자 치료란 이상이 있는 유전자를 교체함으로써 유전병을 치료하는 방법을 말한다.[57] 개개의 질병에서 유전자 치료를 하는 것에 대하여는 다른 임상시험과 같이 IRB[58]에서 심의하도록 되어 있다. 미국이나 영국에서는 강조되지는 않으나 관심을 끌고 있는 분야는 제한적 유전자 치료에 관한 것이다. 이와 관련하여 공공정책에서 거론되는 두 가지는 첫째, 유전자 치료가 우생(enhancement: 증강, 고양)을 위해서 사용되면 안 된다는 것, 둘째, 유전자 치료가 생식선 치료에 사용되어서는 안 된다는 것이다.

우생학에서는 사회가 바람직한 방향으로 나아가도록 인종을 개선하여야 한다고 주장한다. 만약 이 주장이 맞는다면 그렇지 못한 사람은 차별

55 Ibid.

56 Ibid.

57 신전수, 「유전자치료」, 생명의료윤리. http://www.sangeun.co.kr

58 임상시험심사위원회(Institutional Review Board, IRB).

하고 인종청소나 학살로 연결될 수도 있다는 생각을 할 수 있을 것이다. 유전자 치료를 체세포에 한정해야 한다는 것은 1988년 European Medical Research Council에서 주장하였는데 이것도 역시 문제가 많은 것으로 보인다. 왜냐하면 이 경우에는 각 세대마다 동일한 질환을 치료해야 하기 때문이다. 유전자 치료는 아직도 장기적인 부작용에 대하여 알려진 바가 없으므로 생식세포에 해를 가할 수 있는 시술이 허락될 수 없다는 주장이다.

생식선에 대한 유전자 치료를 전면 금지해야 한다는 주장에는 다음과 같은 논리가 있다.[59] 첫째, 생식선에 대한 실험적 치료는 현재로서는 동의를 받을 수 없는 미래 세대에 대한 치료이다. 둘째, 미래 세대는 의도적으로 수정된 것이 아닌 그대로의 유전적 소질을 물려받을 권리가 있다. 셋째, 생식선에 대한 실험은 우생학적인 목적에 유전학이 사용될 수 있는 기호가 된다. 그러나 이에 대한 반론은 만만치 않다. 즉, 부모가 자녀의 유전자 치료에 동의하면 할 수 있듯이 이 치료는 가능하며, 또한 그 부모라 할지라도 심한 질병을 일으키는 유전적 소질을 자녀에게 물려줄 권리가 없으며, 생식선에 대한 유전자 치료라고 체세포 유전자 치료보다 특별히 더 우생학적으로 악용되지도 않는다는 것이다. 이에 대한 기독교의 입장도 하나로 대변하기가 쉽지 않을 것이다. 무엇이 한 피조물의 평화(샬롬)를 보장할 수 있으며, 누가 그 권한을 갖는가에 따라, 현실적 결정을 해야 할 때는 기독교인마다 입장의 차이를 갖게 될 것으로 전망한다.

인체 실험과 관련된 윤리적 문제[60]

역사적으로 보면 인체 실험의 희생자는 빈민 등 사회적 약자였는데, 가장 극단적인 사례는 제2차 세계대전 종전 후 뉘른베르크(Nurenburg) 법정에서 밝혀진 나치 독일의 군진 의학이다. 그 후 탈리도마이드(thalidomide)

59 박재형, 「실험관련 의료윤리」, 생명의료윤리. http://www.sangeun.co. kr.
60 Ibid.

사건을 계기로 1962년 미국에서 시작된 키포버-해리스(Kefauver-Harris) 수정약사법은 의약품의 유효성과 안전성을 입증하는 임상시험의 필요성을 강조하였다.

1974년 미국에서는 인간을 대상으로 하는 시험을 규제하는 '국가연구규제법'이 제정되었고, 이 법에서 임상시험심사위원회(Institutional Review Board, IRB)[61]가 각 기관의 시험계획을 심사하도록 규정하였다. IRB제도는 사회적 약자를 대상으로 밀실에서 시행되던 실험적 연구를 공개적 토론의 장으로 끌어내고 치료를 도외시한 연구 중심의 시험을 방지하는 기능을 한다. 1981년에는 미연방법으로 의약품임상시험기준(GCP: Good Clinical Practices)[62]이 법제화되었다. 신약품 임상시험의 윤리성과 과학성

---

61 임상시험심사위원회(IRB)는 인간을 대상으로 하는 생물의학적 연구와 그 임상응용에 있어서 의료윤리에 관한 사항을 심의하는 의료기관 내 자율기구이다. IRB가 임상연구계획서를 심의할 때 계획서의 윤리적인 측면만이 아니라 과학적 타당성을 면밀히 검토해야 한다. 비과학적인 연구를 수행한다는 것 자체가 비윤리적이기 때문이다. IRB 심의의 적용 범위는 일정하지 않다. 세계의사회는 적용 범위를 '인간 피험자를 포함하는 모든 생물의학적 연구'로 하고 있고, NIH는 '특정 연구기금을 받는 인체 연구'로 제한하고 있다. 반면 FDA는 기금 수혜 여부를 불문하고 '시험적 약품, 기구(investigational drugs and devices)를 포함하는 연구'로 규정, 비등록품의 경우 '모든 임상연구'에, 등록의료품의 경우 '새로운 적응증을 개척하는 연구, 기존에 연구된 바 없는 환자 집단을 대상으로 한 연구, 승인 용량을 훨씬 초과하는 용량을 사용하는 연구, 부작용의 빈도를 측정하는 연구, 장기간 대규모 환자를 대상으로 하는 연구'에 적용토록 하고 있다.

62 이 기준은 임상시험에 참여하는 피험자들의 권리와 안전을 보호하고 임상시험 과정과 임상시험 결과의 과학적인 타당성, 정확성과 신뢰성을 보장하는 것을 목적으로 한다. 의약품 임상시험 기준과 동의어로 쓰이는 'GCP(Good Clinical Practices)'라는 용어는 1970년대 후반 미연방 식품의약청(FDA)이 제정한 신의약품의 제조 및 판매 허가와 관련된 일련의 법안들로부터 유래한 것이다. 임상시험은 개념상으로 제1상(임상약리상), 제2상(임상연구상), 제3상(임상시험상)으로 나누어 실시되며, 제3상 시험을 마치고 시험약의 안정성과 효능이 입증되면 제조판매허가를 받게 되며 이때부터 우수 의약품 제조관리기준(GMP, Good Manufacture Practices)에 따라 제조, 시중에 판매된다.
「신약 임상시험의 4단계」, 한국의약품임상시험관리기준(KGCP: Korea Good Clinical Practice).
Phase 1: 건강한 사람에서 약효 농도와 중독량을 정하고 안전 투여량과 유효성을 본다.
Phase 2: 소수의 환자를 대상으로 유효성과 안정성을 본다.

을 위하여 기준을 정하였고 이후 세계 각국에서 임상시험의 표준으로 채택되고 있다.

1978년에는 미국의 생물의학적, 행동학적 연구에 있어서, 인간 피험자 보호를 위한 국가위원회의 벨몬트 리포트(The Belmont Report)에서 세 가지 윤리적 원칙들, 즉 인간 존중, 선행, 정의의 원칙을 말하였다.[63] 국내에서도 의학연구윤리제도를 검토할 필요성이 인식된 지 오래되었으나, 의료기관 내에 제대로 된 기능을 수행하는 IRB의 설치는 1995년 10월부터 시행되었다. 1989년 가톨릭대학교병원에 이를 위한 임상연구위원회가 처음 설치되었으며, 이후 주요 대학병원에 IRB가 설치되었다. 현재 국내에서 운영되고 있는 IRB는 실무적 수준의 IRB뿐이다. 인체 실험은 기독교적으로 볼 때도 죄악이다. 어떤 이유에서든 하나님이 창조한 생명 중에서 가장 고등한 생명체인 인간의 생명을 대상으로 가하는 어떠한 실험도 죄가 됨을 분명히 인식해야 한다.

Phase 3: 많은 환자에서 유효성과 부작용을 검토한다. 그 후 약품의 제조 및 판매가 허가된다.

Phase 4: 이미 시판되고 있는 약품에 대하여 부작용, 약품의 유효성을 추가 조사한다.

63 1) 인간 존중의 원칙: 충분한 설명에 근거한 동의(informed consent)란 세 가지 요소, 즉 정보, 의사결정능력, 자발성을 전제로 한다.

2) 선행의 원칙: 연구자는 위험/이득 평가(risk/benefit assessment)를 통해 예측 가능한 해악과 이득을 따져보아야 한다.

① 피험자를 야만적, 비인간적으로 대우하지 않는다.

② 위험은 최소화되어야 한다.

③ 상당히 심각한 정도의 해악이 우려되는 연구에는 그 연구가 피험자에게 직접적으로 이득이 된다거나 피험자가 자원 의사를 명백히 밝혔다는 근거가 제시되어야 한다.

④ 사회적으로 취약한 사람들을 피험자로 동원할 때 합당한 근거를 제시한다.

⑤ 피험자로부터 동의를 구하는 과정에서 연구 참여에 따르는 위험과 이득이 상세하게 공개되어야 한다.

3) 정의의 원칙: 연구에 참여하는 피험자들은 공정하게 선정되어야 한다. 사회 계층, 나이, 성별, 학력, 출신 지역, 종교 등의 특성을 이유로 대상자 선정이 편파적이어서는 안 된다.

장기 이식과 관련된 윤리 문제

지난해 8월 29일자 영국 일간지 『더 선데이 타임스(The Sunday Times)』의 보도에 따르면, 미국 오하이오주 케이스웨스턴 리저브 대학의 로버트 화이트 박사에 의해 세계 최초로 침팬지에게 뇌이식이 성공적으로 수행되었다고 한다. 또 얼마 전 원숭이 두 마리의 머리 몸통 교환 수술이 성공을 거두었다. 이러한 뇌이식 수술의 성공은 인간의 정체성을 어디에 두어야 하는지 그 존엄성의 기반이 붕괴되는 느낌을 갖게 한다. 이러한 일련의 동물 실험들은 과연 영혼은 어느 곳에 존재하는지를 끝없이 질문하게 한다.[64]

2000년 10월 5일 보도된 미국의 애덤(Adam)의 부모처럼 한 자녀의 생명을 구하는 데 필요한 신체기관이나 조직을 얻기 위하여 새로운 자녀를 의도적으로 낳는 것이 도덕적으로 수용될 수 있느냐는 의문이 제기될 수 있다. 또한 최근에는 자식의 병을 고치기 위하여 합법을 가장하여 입양을 하고 입양한 아이의 장기를 떼어내서 친자식에게 장기 이식을 하는 경우가 보도되고 있다. 동의를 제대로 구하기 어려운 미성년자의 장기 이식은 부도덕한 것이다. 부모는 자식의 장기를 임의로 제3자에게 떼어 줄 권리가 없다. 아기, 즉 사람이 생물학적인 조직을 공급하기 위한 수단으로 취급되는 것은 비인간적이며 인간의 존엄성을 해치는 것이다. 또한, 질병 치료를 위해 태아의 조직을 이용하는 것은 비윤리적이다. 왜냐하면 이것은 태아의 생존권에 위배되기 때문이다. 질병 치료의 수단으로 임신하고 태아를 유산시키는 것, 미성년자에게 장기 기증을 요청하는 것, 장기를 돈으로 팔고 사는 것도 모두 비윤리적이다.[65]

---

64 박상은, 「새로운 천년과 도전받는 생명윤리」.

65 이용필, '생명 윤리학'.

3) 생명의 끝과 관련된 윤리적 이슈

생명의 끝과 관련된 대표적인 윤리 문제는 안락사를 들 수 있다. 네덜란드는 이미 안락사를 합법화했고, 그 외의 국가에서도 활발한 논의가 진행되고 있다. 극심한 고통 때문에 이제 더 이상 삶의 의미가 없다고 여기면서 죽음을 스스로 선택할 권리가 인간에게 있다는 주장이 법의 힘을 빌려 서서히 그 세력을 확장해가고 있다. 그러나 견디기 어려운 고통을 제거하기 위해 의도적으로 죽음을 선택하는 것, 곧 안락사가 마치 인간의 품위를 유지해줄 수 있다는 생각은 거짓된 자유의 한 모습이며, 참된 인간성을 기만하는 행위일 뿐이다.[66] 인간이 지니는 가치와 권리 중에서 가장 으뜸이 되는 것은 인간의 존엄성에 입각한 생명의 권리이다. 그러나 현대사회에서는 인간 생명의 근본 가치마저도 의문시되고, 고통과 죽음을 보는 눈도 달라지면서 사람들은 죽음의 의미에 대해서는 별로 관심이 없다.[67]

고통 중에 있는 말기 환자의 경우 정신적 고통은 어쩌면 육체의 고통보다도 더 클 것이며, 결국 스스로 죽음을 택하는 것만이 유일하게 그 육체적, 정신적 고통에서 벗어나는 길이라고 생각하게 될 것이다. 그러나 문제는 무엇이 인간다운 죽음이냐는 것이다. 죽음이란 모든 인간에게 있어서 피할 수 없는 사건이다. 죽음이라는 피할 수 없는 사실 앞에서 인간은 인

---

66 이동익, 「현대 사회와 생명윤리의 몇몇 주제들」. 미국인 의사 커보키안은 안락사 시술 장비를 고안하여 지금까지 100여 명의 환자들을 안락사시켰다. 이들 중에는 말기 암환자뿐 아니라, 우울증과 같은 정신질환자도 다수 포함되어 있는 것으로 알려지고 있다. 존엄하게 죽을 권리가 인간에게 있다고 주장하면서 사실상의 자살을 조장하는 이러한 안락사는 '의사조력자살(Physician Assisted Suicide)'이라고 불린다. 안락사 외에도 장기 확보 방안으로 마련된 뇌사 입법화, 그로 야기되는 죽음의 불명확한 경계선, 경제적인 이유로 치료를 포기하는 환자들, 인간이 과연 인간을 죽일 권리가 있는지 논쟁이 일고 있는 사형제도 등이 격렬한 논쟁 가운데 있다. 안락사의 대안으로 등장한 호스피스가 최근 많이 확산되면서 큰 호응을 불러일으키고 있지만 죽음의 권리를 찾으려는 안락사의 거대한 물결에 비하면 아직은 작은 움직임일 따름이다(박상은, 「새로운 천년과 도전받는 생명윤리」).

67 Ibid.

격적 존재로서 부름을 받는다. 인간은 양심을 가지고 자유롭게, 책임감을 가지고 인간됨을 실현하면서, 자기에게 주어진 삶을 살아가기 위한 존재로 부름 받은 존재이다. 이런 의미에서 인간적 죽음이란 인간 존재에게 있어서 아주 중요하고도 거절할 수 없는 요소이며, 또한 생명 전체를 요약하는 사건이기도 하다. 더 나아가 한 존재가 완성을 이루며 생을 마감하는 완전의 순간으로서 평화로움과 용기를 가지고 죽음을 맞이해야 하는 것이다.[68] 기독교적 관점에서 죽음이란 출생에서부터 사망에 이르기까지 한 피조물의 이 세상에서의 삶이 통합을 이루는 사건이다. 그러나 크리스천의 죽음은 그에게 생명을 주신 분에게로 돌아가는 것이며, 이런 의미에서 또 다른 생명의 시작이요, 영원한 생명의 길에 들어섰음을 의미한다.

지금까지 기독교교육에서 다루어야 할 덕목으로서 생명윤리의 담론들을 살펴보았다. 21세기의 기독교교육자들은 인간의 생명을 경시하고 위협하는 이 시대 첨단 생명공학의 도전 앞에서 아직 태어나지도 않은 미래의 생명들을 위하여 그 생명을 잉태하고 출산하고 양육할 현재의 사람들에게 무엇을 어떻게 설득해야 할지 난감하다. 보다 과학적이고 보다 객관적인 잣대를 개발하여 인간 능력의 차이를 변별하고 분류하고 계급화하려는 이 시대의 교육은 점점 우생학적 주장을 선호하는 듯 보인다. 그렇기 때문에 이 시대 기독교교육자들은 더욱더 하나님의 자녀들에게 올바른 생명관과 개개인의 달란트의 다양함과 소중함을 가르칠 책임과 사명이 있는 것이다.

Ⅲ. 기독교 생명윤리교육 실천을 위한 제언

위에서 살펴본 생명윤리의 이슈와 문제 그리고 담론들에 기초하여 기

---

68 Ibid.

독교교육에서 해야 할 생명윤리교육의 과제를 제시하면 다음과 같다.

첫째, 생명윤리교육에 관한 장·단기 교육정책을 수립한다.

둘째, 생명윤리교육의 교육과정 및 교육방법을 개발한다.

셋째, 생명윤리에 관한 교사 및 부모 교육을 계획하고 실시한다.

넷째, 생명윤리교육을 지원하는 교육행정조직 및 체제를 정비한다.

생명윤리교육은 누가 교육의 필요를 인식하고 주(主)를 갖는가에 따라 교육이 행해지는 장소와 목적과 대상이 정해진다. 그러나 본고에서는 형식 교육으로서의 생명윤리교육을 실천하기 위한 제언에만 집중하고자 한다. 기독교학교의 각급 교육기관(초등에서 대학원까지)과 교회 및 연합 단체 등과 같이 교육 사업이 단체의 정관에 명시되어 있는 기관을 중심으로 실시할 수 있는 실천 과제들을 제안하고자 한다.

1) 기독교 생명윤리교육을 위한 전반적 교육정책이 먼저 수립되어야 한다

① 각 수준의 교육의 주체들은 생명윤리는 기독교에 대한 시대적 요청이요 더 이상 지연시킬 수 없는 시급한 교육 덕목임을 인식해야 한다. 특히 교육기관 및 교회 지도자들과 기독교교육자들은 현대 생명공학의 진보와 인체에의 응용과 예상되는 무엇에 대하여 첨예한 의식을 가져야 한다.

② 생명윤리는 현재 의료 서비스업에 종사하는 전문인들뿐만 아니라 일반 시민들에게도 공개적으로 교수될 수 있어야 한다. 이를 위해 먼저 유전공학을 사용하여 의료행위를 하는 병원이나 생식유전공학을 연구하는 대학 및 사설 연구소, 생명공학적 기술을 응용한 상품이나 식품을 생산하는 기업 등과 같은 곳에서 어떤 유전 및 생명공학 실험이나 기술을 사용하는지, 그 결과가 인간의 삶에 어떤 영향을 줄 수 있는지에 관해 알 권리가 시민에게 있음을 가르쳐야 한다. 뿐만 아니라 개인의 질병 치료를 위해 인공 생식이라든지 유전공학적 기술을 사용하게 될 경우 당사자에게 생명윤리에 관해 충분히 숙지할 기회를 주는 제도적 장치(생명윤리 상담 및 교육사 제도)가 마련되어야 한다. 이러한 제도적 장치가 병원과 교

육기관, 연구소에 확립되어 있지 않는 현재의 상태에서 교회는 범국민적 차원의 생명윤리 교육을 체계적으로 실시하기 위한 NGO 차원의 생명윤리 교육을 자발적으로 실시하는 장이 되어야한다.

③ 기독교학교연합회는 총회 차원에서 생명윤리 교육이 시대적 요청임을 발제하고, 각급 학교별로 생명윤리교육정책위원회를 구성해야 한다. 예를 들어 기독교학교연합은 초 · 중 · 고등학교별로 생명윤리교육정책위원회를 10인 이하로 구성하고, 각 위원회는 초등학교의 경우 바른 생활지도 교사나 중 · 고등부는 생명과학 및 공학 전공자(없을 시는 생물학 전공자)와 윤리나 교육학 전공 교사가 당연직으로 참여하도록 하며 남녀 교사의 위원 구성비는 50:50으로 한다. 대학의 경우도 마찬가지이고 신학전공(특히 기독교교육 전공이나 기독교윤리 전공) 교수나 교목은 당연직 위원으로 참여시킨다.

각 학교 및 교회 차원에서도 자체적으로 생명윤리교육정책위원회를 조직한다. 위원 수는 5-7명이 적당하다. 먼저 생명윤리교육정책위원회의 교사는 자신부터 생명윤리 교육에 대한 연수를 받아야 하는데, 여건 조성이 안 될 경우 자체적으로 셀프-스터디 그룹(self-study group)을 만들어 연구한다.

생명윤리교육정책위원회는 아래와 같은 일을 계획하고, 입안하고, 결정하며 시행한다.

1) 생명윤리교육의 목표 수립
2) 교육과정 및 교육방법 연구 개발
3) 교사 교육 프로그램 개발 및 실시
4) 부모 및 회중 교육 프로그램 기획 및 실시
5) 시민 공개 강좌 프로그램 기획 및 실시
6) 사이버 '생명윤리학교' 운영

2) 생명윤리교육의 교육과정 및 교육방법의 개발

생명윤리교육의 교육과정 및 교육방법의 개발은 연합회 차원에서 합동 프로젝트로 할 수 있고 또 각급 학교 또는 교육기관별로 교육재정이 허락하는 범위 내에서 현실적인 교육과정을 개발할 수도 있다. 유아에서 장년에 이르는 생명윤리 교육과정을 개발한다고 할 때 고려해야 할 것은 시간과 개발비용이다. 적어도 2년 이상이 교육과정을 개발(연구 및 교육과정 자료 제작)하는 데 소요된다. 따라서 연합적 사업으로 커리큘럼 프로젝트(curriculum project)를 수행하는 것이 경제적일 것이다. 개신교의 경우 교단 총회 차원에서 정책과제로서 이 사업을 주도하는 것이 가장 효과적일 것이다. 그러나 한국 교계의 교단 및 교회 지도자들의 교육과정 개발에 대한 인식 부족은 어제오늘의 일은 아니다. 아직도 한국교회에는 익명으로 봉사하는 겸손한 손길이 많으므로 그러한 '숨겨진 자원(hidden resource)'을 발굴하고 활용하는 것이 보다 더 현실적일 것이다. 생명윤리교육에 관한 의식과 소명을 공감하고 공유하는 사람들이 연구 개발비를 모금(fund raising)하고 교계에 있는 전문가들이 시간과 지식으로 봉사해준다면 불가능한 일만도 아니라고 본다. 빌립보서 4:13의 말씀처럼 "내게 능력 주시는 이 안에서 모든 것을 할 수 있다"는 신념이 생명윤리교육을 시작하는 이들에겐 필요하다.

기독교 생명윤리 교육과정의 유형과 특성 - 프락시스 중심 교육과정

지식의 일방적 전달과 획득은 생명윤리교육의 주된 교육목적이 아니다. 생명윤리교육은 생명과 관련된 윤리적 문제와 딜레마의 상황에 대한 비판적 성찰(critical reflection)과 윤리적 의사결정(ethical decision) 능력을 배양하는 데 기본 목적을 두어야 한다. 이것은 생명공학과 생명윤리에 관한 인지적 학습능력이 불필요하다는 말은 아니다. 교육과정 자체를 지식 중심으로 개발해서는 생명윤리교육의 실효를 거두기 어렵다는 말이다. 생명윤리 교육과정이 지녀야 할 특성을 제안하면 다음과 같다.

첫째, 성서적 생명관이 교육과정의 기본 주제가 되어야 한다. 즉, 생명의 주권은 하나님에게 있음과 모든 인간 생명의 가치는 평등하게 고귀하며, 생명은 하나님의 구속사의 결과임을 확인하는 것이다. 결국 생명윤리는 하나님 나라의 윤리임을 선포하는 것이 교육과정의 총 주제(main theme)이어야 할 것이다.

둘째, 기독교 생명윤리교육은 생명에 관한 기독교적 삶의 방식을 보여주는 것이어야 한다.[69] 기독교 생명윤리교육은 생명의 존엄성에 대한 합의된 신념을 교육한다는 점에서 종교 교수(religious instruction)의 한 형태이다. 그러나 그 대상에 따라서는 종교적 관점을 초월하여 교수할 수 있는 융통성을 가져야 한다. 왜냐하면 기독교 생명윤리의 정신은 기독교인의 생명만을 소중히 여기는 것이 아니라 모든 사람의 생명을 다 소중히 여기는 것이기 때문이다. 윤리는 행위와 행위자에게 관련된 것이다. 특히 생명윤리는 '생명을 아는 것(knowing life)'과 '생명을 사는 것(living life)'이 일치되어야 한다. 따라서 기독교적 삶의 방식(a way of being)을 보여주는 것 그 자체가 바로 생명윤리교육이 되어야 한다. 이러한 삶의 방식을 최근 서정인(성결대)은 멘토링(mentoring)이라는 것으로 소개하고 있다.[70]

셋째, 기독교 생명윤리 교육과정은 참여자의 비판적 성찰과 윤리적 의사결정을 돕는 프락시스 중심의 교육방법으로 지도할 수 있는 것이어야 한다. 따라서 교육 내용은 윤리적 이슈가 관련된 삶(또는 생명공학 응용실례 등)에서 출발하여 기독교적 생명관과 신학적 성찰을 거쳐 다시 삶의 상황으로 돌아와 스스로 윤리적 의사결정을 만들 수 있게 하는 변증적 사유과정과 대화적, 참여적 교육방법을 활용할 것을 권장한다.

---

69 Maria Harris and Gabriel Moran, *Reshaping Religous Education* (Louisville, Kentucky Westmister Jhon Knox Press, 1989), 32-40.

70 서정인, 「교회교육과 멘토링」, 한기정 교육체제/환경분과 3회 학술콜로키움 발표 유인물, 연세대학교 알렌관, 2000. 10. 9.

기독교 생명윤리 교육과정의 범위와 계열(Scope & Sequence)

기독교 생명윤리 교육과정의 범위를 선정하기 위해서는 먼저 개인적 사회적 요구 조사(need assessment)가 선행되어야 한다. 그러나 생명윤리에 관해서는 현재 요구조사가 필요 없을 것 같다. 복제 양 돌리나 배아선별로 태어난 애덤의 이슈는 일파만파의 효과를 가지고 있기 때문에 생명윤리 교육에 대한 사람들의, 사회의, 종교단체의 요구는 충분히 수렴되고 있다. 그렇다면 생명윤리 교육과정의 범위는 어떻게 보아야 할 것인가? 본고에서는 생명윤리교육에서 교수, 학습되어야 할 내용의 영역만을 제안하려고 한다. 이후에 보다 구체적으로 교육과정의 범위를 학습자의 발달 단계와 교육 형태에 따라 세분화해야 한다. 그것은 교육과정 연구 프로젝트가 수행해야 할 과제이기에 그들의 과제로 남겨둔다.

기독교 생명윤리의 이슈 및 문제	교육과정 영역
생명의 기원과 시작	'기독교 생명관' 대 '생물학적 생명관' 성교육 - 성, 성교, 임신, 출산, 낙태 인공생식 - 인공수정, 체외수정, 대리모 인간복제 - 정자, 난자, 수정란 관련법, 의사 윤리 강령, 판례 기독교의 입장 - 교회, 기독교단체의 선언문 불치병과 유전자 치료 - 유전자 조작, 대체, 보장
생명의 과정	인체 실험 - 신약 개발, 태아 사용 장기 이식 - 인공장기, 동물 장기 이식, 장기 매매 환경오염 관련법, 국제적 동향, 사례 연구 '기독교 생명관' 대 '생물학적 생명관'
생명의 끝	안락사 - 뇌사 판정, 장기 적출 자살, 호스피스 관련법, 국제적 동향, 사례연구

기독교 생명윤리 교육과정의 계열성의 문제는 우리가 어떤 학제 안에서 생명윤리를 교육하는가에 따라 논의되어야 한다. 즉, 이것을 성인이 주

대상인 사회교육 교육과정으로 할 것인가 아니면 교회나 교육기관의 학제 내의 교육을 위한 교육과정으로 개발할 것인가에 따라 계열성의 논의는 달라질 것이다. 그러나 생명이라는 공통된 주제를 놓고 볼 때 기본적인 계열성은 시작-과정-끝의 계열(sequence)을 따라야 논리적일 것이다. 본고에서 배열한 생명윤리적 이슈들이 이 논리적 순서와 중복될 수 있음을 양해하길 바란다. 교육 대상이 누구냐에 따라 같은 교육 내용을 교사와 부모, 그리고 청소년, 성인 장년 등에 이르기까지 다양하게 구성할 수 있다. 단 교사교육에 있어서는 윤리 교육방법에 대한 전문적 교육 훈련이 추가되어야 할 것이고, 부모교육일 때도 parenting에 대한 전문 내용이 추가되어야 할 것이다.

교육 대상은 연령, 사회 심리적 욕구, 신앙 발달 단계, 취미, 직업, 그리고 생명윤리에 대한 동기화 정도에 따라 다양할 것이다. 교회는 바로 이렇게 다양한 학습자 계층이 한 공간에 모이는 장점을 가지고 있기에 생명윤리교육을 선도적으로 실천하기엔 매우 좋은 교육의 장이 된다.

기독교 생명윤리교육을 지원하는 교육행정조직 및 체제

현재 생명윤리교육에 뜻 있는 젊은 교육자들이 개별적으로 혹은 작은 학회를 결성하여 운동을 전개하고 있다. 그리고 인터넷을 통한 사이버 생명윤리교육도 활발하게 일어나고 있다. 구영모(울산의대)와 박상은(보건복지부 생명윤리위원) 등은 한국 생명윤리교육을 대중문화 속에서 활발하게 전개하고 있는 생명윤리교육자들이다. 특히 사이버 공간에서 생명윤리 홈페이지를 개설하여 강좌와 자료를 일반 시민과 네티즌들에게 공개하여 좋은 반응을 얻고 있다. 앞으로 기독교 생명윤리를 보다 많은 회중에게 교육하기 위해서는 체계적인 생명윤리교육 행정조직과 체제가 필요하다. 두 사람 이상이 모여 한 가지 목적을 도모하면 경영과 행정이 발생한다는 말이 있다. 이제는 좀 더 체계적인 생명윤리교육이 기간 학제 내에서 그리고 종교교육기관에서 전개되어야 할 때이다.

기독교 생명윤리교육연합회(가칭)라든지 교사들의 모임을 생각할 수 있겠으나 무급 자원봉사자들의 조직은 지속적인 재원이 뒤따르지 않는 한 구속력이 약화되기 쉽다. 따라서 사실상 연합회 또는 NGO의 연대는 장기적으로 생명윤리교육을 경영하기엔 적절치 못한 조직이다. 교육 조직은 서비스를 원하는 대상, 서비스를 제공할 가상 및 현실 공간, 교사, 재정이라는 네 가지 조건이 충족될 때 지속될 수 있다. 우선 위 조건에 해당되는 교회를 중심으로 어떻게 지원 체제를 정비해야 하는가를 생각해보자.

개신교교회는 대부분 교육위원회라는 조직이 있다. 이 위원회 안에 생명윤리교육 소위원회를 새롭게 만들어도 무방하지만 기존의 교육 조직을 이용하는 것이 현명하다. 단 대부분의 교회가 아직은 생명윤리교육이 생소하기 때문에 교역자가 교사 훈련이나 교육과정 개발 등의 작업을 주도하여야 할 것이다. 초기의 작업은 교사들이 우선적으로 생명윤리교육을 받을 수 있도록 사전 훈련을 실시해야 한다. 이를 위하여 먼저 생명윤리 과목을 현 교사훈련 및 세미나 과정에 추가하든가 아니면 아예 별도의 생명윤리교육 교사교육 프로그램을 계획하는 것도 좋을 것이다.

개교회 차원에서 생명윤리 프로그램을 계획한다는 것은 재정적 부담을 안겨줄 것이다. 그러므로 교회의 생명윤리 교육과정 계획(curriculum plan)을 세운 후 필요한 교육자료들을 인터넷에서 다운로드받거나 신문이나 미디어, 현재 생명윤리를 교수하는 전문가나 웹사이트로부터 훌륭한 교육자료를 수집할 수 있다. 때로는 영화와 비디오, NGO 단체의 자료실과 신문 사회면에서도 풍부한 생명윤리 교육자원을 수집할 수 있다.

끝으로 교육하는 주체가 기독교학교이든 교회이든 연합 단체이든 간에, 한 가지 분명한 사실은 교육은 언제나 그 재원에 목말라한다는 것이다. 기독교 교육재원은 희소하다. 따라서 기독교 생명윤리교육을 위한 재원 역시 희소할 것이라는 예측은 사실이다. 이것은 교회의 교육에 대한 무지와 관심 부족과 인색한 투자 때문이다. 대부분 한국교회 목회자 또는 지도자들은 교육이 아직도 목회자와 교회의 부수적 기능이라고만 생각하는 것 같다. 한 예로서 한국 개신교 교회교육 투자 규모는 전체 예산의 10% 미만이며 그 비율은 20년 전이나 지금이나 변함이 없다.

기독교 생명윤리교육은 선교적 관점에서도 매우 중요한 사역임을 강조하고 싶다. 기독교 생명윤리 자체가 복음을 다루며 한 생명이라도 실족하지 않고 구원하고자 함이 목적이기 때문에, 이 교육을 하는 것 자체가 선교요 전도이다. "너희로 예수께서 하나님의 아들 그리스도이심을 믿게 하려 함이요 또 너희로 믿고 그 이름을 힘입어 생명을 얻게 하려 함이니라" (요 20:31).

Ⅳ. 결어

세포가 우리의 ID가 되는 사회가 멀지 않은 것 같다. 최근 밝혀지고 있는 인간 게놈으로 인해 인간의 실체는 점점 더 투명하게 드러나고 있다. 우리의 정체를 다 알고 난 이후 우리는 무엇을 위해 살려고 할까? 남자 없이도 여자들은 아이를 가질 수 있고 동성애자도 아이를 가질 수 있으며 아이도 자신들이 원하는 대로 디자인해서 낳는 시대에, 남자는 누구이고 또 여자는 누구인가? 무엇을 위해 우리는 지구상에 존재해야 하는가? 정자의 핵을 제공하는 생물적 아버지와 아이를 키우는 사회적 아버지, 그리고 유전적 어머니, 출산의 어머니, 자궁 안에서 키워 출산하는 어머니, 임신과 출산은 할 수 없지만 양육만 하는 사회적 어머니와 같이 네 종류의 어머니 두 종류의 아버지 시대가 이미 부분적으로 우리 곁에 와 있다. 절망하는 우리에게 한 유전학자는 아무리 유전자를 조작하여도 후손에게 물려지지 않는 유전적 특성이 있을 것이라고 위로한다. 왜냐하면 모든 사람이 다 유전공학의 진보에 경이적 찬사를 보내며 이끌려 간다 하더라도 그들이 틀렸다는 것을 증명하려는 사람들이 반드시 있기 때문이다.

기독교 생명윤리를 교육해야 한다고 주장하는 마음 한편에는 '내가 유전공학과의 전투에서 살아남을 수 있을까?' 하는 기우가 있다. 그들은 나날이 금메달을 따는 올림픽 선수처럼 승승장구하는데 기독교교육을 하는 나에게는 '하나님은 모든 생명의 창조주이시다'라는 신앙고백만 있을 뿐이다. 그들은 신학자들이 멘델의 법칙과 진화론 그리고 이제는 생명공학과 유전공학에 대해서도 더 배우기를 바랄지도 모른다. 그러나 기독교교육을 하는 우리들은 생명공학자와 유전공학자들이 인간 발달에 대한 심리학 담론과 성서를 더 배우기를 바란다. 모든 인간은 동일한 유전자 수를 가졌다. 이것만으로도 우리는 유전자 수에 있어서는 평등함을 말할 수 있지 않는가? 그리고 세포의 핵에만 있다는 DNA도 세포질이 있어야 비로소 유전자 구실을 할 수 있는 것 아닌가? 인간을 결국 100조 개의 세포 덩어리와 30억 개의 염기들로 구성된 유전체라고 인식한다면 우리는 왜 이 시간에도 욕망을 불태우고 무엇인가 되려고 애쓰는 것일까? 인간과 동물은 죽어서 이름을 남기는 것이 아니라 유전자를 남길 뿐이라고 한다. 그러나 나는 이렇게 바꾸어 말하려 한다. 보편적 생명체로서 인간은 유전자를 남기지만 영적인 생명체로서의 인간은 영혼을 남긴다고. 인류에게 한 가지 남기고 싶지 않은 유전자가 있다면 아무리 복음을 말해도 완고하여 듣지 않게 하는 유전자일 것이다.

참고 문헌

Beauchamp, T. & Childress, J. (1994). *Principles of Biomedical Ethics,* 4th ed. New York, Oxford: Oxford Unversity Press.

Gillon, R. (1986). *Philosophical Medical Ethics.* Chichester, New York: Wiley.

Gillon, R. & Lloyd, A. eds. (1994). *Principle of Health Care Ethics.* Chichester/New York: Wiley.

Gracia, D. (1993). The Intellectual Basis of Bioethics in Southern European

Countries. *Bioethics,* 7(2/3), 97-107.

Jonsen, A. R. & Jameton, A. (1995). History of Medical Ethics; The Americans; The United States in The Twentieth Century. *The Encyclopedia of Bioethics.* (W. T. Reich, ed.), 2nd ed., pp. 1616-1632. New York: Simon & Schuster-MacMillan.

Kahn, Axel & Papillon, Fabrice (1999). **인간복제: 미래과학의 새로운 패러다임.** (전주호 역). 서울: 푸른미디어.

Kinga, Stuart (1982. 6). 생명 의학적 윤리. **기독교사상사.** 288: 161-70.

Reich, W. T. (1994). The Word "Bioethics": Its Birth and the Legacies of Those Who Shaped It. *Kennedy Institute of Ethics Journal,* 4(4), 319-35.

__________ (1995). The Word "Bioethics": The Struggle Over Its Earliest Meanings. *Kennedy Institute of Ethics Journal,* 5(1), 19-34.

Reich, W. T. ed. (1978). *The Encyclopedia of Bioethics.* New York: Macmillan.

Ribes, Bruno (1981). **생명 연구의 윤리성.** (김준민 역). 서울: 구미무역.

Warren, K. (1990). The Power and the Poise of Ecological Feminism. *Environmental Ethics,* 12(2), 125-46.

개혁주의성경연구소 (1997). **영혼문제와 인간복제.** 서울: 하나.

고창택 (1998. 12). 생명의 개념, 규범, 가치: 한국적 생명론에 대한 윤리학적 성찰. **철학논총,** 15: 39-63.

과학기술부 (1998). **생명과학 기술 및 생명윤리 연구의 현황과 한국의 대응방안 연구.** 과천: 과학기술부.

구영모 (1997. 3). 생명의료 윤리학에 관하여. **철학과현실,** 32, 196-209.

______ (1999). **생명의료윤리.** 서울: 동녘.

국회가상정보가치연구회, 유전체 연구지원모임, 생명공학연구소 공편 (1997). **생명공학육성과 안전 · 윤리정립을 위한 정책토론회.** 서울: 국회가상정보가치연구회.

기춘오 (1998). **생명복제에 대한 기독교 윤리학적 연구**. 장로회신학대 대학원 석사학위논문.

김명수 (1991). **인공수정의 민사책임에 관한 법리적 고찰**. 전주대학교 대학원 석사학위논문.

김병대 (1992. 9). 인공수정의 문제점. **법조**, 432: 26–51.

김상득 (2000). **생명의료 윤리학**. 서울: 철학과 현실사.

김성민 (1999. 3). 생명 위해의 위험 앞에 선 목회와 신학. **기독교사상**, 483: 226–35.

김영민 (1986). **인공수정 관계 당사자의 법률문제**. 국민대학교 대학원 석사학위논문.

김유혁 (1990. 6). 인공수정과 윤리문제. **청오**, 24: 53–63.

김일순, 손명세, 김상득 공저 (1999). **의료윤리의 네원칙**. 서울: 계축문화사.

김정한 (1997. 4). 기독교 정신에서 본 인간복제문제. **교회와세계**, 159: 29–31.

김주연 (1986. 7). 생명은 하늘이 준 것이다. **신앙세계**, 216: 50–52.

김준원 (1995). **인공수정에 관한 법리적 연구**. 조선대학교 대학원 박사학위논문.

김중호 (1995). **의학윤리란 무엇인가**. 서울: 바오로딸.

김철영 (1997. 5). 생명의 가치와 에큐메니칼 교회의 사명. **장로회신학대 교회와 신학**, 29: 26–40.

______ (1999. 4). 생명복제에 대한 기독교 윤리적 전망. **기독교사상**, 484: 131–51.

김 현 (1980). **생명에 관한 二一章: 요한복음서 요해**. 서울: 한국 기독교문학 연구소 출판사.

김형철 (1997. 8). 인간복제에 대한 윤리적 평가. **연세대 연세학술논집**, 26: 135–45.

김희진 (1999). **인간복제에 대한 기독교 윤리학적 고찰**. 장로회신학대 대학원 석사학위논문.

노영상 (1995. 6). 기독교의 생명윤리. **신앙세계**, 323: 146–51.

노재현 (1993). **인공수정에 관한 법적 연구.** 중앙대학교 대학원 석사학위논문.

맹광호 (1987. 4). 생명공학기술과 생명윤리. **보건세계,** 368: 2-3.

______ (1995. 12). 첨단 생명의학 기술과 생명윤리. **정신문화연구,** 61: 31-48.

맹용길 (1987). **생명의료윤리.** 서울: 장로회신학대학출판부.

______ (1993). **현대 사회와 생명윤리.** 서울: 쿰란출판사.

______ (1998). **예수님의 생명윤리: 청장년 성경공부를 위한.** 서울: 한국장로교출판사.

문인찬 (1990). **인간생명에 관한 윤리 신학적 고찰.** 감리교신학대 대학원 석사학위논문.

박원기 (1993. 8). 비배우자 인공수정의 기독교 윤리적 측면. **기독교사상,** 416: 149-56.

박이문 (1999. 2). 우주, 생명 그리고 인간: 인간복제 기술 시대의 윤리학적 명상. **과학사상,** 28: 1-23.

박충구 (1994. 4). 현대 생명 의료학의 문제와 윤리적 과제. **기독교사상,** 424: 87-105.

법무부 (1987). **인공수정의 법리.** 과천: 법무부 법무실.

변광호 (1997. 3). 생명윤리 및 생물안정성에 관한 국내외 현황. **생명공학동향** 5, 1: 17-23.

서울대학교 의과대학 의학교육연수원 편 (1999). **임상윤리학: 의료윤리교육을 위한 접근.** 서울: 서울대학교출판부.

서울보건윤리회 편 (1985). **의료윤리.** 서울: 서울보건연구회.

서정선 (1997. 8). 생명조작과 인간복제. **과학사상,** 22: 51-125.

선순화 (1994. 9). 생명의 위기에 대한 그리스도교적 극복방안. **한일신학대 신학과사회,** 8: 91-138.

______ (1996. 4). 생명 파괴 현상에 직면한 생명 신학의 방향 모색. **신학사상,** 92: 29-61.

성민서 (1995). **인공수정에 대한 사회적 논의와 실정법적 고찰.** 서울대학교 보건대학원 석사학위논문.

소병욱 (1996). **생명윤리: 기초부터 알자.** 왜관: 분도출판사.

손기철 (1999). **인공수정에 대한 윤리 신학적 고찰.** 대구효성카톨릭대 대학원 석사학위논문.

송상용 외 (1998). 생명과학기술 및 생명윤리 연구의 현황과 한국의 대응방안 연구. 한림대학교 인문과학연구소. 서울: 과학기술부.

신현광 (1991. 12). 생명의 윤리; 성서적 관점에서. **대신대 논문집,** 11: 607-31.

안형관 (1998. 10). 생명복제의 종교적 대응. **현대와 종교,** 21: 75-9.

양혜란 (1995). **생식과 비배우자 인공수정에 관한 기독교 윤리적 이해.** 이화여자대학교 대학원 석사학위논문.

엄원석 (1998). **생명복제에 대한 기독교 윤리학적 연구.** 감리교신학대 대학원 석사학위논문.

유봉준 (1986. 12). 인공수정 및 시험관 아기에 관한 윤리 신학적 고찰. **카톨릭대논문집,** 12: 5-28.

윤종모 (1997. 4). 생명의 존엄성과 인간복제. **교회와 세계,** 159: 65-7.

이경희 (1991). **의학발달에 따른 법과 윤리.** 대전: 한남대학교출판부.

이기영 (1987). **인공수정에 관한 입법논적 연구.** 이화여자대학교 대학원 석사학위논문.

이동익 (1994). **생명의 관리자: 의학윤리를 위한 몇 가지 주제들.** 서울: 카톨릭대출판부.

______ (1994. 6). 인공수정과 인위적 조작에 관한 윤리성. **광주카톨릭대 신학전망,** 105: 29-47.

이삼열 (1997). **생명의 신학과 윤리.** 서울: 열린문화.

이상호 (1993). **인공수정자의 법적 연구: 주로 친자법을 중심으로.** 부산대학교 대학원 석사학위논문.

이선오 (1985). **법적 측면에서 본 인공수정.** 연세대학교 대학원 석사학위논문.

이재인 (1986. 9). 인공수태의 윤리와 인권. **중앙의학.** 306: 221-25.

이주열 (1991. 1). 생명의료 윤리문제에 대한 대응방안. **보건복지포럼,** 28: 32-9.

임종식 (1999). **생명의 시작과 끝: 생명의료 윤리 입문서.** 서울: 로뎀나무.

장윤석 (1987. 2). 인공수태의 논리와 현황. **중앙의학,** 311: 149-53.

정동욱 (1997. 6). 인간복제의 윤리성. **경영법무,** 39: 19-24.

조규상 (1985. 3). 생명, 의료, 윤리. **醫保公論,** 11: 32-36.

조동택 (1998. 10). 생명복제의 종교적 대응에 대한 초록. **현대와 종교,** 21: 15-8.

조용훈 (1997. 10). 생명복제 기술문제와 사회윤리적 과제. **기독교사상,** 466: 110-24.

조인래 (1997. 9). 인간복제의 방법과 윤리적 문제점. **대한의사협회지,** 452: 1146-53.

조철환 (1997). **생명체 복제에 대한 생명윤리학적 고찰.** 장로교신학대 대학원 석사학위논문.

차준희 (1997. 7). 생명복제, 기독교 신앙, 인류의 미래. **기독교사상,** 463: 9-61.

한국법제연구원 (1994). **인공수정의 법적 규율.** 서울: 한국법제연구원.

한림대학교의료원 성심의료윤리회 (1988). **의료윤리의 시대적 요청: 제1회 의료윤리 심포지움 보고서.** 한림대학교의료원 성심의료윤리회.

황종상 (1993). **의료 행위에 대한 기독교 윤리학적 이해.** 장로회신학대 대학원 석사학위논문.

Webliography

National Reference Center for BioEthics Literature. http://www. georgetown.edu

Bioethicsline Searcher's Guide. http://www.georgetown.edu

Medixal Ethics. http://www.ethics.ubc.ca

Bioethics & Health Care Ethics Resources on WWW. http://www. ethics.ubc.ca

CBHD - The Center for Bioethics and Human Dignity. http://www. vioethix.org

UB Center for Clinical Ethics and Humanities in Health Care. http:// wings.buffalo.edu

CWRU Center for Biomedical Ethics. http://www.cwru.edu
University of Toronto Joint Center for Bioethics. http://www. utoronto.ca
The Center for Medical Ethics and Health Policy. http://www.bcm.tmc.edu
SCBE(The Stanford University Center for Biomedical Ethics). http://www.stanford.edu
MSU College of Human Medicin Special Programs: Center for Ethics and Humanities at Michigan State University). http://www.chm. msu.edu
Centre for Biothics. http://www.ircm.umomtreal.ca
Medical Ethics. http://www.columbia.net
Biothics for clinicians. http://www.cma.ca
Ethics Handbook. http://www.kumc.edu
Bioethics and human population genetics research. http://www.biol. tsukuva.ac.jp
The Clinical Ethicist at the Bedside. http://www.columbia.net
Bioethics Bulletins. http://www.uallberta.ca
Eubios Journal of Asian and Internationl Bioethics. http://www.biol. tsukuba.ac.jp
Journal of Medical Ethics. http://www.bmjpg.com
Kennedy Institute of Ethics Journal Home Page. http://calliope.jhu.edu
Bulletin of Medical Ethics - Homepage. http://ourworld. compuserve.com
The American Society of Bioethics and Humanities Home Page. http://www.asbh.org
National Bioethics Advisory Commission. http://bioethics.gov
Eubios Ethics Institute. http://www.biol.tsukuba.ac.jp
Canadian Bioethics Society. http://www.bioethics.ca
The International for Jewish Medical Ethics. http://www.ijme.org
Institute of Medicine, Law & Bioethics. http://www.liv.ac.uk
The Bioethics Institute. http://www.med.jhu.edu
Human Genome Project Information. http://www.ornl.gov
Bioethics Discussion Pages. http://www-hsc.usc.edu
Bioethics Consultation Group, Inc. http://www.bioethics-inc.com

Abstract

Bioethics as a Pedagogical Issue for Contemporary Christian Education

Meerha Hahn

(Professor, Hoseo University)

Whether our acts are human or not may no longer be the issue of the contemporary ethicists. Rather being naturals or not may be the ethical interest in the forthcoming century. What we now see as a life may not be a life that we used to know or vice versa. Genetic engineering or biotechnology turned our virtuality into real. It helps infertile couples to bear a child and also reproduces gene-enriched cattle by cloning. Recently an American couple screened the fitted embryo out of their artificially inseminated ones for the sake of curing their daughter who suffers from leukaemia. Some biomedical researchers in Europe announced that they would test human cloning this year or so. What if cloned children having enriched-genes came into schools, should we or should we not treat them as equally as the naturals? How are we going to resolve inequality problems in student performance? What will be the norms and values for our education then? This will be an era demanding bioethics to be taught in school settings. The protestant church and their schools won't be exceptional.

The paper consists of three parts. Why, what, and how to deal with the bioethics issues in Christian Education contexts. Three reasons have been explained why bioethics becomes so important matter as to deal with at Christian schools and churches. first of all, teaching ethics of life is one of its essential functions that Christian education does over time. Secondly, threats to life increase by the culture of death. Thirdly, preventing one's right from being abused of his or her bio-information is needed.

A comprehensive review on bioethics has been done in the second part of the thesis. The meaning of bioethics, the recent issues and problems, and contemporary discourses on bioethics were examined. According to Van Rensselaer, Bioethics is a new discipline that intergrates human values and biological knowledges. The recent issues in the realm of bioethics are as follows: problems of gene therapy, artificial chromatic composition, new reproductive technology, prenatal diagnosis and the use of eugenics, organ transplant, human cloning, and ecological pollution issues. The recent discourses of bioethics discuss on origin, commencement, quality of life, and termination of life. Both Christian perspective and biological perspective on life were compared in terms of origin and commencement of life. And some of hot ethical issues such as brain dead or organ transplant in terms of the process or termination of life were discussed.

Lastly, some of practical suggestions that are applicable to Christian schools and churches have been made. The suggestions have three details. Overall educational policy on "teaching boethics" is to establish frist. Then the curricular works for bioethics in Christian education are needed. For this, the attributes and typology of bioethics education curriculum have been example; the scope and the sequence of bioethics education and praxis-centered curriculum were presented. The supporting system for realizing the educational plan for bioethics education was also stressed as well.

'불임 치유'와 생명윤리 문제*

한미라(호서대학교)
mrhahn2022@gmail.com

최근 인공생식(artifical reproduction)에 관한 생명공학의 연구가 의학적으로 실용화되면서 기독교의 창조 신앙을 위협하고 있다. 하나님이 창조하신 피조물인 인간의 유전자를 인위적으로 조작(manipulate)하고 이식(transfer)하고 복제하고 배양(culture)하는 생명공학과 그것이 초래할 도덕적 윤리적 문제를 심도 있게 고려하지 않은 의학적 시술은 생명의 신성함을 위협하고 있다. 본 논문에서는 성서 속의 불임 치유 사례를 분석하여 최근의 인공생식 기술, 특히 불임 치유에 대한 성서적 윤리적 대응을 찾고자 한다.

* 이 논문은 한국학술진흥재단으로부터 연구 지원(95년)을 받아 집필된 것입니다. 이 연구를 후원해주신 한국학술진흥재단에 감사드립니다.

Ⅰ. 현대 인공생식 기술의 도전

1. 생명공학의 끝은 있다

생명공학(biotechnology)이란 인간의 목적을 위해 생물학 연구를 응용하는 분야이다.[1] 인간에게 식(食) 그리고 약품과 같은 기타 생산품을 제공하기 위해 다른 생물을 사용하는 것과 관련된 분야로서, 크게 전통적 생명공학(traditional biotechnology)과 현대 생명공학(modern biotechnology)으로 대별한다. 전통적 생명공학은 동식물의 경작과 재배, 맥주, 포도주, 빵, 치즈, 요거트 등과 같은 것을 생산하기 위하여 미생물을 사용하는 활동 등을 의미한다. 그러나 현대 생명공학은 조직의 배양(tissue culture), 배아(胚芽) 이식(embryo transfer), 유전공학(genetic engineering)을 통해 최근 20년 내 급속히 진보하고 있다.[2] 1982년 과학기술처에서 정의한 것에 의하면 "유전 공학이란 유전자를 인공 조작하여 새로이 유용한 생명체를 개조 또는 창조하는 공학 기술"이다.[3] 그러나 실제로는 한 생물의 유전자를 다른 생물의 유전자에 접합시켜 새로운 유용한 생물을 만들어내는 유전자 조작 기술 자체를 유전공학이라 정의하는 것이 보통이다.[4] 전통적 생명공학으로부터 발전된 현대 생명공학은 몇 가지 측면에서 괄목할 만하다. 첫째, 연구와 그것의 활용 범위가 끝이 없어(endless) 보인다. 농업, 의학, 식품산업과 그 밖의 수없이 많은 분야에서 생명공학은 혁명을 일으킬 것이라고 주장한다. 다른 한편으로는 그것의 잠재적 위험 또한 엄청나다는 것이 논란이 되고 있다. 셋째, 이 분야는 전례 없이 빠른 속도로 변화하고 있다.

---

1 Michael Reiss, "Biotechnology," *Encyclopedia of Applied Ethics*, vol. 1 (San Diego: Academic Press, 1998), 319.

2 Ibid.

3 한국 가톨릭 의사회 편, 『의학 윤리』(서울: 수문사, 1997), 250.

4 Ibid., 251.

끝으로 현대 생명공학 분야 중에서도 유전공학 같은 분야는 심각한 감정을 자극하고 있다. 즉, 생명 자체의 본질은 무엇이며, 인간이란 과연 무엇을 뜻하는 것인가, 인류 종족의 미래는 어떻게 될 것이며, 지식과 사생활(개인적 자유, privacy)에 관한 우리의 권리는 어디까지인가 등에 관한 이슈들을 제기하고 있다.

현대 생명공학의 진보는 1998년 '복제 양 돌리(Dolly)'를 생산해내었고, 복제한 생물체가 정상적인 피조물과 같은 생식기능을 갖추고 있음도 증명되었다. 더 나아가 체세포만으로도 생명의 복제가 가능한 시대가 도래하였다. 이러한 유전공학의 진보는 불임을 해결하는 데는 큰 공헌을 하였지만 동시에 현대인에게 생명의 의의와 그것의 창조에 있어서 신의 역할이 과연 무엇인가를 질문하는 동기를 자극하고 있다. 뿐만 아니라 의학기술의 진보는, 지난 50년간 한국 의술의 발달을 보면 더욱 실감할 수 있다.[5] 1959년 한국에선 처음으로 심장 기형을 수술하였고, 1969년에는 신장 이식 수술에 성공하였으며, 1978년에는 B형 간염 백신을 개발하였다. 이어 1983년에는 골수 이식도 가능하여 백혈병 환자도 살려내었으며, 1988년 간 이식 수술과, 1992년에는 심장까지도 이식이 가능해졌다. 현대 의학의 경이로운 진보는 여기에서 그치지 않았다. 1978년 영국에서 처음 시작된 시험관 아기[6] 시술은 생명의 근원인 정자와 난자를 여성의 생식기가 아닌 시험관에서 수정시킨 것으로 세계의 주목을 받았던 사건이었다. 한국에서는 1985년 서울대 장윤석 교수가 체외수정을 성공시켜서 한국에서도 처음으로 시험관 아기(쌍둥이)가 탄생하였다.

---

5 「의술 발달사」, 『조선일보』, 1998. 8. 10.

6 손철, 「불임 이렇게 치료한다」 (서울: 소학자, 1995), 167-68. 올해 20세가 된 루이스 브라운(Louise Brown)은 1978년 7월 25일 영국 북서부 소도시의 번홀(Bourn Hall) 병원에서 태어났다. 당시 시험관 아기(test-tube baby)를 연구 중이었던 의사 Partick C. Steptoe는 난관이 막혀 임신하지 못하던 브라운 부인에게 시험관에서 수정시킨 그녀의 난자와 남편 정자의 수정란을 다시 자궁에 이식하는 방법인 세계 최초의 '시험관 아기' 시술을 하였다. 이렇게 하여 탄생한 아기가 올해로 벌써 20세가 되었다.

하나님을 생명의 창조주라고 믿어온 크리스천들에게 체외 인공수정(In Vitro Fertilization, 이하 IVF)은 충격과 혼돈이었다. 그러나 체외에서 인공적으로 수정시킨 인간 배아를 다시 모체에 넣어준다고 해서 100% 임신에 성공하는 것은 아니다. 불임 시술한 부부의 20-30%만이 임신에 성공하고 있기 때문에 인공적으로 생명을 만드는 일은 아직도 많은 신비에 쌓여 있다. 아무리 인공생식 기술(artificial reproduction technology)이 진보한다 하여도 원인 불명(unkown)의 불임을 완전히 정복하지는 못하고 있다. 또한 아직은 현대 의술로 정복하지 못하는 암과 에이즈 같은 질병이 있고, 생명공학의 진보에도 불구하고 인간의 자궁이나, 생식기 또는 생식자의 근원이 되는 정자와 난자는 생산할 수 없는 것을 보면('아직까지는'이라는 전제를 붙여야 하겠지만) 신의 영역에 도전하는 유전공학과 그것의 의술적 사용에는 분명 그 한계가 있다.

21세기 생명공학의 진보는 가속화되어 인간의 장기 대부분이 인공 장기로 대체가 가능해질 것이다. 1997년 국제 인공 장기학회에서 보고된 것에 의하면 간세포를 길러 인공 간을 만든 뒤 이를 특수 용기에 심어 혈관을 연결하는 데 성공하였으며, 학자들은 10년 안에 체내에서 2~3년간 기능할 수 있는 인공 간을 개발할 수 있다고 한다.[7] 더욱 가공할 만한 소식은 21세기에는 체외에서 출산하는 이른바 '아기공장'이 가능할 것이라는 전망이다. 영국의 과학 학술지 『네이처(Nature)』는 수태 기간이 19일인 쥐의 수정란을 10일 동안 체외에서 배양하는 데 성공했다고 보고하였다.[8] 어머니 자궁과 유사한 영양분과 산소가 공급되는 체외 배양 환경이 만들어진다면 체외 출산까지도 가능한 21세기가 펼쳐질 것이다. 그러나 첨단 생명공학 기술은 생명의료 윤리의 측면에서 예상치 못한 많은 도덕적, 윤리적 문제를 야기시킬 것이 분명하다.

---

7 「21세기 뉴 패러다임」, 『동아일보』, 1999. 1. 3.

8 Ibid.

2. 인공생식 기술은 창조 신앙을 뒤흔든다

결혼 한 부부 중 15%가 불임이라는 통계가 있다.[9] 불임의 원인이 여성에게 있는 경우가 35%, 남성에게 있는 경우가 35%, 나머지는 부부 모두에게 이상이 있는 경우다. 불임의 원인도 남녀별로 다양하고 상세히 분석되고 있으며, 원인도 한 가지 이상으로 설명될 수 있다. 또한 현대인의 일과 생활환경에서 오는 스트레스, 환경 호르몬의 영향, 만혼 현상과 문란한 성 관계 등도 불임을 유발하는 원인이 되고 있다.[10] 불임 치료의 전문가인 손철은 개인차는 있지만 전문의의 지시를 따라 2년 정도 잘 치료한다면 임신율은 50~70%까지 될 수 있다고 말한다.

불임은 질병이다.[11] 인간의 행복을 위해서 질병은 치료되어야 하는 것

---

9 손철, 「불임 이렇게 치료한다」, 80.

10 Ibid.

11 Lucy Frith, "Reproductive Technologies, Overview," *Encyclopedia of Applied Ethics*, vol. 3 (San Diego: Academic Press, 1998), 818-20.

영국의 불임 전문가인 Robert Winston의 견해에 따르면, 불임은 우리의 성(性)과 안녕을 위협하는 심각한 질병이며, 이런 입장에서 건강이란 적정한 신체적 기능으로 정의한다. 따라서 신체적 기능이 좋지 않아서 불임이 생겼다면 그것은 치료해야만 한다는 입장을 취한다.

한편, Frith는 불임은 질병이 아니라 순수하게 사회적 문제이기 때문에 의학적 간섭이 필요 없다는 입장이다. 부부가 불임을 상담한다면, 그것은 의학적 불능의 문제가 아니라 오히려 사회적 관습에 참여할 수 없는 부부의 불능 문제인 것이다. 따라서 불임은 부부를 위한 문제이지 부부 안에서의 개인의 문제가 아닌 것이다. 따라서 불임은 부부를 위한 문제이지 부부 안에서의 개인의 문제가 아닌 것이다. 예를 들어 부부가 신체적으로 완벽하게 임신할 수 있음에도 불구하고 단지 삶의 스타일을 다른 사람과 다르게 선택(DINK족: Double Income with No Kids이거나 동성애 부부)함으로써도 불임이 될 수 있기 때문에 이것은 의학적 질병이 아닌 사회적 문제라고 주장한다.

부언하면, 불임은 예를 들어, 나팔관이 막혀 임신을 못 하는 경우와 같이, 특정한 신체적 문제로 인한 결과이지 의학적 치료가 꼭 요청되는 조건이 될 수 없다. 그러므로 불임의 문제는 상황에 대한 한 응답이지 조건 그 자체가 아니며, 이러한 응답은 재고(再考)될 수 있는 것이다.

부모의 역할과 자녀를 갖는 것에 가치와 목적을 두고 있는 사회에서, 특히 여성에게 불리하게 작용하는 것이 바로 이 신체적 문제, 즉 불임의 영향인 것이다. 의학이 불임을

이 마땅하다. 그러나 불임의 치료 과정에 사용된 생식기술 방법은 몇 가지 윤리적 문제를 수반하고 있기 때문에 신학적 비판과 규명이 필요하다. 오늘날 보편적으로 사용하고 있는 새로운 생식기법(이것을 보조 생식기법이라고 함)을 크게 여섯 가지로 묶어 설명할 수 있다.[12]

첫째, 영국 의사 Steptoe와 Edwards가 최초로 고안한 체외수정(IVF) 및 배아 이식(embryo transfer)의 방법이다. 여성의 난관이 막혔을 때, 난자를 채취한 후 접시(petri dish)에서 수정시킨 후 2~3일 배양시킨 다음 가는 시험관을 통해 여성의 자궁에 이식한다. 이 방법에서 문제가 되는 것은 생명은 수정하는 순간부터라고 정의할 수 있는데 생명의 창조가 신의 법칙인 자연법(성교)에 의하지 않고서도 창조될 수 있다는 점이다.

둘째, 난관 내 생식자 이식(gamete intrafallopian transfer)의 방법은 여성의 난관 내에 생식자(난자와 정자를 수정한 것)를 즉시 주입하는 방법으로 가톨릭교회 일부에서 찬성하고 있다. 그러나 남편의 정자 채취는 자연법(구멍 난 콘돔을 사용하여)에 의해서 채취하는 것을 조건으로 달고 있다. 셋째, 난관 내 접합자(zygote) 이식 및 배아(embryo) 이식 방법이다. 난자를 과배란시킨 후 체외에서 수정시킨다. 수정된 지 하루(접합자 이식)나 이틀(배아 이식) 후에 난관에 주입하는 방법이다. 체외수정에 대한 입장과 마찬가지로 가톨릭교회는 이 방법을 반대한다.

넷째, 인공수정(artificial insemination)의 방법이다. 여기에는 남편의 정자를 체외에서 채취하여 부인의 복강 또는 자궁으로 주입하는 방법으로 배우자 인공수정(artificial insemination homologous: 이하 AIH)과 비배우자

처리하는 데 있어서 역할을 찾는다면 그것은 본질적으로 사회적인 문제인 불임을 의학적 문제로 만드는 것이다. 그러나 복잡하게 얽혀 있는 사회적 문제와 의학적 문제를 편가르듯이 구별하는 일은 쉬운 일이 아니다. 불임을 질병으로 보는 입장은 아직도 자녀의 소중성을 주장하는 많은 사람들의 견해에 크게 의존하고 있기 때문에 불임을 사회적 문제로 보는 입장보다 더 많은 명성을 얻고 있는 것이 사실이다.

12 Jay Hollman ed., *New Issues in Medical Ethics*, 박재형 외 역, 『의료윤리의 새로운 문제들』 (서울: 예영 커뮤니케이션, 1998), 62-3.

인공수정(artificial insemination donor: 이하 AID)이 있다.[13] 가톨릭교회는 인공수정에 대해서도 반대 입장을 취하고 있다. 아이를 갖기 위해서라면 배우자가 아닌 남자의 정자를 공여받는 것도 수용할 수 있다는 미국 불임학회나 미국의 입장은 많은 윤리적, 법적 문제를 야기시켜왔다. 이렇게 해서 태어난 아이의 친부모와 법적 부모를 정의하는 데 혼란을 초래하며, 비록 남편의 동의하에서 이루어진 합법적 절차이긴 해도 이혼이나 상속에 있어서는 적자를 중요시하는 문화 속에 살고 있는 한 그 아이는 불행해질 것이다. 무엇보다도 혈연 중심의 가족공동체가 무너질 것이다.

다섯째, 냉동 배아를 이용한 생식기법이다. 정자도 냉동시켜 사용할 수 있고 수정란을 배양시킨 배아도 냉동시킬 수 있다. 그러나 냉동된 난자는 일반적으로 냉동 과정에서 파괴되며, 해동된 후에도 수정이 안 된다.[14] 남편의 정자와 부인의 난자를 체외에서 수정시켜 배양시킨 후 배아로 키워서 냉동시키면 부부가 원할 때 그 냉동 배아를 부인에게 이식할 수 있는 이점이 있다. 그러나 부인이 이식을 원하지 않으면 이 인간 배아, 생명을 지닌 냉동 배아는 계속 냉동된 채로 있어야 한다. 가톨릭은 배아를 냉동시키는 것도 반대하지만, 배아를 실험대상으로 하는 것도 반대한다. 배아는 엄연한 생명체라고 정의하기 때문이다. 인간 배아에게 최적의 상태는 냉동이 아니라 모체 내로의 착상이다.

여섯 번째의 보조 생식기법은 가장 논란이 많은 대리모(surrogate mother)의 고용이다. 유전학적으로는 대리모와 아무런 상관이 없는 배아를 대리모의 자궁을 빌려 임신하게 되는 방법이다. 자궁이 없거나 이상이 있는 여성, 임신을 원하지 않는 여성의 경우에 이 방법이 이용되곤 한다. 미국과 미국 불임학회[15]에서는 대리모를 찬성하고 있으나 기독 의사회와 가톨

---

13 Mary Ann McClure, "Infertility," *Encyclipedia of Applied Ethics*, vol. 2 (San Diego Academic Press, 1998), 673.

14 손철, 「불임 이렇게 치료한다」, 190.

15 한국에도 '대한불임학회'가 있고 학회지도 발행되고 있다.

릭교회는 반대한다. 개신교의 입장도 이것을 반대할 것이라 생각된다. 태내 발달에 미치는 모성의 영향과 그 중요성을 무시하는 방법으로 비판받는 방법이다.

미국 기독의사회와 치과의사회는 다음과 같이 보조 생식기법의 윤리에 관한 입장을 표명하였다.[16] 첫째, 부부의 난자와 정자가 결합됨으로써 발생된 수태는 하나님(성경적)의 계획에 의한 것이다. 둘째, 인간 생명의 시작은 수태된 순간부터이다. 하나님은 우리를 위해 그것을 보호하시려 한다. 셋째, 하나님은 우리의 유전학적 후손에 대해 우리가 도덕적 책임을 갖도록 요구하신다. 첨단 생식기법은 사용되기 전 정밀 검증이 필요하고 의술의 창조적 기법은 하나님의 계획 범위 내에서 사용해야만 한다. 불임 부부들에게 먼저 이 기술을 사용하기 전 하나님께 기도하고 목회자들로부터 상담과 지도를 받도록 격려해야 한다. 그러나 이들은 비배우자 인공수정과 배아의 냉동 보존에 대해서도 불확실한 입장을 취하고 있으며 생식기법을 합법적으로 사용하는 것에는 전반적으로 찬성하는 입장이다.

한편, 가톨릭교회는 위에서 언급한 대로 생식이란 결혼 생활의 성적 표현이나 애정과 분리되어서는 안 된다는 입장이다. 인간은 처음 존재하는 순간부터 인격으로 존중되어야 한다. 수정되는 과정이 완전하다면 사람의 인격은 존재한다고 봐야 한다.[17] 필자는 개신교의 입장이 가톨릭과 크게 다르지 않다고 본다. 단, 완전한 수정이란 자연법에 의한 수정을 의미할 텐데, 체외에서 인위적으로 수정시켰다 할지라도 그것을 인간 배아로 배양시켰다면 이 배아에도 인격이 부여되는 것인가 하는 문제가 여운으로 남는다. 1983년 미국 캘리포니아주의 한 부호 부부가 호주 멜버른에 있는 불임 클리닉에서 불임 치료를 받다가 비행기 사고로 사망했는데, 그들에게 남겨진 유일한 혈통은 냉동 배아뿐이었다. 호주 법원은 이 배아를 폐

16 Hollman ed., *New Issues in Medical Ethics*, 65-6.
17 Ibid.

기시키자고 결론을 내렸으나 생존권 운동단체와 가톨릭교회는 법원의 주장에 반대하였고 결국, 호주의 빅토리아 입법부는 이 배아를 원하는 사람이 나타날 .때까지 계속 냉동 보관하는 법을 통과시켰다. 몇 개의 세포로 된 배아일 뿐인데 전 세계의 이목을 집중시킨 것이다.[18]

이 밖에도 최근 매스컴에 발표된 생식공학에 관한 문제점은 많다. 그중에서 가장 심각한 논쟁은 인간 배아의 복제이다. 이미 동물 실험을 통해 생명 복제가 가시화되고 있는 현 시점에서 엄청난 수의 생명윤리 단체와 출판물이 홍수를 이루고 있는 데 비해, 한국 개신교교회는 인간복제는커녕 인공 생식기법에 대한 공식적인 입장 하나도 통일시키지 못하고 있다. 기독교는 하나님이 창조주임을 고백하는 신앙체계를 가지고 있다. 생명공학자들의 연구실과 의사들의 클리닉에서 무슨 물건 만들듯이 손님이 원하는 아기가 태어나도록 유전자를 조작하는 현실의 심각성을 개신교교회는 조속히 깨달아야 한다. 생명의 시작과 끝을 주관하는 하나님의 신성한 영역이 더 이상 간섭받지 않고, 피조물의 태어난 상태 그 자체에 하나님의 계획과 창조의 질서가 있음을 깨닫고, 깨닫게 할 책임이 현대 신학자와 크리스천들에게 있다. 생명 창조에까지 인간의 가공할 만한 힘을 자랑하는 생명공학은 인류에게 두 가지의 칼날을 들이댄다. 우리가 생명공학의 한쪽 칼날에 경이와 찬사를 보내고 있는 동안 다른 쪽 칼날이 우리의 창조 신앙을 뒤흔들고 있다.

성서에서 불임은 하나님의 징벌로 사용되거나 하나님의 계획을 이루는 필연적 과정으로 나타난다. 최근 보고된 일본의 게이오 대학 연구에 의하면, 지난 30년간 일본 남자의 정자가 10% 줄어들었다고 한다.[19] 미국에서도 유사한 결과가 나왔다고 하였으나 한국 남성의 경우는 다르다. 성균관의대 서주태 교수 팀은 지난 9년간 연구 분석한 결과 한국 남성의 정자

---

18 Hollman ed., *New Issues in Medical Ethics*, 51-2.

19 「환경 호르몬 영향 지난 30년간」, 『조선일보』, 1998. 7. 6.

수는 감소가 없다고 밝혔다.[20] 일본 남성의 정자 감소의 원인은 환경 호르몬(내분비 교란물질)이라고 분석하였다. 10년이 지나면 한국 남성도 정자 수 감소가 나타날지도 모른다. 남자들의 정자 수가 감소하는 것을 좀 더 깊이 생각하면 이것은 남성 불임의 증가를 의미한다. 21세기는 불임 남녀가 더욱 많아질 것이다. 성서를 통해 하나님의 징벌과 계획의 성취 과정으로서의 불임을 연구해야 하는 이유도 바로 여기에 있다. 문란한 성행위, 성범죄, 무분별한 태아 성감별과 그로 인한 낙태, 체외수정과 시험관 아기 시술에 대한 도덕적 불감증, 인간의 이기심으로 오염된 환경, 모성 상실증은 이 시대가 점차 불임의 시대로 변해가는 이유를 설명할 수 있을 것이다.

II. '불임'에 관한 성서 언어

'불임'에 관한 성서 언어를 탐구하는 것은 창의성이 요구되는 작업이다. 가장 편리하게는 성서 속의 불임 여성을 조사하는 것으로부터 시작하여 불임을 나타내는 성서의 언어들을 분석하고 그 여인들의 삶에서 하나님의 계획과 역사(work)를 해석하는 작업에 이르기까지 방대한 작업이기도 하다.[21] 불임에 관한 성서 언어는 불임을 뜻하거나, 표현(express) 또는 함축(imply)하고 있는 것, 즉 '아이를 잉태하지 못함'을 언급(refer)하는 단어, 구(句) 그리고 절(節)을 구약과 신약성서 전권(全卷)에서 포괄적으로 조사하였다.[22] 생식과 불임에 관련된 가능한 많은 단어를 조사하였다.

20 「한국 남성 정자수 이상 없다」, 『조선일보』, 1998. 7. 7.

21 본 연구는 불임 치유에 관한 사례에 초점을 둔다. 불임 여성과 그 여성들의 삶, 그리고 하나님의 계획과 역사에 관한 부분은 지면의 제약상 자세히 다루지 않는다. 필자가 연구하고 있는 「성서 속의 불임여성에 관한 연구」(2000. 12. 출간 예정)를 참고할 것.

22 조사한 성경은 개역과 공동번역 성서이고 영어 성경은 RSV(Revised Standard Version)와

'태', '수태', '잉태', '무자', '자식', '아들', '후사', '후손', '해산' 등이 그 예이다. 이 단어들 중 무자(無子)만을 가지고 다시 심층 조사하여 구약에서 네 명의 불임 여성과 신약에서 한 명의 불임 여성을 중심으로 하나님의 계획과 불임 치유 과정을 집중적으로 해석하였다.

1. '불임'과 무자(無子)

'불임'이란 단어를 구약과 신약성서에서 찾기란 쉬운 일이 아니다. 불임, 즉 임신하지 못함을 가장 분명하게 나타내는 성서의 단어는 '무자(無子)'가 명사로서 독립적으로 사용된 경우보다는 부사구(副詞句)나 절(節)로써 사용되고 있는 것이 대부분이다. 즉, '무자(無子)케', '무자(無子)하겠고', '무자(無子)케 한', '무자(無子)히', '무자(無子)하오니', '무자(無子)하여', '무자(無子)하리라', '무자(無子)하더라', '무자(無子)하냐', '무자(無子)하고', '무자(無子)하였더라' 등으로 표현되고 있다. 무자(無子)의 영어 표현은 'barren', 'childless', 'no children', 'close up the womb', 'shut the womb', 'the womb that never bore', 'not bear a child', 또는 'not give birth (to a son)' 등이다.

2. 하나님의 징벌과 계획의 방편으로서의 무자(無子)

신·구약 성서에 나타난 무자(無子)는 크게 두 가지 의미로 사용되고 있는 것을 볼 수 있다. 첫째, 자녀를 갖지 못한 개인, 특히 여성을 지칭할 때 무자(無子)라는 말을 사용하는 것이 보통이나, 개인뿐만 아니라 민족과 나라와 같이 특정 집단에 대한 언급으로서 무자가 사용되기도 한다. 둘째,

---

NRSV(New Revised Standard Version) 그리고 NIV(New International Version)이다. 관련 본문 제시는 개역 성경에 기초하였다.

무자가 사용된 배경을 분석해보면 하나님의 징벌과 계획이라는 두 가지 불임의 원인이 있음을 알 수 있다. 원인 중 하나는 인간의 악행 또는 불순종, 교만에 대한 하나님의 징벌로서 개인 또는 한 종족에게 무자(無子)가 내려진다.[23] 또 다른 하나는, 특정한 사람들에게 불임은 하나님의 구속사적 계획에 의한 것임을 알 수 있다. 이스라엘 역사에서 특별히 하나님의 계획에 의하여 불임이 되었다가 하나님에 의해 불임이 치유된 여성들을 살펴보면 다음과 같다.

구약성서의 불임 여성: 사라, 리브가, 라헬, 한나

사래는 **잉태하지 못하므로 자식이 없었더라**[24](창 11:30).

이삭이 **그 아내가 잉태하지 못하므로** 그를 위하여 여호와께 간구하매 여호와께서 그 간구를 들으셨으므로 그 아내 리브가가 잉태하였더니[25](창 25:21).

야곱은 라헬과도 한 자리에 들었다. 그는 라헬을 레아보다 더 사랑하였다. 그는 또 칠 년 동안을 라반의 집에서 일해야 했다. 여호와께서 레아에게 총이 없음을 보시고 그의 태를 여셨으나 **라헬은 무자하였더라**[26](창 29:30-31).

---

23 징벌로서의 불임은 "여자의 태를 닫는다"라고 표현된 경우도 많다. 그러나 임신을 할 여자 자체를 죽이거나 결혼시키지 않는 것과 같은 의도적 무자(無子)를 결의한 적도 있다.
사사기 19장 9-21절에 나타난 "미스바 맹세"는 베냐민 지파에 대한 징벌로서, 베냐민 여자를 멸하고 그들에게 딸을 결혼시키는 것을 금하는 서약으로 한 지파에 대한 의도적 불임 사건이었다. 이 맹세로 인하여 많은 젊은 처녀가 베냐민에 의해서 약탈당하는 비극적 결과를 초래하였다.

24 Now Sarai(Sarah) was **barren**: she had **no child** (RSV).

25 And Isaac prayed to the Lord for his wife, because **she was barren**; and the Lord granted his prayer, and Rebekah his wife conceived (RSV 창 25:21).

26 So Jacob went in to Rachel also, and he loved Rachel more than Leah, and served, Lanam

그에게 두 아내가 있으니 하나의 이름은 한나요 하나의 이름은 브닌나라, 브닌나는 자식이 있고 **한나는 무자하더라**[27](삼상 1:2).

유대 왕 헤롯 때에 아비야 반열에 제사장 하나가 있으니 이름은 사가랴요 그 아내는 아론의 자손이니 이름은 엘리사벳이라, …**엘리사벳이 수태를 못 하므로 저희가 무자하고 두 사람의 나이가 많더라**(눅 1:5-7).

아브라함의 아내 사라와 그의 며느리 리브가(이삭의 아내), 그리고 리브가의 며느리이며 야곱의 아내인 라헬, 그리고 엘가나의 아내이며 후에 사무엘의 어머니가 되는 한나는 구약성서에 나타난 대표적인 불임 여성들이다. 이 여성들의 불임은 결혼 후 상당 기간 진행되었다. 그들 중에 사라와 라헬은 불임을 해소하기 위해 대리모를 사용하였다. 사라가 여종 하갈을 통해 남편의 아들(이스마엘)을 얻었고, 라헬도 자신의 여종을 시켜 남편 야곱의 아이를 낳게 했다. 라헬과 한나는 자신들의 불임 때문에 남편의 다른 부인과 상당한 경쟁 관계 속에서 살았다는 것이 공통점이다.

이 여인들의 불임은 그들의 특별한 악행이 성서에 나타나 있지 않기 때문에 하나님의 징벌로 인한 것이라 보긴 어렵다. 굳이 결함을 찾는다면, 네 여인 모두 다른 여인보다도 아름다웠고 남편의 사랑을 많이 받았기 때문에 교만했을 수 있고(특히 라헬), 가족 내에서 자신의 지위와 파워를 확고하게 하기 위해서 자식을 원했다는 점이다. 고대 사회에서 생식 능력은 여성의 존재 가치를 결정짓는 지수(index)와 같은 것이었다. 이것의 좋은 예가 라헬과 레아의 '출산 경쟁'에서 잘 나타나고 있다.[28]

---

for another seven years. When the Lord saw that Leah was hated, he opened her womb; but **Rachel was barren** (RSV 창 29:30-31).

27 He had two wives; the name of the one was Hannah, and the name of the other Peninnah. And Peninnah had children, but **Hannah had no children** (RSV 삼상 1:2).

28 라헬은 자신이 낳은 요셉과 베냐민 외에도 여종 빌하를 대리모로 이용하여 아들 둘(단

고대 가부장적 족장사회에서 여성의 존재는 미약하였지만 족장의 본처나 애처로서, 더구나 그가 대를 이을 아들을 낳았다면 그녀는 부동의 파워를 갖게 된다는 것을 사라와 라브가를 통해 잘 알 수 있다. 사라는 이삭을 출산한 후 하갈과 그의 소생 이스마엘을 내쫓는다. 아브라함은 고뇌하지만 하나님은 사라의 결정에 따르라고 하였다. Susan Niditch는 이것을 가리켜 아브라함의 씨(seed)만으로는 충분하지 못했다고 해석한다.[29] 즉 반드시 사라의 몸에서 태어난 자식이어야 이스라엘의 유업을 이을 수 있다는 것이 하나님의 계획이었다는 것이다.

리브가는 두 아들 중 남편이 좋아하는 에서를 제치고 자신이 좋아하는 야곱이 장자의 축복을 받게 하는 용의주도한 여인이었다. 이삭이 선호한 장자인 에서가 아니라 리브가가 선호한 아들 야곱에 의해서 이스라엘의 유업이 계승되었다는 것도 리브가의 태중에서부터 하나님이 계획하신 일이다.[30] 라헬 역시 야곱이 가장 아끼는 아들, 즉 자신이 낳은 요셉에게서 결국 이스라엘의 반석인 목자가 나리라는 축복을 받는다.[31] 한나가 낳은 사무엘은 수태하기 전부터 이미 하나님에게 서원한 자식으로서, 이스라엘이 왕국의 역사를 개시하는 데 없어서는 안 될 중요한 지도자가 되었다. 이상과 같이 네 여인의 불임은 하나님의 구속사적 계획에 의한 것임을 알 수 있다.

신약성서에 나타난 유일한 불임 여성은 엘리사벳이다. 그녀는 성모 마

과 납달리)을 더 낳았다. 레아는 자신이 낳은 여섯 아들 이외에 여종 실바를 대리모로 이용하여 두 아들(갓과 아셀)을 더 낳았다. 이렇게 해서 라헬은 총 네 명, 레아는 총 여덟 명의 아들을 두었다. 이 출산 경쟁에서 이긴 자는 레아지만, 그녀는 남편의 사랑을 얻지 못했다. 결국 이스라엘의 12지파가 라헬과 레아의 출산 경쟁의 결과로 그 뿌리를 갖게 되었으나, 정작 당사자인 두 여성은 번식력을 중요하게 여겼던 고대 가부장 사회에서 자신의 입지를 확고히 하기 위해 필사적으로 아이 낳기 게임을 벌인 셈이다(창 30:1-24).

29 Susan Niditch, Carol A. Newsom & Sharon H. Ringe ed., "Genesis," *The Women's Bible Commentary* (Louisville, KY: Westminster, 1992), 16-7.

30 창 25:21-23.

31 창 49:22-26.

리아의 친족이었다.[32] 사라의 경우와 마찬가지로 나이가 많아 임신은 현실적으로 볼 때 불가능한 것이었다. 그러나 예수의 탄생에 앞서 하나님은 인류 구원의 원대한 계획을 가지고 엘리사벳의 불임을 푸신 것이다. 특별히 엘리사벳과 남편 사가랴는 성직자 가정으로서, 하나님 앞에서 의인으로 주의 모든 계명과 규례를 지키며 사는 사람들이란 것을 누가복음은 밝히고 있다. 즉, 엘리사벳의 불임은 하나님의 징벌 때문이 아니라는 것을 강조하는 저자의 의도를 알 수 있다.[33]

유대 사회에서 아들이 없다는 것은 최대의 불행으로 간주되었다. 심지어 죄로 인한 최대의 형벌이라고 생각하였다.[34] 그러나 엘리사벳의 불임은 계획된 것이었다. 위에서 살펴본 구약의 4대 불임 여성도 계획된 것이었지만, 엘리사벳의 불임은 하나님의 성육신을 위해 특별히 계획된 불임이었다. 그녀의 아들 세례 요한은 예수보다 6개월 앞서 태어나 메시아 예수의 사역을 준비한다. 말라기 이후 400년을 이스라엘의 불임기에 비유할 수 있겠다. 오랫동안 남의 압제와 시달림을 받아왔던 히브리인들을 이스라엘이란 하나의 국가로 세우기 위해, 90년간 불임으로 살았던 사라를 소생시켜 열국의 어머니로 삼은 것처럼, 암흑기에 살고 있던 유대민족에게 메시아에 대한 희망을 주기 위해 엘리사벳을 소생시키셨다고 비유할 수 있을 것이다. 천사가 사가랴에게 말할 때 이런 뉘앙스를 분명히 표현하고 있음을 알 수 있다.[35]

32 보라 네 **친족 엘리사벳**도 늙어서 아들을 배었느니라 **본래 수태하지 못한다 하던** 이가 이미 **여섯 달**이 되었나니(눅 1:36).

33 유대 왕 헤롯 때에 아비야 반열에 제사장 하나가 있으니 이름은 사가랴요 그 아내는 아론의 자손이니 이름은 엘리사벳이라 **이 두 사람이 하나님 앞에 의인이니 주의 모든 계명과 규례대로 흠이 없이 행하더라**(눅 1:5-6).

34 창 11:30, 18:11; 레 20:20; 삼상 1:6; 사 47:9.

35 너도 기뻐하고 즐거워할 것이요 **많은 사람도 그의 남을 기뻐하리니**(눅 1:14). And you will have joy and gladness, and **many will rejoice at his birth** (RSV 눅 1:14).

3. 불임을 치유하는 하나님

성서에서 불임은 개인과 집단 또는 한 국가의 악행과 교만함, 하나님에 대한 불순종으로 인하여 내려진 징벌로 나타나지만, 하나님의 원대한 인류 구원의 계획으로 사용되기도 한다는 것을 고찰하였다. 현대 생식기법의 진보는 불임의 원인을 최대한 밝혀낼 수 있게 되었다. 그러나 아직도 의학적으로 규명이 안 되는 원인 불명의 불임이 10~28%까지 있다고 한다.[36] 신은 인간의 질병의 모든 해답을 다 갖고 있으면서도, 인간이 언제 그것을 찾아낼까 궁금해하면서 마지막 해법은 절대 인간이 발견할 수 없도록 잠금(lock) 장치를 걸어놓았는지 모른다. 현대와 미래 의학으로도 알아낼 수 없는 '원인 불명(unknown)'은 언제나 존재할 것이다. 특히 원인 불명의 불임, 그것은 현대 유전공학이나 생식기법에 의존해서 해결하기보다는 사라나 엘리사벳처럼 겸손하게 신의 계획을 기다리며 인내하는 구도자적 자세가 필요하다. 위의 네 여인의 불임 원인은 과학 이전의 시대였기 때문에 '원인 불명'이었는지 아닌지는 확실하게 알 수 없지만, 성서는 그들의 생식 능력에 분명 하나님의 간섭이 있었고 계획이 있었음을 증거하고 있다. 결자해지(結者解之), 즉, 하나님이 태를 묶으셨다면 하나님이 푸신다는 말이다. 이것은 과학이 아니라 믿음의 문제인 것이다.

1) 90년의 불임을 치유하는 하나님

사라의 불임이 최초로 언급된 곳은 창세기 11장 30절이다. 아브람(Abram)이 결혼할 당시 사라의 이름은 사래였고 그녀는 결혼 초부터 불임이었다. 현대 의학으로는 아마도 선천적 불임이라고 진단했을 것이다. 사래의 불임은 하나님이 오랜 기간을 두고 치유하셨음을 알 수 있다. 먼저 결혼 직후 사래의 불임이 가족 내에서 문제시되기 전 아브람에게 다음과

36 손철, 「불임 이렇게 치료한다」, 80.

같이 약속하신다.

> 내가 너로 큰 민족을 이루고 내게 복을 주어 내 이름을 창대케 하리니 너는 복의 근원이 될지라(창 12:2).

이어서 창세기 12장 10-20절에서는, 아브람의 경솔함(사래를 여동생으로 속인 사건)으로 사래가 이집트 바로의 첩이 될 뻔하지만 하나님은 그녀를 극적으로 구출하신다. 사래는 이때도 하나님의 인류 구원의 계획에서 보호되고 있음을 알 수 있다. 아브람이 창세기 12장 2절의 하나님의 약속을 망각할 때쯤, 창세기 15장에서 그 약속의 의미를 재확인시킨다.

> 아브람이 가로되 주 여호와여 무엇을 내게 주시려 하나이까 **나는 무자하오니** 나의 상속자는 이 다메섹 엘리에셀이니이다. 아브람이 또 가로되 주께서 **내게 씨를 아니 주셨으니** 내 집에서 길리운 자가 나의 후사가 될 것이니이다. 여호와의 말씀이 그에게 임하여 가라사대 그 사람은 너의 후사가 아니라 **네 몸에서 날 자가 네 후사가 되리라** 하시고, 그를 이끌고 밖으로 나가 가라사대 **하늘을 우러러 뭇별을 셀 수 있나 보라 또 그에게 이르시되 네 자손이 이와 같으리라**(창 15:2-5).

그러나 하나님의 이러한 약속은 아브람 부부가 가나안에 들어간 지 10년이 넘어도 성취되지 않았다. 인내하지 못한 사래는 대리모 하갈을 이용해 아브람의 자손을 얻었다.[37] 그러나 하나님은 세 번째로 아브람과의 약속을 확신시킨다.

> 내가 너와 내 언약을 세우니 너는 **열국의 아비**가 될지라. 이제 후로는 네 이

37 창 16:1-3.

> 름을 아브람이라 하지 아니하고 아브라함이라 하리니 이는 내가 너로 열국의 아비가 되게 함이니라. 내가 너로 심히 번성케 하리니 나라들이 내게로 좇아 일어나며 열왕이 네게로 좇아나리라. 내가 내 언약을 **나와 너와 네 대대 후손**의 사이에 세워서 영원한 언약을 삼고 **너와 네 후손의 하나님이 되리라**(창 17:4-7).

> 하나님이 또 아브라함에게 이르시되 네 아내 사래는 이름을 사래라 하지 말고 그 이름을 사라라 하라. 내가 그에게 복을 주어 **그로 네게 아들을 낳아주게 하며 내가 그에게 복을 주어 그로 열국의 어미가 되게 하리니 민족의 열왕이 그에게서 나리라.** 아브라함이 엎드리어 웃으며 심중에 이르되 백 세 된 사람이 어찌 자식을 낳을까 **사라는 구십 세니 어찌 생산하리요** 하고(창 17:15-17).

> 하나님이 가라대 아니라 **네 아내 사라가 정녕 네게 아들을 낳으리니** 너는 그 이름을 이삭이라 하라 내가 그와 내 언약을 세우리니 그의 후손에게 영원한 언약이 되리라(창 17:19).

> 내 언약은 내가 **명년 이 기한에 사라가 네게 낳을 이삭과 세우리라**(창 17:21).

위의 본문은 사라가 열국의 어머니가 되고, 이스라엘의 역사가 그녀로부터 열린다는 하나님의 원대한 구속사적 계획을 뚜렷하게 언급하고 있다. 사라는 신체적으로 임신이 불가능한 90세였고 그녀의 남편도 신체적으로 임신이 불가능한 100세였다. 그러나 하나님은 아브라함에게 1년 후 이 약속이 지켜짐을 분명히 하고 있다. 이후 하나님은 세 사람의 사자를 아브라함과 사라에게 보내 다시 한번 이삭의 탄생을 확인시킨다.[38] 사라의 불임은 실로 90년간 계속되었다.

여호와께서 그 말씀대로 사라를 권고하셨고 여호와께서 그 말씀대로 사라에게 행하셨으므로, **사라가 잉태하고 하나님의 말씀하신 기한에 미쳐 늙은 아브라함에게 아들을 낳으니,** 아브라함이 그 낳은 아들 곧 사라가 자기에게 낳은 아들을 이름하여 이삭이라 하였고 … **아브라함이 그 아들 이삭을 낳을 때에 백 세라. 사라가 가로되 하나님이 나로 웃게 하시니 듣는 자가 다 나와 함께 웃으리로다.** 또 가로되 사라가 자식들을 젖먹이겠다고 누가 아브라함에게 말하였으리요마는 **아브라함 노경에 내가 아들을 낳았도다 하니라** (창 21:1-3, 5-7).

사라는 하나님의 인류 구속사에 도구가 될 이스라엘이란 나라의 기반을 만들기 위해 90년 동안 불임으로 살았다. 그리고 이제 모든 환경이 조성된 후 하나님의 예정된 계획에 따라 사라의 불임은 풀리게 되었다. 사라는 불임의 역사상 최장기 불임을 기록한 여인이다.

2) 이삭의 기도로 불임이 치유된 리브가

90년에 걸친 어머니 사라의 기다림 속에 태어난 이삭은 40세에 결혼을 하였으나 아내 리브가가 불임 여성이었다. 이삭은 자신의 출생 이야기를 잘 알고 있었음이 분명하다. 그래서 이삭은 리브가를 위해 하나님께 기도하였다고 성경은 말한다.

이삭이 그 아내가 잉태하지 못하므로 **그를 위하여 여호와께 간구하매** 여호와께서 그 간구를 들으셨으므로 **그 아내 리브가가 잉태하였더니,** 아이들이 그의 태 속에서 서로 싸우는지라 그가 가로되 이 같으면 내가 어찌할꼬 하고 가서 여호와께 묻자오대. **여호와께서 그에게 이르시되 두 국민이 네 태중에 있구나** 두 민족이 네 복중에서부터 나누이리라 이 족속이 저 족속보다 강하겠고

---

38 창세기 18장.

큰 자는 어린 자를 섬기리라 하셨더라(창 25:21-23).

리브가가 그들을 낳을 때에 **이삭이 육십 세**이었더라(창 25:26).

이삭의 기도를 들은 하나님은 리브가를 잉태케 하였다. 리브가가 쌍둥이 아들 에서와 야곱을 낳았을 때 이삭의 나이가 60세였다고 하니 리브가의 불임은 결혼 후 20년간 지속되었다는 것을 알 수 있다. 리브가 역시 하나님의 이스라엘 만들기 계획에 따라 오랜 기간 불임으로 살았다는 것을 알 수 있다. 리브가는 시모 사라와는 달리 태(胎)에서부터 하나님의 구체적 계획을 알게 되었고 이것에 의해 리브가는 이삭을 속여 야곱(어린자)에게 장자의 축복을 받게 한다.

3) 라헬의 불임을 기억하고 치유하는 하나님

야곱의 결혼은 처음부터 속임수로 시작되었다. 야곱은 외삼촌 라반의 둘째 딸인 라헬을 사랑하여 결혼을 신청하였지만 라반은 7년을 기다리라고 한다. 라헬을 얻기 위해 7년을 일하였으나 첫날 밤에 라반에게 속아 라헬 대신 언니 레아와 먼저 결혼한다. 라반의 요구에 따라 레아와 먼저 결혼하고 7일 후 다시 라헬과 중혼하기에 이른다. 결국 한 자매를 부인으로 삼았으나 야곱은 라헬을 더 사랑하였다. 그러나 하나님은 레아의 사랑받지 못함을 가엽게 여기어 그녀에게 먼저 자식을 주신다.[39] 레아가 네 명의 아들을 연이어 낳을 때까지 라헬은 한 명의 아들도 생산하지 못하였다. 라헬은 질투하고 남편에게 불임에 대한 책임을 전가한다. 흥미로운 것은 야곱은 라헬의 불임은 하나님만이 치유할 수 있다고 믿고 있음을 알 수 있다. 아래의 본문은 라헬이 불임으로 인하여 얼마나 고통스런 삶을 살았는지를 잘 보여준다.

---

39 창 29:31.

> 라헬이 자기가 야곱에게 아들을 낳지 못함을 보고 그 형을 투기하여 야곱에게 이르되 **나로 자식을 낳게 하라 그렇지 아니하면 내가 죽겠노라.** 야곱이 라헬에게 노를 발하여 가로되 **그대로 성태치 못하게 하시는 이는 하나님이시니** 내가 하나님을 대신하겠느냐. 라헬이 가로되 나의 여종 빌하에게로 들어가라 그가 아들을 낳아 내 무릎에 두리니 그러면 나도 그를 인하여 자식을 얻겠노라 하고, 그 시녀 빌하를 남편에게 첩으로 주매 야곱이 그에게로 들어갔더니 빌하가 잉태하여 야곱에게 아들을 낳은지라(창 30:1-5).

고대 사회에서 지배계급에 있는 여성들은 자신의 불임을 대리모로 해결하려는 양상을 보여준다. 흥미로운 사실은 이 여성들은 자신의 출산 욕구를 대리 충족시키기 위해 여종들을 서슴없이 출산의 도구로 사용하는 비정함을 보여준다. 여종들은 그가 낳은 자식에 대한 어떤 권리도 주장할 수 없었다. 그것을 주장하려다 쫓겨난 여종이 바로 하갈과 그의 아들 이스마엘이었다. 이스라엘의 12지파의 근원이 되는 야곱의 열두 아들 중 네 명이 여종들이 낳은 아들이고 그들 어미의 이름은 빌하와 실바였다고 창세기는 분명하게 기록하고 있다. 라헬은 레아와 가진 출산 경쟁에서 참패를 당하고 있었다. 레아의 여종 실바는 두 명의 아들을 더 낳았고 자신도 두 명의 아들을 더 낳아 총 여덟 명의 아들 진영을 확보하였다. 이때까지 라헬은 한 명의 자식도 낳지 못했다. 그러나 하나님은 라헬을 기억하시고 그녀의 고통을 마음에 두었다(heeded). 그녀의 고통을 들으시고 드디어 라헬의 불임을 푸셨다. 라헬이 교만하고 이기적이었기 때문에 하나님이 태를 닫으셨다는 주석도 있다.[40] 그러나 라헬의 오랜 기도를 들으신 하나님은 그녀의 수치를 씻어주신다.

> 하나님이 **라헬을 생각하신지라 하나님이 그를 들으시고 그 태를 여신고**

40 뉴톰슨 관주주석 성경(성서교재 간행사, 1990), 44.

로, 그가 잉태하여 아들을 낳고 가로되 하나님이 나의 부끄러움을 씻으셨다 하고, 그 이름을 요셉이라 하니 여호와는 다시 다른 아들을 내게 더하시기를 원하노라 함이었더라(창 30:22-25).

그들이 벧엘에서 발행하여 에브랏에 이르기까지 얼마 길을 격한 곳에서 라헬이 임신하여 심히 신고하더니, 그가 난산할 즈음에 산파가 그에게 이르되 두려워 말라 지금 그대가 또 득남하느니라 하매, 그가 죽기에 임하여 그 혼이 떠나려 할 때에 아들의 이름은 베노니라 불렀으나 그 아비가 그를 베냐민이라 불렀더라. 라헬이 죽으매 에브랏 곧 베들레헴 길에 장사되었고(창 35:16-19)

이때까지 하란에 있었던 야곱의 가계는 두 명의 부인과 두 명의 여종으로부터 총 열한 명의 아들과 한 명의 딸을 낳았다. 이 중에서 라헬은 요셉을 낳았고 나중에 베냐민을 낳다가 죽는다. 아이를 많이 낳고 싶어 하던 여인, 그래서 언니 레아를 이기고 싶어 했던 라헬, 그러나 그녀에게 허락된 아이는 둘뿐이었고 결국 생의 마지막 순간까지 그녀는 출산에 대한 집념을 놓지 아니하였다.

지금까지 살펴본 사라, 리브가, 라헬의 불임 치유 과정에서 알 수 있는 것은, 하나님은 그들의 불임에 깊이 관여하셨다는 것, 그들의 불임 기간은 상당히 오래 지속되었다는 것, 하나님의 때가 이르렀을 때 태를 열어주셨다는 것, 그러나 자녀(사라 1명, 리브가 2명, 라헬 2명)는 주시지 않았다는 것이다. 중요한 것은 하나님은 자신의 계획에 의해 태를 여는 분이지만, 인간의 간절한 기도에는 계획을 앞당겨 태를 열기도 하는 분이라는 것을 리브가와 한나의 경우를 통해 알 수 있다.

4) 기도와 서원으로 불임을 극복한 한나

사무엘서(書)의 시작은 한나의 불임 이야기로 시작한다. 한나는 레위 지파의 후손인 엘가나[41]와 결혼했으나 자식을 낳지 못했다. 그래서 엘가

나는 두 번째 부인인 브닌나를 맞이하여 여러 명의 아들과 딸을 두었다. 그러나 브닌나는 남편의 사랑이 한나에게 치중됨을 질투로 느끼고 한나의 무자(無子)함을 희롱하였다. 이로 인한 한나의 고통은 깊어갔으나 남편은 그녀의 고통을 함께 이해하지는 못하였다. 그녀는 마침내 실로(Shiloh)에 있는 성전에서 금식하며 서원 기도를 드리게 된다. 그녀의 슬픔과 임신에 대한 절실한 갈망이 다음 본문에 잘 나타나고 있다.

> 한나가 마음이 괴로워서 여호와께 **기도하고 통곡하며, 서원하여** 가로되 만군의 여호와여 만일 주의 **여종의 고통을 돌아보시고 나를 생각하시고 주의 여종을 잊지 아니하사 아들을 주시면 내가 그의 평생에 그를 여호와께 드리고 삭도를 그 머리에 대지 아니하겠나이다**(삼상 1:10-11).

한나는 먹지도 마시지도 않고 절실하게 하나님께 매달렸다. 그녀의 절실한 기도의 모습이 마치 술 취한 사람 같았다고 성서는 기록하였다. 제사장 엘리의 중보 기도를 받고 돌아간 한나는 드디어 잉태하게 되었고, 그 아들의 이름을 사무엘이라 하였다. 그는 모세 이후 이스라엘에서 가장 존경받는 지도자가 되었으며, 왕국으로서의 이스라엘의 역사를 이끌고 갈 두 왕(사울과 다윗)을 안수한 선지자였다.

> 그가 여호와 앞에 오래 기도하는 동안에 엘리가 그의 입을 주목한즉, 한나가 속으로 말하매 입술만 동하고 음성은 들리지 아니하므로 **엘리는 그가 취한 줄로 생각한지라. 엘리가 그에게 이르되 네가 언제까지 취하여 있겠느냐** 포도주를 끊으라. 한나가 대답하여 가로되 나의 주여 그렇지 아니하나이다 **나**

41 The Study Bible: NRSV, A New Annotated Edition by the Society of Biblical Literature (Harper Collins, 1994). 역대상 6:26. 엘가나는 레위 지파의 세 아들 중 하나인 고핫(Kohath) 계보의 후손이다. 고핫의 자손들은 언약궤에 대한 특별한 책임을 맡은 사람들이다. 이러한 족보가 사무엘이 후에 성전의 예언자가 되는 데 자격을 충족시킨다.

는 마음이 슬픈 여자라 포도주나 독주를 마신 것이 아니요 여호와 앞에 나의 심정을 통한 것뿐이오니, 당신의 여종을 악한 여자로 여기지 마옵소서 내가 지금까지 말한 것은 나의 원통함과 격동됨이 많음을 인함이니이다(삼상 1:12-16).

엘가나가 그 아내 한나와 동침하매 **여호와께서 그를 생각하신지라. 한나가 잉태하고** 때가 이르매 아들을 낳아 사무엘이라 이름하였으니 이는 **내가 여호와께 그를 구하였다 함이더라**(삼상 1:19-20).

한나는 그가 서원한 대로 사무엘을 하나님께 바치고 그 이후로 3남 2녀의 자녀를 더 낳는 축복을 받았다. 한나는 위에서 살펴본 불임 여성들과 유사한 점이 있으나 차이점도 또한 있다. 첫째, 남편의 사랑에 대해 교만하지 않았고, 자신의 불임을 해결할 이는 오직 하나님밖에 없음을 일찍이 인식하였던 믿음의 여인이었다. 동시에 어떻게 기도해야 하나님을 기쁘게 하여 그녀의 불임을 풀어주신다는 것도 알고 있는 듯하다. 즉, 첫 번째 소생을 하나님께 드려야 보다 많은 자손을 주신다는 축복의 법칙을 알고 있는 한나는 매우 지혜로우면서 전략적인 여인이었다. 자신이 절실할 때는 하나님께 매달리다가 축복을 받은 후에는 하나님께 서원한 것을 망각하는 불충한 현대 크리스천들은 한나의 이런 점을 배워야 할 것이다. 특히 한나는 젖을 뗀 어린 사무엘을 제사장 엘리에게 데리고 가 성전에서 자라도록 한 강한 어머니이기도 하였다.

하나님의 때를 인간이 예측하기는 어렵다. 그리고 하나님은 그의 때가 되어야만 계획을 행하신다. 그러나 그 때가 인간의 간절한 기도와 탄원이 있을 때, 신도 예외를 만든다고 믿는다. 하나님은 인간이 자신에게 절대 의존(total dependence)의 감정을 갖기를 원한다. 그렇다고 우리가 아무런 노력도 하지 않아도 된다는 뜻은 아니다. 불임에 대해 인간이 할 수 있는 일조차 하지 말라는 것은 아니다. 나팔관이 막혀 임신이 안 된다면 막힌

나팔관을 뚫어서 임신을 돕는 것은 의사의 일이다. 이런 점에서 자신의 질병에 대해 상담하고 치료해줄 의사를 찾는 것은 우리가 해야 할 노력이요 책임이다. 이것까지 하나님이 하신다고 생각하는 것은 방심이다. 그러므로 무조건 생명공학의 생식기법을 배척하라는 것이 아니라, 인간의 생식에 있어서 최고 및 최후 권위자는 하나님이라는 것을 기억하면서, 하나님은 인간에게 어디까지 생명공학의 기술을 사용하도록 허락하는지 신학을 하는 우리 스스로가 먼저 질문하여야 한다. 그 해답의 실마리를 위해 성서 속에서 불임 여성들이 치유된 과정을 분석하는 것이다.

5) 의로운 삶으로 불임을 극복한 엘리사벳

엘리사벳은 아론의 자손이었고, 남편은 아비야 가문의 사람이었다. 즉, 둘 다 제사장 가문의 후손이며 당시 성직자들이었다. 남편 사가랴는 예루살렘 성전의 지성소에 출입하는 제사장의 직분에 뽑혀서 직무를 수행 중이었다. 이때 천사 가브리엘이 나타나 아내의 불임이 풀릴 것이라는 말을 전하는데 그 내용이 심상치 않다. 제사장인 사가랴가 주의 천사를 보며 두려움에 떨고 있었다. 천사는 태어날 아기 이름과 그 아이가 해야 할 사명이 무엇인지 전하였다. 그의 아들이 감당해야 할 하나님의 인류 구원 계획을 위한 역할분담까지도 들려주는 것이다. 사가랴도 오랫동안 아내의 수태를 위해 기도해왔음을 알 수 있다. 그러나 사가랴는 이제 늙어서 수태가 불가능하다고 생각했다. 아브라함과 사라가 하나님으로부터 수태 계획을 들었을 때 웃은 것처럼 사가랴도 믿지 않았다. 이로 인해 그는 엘리사벳이 해산할 때까지 말을 하지 못하였다. 기이한 일은 여기서 끝나지 않고 수태한 엘리사벳도 산중에서 5개월 동안 숨어 지내야 했다.

사가랴여 무서워 말라 **너의 간구함이 들린지라 네 아내 엘리사벳이 네게 아들을 낳아주리니** 그 이름은 요한이라 하라. 너도 기뻐하고 즐거워할 것이요 많은 사람도 그의 남을 기뻐하리니, 이는 **저가 주 앞에 큰 자가 되며 포도주**

> **나 소주를 마시지 아니하며 모태로부터 성령의 충만함을 입어, 이스라엘 자손을 주 곧 저희 하나님께로 많이 돌아오게 하겠음이니라**(눅 1:13-17).

> 사가랴가 천사에게 이르되 **내가 이것을 어떻게 알리요 내가 늙고 아내도 나이가 많으니이다.** … 나는 하나님 앞에 섰는 가브리엘이라 **이 좋은 소식을 전하여 네게 말하라고 보내심을 입었노라.** 보라 이 일의 되는 날까지 **네가 벙어리가 되어 능히 말을 못 하리니 이는 내 말을 네가 믿지 아니함이어니와** 때가 이르면 내 말이 이루리라 하더라. … 이 후에 그 아내 **엘리사벳이 수태하고 다섯 달 동안 숨어 있으며** 가로되, 주께서 **나를 돌아보시는 날에 인간에 내 부끄러움을 없게 하시려고 이렇게 행하심이라** 하더라(눅 1:18-20, 24-25).

엘리사벳은 사라와 노산부(老産婦)라는 점에서 유사하지만, 엘리사벳의 임신 기간 동안 격리되어 있었다는 점이 다르다. 왜 그녀가 격리되어 지내야 했는가에 대해 유추할 수 있는 본문은 한 곳밖에 없는 것 같다. 즉, 20절에서 천사가 사가랴의 입을 봉한 것과 관련이 있는 것 같다. 현실적으로 말 못 하는 남편의 시중을 들어야 했기 때문일 것이고, 나이 들어 임신한 사실이 다소 창피할 수도 있을 것이다. 그러나 이제껏 수태치 못해 수모를 당한 여인에게 임신은 분명 자랑거리였음에 분명할 것이다. 아기가 태어나기까지 남편은 말을 하지 못하고 부인은 산중에서 격리되어 살도록 한 것은 하나님의 간섭이다. 또 하나, 엘리사벳의 고립(seclusion)은 메시아를 맞이하기 위한 일종의 정결의식인 것이다. 세속적인 것으로부터 단절하여 산중에서 숨어 있는 것은 거룩한 분의 오심을 위한 준비이다.

이것을 보더라도 엘리사벳의 불임과 임신은 하나님의 철저한 계획대로 이루어지고 있다는 것을 알 수 있다. 엘리사벳은 그녀의 친족 마리아가 자신을 찾아왔을 때 이미 마리아 복중의 아기가 메시아임을 알고 있었다. 그러므로 엘리사벳의 임신은 그녀 개인의 행복을 위한 것이 아니라 유대

민족 전체와 더 나아가 온 인류를 위해 오실 메시아 탄생을 예고한 것이었다.

> 엘리사벳이 마리아의 문안함을 들으매 아기가 복중에서 뛰노는지라 엘리사벳이 성령의 충만함을 입어, 큰 소리로 불러 가로되 여자 중에 네가 복이 있으며 네 태중의 아이도 복이 있도다. 내 주의 모친이 내게 나아오니 이 어찌된 일인고, 보라 네 문안하는 소리가 내 귀에 들릴 때에 아이가 내 복중에서 기쁨으로 뛰놀았도다. **믿은 여자에게 복이 있도다 주께서 그에게 하신 말씀이 반드시 이루리라**(눅 1:41-45).

III. 결어

"임신을 할 수 없는 여의사는 둘째 아이를 갖고 싶었다. 유전공학자인 남편의 정자와 자신의 난자를 체외수정하고 대리모를 고용하였다. 그러나 천재아를 갖고 싶은 유전공학자 아버지의 욕망은 자신의 유전자를 조작하여 IQ 250인 천재를 낳게 만든다. 이 아이는 자라면서 생산적인 일보다는 파괴적인 일에 무서울 정도의 마력을 지닌 천재 돌연변이로 변해갔다. 어린 꼬마가 놀이보다는 유전공학 실험실에 있기를 더 좋아하더니 아버지의 컴퓨터와 실험실 기기로 연습 삼아 냉동 수정란의 유전자를 일부 조작한다. 그 아이는 부모 몰래 자신이 구상하는 인공 자궁을 만들기 위해 가공할 만한 태아 연구실을 만들고 있었다. 이를 알게 된 유전공학자 아버지, 돌연변이 천재 아들을 통제할 유일한 길은 그 아이와 함께 죽는 것이었다. 결국 불임 여성인 엄마만 살아남는다. 그러나 1년 후 병원 진료실에서 또 다른 (유전자가 조작된) 돌연변이를 만나게 되는데…."[42] 이것은

42 Robin Cook, *Mutation*, 박민 역, 『돌연변이』, 열림원, 1993.

몇 년 전에 나온 의학 추리소설의 내용이다. 그러나 21세기, 아니 지금이라도 어느 유전공학 실험실에서 일어날 수 있는 일이 되어버렸다. 태아 상태에서 유전자를 검색해서 기형아를 방지할 수 있다. 더 나아가 염색체를 검색하여 포악하고 폭력적인 사람이 되는 것을 예방할 수 있다는 보고도 있다.[43] 헉슬리의 소설에서처럼 21세기는 우수한 지능을 가진 아기뿐만 아니라 사회 각 계급에 필요한 사람의 유전자를 조작, 복제하여, 획일적인 집단의 아기를 대량 생산할 수도 있을 것이다.[44] 과거의 공상(空想)이 현재와 미래의 현실로 다가오고 있다.

한 석사학위논문[45]은 우리나라에서 매년 약 200명의 인공수정자가 출생되고, 그중 20%는 비배우자 간 인공수정(AID)으로 태어난다고 추정하고 있다. 한때 AID를 간통으로 본다는 주장도 있었지만 현재는 직접적인 성교(性交)에 의하지 않기 때문에 이것을 간통으로 보긴 어렵다는 것이 지배적 견해이다. 인공수정에 대한 가톨릭교회의 입장은 1949년 교황 비오

---

43 John Arras & Hunt, "Human Genetics," *Ethical Issues in Modern Medicine* (Mountain View, CA: Mayfield Pub. Co., 1983).

44 Aldous Huxley, *Brave New World* (Middlesex, England: Penguin Books, 1932). Bokanovsky's process는 새로운 난자 복제 방법에 의해 한 개의 난자에서 일란성 쌍둥이 96명을 한꺼번에 생산할 수 있는 가공할 생식기술이다. 이것에 의하여 인간이 원하는 각 계급의 인간을 대량 생산해낸다는 공상과학적 소설로, 이 소설에 의하면 이 사회는 알파, 베타, 감마, 델타, 입실론의 네 계급의 인간이 필요한데, 보카노브스키 생식기법으로 각 계급에 필요한 인간을 생산해낸다. 그들은 체외수정과 태내 발달 과정에서부터 저능아를 만들기도 하고 불임 여성을 생산해내기도 한다. 체제 유지를 위해서는 모든 사람이 다 천재일 필요가 없고 계급에 따라 최우수, 우수, 보통, 열등의 지능이 다 필요하다. 여성도 모두 다 임신할 필요는 없다. 전체 난소 중 30%만 있어도 되기 때문이다. α, β, γ, δ, ε 계급에 따라 출생 직후부터 조건 반사와 행동주의 심리학이론에 기초한 사회화가 시작된다. 보카노브스키 과정은 사회 안전을 위한 중요한 수단이며, 표준형 남녀, 획일화된 집단, 공유와 주체성, 안정이 실현되는 세계 국가를 실현하는 수단이라는 것이다. 1932년 출간되었을 당시 충격을 주었던 헉슬리의 『멋진 신세계』는 이제 공상이 아니라 현실이 될 것이다. 만일 오늘 우리가 첨단 생식기법에 어떤 윤리적 책임도 지지 않는다면 누군가에 의해 우리의 유전자는 조작되고 이식되고 배양되어 나와 똑같은, 외모는 같으나 지능과 기능은 다른 인간들이 이곳저곳에서 활보할 날도 멀지 않을 것이다.

45 윤여형, 「인공 수정자(受精子)의 법적 지위」(경북대학교 석사학위 논문, 1991).

12세(Pius XII)에 의하여 잘 천명되었다. "인공수정은 혼인의 신성을 부정하고, 생명의 존엄성이 망각된 현대 자유주의 철학의 소산이며, 특히 정액을 채취하는 방법(자위, masturbation)이 비윤리적이라는 것"을 반대 이유로 들었다. 1987년에 와서 로마 교황청은 「인간 생명 기원에 대한 존중과 생식의 고귀함에 대한 훈령」을 발표하고 인공수정, 시험관 아기, 대리모 출산 등에 관한 행위의 금지를 촉구하였다.

한편 개신교 측에서는, 1962년 미국 장로교회가 AID는 간통이 아니나 이로 인해 태어난 자녀를 보호하기 위해서는 엄격한 통제를 해야 한다고 주장하였다. 1994년 미국 연합 감리교회도 '교리와 장정'에서 유전공학에 대한 감리교회의 입장을 분명히 하고 있다.[46] 인간의 건강을 위한 기본적 욕구, 안전한 환경, 그리고 적절한 식량 공급을 위해서 유전공학을 사용하는 것을 환영한다. 그러나 후손과 우생학적 선택을 위해 형질을 바꾸는 것과 같은 유전자 치료법은 사용할 수 없으며, 질병의 고통을 완화시키는 데만 제한적으로 사용해야 한다고 정의한다. 우생학적 선택 또는 폐기될 배(胚)에게 전이될 수 있는 어떤 유전자 조작이나 치료도 거부한다는 입장을 밝히고 있다.

늦은 감은 있지만 우리나라 국회에서도 이제 1999년 1월 안으로 생명안전윤리위원회를 구성하고 생명공학 육성법과 그것의 윤리적 책임을 입법화한다고 한다. 한 시대가 생명을 어떻게 정의하고 어떤 생명철학과 생명윤리를 갖는가는 우리 자신과 후손들의 생명에 직결되는 심각한 문제이다. 유전자 조작으로 재배한 콩, 호르몬 촉진제를 먹여 기른 어류, 유전자 조작으로 사육된 육류, 그리고 유전공학으로 합성된 야채(포마토) 등을 매일 식탁에 올리는 오늘의 현실에서 우리는 무엇이 정상적(normal)이고 자연적(natural)인지 외양으로는 분별하기가 어렵다. 생명공학과 유전공학에 대한 지식과 정보가 대중에서 공개되지 않는 한 시민들은 커진 감자,

---

46 *The Book of Discipline of the Church 1994*, Pt. III, "Social Principles" (UMC Publishing House).

굵고 유난히 윤이 나는 검은 콩을 사 들고 만족해할 것이다.

불임으로 고통받는 여성과 남성이 주위에 많다. 불임을 하나님의 징벌과 저주에 의한 것이라고 판단하고 자책하는 것은 무모하다(특히 여성들). 인간은 불임을 초래하기도 하고 또 그것을 해결하기도 한다. 우리가 만든 환경 재해들, 심인성 요인들로 인하여 불임이 증가되고 있지만 동시에 우리가 진보시킨 생명공학에 의해 불임은 점차 완전 정복에 도전하고 있다. 하나님은 우리가 하는 모든 것을 알고 계신다. 왜냐하면 그가 우리를 창조하셨기 때문이다. 우리는 지금 정신적으로나 물질적으로 불임의 시대에 살고 있다. IMF 감독하의 한국은 예전처럼 생산이 왕성하지 못하다 개발주의와 물질만능주의의 교만이 빚은 결과였다. 이제 새로운 세기를 이끌어 갈 새로운 패러다임으로서 생명공학에 거는 우리의 기대가 크다. 그러나 한편, 이 첨단 분야가 제2의 바벨탑이 되지 않기 위해서는 생명공학 연구자, 개발자, 사용자 모두는 하나님 앞에서 겸손을 배우고 우리에게 생명을 주신 자(life-giver)를 두려워해야 할 것이다.

참고 문헌

Arras, John & Robert Hunt (1983). Human Genetics. *Ethical Issues in Modern Medicine*. Mountain View, CA: Mayfield Pub. Co.

Cook, Robin (1993). *Mutation*. **돌연변이.** (박민 역). 서울: 열림원.

Firth, Lucy (1998). Reproductive Technologies, Overview. *Encyclopedia of Applied Ethics,* vol. 3. San Diego: Academic Press.

Hollman, Jay ed. (1998). *New Issues in Medical Ethics*. **의료윤리의 새로운 문제들.** (박재형 외 역). 서울: 예영 커뮤니케이션.

Huxley, Aldous (1932). *Brave New World*. Middlesex, England: Penguin Books.

McClure, Mary Ann (1998). Infertility. *Encyclopedia of Applied Ethics,* vol. 3. San

Diego: Academic Press.

Niditch, Susan, Carol A. Newsom & Sharon H. Ringe ed. (1992). Genesis. *The Women's Bible Commentary*. Louisville, KY: Westminster.

Reiss, Michael (1998). Biotechnology. *Encyclopedia of Applied Ethics,* vol. 1. San Diego: Academic Press.

손칠 (1995). **불임 이렇게 치료한다**. 서울: 소학사.

윤여형 (1991). **인공수정자의 법적 지위**. 석사학위논문, 경북대학교.

한국 카톨릭 의사회 편 (1997). **의학윤리.** 서울: 수문사.

21세기 뉴 패러다임. **동아일보,** 1999년 1월 3일.

한국 남성 정자수 이상 없다. **조선일보,** 1998년 7월 7일.

환경 호르몬 영향 지난 30년간. **조선일보,** 1998년 7월 6일.

Abstract

Theo-Ethical Problems of Artificial Insemination

Mee-Rha Hahn
(Professor, Hoseo University)

The aim of the thesis is to seek a biblical correspondence to the recent issue on artificial insemination. There have been ongoing debates on artificial reproductive technologies in theological communities. Yet a few biblical correspondence to the issue has been made. This paper has three tasks. The first is to identify what challenges are in terms of conflicting with Christian faith. The second is to investigate who the barren women were in the Old Testament & the New Testament. The biblical languages referring infertility or infertile women are also examined. The third is to find out how God handles this issue and to make a reflection how modern Christians especially women can deal with artificial reproductive technology.

Six challenges are identified as follows. First, infertility has been refraded as a disease so that it needs medical treatments. Six medical treatments in general are available today for infertile patients. In Vitro Fertilization (IVF) and embryo transfer is one of six that British doctors, Steptoe & Edwards first applied it to an infertile woman. This challenges natural conception, saying that a baby can be made without sexual intercourse. Secondly, gamete intrafallopian transfer in which a gamete (conceived egg & sperm) is immediately transferred into female's fallopian tube. Some catholic churches allow this method with the condition of extracting of extracting sperm by a leaking condom. The third is to transfer zygote or embryo into female's fallopian tube. Zygote is one day-old conceived, and embryo is two days. Both second and third methods have been rejected by most Catholic churches. The fourth is artificial insemination in which the doctor injects extracted husband's sperm into wife's uterus. Two ways of AI are possible: artificial insemination homologous: AIH) and artificial insemination donor: AID). What challenges us most is AID, because it may devalue family kinship and promote a business selling sperms. Even if the couple agreed to AIH, the child's future is not quite clear when divorce occurs. The fifth is frozen embryo transfer. This also challenges our faith in the life-giver, God. Whether frozen embryo is a live human or not is disputable. Catholics oppose freezing embryo in the sense that the frozen embryo is obvious life entity. They asserts that the best condition for human embryo is not in the freeze but in mother's uterus. The sixth is the most disputable method, hiring surrogate mother. USA and American Infertility Society agree on this but Christian Doctors Association, USA and Catholic churches disagree. This confuses our ethical standards on mother-child relationship and causes serious and endless disputes between genetical motherhood and physical motherhood.

The Bible is the epitome in telling the stories of infertile women. Abrahamic household has been succeeded by those who once were barren: Sarah had the longest infertility period; she became a mother at 90, her daughter in law, Rebekah & Rebekah's daughter in law, Rachel also experienced the same. Hannah, mother of Samuel also suffered long with her barrenness. In New Testament, Elisabeth, mother of Baptist John, finally relieved from her infertility shame at her very old age. The virgin Mary, Mother of Jesus, is the first, one and only biblical case of external fertilization, that is in theological term, conception by the Holy Spirit.

Infertility in the Bible were used in two purposes: One is means to show God's wrath or as women's uterus for the sake of His own salvific plan as shown in the case of Abraham's family. Healing infertility seems totally in God's hands in the Bible. God creates life and gives us life. It is His sovereignty in giving or taking life from us. However, modern medicine somehow promotes artificial way of creating life that seriously challenging Christian belief in the Greator God. Now we, theologians must raise relevant correspondence to the cutting edge technologies in artificial reproduction.

예수의 제자도와 제자교육의 모형화*

한미라(호서대학교)
mrhahn2022@gmail.com

■ 이 논문의 목적은 예수의 제자도와 제자 훈련 및 방식에 대한 탐구를 토대로 참제자교육이란 무엇인가를 깊이 성찰해보고 제자교육의 새로운 방안을 제안하고자 하는 것이다. 예수는 예정된 인류 구원을 위한 중대한 사건이 다가오자 그의 제자들에게 그의 공생애 3년 동안 해온 사역을 그대로 수행할 것을 명령한다. 예수의 짧은 지상의 생애 33년 동안 수많은 무리를 제자로 삼으셨고, 그중에서도 12제자를 세워 예수의 제자도를 전하는 첨병으로 삼고 인류 구원의 과업을 대대로 계승되도록 하는 치밀한 제자교육의 전형을 남겨놓았다. 기독교가 세계 최대의 신자 수를 지닌 거대 종교로 성장하고 2000년이 넘는 세월 동안 그 위치를 확고하게 지킬 수 있었던 것은 기독교만이 지니 독특한 교육시스템 때문이며, 그것의 핵심이 바로 예수의 제자도인 것이다. 그러나 예수의 제자도에 대한

* 이 논문은 2015년도 호서대학교의 재원으로 학술연구비 지원을 받아 수행된 연구임 (과제번호 2015-0362).

신학적 연구는 많았으나, 교육학적 관점에서의 연구는 괄목할 만한 성과를 만들지 못했으며, 참제자도의 실천 또한 시대의 변화에 따라 왜곡되어 왔던바, 본 논문에서는 21세기의 학자들이 재발견과 재해석을 거듭해온 예수의 참제자도와 예수의 제자교육의 특징을 집중적으로 고찰하여 그의 제자교육을 모형화함으로써 교회와 가정과 학교의 현장에서 보다 용이하게 활용할 수 있는 방안을 마련하고자 하는 것이다. ■

I. 서론

이 논문의 연구 목적은 복음서에 나타난 예수의 제자도와 제자교육에 대한 독특성을 기독교교육학적으로 탐구하고자 하는 것이다. 예수의 제자도(이하 '제자도'라고 칭함)와 제자교육을 연구한다는 것은 무엇보다도 예수 그리스도를 제자도의 기원으로 보는 전제에서 출발한다는 것을 의미한다. 이것은 또한 예수를 인류 구원을 목적으로 하는 제자들을 교육했던 위대한 스승(rabbi, didaskalos)으로 해석하는 것으로부터 시작해야 한다는 의미이기도 하다. 둘째, 예수가 선택한 그의 최초의 12제자(ὀι *δώδεκα*, hoi dodeka)에 대한 탐구가 있어야 한다. 그들의 모습에서 오늘 우리는 제자도가 실패하는 근원을 찾게 될 것이며, 동시에 오늘의 우리의 비전을 공유하게 될 것이다. 셋째, 예수가 복음서에서 말씀하신 제자도의 본질에 대한 재개념화가 필요하다는 것이다. 그 이유는 예수 승천 이후 2000년이란 시간이 흘렀고 이 시대는 '보이는 것'과 '보이지 않는 것'들이 공존하는 IoE(Internet of Everything) 시대이며, 사람들에게 말씀을 전하는 것도 구글이나 페이스북과 같은 사회적 네트워크를 통해서 더욱 효과를 가져올 수 있게 되었고, 또한 500년의 종교개혁의 유산을 지켜내려는 과거와의 연결 노력들이 공존하는 초문명의 아드 폰테스(ad fontes) 시대이기 때문이라고 할 수 있을 것이다. 이런 시대에 예수의 제자를 발굴하고 만들어가야 한다는 것은 무엇을 위함이며 어떻게 제자를 양육해야 할 것인가에 관한 문제이기 때문이다.

구글(google.co.kr)에서 제자도를 검색하면 약 313만 건이 조사된다.[1] 한글 언어로만 검색해보면 번역서를 포함한 11만 권이 넘는 책이 모두 제자도에 관한 것이다. 특히 이 중에서 6만 5000건은 최근 16년간, 즉 21세기 들어와서 검색되고 있는 제자도 관련 책들이다. 더욱 흥미로운 것은 지난 1년간 각종 매체의 뉴스에서 제자도가 검색된 것은 무려 13만 4000건이나 되는 것으로 나타나고 있다. 왜 이렇게 많은 사람들이 구글에서 제자도를 검색하고 있을까? 새문안 교회 이수영 목사는 "한국 교회개혁의 과제는 제자도의 회복"이라고 설교하였다(『기독일보』, 2016). 또한 한국 교회 제자훈련의 초기 실천자인 고(故) 옥한음 목사의 일대기를 다룬 두 번째 영화 〈제자도〉가 제작되어 10월 말경에 영화관 상영을 앞두고 있다고 한다. 최근에 IS에 의해 살해된 이집트 크리스천은 죽어가면서 "아들에게 제자도를 가르치라"는 유언을 남겼다고 국제신문은 보도하고 있다(강혜진, 2016). 이와 같은 일련의 기사들을 종합해보면, 현재 한국 교회와 세계 교회, 그리고 기독교를 믿는 신자들이 그 어느 때보다도 갈급하게 체감하고 있는 것이 바로 '제자도와 그것의 회복'이라는 것을 알 수 있을 것이다. 진정한 그리스도인이라면 누구나 다 예수의 제자도를 진실하게 배우고 실제로 예수처럼 살아가야 하는 것이다. 그러나 이 덕목은 2000년 전 갈릴리의 12제자에게 자신의 생업과 가족을 다 포기하고 필사즉생 필생즉사(必死卽生 必生卽死)의 각오로 따라올 것을 요구하였던 위대한 스승 예수의 심각하고도 엄중한 요청을 받아들일 때만 가능한 것이다.

제자를 양성하는 일에 포커스를 두든, 그들을 교육하는 내용과 방법의 개발에 더 큰 비중을 두든 간에 제자도의 본질을 왜곡하지 않고 다음 세대로 전승해야 하는 일은 부름받은 모든 기독교교육자들이 감당해야 할

1 2016년 9월 현재, 모든 결과물(모든 기간, 언어, 뉴스, 앱, 도서 등)을 총망라하여 검색함.

공통의 십자가인 것이다. 한국 교회가 사분오열(四分五裂)되어 있어도 예수 그리스도가 제자도의 기원이고 본질이란 사실은 달라지지 않는 것이다. 현대 한국 교회에서 제자훈련을 시작한 것은 1986년 '사랑의 교회'의 평신도 제자훈련을 기점으로 본다면 30년이 넘었지만, 사실상 그 역사는 더 오래되었으리라 추정된다(『새중앙신문』, 2013). 지금까지 제자훈련이라고 칭하는 교회의 평신도 지도자 교육이 과연 진정 예수 그리스도가 분부하신 참제자도의 교육이었는지에 대해서는 누구도 자신 있게 그렇다고 하지는 못할 것 같다. 오늘의 한국 교회 내에 일어나고 있는 교인들 간의 끊이지 않는 파벌 갈등과 대형교회 목회자들의 3대 타락(돈, 성, 거짓말)의 문제와 어린 신자들의 예절과 인성교육의 결핍 문제들은 제자훈련의 실패의 증거로 볼 수 있기 때문이다.

기독교교육학 교수로서 제자도를 연구하는 궁극적 목적은 결국, 한국 교회에 참제자교육을 회복시키기 위한 기초 연구로서, 예수가 의도했던 제자도의 본질을 성서와 교육학의 융합적 관점에서 재해석하고 예수의 제자교육을 개념화하는 작업이 요구된다. 이것을 토대로 제자교육의 모형화를 설계할 수 있는 것이다. 지금까지 한국 교회가 시도했던 다양한 이름의 제자훈련은 하나님이 보시기에 크게 감동적인 것이 없었던 것 같다. 그 이유는 대부분 제자훈련을 교회의 교세 확장 수단으로 전락시켰고, 그 결과 대부분 모두 초대형 교회로 팽창했다는 것이다. 모두 교세 성장과 연결시켜 운영하지 않는 교회가 없었기 때문이라고 진단한다. '교회의 양적 성장과 대형화'를 한국 교회의 미래 비전과 방향으로 잡았던 교회들의 교회 침체 현상은 지금도 멈추지 않고 진행 중인 교회학교의 폐교 현상이다.

예수는 예정된 인류 구원을 위한 수난과 희생의 모멘텀이 다가오자 그의 도데카, 즉 12제자에게 그의 공생애 3년 동안 해온 제자도의 사역을 그대로 수행할 것을 명령한다. 예수의 짧은 지상에서의 생애 33년 동안 수많은 무리(ὄχλους, 오클로스, 무리)의 제자가 따랐고, 그중에서도 12제자를 선발하여 '사람 낚는 어부(fishers of people)'로 부르셨던 예수의 독특한 제자교육의 시작(calling, 부름)은 자신과 길을 함께 걷는 여정(walking with or behind Jesus)으로 이어졌으며 그 종착지는 갈보리였다. 갈보리는 예수의 구속 사역의 정점인 십자가 처형이 기다리는 곳으로서, 부활 이전의 예수가 보여주신 제자도 교육의 최종 목표지점이기도 했다. 그러나 예수의 제자도 교육은 여기서 종료되지 못하였다.

왜냐하면 제자도 교육의 1차 목표는 실패했기 때문이다. 가장 자기 확신이 강해 보였던 베드로도 스승을 부인(마 26:75, ἀλέκτορα φωνῆσαι, 닭이 울기 전)하였고 다른 제자들도 혼비백산하여 흩어져버렸다(막 14:50). 그러나, '실패했으나 곧 돌이킨 제자' 베드로가 자신을 실패한 자로 여기지 않도록 법정에서 베드로를 사랑의 눈으로 쳐다보았고, 이 눈이 베드로를 아주 넘어지지 않게 했다. 다시 일어나게 했다. 주님을 이전보다 더욱 뜨겁게 사랑하게 했다. 그리고 이젠 자기를 위지(危地)하지 않게 했다. 자기를 부인할 줄도 알게 했다. 이것이 예수 그리스도의 제자도의 진수이며, 예수는 부활 이후 잊혀질 뻔한 제자도를 회복시키시고 승천하였다. 예수의 제자도는 필사즉생(必死卽生)의 모델링을 직접 제자들에게 체험케 하는 치밀한 제자교육의 전형(典型)을 남겨놓으셨던 것이다. 이것이 소위 죽기까지 충성하여 생명의 면류관을 얻는 예수만의 제자교육 방식인 것이다. 예수에게 있어서 제자교육은 보냄을 받은 자, 성부 하나님으로부터 직접 수여받은 위대한 인류 구속 사역을 이루기 위해서 반드시 해야 할 과업이었다는 것이다. 그래서 예수는 잠도, 식사도, 그 어느 하나도 마음 놓고 향유할 수 있었던 분이 아니셨다. 오직 제자들과 공생(commensality)했던 추억만이 성경 속에 기록되어 있을 뿐이다.

기독교가 세계 최대의 신자 수를 지닌 거대 종교로 2000년이 넘는 세월 동안 그 위치를 지킬 수 있었던 것은 세대에서 세대로 전승되고 있는 기독교만의 독특한 디다케(διδαχή, didache, 가르침) 때문이라고 필자는 보는 것이다. 물론 이 교육시스템을 부르는 표현은 신학자들마다 다르지만, 그것의 핵심은 바로 예수의 제자도라는 것에는 동의하지 않는 사람은 많지 않은 것이다. 지금까지 예수의 제자도에 대한 신학적 연구는 많았으나, 교육학적 관점에서의 연구는 괄목할 만한 성과를 만들지 못했으며, 참제자도의 실천 또한 시대의 변화에 따라 왜곡되어왔던바, 본 논문에서는 21세기의 학자들이 재발견과 재해석을 거듭해온 예수의 참제자도와 예수의 제자교육의 특징을 집중적으로 고찰하여 그의 제자교육을 모형화함으로써 교회와 가정과 학교의 현장에서 보다 용이하게 활용할 수 있는 방안의 실마리를 찾고자 하는 것이다.

예수는 너무나 크고 위대한 인물이기에 그분의 제자도를 연구한다는 것은 이 논문 한 편으로 불가능한 일이며, 쉬운 일은 분명 아니다. 그럼에도 불구하고 예수의 제자교육을 연구하는 것은 마태복음 28장 18-20절에서 위임하신 대로 교육하라는 명령(educational mandate)은 선택이 아닌 책임이기 때문이다. 예수 자신과 그가 12제자를 중심으로 보여주었던 교육방법을 해석해야 하는 이유는 모든 크리스천에게 다 적용되는 '소명의 실천'이라는 이슈와 밀접한 관련이 있기 때문이다. 예수 자체가 다음 세대로 전승해야 할 기독교의 정수이기 때문이다. 예수 그리스도를 기독교교육학적으로 이해하는 것은 그가 바로 우리들과 다음 세대, 그리고 또 그들의 다음 세대에까지 대대로 본받아야 할 구원자 메시아이기 때문이다. 하나님의 무한하신 사랑으로 예수 그리스도(빛)가 보냄을 받았고, 땅의 사람들에게 복음(진리)을 가르쳤으며, 영생(길)을 열어놓으셨다는 것을 전승하기 위해 기독교교육은 존재하는 것이다. 제자도와 제자교육의 핵심은 예수 한 분으로 수렴된다. 하나님의 보냄을 받은 하나님의 아들(υἱὸς του θεου, 마 16:16)이자, 사람의 아들(υἱὸς τοῦ ἀνθρώπου, 막 2:10)로서, 인류의 구세주로 오셨던 예수가 제자교육의 목적이요 내용이요 방법, 즉 모든 교사들의 롤 모델(exemplar omnes doctores)인 것이다.

II. 랍비로서의 예수의 교육

신약성경의 복음서에서 사용되고 있는 예수에 관한 아람어 호칭은 네 가지로 나타나고 있다(Pelican, 1987, p. 11). 첫째, '교사'는 히브리어로 랍비(רֶבִּי, rabbi), 헬라어로 디다스칼로스(διδάσκαλος, 남교사), 디다스칼리아(διδασκαλία, 여교사)라고 한다. 신약 시대의 유대인들이 교사를 호칭하던 단어는 다음 세 가지이다. 라브(רַב, rab, 크신 분, 선생님), 랍비(רֶבִּי, rabbi, 나의 선생님), 랍오니(רַבּוֹנִי, rabboni, 대선생님). 그러나 복음서 용례에는 의미상의 큰 차이는 없고, 바리새 교사에게(마 23:7), 세례 요한에게(요 3:26), 예수께도 보통 랍비(마 26:25; 막 9:5; 요 1:49, 3:2 등)라는 호칭을 쓰고, 랍오니는 마가복음 10장 51절, 요한복음 20장 16절에서만 막달라 마리아가 부활하신 예수를 높이 불러드렸던 존칭이다.

둘째, '예언자'라는 amen(아멘, ἀμήν)은 '진실로'라는 부사이고, 아멘이 예전의 언어나 기도문에 말미에 쓰여질 때는, 'so let it be, or may it be fulfilled(그렇게 될 것이다, 충만하게 될 것이다)'라는 예언의 기능을 갖기도 한다. 마태복음 21장 11절에 예수를 칭하여 무리가 이르되 갈릴리 나사렛에서 나온 '선지자' 예수라고 하였다. 예수가 설교를 할 때마다, 청중은 그의 말에 아멘으로 화답했을 것이다.

셋째, 그리스도(ὁ Χριστός, *ho Christos*)의 messias(메시아스, Messiah의 아람어)는 구세주, 기름 부은 자(the anointed one)를 뜻한다. 그리고 마지막으로, 주님은 아람어로 '마르(mar)' 또는 '마라나(marana)'이다. 영어로 'Lord(주님, κύριος)'는 예수를 하나님으로서, 신앙의 대상, 예배의 대상으로서 확신하며 섬긴다는 의미이다. 그러나 아람어의 주(主), 즉 마라나(μαράνα)의 호칭은 헬레니즘의 종교에서 빌려 쓴 것이 아니라, 종말적인 초대교회의 기도에서 보듯이, 십자가의 죽으심과 부활의 예수에 대한 신앙고백에서 기인한 것을 알 수 있다. 즉, '마라나타(μαράνα ἀθα, our Lord comes)'는 그리스도의 재림에 소망을 두고 교회와 크리스천들이 핍박이 있을 때마다 마라나타, '우리들의 주여, 오시옵소서!' 또는 '우리 주가 오십니다! 오실 것입니다!'(고전 16:22; 계 22:20)라고 기도하면서, 신자들을 격려하며 소망하는 신조가 되었다.

랍비라는 단어의 용례에 따른 의미의 차이가 예수와 다른 랍비들 간의 유사성을 말하기보다는 차이(difference) 아닌 차별화된 질적 특성(qualitative attributes)이 무엇인지를 아는 것이 더 중요하다. 유대교와 예수에 대한 최근 학술적인 연구의 진보가 랍비 예수와 일반 랍비와의 차이점을 보다 분명하게 해준다. 또한 복음서들과 랍비적 원자료 사이의 상관성에 대한 것을 연구하는 학자들은 첫 번째 기본적인 관찰을 통해 다음과 같은 결론을 내린다(Pelican, 1987, pp. 11-12).

랍비 예수를 연구하기 위하여 예수에 대해서 기술한 기독교적 문서들과 유대적인 자료들을 비교하여 유대주의로부터 차별화되는 어떤 새로운 사실들을 그 랍비들로부터 차용해왔음을 보여주고 증명하는 많은 본문들이 밝혀졌다. 이러한 비교 연구의 좋은 예는 누가복음의 스토리 라인에서 찾아볼 수 있는데, 랍비로서의 예수가 유대 광야에서 사탄의 시험도 무사히 마치고 자신의 고향인 나사렛 회당으로 가서 첫 설교 사역을 시작한 후 일어난 사건을 누가복음 4장 16-30절이 보도하고 있다.

1. 랍비로서의 예수

a) 하나님의 말씀을 읽어 주는 자(Reading the scroll, the word of God)

예수는 유대 광야에서 호된 시험을 마치고 자신의 고향 나사렛으로 들어가기 전 이미 갈릴리 지역의 여러 회당들에서 가르치기 시작하여 명성을 얻고 있었다.[2] 랍비로서의 예수의 사역은 현대의 문명인들로서는 상상

2 4복음서 중에, 마태복음(4:23, 9:35), 마가복음(1:39), 누가복음(4:15, 4:44)에서 "예수께서 온 갈릴리에 두루 다니사 저희 회당에서 가르치시며," "모든 성과 촌에 두루 다니

이 안 될 정도로 많은 거리를 여행하시면서 수행하셨다는 것을 알게 한다. 더욱이, 회당에서 가르치는 일만이 아니라 천국 복음을 전파하고 육체적, 정신적 질병이 있는 자들의 치유까지를 감행해야 했다. 지적으로나 정신적으로, 또한 영적으로도 매우 심한 스트레스와 누적된 피로를 풀 겨를도 없이 걷고 또 걷는 하나님 나라의 사역이 예수 당시의 교통수단을 감안한다면 지독한 고행이었음이 분명하다.

그러나 메시아의 사역을 시작하기 위해 어느 정도 인지도를 얻었다고 생각될 때, 그때를 바로 주님은 메시아의 자기 선언의 최적 시기로 보았을 것이다. 누가복음 4장 14-15절은 이 사실을 확실하게 증거하고 있다. 안식일을 맞아 예수는 그가 성장하였던 고향 나사렛에 있는 회당으로 가셨다. 그리고 성경을 읽으려고 서셨다. 누가복음의 이 본문은 주후 1세기 회당 예배의 관행을 어느 정도는 유추할 수 있게 보여준다(Billerbeck, 1964).

회당 예배의 6요소[3]

1. Shema의 암송(신 6:4-9, 11:13-21; 민 15:37-41)
2. 테필라(Tephillah)의 기도
3. Torah 봉독(다수가 분담 봉독): 3년 주기 봉독
4. 예언서 봉독(아람어 자유번역본 함께 봉독): 예수 이사야서 봉독(봉독 주기 불분명)
5. 성경 봉독에 근거한 설교: 예수의 설교 내용 불확실(Finkel)[4]

사," "갈릴리 여러 회당에서 전도하시더라," "천국 복음을 전파하시며 모든 병과 모든 약한 것을 고치시니라," "고향으로 돌아가사 저희 회당에서 가르치시니" 등과 같이 갈릴리 거의 전 지역을 다니며 회당에서 교육, 전도, 치유의 3대 사역을 하였다. 회당에서는 예수로 인하여 채찍질당하고, 공회로 넘기고, 더러는 십자가에 못 박혀 죽기도 할 거라는 박해에 대한 예언도 하였다.

3 John Nolland, 2003, p. 400에서 필자가 구성함.

4 Finkel은 산상수훈일 가능성을(Cave, 231-35 참조), Sanders는 이 설교는 엘리야와 엘리사

6. 제사장의 축도

*예배 행정 담당: Archisynagogos [Rosh Hakeneset(회중 대표), 회당장]

헨리(Matthew Henry, 2009)는 안식일마다 회당에는 일곱 명의 낭독자들이 왔다고 한다. 첫째는 제사장이요, 둘째는 레위인, 그리고 나머지 다섯은 그 회당에 소속된 이스라엘인들이었다. 예수가 다른 회당에서도 말씀을 전파했지만, 나사렛 회당을 제외한 다른 회당에서는 성경을 읽지 않았다고 전해진다. 아마도 예수는 오랫동안 나사렛 회당에 소속되어 있었던 것으로 보인다. 선지자 이사야의 글을 드리거늘(눅 4:17). 그날의 제2 일과는 이사야의 예언서였으므로, 사람들은 그리스도에게 그 책을 읽으라고 주었다. 여느 랍비들이 하듯이 히브리 성서 두루마리를 펴서 읽기 시작했다. 아마도 그 본문에 아람어 번역이 제공된 것으로 보인다. 그런 후에 예수가 읽은 하나님의 말씀은 이사야서 61장 1-2절이었다.[5] 사실상 예수가 랍비로서가 아니라 그보다 더 큰 일을 해야 할 메시아로서의 자기 선언을 하는 것이며, 주님이 인정하는 은혜의 해를 선포하는 권한까지도 주셨음을 말씀하고 있다. 이제 예수는 랍비로서의 사역뿐 아니라 메시아 사역의 시작을 알리면서 위대한 인류 구원의 스승으로서뿐 아니라 메시아로서의 사역이 공적으로 시작되었다.

b) 담대한 말씀의 선포자(Audacious proclamation of the Word)

위의 나사렛 회당에서의 사건을 미루어보아 예수는 이때 이미 유대의 랍비와는 달리 사람들의 관심과 인지도를 충분히 가지고 있는 것을 알 수

에 대한 해설일 가능성을 주장하였다.

5 "주 여호와의 신이 내게 임하셨으니 이는 여호와께서 내게 기름을 부으사 가난한 자에게 아름다운 소식을 전하게 하려 하심이라 나를 보내사 마음이 상한 자를 고치며 포로된 자에게 자유를, 갇힌 자에게 놓임을 전파하여 여호와의 은혜의 해와 우리 하나님의 신원의 날을 전파하여 모든 슬픈 자를 위로하되"(사 61:1-2).

있다. 나사렛 회당에서 자신의 랍비로서의 행동 역시 하늘로부터 온 권위를 부여받아 차별화된 강화를 수행하였다는 것은 누가복음 4장 22절의 회중의 반응이 잘 말해주고 있다. 그의 입에서 나오는 은혜로운 말에 회중이 놀랍게 여겼다(amazed, 경탄하다). 그리고 "오늘 이 성서(본문)의 메시지가 여러분의 경청으로 성취되었도다"(눅 4:21)라고 담대한 선언을 한다. 청중들은 예수께서 너무나 담대하게 하나님의 말씀을 선포하는 모습을 보며 그의 입에서 나오는 모든 말씀에 대해 놀라움을 감추지 못하면서도 뒤에 선포되는 말씀으로 인하여 분노가 쌓이고 있었다. 전통적 랍비의 역할을 고수하는 자들과 새로운 랍비 예수와의 대결 구도의 장면이 이외에도 많이 있었다. 자신이 성장하고 자란 고향 나사렛에서의 첫 번째 취임 설교 후 나사렛 회당 사람들에게 쫓겨나 간신히 위험을 피하여 가버나움으로 가서 가르치는 사역을 계속하게 된다. 이때부터 예수의 가르침에는 '권위와 놀람'이 있었다는 수식이 따라다니고 있다. 예수가 온 갈릴리에 있는 회당을 유랑하며 설교와 교육을 하실 때 회중들의 초기의 반응은 "저희가 놀라 가로되 이 사람의 이 지혜와 이런 능력이 어디서 났느뇨"(마 13:54), "놀라 가로되 이 사람이 어디서 이런 것을 얻었느뇨 이 사람의 받은 지혜와 그 손으로 이루어지는 이런 권능이 어찌됨이뇨"(막 6:2), "뭇사람에게 칭송을 받으시더라"(눅 4:15)와 같은 것으로, 이 당시 많은 랍비하고는 차별화되는 지혜와 성령이 주신 치유 능력, 하나님 나라를 설파하는 케리그마의 능력과 하늘로부터 주어진 권세는 당시 갈릴리뿐 아니라 유대 전 영역에서 나사렛 예수 신드롬(syndrome)을 일으키기에 충분한, 넘치도록 큰 하나님의 아들, 사람의 아들이기도 하셨다는 것이다. 그러나 나사렛 목수 요셉의 아들로서는 오늘날의 기독교는 존재할 수 없었을 것이다. 그러므로 랍비 예수가 독특한 랍비인 이유는 무엇보다도 그가 Son of God, 'ὁ υἱος (του) θεου'으로서 인류를 구원하기 위해 보냄을 받은 자였기 때문이다.

2. 질문으로 가르치는 자: 질문의 미학[솨난(שָׁנַן)과 다바르(דָּבַר)]

신약성서의 4복음서에서 랍비 예수의 대부분의 삶은 말씀하거나 질문하거나 많은 사람들과 질문하고 토론하는 장면이 기록되어 있다. 그중에서도 예수를 시험하려고 하는 질문, 예수의 정체를 알려고, 또는 그의 사역을 훼방하고 곤경에 빠트리기 위에 함정을 파는 질문들이 많이 나온다. 유대 교육의 특징 중 하나는 대화법 또는 문답법이라고도 할 수 있는 '하브루타' 교육방법이다. 유대인들은 어려서부터 가정에서 부모와 질문하고 토론하는 것을 통해 사고, 통찰, 비판 능력을 길러준다(Elie and Orit, 2014). 특히 좋은 질문을 하게 하는 가정에서의 교육은 자녀로 하여금 스스로 문제 해결을 할 수 있는 메타인지력을 높이는 데 탁월한 교육방법으로 알려져 있다. 인구에 비해 세계의 유수한 대학과, 노벨상 수상자와, 부의 순위에서 상대적으로 점유율을 많이 나타내는 민족이 유대인들인 것은 그리 놀랄 만한 일이 아닌 것 같다. 하브루타 교육의 특징은 절대 정답을 알려주지 않는 것이라고 한다. 아이들 스스로 골똘히 생각하고 생각하여 왜, 무엇을, 어떻게를 스스로 발견해내는 과정 자체에서 각자의 메타인지 능력이 개발되고 다음과 같은 상황에서도 예수님처럼 지혜를 가지고 상대의 악의적인 계획을 원천 차단할 수 있을 것이다. 하브루타란 토라와 탈무드를 효과적으로 가르치기 위하여 짝(하베르)을 지어 질문하고 토론하고 논쟁하는 것을 말한다. 친구와 내가 번갈아가며 선생이 되어 질문을 하면서 서로의 생각을 확장시켜주는 유대인들의 전통적 토론법이다. 신명기 6장 7절에 나타나 있는 말씀 중에 "부지런히 가르치고"에서 가르치다의 שָׁנַן(솨난, to teach)[6]과 "말씀을 강론할 것이며"에서 강론하다의 דָּבַר(다바르, to talk)[7]가 그 비법이다.

---

6 (타동사나 자동사로) 뾰족하게 하다, (강세형으로) 꿰뚫다, (상징적으로) 마음속에 뿌리박게 하다, 찌르다, 날카롭게 하다, 부지런히 가르치다, (칼 따위를) 갈다, 깎다, 벼리다.

> You shall teach them diligently to your children, and shall talk of them when you sit in your house, when you walk by the way, when you lie down, and when you rise up.
>
> 네 자녀에게 부지런히 가르치며 집에 앉았을 때에든지 길을 갈 때에든지 누워 있을 때에든지 일어날 때에든지 이 말씀을 강론할 것이며(신 6:7).

질문자 랍비 예수께서 상대방의 악의적인 질문에 곤경에 빠지지 않고 지혜롭게 대처할 수 있는지에 대해서 마태복음 21장 23-27절에서 살펴보기로 한다.

> 예수께서 성전에 들어가 가르치실 새 대제사장들과 백성의 장로들이 나아와 이르되 네가 무슨 권위로 이런 일을 하느냐 또 누가 이 권위를 주었느냐 예수께서 대답하시되 나도 한 말을 너희에게 물으리니 너희가 대답하면 나도 무슨 권위로 이런 일을 하는지 이르리라 요한의 세례가 어디로부터 왔느냐 하늘로부터냐 사람으로부터냐 그들이 서로 의논하여 이르되 만일 하늘로부터라 하면 어찌하여 그를 믿지 아니하였느냐 할 것이요 만일 사람으로부터라 하면 모든 사람이 요한을 선지자로 여기니 백성이 무섭다 하여 예수께 대답하여 이르되 우리가 알지 못하노라 하니 예수께서 이르시되 나도 무슨 권위로 이런 일을 하는지 너희에게 이르지 아니하리라(마 21:23-27).

위의 본문에서도 알 수 있듯이 예수는 대제사장들과 장로들이 던진 질문의 함정에 빠지지 않기 위해 대답을 하기 전에 오히려 질문을 질문으로 답하는 기술을 보여주었다. 예수는 12제자오도 늘 질문과 강론하는 모습이 복음서에서 반복적으로 나타나고 있다. 때론 우문현답(愚問賢答)을 주실 때도 있지만 대부분 예수의 제자들의 질문에 대한 답은 제자 자신이

---

7 말하다, 선포하다, 이야기하다, 명령하다, 약속하다, 경고하다, 협박하다, 노래하다.

생각의 지평을 넓히거나 생각의 틀 자체를 깨거나 변환하지 않을 수 없게 만든다. 그 대표적인 제자가 베드로일 것이다. 즉 메타인지 능력[8]과 자기 효능감[9]을 갖게 될 때까지 랍비 예수의 제자교육은 부활 이후에도 계속되었다. 이것이 위대한 스승, 탁월한 언술 질문 토론법의 마스터(Master)인 예수의 제자교육의 특징이다. 위 논쟁의 상황에서 이제는 질문자가 된 예수가 대제사장과 장로에게 답을 촉구하게 되었다. 그들은 예수의 제자가 된 듯 그들의 최선의 답변을 준비하여 이 논쟁의 주도권을 탈환하려고 하지만 이미 예수께 끌려오고 있는 모습이 위의 본문 25-26절에 잘 나와 있다. 이제 그들은 토론을 마무리하고 결정한 바를 가지고 예수께 말한다. "우리가 알지 못하노라." 그러자 예수는 "나도 무슨 권위로 이런 일을 하는지 너희에게 이르지 아니하리라"고 말씀하신다. 결국 예수가 회당에 다니면서 설교하고 가르치는 자격을 누가 주었는가를 묻고 있는 저들, 도대체 누가 그 당당한 권위를 허락하였는가를, 즉 그 힘의 근거를 대라는 산헤드린의 질문에 답변을 거부하는 것으로 끝났다. 요한의 권위를 의도적으로 무시하려는 자들에게 진실한 답변은 개에게 거룩한 진주를 던지는 것과 같은 것이다(마 7:6).

위의 사건으로 알 수 있는 것은 예수도 유대 교육의 지혜인 탈무드식 교육(현대의 하브루타의 방법)을 사용하신 것이 확실하다. 그러나 그는 제자들을 함정에 빠뜨리기 위한 유도 질문을 하기보다는 학생 스스로가 바른 질문을 하고 바른 해답을 찾아가도록 기회를 주고 기다린다. 비록 그것이 그를 잡아넣으려는 적이라 할지라도 무엇이 바른 것인지, 진리인

8 메타인지(Metacognition)란 자신의 '인지 활동에 대한 인지', 즉 자신의 인지 능력에 대해 알고 이를 조절할 수 있는 능력을 말한다. 다시 말하면 내가 무엇을 모르고 무엇을 아는가를 아는 인지 능력이다. 한 단계 고차원을 의미하는 '메타'와 어떤 사실을 안다는 뜻의 '인지'를 합친 용어다.

9 자기 효능감(自己效能感, self-efficacy)은 어떤 상황에서 적절한 행동을 할 수 있다는 기대와 신념이다. 캐나다의 심리학자 앨버트 밴듀라(Albert Bandura)가 제시한 개념이다.

지를 깨닫게 하려는 예수의 질문에는 유연성의 권위가 있어 현대 부모들과 교사들이 시급히 그리고 부지런히 솨난(가르치다)해야 할 부분이다. 정답을 잘 맞추는 것보다 바른 질문을 만들어 적시에 최적의 질문을 할 수 있는 제자들을 양육하기 위해, 우선 복음서에 나타난 예수의 질문하는 법을 연구해야 할 것이다.

3. 비유로 가르치는 자

예수의 가르침의 3분의 1이 넘는 내용이 비유로 되어 있다. '비유'란 말의 뜻은 '(παραβολή, 파라볼레)'로, 그 뜻은 어떤 현상이나 사물을 직접 설명하지 아니하고 다른 비슷한 현상이나 사물에 빗대어서 설명하는 것, 또는 일상 경험에 기초하여 잘 알려져 있는 것을 이용하여, 전혀 알려져 있지 않은 것(예: 영적 진리)을 설명하는 방법 중의 하나이다. 상대방이 지적 수준이 같지 않거나, 직유로 설명하는 것이 오히려 효과적이지 못할 때, 우회적으로 유사한 것으로 설명하려고 하는 방법이다. 이와 유사한 용어로 '은유'가 있는데, 이는 사물의 상태나 움직임을 암시적으로 나타내는 메타포(metaphor), 또는 어떤 한 주제 A를 말하기 위하여 다른 주제 B를 사용하여 그 유사성을 적절히 암시하면서 주제를 나타내는 수사법으로, 알레고리(allegory)라고도 한다.

자신을 곤경에 빠뜨리려고 하는 유대 지도자들의 질문에 대해 유연성 있게 대처할 수 있었던 것은 예수님이 사용하는 대부분의 콘텐츠가 비유의 에피소드(episode)[10]이기 때문일 것이다. 마태복음 13장 10-15절을 통

10 에피소드란 큰 주제의 드라마를 구성하는 여러 개의 일관된 이야기들 중 한 편의 내러티브. 필자는 예수님이 사용하시는 비유들은 인간을 구원하시기 위해 하나님이 쓰신 거대한 구원의 드라마의 한 편의 에피소드들이라고 보고 있다. 따라서 모든 비유들은 인간 구원의 드라마의 각각의 에피소드들로서, 그들의 주제는 인간 구원과 관련된 하나님의 자비로우심과 주권, 하나님의 나라로의 초대, 하나님의 왕국의 도래 등과 같은 메시

해서 예수께서 비유를 사용하신 목적을 살펴보면 두 가지이다. 첫째는 어떤 것을 감추고 싶을 때, 둘째는 드러내고 싶을 때이다. 예를 들어 예수께서 12제자 이외에 다른 무리들에게는 하나님 나라의 비밀을 드러내고 싶어 하시지 않은 경우도 있었다. 왜냐하면, 그들은 '보아도 보지 못하며 들어도 듣지 못하여 깨닫지 못하는 자'라고 하였다. 즉, 귀 있는 자는 들을 것이기에 굳이 알아듣지 못하는 사람, 알려고 노력도 관심도 안 갖는 사람들에게 헛된 노력을 할 필요는 없을 것이다. 하나님 나라의 귀한 비밀은 더 가지려 노력하는 자에겐 더 많은 것을 주시지만, 지금 가진 것이 적은데 그것도 찾아 먹으려고 하지 않는 사람은 지금 가지고 있는 것마저도 빼앗긴다고 분명히 말한다. 그러면서 '씨 뿌리는 비유'[11]로 제자교육을 강화한다. 여기서 포기할 랍비 예수가 아니다. 그는 하나님의 아들이며 인류를 죄와 사망에서 구원할 메시아이다. 인간이 무지와 게으름으로 천국 복음을 외면한다 하더라도 끝까지 포기하지 않고 함께 천국으로 가기를 희망하고 기다린다. 그러므로 제자로 부름받은 우리들은 그리스도의 이런 마음을 헤아려 한 명의 낙오자 없이 함께 천국으로 가는 것이 그분을 보낸 하나님의 뜻임을 알고 이웃을 내 몸같이 서로 사랑하며 살아가야 할 것이다. 이것이 이 시대 제자 된 자들의 큰 사명일 것이다. 참된 제자도는 모이기를 힘쓰는 제자들이 모인 공동체에서 더 활발히 계승될 것이다.

비유를 말하는 예수에 대한 복음서 기자들의 이해는 오직 유대적 배경 안에서만 이해할 수 있다고 하였다. 이러한 유대적 세팅에 기초해 예수님

지를 담고 있다는 것을, 가르치는 교사는 유념해야 할 것이다.

11 "아무나 천국 말씀을 듣고 깨닫지 못할 때는 악한 자가 와서 그 마음에 뿌려진 것을 빼앗나니 이는 곧 길가에 뿌려진 자요 돌밭에 뿌려졌다는 것은 말씀을 듣고 즉시 기쁨으로 받되 그 속에 뿌리가 없어 잠시 견디다가 말씀으로 말미암아 환난이나 박해가 일어날 때에는 곧 넘어지는 자요 가시떨기에 뿌려졌다는 것은 말씀을 들으나 세상의 염려와 재물의 유혹에 말씀이 막혀 결실하지 못하는 자요 좋은 땅에 뿌려졌다는 것은 말씀을 듣고 깨닫는 자니 결실하여 어떤 것은 백 배, 어떤 것은 육십 배, 어떤 것은 삼십 배가 되느니라 하시더라"(마 13:19-23).

의 비유에 대한 최근의 해석들은 기본적으로 관습적인 해설을 벗어나고 있다. 한 가지 예로, '탕자의 비유'(눅 15:11-32)를 살펴보면, 이것을 다른 관점에서 보면 '장남에 관한 비유'라고도 볼 수 있다. 기독교 해석자들이 종종 놓치고 있는 포인트가 있는데, 아버지의 사랑을 회복하고 싶어 하는 탕자로서의 교회의 독특성과 특정성을 강조하려고 하다 보니, 그 포인트를 놓치게 된다는 것이다. 이 비유에서 장남은 이스라엘 사람들을 대표하고 있다(Pelican, 1987). 이 비유는 이스라엘로 대표되는 장자에게 대한 아버지의 마지막 말로 끝난다.

> 나는 너와 항상 함께 있다. 나의 모든 것은 네 것이 아니냐. 그런데, 여기 있는 네 동생은 죽었다가 다시 살아난 것이 아니냐. 그리고 한번 잃어버렸다가 다시 찾은 아이가 아니냐. 그러니 우리가 어찌 기쁘지 않을 수 있겠느냐?

하나님과 이스라엘 사이에 맺은 역사적인 언약은 영원한 것이다. 그리고 이 언약은 다른 민족들과의 언약으로도 확장되는 것을 의미한다. 예수님의 이 비유는 이스라엘과 하나님의 계속되는 관계의 전통과 하나님과 교회의 새로운 관계의 개혁, 즉, 이중 언약을 확인하는 것이다. 랍비로서의 예수님의 역할은 전통과 개혁 사이의 진동(oscillation)과 같다. 그래서 그분을 새롭고 독특한 권위를 가진 랍비로 인정하는 것이고, 그의 사역을 묘사할 때는 부수적인 호칭과 유형화가 필요하다. 예수는 인간의 무한한 상상력과 무한한 해석력을 자극하여 예수 자신에 대한 전혀 새로운 이미지를 창출시키게 하는 분이다. VR 시대의 도래가 앞으로 또 어떤 예수님의 이미지를 글로벌 세계에 새롭게 내놓게 될지 기대하며 전통과 혁신의 두 줄 사이에 서 있는 랍비 예수님의 제자도를 충실히 지키고 실천하는 그리스도의 참제자들이 다 되었으면 한다.

Ⅲ. 예수의 12제자

예수는 초기 교회의 선교 활동의 시작을 알리는 표시이다. 예수는 공적 활동을 시작한 직후, 보다 큰 제자들의 그룹에서 12명의 제자를 선택하였다. 이제 그들은 자신의 생업이었던 어부의 그물을 버리고 사실상 자기 직업을 포기한 채 '물고기를 잡는 어부'에서 '사람 낚는 어부'로 살기 위해 예수를 따르기로 결정한 것이다. 마태, 마가, 요한복음은 예수가 시몬과 안드레, 야고보와 요한을 제자로 부른 것이 그의 첫 번째 공적 행동이라고 기록하고 있다.

1. 도데카(ὁι δώδεκα, hoi dodeka): 예수의 12제자[12]

예수는 12명의 따르는 자들을 영원한 제자로 부르셨다. 여기서 '12명-도데카'라는 용어는 4복음서 모두에서 공통되게 나타난다. 바울과 누가는 사도행전에서 이 12제자가 고정된 제자 그룹이란 것을 알았다고 한다. 마태, 마가, 누가, 사도행전의 4권의 신약성서에서 다음과 같이 12명의 제자가 나타나고 있다. 12제자는 예수께서 많은 제자 중에서 특별히 택한 12명의 제자를 가리키며, 12사도로도 불린다. 헬라어 원어는 '호이 도데카(ὁι δώδεκα, 12)'에 '마세타이(μαθηται, 제자)'를 더한 형으로 씌어져 있으나(마 10:1, 26:20), 대부분은 '호이 도데카'가 단독으로 씌어져 있다. 12인의 이름은 마가복음 3장 16-19절, 마태복음 10장 2-4절, 누가복음 6장 14-16절, 사도행전 1장 13절에 기록되어 있다.

마가복음에 따르면, 시몬 베드로, 세베대의 아들 야고보와 요한, 안드레, 빌립, 바돌로매, 마태, 도마, 알패오의 아들 야고보, 다대오, 가나안 사

---

12 12제자에 관한 내용은 Eckhard J. Schnabel, Early Christian Mission, Vol.1, 263-315의 내용을 참조하였음.

람 시몬, 가룟 유다이다. 12명의 선정은, 이스라엘의 지파에 따른 것으로서, 이 수는 한정되어 있다. 그러므로 유다의 배신과 그 죽음으로 결원이 생긴 때, 사도행전 1장 2-26절에 기록된 대로 맛디아가 선출되었다.

표 1. 12제자의 이름과 관련된 복음서 본문 대조

마태복음 (10:2-4)	마가복음 (3:16-19)	누가복음 (6:13-16)	사도행전 (1:13)
베드로 (Simon Peter)	베드로 (Simon Peter)	베드로 (Simon Peter)	베드로 (Simon Peter)
안드레 (Andrew)	야고보 (James)	안드레 (Andrew)	요한 (John)
야고보 (James)	요한 (John)	야고보 (James)	야고보 (James)
요한 (John)	안드레 (Andrew)	요한 (John)	안드레 (Andrew)
빌립 (Philip)	빌립 (Philip)	빌립 (Philip)	빌립 (Philip)
바돌로매 (Bartholomew)	바돌로매 (Bartholomew)	바돌로매 (Bartholomew)	도마 (Thomas)
도마 (Thomas)	마태 (Matthew)	마태 (Matthew)	바돌로매 (Bartholomew)
마태 (Matthew)	도마 (Thomas)	도마 (Thomas)	마태 (Matthew)
야고보 (James b. Alpaeus)	야고보 (James b. Alpaeus)	야고보 (James B. Alpaeus)	야고보 (James B. Alpaeus)
다대오 (Thaddaeus)	다대오 (Thaddaeus)	시몬 (Simon the Zealot)	시몬 (Simon the Zealot)
시몬 (Simon Cananaeus)	시몬 (Simon Cananaeus)	유다 (Judas b. James)	유다 (Judas b. James)
가룟 유다 (Judas Iscariot)	가룟 유다 (Judas Iscariot)	가룟 유다 (Judas Iscariot)	

Eckhard J. Schnabel, Early Christian Mission, Vol.1(Downers Grove, IL: InterVarsity Press, 2004), 263.

이스라엘의 12지파에 대해서는, 이 12제자를 중심으로 초대 교회가 출발될 것을 알려주기 위한 의도라고도 보고 있다. 12제자 중에서도 베드로,

야고보, 요한은 특별한 그룹으로서, 예수의 중요한 일 때마다 나타나고 있다(막 5:37, 9:2, 14:33). 12제자는 예수 부활 이후 예루살렘을 중심으로 하여 활동하였는데 그들의 사적을 간추려보면 다음과 같다.

a) 베드로

A.D. 64년 혹은 67년경 순교. 12사도 중 제1인자. 요나의 아들로 가버나움과 벳세다에 살았던 어부였다. 그는 유대인들 중에 전도와 선교사역을 하기 위해 바벨론까지 갔던 사람이다. 그리고 예수의 최측근 중 한 사람이었고, 신약성서의 두 개의 서신을 자기의 이름으로 썼다. 전승에 의하면 그는 로마에서 머리가 아래로 향하는 십자가형을 받고 순교하였다. 베드로란 이름은 모든 사도 목록에서 제일 첫 번째로 언급되고 있다. 그러나 베드로도 다른 이름이 있다. 그리스도의 시대에는 헬라어가 공통 언어였고, 가정에서는 히브리어를 사용했었다. 그래서 그의 헬라어 이름은 시몬이었다(막 1:16; 요 1:40-41). 그의 히브리어 이름은 게바(고전 1:12, 3:12, 9:5; 갈 2:9)이고, 시몬이라는 이름의 뜻은 바위이다. 아람어 이름 게바도 역시 바위이다. 베드로도 생계를 위해 어업을 하던 어부였다. 그는 당시 결혼한 남자였고 그의 고향은 가버나움이었다(고전 9:5). 이것으로 미루어보아 예수는 그의 활동의 베이스캠프를 가버나움으로 삼은 것으로 추측할 수 있다. 현지에 가보면, 가버나움 입구에 'Town of Jesus'라고 써 있다. 베드로는 다른 제자들과 마찬가지로 대표적인 갈릴리 사람이었다.

요세푸스와 고대 갈리리에 관한 구전 자료들을 종합해보면, 예수 시대 갈릴리 사람들은 개혁을 좋아하였고 그 공동체의 유익을 위해서는 구습을 버리고, 신문화를 선동하길 좋아하였다. 그리고 지도자를 따라 반란을 시작할 준비가 되어 있었다. 그들은 성질이 급하고, 호전적이었지만, 예의를 좋아하는 사람들이었던 것 같다. 『탈무드』는 갈릴리 사람들에 대하여 "얻는 것보다는 명예에 더 가치를 두는 사람들이었고, 급한 성격에 충동적이며 감정적이며, 모험을 위해서는 쉽게 동요되고, 일어나며, 끝까지 충성한다"고 기록하고 있다.

베드로는 전형적인 갈릴리 사람이었다. 열두 명의 사도 중에 베드로는 리더였다. 그는 열두 명의 사도들을 위한 대변인이었다. 마태복음 15장 15절의 난해한 말씀에 대한 의미를 물었던 사람이었다. 그리고, 몇 번이나 용서를 해야 하는지 물었던 자이다. 또한, 예수를 따르는 자들의 보상이 무엇인지도 물었던 사람이었다. 그리고, 예수에게 살아 있는 하나님의 아들이라고 선언하며 고백했던 사람이었다. 그리고, 변화산에서 함께 있었던 자였다. 뿐만 아니라, 야이로의 딸을 살려낼 때도 현장에서 그 장면을 보았던 사람이다. 그러나, 그는 어린 소녀 앞에서 그리스도를 부인한 자이다. 그는 사도였고, 그의 주를 위하여 모든 것을 내려놓았던 선교사였다. 베드로가 많은 잘못을 한 것도 사실이다. 그러나, 그는 하나님의 사랑하는 마음에 구원의 은총을 받았던 사람이었다. 그가 실족할 때마다, 그리고 실패할 때마다 그는 항상 용기와 정직함으로 회복하였다.

헤롯 아그립바 1세에게 잡혔으나, 뒤에 피난하여 소아시아 및 안디옥에서 선교했다(마 16:18-19; 요 1:42, 21:15-17; 눅 5:1-11). 고대 교회의 전승에 의하면 그는 로마에서 얼마 동안 그리스도 교단을 주재(主宰)하다가, 네로(로마 황제) 치하에서 순교했다고 한다. 특히 순교에 있어서는 다음과 같은 일화가 전해진다. 로마에 큰 박해가 일어나서 모든 성도들이 잡혀 죽임을 당하기도 하고, 잡히기도 했다. 그때 베드로는 다른 성도들의 권면에 따라 로마성에서 도망쳐 나갔다. 그러는 도중에 그는 환상으로 예수님을 만났다. 베드로는 이때 "주여 어디로 가십니까(Quo vadis)" 하고 물었다. 그러자, 주님은 대답하시기를 "로마로 가서 다시 십자가에 못 박히려 한다"고 하였다. 베드로는 자신이 두 번 주님을 십자가에 못 박았다고 느끼고, 다시 돌아가 주님과 같은 방식으로 죽을 수 있는 가치가 없다고 말하며 머리가 아래로 향하는 십자가형을 간청하였다. 그의 사도적인 상징은 천국 열쇠와 거꾸로 되어 있는 십자가이다. 베드로는 부동의 1위수장 자리를 4복음서에서 모두 지키고 있다.

b) 안드레

베드로의 형제로, 가버나움에 살며 어부 생활을 했다. 소아시아, 스퀴티아, 그리스에서 전도하다가, '안드레의 십자가(X자형 십자가)'에 달려 순교했다. 안드레는 예수를 가장 처음 만났고, 베드로의 형제이며, 베드로와 같이 원래 세례 요한의 제자(막 1:16-18)였다가 후에 예수의 제자가 되었다. 안드레는 소개자로 불릴 만큼 예수에게 많은 사람을 소개한 사람이다. 가장 먼저 베드로를 예수에게 소개시켜준 제자(요 1:40)이며, 그리고 그는 처음으로 예수 당시 국내 및 외국 선교사의 타이틀을 가지고 있다. 그래서 그는 적어도 세 나라에 선교를 간 것으로 알려지고 있는데, 러시아, 스코틀랜드, 그리스에 선교를 갔을 뿐 아니라 현지에서 성자로 알려져 있다. 많은 학자들이 그가 스키티아, 그리스, 소아시에서 설교를 했다고 주장한다. 그 외에도 다른 사람들을 소개한 사람이 바로 안드레이다. 그가 예수님의 최측근에 위치하고 있었기 때문에 다른 사람들로부터 질투와 시기를 받았음에도 불구하고 그는 2인자로 만족한 긍정적인 사람이었다. 그의 주된 삶의 목적은 그의 주인인 예수 그리스도에게 많은 사람들을 데려오는 것이었다. 전통에 의하면 안드레는 페트라, 그리스, 아케이아에서 순교했을 것이라고 전해온다. 에피아(Aepeas) 감독의 부인이 치유를 받고 기독교 신앙으로 회심을 했을 때 감독의 남동생이 기독교인으로 개종을 했다. 그래서 에피아 감독이 분노했고, 이로 인하여 안드레를 체포했고 그를 십자가 처형을 했다. 안드레는 주님과 똑같이 십자가에서 죽을 수 없노라고 주장하며 X형으로 십자가형을 받고 순교하였다. 이것이 그의 사도적 상징이다. 또 하나의 안드레의 상징은 물고기 두 마리를 X자형으로 놓은 것으로, 그가 어부였기 때문이다.

요한복음 6장 8절에서는 오병이어의 기적 사건 때 한 소년으로부터 빵과 물고기를 예수께 가져오는 역할을 수행하였다.

안드레는 첫 네 명의 제자임에도 불구하고 마태, 마가복음에서만 2위를 지키고 마가와 사도행전에서는 2위 자리를 야고보와 요한에게 내어주고 있다.

c) 야고보

베드로, 요한과 함께 예수 그리스도의 측근 3제자 중 1인이다. 세베대(Zebedaios)와 살로메의 아들이고, 사도 요한의 형(마 4:21, 10:2; 막 1:19, 3:17 등)으로, 예수의 승천 후 예루살렘 교회의 지도자가 되고, 헤롯 아그립바왕에 의해 A.D. 44년에 교수형으로 순교당했다(행 12:1-2). 형제 요한과 더불어 세베대의 아들로, 시몬 베드로 형제들과 함께 가까운 관계였다. 예수는 이 형제를 가리켜 '보아너게(우뢰의 아들)'라고 칭하였다. 예루살렘 교회 지도자로 예루살렘과 유대 지역에서 설교를 했고, 요한은 열두 제자 중에서 예수의 빈 무덤을 처음 본 증인이다. 신약성서는 야고보에 대해 거의 언급이 없지만, 그의 형제 요한과 더불어 항상 이름이 거명되고 있다. 야고보와 요한 이 형제는 떼려야 뗄 수 없는 짝이었다(막 1:19-20; 마 4:21; 눅 5:1-11). 그는 용기와 용서의 사람이었다. 형제 요한의 그림자처럼 살면서도 질투도 없었고, 보기 드문 신앙의 사람이었다.

야고보는 성경 본문 3곳에서 3위를 차지하고, 마가복음에서만 안드레가 3위로 기록되어 있다.

d) 요한

요한 모아너게, 세베대와 살로메의 아들, 사도이다. 신약의 요한복음, 요한 제1, 2, 3서, 요한계시록의 저자로 알려져 있다. 형제인 야고보와 함께 예수 그리스도의 활동 초기부터 함께한 세 측근자 중의 1인으로, 사랑받는 주님의 제자로 많이 알려져 있다. 예수의 제자가 되기 이전에는 벳세다, 가버나움, 예루살렘에 살았던 어부였다. 예수 승천 이후에도 초대 그리스도교의 중요한 인물로 일했다.

요한은 신약성서의 여러 곳에서 언급되고 있다. 그는 행동하는 사람이었고, 매우 야망이 많았으며, 욱하는 성격에 참을성 없는 마음도 보일 때도 있었다. 그래서 그의 이름을 천둥의 아들 즉 '보아너게'라고 주님이 붙여주셨다. 그의 형제 야고보와 함께 나머지 12사도보다 더 유복한 가문에서 온 사람이다. 그의 부친이 어업계에서는 노예를 많이 두고 살았던 까닭에(막 1:20) 그는 우월감이 있었다고 한다. 베드로와 친밀한 관계였고, 사역할 때는 그와 함께 일하였다. 그러나 베드로는 언제나 제자 밴드의 대변인이었다. 요한은 시간이 지나면서 완숙해졌고, 그의 인생 후반부에 와서는, 야망, 불같은 성격 등 모든 것을 잊고 주님의 사랑의 명령만을 기억하는 사람이 되었다. 독이 든 성배를 마시려는 살해 시도를 당한 적이 있었는데 하나님께서 그를 살리셨다. 뱀이 든 성배가 그의 상징이다.

전승에 의하면, 그는 유대 국내에서 전도하다가, 예루살렘이 주후 70년 로마군에게 멸망되자, 에베소에 가서 전도했다. 로마 황제 도미티아누스(Domitianus, Titus Flavius)의 핍박으로, 끓는 가마에 넣는 바 되었으나 기적적으로 튀어나오게 되어 그를 박해하던 무리가 놀라, 밧모섬으로 귀양 보내진 것으로 전해진다. 요한은 여기서 계시를 받고, 수명을 다하고 죽었다.

요한은 마태복음과 누가복음에서, 안드레는 마가복음과 사도행전에서 각각 4위에 기록되고 있다.

e) 빌립

빌립에 대하여는, 마태복음 10장 3절, 마가복음 3장 18절, 누가복음 6장 14절, 요한복음 1장 44절에 기록되어 있는데, 베드로와 안드레의 고향인 벳세다에서 왔고, 베드로와 안드레처럼 어부였다.

전승에 의하면 그는 프리지아에서 설교하고, 히에라폴리스에서 순교하였다고 전해진다. 사도행전 6장 5절에 빌립은 일곱 명의 안수받은 집사 중 한 사람으로 등장한다. 어떤 이는 다른 빌립이라고 말한다. 그러나 어떤 사람은 이 사람이 사도 빌립이라고 믿는다. 이 사람이 바로 같은 동일

인물이라고 한다면, 그의 성품은 더욱더 알려질 것이다. 왜냐하면 그는 사마리아에서 성공적인 선교를 하였기 때문이다. 그가 바로 이디오피아의 내시를 그리스도에게 데려간 사람이다(행 8:26).

그는 가이사랴에서 사도 바울과 함께 머물렀고(행 21:8), 초기 교회의 선교 사업에 있어서 중요한 인물 중 한 사람이었다. 요한복음은 빌립이, 예수님이 "나를 따르라"라고 하였을 때 따랐던 첫 번째 그룹의 사도 중 한 사람이라고 말한다. 빌립이 그리스도를 만났을 때, 그는 즉시 나다나엘을 만나 "우리가 그를 만났다. 모세와 예언서가 말하는 그 사람을 우리가 만났다"고 소개한다. 그러나 나다나엘은 회의적이었고, 빌립은 그와 논쟁하지 않고 단순히 "와서 보라"라고 대답하였다. 이 이야기는 우리에게 빌립에 대한 중요한 두 가지 사실을 말해준다. 첫째, 회의주의자에게 접근하는 그의 올바른 방식, 그리고 그의 그리스도 안에 있는 단순한 믿음, 두 번째는 그가 선교 본능을 가진 사람이라는 것이다.

빌립은 차가운 머리와 따뜻한 마음의 소유자였다. 그는 다른 사람 도와주기를 좋아했다. 이 단순한 갈릴리 사람은 자기가 가진 것을 모두 주었다. 그리고, 그 보상으로 하나님이 그를 쓰셨다. 그는 교수형에 처해졌다고 전해진다. 그런데 그는 죽어가면서 자기의 시신을 세마포에 싸지 말고 종이에 싸달라고 간청하였다. 왜냐하면 자신의 시신은 예수님의 시신처럼 세마포에 싸일 만큼의 가치 있는 사람이 아니기 때문이라는 것이었다. 빌립의 상징은 바구니이다. 왜냐하면 오병이어 사건 때 그가 참여했기 때문이다. 또한, 그는 기독교의 사인(sign)과 승리의 사인을 십자가로 하라고 주장한 사람이다.

빌립은 4곳 모두에서 다 5위를 차지하고 있는 것으로 보아 2그룹의 수장으로 볼 수 있다.

f) 바돌로매(나다나엘)

갈릴리 가나에서 나서, 12사도의 1인이 되었고(막 3:18), 나다나엘

(Nathanael)과 동일인으로 알려져 있다(요 1:45, 21:2).

탈마이의 아들로 갈릴리 가나에서 살았다. 그의 사도적 상징은 세 개의 칼(삼중칼)이다. 전통에 의하면 그는 아르메니아에 간 선교사이다. 많은 학자들이 그가 12사도 중에서는 귀족의 혈통이었다고 말한다. 그의 이름의 원래 뜻은 톨마이의 아들, 혹은 탈마이의 아들(삼하 3:3)로, 탈마이는 게슈르의 왕이었고, 그의 딸 마카는 다윗의 부인으로서 압살롬의 어머니이다. 바돌로매는 12제자의 모든 목록에 나타나고 있다(마 10:3; 막 3:18; 눅 6:14; 행 1:13). 바돌로매라는 이름은 첫 번째 이름은 아니고, 그의 두 번째 이름이다. 그의 첫 번째 이름은 아마도 나다나엘이었을 것이다. 예수가 그를 가리켜 "진짜 이스라엘 사람이고, 그 안에 어떤 거짓도 없었다"(요 1:47)라고 말했다.

신약성서는 그에 대해서 아주 지극히 작은 정보를 말할 뿐이다. 전통은 그가 성경에 대해, 특별히 율법과 예언서에 대해 큰 관심을 가지고 있는 학구적인 제자라고 말한다. 그는 또한 나사렛의 목수인 예수에게 완전히 항복한 사람이라고 말한다. 그리고 그 교회의 가장 모범적인 선교사 중에 하나라고 평가한다. 그는 빌립과 더불어 프리지아(Phrygia), 히에라폴리스(Hierapolis), 아르메니아에서 설교를 하였다고 한다. 아르메니아의 교회들은 그를 아르메니아 교회의 설립자요 순교자라고 말한다. 그러나 구전에 의하면 그가 인도에서 설교하였고, 그곳에서 순교하였다고 한다. 그는 또 그의 주님인 예수 그리스도를 위하여 순교하였다고 한다.

바돌로매는 3곳에서 6위로 기록되었으며, 사도행전에서 6위는 도마가 차지했다.

g) 도마(디두모)

도마 디두모는 갈릴리에 살았다. 전승에 의하면 그는 파르티아, 페르시아, 인도에서 사역을 하였고, 인도 마드라스 근처 성토마스산에서 순교했다고 한다. 도마는 그의 히브리어 이름이고, 디두모는 그의 헬라어 이름이다. 한때는 그가 유다로 불리기도 했다. 마태, 마가, 누가는 그의 이름 외에는 도마에 대해서 아무것도 말해주지 않는다. 그러나 요한은 그를 그의 복음서에서 분명하게 정의하고 있다. 도마는 나사로를 일으키는 데 나타나 있다(요 11:2-16). 그리고, 예수님이 어디로 가시는지를 어떻게 아느냐고 물었던 그 다락방에도 있었다(요 14:1-6). 요한복음 20장 25절에서 예수 손의 못 자국을 직접 만져보지 않고는 믿지 못하겠다고 하는 도마를 볼 수 있다. 이 때문에 도마는 의심 많은 제자로 알려지게 된 것이다. 본성상 도마는 비관론자요, 당황하는 사람이고, 보기 전에는 믿지 않는 그런 사람이었다. 그러나 그는 용기의 사람이기도 하다. 그리고 그는 믿음과 헌신의 사람이었다. 예수가 부활하고 자신의 손과 옆구리에 난 못 자국과 창 자국을 직접 만져보도록 도마를 초대하였다. 여기서 우리는 도마가 "나의 주님, 나의 하나님"이라는 신앙의 위대한 고백을 하는 것을 볼 수 있다. 도마의 의심은 믿음으로 변화되었다. 바로 이 사실로 말미암아 도마의 믿음은 크게 변하였으며, 크고 확실하고 집중하는 신앙으로 성장하였다. 그는 인도의 왕을 위하여 궁을 짓도록 위촉받는다. 마지막에 그는 주님을 위한 순교자로서 화살을 맞고 순교하였다. 그의 상징은 창과 돌과 화살이다.

도마는 마태복음에서, 마태는 마가복음과 누가복음에서, 바돌로매는 사도행전에서 7위로 기록되어 있다.

h) 마태

알패오의 아들이고, 가버나움에서 살았다. 그는 공직자였으며 세리였다. 제1복음서(마태복음)의 저자로 알려져 있다. 그리고 에디오피아에서 순교하였다. 사도 밴드에 마태가 부름을 받은 것은 마가복음 2장 14절, 마태복음 9장 9절, 누가복음 5장 27-28절에 언급되고 있다. 이 본문들로부터 우리는 마태가 레위라고도 불리는 것을 알 수 있다. 그리스도 시대에 중동에서 남자들이 두 개의 이름을 갖는 것은 공통된 관습이었다. 마태의 이름은 하나님의 선물이란 뜻이다. 레위라는 이름은 예수님에 의해서 그에게 주어진 것이다. 12사도 중 하나였던 작은 야고보는 마태의 형제였고, 알패오의 아들이었다. 하지만 마태 개인적으로는 거의 알려지지 않고 있다. 마태에 관한 분명한 사실 하나는 그가 세금 징수원이었다는 것이다. 성경 흠정역본에서는 그를 공직자라고 기록했으며, 라틴어로는 Puplicanus, 즉 그 뜻은 공공 서비스에 종사하는 자라는 뜻으로 공적 기금이나 세금을 걷거나 다루는 사람이다. 세계의 많은 나라 중에서 유대인들은 가장 세금 징수인들을 싫어한다. 독실한 유대인들은 하나님만이 자신들이 정당하게 세금을 바치는 대상이라고 생각한다. 그 외에 사람들에게 세금을 내는 것은 하나님의 권리를 침해한다고 보는 것이다. 그래서 세리들이 종교적인 장소에서 미움을 받는 것이며, 실제 많은 세리들이 악명 높게 불의하였다. 많은 정직한 유대인들은 마음속으로 이러한 세리들을 범죄자로 간주하였다. 신약 시대에 그들은 죄인, 이방인, 심지어 매춘부로까지 분류되었다(마 9:10, 18:17, 21:31, 33; 막 2:15-16; 눅 5:30). 세리들은 납세자가 지불 불가능한 세금을 평가해서 납세를 못 할 경우 높은 이율로 돈을 대여해 줌으로써 고리대금업을 하는 셈이었다. 이런 사람들 중에 한 사람이 마태였다. 그러나 예수는 모든 사람이 싫어하던 그 사람을 선택하시고, 주님의 사람 중 한 사람으로 만들었다. 가버나움의 세리 중에서 그 능력을 주님이 알아보신 것이다. 마태는 대부분 어부인 다른 사도들과는 달리 펜을 사용할 줄 알았고, 그의 펜에 의해서 그는 세상에 알려지는 첫 번째 사람이 되었다. 히브리어로 예수의 가르침에 관한 것을 써서 세상에 알린 첫 번째 사람이 되었다. 기독교는 이 경멸하는 세금징수원에게 많은 빚을 지고 있다는 것은 부인할 수 없다. 보통 사람은 마태 같은 이런 사람을 변화시킬 수 있다고 생각하지 않았지만, 하나님에게는 모든 것이 가능하다. 마태는 예수 그리스도의 가르침을 기록한 첫 사람이 되었다. 그리고, 그의 스승에 대한 믿음을 위하여 자신의 삶을 내려놓은 마태복음의 선교사가 되었다. 마태의 사도적 상징은 예수가 불러주기 전에 세리였다는 것을 우리에게 상기시키는 '세 개의 돈 가방'이다.

i) 야고보

알패오의 아들로(마 10:3; 막 3:18 등), 소(小)야고보로 알려져 있으며, 갈릴리에서 살았다. 전승에 의하면 성전 꼭대기에서 떨어뜨려져 순교했다고 한다. 또 다른 전승에서는, 톱에 의해 그의 몸이 토막 나는 순교를 당했다고 전해지기도 한다. 팔레스타인과 이집트에서 설교했고, 이집트에서 십자가형을 받고 순교한 것으로 전해지기도 한다. 이 작은 야고보는 상대적으로 많이 알려진 사도가 아니었다. 어떤 학자들은 세리 마태의 형제였다고 믿는다. 그는 또한 열정적인 제자들 중 한 사람으로 강한 성품의 사람이었다.

야고보는 복음서 전 권에서 일관되게 9위를 차지하고 있다.

j) 유다

유다는 레베우스(Lebbeus)로도 알려져 있다. 그는 알패오 또는 클레오파, 그리고 마리아의 아들이었다. 그는 작은 야고보의 형제이기도 하다. 갈릴리에서 살았고, 거의 알려지지 않은 사도들 중 하나다. 전승에 의하면 그는 앗시리아와 페르시아에서 설교하였고, 페르시아에서 순교하였다고 한다. 마가복음 3장 18절에서 그는 다대오로 불렸고, 마태복음 10장 8절에서는 레베우스(성은 다대오)로, 누가복음 6장 16절과 사도행전 10장 13절에서는 야고보의 형제 유다로 불리고 있다. 유다 다대오는 또한 열심당 유다로 불린다. 그는 선택받은 백성들이 세계의 꿈과 권력을 지배하여야 한다는 꿈을 가진 과격한 민족주의자였다. 요한복음 14장 22절에 그가 마지막 만찬 때 예수에게 질문하는 장면이 나온다. "그러나 주님, 왜 당신은 당신 자신을 세계에 보여주지 않고 우리에게만 보여주십니까?" 유다 다대오는 그리스도를 세상에 알리는 데 관심을 가지고 있었다. 그렇지만, 고통받는 구세주가 아니라 지배하는 왕으로서 말이다. 우리는 여기서 예수님이 그에게 한 답을 통해서 분명히 알 수 있다. 힘의 방식은 결코 사랑의 방식을 대신할 수 없다는 것이다. 유다는 유프라테스강 인근 에데사 지역에서 복음을 전파하였다고 한다. 거기서 그는 많은 사람을 치유하였고, 주님의 이름으로 많은 사람을 믿게 하였다. 유다는 또한 다른 곳에서도 복음을 전파하였다. 그리고 아라랏(ararat)에서 화살을 맞고 순교하였다. 그에게 선택된 상징은 배였다. 왜냐하면, 그가 어부 선교사였기 때문이다.

k) 시몬(셀롯)

그는 가나안 사람, 또는 열심당이라고 불리며 갈릴리에 살았고, 예수님의 추종자로서는 거의 알려지지 않은 사람이다. 전승은 그가 십자가형을 당했다고 말한다. 흠정역본 두 곳에서 그가 가나안 사람이라고 말한다(마 10:4; 막 3:18). 그러나 다른 두 곳에서는 그를 열심당 시몬이라고 기록하고 있다(눅 6:15; 행 1:13). 신약성서는 그가 열심당원이라는 것 외에는 달리 그의 개인적인 정보를 우리에게 알려주지 않는다. 열심당원 즉 젤롯당 사람들은 그들의 믿음과 신앙의 순수성을 지키기 위하여 고통받고 갈등받는 것에 대한 영웅적 무관심을 가지고 있는 광신적인 유대민족주의자들이었다. 그 열심당원들은 로마 사람들을 미치도록 증오하였다. 이러한 증오 때문에 로마가 예루살렘성을 파괴하였다. 요세푸스에 의하면 "젤롯당들이 사려 깊은 사람들이 아니고, 최악의 행동을 취하는 데 있어서 허용적이고 경솔하지만, 좋은 선행에 대해서는 경쟁적이며 시기적인 사람들"이었다고 말한다.

이러한 배경으로부터 우리가 알 수 있는 것은 시몬이 열렬한 민족주의자요, 율법에 헌신하는 자요, 로마와 타협하려고 하는 모든 사람을 냉소적으로 증오하는 자였다는 것이다. 그러나, 시몬은 신앙의 사람으로 떠오르기 시작했고, 그의 믿음을 위하여 모든 증오를 버렸다. 그리고 그것을 그의 스승 예수를 위하여 보여주었고, 남아 있는 사도들과 함께 그 사랑을 기꺼이 나누었으며, 특별히 로마 제국의 세리였던 마태와 나누었다. "이스라엘에 충성하기 위해서는 죽음도 불사했던 열심당원 시몬"은 어떠한 무력적인 일도 하지 않으시는 하나님을 보게 되었다. 전승은 그가 순교하였다고 전한다. 그의 사도적인 상징은 성서 위에 누워 있는 물고기 한 마리이다. 이것이 의미하는 것은 그가 이전에 어부였다는 것과 설교를 통하여 사람을 낚는 어부가 되었음을 말해주는 것이다.

l) 유다(가룟인)

가룟 유다, 배신자 시몬의 아들은 유대 땅 게리옷(Kerioth)에 살았다. 예수를 은 30개를 받고 팔아 넘겼고, 그로 인해 스스로 목을 매었다(마 26:14-16). 배신자 유다는 신약성서의 수수께끼이다. 왜냐하면, 누구보다도 예수와 친밀하였고, 그의 스승이 기적과 가르침을 하는 것을 목전에서 본 증인이었던 제자가 직접 원수의 손에 그가 섬기던 위대한 선생을 팔았다는 것 때문이다. 그의 이름은 12사도의 목록 기록 중에서 사도행전을 제외한 세 곳에 기록되었으며, 모두 12번째 인물로 올라 있다(마 10:4; 막 3:19; 눅 6:19). 유다는 여리고 근처 유대 땅에서 왔다고 한다. 그만 유대 사람이고 나머지 제자들은 모두 갈릴리인이다. 유다는 12사도 밴드의 재정 담당이었고, 그도 예수의 최측근 중 한 사람이었다. 그는 과격한 유대 민족주의자 중 한 사람으로서, 예수를 통해 그가 지닌 민족주의의 꿈을 실현하고자 하는 희망을 가지고 주님을 따랐다고 한다. 그는 꽤 탐욕스런 인물이었다고 한다. 종종 밴드의 회계로서 밴드의 공동 지갑에서 좀도둑질을 하였다고도 한다. 유다가 예수를 배반한 분명한 이유는 알려지지 않았다. 그가 배신한 것 때문이 아니라, 우리의 죄 때문에 예수가 십자가에 올려진 것이다. 그의 사도적 상징은 교수형 집행인의 매듭이나, 은화가 새고 있는 돈지갑이다.

m) 맛디아

맛디아는 사도행전 1장 15-26절에 기록된 바와 같이 배신자 유다의 자리를 대신하여 선택된 사도다. 당시에 또 한 사람의 후보가 있었는데, 그의 이름은 요셉 또는 바르사바, 그리고 그의 성은 유스도였다. 제비뽑기 결과 맛디아가 선택되었다. 사도행전 1장 24-26절에 기록하기를, 저희가 기도하여 가로되 "뭇사람의 마음을 아시는 주여 이 두 사람 중에 누가 주님께 택하신 바 되어 봉사와 및 사도의 직무를 대신할 자인지를 보이시옵소서. 유다는 이 직무를 버리고 제 곳으로 갔나이다" 하고 제비를 뽑아 맛디아를 얻어 열한 명의 사도에 가입하였다. 성경은 맛디아와 관련해서 자세한 것을 말해주지 않는다. 그러나 맛디아가 예수님의 세례에서부터 부활까지 예수님과 함께하였다고 전한다. 사도행전 이후에 맛디아는 성경 그 어느 곳에서도 언급되지 않는다. 역사적인 자료에 의하면 맛디아는 A.D. 80년까지 살았다. 카스피안 해변과 갑바도기아 지역에서 복음을 전파했다.

위에 기록된 12제자는 초기 교회가 만든 명단이 아니다. 이 제자 명단에는 몇 가지 논란이 있었다. 가룟 유다가 부활 사건 이전의 원래 12사도 명단에만 있었고, 부활 이후엔 들어 있지 않았다. 12제자는 사도행전 6장 2절 이후에는 사라진다. 단 고린도전서 15장 5절에 아주 간략하게 언급될 뿐이다.

IV. 예수의 제자훈련(교육)의 모형화: 복음과 치유 선교를 위한 제자훈련 모형안(A Gospel & Healing Mission Training Model)

앞에서 논의한 랍비로서 예수가 행하셨던 교육과 12제자의 삶과 생애를 참고하면서, 지금 당장 우리가 예수님과 똑같이는 살 수 없어도 성경 말씀을 통해 '지금 그리고 여기에서' 이 시대에 왜곡된 제자도의 문제를 인식하고 그것을 바로잡는 노력을 지속적으로 해나가는 것은 예수님의 제자 된 자들이 해야 할 가장 시급한 일이 아닐까 생각해본다. 아래의 모형안은 마태, 마가, 누가 세 복음서에 공통으로 기록된 첫 번째 12제자의 선교 현장 실습 텍스트를 분석해서 제자훈련 모형을 만들어본 것이다. 여기 본문의 상황은 지금 예수가 자신의 고향인 갈릴리에서 배척도 칭송도 모두 다 받아본 다음, 이제는 갈릴리 지역의 복음 전파와 치유 사역을 정리하는 분위기이다. 마지막으로 아직 그가 접촉해보지 못한 마을들이 있는데 그곳들을 제자들에게 맡겨보고 싶은 것 같다. 12제자에게 상세하고도 친절하게 선교훈련(mission trip)을 시킨다. 첫 파송이기 때문에 랍비 예수께도 염려가 있었겠지만 그가 지닌 권위와 권능(authority and power)을 제자들에게 부여해주시는 과감한 선생님의 모습을 보이신다. 우리의 교육이나 가정의 상황은 자신의 자녀들에게 이렇게 과감하게 자기개발의 기회를 주지는 못한다. 우리 주님이기에 이렇게 파격적인 현장 실습의, 아니 인생 연습의 기회를 줄 수 있었을 것이다. 예수가 12제자에게 준 두 가지 특별 선물은 은사이면서도 하나님이 주신 백지수표와 같은 것이었을 것이다. 무엇이든 "내 이름으로 집행하라, 그대로 될지라"–Amen, I say to you, So let it be!(진실로 내가 이르노니, 그렇게 될지어다!) 이제 제자들은 예수님의 천국 신용카드를 받은 것이다!

하나님의 전적인 신뢰를 축복으로 받았던 12사도들, 그들이 잔인하게 순교하였어도 그들은 지금 하나도 슬프지 않을 것이다. 로마서 5장은 "다만 이뿐 아니라 우리가 환난 중에도 즐거워하나니 이는 환난은 인내를, 인내는 연단을, 연단은 소망을 이루는 줄 앎이로다"라고 말하지 않는가? 도데카 님들의 소망은 이루어졌을 것이기에 우리도 저들처럼 두려움 없이 그리스도가 주신 선물을 거저 받았으니 우리도 거저 주어야 할 것이다(freely receive, freely give!).

1. 12제자를 불러 모으시다(Call the twelve)

예수의 제자훈련의 첫 번째 목적은 이스라엘 집(백성들 중)의 잃어버린 양에게 복음을 전파하는 것이다.

예수가 이방 지역으로의 복음 전파를 제한한 이유는 유대인들에게 우선적으로 복음을 전파하여 복음 사역의 전초기지를 삼으려는 의도였을 것이다. 그러나 예수 그리스도의 복음은 이때부터 궁극적으로는 전 세계, 전 인류를 대상으로 하고 있다는 것을 12제자 파송 사건의 본문의 행간을 통해 읽을 수 있어야 한다.

예수는 갈릴리 지역 전도를 마감하는 마지막 주간에는 제자들이 사람들로부터 배척받는 선교를 경험하고, 영적 치유 사역과, 회개하고 하나님께 돌아오게 하는 전도를 실제로 체험하게 하였다. 강도 높은 현장수업(filed study)이었음이 분명하다.

a) 2인 1조, 총 6개 팀의 명단을 짜다(막 6:7)

예수는 다음과 같이 2인 1조로 구성된 6개의 팀을 짜셨다. 시몬과 안드레, 도마와 마태, 야고보와 요한, 야고보와 다대오, 빌립과 바돌로메, 시몬(젤롯)과 가룟 유다로 짜여진 12개 팀이 갈릴리 여러 지역으로 나누어 파송된 것으로 보인다.

b) 선교 범위와 대상을 알려주다(마 10:5-6; 눅 9:4-5; 막 6:10)

예수의 현지 선교훈련과 관련된 강도 높은 훈련 지침이 교훈되기 시작한다. 마태복음에 의하면, 예수는 제자들에게 이방인, 사마리아인의 고을로 가지 말고, 이스라엘 (백성의) 집의 잃어버린 양에게로 가라고 명령하였다. 나머지 복음서에서는 누구의 집(마가복음), 어느 집(누가복음)에 들어가서 유하라고 상세히 기록하고 있다.

2. 선교를 위한 권위와 능력을 부여하다(empowering them)

a) 엑수시아(ἐξουσία) 권위

하나님의 뜻에 따라 활동하는 예수의 모든 언행은 권위가 있고, 그 권위를 가진 예수가 제자들에게 이 (하나님으로부터 받은) 본래적 권위를 부여하였다(막 3:15). 예수는 그리스도로서 가진 권위를 제자들로 하여금 사용하도록 승인하셨다는 말이다. 이 말은 그들도 예수처럼 기적을 행할 수 있는 능력을 주셨다는 말이다. 그리스도는 그들을 비로서 하나님의 대리인(agent)으로 내세우신 것이다. 거기에다 병을 고치고 귀신을 내쫓을 수 있는 권위까지 주셨다. 매튜 헨리는 여기에서 예수가 지닌 이 권위는 종으로서가 아니고 그의 아버지 집의 아들로서 가지고 있는 것이라고 분명히 한다. 그러므로 그는 세상의 약한 것들과 미련한 것들(고전 1:27)에게까지 이 권위를 줄 수 있었다고 한다.

b) 뒤나미스(δύναμις) 능력

뒤나미스는 권능, 능력, 기적(듀나미스, miracle 또는 power) 등의 의미로 사용되었으며, 기적(miracles)으로 번역한 성경들도 있다. 성경에서는 능력, 기적, 표적이란 말은 거의 동의어로 사용되었다.

예수가 제자들을 파송하면서 펼치려는 복음과 구원 사역의 영역은 크게 두 가지로 나누어지는 것 같다. 먼저 자신을 찾아오는 구도자들의 질병을 고치는 일을 통해 그리스도 자신의 신수적 권위에 대한 신뢰를 주려고 했을 것이고, 그리고 그들에게 말씀의 가르침과 설교를 통해 회개하고 하나님과의 관계를 회복시키는 능력이었을 것이다.

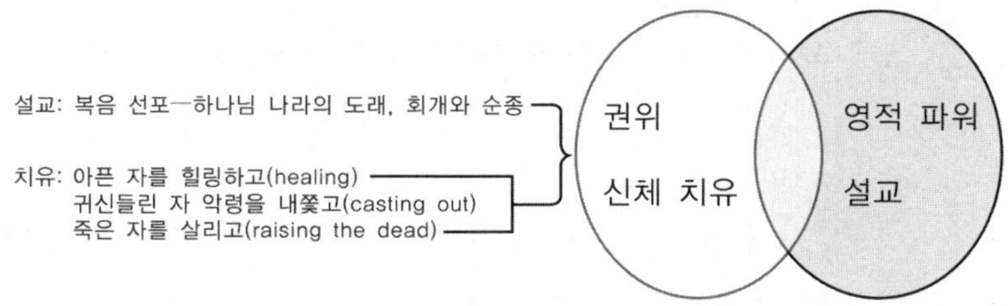

그림 1. 복음 치유 선교에 있어서 권위와 능력의 관계성

3. 외부로 선교 현장 실습, 사도직 견습

예수는 제자들에게 자신들이 배우고 경험한 내용을 실제 삶 가운데서 행하도록 선교 사역의 견습을 명령하였다. 이를 위해 단순 제자가 아닌 사도로서의 권위와 능력도 함께 위임하였다.

4. 선교지에서의 두 가지 과제

a) 복음의 선포: 하나님 나라의 도래가 임박–회개

예수는 마태복음에 기록된 다섯 개의 설교 콘텐츠의 주제와 관련된 것을 사전 교육하였다(표 2 참조).

표 2. 제자교육 모형화를 위한 설교 콘텐츠

첫째 설교 (메시아의 윤리, 5:1-7:29)	1. 하늘 나라 자녀들의 특징(5:1-16) (1) 축복(5:3-12) (2) 책임(5:13-16) 2. 하늘 나라 자녀들의 새로운 기준(5:17-48) (1) 새로운 의(5:17-20) (2) 화해(5:21-26) (3) 순결(5:27-30) (4) 이혼하지 말 것(5:31-32) (5) 성실(5:33-37) (6) 적극적 선(5:38-42) (7) 사랑(5:42-48) 3. 하늘 나라 자녀들의 태도(6:1-18) (1) 은밀한 구제(6:2-4) (2) 은밀한 기도(6:5-15) (3) 은밀한 금식(6:16-18) 4. 하늘 나라 자녀들의 금령(6:19-7:6) (1) 지상의 부(富)(6:19-34) (2) 다른 사람을 판단하는 것(7:1-5) (3) 거룩한 것(7:6) 5. 하늘 나라 자녀들의 기도(7:7-11) 6. 하늘 나라 자녀들의 황금률(7:12)

	7. 하늘 나라 자녀들의 길(7:13, 14) 8. 하늘 나라 자녀들의 식별력(7:15-23) 9. 하늘 나라 자녀들의 토대(기초)(7:24-27) 10. 메시아 윤리에 대한 반향(7:28, 29)
제자도 (8:18-22)	제자 되는 길(8:18-22)
둘째 설교 (12사도에게 하신 훈화, 10:5-11:1)	(1) 사도의 사명(10:5-15) (2) 사도의 고난(10:16-23) (3) 사도의 용기(10:24-33) (4) 사도의 십자가(10:34-39) (5) 사도의 응보(10:40-11:1)
셋째 설교 (천국론, 13:1-52)	(1) 씨 뿌리는 자의 비유(13:1-9) (2) 비유로 말씀하는 이유(13:10-17) (3) 씨 뿌리는 자의 비유의 설명(13:18-23) (4) 가라지 비유(13:24-30) (5) 겨자씨의 비유(13:31-32) (6) 누룩의 비유(13:33) (7) 가라지 비유의 설명(13:34-43) (8) 밭에 감추인 보화와 진주의 비유(13:44-46) (9) 그물의 비유(13:47-50) (10) 한 집 주인의 비유(13:51, 52)
넷째 설교 (형제 관계, 16:1-35)	(1) 겸손의 권고(18:1-14) (2) 형제에게 대한 충고(18:15-20) (3) 용서(18:21-35)
다섯째 설교 (종말의 예언, 24:1)	(1) 성전의 파괴(24:1, 2) (2) 종말의 징조(24:3-14) (3) 징조에 대한 주의(24:15-28) (4) 인자의 재림(24:29-31) (5) 깨어 있으라(24:32-44) (6) 악한 종의 비유(24:45-51) (7) 열 처녀 비유(25:1-13) (8) 달란트 비유(25:14-30) (9) 최후의 심판(25:31-46)

아사노 중이찌 외, 『신성서주해』 5권, 교문사, 174-180.

예수와 제자들이 함께 동행한 제자도 훈련 여정을 그림으로 나타내면 다음 그림 2와 같다.

b) 병자의 치유/축사(逐邪)/병을 고치는 능력과 권세로 치유

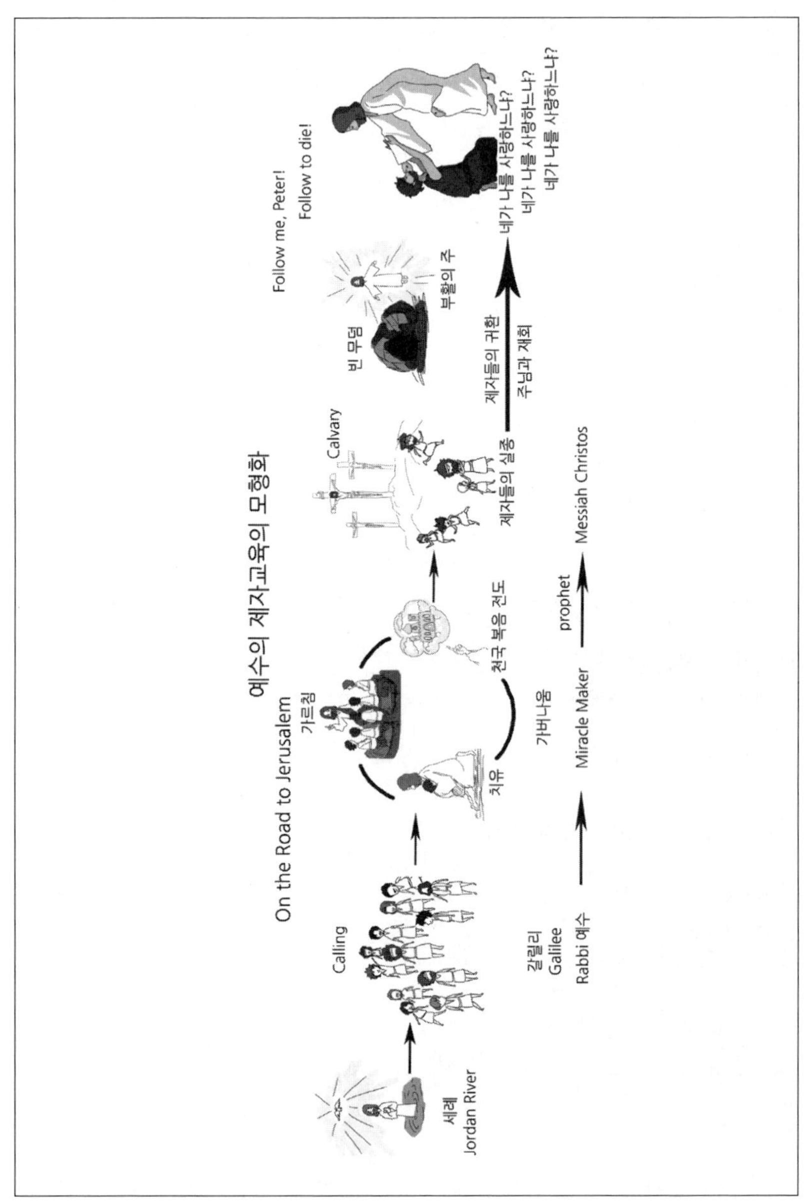

그림 2. 예수와 제자들이 함께 동행한 제자도 훈련 여정

5. 거절당할 시 대처 요령

a) 발아래 먼지까지 털고 나와라(막 6:11; 마 10:14; 눅 9:5)

마태복음에서는 제자들을 거부한 그 성들에 대하여, "심판 날에 소돔과 고모라 땅이 그 성보다 견디기 쉬울 것"이라고 경고하였다(마 10:15).

b) 구원을 위한 선교

예수는 모든 전도 활동은 구원을 위한 행위가 되어야 하지만, 구걸 선교는 안 된다고 단호하게 명령하였다.

V. 결론: 두려움 없는 예수의 제자들에게 바치는 에필로그

우리는 과연 얼마나 자주 우리가 처음 세례받았을 때의 감격을 기억하며 살고 있는가? 필자는 교회 생활을 시작하면서부터 예수의 제자가 되라는 말을 수없이 들어왔다. 그런데 과연 어떻게 하면 진짜 예수의 제자가 될 수 있는지 생각해보았는가? 선데이 크리스천들에게도 제자도가 있는가? 아직도 인양을 기다리는 세월호가 가라앉았을 때 무고한 청소년과 어른 300여 명이 넘게 희생되었다. 이들의 희생이 왜 발생했다고 생각하는가? 하나님은 그때 어디에 계셨는가? 인간은 자신이 해당되든 아니든 간에 함께 살아가는 사람들에게 문제가 발생하게 되면 이런 질문을 하지 않을 수 없다. 인간에게 예고 없이 다가오는 고난 역시 피할 수는 없을 것이다. 그런데 그 고난을 누군가가 대신해준다면 얼마나 다행인가 말이다. 그런 일이 2000년 전에 유대 땅에서 일어났다. 하나님의 외아들이신 예수 그리스도가 인간의 불가항력적인 원죄까지도 사해주실 수 있는 놀라운 능력으로 우리를 대신하여 고난을 받으셨다. 그 덕분에 많은 지구인들이 행복하게 선하게 죄짓지 않고 살 수 있는 길이 열리게 되었다. 그러나 아직도 그분의 말씀에 청종하지 하지 않고 무슨 말인지조차 관심이 없는 사람이 너무 많다.

"나를 따르라(follow me)"라고 외치면 아무 말 없이 따랐던 갈릴리의 순수한 어부들처럼 자신의 생업을 버리고 즉시 예수를 따라 나설 수 있는 사람이 오늘날에는 과연 얼마나 될까? 그 어부들 중에 베드로는 로마의 베드로 성당의 1대 교황이 되었고 지금도 그의 묘지에는 많은 신자들의 순례가 끊이지 않고 있다. 그를 포함한 12명의 예수의 제자들은 모두 자신의 위대한 스승처럼 복음을 전하다가 한 사람만 제외하고 다 순교했다. 그들의 거룩한 죽음으로 수많은 유럽인들과 전 세계 기독교인들에게 주는 임팩트는, 이제는 종교를 초월한 세계의 문화유산이 되었다. 순교자 한 사람이 집안에서 나오면 그 집안은 대대로 축복을 받는다는 말이 있을 정도로 유럽인들은 순교를 자랑스러워 한다. 왜냐하면 순교를 하게 되면 수많은 사람들을 구원하는 일을 했다고 믿고 있기 때문이다. 예수의 제자도의 삶이란 바로 예수처럼 전 인류를 위하여 희생적인 십자가 고난을 받았던 사람들에게서나 발견되는 철저히 이타적 삶을 산 성자들의 길이다. 사실 보통 사람들이 이렇게 살기란 힘들 것이다. 그럼에도 불구하고 최근에 들어와서 왜 예수의 제자도가 새삼 관심을 갖게 하는가가 필자의 관심이었다.

현대 크리스천들은 크게 두 종류로 나눌 수 있을 것이다. 이른바 '값싼 은총'으로 사는 크리스천과 '값비싼 은총'으로 사는 크리스천이 그들이다. 본인이 예수의 제자라고 고백은 하나 실제로 그 삶에서 제자도를 찾아볼 수가 없는 사람들은 본회퍼에 의하면 '값싼 은총'의 신자이다. 제자로의 부름(calling)은 죽음을 각오하며 따름(follow)을 의미한다. 2000년 전에 예수님의 열두 제자들이 그랬던 것처럼 말이다. 그러나 제자도를 지나치게 죽음이나 순교와 관련짓는 것도 사실상 선동적으로 들리기 때문에 제자도를 혐오하게 만들 수 있는 오해를 낳게 한다. '내 이웃을 내 몸같이 사랑하라'는 계명은 우리가 제자도를 지키는 덕목 중 하나이지만, 동시에 잘못하면 이웃을 위해 내 목숨을 잃을 수도 있는 경우가 있음을 또한 알아야 할 것이다.

예수님은 제자도를 가르치시기 위해 끊임없이 제자들을 위해 그리고 제자들과 함께 일하셨다. 한 곳에 정착하는 것이 아니라 지속적으로 종착지인 예루살렘으로 입성하기까지 걷고 또 걸으며, 때론 노마드 설교자가 되기도 하면서 그의 인간 구원을 위한 메시아 사역은 고난의 시간이 올 때까지 쉼 없이 계속되었다. 예수의 제자도 훈련은 크게 두 가지에 집중되었다. 하나님 나라의 도래를 알리는 복음의 전파와 치유 사역이다. 두 가지 모두 인류를 구원하기 위한 사역으로, 자신의 사후에 이를 맡아 이어갈 제자들을 기르기 위해 그에게 주어진 공생애 3년의 짧은 세월 동안 한 치의 오차도 없어야 했을 것이다. 복음을 전하는 것은 하나님의 통치가 시작되었고 그것은 곧 마지막 때의 심판이 가까웠다는 경고의 메시지였기에, 권위로 말씀을 교육하고 설교해야만 한다. 하나님이 직접 주시는 권위가 아니고는 복음도 치유도 할 수 없는 것을 잘 알고 있었던 12제자까지도 실제 선교 현장에서는 온갖 어려움에 봉착하기도 했다. 그래서 누가복음 9장 1-9절에서 예수님은 12제자의 첫 번째 선교 실습의 가이드라인을 상세하게 알려주고(inform) 있는 것이다. 친절한 스승의 교육에 따라 12제자는 현장에서 선교를 하면서 경험하게 될 시행착오(trial and error)를 수정해나갈 것이다. 더 나아가 랍비 예수의 교훈대로 각자의 선교 방법을 형성(form)하게 될 것이다. 그러나 실제로 부활 이전에는 사실 예수님의 기대치보다는 저조하여 제자도는 실패한 것같이 보였다. 왜냐하면 최측근 제자 중 회계를 맡았던 유다는 선생을 은 30개에 팔았고, 수제자라는 베드로 역시 선생이 체포 직후 그를 모른다고 부인하였다. 다른 제자들도 공포에 질려 도시 자체를 떠나느라 엠마오 도상에서 목격되기도 하였다. 측근 제자들이 다 흩어져버렸기 때문이다. 그러나 실패한 것 같은 제자들이 곧 회개하고 다시 모여 부활하신 스승을 만나게 되었고, 부활의 주 예수님의 유훈대로 가르쳐 지키게 하는 선교 사역을 세계 방방곡곡으로 흩어져 실현시킨 결과 세계 최대 신자를 지닌 종교로 성장하게 된 것이다.

12제자는 예수님 승천 직후 스승처럼 살기 위해 각자의 선교지를 향해 세계 곳곳으로 흩어졌다. 결국 그들은 예수가 기대한 것 이상으로 위대한 인류 구원의 스승의 가르침에 충실하게 살았고 전도했으며, 자신이 소명받고 간 곳에서 죽기 전까지는 그곳을 떠나지 않으며 철저한 제자도의 삶을 살다가 장렬하게 순교로 마감하였으며, 그 도데카(12사도)들은 오래전 하나님과 그의 영원하신 스승이며 메시아인 예수 그리스도에게로 돌아갔다. 도데카의 제자도가 지금도 사제들과 교회를 통해 계승되고 있기에 오늘 우리가 유럽의 어느 국가를 여행해도 곳곳에 익숙한 예수 그리스도의 향기를 느낄 수 있고 체험할 수 있는 것이다. 2000년이란 긴 시간에도 변치 않는 것은 교회 건물이 아니라 예수의 제자도가 지금도 실천되고 있기 때문이라고 생각한다.

끝으로, 이 논문은 예수님이 인류를 구원하신 그리스도 즉 메시아 이전에 비범한 유대의 랍비 그리고 랍오니이셨음을 더욱 강조하려고 시작되었다. 그의 탁월한 교육방법은 한국의 교육을 위해 교사와 학부모들이 반드시 관심을 가져야 할 부분이 너무 많다는 것이다. 그리고 특히 오늘날 이름도 없이 빛도 없이 겸손히 헌신하는 한국 교회의 크리스천 교사들이 이 연구결과를 많이 읽고 제자도를 계승하는 주역이 되기를 기대한다. 교회학교가 지금은 어려움을 모두 겪고 있지만 우리의 긍휼하신 하나님께서는 반드시 이 위기를 극복하도록 은총을 주실 것으로 믿고 있다. 이제 또 새로운 세대들이 달려오고 있다. 이 새로운 시대의 예수의 제자들을 만들기 위해 우린 또 얼마나 많은 눈물과 땀을 흘려야 될지 모른다. 어제의 선생님들, 그리고 오늘의 선생님, 그리고 내일의 선생님까지도 그들이 예수의 제자도를 기억하고 지키며 살 수 있도록 우리 모두가 함께 작은 힘이라도 모아주어서 제자도 교육의 보다 크고 다양한 사역들이 한국 땅에서 열매 맺기를 간절히 기도한다. 이제는 한국 크리스천들도 거룩한 땅에서 하나님과 예수 그리스도를 제대로 가르칠 수 있는 멋진 기독교교육역사박물관과 첨단 제자도 교육 VR영상센터가 조속히 세워지길 기원해본다.

참고 문헌

Best, E. (1986). *Disciples and discipleship*. Edinburgh, UK: T. & T. Clark Ltd.

Coyle, D. (2009). *The talent code*. New York: A Bantam Book.

Eller, V. (1968). *Kierkegaard and radical discipleship: A new perspective*. Princeton, NJ: Princeton University Press.

Farmer, W., ed. (1998). *The international Bible commentary*. Collegeville, MN: The Liturgical Press.

Firsel, J. (2011). *Go to Galilee: A travel guide for Christian pilgrims*. Village to Village Press.

Henry, M. (2009). *Matthew Henry's commentary on the whole Bible*, vol. 6. Peabody, MA: Hendrickson Publishers.

Pelkin, J. (1987). *Jesus through the centuries: His place in the history of culture*. New York: Harper & Row.

Richards, A. R. S. (1960). *Jesus and the twelve*. Chicago: Geographical Publishing Company.

Ricketson, R. (2009). *Follower first: Rethinking leading in the church*. Cumming, GA: Heartworks Publication.

Weatherhead, L. D. (1934). *Discipleship*. London: Student Christian Movement Press.

Bonhoeffer, D. (1992). **진정한 사도가 되라**. (권명달 역). 서울: 보이스사. (원전은 1963년에 출간).

Cosgrove, P. M. (2010). **제자의 삶**. (네비게이토 역). 서울: 네비게이토 출판사. (원전은 2002년에 출간).

Eims, L. (1982). **그리스도인 성장의 열쇠**. (네이게이토 역). 서울: 네비게이토. (원전은 1976년에 출간).

Longenecker, R. N., ed. (2008). **신약성경에 나타난 제자도의 유형**. (박규태 역). 서울: 국제제자훈련원. (원전은 1996년에 출간)

MacDonald, W. (1986). **참 제자의 길**. (신조광 역). 서울: 태광출판사. (원전은 1962년에 출간).

Nolland, J. (2003). **WBC 성서주석**. (김경진 역). 서울: 솔로몬. (원전은 1989년에 출간).

Ogden, G. (2001). **제자도의 핵심**. (박혜란 역). 서울: 낮은 울타리. (원전은 1887년에 출간).

Ortiz. J. C. (2003). **진정 신자입니까**. (탁영철 역). 서울: 만나. (원전은 1994년에 출간).

Pelkin, J. (1999). **예수의 역사 2000년**. (김승철 역). 서울: 동연. (원전은 1987년에 출간).

Pentecost, J. D. (2001). **제자를 삼아라**. (임성택 역). 서울: 생명의 말씀사. (원전은 1996년에 출간).

Platt, D. (2013). **팔로우 미**. (최종훈 역). 서울: 두란노 출판사. (원전은 2013년에 출간).

Robertson, R. (1997). **예수님과 함께 가는 제자의 길**. 서울: 네비게이토 출판사. (원전은 1992년에 출간).

Sine, T. (1989). **하나님 나라를 이루는 제자도**. (주순희 역). 서울: 두란노 출판사. (원전은 1985년에 출간).

Stott, J. (2010). **제자도: 변함없는 핵심자질 8가지**. (김명희 역). 서울: IVP. (원전은 2010년에 출간).

Watson, D. L. (2004). **제자도**. (문동학 역). 서울: 두란노. (원전은 2001년에 출간)

Willard, D. (2007). **잊혀진 제자도**. (윤종석 역). 서울: 복있는 사람. (원전은 2006년에 출간).

Wright, T. (2014). **톰 라이트와 함께 읽는 사순절 매일 묵상집: 마태복음**. (최현만 역). 서울: 에클레시아 북스. (원전은 2011년에 출간).

아사노 중이찌 외 (1985). **신성서주해 - 마태복음, 마가복음**. (김형준, 고영민, 이종구 역). 서울: 기독교문사.

아사노 중이찌 외 (1985). **신성서주해 - 누가복음, 요한복음**. (김형준, 고영민, 이종구 역). 서울: 기독교문사.

아사노 중이찌 외 (1985). **신성서주해 - 사도행전, 로마서**. (김형준, 고영민, 이종구 역). 서울: 기독교문사.

배철현 (2015). **인간의 위대한 질문: 우리는 무엇을 믿어야 하는가**. 서울: 21세기북스.

유선호 (1996). **이것이 제자입니다**. 서울: 하늘기획.

정양모 역주 (2014). **디다케: 열두 사도들의 가르침**, 7쇄. 왜관: 분도출판사.

강혜진 (2016. 08. 12). IS에 참수된 이집트 기독교인, "아들에게 제자도 가르치라" 유언. **크리스천투데이**.

이상영 (2013. 05. 16). 평신도를 깨운다. **새중앙신문**.

Abstract

Jesus' Discipleship and Modeling of the Discipleship

Mee-Rha Hahn
(Professor, Hoseo University)

The purpose of this paper is to investigate the meaning of Jesus' true discipleship and his unique way of making disciples and to suggest a new interpretation of true discipleship and a practical version of Jesus' way of making disciples that is applicable at the church, school and home. The momentous event scheduled for human salvation had been imminent, Jesus commanded his disciples to do exactly what he had done during his three years of ministry. During the short life on earth, countless multitude followed Jesus, among which 12 disciples were chosen as the forefront for maintaining Jesus' salvific ministry for humankind. It is due to the unique educational system of Christianity that was able to firmly defend its position as the world's largest religion for over 2000 years and grow to a huge number of believers. And the core of its educational system is the Jesus' unique way of discipling and the discipleship. While the theological study of Jesus' discipleship were many, and research in the pedagogical point of view did not make remarkable achievements. The practice of the true discipleship had gradually been distorted according to the changes of the times. This paper is to study intensively meanings of the true discipleship of Jesus and the characteristics of Jesus' making disciples rediscovered by 21st Century Scholars. Furthermore, it is to design a model for making and teaching disciples and discipleship in order for teachers and parents to apply it to their children, youth and all-aged Jesus' followers.

Key words: model of Jesus' teaching, the disciple, discipleship, disciple training, educating disciples, teaching disciples.

근대 교육의 사도 코메니우스
:『Unum Necessarium』*

한미라 (호서대학교 교수)
mrhan@hoseo.edu

■ 17세기 유럽에서 불행하게 살았던 개혁 사상가 중의 한 사람을 꼽으라면 당시 모라비아 형제단 교회 목사였던 존 아모스 코메니우스(John Amos Comenius)일 것이다. 코메니우스 교육학이 세계 교육에 끼친 첫 번째 영향은 실천적 교육학이라 할 만큼 교육 현장을 개선하고 개혁시키는 데 직간접적으로 기여한 것이다. 그는 자신의 민족과 유럽인들을 위하여 무엇보다도 교사가 되어 가르쳤고, 학교를 운영했던 행정가이기도 했다. 두 번째 영향은 보편적 교육학 이론을 체계화하는 데 기여한 것이다. 예를 들어 루소나 페스탈로치(Johann Heinrich Pestalozzi), 그리고 데카르트(René Descartes), 프뢰벨(Friedrich Fröbel)처럼 자연에 기초한 교육이론을 체계화하여 18세기 후반부터 21세기 현대 교육학의 다방면에 이르기까지

* 이 논문은 2014년도 호서대학교의 재원으로 학술연구비 지원을 받아 수행된 연구임(과제번호: 2014-0031).
※『**요한 아모스 코메니우스**』(2008)와『**세계의 미로와 마음의 낙원**』(2013)을 탁월하게 번역한 최진경 박사의 노고에 감사를 표합니다.

그의 영향력은 경계가 없어 보인다. 세 번째 공헌은 교육의 방법과 교과서 개발과 같이 교실 환경을 개선하고 구체적인 교수기법을 창안하는 데 공헌하였다. 그러나 코메니우스는 신학, 교육학, 철학, 자연과학 등을 융합하는 학제 간 연구가 가능한 다중지능의 소유자이다. 본 논문은 국내에 잘 알려지지 않았던 『꼭 필요한 한 가지(Unum Necessarium)』의 4장과 10장을 집중적으로 해석하여 경건주의 개신교 교육자로서의 코메니우스를 새롭게 조명하고자 한다. ■

Ⅰ. 서론: 코메니우스 교육학의 'Ad Fontes'란?

17세기 유럽에서 불행하게 살았던 개혁 사상가 중의 한 사람을 꼽으라면 당시 보헤미아의 모라비아 형제연합 교회 목사였던 존 아모스 코메니우스(John Amos Comenius, '코멘스키'로도 병기함)일 것이다. 스웨덴과 폴란드의 30년 전쟁(1618-1648)은 그의 20대에서부터 50대 중반까지의 삶과 겹치면서, 그는 풍운아와 난민의 인생을 살아야만 했다. 코멘스키는 살아 있을 동안에도 폴란드, 독일, 스웨덴, 영국을 거쳐 1670년 네덜란드 암스테르담에서 사망할 때까지, 어느 한 나라에서도 정착하지 못한 채 떠도는 생으로 마감하였다. 그는 어느 나라에서도 오래 거주하지 못하였으며, 10년 이상 살았던 폴란드의 도시 리사(Lissa)에서는 정착하려 했지만 스웨덴과의 전쟁에서 전체 도시에 화재가 발생해 그가 아끼던 책과 원고들까지 소실된 후 암스테르담으로 갈 수밖에 없었다(Ulich, 1968).

그러나 그는 성실한 교육천재였고,[1] 교육을 통한 인간 구원의 가능성과

---

1 이트-야코부스 디터리히(Veit-Jakobus Dieterich, 1991)가 저술하고 최진경(2008)이 번역한 『**요한 아모스 코메니우스**』에 수록된 '증언들' 부분에서 빌헤름 딜타이(Wilhelm Dilthey, 1888)는 코메니우스가 쓴 교육이론은 미래의 교육자들에게 자신들의 직업에 대한 감동과 자존감을 주게 될 것이라 평하며 그를 가리켜 교육천재라고 불렀다. 딜타이는 또한

책임을 주장하였으며, 미래 세대를 지향하는 교육을 위한 지혜의 탐구 노력은 당대에 그 누구도 생각하지 못했던 『세계도회(*Orbis Sensualium Pictus*)』와 같은 시각자료를 개발하여 실물교육방법론을 증명해 보였다. 시대를 앞서 살았고, 연구했고, 예언했던 코멘스키는 세계를 미로(labyrinth)로 이해하였고, 그곳으로부터 인간을 마음의 낙원으로 안내하고자 헌신했던 근대교육의 사도였다. 그가 죽기 전까지 평생 집필했던 저술은 250편이 넘었고, 그의 대표적 저술인 학습의 모든 것에 관한 책인 『교수학총서(*Opera Didactica Omnia*)』는 30년에 걸친 대작이며(Dieterich, 1991/2008), 그의 또 다른 교육학 저서 『대교수학(*Didactica Magma*)』과 『범교육학(*Pampaedia*)』은 코메니우스가 아니면 누구도 집필할 수 없었던 그 만의 독창적인 교육학의 고전이요 불멸의 작품이라 할 수 있다. 특히 『세계도회』는 세계 최초의 그림 교과서로서, 그가 사용하는 단어들과 설명에 직접 그림을 연결하거나 추가하는 기발한 혁신을 단행한 것이다. 예를 들어, '인간의 몸'에 관한 해부학적 그림에서부터 '금속'에 대한 그림 설명에 이르기까지 "보는 것이 믿는 것이다"라는 격언과 그의 교육학 원리를 『세계도회』를 통해 보여준 역사적 사건이었다. 그는 언어교육에 있어서도 암기위주의 교육방법을 타파하고, 단어와 실제 사물을 결합하여 가르치고 배우는 언어교육의 새로운 장을 열었다.

사물을 언어로만 가르치는 것보다는 자연과 실제 존재하는 것으로부터 배울 수 있도록 매체를 사용하여야 수업 효과가 증대된다는 그의 감각적 교육방법론은 현대 교육에서 멀티미디어 활용의 이론적 기원을 마련해

코메니우스가 고대 그리스의 소크라테스(Socrates), 관념론 철학자 플라톤(Plato), 3H의 전인교육과 노작교육으로 알려진 스위스 교육 철학가인 동시에 고아의 아버지요 실천교육자인 페스탈로치(Johann Heinrich Pestalozzi), 그와 같은 시대를 살았던, 근대 학문으로서의 교육학(pedagogy)의 창시자요 심리학을 교육에 처음으로 적용한 독일의 철학자이자 심리학자인 헤르바르트(Johann Friedrich Herbart), 그리고 유아교육과 유치원(kindergarten)의 창시자로 알려진 프뢰벨(Friedrich Fröbel)과 같은 라인에 서 있는 사람이라고 언급하였다(pp.198-199).

준 셈이 되었다. 뿐만 아니라 코메니우스는 교육환경 개혁의 중요성을 전파했던 선각자였다. 17세기 학교 교실은 거의 동물 사육장을 방불케 했던 것 같다. 코메니우스가 그림으로 나타낸 교실의 교사와 어린 학생은 조련사와 원숭이와의 관계로 묘사되었고, 교사의 회초리 체벌로 비명과 울부짖음, 공포로 점철되는 아비규환 같은 모습으로 그려지고 있었다(Rebecq, 1957). 그는 이러한 교육환경을 "아동들이 편하게 놀고 즐겁게 공부할 수 있는 환경으로 개조해야 한다"고 강도 높게 비판하였다.

코메니우스의 교육원리는 그가 이해한 '세계'라는 개념에 뿌리를 두고 있다. 즉, 그에게 있어서 세계(whole world)란 전 인류를 위한 하나의 거대한 학교였다. 시간의 시작에서부터 끝까지, 요람에서 무덤까지 인간의 모든 삶은 그들을 위한 학교였다. 이런 관점에서 지혜를 탐구하고 정신을 연마하는 데 있어서 누구도 제외되거나 차별받을 수 없다는 것이 팜패디아, 즉 모두를 위한 교육의 시작이었다. 그는 한 세기 후에 나타난 루소(Jean-Jacques Rousseau)와 마찬가지로 인간을 무한한 완전성을 성취할 수 있는 가능적 존재로 보았으며, 교육은 그것을 향해 발전해나가도록 돕는 길이라고 말했다. 그가 확신했던 한 가지 분명한 사실은 어린이는 사랑으로 성장한다는 것이었다. 그런데 당시 에라스뮈스(Erasmus)나 심지어 로크(John Locke)까지도 매를 교육의 도구로 사용할 것을 주저하지 않고 추천하였지만, 코메니우스는 그들과는 달리 당시 학교에서 사용하던 집단체벌에 반대하면서 "그것 때문에 일부 어린이들은 평생을 불구로 살아가야 했다"고 맹렬히 비난하였다(Rebecq, 1957).

코메니우스는 자연적 성장의 원리를 주장하면서 어린이들은 각기 다른 적성을 가지고 있다는 것을 존중해주어야 한다고 강조하였다. 코메니우스 교육학의 원리는 교육목적에서부터 내용과 교육방법과 교육환경 조성에 이르기까지 총체적이고 종합적인 시각을 동원하고 있다. 그의 이러한 "모든 사람들이 다 같이 누릴 수 있는 범 지혜 및 지식 교육" 사상은 오랜 기간의 연구와 저술의 결과로 '대교수학(*The Great Didactic*)'이란 이름으로 태어났다. 시각적 교육방법의 도입 이후 그는 보다 더 매력적인 교육환경을 조성하기 위해 나무와 꽃들로 가득 찬 정원과 같은 교실을 새로운 학교 환경으로 주창하게 된 것이다. 코메니우스는 17세기에 이미 21세기 트렌드 중 하나인 친환경적 학교를 꿈꾸었던 근대 교육학의 사도요 세계에 대한 폭넓은 이해를 통해 평화를 가르치자고 주장한 글로벌 평화교육자이기도 하였다. 그는 또한 한번 개선된 교육환경에 안주하는 것에 만족하지 않으면서 이렇게 경고하였다. "물론 우리는 교사들이 어제와는 다른 새로운 것을 가르치길 바란다. 그러나 이것은 옛것과 같은 것을 단지 방법만 달리해서 가르치는 것을 말하는 것이 아니다"라고 코멘스키는 강조하였다.

그러므로 이 논문에서 의도하는 코메니우스 교육학의 'ad fontes'는 코메니우스 사상의 근원으로 돌아가는 것만이 아니라 그것을 오늘의 현실에 비추어 새롭게 성찰하고 그 결과를 현장에 적용할 수 있는지를 논의하는 것이어야 할 것이다. 모든 사물은 인간을 참인간답게 만들 수 있는 자원이며, 학습자는 진짜 지식을 배우고 경험하는 자이어야 한다. 그러기 위해서는 그들의 연령에 맞게, 그의 선수학습의 기준을 고려하여 언제나 부드럽게, 점진적으로, 그리고 상향 지향적으로 각자가 지닌 잠재성을 최대한 발전시킬 수 있도록 가르치는 것이다. 코메니우스가 말하는 교육학은, 누구에게나 평등하게, 고통 없이, 유쾌하고 즐거운 학습이 되는 다양한 교육방법의 근원을 찾아, 교사와 학습자들 모두를 빛의 길로 안내하는 학문인 것이다.

II. 코메니우스 교육학이 끼친 세 가지 영향

앞에서 『세계도회』를 설명할 때 논의한 바와 같이, 코메니우스 교육학이 세계 교육에 끼친 첫 번째 영향은 교육학을 사변적인 철학사상의 기록보관소에서 실천학문으로 다시 태어나도록 한 것이라고 할 수 있을 것이다. 그의 교육학은 실천적 교육학이라 할 만큼 교육 현장인 교실을 개선하고 개혁시키는 데 직간접적으로 영향을 끼친 바가 크다. 그는 자신이 직접 교사가 되어 체코 민족과 유럽인들을 가르쳤고, 후에는 학교를 운영하고 관리하는 교장, 즉 행정가가 되기도 하였다. 이때 그가 조직하고 경영했던 학교는 정확히 현재 미국 학교 시스템과 정반대되는 학교 시스템으로 설계되었다. 두 번째 영향은 보편적 교육학 이론을 체계화하는 데 기여한 것이다. 예를 들어 루소나 페스탈로치(Johann Heinrich Pestalozzi), 그리고 데카르트(René Descartes), 프뢰벨((Friedrich Fröbel)처럼 자연에 기초한 교육론을 체계화하여 18세기 후반이나 19세기 초 현대 교육에 영향을 끼쳤다고 평가된다. 세 번째 공헌은 교육의 방법과 교과서 개발과 같이 교육현장을 개선하고 구체적인 교수기법을 창안하는 데 공헌하였다.

코메니우스가 태어난 세기는 불운했지만 그가 남긴 교육학적 유산은 고스란히 세계인 모두를 위한 것이 되어 유네스코(UNESCO)의 영적 지주가 되었다(Rabecq, 1957). 학습을 교사와 학습자 간의 갑과 을의 관계가 아닌 자연적 성장을 믿고 끌어주는, 그리하여 학습이 그들의 발달 수준에 맞춰 즐겁고 자연스럽게 이루어질 수 있도록, 발달론적 체계와 교수방법을 개발했다는 점에서 코메니우스는 탁월한 교육심리학자임였음을, 특히 발달심리학자였음을 부인할 수 없을 것이다. 그러나 그의 삶의 첫 번째 우선순위는, 모라비아 형제단의 마지막 감독직을 최우선적으로 수행했었던 것처럼 하나님을 의식하고 그리스도인들을 목양하는 경건한 신학자이길 원했다. 특히 인간을 사랑하여 빛의 길(Via Lucis)로 인도하는 교육학 연구는 그의 삶 자체였다고 평가할 수 있을 것이다. 고국에 대한 그리움을 평생 가슴에 품고 타국에서 영면한 코멘스키, 그가 소천하기 전 마지막으로 남긴 작은 책 『꼭 필요한 한 가지(Unum Necessarium)』를 집중적으로 읽으면서 영적 교사 즉, 사도로서의 코메니우스를 탐구하는 것, 그것이 이 논문이 의도한 코메니우스 교육학에 대한 'Ad Fontes' 작업인 것이다.

Ⅲ. 코메니우스의 『Unum Necessarium』

1. 집필 동기

코메니우스는 사망하기 2년 전인 1668년 3월 1일 암스테르담의 그의 서고에서 이 책의 서문을 써서 프레더릭 5세의 셋째 아들 루퍼트(Prince Rupert, 1612-1692) 왕자에게 헌정했다. 루퍼트는 영국 찰스왕의 조카였으며 23세 때 독일의 전쟁에 참전했다. 그는 전략 전술가였을 뿐 아니라 과학자이기도 하였고, 무엇보다도 용맹스런 기병대 대장이었기에 코메니우스의 존경을 받을 만한 효율적인 용감한 전쟁 영웅이었다. 훌륭한 왕족 가문에, 전략 전술도 뛰어난 기예를 지녔던 왕자요, 화합과 협력으로 다양한 성분의 군대를 무난히 이끌었던 사령관이었던 그에게 코메니우스가 마지막 조언으로 『*Unum Necessarium*』을 바친 것이다. 즉, 그리스도가 주신 삶의 대원칙은 의외로 간결(laconic eloquence)하다. 우리가 사는 세상이 복잡하고 혼란한 만큼 지켜야 할 원리 원칙들도 다양하다. 그러나 꼭 필요한 것은 사실 '단순함(simplicity)'이요, "필요한 것 한 가지만으로 충분하다(one necessary is enough)"라고 강조한다. 그리스도께서 주신 그 한 가지 원칙을 잘 지킨다면 언제 어디서나 이 세계는 고요와 평화를 회복할 것이며(사실 Rupert란 이름의 뜻이 '고요의 회복자'이다), 경건과 성실, 영웅적 지도력으로 잘 협력하며 살아간다면 기독교 세계의 평화를 조성하는 새로운 역사를 열게 될 것이라고 루퍼트 왕자를 축복하고 있다(Comenius, 1668/2008, p.13).

또한 코메니우스는, 우리는 나이가 들면 매사에 더 현명해진다면서(We are more wise at all things in old age) 고대 철학자 플라톤(Plato)과 데모크라테스(Democrates), 그리고 신구약 성경 두 곳의 말씀을 인용하여 『*Unum Necessarium*』의 원칙이 의미하는 바를 예시하고 있다(Comenius, 1668/2008, p.9).

모든 종류의 지식을 안다 해도, 가장 최선의 것이 결핍되었다면, 그것들은 그를 돕는 것이 아니라 방해할 뿐이다(플라톤).

All kinds of knowledge, if knowledge of the best is lacking, hinder rather than help him who has them (Plato).

죄를 짓게 되는 원인은 무엇이 더 나은 것인 줄 모르기 때문이다(데모크라테스).

The cause of sinning is ignorance of what is better (Democrates).

복잡한 미로 같은 삶 속에서 '지금 그리고 여기'의 결정적 순간에, 나에게 무엇이 더 나은, 꼭 필요한 한 가지인가를 선택할 줄 모른다면 크리스천이라 할지라도 죄로부터 자유로울 수가 없을 것이다. 코메니우스는 구약과 신약성서에서 각각 한 절씩을 인용하여 이 의미를 다시 한번 강조한다. 호세아 4장 6절, "내 백성이 지식이 없어 망하는도다"와 누가복음 10장 42절, "그러나 몇 가지만 하든지 혹 한 가지만이라도 족하니라. 마리아는 이 좋은 편을 택하였으니 빼앗기지 아니하리라 하시니라"가 그것이다. 그러므로 『*Unum Necessarium*』의 핵심은 참지식(하나님에 관한 지식)에 관한 올바른 선택에 있는 것이다.

그가 살았던 복잡하고 처참한 유럽의 전쟁과 삶 속에서 그에게는 안전하고 평화롭게 생존하는 것이 무엇보다도 갈급한 목적이었을 것이다. 1628년 보헤미아와 모라비아에 대한 새 국가법이 발표되자 로마 가톨릭으로 개종하지 않은 보헤미아와 모라비아의 개신교도들은 모두 다 그 땅을 떠나야 했기에 코메니우스와 그의 가족들도 폴란드의 리사(Lissa)로 이주하게 되었고, 이후 그곳에서 총 세 차례에 걸쳐 총 17년을 살았다(Dieterich, 1991/2008, pp.193-195). 그의 생애 마지막 14년(1654-1670) 동안 살았던 암스테르담을 제외하곤 유럽의 방랑자처럼 떠돌며 살았기 때문에, 백과사전적 지식과 다양한 문화를 보다 더 많이 가르치는, 즉 범지학(pansophia)적 교육과정을 주창하였던 코메니우스를 이해할 수 있게 한다. 그러나 세계를 더 많이 알고 이해하는 것보다 더 중요한 것은, 지금 이 순간에 내게 무엇이 가장 '필요한 한 가지'이며 어떤 선택을 해야 효율적인가를 구분할 수 있는 분별 능력(discernment)인 것이다.

코메니우스에게 '꼭 필요한 한 가지'를 선택하는 습관은 당시 그 누구보다도 잘 체화되어(embodied) 있었을 것이다. 많은 짐을 휴대할 수 없는 국제적 방랑생활, 정착할 집이 없는 상태의 여행자들에게 매일 생겨나는 짐을 버리고 가볍게 여행하는 것, 여행에서 '꼭 한 가지 필요한 것'을 빨리 판단하고 구분하는 수칙이 생활화되어야 했을 것이다. 코메니우스의 삶은 평균 매 4~6년마다 거주지를 옮겨야 되는 상황이었는데, 유럽의 7개국을 순례하듯 살면서 경험한 17세기 유럽의 30년 전쟁의 세월을 잘 견디고, 그의 생애의 마지막 단계에 이르러 그의 몸과 마음과 영으로부터 우러나온 총체적 영성(holistic spirituality)이 압축된 책이 바로 『*Unum Necessarium*』이다.

1668년 당시 76세의 코메니우스는 이제 자신이 떠나야 할 시간이 임박했음을 아는 듯, 그리스도인의 삶에서 '꼭 필요한 한 가지'를 선택하고 그것을 실천하며 살아가라는 간결한 메시지를 담은 책을 남기게 된 것이다. 모든 사람을 위한 모든 지식, 즉 범지학을 주창하던 그가 이제는 세상은 미로로 가득 차 있으며, 그것들의 대부분은 불요불급한 비본질적인 것들이며 불필요한 것이라 주장한다. 정작 현재 우리에게 필요한 것은 오직 한 가지이면 충분하다고 강조한다. 가장 효율성이 높은 고효율의 삶, 그것을 안내해주고 보장해주는 것이 있다면 우리는 모두 '꼭 필요한 한 가지'의 원칙을 실천해야 할 것이다. 그렇다면 그 법칙이 무엇인지 『*Unum Necessarium*』의 4장과 10장의 내용을 집중적으로 해석하며 그 원리를 찾아보려고 한다.

2. 『Unum Necessarium』은 어떤 내용의 책인가?

『*Unum Necessarium*』은, 맨 앞과 뒤는 헌사와 결론으로 되어 있고, 내용은 총 10장으로 편성되어 있다. 코메니우스가 말년에 집필한 이 작은 책은 그의 범지학적 목적을 성취하려고 집필된 것은 아니다. 그의 다양한 지적 성향이 88쪽(영어로 번역된 *e*-book 기준)의 이 작은 책 하나에 집약되어 있음을 독자는 알게 될 것이다. 만일 이 책을 코메니우스의 설교집이라고 단순화한다면 그의 오랜 학문적 여정과 학문 융합적 연구들이 과소평가될지도 모른다. 고(故) 이숙종 교수는 이 책을 영적 저작이라고 말한 바 있다(이숙종 외, 2004, p.16).

코메니우스는 이 책을 크게 세 부분으로 나누어 집필하고 있다. 첫 번째 부분은 '세계의 혼돈성에 대한 이해'를 다루는데 1~3장의 내용이 바로 이것이다.

표 1. 『Unum Necessarium』 목차[2]

우리에게 『꼭 필요한 한 가지』 그리스도의 규칙	
헌정사	
one set	
전제 Ⅰ.	THE WORLD EVERYWHERE FULL OF LABYRINTHS 미로로 꽉 찬 세상
이유 Ⅱ.	THE REASON FOR THE PERPLEXITIES OF THE WORLD: NEGLECT OF NECESSITIES, CURIOSITY FOR NON-NECESSITIES. 세상의 혼돈성의 이유: 필요의 무시, 불필요에의 호기심
해법 Ⅲ.	THE ART OF DISTINGUISHING BETWEEN NECESSITIES AND NON-NECESSITIES, AN ART OF ARTS 필요와 불필요 간의 분별법, 기술 중 기술
핵심 Ⅳ.	THE NECESSITY OF THE RULE OF CHRIST ABOUT ONE THING NECESSARY 『꼭 필요한 한 가지』에 대한 그리스도의 규칙의 필요성
일반 Ⅴ. **실천방법**	ABOUT THE PRACTICE OF THE RULE OF CHRIST FOR EVERYONE 모두를 위한 그리스도의 규칙의 실천에 관하여

2 필자가 번역한 것으로, 이후 사용자들은 반드시 사용승인을 받아야 함.

4 areas
학교 VI. ABOUT THE PRACTICE OF THE RULE OF CHRIST IN THE SCHOOL
학교에서의 그리스도 규칙 실천에 관하여
정치 VII. ABOUT THE PRACTICE OF THE RULE OF CHRIST IN POLITIC
정치에서의 그리스도 규칙 실천에 관하여
교회 VIII. ABOUT THE PRACTICE OF THE RULE OF CHRIST IN THE CHURCH
교회에서의 그리스도 규칙 실천에 관하여
세계 IX. ABOUT THE PRACTICE OF THE RULE OF CHRIST FOR THE WHOLE WORLD
전 세계를 위한 그리스도의 규칙 실천에 관하여

실천현장 X. CONCLUSION OF THE PRACTICE OF THE RULE OF CHRIST
그리스도 규칙의 실천에 관한 결론
최종 결론 CONCLUSION OF THE ONE THING NECESSARY
『꼭 필요한 한 가지』에 대한 결론

보다 구체적으로 살펴보면, 1장에서는 세계는 미로들로 꽉 차 있다고 전제하며 그 이유를 2장에서 설명한다. 즉, 세계가 혼돈한 이유는 우리가 필요한 것은 무시하고 불필요한 것에만 호기심을 갖기 때문이라고 말한다. 이것에 대한 해법은 무엇인가? 3장은 바로 필요와 불필요를 구분하는 기술에 대해 논한다. 많은 기술들을 가르치려고 하는 것이 아니라, 효율 중의 효율(the efficiens efficientium)처럼 기술 중의 기술(an art of arts)만을 약론(略論)하고 있다. 두 번째 부분은 이 책의 본론에 해당된다. 4~9장까지를 전부 다 포함한다.

4장은 '꼭 필요한 것 한 가지에 관한 그리스도의 규칙의 필요성', 5장은 모든 사람이 실천해야 하는 '꼭 필요한 한 가지 그리스도의 규칙', 6장은 학교에서 실천해야 하는 '꼭 필요한 한 가지 그리스도의 규칙', 7장은 정치에서 실천해야 하는 '꼭 필요한 한 가지 그리스도의 규칙', 8장은 교회에서 실천해야 하는 '꼭 필요한 한 가지 그리스도의 규칙', 9장은 전 세계가 실천해야 하는 '꼭 필요한 한 가지 그리스도의 규칙'을 교훈하고 있다. 마지막으로 10장은, '꼭 필요한 한 가지 그리스도의 규칙'의 실천에 관한 결론이다. 10장 이후에 결론의 결론이, 즉 후기가 첨가되어 있다. 그것이 바로 '꼭 필요한 것 한 가지'에 대한 코메니우스의 최종 결론, 유언이 된 셈이다.

3. 『꼭 필요한 한 가지』 영역본(英譯本)에 관하여

디터리히(Veit-Jakobus Dieterich) 책의 연대표에 의하면 코메니우스는 1633년 이후부터 그의 저작을 라틴어로 집필하였다고 밝히고 있다(Dieterich, 1991/2008, p.160). 이 책은 1667-1668년에 집필되고 출간되었으므로 라틴어로 썼다고 본다. 현재 모라비안 신학교(Moravian Theological Seminary) 도서관 아카이브(Archive)에는 『꼭 필요한 한 가지』의 3개의 영인본(1668년과 1724년 라틴어판과 1755년 독일어판)이 보관되어 있다. 1958년 버논 넬슨(Vernon Nelson)이 최초로 영어로 번역한 이 책은 2008년 전자책(*e*-book)으로 출판되었다. 넬슨은 미국 펜실베이니아주 베들레헴에 소재한 모라비안 기록보관소의 수석 기록보관인(head archivist)이었다. 넬슨은 2010년 교통사고로 소천하기 전까지 모라비안 교회의 역사를 연구하는 역사신학자요 목회자로 40년 이상 모라비안 교회와 신학교를 섬겨왔다. 이 책이 첫 번째 영역본인지 여부를 알아보기 위해 북부지역 모라비안 교회 전 기록보관인 갭 감독(Bishop S. H. Gapp)과, 하트포드 신학교(Hartford Theological Seminary) 교회사 교수이며 코메니우스 저술에 관한 권위자인 매튜 스핀카(Matthew Spinka) 교수와 컬럼비아 대학교(Columbia University) 도서관의 코메니우스 저작물 기록보관소의 협조를 받아 조사하였다. 그 결과 넬슨의 영어 번역본 이전에 번역이 되었을 가능성은 조금은 있을 것 같으나 확실치 않고, 단지 스핀카가 쓴 코메니우스 전기 중에서 극히 몇 문장만 영어로 번역해놓은 것이 전부이다(Spinka, 1943, pp.147-149).[3] 따라서 이 논문에서 사용한 『꼭 필요한 한 가지』의 본문은 넬슨의 영역본이며, 이것을 첫 번째 영역본이라고 간주하는 것은 큰 무리가 없어 보인다(Comenius, 1668/2008).

4. 왜 『Unum Necessarium』이 필요한가?

『꼭 필요한 한 가지』의 4장은 위의 질문에 대한 코메니우스의 답이다. 4~9장은 학교, 정치, 교회, 세계라는 실존의 시공간에서 『*Unum Necessarium*』의 규칙을 실천하는 방법을 구체적으로 제시하고 있다. 코메니우스 저술들에 나타난 공통적 요소는 두 가지로 대별할 수 있을 것이다. 첫째는 당면한 현실에 대한 비판과 그 원인의 규명이고, 둘째는 문제를 문제로만 남겨두는 것이 아니라 대안, 즉 이것에 대한 윤리적 실천과제를 제시하는 것이다. 이러한 코메니우스의 집필 전략은 이 책에서도 예외는 아니다. 한 가지 다른 점이 있다면, 이론적 논의 과정보다는 그가 전하고자 하는 메시지를 간결하게 규칙(rule)이란 용어를 사용하여 교훈하고 있다는 점이다. 코메니우스는 이 규칙 앞에 일관되게 그리스도를 붙이며 이 규칙이 그리스도가 주시는 규칙임을 의도적으로 강조하고 있다. 347년 전 코메니우스는, 오늘의 교육과 사회현실이 해체주의의 영향 아래 세계가 혼돈을 거듭하고 있을 것을 미리 예견이라도 한 듯, 그의 『꼭 필요한 한 가지』가 주는 규칙 설교(rule preaching)는 절묘하게 현재 상황에 적절하다.

5. 『Unum Necessarium』의 4장과 10장의 내용

『꼭 필요한 한 가지』 전체 내용 중에서 4장과 10장만을 선택한 이유는 4장은 그리스도의 규칙의 필요성을 말하는 서론 부분이고 10장은 이 규칙들의 결론 부분이기 때문이다. 5~9장까지의 내용은 학교, 교회, 정치, 그

3 『꼭 필요한 한 가지』의 제10장에서 몇 개의 단락만이 스핀카 교수에 의해 영어로 번역되어 있다.

리고 세계의 4차원에서의 이 규칙들이 구체적으로 어떻게 무엇을 지켜내기 위한 것인지 그 내용과 방법을 성경에 근거하여 제시하고 있다. 이 책의 번역이 완성된 후에야 더 자세히 논의가 될 수 있기에 후속 논문의 과제로 남겨둘 것이다.

a) 4장 『꼭 필요한 한 가지』에 대한 그리스도의 규칙의 필요성

4장의 핵심 내용은 다음과 같다(Comenius, 1668/2008, pp.34-37).[4]

모든 사회의 규칙이 그러하듯이 『꼭 필요한 한 가지』에 관한 그리스도의 규칙도 반드시 지켜져야 한다. 이유는 크게 세 가지이다. 1) 이 규칙이 세상의 복잡하고 혼돈한 미로들로부터 사람들을 탈출하도록 돕는다. 2) 세계의 부담을 줄어들게 한다. 3) 이 세세에 배고픔 대신 포만감을 줄 수 있기 때문이다.

그렇다면 꼭 그리스도의 규칙이어야 하는가? 그리스도는 이미 이 원칙과 이것의 특별한 적용에 대하여 말씀과 사례를 통하여 우리에게 가르치셨기 때문이다. 코메니우스는 그리스도의 규칙을 설명하기 위해 먼저 마태복음의 겨자씨 비유로부터 규칙이 사람을 변화시키는 데(교육) 얼마나 중요하고 필요한가를 설명한다.

(1) 예수는 하나님의 나라는 사람이 자기 밭에 심어놓은 겨자씨 한 알과 같다고 선포하셨다. "그것은 모든 씨앗들 가운데 가장 작은 씨앗이지만 자라면 모든 풀보다 더 커져서 나무가 된다. 그래서 공중에 나는 새들이 와서 그 가지에 깃들게 된다"(마 13:31). 『꼭 필요한 한 가지』에 대한 그리스도의 규칙도 이와 같은 이치로 설명할 수 있다. 비록 사람의 눈에는 작으나, 그 열매는 자라서 천국과 영원 자체에까지 이를 수 있도록 크게 자라난다. 그러므로 그리스도가 그의 작은 씨앗들을 어떻게 새들도 깃드는 충분한 가지로 성장하도록 이끄셨는지 먼저 보고 우리도 위대한 교

---

4 『*Unum Necessarium*』 Ⅳ장의 10개 규칙은 필자가 완역하였음.

사이신 그리스도를 닮아 이 규칙을 모든 것에 적용하면서 그것이 어떻게 성장하고 사용될지 지켜보는 것은 자명한 이치이지 않은가!

(2) 그리스도는 매우 간단한 규칙을 통해서 우리들을 크게 가르치신다. 즉, 하나로 세 가지를 가르치시는 3중 교수법이다. a. 모든 실수의 미로를 피하는 기술, b. 모든 노동의 위험을 극복하는 기술, c. 모든 고귀한 욕구의 기쁨을 획득하는 기술이다.

(3) a. 만일 누구든지 모든 일에서 불필요한 것에 자신을 연루시키지 않는다면, b. 항상 필요한 것에만 관심을 두게 될 것이며, c. 그것들이 쌓여 하나로 모이게 되면 자신의 방식이 단순하게 유지될 것이고, d. 그렇게 된다면 난국(혼돈의 무리가 야기하는)이 와도 쉽게 피할 수 있지 않을까?

(4) a. 누구든지 일을 할 때 우발적으로라도 한꺼번에 많은 일을 하지 않고, b. 오직 필요한 일만 또는 한 번에 한 가지 일만 하도록 노력한다면, c. 한 가지 일이 완료될 때까지는 그것에 집중할 수가 있게 된다. 이렇게 한다면, 눈앞에 일 더미가 계속 줄어들까, 아니면 계속 쌓이고 있을까?

(5) 마찬가지 이치로 우리의 삶에서 좋은 것들을 취득하면 할수록 기쁨은 자연히 따라오게 된다. a. 만일 불필요한 것이 자신의 눈앞을 지나치는데도 그것에 대한 갈망이 없다면, b. 필요한 것들이 지나쳐도 갈망은 역시 많지 않다는 것이다. c. 즉, 누구나 현재 가진 것에 만족하고 있다면 어떤 욕구불만에도 쉽게 상처받지 않게 된다는 말이다. 이유는, 그런 사람들은 항상 자신의 욕구를 조절할 수 있기 때문이다. 여기서 에픽테투스(Epictetus)의 말을 적용해보자. 여러분이 만찬에 초대받았다고 가정해보자. 식탁 위의 음식이 자기 앞에 왔을 때 겸손히 손을 내밀어 취하라. 그런데 음식이 남아 있지 않다면? 그렇다면 더 이상 식욕을 확장하지 마라. 음식이 이미 지나가버렸다면? 그 음식을 다시 부르지 마라. 이렇게 하면 식욕을 조절하는 것은 그렇게 어렵지 않게 된다. 그러나 그리스도로부터 나오는 지혜의 샘은 언제나 강물처럼 흘러넘쳐 부족함이 없다. 그는 이 세계로 들어오는 모든 사람에게 넉넉하게 참빛을 비춰주시기(요 1:19) 때

문이다(Comenius, 1668/2008, p.35).

(6) 그리스도는, 우리가 자신을 세상의 복잡한 미로로부터 탈출시키기 위해 그리스도가 말하는『꼭 필요한 한 가지』규칙을 삶에서 적용하고 유지할 것을 명하셨다. 즉, 코메니우스의 저서『세상의 미로와 마음의 천국』에서 비유되고 있듯이, 그리스도의 규칙은 마치 다수와 거대한 것들이 갖는 힘, 즉 기득권에 대항하는 단순한 실(thread of simplicity)과 같지만 그것이 지닌 힘은 가히 위대하다(Comenius, 1668/2008, p.35).

코메니우스는 복음서의 여섯 곳에서 예수의 가르침을 인용하여 여섯 번의 규칙을 설명한다. 첫째, 마태복음 19장 8절은 인간의 완악한 마음이 본래의 인간의 제도를 바꾸게 하였다고 한다. 둘째, 누가복음 22장 25절과 마태복음 18장 2절은 그리스도의 제자는 명예를 탐하지 말고 어린아이로부터도 배울 수 있는 겸손을 지녀야 한다고 증거하고 있다. 셋째, 마태복음 6장 25절은 세상일로 염려하지 말고 오직 하나님께 맡기라고 말한다. 넷째, 마가복음 13장 11절과 누가복음 21장 14절은 앞으로 닥칠 미래에 대한 두려움과 호기심 때문에 하나님의 도움을 훼방하지 말라고 한다. 왜냐하면 하나님은 우리의 기대 이상으로 우리를 도울 수 있는 분이기 때문에 고난 속에서도 변함없이 용기를 가지고 즐거워하며 자신을 변호할 것은 염려하지 말라고 한다.

그러므로 혼돈과 불필요, 비효율로 꽉 찬 세상의 미로에서 벗어나는 길은 의외로 간단하고 단순하다. 그리스도가 주신 규칙을 따르면 되는 것이다(Comenius, 1668/2008, p.35).

7) 일곱 번째 규칙은 세상일이 우리를 괴롭게 한다면 차라리 그것으로부터 놓여나라는 것이다. 그러나 마태복음 19장 21절을 읽고 오늘의 젊은 청년들은 질문한다. "노동이 주는 피로의 대가가 자신의 삶을 지배하는 한 어떻게 자신을 완전히 비울 수 있는가?" 현실은 무노동 무임금이요, 취업의 정의 속엔 불필요한 노동까지도 감래한다는 것이 포함된다. 능자다노(能者多勞)의 법칙이 아직도 성공의 기준이라고 믿는 한국 사회 속에

우리의 젊은이들은 수면부족 상태에서 세상의 미로 속을 헤매고 있다.

불필요한 노동으로부터 자유로워지는 것은 말처럼 쉬운 것만은 아니다. 마태복음 19장 21절의 부자 청년에게 예수께서 하신 말씀을 상기하라. 세상일로 괴로움이 많으면 그것을 버리고 예수를 따르든가, 만일 일에 대한 돌봄의 의무를 저버릴 수 없다면 노동이 노동을 극복할 수 있을 때까지 노동에 대하여 더욱 성실하고 충성할 것을 권하였다. 코메니우스는 여기서 누가복음 9장 62절의 말씀을 인용하면서 이 규칙에 대한 강론을 다음과 같이 정리하고 있다. 손에 쟁기를 잡고 뒤를 돌아보지 말라. 그렇게 하면 무성의하게 쟁기질을 하게 되어 땅에 씨를 뿌리지 못하게 될 것이다. 그리스도를 따르고자 하면서도 세상 생활을 갈망한다면, 하나님 나라에는 합당치 못한 자이다. 쟁기질은 씨를 뿌리기 위해 하는 것이다. 묵혀진 땅을 경작하는 법을 모르는 자들은 씨 뿌리는 일에 적합하지 못하다. 그러한 자들은 쟁기를 잡고서도 수시로 뒤를 돌아보고 그 일을 그만둘 생각을 하게 된다. 뒤를 돌아보다가는 후퇴하게 되며, 후퇴는 곧 파멸이다. 끝까지 견디는 자만이 구원을 받을 것이다. 코메니우스는 말한다. "여러분이 하던 일은 지연하지 말고 해야 한다. 예수도 인간 구속 과업을 받아들인 후에, 그가 십자가상에서 죽어가며 '다 이루었다'(요. 19:30)고 말할 때까지 어떤 일도 그를 정복하지 못하게 하였다는 것을 기억해야 할 것이다."

8) 선한 욕망이 최종적으로 성취되고 그것의 기쁨에 참여하려 할 때 그리스도는 우리에게 어떤 규칙을 적용하라 하시는가? 첫째, 자신의 욕망이 불필요한 것에까지 확장되지 않도록 가르쳐야 한다. 빌립보서 4장 12절에서 사도 바울이 말씀하듯이, 가난하면 가난한 대로, 부요하면 부요한 대로 그리스도가 주시는 대로 오직 감사와 겸손함으로 살아가는 청빈과 경건의 사람이 되는 것만이 우리가 욕망의 노예가 되는 것을 막는 길이다.

> 나는 비천에 처할 줄도 알고 풍부에 처할 줄도 알아 모든 일 곧 배부름과 배

고픔과 풍부와 궁핍에도 처할 줄 아는 일체의 비결을 배웠노라(빌 4:12).

코메니우스 역시 이와 같은 그리스도의 규칙을 발견하게 될 때까지는 가난과 싸우며 노동의 피로로부터 벗어나기 힘든 노마드의 삶을 오랫동안 살아왔기에 이러한 영성을 가질 수 있었다고 보인다. 사랑하는 조국에 대한 그리움과 소망을 가지고 평생을 살았던 코메니우스는 오히려 그렇게 살아온 그 고단한 삶도 감사할 따름이라며 죽을 때까지 보고픈 자들에 대한, 가고픈 고향에 대한 그리움과 소망을 놓지 않았기에, 그는 더 많은, 더 큰 일을 이룰 수 있었으며, 지금도 그가 이룩해놓은 위대한 교육학의 연구와 저술들이 빛의 길에서 오늘과 내일의 젊은 세대들을 비추고 있는 것이다.

주님은 우리에게, 언제나 풍요롭고 충만하고 부족함이 없는 것에 대한 것보다 가난하고 기쁨이 없는 상황에도 익숙할 것을 가르치신다. 왜냐하면 그리스도께서는 만찬에 먹을 빵도 직접 만들 수 있고, 여러 번에 걸쳐 수천 명을 먹이실 정도로 부요했지만, 기도하기 위하여 40일을 금식까지 하셨으며 일부러 가난을 자청하시며 우리에게 청빈하고 검약한 삶의 모범을 보여주셨다(고후 8:9)는 것을 기억해야 할 것이다.

9) 그리스도의 철학은 참된 행복의 길이다. 삼위일체 하나님 안에서 하나님과 우리가 하나로 연합하는 것은 영원히 참된 축복의 길이다. 그리스도의 가르침에 의하면 그는 한 분이신 하나님, 한 분이신 중보자, 그리고 내적 교사요, 위로자인 성령 안에서 우리는 만족하며 살아가게 될 것이다. 누구든지, 하나님의 뜻에 완벽하게 순종하는 자는 선과 악도, 슬픔도 기쁨도, 삶과 죽음도, 모두 무관하게 여겨질 것이다. 만일 누구든지 진실된 한 가지만 허락한다면, 우리의 자비로운 하나님이 불행으로부터 우리를 축복받는 출구로 인도하실 것이다.

10) 그러나 만일 우리가 주로 고백하는 분의 타락한 제자가 아니라면 우리의 특별한 문제에 그리스도의 황금률인 '꼭 필요한 한 가지' 규칙을

적용하기 위해서 예수가 걸어가신 길을 따라가야 한다. 그 일은 먼저 (1) 각자가 개인적으로는 어떻게 하고 있는지를 스스로 점검하고, (2) 학교의 청소년들, (3) 각 나라, (4) 개 교회들, (5) 그리고 전 세계가 건강한 충고를 들을 수 있는 준비가 됐다면, 이제는 과감히 그들을 시시포스의 바위[5]로부터, 탄탈로스[6]의 조롱(이 시대에 모든 이가 고통받는)으로부터, 세상의 미로로부터 영원한 기쁨으로 해방시켜내야 한다는 것이다.

Ⅳ. 결론: 코메니우스의 마지막 설교

사도로서의 코메니우스의 특징이 가장 잘 나타나는 장이 10장과 바로 뒤에 나오는 '결론의 결론' 부분이다. 이 부분은 그의 유언처럼 자신의 마지막을 예언하듯 온 세계인들에게 유익한 '꼭 필요한 한 가지' 규칙을 영적으로 풀어 쓴 텍스트라 할 수 있다.

그러나 10장의 내용은 『*Unum Necessarium*』의 결론이긴 하나, 보다 정확히 말하면 '꼭 필요한 한 가지' 그리스도의 규칙의 실천에 관한 결론이라 할 수 있다. 코메니우스만의 독특한 주제에 접근하는 방식은 자신이 집필하는 주제의 중요성에 대한 논거를 주장한 후 반드시 이 주제를 현실적으로 어떻게 실천하는가를 구체적으로 가르치는 훈계 형식을 취한다는 것이다. 여기에서도 마찬가지로, 먼저 일반적으로 모든 사람들이 실천하는 방법을 필두로 언급하고 난 후 자신의 아이디어를 구체적으로 적용하는 현장을 학교, 교회, 정치, 그리고 글로벌 세계의 순으로 그 수준을 확대해가며 '꼭 필요한 한 가지' 그리스도의 규칙의 실천 방법에 대해 구체적

5 신들 사이에서 신의 행실을 제우스에게 고하다가 미움을 받아, 내려오는 바위를 계속 들어 올려야 하는 영원한 형벌을 받는 시시포스의 돌을 말함.

6 제우스의 아들로, 신들의 비밀을 누설한 죄로 지옥의 연못에 묶여 있음.

으로 논의한다. 그러므로 사실상 10장 이후에 첨부되어 있는 후기와 같은 성격의 결론이 이 책의 진짜 결론인 것이다. 본 논문에서는 10장에서 설명하고 있는 20가지의 실천방법 전체에 대해서는 지면의 제약상 구체적으로 언급하지 않을 것이다. 다만 마지막 두 가지인 19번째와 20번째 실천방법에 대해서만 언급하고자 한다.

19번째 실천방법에 대한 결론에 이르러 코메니우스는 우리 주 예수 그리스도는 매우 특이한 지혜의 교사라고 말하며 '꼭 필요한 한 가지' 규칙의 영원한 설립자며 그것으로부터 두 가지를 탐구할 수 있다. 잠언 30장 7절을 인용하며 코메니우스는 "저에게는 당신께 간청할 일이 두 가지 있습니다. 그것을 제 생전에 이루어주십시오"라고 말한다. 그 두 가지란 '잘 사는 것'과 '행복하게 죽는 것'이라고 했다. 이 두 가지가 자신에게 결핍되지 않게 해달라고 요청하는 것이다. 그런데 무엇을 하든지 우리가 이 두 가지를 행하지 않는다면, 그 목적을 위해 이것은 불필요한 것이므로, 이것을 나에게 허락지 말고, 그것과 더 이상 뒤섞지 말라는 것이다. 코메니우스는 20번째 실천방안에서 위의 19번째를 계속 더 자세하게 훈계하고 있다. "그러나 나는 또 요청한다. 위의 것들에 대해 타인에게 적절히 경고할 수 있도록 허락하소서." 여기서 그는 필요한 것을 무시하고 불필요한 것에 전부를 주는 그들(사람들)이 얼마나 어리석은지 그들에게 말하게 해달라고 주께 간구하고 있다. "더욱 심각한 것은 인간들은 주님이 아무 대가 없이 그들에게 우유와 와인을 제공하는데도 그들은 만족할 수 없는 것들에 대해 금과 은을 소비하며 그들 자신을 질병과 죽음, 해체, 그리고 지옥으로 몰아가고 있다"고 경고한다. "오, 가장 불쌍한 자들이여! 주님의 선하심으로 모두에게 자비를 베푸소서, 아멘"(Comenius, 1668/2008, p.86).

맨 마지막 결론에는 '가장 필요한 것을 가장 신중하게 지키기'란 부제가 붙어 있다(Comenius, 1668/2008, pp.87-88). 결국 '꼭 필요한 것 한 가지'만을 선택하는 것은 자신에게 가장 소중한 것을 선택하는 것이다. 우리 자신에게 무엇이 지금 가장 필요한 것인가를 아는 것은 그리 어려운 일은 아닐 것이나, 그것을 끝까지 변치 않고 지켜내는 것은 신중함을 요구하기에 쉽지만은 않을 것이다. 지금, 내게 필요한 단 한 가지만 선택이 허락된다면, 그것은 지금 내가 가장 필요로 하고 나를 이롭게 하며 아울러 나를 변치 않고 지켜주시는 하나님을 선택할 것이다. 그는 내가 어디서 무엇을 하든지 어떤 상태이든지 함께 계시기 때문이다. 그러므로 우리 자신이 힘들고 지쳐 스스로를 포기한다 하더라도, 하나님을 잃지는 말라는 코메니우스의 마지막 권면은 오늘날 특히 한국의 젊은 세대들에게 '꼭 필요한 한 가지' 그리스도의 규칙이 되었으면 한다. 보이는 것은 쉽게 마음에서도 멀어질 수 있지만, 보이지 않는, 마음에 담아놓은 것은 보다 더 신중하게, 오랫동안, 우리 마음에 머무르게 될 것이기에 '꼭 필요한 한 가지'는 신중하게 선택하고 유지해야 할 것이다.

누가복음 9장 25절을 인용하며 코메니우스는 이렇게 말한다. "세상을 다 가진 후 자아를 잃어버렸다면 무슨 소용이 있을 것인가? 반대도 마찬가지이다. 모든 재산을 잃고 자아를 찾았다면 이 또한 무슨 소용이 있단 말인가!"

6세기 그리스의 일곱 현자 중 한 사람인 비아스(Bias)는 말한다. 그의 조국 프리에네를 빼앗기자 사람들은 귀한 것 하나라도 더 챙겨 싣고 망명길에 올랐다. 그러나 사람들은 빈손으로 나오는 그를 보며 왜 빈 몸으로 나오는가를 물었을 때 그는 이렇게 말했다. "정말 소중한 것들은 항상 나와 함께 있다." 이 말은 소중한 것들은 '어깨로 메고 다니는 것이 아니라 우리의 마음과 눈에 간직하고 있는 것'이라는 뜻이다(Comenius, 1668/2008, p.87).

예수께서는 제자들을 훈련시키실 때 습관적으로 말하셨다. "너희는 먼저 그의 나라와 그의 의를 구하라, 그리하면 이 모든 것을 너희에게 더하시리라"(마 6:33). 그리스도가 오늘 우리에게 물으신다. "그가 천하를 다 얻고 자신을 잃는다면 무슨 소용이 있으리오"(눅 9:25). 그 반대도 마찬가지이다. 마태복음 18장 21절에서도 같은 이치를 고뇌하던 부자 청년에게 선포하셨듯이 재물과 하나님 나라 둘 다를 가질 수 없다는 예수의 말씀은 크리스천이라면 반드시 이해해야만 하는 그리스도의 패러독스인 것이다. 사도 바울도 이와 비슷한 말로 크리스천들을 설득하고 있다. 즉, 크리스천들은 세상이 판단하는 것과는 다른 방식으로 일하면서 행복하고 풍요로운 삶을 추구해야 한다(고전 6:8-10)고 말이다. 코메니우스는 말한다. 가짜 같으나 진짜이며, 무명한 자 같으나 하나님께는 유명한 자요, 죽은 것 같으나 산 자요, 슬픈 것 같으나 항상 즐거우며, 궁핍하나 항상 부요한 자같이, 무일푼인 것 같지만 모든 것을 소유한 부자처럼 사는 자들, 그들이 진짜 크리스천들인 것이다. 누구든지 이와 같은 역설들을 이해할 수 있다면 그는 진실로 그에게 필요한 것이 무엇인지 아는 자일 것이며, 자신 외에 가장 최선의 것을 선택하는 방법도 아는 자인 것이다(Comenius, 1668/2008, p.88)

결론적으로, 코메니우스는 이와 같이 신중함을 유지하는 데 있어서 가장 중요한 것은 영성(또는 영적인 것)이라고 하였다. 그의 인생의 마지막 장에서 남겨준 것은 '꼭 필요한 한 가지'를 신중하게 선택하고 지키며 사는 구체적인 그리스도인들의 생존전략과도 같은 것이다. 17세기 사람인 코메니우스가 21세기 디지털인들에게 시공을 초월하여 당부한다.

첫째, 살아가는 데 꼭 필요한 것이 아닌 것 때문에 자신을 괴롭히지 마라. 나를 이롭게 하는 몇 가지만으로 만족하라. 이것이 하나님을 찬양하는 삶이 될 것이다. 둘째, 편의성이 부족하다면, 필수품에 만족하라. 최소한의 삶에 만족하라는 메시지이다. 셋째, 그러나 편의도 필수품도 모두 다 없다면 자신을 먼저 구하도록 하라. 넷째, 자신을 구할 수 없게 된다면, 자신을 버려라. 그러나 끝까지 하나님을 포기하지는 마라. 하나님을 소유한 자는 다른 모든 것을 포기할 수 있는 자이기에, 그는 하나님 안에서 하나님과 함께 가장 지고한 선과 영원한 생명을 영원히 소유할 수 있게 될 것이다.

이러한 규칙들은 어쩌면 한 치 앞을 예측할 수 없는 위험과 불안 속에 살아가는 21세기 현대인들에게 필요한 일종의 안전 수칙과도 같은 것이다.

코메니우스는 전쟁 속에서, 두 번의 화재 속에서, 자신의 고국이 빼앗기는 고통 속에서, 편의성이 아닌 생존의 필수요건에 만족하며 살았다. 코메니우스에겐 살아 있는 동안 생존이 주된 삶의 이슈였을 것이다. 유럽의 7개국을 이주하며 노마드처럼 살았던 그는 어떤 상황 속에서도 살아남아야 했다. 그래야만 자신에게 꼭 필요한 한 가지를, 평생 가슴에 그리움으로 품고 실현했던 믿음을, 그가 추구했던 빛의 길을 지켜낼 수 있었을 것이다. 코메니우스는 자신이 인생의 종점에 다다르고 있음을 느끼면서도 이 책을 집필하여 미래 세계에 존재할 후대인들에게 마지막 수업을 하고 있는 것이다. 평생 고국 모라비아에 대한 그리움으로 가슴은 시커멓게 멍들어 있어도 머리에는 차가운 이성으로 세계적인 교육학의 고전 250여 편을 집필했던 탁월한 학자로서의 그의 삶은, 하나님의 철저한 보호하심과 인도하심이 없었다면 불가능했다는 확신이 든다. 최소함에 만족하며 언제 무엇을 내려놓아야 하는가를 분별할 줄 아는 청빈하고 신중한 삶을 살아온 코메니우스, 그는 하나님의 사람으로 근대교육을 오늘에까지 전파해온 교육학의 사도였다. 그러하기에 성서와 그리스도 없이 그의 사상의 'ad fontes'를 하는 것은 의미가 없으며, 무엇보다도 그가 주장했던 'Via Lucis', 빛의 길로 나아가는 교육을 온전히 이해할 수는 없을 것이다.

참고 문헌

이숙종 (2006). **코메니우스의 교육사상**. 서울: 교육과학사.

Comenius, J. A.(1938). *The way of light*. (Trans. E. T. Campagnac). Liverpool: The University Press. (원전은 1641년에 출간).

Comenius, J. A.(2008). *Unum necessarium*. (Trans. N. V. Bethlehem). PE: Moravian Theological Seminary. (원전은 1668년에 출간, 최초 영역은 1958년).

Comenius, J. A.(1999). **빛의 길**. (이숙종 역). 서울: 여수룬. (원전은 1641년에 출간).

Comenius, J. A.(2004). **세상의 미로와 마음의 낙원**. (이숙종, 이규민, 이금만, 김기숙 역). 서울: 예영커뮤니케이션. (원전은 1631년에 출간).

Comenius, J. A.(2013) *Labyrint světa a ráj srdce*. **세상의 미로와 마음의 천국**. (최진경 역). 서울: 지만지. (원전은 1631년에 출간).

Dieterich, V.(2008). *Johaan Amos Comenius*. **요한 아모스 코메니우스**. (최진경 역). 서울: 지만지. (원전은 1991년에 출간)

Spinka, M.(1943). *John Amos Comenius, that incomparable Moravian*. Chicago, University of Chicago Press.

Rabecq, M. M.(1957). Comenius: Apostle of modern education. *Courier*, 11, 4-15.

Ulich, R.(1968). *A history of religion education*. New York: New York University Press.

Abstract

John A. Comenius, the Apostle of Modern Education : Based on the Text of *Unum Necessarium*

Mee-Rha Hahn

(Professor, Hoseo University)

The last bishop of the Moravian Brethren Church John Amos Comenius was one of the most unfortunate reform thinkers who lived in 17th century Europe. Above all, Comenius' educational theories have been contributed to improve and reform various schools in the world over time. He himself was teacher and administrator at schools in European countries. Thus his theories are able to apply in the real classroom setting. The second influence was helped to organize a universal theory of pedagogy. Like Rousseau and Pestalozzi, Descartes, Fröbel, Comenius established the educational theory based on nature. Since the mid of 18th century, he has had the effect in all aspects of modern education. The third contribution is a creative content-making area such as "Orbis Pictus."

He was able to conduct interdisciplinary researches due to his extraordinary knowledge in theology, philosophy, pedagogy and natural science. This paper was interpreting Comenius as a pietistic protestant educator based on the text of Unum Necessarium. Herein Comenius was named to the apostle of modern education.

Key words: John A. Comenius, educational reform thinker, pietistic protestant educator, modern education, Orbis Pictus, Korean university, Unum Necessarium, hyper modernity.

인성교육, 기독교는 어떻게 할 것인가*

한미라 (호서대학교 교수)
mrhahn2022@gmail.com

■ 오늘날 학교에서 일어나는 비정상적인 폭력과 욕설, 급기야는 교사를 희롱하고 구타하는 사건들은, 인륜을 가르쳐야 할 학교가 교육의 종말을 선언해야 할 지경에 이르렀음을 말해준다. 이유가 무엇이든, 국민들의 인성교육 필요성에 대한 의식이 압도적으로 높다. 즉, 학생들의 인성과 도덕성 수준에 문제가 있다고 답한 국민들이 대부분이기 때문이다. 인성교육이 어린이나 청소년들에게만 필요한 것이 아니라는 것을 깨닫게 해주고 있다. 인성교육진흥법에서는 인성 지도자로서의 교사 연수를 요구한다. 인성도 주기적으로 새롭게 해야(refresh) 하는 인간의 본질(essence)로 이해하는 것이 필요하다. 결론적으로, 기독교학교나 종교단체나 정부가 올해부터 시행코자 하는 인성교육이 성공하려면, 아니 적어도 효과나 효력이 발효되어 현재보다는 더 나은 방향으로 한국 사회와 학교와 가정 그리고 교회

* 본 논문은 2015년도 한국기독교교육정보학회 춘계학술대회(2015년 5월 16일, 총신대학교)에서 발표한 내용을 수정, 보완한 것임.

에서 어린이와 청소년들이 정상적인 아이들처럼 뛰어놀고 학교에 흥미를 가지며 공부하고 친구도 사귀며 정상 또래 아이들로 회복하기 위한 근본적인 대안은 무엇인가? 세 가지 방안이 제시되었다.

1. 교사의 자율성, 자존감, 전문성이 향상되어야 한다.
2. 교사와 부모를 위한 인성-사회성-감성교육이 필요하다.
3. 트리니티 인성교육 과정을 개발하여 가정-학교-교회가 삼위일체의 교육구조 속에서 협력해야 한다.

어린이와 청소년 그리고 청년들은 한국의 미래다. 그리고 한국 교회의 미래이기도 하다. 이들의 예절과 책임감과 순응과 역사의식과 공동체의식을 회복시키는 것은 비단 정부만이 해야 하는 일이 아니라, 학교와 교회와 가정의 삼원화된 단체들이 한마음으로 한국의 미래 세대들을 치유하는 일에 온 정성을 쏟아야 한다. 그 일이 지금 하나님께서 기독교인들과 기독교교회들에게 주시는 이 나라를 위한 이 시대 교육자들의 사명이라고 생각한다. ■

Ⅰ. 인성교육, 왜 해야 하는가?

지금 대한민국은 '사람됨(being human)'이란 과연 무엇이며, 어떻게 해야 우리의 가정과 학교와 사회 속에서 형성된 관계들에서 실종된 예의와 인성을 정상화할 수 있는지에 대해 근본적인 논의가 필요한 때이다. 좀처럼 개선되지 않고 있는 10대들의 욕설과 집단 따돌림과 학교 내의 성폭력은 단순히 치기 어린 소년 소녀 시대 한때의 비행이 아니라, 그것을 당한 피해자들에겐 평생 씻을 수 없는 상처를 남기는 신체적 상해를 넘어선 인격 및 정서적 살인이다. 오늘날 학교에서 일어나는 비정상적인 폭력과 욕설, 급기야는 교사를 희롱하고 구타하는 사건들은 인륜을 가르쳐야 할 학교가 교육의 종말을 선언해야 할 지경에 이르렀음을 말해준다. 그런데 이런 일련의 사건들이 터질 때마다 나오는 해결책은 미봉책일 뿐, 보다 근본적인 해결은 되지 않는다. 우리 사회의 뿌리 깊은 명문대 병과 사교육에 대한 맹신, 배금주의와 가정교육의 실종 등 복합적이고 오래된 이슈들이 수십 년 동안 누적되어온 결과이지 어제오늘의 문제는 아니다.

포스트모던 학자들이 예견한 것과 같이 오늘날 우리의 학교 현장에서는 지금 심각한 해체 현상이 일어나고 있는 것이다. 어떤 시대의 변화에도 묵묵히 지켜져왔던 사제(師弟) 관계의 질서가 파괴되고 있는 것이다. 다수의 교사들은 최근 학생인권조례의 시행 이후 학교 현장에서 가시화되고 있는 현실이라고 말한다. 그러나 제자가 스승을 부인하고 관계를 파괴했던 역사는 이미 2000년 전 예수 제자 공동체에서도 있었다. 가룟 유다가 예수님을 은 30세겔을 받고 산헤드린에 판 것은 교사를 구타한 것보다 더한 패륜이었다. 당시 유다의 배신은 예수 제자 공동체의 종말이었다. 이후 예수님은 십자가형을 받고 제자들은 모두 다 흩어져버렸다. 배신한 제자 유다 이야기는 예수의 인류 구원에서 빼놓을 수 없는 부분이다. 예수는 제자들 중에 선생을 파는 자가 있을 거라고 예고하였고, 유다는 선생을 팔기 직전에도 "랍비여 내니이까?" 하고 묻는다(마 26:21-25). 처음부터 자신을 팔 것을 알면서도 "네 하는 일을 속히 하라"(요 13:27) 말씀하신 예수께서는 이 제자, 유다의 배신도 이미 알고 계셨다는 것이다. 그럼에도 불구하고 3년 동안 그를 믿고 제자 공동체의 회계를 맡기셨고, 아무 내색도 하지 않은 채 다른 제자와 똑같이 대하시고 사랑하셨다. 인간 교사에게는 거의 기대하기 불가능한 비현실적 교사상(教師像)이다.

오늘 한국의 교육 현장에서 보는 사제지간의 모습은 어떠한가? 과거에는 교권을 지닌 자가 미성숙한 학습자를 체벌하고, 성적으로 희롱했으나, 이제는 어린 학습자들이 선생 된 자들을 업신여기고, 여선생의 치마를 들추고, 뺨을 때리고, 교사를 구타하는 데까지 이르렀다. 그래도 교사들은 유구무언이요, 제자들의 패륜을 문제 삼지 못한다고 한다. 학교 현장이 온통 고소 고발로 시끄럽다. 학교가 교육을 하는 신성한 곳이 아니라, 서로의 잘잘못을 법적으로 가리기 위해 스마트폰으로 증거를 찍고 수집하는 장소로 변해간다는 느낌을 지울 수 없다. 자신을 처참한 십자가형을 받을 죄인으로 내몬 제자에게도 아무런 비난 한마디 없이 십자가형을 받으신 위대한 인류의 스승 예수 그리스도를 생각할 때, 제자에게 배신 좀 당한 것이 무엇이 대수이겠는가? 예수님의 죽음의 원인이 유다를 포함한 인간의 죄 때문에 희생된 대속이라는 것을 알게 하는 데 있어서 유다의 배신이 필연적이었다면, 그가 한때 그의 위대한 스승 랍비를 사랑하고 존경했던 제자로서 자신의 배신 행위를 견디다 못해 자살로 생을 끝내고 무엇이 죄인가를 인류에게 분명히 알게 하였다는 점에서는 유다에 대한 인간적인 연민을 가질 수도 있을 것이다. 그러나 21세기 학교에서 구타한 학생들은 그들이 인류 구원사적 악역을 맡은 것도 아닌데 자신의 선생을, 그것도 아무 힘 없는 시간제 교사를 외모가 못생겼다고 희롱하고 구타한 것은 '교육의 종말'을 고하는 사건이라고 말할 수 있을 것이다.

학교에서의 폭력과 패륜을 저지른 일진 패 몇 명이나 가해 학생들을 벌주는 것은 학교 현장의 문제를 근원적으로 해결하지 못하며, 이러한 채로 군대나 일터, 기타 사회생활에서도 이러한 상황이 고스란히 전이되어 나라 전체를 근심하게 만들고 있다. 2014년 육군 28사단 윤 일병 구타 사망사건 시 박 대통령은 "지난 수십 년 동안 군에서 이런 사고가 계속하여 반복되는 것은 과거부터 지속돼온 뿌리 깊은 적폐이며 국가혁신 차원에서 반드시 바로잡아야 한다"고 질책한 바 있다(『조선일보』, 2014. 8. 5). 또한 대통령은 뿌리 깊은 병영문화의 은폐된 얼차려 폭력 문제로 최근 병사들의 자살과 총기 난사, 구타 사망 사고가 끊이지 않고 있는 악습을 개선하기 위해서는, 폐쇄적인 병영시설을 개방형 생활공간으로 바꾸고 보다 근본적인 방지책을 위해서 군과 학교에서 인성교육과 인권교육을 강화하는 것밖에 없다고 이를 관계 부처에 당부한 바 있다. 대통령의 인성교육의 강조는 아마도 역대 대통령 중 처음 있는 일이었고, 이것은 깊은 국민적 공감대를 갖게 한 것 같다. 그리하여 2014년 12월 29일에 국회에서 인성교육진흥법이 제정되고 2015년 7월부터 시행에 들어가게 된 것이다. 그러나 인성교육진흥법의 시행을 앞두고 각급 학교에서 보는 입장은 찬성과 반대로 나누어져 초반부터 그 논쟁이 뜨겁다.

인성교육진흥법을 찬성하는 입장은 한국교원단체총연합회(이하 '한국교총')이며, 전국교직원노동조합(이하 '전교조')은 반대하는 입장에 서 있다. 한국교총은 날로 심각해지는 학교폭력과 진화해가는 청소년 범죄를 근절하기 위해 근본적인 해결책을 '인성'에서 찾아야 한다고 주장하며 이것이 이 법을 제안한 동기라고 밝히고 있다. 2014년 이 법안은 여야 만장일치로 국회를 통과했으나, 시행 당일부터 전교조를 비롯한 진보적 교육단체들이 이 법의 폐기를 촉구하는 시위를 하는 등 시작부터 순탄하지가 않았다.

반대하는 입장인 전교조 측은 인격에 관한 권리는 헌법상 기본권이며, 이것은 양심 결정의 자유, 교육의 정치적 중립성 등을 침해할 우려가 있다며 한국교총의 입장을 반박한다. 또한 인성교육을 빙자해 국민의 인성을 정형화하려는 시도이며, 대학입시에서 인성 교과를 반영할 경우 가뜩이나 힘겨운 학부모들에게 사교육비 부담을 더할 뿐이라고 주장한다. 그러나 이 법안을 최초로 제안한 것으로 알려진 한국교총 회장 안양옥은 인성교육의 부재로 발생되는 학교폭력과 반인륜적 범죄 등에 대해 크게 우려하고 있는 현실을 직시하여야 하며, 전교조 측은 인성교육에 대하여 잘못 인식하고 있다고 반박하였다. 인성교육은 '교육기본법'에도 규정되어 있는 대한민국 교육의 핵심 가치이자 이념이라 주장하고, 인성교육의 본질은 학생의 전인적 성장을 돕는 것이며, 그것을 실현하는 것이 교육의 최우선적 가치가 되어야 한다고 주장한다.

2011년 국민적 파장을 일으킨 대구 중학생 자살 사건은 학교 내 또래들이 한 소년을 대상으로 지속적으로 구타하고 금품을 갈취하며 결국 그 소년을 죽음으로 내몰아, 한 가정까지도 절망에 빠트린 충격적인 학교폭력 사건이었다. 당시 이 사건을 접하고 한국교총 회장 자격으로 안양옥은 가정과 사회 모두 참여하는 인성교육 실천을 학교폭력 대책위원회에서 제안하게 되었다고 한다. 이후 학교폭력과 청소년 가출, 자살률 증가 등에 대한 근본대책을 세워야 한다는 사회적 공감대 속에서 인성교육실천범국민연합이 설립되었고 이 뜻에 동감한 정의화(현 국회의장)는 '국회인성실천포럼'을 만들고, 법안을 발의해 통과하게 된 것이다. 인성교육진흥법을 발의할 당시 밝힌 목적은 아래와 같다. "고도의 과학과 정보기술의 활용 가치가 인성에 따라 달라지는 만큼 진정한 경쟁력은 인성에 있다. 인성교육 활성화를 위한 국가 · 사회적 기반을 구축하고 인성교육의 틀을 가정 · 학교 · 사회가 공동으로 협력하는 구조로 개편하는 것이 목적이다"(http://www.cstimes.com/news/articleView.html?idxno=184602).

그러나 인성교육법이 제정된 후 2015년 7월 시행 시점까지 우려하는 목소리는 잦아들지 않았는데, 당초 학생들과 학부모들의 모든 관심은 인성 교과 성적을 '대입에 반영하는가'에 쏠려 있었기 때문이다. 한국교총은 이후 교육부에서 인성 교과 성적을 입시에 반영하지 않기로 최종 방침을 정함에 따라 이런 시각들은 대부분 사라질 것이라고 전망하고 있다. 현재로서는 전교조와 NGO 단체들과 전북 교육감의 공식적 반대 의견에도 불구하고 국민 대다수가 학교교육에서 인성교육은 반드시 해야 하는 것으로 생각하고 있다고 한 조사 결과 나왔다. 2014년 한국교육개발원이 전국 성인 남녀 2000명을 대상으로 실시한 교육여론조사 결과, 우리나라 국민들은 초 · 중 · 고 교육에서 가장 중요시되어야 할 것을 인성교육이라고 응답하였다. 응답자들은 또한 학교폭력의 주된 원인은 가정교육의 부재라고 하여 부모의 책임으로 돌리면서도, 동시에 학교교육과 교사들에 대해서도 만족할 수 없다는 평가를 내리고 있는 것으로 나타났다. 이 사실로 알 수 있는 것은, 오늘날 학교폭력과 청소년의 문제행동에서 학교와 학교 교사, 그리고 가정과 그 부모들 모두가 책임을 피해갈 수 없음을 말해주는 것이라 할 수 있을 것이다. 따라서 대부분 학교폭력이 발생할 때

가해자나 피해자 측의 불만은 학교 교사들은 그때 뭘 했는가를 묻고 그 책임을 종종 학교와 교사에게 전가하려는 성향으로 나타나지만, 사실 국민들은 학부모들에 대해서도, 그들 자녀의 가정교육에 대해서도 문제를 제기하고 있는 것을 알 수 있다(새교육 편집부, 2015).

이유가 무엇이든, 국민들의 인성교육 필요성에 대한 의식이 압도적으로 높았던 것은 우리나라 초·중·고 학생들의 인성·도덕성 수준에 대한 국민들의 생각(응답률)과 관계가 있다고 본다. 즉, 학생들의 인성과 도덕성 수준이 문제가 있다고 답한 국민들이 대부분이었기 때문이다. 건건이 충돌하기만 하고 '식물국회'라는 말까지 듣고 있는 국회의원들이 여야 할 것 없이 전원 만장일치로 통과시킨 세계 초유의 인성교육진흥법이 어떻게 가능했을까 하는 의구심이 있었는데, 다음의 여론조사 항목이 그 이유를 잘 설명해준다. 우리나라 초·중·고교에서 '현재보다 더 중시해야 할 교육 내용이 있다면 무엇인가'라는 질문에 국민 응답자 모두가 인성교육을 1순위로 꼽았다는 것이다.

지난 20년 동안 한국 어린이와 청소년들의 학교 안팎에서 나타난 그들의 습관화된 욕설, 범죄 수준의 폭력, 성인보다 높은 청소년 자살률, 성조숙화, 생명경시 및 물질만능주의 가치관 등에서 우리 사회의 전반에 걸친 총체적 위기를 감지할 수 있을 것이다. 2011년 대구 중학생 자살 사건(집단 괴롭힘), 2013년 초등생 임신(성 조숙화), 2014년 윤 일병 구타 사망사건, 2014년 세월호 이준석 사건, 2015년 초등생 및 고교생 교사 구타 및 희롱, 과연 그 끝은 어딘지 심각하게 우려된다. 교육의 종말은 정말 오고 있는 것일까?

한편, 작년 7월 인성교육법의 시행이 공포되자마자 '태어나서는 안 될 법'이다 라며 공개적으로 반대 의사를 밝히고 있는 헌법학자 출신 김승환(전북 교육감)의 견해를 보면 다음과 같다. 그는 인성교육진흥법을 '교원의 인격권을 침해하는 악법'으로 규정한다. 그가 비판하는 요점은 이러하다. 이 법의 시행에는 교원들의 인성 관련 연수 의무시간이 포함되어 있기 때문에 교사가 인성 전문가가 아님을 교육부가 선언한 것이나 다름없다는 것이다. 그의 말을 해석해보면 국가가 인정한 교사의 자격에는 이미 학생의 인성을 지도하는 전문성에 대한 인정이 전제돼 있기 때문에 인성 연수를 또 받으라는 것은 모순이 있다는 것이다. 이것은 마치 과거 유신 시대 탄생한 윤리 교육처럼, 인성교육진흥법도 국민을 국가에 순응하는 인간으로 만들기 위한 시대착오적인 발상에서 나온 법이라며, 전면 재검토할 것을 주장하고 있다. 김승환이 보는 인간의 인성은 국가나 법이 침입할 수 없으며, 침투하려는 시도 자체가 헌법 위반 행위가 될 수 있다는 지적이다 (http://www.pressian.com/news/article.html?no=128515&ref=nav_search). 인성은 법률 개념이 아닌 내면세계에 존재하는 것으로, 인식할 수 있는 건 아니다. 사람들의 인성은 제각각 다르기 때문에 인성은 획일화시킬 수도 없고, 어떤 인성을 가지라고 강제할 수도 없다. 인성교육진흥법 제10조에 의하면 학교의 장은 인성교육의 핵심 가치 · 덕목을 중심으로 학생의 인성 핵심 역량(8개 가치의 예: 효, 정직, 책임, 존중, 배려, 소통, 협동)을 가르치는 교육을 강구해야 한다고 밝히고 있다. 이러한 가치들을 강제적으로 학생들에게 가르치라고 강요하지만 않는다면, 이것을 핵심 가치로 삼는 것 자체는 문제 될 것이 없다고 본다. 그러나, 그렇다 하더라도 위에서 아래로 모두가 획일적인(top-to-down) 방식의 수직적 가치교육은 시대착오적인 일이라고 비판한다. 이제까지 유교적, 전통적 관계에서 항상 수직적인 가치들이 우선돼왔기 때문에 인성교육진흥법을 교육부에서 주도하고 틀을 짜다 보면 이러한 오해를 또 받을 수 있는 것도 부인할 수는 없을 것 같다.

그리고 사실 가장 우려되는 것은 인성 지도사나 품성 지도사로 불리는 민간 자격증을 수여하는 것이다. 이 법의 집행 과정에서 대부분 사설기관에서 인성 전문가들이 양성될 것이다. 김승환은 '그렇게 양성되는 인성교육 전문가들이 현직 교사보다 나은, 완벽한 존재들일까'를 묻고 있다. 이 법이 현재 교원에 대한 불신을 전제로 하여, 인성교육 전문가를 별도로 교실에 투입하겠다는 발상 자체로 시작한다면, 기존 교사와 인성 전문가 사이에 새로운 유형의 갈등이 싹틀 것은 자명할 것이다.

김승환은 유신헌법 시대의 국민윤리 교육을 떠올리며 당시 윤리 교육의 목적은 국민들 사상을 바로잡고 국가가 시키는 대로 잘 순응하는 인성을 갖도록 교육했다고 말한다(김승환, 2015). 인성교육진흥법도 마찬가지의 포맷으로 접근되고 있는 것 같다는 것이 그의 기우이다. 정부가 '역사 되돌리기'를 하며 이 법이 국민 개개인의 인성 파괴 수단으로 작동되지 않을까 우려된다고 평한다. 끝으로 교육부가 주도하는 우리나라 교육은 철저하게 중앙집권식으로 획일화된 교육과정을 운영하고 있다. 교과서의 내용도 한마디로 말해서 너무 분량이 많다는 것이다. 대부분의 교사들이 현재 교과서 분량의 진도 맞추기도 벅찬 이때, 이러한 교육 현실에서는 인성교육을 우선할 수 없는 환경이라고 지적한다.

세계에서 수위권에 들어 있는 IT 강국인 한국, 문화예술로 전 세계를 들썩이게 하는 놀라운 끼를 가진 K-pop의 나라, 세계 스마트폰과 가전 시장을 장악하는 삼성과 LG의 나라, LPGA 대회를 휩쓰는 골프의 여제들이 사는 나라, 그런데 이런 나라의 미래 세대인 10대들에게 나타나고 있는 위기는 생각보다 심각하고, 그들을 한국 선진화의 유력한 성장 동력으로만 볼 수 없는 어두운 그림자가 짙게 깔려 장애가 되고 있다.

한 사람의 청년을 키워내기까지 들어가는 교육의 시간과 부모의 정성과 공동체의 돌봄과 사랑의 비용은 무엇과도 바꿀 수 없고 화폐로 환산해도 그 가치를 다 헤아릴 수는 없을 것이다. 왜냐하면 인간을 양육하는 과정은 정량적(quantitative)으로만 그 가치를 계산할 수 없기 때문이다. 인간 교육에는 반드시 정성적 투자(qualitative investment)가 들어가야 한다. 한 사람의 인재를 길러내는 데 얼마나 많은 교사의 손길과 그의 인지적, 감정적 투자와 접촉과 대화가, 어머니의 기도와 사랑과 염원의 시간이, 친구들의 우정과 협동과 교제가 투자되는지 아는가? 그렇게 길러진 한 젊은이가 스무 살이 되어 군에 입대하자마자 같은 내무반의 상사나 동료로부터 구타를 당해 맞아 죽는다면 이 얼마나 허망한 일인가?

한 사람의 젊은이가 다 성장한 후 군대에서 어이없이 맞아 죽는 것이 우리나라에 얼마나 많은 손해가 되는지 진지하게 생각해본 적이 있는가? 그 청년의 피우지도 못하고 간 잠재능력 속에 혹은 노벨상이, 혹은 퓰리처상이, 혹은 필드 메달이, 혹은 아카데미상이 있었다면, 우리의 분노와 상실감은 이루 말할 수 없을 것이다. 학교폭력, 군대폭력, 어이없는 청소년들의 자살, 꽃이 피기도 전에 야수 같은 성욕으로 무참히 짓밟힌 어린 소녀들이 출산해낼 수 있었던 수많은 영재들이 태어나지 못하게 되었다면 누가 이 억울함을 보상할 수 있겠는가?

사람은 극한 상황에 처했을 때 진짜 인성이 나타난다. 2014년 세월호는 전 국민의 눈앞에서 거의 다 키운 아까운 이 나라의 인재들이 수장되어가는 것을 보며 단장(斷腸)의 슬픔을 느끼지 않았던 국민이 없었다. 이 처참한 비극이 남긴 교훈이 많지만 그중에서도 대다수의 국민이 공감하는 것은 우리 사회의 이타적 인성의 실종이라는 것이다. 대다수가 이기적이며 남을 위해 자신을 희생하고 헌신하는 인성의 소유자는 이제 찾아보기가 어려워졌다는 사실에 온 국민이 절망하였던 것 같다. 최근 한 유력한 기업인이며 기독교 장로 정치인의 자살이 남긴 메모와 녹취는 현직 총리를 낙마시켰다. 이러한 일련의 사건들에서 알 수 있는 것은, 이제는 장년과 노년층 세대에게서도 성숙한 인성을 찾아보기가 쉽지 않다는 것이다. 인성교육이 어린이나 청소년들에게만 필요한 것이 아니라는 것을 깨닫게 해주고 있다. 인성교육진흥법에서 인성 지도자로서의 교사 연수를 요구하는 것도 이런 맥락에서 이해해야 할 것이다. 인성도 주기적으로 새롭게 해야(refresh) 하는 인간의 본질(essence)로 이해하는 것이 필요하다.

II. 인성은 과연 무엇인가?

1. 성품, 인성, 그리고 인성교육(character, personality, & character education)

인성 또는 성품과 성격을 뜻하는 영어 단어에는 세 가지가 있다. 첫째, 'character'는 '성품'으로 많이 번역되는 단어다. 둘째, 'individuality'는 '개성'으로 번역되어 사용되고 있다. 그리고 셋째, 'personality'는 성격 또는 인성으로 많이 사용되고 있다. 이 세 단어의 공통된 뜻은 한 사람이 소유하고 있는 특성들의 합(sum)을 말한다. 좀 더 구체적으로 각 단어 의미의 차이를 설명하면, 첫째로 'character'는 '믿을 만한 성품의 사람'이라는 표현에서와 같이, 여기에서 성품이 의미하는 바는 특별히 도덕적 자질, 윤리적 기준, 원리 등과 관련된 의미를 뜻한다. 둘째로 'individuality'는 '개성이 강한 여성'이란 표현에서와 같이, 여기에서 개성이란 다른 사람들과 차별화된 사람으로 인식하게 하는 독특한 특성들을 의미한다. 셋째로 'personality'는 '활발하고 유쾌한 성격의 아이'라는 표현에서와 같이, 여기에서 성격이란 다른 사람이 자신에 대한 인상을 결정하게 하는 외부 및 내부의 특성들의 조합을 말한다(http://www.wordreference.com/definition/character).

토마스 리코나(Thomas Lickona)의 정의에 의하면 인성(성품)교육은 핵심적 윤리적 가치를 이해하고, 그것에 관심을 기울이며, 그것에 준하여 행동하도록 도와주는 의도적 노력이다. 그의 대표적인 저서 『성품교육 1』에서 리코나는 우리의 자녀들이 갖추었으면 하는 성품의 유형을 예로 든다면 다음과 같은 것이어야 한다고 분명히 주장한다. 비록 외부로부터의 압력과 내면으로부터의 유혹에 직면해 있다 하더라도, 무엇이 옳은 것이지를 판단할 수 있고, 옳은 것이 무엇인지에 대해 깊이 관심을 가지며, 옳다고 믿는 일을 행할 수 있는 성품이다.

인성이라는 영어 단어 'personality'의 어원은 라틴어 'persona'(사람, 또는 마스크, 가짜 얼굴)에서 기원했고, 그 뜻은 극 중의 인물을 연기하는 배우라는 뜻도 있다. 융(Karl Jung)은 인성이란 살아 있는 존재의 타고난 특성이 최고조로 실현된 상태라고 정의한다. 이에 덧붙여 그는 인성은 삶의 면전에서 보여준 용기의 행위이며, 한 개인을 구성하는 모든 것에 관한 절대적 확신이다. 또한 인성은 자기 결정의 최대한의 자유와 결합된 존재의 보편적 조건에 가장 성공적으로 적응한 것으로서 타인의 그것과는 구별되는 것이다(Jung, 1932). 인성은 한 가지로만 정의하기 어려운 인간 본성과 행동에 대한 복합적인 개념이다. 심리학자 올포트(Allport)의 정의에 의하면, 인성이라는 것은 한 개인이 행동하는 모든 것을 합한 합계(sum total)라고 한다. 올포트는 인성이란 태생적 성향들과 학습된 경험들이 갖는 영향력이라고 보았다(Allport, 1930). 심리학자 달스트롬(Dahlstrom, 1970)은 인성은 행동을 빼놓고 정의할 수 없다고 하면서, 인성이란 인간이 행하는 총 응답 레퍼토리(total response repertoire)라고 명명한다. 이 말은 인성과 행동이 공존한다는 말이다. 그래서 인성을 자체적으로 분류하는 작업은 불가능한 것이다. 그렇다면 과연 인성이란 무엇인가? 최근에 'character' 즉 '성품'이라는 용어를 '인성'으로 번역해서 많이 사용하고 있으나, 그 어원은 헬라어 'kharakter'(명사, 새겨진 기호, 표식), 'kharassein'(동사, 새겨 넣다)으로, 몸이나 영혼에 새겨진 기호와 표식 같은 것으로서 문자적으로는 한 개인을 정의할 수 있는 질적 품질로 번역할 수 있을 것이다.

본고에서는 인성은 'personality', 성품은 'character'로 번역하여 사용할 것이다. 일반적으로 'personality'를 집과 나무로 비유한다면, 'character'는 집이 서 있는 땅과 나무의 뿌리가 묻힌 땅으로 묘사되기도 한다.

또한 사람들이 보고 있을 때 우리 자신의 존재와 우리가 하는 행동이 'personality'라면, 'character'는 아무도 보지 않을 때 우리의 존재와 행동이라고 비유한다. 친구를 선택할 때 겉으로 나타난 인성보다는 내면에 있는 성품을 보고 선택해야 속지 않게 된다(S. Maugham). 매일의 일상과 일터에서 우리는 가면 즉 'persona'를 쓴다. 그러나 페르소나 뒤에 있는 또 다른 얼굴, 그것이 바로 우리의 보이지 않는 내면에 잠재하고 있는 성품인 것이다.

2. 에릭 에릭슨(Eric Erikson): 건강한 인성과 인성 발달

에릭슨은 프로이트 정신분석학의 이론적 지평을 더 넓혀 인간의 인성 발달을 우생학적 과정으로 인식하면서 그 안에서 인성의 각 항목들이 다른 것들과 서로 관련되어 있다고 보았다. 모든 인성의 항목들은 적절한 시기에 발생하는 각 요소들의 적절한 발달에 상호 의존하면서 성장한다고 보았다. 그러므로 에릭슨은 인성의 성장 과정을 마치 정신건강이 연속적으로 발달하는 것과 같이 이해하려고 하였다. 그는 이것을 인성 발달과정으로 명명하고 8단계로 설명하였다. 예를 들어, 신뢰의 기본이 형성되어야 자율성의 감각이 나타나고, 자율적 성격이 발달하면 주도적인 인성으로 성장하면서 근면성의 인성이 자리 잡게 되고, 비로소 스스로 자아정체성을 확립할 수 있는 인성으로 발달하게 된다. 이 시기 이후에는 성인으로서의 생식기(生殖期)와 생산기(生産期)를 거쳐 인성의 성숙 단계인 8단계 통합기(統合期)에 이른다는 것이다(Milton Senn, 1950).

에릭슨에게 있어서 인성의 발달 단계에서 각 과제 요소들이 그것의 정점과 우월성에 도달할 즈음 다음 단계로 다가오는 인성 요소들과 갈등을 하게 되는 것은 지극히 자연스런 것이라고 하였다. 모든 사람들이 단계마다 인성 항목을 다 성취하면서 다음 단계로 이행을 하는 것은 아니다. 전 단계에서 성취하지 못한 채 다음 단계로 이동해갈 때 미성취한 인성의 항목과 다가오는 항목이 서로 갈등 관계에 놓이면 좌절도 경험하게 되는데, 에릭슨은 이러한 발달의 속도 차이에 의해 발생한 갈등구조에 직면하면서, 만일 건강한 인성으로 성장이 진행 중인 사람이라면 구체적으로 표현되는 해결 방법을 찾게 될 것이라고 보는 것이다. 에릭슨은 기본적으로 인간의 인성을 그의 전 생애에 걸쳐 형성되어가는 것으로 이해하였고, 각 단계마다 하나의 긍정적 행동 패턴만이 성취의 목표가 아니라 그것이 미

성취될 때 경험되는 인성 요소로 인한 갈등 구조도 인성의 형성 과정으로 겪어야 하는 개인의 성장 고통으로 이해해야 한다고 필자는 해석한다. 우리는 학습자의 성품 발달도 어쩌면 모범적인 행동 패턴으로만 반응할 것이라 기대하며 인성교육을 하려고 할 것이다. '사람됨(person-ness)'에 있어서 모든 사람이 다 바람직한 방향으로만 성품 또는 인성을 형성해가는 것이 아니라는 것을 인정할 때, 사춘기 청소년도, 미운 7세 아동들도, 삐딱한 비판적인 청년들도 훨씬 더 잘 이해할 수 있을 것이다.

마지막으로 현대와 들어와서 베렌스와 나르디는 인성을 유형화해서 이해하였다. 이들에 의하면, 인성이란 우리가 행동하는 방식들이며 대체로 16가지 인성의 유형이 존재한다고 정의한다(Berens & Nardi, 1999. 16개 유형은 지면상 생략함).

살바토레 메디(Salvatore R. Maddi)는 인성이란 한 개인의 성품에 관한 믿을 수 있는 성향들의 집합이라 정의한다(Maddi, 1976). 여기서 경향성이란 한 개인의 심리적 행동(사고, 감정, 행위)의 공통점과 차이점을 결정해주는 것으로서, 이것은 시간이 흘러도 지속된다. 그리고 이러한 경향성들은 아마도 그 순간의 유전적 또는 환경적 상호 작용의 결과라고 단순히 이해할 수는 없을 것이다. 인성을 설명하는 많은 모델들이 있다. 이 모든 모델들이 어떻게 옳다고 할 수 있을까? 어떤 것이 가장 최선일까? 이것들 중에 가장 최선의 것을 취할 수는 없을까? 시간과 노력을 많이 낭비하지 않고 인성을 가장 잘 설명하는 방법을 택할 수는 없는 것일까?

심리학의 연구사를 고찰해보면 지금까지 인성을 연구한 다양한 모델을 많이 고려하면 할수록 좋은 결과를 얻을 수 있을 것이다. 어느 한 이론만을 가지고 인성을 제대로 이해할 수는 없을 것이다. 그래서 보편적인 주제가 있어야 한다. 예를 들어, 인성 뒤에는 어떠한 전제들이 있는가? 역사적으로 볼 때, 전문가들은 '인성이란 태어나는 것인가', 아니면 그 반대, 즉 '인성이란 경험으로부터 습득된 결과인가'라는 생각 사이에서 수정을 거듭해왔다. 가장 최근의 연구 결과에 따르면 '인성이란 태생적인 것과 환경에 의해서 조건화된 둘 다의 것'이라는 견해가 지배적이다. 이러한 연구 결과들을 종합하면, 인성을 이해하는 데 다음과 같은 세 가지 측면이 고려되어야 한다는 것이다.

3. 인성의 유형화를 위한 세 가지 관점

1) **상황적 자아:** 상황적 자아라는 것은 주어진 환경 속에 있는 우리 자신들을 말한다. 즉, 사람은 그가 처한 상황이 요구하는 대로 행동한다는 것이다. 이런 관점에서 볼 때 인성의 유형은 그 순간과 행동의 자유를 분리시켜 생각할 수 없다는 것이다.

2) **개발된 자아:** 상황적 자아가 습관적이 되고 계속 진행형일 때 그것은 개발된 자아의 일부분이 된다. 인성 발달은 우리들의 선택과 자유의지에 의한 결정에 영향받는다. 또한 우리에게 주어진 역할(사회적 장애 이론)과의 상호 작용에 의해서도 영향을 받는다. 사람들은 각자 독특하게 성장하며 발전한다는 사실을 인정한다는 것은 보람된 일이다. 우리의 잠재력이 편견을 가진 배타적인 사람들에 의해서 제한될 수 없다는 말이다.

3) **참된 자아:** 우리의 인성을 이해하는 데 있어서 또 다른 측면은 그것이 우리의 삶의 시작으로부터 존재하고 있었다는 것이다. 이런 측면에서 인성이란 우리의 DNA 속에 있다. 우리는 저마다 특정한 방식으로 행동하는 경향을 가지고 태어났으며, 그것은 우리의 적응방식이 성장하고 발전하는 것에 영향을 준다.

인성을 유형화하여 설명하려면 위에서 언급한 세 가지 측면을 반드시 고려해야만 할 것이다. 어떤 개인의 현재 행동과 적응들은 어쩌면 참된 자아와 일치할 수도 있고 일치하지 않을 수도 있을 것이다. 모든 것은 서로 관련되어 있다. 현재 정부가 시행하려는 인성교육진흥법에서 제시하는 인성의 30개 덕목들이 참자아를 발견하는 데 가장 근접해 있는 인성 요소들이 될 수 있기를 기대해본다. 그러나 인성을 등급화하는 것에는 분명

많은 문제가 이미 예견되고 있음도 또한 알아야 할 것이다. 왜냐하면 인성을 정량적으로 완벽하게 측정하기란 쉽지 않기 때문이다. 아니 불가능하다는 것이 보다 정확할 것이다. 그들은 오직 묘사될 수 있을 뿐이다. 그렇지만 어떤 한 사람의 인성에 대해 우리는 한시적으로나 또는 한 가지 특정한 방식으로만 그의 인성을 묘사할 수는 없다. 왜냐하면 사람은 지속적으로 변화하고 있고, 적응하며, 진화하기 때문이다. 그러므로 우리가 인성을 묘사할 때도 우리는 오직 근사치를 말할 수밖에 없는 것이다. 그렇기 때문에 여러 개의 인성 유형의 모델을 비교하여 측정 지표들의 신뢰도와 타당도를 점검하는 삼차원적인 측정이 필요하다. 그런 후에야 우리는 비로소 인성이라는 것이 어떤 것과 같은가를 묘사할 수 있을 것이다. 삼차원적 인성 측정을 위해서는 프리초프 카프라(Fritjof Capra)의 다음의 원리를 적용할 수 있을 것이다.

우리가 그림자와 실물을 동시에 볼 수 있다면 우리는 보다 정확하게 실물이 어떤 그림자를 만드는지 이해할 수 있게 된다. 왜냐하면 네모도 동그란 그림자를 만들어낼 수 있기 때문이다. 같은 이치로, 어떤 사람의 인성을 진실로 이해하기 위해서는 다중 관점이 필요하다는 것이다. 인간이란 매우 복잡한 존재이며 몇 가지 단순한 공식으로는 온전히 이해될 수 없다. 여기에서 우리 자신과 타인을 이해하도록 돕는 단순한 원리나 역동성이 있는 방법을 카프라가 제안한 살아 있는 체제를 분석하는 3차원적 도구를 적용해 인성을 좀 더 실체에 가깝게 들여다볼 수 있을 것이다. 카프라는 살아 있는 모든 유기체로서의 체제를 분석하는 세 가지 요소를 패턴, 과정, 구조라고 보았다(Capra, 1996). 그리고 베렌스와 나르디는 여기에 제4요소인 목적을 첨가하였다(Berens & Nardi, 1999, pp. 1-3).

4. 인성 측정의 4차원적 요소들

1) **패턴:** 인성이란 살아 있는 체제가 지닌 속성이다. 카프라는 패턴을

시스템 안에 내재해 있는 상호 관련성이라고 하였다. 인성을 포함한 모든 시스템은 본질적인 특성에 의해서 정의된다. 이것들은 시스템의 품질(퀄리티)에 관한 것으로, 나무의 줄기, 뿌리, 그리고 가지처럼 한 몸에서 같이 존재해야만 하는 것이다. 그리고 각각의 특성들은 서로 관련되어 있고, 동시에 각자 독립되어 있는 이 관계의 윤곽이 바로 패턴인 것이다. 한 나무의 줄기와 뿌리와 가지가 서로 관련되어 있는 방식처럼 말이다.

2) **과정:** 체제가 관여하고 있는 모든 활동들을 말하는 것으로, 이것은 매일매일의 생활, 그리고 그것이 자라면서 기능하는 것 속에 존재하고 있는 것이다.

3) **구조:** 구조란 패턴이 신체적으로 표현되는 방식이다.

4) **목적:** 이 패턴들의 총체적 주제가 바로 목적이다.

5. 교육학자들의 정의

이상과 같이 인성에 관한 다양한 관점들이 똑같은 장소에서 서로 교차할 때 지금까지 인성의 실체에 가까이 가서 측정하고자 하는 참된 자아가 정확하게 기술되었는지를 확신할 수 있을 것이다(Berens & Nardi, 2001, pp. 1-3).

최근 빈번히 인용되고 있는 교육학자들의 인성의 정의를 비교하면 표 1과 같다.

표 1. 교육학자들의 인성에 관한 정의들(김재춘, 2012)

학자	인성의 개념
현주 (2009)	보다 긍정적이고 건전한 개인의 삶과 사회적 삶을 위한 심리적 행동적 특성.
남궁달화 (1999)	사람의 성품이며, 성품은 성질과 품격으로 구분됨. 성질은 마음의 바탕이고 사람됨의 바탕을 가리키는 말.
한국교육학회 (1998)	사람의 마음의 바탕이 어떠하며, 사람 된 모습이 어떠하다는 것을 말하는 개념으로, 사람의 마음과 사람됨이라는 두 가지 요소로 구성.

미국 교육부 (2007, 2008)	존중, 공정성, 보살핌 등의 도덕적, 윤리적 가치와 책임감, 신뢰, 시민성 등을 망라하는 개념으로, 개인 또는 집단의 정서적, 지적, 도덕적 자질은 물론 이러한 자질들이 친사회적 행동으로 발현되는 것을 포함하는 것.

인성의 개념을 조사하고 다양한 관점에서 인성을 정의한 학자들의 견해를 토대로, 인성교육진흥법에서 정의하고 있는 인성교육의 정의를 입체적으로 분석해보고자 한다(김석권, 2015).

인성교육의 정의에는 위에서 다양한 학자들이 논의했던 인성의 참개념들이 반영되어 있으나 가치덕목과 핵심역량의 목표가 너무 유교적인 덕목이 많아 타 종교적 가치가 철저히 배제되어 있음을 알 수 있다.

① '인성교육'이란 자신의 내면을 바르고 건전하게 가꾸고 타인 · 공동체 · 자연과 더불어 살아가는 데 필요한 인간다운 성품과 역량을 기르는 것을 목적으로 하는 교육을 말한다.
② '핵심 가치, 덕목'이란 인성교육의 목표가 되는 것으로, 예(禮), 효(孝), 정직, 책임, 존중, 배려, 소통, 협동 등의 마음가짐이나 사람됨과 관련되는 핵심적인 가치 또는 덕목을 말한다.
③ '핵심 역량'이란 핵심 가치 · 덕목을 적극적이고 능동적으로 실천 또는 실행하는 데 필요한 지식과 공감 · 소통하는 의사소통 능력이나 갈등해결 능력 등이 통합된 능력을 말한다.

6. 인성교육(character education: CE)의 개념 정의

금년에 발효되는 인성교육진흥법에 명시된 인성교육의 정의는 아래와 같이 두 가지이다. 이를 살펴보면, 인성교육을 성품교육으로 동일시하고 영어로도 'character education'이라고 한다.

- 정의 1: 선을 알고(knowing the good), 선을 추구하며(loving the good), 선을 행하는 것(doing the good)에 관한 것.
- 정의 2: 아동이 핵심적인 윤리적 가치(core ethical values)를 이해하고, 이런 가치에 대해 마음을 쓰며(care about), 이에 따라 행동할(act upon) 수 있도록 돕기 위한 의도적이고 집중적인 노력(Lickona, 2004 참조).

여기에 발췌된 정의들에는 지 · 정 · 의라는 3차원의 목표 수준이 공통되게 사용되었음을 알 수 있다. 종합하면, 인성은 한 인간이 지니는 성품 이상의 것으로, 출생에서부터 죽음에 이르기까지 환경과 교육에 의해서 사람마다 다양한 차이를 보이며 형성되고 통합되어간다. 이것은 사람의 지 · 정 · 의 즉 전인적 능력에 작용하는 것으로, 구체적 덕목과 역량으로 평가될 수 있다. 인성은 sein(인간은 누구인가?)과 sollen(인간은 어떤 존재이어야만 하는가?)의 두 차원으로 설명될 수 있는바, 교육학의 영역에서는 삶의 다양한 주변에서 취하고 표현되는 사람의 윤리와 도덕을 나타내는 성품, 가치관 등과 같이 인간으로서의 예의, 도리와 직접적인 관련을 갖고 있는 것이다.

III. 기독교 인성교육, 어떻게 하고 있는가?(실태와 실패)

교회가 하고 있는 신앙교육과 기독교학교에서 실시하고 있는 채플을 위시한 성경 교과목 수업 그리고 기독교대학에서 비교과의 활동으로 하는 지역사회 봉사 프로그램까지도 모두 기독교 인성교육의 범주에 포함된다 할 수 있을 것이다. 기독교가 다양한 수준에서 다양한 콘텐츠를 활용하여 실시하고 있는 신앙교육도, 그 안에서 기독교의 윤리적, 도덕적, 종교적 가치를 중점적으로 가르치기 때문에 기독교 인성교육이라 할 수 있을 것이다. 그런데 이렇게 다양하게 그리고 확산적으로 기독교 신앙 및 인성교육을 지속적으로 계속해왔으나, 교회를 위시한 기독교 단체 역시 인성교육에 성공했다고 자신 있게 말할 수 없다. 왜냐하면, 교회학교 현장에서 부딪히는 문제들이 너무나 일반 학교 현장의 현실과 다르지 않기에 실패라고 분석하는 것이다. 즉, 크리스천 학생이라고 해서 욕설을 안 한다든가, 교사나 전도사들에게 예의 있게 행동한다든가 하는 정도가 일반 또는 비기독교 학생과 크게 다르지 않기 때문이다. 물론 소수의 예의 바르고 신앙도 돈독한 크리스천 학생들이 없는 것은 아니다. 매주, 교회 내의 교회학교에서 정해진 교육과정에 의해 영성교육을 받고 있는 학생들이라는 점에서, 적어도 그들은 지금까지 교회가 신앙교육을 위해 노력한 것에 비하면 기독교 인성교육에 있어서는 가히 성공적이었다고 자신 있게 말할 수는 없을 것 같다.

기독교교육 자체가 지 · 정 · 의, 영적 요소 모두가 동원되는 총체적이고 통합적인 인성교육이다. 그럼에도 불구하고 크리스천들의 삶 속에서 언어와 행동이 변화되지 않고 있다는 것은 무엇을 의미하는 걸까? 첫째, 참된 믿음이 형성되지 않았다고 보는 것이다. 기독교의 종교적 특성상 참믿음이 형성되지 않을 경우 신앙과 삶의 괴리 현상이 일어나, 표리가 부동한 신앙인으로 성장하게 된다는 것이며, 기독교교육에서는 이런 인성적 왜곡이 일어나는 것을 가장 두려워하는 것이다. 결과적으로 교회는 열심히 신앙교육과 인성교육을 하나로 융합하는 교육을 시도하고 있는데, 왜 노력하는 만큼 성과가 없는가에 대해 치밀한 분석이 요구된다 할 수 있겠다. 기독교교육에서 인성교육이 실패하는 요인 중에 가장 일차적이면서도 유력한 원인 제공자들은 부모들이다. 부모가 크리스천이면 아이들의 신앙교육은 그만큼 쉬어진다. 왜냐하면 가정에서도 신앙과 인성교육이 병행해서 이루어질 가능성이 크기 때문이다.

한국교육개발원이 2013년에 조사한 가정의 인성교육 장애 요인에 대한 자료를 살펴보면, 가정에서 인성교육의 어려움을 야기하는 장애 요인으로 '부모가 생업에 바빠서'(21.2%), '휴대폰 사용 및 컴퓨터 게임으로 인해서'(20.6%), '자녀가 공부하느라고 바빠서'(16.2%), '청소년들에게 유해한 사회 환경 때문에'(15.8%) 등의 순으로 나타났다(표 2 참조). 이에 대해 현주 외(2013)는 "가정에서 인성교육이 잘 안 되는 이유는 부모나 자녀 모두 서로 바빠 대화의 시간이 부족하고, 부모는 자녀를 돌볼 시간이 거의 없어 자녀들의 행동 및 유해한 환경을 제대로 제어해줄 수 없기 때문이다"라고 설명한다. 이는 학교의 인성교육 활성화뿐만 아니라 학교와 가정 간의 인성교육 연계 방법을 동시에 모색해줘야 효과가 있음을 말해주는 것이다.

표 2. 가정의 인성교육 장애 요인(문성빈, 2015)

구분	빈도(%)
자녀가 공부하느라고 바빠서	2,39 (16.2)
부모가 생업에 바빠서	2.93 (21.2)
청소년들에게 유해한 사회 환경 때문에	2.185 (15.8)
휴대폰 사용 및 컴퓨터 게임으로 인해서	2.840 (20.6)
자녀가 부모의 말을 듣지 않아서	1.153 (8.3)
인성교육을 어떤 방법으로 해야 하는지 잘 몰라서	1.895 (13.7)
기타[부모와 자녀 간의 세대차이, 사회구조 및 사회 부조리, 부모로서의 자질 및 역량 부족(부모의 이기심과 무관심), 사춘기, 주변 친구의 영향 등]	566 (4.1)
전체	13,809 (100)

가정에서의 인성교육이 안 되는 이유는 가정교육을 할 사람, 부모가 없거나, 있어도 교육을 하지 않거나, 한다 하더라도 제대로 된 교육에 못 미치는 미흡한 수준이 그 원인인 것으로 파악된다. 즉, 해체된 가정, 1인 가정, 조손가정, 핵가족, 맞벌이 부부 증가로 가정의 역할이 상실되어 가정교육이 원천적으로 불가능한 가정환경이 원인이라고 할 수 있다. 또 다른 이유는 현대 가족이 원자가족이 되다 보니 보고 배울 가족의 롤 모델이 없다. 이혼 가정 등 결손 가정 비율이 높고, 형제 자매가 적어 집안에서 어울릴 사람이 없다. 부모가 학교와 교사를 비하한다든지 부정적 교육관

을 가지고 있는 것도 인성교육이 잘 안 되는 요인이 된다. 아이들이 교사를 경시하는 현상이 어디서 왔겠는가? 부모가 교사를 무시하기 때문에 아이들도 무시하게 되는 것이다. 가정에서 경어를 쓰지 않기 때문에 교사에게도 반말을 하게 되는 것은 자연스런 따라 함 현상이다. 가정폭력이 학생을 폭력으로 내몬다. 부모는 자녀의 성적에만 관심이 있고 학교생활, 교우관계에 무관심하기 때문에 자녀들이 학교에서 고립되거나 폭력의 대상이 되어도 전혀 모르게 된다.

최근 국민의 과반수가 교육개혁의 핵심 과제로 '인성교육'을 꼽을 정도로 인성교육에 대한 사회적인 관심은 증가했다. 한국교육개발원 교육여론조사의 '현재보다 더 중시해야 할 교육 내용'으로 인성교육이 차지한 순위 변화 추이(2006, 2008, 2010~2014) 및 '대학입학전형 중요 반영 항목' 변화 추이(2011~2014)를 살펴본 결과, 인성교육의 중요성에 대한 인식은 초 · 중학교에서 고등학교까지로 확대되었으며, 더 나아가 대학 입시에서도 '인성 및 사회봉사'가 가장 중요한 항목으로 반영되어야 한다는 인식의 변화가 있었음을 보여준다.

현재 인성교육 확산을 위해 국회, 정부, 기업, 언론까지 협력을 도모하고 있고, 학교와 대학에서의 인성교육 및 인성평가가 강조되고 있다. 인성교육이 성공적으로 이루어지기 위해서는, 학교 현장에서의 인성교육 활성화 정책뿐만 아니라, 정부가 가정에서의 인성교육 장애 요인에 대한 해결 방안을 마련하고, 학교와 가정 간의 인성교육 연계 방법을 모색해야 한다. 또한, 학교에서의 인성교육에 대한 높은 관심도에 비해 실천 정도는 아직 미흡하다는 조사 결과(현주 외, 2013)를 보았을 때, 교사가 학생의 인성교육을 위해 필요로 하는 프로그램과 여건 마련에 지속적이고 체계적인 지원이 필요하다. 그리하여, 개인적으로나 사회적으로나 인성교육을 통한 지식 축적만이 아닌 행동과 실천까지의 결과로 이어지길 기대해본다(문성빈, 2015).

Ⅳ. 기독교 인성교육의 대안은 무엇인가?

기독교는 국가 발전의 성장 동력인 차세대의 인성이 올바르게 형성되도록 하는 범국민적 노력에 앞장서야 하며, 이를 위해서는 종교 및 비종교를 초월하여 개방적이고 적극적인 자세로 미래 세대의 건전한 인성 형성을 위해 비전과 목표를 공유해야 한다.

이를 위해 세 가지 차원에서, 즉 가정-학교-교회의 인성교육의 맵(map)을 그리고, 이들 간의 협력과 연계 프로그램이 안정화되어야 실효를 거둘 수 있다. 공교육에서 벗어난 모든 대안적 교육 관련 단체들을 빠짐없이 연결할 수 있는 가칭 '한국 인성교육자 학부모 연합 네트워크(grand network)'를 구축해야 한다. 심지어 그룹 홈(group home)들의 부모회들까지도 인성교육의 새로운 대안들을 활용할 수 있는 민간 '인성 교육자-학부모 협의체'를 구성해야 한다. 예를 들어, 대안학교, 민간 아동/청소년단체(지역아동센터, 방과 후 학교나 보습센터들, 십대지기(가출청소년쉼터 등)들과도 연계 시스템을 구축해서 인성교육의 프로그램과 콘텐츠를 공유할 수 있어야 한다. 왜냐하면, 1년에 학교를 그만두는 7만 명의 학생들, 즉 공교육의 안전망을 벗어난 아동, 청소년들에 대한 사회적 책임이 주어지지 않는 한 청소년 자살 및 범죄는 예방할 수 없을 것이기 때문이다.

현재 교육부와 한국교원단체총연합회가 중심이 되어 결성한 '인성교육 범국민실천연합'은 인성 교육기관 인증과 인성 등급화 인증을 해주는 기관으로 전락하여, 아이들의 인성 지도와 관련한 이권 다툼이 예상된다. 이 협의체는 종교단체 대부분이 빠져 있으며, 관에서 인성교육을 주관하는 인상이 있는 한 사설 단체나 학부모 그리고 종교단체들의 참여가 원활할 것 같지는 않다. 이제 올해 1학기부터 모든 초·중·고교에서 의무적인 인성교육이 실시되며 국민의 세금이 사용될 터인데, 학교가 충분히 인성교육의 콘텐츠를 개발하고 연구했는지도 의문이 간다. 학부모나 교회교육 관계자들도 공교육에서 가르칠 인성 교과의 내용에 관심을 가져야 한다.

앞으로 한 달 후부터 실시하겠다는 교육부의 발표에 정작 인성교육을 오랫동안 해온 기독교교회와 학부모들은 어떤 내용인지조차도 숙지가 안 된 상태이다. 인성교육이 일반 교육학의 분야만이 아님에도 불구하고, 종교교육자들과 기독교교육 전문가들에게는 일체의 자문도 없었다는 것을 한국 교회는 주지해야 할 것이다.

1. 신앙교육과 인성교육의 융합

교회는 지금까지 신앙교육의 범주를 확장하여 평생(life-long), 그리고 전인적(whole person)이며 총체적(holistic, 가정-학교-교회)인 것으로 새롭게 인식하고 설계하는 것이 필요하다. 물론 이미 실천하는 부분도 있기 때문에 전면 개혁이 필요한 것은 아니다.

이렇게 볼 때, 교회학교의 교육 내용이 꼭 성경으로만 제한되지 말고 '생명관', '국가관', '직업관', '가정관'(성의식은 여기에 포함), '생활예절', '인간관계' 등과 같이 가르쳐야 할 가치와 윤리의 교육 범위를 넓혀야 한다.

21세기 포스트모더니즘의 해체주의 트렌드가 친숙했던 인습적인 가치들에 대하여 의문을 던지고 있는 현실의 상황 속에서, 자신의 종교적 신념을 지킬 수 있는 것은 결국 기독교적 영성의 힘일 것이다. 교회의 영성교육을 인성교육과 만나게 하는 것이 대안이 될 것이다. 이 말은 수도원적 영성교육을 지양하고 신자의 현재 프락시스(present praxis, 현재 신앙이 실천되는 그 현장으로)에서 대면하는 모든 관계들을 평화롭게 하는 인성교육이 지금 필요하다.

삶과 신앙이 수없이 변증적으로 씨름하는 현실 세계 속에서 아직 성장하는 과정에 있는 신자들이 해결해야 하는 가장 직접적이고 절실한 주제가 무엇인가? "성과 직업과 자신의 권리와 의무"에 관한 것을 아는 것이다. 이들은 어쩌면 청소년들이 살아가야 하는 세상에서 그들에게 지금 가장 절실한 키워드인 것이다. 그런데 정작 교회와 가정과 학교에서는 이 3대 키워드에 대한 속 시원한 교육이 제대로 이루어지지 않고 있었다. 좀 더 정확히 말한다면 가르치긴 했으나 실효성이 없는 것이었다고 해야 할 것이다.

지식과 그것의 완벽한 적용은 없었다. 삶은 온통 예기치 않은 것들로 가득하다. 언제 어디서 예기치 않았던 상황이 벌어질지 누구도 모른다. 성과 직업과 권리에 관한 사안에 있어서는 학교와 교회에서 배운 것들은 거의 없다. 왜냐하면 한국의 학교는 성교육과 직업교육을 하지만 학생들은 인터넷에서 스스로 필요한 지식을 검색하고 습득해야 한다고 말한다. 교회는 이 두 가지에 관한 것을 거의 할 생각조차 안 하고 있는 것이 현실이다.

인성교육은 살아가는 동안 겪어야 하는 다양한 인생 경험에 자양분을 쌓아주는 교육이다. 성에 관한 올바른 지식뿐 아니라 실제성이 행동화할 때의 과정과 예기치 못한 행동이 촉발되었을 때 문제 해결에 대한 방법과 리스크 예방법 등을 기존의 성교육은 제대로 가르치지 못하였다. 성범죄의 개념과 범위, 성범죄의 대가와 상처가 평생에 끼치는 영향 등과 주변인과의 관계 손상 등에 대해서도 우리는 수많은 사례가 있음에도 과연 얼마나 입체적으로 가르쳐왔는가 말이다! 성범죄의 피해자가 피의자로 전환되는 위기의 청소년들에게 성충동의 제어와 자신의 성행동을 올바로 이해시키고 성추행이나 성폭력으로의 악 전환이 되지 않도록 성욕과 성충동의 자기 통제를 가르쳐야 한다. 청소년기의 성충동과 성욕, 성행위 그리고 임신과 에이즈 예방에 관한 것에 이르기까지 실질적인 성교육이 되도록 교육 내용을 보다 전문적으로 업데이트해야 할 것이다. 교회에서의 성교육은 일반 학교의 성교육과는 근본 출발점이 다르다고 본다. 가장 먼저 성서에서 말하는 성에 대한 이해를 충분히 가르치는 것이 필요하다. 교회가 학교와 같은 성교육을 한다면 굳이 교회에서 할 필요가 없을 것이다. 교회는 윤리적이고 도덕적인 측면에서 성교육을 실시해야 한다. 성행동에는 책임이 따른다는 성윤리와 성도덕을 제대로 연구해서 가르쳐야 할 것이다. 성(性)은 하나님의 인간 창조 속에 포함되어 있었던 것으로서, 그것을 어떻게 사용해야 올바로 사용하는 것인지를 가르쳐야 할 것이다. 성과 결혼과 가족의 형성 간의 관계를 알게 하고, 기독교에서 보는 성은 가족과 종족 번식을 위한 남녀 간의 아름다운 결합으로 가르쳐야 한다. 그러나 현대에 와서 성교육은 성적 만족을 위해 성행동의 방법과 패턴을 가르쳐 무분별한 성행동을 조장하는 것이 현대 성교육의 트렌드인 양 생각하는 일부 성교육자도 있다. 기독교 성교육은 성욕구의 자기 해소 방안이나 성행동의 문제와 성병 예방만을 위한 것이 되어서는 안 될 것이다. 아동과 청소년들이 조숙한 성행동을 지연하고 성욕을 통제하는 것에 있어서 왜 기독교적인 성찰이 중요한지를 교육해야 하는 것이다.

한국 교회교육에서 성교육 관련 당면과제는 초등생의 음란 영상물 시청 행위, 청소년들의 패륜 수위의 학교 내 성추행과 성희롱, 10대의 임신 및 낙태, 에이즈 및 성병 감염 등과 같은 것을 사전에 예방하는 적극적이고 집적적인, 예를 들어 피임법 교육이나 콘돔 사용법, 에이즈 방지법 등과 같은 현실적으로 화급을 다투는 성교육인 것이다. 시간이 늦어질수록 한국의 미래 세대인 청소년들은 각종 성범죄와 성충동 장애라는 위험에 놓일 뿐이다.

2. 아동, 청소년을 위한 직업교육

한국 교회에서는 노년층을 대상으로 한 것 외에 아동이나 청소년을 위한 직업교육과 관련 교육을 본격적으로 해본 적이 없는 것 같다. 요즘 아이들은 꿈이 뭐냐고 물을 때 대답을 선뜻 잘 하지 못하는 공통점을 나타낸다. 그들은 딱히 어떤 직업을 선택해야 할지 모르기 때문이다. 그러나, 직업적성을 검사하기 위한 다중지능검사, 직업에 대한 조사 연구를 시키거나, 직업을 가진 실제 인물 교회에서 찾기, 그들로부터 직접 직업을 갖기 위한 준비, 직업의 현장에 견학 가기 등과 같이 기독 실업인, 기독인 의사, 기독인 기술자, 기독인 과학자 등을 직접 만나는 교육을 교회는 학교보다 더 잘할 수 있다는 것이다. 사회의 거의 모든 직종의 사람들이 신자로 있기 때문이다. 직업교육에 관한 한 개신교는 어떤 종교보다도 잘 준비되어 있고 또 잘할 수 있는 것이다. 청소년들의 미래는 직업을 찾는 것과 직결되어 있으므로, 교회의 신앙에 기초한 직업 guidance 프로그램을 잘 짠다면 훌륭한 인성교육이 될 것이다. 이렇게 교회에서도 미래에 대한 설계로 바쁜 나날을 보내다 보면 성인 신자들과도 멘토-멘티의 관계가 형성될 것이고 교회는 세대를 초월한 만남과 나눔과 교육의 바람직한 공동체가 되어갈 것이다. 구체적인 직업기술도 가르칠 수 있다. 농어촌 지역에서 농부와 어부가 되는 길은 성경에도 나와 있는 바와 같이, 직업교육은 교회가 속한 지역의 특성에 따라 얼마든지 창의적으로 실시 가능할 것이다.

어원적으로 볼 때도 소명은 vocation, 직업이란 말과 같다. 에베소서에 나타나고 있는 바대로 하나님은 각자에게 맞는 직업을 주신다. 그것을 소위 'calling'이라고 하지만 또 다른 언어로는 'vocation', 즉 직업인 것이다.

직업교육에는 인성교육에서 다루어야 할 직업정신과 윤리가 또한 포함되어야 한다. 이것이 제대로 교육되지 않아 직업을 가진 후에도 온갖 비리와 부정부패를 일삼는 다양한 형태의 직장 내 문제와 갈등이 발생한다. 크리스천이면서도 직장 내에서의 직무수행 태도나 예의, 상하 직원들 간의 관계에서 최근에 발생한 갑과 을의 폭력사태와 고소 고발 사태에까지 이르는 것은 모두 직업인성교육의 부재 탓이라고 볼 수밖에 없다. 지식이 없는 하나님의 백성은 망한다고 하신 성경말씀을 기억해야 할 것이다. 우리 사회는 교육의 주체들이 미련하여 외양간을 고치기 전에 소를 이미 너무 많이 잃어버렸다. 그러나 지금이라도 시작해서 더 많은 자들이 무지의 춤을 제멋대로 추지 않도록 해야 할 것이다. 교회는 직업 소양과 윤리를 가르치기에 아주 훌륭한 토양을 가지고 있는 다양한 직업인들의 공동체이다. 직업윤리를 가르치기엔 최적의 교육현장이라고 할 수 있다. 교회가 직업교육을 본격적으로 실시하려면 개인의 직업적성을 검사해야 한다. 다중지능검사도 자신에게 적합한 적성을 알아보는 기초 정보를 얻을 수 있는 도구이다. 사실상 교인 모두가 이 검사를 해도 좋을 것이다. 비단 직업적성만이 아니라 교회에서의 사역자들을 적재적소에 배치하기 위해서도 이러한 검사는 유용하다. 그 외에도 아동, 청소년의 진로 발달 및 진로인식 검사, 청소년의 직업적성 및 흥미 검사와 직업 가치관 검사 등 다양한 검사도구들을 활용하여 자기효능감이 있는 직업인으로서의 크리스천을 양육하는 것도 미래의 교회교육이 새롭게 시도해야 하는 사명이라고 생각한다. 공교육에서 미흡한 것을 상호 보완해주는 것도 21세기 종교교육이 해야 할 과제로 전망한다. 종교교육은 종교인만을 양성하는 것이라는 과거의 고답적인 관점을 수정해야 할 때가 된 것이다. 왜냐하면 종교인도 생활인이어야 하기 때문이다. 교회에서 직업인으로서의 교양과 인내, 관계의 기술을 제대로 교육받은 자만이 참된 하나님의 사람으로 세상의 빛과 소금의 역할을 탄력적으로 수행할 수 있게 될 것이다.

3. 존엄성 교육

앞에서 언급한 성과 직업에 관한 교육으로서의 인성교육에서 공히 가르쳐야 할 덕목은 인간 생명의 존엄성이다. 그렇다면 이것은 어떻게 교육할 수 있는 것인가? 개인이 누리는 자유와 권리, 그에 따르는 의무를 가르쳐야 인간됨을 제대로 실현할 수 있게 될 것이다. 핍박을 오래 받다 보면 자신이 핍박받을 수밖에 없는 존재로 착각한다고 한다. 즉, 노예로 오래 살다 보면 노예근성이 몸에 붙어 있듯이 말이다. 자신이 민주시민으로서 마땅히 누려야 하는 보장된 자유와 권리를 제대로 이해해야 돈과 힘 있는 자들의 부당한 요구로부터 자유로울 수가 있는 것이다. 누구나 부당한 대우를 받을 때는 자신의 권리를 주장할 줄 알아야 한다. 성행동을 결정할 권리를, 직장에서의 부당한 대우에 대한 자신의 권리를 알고 주장할 수 있어야 한다. 그러나 그 권리와 자유에는 의무가 동시에 따름도 주지시켜야 한다. 권리와 자유만 내세우고 의무를 게을리하는 이율배반(二律背反)적이고 아전인수(我田引水) 격인 직장인들도 우리는 수없이 보게 될 것이다. 어려서부터 헌법에서 정하는 개인의 권리와 의무를 배우고 성과 직업의 현실 상황을 만날 때 자신의 권리와 의무에 충실한 그리스도인으로 양육될 것이며, 이것이 또한 인성교육의 목적인 것이다. 타자의 생명의 존엄성을 존중해야 하는 것은 그 사람이 이 사회의 평등한 구성원으로서 나와 똑같은 권리를 가졌음을 인정하는 것이며, 그들에게도 사고와 언어와 행동의 자유가 있음 또한 확실히 알고 실천해야 하기 때문이다. 이러한 관점에서 볼 때, 교회는 세상의 법에 대한 이해도 가르쳐야 할 필요가 새롭게 인식되어야 할 것이다. 민주시민으로서의 크리스천들이 세상의 법을 누구보다도 잘 지켜야 하는 것은 이미 예수께서도 언급한 바가 있다. 그러나 그리스도를 믿는 사람들은 세상의 법보다 더 큰 것은 하나님이 우리를 사랑하시기에 주신 하나님의 율법이며, 그것보다도 더 큰 것은 그리스도의 십자가의 도(道)이며, 그로 인한 우리를 향하신 그리스도의 사랑임을 깨달아야 할 것이다.

정부에서 추진하는 인성교육에도 크게 두 가지의 강조점이 있다. 청소년기부터 직업적성을 가지면 어린 학생들의 관심사가 달라지고 그들이 미래를 위해 비전과 꿈을 가질 수 있기에 학교폭력이나 일탈에 마음 가질 시간적 여유가 허락되지 않게 될 것으로 전망한다.

교회에서도 기독교 인성교육의 대안으로 다음과 같은 것들을 제안하고자 한다.

첫째, 직업적성 교육의 실시이다. 직업적성 교육은 꿈을 잃어버린 아이들에게 꿈을 찾아주고, 직업적성이 곧 소명임을 깨달을 수 있도록 해준다. 이를 위해서는 롤 모델들의 소개, 현대의 입지전적인 인물들의 소개, 위인전을 많이 읽을 수 있도록 도와야 한다. 교회 안에 실존 인물로서 롤 모델들이 많다는 장점이 있다.

둘째, 창의성 교육을 실시해야 한다. 창의성 교육은 모든 것을 새로운 관점에서 바라볼 수 있도록 돕는다. 기독교는 창의적 비전을 갖게 하는 종교다. 비전이 없는 백성은 망한다 하였듯이, 어린이에서 노년에 이르기까지 교회는 창의적 비전을 가진 신자 공동체이므로 인성교육의 자원이 풍부한 것도 장점 중의 하나이다. 교회는 또한 그 창의적 비전을 표현하고 발표할 기회가 주어지는 나눔의 공동체이다. 공유하고 나누고 발표하는 것이 일상화돼 있는 곳이 바로 교회공동체이다. 이 또한 인성교육의 창의 인프라가 준비되어 있음을 말해준다.

셋째, 올바른 성교육이 필요하다. 현대의 많은 문제들은 성충동을 자제하지 못해서 생기는 일이기 때문에, 남자와 여자의 몸이 어떻게 다른지, 콘돔을 사용 등에 대한 구체적이고 실제적인 성교육이 필요하다. 인터넷과 성 중독의 문제는 우리 기독교와 관련하여 깊이 생각하는 계기가 되어야 한다. 기독교인들도 음으로 양으로 이런 것과 관련되어 있다는 점에서 그렇다. 실제로 최근 밝혀진 기독교 지도자들의 인터넷 섹스중독은 법적인 분쟁으로 번져, 사회에 불미스런 사례들로 보여져 기독교 위상에 부정적 영향을 주고 있다. 미국의 경우이기는 하지만, 언젠가 법원은 플로리다 브레이든턴(Bradenton)시 소재 감리교회를 설립한 로런스 킬본(Lawrence Kilbourn) 목사에게 7년형을 선고했다. FBI 수사관이 그의 컴퓨터에서 3,700여 개의 아동 포르노 사진을 발견했기 때문이다. 그 일이 일어나기 한 달 전에는 샌프란시스코 지역 한 목회자가 인터넷상의 미성년 사용자들에게 유해한 자료들을 유포했다는 이유로 다섯 가지 중범죄에 대한 유죄가 인정됐다. 이런 것은 반드시 미국만의 문제가 아니라 한국의 상황도 그다지 다르지 않다고 보아야 한다. 한국에서 교회 지도자들이 심심찮게 성에 연루돼 교계에 문제되는 것은 이를 입증하는 것이기 때문이다(김석권, 2015). 이런 것을 생각하면 목회자들은 더욱 신경을 기울여 교인들이 그런 것에 빠져들지 않고 신앙에 정진하도록 지도하기를 힘써야 한다. 인터넷이 드러나는 상황이 아니라는 점에서 그 현실을 알 수 없다는 점도 문제다. 실제로 우리가 모르는 부분에서 이들과 함께 수많은 기독교인들에게 이제 인터넷 섹스는 일찍이 솔로몬이 잠언에서 매춘의 유혹과 위험을 경고한 바와 같이 가상현실의 위협적인 매춘으로 점차 입증되고 있을 것이기 때문이다. "대저 음녀의 입술은 꿀을 떨어뜨리며 그의 입은 기름보다 미끄러우나, 나중은 쑥같이 쓰고 두 날 가진 칼같이 날카로우며 그 발은 사지로 내려가며 그 걸음은 음부로 나아가나니"(잠언 5:3-5)라는 성경 구절을 기억해야 할 때인지 모르겠다.

넷째, 권리와 인권에 대한 교육과 I-message 교육이 필요하다. 나를 때리거나 괴롭히고 무시하는 사람들에게 단호히 대처해야 하는 이유를 알려주어야 한다. 인간은 누구나 동일한 인권을 보장받을 권리가 있기 때문이다.

> 너희는 유대인이나 헬라인이나 종이나 자유인이나 남자나 여자나 다 그리스도 예수 안에서 하나이니라(갈 3:28).

이와 같은 인권은 헌법에서도 보장하고 있다(헌법 제11조 1항 모든 국민은 법 앞에서 평등하다). 뿐만 아니라, 자신의 의견과 호불호, 그리고 의사 결정을 상대방에게 분명히 전달하는 I-message를 보내고 표현하는 훈련이 인성교육에선 필수적이다.

다섯째, 아이들의 발달 단계, 문화 수준에 맞는 스토리텔링을 개발하여 한 학기에 한 번씩 '전교인 이야기 마당'과 '나의 삶과 신앙 이야기' 콜로퀴엄을 개최하는 것도 인성교육의 효과를 극대화할 것이다.

여섯째, 동물을 키우거나 자연 속에서 창조하신 하나님을 배울 수 있도록 실천적 교육을 실시해야 한다.

일곱째, 부모가 교사가 되는 주간을 정하고 교실에서 자기 자녀와 조우하도록 하는 인성교육 프로그램도 효과가 좋다. 주기적으로 부모가 아이들이 다니는 교회에서 함께 공부하고 대화하고 걷고 노래하고 예배하는 통합적 교육활동에서 하나가 되어보는 경험도 매우 임팩트 높은 인성교육 프로그램 중 하나다.

V. 결론 및 제언

결론적으로, 기독교학교나 종교단체나 정부가 올해부터 시행코자 하는 인성교육이 성공하려면, 아니 적어도 효과나 효력이 발효되어 현재보다는 더 나은 방향으로 한국 사회와 학교와 가정 그리고 교회에서 어린이와 청소년들이 정상적인 아이들처럼 뛰어놀고 학교에 흥미를 가지며 공부하고 친구도 사귀며 정상 또래 아이들로 회복시키려면, 그 근본적인 대안은 무엇인가?

학교나 가정이나 교회에서 인성교육이 성공하기 위해서는 아래와 같은 노력이 우선되어야 한다.

1. 교사의 자율성, 자존감, 전문성 향상

교사의 자율성, 자존감, 전문성 향상을 통해 교사의 사명감과 열정을 이끌어내는 것을 최우선 과제로 삼는다. 이를 위해 학교가 집단 효능감(self-efficacy)이 넘치게 만들 수 있는 학교장의 분산리더십과 내부책무성 구축이 선행되고, 교사의 사기를 저하시키는 제도와 운영방식들을 하나씩 개선해나가야 할 것이다.

안전과 존중감이 넘치는 학교 문화를 성공적으로 만들어내기 위해서는 교사들이 어떤 사고방식을 가지고 있는지를 조사하는 것이 매우 중요하다. 교사가 자존감을 갖지 못하고, 평생에 걸쳐 학생들에게 끼치는 영향에 대해 긍정적인 생각을 갖지 못한 교사에 의해 시행이 될 경우 어떤 전략도 효과적일 수 없다.

이런 것들이 개선되기 전이라도 교사는 이를 핑계로 학생들에게 마음을 열고 관심을 쏟는 일을 게을리해서는 안 된다.

2. 교사와 부모를 위한 인성-사회성-감성교육

흔히 인성교육은 학생이 받아야 할 교육이라고 생각하지만, 사실 먼저 인성, 사회성, 감성 교육을 받을 필요가 있는 것은 교직원이다(이찬승, 2015). 많은 연구들은 교사가 먼저 인성, 사회성, 감성의 역할 모델이 되어야 함을 강조하고 있다.

> 학생의 인성을 향상시키기 위해 교사가 가진 가장 효과적인 도구는 교사 자신의 인성이다. 학생은 교사가 가르치는 내용에서 배우는 것보다 교사가 보여주는 인격에서 더 많은 것을 배운다(Tom Lickona, 2004).

3. 트리니티 인성교육과정 개발

학교-가정-교회가 마치 하나님 3위 트리니티가 한 몸에 있는 것처럼 기능적인 구조를 만들고, 인성교육에서 성취할 덕목을 지 · 정 · 의 · 영 4개 요소를 각 3개 단체별로 구체적 인성의 덕목을 선별하여, 총 12개 인성덕목을 추출해야 한다. 더욱 나아가 이것을 실천 중심의 인성교육이 되도록 교육과정을 구체화해야 한다.

교회는 어머니회와 아버지회가 결성되도록 하여 한 달에 한 번씩 번갈아가며 부모회를 활성화시켜, 되도록 교회학교 프로그램에 부모가 동반참여하는 활동을 배가시킨다. 아이들과 식사하는 프로그램을 교회가 주관하여 맞벌이로 인하여 소외된 아이들의 정서가 비행의 유혹에 빠져들기 전에 부모의 사랑으로 예방하고 치유하여 회복하는 3단계 인성교육과정을 어떤 일이 있어도 교회는 꼭 지키도록 격려하고 지원해야 한다.

이제 인성은 실력이다. 교회라고 해서 직업교육을 시키지 말라는 법도 없고, 교회학교에서 창의적 인재교육을 해서는 안 된다고 고발당하는 경우는 없을 것이다. 뿐만 아니라 한국 아동의 성 조숙화가 가속화되고 있는 것을 감안하여 현대 가정의 골칫거리인 성교육을 교회에서 적극적으로 시행하는 것을 주저하지 말아야 할 것이다. 만일 교회가 할 수 없다면 학교의 성교육 시간에 교회 청소년들을 참여시키는 것도 대안이 될 수 있고, 청소년 단체에서 하는 성교육 프로그램에 위탁교육을 시켜도 좋을 것이다.

그러나 무엇보다 중요한 것은 교사의 마음에 예수 그리스도의 참제자도를 깨닫고 제자들을 모두 예수의 참제자로 만들 수 있다면 교회의 인성교육은 굳이 별도로 할 필요를 느끼지 못할 것은 분명하다. 기독교는 이미 오고 있는 하나님 나라를 실현하는 과정에 전 연령층의 신자들에게 신앙교육과 영적지도 및 제자훈련을 해온 지 꽤 오래되었다. 개신교만큼 자기 교회의 회원을 잘 교육하는 종교도 한국에서는 보기 드물 것이다. 그만큼 개신교의 강점은 신자 교육에 있었다. 그러나 최근에 들어와 10대들의 반란과 청년들의 교회를 등한시 여기는 풍조 때문에 청년들을 회복시키는 일에 열정을 쏟아야 한다. 그중의 한 대안이 이들에게 (평생)인성교육 지도사 과정을 이수케 하여 졸업 후 모두 인성지도사 자격증을 취득케 하고 기독교 사학에서 봉사할 수 있도록 준비시켜야 할 것이다. 기독교는 올해로 인성교육에 헌신한 지 130년을 맞이하고 있다. 주말에는 교회에서 전 연령층을 대상으로 성경 말씀으로 몸과 마음과 영을 치유하고 충전하면서 악한 세월을 살아가는 지혜를 얻고 새 힘을 얻어 매일을 긍정의 에너지로 살아가도록 교육받는다. 최근 통계에 의하면 기독교인들은 타 종교인들보다는 자살과 살인 범죄율이 낮은 것으로 나타나고 있다.

종교가 있는 한국인들은 종교가 없는 사람들보다 범죄를 저지를 확률이 반 이상 낮다는 통계는 종교가 사회악을 예방하는 데 얼마나 중요한가를 말해주는 지표이다. 특히 개신교는 젊은 세대 신자를 타 종교보다 많이 가지고 있어 기독교 청소년을 위한 교회에서의 교육은 더욱 인성교육 측면을 강화하여 정부시책에 적극 협조할 뿐 아니라 좋은 인성교육 과정과 콘텐츠 개발로 타 종교와 학교와 교육부와 공유할 수 있도록 하여 한국에서 두 번째로 많은 신자를 가진 개신교가 국가 발전에 적극적으로 나서야 할 것이다. 어린이와 청소년 그리고 청년들은 한국의 미래다. 그리고 한국 교회의 미래이기도 하다. 이들의 예절과 책임감과 순응과 역사의식과 공동체의식을 회복시키는 것은 비단 정부만이 해야 하는 일이 아니라 학교와 교회와 가정의 삼원화된 단체들이 한마음으로 한국의 미래 세대들을 치유하는 일에 온 정성을 쏟아야 하는 일, 그 일이 지금 하나님께서 기독교인들과 기독교 교회들에게 주시는 이 나라를 위한 이 시대의 교육자들의 사명이라고 생각한다.

참고 문헌

Berens, L. V., Nardi, D. (1999). *The 16 personality types, descriptions for self-discovery*. West Hollywood, CA: Telos Pubns.

Capra, F. (1997). *The web of life: A new scientific understanding of living system*. New York: Anchor Book.

Cooper, C., Cooper, C. L., Pervin, L. A., Ed. (1998). *Personality: Critical concepts*. New York: Routledge.

De Lestrade, A., Docampo, V. (2010). *Phileas's fortune: A story about self-expression paperback*. Washington, DC: Magination Press.

Erikson, E. H. (1950). Growth and crises of the 'healthy personality.' In Senn, M. J. E. (ed.), *Problems of infancy and child suppl. II.* (pp. 91-146). Oxford, England: Josiah Macy, Jr. Foundation.

Kersting, K. (2003). Bolstering evidence-based education. *Monitor on Psychology*, 34(9), 56.

Lickona, T. (2004). Raising Children of Character: 10 Principles. *Character matters: How to help our children develop good judgment, integrity, and other essential virtues*. New York: Touchstone.

Murray, B. (2002). Wanted: politics-free, science-based education. *Monitor on Psychology*, 33(8), 52.

Perterson, C., Seligman, M. E. (2004). *Character strengths and virtues: A handbook and classification*. UK: Oxford University Press.

Sigelman, C. K., Rider, E. A. (2012). *Life-Span human development, seventh edition*. Belmont, CA: Wadswort.

Smith, D. (2002). White House conference draws on psychologists' expertise. *Monitor on Psychology*, 33(8), 22.

김석권 (2015). 인성교육진흥법의 주요 내용과 정책 방향. **교육정책포럼, 260**, 7-9.

김승환 (2015). 인성교육하면 제2의 이준석이 안 나올까요?. **프레시안**. In http://www.pressian.com/news/article.html?no=128515&ref=nav_search.

김재춘 (2012). **실천적 인성교육이 반영된 교육과정 개발 방향 연구**. 서울: 교육과학기술부.

문성빈 (2015). **통계로 본 인성교육**. 서울: 한국교육개발원.

새교육 편집부 (2015). 학교에서 제일 중요한 것? 역시! 인성교육. **새교육, 723**. In http://www.saegyoyuk.com/app/main_sub/article.asp?idx=5512.

이찬승 (2015). 학교 교육을 살리는 길: 교사에 의한, 교사와 함께하는 변화. *The Huffington Post*. In http://www.huffingtonpost.kr/Gyobasa/story_b_8596184.html.

현주, 이혜영, 한미영, 서덕희, 류덕엽 (2013). **초 · 중등 학생 인성교육 활성화 방안 연구(1) - 인성교육 진단 및 발전 과제 탐색**. 서울: 한국교육개발원.

Abstract

Character Education in Christianity

Mee-Rha Hahn
(Professor, Hoseo University)

Unusual violence and profanity in today's school where character education should be carried out finally reached negative territory where harassing and even beating teachers by the student taking place. And this tells us now the end of training. Whatever the reason is the awareness of the need for character education of the public were overwhelming.

In other words, people answered that there is a problem with humanity and morality level of students. This character education may not realize that they need to give only to children and adolescents.

It calls for teacher training as a leader under the law of promoting character education. It is also required to understand the human nature (essence) to be refreshed periodically.

Consequently, if Christian schools, religious groups and the government want to make a success in their character education that taking effect from this year, the three measures were proposed.

1. The autonomy of teachers should be improved, self-esteem, expertise
2. Character-social-emotional education for teachers and parents is needed
3. The trinity curriculum for character education is to develop and collaborate each other under the home-school-church network

Children and youth are the future of Korea. And it is also the future of the Church in Korea.

Government, as well as, schools and churches not only restore the courtesy and responsibility and compliance with historical consciousness and sense of community, but also pour the whole devotion to heal the next generations of South Korea in unison. The work is now given as mission by God for the Korean Christians and the Korean churches.

Key words: character education, the law of promoting character education, christian education.

2부

기독교교육 연구의 융합성

포스트모더니즘과 기독교교육
: 상생인가 해체인가*

한미라 (호서대학교 교수)
mrhan@Hoseo.edu

■ 본 논문이 제기한 질문은 세 가지이다. 첫째, 포스트모던 시대에 종교 특히 기독교는 살아남을 수 있을까? 둘째, 포스트모더니즘을 우리는 어떻게 이해해야 하는가? 셋째, 포스트모던 시대 기독교교육이 나아가야 할 향방은 어떤 것일까? '예' 혹은 '아니오'의 답을 하기보다는 첫 번째 질문을 이해하는 네 가지의 기초를 제공함으로써 독자 스스로 답을 찾도록 하였다. 1. 역사의 도전자들, 2. 모더니티의 본질과 특성, 3. 모더니즘과 포스트모더니즘과의 관계, 4. 포스트모더니즘과 종교와의 관계. 두 번째 질문에 대한 답은 이렇다. 21세기 포스트모더니즘의 이해를 돕는 필자 나름의 준거의 틀을 네 가지 키워드로 잡고 그것을 중심으로 설명하였다. 영성, 해체주의, 하이브리드, 상호텍스트성. 마지막 질문은 기독교교육의 나아가야 할 방향으로 '포스트모던 기독교교육 모델은 가능한가'이다. 이

* 이 논문은 한국기독교교육정보학회 추계학술대회(2012년 11월 17일, 숭실대학교)에서 주제 강연한 원고를 수정 보완한 것임.

질문은 포스트모던 시대 기독교교육의 방법과 방향성만을 중점적으로 간략하게 제시하였다. 1. 모던 교사-포스트모던 학습자 교육모형, 2. 포스트모던 교사-모던 학습자 교육모형, 3. 포스트모던 교사-포스트모던 학습자 교육모형.

포스트모던 시대의 교수자나 학습자들은 모두 디지털 노마드들이다. 이들의 특성을 고려한 기독교교육 방법의 연구가 활발히 일어나야 할 것이다. 새 시대란 언제나 우리에게 다가온다. 그리고 새 시대에 맞는 새로운 디다케의 패러다임을 요구한다. 그러나 언제나 새 시대의 도래(coming)와 새 시대 교육(teaching) 사이엔 차연(differance)이 존재한다. ■

I. 포스트모던 시대에 기독교는 살아남을 수 있을까?

지금까지 인류의 문화사를 조명해보면 종교를 제외하곤 한 시대를 풍미하던 사조들의 생명은 영원하지 못하다는 것을 알 수 있다. 철학사상은 한 시대를 반영하고 있는 것이다. 시대는 곧 변화되어온 역사의 산물이기에 전 시대의 철학사조를 보면 다가올 시대가 어떤 시대가 될 것이라는 것은 혜안(慧眼)이 있는 자라면 어렵지 않게 알 수 있을 것이다. 시대정신은 그것을 비판하는 새로운 사상들에 의해 쇠퇴하거나 수정되는 일련의 패턴을 보이고 있다. 영속할 것만 같던 20세기 모더니즘의 구조주의 패러다임 역시, 아직까지는 완전히 막을 내린 것은 아니지만 한때 아방가르드(Avant-garde)로 불렸던 포스트모더니즘, 또는 탈/후기 근대주의 사조(思潮)에 의해 그 효험(效驗)을 다해가고 있는 듯하다.

본 논문에서 연구자가 질문하는 것은 크게 세 가지이다. 첫째, 포스트모던 시대에 종교 특히 기독교는 살아남을 수 있을까? 둘째, 포스트모더니즘을 우리는 어떻게 이해해야 하는가? 셋째, 포스트모던 시대 기독교교육이 나아가야 할 향방은 어떤 것일까? 물론 이와 같은 문제들에 대한 정답을 얻고자 하는 것부터가 모더니티의 사고라고 비판할 수 있을 것이다. 그러나 다가올 미래에 대한 불안을 안고 살아가기보다는 비록 그것이 모험이라 할지라도 현실 개선을 위한 생각의 전환이 필요하다고 보는 것이다.

1. 역사의 도전자들

19세기 말 신본주의가 막을 내린 후 하나님의 자리를 대신한 것은 몇몇 천재들이 만들어낸 이성적 진리들이었다. 이들의 작품들은 한동안 '자아와 주체'에 대한 절대적인 믿음을 갖게 하였다. 그러나 이러한 신념들은 19세기 후반의 또 다른 천재적인 선각자들에 의해 의심받고 부정되었다. 찰스 다윈(Charles Robert Darwin), 제임스 프레이저(James George Frazer), 앙리 베르그송(Henri Bergson), 프리드리히 니체(Friedrich Wilhelm Nietzsche), 칼 마르크스(Karl Marx), 지그문트 프로이트(Sigismund Schlomo Freud)와 같은 사람들은 19세기의 전통과 인습에 용감하게 문제를 제기한 이른바 역사의 도전자들이었다. 다윈은 1859년 진화론을 발표하여 기독교의 기초를 흔들어놓았으며, 이로 인해 인간은 이제 타락한 천사에서 두 발로 걸어 다니는 원숭이로 전락하게 되었다. 한편 프레이저는 원시적 신화를 규명함으로써 인간의 삶에 원형적인 리듬을 회복시켜주었다. 또한 베르그송은 이성보다는 본능과 직감의 힘을 중요시했으며, 시간의 개념을 이해하는 데 획기적인 전환점을 마련해주었다.

특히, 뱅상 데콩브(Vincent Descombes, 1990)가 '회의의 대가들'이라고 부르는 세 사상가인 마르크스, 니체, 그리고 프로이트는 서구 문명이 시작된 이래 몇천 년 이상 서구 세계를 지배해온 사상들에 근본적인 의문을 던진 이론가들이다. 마르크스는 변증법적 유물론이라는 무기를 사용하여 헤겔의 관념철학을 맹공격하였다. 그의 『자본론』(1867)을 비롯한 여러 저서는 역사의 원동력이 되는 인간의 행위는 궁극적으로 경제적 조건에 좌우된다는 점을 부각시켰고, 인간의 존재를 결정짓는 것은 의식이 아니라 오히려 인간의 사회적 프락시스에 있다는 것이다. 다양한 방식으로 세계를 해석하는 것도 중요하지만 그보다 더 중요한 것은 세계를 변혁시키는 것이라는 점 등을 역설하였다. 마르크스의 최대 공헌은 그동안 관념론의 그늘에 가려 제대로 빛을 받지 못하던 물질성과 사회성을 새롭게 조명했던 것이다. 그의 주된 비판이 인간의 삶이 지니는 정신적 측면이라면, 니체는 절대적 도덕성을 맹렬히 공격하였다. 니체는 절대성을 주장하는 모든 것은 다, 그것이 기독교라 할지라도 병적이라고 주장함으로써 19세기에 서구 세계에 유행했던 획일적이고 절대적인 가치 기준에 반기를 들었다. 또한 인간의 역사가 이제 문명의 종말 단계에 도달했다고 주장하면서 인간의 전통적인 모든 가치를 근본적으로 수정할 필요가 있다고 역설하였다. 급기야 그는 "신은 죽었다"라고 선언을 하기에 이르렀고, 이는 그때까지 서구 세계를 지배하던 기독교와 그것으로부터 파생된 전통과 인습 및 도덕이 더 이상 아무런 의미와 생존력을 지니지 못하게 되었음을 천명한 말이 되었다. 마르크스나 니체와 같이 회의주의자 선상에 올라 있었던 프로이트 또한 기본 입장은 다르지 않았다. 앨런 불럭의 지적대로 20세기의 사상과 문학 그리고 예술에 프로이트만큼 큰 영향을 끼친 사람은 드물다(Bullock, 1976, p. 67). 그는 담론에서 금기시되어온 성(sexuality)을 인간의 모든 행위를 지배하는 에너지의 원천으로 이해하고 그것의 중요성을 일깨우는 데 큰 공헌을 하였다.

2. 모더니티의 본질과 특성

캘리네스큐(Matei Calinescu, 1987)에 따르면, 포스트모더니즘은 모더니티의 다섯 얼굴 중 하나이다. 포스트모더니즘의 종교관을 이해하려면 먼저 모더니티의 특성을 알아보는 것이 유용할 것이다. 모더니티는 '기독교사회로부터의 분리'를 의미한다는 블록(Alan Bullock)의 표현은 곧 포스트모더니즘과 기독교의 관계를 단적으로 시사하는 말이다. 마샬 버먼(Marshall

Berman)에 따르면, 모더니티는 세 시기로 구분지을 수 있다. 첫째, 초기 모더니티 시기는 1500~1789년(혹은 1453-1789년), 둘째, 고전적 모더니티 시기는 1789~1900년[에릭 홉스봄(Eric John Ernest Hobsbawm)의 분류에 따르면 1789~1914년], 셋째, 후기 모더니티라 하는 1900~1989년까지로 구분한다.[1] 그러나 리오타르(Jean-François Lyotard)나 보드리야르(Jean Baudrillard) 같은 포스트모더니스트들은 20세기 중후반에 이미 모더니티가 종료되었다고 말하며, 이것을 뒤따르는 시기를 포스트모더니티 시기로 정의한다. 그러나 다른 사상가들은 20세기 후반부터 현재까지 모더니티의 또 다른 국면일 뿐이라고 생각한다. 이것을 바우만(Zygmunt Bauman)은 가볍고 불안정하고 통제 불가능한 '유동적'(액체적) 모더니티라고 하고 기든스(Anthony Giddens)는 '고급' 모더니티로 명명하였다. 분명한 것은 포스트모더니티는 지금 우리의 현존에 와 있고 또 다가올 미래의 시간을 향해 계속하여 진화되고 있다는 사실이다.

로버트 피핀(Robert B. Pippin)은 『철학적 문제로서의 모더니즘』(1991)에서 모더니티가 지닌 일곱 가지 특성을 다음과 같이 제시하였다. 첫째, 모더니티는 공통된 언어와 전통에 기초를 둔 단일민족국가를 탄생시켰다. 둘째, 인간의 조건 중에서 이성을 가장 우위에 두었다. 셋째, 대자연과 인간의 본성을 규명하는 데 무엇보다도 자연과학에 의존하였다. 넷째, 인간의 삶과 자연 현상을 탈신비화시켰다. 다섯째, 모든 개인의 천부적 권리 중에서 특히 자유와 자기결정과 그 표현의 권리를 존중하였다. 여섯째, 자유 시장경제 시스템을 도입하고 그것에 수반되는 임금 노동과 도시화 그리고 생산수단의 사유화를 적극 장려하였다. 그리고 일곱째, 인간의 발전 가능성을 굳게 믿으면서 관용, 동정, 사려분별, 자선 등과 같은 기독교적

---

1 아놀드 토인비의 서구 역사 구분은 1기(암흑기), 2기(중세기), 3기(모던기), 4기(포스트모던)로 구분한다. 모던 시대는 1475-1875년의 시기로, 다시 1) 초기 모던(르네상스 초기), 2) 모던(르네상스), 3) 후기 모던(17세기 말~18세기 계몽주의, 19세기 중엽까지 계속됨)으로 세분화한다. Arnold Toynbee, *A Study of History* (NY: Dell, 1965), 57.

휴머니즘에 기초한 다양한 덕성을 높이 평가하였다(Pippin, 1991, pp. 4–5).

위르겐 하버마스(Jürgen Habermas)나 캘리네스큐는 모더니티를 역사적 모더니티와 심미적 모더니티라는 두 범주로 분류하였다. 역사적 모더니티는 부르주아 계층의 문화와 매우 밀접한 관련을 맺고 있다. 심미적 모더니티는 오히려 이것과는 크게 배치되며, 어떤 의미에서는 반부르주아지적 특성을 그 출발점으로 삼고 있다(Habermas, 1983, pp. 3–15). 최근 몇몇 이론가들은 보들레르(Charles Pierre Baudelaire)와 마찬가지로 모더니티를 심미적 범주로 파악하려는 경향이 있다. 예를 들어 데이비드 브룩스(David Brooks)는 서구 문학사를 통하여 여러 시기에 걸쳐 나타난 예술운동이나 경향도 모더니티라고 칭하나, 모더니즘은 오직 19세기 말엽과 20세기 초엽 서구 문학사를 통하여 나타난 특정한 예술운동이나 경향을 가리킬 따름이다.[2] 즉 모더니즘은 특정한 어느 한 시대에만 국한되는 절대적, 질적 개념이라고 한다면, 모더니티는 거의 어느 시대에서나 나타날 수 있는 상대적, 양적 개념인 셈이라고 정의할 수 있겠다.

3. 모더니즘과 포스트모더니즘과의 관계

아도르노(Theodor W. Adorno)와 호르크하이머(Max Horkheimer)의 『계몽의 변증법(Dialectic of Enlightenment)』에 의하면 서구의 모던은 "인간의 공포를 없애고 인간을 지배자의 위치에 올려놓는 것"으로부터 시작되었다. 그러나 후에 신격화된 계몽주의가 다시 미신으로 전락함으로써 계몽주의는 변질되었다(Horkheimer & Adrno, 1972, pp. 11–28). 계몽주의가 추구하던 것은 세계를 도구로 사유하는 '도구적 이성'이었으나, 이것이 만연하게 됨에 따라 결국 인간을 도구로 취급하는 20세기 전체주의의 출현

---

2 David Brooks, "Modernism," *Encyclopedia of Literature and Criticism*, eds. Martin Coyle, Peter Garside, Malcolm Kelsall, and John Peck (London: Routledge, 1990), 123.

에 영향을 끼치게 된 것이다. 이를 가리켜 아도르노와 호르크하이머는 "계몽주의는 전체주의적이다"(Horkheimer & Adrno, pp. 11-28)라고 규정하였다. 이것을 쟁점으로 포스트모던에 대한 하버마스와 리오타르의 논쟁이 시작되었다. 이 논쟁을 기점으로 모던과 포스트모던의 관계를 연속(후기) 또는 분리(탈)의 입장으로 보는 여러 이론가들의 견해들이 나타나게 되었다.

먼저 포스트모더니즘을 모던의 연속선상에서 이해하려는 사상가들은 하버마스와 제임슨(Fredric Jameson), 페더 스톤(M. Feather Stone) 등이다. 하버마스에 의하면 "모더니즘은 과거의 유물이 아니며, 전통과 대립해서 끊임없는 혁신을 추구하는 시대정신으로, 철저한 자기부정의 운동이고 항상 파괴의 흔적과 새로운 것으로의 폭발력을 지니고 있다"는 것이다 (Habermas, pp. 3-15). 그는 포스트모더니즘이란 모더니즘의 연속선상에 있는 것으로서 모더니즘을 초월하려는 현재(contemporary)의 모더니즘들이 곧 포스트모더니즘이라고 주장하였다. 같은 노선에서 제임슨은 포스트모더니즘을 후기자본주의의 지배적인 '문화적 우세종'으로 이해한다. 그러나 접근방식에 있어서는 정반대로서, 제임슨은 좌파이고 하버마스는 우파적 입장을 견지하고 있다. 제임슨은 또한 만델(Ernest Ezra Mandel)의 사회경제이론에 근거하여 포스트모더니즘을 "후기자본주의의 문화적 논리(The Cultural Logic of Late Capitalism)"로 정의한다.[3] 그는 포스트모더니즘은 다국적 후기자본주의의 문화논리이며 동시대의 모든 문화현상은 이 논리에 의해 지배당하고 있다고 주장하면서, 바로 이러한 '억압적 상황에서 해방의 계기를 찾아내는 것'이 포스트모더니즘의 과제라고 하였다

---

3 만델은 자본주의를 '시장자본주의', '독점자본주의', 그리고 '후기자본주주의'의 세 가지 국면으로 구분하였는데, 이러한 만델의 3분법적 도식을 받아들여 제임슨은 '리얼리즘', '모더니즘', '포스트모더니즘'을 각각 그에 상응하는 세 가지 문화적 논리로 규정한다. Fredric Jameson, *Post modernism, or, The Cultural Logic of Late Capitalism* (North Carolina: Duke Univ. Press, 1992), 3-6.

(Jameson, 1992, pp. 3-6). 이 외에도 포스트모더니즘을 모던의 연속선상에서 이해하려는 미국의 신리얼리즘 이론가 제랄드 그라프(Gerald Graff)가 있다. 그는 포스트모더니즘을 후기모더니즘의 관점에서 파악한 가장 대표적인 사람 중 하나이다. 그라프에 의하면 포스트모더니즘은 가깝게는 모더니즘, 멀게는 낭만주의의 전통에서 파생하였다. 그는 또한 포스트모더니즘은 낭만주의와 모더니즘이 견지하는 입장과의 단절이 아니라 오히려 이 두 운동의 기본 전제들을 논리적으로 발전시킨 극한점으로 파악되지 않으면 안 된다(Graff, 1979, p. 32.)고 주장한다. 1960년대부터 리얼리즘 연구를 해온 백낙청(1984) 역시 포스트모더니즘을 모더니즘의 극단적, 논리적 발전 형태로 파악한다.

반대로 포스트모던을 모던과 분리된 새로운 대안으로 보는 견해를 가진 이론가들로는 푸코(Michel Foucault), 데리다(Jacques Derrida), 리오타르(Jean-François Lyotard), 후이센(Andreas Huyssen)을 들 수 있다. 푸코는 지식과 이성의 객관성을 비판한 가장 잘 알려진 포스트모던 사상가이다. 데리다는 모더니티의 로고스 중심주의를 해체하고 기표(significant)의 중요성을 강조하였고, 모든 텍스트에는 차이가 존재하며 그 의미는 지속적으로 연기되는 것이라는 주장과 함께 차연(diferance)이라는 신조어를 탄생시켰다. 또한 리오타르는 거대 담론(grand narrative)을 해체하는 것을 자신의 철학적 사명으로 인식하였다. 그는 왜곡되고 억압된 현대인들의 영혼을 해방시킬 수 있는 비결을 의사소통 즉 대화로 보는 하버마스의 견해를 비판하면서, "모더니즘 안에서 표현할 수 없는 것은 표현 그 자체로 나타내는 것이고, 포스트모더니즘은 새로운 표현을 찾는 것이 임무"라고 강조하였다(Lyotard, p. 340.) 즉 리오타르는 "우리는 19~20세기를 걸쳐 전체와 하나(單一)에 대한 향수에 대해 수많은 공포를 경험했다"고 단언하고 '전체성'에 대한 투쟁이 포스트모더니즘의 임무임을 강조하고 있다(Lyotard, p. 341). 후이센 역시 하버마스를 비판하지만 리오타르와는 달리 '아방가르드(Avant-garde)'에 대해서는 하버마스와 마찬가지로 깊은 관심을 가지고 있다(Huyssen, 1986, pp. 290-292). 그러나 차이점은, 합리성은 역사적으로 억압도구로 전락한 면이 있었기에 이제는 새로운 인간해방의 논리를 포스트모더니즘에서 찾아야 한다고 주장하였다(Huyssen, pp. 290-292).

포스트모더니즘을 모더니즘에 대한 반작용이나 단절로 이해하려는 이론가들 중, 먼저 레슬리 피들러(Leslie Fiedler)는 '모더니즘의 죽음을 곧 포스트모더니즘의 출생'이라는 도식으로 말하며 모더니즘의 종말을 고한다(Fiedler, 1982, p. 3). 김성곤 또한 포스트모더니즘을 모더니즘에 대한 비판적 반작용이나 그것과의 의식적 단절로 파악한다. 즉 모더니즘은 20세기의 지배적인 사조였으나 포스트모던 시대는 '포스트모더니즘'이라는 명칭을 갖는 새로운 사조가 등장하는 것이며, 그것은 본질적으로 탈모더니즘, 탈리얼리즘적 속성을 가질 수밖에 없다는 것이다(김성곤, 1990).

한편 포스트모던을 모던과 명확하게 분리되거나 연속하는 것으로 보지 않는 이론가인 이글턴(Terry Eagleton)은, 제임슨과 마찬가지로 좌파적인 시각으로 포스트모더니즘을 보고 있다. 그는 포스트모더니즘을 '아방가르드와 모더니즘이 잘못 결합된 문화현상'이라고 이해한다. 그러나 '포스트모더니즘의 새로운 혁명적 예술 혹은 문화가 탈정치적인 방식으로 결합되어 비역사적 성격을 띠는 것은 반대한다'고 말한다(Eagleton, 1986). 김욱동은 다원성과 상대성 그리고 비결정성을 기본 철학적 입장으로 수용하는 포스트모더니즘의 정의는 매우 난해한 것이라고 하면서, 변화무쌍한 포스트모더니즘의 개념과 성격을 올바르게 규명하기 위해서는 포스트모더니즘과 모더니즘의 공통점과 차이점에 대해 지속적으로 질문하며 답을 찾아야 한다고 말한다. 그러나 김욱동은 포스트모더니즘은 모더니즘의 기본 입장을 계승하고 발전시키는 동시에 또한 모더니즘의 한계를 초월하고 극복하고자 하는 것이며, 본질적으로 포스트모더니즘은 모더니즘의 기본 입장과 전제를 거의 대부분 수용하고, 둘 사이에는 혈육의 유사성이 존재한다고 주장한다(김욱동, 1994, pp. 190-192).

4. 포스트모더니즘과 종교와의 관계

하비 콕스(Harvey Cox)는 그의 최근 저서인 『신앙의 미래(Future of Faith)』에서 21세기의 사람들은 하나님은 믿지 않지만 기도는 하고 있다고 답하는 사람들이 많아지고 있다고 하였다(Cox, 2009). 그는 또 지난 2000년의 기독교 역사를 3단계로 구분하면서 1기를 신앙의 시대(예수와 그의 제자들이 주도하던 시대), 2기를 신념의 시대(3세기 말~18세기 초, 예수 자체보다 교리를 가르치던 원시적 종교교육의 시대), 3기를 영의 시대(현대, 성삼위 중 눌려 있던 성령의 귀환)라고 명명하고 있다. 콕스에 의하면 포스트모던 시대는 영의 시대(Age of Spirit)인 것이다. 최근 많은 현대인들은 그들에게 보다 더 중요한 것은 내세의 삶을 위한 현재의 희생이 아닌, 지금 그리고 여기에서의 웰빙이라고 말한다. 뿐만 아니라 21세기 젊은이들은 제도적인 종교는 탈피하고 싶으나 신앙은 유지하고 싶다고 말한다. 즉, 자신을 종교적이진 않지만 영적이라고 고백한다. 정규적으로 헌신하는 교회 신자는 아니지만 크리스천 신앙을 떠나고 싶지는 않다는 이 고백을 우리는 어떻게 해석해야 할 것인가? 콕스 교수는 새천년에 들어와서 세 가지 중대한 변화가 기독교교회에 있었다고 말한다. 첫째, 예상치 않았던 기독교교회의 성장과 부흥이다. 둘째, 근본주의 기독교회의 빈사, 셋째, 기독교 종교성의 본질적 변화이다. 포스트모던 시대의 사람들은 신념으로서의 기독교 신앙을 강조하는 이성적, 교리중심적 설교보다 성령의 돌봄과 치유를 설교하는 기독교를 원하고 있다. 포스트모던 시대 교회들은 신자들의 이러한 종교적 욕구에 부응해야 하고 기독교교회의 개혁을 바라는 한국 사회의 비판을 겸허하게 수용해야 할 것이다.

영성은 포스트모던 시대의 사람들에게 매우 중요한 영역으로 다가왔다. 이성적 합리성에 근거한 지적 작업으로는 궁극적인 문제를 해결할 수 없다는 생각이 그들로 하여금 영성에 관심을 갖도록 만들었다. 그들은 계몽의 이성을 종교의 대치물로 여겼던 모던 시대의 사람들과는 달리 영적 세계를 긍정적으로 볼 뿐만 아니라 그것을 추구하기도 한다. "모더니즘이 종교의 세계를 없애려고 한 반면에 포스트모더니즘은 새로운 종교를 낳고 있다(진 에드워드 비스, 1998, p. 249). 이 말은 한국 교회에겐 기독교 종교성의 본질에 대한 심각한 질문을 해야 할 때임을 말해주는 것이다.

21세기 포스트모더니즘이 경제, 사회, 문학, 음악, 미술, 건축, 패션, 음식 등과 같이 우리 삶의 전 영역에서 다양한 형태의 새로운 변화를 일으키며 영향을 주고 있지만 종교에 주는 영향은 대부분 부정적이다. 두 가지 이유로 설명이 가능한데, 첫째, 포스트모더니즘에 대한 기독교교회들의 이해 부족에서 오는 편견과 우려 때문이요, 둘째, 포스트모더니즘의 특징 중 하나가 거대 담론들의 해체 또는 탈구조화이기 때문이다.

기독교는 초기 공동체가 형성될 때부터 인간에게 닥쳐올 불행과 죽음의 공포에 대한 최종적 해법은 예수의 재림을 소망하고 종말의 도래에 하나님의 은혜로 영원한 천국에 들어가는 것이다. 그런데 인류 역사상 인간이 예상치 못한, 통제 불가능한 거대한 자연재해의 발생은 이와 같은 기독교의 신념체계를 뿌리째 흔들어놓았다. 바우만은 1755년 포르투갈 리스본 대지진의 결과는 근대철학의 출발점이 되었다고 말한다. 이 사건은 전지전능한 신에 대한 '탈주술화'를 가져왔으며, 자연에서 신의 가면을 벗겨내게 하였다고 말한다. 2005년 미국 뉴올리언스 허리케인 사태는 바우만에게 또 다른 성찰을 가져오게 하였다. 즉, 자연재해가 관리 가능한 것은 아니지만 그 결과는 피해가 공평하게 받아들여지지는 않았다. 피해를 입은 사람들 대부분이 가난한 흑인이었다는 사실은 "허리케인 자체는 천재지변이지만, 그 결과는 분명 인재(人災)였다"는 것이다. 가장 심각한 피해를 입은 사람들 대부분은 법과 근대화로부터 소외된 사람들이었다. 2011년 일본에서 발생한 후쿠시마 원전 유출 사태 역시 바우만이 예견하고 있는 포스트모던 시대의 유동적 공포(liquid fears)의 한 예를 보여준 것이다. 포스트모더니티의 유동적 공포 중 하나인 원자력 기술로 세계 강국 중의 하나인 일본이지만, 그것의 위험으로부터 국민들의 안전을 보장할 수 없다는 공포를 인식하게 된 것이다. 바우만은 이러한 21세기 통제 불가능한 공포를 의식하며 "다가오는 세기는 궁극적인 재앙의 시대가 될 것이다"라고 예언한 바 있다.

포스트모던 시대 인간이 체감하는 공포와 불안의 정도는 근대에서 보다 그 강도가 심각하고 다양하다. 종교의 힘이 그 어느 시대보다도 요구되는데도 불구하고 포스트모더니스트들은 니체의 신을 부활시키는 데 열정적이지 않은 것은, 종말에 대한 불안과 공포로부터 지켜줄 그 어떤 종교의 힘도 믿지 않는 것과, 아니면 마지막 때의 심판에 구원될 것을 아예 포기했거나일 것이다.

대부분의 포스트모더니스트들의 주장은 상당 부분 니체가 최초로 개진했던 주장들에 기대고 있다. 니체에 의하면 포스트모더니즘은 인간의 이성에 근거하여 합리적 논의로 나타난 모든 것에 대한 도전이다. 니체가 선언한 신의 죽음은 인간이 합리적으로 인식했던 신에 대한 부정인 것이다. 또한 포스트구조주의자 데리다에게 해체주의란 선과 악, 현전과 부재, 진리와 허위, 지성과 감성 등과 같이 서구사상 전반에 산재해 있는 이분법적 대립관계를 해체하는 비평작업을 의미하는 것이다. 즉 그가 해체하고자 하는 것은 주체, 이성, 절대, 실재, 정신, 진리, 신과 같은 근원적 본질어로 다양한 해석으로의 개방을 의미하는데, 이러한 데리다의 해체적 비판이 바로 다양성과 다원성을 특징으로 하는 포스트모더니즘의 기초가 되고 있다(유문무, 1996, pp. 419-421).

니체의 신의 죽음 선언이나 데리다의 해체주의는 포스트모더니즘 발흥의 주요 원인인 지나친 인간 이성의 강조에 대한 반발과 상충되는 것으로 볼 수 있으나, 이 점은 현대 종교가 안고 있는 문제들을 극명하게 보여주는 근거이기도 하다. 니체나 데리다가 의문하고 부정하는 것은 정확히 말하면 단순히 종교에 대한 부정이 아니라 인간의 이성에 의해 합리적 존재로서 변질되어간 종교나 신의 논리를 대변하는 텍스트에 대한 부정 내지는 해체로 표출된 것이다.

이들이 이해한 종교는 이성의 대상이 아니라, 이성이 감당할 수 없는 초자연적인 세계나 사건 앞에서, 또는 죽음처럼 인간의 알 수 없는 운명 앞에서 무력한 인간이 의지하고 도움받을 수 있는 대상인 것이다. 따라서 포스트모더니즘은 이성에 의해 폐쇄되고 틀에 박히고 고립된 무력한 종교를 해방시킬 수 있다는 말이다. 적어도 포스트모더니즘은 신앙과 영성이 아니라 형식주의에 빠진 현대 기독교에 자기 성찰과 자체 반성의 기회와 계기를 마련해주었다는 점도 부정할 수는 없을 것이다. 그 결과 다 죽어가던 미국 교회들이 30년 전부터 다시 종교 특유의 힐링과 회복의 영적 파워를 회복해가기 시작했다는 것이다.

생을 마감하기 이전의 마지막 10년 동안 종교의 문제에 매달린 데리다는 종교가 불확실성 없이는 불가능하다는 점을 정확히 이해한 몇 안 되는 사람에 속한다. 야훼, 예수, 알라, 붓다, 신은 불완전한 인간에 의해서 충분히 알려질 수도 없으며 적절하게 표상될 수도 없다. 대부분의 갈등과 충돌을 조장하는 사람들은 신이 자기편에 있다고 확실하게 주장하는 사람이다. 데리다에 따르면 진정한 종교는 확실한 토대를 제공하지 않는다. 다시 말하면 종교의 목적이 반드시 의미, 목적, 확실성을 제시하는 데 있는 것은 아니지만, 역설적으로 들릴지 모르지만, 위대한 종교적 전통은 매우 심오한 동요를 일으키는데 그 이유는 참종교는 확실성과 안정성을 문제 삼기 때문이다. 회의와 번민에 의해서 완화되고 조절되지 않는 일체의 신념은 치명적 위험을 제기한다. 세계화 과정이 예상했던 것보다 훨씬 더 급속하게 진행되면서 커뮤니케이션과 교환의 네트워크 안에서 지구의 모든 인간들을 보다 더 가깝고 빠르게 접근하게 만들면서 단순성, 명료성, 확실성에 대한 염원과 갈망은 가시화되고 있다. 이 같은 욕망은 대부분, 문화적 보수주의와 종교적 근본주의의 부상에 책임을 물어야 할 것이다. 데리다는 맹목적 신앙과 믿음에 대한 대안은 단순히 불신앙이 아니라 다른 종류의 믿음이어야 한다고 분명히 경고하였다.

줄리아 코베트(Julia M. Corbett, 1997, p. 7)는 종교를 사람들이 거룩하고 신성하고 가장 높은 가치가 있다고 여기는 것을 지향함으로써 그들의 삶에서 의미를 발견하는 믿음, 라이프 스타일, 의례적 행위들과 제도의 종합적 체계로 보고 있다. 틸리히도 종교를 한 사회의 문화적 요소의 통합된 결정체이자 문화를 구성하는 핵심 요소로 간주하면서 "종교는 문화의 실체요, 문화는 종교의 형식이다"라고 이해하였다(Tillich, 1959, p. 42). 그러므로 문화가 포스트모더니즘을 이해하는 주요 키워드인 이 시대에 기독교를 포함한 종교는 시대정신에 그 어느 때보다도 깊게 관여하고 있음은 분명하다 하겠다.

II. 21세기 포스트모더니즘의 키워드 : 영성, 해체주의, 하이브리드, 상호텍스트성

1. 영성 지향: 이성에서 영성으로

최근 지구촌에서 10년 이내에 발생했던 대규모 살상 테러인 뉴욕의 911과 인도 뭄바이 사태, 인류 최대의 인재 중 하나인 일본의 후쿠시마 원전 방사능 유출 사고, 북한의 핵 실험 집착으로 인한 핵확산 공포, 무절제한 환경파괴로 인한 자연재해 등은 첨단 과학기술의 힘과 종교의 힘으로 통제할 수도 예방할 수도 없었다. 이러한 통제 및 예측 불가능한 유동적 공포 앞에 어떤 나라도, 어느 민족도 자유로울 수는 없다. 초고속 인터넷과 SNS 시대에 살고 있기에 우리의 공포는 더 빨리, 더 넓게 확산되는 경향이다. 21세기 현대인들이 최근 들어 영성에 관한 책을 가장 많이 구매한 것으로 나타나고 있다. 이것은 유동적 공포에 대한 현대인의 불안심리를 반증하고 있는 것이다.

포스트모더니즘 시대의 구도자들은 종교성의 본질을 경험하고 느낄 수 있는, 그래서 자신에게 생활의 활력을 줄 수 있는 에너지를 영성으로 이해하는 것 같다. 현대 구도자들에게 역사적이고 유명하며 거대한 종교의 역사와 전통은 크게 중요하지 않다. 새로운 가치체계를 수용한 사람들에게 종교란 그들의 불안한 실존적 삶에 대한 근본적 해결책일 뿐이며, 지적인 차원에서의 믿음(신념)의 확신보다는 인간의 내면과 감성적 차원에서의 체험적 확신을 심어주는 총체적 영성(holistic spirituality)에 훨씬 더 매력을 느끼고 있다.

포스트모더니즘의 영향으로 발생한 뉴에이지 운동이나 이와 유사한 운동들을 모두 포함하여 신영성운동(new spirituality movement)과 신신종교(new new religion)와 같은 신조어가 생겨났다. 이와 같은 대체 종교적 운동은 기존의 종교가 지향하던 초월적 존재보다는 자기 안의 영성 개발에 더 초점을 두고 있는 것이다. 이러한 신영성운동들이 포스트모더니즘과 관련되어 있는 특징들을 살펴보면 첫째, 이 종교운동들이 지닌 개방성과 자율성이다. 신영성운동에서는 종교 공동체에 구속받으면서 초월적 존재에 복종하는 것과 같은 종교의 모습은 보이지 않고 있다는 것이다. 그 대신 개개인이 자기 초월이나 자기 탐구를 통해 스스로 영성을 개발하는 것이 목적이라고 선전한다. 이 같은 신영성운동의 기본 성격은 총체성과 획일성, 경직성을 부정하고 자율과 개방을 추구하는 포스트모더니즘과의 조화를 이룰 수 있다. 둘째, 신영성운동이 지닌 '과학-종교' 복합적 세계관이다. 신영성운동에서는 과학과 종교를 서로 대립시키는 것이 아니라 합치될 수 있는 것으로 간주한다. 즉 신영성운동가들은 현대과학이 이원론적 세계관을 넘어서고 있기 때문에 첨단과학이 제시하는 새로운 우주관과 생명관은 새로운 영성의 탐구와 선한 조합을 이룬다고 주장한다(시마조노 스스무, 2010).

최근 들어 영성이라는 단어가 특정 종교의 울타리를 넘어 보다 광범위고도 일상적인, 그리고 사회문화적인 의미로 사용되고 있다. 예를 들어, 영성의 일상화, 영성의 사회화, 또는 일상생활의 영성화가 형성되고 있는 것이다. 이러한 영성 담론의 확산은 영과 육의 이원적 사유가 해체됨으로 인해 가능해졌으며 동시에 이러한 영성운동이 오히려 이분법적 사유를 해체하는 적극적인 동인이 되고 있다. 점성술, 영매 등 뉴에이지(New Age) 영성은 빠르게 포스트모던 시대의 젊은 구도자들을 현혹시킨다. 윌리엄 톰슨(William Irwin Thompson, 1982, 52)은 1980년대 뉴에이지 운동의 성패는 모던 종교로부터 포스트모던 종교로 넘어가는 종교적 패러다임 시프트의 기폭제가 될 것으로 기대하고 있다고 하였다.

점성술은 과거에 비해 10대 청소년, 고학력층과 젊은 연령층에서 더욱 많이 대중화되고 있으며, IT 산업의 발전은 온라인뿐만 아니라 손 안의 스마트폰에서도 점을 칠 수 있도록 확산되고 있다. 서울 강남 로데오 거리를 중심으로 번지고 있는 점술/사주 카페와 인터넷상의 점술 닷컴 사이트와 온라인 사령(occult) 카페는 점점 증가 추세에 있다. 이 밖에도 판타지는 현실에 대한 일탈과 해방을 꿈꾸는 젊은 세대들에게 '해방구'이며 종교가 되어가고 있다. 판타지는 온라인과 오프라인 세상을 자유자재로 넘나들며 영화, 오락, 게임, 드라마, 소설, 캐릭터 상품, 패션, 광고에 이르기까지 대중문화 전반에 걸쳐 확산되고 있다. 최근 판타지로 인해 이전에 보기 힘들었던 퇴마나 주술 같은 불건전한 이상 기류가 젊은이들 사이에서 급속도로 번지고 있다. 이것은 잘못된 오컬트,[4] 사령문화에 대한 레밍(lemming, 쏠림) 효과에서 비롯된 것이다.

한국 사회의 경제지표가 높아지고 주 5일 근무가 의무화되면서 공공복리보다는 개인의 행복을 더 중시하는 경향이 나타나고 있다. 이제 웰빙과 정신건강 그리고 주말 여가는 한국인의 주요 관심사가 되었다. 특히 웰빙이 가지고 있는 기본사상은 뉴에이지의 심신 수련을 통한 자기개발, 인간과 자연, 그리고 지구가 하나의 전체라는 인식과 긴밀히 연관되어 있다.

---

4 오컬트(occult)란 물질과학으로 설명할 수 없는 신비적 초자연적 현상, 또는 그에 대한 지식을 뜻한다. 오컬트(occult) 또는 오컬티즘(occultism)은 라틴어 '오쿨투스(occultus: 숨겨진 것, 비밀)'에서 유래하였다. 오컬트 문화란 초자연적인 요술이나 주술, 심령술, 점성술, 예언과 같은 신비적인 요소가 포함된 문화를 통틀어 말한다.

기존의 종교와는 달리 현대인이 선호하는 다양한 장르의 문화예술적 코드(예: 명상 음악과 서적, 사후세계를 그린 TV드라마와 영화, 뉴에이지 상징을 삽입한 만화 애니메이션 등)를 사용하여 새로운 대안적 종교운동으로 초대하기 때문에 기존의 종교보다 훨씬 접근(access)이 용이하고 동화가 빠르다는 것이 오히려 리스크가 되고 있다(전명수, 2006, p. 304). 데리다는 말하기를 회의와 번민에 의해서 완화되고 조절되지 않는 일체의 종교 또는 유사 종교적 신념은 치명적 위험을 제기한다고 했다. 맹목적 신앙과 믿음에 대한 대안은 단순한 불신임이 아니라 다른 종류의 믿음이어야 한다. 즉 불확실성을 포용하고 우리가 이해할 수 없는 타자를 이해할 수 있게 해주는 톨레랑스(tolerance)인 것이다(Derrida, 1994, pp. 34-35).

현대의 젊은이들은 내세의 삶보다는 현세에서의 건강하고 행복한 삶에 더 많은 가치를 부여한다. 콕스가 언급하였듯이, 현대인들이 기독교에 대한 관심이 없어진 것이 아니라, 기독교의 종교성에 대한 본질적인 변화를 기대하고 있는 것이라고 분석한다.[5] 포스트모더니즘의 특징 중 하나는 뫼비우스의 띠처럼 안과 밖의 경계가 없어지고 하나로 연결된다는 것이다. 한국 교회는 모더니티와 함께 급성장하였고 하나님의 은총을 넘치도록 받았다. 그러나 지나치게 안과 밖, 믿는 자와 안 믿는 자를 구분하는 이원론적, 배타적 경계를 만들어온 것도 부인할 수 없는 사실이다. 교회 안과 밖의 논의는 결국 하나님의 내재성과 관련된 것이다. 현대인들은 하나님이 세상 속에 편만하게 존재하신 분이지만 무엇보다도 자신의 내면에 늘 계시며 자아와 소통하기를 희망하고 있다는 사실을 모든 교회들은 망각해서는 안 될 것이다. 교회에서의 연출된 공적 예배만 지나치게 강조한 나머지 한 사람이 괴로울 때나, 슬플 때나, 두려울 때 홀로 드리는 개인적

5 2009년 『신앙의 미래』라는 저서를 낸 하바드 대학교의 하비 콕스 교수는 50년 전 자신을 비롯한 당시의 종교학자들이 예언한 교회의 몰락은 잘못되었다고 시인한 바 있다. 한국 교회도 20년 전부터 주요 교파의 교세 감소는 시작되었으나, 오순절 교회들과 같이 성령 은사주의 교회들은 이례적인 성장을 지속하고 있다.

영성을 위한 예배에 소홀한 것은 아닌지 지금이라도 돌아봐야 할 때이다. 포스트모더니즘은 인간이 신의 위로가 필요하여 신을 찾을 때조차 공리주의의 구속을 받아야 한다면 작은 자를 위한 종교적 정의는 누가 지켜줄 것인가를 지금 한국 교회에게 묻고 있는 것이다.

2. 해체주의

데리다가 해체하고자 했던 것은 도대체 무엇이었을까? 그의 해체론은 서구의 철학, 과학, 기술 일반의 출현을 형성했던 이성의 원칙이 가진 한계를 제거해보려는 노력이다. 서구 철학은 본질/현상, 안/밖, 선/악, 진리/허위, 말하기/글쓰기, 자본/노동, 남성/여성 등이 모두 이항대립에 근거해 있다. 각 쌍의 한 측면은 근원적이며 다른 측면은 이차적이고 파생적이다. 여기에서 대립구조는 하나의 항이 다른 항을 지배하고 억압하는 것을 필연적으로 정당하게 만든다. 이러한 은폐된 폭력을 폭로하는 것이 해체의 첫 번째 목표이다(Cornell, 1992, pp. 1-2). 데리다가 해체하고자 하는 텍스트란 철학, 문학, 정치, 역사에 대한 온갖 기록물뿐만 아니라 생활세계에 있는 모든 이해의 지평을 다 포함한다(이조원, 2009, p. 323). 데리다는 '해체'가 전통에 대해 비판적이기는 하나 결코 전통을 경멸하거나 비웃는 것은 아니라고 했다. 즉 전통에 대한 무조건적인 거부나 파괴가 아니라는 것이다. 해체는 전승된 개념들이 누적되어 점점 두꺼워진 폐쇄성을 허물고 그것으로 인한 배제와 은폐를 노출시키는 방식인 것이다(이조원, p. 347).

데리다 이외에도 해체주의를 주장한 이론가들은 라캉, 푸코, 리오타르, 보드리야르가 있다. 이들이 어떻게 모더니티의 원리인 이성을 해체하고 있는지를 좀 더 구체적으로 설명하면 다음과 같다. 먼저 라캉(Jacques-Marie-Émile Lacan)은 인본주의적 관점에서 자아 또는 주체의 해체를 주장하였다. 그는 인간은 안정된 자아, 자유의지, 삶에 대한 인간 스스로의 결정능력(self-determination)을 갖고 있다고 전제하고 있다. 라캉(Lacan, 1977)

에게 있어서 자아란 이 세상에서 우리가 동일시할 수 있는 것을 찾는 개인의 허구적 인식이요 나르시스적 과정일 뿐이다. 라캉은, 주체는 언어의 형식과 그 명시화를 통해 형성되고 재형성될 뿐, 인본주의가 주장하듯 본질적으로 주어진 것이 아니라고 주장한다. 라캉에게 있어 본질적인 자아란 것은 존재하지 않는다. 본질적인 자아란 완전한 모성 결핍을 채우기 위해 우리가 의지하며 살아가는 허상일 뿐이라고 주장한다.

푸코(Foucault, 1989)는 지식과 권력의 역학관계를 해체하는 데 초점을 맞추고 있다. 그는 토대주의와 과학주의에서 강조하는 지식의 객관성과 보편성을 해체하고자 하였다. 지식은 객관적으로 존재하는 것이 아니라 선택과 배제의 실천을 결정하는 권력과 밀접한 관계가 있다. 즉, 지식은 권력을 형성하는 데 공헌하고 권력은 지식의 생산과 배분 과정에서 행사된다. 지식이 권력과의 밀접한 관련 속에서 생산되고 배분되고 있음에도 불구하고 지식을 객관적이고 보편타당한 기초 위에 있다고 하는 것은 허구라고 주장한다. 푸코는 지식과 권력과의 이와 같은 역학 관계를 분석함으로서 이성의 위선적이고 억압적인 성격을 비판하고자 하였다. 그러므로 지식이란 인간과 사회의 관계가 실천되는 과정에서 작용한 권력관계가 반영되어 나타난 것에 불과한 것이다.

리오타르(Lyotard, 1984)는 거대 이론(grand theories)의 해체를 주장하였다. 전통적으로 지적 논쟁은 진보, 해방, 평등, 자유, 민주주의 등 인류에게 보편적 가치를 지닌 것에 대한 쟁점이나 개념을 중심으로 진행되어왔다. 이러한 보편적 쟁점이나 개념은 모든 학문의 궁극적 목적으로 연결되어 학문적 구조, 논리적 일관성, 그리고 통합성의 기반이 되었다. 그런데 이러한 보편적 쟁점과 개념을 다루지 않는 사소한 이론은 거대 이론, 즉 대분류 학문에서 제외되었고 진정한 학문이 아닌 것으로 인식되어왔다. 리오타르는 이러한 거대 이론은 포스트모던 사회에서 적합한 이론이 될 수 없다고 주장한다. 왜냐하면 포스트모던 사회에서는 다양한 언어 게임과 다양한 담론이 혼재해 있기 때문에 하나의 거대 이론으로는 모든 다양한 이론과 관점과 차이를 통합하는 것이 불가능하기 때문이다. 리오타르는 모든 차이를 초월하는 하나의 기준에 의해 통합될 수 있는 거대 이론이란 있을 수 없다고 주장한다. 그러므로 포스트모던 사회에 적합한 담론은 지엽적인 개개의 소서사(小敍事, 조그만 사소한 이야기)들뿐이다. 이러한 작은 담론들만이 개개인의 다양한 삶의 양식과 모습을 그려낼 수 있기 때문이다.

보드리야르(Jean Baudrillard, 1983)는 인간의 실재(reality)를 해체할 것을 주장한다. 보드리야르는 우리가 살고 있는 현 사회를 이성 중심의 사회라고 정의하고, 보다 정확하게는 이성에 의한 경계가 해체된 포스트모던 사회라고 이해한다. 그에게 있어서 포스트모던 사회는 일종의 복제사회다. 여기서 복제라는 것은 이미지, 상품, 행동 등이 복제되는 것을 말하며 허상, 모방, 복사, 재생산품 등과 같이 복합적인 의미를 갖는다. 상품의 가치도 활용가치 혹은 교환가치가 상징 혹은 기호의 가치로 전환된다. 즉 스타일, 특권의식, 권력의 상징 등이 상품 개발과 소비 촉진에 더 중요하게 작용한다. 이에 따라 어떤 물건이 필요해서 구매하기보다는 특정 브랜드가 상징하는 것 때문에 구입하는 성향이 강해진다.

포스트모던 사회에서는 복제가 하이퍼 리얼리티(hyper reality)의 모습의 형태로 비쳐진다. 하이퍼 리얼리티란 실재와 실재의 재현과의 관계가 무너진 형태로, 실제의 형태보다 더 실재적인 것으로 인식될 수 있다. '무엇이 실재인가'라는 질문에 일반적으로 우리는 현실이 정확하고 분명하게 재현된 것을 실재라고 답해왔다. 그런데 하이퍼 리얼리티는 실재 그대로의 모습을 나타낸 것은 아니지만 그럼에도 허상이라 할 수도 없고 망상이라 할 수도 없는 것을 의미한다. 하이퍼 리얼리티의 예로 가장 많이 등장하는 것이 패션모델, 패션 및 스타일 잡지, 디즈니랜드 등이다. 이와 같은 것들은 광고나 미디어 쇼를 통해 우리에게 보여지는 것으로, 사람들은 이와 같은 것을 이상적인 것으로 간주하여 모방한다. 복제, 하이퍼 리얼리티 등의 개념은 모델과 실재, 기표/기의의 구분을 없애 실재의 의미, 진실의 개념을 해체시킨다.

2000년대 이후 등장한 N세대(Net generation)들의 행동방식은 포스트모던적 특성을 단적으로 말해준다. 이들은 선악에 대한 이분법적 논쟁보다는 그것의 효용가치에 대한 실용주의 논의를 더 선호한다(LG경제연구원, 2005). 한국언론재단에서 20~30대의 신세대들을 대상으로 조사한 한 연구보고서에 의하면 이들은 "심각할 정도로 사회에 대해 부정적인 태도를 가지고 있으며, 무력감, 냉소주의, 회피의 경향을 보이며 경제를 제외한 한국 사회 전반에 대해서 무관심하다"(유선영, 2001).

해체 현상은 현재 한국 사회의 각 곳에서 일어나고 있다. 전통적 가치관의 붕괴, 연령주의의 해체, 온라인과 오프라인의 경계의 해체, 학교지상주의의 해체 등과 같이 과거에 강요되었던 것, 익숙해 있던 것을 부정하고 비판함으로써 시작되었다. 비효율적으로 생각되는 모든 것은 아마도 해체될지도 모른다는 우려가 들지만, 현실을 개선하는 긍정적인 성과를 가져오기도 한다. 그러나 젊은 세대의 공공성에 대한 몰이해와 무관심이 지속된다면 극단적인 불신이 싹틀 것이라 우려된다(송호근, 2003). 포스트모던 시대의 해체 현상은 사이버 공동체의 형성과 권력의 탈중심화로 인하여 앞으로도 더욱 과감하게 진행될 수 있다는 것이다. 그러나 자신을 빼고는 다 버리고 바꿔야 산다는 도요타 자동차의 오쿠다 히로시 전 회장의 말은 크리스천인 우리에겐 익숙한 말이다.

3. 하이브리드 — 혼성모방

포스트모더니즘을 이해하는 또 다른 대표적인 키워드는 다국적 기업에 의해 주도되는 소비자본주의의 징후를 보여주는 하이브리드란 말이다. 하이브리드는 크게 융합과 조합으로 나눌 수 있다. 융합은 거스를 수 없는 시대적 화두가 되고 있다. '융합의 시대'라고 할 정도로 모든 영역에서 융합화가 이루어지고 있다. 특히 산업계에서는 복잡 다양해지는 소비자 선호를 충족시킬 융합 신제품을 출시에 사활을 걸고 있다. 하이브리드 즉 융합의 출발은 "이제 뭘 먹으며 행복하게 살까?"라는 고민으로부터 시작된다.

융합의 사전적 의미는 '다른 종류의 것이 녹아서 서로 구별이 없게 하나로 합하여지거나 그렇게 만듦, 또는 그런 일'을 뜻한다. 그러나 사회적 의미로서의 '융합'은 '서로 다른 물성이나 현상을 결합, 본질을 유지하되 새로운 창조적 물질, 또는 현상으로 태어남'을 뜻한다. 비빔밥이 융합이 된 것은 밥과 고추장과 콩나물과 쇠고기 등 식재료가 모여 비빔밥이라는 창조적 산물이 나왔기 때문이다. 걸그룹 '소녀시대'가 융합이 아닌 조합이 된 것은 소녀시대의 멤버들은 소녀시대로 활동(inter-dependent)하기도 하지만 개인적으로 배우나 뮤지컬 배우로 활동(inter-independent)하는 프로젝트 그룹이기 때문이다. '짬짜면' 또한 조합이다. 한 그릇에 담겨 있기는 하나 서로 섞이지는 않았기 때문이다.

세계는 '융합적 사고'를 지닌 '융합형 인간'을 키우기 위해 역량을 집중시키고 있다. 교육과학기술부도 2010년 12월 17일 청와대에서의 '2011년 업무계획' 보고에서 창의적인 융합인재 양성을 위한 초 · 중등 STEAM교육을 강화하겠다고 발표했다. 스템은 과학(Science), 첨단기술(Technology), 공학(Engineering), 예술(Art), 수학(Mathmatice)의 첫 글자를 딴 말이다. 세계 각국에서는 미래를 위해 사활을 걸고 '스템 전쟁'에 나서고 있다고 해도 과언이 아닐 정도이다.

스티브 잡스(Steve Jobs)는 우리가 가장 잘 아는 '융합형 인간'이다. 잡스는 공학과 인문학을, 기술과 예술을, 상상과 현실을 하나로 융합시킨 인물이다. 세계 각국이 '융합적 인재' 육성 교육에 더욱 신경을 쓰게 된 이유도 스티브 잡스 때문이기도 하다. 애플의 제품으로 인해 우리는 말 그대로 라이프 스타일의 대변신이 일어났다. 또 다른 융합형 인간은 제임스 카메론이다. 〈터미네이터〉, 〈타이타닉〉, 〈아바타〉를 만든 감독이다. 특히 〈아바타〉는 영화의 새로운 장을 열었을 뿐만 아니라 3D 시대를 연 작품으로 평가받고 있다. 오늘의 세상은 융합형 인간을 찾고 있다. 융합형 인물을 찾는 궁극적 목적은 여러 가지 물성과 현상과 시스템을 하나의 새로운 창조물로 개발함으로써 그 여러 가지 물성과 관련된 직종이 새로운 소득을 만들어내고, 그렇게 창조된 획기적 제품과 서비스는 또 다른 소비를 창출할 수 있기 때문이다(김연희, 『매일경제신문』, 2011년 11월 22일).

현대사회에서 소비는 단순히 상품의 순환체계 안에서 일정한 역할을 담당하는 것에 그치지 않고 오히려 소비하는 인간의 주체를 구성함으로써 생산과 현대인의 일상생활을 지배하는 양식이 된다. LG경제연구원은 포스트 386세대의 소비에 대해서 다음과 같이 분석한다. "포스트 386세대의 소비에는 '철저한 합리'와 '과감한 사치'가 공존한다. 이 세대는 외환위기와 취업난을 겪으며 현실의 냉혹함, 계층 간의 격차를 체험하며 유리벽 속에서 행복하게 사는 법을 배운 현실주의자이다"(LG경제연구원, 2005). 이들의 소비 패턴은 쌍방향적, 탈중심적이며 미디어 기술들은 이들을 상품 소비자이며 동시에 생산자인 프로슈머(prosumer)로 만들었다. 그들은 인터넷의 카페 사이트나 게시판을 이용하여 공동체를 형성하고 일정한 문화상품에 대한 수많은 의견을 제시함으로써 생산방식과 내용마저 바꿔버린다. 이들에게 있어서 소비와 생산을 구분하는 것은 무의미하다. 하이브리드 현상은 사실상 포스트모던 시대 현대인의 삶 전 영역에서 전개되고 있다. 이것을 가능케 하는 유동성의 문화가 있기 때문이다. 유동성은 전자적으로 매개된 커뮤니케이션에 익숙한 사람들을 특징짓는 중요한 요소이다. 즉 정보사회에서 시간과 장소에 구애받지 않으면서 자유롭게 이동할 수 있음을 의미한다. 정보기술은 사람들을 어느 한 곳에 머무르게 하는 것이 아니라 끊임없이 움직이는 인간으로 바꿔놓았다. 이런 삶의 특성들은 유동성 문화(liquidity culture)로 특징지을 수 있다. 송호근은 "유동성 문화 속에는 자유주의, 개인주의, 권위와 거대담론에 대한 혐오감, 탈출에의 끊임없는 욕구, 이성과 일사불란함에 대한 거역, 감성적인 것에 대한 욕망 등등이 뒤섞여 있다. 유동성 문화는 현란한 TV 광고와 인터넷 콘텐츠, 영화와 드라마에서 그 모습을 드러냈고 월드컵을 통해 세대적, 집단적 문화의식임을 증명해 보였으며 2006년 대선에서 기성세대의 정치질서를 뒤집었다"고 말한다.

4. 상호텍스트성

"삼류 시인들은 남의 작품을 빌려오지만 일류 시인들은 남의 작품을 훔쳐온다"라는 것은 엘리엇(T. S. Eliot, 1999, pp. 3-14)의 말이며 이를 인용하여 상호텍스트성을 해학적으로 표현한 것이다. 상호텍스트성이라는 개념이 처음으로 본격 도입된 것은 모더니티의 시대부터이다. 모더니스트 가운데 가장 대표적인 모더니스트로 알려진 엘리엇은 상호 텍스트성에 남다른 관심을 갖고 있었다. 그는 새로운 문학작품이란 전통에 순응하는 동시에 그것을 변혁시키는 작품이라고 역설하였다. 상호텍스트성을 포스트모더니즘의 특성이라고 주장한 사람은 1960년대 프랑스 텔켈 그룹의 대표적인 맴버 중 한 사람인 줄리아 크리스테바(Julia Kristeva)이다. 그녀는 어느 한 발화(發話)가 화자(작가)나 청자(독자) 또는 다른 발화(문학작품)와 맺고 있는 상호관계를 '수평적' 관계와 '수직적' 관계로 구분하였다. 수평적 관계란 발화가 화자나 청자와 맺는 관계를 가리키며 수직적 관계란 발화가 그 이전이나 또는 동시대의 다른 발화와 맺는 관계를 가리킨다. 상호텍스트성(intertextuality)이란 발화의 수직적 관계를 가리키는 말이다.

크리스테바(Julia Kristeva, 1980, p. 66)는 모든 텍스트는 사실상 모자이크처럼 여러 인용문들로 구성되어 있다고 하였다. 모든 텍스트는 다른 텍스트들을 인용하고 흡수하여 변형시킨 것에 지나지 않는다. 그의 텍스트의 모자이크 이론은 바흐친(Bakhchin)의 이론과 상호텍스트적인 관계를 맺고 있다. 중세기의 문학이 고대 로마 문학과 맺고 있는 관련성을 두고 바흐친은 「소설적 언술의 선사시대로부터」(1940, 1961)라는 논문에서

"다른 사람의 말과 우리 자신의 텍스트 사이의 경계선은 가변적이고, 애매모호하며, 때로는 의도적으로 왜곡되고 있다. 어떤 유형의 텍스트들은 다른 사람의 텍스트들과 마치 모자이크처럼 구성되어 있다"라고 말하였다 (Bakhtin, 1981, p. 69). 이 말 자체가 보여주듯이, 바흐친(1961)-크리스테바(1981)-김욱동(1990)으로 내려오는 텍스트의 모자이크 구성은, 다시 필자가 현재 글에서 이들의 텍스트를 인용하여 글쓰기를 하는 것과 같은 이치이다. 이런 점에서 볼 때 어느 누구도 상호텍스트성에서 자유롭지 못하다는 것이다. 구조주의자, 포스트구조주의자, 그리고 해체주의자들 중 이 문제에 관심을 보인 사람들은 많았다. 그러나 텍스트성이라는 개념 자체에 대해 상이한 입장을 가지고 있어서 상호텍스트성에 대한 일치된 개념을 도출하긴 어려웠다. 김욱동은 크게 세 가지로 이 개념을 설명한다. 첫째, 일반적으로 상호텍스트성은 주어진 텍스트가 다른 텍스트와 맺고 있는 상호 관계를 의미한다. 둘째, 가장 넓게는 텍스트와 텍스트, 주체와 주체 사이에서 일어나는 모든 지식의 총체를 가리킨다. 이 경우 주어진 텍스트는 다른 문학 텍스트뿐만 아니라 다른 기호체계, 더 나아가서는 문화까지도 포함된다. 셋째, 가장 제한된 의미의 상호텍스트성이란 주어진 텍스트 안에 다른 텍스트가 인용문이나 언급의 형태로 명시적으로 드러나 있는 경우만을 범주로 분석한다. 이 경우 어느 정도의 문학적 지식을 가진 독자라면 누구나 다 쉽게 본문이 어떤 텍스트에 의존하고 있는지 곧 알아볼 수 있다(김욱동, pp. 198-199).

윌리엄 개스(William H. Gass, 1985, p. 147)는 포스트모더니즘의 관점에서 보면 태양 아래에는 새로운 것이 존재하지 않듯이 모든 텍스트는 어디까지나 그 이전에 이미 존재해 있던 것을 다시 재결합시켜놓은 것에 지나지 않는다고 하였다. 미셸 푸코가 문학작품이나 예술작품을 일종의 '기록보관소'로 간주하는 것도 사실은 상호텍스트성 때문이다. 그러므로 에드워드 사이드(Edward Side, 1983, p. 135)는 포스트모던 시대 작가들은 이제는 독창적 글을 쓰는 것이 점점 더 어려워지고 있으며, 차라리 남의 글을 다시 고쳐 쓴다고 생각하는 편이 좋을 것이라고 하였다. 포스트모던의 글쓰기는 이제 비석에 글을 새기는 것과 같은 독창적인 문필가의 이미지에서 남의 글을 단순히 옮겨 적는 필경사의 이미지로 바뀌어간다.

20세기 후반기에 출판된 작품 가운데서 가장 상호텍스트성이 잘 나타난 작품으로 움베르토 에코(Umberto Eco)의 『장미의 이름』(1983)을 꼽고 있다. 출간 직후부터 선풍적인 인기를 끌어온 이 소설은 대중적인 베스트셀러일 뿐만 아니라 예술적으로도 크게 성공한 작품으로 평가받고 있다. 저자인 에코는 이 작품을 가리켜 "다른 텍스트들로 짜여진 직물, 일종의 인용문들의 '추리 소설', 또는 책들로부터 만들어진 책으로 묘사하고 있다(Eco, 1984, p. 20).

이 개념은 위에서 언급한 포스트모더니즘의 다른 특성인 복제성, 하이브리드와 캘리네스큐의 모더니티의 다섯 가지 특성 중 키치(대중적 모방, 모조품)와도 그 의미가 상호관련성을 갖는 것이라고 할 수 있을 것이다. 이 시대는 누구나 고급스러운 취미를 가질 수 있는 열린 시대이다. 자신이 값싼 재료로 만든, 명품을 모조한 옷을 입었다 하더라도 그것이 스스로 최고의 명품이라고 생각하고 입는다면, 그래서 그것이 그에게 최대의 만족감과 행복감을 가져다준다면, 그 키치 된 옷은 그에게 세계에서 한 벌밖에 없는 최상의 옷이 되는 것이다. 물질이 아닌 마음이 포스트모던인의 삶의 질을 결정지어 준다는 것을 잊지 말아야 할 것이다. 미국의 대형 백화점 옆에 항상 저렴한 키치화된 옷을 파는 의류매장이 있는 이유를 우리는 상상할 수 있을 것이다. 가난한 여인이 백화점의 화려한 쇼 윈도에 진열된 명품을 보고 자신의 지갑을 열어보지만 자신의 능력 밖임을 알고 곧 좌절한다. 그러다가 우연히 바로 옆에 있는 아울렛 의류 매장에서 디자인이 거의 같은 옷을 발견하고 그것을 사 입고는 스스로 만족한다. 부르주아 자본주의는 명품의 값을 가난한 자가 입을 수 있도록 내릴 수는 없다. 그렇다면 키치와 복사와 상호텍스트성, 그리고 하이브리드라는 21세기 포스트모던 상품들을 저급하게 여기며 경멸의 시선을 보내지는 말아야 한다. 포스트모던의 경제 정의는 각자가 소득 수준에 맞는 질 좋은 상품을 살 수 있도록 유통 시스템을 개혁하고 위에서 언급한 특성들에게 저급한 문화라는 오명을 씌우진 말아야 할 것이다.

III. 포스트모던 기독교교육 모델은 가능한가?

포스트모더니즘은 포스트모더니티의 한 집에 해당되는 것이지만, 필자는 이것을 인간의 현존의 제 영역인 예술, 건축, 문학, 정치, 사회, 경제 등과 같은 부분에서 이미 나타난 것이나 지금도 이머징하고 있는 것, 그리고 앞으로 새롭게 나타날 미래의 포스트모더니즘까지도 다 포함하는 것으로서, 크고 작게 우리의 의식과 영성과 삶 전 영역에 영향을 미치고 있는 현재 진행형의 시대적 경향이요 사조라고 정의한다. 깊은 고뇌와 성찰 없이 이 사조를 받아들인다면 한시적인 아방가르드로서 붐을 일으키다 사라지는 또 다른 팝 문화로 전락할 수도 있을 것이다. 그러나 초기의 심각한 포스트모더니스트들의 주장들 속엔, 한국 기독교교육의 이론가들이나 현장의 교사들이, 그리고 교회와 교육공동체들이 관심을 기울여야 할 부분이 많은 것도 사실이다. 이것들을 중심으로 한국 기독교교육이 나아가야 할 방향을 제시하고자 한다.

세 가지 가능한 교육모델

1. 모던 교사 - 포스트모던 학습자 교육모형

모던 교사와 포스트모던 학생이 함께 공존하는 곳은 학교이다. 모던 시대의 교사는 교실에서 학생들의 유일한 지식의 포탈사이트(창고) 역할을 하였다. 그래서 무엇이든 궁금한 것을 교사에게 물어보면 해답을 얻을 수 있었다. 그러나 현재 포스트모던 시대 학생들은 교사로부터 더 이상 지식을 검색하지 않는다. 교사보다 더 친절하고, 반복 질문해도 미안해하지 않아도 되는 인터넷상의 지식 검색 사이트가 교사의 자리를 대신 차지해버렸다. 모더니티 교사의 역할은 이제 종말을 고한다. 이제 교사는 지식 포털사이트의 기능에서 양 지킴이와 매뉴얼 해설자와 교실 안의 튜터로서 만족해야 하는 것인지 우려가 된다. 어린 학년의 경우에는 교사가 돌봄과 양육의 베이비시터의 역할을 해야 할 것이다. 그러나 훈육이 금지된 교사의 역할이란 더 이상 교권을 자유롭게 발휘할 수 없다는 것이 한계이다.

최근 들어 학생의 교사 폭행 사건 등과 같은 교사와 학생 사이의 불미스러운 사건들이 빈번히 등장하는 것은 지나친 포스트모던 시대 교육방법의 폐해 중 하나이다. 통계적으로 살펴보면 학생이 교사를 성희롱하는 사건은 2011년 52건에서 2012년 1학기에만 75건으로 크게 늘었다. 성희롱 사건의 62%(47건)는 중학교에서 벌어졌다(조갑제닷컴, 2012. 10. 4). 또한 경기도교육청이 최근 경기도의회에 제출한 행정사무감사 자료에 따르면 지난해부터 올해까지 도내 초·중·고교에서 학생에 의한 교사 폭행이 94건이나 발생했다고 한다. 앞선 2009년에는 13건에 불과했다. 특히 중학교에서만 73건으로 전체의 77.7%에 달했다. 나머지는 고등학교 20건(21.3%), 초등학교 1건(0.1%) 등이었다. 학생에 의한 교사 폭행은 83건(88.3%)이 언어폭력 수준이었지만, 지난해 3건과 올해 8건 등 11건(11.7%)은 신체 폭행까지 벌어져 그 심각성을 더하고 있다고 한다(남양주뉴스, 2012. 10. 18).

학생인권조례가 학교와 관련된 조항이라면, 이 어린이-청소년 인권조례는 학교 울타리 밖의 상황에서 어린이, 청소년을 대상으로 하는 인권조례로, 그동안 여러 가지 부작용을 낳은 학생인권조례와 크게 다르지 않다. 특히 '소수자 권리 보장'에서의 '성적 지향, 임신·출산 등 이유로 차별받지 않는다'는 조항은 상당히 강한 반대에 부딪히고 있다. 성적 지향의 문제는 동성애자들이 주장하는 바를 반영한 것이고, 어린이들에게 임신과 출산에 따른 차별을 하지 말라는 것은 그들에게 그러한 상황을 조장하는 것이 되기 때문이다. 또한 특정 종교에 대한 금지도 결국은 우리 사회에서 가장 활발한 활동을 하고 있는 기독교를 겨냥하고 있는 것이나 마찬가지이다. 학생인권조례 이후 교권 추락과 교실 붕괴 현상은 더욱 심화되고 있다. 이 조례가 공포되고 나서 일선의 교사들을 대상으로 조사한 바에 의하면, 85%가 학생지도가 힘들어졌다고 답했으며, 93%가 교실 붕괴 및 교권 추락에 영향을 미쳤다고 한다.

해결책은 교사가 포스트모던 시대로 젊어지는 것이다. 그리고 많은 톨레랑스를 가져야 한다. 학습자들을 자신의 지도가 필요한 의존적 객체로 보지 말고 '참여적 주체'로 보는 인식의 전환을 해야 한다. 그들은 하나님의 자녀로 위탁된 사랑받을 대상이며 동시에 하나님 나라의 시민으로서의 권리를 지닌 주체라는 것을 인식해야 한다. 교육방법에 있어서는 상담하고 코칭하며 튜터하는 감성기반 삼위일체형 교사가 되어야 한다. 즉, 때론 아버지 하나님 같고, 때론 아들 예수님 같으며, 때론 부드러운 어머니 같은 성령으로 10대들을 다루어야 한다. 특히 교육과정에 다양한 상호텍스트성을 지닌 콘텐츠를 제공하고 직접 참여하는 글쓰기와 콘텐츠를 만드는 공동의 모자이크 워크숍을 하는 방식을 적극 추천한다. 포스트모더니즘의 특성 중 가장 10대들에게 어필할 수 있는 것이 바로 상호텍스트성을 이용한 수업지도일 것이다. 뿐만 아니라 이 세대의 10대 학습자들이 가장 선호하는 스타일이 바로 하이브리드이므로 수업 운영에서 교수기술, 과제수행과 평가에 이르기까지 하이브리드 방식으로 전환할 필요가 있다. 새로운 것을 실천하기 위한 용기와 벤처 정신이 지금 현장의 교사에게 필요한 것 같다.

2. 포스트모던 교사-모던 학습자 교육모형

포스트모던 교사와 모던 학생이 함께 공존하고 있는 곳은 젊은 교사와 장년기, 노년기 학습자가 주로 모이는 평생교육원, 문화센터식 교육장, 대학원 등이 있을 것이다. 이러한 센터형 사회교육에서는 수업 목표 성취보다 학생의 실존적 필요를 충족시켜주기 위한 교육에 더 치중한다. 최근 백화점에 개설된 문화센터에 많은 주부들이 모여 인문학 강좌에 학구열을 보인다고 한다. 고급 강좌나 세미나형 교육을 학교 캠퍼스에서만 해야 한다는 고정관념을 해체해야 할 시기가 온 것이다. 경제적으로, 사회적으로 안정기에 들어선 모던 성인 학습자들은 포스트모던 교사의 언어를 잘 이해하고 따라올 수 없기 때문이다. 비록 몸은 모더니티에 해당되지만 정신세계 만큼은 포스트모던으로 업그레드하는 데 역점하면서 오히려 깊이 있게 각자 자신의 삶을 성찰하며 타자에 비친 자신의 참모습을 발견하도록 돕는 것이다. 한 가지 이미지로 묘사할 수 있을 것이다. 즉 부모가 자기 아이를 대하듯이 정성껏 가르치고 매서운 교훈이 뒤따르는 교육자의 자세를 유지하는 친딸(포스트모던 교사)과 친정 아버지(모던 학습자)의 관계 모형이다.

센터형 사회교육에 임하는 교사는 우선 강의 중에 많은 개인적 언어(파롤, parole)를 사회적 언어(랑그, langue)보다 더 많이 사용할 것을 권장한다. 학습은 어렵지 않고 친근하다는 이미지를 심어주어야 동기화를 유지할 수 있다. 입말과 글말을 균형 있게 사용하여 이전의 학습능력을 적절히 회복시킨다. 미디어 사용에 대한 학습의 공포에서 벗어나도록 교육의 속도를 잘 조절한다. 둘째, 포스트모던 교사가 흑판에 쓰고 설명하고 정리하고, 그래도 안심치 못해 일일이 개별 학습에 나서 전체 학생이 이해될 때까지 반복학습과 '부르너'의 완전학습에 접근하는 교수법으로 가르친다. 셋째, 교사는 그들이 세상 속에 있는 존재(being in the world)임을 잊어서는 안 된다. 지식은 장년 학습자에게 더 이상 권력이 아니지만, 그들의 여생을 심미적으로 만들어줄 것임을 주지시킬 필요는 있다. 평생교육형 포스트모던 교사는 포스트모더니즘에서 해체와 하이브리드의 개념을 정황에 맞게 활용할 수 있어야 한다. 장년들의 살아온 역사의 망상들을 해체하는 시간은 자신의 과거를 청산하고 자기를 부정하는(비우는) 의미있는 시간이 될 것이다. 토마스 그룸의 나눔의 프락시스 모델이 이와 같은 교육현장에 잘 어울리는 포스트모던적 교육모형이다.

3. 포스트모던 교사-포스트모던 학습자 교육모형

포스트모던 교사와 포스트모던 학습자가 만나는 교육 현장은 21세기 포스트모던 교육의 전형이다. 포스트모던 수업 현장에서 가장 빈번히 듣는 용어가 개별화 수업목표에 따른 자기주도적 교육방식이다. 이때 포스트모던 교사의 역할은 단지 학습 상황의 안내자, 그리고 프로그램 운영자나 MC 또는 자원인사(resource person)이다. 쉽게 생각하면 수업 준비가 없을 것 같으나 실상은 엄청난 양의 자료(source)를 준비해가지고 수업에 들어가야 한다. 교사 자신이 살아 있는 자료가 되어야 하고 지식의 창고와 고고학의 역할을 해주어야 한다. 움직이는 도서관 참고 열람실, 신문, 상식 대백과사전 등의 이름으로 불리는 자원인사는 마치 대학교수의 역할과 같은 것을 생각하면 된다. 그러나 무엇보다도 감성을 풍부하게 활용하여 학습자 자신이 내면적으로 가지고 있는 것들을 상처이든, 잠재능력이든, 그것을 스스로 꺼내도록(e-ducare) 적절히 자극해주고, 조언해주며, 실질적으로 함께 작업을 하는 등과 같은 멀티플레이어의 역할을 하는 것이다. 다원적인 관점을 가지고 들어가야 학습자의 다양한 배경과 관심으을 충족시킬 수 있는 많은 지식과 유사 정보를 알 수 있으며, 이를 보유한 교사가 효용성있는 교사가 된다. 평소에 많은 읽기를 요구하는 수업이므로, 평소에 학습자들이 읽으면 좋을 권장도서 목록을 만들어 제시해주고 월 1회 독서 토론회를 개최하여 수업을 운영한다면 소서사들을 공유하는 민주주의 연습의 교육 효과도 기대할 수 있을 것이다.

'거꾸로 교수법'은 Clintondale 고교의 교사인 Bergmann와 Sam이 포스트모던적 환경에서 자란 학습자들을 위해 고안해낸 교수법이다. 이 교수법은 개별적 사전과제를 주고 응용하도록 하며, 함께 모여 토론하는 방식의 스마트 러닝이다. 스마트 러닝의 중요한 교수방식은 내가 무엇을 할 것인가가 아니라 학생들로 하여금 무엇을 하게끔 할 것인가를 연구하는 것이다. '거꾸로 교수법'의 새로운 교육과정 설계 방식은 Backward Design 방식이다. 이 방식은 여러 가지 의미로 풀이할 수 있다. 역방향 설계, 후방위 설계, 역으로 생각하는 설계방식, 거꾸로 하는 설계방식, 역행 설계, 백워드 디자인 등등이 그것이다. 여러 가지 말로 표현할 수 있는 이 설계방식의 핵심은 3단계를 통해 이루어진다. 첫째, 바라는 결과 확인하기, 둘째, 수용 가능한 증거 결정하기, 셋째, 학습 경험과 수업 계획하기다. 이러한 방식은 기존의 방식에서 보면 둘째 단계와 셋째 단계가 그 순서가 역전되어 있다고 볼 수 있다.

현재까지 개발되어 나온 가장 포스트모던적 상황을 고려한 기독교 교육모델은 토마스 그룸(Thomas H. Groome)의 나눔의 프락시스 접근방법(Shared Praxis Approach)과 메리 무어(Mary Elizabeth Moore)의 성례전으로서의 가르침(Teaching As A Sacramental Act)일 것이다. 이 부분에 대하여는 추후 연구로 남겨두기로 하겠다.

Ⅳ. 결어

한국 교회를 보면 포스트모더니즘은 모더니티에서 남겨진 문제가 그대로 전이되었다는 시간적인 면에서의 연장이라는 생각이 든다. 다시 말하면 한국 교회의 기독교교육의 현장은 시대와 사회의 변화에도 거의 영향을 받지 않는 무풍지대처럼 보인다는 말이다. 그러나 교회 내면을 보면 교회학교의 교세의 지속적 감소, 교사의 소명 부족으로 인한 잦은 결석, 주 5일 수업제 실시로 인한 어린 신자들의 주일학교 결석 증가, 토요학교는 개설되었으나 과연 기독교 영성훈련을 하는지 학원 과외를 교회에 옮겨놓았는지 분간이 안 되는 상황 등은, 포스트모더니스트들이 비판하는 또 다른 해체되어야 할 대상을 교회가 만드는 것은 아닌지 심히 우려가 된다.

포스트모더니티의 영향을 가장 직접적으로 받고 살아가는 어린 세대들, 그러나 그들은 교회에 오면 다시 정체를 알 수 없는 시대로 타임 슬립을 당하고 있다. 목사 한 사람만 말씀과 영성이 충만하고 회중은 아직 모더니티를 벗어나지 못하고 있는 장년과 노년 중심의 예배 분위기도 포스트모더니티의 산물인 어린 신자들이 감히 근접하여 참여할 수 있는 종교적 공간이 아닌 것이다. 총체적, 실천적 영성이 아닌 교리와 율법 설교와 틀에 박힌 성경 교육만을 강조하는 교회의 교육문화 속에 이 시대의 작은 자인 어린 신자들은 항상 말석에서 기웃거리다가 이내 자리를 뜰 수밖에 없다. 교회는 위로받기 위해 오는 곳이지 상처받기 위해 오는 곳이 아니라는 것을 우리 모두는 알아야 할 것 같다. 미국 애틀란타 지역교회에서 본 것 중 가장 감동적인 장면은 장년 신자들이 그들의 예배 시간에 가장 앞좌석을 어린 새 신자들을 위해 비워두며 안내하는 모습이었다. 교회의 최우선 돌봄의 대상은 바로 어린이, 청소년, 청년 신자라는 것을 확인하는 것은 미국 교회에서 그리 어려운 일이 아니다. 뿐만 아니라 오전 예배에 누구보다도 일찍 교회에 도착하여 가장 열심히 성가대에서 찬양 연습을 하고 있는 분들은 다름 아닌 백발의 노인 신자들이었다는 것이다. 교회에서 소자 하나가 소중히 여겨지고 그들의 이야기가 교회 공동체에서 들려진다면 그 교회엔 포스트모더니티가 이미 와 있는 것이다. 작은 자의 이야기가 곧 작은 담론, 즉 소서사이기 때문이다. 아이들을 위한 예배와 교육 공간, 그들이 스스로 작은 예수가 되어가는 소중한 영성훈련의 공간을 마련해주는 것, 그것이 포스트모던 시대의 어른들이 어린 신자들에게 해주어야 할 일이 아닐까?

스마트 환경은 최근 3년간 급속히 확산되어 21세기 인간은 모두 조그만 만능 지식 검색 기계를 어디든지 가지고 다니며 깊은 이성작용 없이 먼저 터치한다. 즉 "검색한다 고로 존재한다"의 삶을 살고 있다. 그런 반면 포스트모던 시대에도 여전히 교육의 거대담론의 핵심 현장인 공교육, 몇 년 전만 해도 공교육에서 상처받은 아이들을 받아줄 곳은 아무 데도 없었다. 모더니즘 시대의 학생들은 학교를 자퇴하는 주요 요인이 자신에게 있다며 자책했다. 그러나 포스트모더니즘 시대에서는 작은 목소리지만 사회에 알리려고 노력했다는 점에서는 오히려 따뜻한 인본주의가 느껴지기도 한다. 포스트모더니즘과 기독교교육은 기본적으로 상생해야 한다. 특히 공교육은 기독교교육과 상생하며 나아가야 한다.

최근 3년간 강우석의 고소 고발 사건으로 공교육에서의 기독교 종교교육이 경색되었다. 반성적 측면에서는 작은 자 한 사람의 이야기라도 귀기울이지 못하여 일어난 사태라고 말한다. 우리 아이들이 학교 현장에서 울부짖고 있는데 칼부림을 당하고, 성희롱과 추행을 당해도 우리는 작은 자들의 이야기라고, 그냥 크면서 싸우는 작은 일상이라고 무시하고 듣지 않았던 것이다. "들으라, 이스라엘아!" "들으라, 코리아!" "너희들의 자녀의 상처가 곪아가고 있다!" 이렇게 학교사태를 방관하게끔 한 교육의 구조는 해체되어야 한다. 그리고 새로운 학교를 다시 세워야 한다. 그러기 위해 상처를 치유하고 교권을 회복하고 학생들의 영성을 깨끗하게 해야 한다. 그들의 영혼은 포르노와 게임과 패드립[6]으로 추악할 대로 추악해졌다. 무수히 많은 파롤의 유희로 언어는 타락하고, 자신들만의 기표와 기의로 오컬트와 접속하여 성인들의 세계로 들어오는 방어벽을 하나씩 해체하고 있다. 우리에게는 더 이상의 비밀은 없다. 우리가 알고 있는 것

6 패드립이란 '패륜'과 '애드리브'의 합성어로, 부모를 성적 비하나 개그 소재로 삼아 욕하는 것을 뜻한다.

을 어린 세대인 그들도 다 알고, 이미 알아버렸다는 것이다.

데리다가 말한 해체는 분해라기보다는 재구성이라고 보아야 할 것이다. 포스터모더니즘을 비판하고 반대하는 것은 극단적 상대주의의 사고이다. 기독교교육은 도덕론의 폐기를 주장하는 것은 아니다. 종교의 다원성은 인정하나 종교를 상대화하지는 말자는 것이다. 교회공동체에서 극단적 이기주의와 이분법의 조성은 기독교가 반성해야 할 부분이다. 포스트모더니즘은 인간의 존엄성과 가치를 무시하는 모더니즘에 반기를 든 것이다. 포스트모더니즘이 주장하는 한 자아의 소중성은 인정하되 지나쳐서 동물적(본능적) 상태로 돌아가는 것은 저지해야 할 것이다. 개성과 차이라고 포장하여 나타나는 야만적, 동물적 수송상태를 전혀 훈육하지 못하는 포스트모더니즘의 교육은 심각한 교육의 데카당스를 경험하게 될 것이다.

끝으로 푸코(Michel Foucault)는 이 시대를 이성적 주체의 죽음이라고 외쳤지만 이성이 마비된 인간은 전혀 인간이라고 볼 수 없을 것이다. 최근 우리나라 사회 전반에 걸쳐 일어나는 막말, 욕설, 언어폭력, 희롱 등은 모두 말로 저지르는 악행들이다. 말은 아름답고 예의 바르게, 적재적소에서 어법에 맞게 구사하라고 배운 것이다. 순간적으로 인기를 끌기 위해 막말을 하고 자극적인 언사를 사용했던 연예인과 정치인의 말로는 사람들의 기억에서 곧 잊혀진다는 것을 우리는 분명히 보았다. 사도 바울은 "나로부터 배우라"고 자신 있게 말씀하셨다(빌 4:9). 그만큼 그는 가르치는 자로서 흠이 없었다는 것을 뜻한다. 예수를 믿는 자들이 모두 사도 바울과 같이 된다면 기독교를 욕하고 비판하는 사람도 줄어들 것이다. 무엇을 하든 항상 약자와 타 종교인의 입장에서 한 번 더 생각하는 자세가 우리의 일상에서 배어 나와야 한다. 배려와 겸손이 함께 소양으로 정착되는 기독교 신앙인으로 양육하는 일은 머리로만 가능한 것은 결코 아니다. 머리와 몸과 영이 다 함께 조화롭게 개발되는 전인적 훈련과 교육으로의 전환이 필요하다.

포스트모던 시대의 학습자들은 모두 디지털 노마드들이다. 2012년 현재 스마트폰의 확산과 더불어 소셜미디어가 우리의 일상생활 속으로 파고들면서 전 세계 6억 인구가 페이스북을 사용하고 있으며, 우리나라도 약 350만 명이 페이스북에 가입되어 있다. 또 트위터는 370만 명 이상이 사용 중인 것으로 나타났다(http://www. facebakers. com). 소통의 시대에 기독교교육은 다양한 문화 매체를 통하여 가르쳐야 할 시대적 요청에 직면해 있다. 성경을 교회에서만 가르치고 배워야 한다는 구시대적 사상은 이미 종결되었다. 기독교교육 방법에도 변화가 있어야 한다. 면대면 교육의 한계성을 뛰어넘어 다른 대안이 필요한 시대인 것이다. 아이들이 교회를 안 온다고 슬퍼할 일이 아니라, 그들이 익숙한 소셜미디어나 인터넷 매체를 통하여 보다 적극적으로 아이들을 사이버상으로 만나러 가야 한다. 사이버상에서의 사이버레이션, 즉 사이버 대인관계를 넓히고 적극적으로 온라인 대화에 참여하며, 어린 세대와의 사이버 접촉을 유지하여야 한다.

카카오톡은 요즘 N세대들이 선호하는 소셜미디어 중 하나이다. 이곳은 절차도 간단하고, 쉽게 동영상과 사진도 첨부할 수 있는 편리함 때문에, 그리고 유저의 상태 메시지를 띄워놓고 수시로 바꿀 수 있어 대화 전 상대방의 상태를 미리 알고 대화의 수위를 조절할 수 있다. 또 섬세하게 배려할 수 있도록 실마리를 주기 때문에 교육적으로 매우 훌륭한 미디어이다. 우리가 늘 해왔던 전화 심방, 큐티도 모두 카카오톡으로 할 수 있다. 페이스북도 아주 훌륭한 대화의 친구이며 소통의 수단이 된다. 포스트모던 시대 연령주의가 파괴되면서 새로운 관계와 동호회 네트워크가 형성된다는 점에서 교사나 학생에게 매우 유일한 하이브리드 교육방법이 되는 것이다. 온라인과 오프라인의 교육방법을 하이브리드화하는 것은 포스트모더니즘이 기독교교육에 주는 가장 긍정적인 영향이라고 평가하고 싶다. 자동차에만 하이브리드가 있는 것은 아니다. 우리가 만들어낼 수 있는 생각에서부터 실질적인 행위나 작품에 이르기까지 표현되거나 표현되지 않는 것도 다 하이브리드로 융합할 수 있다. 우리 안에 하이브리드의

DNA가 흐른다. 인간의 생각엔 불가능이란 없는 것 같다. 이렇게 생각을 할 수 있도록 뇌를 만들어 주시고 그것으로부터 겸손한 이성을 가진 자로 살아가게 해주심과, 특히 그 태생부터가 하이브리드 학문인 기독교교육학을 연구하고 가르치게 해주신 그분께 오히려 감사한다.

교육이 희망의 연습이라면 기독교교육자들은 오랫동안 해왔던 교육 목회를 반복하지 않도록 실력을 갖춰야 한다고 말한다. 기독교교육자의 역할은 사람들을 능동적으로 회심으로 초대하고, 하나님을 신뢰하고, 기다리면서 그들이 변화되어 스스로 자신의 길을 찾아가도록 기다려야주어야 한다. 교육학은 기다림과 공감과 감사의 학문이다. 우리의 교실에 공감과 감사가 넘치도록 그들이 감동할 때까지 포스모던 시간이여 톨레랑스(Torelance)하시길!

참고 문헌

Bakhtin, Milhail (1981). "From the Prehistory of Novelistic Discourse." *The Dialogic Imagination: Four Essays*, ed. Michael Holquist, trans. Caryl Emerson and Michael Holquist. Austin: University of Texas Press.

Baudrillard, J. (1983). *Simulations*. NY: Semiotext.

Brooks, David (1990). "Modernism." *Encyclopedia of Literature and Criticism*, eds. Martin Coyle, Peter Garside, Malcolm Kelsall, and John Peck. London: Routledge.

Bullock, Alan (1976). "The Double Image." *A Guide to European Literature 1890-1930*. London: Penguin.

Callinescu, Matei (1987). *Five Faces of Modernity: Modernism, Avant-garde, Decadence, Kitsch, Postmodernism*. Duke University Press.

Corbett, Julia M. (1997). *Religion in America*, 3rd. ed. Upper Saddle River, N.J.:

PrienticeHall.

Cornell, D. (1992). *The Philosophy of the Limit*. NY: tledge.

Cox, Harvey (2009). *Future of Faith*. NY: HarperCollins Publishers.

Derrida, Jacques (1994). *Force de loi. Galilée*. October 25: 34-35.

Eagleton, Terry (1986). "Capitalism, modernism, and postmodernism." *Against The Grain: Selected Essay*. London: Verso.

Eco, Umberto (1984). *Postscript to The Name of the Rose, trans. William Weaver*. NY: Harcourt Brace Jovanovich.

Foucault, M. (1989). *The Archeology of Knowledge*. NY: Routledge.

Gass, William H. (1985). *Habiations of the Word*. NY: Simon and Shuster.

Grenz, Stanley J. (1996). *A Primer On Postmodernism*. Grand Rapids: Eerdmans.

Graff, Gerald (1979). The Myth of the Postmodern Breakthrough. *Literature Against Itself: Literary Ideas in Modern Society*. Chicago: University of Chicago Press.

Habermas, Jürgen (1983). Modernity-An Incomplete Project. *The Anti-Aesthetic: Essays on Postmodern Culture*, ed. Hal Foster. Port Townsend, Wash: Bay Press.

Horkheimer, Max and Theodor W. Adrno (1972). *Dialectic of Enlightnment*, tr. by John Cumming. N.Y.: The Seabury Press.

Huyssen, Andreas (1986). Mapping the Postmodern. *Crisis of Modernity: Recent Critical Theories of Culture and Society in the United States and West Germany*. Colorado: Westview Press.

Jameson, Fredric (1992). Post modernism, or, The Cultural Logic of Late Capitalism. North Carolina: Duke Univ. Press.

Kristeva, Julia. (1980). "World, Dialogue, and Novel." *Desire in Language: A Semiotic Approach to Literature and Art*, ed. Leon S. Roudiez, trans. Thomas Gora, Alice Jardine, and Leon S. Roudiez. New York: Columbia

University Press.

Lacan, J. (1977). The Mirror-Stage as Formative of the I as Revealed in Psychoanalytic Experience. *Crits: A Selection*. NY: W. W. Norton & Co,

Lyotard, F. (1984). *The Postmodern Condition*. Minneapolis: University of Minneapolis.

Moore, Mary Elizabeth. (2004). *Teaching As A Sacramental Act*. Pilgrim Press.

Palmer, Parker J. (1993). *The Know As We Are Known: Education as a Spiritual Journey*. San Francisco: Harper SanFrancisco.

Pippin, Robert B. (1991). *Modernism as a Philosophical Problem: On the Dissatisfactions of European High Culture*. Cambridge: Basil Blackwell.

Said, Edward W. (1983). *The World, the Text, and the Critic*. Cambridge: Harvard University Press.

Thomas, Groome H. (1997). **나눔의 교육과 목회** (한미라 역). 서울: 대한기독교서회.

Thompson, William Irwin (1982). *From Nation to Emanation*. Moray: Findhorn Publication.

Tillich, Paul (1959). *Theology of Culture*. NY: Oxford University Press.

Toynbee, Arnold (1965). *A Study of History*. NY: Dell.

김성곤 (1990). **포스트모더니즘과 미국문학**. 서울: 열음사.

김욱동 (1994). **모더니즘과 포스트모더니즘.** 서울: 현암사.

데콩브, 뱅상 (1990). **동일자와 타자: 현대 프랑스 철학.** (박성창 역). 서울: 인간사랑.

방동섭 (1997). 포스트모더니즘과 선교신학적 접근. **한국개혁신학,** 2, 141-142.

송호근 (2003). **한국, 무슨 일이 일어나고 있나.** 서울: 삼성경제연구소.

스스무, 시마조노 (2010). **포스트모던의 신종교**. (이향란 역). 서울: 한국가족복지연구소.

신국원 (1999). **포스트모더니즘.** 서울: IVP.

유문무 (1996). **현대사회의 구조와 변동.** 서울: 사회비평사.

유선영 (2001). **신세대 비독자 연구**. 서울: 한국언론재단.

이문균 (2000). **포스트모더니즘과 기독교신학**. 서울: 대한기독교서회.

이조원 (2009). 자크 데리다의 해체주의 인식론과 선. **한국선학**, 제23권, 323.

엘지경제연구원 (2005). **2010 대한민국트렌드**. 서울: 한국경제신문사.

전명수 (2006). 포스트모던 사회의 종교문화에 관한 성찰. **신종교연구**, 제15집, 304.

Abstract

Postmodernism and Christian Education : a Win-Win or Dismantle?

Meerha Hahn
(Professor, Hoseo University)

There are three questions raised by this paper. First, does Christian education can survive in the post-modern era? Second, how do we understand postmodernism? and the third, what would be feasible Christian education in the postmodern era? Rather than Yes or No answers, readers must find themselves based on the four arguments of understanding postmodernism provided by the writer: 1) challengers against history, 2) essence and attributes of modernity, 3) relationship between modernism and postmodernism, and 4) religion and postmodernism. In order to help the reader understand postmodernism in brief the four key words chosen in this article are presented: Spirituality, Deconstructionism, Hybrid, and Intertextuality. Finally, three feasible way of doing Christian education in this era are suggested: 1) modern teacher vs postmodern student 2) postmodern teacher vs modern student 3) both postmodern teacher and student. In the postmodern era, either teacher or learner are digital nomad. Taking into account of this attribute, some substantial research must be conducted in order to develop a applicable postmodern teaching methods for Christian education. New age is always to come and its new didache demanded as well. However, the "differance" always exists between the coming of new age and its teaching.

Key words: postmodernism & Christian education, spirituality in postmodern era, deconstructionism, hybrid, intertextuality.

포스트모던적 관점에서 본 교회 교육자 이성봉

한미라 (호서대학교 교수)
mrhan@hoseo.edu

■ 본고의 목적은 최근 포스트모더니즘을 이해하는 세 가지 키워드인 영성, 해체, 하이브리드의 관점에서 한국 교회사에서 전설적인 부흥사였던 이성봉의 삶과 업적이 기독교교육에 주는 메시지를 해석하는 것이다. 첫째, 그의 삶과 사역은 통합과 균형의 영성을 보여주었다. 둘째, 교파의 경계를 해체하고 시대를 초월한 부흥사역을 하였다. 셋째, 그의 설교는 신학적으로나 방법론적으로 하이브리드였다. 또한 회중의 설교 이해를 돕기 위하여 노래, 이야기와 마임 등 다양한 매체를 사용한 다중지능의 교육자였다. 그가 교회교육에 주는 메시지는 1) 교회교육의 구태를 버려야 한국 교회가 산다. 2) N세대 교사들도 '명심도' 훈련이 필요하다. 3) 신앙교육은 참된 회개 교육에 기초하여야 한다. 4) 성봉과 마찬가지로 오늘날의 교사 역시 다중지능이 요구되는 사역에 숙련되어야 한다는 것이다. ■

I. 포스트모더니즘을 이해하는 세 가지 키워드 : 영성, 해체주의, 하이브리드

포스트모더니즘은 하나의 철학사상이나 이론체계를 나타내는 것이 아니라 현대사회를 풍미하는 트렌드(경향성)의 조류로 이해하는 것이 필요하다. 이것은 또한 개인적 감흥이 최대한 절제된 현대의 고급화된 예술양식을 의미할 때도 사용된다. 그러나 인문학적 관점에서 본 포스트모더니즘은 계몽주의 이후 거대 담론들에 대한 비판과 도전에서부터 시작되었다. 19세기 말 신본주의가 막을 내린 이후 그 자리는 인간 이성에 의해 통찰된 진리들이 대신하였고 이것은 '자아와 주체'에 대한 절대적인 믿음을 갖게 하였다. 이와 같은 신념은 19세기 후반의 위대한 선각자들에 의해 의심받고 부정되었다. 다윈(Charles Robert Darwin)은 신과 우주와 인간의 관계에 대한 서구의 전통적, 종교적 가치체계를 부정하였고, 최초의 해체주의자였던 니체(Friedrich Wilhelm Nietzsche)는 기독교의 도덕주의와 신의 죽음을 선언하였고, 마르크스(Karl Heinrich Marx)는 역사의 발전이 변증법적 유물론에 근거한다고 주장하였다. 또한 프로이트(Sigmund Freud)의 정신분석은 우리 안의 또 다른 타자인 무의식의 개념을 체계화하였으며, 자연주의자들의 과학적, 실증주의적 방법론은 인간을 본능과 환경의 지배를 받는 동물적 존재로 인식하였다. 결국 포스트모더니즘은 지금까지 알아왔던 이성적 주체로서의 인간은 부정되고 다양한 관점에서 새로운 인간 이해가 시도되는 것이다. 이런 맥락에서 포스트모더니즘은 19세기 후반 이후 아직 완결되지 않은 모든 분야에서의 인간과 역사와 문화를 규명하려는 아방가르드(Avant-garde)를 포함한 모든 시도의 트렌드라고 정의할 수 있을 것이다.

포스트모더니즘에 대한 논쟁은 하버마스(Jürgen Habermas)와 리오타르(Jean-François Lyotard)의 논쟁을 필두로 불붙기 시작하였다. 먼저 하버마스에 의하면 "모더니즘은 과거의 유물이 아니며, 전통과 대립해서 끊임없는 혁신을 추구하는 시대정신으로, 철저한 자기부정의 운동이고 항상 파괴의 흔적과 새로운 것으로의 폭발력을 지니고 있다"는 것이다(Jürgen Habermas, 1983). 또한 제임슨(Frederic Jameson)은 맨들(Ernest Mandel)의 사회경제이론에 근거하여 포스트모더니즘을 다국적인 성격을 띠고 있는 '후기자본주의의 문화적 논리(The cultural logic of late capitalism)'로 정의하면서 동시대의 모든 문화현상은 이 문화논리에 지배당하고[1] 있다고 주장한다. 따라서 이러한 '억압적 상황 안에서 해방의 계기를 찾아내는 것'이 포스트모더니즘의 임무라고 하였다(Ernest Mandel, 1985). 이 외에도 포스트모더니즘을 모더니즘의 연속선상에서 이해하려는 제랄드 그라프(Gerald Graff)는 "포스트모더니즘은 낭만주의와 모더니즘이 견지하는 입장과의 단절이 아니라 오히려 이 두 운동의 기본 전제들을 논리적으로 발전시킨 극한점으로 파악하지 않으면 안 된다"고 주장하였다(Gerald Graff, 1979).

반대로 포스트모던을 모던의 전통으로부터 분리된 새로운 대안으로 보는 리오타르와 휘센(Andreas Huyssen)의 견해를 들 수 있다. 리오타르는 하버마스의 견해를 비판하면서, '전체성'에 대한 투쟁이 포스트모더니즘의 임무임을 명백히 하고 있다(Gerald Graff, 1979). 휘센은 리오타르와는 달리 '아방가르드(Avant-garde)'에 깊은 관심을 가지고 있다는 점에서 하버마스와 동일한 입장을 견지한다. 그러나 합리주의는 억압의 도구로 전락한 역사를 가지고 있다고 비판하면서 이제는 새로운 인간해방의 논리를 찾아야 할 시기이며, 그 대안이 바로 포스트모더니즘이라고 주장하였다(Andreas Huyssen, 1986).

이상의 논쟁에서 보듯이 포스트모더니즘 시대의 성향은 진리의 절대성

1 맨들(Ernest Mandel)은 자본주의를 '시장자본주의', '독점자본주의', 그리고 '후기자본주의'의 세 가지 국면으로 구분하였는데, 이러한 맨들의 3분법적 도식을 받아들여 제임슨은 '리얼리즘', '모더니즘', '포스트모더니즘'을 각각 그에 상응하는 세 가지 문화적 논리로 규정한다(Frederic Jameson, 1992; Ernest Mandel, 1985).

보다는 다원주의적 상대성을, 필연성보다는 우연성(serendipity)을, 계획성보다는 임의성을 취사선택하고자 하는 트렌드를 형성하고 있음을 알 수 있다. 또한 이러한 포스트모던 트렌드는 절대성을 인정하지 않으려는 시대정신의 특성으로서 비결정성과 불확정성을 유발시키며 그것을 잘 인내하고 있는 듯하다. 한국에서 포스트모더니즘 경향성에 대한 연구는 송호근, 삼성과 LG경제연구원의 연구들에서 찾아볼 수 있는데, 이들은 포스트모더니즘의 특성을 대략 일곱 가지(영성 지향, 거대 담론의 해체, 탈중심화, 사이버 커뮤니케이션, 유동성 문화, 합리적 이기주의, 소비의 문화)로 해석하고 있다. 이와 같이 학자들에 따라 다소 차이는 있으나 필자는 최근의 포스트모더니즘을 이해하는 키워드(anchoring ideas)를 영성 지향, 해체주의, 그리고 하이브리드로 집약하고 이를 닻(anchor)으로 삼아 이성봉 목사님의 사상과 그 업적이 한국 교회의 기독교교육에 주는 메시지를 발견하고자 한다.

1. 영성 지향: 이성에서 영성으로

21세기에 들어오면서 발생한 911 테러 사태, 북한의 핵실험 집착으로 인한 핵확산 공포, 무절제한 환경파괴로 인한 자연재해의 불안 등으로부터 어떤 나라도, 어느 민족도 자유로울 수는 없다. 아무리 과학과 기술이 진보한다 하더라도 궁극적으로 인간의 불안을 해소할 수는 없을 것이다. 첨단 과학과 정보화 시대에 영성에 관한 저술과 책 판매량이 급증하고 있음은 이것을 반증해주는 것이다. 포스트모더니즘 시대의 구도자들은 종교성의 본질을 경험하고 느낄 수 있는, 그래서 자신에게 생활의 활력을 줄 수 있는 에너지를 영성으로 이해하는 것 같다. 현대 구도자들에게 종교의 역사와 전통은 크게 중요하지 않다. 새로운 가치체계를 수용한 사람들에게 종교란 그들의 불안한 실존적 삶에 대한 근본적 해결책일 뿐이며, 지적인 차원에서의 믿음의 확신보다는 인간의 내면과 감성적 차원에서의 체험적 확신을 훨씬 더 매력적으로 여긴다. 이런 점에서 점성술, 영매 등 뉴에이지(New Age) 영성은 빠르게 이 시대의 구도자들을 현혹시킨다. 점성술은 과거에 비해 고학력층과 젊은 연령층에서 더욱 많이 대중화되고 있으며, IT 산업의 발전은 온라인 점술 사이트를 번성하게 하고 있다. 한국 사회의 경제지표가 높아지고 주 5일 근무가 의무화되면서 공공복리보다는 개인의 행복을 더 중시하는 경향이 나타나고 있다. 이제 웰빙과 정신건강은 한국인의 주요 관심사가 되었고 현대인들은 종교 외의 활동(요가, 명상 등)을 통해서도 다양한 신비주의적 영성에 접촉되고 있으므로 주의가 요구된다.

현대의 젊은이들은 내세의 삶보다는 지금 그리고 여기에서의 건강하고 행복한 삶에 더 많은 가치를 부여한다. 하비 콕스(Harvey Cox) 역시 현대인들이 기독교에 대해 관심이 없어진 것이 아니라 기독교의 종교성에 대한 본질적인 변화를 기대하는 것이라고 분석했다.[2] 포스트모더니즘의 특징 중의 하나는 뫼비우스의 띠처럼 안과 밖의 경계가 없어지고 하나로 연결되는 것이다. 한국 교회는 지난 세기 동안 지나치게 안과 밖을 구분하는 배타적 경계를 만들어왔다. 안과 밖의 논의는 결국 하나님의 내재성과 관련된 것이다. 현대인들은 하나님이 세상 속에 편만하게 존재하신 분이지만 무엇보다도 자신의 내면에 늘 계시며 자아와 소통하기를 희망하고 있는 것이다.

2. 해체주의

리오타르(Jean-Francois Lyotard)는 포스트모더니즘이 절대정신의 변증

2 2009년 『신앙의 미래』라는 저서를 낸 하버드 대학교의 하비 콕스 교수는 50년 전 자신을 비롯한 당시의 종교학자들이 예언한 교회의 몰락은 잘못되었다고 시인한 바 있다. 한국 교회도 20년 전부터 주요 교파의 교세 감소는 시작되었으나, 오순절 교회들과 같이 성령 은사주의 교회들은 이례적인 성장을 지속하고 있다.

법, 의미의 해석학, 합리성과 같은 메타담론(meta discourse)에 대한 불신으로부터 시작되었다고 말한다. 2000년대 이후 등장한 N세대들의 행동방식은 포스트모던적 특성을 단적으로 말해준다. 이들은 선악에 대한 이분법적 논쟁보다는 그것의 효용가치에 대한 실용주의 논의를 더 선호한다(LG 경제연구원, 2005). 한국언론재단에서 20~30대의 신세대들을 대상으로 조사한 한 연구보고서에 의하면 이들은 "심각할 정도로 사회에 대해 부정적인 태도를 가지고 있으며, 무력감, 냉소주의, 회피의 경향을 보이며 경제를 제외한 한국 사회 전반에 대해서 무관심하다"(유선영, 2001). 해체현상은 현재 한국 사회의 각 곳에서 일어나고 있다. 전통적 가치관의 붕괴, 연령주의의 해체, 온라인 오프라인의 경계의 해체, 학교지상주의의 해체 등과 같이 과거의 강요되고 익숙한 것을 부정하고 비판함으로써 시작되었다. 비효율적으로 생각되는 모든 것은 아마도 해체될지도 모른다는 우려가 들지만, 현실을 개선하는 긍정적인 성과를 가져오기도 한다. 그러나 젊은 세대의 공공성에 대한 몰이해와 무관심이 지속된다면 극단적인 불신이 싹틀 것이라 우려된다(송호근, 2003). 포스트모던 시대의 해체 현상은 사이버 공동체의 형성과 권력의 탈중심화로 인하여 앞으로도 더욱 과감하게 진행될 수 있다는 것이다. 그러나 자신을 빼고는 다 버리고 바꿔야 산다는 도요타 자동차의 오쿠다 히로시 회장의 말은 크리스천인 우리에겐 익숙한 말이다.

3. 하이브리드-혼성모방

포스트모더니즘을 이해하는 또 다른 대표적인 키워드는 다국적 기업에 의해 주도되는 소비자본주의의 징후를 보여주는 하이브리드란 말이다. 보드리야르(Jean Baudrillard)에 의하면 산업문명의 독특한 양식으로서, 소비는 오늘날 담론을 구성하는 모든 사물과 메시지의 가상적 총체성이다. 현대사회에서 소비는 단순히 상품의 순환체계 안에서 일정한 역할을 담당하는 것에 그치지 않고 오히려 소비하는 인간의 주체를 구성함으로써 생산과 현대인의 일상생활을 지배하는 양식이 된다. LG경제연구원은 포스트 386세대의 소비에 대해서 다음과 같이 분석한다. "포스트 386세대의 소비에는 '철저한 합리'와 '과감한 사치'가 공존한다. 이 세대는 외환위기와 취업난을 겪으며 현실의 냉혹함, 계층 간의 격차를 체험하며 유리벽 속에서 행복하게 사는 법을 배운 현실주의자이다"(LG경제연구원, 2005). 이들의 소비 패턴은 쌍방향적, 탈중심적이며 미디어 기술들은 이들을 상품 소비자이며 동시에 생산자인 프로슈머(prosumer)로 만들었다. 그들은 인터넷의 카페 사이트나 게시판을 이용하여 공동체를 형성하고 일정한 문화상품에 대한 수많은 의견을 제시함으로써 생산방식과 내용마저 바꿔버린다. 이들에게 있어서 소비와 생산을 구분하는 것은 무의미하다. 하이브리드 현상은 사실상 포스트모던 시대 현대인의 삶 전 영역에서 전개되고 있다. 이것을 가능케 하는 유동성의 문화가 있기 때문이다. 유동성은 전자적으로 매개된 커뮤니케이션에 익숙한 사람들을 특징짓는 중요한 요소이다. 즉 정보사회에서 시간과 장소에 구애받지 않으면서 자유롭게 이동할 수 있음을 의미한다. 정보기술은 사람들을 어느 한 곳에 머무르게 하는 것이 아니라 끊임없이 움직이는 인간으로 바꿔놓았다. 이런 삶의 특성들은 유동성 문화(liquidity culture)로 특징지을 수 있다. 송호근은 "유동성 문화 속에는 자유주의, 개인주의, 권위와 거대담론에 대한 혐오감, 탈출에의 끊임없는 욕구, 이성과 일사불란함에 대한 거역, 감성적인 것에 대한 욕망 등등이 뒤섞여 있다. 유동성 문화는 현란한 TV 광고와 인터넷 콘텐츠, 영화와 드라마에서 그 모습을 드러냈고 월드컵을 통해 세대적, 집단적 문화의식임을 증명해 보였으며 2006년 대선에서 기성세대의 정치질서를 뒤집었다"고 말한다(송호근, 2003).

II. 이성봉의 삶에 나타난 포스트모던적 성향

1. 통전과 균형의 영성

이성봉 목사에 대해 알면 알수록 21세기에 사는 우리보다 더 먼저 21세기적 삶을 살다 가신 분이라는 생각이 드는 이유는, 포스트모더니즘의 세 가지 키워드가 그분의 삶 전 영역에서 발견되기 때문이다. 시대를 앞서서 사셨던 이성봉 목사는 그 시대가 다 이해하지 못한 큰 인물이셨다. 이성봉 목사는 질병으로 인하여 때로는 부축을 받으며, 때론 들것에 누워서 교회의 영적 각성과 부흥을 위해 설교하셨고, 마지막까지 "말로 못 하면 죽음으로"라도 주님의 말씀을 전하겠다는 일사각오의 소임을 다하셨던 분이다.

그런데 필자는 이 말씀을 좀 더 깊게 생각해보려고 한다. 말과 글은 이성의 발로요 모두가 이성의 표현 수단인 언어를 사용한다. 목사님은 복음을 전하는 것은 언어의 힘이 아니면 불가능하다는 것을 익히 알고 계셨을 것이다. 이성봉 목사님이 전하는 복음의 언어는 수려하였고 다양한 매체를 사용하셔서 지루하지도 않았다고 한다. 때론 친절한 교사와 같이, 때론 회개를 촉구하는 예언자와 같이, 때론 당시 유행했던 라디오 드라마의 변사와 같이 능숙한 스토리 텔러로서 다양한 방법을 사용하여 복음을 전하셨다. 그런 분에게 말의 힘을 잃어버린다는 것은 큰 좌절이 아닐 수 없었을 것이라 가히 상상이 된다.

"말로 다 하지 못하면 죽음으로"라는 말씀에는 두 가지 메타포가 들어 있다고 본다. 첫째는 죽기까지 일사각오로 복음을 전하시겠다는 의지와 결단이요, 둘째는 생전에는 말로써 복음을 전하지만 죽어서는 그가 남긴 메시지를 통하여 하나님의 말씀을 전하게 될 것이라는 예언적 선언이라고 필자는 이해한다. 또한, 그의 죽음 자체가 복음을 전하게 될 것이라는 성봉의 말은 이미 실현되었고, 지금도 그의 말처럼 세대와 세대를 거쳐 전승되고 있는 것이다.

이성봉의 첫 번째 포스트모던적 징후는 그가 영적인 사람이며 무엇을 하든 영적인 것을 강조하고 그것에 바탕을 두고 사역을 하셨다는 데서 찾을 수 있다. 그의 부흥사역과 교회사역을 통전적으로 면밀히 살펴본 결과 필자는 성봉에게는 다음과 같은 영적 특징들이 있었음을 발견하게 되었다.

a) 신유의 영성

이성봉 목사의 영성은 신앙적 감화와 은혜의 체험에 의해서 형성된 후험적 영성(a posteri spirituality)이라고 말할 수 있을 것이다. 그는 여섯 살 때부터 어머니로부터 철저한 신앙훈련과 감화를 받으며 자랐다. 어머니는 마치 웨슬리의 어머니 수산나처럼 아들에게 기도와 성경을 가르친 훌륭한 기독교교육 교사였다. 그리하여 성봉은 이미 여섯 살 때 신약을 일독했고 교회에서 “누구든지 성령이 인도하는 대로 기도하시오” 하면 즉시 기도를 해서 칭찬을 받기도 하였다고 한다(이성봉, 1997).

호레이스 부쉬넬(Horace Bushnell)의 말처럼 부모의 신앙이 자녀에게 흘러들어가듯이 어머니 김진실 여사의 사랑과 믿음이 아들인 성봉에게 그대로 전이되었고, 이러한 믿음은 무엇보다도 그가 온전히 회개할 수 있도록 하는 원동력이 되었다. 21세 때 발병한 골막염으로 죽음에 직면한 성봉은 어머니의 기도로 신유의 체험을 하게 되었다(박봉배, 2011). 어머니의 돈독한 신앙심에 힘입어 온전한 회개와 구원의 확신을 체험하였고, 이것은 성봉의 신유에 대한 믿음과 영성을 형성하는 굳건한 기반이 된 것이다. 이 질병은 우연이 아닌 필연으로서, 사울이 바울이 되는 회심의 과정에서 일어난 사건과 흡사하다. 바울이 다마섹 도상에서 낙마하여 잠시 실명하였다가 회복된 것처럼, 성봉이 부흥사로 부름을 받는 과정에서 그의 발병은 성봉으로 하여금 보다 확실한 회심을 하게 한 사건임에 분명하였다. 그 후 26세 때 김익두 목사의 소개로 서울 신학교에 입학하게 되었고 그것은 영적으로만이 아닌 지적으로도 균형된 부흥사역자가 되기 위한 필수적인 신학훈련이 되었다(이성봉, 1997).

이성봉 목사는 신유의 은사를 믿고 강조하였는데 그렇게 된 데에는 다음과 같은 몇 가지 직접적인 치유 사례들에서 기인한 것이다. 먼저 골막염으로 인하여 다리를 절단했어야 하는 위기를 신유의 은사로 면했던 사건은 그의 생애에 있어서 잊을 수 없는 하나님의 은혜의 체험이었다. 또한 급성 맹장염으로 고생하게 되었을 때도 병원에 가지 않고 기도로 이를 극복했다는 것과, 그의 지병인 당뇨병에 대해서도 약물치료를 받지 않고 "내가 죽으면 하나님이 손해다"고 하면서 신유에 매달렸다. "나는 너를 치료하는 여호와"(출 15:26, 여호와 라파)라는 말씀은 그의 삶의 노래요 부흥 메시지의 요점이었다.

이성봉이 수원에서 목회할 때 과로로 인하여 몸이 매우 약해졌다. 어느 주일 예배 후 성봉은 네 시간여 동안 혼몽 상태에 빠진 적이 있었다. 이때 이성봉은 자신이 천국에 갈 준비가 되었는지 생각해보았다. 그에게는 아직 회개하지 못한 죄가 남아 있어 아내 이은실을 불러 숨겼던 죄를 종이에 적어서 자복하였다고 한다. 그러나 이것을 안 사탄은 자신이 알고 범한 죄들은 용서받을 수 없다며 성봉을 시험하였으나, 그는 기도로써 사탄의 역사를 극복하여 마침내 천국의 영광을 보는 체험을 하게 되었고, 이 일이 있은 후 그는 깨끗이 나음을 얻었다고 술회하였다.[3]

이 밖에도 37년 동안 그는 한국과 만주, 일본과 미국 등지에서 수많은 부흥회를 인도하는 동안 자기 스스로 수많은 영적 체험을 계속하며 기사와 이적을 동반하는 회개와 부흥의 역사를 많이 일으켰다. 그러나 성봉은

3 이성봉 목사가 38세 되던 1937년 총회 시에 피곤하여 방에서 잠깐 쉬고 있는데 김익두 목사가 나타나서 안수기도하는 꿈을 꾸게 되었고, 이때 그는 성령의 뜨거움을 체험하게 되었다. "뜨끈뜨끈한 손이 닿자마자 불의 폭발이 일어났는데 너무 뜨겁고 놀라서 화다닥 침대에서 뛰어 놀랐다 떨어지니 꿈이었다. 어찌나 혼이 났던지 온 전신에 땀이 흐리나 심령은 매우 상쾌하였다. 불세례를 경험한 것이었다"(이명직, 1929).

신비주의자는 아니었고, 오히려 그것을 항상 경계했다고 한다. 가슴은 뜨거워야 하지만 머리까지 뜨거워지면 안 된다고 그는 항상 경고했다(이성봉, 1993).

신유는 이성봉 목사가 청년 시절부터 일평생 친히 체험한 은혜요, 그의 삶은 그것을 드러내는 도구였다. 이성봉 목사는 의약을 쓰는 것을 죄라고 생각하지 않았지만 본인은 질병의 고통에도 불구하고 평생을 의약에 의존하지 않고 신유의 신앙으로 살았다. 이성봉 목사가 이해한 하나님은 영원히 변치 않는 사랑의 치유자이셨다. "예수 그리스도는 어제나 오늘이나 영원토록 변치 않기 때문에 오늘도 그 권능, 그 사랑으로 치료하시는 여호와시니라. 그래서 나는 신유의 신앙으로 30년간 의약에 의지하지 않고 그의 손에 치료를 받아 오늘까지 나왔다. … 의약으로 치료하는 것은 자연의 요법이요, 신유로 구원받는 것은 초자연의 요법이다"(이성봉, 1993). 이성봉 목사는 무분별하게 기사와 이적을 예찬한 것은 아니다. 전술한 바와 같이 그는 항상 신비주의를 경계하며 말씀에 기초한 신앙을 유지할 것을 강조했다. 오늘날과 같이 한편으로는 성령의 치유 은사들을 모조리 부인하고 다른 한편에서는 신유와 이적의 은사를 지나치게 맹신하는 양극화된 현실에 비추어볼 때 이성봉 목사의 균형된 신유의 영성은 우리가 본받아야 할 귀감이 되고 있다.

b) 실천적 영성

이성봉 목사의 영성은 무엇보다도 그의 신행일치의 윤리적 삶에서 잘 증거되고 있다. 이에 관련된 두 개의 일화가 성봉의 윤리관을 잘 말해준다. 이성봉 목사가 제주도 부흥회를 인도하러 갈 때의 일이다. 제주도에 배를 타고 가야 하는데, 시간이 많이 걸려 주최측에서 군용기를 타도록 주선하였다. 그러기 위해서는 군복으로 갈아입어야 했다. 그러나 이성봉 목사는 내가 군인이 아닌데 왜 군복을 입고 사람들을 속여야 하느냐고 끝까지 고집하여 배를 타고 갔다는 일화는 목사님의 성품을 잘 나타내는 사건이라 할 수 있다. 또 한번은 부흥회 집회를 위해 지방으로 가야 했는데, 기차표를 사지 못해 암표를 구하여 이 목사에게 주었다고 한다. 이것을 안 이 목사는 이를 단호히 거절하고 입석표를 가지고 여러 시간을 서서 그곳에 갔다는 말이 있다(박봉배, 2011).

둘째, 이성봉 목사는 신학생 때부터 행함의 믿음을 실천하는 분이셨다. 이성봉 목사는 주말마다 유년 주일학교 교사를 하며 어린이를 가르쳤고, 곳곳마다 노래와 동화 설교로 주일학교 부흥회를 인도했다. 성봉은 성인뿐 아니라 학생들에게도 매우 인기가 높았다고 회고한다(이성봉, 1997). 또한 이성봉 목사의 집회는 학원의 부흥을 일으키는 계기도 되었다고 한다. 그 이유는 집회 기간 동안에 학교의 교사들이 먼저 은혜를 받고, 학생들을 대거 데리고 와서 같이 은혜를 받는 경우가 많이 있었기 때문이라고 한다. 이성봉은 성서학원에서 '어린이 부흥회'를 인도하여 교육자로서의 자질을 드러낸 적이 있었다. 또한 1927년 여름 경북 김천에서 여름성경학교를 마친 뒤 어린이 부흥회를 인도했을 때 "순진한 어린 심령들이 애통하며 회개하고 자복하는 열매를 맺는 데 걷잡을 수 없이 털어놓아" 온 동리에 큰 소동이 일어나기도 했다(이성봉, 1997). 이와 같이 여러 주일학교의 부흥회에서 설교하여 자라나는 세대들에게 큰 은혜를 끼쳤다. 후에 이성봉은 자신이 주일학교 부흥집회에서 성공할 수 있는 비결은 그가 신학생 시절 초등부 교사를 할 때 아동심리를 다루는 방법을 터득하였기 때문이라고 술회하였다.

셋째, 성봉은 사랑을 구체적으로 실천하는 목사였다. 해방 후 이념 논쟁의 와중에서 그는 좌 · 우익을 뛰어넘는 하나님 사랑과 이웃 사랑을 강조한다. 그는 가난하고 병든 사람들을 위로하기 위하여 혼신의 힘을 다하였다. 그들에게 물질적 도움을 주기 위해서 자신이 받은 사례비를 희사했으며, 하나님의 말씀을 가지고 그들에게 제일 먼저 찾아갔다. 특히 나환자들이 있었던 나병원 교회는 안 간 곳이 거의 없었다. 그는 사회에서, 가정에서, 동리에서 버림받아 비참한 그들을 동정하여 찾아가서 복음을 전할 때 참된 신앙의 무리가 그곳에 있는 것을 보았다고 한다.

넷째, 성봉은 국경을 초월해서까지 그의 영성을 실천하고 있었음을 알 수 있다. 성봉에게 있어서 이생의 모든 행로는 천성으로 향하여 가는 순례의 행로일 뿐이었다. 이 순례자 의식이 그를 "말로 못 하면 죽음으로" 라는 신앙에 입각하여 철저히 실천하며 살게 했다. 이성봉 목사는 강원도 산골짝에 갈 때나, 남해 바다의 고도(孤島)에 가서 복음을 전할 때, 또 미국에 가서 복음을 전할 때나, 남이 가기 싫어하는 곳에 가려고 할 때도 빚진 자의 마음으로 십자가의 삶을 실천했다. 심지어 "새 시대 남북통일을 위한 전도 훈련과 작전 계획으로" 오지에 가서, 약한 교회에 가서 전도하기로 결심하고, 강원도, 섬, 소록도, 고아원, 미자립 교회 등으로 대표되는 이 전도 여행의 경로를 기꺼이 순례했으며, 예수께서 가신 십자가의 길과 사도 바울이 걸어갔던 선교의 길은 모두 자신이 가야 할 길로 알고 따라갔던 분이다. 이렇게 함으로써 성봉은 분단된 남북통일의 대망도 이루어질 수 있다고 믿었던 것 같다.

c) 종말과 부흥의 영성

이성봉의 삶과 사역은 언제나 종말을 준비하고 있었음을 알 수 있다. 그는 영생은 아직 우리에게 주어지지 않았지만, 그러나 믿음으로 우리 안에 이미 와 있다고 하였다. "천국의 본점은 본 적이 없으나 내 맘에 천국의 지점이 이루어지는 것을 보아서 나는 천국이 있다고 믿소"라는 고백은 그가 어떤 영성을 지녔는지를 확실하게 설명해준다(이성봉, 1997).

이 마지막 영생에 이르는 구원의 길은 그리스도의 재림을 기다리고 준비하는 신앙으로 현재를 살도록 하는 것이다. 주님 오실 때, 즉 종말 신앙이 미래에서 현재로 들어온 것이며, 이것을 이성봉 목사는 "말로 못 하면 죽음으로"란 말로 표현한 바 있다. 김용은은 "말로 못 하면 죽음으로"의 의미를 다음과 같이 해석하였다. 첫째, 죽음과 삶이 따로따로 있는 것이 아니라 함께 있다는 것이다. 따라서 이성봉 목사의 죽음 속에는 삶이 있다는 것으로 재해석될 수 있다. 둘째, 죽음은 끝이 아니다. 이성봉의 죽음은 새로운 삶의 시작이었다. 이성봉 목사는 소천하셨으나 지금도 한국 교회에게 말씀하고 계신다. 셋째, 죽음은 모든 것을 놓고 가지만, 그가 살았던 삶과 신앙은 남기고 간다. 성봉의 종말론적 영성은 그의 삶을 더욱 부흥에로의 열정을 가지고 살게 만들었다(김용은, 2000).

이성봉 목사의 종말론적 삶은 구령(救靈)에 대한 열정으로 승화되었으며, 한 영혼이라도 더 구원하고자 방방곡곡을 찾아다녔다. 뿐만 아니라 성봉은 잠자는 교회를 일깨우기 위해 농어촌 교회까지 찾아가서 부흥회를 인도한 부흥사의 삶을 살았다. 이성봉 목사는 모든 기회를 전도의 기회로 삼았다. 심지어 청주에서 있었던 셋째 딸의 결혼식 인사 자리에서도 호기를 놓칠세라 전도 강연을 했다는 후문이다. 이성봉 목사는 복음전파와 교회부흥 이외에 다른 것에는 관심이 없었다. 그는 세상의 부귀영화도, 명예와 지위도 거들떠볼 새 없이 다만 한 영혼에게라도 더 많이 전도하겠다는 일념에 붙잡힌 사람이었다. 그는 자신의 사명 완수를 위해서 그의 온 정력, 그의 모든 시간과 물질과 심지어 가족까지 다 희생제물로 주님께 바쳤다. 순회집회를 하는 부흥목사로 불가피하게 가족을 위해서 근근이 작은 집 한 채를 준비했었지만, 얼마 안 가서 어떤 교회의 건축 상황이 딱하다는 소식을 듣고 그 집을 선뜻 팔아 전도사의 손에 들려주고 가족은 셋방으로 옮겨 간 일도 있었다고 한다(정승일, 1997, pp. 50-51).

이성봉 목사의 부흥 열정은 개인의 구원뿐 아니라 교회 재건 운동에까지도 미치게 되었다. 6 · 25 동란 이후에는 무너진 성결교회 제단 하나하나를 다시 세우는 교회 재건 운동을 일으켰고, 1961년부터 1년 5개월간 1일 1교회 운동에 나서서 500여 교회를 순회하며 교회 재건과 교단 활동에 전념했다. 마지막에는 일체의 큰 집회나 외부 집회를 단절하고 매일 수십 리씩 걸어 다니며 농어촌 교회들에게 부흥의 동기를 부여하기 위해 순회집회를 하였다. 때로는 소달구지로, 리어카로, 어떤 곳에서는 자전거 꽁무니에 타고 가다가 험한 길에 넘어지기도 했다. 잘 곳이 없어서 소 외양간에서 한 밤을 지내기도 했다고 증언하고 있다(정승일, 1997, pp. 52).

이성봉 목사는 1년에 대략 82곳의 집회를 인도했고, 때로는 하루에 5~6회의 집회를 인도하다가 과로로 쓰러지기도 했지만, 그의 전도와 부흥에 대한 열정은 그가 소천하기 전까지 식을 줄 몰랐다. 그 성봉이 인간구원과 교회부흥에 대한 지칠 줄 모르는 열정으로 부흥사의 길을 걸어갔던 것은 종말을 준비하는 그만의 삶의 방식이었다.

d) 예술적 영성

이성봉 목사는 자기 관리가 철저한 분이었다. 당당한 위풍, 우렁찬 목소리, 설교 사이사이를 채우는 부흥성가, 이야기로 엮어내는 천로역정, 십자가, 구원, 회개, 영생을 외치는 메시지들은 듣는 이로 하여금 시간을 잊게 만들었다(박종순, 2000).

이성봉 목사가 경성성서학원에 입학하여 그곳에서 신학 공부를 하는 동안 은혜로운 찬송을 배우며 크게 감동받았다고 한다. 이성봉 목사는 남다른 음악적 감각이 있었다고 한다. 그가 음악을 그의 부흥운동에 활용한 것을 요약하면 다음과 같다. 첫째, 성봉은 부흥집회에서 복음성가와 부흥성가를 여러 차례 부르면서 말씀을 전하였다. 둘째, 가사를 많이 창작하여 성도들이 즐겨 부르는 찬송가에 맞추어 부르면서 복음을 전하였다. 그의 복음전도에 있어서 음악 활동은 이성봉 목사만이 가지고 있는 독특한 그리스도 안에서의 음악사상이 있었다고 볼 수 있다. 이것은 성봉이 문자주의적 복음전도의 한계를 알고 계셨다는 뜻으로도 해석할 수 있을 것이다(전희준, 2011).

복음전도와 부흥회의 효과를 극대화하기 위해 성봉은 복음을 음악과 그림을 빌려 전달하였으며, 이것은 그가 말씀을 다중매체로 콘텐츠화하려는 새로운 시도였다고 볼 수 있을 것이다. 그는 특히 4복음서와 바울 서신에 기초하여 예수 그리스도의 십자가 공로로 구속함을 받은 성도들의 찬송 생활에 대한 규범까지 구체적으로 이해하고 있었던 것으로 분석되고 있다. 사도 바울은 "내가 영으로 기도하고 또 마음으로 기도하며 내가 영으로 찬미하고 또 마음으로 찬미하리라"(고전 14:15)라고 고백한 본문을 인용하면서, 이 내용을 자신의 신앙으로 고백하고 있다(전희준, 2011).

뿐만 아니라 그는 부흥집회 중에 설교 내용과 관련된 성가를 직접 불러 부흥회에 참석한 사람들에게 크게 감동을 주기도 하는 그 시대의 리바이벌 아티스트(revival artist)이기도 하였다. 이와 같이 그의 부흥집회는 복음의 말씀과 찬송으로 이어지는 지금의 부흥 콘서트 형식의 창의적인 부흥집회였다.

이성봉 목사는 40세 되던 봄에 큰 뜻을 품고 일본으로 건너가 신학을 공부하면서 간증과 독창으로 복음을 전하기도 하였다. 또한 일본 유학 시절에 평소에 친분이 두터웠던 방수원 목사의 도움으로 찬송가와 자신이 작사한 복음성가를 레코드에 취입하였으며, 취입한 레코드는 일본과 한국에 많이 보급되기도 하였다(전희준, 2011).

종합하면, 성봉이 다른 부흥사들과 차별화되는 것은 그의 신학사상이 체험적 신앙에 기초하였기에 복음을 증거하는 데 매우 실제적이고 파급효과가 높았다는 것이다. 뿐만 아니라 그의 다중지능의 삶에서 묻어나는 것은 그가 목사라는 당시의 고정관념을 해체하고, 국경과 장르의 경계를 허물었으며, 설교라는 말씀의 해석학을 회중과의 소통을 극대화시키기 위한 새로운 매체와 예술의 접목으로 주저하지 않고 시도했던 아방가르드이셨다는 점이다. 포스트모더니스트의 좋은 점만을 선택적으로 융합시킨 목사님의 뛰어난 창의력에 필자는 새삼 놀라지 않을 수 없었다.

2. 교파와 시대를 초월한 아방가르드적 부흥사역

a) 교파의 경계를 허무는 성봉의 성결운동 사역

이성봉 목사는 현대적인 의미에서 성공적인 문화선교사였다. 그는 구원론적으로, 성령론적으로, 그리스도론적으로 성서에 기초를 둔 심오하고 실천적인 성서 연구가였다. 그러면서도 성서적 구원사의 흐름을 문화선교를 통하여 가장 효과적으로 전달하였다. 그의 부흥사역은 하나님의 역사(役事)가 같이하셔서 큰 불이 일어나고 예수의 향기가 진동하는 거대 사역이었고, 동시에 교파를 초월한 사역이었다.

그 한 예로서 동북 만주 용정 집회에서는 장로교, 감리교, 성결교 세 교파 신자를 놓고 집회를 인도하였는데, 어찌나 많은 사람들이 모였는지, 강단에서 설교를 못 하고 부인반 출입구에다 책상을 놓고 교회 안에 있는 사람들과 밖에 가득히 서 있는 사람들을 번갈아 보면서 설교할 정도였다. 이 집회에 모여든 2000명의 군중들 가운데 "회개하고 중생을 경험한 자가 부지기수이고, 새로 믿는 결신자가 130여 명이었으며", 집회에서 바쳐진 헌금으로 교회를 신축할 정도였다. 성결교단 총회에서는 이성봉 목사에게 성결교 부흥사이니 성결교만 집회하고 다른 교파에는 가지 말라고 하였다. 이 명령에 이성봉 목사는 다음과 같이 불응했다고 한다. 성봉은 성결은 성결교회의 전매특허가 아니라 누구든지 그리스도인은 하나님의 자녀인 까닭에 거룩하고 깨끗하여야 할 것이라고 했다. 교파의 경계를 해체하고 사역의 범위를 넓히려 했던 성봉은 차라리 이 시대에 사셔야 더욱 빛나는 분이셨음에 틀림이 없는 것 같다.[4] 결국 성결교단에서는 성봉에게 1939년 부흥회를 남한 사역자들에게만 수행케 하지만, 이 목사는 이 결정에 불복하고 전국 부흥사 임명 1년 만에 휴직청원을 제출하게 된다.

b) 대중적 보편성을 추구했던 성봉의 선교 방식

강근환은 이성봉 목사의 부흥사역의 특징 중 하나는 경계를 허무는 대중적 보편성이라고 말한다. 그의 부흥사역은 그 대상에 있어서 양적, 지역

4 "나는 본시 장로교에서 구원받고 한 십 년 있다가 또한 감리교 구역에서 한 십 년 있었다. 그리고 25세에 성결교회로 왔던 것이다. 본래 나는 교파의 구별 없이 봉사하는 것이 나의 사명인 줄 알았다."

적, 교파적, 국가적, 그리고 성적, 연령적, 심지어 시기적인 면에서 전혀 차별이나 제한됨이 없었다. 다시 말해서 집회의 규모가 크든 작든, 지역적으로 시골이든 도시든, 교파적으로 어느 교회든, 국가적으로 어느 나라든, 성적으로나 연령적으로 또한 계급적으로 남녀노소 빈부귀천을 불문하고 비가 오나 눈이 오나, 대우가 좋든 나쁘든 아무런 상관없이 그는 부흥사역을 계속하였던 것이다. 그를 대하였던 모든 사람은 그에게 호감을 갖는다. 어느 누구도 그를 싫어하는 사람이 없었다. 그의 말씨는 쉽고 편하고 친근감이 있었고, 서민적이며 대중적었다. 그가 설교할 때 많은 예화를 사용하는 것도 인기의 비결이었다(강근환, 2000).

포스트모더니즘 시대의 논리는 이성이 아닌 문화이다. 따라서 문화를 지배하는 자가 파워와 팔로워(fallower)를 사로잡는 시대이다. 이성봉 목사는 그의 시대에 있어서 팔로워가 많았던 대중적 부흥사였다. 그는 이성에 주안을 두는 지적이고 고답적인 설교가 아니라 음악, 미술, 그리고 연극적 요소를 모두 동원하여, 다양한 문화의 수단을 사용하여 복음을 전하려고 하였고 또 성공을 거두었다고 평가한다. 문서선교, 그림책, 드라마, 방송선교, 복음성가 찬양, 일인극 등 그가 동원할 수 있고 직접 제작할 수 있는 모든 가능한 매체를 동원한 것이다. 그는 그러한 매체들이 복음을 대중에게 보다 보편적으로 쉽게 전달할 수 있다고 본 것이다. 그가 남긴 것은 난해한 신학 논문이 아니라 남녀노소가 쉽게 이해하고 즐겨 읽을 수 있고, 볼 수 있는 이야기 형태의 작품들이다. ‘천로역정 강화’, ‘요나서 강화’, ‘명심도 강화’라는 3부작 드라마체의 신앙 걸작품들이 바로 그것이다. 그는 방송매체라는 당시 새로운 문화를 이용할 줄도 알았다. 변사가 되고 스승이 되어 방송을 통하여 이 드라마들을 전국에 송출하였다. 그의 방송을 듣고 수많은 사람들이 감동을 받고 구원에 초대되었다. 신기술과 신문화에 대한 두려움보다는, 그것을 일찍이 복음과 신학과 성서와 연결하는 성봉은 문화를 통해, 문화와 더불어 그리스도를 전하는 전도자이면서 궁극적으로 세속의 문화 위에서 그 문화를 구속하는 영예를 누리는 비전을 품었던 분이셨다. 가수들이 음반이 나오면 그것을 들고 전국을 돌며 투어를 하듯이, 성봉은 복음이라는 그의 영원한 진리의 음반을 들고 전국과 세계를 돌며 부흥회 투어를 한 것이었다. 참으로 이 시대에 태어나셨어도 우리와 우리의 첨단 문화와도 소통을 잘할 분이셨을 것이라는 필자의 상상이 지나치지는 않을 것이다.

c) 결혼과 가정보다 우선되었던 구령 사역

이성봉 목사는 부모의 주선으로 19세 때, 어머니의 제자요 어릴 때 친구였던 이영기 장로의 장녀 이은실과 결혼하였다. 그러하기에 성봉은 자신의 결혼 생활은 처음부터 부부간에 큰 애정이 없이 시작된 것임을 고백하였다. 그러나 오히려 그것이 성봉의 순회집회 활동을 하는 데는 유익하여, 그것을 하나님의 섭리로 믿고 감사하며 지내게 되었다고 하였다.

> 그러나 지금까지 서로 참고 이해하고 노력하며 살아온 것은 다만 신앙과 기도로 통하는 것이 있었기 때문이다. 인간적으로 볼 때 그도 불행이요, 나도 불행이었지만 그것이 도리어 나의 아내에게는 인간의 정을 떠나 주님께 더욱 매어달리는 생활을 하게 하였고 나도 또한 가정에 대한 쾌락이 있었더라면 지금까지 이렇게 널리 돌아다니며 주의 일을 하지는 못하였을 것이다(이성봉, 1997).

현대 부부의 기준에서 보면 성봉은 아내가 좋아하거나 만족할 만한 남편은 분명 아니셨던 같다. 그러나 성봉의 가족에 대한 깊은 사랑은 타인인 우리가 감히 알기 어려운 부분이 있을 것이다. 그러나 분명한 것은 이은실 사모 혼자 가난한 성봉의 가계를 꾸려야 했고, 자녀 교육 또한 거의 혼자서 책임져야 했던 점을 짐작해 본다면, 남편으로서의 성봉의 무심한 태도 역시 회개의 범주에 포함되었을 것이다. 그럼에도 불구하고 정말 하나님의 섭리로서 성봉의 가정은 잘 지켜졌고, 그분의 자녀들은 한국 사회 지도층으로 잘 살고 있으니, 이 또한 성봉의 기도와 영성이 낳은 열매일 것이라고 필자는 생각한다. 여기에 한 가지 덧붙인다면 성봉의 위대한 부흥사역은 하나님의 계획에 따라 성령께서 인도하셨기에 가능하였지만, 분명 이것은 혼자 하신 것이 아니라 이은실 사모와 자녀들의 인내와 협조 없이는 현실적으로 불가능했으리라고 사료된다. 비록 그 가족들이 부흥사역에 직접 관여하지 않았다고 하더라도, 남편과 아버지의 부재 속에서 그 가정이 해체되지 않고 끝까지 잘 지켜졌고 또한 그 자녀들은 잘 양육되어 훌륭한 사람들이 되셨기 때문이다.[5]

이 외에도, 모더니즘 시대의 이성봉은 미남이셨지만 어느 때부터 깨달은 바가 있어서 수염을 깎지 않고 통일될 때까지 통일 수염을 기르시겠다고 하셨다. 그는 수염을 보실 때마다, 세수를 하실 때마다 조국의 통일을 염원하셨다고 하였다. 이러한 성봉의 탈인습적(post conventional)인 라이프 스타일은 항상 자신만의 독특한 아이콘을 창출하며 그것으로 이미지 메이킹을 하려는 강한 자아를 드러내고 계셨음을 알 수 있는 대목이다(박봉배, 2011).

3. 성봉의 하이브리드 설교 콘텐츠

a) 초신학적 복음주의에 입각한 설교

이성봉 목사는 교리만 강조하는 정통주의자도, 남을 정죄하기 좋아하

---

5 성봉의 전도 열정은 그의 가족 행사에서도 난감한 상황을 연출하기도 하였다. 막내딸의 결혼식장에 가득 찬 축하객들을 향해 주혼 양가 대표로 인사를 하는 시간에 성봉은 인사 대신 주 예수를 믿어야 더욱 복되고 구원을 받는다는 요지로 전도 메시지를 설교하였다. 설교가 길어져 신부를 난처하게 하였지만, 즉흥적인 이 목사의 설교는 모든 사람들을 감동시킨 훌륭한 설교였다고 한다. 이성봉 목사님은 자나 깨나 시간과 장소를 가리지 않고 오직 심령 구원에만 몰두하는 진정한 부흥사였다. 뿐만 아니라 성봉의 회갑날 가족들이 잔치를 해드리려고 찾아다녔으나 행방이 묘연했다. 나중에 가족들은 이성봉 목사가 대전 애경원(나병환자 수용소)에서 집회를 하고 계시다는 것을 알게 되었고, 가족들은 애경원을 찾아가 특송도 부르고 그곳 나병환자들과 함께 회갑을 보내야 했다.

는 율법주의자도 아니었다. 더욱이 성경에 기초하지 않고 지나치게 신비주의에 빠지는 것도 매우 경계하였다. 그는 항상 좌로나 우로나 치우치지 않는 균형 잡힌 신앙을 강조하였다. 이성봉 목사의 메시지는 성결교회의 사중복음인 중생, 성결, 신유, 재림을 강조했으나 키워드는 사랑이었다. 또한 그의 복음 전도는 추상적인 것이 아니라 구체적인 삶 속에서 변화를 목표로 하는 것이었다. 그의 부흥회는 언제나 예수 믿고 새로운 사람으로 변화된 이야기가 주된 콘텐츠였다.

이성봉 목사는 성경과 신학적 지식을 전달하는 건조한 교리적, 교육적 설교에 치우치지 않았다. 비록 다루는 주제가 논리적 체계와 분명한 논증을 토대로 하고 있다는 점에서는 교리 설교로 분류될 수 있지만, 그의 설교들은 항상 회중에 대한 반응과 결단 그리고 삶의 변화를 이끌어냄으로써, 지 · 정 · 의 모든 차원이 설교와 연결되도록 디자인되었다. 그러므로 성봉의 설교는 신앙의 각성과 그리스도 안에서의 삶의 변화라는 차원까지를 의도하고 있다는 점에서 그가 이해하고 있는 부흥적 신앙관과 부합하는 것이라고 보는 것이다.

b) 하이브리드 설교 콘텐츠 – '천로역정 강화', '명심도 강화'

이성봉 목사의 설교 포맷은 크게 보면 주제 설교요 교리 설교라고 분석할 수 있을 것이다. 성봉의 설교에서는 선정한 성경 요절을 심층적으로 강해하거나 주석하는 경우는 거의 보이지 않기 때문이다. 그의 설교의 전개 과정은 성경 요절을 먼저 읽고 3~5 대지(大旨)의 설교 본론으로 들어가 그 과정에서 메시지의 이해를 돕기 위해 이야기와 노래와 마임 등을 활용하시고, 그것을 듣고 나면 어떤 행동의 변화를 결단해야 하는가를 권면하면서 때론 시와 찬양으로 끝이 난다.

이상직은 성봉을 가리켜 이야기 신학자라고 말한다. 성봉은 설교할 때 이야기 형식의 '천로역정 강화'를 한국적인 음조로 전달하곤 하였다. 또한 이성봉은 자신이 직접 쓴 가사에 곡을 붙여서 성도들의 가슴속에 전달되는 노래를 만들었다. 천로역정 이야기는 라디오 방송을 타기도 하고, 설교집으로도 펴내 출판되기도 하였다.

'천로역정 강화'가 오디오 콘텐츠라 한다면 '명심도 강화'는 시각적인 효과를 활용한 교회학교용 교사지침서이다. 이성봉 목사는 오래전 서양의 어떤 사람(원작자 미상)이 지은 『명심도(明心圖, The human heart)』란 책을 보고 감명을 받았다. 그리고 그 내용이 성경의 도리와 자신의 신앙 경험에 비추어볼 때 적합하여, 마음을 밝히는 성결의 도리를 가르치는 설교자료로 삼았다고 한다. 『명심도』는 장로교 선교사 베어드(William Baird)의 번역으로 한국에 소개되어 널리 전파되었다. 『명심도』는 총 아홉 장의 그림으로 구성되어 있다. 인간의 마음속에 일곱 동물(돼지, 염소, 호랑이, 여우, 공작, 자라, 뱀)과 눈, 별, 십자가, 마귀를 그려 넣은 아홉 장의 그림은 죄인의 마음이 그리스도의 보혈로 말미암아 거룩한 마음으로 바뀌어 가는 과정을 단계별로 회화적으로 설명한 것이다. 이성봉 목사는 사람의 인격이 외양에 있는 것이 아니요 마음에 있다고 말하면서, 이 마음을 지키는 자는 많지 않다고 말한다. 이 책은, 사람은 그 마음을 지키기 위하여 여러 가지 수양을 쌓지만 결국 실패하며, 새로운 마음을 갖는 유일한 길은 예수 그리스도를 구주로 모시고 성령의 인도하심을 따르는 것이라는 교훈을 말하고 있다. 이러한 내용을 설명한 것이 이성봉 목사의 '명심도 강화'이다. 이성봉 목사가 각색한 '명심도 강화'는 주일학교 교사들을 위한 교사지침서로도 활용되었다. 이 사실만 보더라도 성봉은 부흥사 이전에 탁월한 교육자요 교재(콘텐츠) 개발자임에 분명하다.

c) sermontainer로서의 이성봉

이성봉 목사의 설교는 규칙적이지는 않지만 주제를 설명하기 위한 해설과 예화를 거쳐 적용과 결단을 촉구하는 방식을 반복적으로 사용한다. 이러한 전개 방식은 설교의 처짐과 지루함을 방지하고, 전달하고자 하는 메시지를 명료하게 만든다. 이성봉 설교의 전개 방식 중에 특별한 점 하나는 청중과 함께 호흡하는 '따라 하기'이다.

자 다 같이: 하나님을 찾은즉(회중 복창: 하나님을 찾은즉) 살리라(살리라) 하나님을 찾은즉(하나님을 찾은즉) 평안함을 얻으리라(평안함을 얻으리라)."

이성봉 목사는 설교의 효과적인 전달과 청중의 집중력을 높이기 위하여 사용할 수 있는 모든 보조 자료와 청중의 참여를 주저 없이 시도하는 교육적인 설교가라고 정의할 수 있다.

엔터테이너들의 공통된 특징에서 나타나듯이 성봉 역시 음악을 능숙하고 주제에 맞게 선곡하고 적시에 사용하셨다. 그의 뛰어난 예술적 감각은 탁월하다고 평가할 수 있을 것이다. 마치 19세기 말 미국을 대표하는 부흥사 무디처럼 이성봉 목사는 특히 찬송을 잘 활용하였다. 설교에 찬송과 시와 노래를 도입하여 설교를 대중화하려고 하였다. 대중들은 논리로 말하기보다는 찬송을 통해 메시지를 더 쉽게 체화하려는 경향을 보이기 때문이다. 이성봉 목사는 수많은 찬송을 만들어서 사람들로 하여금 부르게 하였고, 많은 시를 작사, 편곡하여 임마누엘 성가집에 수록하였다. 이런 노래들은 그가 떠난 다음에도 사람들의 입에 남아 있어 계속 은혜를 받게 하고 있다.

그는 대중문화의 힘을 잘 활용하여 창조적으로 부흥사역에 접목시킨 최초의 서몬테이너였다. 그는 방송을 통하여 천로역정, 요나서, 명심도의 드라마를 전국에 송출하였다. 그의 방송을 듣고 수많은 사람들이 감동을 받고 구원에 초대되었다. 그는 부흥사로서는 최초로 녹음기를 활용하여 설교를 하였는데, 당시 녹음되었던 그의 육성 설교는 현대 부흥사와 목사들에게까지 큰 영향을 끼치는 매우 소중한 역사적 자료가 되었다.

III. 포스트모던 세대에게 성봉 전승을 위한 교육적 방안

1. 교회교육의 구태를 버려야 한국 교회가 산다

한국 사회는 지금 각 분야에서 세대 간 소통과 대화의 부재가 갈등으로 점화되어 극과 극으로 치닫고 있는 것 같다. 가정에서는 부모와 자녀 간의 대화가 점차 줄어들고, 학교에서뿐만 아니라 이제는 일터에서조차 상사와 부하 직원 간의 불화와 갈등이 공동체의 평화를 파괴하고 있다. 이러한 인간관계들의 병리현상은 크리스천 공동체라고 해서 더 이상 예외는 아니다. 포스트모더니즘의 영향은 우리의 생각보다 너 넓고 빠르게 우리의 삶 속에 편만해 있음을 인식할 필요가 있다. 이성보다는 감성으로 다가가야 하는 N세대들에게 다가갈 수 있는 신앙교육은 현재 기로에 서 있다. 학교에서도 이제는 함부로 예배를 하거나 성경교육을 시킬 수가 없게 되었고 이미 많은 수의 기독교학교에서 교육실이 폐쇄되었다. 교목을 비롯한 목사들의 학원 선교에서의 입지는 점차 작아지고 있고, 주 5일 수업제 전면 실시로 인해 교회학교의 학생 신자들은 아직은 귀추를 예측하기 어렵다.

여기에 새로운 스마트 미디어 환경이 빠르게 조성되고 진보하면서 한국 교회는 다양한 문화 매체를 통하여 소통의 통로를 모색해야 할 시대적 요청에 직면해 있는 상황이다. 즉 교회교육의 효율성을 높이기 위한 요청으로, 교회를 중심으로 한 면대면 교육의 한계성을 개선하기 위한 신앙교육의 스마트 환경이 조성되어야 할 필요가 있다는 것이다. 즉 인터넷, 스마트폰, 그리고 이것들과 유무선으로 통신이 가능한 각종 탭과 패드를 사용하는 유저들과도 장소와 시간에 구애받지 않는 신앙교육의 네트워크를 구축할 필요가 있다는 것이다. 이제는 N세대(Net generation)가 포스트모던적 변화의 한 양상으로 출현한 세대임을 신속히 깨닫고 교회는 여기에 따른 교육환경 개선의 박차를 가해야 한다. 더 이상 좌식 바닥에 앉아 20

세기 수업방식으로 아동과 청소년들을 교육하는 것을 아무런 죄의식 없이 바라보는 무감각한 한국 교회가 되어서는 안 된다. 이와 같은 맥락에서 한국 교회의 기독교교육 현장에서 해체되고 버려야 할 것을 과감히 버리는 일대 개혁이 일어나야 할 것이다.

과거 교회의 신앙교육을 20세기의 틀에 얽매고 있는 구태의 교육구조, 교사교육, 아이들이 배우는 교육과정 등은 과감히 변혁하지 않으면 교회학교의 붕괴와 같은 쓰나미가 몰려올 것이다. 이를 위해 먼저 교회교육 환경을 선진국 수준으로 한 단계 업그레이드하는 장기 개발계획을 수립해야 할 때이다.

2. N세대 교사들에게 명심도 훈련이 필요하다

성봉은 왜 교회학교 교사들을 훈련시키는 데 그토록 정성을 쏟았을까? 영혼 구원 사역을 지속해가려면 일꾼이 필요한 것은 자명한 이치다. 그렇다면 내일의 교사를 훈련시켜 미래의 학생들을 가르치도록 준비하는 것은 지금 바로 시작해도 늦는 것이다. 왜냐하면 오늘의 교사들이 줄고 있고 또 소명의식 또한 예전처럼 강하지 못하기 때문이다. 이 점을 성봉은 간파하셨던 것 같다. 중요한 것은 사람의 마음에 달렸는데, 그 마음에 시커먼 욕망과 죄가 아직 나가지 않고 있다면 복음과 예수님이 들어올 공간은 없기 때문이다. 성봉께서 교사가 되기 전 무엇보다도 마음을 밝히는 것(명심), 즉 성결하게 해야 함을 강조하신 이유는 그것이 바로 모든 것의 근간이 되기 때문이다. 가르치는 자의 마음이 죄와 욕망으로 꿈틀되는데 어떻게 그 마음에 복음이 들어갈 수 있으며, 어떻게 복음을 학생들에게 전달할 수가 있는가?

이제 한국 교회는 N세대를 위한 준비가 필요할 것이다. 그 첫 번째가 바로 교사훈련이다. 교사들의 마음을 밝히는 훈련이 필요하다. 어쩌면 이것은 교사들의 신앙을 부흥시키는 일이며, 이를 위해 우리는 성봉의 아이디어가 필요하다. "Oldies but goodies", 즉 구관이 명관이란 말이 있다. 바로 성봉의 명심도로 돌아가는 것이 하나의 대안이다. 50년 전에 이 땅에서 남이 생각하지 못했던 교사들의 마음의 훈련도를 그리셨던 그분, 성봉의 지혜를 따라 우리도 먼저 이 세대 젊은이들을 가르칠 교사들의 마음을 깨끗하고 밝게 만들어줘야 한다.

3. 체험 중심의 회개 교육

이성봉 목사는 체험적 신앙으로 성서에 기반을 둔 전도자였다. 그는 성결교회 부흥운동의 가이드라인 안에서 성령에 감동된 양심에 따라 한국교회의 회개운동에 헌신되어진 사람이었다. 이성봉 목사에게 있어서 체험신앙이란 자신의 의지와 무관하게 외부로부터 주어지는 영적 주입에 의한 내적 믿음과 그에 수반하는 외적 행위라고 말할 수 있다.

이성봉 목사는 어머니로부터 철저한 회개의 교육을 받았다. 그래서 그는 복음의 시작을 죄의 회개함으로 시작하고, 이것이 기독교의 기초를 이룬다고 보았다(이덕식, 2011). 그에게 있어서 회개는 죄의 뿌리를 뽑고 비록 작은 것일지라도 손해를 끼쳤던 사람들에게 용서를 구하는 철저한 회개였다. 즉 회개는 단순히 자신의 잘못을 시인하는 입술의 사건이 아니라, 지 · 정 · 의 · 행의 전인적 사건이요, 반드시 행위가 수반되어야 하는 사건인 것이다. 특히 이 목사는 회개의 행위적 열매를 강조한다. 즉 소극적으로 변상을 통해 죄를 회개함과 적극적으로 삶이 변하는 의의 열매를 맺는 단계까지 나아갈 때, 진정한 회개가 된다는 것이다. 자기가 죄를 한 번도 범한 일이 없다고 자랑하는 자는 깨끗한 자가 아니다. 차라리 자기가 죄를 누구보다도 많이 지은 죄인의 괴수로 알아서, 예수 십자가 앞에 가서 자기 죄를 통회(痛悔)하는 순간에 얻는 깨끗함이 바로 성결의 참의미이다. 따라서 "법률적으로 지은 죄, 양심상으로 지은 죄를 다 하나님 앞에 고백하며 사람과 관련된 것은 사람과 해결지어야 한다." 이 회개가 인간을 예수와 관련짓고 죄로부터 구원하는 첫걸음이다. 이런 맥락에서 회개가 이 목사의 부흥설교에서 지속적으로 강조되고, 또 부흥집회에서 회개의 역사가 활발했던 것은 극히 자연스런 일이다.

또한 이성봉 목사는 죄지은 사람이 아니라 회개하지 않는 자가 지옥에 간다는 확신을 가지고 있었다. 이것은 대단히 중요한 논리이다. 한국 기독교회에서 부흥운동이 남긴 가장 커다란 공헌 가운데 하나가 바로 이성봉 목사의 이 엄청난 논리이다. 지옥 가는 것은 회개하지 않는 자가 간다는 것이다. 그는 인간의 성화가 단번에 이루어질 수 없는 것과 마찬가지로, 회개 역시 완전히 한순간에 완벽하게 도달될 수 있는 것이라고는 보지 않았다. 단번에 된다는 것은 사탄의 꼬임이라는 것을 그는 주저 없이 말한다. '조금씩' 잘 믿어나가는 일, 그것이 중요하다고 본 것이다. 즉 웨슬리의 성화의 단계설이 말하고 있는 것과 같이, 온전한 회개가 일어나기까지 기독교 신앙교육은 학습자의 발달 단계마다 지속적으로 회개의 필요성을 교육해야 한다는 것을 성봉의 회개의 원리에서 배워야 할 것이다.

4. 다중지능세대를 위한 성봉의 교훈

레너드 스윗(Leonard Sweet, 2002)은 하이브리드 시대의 기독교는 지식과 예술과 대중문화와 성경을 아우르는 선도적 종교가 되어야 한다고 주장한다. 그에 의하면 기독교교육은 4차원적으로 변화되어야 한다. 첫째, 기독교 신앙은 성봉이 체험한 것처럼 이성적으로가 아니라 온몸으로 체험하는 것이다. 둘째, 메시지는 일방적으로 전달되는 것이 아니라 회중의 참여를 초대하고 허락하는 교육의 구조와 환경을 필요로 한다. 춤, 이야기, 소리, 접촉 등 다양한 콘텐츠를 통해 하나님과 친밀감을 촉진하는 것이다. 셋째, 포스트모던 시대는 문자주의에서 탈피하여 이미지와 이야기 그리고 메타포에 기반을 둔 기독교 콘텐츠를 신앙교육의 교육과정으로 활용한다. 넷째, 관계 맺는 공동체를 세우는 교육을 수행한다. 이름뿐인

공동체(community)를 허물고 관계성(connectedness)을 지닌 교회로 거듭나야 한다는 것이다. SNS와 스마트폰과 같은 스마트 미디어 환경을 최대한 활용한 크리스천 스마트 네트워크에 접속하여 온라인에서도, SNS에서도 명실공히 신앙공동체로서의 존재감을 느끼고 나눌 수 있도록 관계 시스템을 구축해야 한다. 그것을 통해 서로의 메시지를 소통해가는 사이버 신앙공동체는 사실상 오프라인 공동체보다 더 활발하고 신속하게 교회의 소식, 심지어 신앙교육의 콘텐츠와 말씀과 예배 VOD까지를 공급하면서 교회 생활을 스마트하게 안내할 것이다. 이러한 '스마트 교회 시스템 네트워크(smart church system network)'가 시급히 구축되어야 한다. facebook이 아닌 faithbook community를 만들어야 할 것이며, kakao talk이 아닌 kerygma talk이나 kononia talk을 개설하여 크리스천들 간의 대화 채널을 신속히 구축할 필요가 있다. 이렇게 된다면 젊은 세대와의 소통은 훨씬 쉬워질 것이며 그들과의 거리도 가까워질 것으로 전망한다.

앞으로 디지털 세대를 위한 모든 신앙교육 내용은 멀티미디어 기반, 하이퍼텍스트 기반, 온라인과 스마트미디어 기반으로 콘텐츠화되어야 할 것이다. 이러한 의미에서 이성봉 목사의 지식과 예술과 대중문화와 성경에 대한 콘텐츠도 통합하여 최첨단 멀티콘텐츠로 제작되고 보존되어야 할 것이다. 이성봉 목사의 모든 지적, 영적 유산이 콘텐츠화되어야 다음 세대의 교육이 가능해지는 것이다. 그의 역작인 '천로역정 강화', '요나서 강화', '명심도 강화'가 더 이상 아날로그 형태의 텍스트에 머물러 있지 않도록 스마트 모바일 디지털 콘텐츠로 제작하여 다음 세대에 전승해야 할 책임이 우리에게 있는 것이다. "말로 못 하면 죽음으로"까지 복음을 전하고자 했던 이성봉 목사는 후대의 복음의 동지들에게 차세대로의 교육적 책임을 맡기고 가신 것이다. 그가 끝까지 전하고자 했던 전인적, 초시간적 신앙교육은 콘텐츠화되어 차세대를 위한 중요한 교육자료로 남게 될 것이라고 필자는 확신한다.

이성봉 목사는 부흥사이기 전에 다중지능을 지니신 교육자였다. 그는 자기 스스로를 인기 많은 교사로 인정하였다. 그리고 실제로 여름학기마다 주일학교 교사로 봉사하였다. 이성봉 목사가 당시 교육학에 입문했었더라면 그의 회개 신학은 더욱 체계화되지 않았을까 하는 생각을 가져본다. 만약 그가 부흥사뿐만 아니라 후학들을 가르치는 데에 더욱 치중했었더라면 지금보다 훨씬 더 많은 연구 자료들을 남기셨을 것이라고 믿어 의심치 않는다. 한 가지 분명한 것은, 이성봉 목사가 포스트모던 시대에 살았더라면 이전보다 훨씬 더 많은 콘텐츠를 교육적 유산으로 남기셨을 것이다. 성봉의 명심도의 말씀을 다시 한번 마음에 새기며 예수님이 주신 교육명령을 되새겨보아야 할 때인 것 같다.[6]

참고 문헌

Graff, Gerald (1979). *Literature Against Itself: Literary Ideas in Modern Society.* Chicago: University of Chicago Press.

Habermas, Jürgen (1983). *The Anti- Aesthetic : Essays on Postmodern Culture.* Washington: Bay Press.

Huyssen, Andreas (1986). *Crisis of Modernity : Recent Critical Theories of Culture and Society in the United States and West Germany.* Boulder, Co: Westview Press.

Jameson, Frederic (1992). *Postmodernism, or, The Cultural Logic of Late Capitalism.* North Carolina: Duke Univ. Press.

6 "내가 너희에게 분부한 모든 것을 가르쳐 지키게 하라. 볼지어다 내가 세상 끝날까지 너희와 항상 함께 있으리라 하시니라"(마 28:20). "너는 마음을 다하고, 성품을 다하고, 힘을 다하여 네 하나님 여호와를 사랑하라. 오늘날 내가 네게 명하는 이 말씀을 너는 마음에 새기고 네 자녀에게 부지런히 가르치며 집에 앉았을 때에든지, 길에 행할 때에든지, 이 말씀을 강론할 것이며…"(신 6:5-7).

Mandel, Ernest (1985). **후기자본주의.** (이범구 역). 서울: 한마당.

강근환 (2000). 이성봉 목사의 부흥사역. **이성봉 목사의 부흥운동 조명**. 서울: 생명의 말씀사.

박봉배 (2011). 한국교회의 부흥운동과 이성봉. **세기의 전도자 이성봉 이야기** (pp. 87). 경기: 한기정.

박종순 (2000). 이성봉 목사님을 추모하며. **이성봉 목사의 부흥운동 조명** (pp.46). 서울: 생명의 말씀사.

송호근 (2003). **한국, 무슨 일이 일어나고 있나.** 서울: 삼성경제연구소.

LG경제연구원 (2005). **2010 대한민국트렌드**. 서울: 한국경제신문사.

유선영 (2001). **신세대 비독자 연구**. 서울: 한국언론재단.

이덕식 (2011). 이성봉 목사의 부흥설교와 그 중심 메시지. **세기의 전도자 이성봉 이야기.** 경기: 한기정.

이성봉 (1997). **말로 못하면 죽음으로**. 서울: 생명의 말씀사.

이성봉 (1993). **사랑의 강단**. 서울: 생명의 말씀사.

전희준 (2011). 이성봉 목사의 복음전도와 부흥성가. **세기의 전도자 이성봉 이야기**(pp. 122). 경기: 한기정.

정승일 (1997). **산 신앙의 증인 이성봉 목사**. 활천, 50.

Abstract

A Post-modern Perspective on the Passionate Church Educator Rev. Sung Bong Lee (1900-1965)

Meerha Hahn
(Professor, Hoseo University)

Spirituality, deconstruction, and hybrid as the three key words were employed to understand the recent post-modernism. I tried to seek any meaningful implications in his life and achievement of Rev. Sung Bong Lee, the legendary revivalist in the history of the Korea church. First, Rev. Lee had shown the spirituality of integration and balance throughout his entire life and ministry. Second, his ministry dismantled the denominational boundaries and led the revival meeting that is beyond the denomination and the timeless. Third, his sermon was theologically hybrid. Sung Bong's preaching format was thematic as well as doctrinal. He also employed singing, story telling and mime in order to help the congregation understand his sermon, and ended with a poem and hymn.

Lastly four suggestions were made from the study for educating the post-modern generation Christians: 1) the Korean church will revive when the obsolete way of church education is changed. 2) N generation teachers need "Human heart" training coined by Rev. Lee. 3) Faith education should be based on experiencing authentic repentance. 4) Like Rev. Lee who was multi-intelligence man, today's church teachers must be good at the ministry which demands multi-intelligence.

Key words: Postmodernism, Church Educator, Revivalist Sung Bong Lee(1900–1965), Church education, Christian Education, Repentance education.

포스트모던 시대의 핵심 인재 개발을 위한 기독교 영성교육모델 : 기독교대학의 위기 극복을 위한 대안

한미라 (호서대학교 교수)
mrhan@hoseo.edu

■ 본 논문은 기독교 정체성과 사회경제적 현실 사이에서 고심하는 기독교대학의 인재 개발을 위한 하나의 대안으로서 통합적 영성교육모델을 제안하였다. 이를 위하여 논의되었던 것을 요약하면 다음과 같다. 첫째, 포스트모던 시대의 기업과 기독교대학이 선호하는 인재상은 다르다. 기업은 대체로 창의성과 글로벌 경쟁력을 강조하고 있는 반면, 기독교대학들은 사회적 책임, 전문성, 도덕성을 우위에 둔다. 둘째, 그럼에도 불구하고 기독교대학들은 학생들의 취업 지도와 관련하여 시장논리를 고려하지 않을 수 없어 기업의 인재상을 교육과정 개편에 준거로 삼는 모순을 행하고 있다. 셋째, 기독교대학들이 생존하기 위해서는 기독교 정체성이 오히려 더 드러나는 차별화된 기독교 인재교육이 필요함을 인식하였고, 이를 위해 통합적인 기독교영성교육의 특성화를 제안하였다. 기독교대학에서 배출되는 미래의 인재들이 보다 나은 역량과 영향력을 갖추기 위해서는 대학의 전 교육과정에서 기독교 영성과 진로 계발이 잘 융합될 수 있도록 교육 여건을 조성해주어야 한다는 것이 본 논문의 핵심 포인트이다. 끝으로, 현재 기독교

대학들이 기독교 정체성을 지키려고 하는 노력을 유지하는 것도 새로운 영성교육모델을 적용하는 것만큼 중요한 일일 것이다. ■

기독교대학들은 이상과 진리의 상아탑 속에 존재하는 것이 아니라 치열한 역사의 현실 속에서 생존해왔다. 위의 논제를 풀어가기 위해서는 먼저 기독교대학들이 처해 있는 이 시대가 과연 어떤 시대인가를 먼저 이해할 필요가 있다. 이 시대를 가리켜 포스트모던, 탈근대/탈현대 또는 후기구조주의 등으로 부르는 것을 보더라도 이 시대가 얼마나 다양하고 복잡한가를 가름할 수 있을 것이다. 포스트모더니즘은 과연 모더니즘과 결별한 것인가 아닌가를 두고 포스트모더니스트들은 적어도 세 그룹으로 분류되고 있다. 첫째, 포스트모더니즘은 모더니즘의 연속선상에 있다고 보는 하버마스와 같은 입장, 둘째, 데리다와 푸코를 선두로 하는 해체주의자 그룹, 그리고 셋째, 이합 핫산과 같은 절충주의자들로 분류된다. 오늘날의 기독교대학이 당면한 문제는 최근에 들어와서 갑자기 발현된 것이 아니라 이미 모던 시대의 영향을 받아온 것이다. 캘리네스큐(Matei Calinescu, 1987)에 따르면, 포스트모더니즘은 모더니티의 다섯 얼굴(모더니티, 아방가르드, 데카당스, 키치, 포스트모더니즘) 중 하나이다. 포스트모더니즘의 종교관을 이해하려면 먼저 모더니티의 특성을 알아보는 것이 유용할 것이다. 모더니티는 '기독교사회로부터의 분리'를 의미한다는 블록(Alan Bullock)의 표현은 곧 포스트모더니즘과 기독교의 관계를 단적으로 시사하는 말이다. 그러니까 포스트모던 시대의 기독교대학의 멀티버시티와 같은 세속화는 포스트모던 시대에 나타난 현상이 아닌 모던 시대 때부터 이어져온 문제이기도 한 것이다. 이것을 김기숙(2007) 외 몇몇 신학자들은 계몽주의의 영향이라고 설명하였다(김영한, 2000; 조용훈, 2010).

마셜 버먼(Marshall Berman)에 따르면, 모더니티는 세 시기로 구분지을 수 있다. 첫째, 초기 모더니티 시기는 1500~1789년(혹은 1453~1789), 둘째, 고전적 모더니티 시기는 1789~1900년[에릭 홉스봄(Eric John Ernest

Hobsbawm)의 분류에 따르면 1789~1914], 셋째, 후기 모더니티 시기라 하는 1900~1989년까지로 구분한다.[1] 리오타르(Jean-François Lyotard)나 보드리야르(Jean Baudrillard) 같은 포스트모더니스트들은 20세기 중후반에 이미 모더니티가 종료되었다고 말하며 이것을 뒤따르는 시기를 포스트모더니티 시기로 정의한다. 그러나 다른 사상가들은 20세기 후반부터 현재까지가 모더니티의 또 다른 국면일 뿐이라고 생각한다. 이것을 바우만(Zygmunt Bauman)은 가볍고 불안정하고 통제 불가능한 '유동적'(액체적) 모더니티라고 하고 기든스(Anthony Giddens)는 '고급' 모더니티로 명명하였다. 분명한 것은 포스트모더니티는 지금 우리의 현존에 와 있고 또 다가올 미래의 시간을 향해 계속하여 진화되고 있다는 사실이다.

로버트 피핀(Robert B. Pippin, 1991)은 『철학적 문제로서의 모더니즘』에서 모더니티가 지닌 일곱 가지 특성을 다음과 같이 제시하였다. 첫째, 모더니티는 공통된 언어와 전통에 기초를 둔 단일민족국가를 탄생시켰다. 둘째, 인간의 조건 중에서 이성을 가장 우위에 두었다. 셋째, 대자연과 인간의 본성을 규명하는 데 무엇보다도 자연과학에 의존하였다. 넷째, 인간의 삶과 자연 현상을 탈신비화시켰다. 다섯째, 모든 개인의 천부적 권리 중에서 특히 자유와 자기결정과 그 표현의 권리를 존중하였다. 여섯째, 자유 시장경제 시스템을 도입하고 그것에 수반되는 임금 노동과 도시화 그리고 생산수단의 사유화를 적극 장려하였다. 그리고 일곱째, 인간의 발전 가능성을 굳게 믿으면서 관용, 동정, 사려분별, 자선 등과 같은 기독교적 휴머니즘에 기초한 다양한 덕성을 높이 평가하였다.

포스트모던 시대는 위에서 언급한 모더니티의 특징들과의 단절과 연속이 공존하고 있음을 알 수 있다. 기독교대학과 관련해서 볼 때 해체주의

---

1 아널드 토인비의 서구 역사 구분은 1기(암흑기), 2기(중세기), 3기(모던기), 4기(포스트모던)로 구분한다. 모던 시대는 1475~1875년에 끝난 시기로, 다시 1) 초기 모던(르네상스 초기), 2) 모던(르네상스), 3) 후기 모던(17세기 말~18세기 계몽주의, 19세기 중엽까지 계속됨)으로 세분화한다. Toynbee, Arnold (1965). *A study of history*. NY: Dell.

자들이 주장하는 이성과 과학주의에 기초한 거대 담론들에 대한 비판은 오히려 대학이 기독교 신앙을 회복할 좋은 기회를 맞이하고 있는 것이라고도 볼 수 있을 것이다. 학문의 발전 측면에서 볼 때는 하이브리드 변종 학문들이 많이 생성되어 기독교 학문의 고유성과 체계에 교란과 혼란이 일어날 위험도 있지만, 기독교대학이 가야 할 참된 길은 신앙과 학문의 조화에 있기 때문에 이런 의미에서 볼 때 건전한 기독교 융합학문의 생성은 오히려 고무적일 수도 있을 것이다. 1980년대 이후 한국 대학가에 불어닥친 멀티버시티의 유행은 기독교대학들에까지 무분별한 규모의 확대를 가져왔고, 그 결과 불가피하게 세속화와의 갈등을 겪고 있는 것이다. 뿐만 아니라 30년이 지난 오늘날 기독교 대학들의 공통된 이슈는 생존이며, 이를 위해서는 정부의 규제와 지원사업으로부터 불이익을 당하지 않기 위해서는 경제 논리와 경영 마인드를 예수와 복음보다 더 우위에 둘 수밖에 없는 것이 현실이 되어버렸다.

최근 모 기독교대학이 교육당국으로부터 '정부 지원 제한 하위 15% 대학'으로 선정되어 폐쇄 조치 되자 재학생 중 일부가 필자의 학교로 편입되어왔다. 편입해온 신학생들은 하루아침에 다니던 대학이 해체된 것에 충격을 금치 못하였다. 포스트모던 시대에 기독교대학은 어떤 이유에서든 가장 취약한 대학이 될 수 있음을 보여주는 한 예이다. 어느 대학을 막론하고 책임 있는 재물의 관리가 뒤따르지 않는다면 모던 시대보다도 더 무섭게 경제 논리가 지배하는 세상이 될 것이다. 경영 윤리의 부재와 재물의 무분별한 사용은 그리스같이 국민의 90% 이상이 기독교를 믿는 나라라 할지라도 국가부도로 해체될 수 있음을 우리는 목도하고 있다.

I. 포스트모던 시대의 핵심 인재상

기업은 대학이 배출하는 인재를 자신들의 기준에 따라 선발하고 사용하는 이른바 '갑'에 해당된다. 역사적으로 대학은 시대마다 사회를 이끌어가는 각계각층의 오피니언 리더와 같이 지도자를 양성하는 것이지, 기업에 종사할 일꾼을 훈련하는 것은 아니었다. 그러나 자본주의의 발달은 현대 기업들로 하여금 막대한 자본과 인력을 소유하게 하였고, 또한 거대한 시장경제를 장악하고 있다. 그들이 가진 부와 자본의 힘은 취업률을 움직이는 주도적 세력이 되었으며, 국가경제에 지대한 영향을 미치게 되었다. 기업들은 유력한 사회 구성원의 조건인 임금을 지급받고 납세하는 시민들을 선발하고, 그 대가로 노동을 요구할 수 있는 막강한 '갑'의 집단이 되었다. 한 국가와 사회를 이끌어 가는 이념과 사상도 거대한 기업들의 인재상 앞에 무력하다. 프레드릭 테일러(Fredrik Taylor)의 과학적 관리이론과 같은 합리주의가 기업의 경영전략에 지배적이던 20세기 초에, 대부분의 기업들은 인간의 노동생산성을 시간과 임금 보상으로 통제할 수 있다고 믿었다. 그러나 이 이론은 엘턴 메이요(Elton Mayo)의 인간관계이론에 의해 전복당하고 만다(William Nickels, 2010).

즉 인간은 빵만으로는 살 수 없는 존재라는 것이 알려진 후 기업의 인재상에 대한 많은 수정이 있었다. 이후 인터넷과 스마트폰 시대가 도래되어, 스티브 잡스는 이제부터는 디지털 정보를 스마트 환경에서 사용하고 처리할 줄 아는 자가 강자가 된다는 것을 입증한다. 지식과 정보는 필요한 때 유통이 되어야만 정보로서의 가치가 있는 것이다. 대학에서 철학과가 폐과되고 인문학의 쇠퇴가 진행되더니, 기업이 대학 캠퍼스 안에 들어와 아예 공장을 짓고 생산도 하는 이른바 산학협동 공간이 되었다. 이렇게 함으로써 대학은 그 기업들이 필요로 하는 맞춤형 인재들을 직접 대학에 주문할 수 있다는 이점이 있어 지역 대학은 이러한 산학협동의 대학모델을 선호하는 추세이다. 이론적으로는 대학이 양성해낸 고급 인재들을 기업이 선발하여 사용하는 것이 선순환일 것이다. 그러나 포스트모던 시대의 기업들은 대학이 배출해낸 인재들을 임용과 동시에 바로 현장에서 사용할 수 없다고 말한다. 강도 높은 신입사원 연수를 거쳐야만 현장에 투입이 가능하다는 것이다. 기업은 대학교육 자체에 대한 불신과 불만족을 간접적으로 드러내고 있다. 대학이 이것을 전혀 예측하지 못한 것은 아닐 것이다. 그래서 대학은 기업이 정의한 핵심 인재상을 대학의 인재상에 반영하지 않을 수 없는 것이다.

부와 자본과 거대한 조직을 가진 대기업들의 궁극적 목적은 기업의 이윤 창출이고, 기독교대학의 궁극적 목적은 하나님을 공경하고 사람을 사랑으로 섬기는 인재들의 양성에 있다. 개념적으로 볼 때 양자의 관계는 매우 상반된다. 그러나 기업들이 인재를 선발하는 '갑'의 특권을 가지고 있는 한 학부모들은 취업률이 높은 대학에 자녀를 보내려고 할 것이다. 이와 같은 이유로 기독교대학이라 할지라도 기업의 인재상을 수용하지 않을 수 없는 것이다. 결국 대학교육을 개선하도록 만드는 것은 학문과 지식의 변화도 아닌 기업의 현실적 요구라고 하는 것이다. 상품을 팔아 이윤을 창출하기 위해서는 기업 역시 이 시대 사람들의 욕구와 선호하는 것을 잘 알아야 한다. 그러므로 기업 역시 끊임없이 이 시대 소비자들의 취향과 라이프 스타일을 연구해야만 한다. 기업은 잘 팔리는 물건을 만들기 위해 시대의 흐름과 경향을 연구해야 하고 대학은 그 물건을 만들고 팔 인재들을 교육하기 위해 이 시대의 조류를 연구해야 한다는 면에서 교집합을 만나게 된다. 그것을 필자는 포스트모더니즘이라고 보았다.

1. 기업의 핵심 인재상

기업에서 인식하고 있는 핵심 인재의 특성을 크게 두 가지로 요약할 수 있다. 첫째, 창의성이다.[1] 포스트모던 시대 기업들은 대체로 각종 정보와

1 기아자동차의 '창의의 인재', 한국전력공사의 '창의로 진화하는 전문인', 삼성중공업의 '창의와 협력을 바탕으로 미래를 개척해나가는 창조형의 사람' 등 다수의 기업이 풍부한 창의력과 창조정신을 강조하고 있다.

지식을 자유자재로 응용하고 융합할 수 있는 창의성 넘치는 인재를 핵심 인재의 첫째 조건으로 내세운다. 즉, 단순히 고학력만이 아니라 종합적인 사고력과 자기 주도적 학습 능력을 갖춘 자를 원하고 있다. '창의성'은 미술, 음악, 무용 등 예술 분야뿐만 아니라 과학, 인류학, 언어학 등과 같이 사실상 모든 분야에서 없어서는 안 될 중요한 요건이 되었다(서기훈, 2012). 대한상공회의소가 2008년 국내 100대 기업을 대상으로 인재상 실태조사를 한 결과 71%의 기업이 인재의 핵심 요건으로 '창의성'을 꼽았다. 이것은 "고객을 위한 새로운 가치 창출을 통해 점차 다양화되고 빠르게 변화하는 고객의 요구를 충족시키는 것이 기업 경쟁력의 핵심요인이 되고 있기 때문"으로 해석된다.

역사적으로 볼 때 한 시대를 풍미했던 핵심 인재들은 예술가, 발명가, 과학자, 기술자, 정치가뿐만이 아니라, 마틴 루터 킹 목사와 같이 용감하고 정의로운 종교적 인재도 출현하였다. 레오나르도 다 빈치, 에디슨, 스티브 잡스, 이 세 사람의 공통점은 모두 각기 자신의 영역에서 기존의 틀에 얽매이지 않고 새로운 것을 실현시킨 인물들이다. '창의성'은 학자들마다 다양하게 정의하지만 공통점은 '독창적이고', '기존의 것과 질적으로 다르면서', '가치 있는' 것을 만들어내는 능력이라고 할 수 있다. 최근에 들어와서 미래 전문가들은, 이와 같은 능력을 배양하는 것은 지금의 대학 입시 중심의 학교교육도 학원의 보습교육도 아닌 인문학적 독서라 하고 있으며, 이에 대해 사회와 기업 모두가 공감하고 있다. 이미 많은 기업이 독서를 통해 얻은 지식과 깨달음을 경영 현장에 적용하는 '독서경영'을 도입하고 직원들에게 독서의 중요성을 강조하고 있다. 개개인의 독서 능력을 평가한 후 결과를 일부 기업들의 우수 인재 채용 시 자격조건에 포함시키고 있다(서기훈, 2012).

삼성전자는 '창의적이고 도전적이며 글로벌 역량을 보유한 전문인재'를 인재상으로 제시하고 있다. SK에너지는 '글로벌 시대에 국제적인 안목과 능력을 가진 패기 있는 인재'를 인재상으로 정하고 있다. 현대자동차도 '도전, 창의, 글로벌 마인드, 열정, 협력'을 주요 키워드로 인재상을 정의하고 있다. 포스코는 '세계인, 창조인, 실행인'을 인재상의 주요 키워드로 제시하고 있다. 삼성생명은 '전문성과 창의성을 바탕으로 미래를 창조하는 글로벌 금융인'을 인재상으로 제시하고 있다.

핵심 인재의 두 번째 조건은 글로벌 경쟁력이다. 취업 포털 잡코리아(www.jobkorea.co.kr)가 매출액 상위 50대 기업 중 43개사(58%)를 대상으로 각 기업의 인재상에 포함된 키워드를 분석한 결과, '국제감각 · 역량의 글로벌 경쟁력'을 핵심 인재의 조건으로 내세우고 있다. 다음으로는 '도전정신'(51.2%), '전문성'(48.8%)의 순으로 나타났다. 뒤이어 조직력 · 협력 · 협조 · 팀워크(25.6%), 혁신적 사고(25.6%), 열의 · 열정(23.3%), 도덕성 · 윤리의식(20.9%), 인간미 · 친화적 · 인화(20.9%), 책임감(20.9%)도 기업에서 선호하는 인재상의 품성으로 조사되었다.

취업 포털 인크루트는 올해 3월, 30대 대기업의 인재상을 분석하였다. 그 결과 인재상에 가장 많이 등장하는 단어는 글로벌(11.3%)과 창의(9.4%)였다. 삼성전자의 '글로벌 인재', 현대모비스의 '글로벌 경쟁력을 갖춘 모비스인', 한국지엠의 '글로벌 마인드'가 대표적이다. 포스코의 '세계인', 에쓰오일의 '국제적 감각과 자질을 가진 사람'도 단어만 다를 뿐 동일한 의미를 지닌다.

종합하면 포스트모던 시대에 기업에서 선호하는 핵심 인재상은 다음과 같다. 첫째, 인간미와 도덕성을 바탕으로 고객 섬김을 실천하는 인재, 둘째, 지속적인 학습을 통해 자기 분야 최고의 전문능력을 갖춘 인재, 셋째, 세계시민으로서 생각하고 행동할 수 있는 글로벌 역량을 갖춘 인재, 넷째, 창의적 사고와 도전정신으로 미래를 창조해나가는 인재인 것이다.

그러나 기업의 핵심 인재상이 지닌 몇 가지 문제점을 비판적으로 성찰하지 않을 수 없다. 첫째, 대기업들의 핵심 인재 가치는 유연적 사고나 도덕성, 인내, 인간미 같은 덕목에 높은 비중을 두기보다는 도전, 진취, 패기, 투지, 자기표현, 창의성, 글로벌 역량 등과 같이 개인의 성격과 성향에 기인된 가치를 더욱 중요시 여긴다. 이것은 결국 공동체성보다는 개인의 역량과 경쟁력, 생존능력에만 치중하는 핵심 인재의 요건으로, 앞으로 한국 사회를 이끌어갈 인재로서 심각한 인성의 결핍이 우려되고 있다. 이러한 우려는 이미 현대 한국 사회의 부정과 부패 속에 소위 '노블리스 오블리주'라는 자들의 추락 속에서 익히 검증되고 있는 것이다. 이와 같은 파워 엘리트인 핵심 인재들의 도덕적 데카당스를 더 이상 반복하지 않도록 하기 위해서는 대기업들의 핵심 인재상의 조속한 수정이 있어야 할 것이다.

둘째, 대기업 핵심 인재상의 공포는 또 하나의 입시 경쟁인 입사 경쟁을 만들고 있다. 아무리 선한 의도로 기업이 필요로 하는 인재상을 설득하려 해도 피고용자의 입장에서는 누구나 다 그 요건을 갖추어 입사하고자 할 것이다. 기업이 공포한 미래 인재 조건에 부합하기 위해서 차세대들은 고등학교 때부터 대졸 후의 취업을 염두에 두고 경쟁력을 쌓아가려고 한다. 여기에 부수적으로 미모(입사를 위한 성형도 불사)와 지성과 인성의 3박자를 겸비한 우수한 인재로 대기업에 취업하기 위해 취업면접학원 같은 '입사 사교육'이 성행하고 있어 국가적인 낭비며 청년들의 모라토리엄(moratorium)을 조장하고 있다.[2]

셋째, 기업의 미래 인재상이 가져온 또 하나의 병폐는 스펙[3] 경쟁이다. 갈수록 좁아지는 취업문을 뚫기 위해 남들보다 조금이라도 더 좋은 조건을 갖추려는 취업 준비생들의 '스펙 경쟁'은 필요 이상의 교육비를 조장

---

2 매일경제신문사에 의하면 지난 2년 사이 40여 개의 취업면접학원이 늘어났다. 서울 강남의 한 취업면접학원 원장은 하반기 대기업 면접 시즌이 다가오면서 대입 수험생들을 대상으로 논술과 면접을 가르치는 학원에서 요즘엔 취업면접 전문으로 전략을 바꾸고 있다고 하였다. 이제우 잉텍아카데미 원장도 "기업 면접이 점점 더 정교해지면서 취업을 위해 보다 전문성을 갖춘 학원을 찾는 수요가 늘었다"고 말했다. 수강료는 강남 지역 경우 6번 수업에 70만 원 선, 그 외 지역은 50만 원 정도이다. 기업 면접을 통과하기 위한 취업 경쟁은 한국 사회에서 또 하나의 입사 트렌드가 되고 있다.

3 스펙은 'specification'(명세서)의 줄임말로, 취업준비생들 사이에서 학력, 학점, 외국어 성적, 자격증 등의 조건을 뜻하는 말로 사용된다.

하고 있다. 토익 10점, 학점 0.1점에 연연해 반복해서 영어시험에 응시하거나 비싼 등록금을 내고 학기를 연장하는 등 사회적인 낭비가 심각한 수준이다. 졸업을 미루면서까지 '학점 세탁'을 위해 한 과목을 재수강·삼수강하는 학생이 많은 것은 대학가의 골칫거리가 된 지 오래이다. 이 때문에 서울대·고려대·이화여대 등은 재수강을 하려면 이전 성적이 반드시 'C+' 이하여야 한다는 제한선을 정하고 있다. 현재 취업준비생들은 단지 입사지원서의 자기소개서에 '튀는' 이력을 한 줄 더 써넣기 위해 이색 자격증 취득에 시간과 돈을 퍼붓고 있는 셈이다(『조선일보』, 2008. 10. 14). 이 또한 현장에서 사용하지도 않는 불요불급한 자격증 교육을 난립시키는 원인이 되며, 국가적, 개인적으로 볼 때 사교육비만 증가시키는 결과를 초래할 뿐이다.

넷째, 입사 경쟁이 유발하는 사교육비의 부담은 연간 2조 원이 훨씬 넘어 국가적으로 큰 손실을 만들고 있다. 『조선일보』에 따르면 2008년 8월 기준으로 취업준비생 41만 7000명과 실업자 등을 합친 20대 이하 '청년 백수'는 약 106만 명으로 집계되었다. 이런 상황에서 수백 대 일까지 치솟는 취업난을 뚫기 위해 '경쟁자보다 조금이라도 더 좋은 스펙을 갖추어야 한다'는 압박감이 취업준비생들을 지배하고 있다. 허재준 한국노동연구원 노동시장연구본부장은 취업준비생들의 과도한 '스펙 경쟁'으로 인한 우리 사회의 연간 손실 규모가 최소 2조 850억원에 이를 것이라는 분석을 내놓았다. 문제는 이렇게 투자하여 만든 '높은 스펙'이 취업과의 상관관계가 확실하게 있는 것 같지도 않다는 것이다. 현대 기업들이 원하는 미래 인재상은 분명 그 기준이 있다. 즉, 실력을 갖추는 것은 물론이고 인성과 사회성을 갖춘 협력적 인간을 선호하는 것이다. 그러나 그 기준을 넘어서서 남들보다 더 뛰어난 이력으로 입사하고자 하는 취업경쟁 때문에 국가적으로 경제적 손실과 지나친 낭비주의를 조장하는 것은 더욱 심각한 취업의 병폐가 되고 있다. 그러므로 기업, 특히 대기업의 핵심 인재상은 조속히 수정되어야 한다.

2. 기독교대학의 인재상

필자는 국내 대학을 지역별로 각각 2개교씩 선정하여 각 대학별로 설립주체, 건학이념, 교육목적, 목표 등에 따른 핵심 인재상을 살펴보았다. 이 조사를 위하여 선정한 대학은 서울지역의 Y대와 S여대, 경기지역의 M대와 K대, 충청지역의 HS대와 HN대, 영남지역의 YN대와 HD대, 호남지역의 JN대와 JS대로, 이 대학들 중 기독교대학은 8개교이고 비기독교대학 2개교이다. 10개교 중 핵심 인재상의 특별한 명칭이 있는 학교는 S대(Plus형 인재), K대(smart 인재), HS대(벤처 프런티어), YN대(Y형 인재), HD대(工자형 인재), JN대(아름다운 창조인), JS대(super 3star)이다. Y대, M대, HN대는 인재상에 특별한 이름을 붙이지는 않았으나 창의성과 도덕성, 봉사정신을 갖춘 글로벌 인재를 지향하는 대학이라는 점에서 공통점이 발견된다. Y대학교가 2011년 교육역량강화사업을 통해 강조하고 있는 인재상은 사회적 책임성과 봉사정신을 갖춘 섬김의 리더, 국제적 이해와 의사소통능력을 갖춘 글로벌 리더, 기본 소양과 전문성을 갖춘 창조적 리더이다.

S여대는 공동체 가치를 실현하는 창의적 인재로서 창의적 전문성, 인성과 소양, 봉사를 실천하는 사람을 핵심 인재로 정의하였다. M대는 사랑과 창조의 글로벌 리더, K대의 인재상 아크로님(Acronym)은 SMART이다.[4] 즉 자기주도적 역량과 취업 또는 창업, 진학전문역량과 사회공헌인품을 가진 인재를 핵심 인재로 정의하고 있다. 위 대학들의 인재상은 대기업이 원하는 글로벌 감각과 창의성이라는 두 개의 키워드를 공유하고 있다. 이와 유사하긴 하지만 10개 대학 중 유일하게 기독교 벤처정신에 입각한 리더십과 창의성과 글로벌 리더로서의 자질을 강조한 대학은 HS대학교이다. 특히 HS대는 벤처 프런티어 인재교육을 구호로만 그치지 않고 실제로 이 과정을 입시와 연결시켜 벤처 프런티어 프로그램에 신입생을 별도

4 S(Self-Efficacious), M(Motivated), A(Aptitude), R(Responsible), T(Trustworthy).

로 모집하여 핵심 인재들로 육성하고 있다. HN대는 Y대와 비슷한 인재상을 가지고 있으며 도덕적 지성인, 창의적 전문인, 봉사적 지도자로 핵심 인재상을 정하고 있다.

최근 국립대학인 YN대는 신임총장이 부임하면서(2009년) 내건 Y형 인재상으로 많은 대학들의 관심을 받고 있다. Y형 인재란 양팔을 벌려 하늘을 향하고 있는 진취적 기상을 지닌 YN대(Y)생을 의미한다고 한다. Y형 인재의 특성은 인성과 창의성, 전문성, 진취성을 고루 갖춘 인재를 뜻한다. HD대의 工자형 인재는 기독교신앙교육, 인성 및 기초교육, 전문성교육, 국제화교육을 통해 인성과 영성과 전문성을 갖춘 글로벌 리더로서의 자질 함양을 목표로 한다. 또 다른 국립대학인 JN대가 내세운 핵심인재상은 아름다운 창조인이다. 아름다운 창조인의 네 가지 조건은 다음과 같다. 'Human Right(인권, 義人)-항쟁에서 공존으로', 'Human Art(예술, 藝人)-장르에서 지역으로', 'Human Eco(환경, 善人)-자연에서 생명으로', 'Human Technology(기술, 技人)-기술에서 치유로'의 변혁을 의미한다. JN대는, 특히 타 대학과 비교해볼 때, 환경과 생명의 중요성을 배우고 실천하는 데에 역점을 두고 있다는 것은 미래 사회와 환경의 관계를 아우르는 리더가 핵심적 인재가 된다는 것을 표방한 것이라고 볼 수 있을 것이다. 마지막으로 JS대의 경우는 사회적으로 인정받는 건실한 전문인을 육성하기 위한 특성화 진로교육 프로그램으로 도전정신, 능력, 공동체의식을 심어주는 3star(starT, starNeT, starTrack) 인재를 양성하는 데 주력하고 있다.

이상과 같이 10개 국내 대학의 핵심 인재상을 조사해본 결과 다음과 같은 몇 가지 공통된 인재상을 발견할 수 있었다. 첫째, 창의적 인재상이다. 창의적 인재상은 기업에서도 선호도 1위로 손꼽는 핵심 특성이다. 창의성은 문제파악과 해결능력, 지식을 융복합하여 새로운 지식과 정보를 창출해내는 고도의 능력을 말한다. 둘째, 공동체성이다. 지성과 아이디어를 고루 갖춘 창의성도 중요하지만 더불어 살아가야 하는 세상에서 공동체성이란 핵심 인재가 갖추어야 할 가장 중요한 인성 중의 하나이다. 셋째, 글로벌 리더십이다. 역시 기업의 인재상에 등장하는 키워드이다. 세계의 국가들은 서로 그리고 함께 움직이는 공존의 삶에서 소외될 수 없다. 공존한다는 것은 의사소통을 할 수 있다는 것이다. 취업 포털사이트에서 보더라도 기업에서는 국제적 감각의 의사소통 능력에 높은 점수를 배정하고 있는 것으로 드러났다. 위의 세 가지 공통점만 보더라도 앞으로 21세기 기업 및 사회, 그리고 국가와 글로벌 세계가 원하는 핵심 인재는 창의성과 공동체성, 그리고 국제적 감각을 지닌 글로벌 리더라는 것을 잘 알 수 있다. 그러나 과연 기독교대학들이 이와 같은 인재상들을 얼마나 현실적으로 잘 실현하고 있는가에 대해서는 치밀하게 그 타당성을 검증해보아야 한다. 인재상이 하나의 구호로 그쳐서는 안 될 것이다. 그리고 기업 친화적으로 내건 전략적 구호가 아니기를 또한 바란다.

그러나 여기에서 지적하고 싶은 것은 10개 대학 중 어느 대학에서도 '기독교 영성을 갖춘 리더'라는 말은 찾아볼 수 없었다. 굳이 하나의 예를 들자면, Y대학의 경우 유독 기독교적인 언어인 섬김의 리더에서 '섬김'이란 예수의 용어를 사용하였다는 것이다. 인재상의 문구 자체로만 본다면 어느 대학이 과연 기독교대학인지조차 파악이 잘 안 되고 있다. 인재상은 기독교대학들이 표방하는 교육의 미래적 산출을 함축적으로 나타내는 표어들이다. 그런데 이 문장에서 기독교적 특성이 암묵적이라도 나타나지 않고 있다는 것은 정체성을 드러내지 않으려는 의도가 내재해 있다고 보아야 할 것이다. 또 한 가지 실망스러운 점은 '영성'의 문제이다. 물론 기독교대학이라면 기독교적 정체성과 영성이 건학이념과 교육목적, 목표에 기본적으로 내재되어 있을 것이다. 핵심 인재상으로 국한해서만 본다면 HS대와 HD대를 제외한 나머지 대학에서 기독교적 영성을 강조하는 것을 찾기가 쉽지는 않은 것 같다. 전문성을 가지고 창의적 능력을 발휘하여 세계와 소통하고 더불어 살아가는 공동체성을 키우는 것은 무엇보다 중요하다. 그러나 기독교적 영성이 없는 사회적 인재를 길러내는 것은 기독교대학의 건학이념과는 일맥상통하지 않는 무의미한 교육이 될 것이다.

기독교대학은 건학이념과 교육목적 및 목표에 부합하는 핵심 인재상을, 좀 더 현실적으로 실현 가능한 기독교 정체성과 차별성의 덕목으로 구체화해야 할 필요가 있다. 표 1은 필자가 위에서 설명한 한국 대학들의 핵심 인재상을 이미 설명한 준거들에 따라 비교한 것이다.

표 1. 한국 대학교의 핵심 인재상 비교

		건학정신/이념	교육목적	교육목표	인재상/교육역량강화
수도권	1. Y대	진리와 자유의 정신을 체득하고 사회에 이바지할 지도자 양성	• 학술의 심오한 이론 • 학문의 광범정치한 응용방법 • 국가 인류에 공헌할 지도적 인격	섬김의 리더십을 실천하는 창의적 글로벌 리더 양성	– 사회적 책임성과 봉사정신을 갖춘 섬김의 리더 – 국제적 이해와 의사소통능력을 갖춘 글로벌 리더 – 기본 소양과 전문성을 갖춘 창조적 리더
	2. S여대	바른 정신으로 미래사회를 이끌어갈 글로벌 핵심 인재 육성	지적 통찰력과 감수성, 뛰어난 의사소통능력과 윤리의식을 갖춘 능력 있는 교양인 교육	• 바롬정신에 기초한 인성교육 • 통찰력을 길러주는 인문학적 교양교육 • 전공학습을 위한 기초소양 교육 • 성공적인 사회진출을 이한 전문적성 계발교육 • 글로벌 사회의 필수적 의사소통능력 교육	• PLUS형 인재 공동체 가치를 실현하는 창의적 인재 – 창의적 전문성 – 인성과 소양 – 봉사와 실천
	3.M대	기독교 진리에 입각한 사랑, 진리, 봉사	• 인격과 교양을 갖춘 신앙인 양성 • 학술 연구와 교수를 통한 전문인 양성 • 국가 발전과 민족문화 창달에 공헌할 사회인 양성 • 인류사회의 평화와 발전에 기여할 세계인 양성	• 경천애인–기독교 참사랑 실천 / 자연친화적 가치관 확립 / 폭넓은 교양과 인간 존중 • 실무교육–창조적 탐구정신 고취 / 전문 지식과 실무 능력 함양 / 정보사회를 선도할 능력계발 • 충효사상–충효사상과 전통문화의 발전적 계승 / 직업윤리 확립과 자주적 민주시민 양성 / 법과 도덕적 규범 존중 및 책임의식 고양 • 평화애호–해외 문화의 폭넓은 이해와 보편적 세계규범의 존중 / 평화 애호와 봉사 실천 / 주체성 확립을 통한 자주적 세계인의 자세 확립	사랑과 창조의 글로벌 리더
	4. K대	홍익인간의 이념과 기독교정신을 바탕으로 진리 탐구와 경천애인의 삶을 실천하는 전문인 / 교양인 / 봉사인 양성	• 국제화 • 특성화 • 정보화	• 교양 전공교과 과정 내실화 • 비교과 교육과정 다양화 • 우수학생 선발 • 교수–학습의 질 제고	• SMART형 인재 S(Self-Efficacious), M(Motivated), A(Aptitude), R(Responsible), T(Trustworthy). 자기 주도적 역량 / 취업, 창업, 진학전문역량 / 사회공헌인품
충청권	5. HS대	• 하나님 공경 • 진정한 자기 사랑 • 이웃과 나라 사랑	• 기독교정신 함양 • 학술의 교수와 연구 • 유능한 인재 양성 • 국가와 인류사회 공헌	• 실교육–실용교육, 실무교육, 실현가능교육 • 참사랑–의지인, 지성인, 세계인	벤처 프런티어(Venture Frontier) • 리더십: 기독교정신을 실현하는 인재 / 벤처 리더십을 실현하는 인재 • 창의성: 창의적 사고능력을 실현하는 인재 / 창의적 융복합 능력을 실현하는 인재 • 글로벌: 글로벌 의사소통 능력을 실현하는 인재 / 글로벌 팀워크를 실현하는 인재

		건학정신/이념	교육목적	교육목표	인재상/교육역량강화
충청권	6. HN대	기독교원리하에서 대한민국의 교육이념에 따라 과학과 문학의 심오한 진리 탐구와 더불어 인간 영혼의 가치를 추구하는 고등교육을 이수시켜 국가, 사회, 교회에 봉사할 수 있는 유능한 지도자 양성	진리, 자유, 봉사의 기독교정신 아래 새로운 지식과 기술의 연구와 교육을 통하여 지성과 덕성을 갖춘 유능한 인재를 양성함으로써 국가와 사회 및 교회에 이바지	• 덕성과 인성을 갖춘 도덕적 지성인 양성 • 시대를 선도하는 창의적 전문인 양성 • 국가와 지역사회 발전에 봉사하는 지도자 양성	• 도덕적 지성인 • 창의적 전문인 • 봉사적 지도자 양성
영남권	7. YN대	지성의 전당으로서 애국정신을 바탕으로 하여 인간교육과 생산교육을 추진함으로써 민족중흥의 새 역사창조에 기여함	민주교육의 근본이념을 기하여 학술의 심오한 이론과 그 광범정치한 응용방법을 교수 연구하며 아울러 협동정신이 풍부한 지도적 인격을 도야함	창학정신에 제시된 교육이념을 바탕으로 하는 '민족의 대학', '세계 속의 대학'으로서의 사명을 다함	Y형 인재 • 인성–냉철한 머리와 따뜻한 가슴, 품격 있는 행동, 글로벌 교양을 갖춘 인재 양성 • 창의성–문제파악 해결능력, 지식과 정보의 수집 분석 가공능력, 새로운 지식과 정보 창출의 능력 • 전문성–기본을 충실히 하는 인재, 국제화 역량 증진 • 진취성–진취적 리더십과 조직융화력, 커뮤니케이션 스킬
	8.HD대	대한민국의 교육이념에 입각하여 국가 사회 및 기독교적 지도자를 양성하기 위하여 지성, 인성, 영성의 고등 및 중등교육을 실시함	대한민국의 교육이념과 기독교정신을 바탕으로 수준 높은 교수, 연구를 통해 참된 인간성과 창조적 지성을 갖춘 지도적 인재를 양성하고 학술을 진흥하며, 이를 통해 지역사회의 발전과 국가인류의 번영에 기여함	• 인성 · 영성 • 논리적 사고 및 소통능력 • 다학제 융합능력 • 창의적 문제해결능력 • 글로벌 역량의 5대 핵심 역량을 갖춘 인재양성	공(工)자형 인재 • 글로벌 인재–더불어 살아가는 세계 시민의 소양과 리더십을 갖춘 인재 • 창의적 인재–치열한 글로벌 경쟁 속에서 변화를 주도하는 인재 • 미래융합형 인재–전공의 경계를 넘나들며 문제를 해결하는 인재 • 자기 주도형 인재–논리적 사고와 소통능력을 갖춘 인재 • 정직한 인재–올바른 가치관, 인성, 팀워크, 조직역량을 갖춘 인재
호남권	9. JN대	알찬 교육, 성공 예감 GATEWAY TO YOUR FUTURE	• 알찬 교육 • 열린 대학 • 행복한 연구 • 튼튼한 복지	• 알찬 교육–학부 중심 교육역량강화 / 기초교육과 초년생 교육 / 우수학생 유치 / 양방향 국제화 교육 • 열린대학–구성원간 소통 활성화 / 열린 행정 서비스 강화 • 행복한 연구–연구 지원 및 관리체제 마련/ 학술연구 지원 내실화 • 튼튼한 복지–복지재원확보 / 복리후생 확대 / 에코캠퍼스	아름다운 창조인(아름다운 인재 육성) '의인+예인+선인+기인'의 융합 · 횡단의 세계적 창조인 육성, 관용과 소통으로 공존의 세계를 이끌어가는 글로컬(glocal) 리더 배출 • Human Right(인권, 義人): 항쟁–공존 • Human Art(예술, 藝人): 장르–지역 • Human Eco(환경, 善人): 자연–생명 • Human Technology(기술, 技人): 기술–치유
	10. JS대	기독교정신의 구현	• 학문과 학교의 실용화–주체적 전문인, 협동적 봉사인, 창조적 지성인	• 전문인 양성을 위한 실용교육 • 지역사회 발전에 기여하는 교육 • 세계화 시대에 부응하는 어학 및 문화교육 민족과 인류공동체의 이상을 실현하는 교육 • 열린교육과 평생교육	사회적으로 인정받는 건실한 전문인을 육성하기 위한 특성화 진로교육 프로그램, 도전정신, 능력, 공동체의식 • 3스타 프로그램 스타트(starT) 스타넷(starNeT) 스타트랙(starTrack)

* 7번과 9번은 비기독교대학교이며, 나머지는 기독교대학교임

II. 기독교대학과 기업의 인재상에 대한 비판적 성찰

1. 시장논리가 지배하는 대학교육

국가보다 기업이 우선하는 포스트모던 시대의 신자본주의 사회에선 대학 역시 시장과 경영논리로 자신의 정체성을 평가받도록 요구받는다. 한국의 대학들은 정부로부터 산업체와 협력하여 시장성을 확보하라는 요구를 받고 있다. 그리고 시장성과 생산성이 뒤떨어지는 학과나 학교는 선택과 집중의 논리에 의해 다양한 제재와 구조조정을 감수해야 한다. 최근 대학을 포함한 학교에서 '평가'라는 용어가 시대적 화두로 등장하였다. 이러한 변화의 이면에는 교육과 배움의 과정을 과학적인 차원에서 질적으로나 양적으로나 철저하게 관리하겠다는 발상의 전환이 깔려 있다. 이제 더 이상 대학의 주체는 교수와 학생이 아니며, 기업형 행정 관리 체제가 대학의 중심을 장악하고 있다.

학문을 추구하는 사람들의 공동체, 배움을 통해 스스로를 발견하려는 사람들의 공동체, 소비자가 아니라 진리를 추구하는 사람들의 공동체는 언제나 대학이 추구해야 할 이상이었으나, 오늘날의 대학은 그런 이상까지도 소유하지 못한 죽은 공동체가 되어버렸다. 서보명의 『대학의 몰락』 외의 여러 권의 책들에서 국가, 자본 그리고 기업화된 대학 간의 관계를 분석하였고, 이와 관련한 주제의 글들도 많이 발표되었다. 이 연구물들에서 핵심적인 내용은 대학이 시장, 기업과 어떤 관계를 가지며 어떻게 자신의 위상을 변화시켜왔는지, 그리고 최근 대학의 특성인 '기업화' 모습을 분석하는 것이다.[5]

---

5 서동진, 『자유의 의지 자기계발의 의지』; 김동애 외 40인, 『지식사회 대학을 말한다』; 서보명, 『대학의 몰락』; 클라이드 W. 바로우, 『대학과 자본주의 국가』; 제니퍼 워시번, 『대학주식회사』.

국내 주요 대학에서는 '융합의 바람'이 거세게 불고 있다. 융합 단과대학 설립은 물론 융합학과 개설이 붐을 이루고 있다. 올해 초 서강대의 지식융합학부를 비롯해 올 1학기에만 3곳 이상의 융합학과 또는 학부가 첫선을 보였다. 포스텍은 기술과 예술, 과학과 문화를 융합해 새로운 인재를 길러내는 창의IT융합공학과를 개설하여 지난 3월부터 신입생 교육을 시작했다. 아주대는 기계적인 프로그래밍에서 벗어나 기술과 산업, 서비스 영역을 아우르는 소프트웨어융합 전공을 신설해 제2의 스티브 잡스를 길러낸다는 구상이다(『디지털 타임즈』, 2012. 3. 28).

세계는 지금 더더욱 치열한 기술 경쟁 속에서 생존하기 위한 모든 방법과 아이디어를 동원한다. 이제 무한 기술경쟁 시대에 대학과 기업이 살아남는 길은 상생뿐이다. 기업과 대학은 상생하는 방법을 기술의 융합에서 찾았다. 그러므로 대학은 자연스럽게 기업 맞춤형 인재를 길러낼 수밖에 없는 사회적 구조를 수긍할 수밖에 없게 된 것이다. 그러나 아직 우리나라는 산학협력이 잘 안 되고 있다. 대학과 기업의 눈높이가 서로 다르기 때문이다. 지금까지 대학의 연구 개발 방향은 새로운 기술을 개발하는 데 초점이 맞춰져 있었다. 반면 산업계는 선진국을 추격할 기술을 대학에 요구해왔다. 본격적인 산학협력이 이뤄진 것은 불과 10년 정도밖에 되지 않는다. 그 전까지 대부분의 기업은 경쟁 상대 기술을 벤치마킹했다. 독자적인 노력으로 생존해온 셈이다. 그동안 대학은 학문 중심, 연구 중심으로 운영되어왔다. 물론 대학의 이론 중심 연구가 불가피한 것도 사실이다. 그러나 갈수록 대학이 산업발전의 원동력이라는 인식이 확산되고 있다. 미래 대학의 모습은 상아탑의 아카데믹한 진리를 논하는 것이 아니라 산업체에 도움이 되는 기술적 연구에 더욱 치중될 것이라는 것이 전문가들의 전망이다(『새전북신문』, 2012. 9. 8).

2. 대학교육을 불신하는 기업

양승실은 「기업의 대학교육에 대한 인식과 요구분석」이라는 논문에서 기업의 경영진 및 인사·연수 담당자를 대상으로 사전 설문조사와 심층면담을 실시하여 기업이 요구하는 인력의 특성과 인적 자원을 육성하는 대학교육에 대한 만족도, 교육체제 전반에 대한 인식도 등을 분석하였다. 분석 결과, 기업들은 대학교육의 효과성에 대해서 전반적으로 부정적인 반응을 나타내었다. 또한 기업에서는 기본적인 학과 전공 지식은 대학교육을 통해 길러질 수 있으나, 적성이나 경력은 대학 전 교육이나 개인의 사회 경험을 통해 얻어지는 것으로 인식하였다. 최근 들어 기업에서의 인재채용 방식이 경력자 채용 위주로 변화되어 학벌보다는 실무능력이 보다 중요시된다는 점도 알 수 있었다. 기업에서는 채용 이후 바로 업무를 담당할 수 있는 실무능력을 지녔을 뿐 아니라 스스로 의욕을 가지고 끊임없이 학습하는 학습능력을 소유한 인재를 보다 선호하였다. 대학이 길러주지 못하는 인재의 특성으로는 추진력, 윤리의식, 조직에 대한 이해력, 예절과 태도 등으로 나타났다. 그나마 비교적 대학이 육성하는 인재특성 요소로는 학습능력과 전공 활용 능력을 꼽았다. 일부 대기업들은 대학의 직업교육 기관화에 우려를 표명하면서, 대학은 본연의 목표를 추구해가면서 기본 학습능력과 자질만을 충분히 길러주면 그다음은 사회 혹은 기업의 몫이라고 하였다. 실제로 각 기업마다 독특한 조직문화가 있으므로 대학 졸업자로서 갖추어야 할 기본 자질을 길러주면 기업이 다양하고 깊이 있는 직업 관련 프로그램으로 사원을 교육하는 것이 올바른 방식이라고 응답하는 기업도 있다고 한다(양승실, 2006).

3. 표류하는 기독교대학

대학은 상아탑이라고 불린다. 상아탑은 '현실과 거리가 먼 정신적 행동의 장소'라는 의미로, 대학이 사회 외부의 기관임을 알려준다. 즉 전통적 의미에서 오늘날 한국 대학은 상아탑이 아니며, 절망의 상아탑이 되고 말았다. 이것은 비단 한국 대학의 운명이라기보다는 세계 각 대학이 걸어온 운명이라고 하는 것이 적절하다. 그 중심에 자리를 못 잡고 표류하는 인문학이 있고, 인문학자가 있으며, 인문 정책이 있다. 그러나 눈을 조금만 돌려보면 인문학이 장사가 덜 된다는 것은 편협한 생각임을 알 수 있다. 기업은 사람들 사이의 효과적인 소통을 잘 생산해내는 기업으로 진화하고 있으며, 다양한 인간들의 삶의 가치들을 생산해내는 방향으로 나아가고 있다. 그래서 인간에 대한 앎 없이는 기업 활동이 불가능한 상황이 되었고, 기업가들이 인문학과 맺는 관계는 점점 긴밀하고 복잡해져갔다. 이것은 최근 '스티브 잡스 효과'라고 불리는 현상과도 맥락을 같이한다고 볼 수 있다.

조정환은 대학의 산업화와 산업에의 종속, 그리고 신자유주의화가 대학의 위기를 가져왔다고 본다. 그는 대학의 위기를 고찰할 때, 우선적으로 주목해야 하는 것은 인문학 교육의 위기라고 진단한다. 인문학과들은 폐과가 되거나 다른 학과로 통합되었고, 혹은 실용 교육으로 전락해 교과 내용이 축소, 폐지, 변형되었다. 이와 더불어 인문학 계열 교수들의 일자리는 크게 축소되었다. 그만큼 인문 계열에 소속된 학생들의 미래는 불투명해졌고 교수들의 연구나 생활은 불안정해졌다. 그러므로 인문학 계열로 진학하려는 학생들이 사라지기 시작한 것은 자연스런 결과이다(조정환, 2011).

기업들은 이미 주요 대학들을 장악했고, 적어도 대학을 통제할 수 있는 위치에 놓임으로써 학생들의 의식은 상당한 정도로 친기업적이고 친자본주의적 방향으로 기울어져 있다. 기업 총수가 세워준 건물에서 컴퓨터를 하고, 대기업이 세워준 건물에서 세미나를 하며, 대통령 이름을 딴 라운지에서 대화를 나누는 대학생들에게, 청소 노동자들은 더 이상 동일시의 대상이 아니라 내가 닮지 않아야 할 실패의 표상이다. 그런데 이 가시적인 형태들보다 더 중요한 것은 기업문화가 삶의 모든 영역으로 깊이 파고들어 내면화된다는 것이다(정용주, 2011).

21세기 사회가 원하는 미래의 인재상은 핵심역량을 지닌 우수한 인재이다. 즉 현대 기업들은 실력과 교양과 창의적 개성을 겸비한 슈퍼엘리트를 선호하고 있다. 이러한 인재를 많이 입사시키는 것이 기업 경쟁 사회에서 생존하는 유일한 방법이기 때문이다. 일반 사회가 원하는 미래의 인재는 '난 사람'이다. 무엇이든 잘하고 잘해야만 하는 빼어난 수재여야 한다. 그러나 기독교 인재 양성이 기업적 엘리트를 양성하는 것과 동일시될 수는 없을 것이다. 기독교 인재는 '난 사람'보다는 '된 사람'에 초점을 맞추고 있기 때문이다. 물론 인재에 대한 사전적 정의는 '학식과 능력이 뛰어난 사람'이다. 일반적으로 인재는 소수의 똑똑한 사람을 의미하는 것이 사실이다. 그러나 기독교 인재는 기업형 엘리트 인재만을 의미하지는 않는다.

기독교대학에서 지향하는 가치는 기업의 세속화된 가치가 아니라 거룩한 신적 가치인 것이다. 기독교대학이 선택하는 가치는 분명 하나님이 인간에게 원하시는 영의 속성과 동일하다. 기독교대학에서는 세속적인 가치와 타협할 수 없으며 복음에 반하는 행동규범도 가르칠 수는 없는 것이다. 기독교대학은 기독교적 삶이 지향하는 바를 모든 교육 영역 속에서 드러나게 해야 한다. 선과 악을 분별하고 이웃을 사랑하며 공동체의 선을 위한 희생적 삶을 살라는 가치관은 기독교적 가치관에 국한되는 것이 아닌 전 세계 모든 종교가 희구하는 가치관과 일맥상통하고 있는 것이다. 기독교대학에서는 믿는 자나 믿지 않는 자 모두가 보편타당하게 적용하고 향유할 수 있는 기독교적 가치의 내용과 본질을 체계화하여 가르치고 학생들이 그것을 지킬 수 있도록 이끌어야 하는 것이다. 즉 기독교대학의 교육목적은 넓게는 전교생에게 기독교 인성교육의 차원에서 교양교육을 확대하는 것이고, 좁게는 각 전공 분야별 전문성 교육을 통하여 기독교적 신념과 윤리적 가치와 인간상이 구현되도록 돕는 것이어야 한다.

그러나 기독교대학들의 현주소는 취업률과 재학률에 따라 학교 등급이 매겨지는 압박 속에서 어떤 대학도 자유롭지 못하다. 기업은 나름대로 어느 학교 출신이 가장 기업 친화적으로 훈련된 인재들인가를 놓고 학교를 등급화하고 있다. 두 개의 가치가 공존하면서 대학이나 기업은 각자의 목적을 놓고 갈등하는 형국이 오늘날의 기독교대학의 모습이다. 명쾌한 해법은 없어 보인다. 그러나 여전히 선택은 기독교대학에 달려 있다. 예수의 가르침을 따를 것인가, 시장의 논리를 따를 것인가? 기로에 놓인 한국 기독교대학, 과연 모두 직업교육기관으로 전락할 것인지 경영자들의 고민은 깊어갈 뿐이다.

Ⅲ. 기독교대학의 위기 극복을 위한 기독교 영성교육모델

포스트모던 시대의 심각한 세속화의 위기 속에서 기독교대학이 생존할 수 있는 유일한 희망은 기독교 영성교육에서 찾아야 할 것이다. 필자는 기독교대학의 위기를 극복할 수 있는 영성교육 방안을 크게 세 가지 차원에서 제안하고자 한다.

첫째, 대학의 표면적(공식적) 교육과정상에서 운영 가능한 영성교육모델이다. 현재 기독교대학에서 운영하고 있는 기독교교육은 기본적으로 교양교육 과정 수준으로, 교육과정의 형태는 중핵(core) 교육과정을 취하고 있다. 영성교육은 지 · 정 · 의 차원의 모든 인간의 경험을 통합적으로 경험하는 교육과정으로, 교과수업, 가치관 및 태도 훈련, 그리고 자기 주도적 프로젝트 등으로 구성할 수 있다. 현재 기독교대학들이 실시하고 있는 기독교개론(지)과 영성과 수련(정), 지역공동체 봉사(의: 장애우 · 노인 · 아동 돌보기, 무료 급식, 농촌 전도 등)는 각기 독립적으로 운영되고 있는 형태의 교육과정이다.

둘째, 잠재적 교육과정으로 운영할 수 있는 영성교육의 모델이다. 잠재적 교육과정은 정규 교육과정상에도 개설될 수는 있지만 대부분 되지 않거나 학생의 자유 선택에 맡기는 것이 효과적이다. 예를 들어 현재 대학들이 운영하고 있는 P/F 과목으로서의 학생면담은 사실상 잠재적 교육과정으로 편입되어야 하는데 대학이 재학률 제고의 수단으로 파행적으로 운영하고 있는 것이라고 볼 수 있다. 교수와 학생의 접촉시간을 contact hours라고 본다면, 그것은 반드시 면담이란 형태로 마주 앉아 대화를 나누어야 함을 의미하지는 않는다. 교수가 직접(in person, face to face) 강의를 하거나 함께 워크숍을 지도할 때도 이것은 접촉 시간인 것이다. 따라서 인위적으로 취업지도라든지, 면담지도라는 과목을 대학 교육과정에 등장시킨 것 자체가 취업률과 재학률을 제고하기 위한 방편임을 공식적으로 천명하는 것이다. 차라리 '직업의 세계'라는 대규모 교양교과를 개설하거나, 직업적성을 찾아주고 가이드해주는 대학 자체의 학생 진로 지도 연구소의 기능을 보다 전문화하여 직업교육 전문가를 통해 career guidance나 career development를 자문받거나, 현장에서 필요한 인재를 뽑는 기업의 인사과장 등과 같은 실무자가 와서 들려주는 실질적인 취업특강을 개설하는 것이 훨씬 효과적일 것이다. 현재 대학에서 실시하고 있는 취업특강의 효용성에 대한 전면적인 점검이 필요한 때인 것 같다. 취업특강만 한다고 취업이 해결되는 것도 아니다. 한국경제와 세계경제의 흐름을 알고 잡 마켓(job market)의 동향을 제대로 파악하는 것도 대학의 몫이다. 문제는 무엇을 하든 포스트모던 시대는 파편화된 지식과 접근으로는 큰 물줄기를 파악하기가 어렵다는 것이다. 영성교육 역시 마찬가지이다. 신앙을 지 · 정 · 의를 각각 파편화시켜 교육하다 보면 머리로는 예수를 잘 알고 설명하지만 마음으로는 연민도 사랑도 느끼지 못하는 반쪽 신앙인이 되는 것이다. 지금까지 수없이 많은 취업특강을 열었는데도 불구하고 아직도 대졸 백수들이 많은 사회, 기독교 대학에서 수없이 많은 채플을 하였음에도 불구하고 90% 이상의 대학생들이 기독교에 무관심한 상태로 남아 있거나 기독교 안티가 되어버리는 이유는 과연 어디에서 오는 문제인지 이제는 전면적으로 점검해야 할 때인 것 같다.

본고에서 제안하는 영성교육모델은 기독교대학의 현안 문제와 관련하여 학생들의 불투명한 미래와 자아 정체성 확립을 도와주는 총체적, 통합적 신앙 경험으로서의 기독교교육을 세 가지 수준으로 할 것을 제안하고자 한다. 첫째, 학교 전체적으로 실시하는 영성교육은 현재의 교양교육을 개선하는 형태로 가야 할 것이다. 둘째, 학과 중심적인 영성훈련 공동체 활동들이 개설되고 책임 있는 신앙인 교수나 교목들이 배치되어 이끌어 가야 한다. 셋째, 모든 교과 담당 교수도 과목을 가르침에서도 기독교적 가치와 학문을 융합하는 태도를 가르쳐야 한다. 이러한 세 가지 수준의 기독교교육에서 공통적으로 할 수 있는 영성 형성을 위한 활동들을 제안하면, 기도 모임, 성경 연독, 힐링 센터, 선후배 신앙 동아리, 성경 공부, 신앙과 학문 토론회 등이 가능하다. 전교생에게 자기 수련 활동이라는 P/F과목을 신규로 개설하여 선택의 범위를 다양하게 하면서도 깊이 있는 프로젝트를 하도록 유도한다. 예를 들어 총체적 자기 성찰과 수련이 필요한 '포트폴리오 만들기', '자신의 이야기와 비전 세우기', '다큐 제작하기', '자신의 묘비문 쓰기', '결혼 전 버킷 리스트 작성하기', '해외 선교 다녀오기', '선한 사마리아인 체험', '소록도에서 1박 하기', '내가 꿈꾸는 가정 상상하기', '내가 살고 있는 동네 발견하기', '가장 살고 싶은 동네 가보기' 등과 같은 프로젝트를 개발하여 개별적으로 방학 기간이나 학기 중에 이수토록 하는 것도 좋을 것이다. 필자가 제안하는 기독교대학의 영성교육의 전제는 개인적으로나 공동체적으로 파편화된 영성이 아닌 통합적이고 총체적인 기독교 영성을 형성하도록 기독교교육을 개선하여 대학 공동체 구성원 모두가 행복하고 의미 있는 삶을 스스로 개척할 수 있는 미래의 기독교 인재들의 영적 토대를 제공해주자는 것이다.

1. 표면적 교육과정을 통한 영성교육

코어 교육과정을 통한 전교생 영성 교육모델(총체성)로는 기독교 영성 교양과정 즉 채플, 기독교개론(지), 영성과 수련(정), 지역 공동체 봉사(의: 장애우 · 노인 · 아동 돌보기, 무료 급식, 농촌 전도 등)가 있다. 먼저 기독교 교양과목은 지적인 영역에 해당하는 것으로서, 현재 모든 기독교대학에서 일제히 실시하고 있다고 해도 과언이 아니다.

1) 채플

한국기독교학교연맹에 가입한 기독교 대학교와 대학의 수는 총 73개로, 대학교가 45개, 대학이 28개로 추정된다(한국기독교학교연맹 http://www.kfcs.or.kr/index_school.htm). 위의 73개교는 모두 의무제이든 선택제이든 건학이념에 따라 채플을 운영하고 있다. 2000년대 초반 기독교대학들의 채플은 앞다투어 설교채플에서 문화채플로 전향하기 시작하였고 또 활성화되는 듯 보였다. 그러나 2010년 이후 현재 계속되는 문화채플이나 공연채플, 영상채플마저도 비기독교인들에게 좋은 이미지를 심어주지는 못하고 있는 듯하다. JN대, YN대를 제외한 8개 대학의 채플 학점과 이수 학기는 아래 표 2에 나타난 것과 같이 조사되었다. 그 결과, 6개 학교가 4학기 의무 이수와 무학점(pass) 제도를 실시하고 있었다. HD대 채플은 1~3학년 6학기는 의무 이수이나 4학년은 자발적 참여로 구성되어 있다. 또한 S여대는 유일하게 '채플' 대신 '경건회' 라는 단어를 사용하고 있으며, HD대와 마찬가지로 6학기 의무 이수 무학점제를 선택하고 있다. 표에는 나타나 있지 않지만 EW대의 경우에는 학기당 1학점씩 8학기 동안 8학점을 이수할 수 있다. 반면 S대는 총 8학기를 이수하고도 1학점밖에 이수되지 않는다.

지난 4월 24일, 대구 참여연대는 국가인권위원회에 진정을 접수했다. KM대의 채플 의무화가 학생들의 인권을 침해하고 있다는 것이다. 참여

연대는 KM대의 채플 강요는 "개인의 기본권을 침해하는 행위"라고 말하며 계명대학교가 학칙으로 정한 전 학생 채플 참석 의무화가 헌법상 학생들의 종교적, 양심적 자유를 침해하고 있다고 주장했다. S대 행정학부에 재학 중인 H군은 "채플의 문제점은 내용이 아니라 강제성이라고 주장하였다. 최근엔 내용이 다양해져서 좋을 때도 있지만 강제적이라는 점에서 여전히 채플에 대한 인식은 좋지 않다. 따라서 채플에 참석하는 것을 학생의 자유에 맡겼으면 좋겠다"고 말했다. 이에 대부분의 기독교학교에서는 "종교재단에서 설립한 대부분의 학교들은 채플과 같은 종교 관련 수업을 실시하고 있다"며 "기독교학교에 입학하는 학생들도 미션스쿨이라는 점을 알고 입학하기 때문에 문제가 있다고 보기 힘들다"고 주장한다(인터넷 대표언론 고함 2.0, http://goham20.com/ notice/309). 현재 KS대 채플은 교양선택 과목으로 분류되어 있어 일반 학과 학생들이 거의 찾지 않고 있는 실정이라고 한다. KS대 신학대 모 동문은 "신학과 학생들을 제외하면 그 수업을 듣는 학생은 거의 없다"고 말할 정도이다. 이웃에 위치한 PF대의 경우 졸업을 위해서는 교양필수 과목인 채플을 들어야 하며, 작년까지 1학점이었지만 2011년부터 2학점으로 늘어나 KS대와 대조를 이루고 있다. 또한 KN대 교목실 조교 모임 카페는 회원 활동이 없어 휴면 상태에 있다.

대학은 본래의 목적을 상실하지 않았다면 어떻게 해야 학생에게 더 나은 교육을 할지, 더 나은 서비스를 제공할지를 먼저 생각해야 한다. 그 방법의 일환으로 채플을 교양필수 과목이 아닌, 교양선택 과목으로 대체할 수 있다. 이는 의무 채플을 시행하려는 학교측과 개인의 자율성을 강조하는 학생 모두에게 좋은 방안이 될 수 있다. 최근 기독교학교에서는 문화채플의 양을 갈수록 증가시키고 있다. 심지어는 비기독교인에게 거부감이 없는 B-boy 채플까지 등장하여 마치 비기독교인의 반란에 대해 눈치를 보는 듯한 인상을 비치고 있다. 이는 비기독교인 학생들을 포용하기 위해 학교에서 많은 노력을 하고 있다는 것을 보여준다. 그러나 뮤지컬, 연극,

국악 등의 내용을 담은 문화채플은 기독교 정신을 온전하게는 담을 수 없다는 단점도 있다.

1896년, 미국 하버드대에서는 학생들의 자율성을 인정하여 의무 채플을 중단하고 매주 20분씩 60여 명의 학생들이 자유롭게 채플을 이행하게 하였다. 1876년에 세워진 칼빈 대학교의 채플도 의무참석이 아니다. 이 대학이 채플을 임의참석제도로 바꾼 것은 1972년부터였다. 그 이유는 예배에 강제로 들어온 학생들이 예배 분위기를 흐리기 때문이라고 하였다. 또, 일본 도시샤 대학에서는 1960년대에 교내 예배 선택권 제도를 마련해 채플을 학생들의 선택에 맡긴 사례가 있다. 한국에서는 SJ대가 채플을 선택제로 운영하며, 1학기당 1학점 취득이 가능하며 재학 기간 동안 4학점까지 이수할 수 있다.

위와 같이 기독교학교 당국과 학생 사이의 '채플 의무화'에 따른 끊임없는 논쟁은 기독교학교의 영성교육이 제대로 이루어지지 않고 있다는 것을 의미한다. 이제 기독교 영성교육의 방법이 채플이나 기독교 교양과목 만으로는 해결되지 않는다는 것이다. 채플 자유화의 찬반은 21세기에도 이어질 것으로 예상된다. 기독교 대학의 영성교육에 대한 의지와 결단에 달려 있다. 선교 중심형 기독교대학은 의무로 가게 될 것이고, 신앙과 학문의 융합형 기독교대학은 자유선택으로 가게 될 전망이다. 또한 이에 대한 연구도 끊이지 않고 있는데, 미국 유니온 대학의 기독교대학 교육연합회 세미나 자료에 의하면 채플 의무화를 풀면 대부분의 학생이 오지 않는다는 것은 기정사실이었다고 보고하였다(G. Irving Logan, 1998).

2) 기독교 교양과목

기독교 교양과목들도 채플과 마찬가지로 비인기 과목임에는 분명하나 가르치는 자의 자세와 교수법에 따라 인기 과목이 될 수도 있다. 표 2는 8개 대학의 기독교 교양교육 및 채플 현황을 조사한 것이다.

표 2에서 발견한 사실을 몇 가지로 정리해보면 다음과 같다. 첫째, 기독

표 2. 기독교대학의 기독교 교양과목 및 채플 개설 현황(2012년)

대학	개설 과목	학점/이수	채플 이수/학기
M대	성경개론	2/필수	Pass * 4학기
	(공통교양) 종교와 과학 / 현대사회와 기독교 윤리	2/선택필수 (1과목)	
	(계열교양) 기독교와 성, 결혼, 가정 / 기독교와 리더십 / 기독교와 영성 / 영화와 현대인 / 예술심리치료와 기독교 워크샵 / 기독교와 드라마 / QT와 휘트니스 / 기독교와 합창 / 기독교와 사회봉사	3/선택	
K대	기독교이해 / 기독교와 문화 / 기독교와 현대사회	2/필수 2/선택	Pass * 4학기
S여대	기독교개론	2/필수	Pass * 6학기 (경건회)
Y대	기독교와 현대사회 / 기독교와 세계문화 / 성서와 기독교	3/선택필수 (1과목)	Pass * 4학기
JS대	구약과 기독교 / 신약과 기독교 / 성경의 이해	3/선택필수 (1과목)	Pass * 4학기
HN대	현대인과 성서	3/필수	Pass * 4학기
HD대	Christian Foundation I, II	2(2)/필수	Pass * 6학기 1-3학년 의무 4학년 자발적 참여
	창조와 진화 / Mission Perspective / 기독교 세계관	2/선택 (1과목)	
	학문과 신앙 I, II / 기독교와 현대사상 / 교회사의 이해 / 현대사회와 선교 / 신앙특론	2/선택 (2과목)	
HS대	기독교의 발견	2/필수	Pass * 6학기

교 영성 과목들의 과목명에는 공통적으로 '기독교'라는 단어가 있다(예: 기독교와 문화, 기독교와 종교대화, 기독교와 영상문화 등). 둘째, Y대학교처럼 역사와 전통의 기독교 교양 교재를 고수하고 있는 대학도 있고, B대학교처럼 포스트모던 시대에 맞게 융합학문과 기독교 기본소양을 모두 학습할 수 있도록 발빠르게 신교재를 개발하려는 대학도 있다. 셋째, HS대학교처럼 다양한 융합과목들이 있었음에도 불구하고 학교 정책상

과목 수를 줄여 한 과목만으로 기독교 교양과목을 운영하는 학교도 있다.

넷째, M대는 타 학교에 비하여 다양한 융합적 학문 시도를 하고 있음을 볼 수 있다. 학문성보다는 실천성에 초점을 맞추어 대학생으로서 꼭 알아야 할 덕목들을 기독교와 접목시키고 있다('기독교와 성, 결혼, 가정', '기독교와 리더십', '영화와 현대인', '예술심리치료와 기독교 워크샵', '기독교와 드라마', 'QT와 휘트니스', '기독교와 사회봉사' 등). 또한 조사한 8개 대학 중 '기독교와 영성' 과목은 M대에서만 볼 수 있었다. 다섯째, 대부분의 학교들은 '기독교 이해', '성서의 이해', '성경개론', '기독교개론', '기독교의 발견' 등의 기독교 영성 과목을 필수과목으로 지정하고 있으며, 그 외에 융합성이 강한 과목들을 선택과목으로 정하였다.

정부는 2015년부터 초·중·고교의 교과서를 디지털 교과서로 전면 교체하겠다는 방침을 내세웠다. 앞으로 대학가에서도 무거운 책가방을 메고 학교에 등교하는 남학생이나, 몇 권의 책을 옆구리에 끼고 우아하게 걷는 1990년대, 2000년대 초의 여대생 대신 2012년도의 대학생들은 아이폰과 아이패드, 노트북을 가지고 등교한다. 포스트모던적인 학생들이 다니는 학교에 모던적인 교수와 교재와 교수법이 과연 살아남을 수 있을지 의심스럽다.

기독교 교양과목과 채플 외에 정규 교육과정에 포함되는 기독교 영성 교육으로는 S여대 바롬교육이 있다. S여대의 1961년부터 실시해온 바롬교육, 즉 총 3단계로 이루어지는 바롬인성교육은 필수 교과목이다. 바롬인성교육은 '글로벌 시민 소양을 갖추고 공동체의 화합을 이끄는 실천형 인재양성'을 목표로 한다. 바롬인성교육 I 과 II는 기숙형 공동체 형식으로 진행되며, 바롬인성교육 III는 학생들이 선택한 주제에 따라 16주간의 팀 프로젝트 기반 수업(TPBL)으로 진행된다. 바롬인성교육 I 은 자아정체성과 비전을 확립하고 자긍심과 소속감을 고취하며 글로벌 시민으로서의 소양을 키우는 '나를 깨우는 교육'이다. 바롬인성교육 II는 사회 구성원으로서 공감적인 의사소통 능력과 다문화와 평화에 대한 감수성을 기르고 사회문화적 다양성을 수용하고 교류하는 사회적 소통능력을 함양하는 '사회를 깨우는 교육', 바롬인성교육 III은 참여와 실천을 통해 세계적 관점에서 사회적 문제를 바라보고 해결하는 '세계를 깨우는 교육'으로 불린다. S여대 학생들은 바롬인성교육을 통해 적극적으로 참여하고 실천하여 변화를 이끌어가는 리더, 인성과 전문성이 조화를 이룬 리더로 성장하고 있다.

포스트모던의 영성 연구들에서 볼 수 있는 긍정적인 영향은, 모던 시대의 영성인 신념을 중시하는 지적 신앙의 모습을 해체하고 신앙과 학문이 조화를 이루는 통합적, 총제적 영성으로 가야 한다는 주장이다. 이런 맥락에서 필자는 채플의 목표도 지적 신앙만이 아닌 총체적 영성 형성과 영적 성장에 두어야 한다고 보고 있다. 영성교육에서는 암기 위주의 지식으로 학생들의 성장을 평가할 것이 아니라, 신앙에 대한 반응을 전인적으로 나타낼 수 있는 다양한 매체를 허용해야 한다. 자기가 읽고 표현하는 도구가 반드시 문자여야만 하는 것은 아니라는 말이다. 이미지, 몸언어, 말언어, 역할극, 그림, 시, 음악 등을 통하여 기독교 신앙에 대한 자유로운 상상과 창의를 자극받을 수 있도록 학생들의 영혼을 자유롭게 놓아주어야 한다. 기존의 수업 방식을 해체하거나 기존의 교사의 역할을 해체해서 그것을 파괴하자는 것이 아니라, 새로운 미디어와 새로운 소통의 도구와 기술이 다양한 이 시대에 맞게 대처해 나아가야 한다는 의미한다. 기독교의 콘텐츠는 대부분 고대에서 중세로부터 왔지만 그것을 업데이트하여 21세기 스마트 시대의 사람들에게 어떻게 소개하고, 친근하게 하며, 유익하게 만들 것인가를 강구해야 할 책임이 현대 기독교대학에게 있는 것이다.

포스트모던 시대의 기독교는 영성에 초점을 맞추고 있다. 그러나 표현하지 못하는 영성은 파워를 잃게 될 것이다. 최근 문자, 카톡 등의 스마트 네트워크에서는 텍스트성이 중요한 존재의 수단으로 떠오르고 있다. 이에 따라 국어뿐 아니라 영어도 언어적 왜곡이 심하게 나타나고 있다. 이 때문에 정상적인 글쓰기가 어려워지고 있는 실정이다. 대학생들의 시험 답안 작성을 보면 키워드만 있고 설명을 잘 하지 못한다. 그러나 페이퍼를 제출할 때는 상호텍스트성을 가장 잘 이용하고 있는 연령층이 10대, 20대들이다. 글 '퍼 오기'와 '모자이크하기' 수준은 가히 세계적이라 할 수 있다.

대학에서는 제대로 된 글쓰기를 장려해야 한다. 글쓰기의 특성은 고전과 현대문을 서로 연결시키는 상호텍스트성이 영성교육에 포함되어야 할 것이다. 현대 글만 쓰고 현대 표현만을 위한 글쓰기 교육이 아니라, 우리가 읽어야 하는 기독교 고전(古典)들을 읽힘으로써 텍스트들을 서로 교차시키고 비교하고 정직하게 인용하는, 상호 텍스트의 트라비안화(Turabianing)를 교육시켜야 한다. 시간을 초월한 기독교 교양 고전을 읽히고 활용하는 글쓰기는 각자의 마음의 월든 존(Walden Zone, 속도에서 깊이를 찾아가는 자기 성찰의 공간)을 발견하도록 하는 것으로, 이것이 영성교육에 포함되어야 한다.

2. 잠재적 교육과정으로서의 기독교 영성교육

각 대학들은 그들이 슬로건으로 내건 핵심 인재상을 만들어내기 위해 여러 가지 맞춤형 프로그램을 운영하고 있다. 한동대에는 독특한 인성교육 프로그램-팀제도(담임교수제)가 있다. 한동대는 담임 교수제를 통해 한 명의 담임교수가 30여 명의 재학생을 1년 동안 양육하고 있으며, 학생들은 매 학기 '사회봉사', '10만원 프로젝트', 'Work Duty' 등의 활동을 통해 이웃과 사회에 공헌하는 훈련을 하고 있다. 마찬가지로 백석대에서도 멘토링제를 실시하여 부모와 같은 돌봄과 양육의 손길이 필요한 학생들에게 좋은 부모 되어주기 캠페인을 벌이고 있다. 이 외에, 단국대는 비기독교대학으로, 올해부터 학과별 취업 담임 교수제가 도입됐다. 또 취업이나 진로 탐색 과목을 핵심 교양으로 지정해 저학년부터 미래를 설계할 수 있도록 한다. 담임교수제는 위와 같은 대학들을 필두로 하여 앞으로 더욱 많이 증가될 것으로 예상된다. 무엇보다도 지금은 돌봄과 양육, 치유와 회복의 총체적 영성이 절실히 필요한 때이다. 더 이상의 자살이나 일탈의 행동이 없도록 교수들은 부모와 같은 마음으로 지속적인 지도를 해나간다면 인성과 감성과 지성 모든 영역에서 뛰어난 글로벌 핵심 인재로 성장하게 될 것이다.

'백석인증제'는 백석대학교와 백석문화대학이 한국아동복지연합회와 월드비전과 산학 협력 협정을 체결해 시행 중인 기독교 인성 인증 프로그램으로, 청년 실업의 심각성에 고민하는 대학가에 기독교 인성 훈련을 사회복지 실습 마인드와 결합해 취업에 연결시켜 대학과 사회복지 기관 모두에서 환영받는 획기적인 프로그램으로 각광받고 있다.

각 기관에서는 SALT(Spiritual Advanced Life Training) 인증을 받은, 현장 경험이 풍부한 기독교 인재를 채용할 수 있고, SALT 프로그램 참가자들은 다양한 사회복지 실습 과정을 통해 현장을 방불케 하는 실질적인 경험을 쌓아 사회복지 실천가로 발돋움할 수 있다는 것이 이 프로그램의 장점이다. 백석인증제는 한국아동복지연합회와 월드비전에 소속된 아동복지시설의 아동 및 청소년들과 교사들을 대상으로 '백석캠프'를 운영하고, 이를 준비하기 위해 10주 동안의 특기교육, 5박 6일 동안의 백석훈련캠프와 전문 스태프 리허설 등의 교육을 진행한다. 백석인증제를 개발한 이계능 교수(사회복지학부)는 "기독교 영성훈련과 사회복지 실습 과정이 함께 만나 학생들의 취업 역량이 강화되고, 이웃을 향한 이타적인 사랑의 실천으로 기독교적 인성이 함양되는 것이 이 프로그램의 강점"이라고 설명했다(『아이굿뉴스』, 2009. 4. 7).

호서대는 2012년도 교육역량강화사업의 일환으로 선후배 사랑 학습공동체와 튜터-튜티제도를 실시하고 있다. 이 두 제도는 모두 3~4학년 선배 1명과 1~2학년 후배 5명 이하의 인원으로 구성되며, 주 1회 모여 전공과목 및 영어 학습을 함께한다. 또한 기독교교육 전공 학생들은 매 학기말에 콜로퀴엄을 개최한다. 1학기 동안 수업을 통해 배우고 익힌 기독교교육의 이론들을 실제 교회 현장에서 활용할 수 있는 프로그램으로 만들어 개인 또는 그룹으로 발표하는 것이 콜로퀴엄의 목적이다. 현재 기독교교육 전공이 개설된 이래 4년 동안 8회의 콜로퀴엄을 개최하였고, 매회 창의적이고 개성 넘치는 아이디어들로 기독교교육 자료들을 제작하고 발표하고 있다. 앞으로는 매해 연초에 2학년을 대상으로 '소명과 비전 찾기 MT'를 실시하여 기독교적 영성을 훈련할 수 있는 기회를 제공하고 있다.

3. 통합적 영성을 위한 영성교육

기독교대학은 일반 대학과는 차별화되는 인재를 양성해야 한다. 그 차별성의 근거는 바로 성경과 기독교 공동체가 살아온 신앙에서 유래한다. 기독교적이라는 것은 삶의 이야기와 비전을 나누는 것이며, 나눔의 리더십은 곧 소통과 공유의 리더십을 의미한다. 이러한 소통과 공유는 새로운 자아 이해의 지평을 열게 되며, 역할-주체로서의 자아/책임적 참여자로서의 역할을 충실히 할 수 있는 인재가 되도록 돕는다. 다시 말하면 세계 속에 존재하는 자아에 대한 역사의식과 공동체의식을 확고하게 지닌 인재, 상황에 따라 nobody도 somebody도 될 수 있는 사도 바울과 같은 인재를 양성하는 것이다. 이것이야말로 포스트모던 시대의 기독교대학이 지녀야 할 기독교적 영성을 지닌 인재상인 것이다.

사도 바울과 같은 인재를 양성하기 위한 총체적 기독교 영성교육이 되기 위해서 무엇보다 중요한 것은 쾌적하고 효과적인 교육환경 조성이다. 영성은 자발적, 자기주도적 학습능력에 기초하여 형성되는 것이다. 총체적 영성의 교육방법인 대화적 교육방법, 관계와 공감대를 형성할 수 있는 동아리, 또래 집단의 자기주도적 교육방법, 글로벌 리더십 훈련을 위한 교육방법들을 잘 활용하기 위해서 학교환경은 1순위로 변화되어야 한다. 이에 필자는 기독교적 영성의 교육환경을 조성하기 위한 몇 가지 학교환경 개선책을 제안하고자 한다.

학교 외부의 조경과 의자와 건축물은 모던 시대의 딱딱한 네모난 상자식 구조에서 탈피하여 표주박형, 캐슈넛형, 말발굽형 등, 교사와 학생의 관계 형성이 위화감을 조성하지 않는 부드러운 구조, 항상 대화가 가능한 구조로 변화되어야 한다. 또한 내부의 환경에서 개선해야 할 점은 매 층마다 Dialogue corner를 만들고 google처럼 Bite & Drink(snack always) 즉 간식을 항상 준비해놓는 것이다. 또한 점심 도시락과 커피를 마실 수 있는 공간을 만들어 어디든 안과 밖이 통할 수 있는 House Garden을 마련하는 것도 한 방법이다. 각 학과마다 Small group colloquy room을 하나씩 배정하여 워크숍 활동이 자유롭고 편리할 수 있도록 최대한 배려해야 한다. 이미 영남대학교는 각 과마다 소(小)세미나룸을 하나씩 설치하여 활용하고 있다. 또한 그리스식 극장(amphitheater), Role-play, 마당극, 드라마 티칭을 위한 원형 극장형 강의실도 필요하다. 무엇보다도 각 강의실마다 최첨단 블루투스 PT룸이 설치될 수 있도록 해야 한다. 기존의 20세기형 모던적 교육환경이 21세기형 포스트모던적 교육환경으로 변화되지 않는 한 인재 양성의 변화는 언제나 제자리걸음일 수밖에 없다.

교육방법 면에서는, 이제까지의 표면적, 잠재적 영성교육이 학습자와 학교교육, 학습자와 또래 집단 사이에서 발생하는 영성교육이었다면, 포스트모던 시대의 통합적 영성교육모델은 내면적 자아의 총체성과 충만성에 초점을 맞춘 개인 프로젝트의 의미가 더 강할 것이다. 즉 지 · 정 · 의가 통합되는 개인별 자기 성찰과 수련 프로젝트로 제안하고자 하는 영성교육 모델은 다음과 같다.

첫째, 자신의 이야기와 비전을 다큐멘터리로 제작하기이다. 이 프로젝트는 토마스 그룸(Thomas H. Groom)의 Shared Praxis Approach에서 착안해낸 것이다. 자신의 이야기와 비전을 초기화단계-명명하기부터 시작하여 5무브먼트 단계-결단하고 삶에 적용하기에 이르기까지 단계별로 자신의 흔적을 잘 정리하는 '나 자신 돌아보기' 프로젝트이다.

둘째, 자신이 만들어놓은 다큐멘터리 기록을 영상화하는 작업이다. 이 작업을 통해 학생들은 영상 기술은 물론 예술적인 감각과 창의성도 함께

기를 수 있을 뿐만 아니라 자신의 다중지능성도 알아볼 수 있게 될 것이다. 이때 학생들은 기존의 영화를 패스티시(혼성모방)하여 일류 영화감독이나 다큐멘터리 작가처럼 그들의 상상력을 재구성하는 상호텍스트성을 발휘하게 될 것이다.

셋째, 의미 있는 타자(significant others) 인터뷰하기이다. 의미 있는 타자를 선정하여 직접 찾아가 인터뷰를 함으로써, 의미 있는 타자와 융합하고, 새로운 자아를 발견하고, 미래의 자신의 삶을 계획하고, 또한 사회성을 기르는 매우 좋은 훈련방법 중 하나라고 본다. 오늘날 대중적 스타 연예인들이 많은 젊은이들의 의미 있는 타자로 오래 군림하고 있다는 것을 심층적으로 생각해보면, 그만큼 대학의 위상이 작아졌다고도 볼 수 있을 것이다. 과거에는 대학 강단에 대중 문화인이 설 수도 없을 만큼 고고했다. 그러나 최근의 대학 강단은 많은 대중적 인기를 몰고 다니는 교수, 연예인, 정치인들을 모시려고 아우성들이다. 대학은 이제 학문의 전당이 아닌, 인기만 있으면 박사학위 소지자보다 더 귀한 강사로 모심을 받는 이상한 문화적 현상이 나타나고 있다. 그러나 대학에서 대학생들의 의미 있는 타자에 대한 비판을 제대로 해주지 않기 때문에 이러한 현상이 지속되고 있다고 본다. 따라서 올바른 의미 있는 타자를 찾아보는 이러한 잠재적 교육과정 활동을 통해 파편화된 영성들을 다시 통합하는 계기를 제공해야 할 것이다.

넷째, 나의 묘비문 쓰기이다. 인간이라면 누구나 한 번쯤은 죽음을 생각하고 또 두려워하기도 한다. 과연 내가 죽음을 맞이했을 때 나를 찾아와서 애도해줄 사람이 몇 명이나 있을 것인지 상상해보는 것이다. 그렇게 함으로써 이제까지의 나의 삶의 방식들, 즉 기존의 생각과 사상과 나쁜 영에 사로잡힌 정신과 육체의 해체를 돕고 새로운 삶의 방식으로 재구성할 수 있도록 돕는 것이다. 마치 스크루지 영감이 자신의 죽음을 미리 보고 과거를 해체해버린 것처럼, 그리고 남에게 베풀며 살아야겠다는 교훈을 얻은 것처럼, 묘비문 쓰기는 과거의 삶을 되돌아보게 하고 앞으로 더욱 진솔한 삶을 살도록 다짐하게 하는 시간이 될 것이다.

다섯째, 졸업에서 죽음까지 나의 삶의 지도 그리기이다. 이 프로젝트는 대학을 졸업한 후의 가까운 미래의 모습을 상상하고 죽음에 이르기까지의 삶, 즉 학업과 취업, 결혼, 가정 꾸리기, 부모 되기, 노년의 삶과 생을 마감할 때까지의 여정의 가이드라인을 그려봄으로써 미래의 계획을 구체적으로 설계할 수 있도록 할 것이다.

여섯째, 미리 부모 되어보기 훈련으로써 장차 태어날 아기를 어떻게 키울 것인지에 관한 교육적 원리를 세워보는 것이다. 이러한 작업은 생명을 소중히 여기는 생명존중사상과 더불어 자녀를 돌보고 양육하는 신앙교육의 원리를 총체적 기독교 영성교육으로 볼 수 있는 안목을 길러주기 위한 프로젝트가 될 것이다.

일곱째, 결혼 전에 꼭 하고 싶고 또 해야 할 일들을 리스트로 작성해서 하나씩 실천에 옮겨보는 것이다. 특히 성적 문란과 사령이 만연한 포스트모던 시대에서 그리스도인으로 살아가기 위한 방법들을 터득하고 실천하고자 하는 노력이 필요하다. 예를 들어 혼전순결서약, 올바른 기독교적 사회봉사, 국제적 감각 익히기 등을 통하여 개인과 사회와 국가를 위한 인재가 되도록 노력하고자 하는 하나의 방법이 되는 것이다.

Ⅳ. 결론: 기독교대학 정체성의 재개념화

기독교 영성이란 기본적으로 두 가지의 속성을 충족시켜주는 개념이어야 한다. 첫째, 인간이 가지고 있는 조건들인 지성, 감성, 몸성이 모두 영성 안에 포함되는 것이다. 영성이라는 개념 속에서는 지성, 감성, 몸성의 경계가 분명치 않다. 알고 믿는 문제와 믿고 아는 문제처럼, 이것은 어떤 것이 더 먼저일 수 있지만 두 가지가 합하여 나오는 시너지의 효과는 이성도 감성도 아닌 영성의 것이라고 말해야 한다.

또한 이 영성은 우리의 몸성(soma)을 떠나서는 영혼이 되는 것이지 영은 아니다. 그러므로 인간의 몸이 살아 있을 동안 이와 같은 다양한 조건들이 한 몸 안에서 발효하여 우리의 사고와 행동, 결정, 느낌, 정서, 태도 그리고 무엇을 하게끔 하는 능력에까지 영향을 미친다. 이러한 관점에서 볼 때 영성은 인간의 존재의 또 다른 속성, 조건이라고 말할 수 있다. 그러므로 이제까지 "나는 생각한다 고로 나는 존재한다"(데카르트)처럼 생각하는 자만이 인간이 된다는 것이 전제였다면, 포스트모던 시대의 영성은 영성을 가진 존재(영적 존재)로 살아간다는 것을 의미한다. 그 영성은, 이와 같은 모든 조건을 발휘하여 자신의 삶을 보다 총체적으로 균형 있게 통합하기를 원하며 무엇을 하더라도 그것이 존재감을 드러내는 것과 같은 충만함을 갖기를 원하는, 현대인의 욕구에서 점진적으로 발전되어 온 형태이다. 예를 들어 왕따는 존재의 충만성과 총체성을 잃어버린 자이다. 이것은 타자가 나를 포함시켜주는 문제, 차별하지 않는 문제일 뿐 만 아니라 내가 타자를 배척하는 문제와도 관련이 있다. 이런 관점에서 볼 때 인간의 진정한 자유란 총체성을 가져야 한다. 나도 포함되어야 하지만(차별받지 말아야 하지만) 내가 남을 그렇게 하지 말아야 한다는 것도 내포함으로써 상호 보완적인 의미로 해석해야 한다.

또한 영성교육의 충만성에서 개인적 영성의 충만성만을 추구하는 것이 아니라 공동체적인 맥락에서 내 삶을 충만하게 성취할 때 의미가 있는 것을 강조해야 한다. 나 혼자만 부를 누리고 질적으로 웰빙의 삶을 산다면, 아무리 풍족하고 행복한 삶이라 할지라도 곧 의미를 상실하게 될 것이다. 개인의 삶의 충만성도 상대적 기준과 공동체성이 없이는 크게 의미가 없을 것이라는 말이다. 무인도에 가서 혼자 웰빙하고 사는 것은 아무런 의미가 없는 것이기 때문이다. 그러므로 인간의 삶의 영성 부분에서 자유의 총체성과 삶의 충만성은, 이러한 의미에서 한 개인주의적인 접근보다는 상호주의적, 사회적, 공동체적 접근이 필요하다. 포스트모던의 젊은이들은 스타벅스에 혼자 앉아 이어폰, 노트북 놀이를 하고 있는 글루미족들처럼 보이지만, 개인의 자유와 동시에 선택적으로 공유된 공간 안에서 존재하기를 원한다는 것이다.

초대 교회 때부터 서로 모여 예배하고 나누는 삶은 오늘날에 와서 적극적인 나눔과 교제가 아니더라도 함께 모일 수 있는 공간과 모임의 원리(현상)가 되었다. 그러므로 기독교대학도 함께 모여서 같은 곳을 바라보는 작은 소그룹들이 다양하고 역동적으로 모여 있는 하나님 나라의 또 다른 모습이라 할 수 있겠다. 결국 기독교대학도 하나님의 나라이며, 보다 구체적으로 말한다면 하나님의 교육나라인 것이다.

기독교대학은 학생들에게 기독교영성을 증진시키고 더 많이 성취할 수 있도록 드라이브를 걸어주기 위해 환경 조성과 그들이 경험하고 배워야 할 장을 마련해주어야 한다. 또한 기독교영성을 함양하기 위한 내용도 구성하고 조직하여 커리큘럼 형태로 제시해야 한다. 장을 조성하는 문제는 교육 내용을 잘 성취할 수 있고 배울 수 있는 환경이 되므로 매우 중요한 요소이다. 영성은 가르친다는 것보다 경험한다는 것이 바른 표현일 것이다. 멘토와 멘티, 코치와 코치이의 관계, 다양한 교수의 역할, 다양한 학습자의 위치가 동시다발적으로 경험된다. 학교 당국은 무엇보다도 영성을 훈련하고 형성해주는 측면에서 교수가 그것을 인위적으로 교육의 한 과정으로 가르치는 부분도 있지만(공식적 교육과정-교양과정, 채플 등), 잠재적 교육과정을 통해서도 영성이 연마되고 개발되고 형성될 수 있도록 해주어야 한다. 그러기 위해서는 많은 동아리 활동을 지원하고 자발적으로 모이고 깨닫고 생각하고 결단하는 작은 공동체 운동이 일어나야 한다.

영성교육의 총체성은 자유를 보장하되 각 전공별로 영성을 경험할 수 있는 장을 마련해주고 콘텐츠도 다양화해야 한다. 중핵 교과로서의 인문 기독교 교양과목들을 복수로 개설하고 선택할 수 있도록 해주어야 한다. 전공 영역에서도 기독교영성을 가지고 전공을 배울 수 있는 융합적 성격의 교육 콘텐츠, 프로젝트 등이 마련되어야 한다. 그것을 가르치는 사람이 꼭 목사일 필요는 없다. 영성이 풍부한 전공 교수가 가르쳐도 되는 것이다. 신우회를 조직하고 아침마다 큐티를 하는 것도 좋은 시작이다. 그러나 이러한 형태의 영성교육은 융합적인 것이라 볼 수는 없을 것이다. 예를 들어 성서와 경제 또는 기독교적 재물관 같은 과목은 경제학 또는 경영학 교수가 가르치는 것도 하나의 좋은 융합형 영성교육의 방법이 될 수 있다. 그러므로 이 시대 기독교영성교육 과정은 전교 학생들이 수강해야 하는 공통 교과 중심의 중핵 교육과정 외에 전공 학과별 융합교육 과정과 동아리를 권장할 필요성이 더욱 절실해지고 있다.

끝으로 가장 바람직한 이상적인 형태의 기독교대학의 영성교육은 지금 우리 대학들이 하고 있는 것을 잃지 않는 것이다. 물론 개선해야 될 것도 버려야 할 것도 있다. 그러나 학생들이 거부하고 싫어한다고 갑자기 예수를 버릴 수도 없을 것이고, 버려서도 안 될 것이다. 기독교대학의 영성교육은 선택이 아니라 소명이기 때문이다.

대학은 예나 지금이나 끊임없는 도전의 공간이었다. 이 시대 많은 것이 해체되어갈 것이다. 중세 이후 계몽주의와 근세 그리고 21세기에 들어와서까지 기독교는 언제나 시대의 조류에 도전받고 거부당하며 살아남았다. 50년 전 기독교 신학자들은 서구 교회의 몰락을 예언했지만, 콕스를 비롯한 신학자들은 이제 그들의 예측이 잘못되었음을 시인하기 시작하였다. 기독교신앙의 미래는 분명 있을 것이다. 영국이나 미국의 기독교대학들 중에 역사가 최소 100년 이상이 된 대학들이 아직도 상당수 건재하고 있을 뿐만 아니라 대부분 세계적 명문들은 거의 다 기독교대학들이라는 점이 우리의 정체성을 더욱 확고하게 해주고 또한 우리가 감당해야 할 한국의 기독교대학들의 미래를 더욱 분명하게 말해주고 있다. 모세를 벤치마킹했던 여호수아의 끈기와 인내, 엘리야의 권능을 소유하고 싶어 했던 엘리사, 예수님이 말씀하신 대로 "나보다 더 큰 일을" 저지른 바울의 발자취와 그들의 향기가 전설이 되어 머무는 한국의 기독교대학들은 300년 이후에도 이곳에 분명 남아 있을 것이다.

참고 문헌

Alexander W. A. (2001). *What matters in college.* CA: Jossey-Bass.

Algera, Henry F. & Christopher A. Sink (2002). Another look at Christian education in Christian schools. *Journal of Research on Christian Education,* 11, 161-181.

Astley, Jeff & Leslie Francis, John Sullivan, Andrew Walker (2004). *The idea of a Christian university.* Carlisle: Paternoster Press.

Berkowitz, M. W., & Bier, M. C. (2005). *What works in character education? a research-driven guide for educators.* Washington, DC: Character Education Partnership.

Bronson, Matthew C. (2005). Revisioning higher education for the twenty first century. *Revision,* 28.

Callinescu, Matei (1987). *Five faces of modernity: modernism, avant-garde, decadence, kitsch, postmodernism.* Duke University Press.

Cox, Harvey (2009). *Future of faith.* NY: HarperCollins Publishers.

Foucault, M (1989). *The archeology of knowledge.* NY: Routledge.

Gass, William H. (1985). *Habitations of the Word.* NY: Simon and Shuster.

Grenz, Stanley J. (1996). *A primer on postmodernism.* Grand Rapids: Eerdmans.

Graff, Gerald (1979). *Literature against itself: literary ideas in modern society.* Chicago: University of Chicago Press.

Habermas, Jürgen (1983). *The anti-aesthetic: essays on postmodern culture,* ed. Hal Foster. Port Townsend, Wash: Bay Press..

Holmes, Arthur F. (1987). *The idea of Christian college.* Grand Rapids: Wm. B. Eerdmans Publishing Co, 1987.

Hughes, Richard T. (1997). *Models for Christian higher education: strategies for success in the twenty-first century.* eds. Richard T. Hughes and William B.

Adrian. Cambridge, UK: William B. Eerdmans Publshing Company.

Huyssen, Andreas (1986). *Crisis of modernity: recent critical theories of culture and society in the United States and west Germany*. Colorado: Westview Press.

Jameson, Fredric (1992). *Post modernism, or, the cultural logic of late capitalism*. North Carolina: Duke Univ. Press.

Kristeva, Julia (1980). *Desire in language: a semiotic approach to literature and art*. ed., Leon S. Roudiez, trans. Thomas Gora, Alice Jardine, and Leon S. Roudiez. New York: Columbia University Press.

Lyotard, F. (1984). *The Postmodern condition*. Minneapolis: University of Minneapolis.

Mannoia Jr. V. J. (2000). *Christian liberal arts: an education that goes beyond*. NY: Rowman & Littlefield Publisher.

Moore, Mary Elizabeth (2004). *Teaching as a sacramental act*. Pilgrim Press.

Nickel, William (2010). *Understanding business*. McGraw-Hill Irwin.

Palmer, Parker J. (1993). *The know as we are known: education as a spiritual journey*. San Francisco: Harper SanFrancisco.

Pippin, Robert B.(1991). *Modernism as a philosophical problem: on the dissatisfactions of european high culture*. Cambridge: Basil Blackwell.

Smith, Matthew R. (2006). Contemporary character education. *Principal Leadership*, 6, 16-20.

Thelin, John R. (2004). *A history of american higher education*. John Hopkins University Press.

권이선 (1994). 기독교대학 서비스론: 대학 본질론과의 연계적 고찰. **복음과 학문**, 2.

강영선 (1997). **채플의 제도와 프로그램, 기독교대학과 선교**. 서울: 전망사, 1997.

강희천 (2001). 기독교대학교육의 과제와 전망. **현대교회와 교육**. 서울: 예영커뮤니케이션.
금교영 (2002). **인성교육을 위한 철학적 반성**. 대구: 영남대학교출판부.
김광률 외 (2005). **미국 기독교대학의 교훈과 도전**. 대전: 한남대학교 출판부.
김기숙 (2007). 21세기 기독교대학 정체성 확립을 위한 과제. **기독교교육정보**, 18, 169-199.
김기숙 (2003). **코메니우스의 인간성 교육론과 기독교대학**. 서울: 한들출판사.
박영숙 (2010). **2020미래교육보고서.** 서울: 경향미디어.
박용우 (2000). 기독교채플을 통한 선교. **대학과 선교**, 2.
반신환 (2003). 기독교대학의 교내 신앙 프로그램 평가: 한남대학교를 중심으로. **기독교문화연구**, 8, 224-226.
삼성경제연구소 (2011). 구글과 페이스북의 인재전쟁. **SERI 경영노트**, 90.
오영걸 (1997). 기독교대학에서의 종교교육에 관한 연구. **전문대학 기독교교육**, 3, 63-93.
이숙종 (2007). **기독교대학과 교육** 서울: 예영커뮤니케이션.
유성준 (2007). 기독교대학 채플 활성화 방안에 관한 연구. **대학과 선교**, 13, 134-149.
장경철 (2000). 기독교정신과 대학교육. **대학과 선교**, 창간호.
정호표 (1991). **대학과 대학교육**. 서울: 교육과학사.
한국교육개발원 (2006). 창의적 인재 양성과 효율적 교육체제 구축. **21세기 한국 메가트렌드 시리즈**, 4.
한미라 (2007). 기로에 선 기독교대학의 채플: 문제점과 개선방향. **기독교교육정보**, 17, 69-111.
한미라, 김소연. 기독교적 관점에서 본 미래인재 象에 대한 비판적 성찰. **기독교교육정보**, 27, 29-62.

Abstract

A Christian Spirituality Formation for Cultivating Postmodern Leaders at Christian Universities in Korea : Innovative Ideas for Overcoming the Korean Christian University's Identity Crisis

Meerha Hahn
(Professor, Hoseo University)

This paper presents a holistic spirituality education model as an alternative for minimizing the gap between the identity and reality of Christian colleges. The discussions in this paper can be summarized as the three points below.

First, the leader's qualifications defined by the company and the Christian university are surely different. The former emphasizes on the leader's creativity and global competency, while the latter stresses on social responsibility, profession specialty, and morality.

Second, as for mission or goal, the Christian university and the secular company can't be comparable. However, as for the student's career guidance, the university cannot ignore the employment condition wanted by the company.

Third, Christian colleges have long strived for their survival. This study suggested a holistic spirituality education model that helps nurturing the future talents on the basis of Christian identity. It may encourage Christian universities for reforming the entire curriculum with respect to integration of Christian spirituality and profession. And the future graduates to be emitted by the university, would lead the society by a different leadership than ever.

Lastly, what they are now doing in keeping the Christian identity is as important as applying a new model.

Key words: Christian college, postmodern leader, future talents, holistic Christian spirituality education, holistic spirituality.

포스트모던 관점에서 본 10대문화 위기와 기독교교육적 대안 : 학업 중단 청소년 문제를 중심으로*

한미라 (호서대학교, 교수)
mrhan@hoseo.edu

■ 본 논문은 포스트모던 시대의 10대들의 문화가 지닌 위기 징후들과 그것들의 영향으로 나타난 현상 중의 하나인 10대들의 학업 중단과 관련된 문제들을 논의하고 가능한 해법을 기독교교육적 관점에서 제안하는 것이다. 본 논문은 포스트모던 시대의 10대들의 문화 3대 트렌드와 10대 문화가 지닌 네 가지 위기 유형, 그리고 그로 말미암은 이 시대 10대들의 학업 중단 사태와 기독교교육적 대안들로 구성되어 있다. 먼저 10대들의 문화 트렌드이다. 10대들은 이 시대 문화 해체자이다. 10대는 문화 콘텐츠의 프로슈머이다. 10대는 문화의 미래인이다. 포스트모던 시대의 청소년들의 위기를 크게 네 가지로 분류해보았다. 첫째, 10대들의 조숙성, 둘째, 탐닉과 중독, 셋째, 금지된 것들에 대한 도전: 음란과 성에 대한 도전, 넷째, 생명 훼손이다. 포스트모던 시대의 10대들의 위기 중에서 가장 큰

* 이 논문은 2013년도 호서대학교의 재원으로 학술연구비 지원을 받아 수행된 연구임(과제번호 2013-0103).

위기는 학업 중단이다. 지난 5년간 학업을 중단한 청소년들의 누적 수는 총 35만 명에 달한다. 본 논문에서는 다음과 같이 다섯 가지 기독교교육적 대안을 제시하였다. 1. 관심과 배려로 학업 중단을 예방하라. 2. 학교는 떠나도 교육은 지속되게 하라. 3. 정부와 지자체 산하 전담 대안교육부서를 신설하라. 4. 가정을 마음의 디톡스 센터로 만들어라. 5. 교회는 치유와 회복이 일어나는 곳이어야 한다. ■

Ⅰ. 포스트모던 시대 10대들의 문화 트렌드

1. 문화 해체자로서의 10대

포스트모던 시대를 살고 있는 교육자들이 학교와 거리에서 마주치는 초·중등교육의 대상으로서의 아동과 청소년들은 과거 30, 40년 전의 10대들과는 신체적으로뿐만이 아니라 정신적, 심리적, 특히 성적인 발달에서 크게 달라졌다. 발달심리학자들이 구분하였던 발달 단계와 각 단계의 발달 과업조차 잘 맞질 않는다. 무엇이 우리 아이들을 이토록 변하게 만들었을까? 한류(the Korean wave)를 일으켜 한국의 국가 이미지를 글로벌 스탠다드까지 격상시키는 데 일조했다는 긍정적인 평가는 10대에 대한 교육자들의 새로운 인식을 촉구하고 있다. 뿐만 아니라 10대들 자신이 자신의 학교와 가정 그리고 사회에서의 권리를 찾기 시작하였고 급기야는 '학생인권조례'의 시대를 열게 되었다. 교사의 지식에 대한 절대 권위에 복종치 않으면 학습이 원활하지 않았던 20세기까지의 교사 중심의 비민주적 교실 분위기는 서태지의 〈교실 이데아〉로는 전폭적인 개혁이 어려웠던 것 같다. 거의 열 명 안팎의 10대들이 하나의 그룹이 되어 노래와 춤으로 10대들을 흡인시키기 시작하면서 그들은 빛의 속도로 글로벌 아이돌로 부상하기 시작하였다. 그들의 파워는 글로벌 세상과 연결된 유튜브와 SNS를 통해 전파되면서 IT세대인 10대문화가 우리 사회의 주류 문화와 경제, 더 나아가 문화콘텐츠산업에까지 큰 영향을 끼치는 준거 세대가 되어가고 있다. 한국 가요의 판도가 바뀌고 성인 세대가 선호하는 가요는 방송 순위에서 변방으로 밀려나고 있으며, 모든 매체의 프라임 타임 프로그램에 10대 스타들이 출연하지 않게 되면 방송국 수익에 커다란 지장을 주는 정도로 10대문화의 위력은 대단한 힘을 키워가고 있다. 한국 10대문화의 진화 과정은 학교교육에 대한 기존의 담론들을 해체하기 시작하였는데, 그중의 하나가 한국에서 태어난 모든 아이들은 태어나면서부터 대학을 가야 한다는 목표로 양육된다는 오랜 관습이 무너지고 있다는 것이다. 최근에 들어와서 지속적으로 증가하고 있는 9~24세 사이의 학업 중단자들이 바로 그 증거이다. 학교 특히 공교육이 해체되고 있다고까지 보는 학자들도 있다. 대학 입학을 거의 종교의 수준까지 믿고 있었던 한국의 청소년들에게, 그리고 그들의 부모들에게, 어떤 의식혁명이 일어난 것일까? 10대문화의 변화는 작은 반향에서 시작되지만, 그것이 레밍효과를 가져올 때 그것은 이제 사회 현상이 되며, 그것은 한 나라의 현재와 다가올 미래의 트렌드를 바꿔놓을 수 있는 저력이 있음을 우리는 일찍이 알아채야 했었다.

2. 문화콘텐츠의 프로슈머, 10대

이제 아시아, 그것도 한국의 10대들이 만들어가는 창조적 문화는 글로벌 세계의 10대들의 문화를 이끌어가고, 세계 각국에서 한류를 배우겠다고 찾아드는 젊은이들이 불러들이고 있다. C.N.D.(contents, network, digital) 세대로 불리는 10대는 인터넷과 IT 기기를 익숙하고도 자연스럽게 다루는 세대이다. 그들의 주된 소통의 도구는 사진, 음악, UCC 등의 콘텐츠이며, 이것을 소유하는 것이 아니라 누구와도 자유롭게 공유하는 본능을 지닌 세대이다. 대단한 것도 아니지만 무엇을 먹고 생각하고 느끼고 보고 행하고 있든지 그것을 실시간으로 친구들에게 그리고 세상에게 알리려 하는 소통본능을 타고난 세대들이다. 무엇이든지 자신이 배우고 개발하고 창조한 것들은 감추고 은밀하게 소유하려 했던 기성세대들과는 사회적 소통본능(social instinct for communication, 필자의 신조어) 자체가 다른 것이다. 이러한 10대들의 사회적 소통본능이 그들이 살고 있는 시대의 변화와 유행을 선도하여, 과거에는 주류 문화의 영향을 가장 많이 받아들였던 세대에서 이제는 오히려 새로운 문화 트렌드를 형성하는 데 가장 영향을 많이 주는 세대로 자리매김하고 있다. 이렇게 10대가 지닌 문화적 잠재력과 변혁의 파워는 그들을 신소비층으로 부상시키고 있어, 시장경제에서도 이들의 특성과 가치관의 변화와 소비성향을 조사하는 것은 신제품 개발 전 필수 연구과제가 되고 있다.

미국에서 글로벌 10대의 생활양식, 사고와 가치관을 조사한 보고서인 『디지털로 성장한 세대(Grown Up Digital)』가 나왔다. 이 보고서에서 돈 탭스콧(Don Tapscott, 2009)은 글로벌 10대들의 공통된 특징을 크게 세 가지로 말하고 있다. 첫째, 이들에게는 무슨 일을 하든 재미(looking for a fun)가 있어야 한다. 둘째, 글로벌 10대들에게 이메일, 메신저, 홈피, UCC 등은 그들의 존재를 입증하는 메커니즘이며, 동시에 친구들과 함께 소속된 SNS 커뮤니티에 최신 정보를, 그것도 실시간으로 신속하게 공유하는 것을 제일 중요시한다. 셋째, 끊임없이 새로운 것을 탐색하고 선호하는 특성을 가지고 있다. 한국의 10대 프로슈머들의 특징도 이와 같은 글로벌 스탠다드에서 크게 벗어나지 않는다. 단지, 이들은 자신의 개성과 주장이 다른 세대들보다 강한 것으로 조사되었다(한국방송광고공사, 2008년). 특히 한국의 10대들은 최신 패션과 신제품을 조기에 구매해 사용하는 얼리어댑터(early adapter)의 성향과 또래의 영향에 민감하며 그들의 문화에 대한 공유본능이 다른 나라의 10대들에 비해 강하게 나타나고 있다. 한국의 10대들은 그들만의 SNS 커뮤니티 문화를 형성하여 동질감과 또래만의 연대의식과 문화를 즐긴다. 이러한 독특성이 한국의 촛불시위 2.0세대를 탄생시켰으며, 다른 나라 10대문화에서는 찾아보기 힘든 10대문화의 문화, 정치, 교육, 복지가 모두 포섭된 응집력이 매우 강한 융합적 집단의식의 형태로 그들의 문화 깊은 곳에 잠재되어 있다. 이러한 10대문화의 잠재의식이 사회·정치적 이슈를 만나면 SNS를 통해 대동단결하여 집단행동으로 표출되는, 가연성이 매우 높은 한국 10대문화만의 독특한 특징이다.

3. 문화의 미래인, 10대

포스트모던 시대의 10대는 현시적 문화의 가장 역동적 상징인 동시에, 다가오고 있는 미래에 융성할 문화의 예시이기도 하다. 한류의 기원에 대해 1980년대부터라고 말하는 이도 있고, 1990년대 중반 서태지 이후부터라고 주장하는 이도 있지만, 2002년 월드컵의 성공적 개최와 〈겨울연가〉(배용준, 최지우 주연)라는 한 편의 드라마로부터 시작되어 〈대장금〉(이영애 주연)이 확산될 때만 해도 드라마와 영화 중심의 한류는 오래 지속되기 어렵다는 문화평론가들의 지적이 있었다. 그러나 21세기로 접어들면서 IT에 강한 10대들에게 또 다른 한류 문화의 모델이 등장한다. 그는 바로 가수 싸이(Psy)이다. 다양한 인터넷 매체와 SNS를 통해 2012년 싸이를 각종 글로벌 음원 차트와 음악 시장에서 세계 제1위를 마크한 노래는 〈강남스타일〉이다.[1] 싸이는 물론 10대의 연령층에 속하는 가수는 아니다. 그러나 그는 누구나 쉽게 따라하고 패러디할 수 있는 춤과 노래를 선보여

---

1 "강남스타일"은 국내외적으로 각종 음원차트에서 1위를 기록했다(가온 앨범차트와 K-Pop Hot 100에서 1위). 영국, 독일, 프랑스를 비롯한 30개국 이상의 음악차트에서도 1위를 기록했다. 특히 미국 빌보드차트에서는 한국의 원더걸스 "Nobody"에 이어 최고 2위까지 올랐다. 뮤직비디오는, 2013년 7월 6일 현재 유튜브 조회 수 18억 건을 넘어 아시아 최초로 유튜브 조회수 1위인 동시에 세계 기네스 레코드에 올라 있다. 또한 2013년 1월까지 판매된 싱글은 총1,200만 개로 글로벌 디지털 음악 역사상 최다 앨범 판매로 기록했다.

전 세계인들로 하여금 그의 말춤을 따라하게 했다. 싸이의 클럽 댄스음악풍의 우스꽝스런 안무지만 중독성이 강한 쉬운 가사와 춤이 제목하고 달리 고급스럽지는 않아도 대중에게 쉽게 접근해나간 것이 성공의 요인이었다. 그는 디지털 시대에 가장 IT를 잘 선용한 가수가 되었다. 이러한 싸이의 후예들이 또 어디선가 자라나고 있을 것이다. 서태지, HOT, 그리고 박진영, 양현석, 이수만처럼 싸이도 많은 10대들에게 지금 새로운 미래의 문화를 선도해갈 또 다른 한류 스타들을 불러들이고 있는 것이다. 최근엔 아예 조직적으로 미래의 한류 스타 후보들을 선발하는 공중파 방송국을 중심으로 오디션 프로그램을 통하여 한류를 지속하기 위한 전략적 틀을 마련하는 것으로 보인다. 이제 한국은 문화융성국가로서 예술의 다양한 장르에서 체계적으로 한류의 차세대 아이돌과 지도자들이 육성되고 있고, 보다 더 적극적으로 전략적으로 육성되어야 한다. 그 중심에는 10대들이 있으며, 21세기에 10대로 살고 있는 우리들의 자녀들과 제자들이 앞으로 한류 2세기를 이끌어갈 것으로 전망된다.

10대들이 한국 사회의 미래인으로서의 영향을 끼치고 있는 것은 비단 문화예술계에서만이 아니라 그들이 한국 상거래의 마케팅과 소비행태에서 나타내고 있는 트렌드에서도 찾아볼 수 있다. 1318세대들은 아직은 대부분이 부모에 의존하는 소득이 없는 소비자(no income consumer)들이다. 그러나 이 어린 세대들의 현재 소비행태는 다가오는 미래 사회의 생산과 마케팅 전략에 막대한 영향을 주고 있다. 따라서 10대들이 선호하는 제품을 구입하기 위해 보는 광고와 그것에 사용되는 매체들을 조사하는 일은 미래 사회의 생산과 소비 행태를 전망하고 그에 따른 제품 생산과 광고 마케팅을 최대한 효율적으로 기획하는 일과 직접적으로 연결되어 있다. 한국의 10대들의 소비생활에서 가장 많이 영향을 주고 있는 사람들은 아이돌과 스포츠 스타를 포함한 연예인들이다. 2013 MCR조사[2] 결과에 따

2 MCR(Media & Consumer Research)는 소비자 행태 조사를 뜻한다. 한국방송광고진흥공

르면 한국에서 광고를 가장 선호하는 세대는 10대들이며, 그들이 많이 보는 광고매체들은 주로 지상파와 케이블 TV, 모바일 인터넷과 PC인터넷 등이다. 10대들이 관심을 많이 갖고 보는 상품 광고는 휴대폰(84%), 컴퓨터(74%), 초고속 통신(73%), 디지털 기기(71%)의 순이다(한국방송광고진흥공사, 2013). 10대들은 특히 자신이 좋아하는 연예인 모델이 등장한 광고 상품을 선호하고 구매하는 행태로 나타났다. 한국의 기업들은 "디지털 기기에 능하고 새로운 것을 두려워하지 않고 담대하게 구매하는 소비자"들인 한국의 10대를 소비행태의 트렌드세터로 정의하고 이들을 공략하기 위한 10대 위주의 마케팅 전략 개발에 역점하고 있다. 전문가들은 또한 장기적 관점에서 10대에게 어필하는 회사의 브랜드 가치와 이미지를 만들어야 한다고 제안하기도 하였다.[3]

포스트모던 사회에서 10대는 더 이상 질풍과 노도의 문제아 세대가 아니라 한 국가의 브랜드 이미지와 문화 및 경제활동을 융성하게 할 수 있는 무한한 잠재력을 지닌 중심 세대가 되었고, 특히 미래의 소비 트렌드를 세팅하는 기준이 되어가고 있다. 10대가 선호하는 것을 만들어야 성공한다는 속설이 있을 정도로 10대의 소비행태를 면밀히 관찰하여 숨어 있는 욕구를 찾아내야 한다고 주장한다.[4] 10대는 항상 새롭고, 감각적인 것을 원하기 때문에 기업은 이러한 10대를 지속적으로 모니터링해서 신제품 개발 시 혹은 시장 확대 시에 반영해야 할 것이다. 10대들은 자신들만

사(KOBACO, 코바코, 1999년 설립)가 매년 수행하고 있는 전국적인 마케팅 조사이다. 조사 범위는 총 41개 도시, 약 6000명(13-64세)의 소비자를 대상으로 제품 구매행태에서부터 라이프 스타일까지 종합적으로 분석하는 거대한 자료로, 상품 광고전략 수립의 기초자료로 활용되고 있다.

3 한국CM전략연구소(2008), 「TV에 나타난 우수광고효과에 대한 소비자의 세대별, 성별 호감 요인 분석 결과 보고서(2007. 4~2008. 4)」.

4 청소년 연구 전문가 이르마 잰들(Irma Zandl)은 10대들이 많이 가는 쇼핑센터, 음악 CD 판매점, 콘서트장 등을 다니며 그들의 행동과 일상을 통하여 잠재된 욕구를 관찰하여 기술하였다. 예를 들어, 라이크라 하이킹 반바지, 페인트 번짐 무늬 셔츠 등은 이런 연구결과를 상품화로 연결시킨 성공적인 사례이다.

의 라이프 스타일을 차별화하기 위한 맞춤형 마케팅 서비스를 요구하여 결국은 새로운 소비문화를 창출해내고 있다. 3세기 로마의 사제 발렌타인으로부터 시작된 발렌타인 데이(St. Valentine's Day, 2월 14일 여자가 남자에게 초콜릿 주는 날)를 기점으로, 화이트 데이(White Day)인 3월 14일엔 앞에서 초콜릿을 받지 못한 남자가 여자에게 초콜릿 주는 날로, 그리고 위의 두 가지 이벤트 데이에서 아무것도 받지 못한 10대들은 4월 14일을 블랙 데이(Black Day)로 하여 짜장면을 먹는 날로 정하였다. 또한 어느 제과회사의 판촉을 위한 날로도 의심하고 있기는 하지만, 이제는 매년 11월 11일 속칭 '빼빼로 데이'에 10대 학생뿐 아니라 대학생들도 강의실에서 특정 과자들을 주고받고 즐거워하는 날이 되었다. '한 여중생의 날씬해지기를 염원하면서 만든 이벤트 날'을 10대의 재미(fun) 위주의 라이프 스타일에 맞춘 상술이라는 비난에도 불구하고 이러한 이벤트 날들은 10대들 사이에서 멈추지 않을 기색이다. 덕분에 과자회사는 10대들의 감성에 맞는 각종 부수적 상품들도 뒤따라 생산해내고 있다. 라이프 스타일은 문화의 그루터기이다. 따라서 10대문화를 이해하려면 그들의 라이프 스타일을 따라해보면 잘 알 수 있을 것이다. 그러나 여느 연령층과 마찬가지로 10대들의 문화와 삶에도 양극화는 존재하고 있다. 즉, 모든 10대 소비자의 가치관과 라이프 스타일은 똑같지는 않다. 그들은 언제나 재미와 흥미 위주로만 살고 있지는 않으며, 비합리적이고 충동적인 구매 성향만을 갖는 것도 또한 아니라는 것이다. MCR 결과를 보면 10대의 절반가량은 광고에 의한 충동구매 트렌드가 강하지만, 다른 절반은 자신의 현실적 환경과 조건에 순응하는 보수적 경향성도 나타나고 있다는 것도 포스트모던 10대들을 이해할 때 반드시 고려해야 할 점이다.

II. 10대문화의 위기 유형

연구자는 포스트모던 시대의 청소년들의 위기를 크게 네 가지로 분류해보았다. 분류의 기준은 신문 방송과 각종 케이블 미디어 그리고 인터넷상에서 빈번하게 청소년 문제로 이슈화되는 것들, 현대 사회에서 청소년들이 빈번하게 연루되어 있는 비행과 법을 어기며 저지르는 청소년 범죄의 내용들로, 이를 분석해보면 다음과 같이 네 가지 범주로 구분할 수 있다. 첫째, 10대들의 조숙성, 둘째, 탐닉과 중독, 셋째, 금지된 것들에 대한 도전: 음란과 성에 대한 도전, 넷째, 생명 훼손이다.

1. 10대의 조숙성: 발달과업을 추월한 10대

1) 성 조숙증

10대들은 이제 막 초등학교를 졸업하고 중학교로 진입하는 아동기의 끝에서 청소년기로 접어드는 시기이다. 최근 들어 이들에게 도대체 무슨 일이 일어나고 있는 것일까? 온라인상에서 접하는 위기의 교실에는 초등생과 중학생들의 공통된 문제가 하나 있다. 그것은 바로 성 조숙증이다. 아직은 초등생인 아동들이 사춘기에서나 나타나는 제2차 성 징후들이 나타나고 있으며, 그로 인한 성적 호기심이 동기화되어 아동의 음란물 접촉 사례 또한 심각하다고 보도하고 있다. 2011년 건강보험심사평가원(심평원)의 공개에 따르면 최근 5년간(2006~2010년) '성조숙증'으로 진료 받은 인원은 2006년 6,400명에서 2010년 2만 8,000명으로 약 4.4배 늘어 연평균 45%의 증가율을 나타냈다. 이것을 2010년 자료를 기준으로 볼 때 전체 성 조숙증 환자의 93%가 여아들로, 남아보다 12배 정도 더 많은 것으로 나타났고, 연령별로 볼 때는 5~9세가 71%로 가장 많았다. 성별로 보면 남아는 10~14세가 69%로 가장 많았으며, 여아는 5~9세가 72%를 차지했다. 성 조숙증의 증상은 여아는 만 8세 이전에 가슴이 나오거나 음모가 발달하는 경우, 남아는 만 9세 이전에 고환이 커지는 등 2차 성징이 나타나는 조발사춘기 현상으로 진단되었다(『한국일보』, 2012. 8. 2). 전문가들은 성 조숙증의 원인을 크게 두 가지로 분석하고 있다. 첫째, 서구화된 식습관에 따른 지나친 인스턴트 식품 섭취로 소아비만 증가, 둘째, TV · 인터넷 등을 통한 시 · 청각적 성적 자극 노출로 인한 호르몬의 분비 변화, 셋째, 환경오염에 따른 환경호르몬 증가 때문인 것으로 심평원은 분석하고 있다. 국가적으로 볼 때, 성 조숙증 진료비도 2006년 23억 원에서 2010년 179억 원으로 7.8배 늘었다. 성 조숙증으로 약물치료까지 받은 어린이는 2006년 587명에서 2010년 2770명으로 약 5배 증가했다(『경향신문』, 2011. 5. 13). 전문가들은 아동들이 성 조숙증에 걸릴 경우 성장판이 일찍 닫혀 청소년기 성장 발육에 장애가 될 수 있어 조기 발견하여 진료할 것을 권장하고 있다.

지나친 조숙증은 전문적 치료를 받아야 되지만, 전반적으로 아이들의 신체 발육이 양호하여, 일찍 이성교제와 성인들의 성적 스킨십과 성행위를 모방하는 것과 같은 문제는 이미 교실에 만연되고 있는 상태라 질병으로 치부하기는 어렵다. 아이들의 생물학적 발달의 진보에 따른 적절하고 보다 눈높이에 맞는 성교육과 자신의 몸에 대한 이해를 돕는 교육과정이 교실에선 시급히 필요하다. 최근에 들어와서, 공중파 방송에서조차 고교생의 이성교제와 키스 장면은 기본이며, 성에 대한 연상 장면도 많아졌다. 아동들이 컴퓨터와 인터넷 그리고 SNS에 이르기까지 주위에서 누구의 제재도 없이 너무 쉽게 19금 온라인 포르노 사이트와 음란 콘텐츠에 접근할 수 있는 IT환경 속에 살고 있으며 그것을 능숙하게 다룰 수 있는 IT능력이 10대들에게 있다는 것이 더욱더 성적으로 빨리 성인이 되도록 만드는 주된 원인이다. 10대들의 조숙성은 비단 신체적이고 성적인 것에만 국한되는 것이 아니라 정치적으로도 이미 성인의 수준에 가까이 가 있음을 2008년 촛불시위에서 확인할 수 있었다.

2) 정치적 희생양이 된 10대들: 촛불시위 2.0 세대

2008년 5월 2일, 우리사회에 교복 입은 10대들의 혁명이 일어났다. 이것을 가리켜 시위 2.0 또는 민주주의 2.0(웹 2.0세대를 빗대어)이라고 칭하기도 한다('촛불시위', www.wikipedia.org). 지금까지는 상상도 하지 못했던 10대들이 미국산 소고기 수입 반대를 외치며 서울광장으로 모여든 촛불시위였다. 초기 참여자 60% 이상이 10대였던 이 시위는 시간이 갈수록 연령을 초월한 국민들의 자발적인 참여로 2개월간 계속되었다. 늦은 밤에도 불구하고 어린 10대들의 촛불시위 현장은 웹캠과 디카, 인터넷 방송 등에서 중계한 까닭에 국내뿐 아니라 전 세계에 알려지기 시작하였다. 촛불시위의 결과로 정부는 국민의 FTA 재협상 요구를 받아들였고, 추가 논의를 추진해 미국과의 가축전염병 예방법을 개정하기에 이른다.

10대들의 촛불시위가 한국 사회에 남긴 교훈은 크게 세 가지로 집약 될 수 있을 것이다. 첫째, 비록 이 집회가 10대들에 의해 발아되긴 하였으나 전 국민적 운동으로 확산되었다는 점에서 볼 때, 정부의 정책수립 및 결정 과정에서 청소년들의 참정권과 의사 표현의 권리를 무시해서는 안 된다는 것을 한국 사회에 확실하게 알리는 계기가 되었다. 10대 청소년들에게는 FTA가 국익에 끼치는 영향을 먼저 생각하기보다는 광우병 확률이 의심되는 수입 소고기가 그들의 생존에 끼칠 영향을 더 우려했던 것이다. 이러한 10대들의 의식 속에는 정부의 정책 결정자들에 대한 불신뿐만 아니라 기성세대 전체에 대한 뿌리 깊은 불신이 자리 잡고 있다고 봐야 할 것이다. 진보주의자들의 해석처럼 중·고등학생들이 촛불집회에 대거 참여한 것은 10대들의 반란이 아니라 이유 있는 항거라고 말할 수 있는 것이다. 비록 어린 세대들의 주장이 과학적으로 반론의 여지가 많다 하더라도 국민으로서의 알 권리와 기본권을 행사하는 데 있어서는 그 연소함으로 인하여 배제당하거나 무시해서는 안 된다는 것을 일깨워준 민주주의의 산교육이었다.

둘째, 보수주의자들은 청소년들의 촛불시위는 그들의 원 주제(미국 광우병 쇠고기 수입 반대)와는 무관하게 진보세력의 정치적 목적에 의해 오히려 조종당하고 이용된 집회였다고 주장한다. 촛불집회 현장에는 사랑보단 미신과 증오심만 가득 차 있어서 어린 영혼들을 현혹시켰으며, 이것은 어린이 성추행보다 더 나쁜 '영혼 추행'과 같은 것이라고 신랄하게 비판하였다. 존스홉킨스대 한미연구소의 돈 오버도퍼 소장 역시 촛불시위는 미국산 쇠고기 수입에 반대하는 것이 아니라, 한국의 보수정권에 대한 진보그룹의 정치적 저항이라고 논평한 바 있다(『조선일보』, 2008. 7. 3).

셋째, 좌도 우도 아닌 중도주의자들은 보수와 진보의 관점 모두를 수용하지 않는다. 최장집 교수는 '촛불' 집회를 초래한 정권도 잘못이지만, 이것으로 인하여 '정권 퇴진'을 부르짖는 개혁파의 구호 역시 민주주의 대의제로는 빈약하다고 말하였다. 즉, 국가의 정책 결정 과정에서 나타난 권위주의적 요소에 대한 10대들의 자발적 문제제기와 저항은 긍정적으로 평가하지만, 그것이 반정부 시위로 국한되면서 오히려 21세기의 신자유무역 경쟁체제에 대한 보다 본질적인 논의의 기회를 놓쳤다는 것이다. 또한 캐롤린 시어(Carolyn Scheer) 교수(한국외대 통번역대학원)는 광우병에 민감하게 반응하는 것은 다분히 정치적 상황과 연계된 듯하며, 10대들은 집회 목적 자체보다는 참가하는 것 자체를 즐기며, 이것을 마치 유행이나 영웅 심리의 충족으로 여기는 것 같다고 비판하였다. 그러나 한국정부는 시민들의 불만의 목소리에 귀 기울여 보다 지혜로운 국정을 수행해야 한다고 조언하였다(『매일경제』, 2008. 5. 28).

박효종은 촛불집회가 참여민주주의였다는 주장이 있지만 우리 사회의 시위문화가 가졌던 폭력적인 성격이 답습되었다는 점에서 긍정적으로 평가하기는 힘들 것이라고 지적했다. 뿐만 아니라, 10대가 성인들과 함께 참여하면서 배울 수 있는 민주적 집단 의견의 소통 방식을 교육하는 데에는 정부나 야당 및 NGO 단체들 모두 본을 보이지는 못했다고 평가하였다(『연합신문』, 2010. 5. 12). 촛불집회 이후 청소년들이 학교에서 교사를 희롱하거나 폭행과 욕설을 하며 교권에 도전하는 패륜적 행동이 빈번하게 나타나고 있어 우리를 경악하게 만든다. 보다 더 객관적인 자료를 가지고 인과 관계를 분석해봐야 하겠지만, 이것은 정부가 발표(2010년 11월 1일)한 모든 학교에서의 '체벌금지령'과 '학생인권조례' 및 2012년에 통과된 '어린이 · 청소년인권조례' 등과 무관하지 않는 것 같다. 청소년들에게 학교 체벌이 법으로 금지되었다고 10대들의 촛불이 완전히 꺼질지는 아직 더 지켜봐야 할 것이다. 법이 모든 인간의 권리를 다 지켜주지 못하듯이, 소수 어린이와 청소년들이 부당하게 대우받고 차별받는 일이 없어야겠지만, 있다면 이 모든 조례들이 우리들의 아이들을 보호하는 법적 안전망이 되겠지만 또한 그 반대의 용도로도 쓰일 수 있다는 점도 간과해서는 안 될 것이다.

어린이 · 청소년인권조례에는 성적 지향 및 임신 · 출산의 이유로 차별받지 않을 권리, 특정 종교나 사상에 대한 학습이나 행사 참여 강요 금지, 체벌 금지 등 조항이 담겨 있다. 이 조례는 시의원 19명이 발의하여, 2012년 통과 당시 서울시의회 인권특별위원회의 회의 결과 참석 대상 19명 가운데 10명이 참석했고, 그중 6명이 찬성(반대 2명, 기권 2명)해 가까스로 원안이 통과됐다. 이날 참교육어머니전국모임과 바른교육교사연합 등 교사와 학부모 단체 등 수백여 곳의 보수시민단체 및 기독교단체들은 서울시의회 본관 앞에서 반대 기자회견을 열고 "임신 또는 출산, 성별 정체성, 성적 지향 등과 관계없이 차별받지 않을 권리를 명시한 것은 10대들의 동성애와 임신을 조장한다"고 결사반대를 촉구하고 나섰다. 시민단체 관계자들은 "조례안이 폐기될 때까지 조례안 반대 1,000만 서명운동과 서울시장 퇴진운동을 펼칠 것이고, 교육과학기술부에는 서울시의회 의결안 재의를 요청한다"고 밝혔다. 이번 조례를 통과시킨 서울시는 조례를 공포하고 2013년부터 시행할 방침이었다. 한편 교육과학기술부는 같은 내용의 학생인권조례에 대한 조례무효 소송을 대법원에 낸 상태이다(『기독일보』, 2012. 10. 13). 아직까지도 이 조례안에 대한 개정 시도와 원안 지지를 주장하는 보수와 진보세력들 사이의 조율은 힘들어 보인다. 어떤 절충이 진정 우리 10대 아이들을 위한 최선의 방안인지 그 귀추가 주목되고 있다.

2. 탐닉과 중독에 빠진 10대

이 시대 10대들의 두 번째 위기는, 과거 어느 때와는 달리 영혼까지도 팔 수 있는 치명적 유혹들이 그들의 주변에 즐비하다는 것이다. 현대 아동과 청소년들이 쉽게 탐닉하고 중독되기 쉬운 것들은 인터넷과 스마트폰 중독, 게임 중독, 그리고 음란물 중독이다. 포스트모던 10대들은 실상 어린 시절부터 이와 같은 중독성 환경에 무방비 상태로 노출되어 있다는 것이다. 이와 같이 중독성이 강한 것들 중 어느 것 하나를 끊으라고 강요하는 것은 아마도 불가능한 일일지도 모른다. 부모나 교사들이 10대들이 가지고 노는 온라인 게임기기를 예고 없이 강압적으로 폐기시키는 것과 야단치거나 체벌을 할 경우, 10대들에게 충동적 살의를 느낄 만큼의 분노를 촉발시킬 수 있음을 감수해야 할 것이다. 최근 한 중학생이 컴퓨터 게임 하는 것을 나무란다는 이유로 어머니를 살해하고 자신도 스스로 목숨을 끊었으며, 또한 미국의 한 주립대를 중퇴한 청년은 '묻지 마' 살인을 저질렀다. 이 청년은 전날 밤까지 게임을 하고 흥분이 가라앉지 않은 상태에서 "제일 처음 본 사람을 죽이겠다"며 집에 있던 흉기로 지나가는 주민을 흉기로 찌른 것이다(『이투데이』, 2010. 12. 17).

위와 같은 사례들은 아직까지는 소수에서 나타나는 현상이긴 하지만, 종종 신문 사회면을 장식하는 중독으로 인한 10대들의 패륜적 일탈 행동은, 그들의 인터넷과 게임 중독은 이미 마니아(mania) 수준을 넘어섰다는 것을 우리 사회에 경고하고 있다. 한국정보화진흥원에 따르면 2012년 현재 청소년의 10% 이상은 인터넷 중독자이며, 정도가 심각하게 우려되는 고위험군도 3%에 가깝다. 스마트폰 보급률이 높아지면서 이에 따른 10대의 스마트폰 중독도 급격히 늘어나고 있다. 청소년의 스마트폰 중독률은 18% 이상으로 인터넷 중독률의 두 배 가까이 높아지고 있다(『국제신문』,

2013. 6. 13).

인터넷 중독에는 게임, 쇼핑, 웹서핑, 음란물 중독 등이 함께 얽혀 있다. 인간 두뇌를 연구하는 뇌 과학자들에 의하면 인터넷 중독에 빠진 인간의 뇌에는 마치 알코올, 마약, 도박 등에 빠진 사람들의 뇌에서 나타나는 것 같은 각인과 흔적들이 남아 있다는 것이다. 도박에 빠진 사람이 모든 재산을 탕진하면서도 도박에 대한 탐닉을 멈출 수 없는 것은 바로 이 때문이라고 한다(『한국일보』, 2013. 10. 31). 인터넷 중독은 이미 이에 못지않은 심각한 사회적 문제를 야기시킬 수 있다는 것을 인터넷을 기반으로 하는 범죄 발생 건수가 익히 잘 말해주고 있다.

독일은 초등생들의 인터넷 사용을 금지하고 있고, 프랑스는 초등학교에서 'TV, 인터넷, 비디오 없는 날'을 제정하여 운영하고 있으며, 중국에서는 국가 차원에서 인터넷 게임 서비스 등을 법적으로 강력히 규제하고 있다. 일본은 정부가 주축이 되어 통신업체와 민간단체들과 협력하여 인터넷 중독자들의 치료에 역점하고 있다. 우리나라 정부에서도 인터넷 중독 예방과 치료를 위해 유아부터 성인에 이르기까지 생애주기별로 전문 상담사가 인터넷 중독자들을 대상으로 상담과 치료를 실시하고 있으며, 학교에서는 학생과 부모들 모두에게 인터넷 중독 예방교육을 실시하고는 있지만 그 성과는 미미하다.

그러나 정부의 노력만으로 인터넷 중독을 줄이는 데에는 한계가 있다. 정부와 언론, 일반 회사 및 사회적 기업, 시민단체, 종교단체 등의 중독을 퇴치하기 위한 의지와 총체적 시스템을 함께 구축해야만 한다. 두레교회(담임 이문장 목사)는 최근 인터넷 중독 청소년들을 전문적으로 치유하기 위한 '숲속 창의력 학교'를 설립하고 운영하고 있다. 보다 많은 한국 교회들이 이일에 적극적으로 동참해야 한다.

중독이란 종교적으로 볼 때, 인간의 영혼에 깊이 들어와 살고 있는 어둠의 세력이 서서히 인간성을 파괴해가는 영적인 암의 상태(spiritual cancer state)이기 때문이다. 스마트폰이나 게임 사업으로 큰 이익을 낸 통신 및 게임 업체들은 한국의 인터넷 및 게임 중독자들의 치유센터 설립 기금의 상당 부분을 감당해야 할 도덕적 책임을 져야 할 것이다. 포스트모던 시대의 교회를 비롯한 종교기관의 사회적 역할은 현실과 가상의 세계에서 만들어 낸 모든 형태의 사악한 중독으로부터 우리 자녀들의 순수영혼을 치유하고 회복시켜 건강한 성인으로 성장할 수 있도록 '영적 힐링 및 웰빙(Spiritual Healing & Well-being)' 캠페인을 지속적으로 감행하는 것이다.

3. 음란물 접촉과 중독

1) 음란물을 접촉하는 10대들

10대 청소년들의 중독 현상은 게임에 국한되지 않는다. 위에서 언급한 대로 인터넷 사용은 10대들에게 금기시되어 있는 19금의 방화벽도 부수고 성인 사이트를 엿보게 하였고, 이러한 음란물에 노출된 10대의 연령이 점차 어려지고 있다는 사실은 우리를 더욱 경악케 한다. 서울시는 2009~2011년 3년간 시립 청소년상담지원센터의 상담 내용을 분석한 결과, 게임과 음란물 중독 상담이 전체 사례 건수 중 최고인 25%(약 19만 1200명)를 차지하고 있어 학업과 진로에 관한 상담 18%(13만 6000명)보다 많았다는 사실이 우리를 놀라게 한다. 이어서 일탈 및 비행에 관한 상담이 13%(10만 2000명), 대인관계 상담이 12%(9만 4000명) 이상 인 것으로 나타났다(『동아일보』, 2012. 6. 15).

한국의 정보 · 기술(IT)의 발달로 인해 청소년이 음란물에 접촉할 수 있는 기회가 더욱 많아지고 광범위해지고 있다. 유해정보 차단 서비스 업체인 '플랜티넷'에 따르면, 지난해 6월 말까지 집계된 전 세계 유해 사이트는 총 563만 개로, 이 중 98.5%가 음란 사이트다. 2011년부터 스마트폰의 사용이 확산됨에 따라 모바일 웹 및 애플리케이션 기반의 새로운 유해 매체와 콘텐츠들이 쏟아져 나오고 있다. 영상물보호위원회는 2012년 온라인 음란물 유통 실태를 조사한 결과, 79만 3000개 이상의 음란물을 적발하였다. 행정안전부의 '청소년 성인물 이용 실태 조사'(2012)에 따르면 10대들의 음란물 이용 경로가 다양해져 성인물 이용을 더욱 조장하는 것으로 나타났다. 심지어 음란물 유통에 청소년이 직접 참여하는 경우도 있다. 초등학생이 인터넷 카페와 스마트폰 채팅 앱으로 연예인 합성 사진과 아동 음란물 등을 유포하는 사태까지 벌어지고 있다.

포스트모던 시대는 아동과 청소년들이 음란물에 접촉되는 기회가 점점 더 많아지고 있는 것이 현실이다. 이것이 시사하는 바는 10대들의 모든 중독증의 이면에는 나쁜 성인들이 도사리고 있다는 것이다. IT와 SNS는 한국을 한류로 부상시키기도 하고 국가 브랜드도 글로벌 수준으로 격상시키는 데 중요한 성장엔진이었다는 것은 인정하지만, 우리들의 자녀들을 성적으로 조숙하게 만들었으며, 부모의 빈자리에 인터넷을 대체하여 어린 시절부터 씻을 수 없는 탐닉과 중독의 세계로 빠져들게 했다는 때늦은 자책의 결과를 초래하고 말았다. IT와 SNS 강국인 한국의 현주소는 10대가 해체되고 실종되고 있다는 것이다. 사춘기가 실종된 채 성인기로 접어든 우리 사회의 아동 청소년들은 더 이상 과거의 10대는 아니다. 외양은 귀엽고 천진난만한 모습의 어린이지만 그 속엔 게임과 음란을 탐닉하는 물질적·성적 욕구로 가득 찬 동물적 본능이 들어 있는 성인-어린이(adultkid)의 형국이 오늘의 10대의 현주소이다. 나이만 작았지 하는 행동은 이미 성인들인, 무섭고 낯선 아이들이 자라나고 있는 것이다.

2) 음란문화의 최대 피해자, 10대

10대 아동과 청소년들이 가장 많이 사용하는 매체인 인터넷은 더 이상 우리 자녀에게 지식을 검색하고 공유하는 안전지대도 커뮤니티도 아니다. 일단 입장하면 출구를 알 수 없는 어두운 비밀상자와 같은 곳이 되어가는 인터넷, 그곳에서 10대들은 성적 조숙을 부추기는 각종 음란한 선정성 유해성 콘텐츠를 섭렵하며 금지된 장난에 희생되고 있다. 최근에는 스마트폰 채팅 앱을 통해 만난 24명의 남자들에게 자신의 음란사진을 찍어 전송하면 그 대가로 문화상품권을 준다는 유혹을 받은 이른바 사이버 성매매에 10대 여학생 34명이 연루된 사건이 발생하였다.[5] 이 남성들은 적발되었으나 연령도 직업도 10대에서 50대까지 다양했다. 이 가운데는 성폭력 전과자도 있었고 10대 이상의 자녀를 둔 가장도 7명이나 되는 것으로 조사됐다. 스마트폰 채팅 앱은 본인 인증 등의 절차 없이 완전 비실명제로 운영되기 때문에 10대가 사이버 성매매의 대상으로 쉽게 선정될 수 있으며 무작위로도 채팅이 가능하다. 개발된 지 3년밖에 안 된 이 앱의 이용자가 87만 명에 달한다고 하니 10대 피해자와 적발되지 않은 숨은 가해자가 더 있을 것으로 추정된다. 경찰 당국은 현재 스마트폰으로 이용할 수 있는 채팅 앱은 100여 개가 넘으며, 대부분이 비실명제이며 채팅 내용 등에 아무런 규제를 두지 않고 있어 잠재된 성매매 가능성이 크다고 보고 있다. 스마트폰 보급이 확대되면서 이런 유형의 '사이버 성 착취' 행위가 늘고 있다. 채팅 앱의 음란성과 유해성을 검열 및 규제하도록 정부도 시급히 대책을 세워야 할 뿐 아니라 10대 자녀 특히 딸을 둔 부모들은 가정에서 이와 같은 피해가 생기지 않도록 예방과 교육이 절실히 요구된다. 학교와 사회 차원의 예방과 스마트폰 사용의 예절에 대해서도 클린 캠페인이 필요한 것 같다. 한국 교회도 사이버 세계에서 기승을 부리는 음란한 자들과 그들이 독버섯처럼 퍼뜨려 우리들의 어린 세대들을 실족케 하고 있는 범국민적 음란문화와의 영적 전쟁을 선포해야 한다. 사실상 전 국민을 피해자요 곧 가해자로 만들고 있는 음란문화가 더 이상 확산되지 않도록 국민 스스로가 참여하는 음란문화 추방 캠페인을 주도해야 할 때이다.

이미 강력 성범죄자들의 범행 동기에서 잘 입증된 바 있듯이, 그들은 성폭력 범죄를 저지르기 전에 공통적으로 음란물을 거의 중독 수준으로

5 2013년 11월 서울지방경찰청 사이버범죄수사대는 스마트폰 채팅 앱에서 만난 초·중·고교 여학생 34명에게 상대의 특정 신체 부위를 찍은 사진을 보내면 그 대가로 2만~3만 원의 문화상품권을 전송해주겠다며 유혹한(아동청소년의 성보호에 관한 법률 위반) A(45) 씨 등을 포함한 남성 24명을 불구속 입건했다(『연합뉴스』, 2013. 11. 9).

탐닉하고 있었다는 사실이다.[6] 어린 시절 음란물에 중독되면 성에 대한 비정상적 태도가 형성되고 폭력성과 우울증을 수반하여 점진적으로 대인관계를 파괴하고 정상적인 학교생활 및 일상적 사회생활이 어려워져서 소시오패스와 같은 인성을 갖게 될 수도 있다. 곽금주는 미국 대학의 아동범죄연구센터(the Crimes Against Children Research Center at the University of New Hampshire)의 연구 결과를 인용하여 "인터넷을 통해 포르노에 접촉되는 아이들은 다른 매체의 음란물을 본 아이들보다 3배 이상 더 많은 우울증 증세를 나타냈고, 이 아동들은 그렇지 않은 아동들에 비해 두 배 이상 부모와의 관계가 불안정했다"고 언급한다.[7] 또한 서영창은 아동의 인터넷 음란물 접속 차단을 위해 컴퓨터에 음란물 차단과 보호 프로그램을 설치하는 것은 근본적인 해결책이 되지 못하며, 오히려 부모와의 신뢰 관계를 회복함으로써 이를 치유할 수 있다고 제언한다(서영창, 2009).

보다 더 심각한 문제는 '성(性)'에 대한 호기심이 강한 10대들이 '성'을 부정적으로 인식하게 되는 것이 음란물을 접촉함으로써 나타나는 후유증이다. 청소년들 사이에서 이러한 사례가 늘어나고 있어 건전한 성교육을 통한 종합적인 대책 마련이 시급하다. 상당수 청소년들이 학교 성교육에 만족하지 못한 채 '스마트폰'과 '온라인' 등을 통해 왜곡된 방식으로 '성'을 접하고 있는 것이 현실이다. 실제로 청소년들의 성과 관련한 유해매체의 경험은 해마다 꾸준히 늘어나는 추세이다(여성가족부, 2012). 특히 스마트폰을 이용한 성인 매체 경험은 2013년 현재 12%로 지난해 7% 보다

---

6 초등생들을 강간 살해했던 성폭력범들 K1, K2, K3는 모두 아동 포르노를 소유하였고, 특히 K1은 범행 전날 아동포르노 50편을 시청했다. J 역시 10대 나체 사진 400장 이상, 800편에 가까운 포르노를 소장하고 있었고, 20대 여성을 강간 살해한 O는 컴퓨터로 포르노를 자주 봤다고 하였다. 대부분의 성범죄자는 음란물이 성범죄에 영향을 미친다고 생각했다. 일반인의 38.3%, 성범죄자의 56.8%가 '그렇다'고 응답했다(『중앙일보』, 2013. 1. 2).

7 곽금주 (2013), 청소년의 性문화와 인터넷 음란물. http://www.munhwa.com/news/view.html?no=2013071101073137191003

크게 늘었다. 이와 같이 10대들의 음란물 접촉 경험이 증가되면서 청소년이 가해자가 되는 성범죄도 늘고 있다. 대검찰청 범죄분석에 따르면 2000년 청소년이 가해자인 성폭력 범죄 건수는 496건이었는데, 이후 10년 사이에 네 배 이상 높아져 2010년에는 총 2107건으로 급증했다. 같은 기간 전체 성폭력 사건은 2000년 6986건에서 2010년에는 1만 9939건으로 세 배 가까이 증가했다(『노컷뉴스』, 2012. 9. 22). 신고율이 높아지고 있는 것을 감안하더라도 청소년 성범죄의 증가율은 매우 가파르다. 청소년의 성폭력 범죄의 주요 동기는 '호기심'이다. 실제로 2010년에 일어난 성폭행 중 20%가 넘는 사건의 범행동기가 단순한 성적 호기심 때문이었다. 아직까지 건전하고 균형된 가치관이 채 확립되지 않은 미성년 청소년들에게 왜곡된 성 인식이 얼마나 위험할 수 있는지 일깨워주는 대목이다.

4. 생명 훼손

광의로 볼 때, 10대문화의 위기 네 가지 유형(성 조숙증, 탐닉과 중독, 그리고 음란문화의 피해자) 모두가 실질적으로는 모두 10대의 아동과 청소년들에게는 실질적으로 생명을 훼손하는 것이라 할 수 있을 것이다. 그러나 협의로 볼 때는 삶의 반대인 죽음으로 직결되는 생명에 대한 훼손은 실제 생명을 위태롭게 하는 낙태나 생을 인위적으로 마감하는 자살이나 폭력과 사고에 의한 타살과 같이 생명의 상실을 의미한다. 연령적으로 보면 가장 활기차게 생명의 기운이 차올라야 할 세대인 10대가 어떻게 낙태를 하며 자살을 감행하는지 이것을 논의하는 것조차 어불성설이라고 생각하지만, 그러나 포스트모던 시대 한국의 10대 청소년은 지금 이 시각에도 OECD 회원국들 중에서 가장 스스로 목숨을 많이 끊는 잔인한 10대로 기록되고 있으며, 자신의 배 속에 있는 태아를 낙태해버리는 잔인한 10대들이 자신의 생명을 훼손하고 있음을 간과하고 있는 것도 슬픈 현실이다.

10대 스스로가 자신의 생명에 위태로운 위해를 가하는 행동 중에 으뜸은 자살이다. 한국에도 세계 무대에서 성공한 사람들이 꽤 많고 그들이 많은 10대들에게 희망의 아이콘이 되고 있는데 왜 우리나라 10~30대 사망 원인 1위가 자살일까? 뿐만 아니라 10대들의 우상인 아이돌과 연예인들 중에는 왜 자살로 젊고 화려한 생을 마감하는 사람이 많을까? 프로이트는 「애도와 우울」(1917)이라는 논문에서 자살을 반전살인으로 설명하였다. 즉, "타인에게 의식적으로 느껴지는 살인적인 분노가 반전되어 상대방을 자신과 무의식적으로 동일시할 때, 자신을 살해함으로써 상대방을 죽이는 목적을 달성한다"고 믿는 것이다. 에드윈 슈나이드먼(Edwin Shneidman, 1993)은 자살은 '다면적인 불안'이며, 자살의 가장 궁극적인 원인은 외적인 상황이 아니라 상황에 반응하는 심리적 상태라고 하였다. 우리나라의 10대들은 공부를 잘하는 수재는 수재대로 자살하는 이유가 있고, 꼴찌는 꼴찌기 때문에 살 수가 없다고 항변한다. 2009년 통계청자료에 의하면 우리나라의 총 자살 사망자 수는 1만 5413명이다. 이것을 하루 평균으로 나눠보면 하루 42.2명이 자살을 하고 있다. 이것을 또한 연령층별로 분석해보면, 10대에서부터 30대까지의 죽은 자들의 사망 원인 1순위가 모두 자살이다. 구체적으로 보면, 10대 사망자의 29.5%가 자살로 죽고, 20대는 44.6%, 30대는 34.1%가 자살로 생을 마감한다. 반면 40대와 50대는 암으로 죽는 이가 제일 많은데, 흥미로운 것은 여기에서도 자살이 사망 원인의 2순위로 기록되고 있다. 한국이란 사회는 가장 활발하게 생의 찬가를 불러야 할 10대와 20대의 자살률이 30~45%까지라니 이것은 국가적으로 큰 이슈가 되어 반드시 개선해야 할 지표임에 분명하다. 어른들이 생명에 대한 고귀함과 존엄성을 가지지 못하고 자기 생명을 스스로 훼손시키고 있는데, 10대에게 무슨 반면교사가 일어나겠는가?

OECD 31개국의 청소년(10~24세) 인구 10만 명당 평균 자살률은 2000년도에 7.7명에서 2010년에는 6.5명으로 오히려 16% 감소했다. 반면 같은 기간에 우리나라의 청소년 인구 10만 명당 평균 자살률은 6.4명에서 9.4명으로 10년 사이 47%나 증가했다(『조선일보』, 2013. 8. 9). 한국보건의료연구원(NECA)에 따르면, 우리나라 10대(15~19세)의 자살률은 2010년 기준으로 인구 10만 명당 8.3명을 기록하고 있다. 위의 전 연령 평균 자살률들과 비교해볼 때, OECD(2010) 자살률 6.5명보다 높고, 한국(2010) 평균 자살률 9.4명보다는 낮은 8.3명이다. 중학교 3학년생부터 대학교 1학년생까지의 10대들 중에서 자살하는 아이들이 많다는 것은 국가적으로 심각한 위기임에 분명하다. 한국에서의 중3은 고입이 아닌 이미 대입을 결정하고 준비하고 있어야 하는 나이다. 이 시기를 스트레스 없이 건강하게 보낼 수 있도록 학교와 가정의 배려가 필요하다. 몸도 맘도 균형이 잘 맞지 않는데, 이성에 매우 강한 호기심을 갖고 성에 눈뜨는 시기이다. 재미있고 생의 의미를 가질 수 있는 성교육의 콘텐츠를 개발해서 자연스럽게 청소년 중기로 이행하도록 도와야 한다. 대학교에 입학한 신입생들은 참으로 풋풋한 10대의 마지막을 보낸다. 고교 시절까지 축적된 입시 스트레스를 해독하며 대학의 축제 속에 아이 청년으로서 무엇을 입어도 멋있고 예쁜 나이다. 그러나 물질에 대한 욕망과 청년 실업 300만 시대에 지나친 기우가 황금 같은 1학년을 제2의 고3 분위기로 몰아가는 것이 요즘 대학교의 분위기다. 국가와 사회 그리고 가정에서 우리의 10대에게 지나친 출세 스트레스를 주어서는 안 된다고 생각한다. 기업들이나 국·공립기관 그리고 중소기업과 사회적기업에 이르기까지 대학생들에게 미래를 꿈꿀 시간을 충분히 주어야 양질의 인재로 거듭날 수 있다는 사회적 공감대를 조성할 필요가 있다.

둘째, 선진 유럽 아시아 15개국 중 한국 10대의 낙태율은 증가하는 데 비하여 피임 교육 상태가 꼴찌라는 불명예를 안게 되었다.[8] 그 이유 중 하나는 현대 청소년의 성의식은 점점 높아지는 데 비해 우리나라 성교육은 형식적인 수준으로 피임에 대한 교육조차 가르쳐주지 않아 좀 더 실제적인 성교육의 정착이 무엇보다 필요하다. 우리나라 10대는 낙태가 불법

8 http://news.sbs.co.kr/section_news/news_read.jsp?news_id= N1000648214.

이라는 인식이 별로 없는 것 같다. 2011년 여성가족부 조사에 따르면, 청소년의 48%가 형법 제27장 '낙태의 죄'에서 말하는 인공임신중절에 대해 전혀 모르고 있다. 단지 4% 미만의 10대들만 모두 알고 있다고 답하였다. 2012년 여가부의 미혼모 수용도 조사에 의하면, 남학생 2051명 중 44%(900명)와 여학생은 484명(26%)가 미혼모라는 단어 자체에 전혀 동의하지 않는다고 답하였다. 즉, 피임 없는 성행위로 인해 '원치 않는 임신'을 했다면 상당수가 이를 수용하지 못한다는 것으로 해석할 수 있을 것이다. 만일 이들이 낙태를 하지 못할 경우 영아를 살해하거나 유기할 범행 가능성을 유추해볼 수 있다. 실제 영아 유기 및 살해 행동은 경찰 통계에도 나타나고 있다. 지난해 영아 살해 범죄는 16건이었고 2011년 12건, 2010년 18건, 2009년 12건 등으로 해마다 지속되고 있다. 영아 유기도 지난해 139건, 2011년 127건, 2010년 62건, 2009년 52건으로 4년 전에 비해 증가되고 있다(『머니 투데이』, 2013. 9. 29).

Ⅲ. 학교를 떠나는 10대들

포스트모던 시대 10대들의 위기 중에서 가장 큰 위기는 학업 중단이다. 한창 공부를 할 나이에 학업을 그만두는 10대들이 누적이 되어가는 것은 우리나라 사회를 위해서도, 국가경쟁력을 위해서도 바람직한 현상이 아닌 것은 분명하다. 1960년대부터 우리나라는 아시아의 빈국 중 하나로서 가난을 극복하기 위한 경제개발 5개년 계획을 세 번에 걸쳐 세우며 성장했는데, 이렇듯 온 나라와 국민들이 경제개발과 국가 재건을 위해 올인했던 적이 있었다. 지금도 아시아 개발도상국들은 한국을 경제개발의 성공적인 성공사례로 손꼽으며 배우러 오는 것을 볼 수 있다. 그런데 자원이 좋지 않은 한국이 경제개발에 성공한 나라가 될 수 있었던 이면에는 다른 나라에서는 볼 수 없는 노동생산성의 질(quality)이라고 경제학자들은 분석하였다. 그 노동생산성에 영향을 미치는 변수가 바로 교육받은 노동자들이다. 우리 국민 대부분은 가난을 대물림하지 않기 위해서는 자녀들을 많이 가르쳐야 한다는 담론을 굳게 믿고 살아온 사람들이다. 조선시대 극심한 양반과 천민의 양극화된 신분 사회에서 자신이 태어난 신분을 세척하고 상류사회로 갈 길은 없었다. 구한말 근대화가 진행되면서 물밀듯이 들어오기 시작한 기독교가 주도하는 서양교육은 가난하고 천민으로 태어난 자녀들에게 부모의 신분으로 살지 않아도 되는 희망과 비전을 주는 유일한 방편이었다. 대다수의 국민들이 꿈을 이루기 위해 자신은 배우지 못했어도 자녀들만이라도 대학에 보내고자 했던 그 교육열의 역사가 오늘날까지 식을 줄 모르고 계승되고 있는 것이라고 본다. 따라서 우리 자녀 세대가 만일 학교를 다니지 않겠다고 하면, 그것은 본인 당대의 문제만이 아니라 국가의 위상과 자긍심에 큰 데미지를 가져올 것은 분명하다. 아시아에서 가장 국민의 문맹률이 낮은 나라였던 한국, 최근 몇 년간 누적된 학업 중단자들이 35만을 돌파했다면 이제 정부와 학교, 종교단체까지 나서서 이 문제를 해결해야만 할 것이라고 생각한다. 자연자원이 빈약한 나라 한국, 작은 반도의 땅을, 그것도 허리를 반쪽으로 나누어 살고 있는, 이데올로기를 죽기 살기로 붙들고 있는 한민족의 후예들인 10대들이 글로벌 세계에서 살아남는 유일한 길은 교육수준을 지금보다도 더 높여서 전 세계적으로 국민 교육수준이 G8 국가의 수준보다 높아야 한다. 그러기 위해서는 지금의 한류도 국가 브랜드 메이킹에서는 중요한 역할을 하고 있지만, 수출로 먹고 사는 나라에서는 우리의 노동생산성을 지속적으로 업그레이드해나가는 길이 우리가 살 길이다. 국민소득 1만 불이 아니라 10만 불의 수준이 될 때까지 10대들의 학업 중단은 중단되어야 한다. 10대가 학교를 떠나, 미국의 학교 중단자들이나 아르바이트하는 맥도널드에서 평생을 살아가도록 두어서는 안 된다는 말이다. '교육입국'이란 말은 박정희 대통령이 '공업입국'이란 말과 같이 내세웠던 말로서, 당시 국민들의 마음에 깊이 새겨져 있었고, 그 시대를 살았던 사람들의 최고의 가치였다. 무슨 일이 있어도 학교는 가야 된다. 아무리 배가 고파도 공부를 게을리해서는 안 된다는 철칙이 대한민국의 모든 서민들의 가정의 생활수칙이었다. 그런데 21세기에 들어와서 우리들의 10대는 너무 편히 살아온 타성에 젖어 조금만 힘들고 어려워도 그것을 견디어내질 못한다. '예민하다', '힘들다', '상처받았다' 등이라고 말하며 '쉬어야 한다'는 말을 너무나 쉽게 내뱉는다. 조금만 힘든 훈련을 하려고 하면 벌써부터 학교를 휴학하려고 하고, 조퇴, 결석을 밥 먹듯이 한다. 여기에 그들의 부모들이 자녀들을 과잉으로 보호함으로써 학교교육은 훈육과 인성교육을 제대로 수행할 수가 없는 것이다. 또한 불난 집에 부채질하듯 '학생인권조례'에 '아동 · 청소년인권조례'가 한꺼번에 통과됨으로써 이제 학교는 게으르고 편한 것만을 찾는 나약한 자들의 집합소로 추락하고 있다. 아예 학업 중단자들을 위한 직업 중학교를 세워 어려서부터 딴 길로 가게 하는 교육정책이 국가 발전의 백년지대계(百年之大計)인지 아닌지 진심으로 고민하며 검토해야 할 문제이다.

1. 학업중단 청소년의 실태

우선 전국적으로 볼 때, 2007년을 기점으로 해서 2009년을 제외한 매년 7만 명 이상의 청소년들이 학업을 중단하고 있다. 2007년부터 2011년까지 5년간 학업을 중단한 초 · 중 · 고 재학 청소년들의 누적 수는 총 35만 8127명으로 집계된다. 전국의 초 · 중 · 고 전체 학생들 672만 명(2011년) 중 매년 1% 이상에 해당하는 10대 청소년들이 학교를 떠나고 있다(표 1 참조).

서울의 경우도 전국 통계와 같은 추세를 보이고 있다. 매년 재학생 수가 조금씩 줄고 있으나 학업 중단자 비율은 상승하여 전체 학생 수의 1.5%를 차지하고 있다. 서울시 학업 중단율은 전국 평균 0.4% 높은 것이 2년 연속 지속되고 있어 학업 중단에 대한 대책이 시급함을 알 수 있다.

표 1. 최근 5년간 학업 중단 청소년 수와 비율(전국, 서울)

구분		2011년	2010년	2009년	2008년	2007년
전국	총 재학생	6,721,131	6,986,847	7,236,248	7,447,159	7,617,796
	학업 중단 청소년	74,365	76,589	61,940	71,769	73,494
		(1.1)	(1.1)	(0.9)	(1.0)	(1.0)
서울	총 재학생	1,161,632	1,219,799	1,274,028	1,322,427	1,361,007
	학업 중단 청소년	17,924	18,578	13,381	16,255	16,723
		(1.5)	(1.5)	(1.1)	(1.2)	(1.2)

참조: 한국교육개발원 연도별 교육통계연보

2012년 현재 9~24세의 청소년 인구는 우리나라 총 인구 5000만 명 중 20.4%(1020만 명)을 차지하고 있다. 지난 50년 동안 10대 인구가 가장 많았던 해는 1980년으로 1401만 명이었다. 그 이후로 꾸준히 감소하여 다가오는 2015~2020년까지 5년간 120만 명이 더 감소할 것으로 전망하고 있다. 또한 전체 인구 대비 청소년 구성비도 1980년대, 36.8%로 최고의 구성비를 보였고, 35년이 지난 2015년에는 19%, 2020년에는 16%, 2030년에는 14%까지 줄어들 것으로 전망하고 있다. 최근 발표된 한국청소년정책연구원의 분석 결과에 따르면, 학업 중단자 10대들의 학교로의 복귀 비율이 초등학교 93%로 제일 높고, 중학교 65%, 일반계 고등학교 27%, 전문계 고등학교 10%로 상급학교일수록 복귀 비율이 떨어졌다. 특히 학업 중단 학생 중 학업 지속을 희망하는 학생이 64%나 되지만, 학업을 이어간 학생은 34%로 절반에 불과해 학교로의 재적응을 도와줄 사회적 시스템이 미흡한 것으로 나타났다(윤철경, 류방란, 김선아, 2010). 이것은 학교 밖으로 나간 학업 중단자들 중 일부의 비행으로 발생한 사회문제가 점점 심각해지고 있음을 또한 알 수 있다. 그렇다고 제도권을 이탈한 학생들에게 모든 책임이 있다고 전가할 수는 없다.

2. 학습 지속을 위한 노력들

공교육에서의 학습을 일시적으로 중단한 10대들을 위한 대안 중 하나가 전문계 중학교의 신설이다. 기존의 학업 중단 대책이 상담이나 개별적 대안을 통하여 대안적 교육기관을 연결해주는 데 그쳤다면 전문계 중학교는 기존의 기간학제를 보완해주는 새로운 학제로 자리 잡아갈 수 있을 것이다. 공교육에서 대학을 가기 위해 인문계 고등학교에 진학하듯이, 대학에 관심 없고 일의 세계에 더 관심을 두고 있는 10대들에게 중학교 때부터 직업인으로의 진로를 일찍이 시작할 수 있도록 해주는 시스템이 있다는 것은, 학교에 취미가 없는 10대들이 꼭 학교를 중단하지 않아도 되게 하므로 사회적으로나 개인적으로 훨씬 10대들을 안정화시키는 효과가 클 것이다. 학생들이 한번 제도권 교육을 이탈할 경우 재진입이 쉽지 않은 현실을 감안하면 전문계 중학교 신설을 통해 다양한 형태의 진로 및 직업탐색교육을 실시하고 적성에 맞는 직업교육의 기회를 보장해야 한다. 특히 전문계 중학교는 학업 중단 학생들에 대한 대안적 교육기관이자 심화된 전문교육을 실시하는 초석으로 학벌 폐해 극복, 전문 직업인에 대한 사회 우대 풍조를 조성하고 지원하는 기능도 담당해야 할 것이다.

뿐만 아니라, 학생의 학교 이탈 원인에는 학업 성적에 대한 문제도 있지만, 또래 관계, 가족 관계의 영향도 매우 크다. 따라서 학업 중단 학생에 대한 정책은 학교와 가정, 지역사회, 국가가 모두 유기적인 관계를 가지는 상태에서 각자가 할 수 있는 역할을 명료화한 후, 협업으로 수용 가능한 대안을 제시해야 성공을 거둘 수 있을 것이다(『한국교육신문』, 2013. 11. 25).

2012년 재입(취)학이나 편입으로 학교에 복귀한 학업 중단자들은 2만 8000명(41%)이었다. 초등학교는 1만 4000명(82%)으로 대부분 학교에 돌아왔지만, 중학생은 8800명(53%), 고등학생은 5200명(15%)으로 학년이 오를수록 복귀율이 떨어졌다. 교과부는 “이번 조사를 토대로 학업 중단

원인에 맞는 맞춤형 대책을 수립할 것"이며 "학업 중단 숙려제 개선, 대안교육 확대, 학교 밖 청소년 자립 지원 대책" 등을 포함한 보다 더 포괄적인 대책을 마련할 것이라고 한다.

Ⅳ. 결론: 학업 중단 10대를 위한 기독교교육적 대안

1. 관심과 배려로 학업 중단을 예방하라

10대 청소년들이 학업을 중단하는 주된 원인은 학교가 싫은 것이다. 학교가 싫은 이유는 여러 가지로 열거할 수 있겠으나 본고에서는 세 가지로 정리해본다. 첫째, 학교 공부에 흥미가 없고 따라갈 수 없어서이다. 둘째, 학교에 다녀야 할 필요성을 못 느낀다는 것이다. 셋째, 학교 규칙이나 규정에 적응하지 못해서이다. 이 밖에도 조기유학이나, 질병, 기타의 이유가 있으나, 주된 원인은 학교 공부와 학교에 대한 부적응이다. 다시 말하면, 학교가 자신의 미래로 가는 통로가 확실하다면 학생들은 학교를 그만두지 않는다는 것이 필자의 소견이다. 학업 중단 이후 청소년들은 대체로 집에서 소일하거나 아르바이트나 취업을 하거나 검정고시 학원을 다니며 상급학교 진학을 준비한다. 또한 전일제 대안학교나 아예 타 지역 학교로 전학하거나 외국으로 유학을 가는 경우도 있다. 그러나 사회적으로 문제 행동이나 일탈을 저질러 지속적인 보호관찰을 받기도 한다. 최초 학업 중단 이후 학교로 복귀 경험이 있는 학생은 10% 수준밖에 되지 않았고, 그 이유는 부모가 원해서(40%), 정규학교를 졸업하고 싶어서(34%), 친구들을 만나고 싶어서(14%)라고 말한다(서울 교육웹진, 2013). 위와 같은 10대들의 반응을 종합해보면, 학교가 이들에게 조금만 더 관심과 배려를 해주었더라면 오늘날 약 50만 명의 학습 중단자가 만들어지지는 않았을 거라는 생각이 든다.

2. 학교는 떠나도 교육은 지속되게 하라

학업 중단 청소년 문제는 학교 밖 청소년 지원센터의 역할로만으로 충분히 해결되지 않는다. 대부분의 학업 중단 청소년들은 학교를 나온 것을 후회하고 있다. 그러나 여러 가지 이유로 인해서 학교로 돌아가는 것은 쉽지는 않다. 그것은 학교생활에 대한 거부감과 자신감이 없어서이다. 다시 말하면, 아이들은 학교로 인하여 마음이 닫힌 상태이기 때문에 먼저 그 마음을 힐링하지 않고는 단 시간 내에 복교는 어렵다. 일부 학업 중단자들 중에는 아예 공부를 접고 취업 쪽으로 자신의 진로를 정하고 있는 청소년들도 있으니, 이들을 위해서는 체계적이고 실질적인 취업 준비 교육을 받도록 안내해줘야 한다. 뿐만 아니라 홈 스쿨이나 대안교육 프로그램으로 학습 중단 기간 동안 고입 또는 대입 검정고시를 준비하는 10대들에게는 학교교육에서 전인적으로 경험되는 것들이 결손되지 않도록 개인별 맞춤형 교육과정을 구성해주어야 한다.

3. 정부와 지자체 산하 전담 대안교육 부서를 신설하라

외국의 사례에서 볼 수 있듯이 정부나 지자체 산하에 학습 중단자들을 위한 '홈스쿨 및 대안 교육부(이하 홈대교)'를 설치하고 전국적으로 학습 중단자들을 관리 교육하는 시스템을 구축해야 한다. 홈스쿨을 적용하려는 가정은 홈대교로부터 자신의 자녀에게 적절한 커리큘럼을 공급받을 수 있고 학기별로 자녀의 홈스쿨 교육 내용과 교육 방법을 모니터링받고 평가도 받아 홈 스쿨의 진행 전 과정을 인증받아야 한다. 만일 부모들이 학습 중단 자녀를 대안학교에 보낸다면, 그 대안학교가 이러한 대안교육부서로부터 인증받은 기관인지 아닌지, 교육하는 내용과 교사의 질 등을 확인해야 할 것이다.

4. 가정을 마음의 디톡스 센터로 만들어라

가정에서는 학습 중단 자녀가 심리적으로 안정을 취할 수 있는 환경을 조성해주고 본인이 충분히 자기 주도적으로 자기학습을 시도하려고 할 때까지 기다려야 한다. 교회나 여타의 종교단체에도 전문가와 교사들이 많이 준비되어 있다. 학교나 가정에서 할 수 없는 캠프나 계절에 맞는 스포츠 훈련 등과 성경 캠프도 있으니, 차제에 자녀들을 인성교육 프로그램에 보내보는 것도 좋을 것이다. 공교육에서 경험했던 기분 나쁜 경험들을 털고 잊어버리고 그것을 용서하는 수련을 많이 하도록 권유한다. 이 아이들에게 자신과 대면하고 자기의 문제를 직시할 수 있는 훈련이 필요하다. 가정은 하나님이 주신 자연의 학교요 상처가 힐링되는 곳이어야 한다. 이모저모로 마음이 닫혀 있는 10대의 학습 중단자들, 부모도 학교 교사도 이들의 마음의 문의 빗장을 열지 못할 때 교회와 종교단체가 그 일을 하도록 존재하는 것이다.

5. 교회는 치유와 회복이 일어나는 곳이어야 한다

어린 영혼들의 저 깊은 곳에 잠재되어 있는 분노를 씻어내고 자신에 가해한 사람들을 용서하고, 만일 자신이 남에게 위해를 가했다면 하나님께 용서를 빌고 그 피해자에게 직접 용서를 구하는 일련의 카타르시스와 디톡스의 시간이 지나가야 한다. 학습의 지속 여부는 그 이후에 결정해도 늦지 않을 것이다. 학업 중단 10대들은 스스로 학업 복귀를 결심하고 학교로 돌아오거나 대안교육기관을 찾기는 어렵다는 것이다. 학생들은 자신들의 학업 중단이 가져올 사회적 의미를 제대로 인식하지 못하며, 학교를 나온 것이 후회스럽기도 하지만 무엇을 할 수 있을지 또한 잘 모르고 있다. 학교라는 관계망을 벗어난 후 소속감이 없어 외롭고, 주변에서 누군가 자신을 이끌어주기를 바라지만 이들이 도움을 받을 수 있는 곳은 제한되어 있다. 학업 중단 후 이들이 연결을 갖고 도움을 받을 수 있는 곳, 또는 수용적 관계 형성을 해줄 수 있는 곳이 필요하다. 교회는 바로 이런 곳이 되어야 한다.

포스트모던 시대의 학교를 떠나는 10대가 줄어들지는 않을 전망이다. 학습을 중단한 10대들에게 어떤 교육적 대안을 마련해준다 하더라도 지금까지 공교육에서 상처받은 것 같은 잘못된 돌봄과 양육 방식을 또다시 반복하면 안 될 것이다. 학습 중단 10대들은 위에서 고찰한 네 가지 위기를 다 경험했을 가능성이 큰 청소년일 것이다. 따라서 무엇보다도 치유와 회복의 교육이 필요하다. 즉 중독, 폭력성, 자살에 관한 자기 극복의 힘을 키워주어야 한다. 어떤 난관도 극복할 수 있는 힘, 즉 마음의 내공을 쌓게 해주어야 한다. 뿐만 아니라 자신의 문제를 극복한 그 힘으로 자기와 같은 처지에 있는 친구들을 함께 치유해줄 수 있는 힘, 즉 함께 나눌 수 있는 힘도 길러주어야 한다. 이것이 기독교교육에서 말하는 제자가 또 다른 제자를 가르치는 제자화의 이치이다.

참고 문헌

Aud, S., Hussar, W., Johnson, F., Kena, G., Roth, E., Manning, E., Wang, X., & Zhang, J. (2012). *The condition of education 2012*. (NCES 2012-045). Washington, D. C.: National Center for Education Statistics. Source: http://nces.ed.gov/pubsearch/pubsinfo.asp?pubid=2012045

Belfield, C. & Levin, H. M. Eds. (2007). *The price we pay: Economic and social consequences of inadequate education.* Washington, D.C.: Brookings Institution Press.

Borman, G. & Dowling, M. (2010). Schools and inequality: A multilevel analysis of Coleman's Equality of Opportunity data. *Teachers College Record,* 112,

1201-1246.

Chapman, C., Laird, J., Ifill, N., & KewalRamani, A. (2011). *Trends in high school dropout and completion rates in the United States: 1972-2009*. (NCES 2012-06). Washington, D.C.: National Center for Education Statistics, Institute of Education Sciences, U.S. Department of Education. Source: http://nces.ed.gov/pubsearch/pubsinfo.asp?pubid=2012006.

Education Week (June 7, 2012). *Diplomas Count 2012: Trailing behind, moving forward: Latino students in U. S. schools*. Washington, D. C.: Education Week. Source: http://www.edweek.org/ew /toc/2012/06/07.

Farrington, C. E., Roderick, M., Allensworth, E. , Ngaoka, J., Keyes, T. S., Johnson, D. W., & Beechum, N. O. (2012). *Teaching adolescents to become learners: The role of noncognitive factors in shaping school performance*. Chicago: Consortium on Chicago School Research, University of Chicago. Source: https://ccsr.uchicago.edu/publications/teaching-adolescents-becomelearners-role-noncognitive-factors-shaping-school.

Leventhal, T. & Brooks-Gunn, J. (2000). The neighborhoods they live in: The effects of neighborhood residence on child and adolescent outcomes. *Psychological Bulletin,* 126, 309-337.

OECD (2112). *Education at a Glance 2012: OECD Indicators*. Paris: OECD Publishing.

Rumberger, R. W. (2011). *Dropping out: Why students drop out of high school and what can be done about it*. Cambridge, Mass.: Harvard University Press.

Shneidman, Edwin (1993). *Suicide as Psychache: A Clinical Approach to Self-Destructive Behavio.r* Lanham, MD: Rowman & Littlefield Publisher.

Shonkoff, J. P. & Garner, A. S. (2012). The lifelong effects of early childhood adversity and toxic stress. *Pediatrics,* 129, 232-246.

Snyder, T. D. & Dillow, S. A. (2012). *Digest of Education Statistics 2011*. (NCES

2012-001) Washington, D.C.: National Center for Education Statistics, U.S. Department of Education.

Sullivan, C. J., Chillds, K. K., & O'Connell, D. (2010). Adolescent risk behavior subgriops: An empirical assessment. *Journal of Youth and Adolescence,* 39 (5), 541-562.

Sum. A., Khatiwada. I., McLaughlin., J., & Palma. S. (2011). *High school dropouts in chicago and illinois: The growing labor market, income, civic, social and fiscal coats of high school.* boston, MA: Northeastern University.

강석영, 양은주, 방나미 (2011). 잠재적 학업중단 청소년을 위한 개입프로그램 개발. **열린교육연구,** 19(1), 89-125.

곽금주 (2013), 청소년의 性문화와 인터넷 음란물. http://www.munhwa.com/news/view.html?no=2013071101073137191003.

금명자 (2008). 우리나라 학업중단 청소년에 대한 이해. **한국심리학회지: 사회문제,** 14(1), 299-317.

김난도 외 (2013). **트랜드 코리아 2014**. 서울: 미래의 창.

김난도 외 (2012). **트랜드 코리아 2013**. 서울: 미래의 창.

김범구 (2012). 청소년 학업중단에 대한 연구동향 분석. **청소년학연구**, 19(4), 315-337.

김성기 (2012). 한국과 미국의 학업중단 현황 및 대책에 관한 비교연구. **초등교육연구,** 제25집 제2호.

김용택 (2013). **참교육이야기**. 서울: 생각비행.

김향초 (2013). **위기청소년의 성인되기: 보호체계 퇴소청소년의 자립을 중심으로**. 서울: 학지사.

돈 탭스콧 (2009). **디지털 네이티브**. 서울: 비즈니스 북스.

류방란 (2007). **학교부적응 학생의 교육실태 분석: 고등학생을 중심으로**. 서울: 한국교육개발원

서영창 (2009). **인터넷 중독의 절망에서 희망찾기**. 서울: 하나의학사.

여성가족부 (2012). **청소년 백서.** 서울: 여성가족부.

오승근 (2013). 학업중단 청소년 현황과 지원방안. **교육웹진,** 제210호.

유상진, 강경진, 이안수 (2013). 고위험 청소년의 적응유연성 증진을 위한 방과 후 스포츠 활동의 효과. **교과교육학연구**, 17(2), 415-439.

윤철경, 류방란, 김선아 (2010). **학업중단 현황 심층 분석 및 맞춤형 대책 연구**. 서울: 한국청소년정책연구원.

이혜숙, 서은정 (2011). **서울시 학업중단 청소년 교육활동 지원방안**. 서울: 서울시정개발연구원.

조아미, 한영희, 이진숙, 진영선 (2013). **청소년 라이프 코디네이팅**. 서울: 학지사.

조규필, 박현진, 김래선, 김범구, 양대희, 이현진, 황수진 (2011). 학업중단 청소년의 학교 재적응 과정 연구. **중등교육연구**, 59(4), 969-1000.

최상근 (2010). **학업중단위기학생의 실태와 지원방안 연구**. 서울: 한국교육개발원.

통계청 (2012). **청소년 통계.** http://kostat.go.kr.

한국교육개발원 (2012). **교육통계연보.** http://cesi.kedi.re.kr.

한국직업능력개발원 (2011). **학교중단 청소년을 위한 진로개발 지원방안**.

허은영 (2013). **묻고 답하는 청소년 진로카페: 꿈꾸는 청소년을 위한 진로와 직업 탐색 문답 여행**. 서울: 북멘토.

김남권, 안홍석 (2010. 5. 12). 촛불이 남긴 사회적 숙제: 소통 문화. **연합신문**.

김민구 (2008. 5. 28). 주한 외국인들이 보는 서울 도로점거 불법시위. **매일경제**.

김영선 (2012. 8. 2). 증가하는 '성조숙증', 확진시 보험 적용도 가능. **한국일보**.

김지호 (2010. 12. 17). 묻지마 살인 이유, 게임 블레이 블루 때문 충격. **이투데이**.

김태경 (2013. 6. 13). 청소년 18% 스마트폰 중독: 하루 평균 7시간 이상 '터치.' **국제신문**.

박상빈 (2013. 9. 29). 청소년 30만명 '위험한 성관계' 노출. **머니 투데이**.

변이철, 김대훈 (2012. 9. 22). 10 · 20 · 30 우리들의 솔직한 '性'이야기. **노컷뉴스**.

오상아 (2012. 10. 13). 교과부, 서울 학생인권조례 '무효 소송' 제기. **기독일보**.

윤보람 (2013. 11. 9). 채팅앱으로 청소년 음란물 전송받은 남성들 대거 입건. **연합신문**.

이하원 (2008. 7. 3). 한국시위, 단순한 쇠고기 반대 아니다. **조선일보**.

장관순 (2013. 1. 2). 법무부-아동성범죄와 아동음란물 상관관계 있다. **중앙일보**.

정유미 (2011. 5. 13). '성 조숙증' 어린이 5년새 4.4배 급증. **경향신문**.

정진곤 (2013. 10. 31). 인터넷 중독을 방치한다면. **한국일보**.

편집부 (2013. 11. 25). 학교부적응 학생을 위한 대안교육. **한국교육신문**.

곽금주 (2013). 청소년의 性문화와 인터넷 음란물. http://www.munhwa.com/news/view.html?no=2013071101073137191003.

서울 교육웹진 (2013). **서울 교육웹진**, 통권 제 210호. http:// webzine.serii.re.kr/view.jsp?cate_level=2&pageNum=2&newsCode=CNT20130510185554651.

한국방송광고진흥공사 (2013). 2013 소비자행태조사(MCR) 결과 발표. http://www.kobaco.co.kr/kobaco/kobaconews/cyberprnews_read.asp?reports_no=522.

청소년 인권센터. http://www.youthright.or.kr.

청소년보호위원회 법령문헌자료실. http://www.youth.go.kr.

http://www.apa.org/pi/families/resources/school-dropout-prevention.aspx?item=1.

High School Dropout statistics (2013). http://www.statisticbrain.com/high-school-dropout-statistics/

The National Center for Education Statistics (NCES 2012). http://nces.ed.gov/programs/digest/d12/tables/dt12_129.asp.

The National Center for School Engagement (NCSE 2013). http://www.schoolengagement.org.

http://news.sbs.co.kr/section_news/news_read.jsp?news_id= N1000648214.

Abstract

Some Christian Education Ideas for Addressing the Post-modern Teen's Cultural Crises Focused on the School Drop-outs

Mee-Rha Hahn
(Professor, Hoseo University)

This paper has made some suggestions in Christian education perspective for addressing the youth's school drop-out significantly increased during the last 5 years in Korea. As for understanding the youth culture in the post-modern three trends and four crises of the youth culture were discussed. First of all, in post-modern era the youths are dismantling the traditional culture, prosumer of the contemporary cultural contents, and the future of the culture to come. The post-modern crises of youth classified into four: first, sexual immaturity, addiction problem, pornographic contacts, and life defamation. The most serious crisis of the youth is the school drop-out. On the nationwide, every year more than 70,000 students, the youth has left the school for some reasons. Over the past five years, a total of 380,000 the youth disappeared in the public school. In order to prevent young people dropped out of school and came up with five kinds of suggestions from Christian education perspective. 1. To prevent the teens from dropping out of the school with attention and loving-kindness, 2. Let their learning be continued even after quitting the school, 3. A new department called the teen's school-dropout prevention program under the umbrella of the central government or local government 4. Create a home as the detox center for the broken heart 5. The church should be a place of healing and recovery for the wounded teens.

Key words: Teen's culture, Crisis of Teens in post-modern era, Christian education, School drop-out.

3부

기독교교육의 실천성

기독교교육학자의 관점에서 본 예배의 위기와 성서적 대안

한미라 (호서대학교 교수)
mrhan@hoseo.edu

Ⅰ. 예배 위기의 실상

참석인가, 참여인가?

예배를 영어로 말할 때는 worship이라는 단어 뒤에 자연스럽게 service가 따라붙는다. 마치 wedding service(결혼식), funeral service(장례식)처럼 예배도 식(式)이 되어버린다. 그래서 킴벨(Dan Kimball, 2003, 112)은 worship service가 아닌 worship gathering(예배 모임)이라고 해야 한다고 주장한다. 물론 예배도 의식(liturgy)으로서의 요소가 다분히 있기 때문에 service인 것을 부인할 수는 없을 것이다. 그래서 외국의 교회들은 예배를 선포(proclamation, 하나님 말씀의)와 축하(celebration)로 부르기도 한다. 문제는 매주일 1시간여 남짓 드리는 우리들의 예배를 주기적으로 행해지는 제의(祭儀)로만 보기에는 크리스천의 삶 속에서 차지하는 예배의 비중이 너무 크다는 것이다. 그렇기 때문에 특별한 생각 없이 예배당의 한 신자석(pew)에 앉았다가 돌아오는 참석이 아니라 다른 예배자들과 함께 예배에 관여하고, 섞여서 한 무리가 되어보는(경험하는) 소위 참여(參與)하는 것이 되어야 할 것이다. 이와 같은 신자의 참여를 영어로 표현하면 engagement 또는 participation이 될 것이다. 참석이든 참여든 모든 예배자가 경험하고 싶은 것은 하나님께 매주일 출근 도장 찍듯 그저 마주치는 만남(meeting)이 아닌 심도 있는 하나님과의 만남(encounter)일 것이다.

요한복음 1장 41-47절은 예수와 처음 5명의 제자와의 만남이 상세히 기록되어 있다. 먼저 세례요한의 제자였던 사도 요한과 안드레가 세례요한의 소개로 예수를 만나 제자가 된다. 그런 직후 친형제인 베드로를 예수에게 데려온다. 그리고 그 다음날(43절) 예수께서 갈릴리로 향하시다가 빌립을 만나 제자를 삼으시고, 또다시 빌립이 나다나엘을 예수에게 데려와 그가 예수의 제자가 된다. 여기서 필자가 관심하는 단어는 본문 요한복음 1장 43절의 "그 이튿날"이다. 이 말이 중요한 이유는 예수와 그 제자들의 만남이 어떤 만남이었나를 짐작할 수 있는 중요한 단서(clue)가 되기 때문이다. 오늘날과 같이 피상적이고 건조한 인간관계 속에서는 찾아보기 힘든 만남, 즉, meeting이 아닌 encounter가 이루어졌음을 확인할 수 있는 대목이다. 사실 성경과 같이 제한된 지면에서 예수를 처음 만난 사람들이 마치 불에 덴 것 같은 감격을 표현한다는 것은 문학적으로도 지극히 어려운 난제일 것이다. 분명한 것은 한때 세례요한의 제자였던 안드레나 그의 주변 인물들이 예수를 만나(encounter) 예수의 제자가 되기로 결심하게 된 것은 분명 우리가 상상하는 것 이상의 큰 감격이 있었음을 암시하고 있다는 것이다. 사도행전 3장 8절에 나오는 미문 앞에 앉혀져 있던 앉은뱅이(평등 언어로 대체하면 그 의미가 약화되어 원문의 용어를 사용함)가 베드로와 요한에 의해 치유받고 다음과 같이 반응하였다고 전하고 있다.

> "벌떡 일어나 걷기 시작하였다. 그리고 그들과 함께 성전으로 들어가면서 걷기도 하고 껑충껑충 뛰기도 하며 하나님을 찬양하였다."(공동번역 행 3:8)

예수를 만난 감격, 그리고 그 제자들을 직접 만난 감격은 위의 본문의 표현으로 미루어 보아 기쁨이라는 joy와 그보다 더한 환희를 넘어선 광희(狂喜), 즉, 사리분별을 할 수 없을 정도로 기뻐하는, exultation이었다고 말할 수 있을 것이다.

현대 교회 예배가 감격과 환희를 체험하는 예배가 되기 위해서는 예배를 참석하는 것이 아니라 참여해야 한다. 간단한 예를 들면 한국 교회 대부분이 예배 중 신자의 교제시간을 회중이 참여할 수 있는 기회로 활용하지 못하고 있다. 옆자리의 신자들과 눈인사조차 교환하는 것도 인색한 회중들의 태도도 문제지만 그렇게밖에 할 수 없도록 만드는 교회의 분위기와 예배의 구조도 또한 문제다. 이러한 경직된 예배 분위기는 한국 교회에서 예배의 꽃은 아직까지 설교이며 다른 요소들은 부수적으로 여기고 있음을 말해주는 것이다. 신자들의 교회 선택기준 가운데 목회자의 설교능력이 지배적인 요인으로 꼽히고 있다.[1] 신자들은 자신이 듣고 싶은 메시지를 전달하는 목사를 선호하게 마련이다. 그러나 참된 설교는 설교 내용이 신자의 영적 성장을 촉진시키는 디다케가 되어야 한다. 가르쳐 지키게 하는 것은 모든 복음선포자들의 책임임을 성경은 분명히 하고 있다.[2]

---

1 『빛과 소금』은 2006년 5월 서울 소재 9개 중대형 교회의 남녀 신자 453명을 대상으로 교회 선택기준에 관한 설문 조사를 실시하였다. 그 결과 신자들의 교회 선택기준은 '교회 비전'(29.7%), '목회자'(25.8%), '거리'(4.3%) 순으로 나타났다. 연령별로 살펴보면 20대는 목회자(26.3%), 20~50대는 교회비전(33.3%)에 가장 큰 비중을 두고 있었다. 신앙 경륜별로 볼 때 10~20년 이상의 경륜을 가진 자는 목회자, 20년 이상의 경륜을 가진 자는 교회비전을 교회 선택의 가장 큰 기준으로 삼고 있음을 알 수 있었다.

2 마 28:18-20 예수께서 나아와 일러 가라사대 하늘과 땅의 모든 권세를 내게 주셨으니 그러므로 너희는 가서 모든 족속으로 제자를 삼아 아버지와 아들과 성령의 이름으로 세례를 주고 내가 너희에게 분부한 모든 것을 가르쳐 지키게 하라 볼지어다 내가 세상 끝날까지 너희와 항상 함께 있으리라 하시니라.
신 6:5-7 너는 마음을 다하고 성품을 다하고 힘을 다하여 네 하나님 여호와를 사랑하라 오늘날 내가 네게 명하는 이 말씀을 너는 마음에 새기고 네 자녀에게 부지런히 가르치며 집에 앉았을 때에든지 길에 행할 때에든지 누웠을 때에든지 일어날 때에든지 이 말씀을 강론할 것이며 너는 또 그것을 네 손목에 매어 기호를 삼으며 네 미간에 붙여 표를 예배를 예배답게 하는 데는 많은 사람들의 협력이 필요하다. 설교자만이 예배를 이끌어가는 사람은 아니다. 찬양, 봉헌, 사회, 기도자, 안내자 등과 같이 예배에 직접 참여하여 예배를 이끌어가는 팀의 역할도 중요하지만 예배를 존재하게 하는 주된 자원(main resource)은 바로 청자(聽者)로서 참여하는 대다수의 회중들이다.[3] 따라서 회중의 예배에 대한 욕구와 참여는 언제나 역동적으로 수용되고 반영되어야 살아 있는 생동감있는 예배가 되어 감격이 살아날 것이다.

디지털 시대로 진입하면서 현대 예배에도 최첨단 전자 음향 장치와 멀티미디어 장비 및 매체들이 예배의 외적 요소들을 더욱더 매력적으로 만들어가고 있다. 회중들의 세련된 미디어에 대한 욕구수준에 따라 점점 더 현란한 장식과 디자인이 예배 환경을 구성하고 있다. 뿐만 아니라 예배를 고도로 잘 연출된 한 편의 이벤트로 만들려는 예배의 세속화도 유행처럼 퍼지고 있다. 예배를 마치 회중을 즐겁게 해주는 쇼프로그램 정도로 인식한다면 경험되어야 할 거룩과 성서와 또다시 멀어지게 될 것이다. 예배란 천박한 대중 언어로써 회중에게 재미와 유머를 제공하는 원맨쇼가 아니라 성령에 사로잡힌 열정을 가진 설교자가 하나님의 말씀을 선포하고 교훈하여 회중에게 영적 각성과 하나님을 높이는 거룩한 감격이 경험되게 하는 것이다. 예배의 본질에 위배되는 다른 문화적 요소들이 그 도를 넘을 때 결국 교회 성장에 독소가 될 것이라는 것은 필자의 사견이 아니라 신구약 성경의 여러 곳에서 이미 예언하고 있는 사실이다(각주 9 참조).

디다케의 실종

필자는 지난 2년 동안 매년 3주씩 아직까지는 개신교가 그 교세를 꾸준히 유지하고 있다는 미국 바이블 벨트(Bible belt)[4]지역의 중심인 조지아

삼고 또 네 집 문설주와 바깥 문에 기록할지니라.

3 문맹(文盲)과 색맹(色盲)도 큰 장애지만 청맹(靑盲) 역시 불행한 것임에 틀림없다.

(Georgia)주 아트란타(Atlanta)시를 직접 방문하여 보수적인 교회에서부터 복음적이면서도 개방적인 남 침례교와 초교파 교회를 포함한 5~7개 교회의 예배를 집중적으로 관찰할 기회를 가졌다. 미국 남부의 모든 교회를 다 본 것은 아니므로 관찰의 범위에서 오는 오차가 있음을 인정하면서도 분명한 것은 이 지역 교회의 예배는 북동부의 그것과 분명 차이가 있었다는 점이다. 북동부 교회는 주변의 명문 신학교가 주도하는 개방적이면서도 진보적인 신학하고는 달리 주 회중이 백인인 교회의 주일 예배는 전통예배에서 크게 벗어나지 않고 있다(특히 주일 낮 예배 시 사용하는 교회음악은 찬송가에 국한되고 있음). 그러나 젊은 층을 위한 예배에 있어서는 남부나 북동부의 보수적인 교회에서조차 CCM과 현대악기(기타, 드럼 등)의 사용을 점차로 허용하고 있다는 것이다. 이것은 한국의 대도시와 농촌의 어느 개신교 교회를 가보아도 설교단 앞에 드럼이 놓여 있는 것을 볼 수 있는 것과 같은 것이다. 미국 남부의 개신교 교회는 특히 음악과 미디어 사용면에서는 매년 과감해지고 있으며 보다 전문적으로 현대화하고 있다는 느낌을 받았다. 그러나 남부지역 교회의 목사들은 대부분이 강해 설교방식을 따르면서 해석된 말씀을 삶에 적용하는 부분이 보완된 강해 설교가 대세였다. 흥미로운 점은 남부지역의 교회들이 차별화하려고 역점하는 목회 영역은 한국 목사들처럼 설교가 아니라 오히려 디다케(교육)라는 점이었다. 미국 남부 교회들이 교육에 투자해놓은 것은 "백문(百聞)이 불여일견(不如一見)"이라는 말이 가장 적합한 표현이 될 것 같다. 던우디 침례(Dunwoody Baptist)교회의 교회학교는 마치 디즈니랜드를 연상시키고 노스포인트(North point) 교회의 영유아 아동부서의 교육시설은 병

4 이 용어는 미국 저널리스트인 멘켄(H. L. Mencken)이 1924년 11월 19일 시카고 일간지 트리뷴에서 처음 사용한 것으로 보수적이고 복음적인 개신교- 남침례 교단이 성한 미국 남부의 지역을 일컫는다. 가톨릭과 진보적인 개신교가 주류를 이루는 북동부지역과 대조를 이룬다. "The old game, I suspect, is beginning to play out in the Bible Belt," *Chicago Daily Tribune* (November 19, 1924).

원의 신생아실에서 고급 어린이집과 유치원 이상을 방불케 하는 시설이 포함된 육아와 보육과 아동복지(child care)까지가 잘 조합된 신개념의 교육서비스이다.

미국이나 한국이나 현대 개신교 목사들은 지금 기존 신자들과 구도자들, 그리고 선호하는 예배 형식과 음악에 있어서 서로 다른 욕구를 지닌 세대들을 어떻게 만족시킬 것인가로 고심하고 있다. 예배 때문에 가장 고민하는 사람들은 개 교회 목사나 예배를 준비하는 평신자 사역자가 아니라 사실은 어떤 예배를 가야 하나로 매주일 고민하는 신자 자신들이다. 필자는 매주일 교회 제자훈련학교에서 성경을 가르친다. 신자들이 예배에 관련하여 갈급해 하는 소리를 현장에서 듣다 보면 신자들이 얼마나 예배의 형식과 요소(음악과 설교와 기도 등)에 민감한지 실감할 수 있다. 예수께서 직접 제자들에게 본을 보이셨듯이 교회의 예배도 전형(典型)이 될 수 있는 것이 분명 필요하다. 이를 위해 예배의 위기상황을 연구하고 가능한 해결책을 제시하는 실천적인 연구들이 많이 나왔으면 하는 바람이다. 또한 예배는 예배학을 전공한 사람만이 연구하는 분야는 아니라는 것이다. 전언(前言)하였듯이 개신교의 예배는 관련된 모든 사람들이 다 연구할 수 있는 개방된 화두이며 연구주제이기 때문이다. 예배를 연구하는 학자들의 방법과 그 결과에 의하면 저마다 십인십색의 주장을 내놓고 있고 또한 교회마다의 여건과 상황이 다르므로 실질적으로 예배 현장을 개선하도록 도움을 주는 모델을 찾기란 쉬운 일이 아닐 것이다. 따라서 필자는 오늘날의 개신교 예배의 문제에 대한 개선의 실마리를 성서로부터 찾아 성찰해보고자 하는 것이다.

II. 예배의 정신

현대의 예배학자들은 한국 교회의 예배가 궤도를 벗어나고 있다는 것을 예배의 실종이나 예배의 위기라는 말로써 표현한다(조기연, 2004). 그렇다면 다음의 작업은 이러한 예배의 위기를 어떻게 극복할 수 있으며 그 대안은 어떻게 찾을 수 있는가를 물어야 할 것이다. 예배의 위기는 예배의 본질로부터 멀어져 있기 때문에 야기된 것이므로 예배의 정신을 성찰하는 작업이 선행되어야 할 것 같다. 본고에서는 우리가 예배를 드리는 이유가 하나님의 존재 자체의 속성과 그분을 대하는 인간의 태도에서 기인한다는 전제하에 이것을 가장 잘 나타내고 있는 성경 본문을 통해 예배의 정신과 성격을 규명해보고자 한다.

1. 경외(awe)함의 회복—예배는 하나님을 경외하는 것이다

출애굽기 3장 5절에서 하나님은 모세에게 "이리로 가까이 하지 말라 너의 선 곳은 거룩한 땅이니 네 발에서 신을 벗으라"고 말씀하신다. 하나님은 모세가 선 곳은 거룩한 땅이기 때문에 신발을 벗으라 했다. 누구 앞에서 신발을 벗는 행위는 그 상대방을 높이 받들고 존경하는 행동이다. 모세는 신을 벗고 겸비한 자세로 하나님 앞에 섰다. 80세가 다 되도록 모세는 이름도 없이 미디안의 목동처럼 양을 치고 있었다. 출사표를 받을 수 있을 정도의 젊은 나이도 아니었다고 생각한 모세에게 신발을 벗으라는 하나님의 명령은 어쩌면 믿을 수 없는 일이었을 것이다. 그러나 한편 오랫동안 희망을 버리지 않고 있었던 모세는 이제 하나님의 부르심에 응할 준비가 되었기에 하나님 앞에서 이생의 자랑과 영광을 벗어버리는 해방의 상징적 행위로서 신발을 벗어 하나님에게 경외감을 표했던 것이다. 신의 거룩함 앞에서 존경을 표하는 것은 우리가 예배하는 첫 번째 이유이며, 시대의 변화를 막론하고 훼손하지 말아야 할 가장 우선시되는 예배의 정신인 것이다(메튜 헨리, 1975, 63).

2. 승복함의 회복 — 예배는 삶의 최우선 순위다

요한복음 4장 28절은 예수님과 우물가에서 대화를 나누던 사마리아 여인이 갑자기 물동이를 버려두고 자기가 살던 동네로 들어가 예수님에 대해 전하는 기사를 보도한다. 여기에서 물동이는 이 여자의 삶의 무게로 볼 수 있을 것이다. 동시에 물동이는 이 여자가 사는 데 없어서는 안 될 생수를 길어오는 도구이기도 하다. 그러나 이 여인은 먹고사는 일상의 문제보다 신령과 진정으로 드리는 예배에 더욱 목말라 있었던 자였다. 예수와의 대화 중에 자신이 추구하던 참된 예배는 무엇보다도 먼저 자신의 삶의 무게를 벗어버리는 데 있음을 깨닫고 그의 생존의 도구였던 물동이를 던져버린다. 물동이를 던졌다는 것은 사마리아 여인을 짓눌러왔던 생존의 무게로부터 해방됐음을 의미한다. 그러므로 참된 예배란 하나님에게 백기 들고 나아가며 자신을 항복시키는 것과 같다. 즉, 하나님 앞에서 자기의 삶을 철저히 내려놓는 자기 비움이라고 할 수 있을 것이다.

사마리아 여인과 예수님과의 대화에서는 예배의 요건에 대한 중요한 해석의 포인트가 들어 있다. 첫째, 예수님이 말씀하시는 예배에 관한 새로운 진리는 먼저 예배 처소에 관한 것이다. 하나님은 예루살렘도 그리심산도 아닌 곳에서 신령과 진정으로 예배하는 자를 찾으신다는 것이다. 신령과 진정으로 예배하는 자란 그리스도의 대속적 은혜를 받아 예배하는 자이며 자신을 하나님이 기뻐하시는 거룩한 산 제사로 드리는 자이며(롬 12:1), 동시에 하나님의 자녀가 되는 권세를 받은 자들이다. 뿐만 아니라 하나님은 영이시기 때문에 물질적이고, 비인격적인 요소가 강한 예배는 하나님을 향한 최고의 예배가 될 수 없다는 것을 함축하고 있다(스코트, 1984, 249-253).

둘째, 예배자가 하나님의 뜻에 자신을 맡기는 것을 영어로는 "self-surrender"(자기포기, 항복)라고 한다. 현대 교회에서는 예배의 이러한 정신을 약화시키고 설교, 기도, 헌금, 찬양 등에서 지나치게 인간의 공로와 의지를 드러내어 자신이 하나님의 뜻에 승복하는 것이 아니라 하나님을 오히려 자신의 뜻에 승복시키려는 교만이 어느 교회에서나 쉽게 관찰되고 있다. 신자들의 재능을 발견하고 그것을 예배를 위해 사용하는 것도 중요하지만 하나님의 예배를 위해서는 자신에게 주신 달란트를 포기할 줄도 아는 설교자, 찬양자, 기도자, 반주자, 사회자, 안내자, 예배엔지니어 등을 훈련하는 것도 현대 교회가 해야 할 사명이다. 예배는 모든 면에서 하나님의 뜻에 따라야 한다는 정신을 목사에서부터 어린 신자에게 이르기까지 다 가르쳐 철저히 실천하도록 해야 한다. 이 말은 예배는 신자의 삶에 있어서 최우선 순위에 해당됨을 뜻하기도 한다. 생수를 길으러 온 사마리아 여인이 추구하던 생의 가치관이 예수를 만나 구원을 체험한 이후 완전히 바뀌었다. 그는 이제 자신이 진실로 섬겨야 할 대상이 누구인지를 분명히 알게 되었고, 자신의 삶의 굴레를 벗겨주신 분이 또한 예수님이라는 사실을 깨닫게 됨으로 전혀 새로운 삶을 결단한다. 그는 사마리아 지역의 첫 번째 이방 선교사가 된 것이다.

3. 드림(offering)의 회복—예물은 철저한 헌신의 표시이다

예배란 존경하는 대상, 즉, 하나님께 자신의 가진 것 중 가장 귀한 것을 예물로 드리는 행위이다. 마가복음 14장 3절에 의하면 예수께서 베다니 문둥이 시몬의 집에서 식사하실 때에 한 여자가 매우 값진 향유, 곧 순전한 나드(nard, 인도산 향유) 한 옥합을 가지고 온다. 그 여인이 와서 옥합을 깨뜨려 향유를 예수님의 머리에 부었다. 여기서 우리가 알 수 있는 것은 이 사건이 마태복음과 누가복음(마 26:7, 14:3, 눅 7:37)에도 똑같이 기록되고 있다는 것과 이 여인의 이름이 세 복음서 어느 곳에서도 정확히 드러나지 않고 오직 "베다니의 한 여자"라고만 밝히고 있다는 점이다. 다만 그 여인이 깨트렸다는 옥합은 알라바스타라는 옥으로 만든 그릇이었고 그 옥합에는 매우 귀하고 값비싼 향유가 들어 있었다. 석고(gypsum) 중 특히 설화석고 또는 섬유석고는 장식 재료로서 중요하게 쓰이는 것으로, 색도 무색, 백색, 담황, 또는 담갈색 등 여러 가지이고, 대리석보다 세공하기가 쉽다. 설화석고의 경도는 2.0 정도이어서 상하기 쉬운 흠점이 있으나, 조직은 치밀하여 견사광택(絹絲光澤)을 나타내고, 탁마(琢磨)한 표면은 아름다운 대용 보석 또는 인장(signet)으로도 쓰이고, 잔, 꽃병, 상자, 흉상 등도 만들었다. 고대에 있어서의 질 좋은 설화석고 재료는 이탈리아에서 주로 산출되었다고 한다(스코트, 1984, 353). 이 사건이 주는 의미는 예수의 죽음을 예고하며 애도하는 사건이라는 점에서 예배는 언제나 예수 그리스도의 인간구원을 위한 대속적 죽음을 기념하면서 우리의 가장 소중한 것을 예물로 드려야 한다는 것이다. 물론 하나님이 가장 기뻐하시는 예물은 하나님께 우리 자신을 드리는 철저한 헌신일 것이다(이상근, 1975, 225).

4. 무릎 꿇음(kneeling)의 회복 – 예배는 감사를 드리는 것이다

예수님이 예루살렘에 가는 길에 사마리아와 갈릴리 사이를 지나시다가 어느 마을에서 10명의 나환자를 치유하시는 일이 있었다. 병을 치유하고 나신 후 예수님은 그들에게 제사장에게 가서 몸이 완치된 것을 보이라고 명하신다. 이에 다들 제사장에게 돌아가고 있는데 그중 사마리아인이라고만 알려진 한 사람이 돌아와서 예수의 발아래 엎드리며 사례하였다(눅 17:11-16). 예배란 이와 같이 하나님께 진심으로 감사하는 마음으로 무릎을 꿇는 것이다. 이 본문에 나타난 나환자는 자기가 치유된 것을 보고 큰 소리로 하나님을 찬양하면서 영광을 돌렸고 또한 예수님께 돌아와 무릎을 꿇고 감사를 표하였다(버틀러, 트렌트, 2003, 390). 베이징 올림픽에서도 금메달을 딴 크리스천 선수들이 감격의 눈물을 흘리며 제일 먼저 한 일은 무릎을 꿇고 하나님께 감사의 기도를 드리는 모습이었다.[5]

이상에서 살펴본 것과 같이 우리가 하나님을 예배해야 하는 이유는 하나님 자신이 존경과 두려움의 대상이기 때문이다. 인간의 조건이 아무리 탁월하다 할지라도 하나님의 거룩함과 경이로움에 견줄 수는 없다. 그러므로 앞에서 언급한 예배에 대한 처음 두 가지 성경적 준거에 의하면 하나님의 피조물로서의 인간이 그를 만드신 창조주의 거룩함에 대한 경외감 때문에 이에 대해 항복하는 것은 어쩌면 당연한 귀결일 것이다. 삶의 무게를 다 뺀 상태, 즉, 철저한 자기 비움의 상태에서 하나님께 항복하며 다가가며, 하나님께 자신의 전부를 헌신하는 예배, 하나님께 대한 전적 신뢰가 전제된 예배가 곧 신령과 진정으로 드리는 예배라고 할 수 있을 것이다. 셋째로 예배란 철저한 헌신이며 드림(offering)이다. 아벨의 제사를 가인의 것보다 더 나은 제사로 여긴 이유는 드림의 양적 화려함보다 제사의 순수한 동기가 하나님을 감동시켰기 때문이다. 자신의 전 재산 두 렙돈을 봉헌한 과부처럼(눅 21:2-4), 마지막 남은 음식으로 죽을 각오로 엘리야를 대접한 사르밧의 과부처럼(왕상 17:10-16) 온 맘과 정성으로 봉헌해야 하나님이 기뻐하시는 예배가 될 것이다. 현대 교회는 사도행전 5장의 아나니아와 삽비라와 같은 예배자들이 많은 것 같다. 현대 예배자들은 하나님을 속인 죄로 3시간 간격으로 한 쌍의 부부가 차례대로 죽어나간 저 무서운 심판 사건을 기억하며 예배에서의 순수한 드림이 얼마나 중요한 것인가를 깨달아야 한다. 봉헌의 순수함은 현대 교회의 예배에서 시급히 회복되어야 할 예배 정신임에 분명하다.

끝으로 네 번째 예배의 정신은 우리가 왜 모든 예배를 감사(thanksgiving)로 덧붙여 부르고 있는가를 설명해준다. 죄와 사망으로부터 자유로울 수 없는 인간은 하나님의 사랑으로 인하여 구원받게 되었다. 그리고 영생을 얻게도 되었다. 인간은 스스로 자신의 죄를 용서받을 수 있는 능력이 결

5 2008 베이징 올림픽 첫날 유도 55kg 체급에서 금메달을 딴 최민호 선수는 무릎을 꿇고 두 손을 모으며 하나님께 감사를 드리는 모습이 1분 이상 TV를 통해 전 세계에 생중계 방송된 바 있다.

핍된 존재들이다. 죄로부터 자유로울 수 있는 사람은 아무도 없다. 이것은 기독교의 인간관의 전제이며, 이 사실을 인정하는 것은 곧 예수 그리스도를 대속의 주로 시인하는 것이다. 그러므로 매 예배마다 인간은 그리스도의 대속의 은총을 깨닫고 이것에 감사하는 것이며, 무릎을 꿇는다는 것은 하나뿐인 외아들을 인간을 위해 기꺼이 희생시키신 하나님의 긍휼과 사랑 앞에 감사한다는 정신을 은유한 것이다. 인간의 죄를 대속해주신 그리스도의 희생적 사랑과 치유와 회복해주심에 대한 보답은 예수께서 우리를 위해 헌신하신 것처럼 우리도 이웃과 형제에게 사랑과 희생을 실천하는 것이다. 이런 의미에서 예수 그리스도를 시인하고 감사하는 믿는 자의 삶 전체가 사실은 예배라고 할 수 있을 것이다.

III. 성서적 대안: 예배의 내용을 중심으로

하나님을 알게 된 인간은 때론 자신의 기도를 통해 때론 공동체의 예배를 통해 끊임없이 하나님과의 영적 소통을 시도하게 된다. 이것이 우리로 하여금 자신에게 맞는 예배를 찾도록 하며 또한 예배 자체에 대한 개선을 도모하게 한다. 그렇다면 이제 예배에서 갖추어야 할 내용을 성서는 무엇이라고 말하고 있는가를 좀 더 구체적으로 찾아볼 필요가 있다. 성경은 예배에서 있어야 할 내용을 다음과 같이 네 가지로 말하고 있다.

첫째, 하나님의 임재, 쉐키나(שכן, 솨칸)가 있는 예배여야 한다. 즉, 하나님의 나타나심(현현), 하나님의 구름이 덮이는 예배이어야 한다. 출애굽기 40장 34-35절은 모세가 성막 건립을 완성하자 회막에 하나님의 임재가 구름과 같이 나타났다고 보도하고 있다. 이스라엘 백성들이 성막을 완성했을 때 구름이 그 위에 덮이고 하나님의 영광이 성막에 충만하였다. 이것은 하나님의 임재를 상징하는 것으로 이스라엘에 대한 하나님의 보호하심을 확증하는 것이다. 출애굽기에 나타나는 하나님의 임재는 성막을 덮고 있는 구름에 의해 차별화된다. 구름은 성막을 덮을 뿐 아니라 이스라엘 백성들의 행군을 진두지휘하는 역할도 했다. 하나님의 임재는 단순히 함께하심이 아니라 동적으로 이스라엘의 역사를 주도하시고 이끌어가심을 의미한다. 이것은 당시 부족의 토착신 성격을 띠는 고대 근동의 종교와 다른 점이다. 하나님은 역동적으로 인간을 끌어들이시고 자신의 계획에 의하여 목적을 완성하시는 분이므로 인간의 역사는 어떤 경우도 하나님의 계획을 벗어날 수 없음을 깨달아야 한다.

또한 열왕기상 8장 10-11절의 솔로몬의 성전 봉헌식 때도 하나님의 구름(임재)이 있었으며, 에스겔이 말하는 미래의 성전(겔 40-48장)은 그 땅에 하나님의 영광이 빛난다고 하였는데 여기서 영광이란 하나님의 현현을 나타내는 임재를 뜻한다. 이와 같은 예들은 구약성서가 말하는 예배의 전형(모델)들이다.

두 번째, 예배에 있어야 할 요소는 느후스단(Nehushtan, 놋조각)(왕하 18:1-4)의 회복이다. 느후스단은 예루살렘성전에 안치되어 있던 놋뱀의 이름이다. 이것은 원래 모세가 만들었던 것인데, 이스라엘 자손이 그 당시까지 예배의 대상물로서 분향하였다.[6] 놋뱀은 모세 시대에 광야에서 불뱀에 물렸을 때 고침을 받기 위해 만든 구원의 징표였다(민 21:4-9). 그러나 이것을 부수지 않고 보관하고 있다가 세월이 흐르면서 놋뱀의 본래 의미는 상실하고 우상화되었다. 유다왕국의 가장 위대한 왕 중의 하나인 히스기야는 특히 하나님과의 바른 관계 맺기에 힘쓰는 왕이었는데 하나님이 싫어하시는 일을 일소하던 중, 종교 개혁을 위하여 이것을 부수어버렸다(왕하 18:4). 예수님은 친히 자신이 십자가에 달려 돌아가실 것을 놋뱀에

---

6 출애굽하여 가나안으로 가던 도중 에돔 땅을 통과하지 못하고 우회하게 되자 이스라엘 백성들은 모세와 하나님에게 불평하게 되었다. 그러자 하나님은 불뱀들을 보내어 그들을 물게 하셨다. 그러나 그 후 하나님은 백성들을 긍휼히 여기시어 놋뱀을 만들어 장대 위에 달아 그것을 쳐다보는 자에게 구원의 기회를 열어주셨다. 불뱀과 놋뱀은 징계와 사랑이라는 하나님의 두 가지 속성을 극명하게 드러내준다(민 21:4-9).

비유하셨다(요 3:14). 놋뱀을 보는 자가 구원을 얻었듯이 십자가에 달리신 예수 그리스도를 믿고 바라보는 자들만이 구원을 얻고 영생을 소유할 수 있다. 또한 구약의 5번째 사사요 300명의 용사로 미디안을 격파하고 40년간 평화를 가져오게 한 사사 기드온이었지만 말년에 결정적인 실수로 말미암아 사후에 그와 그 집안의 올무가 되었다. 기드온은 금 약 20kg(1700세겔)을 전리품으로부터 취하여 에봇(대제사장 복장 중 하나)을 만들어 자신뿐 아니라 이스라엘 백성들을 우상숭배로 전락하게 만든 책임에서 벗어날 수가 없게 되었다. 이와 같이 구약의 지도자나 사사들도 한때의 미혹함을 받아 실족하여 씻을 수 없는 우상숭배의 전례를 남기고 있음을 성서는 증거하고 있다. 현대 교회 목회자들은 이와 같이 되지 않을 것이라고 장담할 수 없다. 현대는 고가의 멀티미디어 및 오디오 음향장비, 의복, 잘못된 간증과 진리를 대체하는 많은 것들이 있어 모세의 놋뱀과 기드온의 금 에봇보다도 더 많은 우상숭배의 기회가 주어질 수 있다. 따라서 오늘날 예배가 가지고 있어야 할 내용은 잘못된 예배의 대상물을 제자리로 돌려놓는 것이다.

세 번째, 예배에는 두 개의 축(기둥, pillars)이 있다. 구약시대 솔로몬 궁에는 청동을 녹여 만든 높이 18규빗(약 810m), 둘레 12규빗(약 540m)인 커다란 놋 기둥이 두 개 있었는데 하나는 야긴('저가 세우리라'는 뜻)이라는 이름으로, 다른 하나는 보아스('그에게 능력이 있다'는 뜻)라는 이름으로 불렸다(왕상 7:21). 이 기둥들이 말해주는 메시지는 하나님의 성전은 하나님께서 세우실 것이고 그 능력은 오직 하나님께 있다는 것이다. 여기에서 놋 기둥은 성전의 주인이신 하나님은 불변하시는 분이시고 성결하시고 거룩하신 분이라는 것을 상징한다(출 28:36). 그러므로 거대하고 변치 않는 솔로몬 궁에 놋 기둥을 세운 의도는 이것을 볼 때마다 백성들은 하나님이 진실하신 것과 같이 진실한 삶을 살아야 한다는 것을 깨달으라는 것이었다고 한다. 그러나 신약시대에 들어오면서 성전의 기둥은 이제 놋 기둥이 아니라 은혜와 진리의 두 개의 축만이 존재할 뿐이다. 그런데 현대 교회의 예배는 지나칠 정도로 은사주의와 은혜의 기둥에 쏠려 있어 진리(말씀)의 축이 침묵하고 있다. 따라서 예배의 축이 은혜 중심에서 진리 중심으로 이동해야 할 필요가 있다. 진정한 영적 예배란 은혜와 진리 둘 다 충만한 예배를 뜻한다.

"말씀이 사람이 되셔서 우리와 함께 계셨는데 우리는 그분의 영광을 보았다. 그것은 외아들이 아버지에게서 받은 영광이었다. 그분에게는 은총과 진리가 충만하였다."(공동번역, 요 1:14)

또 다른 예로서 느헤미야서 8장에서 보도되고 있는 수문 앞 광장의 초막절 예배를 들어보자. 에스라가 수문 앞 광장에서 말씀을 읽자 이스라엘 백성들은 하나님의 말씀 앞에 무릎을 꿇어 부복하였다. 그리고 손을 들어 말씀으로 인한 감동을 표현하였으며, 그들이 진리에 의해 감동을 받았을 때는 눈물을 흘리기도 하였다(느 8:8). 오늘날 현대 교회 예배는 에스라가 주도했던 예배처럼 진리에 대한 깊은 해석도 없고, 감동도 일어나지 않는다. 에스라의 예배는 결과적으로(스 9:1-3) 백성들의 삶에서의 변화를 이끌었으며, 이 예배는 그 축을 은혜 중심에 두지 않고 말씀 중심에 둔 것이었다. 즉, 말씀의 진리가 공동체 구성원의 삶 속에 진정으로 체화(embodiment)된 것이다. 체화되었다는 것은 전인적 인식작용을 통해 말씀의 의미와 그것의 실천이 구체적이고 확실하게 경험되어 말씀이 자신의 몸에 거하는 상태를 말한다.

네 번째 예배에 있어야 할 내용은 가르침(didache)이다. 역대하 34장 14절은 종교개혁으로 유명한 요시야 왕이 그의 선조 때 잃어버렸던 율법책을 발견하는 사건을 보도한다. 같은 본문 8절에서 27절을 보면, 당시의 종교적 상황은 할아버지 므낫세왕으로부터 아버지 아몬왕에 이르기까지 이스라엘의 우상숭배로 인하여 여호와의 종교가 파괴되고 있었음을 알 수 있다. 요시야왕 18년째 되던 해에 성전을 수리할 때, 제사장 힐기야가 모세를 통해 전해진 율법책을 발견하게 되었다. 이것은 실로 57년 동안 잠자고 있었던 말씀의 침묵이 깨어진 사건이라고 할 수 있을 것이다.[7] 이때 요시야왕은 비로소 그동안 자기 민족이 여호와로부터 왜 버림을 받았었는지를 깨닫게 되었다. 그 이유는 선조의 과오로 인하여 하나님 말씀이 읽혀지지 않고 들려지지 않았던 것 때문이라고 생각하였다. 이로 인하여 요시야 왕은 말씀의 진리를 체득하면서 깨달음이 왔고, 국가의 운명까지도 바꿀 수 있었던 왕으로 지금까지 기억되고 있다(대하 34:30-31). 한국교회도 혹시 하나님의 말씀을 잊어버린 채 살아가고 있지는 않는지 반성해보아야 할 것이다.

예배에 참여하는 회중들은 의식하지 못하지만 자세히 예배를 들여다보면 예배 자체는 그 시작에서부터 끝까지 다양한 영역에서 교육을 하고 있다고 볼 수 있다. 공 예배(public worship)로서 예식은 예배에 사용하는 다양한 상징(십자가, 설교단의 스톨, 촛대 등)들이 어떤 용도로 사용되고 있는지, 왜 스톨의 색깔은 절기마다 바뀌는지, 그 색은 어떤 의미가 있는지, 예배 인도자의 몸 언어(body language)와 성가대의 아멘코드와 송영의 의미, 성만찬에서 떡과 포도주의 의미, 그것을 받아먹을 때의 마음가짐, 기도하는 법, 헌금의 종류와 헌금 태도, 설교 듣는 방법과 자세, 주기도문을 암송하는 이유와 그 유래와 의미, 사도신경의 암송 이유, 축도의 내용(고후 13:13)이 주된 예배의 순서이다.

예배 후의 인사와 교제, "예배 후 예배"로서의 성경공부 등과 같은 많은 예배의 내용들에 대한 교육은 때론 무언적으로 때론 의도적으로 언어를 사용하여 예배 속에서도 실시될 때가 있지만 대부분 잠재적 교육과정(latent curriculum)처럼 예배 참여자 스스로 우연한 호기심으로 또는 자발적 학습 동기로 인하여 일어나고 있다. 예배 드리는 성전은 각기 다른 학습의욕과 동기를 가진 다양한 연령의 회중들이 때론 의도적으로 때론 우

7 대하 33:1, 21 참조.

연히 발생하는 중요한 신앙교육의 장이 된다. 그러므로 주보의 설교의 내용부터 모니터의 영상 이미지 하나 하나까지도 회중을 교육시키는 중요한 교육내용임을 인식하며 철저하게 예배를 준비해야 한다. 이런 맥락에서 필자는 예배를 교회가 전 교인을 대상으로 전인격적 교육을 실시하는 아주 좋은 기회라고 보는 것이다. 설교하는 목사들은 그러므로 설교시간을 자신의 카리스마를 과시하는 시간으로 삼기보다는 차분히 계획을 세워 단계별로 기독교의 기본 교리를 설교하거나 신앙을 성장시키는 디다케로 삼아야 할 것이다.

Ⅳ. 결론

지금까지 한국 개신교 예배의 위기의 실상과 그 대안으로서의 예배의 기본 정신과 내용을 성서적 관점에서 논의하였다. 이것을 토대로 기독교 교육학자의 안목에서 다음과 같이 예배 위기를 재정의하고 가능한 개선점을 결론으로 제시하고자 한다.

첫째, 말씀의 침묵(silence of the Word)이다. 오늘날 교회의 설교단은 성서의 진리보다는 삶의 증거에 더 많은 시간을 할애하고 있다. 이것을 필자는 성서 또는 말씀의 침묵이라고 표현하였다. 교회의 설교단에서 케리그마(kerygma)의 선포보다는 사회적 윤리에 대한 설교가 더 많이 설파되고 있다는 말이다. 케리그마, 즉 기독교의 기본 사상이요 교리의 핵심인, 하나님의 창조와 인간의 죄, 그리스도의 오심과 십자가의 구속사건 그리고 그의 부활과 재림에 대한 말씀이 선포되는 것은 설교의 기본 축이며 아무리 강조해도 지나치지 않는 불변하는 설교의 core이다. 그런데 현대 교회 설교는 "어떻게-how to"에 대한 것에 그 중심을 내어주고 철학적 메시지 전달에 치중하면서 케리그마를 침묵하게 만들고 있다. 예수 믿는 신앙을 출세와 목적 성취의 도구로 격하시키는 원색적 신앙 간증과 개그쇼

(gag show)와 같은 여흥적 설교(entertaining sermon)는 대중에게 쉽게 다가가는 전도의 효과는 있을지 모르지만 신성한 설교강단까지 popularism에 잠식당하는 결과를 초래하고 있다. 시대의 변화에 따라 복음을 담아내는 그릇은 변할 수 있으나 그 속의 복음의 내용은 변하지 말아야 된다고 말해왔으나 결국 최근의 emerging church[8]의 현상을 보면 "media is message"라는 McLuhan의 말을 실감할 수가 있게 된다(McLuhan, 1994). 분명한 것은 제도적인 교회가 전통 고수라는 주장으로 예배를 지루하고 무겁게 만드는 것도 문제이지만, 초기 교회의 예수 공동체를 실현한다는 미명 아래 2천 년 기독교교회의 전통을 무시한 채 교회예배를 여흥과 비즈니스의 수단으로 이용하는 것은 분명 예배의 기본 정신인 케리그마의 선포에 반하는 행위가 될 것이며 이것은 성공하는 예배(하나님이 기뻐하시는 예배)가

---

8 Emerging Church는 21세기 포스트 모던 문화 내에서 예수의 방식을 실천하는 새로운 공동체 형태의 교회이다. Emerging Church는 18~19세기에 모이는 회중 교회의 형태처럼 교구 자체가 도시의(산업화된 유럽) 영적 욕구를 충족하기엔 적절치 못해 새로운 교회의 형태가 필요하다는 인식에서 등장하게 되었다. Emerging Church는 다음 3가지 특성을 지닌다. 첫째, 고대와 미래의 접목(ancient-future: 미국의 로버트 웨버가 창안해낸 신조어)을 지향하는 예배(worship)이다. '현대화'라는 명분보다는 역사적인 맥락을 되살리는 게 더 중요하다고 생각하기 때문에, 음악과 그림 등 다양한 미디어와 비주얼한 이미지(future)를 활용하되 여기에 그레고리안 성가 등 고대의 아이콘(ancient)을 접목한다는 것이다.

둘째, 교회의 의미 재정립이다. 교회의 의미도 건물이나 종교적 상징물이라는 공간적 의미에 국한되지 않으며, 상황에 따라 전혀 새로운 방식의 교회되기가 가능하다. 기존 교회와 이머징 교회를 각각 고체 교회(solid church)와 액체 교회(liquid church 또는 aqua church)로 비유하면서 이머징 교회는 주일 예배 공간이 반드시 교회당일 필요는 없다고 본다. 즉 거룩하고 세속적인 장소는 따로 있는 것이 아니라 카페, 술집, 집 등 특별한 빌딩이 아닐 수도 있다는 것이다. 실제로 미국에서는 여름에 해변에 다 같이 모여 예배를 드리고 식사도 하는 교회가 있다.

셋째, 라이프 스타일의 중요성 인지이다. 포스트 기독교 왕국 시대에서 교회 모임은 그 문화에 더 이상 원초적인 것도 복음의 신앙에서 필요한 것도 아니다. 차라리 공동체 그 자체의 실천이 교회 모임보다 더 중심이 되고 있다. 그들은 개인의 문제뿐만 아니라 사회의 문제에 깊이 관계하여 예수처럼 살아가려고 하며 빈곤, 성(性), 인종차별, 환경 문제, 어떤 예배에서는 정의와 환경 문제가 핵심이 되기도 한다.

될 수 없으리라는 것이다.[9]

둘째, 예배 신학에 대한 인식 부족이다. 필자의 기독교영성은 크리스마스와 더불어 시작되었다 해도 과언이 아니다. 성탄절의 교회는 예수를 믿지 않는 사람에게도 보는 즐거움과 듣는 기쁨과 나누는 흐뭇함이 복합적으로 경험되는 곳이다. 12월의 추운 날씨인데도 불구하고 필자의 어린 시절 겨울은 늘 따뜻하게 느껴졌던 것은 교회의 성탄절이 있었기 때문이다. 성탄의 계절이 오면 교회는 일 년 중 가장 멋있고 예쁜 장식과 옷으로 갈아입고 신자들과 행인들의 오감을 즐겁게 해준다. 예배는 기독교 절기에 따라 예전색을 바꾸고 교회 내의 장식과 예배 음악도 절기에 맞게 준비한다. 예를 들어 재의 수요일(Ash Wednesday),[10] 사순절,[11] 대림절[12] 절기에는 성직자는 가운 위에 스톨[13]을 걸치는데 예전색은 보라색으로 참회를 나타낸다. 이와 같이 예배는 교회력에 따라 예전학적 요소와 예물이 사용되는데 그 의미와 올바른 사용에 대해 대부분의 신자들은 잘 모르고 있으며 성직자조차 잘 모르는 경우도 있다. 이것은 한국의 신학교육에서 예전

9 성공한 예배의 전형: 히스기야의 임직 예배(대하 29:25-30).
실패한 예배의 전형: 민수기의 놋뱀 사건(민 21:4-9), 사사 기드온의 에봇 사건(예배의 개인화의 샘플, 삿 8:22-28), 웃시야의 성소의 향로 분향 사건(개인화된 예배는 하나님이 축복하지 않으심, 대하 26:16-21).

10 사순절의 시작을 알리는 교회력의 절기로서 가톨릭교회는 매년 열심히 지키는 절기 중의 하나이다. 재를 이마에 바르고, 죄를 고백함으로써 그리스도의 고난을 40일간 묵상하는 기간이다. 로마 가톨릭과 성공회, 감리교 등에서 지키고 있다.

11 사순절은 그리스도의 수난을 기념하는 교회력의 절기를 말한다. 부활주일 전의 40일의 기간 동안 지킨다. 이날에는 금식 등의 자기 절제와 회개를 한다. 영어로 Lent라고 하는데, 그 어원은 만물의 소생을 말한다. 그리스도의 수난을 통해 인류에게 주어진 영원한 생명(요한 3:16)을 의미하는 것이다.

12 대림절(待臨節, 영어: Advent, 라틴어 Adventus에서 유래) 또는 대강절은 성탄 전 4주간 예수의 다시 오심을 기다리는 교회력 절기다. 교회력은 대림절로 시작하기 때문에, 한 해의 시작을 알리는 의미도 있다. 대림절에 사용하는 예전색은 기다림을 뜻하는 보라색이다.

13 영대(stole): 옷을 뜻하는 헬라어 스톨(stole)에서 나온 말이다. 비단으로 만든 띠로서 목에 걸친다. 교회력 절기별로 색상이 달라진다. 그리스도에 대한 순종을 상징한다고 한다.

과 예배 신학에 대한 교육과정이 결핍되어 있음을 말해준다. 교회는 그의 회중에게 교회력과 예배 신학에 대한 기초를 가르칠 필요가 있다. 이제 한국 기독교는 외래 종교라는 테를 벗을 만큼 120년이 넘는 역사를 가지게 되었다. 뿐만 아니라 전 국민의 20%를 교세로 가진 명실공히 국민 종교 중 하나가 되었다. 한 종교의 예전은 그 종교의 전통을 함축적으로 말해주는 정체성의 상징이기도 이다. 따라서 대부분의 개신교 신자들이 개신교예배의 예전학적 기초 지식을 잘 인식하고 있지 못하다는 사실로 인해 교회는 한국 개신교의 전통과 정체성을 제대로 전승하고 있지 못하다는 비판으로부터 자유롭지 못할 것이다. 따라서 새로운 예배 모형의 개발도 중요하지만 한국 교회의 시급한 과제는 개신교적 영성을 전승하는 예전과 예배 신학을 체계화하여 교역자와 평신자 모두에게 올바른 예배 신학을 가르쳐 지키도록 하는 것이다.

세 번째, 안식일 신앙이 흔들리고 있다. Holy day는 없고 holiday만 있다는 말이 있다. 주일은 분명 홀리데이(holy day, 거룩한 날)이어야 하는데 그 주일이 오히려 할러데이(holiday, 휴일, 축제일, 일명 노는 날)가 되어버렸다는 풍자다. 서양에서 거룩한 날은 주님이 안식하는 날이요, 따라서 그의 피조물인 우리도 모두가 휴식을 취하는 축제일로서 유래되어왔다. 그러나 한국의 상황은 주일에 정부에서 실시하는 공인 시험을 치르는가 하면, 주일날 일을 시키는 회사가 최근까지도 존재하고 있다. 몇 년 전부터는 또 다른 복병이 나타났는데 그것이 주 5일 근무제와 주 5일 수업의 실시다. 교회마다 다양한 방법으로 주일 성수를 하도록 신자 관리에 역점하고 있으나 이전보다는 전반적으로 주일 예배 참석률이 눈에 띄게 떨어지고 있다. 어느 때보다도 신자들에게 예배의 정신에 대한 교육과 영적 재무장이 필요한 때이다. 거룩한 주일에 드리는 "예전 예배(liturgical worship)" 없이 크리스천의 "삶의 예배(worship of life)"가 가능한가? 근로제도의 변화는 역행할 수 없는 시대의 조류이다. 이러한 시류(時流)를 타고 새롭게 등장하는 전원(田園)교회, 리조트 교회, 골프장 교회, 카페 교회 등과 같이 우리의 상상을 초월한 emerging church가 나타났다간 사라지고 있다.

최근 미국 여론 조사기관인 엘리슨 연구소(Ellison Research)의 2008년 5월 조사에 의하면 이사나 근무지 이동 등으로 교회를 옮긴 사람들의 성향을 조사해본 결과, 교회를 옮긴 자의 35%는 전과 비슷한 예배를 드리는 교회를 찾아 이동했고, 29%는 전보다 더 현대 예배를 드리는 교회로 이동했으며, 흥미로운 것은 전보다 더 전통적 예배를 드리는 교회로 이동한 사람들은 36%로 가장 높게 나타났다는 것이다. 이 사실을 통해 미국 교회 회중들이 선호하는 예배스타일은 적어도 3가지로 유형화를 할 수 있을 것이다: 전통 예전 예배, 현대 예배, 두 가지를 혼합한 혼합 예배(mixed worship). 한국 교회 상황보다 반세기를 앞서 달려가고 있는 미국 교회의 동향을 보면 머지않아 한국 신자들에게도 이와 유사한 현상이 나타날 것으로 예측할 수 있다.[14]

넷째, 거룩함(the Holy)의 실종이다. 20세기를 빛낸 독일 신학자 중 한 사람인 루돌프 오토(Rudolph Otto)는 1917년 처음으로 『거룩의 의미(The Idea of the Holy)』라는 책을 저술하였다.[15] 그는 이 책에서 거룩을 초자연적 신비로서 the numinous라고 정의한다. 또한 오토는 the numinous를 비이성적, 비 감각적 경험이나 감정으로서 그것의 일차적 직접적 대상은 자아 외부에 존재한다고 설명한다. 여기서 그는 새로운 용어인 라틴어 numen, 즉 신성이라는 말을 만들어낸다. 오토가 말하는 the numinous는 라틴어로 mysterium, 즉 신비를 뜻한다. 이것은 두려움(tremendum)과 황홀(fascinans)

14 Ellison Research, Change in where people worship often result in changes of style, size, and theology, 2008. 5(www.ellisonresearch.com).

15 *Das Heilige–Über das Irrationale in der Idee des Göttlichen und sein Verhältnis zum Rationalen* (The Holy–On the Irrational in the Idea of the Divine and its Relation to the Rational, 신성의 개념에 있어서 비이성적인 것으로서의 거룩과 이성적인 것과의 관계). 20세기 가장 성공적인 독일 신학 저술 중의 하나로 손꼽힌다.

이 동시에 경험되는 것을 뜻한다. 출애굽기 3장 2-4절에서 모세는 신비에 이끌리고 떨기나무 쪽으로 가까이 갔으나 하나님의 얼굴을 보기가 두려워 얼굴을 가렸다. 이러한 행위는 존귀하신 하나님에 대한 인간의 본능적인 행동이다. 많은 선지자들도 하나님을 뵈올 때 이와 같은 행위를 취했다(왕상 19:13, 사 6:2). 인간은 신의 임재를 경험할 때 두려움과 황홀을 동시에 경험한 경우 모세처럼 그것을 거절하게 된다. 성경의 많은 곳에서 하나님의 신비에 이끌린 사람들은 하나님의 거룩함에 의해 소멸되지 않기 위해 경외심과 두려움으로 물러선다. 그러므로 오토가 말하는 것처럼 거룩함의 속성과 그것의 체험은 다음과 같은 세 가지 관점으로 이해할 수 있을 것이다.

첫째, 거룩은 하나님과의 동행이다. 창세기 5장 24절에 나오는 아담의 7대손이요 가인의 아들인 에녹은 하나님과 동행하며 죽음을 경험하지 않고 하늘로 올라가는 은혜를 입은 사람이다. 하나님과 동행하는 삶이란 하나님의 마음에 내 마음을 맞추는 것이다. 따라서 내 삶에서 내 뜻은 없고 오직 하나님의 뜻대로 살며 전적 순종과 오직 믿음으로 하나님을 기쁘게 하는 자로서 인정을 받는 삶, 그것이 바로 거룩에 있어서 동행의 관점이다(히 11:5). 성경에는 에녹 이외에도 하나님과 동행한 사람으로서 불의 마차를 타고 승천한 엘리야(왕상 19:10, 14)와 그리스도(막 16:19)가 계신다. 이들의 삶 속에는 언제나 하나님의 뜻만이 존재했었다. 그들의 삶 속에는 자유인으로서의 개인은 없었다. 언제나 하나님의 마음이 거하는 삶을 살았던 예언자와 메시아의 삶은 그 자체가 신비요 거룩이었다. 이들의 삶은 우리에게 하나님과 동행하는 삶은 죽지 않고 영원히 사는 영광스러운 세계가 존재한다는 것을 보여준 것이다. 그러므로 하나님께 전적으로 의지하고 따라가는 동행은 우리가 예배 속에서 경험해야 할 거룩의 임재요 하나님의 신비인 것이다. 한국 교회 예배에서 회복되어야 할 것이 바로 하나님과 동행하는 거룩의 경험, the numen의 회복이다. 우리의 예배가 에녹처럼 전적으로 하나님을 기쁘게 하는 예배가 될 때 하나님의 임재가 경험될 것이다. 이제 우리도 하나님과의 동행을 꿈꾸며 하나님의 마음에 나를 맞추는 예배의 거룩성을 회복해야 할 것이다.

둘째, 거룩은 두려움(terrifying)이다. 야곱은 아버지와 형을 속이고 장자권을 차지한 후 살던 곳 브엘세바를 떠나 하란으로 도망가던 중 루스에서 하룻밤을 지내게 되었다. 낯선 땅 루스에서 하나님의 음성을 들은 야곱은 "아, 여기까지 하나님이 계실 줄 몰랐다, 이 얼마나 두려운가?"라고 독백한다.[16] 교회만이 하나님이 임재하시는 곳은 아니다. 예배할 때만이 하나님의 거룩을 경험하고 느낄 수 있는 것은 아니다. 교회 밖에서 우리의 삶이 이동하는 곳이면 어느 곳이든 하나님은 우리와 함께 계시며 우리를 감찰하시고 우리의 기도를 다 들으신다. 이 얼마나 두려운 분인가? 어느 곳에서 드리는 예배라 할지라도 루스에서 야곱에게 나타나신 하나님은 오늘 우리의 예배에도 그 두려운 거룩함(terrifying holiness)을 드러내실 것이다. 우리의 예배가 참여하는 모든 사람들에게 이러한 두려운 거룩을 느끼고 경험할 수 있게 해야 한다. 하나님의 신비와 하나님의 임재가 드러나는 예배의 경건성을 되찾아야 한다.

거룩의 세 번째 관점은 거절(refusal)이다. 모세가 떨기나무에 가까이 갔으나 하나님이 두려워 그 얼굴 보기를 거절한 이유는 무엇일까? 하나님의 존재감은 두렵고 떨림 그 자체이다. 하나님 앞에 선다는 것은 황홀하고 영광스럽지만 그 존귀함에 인간은 본능적으로 두렵고 떨려 그 거룩함을 완전히 체험하기를 거부하게 된다. 그러나 이러한 두려움은 흉기를 가진 악의적인 세력 앞에서 위협을 느끼는 그런 두려움과는 차별화되는 고상한 두려움(noble tremendum)이다. 요셉이 천신만고 끝에 얻은 안정된 직업은 이집트 보디발 장군의 집사 역할이었다. 그런데 그의 젊은 아내가 욕정을 이기지 못해 끈질기게 요셉과의 동침을 요구하였으나 요셉은 이를 거절하여 누명을 쓰고 옥에 갇히기까지 하였다. 요셉은 말하였다. "이

16 창 28:16-7.

집에는 나 외에 아무도 없다. 그러나 나는 하나님께 득죄하지는 않겠습니다"(창 39:9-12). 사실 요셉은 주인의 부인이 요청하기 때문에 거절하기 무척 어려웠을 것이다. 또 요셉 자신도 혈기 왕성한 청년이므로 거절하기도 힘든 유혹이었을지 모른다. 그러나 요셉은 끈질긴 유혹에 빠지지 않고 단호히 거절함으로써 그의 몸과 마음에 하나님의 거룩을 모실 수 있게 되었다. 결국 그는 하나님께서 다시 사용하셔서 일국의 총리 대신이 되어 그의 꿈이 이루어지지게 된다. 그가 보여준 거절의 영성은 하나님의 거룩을 지키고 마귀의 유혹과 싸워 이기는 영적 무기였다. 하나님의 거룩한 임재를 내 안에 모시기(경험) 위해서, 즉 하나님과 동행하는 삶을 살기 위해서는 우리 모두 거절의 영성을 훈련해야 한다. 불의와 유혹에 대처할 수 있는 영성을 길러주기 위해 24,000명의 염병을 그치게 한 비느하스의 의로운 분노(하나님의 질투, 민 25:11)와 요셉처럼 거절할 수 있는 용기가 배양될 수 있도록 예배 속에서도 영성을 훈련시킬 수 있도록 해야 할 것이다.

끝으로 릭 워렌(Rick Warren)은 우리가 하나님께 항복할 때 더 강해진다고 하였다(Rick Warren, 2003, 103-111). 이 말에 고개가 끄덕여지는 이유는 우리의 삶을 하나님께 내어드리면 다른 것에 의해 항복당할지도 모른다는 두려움에서는 벗어날 수 있기 때문이다. 우리의 믿음이 가장 많이 성장할 때는 바로 우리의 삶이 바닥까지 내려가 무너지고 있는데 하나님은 보이지 않으실 때라고 말한다.

지금까지 한국 교회의 예배에 적신호가 켜졌다는 우려를 가지고 논의를 시작하였으나, 실상은 그 위기가 오히려 기회가 되기를 바라며 성서가 주는 지혜를 해석해보려고 노력하였다. 필자의 성서적 접근이 예배 위기를 회복하는 데 일조하기를 바라며 가인처럼 실패하는 예배자의 후예로 살지 말고 하나님이 기뻐하신 제사를 드린 아벨처럼, 하나님과 동행한 에녹처럼 살아가는 믿는 자들이 되었으면 한다. 그러나 모든 예배자는 아브라함처럼 무엇보다도 먼저 하나님을 예배하기 위한 단을 쌓고 야훼의 이름을 큰 소리로 불러야 할 것이다. Here I am to worship!

참고 문헌

Anderson, Ray S. (2006). *An Emergent Theology for Emerging Churches.* Downers Grove, IL: IVP Books.

Bailey, Robert W. (1981). *New Ways in Christian Worship.* Nashville, TN: Broadman Press.

Carson, D. A. (2005). *Becoming Conversant with Emerging Church: Understanding a Movement and Its Implications.* Grand Rapids, MI: Zondervan.

Conder, Tim. (2006). *The Church in Transition: The Journey of Existing Churches into Emerging Culture.* Grand Rapids, MI: Zondervan.

Cully, Iris V. (1967). *Christian Worship and Church Education*. Philadelphia: The Westminster Press.

Ellis, Christopher. (2004). *Gathering: a Theology and Spirituality of Worship in Free Church Tradition.* London: SCM Press.

Gibbs, Eddie and Ryan K. Bolger. (2005). *Emerging Churches: Creating Christian Community in Postmodern Cultures.* Grand Rapids, MI: Baker Academic.

Hunter, Todd. (2003). *Stories of Emergence.* Zondervan/Youth Specialties.

Kapp, Deborah J. (2004). The Portrayal of Pastoral Authority in Worship. *Liturgy,* 19, 4, 45-56.

Kimball, Dan. (2004). *Emerging Worship: Creating Worship Gatherings for New Generation*. Grand Rapids, MI: Zondervan.

Kimbel, Dan. (2003). *The Emerging Church-Vintage Christianity for New Generation.* Grand Rapids, MI: Zondervan.

Mandryck, Kara. (2004). Worship Wars or Worship Awakening? *Liturgy,* 19, 4, 39-44.

Mandryck, Kara. (2006). The Convergence Movement in Contemporary Worship. *Didaskalia,* 17, 2, 19-36.

McLaren, Brian. (1998). *A New Kind of Christian.* San Francisco: Jossey-Bass.

McLaren, Brian. (1998). *Reinventing Your Church.* Grand Rapids, MI: Zondervan.

McLuhan, M. (1994). *Understanding Media: The Extensions of Man.* The MIT Press.

Sweet, Leonard (2000). *Postmodern Pilgrims: First Century Passion for the 21st Century World.* Nashville, TN: Broadman & Holman Publishers.

______ (2004). *The Church in Emerging Culture: five perspective.* Grand Rapids, MI: Zondervan.

Tiplady, Richard (2008). Emerging Church?: New thinking about the church in Europe in the 21st century._*GLOBAL CONNECTIONS OCCASIONAL PAPER*, 28, *SUMMER.*

Warren, Rick (2003). "Forewords" in the *Emerging Church* written by Dan Kimball. Grand Rapids, MI: Zondervan.

Webber, Robert E. (2000). *Blended Worship.* Massachusetts: Hendrickson Publishers.

Yaconelli, Mike ed. (2003). *Stories of Emergence: Moving from Absolute to Authentic.* Grand Rapids, MI: Zondervan.

김도일 (2005). A Wholistic Christian Religious Education Approach to Postmodern Challenges Through the Insights of Leonard Sweet's EPIC Model. **미래교회 컨퍼런스, 미간행 자료집.**

김성기 (1992). **포스트모더니즘과 비판 사회과학.** 서울: 문학과 지성사.

김연택 (2000). **건강한 교회와 예배**. 서울: 도서출판 프리셉트.

김영한 (1998). **21세기 개혁신학**. 서울: 한국장로교출판사.

버틀러, 트렌드 C. (2003). **Main Idea로 푸는 누가복음.** (장미숙 역). 서울: 도서출판 디모데.

스콧트, W. 프랭크. (1984). **누가복음(하). 베이커성서주해.** (박근용 역). 서울: 기독교문사.

_____ (1984). **마가복음(상). 베이커성서주해.** (박근용 역). 서울: 기독교문사.

_____ (1984). **요한복음(상). 베이커성서주해.** (박근용 역). 서울: 기독교문사.

신국원 (2002). **포스트모더니즘.** 서울: 한국기독교학생회출판부.

이상근 (1975). **신약주해.** 서울: 영진출판사.

이성희 (1998). **미래목회 대 예언.** 서울: 규장문화사.

이정현 (2005). **개혁주의 예배학**. 서울: 샘터.

주승중 (2006). 고전적 가치를 지닌 믿음의 예배를 꿈꾸며. **목회와 신학**, 9, 66.

조기연 (1999). **예배갱신의 신학과 실제.** 서울: 대한기독교서회.

_____ (2002). 영상예배(멀티미디어 예배)의 예배학적 이해. **신학과 선교,** 27, 325.

_____ (2004). **한국교회의 예배갱신.** 서울: 대한기독교서회.

조성국 (2000). **열린예배, 무엇이 문제인가**. 부산: 고신대출판부.

채영남 (2006). **교회의 활성화를 위한 통합적 예배에 대한 연구**. 목회학박사학위논문, 장로회신학대학교 목회전문대학원, 124.

헨리, 메튜. (1975). 출애굽기. **메튜헨리 성서주석시리즈.** 서울: 기독교문사.

http://victoryatl.com.

http://www.daeshin-church.org.

http://www.dbc.org.

http://www.elizabethbaptist.org.

http://www.elizabethbaptist.org/new/home.html.

http://www.ellisonresearch.com.

http://www.northpoint.org.

http://www.onnuri.or.kr.

Abstract

Worship Crisis and Biblical Reflection in A Christian Educator's Perspective

Meerha Hahn
(Professor, Hoseo University)

This article has addressed two issues on the crisis of worship currently emerged from the Korean church and presented some thoughts and ideas for helping the churches improve their worship. Two issues are: first is the believers' attitude coming to the church whether it is to attend or to participate. Second, it is the quality of the worship service in which the function of didache is neglecting. The best way to seek the resolution is to find some truths from the Bible. The spirit and the content of worship in the biblical perspective are to reinterpret in relation to the issues.

As for the spirit of worship, four biblical ideas are presented. First, the divine awe is to recover as referenced in Exodus 3:5. Second, self-surrender is to emphasize when we worship God as it is sampled in the story of Samaritan woman talking with Jesus at the well. Third, offering in the worship must be presented as personal devotion as in the story of Mark 14:3, a woman who broke the alabaster jar for anointing Jesus. Fourth, the spirit of kneeling is to enlighten the way in which worshipper give thanks. The story of the Samaritan leper who sincerely gave thanks to Jesus after healing in Luke 17:11-16.

Four biblical elements of worship need to be strengthened in order to improve the current situation. They are the presence of God, the recovery of Nehushtan (Numbers 21:4-9), the balance of two pillars of worship (grace and truth), and didache (teaching of the Word).

Lastly, the four crisis of worship are readdressed: silence of the Word, lack of liturgical theology, shaking faith foundation of the Lord's Day, and the idea of the Holy is neglecting. As Rick Warren said, we get stronger when give in ourselves to God. Today, to worship God seems complicated. However, we always keep in mind, with raising our hands and say, "Here I am to worship," God will be in our hearts.

Key words: worship crisis, Biblical elements of worship, Korean church, didache, Christian education

기독교대학의 예배에 대한 창의적 접근 : 채플 교육과정의 개발 및 평가*

한미라 (호서대학교 교수)
mrhan@hoseo.edu

Ⅰ. 서론: 대학채플의 최근 동향

기독교학교의 예배가 인간의 법정에서 기독교인이 아닌 학생들의 종교 선택권을 침해했다는 이유로 그 정당성을 심판받아야 한다는 사실에 대해 복음적 크리스천들은 극단적으로는 종교탄압으로까지 생각할 수도 있을 것이다.[1] 그러나 진보적인 크리스천들은 이러한 비판을 생산적으로 수용하여 신세대의 눈높이에 맞는 기독교학교 채플로 거듭날 필요가 있다

* 본 논문은 한국기독교교육정보학회 2009년 춘계학술대회(2009년 5월 23일, 총신대학교)에서 발표하였던 논문을 수정/보완한 것임.

1 2008 종교자유정책연구원 심포지엄 자료집
http://www.kirf.or.kr/nkn_include/nknfiledn.php?uid=60&tb=nkn_indataboard&head=nkn_indata에서 2009. 5. 10 인출.
이정훈 (2007), UN 권고안과 채플 수업을 통한 인권침해
http://www.kirf.or.kr/nkn_include/nknfiledn.php?uid=41&tb=nkn_indataboard&head=nkn_indata에서 2009. 5. 12 인출.

는 의견을 제기한다(이필은, 2008).[2] 90년대부터 가열되기 시작한 대학생들의 채플에 대한 불만, 시위, 법정 투쟁 등에 대해 기독교 학교들은 기독교 사학을 흔들려는 저의라며 강경 대응하면서도, 동시에 이런 현상이 학교채플을 돌아보게 하는 중요한 계기가 된 것은 분명하다. 교육소비자의 요구를 수용하지 않고는 그 어떤 것도 한국사회에서는 생존하기 어렵다는 사실이 채플이라고 해서 예외는 아니었다.

21세기로 들어오면서 확실히 기독교대학의 채플은 많이 달라졌고, 그 변화는 지금도 현재 진행형이다. 문화 채플이란 용어가 도입되기 시작하면서 채플의 컨텐츠는 연극, 뮤지컬(명지대 채플), 영화(호서대 영화채플), 컨서트, 무용(이화여대 채플) 등과 같이 다양한 예술의 옷으로 갈아입기 시작하였다. 또한 명사들이나 연예인들이 초대된 특강을 마련하거나 유명한 스포츠 스타들이나 역경을 이겨낸 인간 승리자들에게도 설교단에 설 수 있는 기회를 주기도 한다(정종훈, 2005).

오래 전 기독교학교를 졸업한 사람들은 채플을 추억하는 것으로 찬송가, 주기도문을 대부분 기억한다. 그러나 요즘 대학 채플에서 성경은 거의 읽혀지지 않으며 회중의 찬송가소리 대신 CCM 밴드의 노래 소리만 들린다. 일부 대학생들은 기도할 때도 눈을 뜨고, 심지어 휴대폰을 사용하기도 한다. 설교시간에 화장을 고치는 여학생이 있는가 하면, PDA로 메일을 체크하거나 인터넷을 하는 사람, 아예 다른 책을 보거나, 잠을 자는 학생들도 있다. 교계 원로들은 기독교대학이 더 이상 mission school이 아니라며 예배의 기본 정신이 실종되고 기독교 사학으로서의 선교 사명이 망각된 지 오래라고 우려한다. 현대 사회에서 기독교대학의 채플은 선교형(예: 한동대학[3]), 생존형, 이 둘의 절충형(예: 호서대학교)의 세 가지로 크게 나눌 수 있

2 조은식 (2007. 2), 변화하는 청년, '문화 목회'로 사로잡아라, 크리스찬 헤럴드, http://www.christianherald.tv/wz_np/section/view.asp?tbcode=sec03&cseq=1&seq=1043에서 2009. 5. 10 인출.

3 한동대학 비전 2020 선언문 참조: "하나님의 방법으로 하나님의 인재를 양성하는 하나

을 것이다. 대학을 선교의 거점화 또는 교회화하려는 대학이 있는가 하면, 대학의 현실적인 문제를 보다 더 중요하게 여기며 명문대로의 비상과 졸업생의 취업을 위해서라면 기독교 신앙의 훈련을 다소 희생시키는 것은 불가피한 조치일 수밖에 없다는 입장은 생존형의 학교이다. 흥미로운 것은 기독교 학교 대부분은 채플 또는 예배를 정규 교육과정 상에서 행하고 있다는 것이다.

하버드나 프린스턴 대학교 같은 세계적인 명문대학도 처음에는 기독교대학으로서의 분명한 정체성을 가지고 시작하였다. 그러나 최근의 이 학교들의 소개에서는 그 어느 곳에서도 기독교 설립정신을 찾아보기는 힘들다. 하버드 대학교의 chaplain's office는 에큐메니칼 사역을 표방하며 26개 종교 기관 및 단체로부터 총 40명의 chaplain들을 임명하고 있다.[4] 이런 맥락에서 chaplain은 더 이상 교목이라고 부를 수 없으며 성직자가 더 적절할 것이다. 이들은 학생들의 신앙상담에서 개인적인 심층상담까지 담당하고 있고 학교로부터 적지만 종교 활동을 위한 예산지원도 받고 있다. 프린스턴 대학은 세계에서 세 번째로 큰 대학채플을 가지고 있으면서도[5] 다종교배경을 가진 학생들을 위해 office of religious life(종교생활지원처)를 설치하고 있으며, 이 부서 하에는 가톨릭, 유대교, 힌두교, 무슬림교 등과 같은 다양한 종교의 성직자들이 함께 사역하고 있다.[6]

21세기 서구 기독교대학들은 건물로서의 채플은 있으되 그 내용은 이미 기독교적 전통에서 많이 멀어졌다는 것이다. 한국보다 100년 이상 앞선 서구 기독교대학의 현주소는 어쩌면 한국 기독교대학의 미래가 될지

님의 대학, Why not change the world/ 기독신앙에 기초한 학문적 탁월성과 전인교육을 추구함으로써 세상을 변화시키는 글로벌 리더를 양성한다." 2020년 전 세계 기독교대학의 모범이 될 것이다.

4 www.chaplains.harvard.edu에서 2009. 5. 18 인출.

5 http://www.princeton.edu/religiouslife/index.xml에서 2009. 5. 15 인출.

6 http://www.princeton.edu/religiouslife/find-a-religious-home/campus-ministries에서 2009. 5. 15 인출.

도 모른다. 그럼에도 불구하고 한국 기독교대학들은 기독교 신앙 전통을 지키기 위해 안간힘을 쓰고 있다. 몇몇 서구의 기독교대학들은 '버림의 고통'을 극복하고 세계적인 명문대학들이 되었다. 그 속에는 대학의 채플도 많은 변화를 겪었을 것임을 어렵지 않게 짐작할 수 있다. 그 결과, 지금 이러한 기독교대학들에게 채플은 부수적 교육과정(extra-curriculum)으로서 학생생활지도의 중요한 부분으로만 존재하고 있는 것이다.

본 연구자의 조사에 의하면 2007년 현재 한국 기독교대학의 기독교 신자와 비신자 학생의 평균 비율이 최고 8:2(한동대)인 곳도 있지만 평균적으로 볼 때는 3:7 정도라고 볼 수 있다.[7] 이것을 도전적으로 받아들인다면 기독교대학들은 복음을 전할 수 있는 절호의 기회를 만났다고 말할 수 있을 것이다. 그럼에도 불구하고 21세기로 접어들면서 기독교대학에 불어닥친 두드러진 변화는 채플의 세속화와 예배 정신의 실종이라 할 수 있을 것이다. 90년대 초 신학대학이 종합대학으로 변화됨으로 인해 발생된 현상 중에 가장 바람직하지 못한 것은 비신자나 타종교인까지도 의무적으로 채플에 참석하게 된 것이다. 이로 인해 비신자 및 타종교 학생들의 채플에 대한 거센 비난과 법적 대응도 최근 빈번하게 일어나고 있다. 이제 結者解之로서 기독교학교 스스로가 채플의 실종된 정신을 회복하기 위한 자구책을 찾아야 할 것이다.

본 연구자가 교목실장으로 재직하기 오래 전부터 학생들의 채플에 대한 불만은 끊임없이 제기되어왔다. 보다 근원적으로 그 불만을 해결하기 위하여 먼저 그들을 불만하게 만드는 요인을 조사하기로 하였다. 2007년 총 3회에 걸쳐 채플 참석자 1,811명을 대상으로 채플의 개선할 점과 만족도를 조사하였다.[8] 이 조사 결과[9] 중 본 연구자의 관심은 예배의 핵이라

---

7 한미라 (2007), 기로에 선 기독교대학의 채플: 문제점과 개선방향, 『기독교교육정보』, 18집, 90. 최저 22.5%에서 최대 43.4%에 이른다. 크리스찬 투데이에서는 한동대의 경우 개신교 학생 비율이 80%에 이른다고 보고한다(https://cttv.christiantoday.co.kr).

8 그 결과는 한미라 (2007), 기로에 선 기독교대학의 채플: 문제점과 개선방향, 『기독교교

할 수 있는 설교에 대한 학생들의 요구와 반응이었다. 또한 타 대학의 채플 관련 조사 중 설교 부분도 함께 비교하였다. 결론적으로 말하면, 대학생들은 전반적으로 채플의 꽃인 설교에 집중하지 않는 것(57.3%)으로 나타났다(정종훈, 2002, pp. 72-73). 그 이유는 설교가 너무 장황하고 듣기 원하는 주제가 아니기 때문이다(정종훈, 2002, pp. 74-77). 그렇다면 설교에 대한 학생들의 관심을 회복시킬 수 있다면 말씀에 귀를 기울이게 할 수 있을 것이라는 점을 착안하게 되었고 본 연구자는 설교를 위한 교육과정 개발에 착수하게 되었다. 설교를 위한 교육과정이 곧 채플의 교육과정이다. 왜냐하면 설교의 주제가 주어지면 그것에 따라 찬양, 기도, 멀티미디어의 선택이 모두 다 영향을 받기 때문이며, 채플의 순서가 모두 그 주제에 초점을 맞추어 하나의 교향곡처럼 연주될 때 학생들이 체감하는 채플 만족도는 높아진다는 것이다. 연구자의 전제는 교수자가 학생들에게 syllabus를 제공하는 이유와 같다. 학습자가 syllabus를 지도(map) 삼아 교수의 지도(guidance)에 따라 자신의 학습계획을 세우듯이 종교적 경험으로서의 채플도 일련의 scope와 sequence를 가지고 계획되고 있다는 것을 학습자들이 인지하도록 하는 것은 채플에 대한 동기와 만족도를 높이게 된다는 것이다.

육정보』, 18집, 69-111에 자세히 설명하였다.

9 본 연구자의 선행연구의 설문조사 결과는 개신교 신자 비율, 채플의 목표에 관한 인지도, 채플/찬양/음악/멀티미디어 활용에 대한 만족도, 듣기 원하는 특강 주제, 원하는 강사 순위, 채플 이수에 관한 의견, 기억에 남는 채플, 채플 개선 방법, 채플을 통해 받은 영향, 채플 개선에 대한 의견 등이다.

II. 채플 교육과정의 개발

호서대학교 채플에서는 2007년부터 2008년까지 2년 동안 대학채플로서는 최초로 4학기의 채플 커리큘럼을 개발하여 시행하였다. 기독교대학의 설립 정신의 함양과 인성교육의 관점에서 볼 때, 2007년 이전의 채플은 설교자나 강사에게 주제를 자유롭게 맡김으로써, 한 학기를 단위로 보았을 때, 내용의 체계나 연계성이 없으므로 정기적으로 말씀을 듣는 학생들에게 교육적 효과를 기대하기 어려운 점이 있었다. 연구자는 채플 커리큘럼의 개발 필요성을 절감하고, 4학기의 설교 주제를 개발하여 직접 시행하게 되었다. 개발하는 설교의 주제는 주간 단위로서 캠퍼스와 강사와 채플 시간에 관계없이 한 주간의 설교의 주제는 적어도 통일될 수 있는 장점이 있다. 또한 설교 주제를 사전에 설교자와 강사에게 주지시켜 목적 있는 채플을 운영할 수 있는 시스템을 세울 수 있다.

교육과정을 새롭게 개발할 때 가장 먼저 해야 결정해야 할 일은 교육과정의 운영기간이다. 한국의 대학은 대부분 학기제이고 또 채플 의무 이수 시기가 1~2학년이므로 총 이수 학기는 4학기가 된다. 따라서 개발해야 될 교육과정의 대 주제는 4개가 되는 것이다.[10] 다음은 학기별 하위주제를 정해야 한다. 채플은 한편으로 보면 영성 교육이요 정신교육이다. 기독교대학의 정신교육의 방향은 대부분 그 대학의 설립이념에서 찾아진다. 예를 들어 호서대학교의 건학이념은 두 개의 기둥으로 설명되는데, 그것은 바로 기독교정신과 벤처 정신이다. 그러나 호서대의 채플에서는 학교의 정신적 기초가 되는 이 두 개의 요소가 본격적으로 가르쳐지지 않고 있었다. 따라서 본 연구자는 호서대의 두 개의 기둥인 기독교 정신과 벤처 정신을 융합하는 주제들을 개발하기로 하고 이것을 다음 그림 1과 같이 개념화하였다.

10 기독교대학마다 다양한 학기로 운영되고 있기 때문에, 일원화할 수는 없을 것이다. 따라서 연구자가 속한 호서대학교를 기준으로 논의하고자 한다.

1. 채플의 대 주제: 교육과정의 4요소 3차원

1) 채플의 대 주제: 교육과정의 4요소, 3차원

호서대학교가 지향하는 기독교적 인성교육의 4요소(기독교 정체성, 기독교 리더십, 기독교적 벤처정신, 기독교 삶의 양식) 3차원(개인적, 공동체적, 세계적 차원)을 도식화하면 그림 1과 같다.

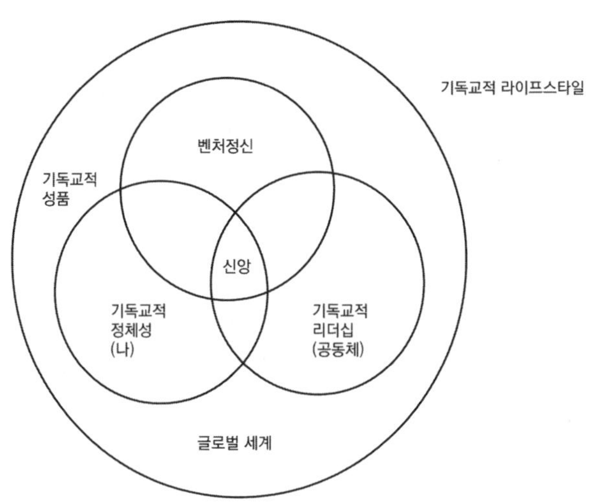

그림 1. 호서대 채플의 교육과정 대 주제 (4요소×3차원)

그림 1에서 보이는 것과 같이 4학기 이수 학기에 맞추어 기독교정신과 벤처정신은 4개의 대주제로 구체화하였다. 구체화하는 준거는 "me-community-global(나-공동체-세계)"의 3차원(dimension)으로서 이것은 나 자신을 먼저 알고, 공동체와 전 지구적 세계를 위해 꼭 필요한 인재(리더)가 되도록 교육하는 것이 바로 대학의 영성 및 정신교육의 목표라고 보는 것이다. 이러한 3차원은 매 설교 시마다 설교의 내용을 실제 삶에 적용시킬 때 활용해야 하는 중요한 요소(applications for 3 dimensions)이다.

본 연구자의 관찰에 의하면 대부분의 설교자가 개인적 차원과 공동체를 위해서는 적용을 잘하는 편이다. 그러나 글로벌 차원에 있어서는 능숙하게 하는 설교자가 별로 많지 않았다. 한국 설교자들이 글로벌 의식이 빈약함을 알 수 있는 대목이다. 글로벌 의식이 없는 설교자가 21세기 대학생들에게 글로벌 비전을 준다는 것은 역부족일 것이다.

이와 같은 준거에 입각하여 개발된 4개의 대주제를 1학기부터 차례대로 시행하였으며, 이들 주제 간의 계열성을 고려하여 배열하였다. 첫째, 기독교정체성은 말 그대로 대학초년생에게 가장 중요한 발달과제이기도 하다. 성인의 문턱에서 모든 젊은이들은 같은 질문을 물어야 한다. "나는 누구인가? 나는 기독교인인가? 그렇다면 기독교인으로서의 나는 누구인가?" 물론 비신자들에게도 종교성만 배제하고 같은 질문을 할 수 있다.

2학기는 리더십에 대해 고민한다. 리더란 어떤 자이며, 나는 리더가 될 수 있을까? 어떻게 해야 리더십을 기를까? 나의 리더십의 모델은 누구인가 등에 관한 것을 생각하게 하고 리더로서의 영성을 기르도록 훈련한다. 중요한 것은 최근의 리더십의 경향이 남을 지배하거나 영향을 주는 리더십보다는 추종자와 더불어, 함께 일하며 그들에게 꿈을 심어주는 리더십이므로, 이에 초점을 맞춰 소주제들을 개발하였다.

3학기는 본교의 건학정신인 벤처정신을 기독교적으로 해석할 수 있고 적용할 수 있는 능력을 배양하기 위한 주제이다. 비단 기독교인이 아니더라도 이 주제 하에 포함되었던 견인 불굴, 자기 극복, 도전 정신과 자기 책임 등과 같은 벤처 정신의 요소들은 기독교 정신이면서 동시에 종교를 초월하여 공감대를 줄 수 있는 공통된 주제이므로 채플 설교에서도 무난하게 다룰 수 있는 주제인 것이다.

4학기 마지막 주제는 정체성과 리더십을 배우고 벤처정신으로 무장한 우리들의 청년들이 이제 실제로 현실세계에서 구체적으로 삶과 대면하는 방식을 제시하고 적용하도록 돕는 주제이다. 아무리 사상이 건전하고 고상해도 그것을 삶 속에서 실천하지 않는다면 죽은 사상일 수밖에 없다. 벤처 정신은 배운 것은 반드시 실생활에서 활용하며 생활을 이롭게 하는 동시에 실리와 성과를 창출해야 한다고 말한다. 그러기 위해서는 우리는 성실하고 정직하며, 남보다 창의적인 사고로 시대의 필요를 읽고 앞서가야 한다. 그래서 공동체와 인류에게 유익한 인재가 되어야 하며 그로 인해 전 세계가 더욱 편리하고 행복한 사회가 되는 것이다.

벤처는 모험심이요 탐구심이요 창의성에 그 생명이 달려 있지만 동시에 본질적으로 믿음에 기초하고 있는 것이다. 예수가 구세주라는 것을 믿는 1세기 당시의 사람들에게는 그 자체가 벤처였을 것이다. "나를 따르라"는 예수의 말 한마디에 고기 잡는 그물을 다 던져버리고 그를 따랐던 베드로 외의 제자들은 분명 벤처 정신이 풍부한 자들임에 분명하였다(마 4:19; 막 1:17). 그들의 예수를 믿는 믿음은 전적 믿음이었다. 본 연구자는 벤처정신은 기독교 정신과 그 본질에서 같다고 본다. 오직 믿음으로 구원을 얻는다는 생각도 당시로서는 정말 허황된 말일 수도 있고 사기일 수도 있었다. 그래서 예수가 갈보리산에서 십자가 형틀에 매달렸을 때, 구경꾼들의 야유는 "하나님의 아들 구세주라면, 당신이나 먼저 구원하라"는 것이었다(마 27:40-42; 막 15:29-32; 눅 23:35-39). 그러나 예수는 "너희가 나를 믿으면 죽어도 살리라"(요 11:25)라고 말한다. 부활하신 후에 의심하는 도마에게는, "보지 않고 믿는 자가 더욱 복되다"(요 20:29)라고까지 말했다. 결국 벤처정신의 실체는 믿음이라고 성경은 말한다. 벤처의 성공 여부 역시 얼마나 자신을 믿고 하나님을 믿는가에 달려 있다는 가장 평범하면서도 참된 진리에 기초하고 있다는 말이다. 이것을 믿는 자는 벤처에 성공할 것이다.

2. 학기별 채플의 하위주제의 개발

매학기 10주간 10개의 주제를 4학기로 승하면 총 40개의 하위주제가 개발되어야 한다. 주제 개발은 나선형의 구조를 따라 처음엔 단순하고 쉬운 주제로 시작하여 표 1과 같이 점진적으로 난이도를 높여나갔다.

표 1. 학기별 · 주별 채플의 주제

	1학기	2학기	3학기	4학기
목표	기독교적 정체성 형성 (forming Christian identity)	기독교적 리더십 훈련 (training Christian leadership)	기독교적 벤처 영성 연마 (equipping Christian venture spirit)	기독교적 벤처 생활방식 실천 (applying Christian venture lifestyle)
1주	기독교인 정체성 (나는 누구인가?)	리더의 책임 (추종자의 행복에 대한 책임)	인간의 무한한 가능성 (하나님 형상으로서의 인간)	시간 개념이 정확한 삶 (자기 규율성)
2주	목표 지향적 인간 (꿈과 비전을 가져라)	긍정의 힘 (긍정적 사고-권능)	자기 한계 극복으로서의 벤처정신	창의를 탐구하는 생활 (남의 것을 베끼지 말라)
3주	자기-반성적 존재 (기도와 회개를 통해 자기를 수련하고 하나님의 존재 인정함)	도전정신 1 (변화를 두려워 하지 마라)	자기 비움의 수련 (비워야 높이 난다: 벤처의 기초: 대학생활)	심미적 가치관 (일상의 아름다움을 발견하라)
4주	하나님과의 관계 (하나님은 어떤 분인가? 자비로우신 분)	하나님과 리더 (리더를 만드시는 하나님-모세 이야기)	벤처=창의성/ 창의성의 기원 (창조주 하나님과 창조세계의 아름다움)	성실한 삶 (노력하고/ 근면하며 나태하지 않는 삶)
5주	절기주제 1: 사순절 (섬김과 희생)	자원 봉사의 중요성 (예: 해비타트)	믿음과 벤처정신 1 (모범을 따르는 생활)	십계명과 삼강오륜 (예의를 지켜라)
6주	절기주제 2: 부활절 (그리스도의 부활과 그 의미)	절기주제 1: 추수 감사절 (하나님의 은혜와 범사에 감사)	절기주제 1: 부활절 (예수 부활의 의미와 벤처 정신)	측은지심의 삶 (연민을 가져라)
7주	창조된 존재 (하나님의 창조에 의한 아름다운 성)	성공하는 리더의 습관 (예: 스티븐 코비)	벤처=생명의 존엄성 (출산과 낙태 위험)	도전과 실험정신 2 (도전하라)
8주	학사 일정 주간: 인간, 감사하는 존재 (감사는 성령의 열매)	리더의 유형 (하나님 중심 vs 사람 중심, 불의 마차 이야기)	학사 일정주간: 어버이 주간 (벤처, 자신의 뿌리를 기억하자)	감사와 겸손한 삶 (자신의 은사와 가능성을 감사하는 겸손한 생활)
9주	건강한 자아 (웰빙과 환경의 관계)	기업의 인재상과 기독교 (성실, 정직, 창의, 끈기, 도전정신)	벤처와 환경사랑 (환경재앙과 벤처사업)	실사구시 (배운 것은 반드시 써 먹어라)
10주	사랑하는 존재 (순수한 사랑과 책임적 자아: 좁은문 이야기)	절기주제 2: 성탄감사예배 (그리스도의 대속적 리더십)	벤처=자기에 대한 책임 (믿음이 자산이다)	믿음=벤처정신 2 (하나님을 믿는 것이 곧 벤처다/ 믿어야 성공한다)

4학기의 주제에는 공통되며 중복된 주제들이 있다. 전술한 바와 같이 모든 학기의 하위주제는 반드시 인성교육의 3차원인 개인-공동체-세계의 관점에서 해석해야 한다. 또한, 절기교육(부활절, 추수감사절, 성탄절)과 학교의 행사 주간의 주제를 빠트리지 않아야 한다. 학기별 하위 주제들은 교회력에 따라 약간의 순서는 바뀔 수 있지만, 개발된 주제는 학기 내에 모두 시행하도록 하였다.

또 한 가지 설교자들에게는 앞의 표 1에는 나타나 있지 않는 신학적 요소를 성경본문 해석을 주석할 때 준거로서 요청하였다. 그것은, 하나님의 주권, 그리스도의 대속의 은총, 성서의 권위, 성령의 활동하심(Missio Dei), 종말론적 세계관과 기독교적 생활 윤리이다. 이 일곱 가지 신학적 준거들이 매 설교 시마다 다 해석되는 것은 아니지만 학생들이 대학 생활을 하는 동안 채플의 설교를 통하여 교육되고 또한 실천할 수 있도록 예배와 양육 그리고 봉사와 교제를 통해 성취하도록 노력하였다. 인성교육의 기저에는 믿음이라고 하는 요소가 전제되어 있어야 한다. 즉, 개신교의 신앙 전통을 전술한 바와 같이 여러 형태의 요소와 차원에서 학생들에게 교육하고 심어주는 것이 호서대학교 기독교 인성교육으로서의 채플의 궁극적인 목적이라고 할 수 있을 것이다.

Ⅲ. 채플 교육과정의 실행

위에서 설명한 바와 같이 학기별 주별 주제를 개발한 후 그것을 실제 채플에서 실행해보았다. 한국의 기독교대학의 채플은 대개 1학기 최저 10주에서 최대 15주 동안 운영되고 있으며, 학생은 주 1회 해당 학과별로 정해진 채플 시간에 출석해야 한다. 대학마다 조금 다르지만 매주 평균 1~2일, 하루 평균 4~5회의 채플을 실시하고 있다. 채플의 소요시간은 최저 약 30분(이화여대)에서 45~50분, 최대 100분(한동대)까지로 다양하다.

설교시간은 대략 15~20분 정도이다.

1. 기독교대학의 기본 인성교육과정과 채플

호서대학교의 기본 인성교육과정에 해당되는 교과목은 채플 외에도 '기독교의 발견', '사회봉사', 그리고 '교수면담지도'가 있다. '기독교의 발견'과 '사회봉사'는 모두 2학점이며, 교수면담지도 역시 0.5학점×4학기로 결국 2학점이다. 채플은 학점은 없지만, 의무적으로 4학기(편입생은 3학기)를 pass해야 졸업하는 과목이다. 채플도 여느 과목처럼 수강신청을 하고 반드시 정해진 시간에 지정좌석에 착석하여야 출석을 인정받을 수 있다. 모든 교양채플은 17주의 수업 중에 10주 동안 실시되며 8회 이상을 참석하여야 PASS 성적을 취득할 수 있다. 출석이 8회가 안 되는 학생을 위해 학기 중 보강 채플을 열어주어 재학생들의 불편을 최소화하는 배려를 하고 있다.[11]

2. 채플 환경의 변화와 수업시간표

호서대 양 캠퍼스에서 매주 총 14회 실시하는 채플의 구체적인 시간표는 표 2와 같다.

호서대학교의 채플은 두 개의 캠퍼스에서 비동시적으로 일주일에 한 번, 한 시간의 간격을 두고 실시되고 있다. 연속하여 채플을 실시할 경우 가장 문제시되는 것이 학생들의 출입이 혼잡하여 안전사고와 위험한 상황이 발생될 수 있기 때문이다.

---

11 이것도 충족시키지 못한 학생들에게는 다른 방법(동문 목사의 교회 예배에 출석하게 하거나, 전국적 기독교 행사에 참석하는 방식, 교회 봉사, 동아리 지도자 수련회 참석 등)으로도 출석을 보충할 수 있는 기회를 최대한 열어놓고 있다.

표 2. 호서대 채플 장소와 수업시간표

<table>
<tr><th rowspan="2">캠퍼스별 시간표 / 요일</th><th colspan="3">천안캠퍼스</th><th colspan="3">아산캠퍼스</th></tr>
<tr><th>시간</th><th>장소</th><th>성격</th><th>시간</th><th>장소</th><th>성격</th></tr>
<tr><td rowspan="5">화요일</td><td>오전 7시</td><td>대학 교회</td><td>생활관 예배</td><td rowspan="5">오전 7시</td><td rowspan="5">교육문화 회관</td><td rowspan="5">생활관 예배</td></tr>
<tr><td>2, 3교시</td><td>대학 교회</td><td>신학채플</td></tr>
<tr><td>4교시</td><td>정보관 소강당</td><td>영어채플</td></tr>
<tr><td>4, 6, 8, 9 교시</td><td>대강당</td><td>문화채플</td></tr>
<tr><td>11교시</td><td>대강당</td><td>영화채플</td></tr>
<tr><td>수요일</td><td></td><td></td><td></td><td>오후 7시</td><td>대학교회</td><td>수요예배</td></tr>
<tr><td>목요일</td><td></td><td></td><td></td><td>4, 6, 8교시</td><td>교육문화회관</td><td>문화채플</td></tr>
</table>

3. 채플 진행방식의 개선

채플의 교육과정을 개발하면서 동시에 변화를 준 것은 채플의 형태를 추가하거나 진행방식을 개선한 것이었다. 매차시의 채플의 소요 시간은 45~50분이다. 채플의 진행순서는 그림 2에 잘 나타나고 있다. 들어가는 노래 또는 개회 찬양(opening hymnals or songs)(8분) → 기도(3분) → 성경봉독(3분) → 설교(특강, 20분) → 헌금(5분) → 헌금기도 및 축도(3분) → 광고(3분) 순으로 진행된다. 그러나 채플이 시작되기 5~10분 전은 미리 채플 실에 입실하는 학생들을 위해 채플의 주제와 관련된 CCM이나 remake 찬송가를 들려주고 power point로 제작한 성경구절들을 영상으로 보여줌으로써 마음의 평안을 얻고 경건하게 채플을 준비할 수 있도록 환경을 조성해준다.[12]

12 채플을 드리기 위해 오는 학생들을 위한 묵상(또는 입장) 음악으로는 "약할 때 강함되시

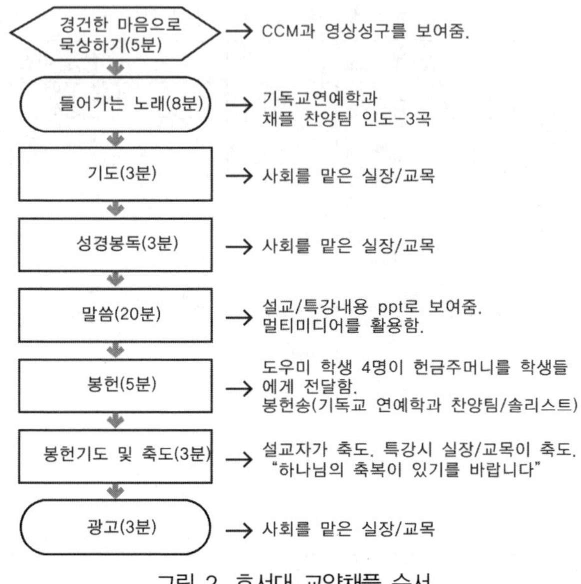

그림 2. 호서대 교양채플 순서

들어가는 노래는 음악전공생인 기독교연예학과 학생들이 봉사함으로써, 채플을 드리는 학생들에게 음악을 통해 마음의 문을 열게 하는 데 크게 기여하고 있다. 노래들은 가급적 쉬운 멜로디의 CCM을 선곡하도록 음악 디렉터에게 교목실장이 직접 요청을 하고, 개강 전 음악 디렉터에게도 채플의 교육과정 전체를 자세히 오리엔테이션하여 예배 음악을 철저히 준비하도록 하였다. 그 결과 학생들은 설교는 기억 못해도 기독교연예학과 학생들이 부른 노래는 기억하는 예상 밖의 결과도 나타났다. 음악은 W세대의 마음을 열게 하는 가장 효과적인 매체임을 다시 확인시켜주었

네", "주께 가오니", "above all", "God will make way", "There is none like you", "Shout to the Lord" 등의 곡을 주로 사용하였으며, 후주(퇴장) 음악으로는 조금 더 경쾌하고 비트가 빠른 "찬양하세", "아름다운 세상", "Sweet life", "Every move I make", "지금은 엘리야 때처럼", "Lord I lift your name on high" 등을 이용하였다. 매 학기마다 전주와 후주 곡목을 바꾸었으며, 각 학기별 대 주제에 맞는 음악들을 교목실장(본연구자)이 직접 선곡하여 휴대장치에 복사한 후 교목실 사역자로 하여금 착오 없이 활용하도록 하였다. 교목실 스탭이 예배전, 후 음악에 익숙해지기까지는 상당한 시간이 걸렸다.

다. 그러나 여전히 대학생 회중들은 노래를 따라 부르기보다는 CCM을 감상할 뿐이다.

설교 시간은 특강의 형식으로 진행하거나, 전형적인 설교 형식으로 말씀을 충실하게 전하기도 한다. 봉헌시간에는 가끔 선교사의 사역보고를 겸한 영상이나 이미지 자료를 보여줌으로써 학생들이 내는 헌금의 사용 출처를 명확하게 제시하기도 한다. 학생들은 주로 용기와 희망을 주는 설교나 인간승리에 관한 주제의 설교나 특강을 들었을 때, 또는 심금을 울리는 봉헌 찬양이나 개회 찬양 직후 또래의 찬양단에게 후한 박수를 보낸다. 매 채플은 공연이 있거나 부득이한 경우를 제외하고는 성삼위일체의 이름으로 축도함으로 마무리하였다. 특히 본 연구자가 직접 축도를 할 때는 대다수의 비신자와 타 종교 학생들을 위해 축도의 의미를 간단히 설명하고 그 시간을 자신과 자신의 종교적 대상을 향해 기도할 수 있도록 허락하고 조용히 묵도하도록 권유하기도 하였다. 그러나 기독교대학에서의 기도는 반드시 예수의 이름으로 해야 하는 전통만큼은 지켜왔다.

4. 설교 시 유의 사항

채플 교육과정을 개발하면서 달라진 것 중 하나는 설교자에 대한 re-orientation이었다. 학원 채플에서의 설교는 아무리 설교의 베테랑이라 할지라도 학교의 설교 대상과 환경을 잘 모른다면 실패하기가 쉽다. 따라서 설교 상황과 주제를 명확히 해주는 것이 오히려 목사를 편하게 설교하게 해주는 배려가 될 것이다. 설교는 일종의 성서적 의사소통(biblical communication)이다. 채플의 환경을 잘 모른 채 말씀을 전한다면 일방적 소통(one way communication)으로 끝나버릴 수도 있음을 알아야 된다. 그렇기 때문에 초대하는 설교 강사들에게 미리 그날의 주제와 동시에 아래의 다섯 가지 대학 채플 설교 시 주의사항에 대해 충분히 주지하도록 사전 고지가 필요한 것이다.

첫째, 성경본문은 설교자가 자유롭게 선택하되, 반드시 정해진 주제에 맞는 본문을 선택하여야 한다. 둘째, 모든 설교의 내용은 파워포인트를 이용하여 설교 슬라이드를 작성한다. 파워포인트 작업이 어려울 설교자는 교목실의 스텝이 파워포인트 작성을 돕는다. 셋째, 영상매체를 설교의 일부분으로 사용하였을 경우 설교 시에 중복언급은 피하도록 한다. 넷째, 설교 전 금식을 하거나 가벼운 식사를 권장하고, 반드시 기도로써 준비하도록 한다. 다섯째, 설교 직후의 기도는 불필요하며, 채플의 마지막은 언제나 축도로 마치게 한다.

5. 채플 형식의 변화

호서대학교 채플은 거의 문화채플(영어채플 제외) 형식으로 진행되어 왔으나, 2007년부터 채플의 교육과정을 개발하면서부터 형식을 차별화하고 특별한 의미를 부여하고, 변화를 주기 시작하였다. 첫째, 교양채플의 범위를 확대하였다. 획기적으로 본교에서는 처음으로 수요예배와 생활관 예배에 학점을 부여함으로써 교양채플로 인정하게 되었다.

둘째, 찬양채플과 성경채플의 폐지이다. 찬양채플의 도입은 찬양을 통한 기독학생들의 신앙 강화가 그 목적이었으나 일반 학생들이 이 시간을 선호하게 되자 채플의 본질이 퇴색되었고 찬양을 부르는 채플이 아닌 찬양을 듣는 채플로 전락되어 2008년 1학기부터는 폐지하게 되었다. 성경채플의 경우도 "0교시"라는 획기적인 개념의 채플로서 소그룹에게 성경을 차분히 가르치는 채플로 시작하였으나 수강신청자가 워낙 적었고, 다양한 채플이 많이 개설됨에 따라 실효성이 없게 되어 2008년 1학기부터 역시 폐지하였다.

셋째, 2008년 2학기부터 실험적으로 실시한 영화채플의 도입이다. 영화채플은 채플 시작할 때 영화 줄거리를 간단히 소개하고 성경말씀을 읽고, 기도함으로써 영화를 관람하기 시작한다. 영화를 다 본 후에는 간단한 감상평을 말하고 발문을 하여 생각하는 과제를 준 후 기도로써 끝낸다. 이 채플은 영화로써 메시지를 말하기 때문에 영화의 선정이 매우 중요하다. 한 학기 10편의 영화를 삭제 없이 감상하는 것이 수강 조건이다. 2008년 2학기에 처음 시작할 때는 마니아 층 40여 명이었다가 올해는 수강인원이 작년의 두 배 이상으로 늘어났으나 채플을 통해 학생들의 문화적 욕구를 충족시킬 수 있는지는 좀 더 관망을 해봐야 한다. 이 실험 채플의 성공 여부는 진행하는 교목의 문화적 감각과 예술적 소양에 달려 있다.[13]

넷째, 특별한 기독교 절기 의식을 거행했다. 사순절과 부활절에 세족식과 세례식을 거행하였다. 세족식은 학생들의 신체 일부인 발을 노출시켜야 하기 때문에 어느 정도 레포(rapport)가 형성되어야 무난하게 실시할 수 있다. 대규모의 학생들, 그것도 타종교와 비신자가 더 많은 그룹 앞에서 세족식은 학생 스스로도 호의적이지 못하다는 것을 확인하였다. 2학기 정도 실시해보다가 폐지하고 세례식으로 바꾸었다. 세례식은 충분한 홍보를 하고 지원자를 사전에 받았기 때문에 작년 2학기에만 41명이 세례를 받았다. 세례식 자체를 채플시간에 보여줌으로써 비신자 학생들이나 타종교 학생들에게는 기독교를 심층적으로 알게 되는 귀한 경험이 되었을 것이다.

다섯째, 2년의 주기로 운영되는 새로운 채플 커리큘럼을 개발하여 실험적 예배를 시도하였다. 올해는 이 채플 교육과정이 두 번째 주기로 접어들었기 때문에 비교적 안정적으로 채플이 운영되고 있다는 보고를 접하였다. 완벽한 교육과정은 없기 때문에 실행 상에서 드러난 부족한 점들은 언제나 개선의 여지를 남겨두어야 한다.

절기에 맞게, 주제에 맞게 채플의 환경을 조성하는 일은 가장 기본이면

---

13 호서대 영화 채플에서 상영되었던 영화 리스트: 오페라의 유령(Phantom of Opera), 가타카(Gattaca), 버킷 리스트(The Bucket List), 밀양, 바베트의 만찬(Babette's Feast), 얼라이브(Alive), 브루스 올마이티(Bruce Almighty), 크로싱, 미션(Mission).

서도 그 효과가 오랫동안 지속된다. 채플의 교육과정 주제는 단순히 설교 주제로서만 역할하는 것이 아니라 그날 불리는 찬송, 기도, 강단 장식(필요시)에 이르기까지 모든 것에 관련된 토탈 워십서비스(total worship service)의 모티브인 것이다. 교육과정의 실험 결과는 다음 장에서 논의하고자 한다.

Ⅳ. 채플 교육과정의 실험 운영에 관한 평가

채플 교육과정을 개발하기 시작하여 적용한 시기는 2007년부터 2008년까지이다. 이것을 본 연구자는 정량적 평가와 정성적 평가로 나누어 분석해보고자 한다.

1. 채플의 정량적 평가

채플 교육과정의 실험 운영에 대한 양적 평가는 채플강사와 설교에 국한하기로 한다.

1) 채플강사의 비중

지난 2년(2007~2008년) 동안 실시한 채플에서 설교(특강)를 했던 강사는 2007년에 176명(1학기 81명/2학기 95명), 2008년에 161명(1학기 94명/2학기 67명)이었다. 그러나 이 중에는 1인이 3회 채플설교를 한 경우가 대부분이므로 중복횟수를 감안하면 평균 112명에 이른다고 볼 수 있다. 지난 2년간(2007~2008년)의 채플강사는 교목, 신학전공 교수, 교내강사, 외부강사로 구성되었다.

구체적인 강사 구성비를 살펴보면 채플강사로 교목(교목실장 포함)이 차지하는 비율이 가장 높았으며(2007년 44.3%/2008년 44.7%) 다음 순위는 교내강사(2007년 39.8%/2008년 29.2%)로 나타났다. 교내강사는 영어 채플을 위한 외국인 목사(대학원생)와 신학 이외의 다양한 전공 교수들로 구성되었다. 신학전공 교수들 대부분의 경우, 채플시간이 전공수업시간과 중복되어 채플 설교가 용이하지 않았다. 외부강사의 수는 2008년에 약 2배가량 증가하였다(7.4% → 13%). 외부강사 증가의 주요 원인은 2007년 호서대학교에서 실시한 채플에 관한 설문 분석 결과 선호하는 채플강사가 연예인이나 사회저명인사가 대부분이었기 때문이다. 교목들의 활용도를 높이기 위한 교목실의 운영 방침상 현재까지는 채플강사로서 교목이 차지하는 비율이 가장 높았으나 학생들의 설문결과에 의하면 가장 비인기 채플강사가 교목을 포함한 성직자였음도 잊지 말아야 할 것이다.

2) 채플 교육과정의 양적 타당성

교육과정의 타당성은 교육과정 자체를 평가하는 중요한 기준이 된다. 타당성이란 채플의 교육과정에서 의도한 바대로 설교와 예배가 제대로 실행되었는가를 측정하는 것이다. 교육과정의 타당성을 평가하는 방법은 교육과정주제와 설교와의 관련성을 알아보는 것으로서 여기에서는 설교자(특강)의 메시지와 주제와의 연관성을 정량적으로 분석하였다. 결과는 다음 표 3과 같이 나타났다.

표 3. 설교에 대한 정량적 평가

연도	학기	캠퍼스 \ 분석준거 / 일치여부	본문과 제목 타당성		주제와 본문 타당성		주제와 제목 타당성	
			일치	불일치	일치	불일치	일치	불일치
2007년	1학기	천안	29	7	33	3	32	4
		아산	41	4	40	5	40	4
	2학기	천안	45	5	45	5	46	4
		아산	41	4	41	4	41	4
소계			156/88.7	20/11.3	159/90.4	17/9.6	159/93.7	16/6.3

2008년	1학기	천안	43	2	42	3	42	3
		아산	47	2	47	2	47	2
	2학기	천안	36	2	36	2	35	3
		아산	28	1	28	1	27	2
소계			154/95.7	7/4.3	153/95.0	8/5.0	151/93.8	10/6.2

설교의 정량적 평가는 다음 세 가지 준거에 의하여 분석하였다. 첫째, 본문의 내용과 제목 일치성, 둘째, 교육과정상의 주제와 본문의 일치성, 셋째, 주제와 제목의 일치성이다. 분석결과 특강자들은 대체로 교목실에서 제시한 주제에 충실하게 본문과 제목을 정한 것으로 조사되었다. 그러나 2007년의 경우, 설교강사들 중 11%는 본문과 제목이 불일치, 9.6%는 주제와 본문이 불일치, 6.3%는 주제와 제목이 불일치하였다. 2007년 시행착오를 토대로 하여 2008년에 와서는 주제와 본문과 제목 사이의 불일치 비율이 줄어들었다. 본문과 제목과의 불일치 비율은 11.3%에서 4.3%로 7% 감소했고, 주제와 본문과의 관계에서도 9.6%에서 5%로 4.6%나 감소하였다. 주제와 제목과의 관계에서는 6.3%에서 6.2%로 0.1% 감소하였다. 주제와 본문과 제목의 불일치 비율이 감소한 이유는 다음과 같다. 첫째, 교목실에서 매학기 모범적이고 신앙심이 깊고 학생들을 잘 이해할 수 있는 채플강사들을 엄선하였다. 둘째, 채플강사들이 학기를 거듭할수록 교목실의 채플방침에 매우 협조적이었다. 셋째, 학생들의 채플강사에 대한 냉정하고 날카로운 판단이 있었기 때문이다. 학생들은 매학기 말 실시하는 설문을 통하여 채플강사들의 불성실함을 과감히 비판함으로써 매학기 채플강사 선정에 큰 영향을 끼쳤다.

2. 채플 교육과정의 정성적 평가

채플설교의 정확한 평가를 위해서는 정성적 평가가 병행되어야 한다.

2년간 총 40주 채플을 실시하였으므로 설교의 내용은 천안과 아산 캠퍼스의 채플을 합하여 총 80편에 이른다. 본 연구에서는 각 학기별로 5편씩 4학기 총 20편의 설교원고를 임의 표집 분석하였다. 정성적 분석은 첫째, 채플주제와 제목과 성경본문과의 타당성(설교의 성서적 타당성), 둘째, 설교의 7가지 신학적 요소의 타당성(신학적 타당성), 셋째, 호서대학교 설교내용 3차원의 타당성(실천적 타당성)이다.

1) 채플 설교의 성서적 타당성

표본으로 삼은 19편의 설교의 주제와 제목과 성경본문 간의 타당성을 분석해보았다.

표 4. 채플주제와 제목, 성경본문의 타당성(2007년)

분석준거 / 학기	주제-A	제목-B	성경본문 및 핵심성구-C	A-B-C의 타당성
1학기	죄: 나는 누구인가(기독교적 정체성)	나는 누구인가	전 12:1-5 젊을 때에 너는 너의 창조주를 기억하여라	타당하지 않음 (죄에 대한 언급이 없음)
	비전: 꿈과 비전(목표 지향적 인간)	소다 가이찌	마 7:13-14 멸망으로 인도하는 넓은 문, 생명으로 인도하는 좁은 문	타당하지 않음 (설교제목만으로 보면 주제를 알 수 없음)
	믿음	산을 옮기는 믿음	마 17:14-20 믿음이 한 겨자씨만큼만 있으면 이 산을 명하여 여기서 저기로 옮기라 하여도 옮길 것이요	타당함 (믿음에 관한 본문 선택이 적절함)
	하나님의 속성 : 자비로움	하나님은 사랑이시라	누가 15:1-7, 11-32 나와 함께 즐기자 나의 잃은 양을 찾았노라 / 내가 잃었다가 얻었기로 우리가 즐거워하고 기뻐하는 것이 마땅하다	타당함 (부모의 마음과 하나님의 마음의 속성은 사랑)
	섬김의 도 : 섬김과 희생	예수님의 십자가	롬 5:8 인간의 죄, 그리스도의 죽으심, 하나님의 자기 사랑의 확증	타당함 (십자가의 대속의 의미는 섬김과 희생)

2학기	긍정의 힘 : 책 읽어주기	긍정의 힘 -생각과 말의 힘	골 3:2 위의 것을 생각하고 땅의 것을 생각지 말라	타당함 (위의 것의 생각: 긍정적 힘, 땅의 것 생각: 부정적 힘/ 긍정의 힘 책 내용 언급)
	벤처정신: 도전정신	불가능에 도전하라	출 14:13-14 두려워 말고 가만히 서서 여호와께서 오늘날 너희를 위하여 행하시는 구원을 보라 여호와께서 너희를 위하여 싸우시리라	타당함 (도전하는 사람은 두려워하지 않는다)
	추수감사	감사하는 삶의 비결	살전 5:18 항상 기뻐하라, 쉬지 말고 기도하라, 범사에 감사하라	타당함 (감사에 관한 본문 선택이 적절함)
	성공하는 리더	성공하는 리더	마 6:26-34 너희 중에 누가 염려함으로 그 키를 한 자나 더할 수 있느냐	타당함 (성공의 조건은 실패를 두려워하지 않는 용기, 내일 일을 염려하지 않는 담대함)
	성탄감사: 그리스도의 대속적 리더십	형통의 원리	수 1:7-9 마음을 강하고 담대히 하며 율법을 지키면 형통하리라	타당하지 않음 (제목과 본문은 일치하나 주제-그리스도의 대속적 리더십-와는 일치하지 않음)

표 4와 5에 의하면, 2007년 3편, 2008년 3편이 주제와 제목과 성경본문 사이의 일관성이 없는 것으로 드러났다. '기독교적 정체성'이라는 주제에 설교자는 '창조주의 걸작품으로서의 인간'으로 기독교 정체성을 설명하였으나 채플 교육과정에서 제시하였던 기독교적 정체성은 '인간의 죄성'에 초점이 맞추어져 있었기에 주제와 적절하다고 보기 어렵다. 둘째, 꿈과 비전에 관한 주제에 대한 설교는 한 인물의 이야기를 통해 '그가 한국을 사랑하는 꿈'을 소개하는 것은 좋으나, 그것이 학생들에게 구체적으로 어떻게 꿈과 비전에 대해 연관 지을 수 있는지에 대한 언급이 전무하다. 셋째, '형통의 원리'라는 제목의 설교이다. '그리스도의 대속적 리더십'에 관한 주제와 형통의 원리는 내용상 일치점이 없다. 여호수아 1장 7-9절의 성서본문을 통하여 어떻게 해야 형통할 수 있는지를 설명하는 원리는 그리스도의 대속적 리더십의 주제와는 거리가 먼 것 같다.

2008년 주제와 제목과 성경본문이 서로 일치하지 않는 설교는 '나는 누구인가', '지붕을 뜯어라', 그리고 '기념비적인 사건을 일으키는 자'와 같이 3편이었다. '나는 누구인가'는 '하나님의 형상으로서 인간은 무한한 가능성의 소유자'라는 주제의 설교였다. 결론 부분에서 '희망이 있다'는 메시지를 전하고는 있으나, 전체적인 내용은 하나님이 창조하신 피조물로서의 인간이 갖는 가능성에 대한 언급은 거의 없다. 이 설교는 인간의 죄를 주제로 하는 1학기 1주차의 주제에 보다 가깝다. 둘째, '지붕을 뜯어라'는 자기극복을 주제로 한 설교였다. 그러나 설교내용은 '꿈을 현실로 바꾸는 문제해결'이라는 주제에 보다 더 가깝기 때문에, 주제와의 연관성 측면에서는 다소 부족하다고 볼 수 있다. 셋째, '성실하라'는 주제이다. 주제의 의미는 노력하여 근면하며 나태하지 않는 삶에 대한 것이었다. 본문은 가나안 정복전쟁을 수행하는 중에 일어난 이야기로 어려운 길을 자청한 갈렙의 행동을 설명하고 있으나, 성실이라는 주제보다는 도전이라는 주제에 보다 더 가깝다고 할 수 있다.

표 5. 채플주제와 제목, 성경본문의 타당성(2008년)

분석준거 / 학기	주제-A	제목-B	성경본문 및 핵심성구-C	A-B-C의 타당성
1학기	하나님 형상으로서의 인간	나는 누구인가?	욥 5:7 인생은 고난을 위하여 났나니 불티가 위로 날음 같으니라	타당하지 않음 (주제와 제목과 성경본문이 모두 일치하지 않음)
	자기극복으로서의 인간	지붕을 뜯어라	막 2:1-5 무리를 인하여 예수께 데려갈 수 없으므로 그 계신 곳의 지붕을 뜯어 구멍을 내고 중풍병자의 누운 상을 달아내리니	타당하지 않음 (제목과 성경본문은 일치하나 제목만으로 주제를 파악할 수는 없음)
	부활의 의미와 나	위의 것을 찾으라	골 3:1-4 그러므로 너희가 그리스도와 함께 다시 살리심을 받았으면 위엣 것을 찾으라	타당함 (부활의 참의미가 위엣 것을 좇는 삶이라는 것이 본문과 제목에서 확실히 드러남)
	생명의 존엄성	나의 정체성 바로알기	사 43:4 너는 보배롭고 존귀하다	타당함 (생명의 존귀함에 대한 주제, 제목, 성경본문이 모두 일치함)

1학기	자기에 대한 책임으로서의 벤처정신	방주를 지으시는 하나님	창 6:11-22 노아가 그와 같이 하되 하나님이 자기에게 명하신 대로 다 준행하였더라	타당함 (책임적 사랑에 관한 주제, 제목, 성경본문 모두 일치함)
2학기	자아실현	사랑의 완성과 자아실현	롬 13:8-14 사랑은 이웃에게 악을 행치 아니하나니 그러므로 사랑은 율법의 완성이니라	타당함 (이웃사랑을 통한 자아실현-주제, 제목, 성경본문 모두 일치함)
	도전하라	할 수 있다, 하면 된다	빌 4:13 내게 능력 주시는 자 안에서 내가 모든 것을 할 수 있느니라	타당함 (주제, 제목, 성경구절이 모두 일치함)
	성실하라	기념비적 사건을 일으키는 자	수 14:6-12 네가 나의 하나님 여호와를 온전히 좇았은즉 네 발로 밟는 땅은 영영히 너와 네 자손의 기업이 되리라	타당하지 않음 (성실함과 기념비적 사건을 일으키는 자 사이의 연관성이 다소 미흡함)
	연민을 가져라	연민을 가져라	요1 3:17 누가 이 세상 재물을 가지고 형제의 궁핍함을 보고도 도와줄 마음을 막으면 하나님의 사랑이 어찌 그 속에 거할까 보냐	타당함 (주제와 제목, 성경구절이 모두 일치함)

2) 설교 내용의 신학적 타당성

각 설교의 내용은 다음 7가지 신학적 준거에 의하여 분석하였다. 즉 설교의 내용 안에 하나님의 주권, 그리스도 대속의 은총, 성서의 권위, 성령의 활동하심, 하나님의 선교, 종말론적 세계관, 삶과의 연계성(생활 속의 실천)이 모두 언급되거나 간접적으로나마 관련이 있는지를 알아보는 것이다. 설교의 내용분석은 2007~2008년 4학기 동안 설교한 강사들의 설교 중 1학기당 2개씩을 임의로 선정하여 분석하였다. 분석결과는 표 6(2007년), 표 7(2008년)과 같다.

2007년 1학기 주제는 기독교적 정체성이었다. 이 주제는 호서대 기독교 인성교육의 4요소 중 첫 번째 요소이기도 하다. 연구자는 2007년 1학기 총 20편의 설교 중 KH강사의 '나는 누구인가'(전도서 12:1-5)와 KS강사의 '산을 옮기는 믿음'(마 17:14-20)을 표본으로 삼아, 연구자가 개발한 설교내용의 7가지 준거(요소)를 모두 포함하고 있는지를 분석하였다. 분석결과는 표 6과 같다. '나는 누구인가'의 경우, 하나님의 주권을 인정하는 단어(창조주)가 사용되었고 성서본문을 인용하여 해석함으로 성서의 권위는 인정하고 있으나 예수와 성령과 하나님의 선교, 종말론적 세계관의 요소는 포함되어 있지 않았다. 생활윤리의 실천적인 면을 강조하고 있을 뿐이다. 그러므로 이 설교는 7가지 요소 중 3가지만을 포함하고 있다고 보아야 할 것이다. 두 번째 설교 '산을 옮기는 믿음'도 마찬가지로 하나님의 주권과 성서의 권위를 인정하고 생활윤리적인 측면에서 실천을 돕는 단어나 어구들이 눈에 띄기는 하나 그리스도 대속의 은총과 성령의 활동, 하나님의 선교, 종말론적 세계관 등에 대한 언급은 없었다. 삶을 계획하고 준비하라는 일반적인 생활강령이 있을 뿐이었다.

표 6. 설교의 신학적 타당성 분석의 예(2007년)

학기별 주제 / 설교 제목 / 분석준거	1학기(기독교 정체성)		2학기(기독교 리더십)	
	나는 누구인가 (KH강사)	산을 옮기는 믿음 (KS강사)	감사하는 삶의 비결	성공하는 리더 (CK강사)
하나님의 주권	창조주 하나님을 기억/O[14]	하나님을 신뢰, 하나님의 기적, 하나님의 능력/O	감사는 하나님의 선물, 은혜/O	하나님의 보호하심/O
그리스도 대속의 은총	관련 없음/X	관련 없음/X	관련 없음/X	우리를 죄로부터 구원하시기 위해 오신 분 예수/O
성서의 권위	성서본문 인용/O	성서본문 인용/O	관련 없음/X	성서본문 인용 및 해석/O
성령의 활동하심	관련 없음/X	관련 없음/X	관련 없음/X	예수님을 믿는 자는 성령의 세례를 받게 됨/O
하나님의 선교	관련 없음/X	관련 없음/X	관련 없음/X	관련 없음/X
종말론적 세계관	관련 없음/X	관련 없음/X	관련 없음/X	관련 없음/X
생활윤리	비전, 삶의 계획, 든든한 준비/O	긍정의 생각, 믿음을 가져라/O	비교, 경쟁심을 갖지 말라, 감사하는 마음을 갖자/O	성공하는 리더: 실패를 두려워하지 않고 내일 일을 염려하지 않는다/O

2007년 2학기는 기독교 리더십을 총주제로 하였다. 2007년 2학기 총 20편의 설교 중 표본으로 삼은 설교는 AD강사의 '감사하는 삶의 비결', CK강사의 '성공하는 리더'였다. '감사하는 삶의 비결'에서는 하나님의 권위(감사는 하나님의 선물)와 생활실천윤리만을 강조하고 있을 뿐이었다. 반면 '성공하는 리더' 설교는 하나님의 선교, 종말론적 세계관을 제외한 나머지 5가지 요소를 모두 갖추고 있었다. 하나님의 주권으로서 하나님의 보호하심을 나타내고 있으며 우리 죄의 대속주로 오신 예수에 관하여도 언급하고 있다. 또한 성경의 본문을 자세히 풀어서 해석하였고, 예수를 믿는 자들은 성령세례를 받게 되는 원리도 밝히고 있다. 성공하는 리더가 되기 위한 생활 실천 윤리로는 실패를 두려워하지 말 것과 내일 일을 염려하지 말 것을 강조하였다. 그러므로 이 설교는 비교적 설교내용의 7가지 신학적 요소를 고루 갖추고 있어 신학적 타당성이 높은 설교로 평가된다.

2008년 1학기 호서대 기독교인성교육의 3번째 요소는 기독교 벤처정신이다. 이 주제에서는 대표성 있는 설교로 BJ강사의 '지붕을 뜯어라'와 AK강사의 '위엣 것을 찾아라'를 선정하고 같은 방식으로 신학적 타당성을 분석하였다. 그 결과는 다음 표 7과 같다.

표 7. 설교의 신학적 타당성 분석의 예(2008년)

학기별주제 / 설교제목 / 분석준거	1학기 (기독교 벤처정신)		2학기 (기독교 생활양식)	
	지붕을 뜯어라	위엣 것을 찾아라	연민을 가져라	기념비적 사건을 일으키는 자
하나님의 주권	하나님이 함께 계시다, 하나님을 의지하고 바라라/O	하늘에 계신 하나님/O	하나님 형상대로 지음받은 인간, 하나님의 자비/O	하나님의 약속을 믿은 여호수아/O

14 O로 표시된 것은 관련이 있음을, X로 표시된 것은 관련이 없음을 의미함(이후 표에서도 동일하게 사용).

그리스도 대속의 은총	예수 앞에 나아가면 문제를 해결받는다/O	예수의 부활의 증거: 하나님 우편에 앉아계심/O	관련 없음/X	관련 없음/X
성서의 권위	성서본문 인용/O	성서본문 인용 및 해석/O	성서본문 인용/O	성서본문 인용 및 해석/O
성령의 활동하심	관련 없음/X	관련 없음/X	관련 없음/X	관련 없음/X
하나님의 선교	관련 없음/X	관련 없음/X	관련 없음/X	관련 없음/X
종말론적 세계관	관련 없음/X	부활의 예수: 은혜의 주, 심판의 주	관련 없음/X	관련 없음/X
생활윤리	좋은 친구가 되어주라, 꿈과 희망을 잃지 말아라/O	위엣 것, 즉 부활의 예수를 찾고 바라라/O	하나님이 주신 연민의 마음으로 남을 사랑하고 삶을 변화시켜라/O	하나님의 영광을 위하여 믿음, 각오, 헌신의 열정을 가진 호서인이 되라/O

먼저 '지붕을 뜯어라'의 제목으로는 설교의 내용을 짐작할 수 없으나, 설교의 내용을 상세히 살펴보면 '하나님이 함께 계신다', '하나님을 의지하라'는 어구 속에 하나님의 주권을 포함하고 있음을 알 수 있다. 예수 앞에 나가면 문제를 해결받는다는 그리스도의 구속론도 언급하고 있다. 성경본문을 쉽게 풀어서 다시 설명하였으며 생활윤리강령으로 좋은 친구가 되어주라, 꿈과 희망을 잃지 말라 등을 말하였다. 그러나 여전히 성령의 활동과 하나님의 선교, 종말론적 세계관에 관한 해석은 내포되어 있지 않았다. '위엣 것을 찾아라'는 제목의 설교는 먼저 하늘에 계신 하나님을 강조함으로써 하나님의 권위를 나타냈다. 그리고 하나님 우편에 앉아 계신 예수를 언급함으로 부활의 증거를 확실히 전달하였다. 성서를 충실히 해석하였으며 예수가 종말의 심판의 주로 오실 것이라는 종말사상도 내포하고 있다. 마지막으로 위엣 것은 부활의 주이시며 우리는 그분을 바라보고 희망을 가지고 살아야 함을 생활실천의 방향으로 제시하고 있다. 결국 이 설교문은 신학의 7요소 중 5요소를 갖추고 있어 신학적 타당성이 높은 설교로서 평가된다.

채플 커리큘럼의 마지막 주제는 기독교 벤처 라이프스타일이다. 이 주제에 관련된 설교 두 편('연민을 가져라', '기념비적 사건을 일으키는 자')을 선정하여 그 내용의 신학적 타당성을 분석하였다. 분석결과는 위의 표7에 잘 나타나 있다. 먼저 '연민을 가져라'에서는 하나님의 권위를 하나님의 형상으로 지음받은 인간, 하나님의 자비 등의 단어로 대신하여 나타낸다. 성경본문을 언급하고는 있으나 별다른 해석은 보이지 않는다. 생활윤리적인 면에서는 '하나님이 주시는 연민의 마음으로 남을 사랑하고 변화시켜라'는 단순한 진리를 나타냈을 뿐이다. '기념비적 사건을 일으키는 자'의 설교는 하나님의 약속을 굳게 믿고 순종했던 여호수아의 이야기를 다룬 것이다. 성경본문을 해석하여 대학생들의 삶과 잘 연계는 시키고 있으나 설교의 내용이 여호수아의 이야기에 초점을 맞추고 있어 대속 주 예수와 성령의 활동, 하나님의 선교, 종말론적 세계관에 관한 언급은 없다.

강사들의 설교내용 분석을 종합하면 다음과 같다. 먼저 연구자가 제시한 7가지 신학적 요소를 모두 갖춘 설교는 없었다. 가장 근접한 설교는 5가지 요소를 갖춘 설교로서, 2007년 2학기에 있었던 '성공하는 리더'와 2008년 1학기에 있었던 '위엣 것을 찾아라'밖에 없었다. 나머지 6편은 하나님의 주권, 성서의 권위, 생활윤리 정도만을 언급하고 있을 뿐이었다.

표집된 설교가 교육과정에서 의도한 설교의 신학적 요소들을 모두 포함하지 않고 있는 데에는 다음 몇 가지 원인이 있다. 첫째, 연구자는 설교의 지침을 매 학기 초 교목들에게만 숙지시켰다. 내부강사나 외부강사에게는 설교의 신학적 요소에 관하여 오리엔테이션하기엔 시간이 역부족이었다. 또 다른 이유는 목사라면 위의 일곱 가지 신학적 요소는 사실상 목사들이 신학교육에서 이미 다 배운 내용들이기 때문에 굳이 이것을 언급할 필요는 없는 것이다. 둘째, 내부강사진들은 신학교육을 받지 않았기 때문에 신학적 타당성의 의미를 모를 수 있다는 사실을 간과하였다. 신앙심만 있다고 설교를 잘할 수 있는 것은 아니기 때문이다. 설교의 신학적 타당성을 가장 많이 갖추고 설교를 했던 목사는 인근지역에서 목회를 하고 있는 외부강사 1명과 신학전공교수 1명에 불과했다. 셋째, 교목들에게는 설교지침을 주지시켰음에도 불구하고 잘 따르지 못하여 타 강사에게 모범이 되지 못했다는 사실이다. 학원 선교사들과 교목들의 매너리즘과 안일한 태도는 채플의 장애가 될 수 있음을 깨닫게 하는 대목이다.

3) 설교의 실천적 타당성

모든 설교에는 메시지를 삶의 현장에서 적용할 수 있도록 지침이 주어진다. 이것을 본 연구자는 3차원인 나, 공동체, 세계의 영역으로 설정하였다. 모든 설교 내용에는 이 3차원이 포함되어 있어야 한다고 믿기 때문에 교육과정의 주제도(主題圖)에 개념화를 시켰다. 표 6, 7에서 분석한 설교의 내용이 3차원적으로도 타당한지 분석한 결과는 표 8(2007년), 표 9(2008년)에 잘 나타나 있다.

표 8. 설교내용의 실천적 타당성 분석의 예(2007년)

학기별 주제	1학기(기독교 정체성)		2학기(기독교 리더십)	
설교 제목 / 실천차원	나는 누구인가	산을 옮기는 믿음	감사하는 삶의 비결	성공하는 리더
나	하나님이 나를 창조하신 목적을 바로 알자/O	하나님을 믿고 신뢰하라/O	감사는 하나님께서 나에게 주신 선물/O	나의 삶을 지켜주시는 하나님/O
공동체	미래와 이웃을 위해 할 일을 생각해야 할 때이다/O	관련 없음 /X	남과 비교하지 말라, 남과 경쟁하지 말라/O	관련 없음 /X
세계	감각과 흥미 본위의 문명 이기를 넘어서 창조적 삶을 살자/O	관련 없음 /X	관련 없음 /X	관련 없음 /X

먼저 2007년 1학기 '나는 누구인가' 설교는 나, 공동체, 세계의 3차원을 모두 포함하고 있었다. 즉 나를 돌아보고, 이웃을 생각하며, 세계의 문명 이기에 대처할 수 있는 창조적 삶을 살자는 것이다. '산을 옮기는 믿음'의

설교는 하나님을 믿고 신뢰하자라는 단순한 진리를 언급하고 있을 뿐 공동체나 세계에까지 포괄적으로 영향을 미치지는 못하였다. 2007년 2학기 '감사하는 삶의 비결'의 설교에서는 감사가 나에게 주신 하나님의 선물임을 잘 알고 남과 비교하거나 경쟁하지 말라는 내용의 설교였다. 그러나 범위가 나와 공동체로 제한되어 있다. '성공하는 리더'의 설교도 나 중심의 설교로만 제한되어 있어 나의 성공이 공동체나 세계적으로 끼칠 수 있는 영향력을 언급하지 못했다.

2008년의 설교 중 임의로 4편을 뽑아 실천적 타당성을 분석하였다. 그 결과 비교적 나, 공동체, 세계의 3차원을 포함하고 있었다.

표 9. 설교내용의 실천적 타당성 분석의 예(2008년)

학기별 주제 / 설교 제목 / 실천차원	1학기(기독교 벤처정신)		2학기(기독교 생활양식)	
	지붕을 뜯어라	위엣 것을 찾아라	연민을 가져라	기념비적 사건을 일으키는 자
나	하나님의 도우심을 바라라/O	위엣 것을 쫓는 삶/O	하나님은 나에게 사랑의 영을 주셨다/O	내가 기꺼이 헌신해야 할 일을 찾자/O
공동체	내가 도움받기 위해 남을 도우라, 친구들의 도움이 있음을 기억하라/O	인간의 네 가지 기본 욕구/O	남을 불쌍히 여기고 도와주라, 경청하는 법을 배우라/O	호서인들이 정복해야 할 산지를 바라보라/O
세계	세상을 향한 위대한 꿈을 꾸라/O	디지털 혁명시대가 주지 못하는 정보/O	관련 없음/X	세계를 꿈꾸라/O

1학기의 '지붕을 뜯어라' 설교는 하나님으로부터 도움을 받는 나의 존재가 이웃과 세계와도 매우 밀접한 관계로 연결되어 있음을 잘 나타내주었다. '위엣 것을 찾아라'의 설교에서도 부활의 예수를 바라보자라는 중심내용을 나와 인간과 세계의 시대적 흐름의 관계로 잘 설명하고 있었다. 2학기의 설교 '연민을 가져라'는 하나님께서 나에게 주신 사랑의 영으로

남을 도와주라는 내용으로 나와 공동체만의 관계만을 나타내고 있다. 세계 속에서의 참된 봉사에 관한 언급이 없었던 것이 아쉬움으로 남는다. '기념비적 사건을 일으키는 자'에 관한 설교는 나와 호서인들, 세계를 향한 비전이 적절히 전개되어 3차원의 실천적 요소를 모두 만족시킨 설교라고 할 수 있겠다.

종합하면 2년간의 실험 채플 결과, 연구자가 제시한 설교내용의 3차원의 실천요소는 2007년보다 2008년에 비교적 더 잘 지켜졌다고 평가할 수 있겠다. 결국 교목들 이외에 내부 및 외부 설교자들에게도 반드시 매학기 1회씩 정기적으로 채플 교육과정에 관한 오리엔테이션을 실시해야 한다는 것이다. 또한 1년 채플 교육과정을 준비할 때 내부 및 외부 설교자를 미리 섭외하여 설교지침을 충분히 주지시켜주어야 훌륭한 설교가 나온다는 것을 알게 되었다. 아무리 채플 교육과정이 체계적이라고 할지라도 이를 잘 지키지 못한다면 교육과정 개발의 의미가 무색해질 수밖에 없다.

V. 결론

박광서(2007)는 타종교와 무종교 학생들에게는 기독교학교의 채플은 고문이라고 여과 없이 말한다. 인터넷에 떠도는 학생들의 채플에 대한 리플에서 채플이 그들에게 어떠한 비중을 차지하는가를 간접적으로 읽을 수 있다. 38.3%의 학생이 채플을 '졸업을 위한 패스 학점'이라고 응답했고, 20.5%가 '무가치한 강제시간'이라고 답해 채플이 학생들로부터 큰 호응을 받지 못하고 있는 것으로 조사됐다.[15] 그리고 현재의 채플의 횟수를 한 회 정도 줄이자는 의견이 지배적이다(한미라, 2007, p. 96). 실로 척박

15 뉴스앤조이 (2004. 7), "대학교, 교내 채플은 학교 자율," http://www.newsnjoy.co.kr/news/articleView.html?idxno=8622에서 2009. 5. 15 인출.

하고 약속한 현실이 아닐 수 없다.

2년간의 실험운영에서 얻은 결론은 채플의 주제는 필요하다는 것이다. 그것을 사전에 설정하고 계획하는 이른바 교육과정화 작업은 반드시 있어야 한다. 지난 2년 동안 호서대학교 채플 현장에서 실시했던 경험을 양적으로 질적으로 분석해보았다. 성공적인 채플은 학생들이 좋아하는 채플임에 분명하다. 그들이 좋아하는 채플은 재즈와 댄스와 힙합만은 아니다. 인생을 살아가는 데 도움이 되는 멋진 특강도 가슴 찡한 영적인 메시지도 대학생들은 들을 수 있는 귀가 있다는 것이다. 문제는 대학당국이 어떤 채플의 컨텐츠를 제공하는가에 달려 있다. 포기할 수 없는 기독교학교의 예배, 노력하고 정성을 쏟는 만큼 성과는 나타난다는 것을 2년간의 실험운영을 통해 알게 되었다.

교육과정은 누구에게나 필요하다. 기독교대학의 채플에 참여하는 설교자, 교수, 교목, 그리고 대학생들은, 만일 그들이 어디에서 출발해서 어디로 가는가를 알고자 한다면, 모두 커리큘럼을 필요로 하는 존재들이다. 채플이 지속적으로 실행해야 하는 대학의 정규 커리큘럼 속에 존재하는 한 더욱 교육과정은 필요하다.

마지막으로, 연구자가 채플 실험연구를 통해 체득한 몇 가지 팁을 제언하면 다음과 같다. 첫째, 채플의 존속을 위해서 기독교대학은 다방면으로 노력을 경주해야 한다. 둘째, 대학의 채플 운영 시스템을 점검하여 각 대학의 상황과 여건에 맞는 채플의 교육과정을 개발하는 것이다. 셋째, 채플의 꽃인 설교의 내실화를 위해 현재 설교들의 양적 질적 평가를 해야 한다. 문제를 알아야 고칠 수 있기 때문이다. 자신의 설교의 약점을 아는 것을 두려워하지 말아야 한다. 누구나 약점은 있게 마련이며 그것을 빨리 알수록 개선의 가능성은 크다. 넷째, 채플의 환경과 시간표, 성적 시스템 등에 있어서 누수와 낭비를 조사하고 효율이 떨어지는 유명무실한 프로그램은 과감히 개혁한다. 다섯째, 새로운 채플을 도입하기 전 실험적 운영(pilot study)을 통해 타당성을 검증한다. 여섯째, 대학 채플을 위한 재원은 언제나 희소하다. 그러나 재원만 있다고 채플이 개선되는 것은 아니다. 채플을 하나님이 기뻐하시는 예배가 되도록 하기 위해 채플을 준비하는 교목들과 스탭들의 쉬지 않는 기도와 열정과 창의성이 무엇보다도 중요한 열쇠가 될 것이다.

하나님은 주무시지도 않으시고 부지런한 분이시기에 하나님이 원하시는 예배는 아마도 철저히 준비된 예배가 아닐까 생각한다. 설교도 준비된 설교가 청중에게 더욱 감동을 줄 수 있는 것이다. 설교자를 신학자만으로, 목사들만으로 구성할 수 없다면, 철저히 준비되고 계획된 설교의 교육과정을 개발하고 그것에 준한 상세한 설교지침이 공유되어야 할 것이다. 열심을 다하여 준비한 채플, 학생의 필요를 감지한 말씀의 준비, 찬양에서 설교, 그리고 채플의 모든 준비과정들이 학생들에게 진지하게 다가갈 때 감동은 자주 경험될 것이다. 감동이 있는 채플, 특히 사람이 감동하는 것도 중요하지만 하나님을 감동시키는 채플이 되길 위해 앞으로도 더 많은 채플에 대한 심도 있는 연구들이 계속되길 기대해본다.

참고 문헌

강영선 (1986. 2). 대학 채플의 방향정립을 위한 연구. **한신논문집**, 제3권, 353-390.

구제홍 (2007. 12). 정보사회의 기독교대학의 인성교육. **기독교교육정보**, 제18집, 35-68.

국가인권위원회 인권상담센터 (2007). **인권상담사례집**. 서울: 국가인권위원회.

김광식 (1999). 기독교대학의 정체성 문제. **현대와 신학**, 24, 115-127.

김기현 (2007). **포스트모더니즘과 현대예배: 개혁주의적 입장에서의 현대예배를 중심으로**. 석사학위논문, 숭실대 기독교학대학원, 서울.

김양현 (1998. 12). 기독교대학 학생채플에 관한 고찰. **전문대학기독교교육**, 제2

집, 5-38.

김영한 (2001). 정보화 시대의 학원복음화. **대학과 선교**, 제3집, 79-113.

김창수 (2006). **예배에 있어서 현대음악(CCM) 사용: 예배갱신의 측면을 중심으로**. 석사학위논문, 합동신학대학원, 수원.

김한곤 (2006). **헌법상 종교의 자유에 관한 연구**. 석사학위논문, 경상대 대학원, 진주.

노현수 (2001. 12). 기독교대학 채플의 새로운 모델 연구: 멀티미디어를 활용한 채플의 모색. **안산1대학논문집**, 제19집, 211-226.

박광서 (2007. 7). 타종교 학생들에겐 '고문'-강제성 재고해야. **현대불교**, 636호.

박상진 (2006). **기독교학교 교육론**. 서울: 예영 커뮤니케이션.

박용우 (2000. 2). 기독교 채플을 통한 선교. **대학과 선교**, 제1집, 49-73.

오영걸 (1997. 12). 기독교대학에서의 종교교육에 관한 연구: 학생채플을 중심으로. **대학과 복음 전문대학 기독교교육**, 제1집(창간호), 63-92.

오우성 외 (2000). **기독교 종합대학의 정체성과 제도**. 서울: 이문출판사.

유성준 (2007. 12). 기독교대학 채플 활성화 방안에 관한 연구. **대학과 선교**, 제13집, 133-151.

은준관 (1996. 3). 한국의 근-현대화와 기독교 학교의 역할: 기독교 학교의 존재이유와 역할을 중심으로. **기독교사상**, 447, 10-20.

이계준 (1997). **기독교대학과 학원선교**. 서울: 전망사.

이광희 (2001). 한국기독교대학 채플 현황 및 개선방안 연구. **사회과학 연구**, vol. 5, 411-422.

이승현 (2005). 기독교대학에서의 채플운영에 대한 연구. **선린논문집**, 제27집, 289-308.

이장형 (2003). 대중문화의 특징과 대학채플. **대학과 복음**, 제8집, 129-147.

이필은 (2008). 채플과 이머징 예배: 기독교대학 채플의 대안으로서의 이머징 예배. **전국신학대학 컨퍼런스 자료집**.

정웅섭 (1991). **현대기독교교육의 과제와 방법**. 서울: 대한기독교서회.

정종훈 (2002. 12). 연세대학교 신촌캠퍼스 학생채플의 현황과 개선방안의 모색. **대학과 선교**, 4집, 59-99.

______ (2005. 12). 연세대학교 대화채플의 현황과 앞으로의 과제. **대학과 선교**, 제9집, 29-58.

조용훈 (2003. 8). 한국 기독교대학의 정체성의 구성요소에 대한 한 연구. **통합연구**, 제16권 제2호, 통권 41호, 193-224.

종교자유정책연구원 편 (2008). **2008 종교자유정책연구원 심포지엄 자료집**. 서울: 종교자유정책연구원.

최갑종 (2007). 우리대학의 역사와 비전. **교수개발세미나 및 영성수련회**. 천안: 백석정신아카데미.

한겨레신문 (2004. 1. 2). 신을 위해 기도할 권리만큼, 기도하지 않을 자유도 있다.

한미라 (2007). 기로에 선 기독교대학의 채플: 문제점과 개선방향. **기독교교육정보**, 18집, 69-111.

Abba, Raymond (1957). *Principles of Christian worship with special reference to the free churches,* Oxford University Press.

Cox, Harvey (2005). *The secular city*. NY: Macmillan Company.

Hawkins, H. (1972). *Between Harvard and America: The educational leadership of Charles W. Eliot*. New York: Oxford University Press.

Jaspers, K. (2002). **대학의 이념**. (이수동 역). 서울: 학지사.

Lyotard, Jean-Francois. (1992). **포스트모던적 조건**. (이현복 역). 서울: 서광사.

뉴스앤조이 (2004. 7). 대학교, 교내 채플은 학교 자율. http://www.newsnjoy.co.kr/news/articleView.html? idxno=8622.

이정훈 (2007). UN 권고안과 채플 수업을 통한 인권침해. http://www.kirf.or.kr/nkn_include/nknfiledn.php?uid=41&tb=nkn_indataboard&head=nkn_indata.

조은식 (2007. 2). 변화하는 청년, '문화 목회'로 사로잡아라, **크리스찬 헤럴드**, http://www.christianherald.tv/wz_np/section/view.asp?tbcode=sec03&cseq=1&seq=1043.

최윤진 (2004. 11. 23). 학생들에게 종교의 자유를. **경향신문**, http://news.khan.co.kr/kh_news/khan_art_view.html?artid=200411231753501&code=960206.

https://cttv.christiantoday.co.kr/view.htm?id=188935.

http://www.princeton.edu/religiouslife/find-a-religious-home/campus-ministries.

http://www.princeton.edu/religiouslife/index.xml.

Abstract

A Creative Approach to Curriculum Development & Evaluation of the Christian College Chapel in Korea

MeeRha Hahn
(Professor, Hoseo University)

The purpose of this article is to analyze the chapel curriculum which was developed, executed and evaluated by the researcher in the period of 2007-2008 at Hoseo University, South Korea. Over the years in most of Korean Christian colleges where the chapel service has been given as compulsory requirement, constant complaints about the worship service has been raised among the students. The researcher developed the 4 semester's curricula that lasts for 40 weeks altogether for the college chapel. The forty services of worship were provided according to the curricula. The idea of the curricula-based worship is aimed at resolving the students' dissatisfaction and reorienting them into the purpose of the university's Christian found mind.

The curricula of 40 weeks of the chapel at Hoseo University has been developed focused on four elements of the Christian character education which the university aims (Christian identity, Christian leadership, Christian venture spirit and Christian lifestyle) at three dimensions (personal, community, and global dimension). These curricula elements were developed into a spiral structure of scope and sequence throughout the two academic years. More specifically, the curriculum has four big topics; one per semester, topics get easier, simpler at a lower semester. However, every weekly topic should deal with all of three dimensions, i.e., personal-communal-global. The researcher first trained the junior chaplains then gave orientation guest preachers how to use the curricula topic for their sermons. The new system design for the chapel turned out to be positive, productive and no more complaints.

The researcher analyzed the curricular effects in both quantitative and qualitative way. In general, first of all, the opportunity of guest preachers increased: their sermon topic and the biblical texts were well-matched, the curricular topic and their selected biblical text were well-connected. Now the integrity between the curricula theme and their sermon title were analyzed. In 2007, the rate of integrity of the theme and title showed around 90% or less, but it reached to 95% in 2008. The quality of the chapel service can be evaluated to three aspects: first biblical validity, second, theological validity and third, practical validity. The result showed that the quality has been improved compared to the last year.

After all, it is concluded that the Christian college chapel needs the curriculum for its worship service by which the service can be better performed with more organized and systematic operation. A successful chapel service must be attracted to the students. The more we strive to make it better, the more positive outcomes will appear. The chapel curriculum is needed unless it exists within the college academic routine.

Several suggestions are made in order to make our chapel successful. First, the Christian college is to make every effort to sustain its chapel service. Second, it also needs to develop its own chapel curriculum according to the current conditions. Third, the college may evaluate its quality of the sermons given through the current service. Fourth, it needs a pilot study of curriculum-based chapel service before implementation. Fifth, the chaplain always opens his or her mind to accept productive feedback and any creative ideas regarding the worship service.

Much more research ideas are needed in order to inspiring people who participate in the college chapel's worship. However, we always remember, when we worship, it is not to please people but to glorify God.

Key words: Christian College chapel, Chapel curriculum, Christian character education, the worship at college, Christian education and worship.

기로에 선 기독교대학의 채플: 문제점과 개선방향*

한미라 (호서대학교 교수)
mrhahn@dreamwiz.com

Ⅰ. 기독교대학 채플의 위기

최근에 들어와서 급속히 퍼지고 있는 기독교와 기독교대학에 대한 비판과 도전은 어느 날 갑자기 우연히 생긴 것은 분명 아닐 것이다. 최근 매스컴에 나타나고 있는 기독교대학의 채플에 대한 법적 소송사건은 지난 세월 누적되어왔던 개신교에 대한 타종교인들과 국민들의 질시와 비판이 가시화되고 있는 현상이라고 볼 수 있을 것이다.

한국의 대학 중에 개신교를 비롯한 종교단체가 세운 대학은 전체 대학의 40%를 웃돌고 있으며(표 1), 종교사학의 83%가 개신교가 세운 대학이다. 보다 구체적으로 말하면 개신교 교회 및 단체 또는 개인 신자가 세운

* 본 논문은 2006년도 호서대학교의 재원으로 학술연구비 지원을 받아 수행된 연구임.
* 본 논문은 2007년 한국기독교교육정보학회 추계학술대회(2007. 11. 24)에서 발표한 논문을 수정/보완한 것임.

4년제 대학은 전체 대학의 약 35%에 달하며, 전문대학은 94%를 넘고 있다(표 2).

표 1. 대학, 사립대, 기독교대학의 수

	총 대학교 수(A)	사립대 수(B)	기독교대학 수(C)	비율	
				C/A	C/B
1999	158	132	55*	34.81*	41.67*
2004	171	145	60	35.09	41.38
2006	175	150	61*	34.86*	40.67*

* 추정치: 2004년 비율을 적용하여 추정함.

표 2. 종교단체별 고등교육기관 규모 및 비중(2004년 기준)

학교 / 종교단체	전문대학 (C)	대학교 (D)	종교단체별 비율(%)		전체 비율(%)	
			전문대학	대학교	전문대학	대학교
불교		4		5.56		2.34
원불교	1		2.94		0.66	
개신교(E)	32	60	94.12	83.33	21.05	35.09
천주교		7		9.72		4.09
대순진리		1		1.39		0.58
구세군	1		2.94		0.66	
종교사학 소계(A)	34	72			22.37	42.11
국공립/기타사립	118	99				
합계(B)	152	171				

출처: www.ke.re.kr/ 교육개발원 교육통계자료, 2004.
종걸스님, "우리나라 교육기관 설립 이념에 따른 학교수 조사연구", 『승가대신문』 제178호, 2005. 3. 14.의 자료에서 재구성함.

불교계의 지도자인 종걸스님은 "유치원에서 대학교육까지 기독교식 사고방식으로 자라난 세대가 우리나라의 모든 분야에서 중추적 핵심 지도자로 일하기 시작했다"고 말한 바 있다(종걸스님, 2005). 그는 개신교가 한국 사회에서 주도적인 영향력을 갖게 된 것은 제도권 내에 개신교가 세운 교육기관 때문이라고 분석하면서 불교계는 비 제도권에서의 교양교육을 강화하여 제도권 학교교육에서 기독교에게 빼앗긴 인재를 되찾아야 한다고 역설하고 있다. 현재 기독교대학의 상황은 안팎으로 적들에게 포위된 상황을 떠오르게 한다. 안으로는 기독교대학 내에서의 안티 채플운동, 안티기독교 학생들의 세 규합 시도 등이 일어나고 있고, 여기에 이단 단체들의 교내 잠입 활동 등은 기독교대학을 더욱 힘들게 하고 있다. 특히 '기독교대학이 국민의 기본권인 헌법 20조를 위반하며 학생의 종교의 자유를 침해하고 있다'는 목소리가 높아지면서, 기독교대학의 정체성이요 뿌리가 되는 채플을 전면 부인하려 하고 있다.

지난 2007년 10월 23일 종교자유를 주장하며 모교를 상대로 낸 민사소송에서 일부 승소했던 강의석 군이 서울지방법원이 내린 지난 판결에 불복하며 항소하였다. 강의석은 2005년 10월 서울시교육청과 대광학원을 대상으로 "학내 종교자유를 보장하라"며 서울중앙지방법원에 5천만 원의 손해배상청구 공익소송을 제기한 바 있다. 이에 대하여 서울지법 배기열 판사는 5일 "대광학원은 원고에게 1천5백만 원을 배상하라"는 일부 승소 판결을 내렸으나 서울시 교육청에 대해서는 '잘못이 없다'고 판단하고 손해배상 요구를 기각시켰다. 강의석은 "서울시 교육청이 국민의 기본권인 종교자유를 보장할 수 있도록 대광학원 측에 시정조치를 내릴 수 있음에도 불구하고 이를 방관했다며 서울시 교육청이 학내 종교자유를 보장할 수 있는 제도를 마련하길 바란다"고 밝혔다(『크리스천 투데이』, 2007. 10. 24).

기독교대학 채플을 법정으로 끌고 간 사건은 강의석이 처음은 아니다. 1991년 숭실대에 입학한 고영석이 학내에서의 종교 자유를 주장한 바 있었으나 법원은 원고 패소 판정을 내려 고영석은 결국 채플 미 이수로 인해 졸업하지 못했다. 그리고 10년 후인 2001년에 입학한 이승욱(25), 김완중(23)은 최근 '채플 의무이수' 규정에 반발하여 헌법재판소에 헌법소원을 제출하였다. 이들은 "현실적으로 종교문제까지 고려해 대학을 선택할 수 있도록 보장되어 있지 않는 가운데, 사립학교에 입학했다는 이유만으로 믿지 않는 종교의식에 계속 참여해야 하는 규정은 종교의 자유를 지나치게 제한하는 것"이라고 비판하였다. 이에 대해 숭실대 당국은 채플에 대한 의무를 완화하거나 없앨 수 없다는 입장을 고수하고 있다(『크리스천투데이』, 2007. 3. 1).

2004년 당시 이화여대 4학년 오은영(23)은 채플을 거부하면서 채플에 대한 의무수강은 종교의 자유와 종교를 가지지 않을 자유를 명백히 침해하는 것이라고 주장하였다. 이화여대는 졸업 시까지 매 학기 1학점(주 1회)씩 8학점을 의무적으로 채플을 수강하도록 하고 있다. 2003년도 총학생회 선거에는 '채플 반대'를 공약으로 내세운 후보도 있었으며, 실제로 600여 명의 서명을 받아내기도 했다고 한다. 이에 대해 이화여대 측은 "채플은 기독교 정신을 고취시키고 공동체 의식을 함양시키는 '이화여대의 정체성'"이라며 "학생들은 입학과 동시에 학칙을 받아들이기로 한 만큼, 싫다면 입학을 하지 말았어야 한다"고 말하였다.

채플에 대한 반대는 여기서 그치는 것이 아니라 채플 대리 출석을 공개적으로 구하는 등, 채플 출석을 놓고 보다 가시적으로 상거래하는 한심한 작태가 나타나고 있다. 지난 12월 초 이화여대 2학년생인 김 모 학생은 학생들만 이용할 수 있는 사이트의 비밀게시판에 '급구! 채플 대리출석 아르바이트 하실 분'이라는 구인광고를 냈다. 채플 수업 대리출석에 지출하는 비용은 1시간은 5천 원, 1학기 대리출석은 5만 원 정도의 '시장가격'이 형성되어 있다고 한다. 명지대 중어중문과 김 모 학생도 "한 학기에 10만 원을 주고 대리 출석을 시키는 친구들도 있다"고 말하였다.

기독교대학의 채플 의무수강에 반대하는 학생들의 움직임은 여기서 그치지 않고 있다. 2003년 10월 명지대 인문대 학생회는 '기도하지 않을 권리와 기도할 권리의 평등'을 주장하며 집단적인 채플 반대운동을 준비하기도 하였다. 인문대에서 실시한 약식 설문조사에서는 설문에 응한 130명 중 100여 명이 "채플을 폐지해야 한다"고 응답했다. 연세대는 지난 2002년 조사한 결과에서, 응답 대학생의 38.3%가 채플을 '졸업을 위한 패스

학점'일 뿐이라고 답하여 채플에 대한 무가치성을 드러내고 있다. 그러나 이러한 대학생들의 채플 흔들기에도 불구하고 전국에 있는 60여 개 기독교대학들의 태도는 단호하다.

기독교대학들은 이제 채플을 어떻게 해야 할 것인가? 기독교대학들은 채플의 목적(학원 선교와 인성교육) 달성과 학생 만족도를 개선하기 위해 교목실을 중심으로 많은 실험적 채플과 연구를 감행해왔고, 매학기 수강생들의 피드백을 받고 그들의 채플 개선에 대한 요구를 지속적으로 조사하고 있다. 기독교대학의 채플은 아무리 학생들이 거부한다 해도 현재로서는 없어질 수 없는 교책 과목임에 분명하다. 그렇다고 학생들의 종교 선택의 자유를 완전히 무시하는 것은 공기(公器)로서의 대학 본연의 위상에 걸맞지 않기에 대학 채플에 대한 갈등이 쉽게 해결될 수 없는 한계가 있다. 그러나 적어도 현 상태에서 정규 교육과정 중의 하나로서 채플을 보다 효과적이고 만족스럽게 운영하기 위한 개선 방안은 끊임없이 연구 개발될 필요가 있는 것이다.

본 논문은 이런 전제하에서 기독교대학 채플을 개선하기 위한 몇 가지 방안을 제시하고자 한다. 이를 위해 먼저 기독교대학의 채플의 의의와 중요성을 이론적으로 고찰하였으며, 둘째로 필자가 책임 맡고 있는 호서대 교양채플을 사례 연구하여 대학생들의 채플에 대한 태도와 요구를 조사하였고, 개선 방안은 선행연구와 위의 두 가지 연구 작업을 토대로 하여 제시하고자 한다.

II. 기독교대학 채플의 본질

1. 기독교대학의 정의와 목적

홈즈(A. Holmes)에 의하면 기독교대학이란 그 개설 분야가 일반 대학처럼 다양하고 넓어 교회 관련 학과만을 가르치는 신학교와는 분명 다르다. 설립 주체가 기독교인이기 때문에 기독교대학이라 불리면서도 일반 대학과 그 가르치는 내용 면에서는 채플과 기독교 교양과목을 제외하곤 대동소이하다. 그러나 기독교대학의 한 가지 공통된 교육철학은 모든 진리는 하나님의 진리이며 학문의 제 분야는 하나님의 다양한 피조세계에 대한 연구임을 인식하여 모든 학문을 기독교적 세계관 위에서 가르치고 연구하는 것이다(Arthur F. Holmes, 1990, 119).

오영걸은 기독교대학은 하나의 학문공동체이며 신앙공동체라고 말한다. 그러므로 기독교대학은 친교나 봉사기관도 아닌 분명 교육하며 학문하는 공동체이다. 또한 기독교대학은 교회도 아니지만 대학 구성원들이 같은 신앙을 고백하는 신앙공동체인 것이다.[1] 즉 기독교대학은 학교성과 교회성을 동시에 지닌 곳이다(오영걸, 1997, 65). 이러한 의미에서 기독교대학은 소속 교회와 설립 재단의 종교적 신념을 잘 구현하는 도구인 동시에 그 자체로서도 독립적인 고등교육기관으로서 고유한 자기 목적을 가진다. 그러므로 기독교대학과 그 설립주체와의 관련성은 상호의존적이면서도 상호 독립적인 특성을 가진다고 정의할 수 있을 것이다. 오늘날 기독교대학이 갈등을 겪는 것은 일반처럼 학문만을 연마하는 곳으로 만족할 수 없는 곳이기에 언제나 기독교대학에는 성과 속 사이에 갈등 유발인자가 잠재해 있기 때문이다. 복음과 상황 또는 학문처럼, 상호 호혜적인 것이 아니라 충돌하고 상반되는 면이 공존하는 모순된 특색을 갖고 있는 매우 특수한 학교임에 분명하다(정웅섭, 1991).

안토니 디크마(Anthony Diekema, 1988, 108-109)의 정의처럼 기독교대학이란 교수 학습이 일어나는 교육환경이며, 이 환경 속에서 인간의 삶 전체가 기독교적 관점에서 연구되고 모든 교육활동의 초점이 예수 그리

---

1 여기서 말하는 양면성이란 신앙과 신앙의 원리가 학문의 방향을 제시하고 기초가 되며 또한 그 의미를 부여함에서 그 양자가 합일되는 것이다.

스도에 대한 믿음에 맞춰지는 단체이다. 분명한 것은 예수 그리스도를 생각하지 않고는 기독교대학을 생각할 수 없다는 사실이다.

종합하면 기독교대학은 기독교 정신으로 세워진 대학이며 예수 그리스도는 그 설립정신의 심장인 것이다. 따라서 기독교대학마다 그리스도의 믿음과 관련된 독특하고 창의적인 신앙적 유산을 살리면서 그것을 이 시대의 문화와 융합시켜 건전한 기독교 문화를 창달하고 오히려 문화와 학문의 우월성을 세계 속에서 더욱 발전시키는 인재를 길러내는 것이 기독교대학의 본질이 되어야 하는 것이다.

2. 기독교대학교육의 목적

기독교 고등교육의 목적은 사실상 대학교육에서 길러내야 할 인간상에 대한 세 가지 본질에서 크게 벗어나지 않는다. 첫째, 인간은 반성적이고 사고하는 존재라는 것이다. 반성적이라는 것은 사물들을 연관 지어 사유할 수 있고 여러 가지 생각들을 통합하여 조직하는 것이며 종합적이며 통일된 이해를 추구하여 연구함을 의미한다. 버트란드 럿셀(Bertrand Russell, 1998)은 일찍이 교육의 목적은 인격 형성과 시민 양성이라고 주장하였다. 인격을 형성하고 이해를 신장하고 지적인 능력을 예리하게 하고 꿈을 확장하고 상상력을 계발하고 그 전체의 의미를 탐구하는 것이 바로 교양교육의 목표이다. 반성적인 삶이란 기본적으로 종교적 근원에 관한 것이요 그것은 마음으로부터 출발한다. 결국 인간의 지식을 통합하는 것이 종교인 것이다. 그러므로 기독교대학의 첫 번째 교육목적은 반성적 사고를 통해 끊임없이 자신을 돌아볼 수 있는 겸손하면서도 예리한 지성을 지닌 각계 각층의 지도자를 양성하는 것이다. 기독교대학에서의 학문적 탐구는 하나님께 대한 믿음과 소망과 사랑의 다른 표현일 뿐이다. 기독교대학에서 학문을 연마하는 일 역시 하나님의 계시에 대한 인간의 응답 중 일부분인 것이다.

둘째, 인간은 가치를 선택하고 평가하는 존재이다. 기독교대학에서 지향하는 가치는 속된 가치가 아니라 거룩한 신적 가치인 것이다. 기독교대학이 선택하는 가치는 분명 하나님이 인간에게 원하시는 바와 동일하다. 가치중립적일 수가 없다. 흰색도 검은색도 아닌 회색의 가치를 추구할 수 없는 것이 기독교대학이다. 불의와 타협할 수 없으며, 복음에 반하는 행동규범도 가르칠 수는 없는 것이다. 기독교대학은 기독교적 삶이 지향하는 바를 모든 교육 영역 속에서 드러나게 해야 한다. 선과 악을 분별하고 이웃을 사랑하며 공동체의 선을 위한 희생적 삶을 살라는 가치관은 기독교적 가치관에 국한되는 것이 아닌 전 세계 모든 종교가 희구하는 가치관과 일맥상통하고 있는 것이다. 그러므로 기독교대학에서는 믿는 자나 믿지 않는 자 모두가 보편타당하게 적용하고 향유할 수 있는 기독교적 가치의 내용과 본질을 체계화하여 가르치고 학생들이 그것을 지킬 수 있도록 이끌어야 하는 것이다.

셋째, 고등교육에서 육성되는 인간은 신에 대하여 책임 있는 존재이어야 한다. 기독교에서 모든 인간은 결국 하나님이 위임하신 삶을 사는 존재들이다. 뿐만 아니라 인간은 모든 관계에 있어서도 책임 있는 행위자들이어야 한다. 여기에서 관계란 사람과 사람, 사람과 자연 세계, 사람과 하나님과의 관계일 수도 있다. 인생의 모든 영역에서 인간은 책임적 존재로 살아갈 것을 가르치는 것이 기독교대학의 교육목적이어야 하는 것이다. 결혼, 가정, 일, 정치, 경제, 사회, 문화, 예술, 종교 생활 등 모든 영역에서 인간은 하나님이 원하시는 올바른 가치들을 실현하며 살아야 할 책임(소명)이 주어진 것이다. 책임이란 용어는 기독교적으로 소명이며 동시에 사명이다. 그러므로 기독교대학이 일반 대학과 다른 것은 바로 모든 학문 분야에서 책임을 소명과 사명으로 깨닫도록 가르치도록 강조하고 있는 점이라 할 수 있을 것이다.

하버드대학교의 전 학장 보그(D. Bok, 1990)는 기독교대학에서의 윤리와 도덕연구를 활성화할 필요가 있으며 그것이 이 시대 가장 긴급한 기독교대학의 과제임을 주장하였다. 그는 미국 대학 및 대학원의 학생들은 학문과 지식 면에서는 최고 수준을 획득하고 있으나 그 지식을 책임 있게 사회와 세계를 위하여 사용하려는 도덕적, 윤리적 실천이 미흡하다고 지적하면서 윤리교육에 나설 것을 주장하였다. 종합하면, 기독교대학의 교육목적은 넓게는 전교생에게 기독교 인성교육의 차원에서 교양교육을 확대하는 것이고, 좁게는 각 전공분야별 전문성 교육을 통하여 기독교적 신념과 윤리적 가치와 인간상이 구현되도록 돕는 것이다.

3. 대학채플의 의미와 본질

1) 채플의 역사적 변천

채플은 교회라는 이름을 붙일 수 없으나 기독교 예배를 드리는 곳(건물)을 호칭할 때 사용된 말이다.[2] 현대의 Chapel은 크게 두 종류로 구분할 수 있다. 첫째, 미국 등지에서는 소교회, 즉, 교회부속 소예배당을 채플이라고 부른다. 둘째, 대학 병원, 감옥, 대(공)사관, 군대, 기지 등의 공공시설에 설치되어 있는 예배당이다. 어떤 건물의 일부 장소를 예배의 목적으로 구별하여 Chapel이라 하는 경우도 있다. 대학캠퍼스에 있는 예배소를 Chapel이라 부르기 시작한 것은 영국은 17세기부터이며, 미국은 18세기부터였다.

---

2 Encyclopaedia Britannica, vol. V, 1957, 237-238. 이 단어의 역사적 배경은 기원전 4세기까지 거슬러 올라간다. St. Martin(316-400)이라는 자가 로마군대에 있었을 때 깊은 종교체험으로 회심하여 자신의 웃옷 반을 어느 마을의 걸인에게 주었다 한다. 그는 환상으로 그 걸인이 그리스도였던 것을 알고 그 후로 수도사가 되었다고 일컬어 왔는데 이 St. Martin의 웃옷을 나르는 운반대를 Capella라고 부르며 이것을 운반하는 경호인을 Chaplain이라고 불렀다. 원래 Chaplain은 이렇게 성도직을 경호하는 직무에 종사하는 자에게 주어진 명칭이었던 것이다. 그러나 후에 Capell의 의미 내용이 확대되어 교회 본당이 아닌 비공식 예배당을 의미하게 되었고 특히 영국 왕실의 사적 예배장소를 Chapel로 부르기도 하였다. 요컨대 Chapel이라는 것은 교회에 대한 보조적, 종속적인 예배장소로 정의할 수 있겠다.

중세 시대 대학은 구태여 기독교대학이라 불리지 않아도 신학은 학문의 여왕으로 그리고 교육과정의 가장 중심부에 자리하고 있었다. 대학은 교회의 영향 아래 있었으며 대학예배가 대학 내 교목실과 채플의 중심이었다. 그러나 17세기 이후 계몽주의 사상가들은 중세를 암흑시대로 규정하고 "지식에 도달하는 수단을 모든 권위(특히 신학 및 신앙)로부터 해방된 이성"으로 주장하면서 신앙과 지식을 분리함으로 중세 천년 동안 영광을 누리던 신학의 전성시대는 막을 내렸다. 따라서 대학 안에서 더 이상 신학이 학문의 여왕이 아니요 교육과정의 핵심부분에 위치할 수도 없게 되었다. 계몽주의의 시대정신은 신앙과 신학은 신학과 또는 종교학과에 한정된 주제요 인간이성은 자연과학이나 사회과학, 인문과학의 확고한 기반으로 자리잡게 되었다. 현대에 들어오면서 기독교대학은 더 이상 기독교적 신앙에서 모든 학문을 출발시키지 않게 되었으며 채플과 교목, 기독교 교양과목, 신학과만으로 일반 대학과 구별되게 되었다. 이제 기독교대학이라 할지라도 교회의 직접적인 영향 하에 있지 않으며, 교목실과 채플은 대학의 중심이 아니라 기독교대학의 정체성을 확인하는 최후의 보루로서 존재하게 되었으며 대학문화를 위한 각종 의식과 학내 선교 및 공동체 구성원 간의 화합을 위한 역할에 더 역점하도록 변화되어왔다.

세키다(Sekida)가 분류하는 교회와 대학의 예배는 다음과 같다. 교회에서의 공동예배는 선교를 목적으로 행하여지는 예배이며 그곳에는 신앙고백이 전제되고 교직자가 예전을 집행하고 회중들이 배찬에 참석한다. 반면 대학의 예배는 대학이라고 하는 제한된 장소를 전제로 하여 특정의 신앙고백을 갖지 않고 일정한 연령층을 포함한 교육기관을 장으로 하여 행하고 있다. 따라서 대학에서의 예배 주체는, 현상적으로 말하면 교육 주체인 대학에 있다. 그것은 대학의 경영 주체로서가 아닌 기독교교육에 책임을 지닌 교육적 주체로서 기독교대학 예배의 총책임은 총장에게 있는 것이다. 교회에서는 총회(공동회의) 또는 제직회(직원회)에 의하여 예배의 방침, 수행방법이 결정되지만 대학에서는 교목실과 교육 책임자의 정책에 의해 결정되는 것이 일반적이다. 마지막으로 기독교대학의 채플 서비스의 목적은 대학 공동체의 형성에 봉사하는 것이다(Harvey Cox, 217-237).

그러나 이러한 차이점과는 달리 예배 구조에 있어서는 양자가 공통점을 가지고 있다. 즉, 하나님의 말씀하심과 그것에 대한 응답으로서의 예배의 신학적 구조는 교회든 대학이든 동일하다는 것이다(Raymand Abba, 1957, 12). 이와 같은 한계와 차이를 인정하는 한 "대학예배"라고 하는 말을 사용하는 것은 크게 문제가 되지 않을 것이다.

기독교대학의 궁극적 교육 목표는 학생들이 기독교적 가치를 배우고 익혀 자신의 삶 속에서 그것을 실천하며 살도록 돕는 것이다. 대학의 채플은 표면적 교육과정상에서 정해진 정규 교과목의 하나이긴 하나 그 목적은 잠재적 교육과정이 의도하는 바에 더 일치하고 있다. 즉, 채플은 그 시간을 통해 기독교적 지식을 전달하는 것이 일차적 목적이 아니라 하나님의 존재를 깨닫고, 선과 악을 구별하며, 정의와 평화를 추구하며 불우하고 약자인 이웃에 연민을 지닌 균형된 인성과 신념의 소유자가 되도록 이끄는 것을 목적으로 하고 있다. 때론 비지시적, 비언어적으로, 다양한 관계의 경험을 통해 기독교적 가치의 탁월성과 실천을 배울 수 있도록 의도하는 것이기 때문에 교과외적 활동(extra curricular)의 특성을 더 많이 고려해야 하는 특수한 교육적 예배의 전형이다.

둘째, 기독교대학 채플은 교육 현장에서 실시되는 공인된 선교이다. 이런 의미에서 채플은 비록 제한적이기는 하지만[3] 두 가지 기능을 더 가지고 있다. 하나는 대학생들을 그리스도와 접촉하게 만드는 전도 집회의 성격을 가지고 있다. 대학채플에서는 지금도 간증과 설교, 기독교적 세계관에 관한 특강들, 선교 목적의 다양한 찬양 및 전도집회들이 실시되고 있

3 오늘날 기독교대학 안에서 학교의 설립목적을 따라서 선교와 예배가 행해질 때 하나의 교과목으로 이수할 것을 요구할 수는 있지만 어떤 형태로든지 신앙의 결단으로 요구할 수 없다는 것과 신앙의 결단은 자발성에 맡겨야지 의무적으로 강요할 수 없다는 점에서 주의가 요청된다.

다. 둘째는 기독교대학 공동체 구성원들이 함께 모여 예배하고 공동체 훈련을 시행하는 예배와 양육을 위한 집회의 기능이다. 기독교대학은 설립목적부터 예배와 선교를 그 궁극적인 목표로 삼고 있으며 대학에 따라서는 교직원의 경우 기독교신자로 자격을 제한하고 있다.[4] 그러므로 동질적 신앙배경을 가진 구성원이 학교를 형성하고 있다면 기독교대학이 예배공동체를 이룰 수 있는 가능성은 얼마든지 있다. 그러나 우리나라 학제상 아직은 입학생의 자격조건으로 기독교신앙과 입학 후 개종을 강요할 수는 없다. 이것은 기독교대학의 교목실과 채플의 목적이 예배 공동체의 확립이 될 수 없음을 말해준다. 선교는 오랜 시간이 걸리는 매우 지루하고도 인내가 요구되는 작업이다. 따라서 당장 가시적인 선교적 결과가 없더라도 주기적으로 교육과정상에서 드려지는 채플은 무엇보다도 감사해야 할 일이고 아울러 캠퍼스 사역자들에게는 매우 고무적이고 희망적인 일이라 아니할 수 없을 것이다.

셋째, 기독교대학의 채플은 신앙의 성장을 촉진시키는 제자훈련이다. 기독교대학의 채플 운영에서 간과하지 말아야 할 부분은 신자 자녀들의 신앙을 성장시키는 것이다. 따라서 기독교대학의 채플의 목적은 비신자의 신자화만이 아니라 신자의 신앙 성장과 신앙 동아리 활동을 지원하고 차세대 기독교 사역, 특히 캠퍼스 사역 지도자를 양육하는 것이다. 기독교대학의 채플은 학생이 그 주된 대상이지만 직원과 교수들 역시 중요한 구성원이다. 그들을 위한 예배와 성경 공부, 친교 등도 기독교대학이 중점을 두어야 하는 사역이다. 기독교대학 내에서 행해지는 모든 신앙 활동의 중심에 채플이 있으며, 이를 통해 기독교대학에서 감당해야 하는 다양한 제자훈련이 일어나고 있다고 볼 수 있을 것이다.

---

4 고신대학과 총신대학 등 일부 기독교대학에서 입학생의 자격조건으로 세례교인 이상을 요구함으로 법적인 문제가 되기도 했다.

2) 기독교대학 채플의 선교 교육적 의의

선교적 관점에서 볼 때, 기독교대학은 '전도학교(mission school)'의 형태로 시작되었다. 이런 사명을 감당하기 위해서 기독교대학에서는 두 가지를 행하고 있다. 기독교에 관한 교양과목과 채플의 이수가 그것이다. 보수적 입장에서 김홍진은 채플은 원래부터 전도를 목적으로 하기 위함이며, 복음을 소개하고 복음으로 학생들을 초청하기 위함이라고 주장한다. 이것은 기독교대학의 설립목적에 준한 것이므로 당연한 일이며 너무나 중요한 사역이라고 말한다(김홍진, 2004).

김영한도 같은 입장에서 기독교대학은 채플의 성격을 재규명할 필요가 있다고 말하면서 전도적 성격을 가져야 한다고 주장한다. 대학생들 중에는 비신자가 많고 타종교인들이 많은데, 채플은 이들을 구도하는 전도집회의 성격을 가져야 한다는 지론을 펴고 있다(김영한, 2001). 대학채플은 학원선교의 가장 효과적인 장이므로 교양강좌가 아니라 복음의 메시지를 전해야 한다는 것이다. 채플을 통한 하나님 말씀의 선포는 듣는 학생들에게 복음을 개인적으로 경험하도록 하는 계기를 만든다. 그러므로 비신자들이 많은 대학에서는 채플을 통해 우선적으로 복음을 선포해야 한다. 구원받지 않은 자가 기독교적인 문화와 가치관을 접한다는 것은 순서가 뒤바뀐 것이기에 비신자들은 신을 인정하게 하고 하나님을 영접하는 것이 우선되어야 한다는 것이다. 21세기 기독교대학의 채플은 비신자들을 구도하는 것에 목적을 두어야 하며 이것은 기독교대학의 설립취지에도 부합하는 것이라고 역설한다.

기독교대학 채플을 종교교육학적으로 접근한 오영걸은 비신자와 타종교인이 반 이상이 넘는 대부분의 기독교대학 채플에서 과연 하나님께 예배를 드릴 수 있는지에 대하여 고민하였다. 물론 이것은 신학적 논의가 필요한 문제이다. 그의 결론은 대학에서의 의무채플은 예배학적으로 갖추어진 "예배"가 될 수는 없다는 것이다. 왜냐하면 오늘날과 같이 다원화된 사회 속에서 기독교대학의 채플은 학생들을 "기독교로 개종"시키는 데에 목적을 두기보다는 "기독교적인 인간형성"에 초점을 맞추는 것이 더 바람직하다는 것이다. 뿐만 아니라 대학은 교회와는 달리 같은 신앙을 고백하는 신앙공동체가 아니므로 대학채플의 내용이나 진행은 "예배중심적"으로 할 것이 아니라 "교육중심적"으로 해야 한다고 주장한다(오영걸, 1997, 73). 즉, 대학에서의 채플은 예배보다는 수업의 하나로서 운영되기 때문에 개방적이며 다원적이며 선교적이어야 한다는 것이다(이계준, 2000, 95-96).

박용우 역시 이러한 입장에 동조하면서 "오늘날 다원화 사회 속에서 대학 채플의 목표는 대학이라는 특성상 학생들을 기독교로 개종시키는 데에 초점을 두기보다는 기독교적인 인간형성에 초점을 맞출 수밖에 없다고 말한다"(박용우, 2000, 65). 보수적 교회나 교단이 세운 일부 보수적인 기독교대학을 제외하고는 대부분의 기독교대학은 채플을 교양 또는 인성교육의 기회로 삼거나 교육적 예배로 특성화하려는 경향을 보이고 있다. 교육인적자원부의 감독을 받는 한국의 사립대학은 그 운영과 교육내용면에서 공교육의 요건을 완전히 배제할 수 없는 제약 때문이며, 설립자의 교육권은 학습자의 수교육권과 국민의 기본권(헌법 제20조)인 종교의 자유와 충돌할 수밖에 없는 실정이다. 그러므로 최근 기독교대학들은 채플을 교양 강좌나 특강 중심으로 운영하거나 무용이나 연극, 음악회 등과 같은 공연으로 학생들의 문화적 욕구를 충족시키는 방향으로 선회하고 있는 실정이다.

> 채플을 기독교대학에서 제공하는 하나의 교과목으로 이수할 것을 요구할 수 있지만 어떤 형태로든지 신앙의 결단으로 요구할 수 없다는 것이 교회예배와 대학채플의 차이라고 하겠다. 대학에서 신앙의 결단은 자발성에 맡겨야지 의무적으로 강요할 수는 없는 것이다(박용우, 2000).

위와 같은 박용우의 주장은 오늘날 기독교대학에서 이루어지는 채플의 현주소를 잘 보여주고 있다.

III. 채플 이수에 대한 학습자의 태도 변화

기독교대학의 채플에 관한 조사연구는 지난 10년간 상당히 활발히 전개되어왔다. 2006년 현재 60여 개가 넘는 개신교 기독교대학들을 다 조사할 수는 없었으나 전자 저널과 온라인상에서 검색 가능한 선행 연구들로만 제한하여 1997~2007년 사이에 수행된 기독교대학의 채플에 관한 연구들을 종합하면 다음과 같다.

1. 선행 연구

본 연구가 수집하여 분석한 총 7개 대학의 조사 자료들은 다음과 같다. 1997년 대전전문대학, 1999년 P대학, 2000년 G대학, 2001년 천안외국어대학, 2002년 연세대학, 2003년 한신대학, 2005년 명지대학에서 각각 실시한 채플에 관한 설문 조사와 그것을 활용한 연구 자료들을 사용하여 크게 4가지의 요인들에 대한 각 대학별 조사를 연도별로 비교 분석하였다: 첫째, 채플 이수자 중의 개신교 신자 비율, 둘째, 채플에 대한 인식과 만족도, 셋째, 채플의 내용과 방법, 넷째, 학생들의 평가 및 요구.

1) 개신교 신자의 비율

1997년 대전전문대학의 조사에서는 조사대상 3,530명의 학생 중 무교 1,726명(48.9%), 개신교 1,213명(34.3%), 불교 349명(9.9%), 천주교 257명(7.3%)으로 조사되었다(오영걸, 1998, 22). 즉, 종교가 없는 학생들이 반, 개신교가 34%를 웃돌고 불교와 천주교는 합하여 20%도 되지 않았다. 2001년도 천안외국어대학의 조사에서도 무교가 조사대상 504명의 학생 중

37.1%로 가장 많았고(187명), 개신교 167명(33.1%), 불교 97명(19.2%), 천주교 49명(9.7%) 순으로 나타났다(김홍진, 2001, 18-19). 2002년 연세대학 조사에서는 응답자 2,113명 중 무교 876명(41.5%), 개신교 653명(30.9%), 천주교 292명(13.8%), 불교 876명(11.3%)인 것으로 조사되었다(정종훈, 2002, 67). 2003년 한신대학에서 실시한 설문조사에서는 기독교 57.9%(55명), 무교 23.2%(22명), 불교 9.5%(9명), 천주교 8.4%(8명)로 나타났다(2003, 7). 한신대학의 조사에서 나타난 특이한 점은 개신교 신자 비율이 타 대학에 비해 높게 나타났다는 것이다. 한신대학은 기독교장로회가 설립한 신학대학으로 출발하여 종합대학이 된 대학으로서 아직까지 교단의 영향력 아래 있는 진보적인 신학교라는 이미지가 강하게 남아 있는 대학이다. 그러나 2005년 명지대학 조사에서는 무교 97명(48.5%), 개신교 63명(31.5%), 불교 22명(11%), 천주교 15명(7.5%)으로 나타나 연세대와 비슷한 결과를 보이고 있다(명지대 교지편집위원회, 2005, 1).

이상에서 살펴본 바에 의하면 연도나 대학에 크게 상관없이 기독교대학의 학생의 종교 배경은 무교>개신교>불교의 순으로 나타나고 있으며, 개신교 신자 비율은 전체 학생의 30~35%의 비율을 차지한다고 보는 것은 무리가 없을 듯하다. 단 교단 총회본부 산하기관으로서의 한신대학은 다른 기독교대학보다 개신교 신자 비율이 무려 27% 이상 높은 것으로 나타났다.

2) 채플에 대한 인식과 만족도

1997년 대전전문대학의 조사에서는 채플 응답자 1,879명 중 1,066명(56.7%)이 채플은 필요하다고 긍정적으로 대답을 했으며, 무응답 혹은 필요하지 않다가 813명(43.3%)이었다(오영걸, 1998, 22). 2000년도 P대학교의 조사에서는 채플의 목적이 '기독교대학이기에 어쩔 수 없이'라는 응답이 52%, '하나님께 예배드리는 것이 마땅하기 때문에'가 32%를 차지하였다. G대학교의 자료(471명)에서는 채플 참석 이유에 대해서 '학점 때문에'

라는 응답이 86.9%로 거의 절대적으로 나타났다(이광희, 2001, 415-416). 연세대학의 경우는 채플의 의미를 묻는 질문에, '졸업 위한 패스학점'이라는 응답이 38.3%(1,414명)로 가장 높게 나타났으며, '정서와 인격 함양' 21.4%(791명), '무가치한 강제시간' 20.5%(756명) 순이었다(정종훈, 2002, 6). 위의 3개 대학의 조사에서는 채플은 패스 학점 때문에 어쩔 수 없이 수강한다고 응답하는 학생들이 최저 38%~최고 87%로 나타났으며, 채플은 필요하다고 답한 학생들은 최저 32%~57%(교단 배경 있는 기독교대학), 인성교육을 위해 필요하다는 응답은 21%, 무가치하다고 생각하는 응답도 20%가 넘었다.

2003년 한신대학의 조사결과는 '졸업을 위한 패스학점' 때문에 채플을 듣는다고 응답한 것이 가장 높게(22.3%) 나타났다. 그 다음으로 기독교의 가치와 덕에 관한 항목이 두 번째로 높았고(21.1%), 신앙회복, 신앙성장·정서, 인격함양을 위한 것이 16.8%로 같은 비율이었다. 한신정체성, 공동정체성을 위해 채플이 필요하다고 응답한 것은 14.7%로 나타났으며 채플이 무가치한 강제시간이라는 응답에 대해서는 7개 대학 중 가장 낮은 비율로 나타났다. 채플에 대한 인식에 있어서 한신대학생들은 비교적 긍정적인 것으로 조사되었는데, '한번쯤 들어보는 것도 좋다'는 응답이 43.6%로 가장 높았고, '수강하고 싶은 사람만 수강했으면'이 36.2%, '매우 좋다'가 17.0%로 나타났다(2003, 7-8). 이렇게 타 대학과는 다른 긍정적인 결과가 나오는 것은 이 대학이 처음부터 신학교로 알려진 교단 산하의 교육기관이기 때문이라고 해석할 수 있을 것이다.

2005년 명지대학에서 실시한 설문에서 "각 대학의 대학이념을 바탕으로 한 채플 및 기타 기독교 교과목 의무 이수제에 대해 어떻게 생각하십니까?"라는 질문에 대해, 어쩔 수 없이 따라야 한다(75명, 37.5%)는 의견이 가장 많았으며, 반대(58명, 29%), 적극 찬성(45명, 22.5%)의 순으로 응답하였다(명지대 교지편집위원회, 2005, 1).

이상을 종합해보면 결국 기독교대학의 학생들은 졸업학점에 필수적이기 때문에 혹은 기독교대학이기 때문에 어쩔 수 없이 참석한다는 응답이 가장 높게 나타났으며, 가능한 선택학점으로 전환해줄 것을 요구하고 있다. 결국 강제성을 띨 수밖에 없는 채플을 어떻게 진행하여 학생들의 불만을 최소화할 수 있는지는 현재 채플을 실시하고 있는 대학들의 공통된 고민거리라고 할 수 있다.

3) 채플의 내용과 방법

2002년 연세대학의 경우는 채플에서 듣기 원하는 주제를 묻는 문항에 대해 '사는 이야기' 37.4%(1,330명), '일반 교양' 33.3%(1,183명) 순으로 응답했으며, '전문지식'(162명, 4.6%)이나 '신앙'(332명, 9.3%)에 대한 주제에 대해서는 별 관심이 없는 것으로 조사되었다. 선호하는 채플의 유형의 순위를 조사한 결과 실험(공연) 채플 35.7%(1,386명), 보통사람 채플 23.9%(927명), 교수나 저명인사 특강 채플 16.8%(652명) 순으로 나타났다(정종훈, 2002, 8). 이러한 점에 착안하여 연세대학이 실시한 것이 '대화채플'이다. 대화채플은 초대 손님에 대한 영상물을 보여주고, 패널들과의 대화를 통해 채플을 진행하는 것으로 비교적 좋은 반응을 보이고 있다. 2002년 2학기부터 2005년 1학기까지 실시한 대화채플에 대해 '보통이다'라는 의견이 35%로 가장 높게 나타나긴 했으나, 긍정적인 의견이 47%로 부정적인 의견 17%보다 훨씬 높게 조사된 점은 고무적이라고 할 수 있다(정종훈, 2005, 39).

학생들이 채플 중 말씀에 집중하지 않는 이유를 묻는 질문에 한신대학생들은 '장황하다'가 57.3%로 가장 높게 나타났고 '기타' 29.3%가 두 번째 순서이고 세 번째로 '타종교인이 듣기 부담스럽다'가 12.0% 등으로 나타나 설교자(강연자)의 자질에 대해 충분히 고려해야 함을 알 수 있다. 듣기 원하는 주제에 대해서는 '사는 이야기'에 관한 항목이 가장 높은 51.2%, '전문지식' 16.8%였고, '신앙'은 8.4%로 나타나, 역시 현실과 가까운 삶의 이야기에 보다 관심을 갖고 있다(2003, 8-11).

이상의 조사에서 나타난 학생들이 원하는 채플의 내용이나 방법은 영적인 메시지보다 '역동적이고 연예적인 공연'이나 혹은 '보통 사람들의 살아가는 이야기'를 듣는 채플을 선호하는 것으로 나타났다. 그러나 일반 교양에 관한 주제도 33%나 되고, 전문지식에 관한 것도 17%나 차지하고 있으며, 신앙에 관한 주제도 8.4~9.3%나 되는 학생이 원하고 있음을 볼 때, 대학생들의 배경이 다양한 만큼, 그들의 채플시간에 대한 요구에 맞게 채플을 다양화 전문화할 필요가 있을 것이다. 또한 채플의 내용은 다양한 학습자의 요구를 수용하여 내용이나 방식에서 다채로운 채플이 되도록 기획하는 지혜가 필요하다.

4) 학생들의 평가 및 요구

기독교대학의 채플이 자신의 삶에 얼마나 도움이 되었는가에 대해 2002년 연세대학이 실시한 조사에서 학생들의 20.2%(406명)는 채플로부터 도움을 받고 있고, 37.8%(758명)는 아무 의미 없이 그저 참석하고 있으며, 나머지 42.0%(844명)의 학생들은 채플로부터 도움받는 것이 없다고 응답하였다. 채플에 대한 개선 방안으로 '채플의 자율적 참여'(175명)를 요구한 것이 가장 많았고, '도움이 될 만한 다양한 주제가 다루어져야 할 것'(60명), '불편한 대강당 자리 개선'(60명), '예배다운 채플'(52명) 등의 의견들이 제시되었다(정종훈, 2002, 10-13). 또한 2002년 10월에 77년과 87년 졸업생을 대상으로 실시한 채플의 영향에 대한 설문조사에서, 전체 응답자 357명 대부분은 채플에 의해 긍정적 영향을 받았다고 응답했다. 채플이 졸업생들에게 끼친 영향은 인격 형성, 도덕적 삶, 가치관 형성, 사회적 책임과 역사의식, 기독교 이해, 종교 생활의 순으로 나타났다. 또한 채플은 선교에 있어서 확실한 효과를 나타내고 있다는 것이 확인되었다. 입학 당시 개신교 신자가 357명 중 135명(37.1%)이었으나 현재 개신교 신자인 졸업생들은 189명(51.9%)으로 입학 당시보다 14.8%의 개신교 신자가 늘어났음을 알 수 있다. 이는 타종교와 무종교로부터 개신교로 개종 또는 결심한 졸업생이 있음을 증명해주는 것이다. 즉, 당장 가시적 성과가 없다 하더라도 선교는 계속되어야 한다는 진리를 말해주는 대목이라 할 수 있을 것이다(남재현 외, 연세대학교 채플이 졸업생들에게 미치는 영향에 관한 연구, 2002, 2-11). 졸업생들은 또한 후배들에게 채플 참석을 권하고 싶다고 응답했다. 개신교 졸업생들은 신실한 예배 분위기, 간증집회나 열린 예배로 채플을 개선할 것을 요구하고, 타종교인 졸업생들은 비종교인들에 대한 배려, 자발적 참석 유도, 교양 선택과목으로의 전환, 타종교인 강사 초청을 제안하였다(Ibid, 11-12).

2. 2007년 호서대학교의 교양 채플에 관한 만족도 및 요구 조사

1) 조사 도구

필자가 사용한 설문지는 총 18문항으로 직접 제작한 것이다. 설문의 내용은 이전의 선행연구의 것과 대동소이하나 응답자가 채플에서 듣기를 원하는 특강주제나 강사를 묻는 질문은 선호도순으로 등위를 매기도록 한 것이 호서대 설문지의 특징이라 할 수 있을 것이다. 본 설문은 호서대학교 아산/천안캠퍼스에서 현재 채플을 듣고 있는 1, 2학년 1,811명을 대상으로 하여 조사되었다.

설문지의 질문 항목의 구성은 응답자의 배경 3문항, 채플의 목표 인식 1문항, 채플 만족도 5문항, 채플의 효과 3문항, 채플 개선을 위한 요구사항 7문항이다. 5개 문항을 제외한 9개 문항은 객관식 단답형 문항으로 5지선다로 응답하게 하였으며, 등위 매김형 질문 2문항은 1~6/7의 순위로 응답하게 하였다. 또한 개선 방안을 묻는 논술형 문항과 중복 응답이 가능한 문항도 각 1문항씩 주어 응답자가 자유롭게 응답할 기회를 주었다. 한편, 천안캠퍼스에서 실시된 조사에서는 응답자 배경 변인에 '종교' 항목을 추가하여 개신교 신자 비율을 조사하였다. 다른 대학과의 비교를 위해 목원대, 전주대, 명지대에서 30명씩의 표본 조사도 실시하였다.

설문지 조사방법은 각 캠퍼스에서 채플시간이 시작되기 전에 입장하는 학생들에게 설문지를 배포한 후 마칠 때 수거하였다. 회수된 설문지 중에서 유효한 응답지만을 구분하여 총 1,811명의 결과를 분석하였다.

2) 응답자 배경 및 개신교 신자 비율

호서대학교 채플에 관한 설문조사에 응답한 대학생들은 남자가 1,092명(60.3%), 여자가 714명(39.4%)이었다(표 3 참조). 응답자의 단과대학별 분포는 공과대학 821명(45.3%), 인문대학 384명(21.2%), 사회과학대학 289명(16.0%), 예체능대학 240명(13.3%), 자연과학대학 73명(4.0%)의 순으로 나타났다(표 4 참조).

표 3. 성별 응답자 수

	빈도	백분율
남	1,092	60.3
여	714	39.4
결측값	5	0.3
합 계	1,811	100.0

표 4. 단과대학별 응답자 수

	빈도	백분율
인문대학	384	21.2
사회과학대학	289	16.0
공과대학	821	45.3
예체능대학	240	13.3
자연과학대학	73	4.0
결측값	4	0.2
합 계	1,811	100.0

한편, 천안캠퍼스에서는 응답자의 종교 배경을 조사하였다. 그 결과를 다른 3개 대학과 비교하여 보면 표 5와 같다. 표 5에서 보이는 바와 같이 응답자 중 가장 많은 비율을 차지하는 것은 무교 279명(44.8%)였으며 다음은 개신교 140명(22.5%), 천주교 97명(15.6%), 불교 85명(13.6%)의 순이었다. 이것을 다른 3개 대학과 비교하여 보면 신자 비율의 순위에 있어서는 큰 차이가 없었다. 그러나 개신교 신자 비율에서는 전주대가 호서대학이나 다른 대학보다 10~20% 이상 높게 나타나고 있다. 전주대의 개신

교 신자 비율(43.3%)은 한신대학의 57.9%의 값보다는 작지만 다른 기독교대학보다는 비율이 높은 것은 이 학교 역시 교단 배경이 있는 기독교대학이기 때문일 것이다.

표 5. 개신교 신자 비율: 종교별 학생 분포

	호서대	목원대	전주대	명지대
개신교	140(22.5)	10(33.3)	13(43.3)	7(23.3)
천주교	97(15.6)	2(6.7)	3(10.0)	6(20.0)
불 교	85(13.6)	3(10.0)	2(6.7)	4(13.3)
기 타	21(3.4)		2(6.7)	
무 교	279(44.8)	15(50.0)	10(33.3)	13(43.3)
합 계	622(100)	30(100)	30(100)	30(100)

3) 채플의 목표와 내용에 관한 인지와 만족도

채플 목표의 인식을 알아보는 설문조사이다. 이것은 채플을 수강하는 이유를 묻는 설문으로 조사되었다. 그 결과, 응답자의 64.9%(1,175명)가 채플을 수강하는 이유를 '기독교대학이기 때문'이라고 답하였다.

표 6. 채플의 목표에 관한 인지도

	호서대	목원대	전주대	명지대
기독교대학이기 때문에	1,175(64.9)	14(46.7)	14(46.7)	15(50.0)
기독교를 믿게 하기 위해서	258(14.2)	4(13.3)	10(33.3)	11(36.7)
종교적 교양을 쌓기 위해서	126 (7.0)	3(10.0)	2 (6.7)	1 (3.3)
바람직한 인성을 함양하기 위해서	238(13.1)	9(30.0)	4(13.3)	3(10.0)
결측값	14 (0.8)			
합 계	1,811(100)	100.0	100.0	100.0

그 밖에는 '기독교를 믿게 하기 위해서'가 14.2%(258명), '바람직한 인성을 함양하기 위해서'가 13.1%(238명)로 조사되었고, '종교적 교양을 쌓

기 위해서'라는 항목은 단 7%(126명)만이 선택하였다(표 6 참조). 즉, 학교에서는 채플을 '인성교육 과정'에 포함시키고 있으나, 정작 학생들은 채플이 인성교육을 위한 과정이 아니라 기독교대학이기 때문에 당연히 실시하는 것으로 이해하고 있다. 다른 3개 대학의 경우 전주대와 명지대는 '기독교를 믿게 하기 위해서'라고 응답한 경우가 33.3%, 36.7%였으며, 목원대의 경우는 '바람직한 인성을 함양하기 위해서'라고 응답한 경우가 30%로 나타나 학교마다 약간의 차이를 보이고 있다.

표 7. 채플에 대한 만족도

	호서대	목원대	전주대	명지대
매우 만족	67 (3.7)	1 (3.3)	1 (3.3)	2 (6.7)
약간 만족	284(15.7)	9(30.0)	9(30.0)	5(16.7)
그저 그렇다	803(44.3)	10(33.3)	13(43.3)	12(40.0)
약간 불만족	261(14.4)	5(16.7)	3(10.0)	5(16.7)
매우 불만족	392(21.6)	5(16.7)	4(13.3)	6(20.0)
결측값	4 (0.2)			
합 계	1,811(100)	100.0	100.0	100.0

현재 실시되고 있는 채플에 대한 만족도를 묻는 질문에는 '그저 그렇다'라고 응답한 비율이 44.3%(803명)로 가장 높게 나타났다. 채플 만족도에 대해 부정적인 응답이 36%(653명)로, 긍정적인 응답 19.4%(351명)보다 훨씬 높은 것을 볼 수 있다. 목원대는 긍정/중도/부정적인 대답이 모두 1/3씩 골고루 나왔으며, 전주대는 채플에 대한 만족도가 다른 대학들에 비해서 비교적 긍정적인 것으로 조사되었다. 명지대학은 근소한 차이로 부정적인 대답이 조금 높게 나왔다(표 7 참조). 보다 구체적으로 살펴보면, 호서대의 경우 만족도가 약간 만족과 매우 만족을 합한 비율이 19.6%인 데 반하여, 목원대 33%, 전주대 33%, 명지대 23%로 나타나고 있다. 여기에서 알 수 있는 것은 호서대가 채플 만족도가 제일 낮은 것으로 나타났다는 것이다. 물론 타 대학은 표본 수가 적은 30명밖에 되지 않아, 동

일 비교에는 문제가 있기는 하다. 매우 불만족에서도 호서대가 제일 불만족 비율이 높고 명지대, 목원대, 전주대의 순으로 나타나고 있다.

한편, 종교별 채플 만족도의 경우를 살펴보면 표 8과 같다. 한 가지 흥미로운 것은 종교가 '기타'라고 응답한 응답자의 10%(2명)가 매우 만족하고 있으며, '비교적 만족한다'고 응답한 비율도 40%(8명)로 나타난 점이다. 한편, 가장 부정적인 응답을 한 경우는 '무교'(105명, 37.7%)이며, '천주교'를 종교로 갖고 있는 학생들의 경우도 비교적 부정적으로(34명, 35.1%) 응답하였다. '개신교' 학생들은 비교적 긍정적인 것으로(51명, 36.4%) 나타났으나, 20%(28명)나 되는 개신교 학생들도 채플에 대해 만족하지 못하고 있음을 알 수 있다.

표 8. 종교에 따른 채플에 대한 만족도

		만족도					합 계
		매우 만족	비교적 만족	그저 그렇다	약간 불만족	매우 불만족	
종교	개신교	8(5.7%)	43(30.7%)	61(43.6%)	19(13.6%)	9(6.4%)	140(100%)
	천주교	8(8.2%)	20(20.6%)	35(36.1%)	15(15.5%)	19(19.6%)	97(100%)
	불 교	4(4.7%)	10(11.8%)	46(54.1%)	4(4.7%)	21(24.7%)	85(100%)
	기 타	2(10.0%)	8(40.0%)	5(25.0%)	3(15.0%)	2(10.0%)	20(100%)
	무 교	7(2.5%)	31(11.1%)	136(48.7%)	44(15.8%)	61(21.9%)	279(100%)
합 계		29(4.7%)	112(18.0%)	283(45.6%)	85(13.7%)	112(18.0%)	621(100%)

학생들이 채플을 통해 듣고 싶어 하는 특강의 주제에 대해서는 학생들이 순위를 정해서 응답하게 하였는데, 그 결과에 순위별 가중치(1순위를 6점으로 시작하여 1점씩 감소한 값)를 곱하여 계산해보면 표 9와 같은 결과를 얻게 된다. 표 9를 살펴보면, 학생들이 가장 원하는 특강의 주제는 '사회적 이슈와 문제에 관한 강연'(7,115점, 22.6%)과 '교양과 문화에 관한 특강'(7,081점, 22.5%)임을 알 수 있다. 그리고 용기와 희망을 주는 강연이라고 응답한 경우도 20.2%(6,377점)나 되었으나, 윤리적이거나 종교

적 주제에 대해서는 비교적 관심을 보이지 않고 있다.

표 9. 듣기 원하는 특강 주제

	빈도	%
윤리적 특강	4,146	13.2
성서이야기 특강	3,157	10.0
교양과 문화에 관한 특강	7,081	22.5
용기와 희망을 주는 강연	6,377	20.2
영적 체험에 관한 강연	3,614	11.5
사회적 이슈와 문제에 관한 강연	7,115	22.6
합 계	31,490	100.0

채플 때 강사로 모시기를 원하는 사람에 대한 질문 역시 순위별 가중치(1순위를 7점으로 시작하여 1점씩 감소한 값)를 곱하여 계산한 후 분석하였는데, 그 결과는 표 10과 같다.

표 10. 원하는 강사 순위 (가중치)

	빈도	비율
교수	5,966	13.4
정치가	5,012	11.2
언론인	7,384	16.6
성직자	4,472	10.0
과학자	5,059	11.4
연예인	8,761	19.6
사회저명인사	7,962	17.8
합계	44,616	100.0

표 10에 의하면 학생들이 강사로 가장 선호하는 대상은 연예인(7,384점, 1순위 선택비율 46.1%)이었으며, 그 다음으로는 사회저명인사(7,962

점, 2순위 선택비율 26%), 언론인(7,384점, 16.6%), 교수(5,966점, 13.4%) 등의 순으로 조사되었고, 실제 채플에서 가장 많은 비중을 차지하고 있는 성직자의 경우는 4,472점(7순위 선택비율 29.4%)을 얻는 데 그쳤다.

4) 채플 방법에 관한 문항

채플 시작하기 전과 봉헌 시간에 부르는 찬양, 입장과 퇴장 시 음악을 사용하는 것에 대한 만족도 부분에 있어서는 비교적 긍정적(긍정적 49.9%, 중도적 35.9%, 부정적 13.8%)으로 생각하고 있으나(표 11 참조), 참석 학생들이 찬양을 함께 따라 부르거나 박수로 호응해주는 정도는 극히 미미하다. 즉, 학생들은 함께 노래를 부르거나 호응해주기보다는 눈으로 보고, 귀로 듣는 일에만 동참하는 것으로 보인다.

표 11. 채플 찬양과 음악에 대한 만족도

	빈도	백분율
매우 만족	230	12.7
약간 만족	674	37.2
그저 그렇다	650	35.9
약간 불만족	115	6.3
매우 불만족	135	7.5
결측값	7	0.4
합계	1,811	100

현재 호서대학교는 채플 이수에 대한 규정이 4학기 의무 이수로 되어 있는데, 이에 대한 학생들의 의견을 질문하였더니, 표 12와 같은 결과를 얻을 수 있었다.

절반이 조금 넘는 56.9%(1,031명)의 학생들이 '원하는 학생에 한하여 선택 학점으로' 바꾸어줄 것을 요구하고 있다. 반면에, '학점을 부여하고 횟수를 늘리자'는 의견은 단지 4.6%(83명)의 학생들만이 원하는 것으로 조사되었다. 결과적으로는 학점이 주어진다고 하더라도 의무적으로 들어야 하는 채플이라면 반대하는 것이라고 볼 수 있다. 그리고, 꼭 해야만 한다면 현행 4학기에서 2학기로 줄이고, 들어야 하는 학년도 자유롭게 선택(4년간 아무 때나 1년)할 수 있기를 바라고 있다.

표 12. 채플 이수에 관한 의견

	빈도	목원대	전주대	명지대
학점을 부여하고 횟수를 늘렸으면	83(4.6)	1 (3.3)	7(23.3)	
원하는 학생에 한하여 선택 학점으로	1,031(56.9)	19(63.3)	16(53.3)	18(60.0)
4년간 아무 때나 1년만 이수	526(29.0)	5(16.7)	5(16.7)	7(23.3)
현행 방식 그대로 4학기 이수	164(9.1)	4(13.3)	2(6.7)	4(13.3)
결측값	7(0.4)			1(3.3)
합계	1,811(100)	30(100)	30(100)	30(100)

표 13. 채플 횟수에 대한 의견

	빈도	백분율
3회 늘림	28	1.5
1~2회 늘림	22	1.2
적당함	591	32.6
1회 이상 줄임	1,159	64.0
결측값	11	0.5
합계	1,811	100.0

한 학기 동안 드려지는 채플의 횟수에 대한 의견을 묻는 문항에 대해서는 1회 이상 줄여야 한다는 의견이 64%(1,159명)나 되었고, 적당하다는 의견은 32.6%(591명)였다(표 13 참조). 이 결과는 다른 3개 대학도 크게 다르지 않아, '원하는 학생에 한해 선택학점으로 바꿀 것'을 선택한 학생의 비율이 가장 높은 것으로 조사되었다. 전주대의 경우 '학점을 부여하고 횟수를 늘렸으면 좋겠다'라는 응답이 23.%로 다른 대학에서보다 훨씬

높게 나타난 점은 특이한 사실이다.

최근 실시된 공연 채플 중 기억에 남는 것을 묻는 문항에서는 정적인 음악 공연보다는 동적인 댄스나 연극 공연에 대해 훨씬 더 좋은 반응을 보인 것으로 조사되었다. 구체적으로는 PK(Promise Keeper) 팀의 댄스 공연을 50.5%(914명)의 학생이 기억하고 있었으며, 열방대학팀의 드라마(춤+노래) 공연이 그 다음으로 조사되었다. 특히, 열방대학팀의 공연은 원래 설문지의 보기에는 없었던 것으로 기타란에 구체적으로 열방대학을 표기한 경우만을 카운트한 것이기 때문에, 기타라고 응답한 대다수의 학생들이 열방대학을 의미하는 것이라면 24.3%의 학생들이 선택한 것이라고 볼 수 있다(표 14 참조).[5]

표 14. 기억에 남는 채플

	빈도	백분율
해오른누리 공연	184	10.2
PK 댄스 공연	914	50.5
챔버오케스트라 공연	244	13.5
열방대학 댄스+찬양+드라마 공연	246	13.6
기타	193	10.7
결측값	30	1.7
합계	1,811	100.0

3개 대학에서 실시한 채플이 개선되어야 하는지에 대한 질문에서는 목원대 86.6%, 전주대 76.6%, 명지대 86.6%가 개선되어야 한다고 응답하여, 학생들의 채플에 대한 개선 요구가 상당한 것으로 조사되었다. 구체적인 채플의 개선 방법을 묻는 문항에 대한 결과는 표 15와 같다.

5 최근 2년 동안 실시된 공연 채플은 보기에 주어진 공연 이외에는 열방대학 공연밖에 없었기 때문이다.

표 15. 채플 개선 방법

	호서대	목원대	전주대	명지대
매주 새로운 주제별 특강	126 (7.0)	5(16.7)	8(26.7)	2 (6.7)
형식에 얽매이지 않는 열린 채플	297(16.4)	4(13.3)	7(23.3)	7(23.3)
영화, 연극 등을 사용한 특별 채플	899(49.6)	5(16.7)	9(30.0)	6(20.0)
최첨단 멀티미디어를 활용한 채플	47 (2.6)	2 (6.7)	2 (6.7)	4(13.3)
신세대가 좋아하는 강사들을 초청	349(19.3)	3(10.0)	2 (6.7)	4(13.3)
기타	77 (4.3)	11(36.7)	2 (6.7)	4(13.3)
결측값	16 (0.9)			3(10.0)
합계	1,811(100)	30(100)	30(100)	30(100)

표 15에 나타난 응답 결과를 살펴보면, 학생들이 가장 원하는 채플의 형태는 영화나 연극 등을 사용한 특별 채플인 것(899명, 49.6%)으로 조사되었다. 그 다음으로는 신세대가 좋아하는 강사들을 초청하는 채플 19.3%(349명),[6] 열린 채플 16.4%(297명)의 순으로 응답하였다. 흥미로운 사실은 목원대의 경우 '작은 음악회를 통한 음악 채플'을 원하는 경우가 36.7%로 가장 높게 나타났으며, 명지대는 '형식에 얽매이지 않는 열린 채플'을 요구하는 비율이 23.3%로 가장 높게 나타났다는 것이다. 전주대의 경우는 '영화, 연극', '주제별 특강', '열린 채플' 등을 골고루 선택하였다.

올해부터 역점적으로 실시하고 있는 채플 시 멀티미디어 활용에 대한 학생들의 반응은 비교적 만족스러운 것으로 조사되었다. '그저 그렇다'는 중도적인 의견이 45.%(815명)로 가장 높은 비율을 차지하고는 있으나, 만족한다는 답변이 46.8%(847명)나 되었고, 부정적인 응답은 7.9%(143명)에 불과하였다(표 16 참조). 멀티미디어를 예배의 순서, 찬양 가사, 악보, 설교(이미지, 영상, 텍스트 자료), 광고 등에 활용함으로써 학생들의 주의를 끄는 데는 일단 성공한 것으로 볼 수 있다.

6 학생들이 원하는 강사 1순위가 '연예인'이었던 것과도 관련이 있다.

표 16. 채플의 멀티미디어 활용에 대한 만족도

	빈도	백분율
매우 만족	251	13.9
약간 만족	596	32.9
그저 그렇다	815	45.0
약간 불만족	69	3.8
매우 불만족	74	4.1
결측값	6	0.3
합 계	1,811	100.0

5) 채플의 영향과 평가에 대한 문항

채플은 기독교를 이해하는 데는 별로 도움이 되지 못하는 것으로 조사되었으며(800명, 44.2%), 인성교육에 도움이 되었는지에 대해서는 35.6%(646명)가 부정적으로 응답하였다. 두 질문에 대해서 중도적인 응답을 한 경우('그저 그렇다'를 선택한 경우)를 살펴보면 각각 31.6%(573명), 37.1%(671명)였다(표 17 참조).

표 17. 채플의 도움 여부

	기독교를 이해하는 데 도움 여부		인성 교육에 도움 여부	
	빈도	백분율	빈도	백분율
매우 도움됨	58	3.2	61	3.4
약간 도움됨	372	20.5	414	22.9
그저 그렇다	573	31.6	672	37.1
별로 도움 안됨	423	23.4	330	18.2
전혀 도움 안됨	377	20.8	316	17.4
결측값	8	0.5	18	1.0
합 계	1,811	100.0	1,811	100.0

채플을 통해 자신의 생활 중 영향을 받은 부분은 어떤 부분인가에 대한

응답 결과(복수 응답)는 표 18과 같다. 응답결과를 살펴볼 때 아쉬운 점은 채플이 아무 영향을 미치지 못한다는 응답이 가장 큰 것으로 조사되었다(598명, 23.8%)는 것이다. 앞서 질문한 문항에서 인성교육에 별로 도움이 되지 못한다고 하였으나, 실제 영향을 받은 것으로 응답한 분야를 살펴보면 인격수양(377명, 15.0%)이나 가치관(317명, 12.6%)에 영향을 받았다고 응답한 경우가 많은 것으로 보아, 학생들이 인지하든 못하든 채플이 어느 정도 학생들의 인성에 영향을 미치고 있다고 볼 수 있을 것이다. 목원대학의 경우는 '평안을 얻었다'라는 응답이 63.3%로 가장 긍정적으로 나타났으며, '시사를 배운다'거나(86.7%), '학교적응에 도움을 받았다'(76.7%)라는 질문에 대해서는 부정적인 응답이 훨씬 높게 나타났다. 전주대학의 경우는 긍정적인 응답이 50%를 넘은 항목은 '시청각 효과를 통해 기쁨을 얻었다'(56.6%)라는 항목뿐이었으며, '시사를 배운다'(86.7%)는 항목에 가장 부정적으로 응답하였다. 명지대학의 경우는 공연채플이 활성화되어 있는 영향으로 '문화적 욕구를 해소하였다'라고 응답한 비율이 66.7%로 나타났고, '친구관계'(93.3%)나 '의식개선'(83.4%)에는 거의 영향을 받지 않은 것으로 조사되었다.

표 18. 채플을 통해 받은 영향 (중복응답)

	빈도	백분율
학교생활에 영향	284	11.3%
인격수양에 영향	377	15.0%
가치관에 영향	317	12.6%
인간관계에 영향	159	6.3%
예절과 교양에 영향	288	11.5%
행동수정에 영향	212	8.5%
새로운 인식에 영향	273	10.9%
기타(영향 없음)	598	23.8%
합 계	2,508	100.0%

마지막으로 채플의 개선 방향에 대해 서술하도록 한 문항에 대해서는 가장 많이 기록한 것은 '채플을 강압적으로 진행하지 말라'는 것이다. 제재가 심하거나 지각에 대해 지나치게 엄격한 것 등을 들어서 채플을 보다 자유로운 분위기에서 진행해달라는 요구로 볼 수 있다. 다음은 '종교의 자유를 보장하여, 모든 학생이 의무적으로 듣게 할 것이 아니라 선택할 수 있도록 해 달라'(101명, 16.6%), '다양한 주제와 프로그램으로 진행'(78명, 12.8%), '공연 채플을 늘리라'(60명, 9.9%)의 순으로 응답하였다(표 19 참조). 기타 의견들로는 '찬양 시간을 늘려달라', '채플을 아예 없애라', '지정좌석제를 폐지하라' 등의 의견이 제시되었다.

표 19. 채플 개선에 대한 자유의견

	빈도	백분율
강압적이지 않도록	116	19.1
공연 늘리기	60	9.9
공결처리 인정범위 확대	23	3.8
횟수 줄이기	56	9.2
다양한 주제와 프로그램	78	12.8
종교의 자유보장(선택으로)	101	16.6
시간관리 철저	45	7.4
기타	96	15.8
지금도 좋음(좋아짐)	33	5.4
합계	608	100.0

흥미로운 것은 이 조사가 새로운 채플 운영방식을 도입하고 6개월 후에 실시된 것이라 학생들이 그 변화를 감지하며 좋아지고 있다고 반응(5.4%)했다는 것이며, 이는 교목실에 주는 시사점이 크다 하겠다.

Ⅳ. 결론: 개선 방안

기독교대학 채플에 관한 선행 연구와 최근 연구들을 조사한 결과 얻은 결론은 다음과 같다. 기독교대학의 학생 신자 비율은 교단 배경을 지닌 기독교대학을 제외하고는 30% 전후로 나타나고 있으며, 채플에 대한 만족도 역시 30% 정도를 밑돈다. 그러나 채플의 필요성에 대해서는 반 이상이 부정적으로 나타났으며, 설교보다는 특강과 공연 위주의 채플을 선호하고 원하는 것으로 나타났다. 이러한 사실은 10년 전이나 지금이나 큰 변화가 없는 것으로 나타났다. 단 현재는 채플에 대한 부정적인 태도를 가지고 있으나 졸업한 후에는 채플을 긍정적으로 평가하는 것으로 조사되었다.

이렇게 채플에 대한 재학생 시절의 태도와 졸업 후의 태도에는 분명 변화가 있다는 것을 알 수 있었다. 따라서 채플이 선교적 효과가 없다는 것이 성급한 판단이었다고 볼 수도 있을 것이다. 중요한 것은 '지금 그리고 여기에서' 채플을 수강하고 있는 대학생들의 채플 거부감을 최소화하면서 채플에 대한 만족도를 높이며 기독교대학의 설립 이념인 기독교 정신에 기초한 기독교교육을 내실화할 수 있는 방안을 모색할 필요가 있다는 점이다. 분명히 현재 기독교대학의 채플에는 위기가 다가오고 있다. 그러나 그 위기는 10년 전에도 아니 그 이전에도 있어왔다. 따라서 기독교대학 채플에 다가오는 위기는 보다 적극적으로 극복 방안을 강구해야 할 것이다.

첫째, 기독교대학은 어떤 어려움 속에서도 채플을 포기하거나 약화시켜서는 안 된다. 이를 위해 오영걸은 기독교대학은 기독교대학으로서 건학이념이나 정신을 보다 분명히 할 필요가 있다고 말한다. 다시 말하면 기독교대학이 세월이 흐름에 따라 기독교대학인지 기독교적인 대학인지를 구별할 수 없다면 학교의 구성원들인 교직원만 아니라 학생들조차 나아가야 할 방향을 잃어버리게 될 것이다. 보다 분명하고 확고한 기독교

건학정신을 구현하기 위한 방안으로 이 시대에 맞는 학생채플을 최신화하고 최상화해야 한다.

둘째, 기독교대학의 채플의 교육선교적 효과를 증진시키기 위해 선교마인드를 지닌 시대적 감각과 문화적 목회 경험이 풍부한 교목들을 임용할 필요가 있다. 채플의 운영은 사실상 교목들에 의해 좌우된다. 그러나 현직에 있는 교목들의 대부분은 구태의연한 신학교육을 받은 것으로 나타났다. 또한 몇몇 대규모 기독교대학을 제외하곤 비정규직으로 섬기는 교목들이 대부분인 것이 현실이다. 기독교대학의 건학이념을 최전선에서 대학생들에게 전하고 가르치는 자들이 바로 교목들인데 실상 기독교대학에서는 이들을 정규직원으로 채용하지 않고 있는 것은 모순이다. 이러한 교목의 근무조건으로는 21세기 첨단 사회의 대학생들의 감각과 요구에 부응하기가 어렵다는 것이다. 기독교대학은 교목의 정규직화를 점진적으로 개선해야 한다.

셋째, 기독교대학 운영과 정책 결정에 참여하는 보직자들은 반드시 신자로서 구성해야 한다. 기독교대학임에도 불구하고 학교의 보직자들을 무신론자, 심지어 미신을 믿는 사람들까지 임명함으로 인하여 기독교대학이 세속화되어가고 있다. 그 결과 기독교학교로서의 정체성마저 약화되고 학원복음화는 요원해지고 학교 내의 분란은 끊이지 않게 된 사례도 종종 발견된다. 그러므로 기독교대학 재단이사회는 학교의 장을 비롯한 교수와 직원 채용에 보다 깊은 사려가 있어야 할 것이다.

넷째, 기독교대학에서의 교양채플은 공식적 교육과정 상에서 시간이나 타 과목과의 시간 중복을 피하는 등 정책적 배려를 해야만 한다. 교양 채플은 모든 학사일정의 가장 중요한 일과가 되어야 하며 모든 일정에 있어서 우선순위가 되어야 한다는 말이다. 오영걸은 기독교대학의 채플은 교목을 비롯한 모든 교직원들의 중대한 관심사가 되어야 하며 채플에 참여하는 일을 중요시 여겨야 한다고 주장한다. 이를 위해 전 교직원과 일상적 업무와의 마찰 없이 학생들이 마음 놓고 예배를 드릴 수 있는 학교적 차원의 정책이 시급히 마련되어야 한다.

다섯째, 대광고 사태 이후 교육제도 및 교육과정 개선 방안과 근본적인 대책에 관한 다양한 견해들이 제시되고 있다. 교육제도와 관련해서는 평준화 정책을 폐지해서 종교계 사학에 학생 선발권과 종교이념에 따른 교육 운영권을 주어야 한다는 견해가 지배적이다. 고교 시절부터 기독교학교의 채플에 대한 반감을 갖게 된다면 기독교대학에 진학해서도 그 영향은 지속될 수 있다. 기독교대학 역시 사립대학으로 분류되나 국가로부터 이모저모로 재정적 지원을 받고 감독을 받는 현실에서 기독교 신자만을 입학생으로 모집할 수도 없는 노릇이다.

최영진은 선교와 신앙실행권 등은 학교라는 공적 영역에서는 교육의 공공성과 학생의 교육권, 신앙의 자유 등 기본권을 침해하지 않는 범위 내에서 병행할 수 있도록 모색되어야 할 것이라고 제언한다. 그는 또 학교 내에서의 종교자유 문제의 해결은 학생의 교육적 요구(need), 이익(interest), 권리(right)를 가장 중심에 놓고, 그리고 이것들을 최우선적으로 고려하여 개선 방안이 모색되어야 할 것이라고 말한다. 이러한 방안의 취지는 기본적으로 학생의 교육권 보장이 학교의 존재이유라고 보기 때문에 가능한 것이나 기독교대학은 이러한 존재이유에 더하여 중요한 종교적 신념이 부가되어야 하는 어려움이 있는 것이다.

끝으로, 기독교대학 채플의 구체적인 개선 방안에 대해 선행연구들이 제안한 것들을 종합하여 제언하고자 한다.

1) 채플 설교의 방법을 첨단 미디어를 활용하여 개혁해야 한다. 이광희는 하나님의 말씀 선포가 단순한 전통적 설교방법에 머문다면 다양한 첨단매체와 각종 효율적인 학습기자재를 사용하고 있는 대학의 현실에 비해 매우 원시적인 방법에 머무를 수밖에 없다고 경고한다. 손성수는 전통적인 예배형식은 비기독교인 학생들로 하여금 기독교의 전통적인 예배를 경험하게 만들고 많은 복음의 메시지를 직접 들을 수 있게 하는 장점을 가지고 있으나 문제는 매주 반복되는 예배의 단조로움으로 인해 전 이해

가 없는 비기독교인 학생들에게 식상함과 거부감을 가져오게 하는 원인이 되는 것이라고 지적한다. 이런 점에서 채플의 형식을 다양화함으로 하나님의 말씀이 귀에 들리는 말씀의 형태를 넘어서 다양한 방법으로 확산될 필요가 있다.

2) 채플의 주제와 강사의 범위를 좀 더 확대하는 것도 필요하다. G대학교와 P대학교의 경우를 보아도 전통적인 채플의 강사로 초청된 설교자의 설교에 대한 부정적인 반응이 기대보다 높다는 점에 유의해야 할 것이다. G대학교의 경우 채플에 대한 느낌을 묻는 질문에 설교가 좋음은 불과 3.7%에 불과하며 채플에게 가장 인상 깊은 순서를 묻는 질문에 설교는 4.9%로 나타났다. 조금 나은 수치이기는 하지만 P대학교의 경우도 별반 다를 바 없다. 예배시간에 잡담을 하는 이유를 묻는 질문에 설교에 관심이 없어서가 41%로 나왔다는 점은 채플의 방향이 전통적인 방법에 따라 지나치게 설교 의존적으로 머물러서는 안 된다는 강한 도전을 준다. 채플의 주제를 미리 정하고 그 주제에 맞는 강사를 섭외하는 일이 중요하다. 즉 채플이 교양과목의 범위를 넘어서 선교와 교육의 기능을 감당하기 위해서 최적의 강사를 선택하여 미리 계획된 설교 주제를 제공하여 준비하는 것은 큰 개혁의 틀이 아닌 현 채플 시스템 하에서도 충분히 개선 가능한 방안이다.

강사들에게 채플의 취지를 미리 알리고 그 목적에 맞는 설교나 강연 연주를 함으로 한 학기 동안 채플의 흐름이 일정한 방향성을 가지면서도 중복되지 않으며 식상함이나 거부감 없는 복음에 대한 이해의 폭을 넓힌 전략이 요청된다. 또한 구체적인 현장 경험을 가진 전문가들의 간증은 삶의 구체적인 현장의 목소리를 듣게 한다는 점에서 대단히 중요하다.

끝으로, 연세대 정종훈은 그의 연구에서 보다 구체적으로 개선방안을 제시하고 있다(정종훈, 2002, 86-90).

1) 채플에서는 가능한 한 기독교적인 용어들(예를 들면, 은총, 섭리, 계시, 예정, 간증, 칭의, 회심, 중생, 소명, 구원, 성화 등의 일상에서 듣기 어

려운 용어들)의 사용을 자제해야 한다. 또한 채플에서 비기독교인 학생들을 간접적으로 전도해서 회심과 구원에 이르게 하겠다는 궁극적인 의도야 포기할 수 없겠지만, 너무 성급한 생각에 직접적인 전도를 시도하는 것은 기독교에 대한 부정적인 입장을 강화할 수 있다. 그는 채플을 통해 전도하려 하기보다는 기독교대학으로서 기독교적인 학사관리와 행정 그리고 교직원들의 기독교적인 모습 자체를 보여주려 하는 것이 더 효과적인 전도가 될 것이라고 제언하고 있다.

2) 대학 채플의 형태는 무엇보다 학생들의 종교적 관심에 따라 시간 운영을 지혜롭게 할 필요가 있다고 말한다. 학교가 수업시간을 할당할 때 1, 2학년 각각의 필수과목들을 이 시간대에 할당하지만 않는다면, 월요일은 기독교인과 비기독교인을 혼합한 기존 형태의 채플을, 수요일에는 기독교인을 위주로 하는 채플을, 그리고 금요일에는 비기독교인을 위주로 하는 채플을 개설하고, 학생들이 자유롭게 선택하도록 할 수 있을 것이다. 이렇게 한다면 채플에 대한 학생들의 불만과 편견이 최소화될 수 있을 것이다.

3) 교목실은 학생들이 가장 선호하는 채플의 형태가 실험채플이라는 사실에 관심을 가져야 한다. 본문의 채플 개선을 위한 제안에서 실험채플의 횟수를 늘려달라는 제안을 참조하면, 한 학기에 한 번 진행하는 실험(공연, 대화, 음악) 채플은 그 횟수를 늘려야 할 시점에 이르렀음을 보여준다. 실험채플은 많은 비용을 투자해야 한다. 그러므로 실험채플을 집행하기 위한 학교 측과의 협의가 이루어져 예산을 미리 신청하는 일이 우선된다. 동시에 적은 돈으로도 가능한 실험채플을 할 수 있는 교내적 노력도 강구되어야 한다. 호서대학교의 경우 재학생들의 전공을 살린 문화 공연 등이 채플에서 진행되는 등 새로운 실험 채플의 장르를 개척하고 있다.

보다 만족스럽고 거부감 없는 기독교대학의 채플이 되기 위한 노력은 아무리 강조해도 지나치지 않는다. 가장 좋은 개선안은 실효성 있는 안일 것이다. 개선안이 실효성이 있는가 없는가는 각 대학이 처한 종교적, 사회적 상황에 따라 달라지겠지만, 경제적 여건이 허락하는 한 최소의 비용으로 최대의 효과를 가져올 수 있는 개선 방안을 채택해야 할 것이다. 호사스런 멀티미디어 기자재만 있다고 채플의 효과가 개선되는 것은 아니다. 중요한 것은 기독교대학의 총장의 채플을 개선하고자 하는 의지와 교목실장을 위시한 교목들의 헌신과 열정, 그리고 기도로 준비하고 인간적으로 철저히 계획된 채플 위에 하나님은 반드시 응답하시고 더욱 큰 권능을 주시리라 믿는 우리들, 기독교대학 채플 사역자들의 신앙에 달려 있는 것이다.

참고 문헌

김영한 (2001). 정보화 시대의 학원복음화. **대학과 선교**, 제3집, 79-113.

김홍진 (2001. 10). 대학채플에서 구원초청에 대한 성경적 배경과 실행. **대학과 복음**, 제5집, 6-32.

______ (2001. 12). 기독교대학 채플에서 변증적 설교의 가능성 모색. **대학과 선교**, 제6집, 39-64.

명지대 교지편집위원회 (2005). 명지대 종교 설문 조사. http://gigabon.com/bbs/board.php?bo_table=jh001&wr_id=28에서 2007. 11. 1 인출.

박용우 (2000. 2). 기독교 채플을 통한 선교. **대학과 선교**, 제1집(창간호), 49-73.

오영걸 (1997. 12). 기독교대학에서의 종교교육에 관한 연구: 학생채플을 중심으로. **대학과 복음**, 63-92.

이계준 (1997). **기독교대학과 학원선교**. 서울: 전망사.

이광희 (2001). 한국 기독교대학 채플 현황 및 개선방안 연구. **사회과학연구**, vol 5, 411-422.

저자 미상 (2003). 사회복지조사론: 한신대학교 채플수업에 대한 인식 조사.

http://reportshop.co.kr/data/data_view.html?rpID=46241에서 2007. 11. 1 인출.

정웅섭 (1991). **현대기독교교육의 과제와 방법**. 서울: 대한기독교서회.

정종훈 (2002. 12). 연세대학교 신촌캠퍼스 학생채플의 현황과 개선방안의 모색. **대학과 선교**, 제4집, 59-99.

______ (2005. 12). 연세대학교 대화채플의 현황과 앞으로의 과제. **대학과 선교**, 제9집, 29-58.

크리스천투데이 (2007. 3. 1). 숭실대 두 학생 '채플 의무이수' 반발, 헌법소원 신청…학교측 "완화하거나 없앨 수 없다."

___________ (2007. 10. 24). 서울시 교육청과 대광학원에 대한 판결은 판단 유탈.

한겨레신문 (2004. 1. 2). 신을 위해 기도할 권리만큼, 기도하지 않을 자유도 있다.

Abba, Raymand (1957). *Principles of Christian worship with special reference to the free churches,* Oxford University Press.

Bok, D. (1990). *Universities and the future of America.* Duke University Press.

Cox, Harvey (2005). *The secular city*. NY: Macmillan Company.

Diekema, Anthony (1988). **기독교대학의 지성과 사명.** (홍치모 역). 서울: 성광문화사.

Holmes, Arthur F. (1990). **기독교대학의 이념.** (박진경 역). 서울: 기독교대학설립동역회출판부.

Encyclopaedia Britannica, vol. V, 1957.

Abstract

A Christian University's Chapel Service at Crossroad : Issues and Tasks for Improvement

Mee-Rha Hahn
(Professor, Hoseo University)

This article aims at presenting some of ideas that can be helpful for improving Christian university's chapel service in Korea. Three points are to make in order to achieve the objective. First of all, a theoretical foundation on Christian college's worship service is reviewed in light of its meaning and significance. Second, the participant's needs are surveyed in order to improve the chapel at Christian colleges. For identifying the student's need and attitude of their chapel service, the researcher took 1800 students of first and second year at Hoseo University, Cheonan, Korea. And lastly, feasible ideas are presented based on the previous studies' findings and the results of the survey conducted by the researcher. As the result of the survey, this study has found some of significant findings as follows.

Except few church-affiliated Christian universities, Christian colleges in general occupy about 30% of total students whose religion is said protestant. Less than 30% of the entire students who received the worship service are satisfied. More than half of the total said the Chapel service should not be must-taking class. The students rather prefer concert or musical and drama to sermon or traditional worship service. The fact has not been changed since 10 years ago. However, a recent study conducted by Yonsei University says, though the immediate response to the chapel service turns negative, alumni/ae positively evaluated the Chapel's influence on their religious orientation. This will say there surely is a difference between in school and out of school in their attitude about the University's chapel service. It is out of question to say that crisis is coming toward the Korean Christian college and its religious service on campus. However, this crisis is nothing new. In fact the crisis was there 10 years ago. Thus we need to seek feasible resolutions against this crisis with more vigorous enthusiasm.

First, the pessimism needs to be cleared about the Christian university's chapel service. That is, we must not give it up or weaken our motivation. Younger Oh once said the Christian identity must be defined by the Christian university in terms of founding ethos. With a firm foundation of Christianity, the Christian university needs to upgrade and update its religious service.

Second, professionally trained chaplains are needed in order to fulfill the university's mission. Culturally skillful and experienced chaplains are able to open a dialogue with non-Christian students. The success of the Chapel service is heavily dependent upon the campus ministers. However, the currently hired ministers are the graduates who received an old fashioned theological education mostly at the denominational seminaries. Moreover, their employments are not on the tenure track. Within the current working condition, the university may not obtain able and well trained clerical manpower.

Third, the top manager and staffs must be at least Christians; otherwise the school easily put the Christian values aside. Some of the staffs and top manager of the Christian schools are found non-Christian, even shaman follower. The staffs of the Christian university are the policy maker, and the Chapel service is the foremost policy issue that they have faced every year.

Fourth, the Christian university considers the first priority of Chapel's class time on the entire curricular schedule. Younger Oh insists that the chapel service of the university is the key concern for every member of the Christian university so that all of the faith community will be able to participate with no stress.

Fifth, most of Christian colleges are private. Thus theoretically they can freely operate the school for example in recruiting students, etc. However, the Christian colleges in Korea have received financial aids from the Government. When student filed a lawsuit against the chapel service for their religious freedom, the Christian university needs to prepare the legal defense for doing religious service and education on campus as one of the manifested curriculum. Youngjin Choi argued that the Christian university seeks for the balance between the right of Christian education by the university and the student's freedom for choosing a religion.

Finally, various and creative ideas for saving the Chapel service at Korean Christian universities have been sought and practiced over the years. However, the best idea is that can change the Chapel service atmosphere. What could be the most feasible idea improving the current college chapel? Some college imports the idea of ballet performance; other does the talk show format like Oprah Winfrey's. However none of these turns out to be long lasting winner. Well, the college students these days are the key holder that can feasibly improve the worship service. The Christian college worship service is neither a variety show nor heavily holy worship. The truth is rather in us; our passion, devotion and endeavor for leading young college students to Christ.

Key words: Christian university, Chapel service.

교회교육의 규모와 과제

한미라 (호서대학교 교수)
mrhahn2022@gmail.com

I. 머리말

21세기 한국 사회의 병리로 나타나고 있는 저출산이 개신교교회교육(이하 교회교육)에 끼친 영향이 가시화되어 나타나고 있다. 본 논문에서는 20년 전 필자가 연구했던 당시의 개신교 교육의 규모와 2005년 현재의 교회교육의 규모를 비교하여 저출산 및 주5일 근무제와 같은 한국 사회의 변화가 개신교 교회교육에 어떻게 영향을 주어왔는가를 분석하고자 한다.

교회교육의 양적 규모는 교회의 규모와 정비례한다고 할 수 있을 것이다. 그러나 앞으로는 교회는 있으되 교회학교는 없는 교회, 즉 아이들이 없어진 교회(childless church)의 가능성이 점차 가시화되고 있다. 1985년 당시 15세 미만의 인구는 총 12,094,890명이었다. 그러나 90년에 11,134,215명, 95년에 10,235,504명, 2000년에 9,638,756명으로 15년 만에 2,456,134명 줄었다.[1] 즉, 전인구에서 아이들이 차지하는 비율이 1985년 30%에서 2000년에 20.9%로 15년 사이 9.1% 감소하였다. 교회학교 교세가 지난 15

년 동안 지속적으로 감소해온 것은 어린이 인구의 자연 감소와 무관하지 않다고 할 수 있다. 개신교 교회교육의 규모라 함은 양적으로 측정 가능한 것으로서 크게 학교 수, 학생 수, 교사 수가 이에 해당된다.

II. 교회학교의 규모

1. 교회학교 수의 추정

먼저 교회학교의 규모는 전국에 있는 총 교회학교의 수와 산하에 있는 교육부서(교회에서는 이것을 기관이라고 칭하고 있음, 예: 유년, 초등, 중등부 등)의 규모를 의미한다. 대부분의 개신교 교회(이하 교회)는 교회학교를 운영하고 있다. 그러므로 교회 수가 곧 교회학교 수가 아닌가 하고 생각하기 쉽다. 그러나 정확하게 말하면 교회라고 해서 모두 교회학교를 가지고 있는 것은 아니다. 또한 각 교단이 제출한 교회 수 통계에는 미자립교회와 개척교회가 포함되어 있기 때문에 모든 교회가 다 교회학교를 가지고 있다고 보기는 어렵다. 따라서 전국에 있는 교회의 교회학교 수를 산출하는 근거는 총 교회 수에서 미자립교회를 뺀 수치를 구하는 것이다.

미자립 교회란 소속 교단 총회나 개교회 또는 후원단체의 지원 없이는 교회의 존립이 어려운 상황에 놓인 교회를 말한다.[2] 개척 교회가 재정적 자립능력이 충분하지 못한 채 교회를 시작하고 있기 때문에 개척 이후 10년

---

1 통계청 자료. http://kosis.nso.go.kr.

2 http://www.kehcnews.co.kr/news/2003/427/427601.htm-기획/교계 주요 이슈 ①-미자립 교회, 디지털 성결 제427호, 2003. 8. 16. 국내의 미자립 교회의 범주는 교단별로 차이가 있지만 평균적으로 연간 교회 운영비 2000만 원 미만, 신자 수 50여 명 이하의 교회를 지칭한다. 기감의 경우 2001년 미자립 교회는 전체 5300여 개 교회 중 35%(1855)이며, 예장통합의 경우 총회 산하 미자립 교회는 전체 35%라고 한다.

이 지나도 재정적으로 미자립인 상태로 남아 있는 교회도 많이 있다. 이러한 교회들은 교회학교다운 교회학교를 운영하고 있다고 보기는 힘들다. 예를 들어 기독교대한감리회의 2001년도 미자립교회정책보고서(미자립교회 정책대안)에 따르면 1990년부터 2000년의 10년 동안 전체 교회 중 미자립교회가 차지하는 비중은 최고 58%(1990년)에서 최저 33.5%(1997년)로 나타났다. 기독교대한성결교회의 경우 총회에 보고된 바에 의하면 2003년 6월 현재 116개 개척교회가 있고 총 2,265개 교회 중 43.6%에 해당되는 989개 교회가 미자립 상태이다. 예장 통합의 경우 전체 교회의 35%(2001년 기준)가 미자립 교회라고 한다. 3개 교단의 미자립 교회의 평균 비율을 구하면 38.2%가 된다. 이 비율을 전체 교회 수에 승하여주면 전체 미자립 교회 수가 추정되고 이것을 전체 교회 수에서 제하면 재정자립이 되고 있는 교회 수가 계산된다. 이 교회 수를 필자는 실질적인 교회학교 수라고 추정한다. 다음 식은 교회학교 수를 구하는 식이다.

첫째, 미자립 교회 비율

[2378(예장통합 미자립) + 2065(기감 미자립) + 989(기성 미자립)]

÷ [예장통합(2001) 6793 + 기감(2002) 5162 + 기성(2003) 2265]

= 5432 ÷ 14220 = 38.2(%)

(제안: 연구시점에서 각 교단별 교세 및 미자립 교회 통계가 동일 연도 것이면 보다 더 정확한 추정치를 산출할 수 있다)

둘째, 자립 교회 수(교회학교가 설치된 교회 수)

N(전체 개신교 교회 수, 2002년) – 미자립교회 수(N × 0.382)

= 자립 교회 수

66,785 – 25,512 = 41,273(교회)

(제안: 매년 전체 교회 수를 알고 미자립 교회 비율을 업데이트시켜 적용하면 보다 정확한 자립 교회 수가 산출된다)

위와 같은 산출근거를 바탕으로 1984년부터 2002년까지 18년간 교회학교 수의 변화를 나타내면 다음 표 1과 같다. 1984년 개신교 총 교회 수는 26,044교회였다(문공부, 1984). 이 시기에도 미자립 교회 비율을 현시점과 동일하게 적용한다면 1984년 당시 총 교회학교 수는 16,095개가 된다. 같은 방법으로 산출하면 10년 후인 1994년에는 전국적으로 26,320개의 교회학교가 있었던 것으로 추정할 수 있다(총 교회 수 42,589, 문화관광부, 1994).

표 1. 1984~2002년 개신교 교회학교 수의 변화

연도	교회 수	교회학교 수
1984	26,044	16,095
1994	42,589	26,320
2002	66,785	41,273

이 자료에 근거하여 본다면 1984년부터 2002년까지 18년 동안 한국 개신교 교회학교는 총 25,178개교가 증가된 셈이다. 1984~94년까지 전국적으로 16,545개의 교회가 증가되었고, 1994~2002년까지는 24,196개 교회가 증가되었다. 이렇게 본다면 84~94년 10년간은 일 년에 약 1,655개 교회, 하루 약 5개 교회가 새로 생겨난 셈이고, 94~2002년 8년 동안은 일 년에 3,025개 교회, 하루 평균 8개 교회가 신생되었다고 해석할 수 있을 것이다. 하루에 교회가 8개 탄생한다면 그중 4개 또는 5개 교회는 교회학교를 가지고 있다고 추정할 수 있는 것이다. 이제 주먹구구식으로 교회를 개척하는 시대는 지나갔다. 보다 정확한 교세 통계를 토대로 보다 합리적이고 효율적인 교회 개척과 교회학교 설립을 기획해야 한다.

2. 교회학교 부서의 규모

2002년 통계로 볼 때 현재 전국적으로 4만 1천 개가 넘는 교회학교가

있다(총 교회 수 66,785, 문화관광부, 2002). 교회학교는 일반학교와 유사한 교육 조직을 가지고 있다. 이것을 교회학교에서는 기관이라고 부르고 있다. 그러나 교회학교의 체제로 보아 기관보다는 부서가 더 적합한 용어라고 할 수 있을 것이다. 기관은 "일정한 업무를 수행하는 사회의 각 기구나 조직체. 의결기관, 집행기관, 자문기관 따위 또는 사회생활에서 일정한 기능을 맡고 있는 수단"(새 우리말 큰사전 제7판, 1981)의 뜻을 가지고 있는 반면 부서(部署)는 "여러 갈래로 나뉘어 있는 사무 또는 업무의 각 부분"(새 우리말 큰사전 제7판, 1981)을 말하므로 본고에서는 교회학교 내의 각 기관이라고 칭하는 것을 교육부서라고 부르겠다.

교회학교의 규모는 교회학교 산하에 얼마나 많은 부서가 있는가를 알아볼 때 보다 현실적으로 실감할 수 있다. 이를 위해 먼저 교육부서의 종류를 조사해야 한다. 표 2는 1987년 당시 예장통합의 교회학교 부서이다. 당시 이 교단은 9개의 부서를 갖고 있는 것으로 나타났다(대한 예수교 총회(총합) 총회록, 1987). 그러나 표 2에서 보듯이 당시 모든 예장(통합)교회가 9개 부서를 갖고 있었던 것은 아니며 영아부와 대학부가 설치되어 있는 교회는 전체 교회의 17% 이내였음도 알 수 있다. 따라서 전체 교회학교 수에 대한 교육부서 설치 비율이 50%인 부서를 제외하면 예장(통합) 교회가 1987년에 평균적으로 설치하고 있던 교육부서의 수는 유치부와 3개의 아동부서(유치, 유년, 소년)와 중등, 고등부까지 6개 부서라고 봐도 큰 무리가 없을 것이다.

표 2. 예장(통합)의 교회학교 교육부서(1987)

부서	영아	유치	유년, 초등, 소년			중등	고등	대학	청년	계
부서가 있는 교회 수	703	3,566	3,783	3,724	3,622	3,615	3,167	749	2,128	25,057
전 교회학교 수에 대한 비율	16.1	81.5	86.4	85.1	82.8	82.6	72.4	17.1	48.6	

자료: 1987년 총회록

예장(통합)의 전 교회 수(4,376개)가 평균적으로 설치하고 있는 교육부서의 수는 약 6개 부서이다(25,057÷4,376≒6).

같은 방식으로 기독교대한감리회(이하 감리교 또는 기감)나 기독교대한 성결교회(이하 성결교 또는 기성)는 연회록이나 총회보고서에서 근거자료를 찾아 아래와 같이 3개 교단의 교회학교 평균 부서 수의 변화를 조사하였다. 표 3에서 보이는 것과 같이 3교단의 공통적인 변화는 교육부서 수가 10년 간격으로 증가되었다는 것이다. 예장(통합)의 경우 1987년도에 평균 6개의 교육부서가 있었으나 1994년에 9개, 2004년에는 11개 부서로 증가되었다. 90년대 특이할 만한 부서의 변화는 청년부가 청년대학부로 개명되고 장년부가 교회학교 조직으로 편제된 것이다. 2000년대로 진입하면서 예장(통합)의 교회학교에는 소년부, 노년부가 신설되었고, 중등부와 고등부는 중·고등부로 통합되고, 청년(대학)부는 대학부와 청년부로 분리되었다.

감리교, 성결교 역시 예장(통합)교회와 마찬가지로 90년대부터 교육부서가 구체화되었다. 감리교의 다른 점은 예장보다 영유아교육부서의 수가 적고, 대학부라는 명칭을 쓰지 않고 청장년이라고 칭한다는 것이다. 2000년대로 들어서면서 예장(통합)과 기감에서 공히 나타난 변화는 아동 교육부서의 세분화현상이다. 성결교회 역시 아동부서는 "유년, 초등, 소년"의 공통된 부서명을 보이고 있다. 물론 같은 교단 소속 교회라 할지라도 교회의 크기나 설립 역사, 교회의 교육정책에 따라 부서의 패턴은 달라질 수 있다. 개척을 했거나 개척 중인 교회의 교회학교에는 어린 아동이 거의 없다. 농촌이나 어촌, 낙도 등의 외지에서도 각 연령층별로 학습자가 고루 있는 것은 아니기 때문에 교육부서 수는 교회마다 차이를 보일 수 있음을 주지하길 바란다.

표 3. 예장(통합) - 기감 - 기성 교단의 교회학교 부서 수(평균)

	1987년	1994년	2004년
예장(통합)	6	9	11
기감	6	9	11
기성	6	6	9
평균	6	8	10

* 1994년 교회학교 부서유형
  예장(통합): 영아, 유아, 유치, 유년, 초등, 중등, 고등, 청년대학, 장년부(9)
  기감: 영아, 유치, 유년, 초등, 중등, 고등, 청년, 청장년, 장년부(9)
  기성: 영아, 유치, 유년, 초등, 중등, 고등부(6)
* 2004년 교회학교 부서유형
  예장(통합): 영아, 유아, 유치, 유년, 초등, 소년, 중 · 고등, 청년, 대학, 장년, 노년부(11)
  기감: 영아, 유치, 유년, 초등, 소년, 중등, 고등, 청년, 청장년, 장년, 노년부(11)
  기성: 영아, 유아, 유치, 유년, 초등, 소년, 중등, 고등, 청년부(9)

여기에서 지적하고자 하는 필자의 관심은 전체 개신교교회학교 산하에 설치되어 있는 총 교육부서의 규모를 산출하는 것이다. 위에서 각 교단의 평균 교육부서 수를 알았기 때문에 이제 각 교단의 교회학교 수에 곱하여 주면 총 교회학교의 교육부서 규모를 측정할 수 있게 된다. 위의 산출근거를 이용하여 1984년에서 2002년까지의 개신교 총 교회학교 산하에 있는 교육부서 수를 추정하면 다음과 같다(단, 1984년과 2002년의 경우는 교육부서 수에 관한 총회자료가 없어서 각각 1987년, 2004년 교단 총회록에서 평균치(표 3 참조)를 구하여 적용하였다).

표 4. 1984~2002년 전국 교회학교 총 교육부서 수

연도	교회학교 수	교육부서 수
1984	16,095	96,570
1994	26,320	210,560
2002	41,273	412,730

(1) 16,095개 교회학교×6개 부서=96,570-1984년 교회학교 총 교육부서 수
(2) 26,320개 교회학교×8개 부서=210,560-1994년 교회학교 총 교육부서 수
(3) 41,273개 교회학교×10개 부서=412,730-2002년 교회학교 총 교육부서 수

지난 18년 동안 개신교 교회학교 수는 85년 대비 2.5배, 교육부서의 규모는 약 4배 이상 증가되었다. 정확한 동일비교는 할 수 없겠지만, 이것을 일반학교의 증가와 비교해보면, 1985년 당시 유치원에서 대학 및 기타 고등교육기관까지 포함한 전국의 일반 학교 수는 17,243개교였고, 2004년 전국 학교 수는 19,381개교로 85년 대비 13% 정도 증가된 것으로 나타났다(국가교육통계센터, 2004).

같은 기간 동안 전국의 초등학교는 점차 감소되고, 유치원과 중, 고등학교와 대학은 증가되었다. 초등학교의 수는 출산율과 깊은 관련을 갖는다. 이미 한국의 출산율이 90년대에 들어와 감소되기 시작했는데 교회는 이것을 심각하게 받아들이지 않았던 것이 분명하다. 현재의 출산율은 향후 빠르면 3년 이내 늦어도 7년 이후부터 교회학교 어린이 교육부서에 직접적인 영향을 준다는 것을 알아야 한다. 그러나 저출산으로 인한 어린이 수의 자연 감소에도 불구하고 현재에도 어린이부서가 증가 일로에 있는 교회가 있다는 것을 또한 잊어서는 안 될 것이다. 전국의 인구통계와 출산율 그리고 교육 통계는 교회학교의 전반적인 교세를 추정하고 전망하는 데 꼭 필요한 지표들이다. 그러나 교회교육이 공교육과 다른 특이한 점은 저출산 시대의 사회적 분위기 속에서도 통계적인 데이터로 설명할 수 없는 영적 잠재력을 지녔다는 것이다.

Ⅲ. 교회학교 학생 수

한국의 개신교 교회교육의 규모를 분석하는 두 번째 작업은 교회학교 학생 수를 파악하는 일이다. 본 논문에서 교회학교 학생이란 아동, 중 · 고등학생, 그리고 청년(대학생)으로 제한한다. 교회학교 교육 통계를 매년 체계적으로 내놓은 교단은 예장(통합)뿐이다. 1984~1987년에 기감은 연회록에 원입 아동 및 세례 아동 수만 보고되어 있어 학생 수 파악이 어려웠다. 그러나 정상복의 연구「감리교 청소년 문제」(1988)에서 그가 조사한 각 교육기관별 학생 수(중 · 고등 · 청년부) 통계가 있어 그것을 사용하였다(정상복, 1988). 기성은 총회록에 원입 아동과 학생회로만 분류되어 오다가 1984년부터 교육부서별 학생 수를 별도로 집계하고 있다. 1994년과 2004년의 학생 수는 예장(통합)과 기감의 경우는 총회 회의록에서 수집한 것을 토대로 조사하였다(대한예수교장로회(1994, 2004), 기독교대한감리회(1994, 2004)). 기성의 경우 2004년 학생 수는 "국내선교 위원회 2003년 교세통계표"를 근거로 하였으며, 1994년 학생 수는 총회록 자료에 유초등부 학생 수만 집계되어 있기 때문에 1987년 중 · 고등부와 청년대학부의 학생 수 비율을 적용하여 산출하였다(표 5 참조).

표 5에서 보면 1987년도 예장(통합), 기감, 기성의 교회학교 아동과 중 · 고등부 그리고 청년(대학)부의 평균 구성 비율은 3개 교단 교회학교 학생 수 전체를 100으로 봤을 때 각각 58.6%, 29.9%, 11.5%이다. 1994년의 경우는 56.2%, 28.9%, 14.9%이며, 2004년에는 각각 52.7%, 26.3%, 21.0%로 교육부서별 구성비가 변화되었다. 1987~2004년까지 약 17년간 3개 교단의 총 교회학교 학생 수는 청년(대학)부의 경우만 증가하고, 아동부와 중 · 고등부는 계속하여 구성비가 줄어들고 있음을 알 수 있다. 또한 3개 교단 모두 전체 교인 수에 대한 교회학교 학생 수는 1987년의 경우 47.5%에서 94년 31.5%, 2004년 27.2%로 계속 점유율이 감소하고 있다. 즉, 80년대 교회 신자 중 48% 이상은 학생들로 구성되어 있다 해도 과언이 아니었다. 그러나 2000년대로 접어들어 전체 회중에서 어린이 청소년들이 차지하는 비중은 30% 미만으로 감소하였다. 한마디로 말해서, 한국교회의 고령화가 시작되었음을 말해주는 것이다.

3개 교단의 부서별 학생 수와 전 교인 수 대 학생 수 비율을 산출하였으므로 이제 이 지표를 근거로 한국 개신교 교회학교 총 학생 수를 산출할 수 있다.

표 5. 예장(통합), 기감, 기성의 교회학교 학생 수(1987, 1994, 2004)

	1987년*				1994년**				2004년***			
교육부서	예장(통합)[1)]	기감[2)]	기성	계	예장(통합)	기감	기성	계	예장(통합)	기감	기성	계
아동부(유아·유년·초등·소년)	401,311 (56.3)	282,205 (59.5)	173,289 (63.0)	856,805 (58.6)	389,950 (48.3)	264,785 (59.7)	187,927 (75.6)	842,662 (56.2)	312,399 (50.4)	235,795 (57.0)	103,552 (51.1)	651,746 (52.7)
중·고등부	236,437 (33.1)	128,769 (27.1)	71,851 (26.1)	437,057 (29.9)	264,467 (32.7)	126,019 (28.4)	43,911 (17.7)	434,397 (28.9)	174,281 (28.1)	105,777 (25.6)	44,724 (22.1)	324,782 (26.3)
청년(대학)부	75,391 (10.6)	63,482 (13.4)	29,969 (10.9)	168,842 (11.5)	153,330 (19.0)	53,007 (11.9)	16,889 (6.8)	223,226 (14.9)	132,972 (21.4)	72,324 (17.4)	54,480 (26.8)	259,776 (21.0)
장년부※					371,955		371,955	743,910	326,056	188,749	299,608	814,413
계 (A)	713,139 (100)	474,456 (100)	275,109 (100)	1,462,704 (100)	807,747 (100)	443,811 (100)	248,726 (100)	1,500,284 (100)	619,652 (100)	413,896 (100)	202,756 (100)	1,236,304 (100)
전체 교인 수 (B)	1,543,990	996,484[3)]	540,217	3,080,691	2,904,338	1,117,986	735,878	4,758,202	2,395,323	1,445,539	706,026	4,546,888
A/B	46.2(%)	47.6(%)	50.9(%)	47.5(%)	27.8(%)	39.7(%)	33.8(%)	31.5(%)	25.9(%)	28.6(%)	28.7(%)	27.2(%)

※ 장년부는 교회학교 학생 수 산출에 포함하지 않았음.
* 자료: 예장(통합) 총회록(1987), 감리회 연회록(1987), 성결교 총회록(1987).
1) 영아 · 유치부 · 아동 포함
2) 정상복, "감리교 청소년 문제," 감리교 선교대회 발제 강의(1988. 5. 23~5. 24, 서울 K 성결교회) 자료에서 인용함.
3) 감리교 5개 연회록(1987)에 보고된 교세를 합산한 수치임.
· 감리교와 성결교는 교회학교 통계가 별도로 나와 있지 않아서 세례 아동과 학생회(기관) 자료를 대신 사용하였음.
** 자료: 예장(통합) 총회 회의안 및 보고서(1994), 기감 총회 회의록(1994), 기성 총회 보고서(1994).
*** 자료: 예장(통합) 총회 회의안 및 보고서(2004), 기감 총회 회의 자료집(2004), 기성 국내선교위원회 2003년도 교세통계표.

문공부(당시 명칭, 현재 문화관광부)의 종교편람은 1984년을 끝으로 더 이상 발행되지 않다가 90년대 들어와서 '한국의 종교현황'이란 이름으로 재발간되었다. 1988년의 기독교연감(기독교문사)에도 총 교인 수만 나와 있을 뿐 각 교단별 자세한 교세 통계 및 교회학교의 교세는 전혀 나타나 있지 않다. 예를 들어 1984년 개신교 교세와 각 교단의 비율은 알려졌지만 교회학교에 대한 구체적인 통계가 없다. 한편 1987년의 경우는 각 교단의 교세와 교회학교 통계는 얻을 수 있지만 전체 개신교 교인 수를 모른다. 이 경우, 1987년의 교회학교 학생 수를 구하기 위해 우선 3개 교단이 전체 개신교 교세에서 차지하는 구성비(29.9%, 1984년 기준)[3]를 적용

3 1984년의 예장통합, 기감, 기성의 교회 수는 7,775개로 개신교 전체 수의 29.9%이다.

하여 1987년 전체 교인 수를 아래의 등식에 의해 구할 수 있다.

1987년 개신교 전체 교인 수 산출 방법

• Y × 0.299 = 3,080,691(1987년 예장(통합), 기감, 기성의 총 교인 수)

Y = 3,080,691 ÷ 0.299

= 10,303,314 (Y: 1987년 총 개신교 교인 수)

이제 1987년 개신교 총 교인 수를 알았기 때문에 교회학교 부서별 학생 수도 추산이 가능하다. 물론 이때 역시 개신교 전체 교회학교의 각 부서별 학생 수 비율도 3개의 표본 교단이 갖고 있는 구성비를 그대로 적용할 수 있다는 전제하에서 가능하다. 그러므로 개 교회의 상황이나 현실을 다 고려하지는 못할 것이라는 점을 감안하여 이 추정치를 이해해야 한다. 1994년과 2004년 총 개신교 교인 수는 문화관광부의「한국의 종교 현황」(각 교단이 제출한 집계에 신뢰도의 문제가 제기되고 있기는 하나)에서 나타난 통계치를 사용하였다.

1987년 전체 개신교 교인은 1,030만 명이 넘는 것으로 추정된다. 물론 이 수치는 정확한 실제 숫자하고는 차이가 있을 것이다. 예를 들어 문공부의 1984년 12월 기준의 총 개신교 교인 수는 530만 명이었고, 1985년 12월 기준한 경제기획원의 '상주인구 조사'에서 개신교인으로 분류된 사람이 총 680만 명이었다. 이와 같은 정부 통계에도 무리가 없지는 않다. 왜냐하면 '상주인구 조사'에서 개신교인이 모두 응답하였다고 보기 어렵고 또한 자녀들만 교회에 나갈 경우 그 실수는 계수가 안 될 확률도 높기 때문이다. 물론 교회에서 내놓은 교세 통계도 전적으로 신뢰하긴 어렵다. 아직도 많은 교회에서 실제 출석교인보다는 등록교인을 교인 수로 계수하여 보고하였다는 문제가 제기되고 있기 때문이다. 정진홍(1987)의 연구에서 산출된 80년대 개신교의 매년 평균 교세증가율(8.8%)을 적용하여본다면, 1987년 개신교 신자 수가 1,000만 명이 넘는다는 것은 허구적인 숫자만은 아닐 것이다. 추정치이지만 1987년 개신교 총 교인 수를 산출하였기 때문에 이를 근거로 다음과 같이 1987~2004년 교회학교 총 학생 수를 산출할 수 있다(표 6).

표 6에서 나타나고 있는 바와 같이 1987년도 전국 교회학교의 총 학생 수는 4,894,074명으로 추정되며 이것은 전 교인 수의 47.5%에 해당된다. 그러나 이 수치에서 미자립교회의 비율인 38.2%를 삭제해야 정확한 학생 수로 볼 수 있을 것이다. 따라서 보다 실질적인 교회학교 학생 수는 3,024,538명이라고 봐야 한다.

표 6. 개신교 교회학교 총 학생 수(1987, 1994, 2004)

부서 \ 연도	1987년*	1994년**	2004년***
아동부(유아·유년·초등·소년)	(2,867,927(58.6)) 1,772,379	(2,560,438(56.2)) 1,582,351	(2,684,434(52.7)) 1,658,982
중·고등부	(1,463,328(29.9)) 904,337	(1,316,666(28.9)) 813,700	(1,339,670(26.3)) 827,916
청년(대학)부	(562,819(11.5)) 347,822	(678,835(14.9)) 419,520	(1,069,698(21.0)) 661,074
교회학교 학생 수 계(A)	(4,894,074(100)) 3,024,538	(4,555,940(100)) 2,815,571	(5,093,802(100)) 3,147,971
장년부		371,955	514,805
개신교 전체 교인 수(B)	(10,303,314) 6,542,498	(14,463,301) 8,938,320	(18,727,215) 11,573,419
A/B	47.5(%)	31.5(%)	27.2(%)

( ) 속의 숫자는 미자립교회(38.2%)가 포함됨.

* 1) 1987년 한국 개신교 총 교인 수를 구한다(10,303,314).
2) 1987년 총 교인 수에 3 교단에서 측정된 교회학교 학생 수 비율인 47.5(%)를 승한다.
0.475 × 10,303,314 = 4,894,074(명) - 총 교회학교 학생 수
3) 1987년 각 교육부서별 학생 수는 표 5에서 산출된 구성비율을 적용하여 구한다.
즉 아동부는 0.586 × 4,894,074 = 2,867,927
중·고등부는 0.299 × 4,894,074 = 1,463,328
청년(대학)부는 0.115 × 4,894,074 = 562,819(명)

** 1) 1994년 한국 개신교 총 교인 수를 구한다(14,463,301).
2) 1994년 총 교인 수에 3 교단에서 측정된 교회학교 학생 수 비율인 31.5(%)를 승한다.
0.315 × 14,463,301 = 4,555,940(명) - 총 교회학교 학생 수

3) 1994년 각 교육부서별 학생 수는 표 5에서 산출된 비율을 적용하여 구한다.
즉 아동부는 0.562 × 4,555,940 = 2,560,438
중·고등부는 0.289 × 4,555,940 = 1,316,666
청년(대학)부는 0.149 × 4,555,940 = 678,835(명)

*** 1) 2004년 한국 개신교 총 교인수 를 구한다(문화관광부, 「한국의 종교현황」, 2002. 18,727,215명).
2) 2004년 총 교인 수에 3 교단에서 측정된 교회학교 학생 수 비율인 27.2(%)를 승한다.
0.272 × 18,727,215 = 5,093,802(명) - 총 교회학교 학생 수
3) 각 교육기관별 학생 수는 표 5에서 산출된 비율을 적용하여 구한다.
즉 아동부는 0.527 × 5,093,802 = 2,684,434
중·고등부는 0.263 × 5,093,802 = 1,339,670
청년(대학)부는 0.210 × 5,093,802 = 1,069,698(명)

이제 이 수치에 전술한 바와 같이 표 5에 나타난 3개 교단의 평균 교육부서별 구성비를 적용하여 1987년, 94년, 2004년의 교회학교 교육부서별 총 학생 수를 측정하였다. 1987년 전국 교회학교 총 학생 수는 3,024,538명이었다. 이들 중에서 아동은 1,772,379명(58.6%), 중·고등부 학생은 904,337명(29.9%)이고, 청년(대학)들은 총 347,822명(11.5%)으로 추산된다. 역시 같은 방법으로 1994년의 전국 교회학교 학생 수를 구하였다. 그러나 1994년과 2004년은 총 교인 수가 집계되어 있기 때문에 교육부서별 학생 비율을 적용하면 쉽게 산출이 된다. 1994년 총 개신교 교인 수는 14,463,301명이다. 1994년도 3개 교단의 전체 교인에 대한 평균 교회학교 학생 수 비율은 31.5%이다. 이 비율을 1994년도 전체 교인 수에 승하면 총 4,555,940명이 개신교학교에 다니는 학생 수로 산출된다. 그러나 이것에 미자립교회 가중치를 적용하면 실제로 2,815,571명이 실질적인 총 교회학교 학생 수가 된다. 이것을 각 교육부서별로 산출해보면 아동이 1,582,351명(56.2%), 청소년이 813,700명(28.9%), 청년들이 419,520명(14.9%)으로 구성되어 있음을 알 수 있다. 2004년에 들어와서는 전체 개신교 교인 수(18,727,215명, 이 수치는 문광부의 종교현황 자료이긴 하나 부풀려진 수치로 보인다)의 27.2%인 5,093,802명이 교회학교 학생 수로 산출된다. 역시 이 수치에 미자립교회 가중치를 적용하면 2004년 교회학교에 재적하고 있는 총 학생 수는 3,147,971명으로 봐야 한다. 이들 중 아동부는 52.7%(1,658,981명), 중·고등부는 26.3%(827,917명), 청년(대학)

부는 21%(661,074명)이다. 이와 같은 교회학교 학생 수 산출의 한계는 개신교 전체 교단 중 3개 교단인 예장(통합), 기감, 기성의 교회학교 학생 수의 구성 비율을 준거로 추정했다는 점이다. 가장 최선의 방법은 각 교단이 정확한 교회학교 교세를 매년 집계하는 길뿐이다.

지금까지 교회학교 학생 수 산출의 의미를 해석해보면, 1987년 전체 개신교 교인의 거의 반수에 육박하는 규모가 교회학교 학생이었으나 7년 후인 1994년에는 전체 교인의 32%로 줄어들었고, 10년 후인 2004년에는 27%로 다시 그 비율이 감소하고 있다는 것이다. 수적으로 보면 1987년 교회학교 학생은 302만 명이었으나, 1994년에 281만 명으로 줄어들었다가 다시 315만 명으로 회복되고 있다. 그러나 여기서 지적하고 넘어가야 할 것은 전체 교인 수에 비해 젊은 신자의 비율이 감소되고 있다는 점이다. 즉, 교단별로 차이는 있겠지만, 확실히 1994년보다 2004년에 장년부와 노년부 신자 비율이 높아지고 있음을 볼 때 개신교 교회의 고령화는 이제 한국 개신교의 예견된 미래가 되고 있는 것 같다. 이런 맥락에서 볼 때 교회학교에 장년부를 포함시키는 추세는 이 세태를 잘 반영하고 있는 것이라 해석할 수 있을 것이다.

교회학교 학생 수가 90년대만큼 늘지 않는 원인은 인구의 자연감소 때문이라고 한다. 이것을 알아보기 위해서는 먼저 정부의 교육인구통계를 참조해야 한다. 1987년 당시 우리나라 유치부 및 초등부 총 아동 수는 약 516만 명이었다. 1987년 당시 개신교 교회학교에 다니는 아동(177만 명)은 우리나라 전체 아동의 약 34.3%를 차지하는 것으로 추산되었다(표 7).

또한 같은 해 전국의 중 · 고등부 학생(4,448,553명) 중 약 20% 이상이 교회학교 중 · 고등부 학생(90만 명)이었다. 1995년에 와서는 전국 아동 수(4,434,428명)의 약 36%(158만 명)가 교회학교에 재적하고 있었다. 또한 같은 해 전체 중 · 고등학생 수(4,639,728명)의 18%(81만 명)가 교회 중 · 고등부 학생들이었다. 2004년은 전체 아동(4,657,908명)의 35.6%(166만 명)가 교회학교 아동들이고, 전체 중 · 고등학생(3,146,103명) 중 26%

(82만 7천 명)가 교회학교 중 · 고등부 학생이라는 계산이 나온다(표 7).

표 7. 전국 유치 · 초등학생 및 중 · 고등학생 수 대비 교회학교 학생 수

	1987년	1995년	2004년
교회학교 유치 · 초등부	1,772,379(34.3)	1,582,351(35.7)	1,658,982(35.6)
전체 유치 · 초등아동	5,171,444(100)	4,434,428(100)	4,657,908(100)
교회학교 중 · 고등부	904,337(20.3)	813,700(17.5)	827,916(26.2)
전체 중 · 고등학생	4,448,553(100)	4,639,728(100)	3,146,103(100)

* 미자립교회 가중치를 적용한 교회학교 학생 수를 사용하였음.
자료: 국가교육통계정보센터, 「간추린 교육통계」 2004(http://cesi.kedi.re.kr/index).

정부의 교육통계에 의하면 1987년과 2004년 유치원아와 초등부 아동, 그리고 중 · 고등부 학생 수가 전반적으로 감소함으로 인해, 우리나라 어린이 인구는 17년 사이에 513,536명이 줄었고 중 · 고등학생은 1,302,450명이 감소되었다. 특히 1987년과 1995년 사이에 유치 및 초등부 아동들이 737,016명 감소하였고, 1995년과 2004년은 오히려 223,480명 증가하고 있다. 중 · 고등학생 인구는 1985~1995년 사이에 191,175명 증가되었으나, 1995~2004년 사이에는 급격하게 1,493,625명이 줄었다.

이러한 어린이 청소년 인구의 자연감소 추이를 감안해볼 때 개신교 교회학교 학생 수의 증감 추이는 그렇게 절망적인 것만은 아니다. 왜냐하면 저출산으로 인한 어린이 인구의 자연 감소는 교회학교 어린이 신자 수에도 영향을 주지만, 중 · 고등부 학생 수의 자연 증감과 교회학교 중 · 고등부의 교세의 증감과는 관련이 없는 듯하다. 예를 들어 1994년 전국의 중 · 고등학생 수는 87년에 비해 19만 명가량 늘었는데도 교회 중 · 고등부는 반대로 9만 명 이상이 감소되었다. 전국 중 · 고등부 학생이 149만 명이나 격감한 2004년도는 오히려 교회 중 · 고등부가 미미하나마 전국적

으로 1만 4천 명가량 부흥되었던 것이다. 2004년 초, 중, 고를 합쳐서 조기유학자가 1만 6천 명이 넘고 있는(국가교육통계정보센터, 2004) 한국 공교육의 두뇌 유출 실정에 비추어볼 때, 개신교 교회학교는 오히려 국가에 효도하는 학교가 된 셈이다.

한국 교회 성장의 정체는 교인 수의 정체이기도 하다. 그러나 그 주된 원인이 교회학교라고 말하기는 아직은 이르다. 해마다 조기 유학생이 늘어가고 있고, 여성들이 출산을 꺼려 하고 있는 상황 속에서 자고 나면 교회학교가 문을 닫을 수 있다는 우려가 있어왔다. 그러나 교회와 교회학교 운영자들의 노력 여하에 따라 이것도 한낱 기우가 될 수 있다는 신화를 소수이긴 하지만 21세기 한국 교회는 보여주고 있다. 21세기 교회학교의 성장에 대한 분명한 지도가 그려지기 위해서는 무엇보다도 각 교단별 상세한 교육통계가 나와주어야 한다. 통계는 미래를 계획적으로 준비하도록 돕는 지표이며, 교회학교의 지속적 성장을 꾀하기 위해서는 좀 더 많은 교단의 교회학교 교세에 대한 연구와 정기적인 관찰이 필요하다.

Ⅳ. 교회학교 교사 수

1. 교회학교 교사 수의 산출근거

교회학교는 사실상 무보수로 자원봉사하는 교사들이 없이 운영될 수 없는 학교이다. 120년이 넘는 동안 한국 교회교육이 오늘날과 같은 규모로 성장할 수 있었던 것은 무보수의 자원봉사자들인 교회학교 교사들의 헌신과 희생이 있었기 때문이다. 그러나 이들의 헌신과 봉사에도 불구하고 교회학교 교사 규모에 대한 정확한 통계는 아직 없다. 예장(통합)만이 유일하게 교회학교 교사를 총회록에 보고하고 있는 정도이다. 따라서 예장(통합)의 교회학교 부서별 총 학생 수를 부서별 총 교사 수로 나누어 교사 1인당 학생 수를 산출하고 이것을 교회학교 총 학생 수에 적용시키면 개신교 교회학교의 총 교사 수를 추정할 수 있다.

표 8, 9, 10은 각각 1987년, 1994년, 2004년의 예장(통합) 교회학교의 교사 규모를 나타낸 것이다. 구체적으로 보면, 1987년 당시 예장(통합) 교회학교의 영아 · 유치부는 교사 1인당 8~9명의 학생을 가르치고, 유년-초등-소년부는 교사당 6~7명, 중 · 고등부는 10명, 대학부는 15~16명, 청년부는 22명으로 조사되었다(표 8). 1994년에는 유치부에서 초등학교까지 교사 1인당 학생 수는 5~6명이었으며 중 · 고등부는 9명, 청년대학부는 31명으로 집계되었다(표 9). 2004년도 자료에 의하면 영아부에서 중 · 고등부까지 교사 1인당 학생 수는 평균 5~6명이며, 대학 청년부의 교사는 1인당 26명 이상을 가르치고 있는 실정이다. 장년부의 경우 교사 1인당 학생 수가 92명으로 집계되었다. 또한 최근에 교회학교에 노년부가 신설되어 교사 1인당 학생 수가 21명으로 중 · 고등부나 장년부에 비해서는 그 수가 적은 편이다(표 10). 노년부가 신설된 것은 한국인의 평균 수명이 연장된 것이 그 주된 원인일 것이고, 교회에도 노인 신자가 증가하면서 교회의 노인교육에 대한 관심이 증대되고 있기 때문이라고 해석된다.

전반적으로, 예장(통합) 교회학교의 아동부 교사 1인당 학생 수는 1987~2004년 사이에 7.4명(1987)-5.6명(1994)-4.9명(2004)으로 해가 갈수록 적어지고 있는 추세이다. 이것을 일반 초등학교의 교사 1인당 학생 수와 비교해보면 역시 같은 현상이다. 우리나라 초등학교 교사 1인당 학생 수도 38.3명(1985)-28.2명(1995)-26.2명(2004)으로 점차 감소되고 있다. 이것은 전술한 바와 같이 우리나라의 초등부 아동들이 줄어들고 있기 때문이다. 교회학교 중 · 고등부 역시 일반 중 · 고등학교 교사들과 마찬가지로 교사당 학생 수가 줄고 있다. 교회학교 중 · 고등부 교사당 학생 수는 10명(1987)-9명(1994)-6명(2004)이고, 일반 중 · 고등학교 교사당 학생 수도 35.5명(1985)-23.3명(1995)-16.9명(2004)으로 점차 감소 추세이다.[4]

표 8. 예장(통합)의 교회학교 교사 1인당 학생 수(1987)

	영아부	유치부	유년부	초등부	소년부	중등부	고등부	대학부	청년부	계
학생 수(A)	13,917	93,877	95,352	102,855	95,310	135,129	101,308	18,505	56,886	713,139
교사 수(B)	1,658	10,454	14,721	14,923	15,094	13,486	10,285	1,184	2,536	84,341
교사 1인당 학생 수(A/B)	8.4	9.0	6.5	6.9	6.3	10.0	9.9	15.6	22.4	8.5
교사 1인당 평균 학생 수					7.4		9.9		19.0	

표 9. 예장(통합)의 교회학교 교사 1인당 학생 수(1994)

	유치부	아동부	중 · 고등부	청년대학부	장년부	계
학생 수(A)	99,282	290,668	264,467	153,330	371,995	1,179,742
교사 수(B)	17,685	51,500	29,426	4,965	6,530	110,106
교사 1인당 학생 수(A/B)	5.6	5.6	9.0	30.9	57.0	10.7
교사 1인당 평균 학생 수		5.6	9.0	30.9	57.0	

표 10. 예장(통합)의 교회학교 교사 1인당 학생 수(2004)

	영아부	유아부	유치부	유년부	초등부	소년부	중 · 고등부	청년 대학부	장년부	노년부	계
학생 수(A)	13,689	22,148	79,509	76,325	86,176	105,372	174,281	132,972	326,056	32,929	1,049,457
교사 수(B)	2,971	4,787	17,701	15,228	15,856	20,154	30,255	5,072	3,533	1,563	117,120
교사 1인당 학생 수(A/B)	4.6	4.6	4.5	5.0	5.4	5.2	5.8	26.2	92.3	21.1	9.0
교사 1인당 평균 학생 수						4.9	5.8	26.2	92.3	21.1	

2. 3개 교단의 교회학교 교사의 규모

1987년도 기감과 기성 교단은 교회학교 교사의 규모가 통계로 나타나 있지 않으므로 예장(통합)의 교사 1인당 학생 수 비율을 기준으로 하여 교

4 교육통계서비스 시스템-간추린 교육통계 1985, 1995, 2003.
http://std.kedi.re.kr/jcgi-bin/publ/publ_guide_frme.htm

사 수를 추정하였다(표 11). 1987년도 기감과 기성 교회학교 교사 수를 추정하기 위해 적용되는 교사당 학생 비율은 아동이 7.1명, 중·고등부가 9.9명, 청년(대학)부가 19명이다. 이 비율을 기감과 기성의 1987년도 학생 수에 나누면 기감과 기성의 교회학교 교사 수가 나온다. 이렇게 얻어진 1987년 기감의 교회학교 총 교사 수는 56,094명으로 그중 70.9%는 유아 및 아동부 교사의 규모이고, 23.1%는 중·고등부 교사, 나머지 6.0%는 청년(대학)부 교사의 수이다. 기성 교단은 총 33,242명의 교사 규모를 가진다. 그중 73.4%가 초등부 이하의 교사이고, 21.8%는 중·고등부, 4.8%가 청년(대학)부 교사로 추산된다.

1994년도와 2004년도의 예장(통합)과 기감은 교사 수가 나와 있어 그대로 사용하여 조사하였다. 기성 교단은 교사 수 통계가 제공되지 않아 당해 연도의 예장(통합)의 교사당 학생 수 비율을 적용하여 추산하였다. 그 결과, 3개 교단 총 교사 수는 197,555명이다. 예장 통합은 총 110,106명으로 교사 규모가 3개 교단 중 제일 크다. 다음으로 기감인데 총 48,465명의 교사가 있다. 기성은 총 38,984명의 교사 규모를 가진 것으로 추산된다. 1994년에도 1987년과 마찬가지로 전체 교사 수 중 초등부 이하의 교사 규모에서는 예장(통합)이 62.8%로 비중이 가장 낮았고 기성이 86.1%로 가장 높았다. 중·고등부 교사 규모는 반대로 최저가 기성으로 12.5%, 최고는 예장(통합)으로 26.7%의 비중을 가지고 있는 것으로 나타났다. 청년(대학)부의 교사 비중은 각 교단별로 볼 때 최저 1.4%(기성)-최고 10.5%(예장(통합))의 규모를 갖는 것으로 드러났다.

2004년도 각 교단별 교사 수는 예장(통합)과 기감은 총회록 자료에 있는 대로 제시하였고 기성만 위와 같은 방법으로 추정하였다. 2004년 3개 교단의 교사 수는 총 199,053명으로 소폭 증가되었다. 예장(통합)의 경우, 1994년에 비해 교사 수가 약 7천 명 정도 늘어났다. 기감도 약 4천 명 정도 증가되었다. 그러나 기성은 오히려 교사 수가 8천 명 정도 급감하는 기현상을 추정할 수 있었다. 물론 이 측정이 추정 방식을 사용하긴 했지만 기성의 교세가 이미 17.5%(1997년)로 급감하였던 것을 미루어 본다면 교사 수의 급감은 어느 정도 근거 있는 것이라 볼 수 있겠다. 이 교단은 문제를 해결하기 위해서 정책적으로라도 교세 및 교육 통계를 정확히 집계하고 원인을 분석해야 한다. 교육부서별 교사 수의 분포는 예년과 마찬가지로 초등부가 가장 높은 비율이고 그 다음이 중 · 고등부, 그리고 청년(대학)부의 순이다. 2004년도에 3개 교단 중 학생 수와 교사 수에 있어서 약진을 보이는 교단은 유일하게 기감이다. 기감은 특히 청년(대학)부가 1994년에 비해 1만 9천 명 이상 부흥되었기 때문에 교사 수도 자연히 증가된 것으로 볼 수 있을 것이다.

표 11. 예장(통합), 기감, 기성의 교회학교 교사 수(1987, 1994, 2004)

	1987년*				1994년**				2004년***			
교육부서	예장(통합)[1]	기감[2]	기성[3]	계	예장(통합)[1]	기감[2]	기성[3]	계	예장(통합)[1]	기감[2]	기성[3]	계
유아 · 유년 및 초등부	56,850 (67.4)	39,747 (70.6)	24,407 (73.4)	121,004	69,185 (62.8)	33,952 (70.1)	33,558 (86.0)	136,695	76,697 (66.4)	31,801 (60.5)	21,133 (68.4)	129,631
중 · 고등부	23,771 (28.2)	13,006 (23.3)	7,258 (21.8)	44,035	29,426 (26.7)	11,594 (23.9)	4,879 (12.5)	45,899	30,225 (26.2)	11,867 (22.6)	7,711 (24.9)	49,803
청년(대학)부	3,720 (4.4)	3,341 (6.0)	1,577 (4.8)	8,638	11,495 (10.5)	2,919 (6.0)	547 (1.4)	14,961	8,605 (7.4)	8,905 (16.9)	2,079 (6.7)	19,589
계	84,341 (100.0)	56,094 (100.0)	33,242 (100.0)	173,677	110,106 (100.0)	48,465 (100.0)	38,984 (100.0)	197,555	117,557 (100.0)	52,573 (100.0)	30,923 (100.0)	199,053

* 1) 예장(통합) 총회록(1987).
2), 3): 1987년 예장(통합) 교회학교의 교사 1인당 평균 학생 비율을 적용하여 측정한 것임. 유 · 초등부, 중 · 고등부, 청년(대학), 장년부의 교사 1인당 학생 수는 각각 평균 7.1명, 9.9명 19.0명으로 하여 산출하였음.

** 1) 예장(통합) 총회록(1994).
2) 기감 연회록(1994).
3) 1994년 예장(통합) 교회학교의 교사 1인당 평균 학생 비율을 적용하여 측정한 것임. 유 · 초등부, 중 · 고등부, 청년(대학)부의 교사 1인당 학생 수는 각각 평균 5.6명, 9.0명, 30.9명으로 간주하여 산출하였음.

*** 1) 예장(통합) 총회록(2004).
2) 기감 연회록(2004).
3) 2004년 예장(통합) 교회학교의 교사 1인당 평균 학생 비율을 적용하여 측정한 것임. 유 · 초등부, 중 · 고등부, 청년(대학), 장년부의 교사 1인당 학생 수는 각각 평균 4.9명, 5.8명, 26.2명으로 간주하여 산출하였음.

3. 개신교 교회학교 총 교사 수

위에서 산출된 교회학교 부서별 교사 1인당 학생 수를 대입하여 1987~

2004년의 연도별 총 교사 수를 산출하면 표 12와 같다. 이 산출에 의하면 1987년 전국 교회학교의 총 교사들은 약 58만 명이 조금 넘었다. 그러나 보다 정확하게 말하자면 이 수치에서 미자립 교회의 비율인 38.2%를 제해야 한다. 따라서 실질적인 개신교 교회학교 총 교사 수는 35만 9천 명이라고 보아야 할 것이다. 1987년 당시 우리나라 총 교원 수(아동, 중·고등부, 대학까지 포함)인 312,509명과 비교해볼 때 전국 교회학교의 교사 규모는 국공사립 학교의 총 교원 수보다도 규모가 컸다. 엄청난 규모의 교회교육이 매주일 무보수 자원봉사자들인 교회학교 교사들에 의해 행해지고 있다. 좀 더 구체적으로 분석해보면 교회학교 아동부 교사는 25만 명(일반 초등학교 교원 수는 12만 7천 명)으로 일반 초등학교 교원 수보다 2배 정도 많았다. 그러나 교회 중·고등부 교사 수(9만 1천 명)는 당시 중·고등학교 총 교사 수 14만 명보다는 적은 규모였다(표 12 참조).[5]

1994년도 교회학교의 총 교사 수는 총 38만 6천 명이다. 이 규모는 1987년 이후 약 2만 8천 명 정도가 증가된 것이며, 2004년에 와서는 12만 명이 추가로 증가하였다. 1994년 한국의 총 교원 수는 42만 명이 넘었다. 1994년의 개신교 교사 수는 일반학교의 교사 수에 미치지 못했다. 그러나 역시 교회학교 아동부 교사 수는 한국 초등교원 수인 13만 8천 명보다는 15만 명이나 많은 것으로 추산되었다. 1994년 교회학교 중·고등부 교사 수 역시 한국 중·고등학교 교원 수 19만 8천 명에는 훨씬 못 미치고 있다. 교회의 청년(대학)부의 교사 수는 전반적으로 교육통계에 나타난 일반 고등교육과 기타 학교의 교원 수와는 비교할 만한 수준이 되지 못한다.

2004년 개신교 교회학교 총 교사 수는 미자립 교회의 비율을 삭제하고도 50만이 넘었다. 같은 해 한국의 유아 및 초등교원에서부터 고등교육기관의 교원에 이르기까지 총 교원 수는 47만 5천 명이었다. 2000년대 들어

5 교육통계서비스 시스템-간추린 교육통계 1985, 1995, 2003. http://std.kedi.re.kr/jcgi-bin/publ/publ_guide_frme.htm.

와서 또 다시 개신교는 학교교육의 교사 규모를 앞질렀다. 2004년 교회학교 아동부 총 교사 수는 전국 초등교원 수(15만 4천 명)를 거의 2배 능가하고 있다.

개신교 교회교육의 규모가 학교교육의 규모를 능가한다는 것은 한국교육에서 많은 것을 시사하고 있다. 개신교의 교회교육은 많은 종교 중의 하나인 종교교육이 아니라 국가적으로 사회적으로도 매우 큰 국가적 인재를 길러내는 원동력을 지닌 교육이라고 평가해야 할 것이다. 더욱이 학교교육에서 충족하지 못하고 있는 가치교육과 인성교육을 펼치고 있는 개신교 교회교육을 국가적으로도 지원하고 대안 교육의 장으로서도 유용하게 활용할 수 있어야 한다. 개신교의 교회학교 교사들은 기독교교육만을 하는 소극적 역할에서 더 발전하여 한국사회가 지향하는 민주시민과 기독교적 인성을 지닌 차세대 지도자를 사회로 배출한다는 자부심과 소명을 투철하게 가질 필요가 있다.

표 12. 개신교 교회학교 총 교사 수(1987, 1994, 2004)

	1987년*				1994년**				2004년***			
	아동부	중·고등부	청년(대학)부	계	아동부	중·고등부	청년(대학)부	계	아동부	중·고등부	청년(대학)부	계
총 학생 수	(2,867,927) 1,772,379	(1,463,328) 904,337	(562,819) 347,822	(5,028,619) 3,107,686	(2,560,438) 1,582,351	(1,316,667) 813,700	(678,835) 419,520	(4,555,940) 2,815,571	(2,684,434) 1,658,980	(1,339,670) 827,916	(1,069,698) 661,074	(5,093,802) 3,147,970
교사/학생 비율	7.1	9.9	19.0		5.6	9.0	30.9		4.9	5.8	26.2	
총 교사 수	(403,933) 249,631	(147,811) 91,347	(29,622) 18,306	(581,366) 359,284	(457,221) 282,563	(146,296) 90,411	(21,969) 13,577	(625,486) 386,550	(547,844) 338,567	(230,978) 142,744	(40,828) 25,232	(819,650) 506,544

( ) 속의 숫자는 미자립교회(38.2%)가 포함됨.
* 1987년 예장(통합)의 유·초등부, 중·고등부, 청년(대학)부의 교사 1인당 학생 수를 기준으로 하여(7.1, 9.9, 20.2명) 계산함.
** 1994년 예장(통합)의 유·초등부, 중·고등부, 청년(대학)부의 교사 1인당 학생 수를 기준으로 하여(5.6, 9.0, 30.9명) 계산함.
*** 2004년 예장(통합)의 유·초등부, 중·고등부, 청년(대학)부의 교사 1인당 학생 수를 기준으로 하여(4.9, 5.8, 26.2명) 계산함.
위의 비율은 예장(통합)의 교사 1인당 학생 수 비율을 근거로 하여 산출하였음.

V. 현대 교회교육의 과제

지난 20년간 한국 개신교는 교회 수가 양적으로 증가하는 만큼 교회학교 수도 증가하였다. 필자는 교회와 교회학교에 관한 통계를 수집하고 분석하여 1984년부터 2002년까지 18년 동안 총 25,178개교의 교회학교가 증가되었다는 것을 밝혀내었다. 1980년대 한국 교회는 하루 평균 약 5개 교회가 새로 생겨났고, 90년대부터는 하루 평균 8개 교회가 신생되었다고 볼 수 있다. 하루에 교회가 8개 탄생한다면 그중 4개 또는 5개 교회는 교회학교를 세웠다고 말할 수 있을 것이다. 이제 주먹구구식으로 교회를 개척하는 시대는 지나갔다. 보다 정확한 교세 통계를 토대로 합리적이고 효율적인 교회 개척과 교회학교 설립을 기획해야 한다. 따라서 첫 번째 과제는 보다 정확한 교회학교 교세를 파악하기 위한 교단별 교회별 교세 및 교회학교 통계 행정 시스템을 갖추는 일이 급선무이다.

둘째, 개신교 교회교육의 규모를 알아보는 두 번째 지표는 교육부서의 유형과 수이다. 1984년에서 2002년까지 18년 동안 개신교의 교회학교 부서는 총 316,160개 증가하였다. 교회학교 산하에는 대개 6~9개의 교육부서가 있는데 1990년대에 들어와서 10~11개의 교육부서로 늘어나는 추세였다. 특히 청년부가 청년대학부로 개명되거나 분리되고 장년부나 심지어 노년부까지 교회학교 직제에 포함된 것도 큰 변화라고 할 수 있다. 교육부서의 패턴과 교육단계의 구분은 교단별로 차이를 가지고 있으나 초등학교 아동을 대상으로 하는 아동부서만큼은 유년-초등-소년부로 세분화된 공통점을 보이고 있다. 교회학교의 부서의 수와 유형은 교회의 크기나 설립 역사 등에 따라 달라질 수 있다. 평균적으로 1987년에는 6개 부서, 1994년에는 8개 부서, 2004년에는 10개 부서가 교회학교의 하부 교육조직으로 자리 잡고 있다. 전반적으로 교회학교의 부서가 공교육의 그것과 매우 흡사하다. 교회교육은 분명 학교교육과 구조나 조직 면에서도 달라야 한다. 요리한 음식이 그릇이 달라지면 모양도 달라지고 분위기나 맛까지도 다르게 느끼게 한다. 교회학교에서까지 학교교육의 제도나 구조를 닮아가야 할 이유는 없다고 본다. 오히려 현대 교회학교는 공교육의 병리현상을 치유하는 특성화 교육을 선도적으로 수행할 때이다. 교회학교 교육부서의 타당성을 전면 검토하여 종교적 교수학습의 효율성에도 관심을 가져야 할 때이다. 국가가 전적으로 교육권을 행사하지 못하고 있는 영·유아 교육부문과 노인교육 부문에 대해 교회학교가 적극적 관심을 가져야 한다. 지금의 어린이 선교원 수준의 취학 전 아동교육에서 일보 전진하여 수준 높은 기독교 영·유아 교육에 대한 장기 계획과 프로그램 개발과 같은 교육 투자를 서둘러야 한다. 또한 노인정의 수준에서 벗어나 보다 체계적이고 실질적이며 다양한 노년기 기독교교육 프로그램을 개발하여 길어진 노년기의 신앙교육 욕구를 충족시켜야 한다.

셋째, 개신교 교인 수는 80년대와 90년대만큼 급성장할 기세는 보이지 않는다. 교회학교의 학생 수 역시 마찬가지일 것이다. 본 논문에서도 밝혔듯이 지난 20년간 개신교 전체 교세에서 학생들이 차지하는 비율은 50%에서 30% 이하로 떨어졌다. 2004년부터 서서히 소폭 증가하고는 있으나 현재 시점에서 나타나고 있는 아동인구의 자연감소는 향후 10년간 교회학교 교세에 영향을 끼칠 것이 분명하다. 이미 아동부는 빠른 속도(1987년 58.6%, 1994년 56.2%, 2004년 52.7%)로 감소하고 있고 중고등부는 서서히(1987년 29.9%, 1994년 28.9%, 2004년 26.3%) 감소하고 있으며, 오히려 청년들은 90년대 이후 가장 희망적인(1987년 11.5%, 1994년 14.9%, 2004년 21%) 부서가 되고 있다. 즉, 어린이는 줄고 사춘기 청소년들과 혼기에 있는 청년들로 가득한 교회학교가 되어가고 있다. 특히 고등부 3학년이 되면 교회학교는 대학입시로 인해 제대로 수업이 진행되기 어려운 상황에 직면한다. 고3의 신앙교육을 이대로 방관만 할 것인가 아니면 교회교육과 학교교육이 서로 WIN-WIN할 수 있도록 교회교육이 상생의 길을 모색할 것인가를 심각하게 생각해야 할 때이다.

넷째, 개신교는 전국 총 학교 수(2004년 현재 19,381개교)보다도 훨씬 많은 4만 개가 넘는 교회학교 수를 자랑하고 있다. 교사 수에 있어서도 일반 학교기관의 교원 수를 능가하고 있다. 특히 유·초등부는 전국 유초등부 교원 수의 두 배를 보유하고 있다. 학생 수에 있어서도 전체 규모로는 전국의 총 학생 수(2004년 기준 1,190만 명)의 43% 정도에 해당하는 510만 명(미자립교회 포함)이 교회학교에 와서 매주일 수업을 받고 있다는 말이 된다. 이렇게 사실상 전 국민 중 4명에 1명꼴은 기독교인이며, 전체 아동의 36%, 청소년의 26%, 전국 청년 대학생의 18%가 교회학교에 다니고 있다. 교회에는 다양한 인적 자원이 무수히 많다. 그러나 기독교교육에 대한 전문훈련 없이 그 자원은 무용지물이 될 뿐만 아니라 어린이 · 청소년 선교를 저해하는 불필요한 존재가 될 수도 있다. 교회학교에서 학생을 지도하는 교사는 교회학교 청년부의 학습자가 되기도 한다. 교회학교 교사 전원은 무보수 자원봉사자이다. 교회학교 교사에 대한 직전교육, 현장교육, 재교육 등의 고질적인 문제가 해결되지 않는 한 교회교육의 질적 개혁은 요원한 문제가 될 것이다.

교회학교 교사교육에 왕도란 없다. 다만 단계별 교사교육으로 교사의 질을 지속적으로 향상시켜 나가야 한다. 교회학교의 교사 수가 일반학교의 교원 수보다 많은 이유는 학력에 제한이 없기 때문이다. 다시 말하면 교회학교에서는 교사의 전문성을 중요하게 생각하지 않는다는 것이다. 한국교회 교사교육은 정형화되어 있다. 연 2회 절기교사대학을 운영하는 것만으로 교사교육의 의무를 다하고 있는 교회들도 많다. 대형교회의 경우에는 교사를 신청하고 자기 순번이 될 때까지 대기하는 자도 많으나 농촌의 소형교회들은 교사의 부족난이 심각하다. 그러나 대형교회이건 소형교회이건 교사의 자질과 실력을 향상시켜야 하는 과제는 모두에게 있다. 교사가 되고자 하는 자들을 위한 교사훈련 방법으로는 여러 가지가 있을 수 있겠으나 단계별 교사교육이 최적의 대안이다. 교사를 희망하는 자들의 신앙상태와 성경실력을 파악하여 정기적인 단계별 훈련프로그램으로 교사의 질을 향상시켜야 한다. 믿음만 있으면 아무나 교사를 해도 무방하다는 주먹구구식의 교사 채용은 무책임한 인사제도이다. 교사의 양적 증가가 중요한 것이 아니라 교사의 질적 향상이 더 중요하다. 하나님의 백성을 가르치는 직책은 거룩하고 성스러운 것이다. 교사는 희망한다고 해서 무조건 할 수 있는 것이 아니라 소명과 자질을 갖춘 자에 한하여 그 자격이 주어져야 한다. 그러므로 소명과 자질을 갖추기 위한 단계별 교사교육은 무엇보다도 중요하다고 하겠다.

끝으로, 개신교 교회교육은 규모면에서 단일 종교가 갖는 규모치고는 거대한 교육조직이 아닐 수 없다. 이 거대한 교육조직을 유지하고 더 나아가 발전시키기 위해서는 위에서 언급한 과제들을 심각하게 수용하여 시대와 사회의 변화에 탄력적으로 대응해 나가야 한다. 교세의 양적인 증가가 반드시 교회학교 성장의 필수요인이 된다고 볼 수는 없다. 21세기형 교회학교는 자체의 규모에 맞는 운영과 관리를 필요로 한다. 규모가 큰 교회학교는 그 규모에 걸맞은 운영 및 관리가 필요하고 규모가 작은 교회학교에서는 작지만 효율성을 극대화하는 관리 체제가 절실히 요구된다. 개척한 지 10년이 지났어도 교회는 여전히 상가 건물을 임대해서 사용하고 있고, 신자는 100명을 넘지 못하며, 아직도 미자립 교회 후원금을 수령해야만 교회 운영이 가능한 교회, 총 학생 수가 30명 미만인 교회, 이 모습이 21세기 한국 교회의 평균적 자화상이 되지 않기를 바랄 뿐이다.

참고 문헌

국가교육통계정보센터 (1985, 1995, 2003, 2004). **간추린 교육통계.**

기독교교문사 (1998). **기독교대연감.**

기독교대한감리회 (1983-1987). **연회록.**

기독교대한감리회 (1985). **100주년 교육대회 자료집.**

기독교대한감리회 (1987, 2003). **교리와 장정.**

기독교대한감리회 (1994). **제21회 총회 회의록.**

기독교대한감리회 (2004). **제26회 총회 회의 자료집.**

기독교대한감리회 교육국 (2004). **교육과 정책.**

기독교대한감리회본부 (2004). **2004년도 감리회본부 연회보고서.**

기독교대한감리회 서울남연회본부 (2004). **제15회 서울남연회 연회자료.**

기독교대한성결교회 (1987). **헌법.**

기독교대한성결교회 (1994). **제88년차 49회 총회 보고서.**

기독교대한성결교회 (2004). **제98년차 총회 회의록.**

대한예수교장로회 (1983-1987, 2004). **총회록.**

대한예수교 장로회 총회 교육부 (1985). "한국 교회교육의 회고와 전망." **한국 교회 100주년 기념논문집.**

문공부 (1984). **종교편람.**

문화관광부 (1994). **한국 종교연감.**

문화관광부 (2002). **개신교 주요 교단별 현황.**

문화관광부 (2002). **한국의 종교현황.**

신기철, 신용철 편 (1981). **새우리말 큰 사전,** 7판. 서울: 삼성출판사, 1981.

정상복 (1988). "감리교 청소년 문제." **2천년대를 향한 감리교 선교대회 자료집** (연구발제보고서). 서울: 기독교대한감리회.

정진홍 (1987). "한국사회의 변동과 기독교." **사회변동과 한국의 종교.** 성남: 한국정신문화연구원.

중앙교육연수원 편 (1987). **문교통계연보.** 서울: 문교부.

한미라 (1987). **성결교회 교육의 회고와 전망** (연구보고서). 서울: 신학대학 기독교교육연구소.

한미준-한국갤럽 (2005). **한국교회 미래리포트.** 서울: 두란노서원.

Abstract

The Magnitude & Tasks of Protestant Church Education in Korea

Meerha Hahn
(Professor, Hoseo University)

The magnitude of the protestant church education in Korea so far has never been estimated. The scale of the church is directly relative to its education. However, in future churches we may not find children as many as we do today if the low birth rate of Korea maintains. The results of low rate of child birth now become visible elsewhere in Korean society including the church school. Twenty years ago, the author researched about the scale of the church education, and in this article a longitudinal comparison is made with respect to that of 2005.

The magnitude of the church education can be measured into three aspects: the number of church schools, students, and teachers. Last 20 years, the students of the church school have gradually decreased. The children occupied 30% of total Korean population in 1985, but it was 20.9% in 2000. This surely affected the decline in the church school's congregation.

First, total schools of Korean protestant churches were estimated in 20 years based on the annual conference data released by the mainline denominations. In 2002 there were more than 40,000 church schools and about 413,000 educational departments. This means that each church school has 10 departments on the average.

Second, the component rate of the church school's students by age showed that in 1987 58.6% of total are children, 29.9%, adolescents, 11.5%, young adults.

After almost 20 years later, the rate changed to 52.7%, 26.3%, and 21.0%. In 1987, 47.5% of total church congregation were children and young students, but its ratio decreased to 31.5% in 1995, and in 2004, 27.2%. This signifies that the Korean church now becomes older. In 1987 3,024,538 attended the church school, 2,815,571 in 1994, and 3,147,971 in 2004.

Third, the number of the church school's teachers are estimated. The church teachers are all unpaid volunteers. Without them the church must close its school. There's no real data on the statistics of church teachers. So it must be estimated by the students per teacher ratio. There were about 360,000 teachers in 1987, 386,000 in 1994 and more than 500,000 teachers in 2004. The magnitude of church school teacher is far ahead of the secular school's teachers.

In conclusion, the magnitude of Korean protestant church education is remarkable. However, if the church does not take care of it with a well organized manner, the decline would be inescapable. For this, four tasks are suggested. Above all, an administrative system is needed to collect, keep the record, and process the church's basic statistics.

Key words: protestant education, magnitude of church school, the church's statistics.

교회의 교사교육 실태와 성서적 대안*

한미라 (호서대학교 교수)
mrhan@hoseo.edu

I. 교사교육의 발전을 저해하는 요인들

기독교교육학 분야에서 교사교육에 관한 연구의 역사는 교육 철학이나 신학의 연구에 비하면 그리 길지 않다. 교사교육에 관한 첫 번째 연구는 아마도 1963년 이화여자대학교 기독교학과 기독학회에서 발표한 「서울지구 교회학교 교사 실태 조사」인 것 같다.[1] 그러나 보다 체계적인 연구는 1980년대에 들어와서 비로소 활발해지기 시작한다. 대표적 연구로는 양성대의 「교회학교 교사의 실태」(1986), 김보영, 안구선, 문은종이 공동으

* 본 논문은 2008년도 호서대학교의 재원으로 학술연구비 지원을 받아 수행된 연구임.

1 이 보고서는 『포도나무』라는 학회지에 실렸으며, 이것을 집필한 목적은 교회의 교사양성 교육과정을 개발하기 위한 사전 조사이며 이를 위해 설문지(62개의 문항으로 구성된)를 통하여 교사의 실태를 정확히 파악하는 것이었다. 문항 수가 많은 것을 보면 당시 연구자들이 교사교육의 실태를 어느 정도 구체적으로 그리고 정확하게 조사하고자 했던가를 짐작할 수 있다.

로 연구한 「교회학교 교사양성 프로그램 실태」(1986)와 오인탁과 정웅섭의 「교회 교사교육의 현실과 방향」(1987), 정춘식의 「한국교회 교회학교 교사훈련에 관한 연구」(1988), 그리고 김현주의 「교회교사 훈련 프로그램에 관한 연구」(1989) 등이 있다. 이후 90년대, 2000년대에 들어와서 수행된 연구들을 분석해보면 크게 두 가지로 구분된다. 하나는 교사교육의 실태를 조사한 것이고, 둘째는 이러한 조사결과에 기초하여 교사의 전문성을 제고하기 위한 프로그램 개발 연구가 주종을 이루고 있다.

교회의 교사교육을 발전시키려는 노력은 크게 두 가지 분야에서 가시적인 결과물들을 내놓았다. 첫째는 교사교육에 관한 이론과 현장연구(실태 조사) 분야의 논문들이요, 둘째는 교사교육을 위한 교재 개발이다.[2] 지난 40여 년간, 교사교육을 주제로 연구 및 학위 논문을 쓴 건수를 조사해보면 약 71건으로 집계되었다.[3] 특수한 분야이긴 하지만 연구가 활성화되어왔다고는 할 수 없을 것이다. 그러나 60년대 1건, 80년대 9건, 90년대 12건, 2000년대 들어와서 현재까지 49건으로서 이 분야의 연구가 최근 급속히 늘어나고 있다. 오인탁과 정웅섭(1987)의 연구는 교사교육에 관한 실태를 체계적으로 조사한 첫 번째 연구라는 점에서 또한 개신교교회의 교사교육을 비판적으로 성찰했다는 것에서 그 의의와 공헌을 말할 수 있을 것이다. 최근에 발표된 학위 논문과 연구 논문들에서 실태 조사에 치우쳤던 과거의 연구에서 교사교육과정 및 프로그램 개발, 바람직한 교사상이나 교사의 영성 등에 이르기까지 주제가 다양해지고 있음을 알 수 있다. 그중에서도 두드러진 연구는 시스템의 관점에서, 교사의 소명을 고취하는 교사교육의 시스템을 개발하여 제시한 신언혁(박사학위논문, 2005)의 논문과 교사교육의 새 패러다임을 제시한 중진 교수의 저술(박상진, 2007)

2 지면의 한계가 있어 교재개발 부분의 연구사적 고찰은 생략하기로 한다.

3 교육과학기술부 출연기관 한국교육학술정보원(KERIS)이 제공하는 학술연구정보서비스에 나타난 교사교육 관련 논문목록을 중심으로 정리하였음.
http://www.riss4u.net/index.jsp

이 눈에 띈다.

이 논문은 그동안 필자가 연구해왔던 것을 토대로 2008년 강남의 S교회의 요청으로 강연했던 내용을 다시 논문의 형태로 재구성한 것이다. 교회학교 교사교육에 관하여 관심을 갖기 시작한 것은 개신교 교회학교 교사를 위한 교사대학에서 강의를 시작하던 1983년부터이다. 초기의 관심은 교회교육에 관한 체제적 접근(교육교회, 1987), 종교교육의 새 교육체제 개발에 관한 연구(학진 연구과제, 1988), 중간에는 교회학교 교사 모집 및 양성에 관한 효과적 방안 탐색(신앙교육, 1991)이었고, 최근에 들어와서는 교회가 바라는 교사상(교육교회, 1995)과 교사훈련의 전문성을 위한 프로그램 개발을 위해 지속적으로 연구해왔다(개신교 교회교육, 2005). 중요한 것은 아무리 교회학교 교사교육을 위한 연구가 활발히 수행된다 하더라도 그 연구가 현장(교회)친화적 연구가 되지 못하면 이상적 대안에 지나지 않으며 또한 아무리 좋은 연구 결과라 할지라도 개 교회 목회자가 교사교육을 개선하겠다는 의지를 가지고 노력과 투자를 하지 않는다면 이러한 연구들은 우이독경(牛耳讀經)에 지나지 않으리라는 것이다.

필자가 1980년대 초부터 주장해왔던 교사교육환경 개선에 대한 요청은 불행하게도 20년이 지난 지금도 여전히 교회 현장에서 그대로 메아리치고 있다. 차이점은 20년 전에는 교회학교 교사교육에 영향을 주는 요인들이 교회 내부에 더 많이 있었다고 한다면 지금은 교회 밖으로부터 변화가 더욱 심각한 요인들이 되고 있다는 것이다. 한국 교회가 성장 발전한 만큼 교회학교의 교사교육이 진보하지 못했던 이유를 사회, 교회, 교사의 3차원에서 성찰해보려고 한다.

1. 사회적 요인

첫째, 저출산으로 인한 학생인구의 감소 현상이다. 교회학교 발전을 저해하는 사회적 원인은 교회학교 교세의 자연감소에서 기인한다. 필자가 추정 조사한 바에 의하면 1987년(당시 문공부의 종교통계를 기준으로 함)에는 전체 교인 수의 47.5%가 교회학교의 학생들이었다. 그러나 불과 7년 후인 1994년에 와서는 전체 교인 수의 31.5%, 2004년에는 27.2%로 교회학교 학생 수는 확연하게 줄어들었다. 학생 수의 규모로 보면 87년에 302만 명, 94년에 281만 명, 2004년 315만 명으로 조사되었다(한미라, 2005, p. 125). 90년대 말 대폭 감소했던 교회학교 교세가 소폭으로 다시 회복되는 것처럼 보이는 것은 사실상 청년 대학부의 증가로 인한 것이며, 중고등부의 감소는 눈에 뜨일 정도로 아직도 진행 중이고 아동부는 최근 정부의 출산 장려책으로 인해 아주 미세하게 늘어나고 있는 상황이며 교회학교의 노력 여하에 따라 아동부는 도약의 기회가 다가오고 있다고 전망할 수 있을 것이다. 그러나 여기에서 또 하나 중요하게 생각해야 하는 통계치가 있다. 그것은 다름 아닌 미자립 교회의 비율이다. 개척한 지 10년이 지나도 20년이 지나도 미자립 상태로 존재하는 교회들의 비율이 증가되고 있다는 사실이다. 현재 총 개신교 교회 중 미자립 교회의 비율은 교단마다 다소의 차이는 있으나 평균적으로 38% 이상이다. 즉 미자립 교회는 교회학교를 제대로 구성 또는 운영할 수 없으며, 따라서 교사교육 또한 제대로 실시하기 어렵다고 보아야 할 것이다.

그렇다면 왜 교회에 나오는 아이들이 줄고 있을까? 무엇보다도 10~15년 전부터 시작된 한국 여성들의 저출산 붐 때문이다. 드디어 2007년에는 OECD 회원국 중 최저 출산율의 회원국이 되었다. 최근 10년간 한국의 자녀 출산율이 크게 줄어들어 정부는 이미 기혼 여성의 적극적인 출산 장려책을 내놓고 시행하고 있다.[4] 학자들은 앞으로 15~20년 이내 대학 신

---

4 여성가족부(www.mogef.go.kr)에 접속하면 임신-출산-육아-보육 및 교육에 관한 다양한 지원 정책을 볼 수 있다. 심지어 임신 중 철분제 제공, 임산부의 건강 검진과 출산 후의 골다공증 검사, 심지어 불임 부부의 시험관 시술비까지 지원한다. 특히, 배우자의 출산 휴가제 그리고 산모 도우미 지원이 2008년도부터 도입되었고, 둘째와 셋째 아이 보육 및 교육비 지원, 다자녀 가족의 감세 혜택과 농어촌 여성들의 보육비 대체 지원도 이루

입생 미달 사태가 쓰나미처럼 몰려올 것이라고 벌써부터 예상하고 있으며 지방대학들은 이에 대한 대책 마련에 노심초사하고 있다. 정부는 선진국들의 사례를 보면서 저출산 사회의 도래를 미리부터 준비했어야 했다. 개신교 교회 역시 마찬가지다. 어린이 인구의 변화와 예측에 민감하게 대응해서 그것이 교회학교에 미칠 영향에 대해 사전에 준비를 했어야 했다. 교회는 이제부터라도 국가의 기본 통계지표(basic statistical index)를 지혜롭게 활용할 줄 알아야 할 것이다.

둘째, 인터넷과 글로벌화 그리고 다문화가정의 출현이다. 91년에 처음으로 WWW(world wide web)[5] 서비스가 시작되었고, 웹 브라우저로는 94년 Netscape navigator가 등장하였으나 얼마 지나지 않아 Microsoft사의 Internet Explorer에 의해 밀려났다. 국내에는 90년 한국 통신의 하나망이 전용선을 통해 인터넷에 연결되면서 본격적인 인터넷 시대를 열었으며, 94년 한국통신에서 kornet이라는 상용망 서비스를 시작하면서 이용자 수가 빠르게 증가하기 시작하였다. 인터넷상에서 메일을 주고받고, 물건을 사고파는 상거래에서부터 TV와 전화와 영화와 책을 볼 수 있고, 정치 토론과 전자 정부의 기능을 하게 되었다는 것은 우리에게 완전히 새로운 세계(whole new world)가 도래되었음을 뜻하는 것이다. 우리는 이제 다른 두 세계가 아닌 현실과 가상이 뫼비우스의 띠[6]처럼 하나의 밴드로서 연결된 세상 속에 살고 있다. 인터넷의 상용화가 시작될 때, 누가 이렇게 빨리

어지고 있다.

5 WWW는 1989년 3월 유럽입자물리연구소(CERN)의 물리학자 팀 버너스리 박사와 동료들이 개념을 제안한 뒤 1991년 8월 6일 세상에 공개됐다.

6 뫼비우스의 띠(Möbius strip)는 위상수학적인 곡면으로, 경계가 하나밖에 없는 2차원 도형이다. 안과 밖의 구별이 없는 대표적인 물체이다. 1858년에 아우구스트 페르디난트 뫼비우스(August Ferdinand Möbius, 1790년 11월 17일~1868년 9월 26일, 독일 수학자이자 천문학자)와 요한 베네딕트 리스팅이 서로 독립적으로 발견했다. 간단하게 말하면 사각형의 양 끝을 단순히 붙이는 대신 한번 꼬아 붙이면 뫼비우스의 띠가 된다. 뫼비우스의 띠는 방향을 매길 수 없다. 즉, 뫼비우스의 띠를 따라가다 보면 띠의 뒷면으로 갈 수 있다.

(최근 10년 동안 불어 닥친) 세상이 디지털화가 되리라고 예상할 수 있었겠는가?[7]

교회는 늘 그러하듯이 사회의 지식과 기술의 변화에 가장 늦게 변화하는 조직이다. 디지털이 우리 삶을 날마다, 따라잡을 수 없을 정도의 빠른 속도로 혁신시키고 있는데도 불구하고 모든 사회 변화의 결과에 가장 늦게 반응하는 속성을 가진 교회는 사회 변화에 능동적으로 대처하지 못하고 언제나 그것의 최대 희생자가 되고 만다. 미국과 유럽의 교회들이 공동(空洞)화되어 그 건물마저 팔려서 서점이 되거나 술집이 되어버린 전철을 밟지 않으려면 지금이라도 우리에게 도래된 디지털사회에 보다 적극적이고 능동적으로 적응하지 않으면 안 된다. 필자가 최근 미국 교회 탐방에서 발견한 사실은 그들은 이미 40년 전부터 교회의 노령화, 공동화, 저출산 시대의 도래를 예측하고 대비하였다는 것이다. 어린이 인구의 급감을 예측하고 학부모들의 교회교육에 대한 욕구를 파악하여 교회학교의 컨텐츠를 바꾸고 교사를 전면적으로 재교육시켜야 한다. 신개념의 육아 및 탁아, 보육과 놀이, 그리고 3R's(reading, writing, and arithmetics) 교육과 신앙교육이 융합된 21세기형 통합적 기독교교육을 최첨단 미디어(cutting-edge media)가 설치된 책, 걸상이 없는 교실에서 아동의 전인적 발달을 최대한 도모하는 수업은 이미 미국교회에서 진행되고 있다.

사회에서 일어나는 변화는 교회의 목회 패턴을 바꾸도록 자극한다. 미국 남부의 침례교회들은 40년 전부터 나타나기 시작한 미국사회의 다문화가정의 증가와 종교다원화 현상을 현실로 받아들이면서 보수적이고 권위적인 목회노선에서 선회하여 공동체와 화해하는 목회의 패턴으로 바꾸

---

7 1969년 미 국방부에서 정보의 유지 및 파손 예방을 위한 유사시의 네트워크로서의 ARPANET를 구축하면서 미국 내 4개 대학이 연결되어 이것을 사용하게 되자 이때부터 군용(MILNET)과 상용으로 분리되면서 인터넷의 기반이 조성된다. 이후 1986년 미과학재단(NSF)이 TCP/IP를 사용하는 NSFNET를 구축하여 전 미국 내 5개 수퍼컴퓨터를 연결함으로써 새로운 통신망을 만들게 되었는데 이것이 인터넷의 기원이 되었다는 설이다.

어나갔다. 교회를 신자들만 와서 예배를 드리는 곳이 아닌, 지역 공동체에 개방하는 과감한 문화목회를 이미 20년 전부터 시도하였다.[8] 또한 교회부지가 광역화되면서 교회를 캠퍼스로 부르는 대형교회가 늘어나고 있다. 교회 지하에는 휘트니스 클럽(fitness club), 수영장, 웨이트트레이닝, 스파 등이 있어 비신자라 할지라도 교회 시설을 이용할 수 있도록 문호를 개방하고 있다. 뿐만 아니라 주중에는 각종 문화교실이 평생교육 프로그램으로 개설되어 누구나 실비의 수업료를 납부하고 수강할 수가 있다. 이러한 교회 환경을 고려해볼 때 지역사회 구성원을 전도하기 위해서라도 교회는 또 다른 차원의 즉, 사회 체육형 교사교육이 필요하다.

뿐만 아니라, 다문화 가정의 증가 역시 우리만의 문제가 아니라 선진국이 경험한 사회 변화 중의 하나였다. 미국 교회는 이미 다문화 가정을 수용하기 위한 글로벌 리더십 프로그램을 개발하여 운영하여왔고, 교인 전체가 교회의 글로벌화에 적극적으로 참여하고 있다. 한국사회도 더 이상 단일 민족만이 사는 곳이 아니다. 우리는 어디에서나 쉽게 필리핀, 인디아, 파키스탄, 우즈베키스탄, 러시아 등지에서 온 사람들을 만나며 함께 살아가고 있다. 교회는 국제결혼의 증가로 인하여 다문화 가정의 자녀를 교회교육의 정규과정(mainstream)에서 어떻게 가르칠 것인지 아니면 특별학급을 따로 준비해야 하는지를 연구해야 한다. 지방의 작은 교회에서조차 영어권 외국인 선교사를 두고 영어로 예배하거나 영어를 가르치는 것은 놀랄 만한 일이 아니다. 다문화 가정의 배우자와 혼혈자녀를 그리스도 안에서 환영하고 함께 더불어 살아가도록 돕는 일은 최근에 와서 한국 개신교교회 교사에게 부가된 한국사회의 요구이기도 하다.

셋째, 주5일 근무제와 놀토의 출현이다. 한국 사회의 또 하나의 큰 변화는 바로 노동환경의 변화이다. 그중에서도 특히 노동자들의 주 5일 근무

8 미국 조지아주 아틀란타 시에 소재한 Dunwoody baptist church의 부목사와의 인터뷰 내용(2007년 7월 5일).

와 이로 인한 학교의 놀토[9]의 실시이다. 토요일 등교가 학교 재량으로 넘어간 이후 학생과 학부모에게 보다 많아진 여가 시간은 교회학교 결석을 부추기는 또 다른 원인이 되고 있다. 놀토의 실시는 아이들을 놀게 하는 토요일이 아니라 조기교육과 여가에 대한 학부모들의 교육열을 더욱 가열시키고 있다. 교회학교가 아무리 좋은 컨텐츠와 교육시설을 확충한다 하여도 차 순위로 밀려날 수밖에 없는 근원적인 이유는 바로 식을 줄 모르는 학부모들의 사교육 열풍 때문인 것이다. 즉, 교회학교는 본질적으로 종교교육을 목적으로 하기 때문에 그 범주를 벗어나지 못한다. 그러므로 대한민국에서 대학을 보내야 하는 학부모들에게, 그들이 비록 크리스천이라 할지라도, 자녀의 사교육을 포기하라고 용감하게 말할 수 있는 교회는 별로 없을 것이다.

어린이와 청소년들이 감소된 한국 교회는 고령화의 체감속도가 빨라지고 있다.[10] 교육부가 격주로 "놀토"를 실시하는 한, 교회학교와 더 나아가 교회 전체의 주일성수는 초토화될지도 모른다. 아울러 이 정책에 영향을 받는 교회학교 교사들도 갈등에 빠질 수 있을 것이다. 교회학교에 재직하

9 놀토(-土)는 휴일인 토요일을 이르는 신조어이다. '놀다+토요일'의 합성어로 '놀토'가 되었다. 정확하게 어디에서 시작된 것인지는 알 수 없으나 처음엔 주로 학생들이 사용하였다가, 현재는 남녀노소 모두 사용하며 통용되는 말이 되었다. 놀토의 지정은 학교장 재량권이므로 학교마다 차이가 있으나 통상적으로 격주로 토요일을 놀토로 지정하고 있다.

10 한국어린이교육선교회 김종준 목사(꽃동산 교회)의 진단 또한 비슷하다. 그는 "한국교회 성도의 대부분이 40~50대이며 10대 이하는 10%에도 못 미치는 것으로 조사됐다"면서 "지금 이대로 간다면 웅장하게 지어놓은 교회건물은 애물단지로 전락하고 말 것"이라고 지적한다. 김득룡은 주요 도시교회 교인 3백 명을 조사한 결과 "유초등부를 거친 교인 수가 무려 87%였으며 교회 직분자의 85%가 유초등부 교육을 받은 사람"이라고 밝혀 지금과 같은 교회학교 위기는 결국 한국교회의 전반적인 위기로 이어질 가능성이 높다고 지적한다. 교회학교전국연합회회장 송장옥은 "70년대식 긴의자에 앉아, 다른 반 선생님의 목소리가 들리는 예배실에서 무슨 성경교육이 이뤄질 수 있겠느냐"고 말하고 '담임목회자와 교회지도자들의 관심'을 촉구했다. 많은 교회학교 관계자들은 이 밖에도 전담교역자가 없다는 점, 주일날 봉사하는 교사의 준비 부족, 교사교육의 문제, 교육프로그램의 부족한 점 등을 교회학교 위기의 중요한 문제점으로 지적하고 있다.("애들이 줄고 있어요," 순복음 가족신문, 2004. 6. 4)

는 교사들이라도 이러한 놀토의 갈등에서 자유롭게 해주어야 한다는 것이 필자의 생각이다. 교사의 자녀와 교사 자신이 교회에서 주일을 의미있게 보낼 수 있는 교육환경으로 개선하는 것이 급선무일 것이다.

2. 교회 내적 요인

개신교 교회가 교사교육을 발전시키지 못한 이면에는 교회 내적으로 크게 두 가지 문제가 있다고 볼 수 있을 것이다. 첫째는 학교교육 체제를 닮아가려는 교회학교 제도 자체의 문제이다. 둘째는 여전히 교회가 교육환경 조성에 무관심하다는 것이다.

첫째, 학교화된 교회학교 제도의 문제이다. 최근에 들어와서 대한 예수교 장로회(통합)와 기독교대한 감리회교회에서 노년부가 교회학교의 직제로서 편성된 것은 분명히 큰 변화이며 진보임에 분명하다. 그러나 교회학교 모든 부서가 평생 교육의 맥락에서 연계되어 있는 것이 아니라면 노년부나 노인대학의 귀속은 별다른 의미를 부여할 수 없을 것이다. 주요 교단의 교회학교 체제를 들여다보면 학교교육의 그것과 거의 동일하여 부서별 조직과 분반조직의 형태에 이르기까지 학교교육행정의 틀에서 크게 벗어나지 못하고 있다. 더욱이 실제 교회학교의 프로그램은 기본적으로 예배와 공과교육이라는 이원화된 구조를 오랜 기간 유지해오면서 기독교교육의 전문성을 제고할 시간적 여유조차 허락되지 않았다. 예배시간이 전반부를 차지하고 실제 성경을 배우는 교수학습활동은 평균적으로 30분 미만이 보통이다. 대부분의 교회학교 교사들은 기독교교육에 대한 전문훈련을 제대로 받지 못한 평신도 자원봉사자들이고, 교회학교 예배를 담당하는 교역자들 역시 신학을 전공한 자들이 대부분이다. 교회교육현장에서 가장 많이 봉사를 해야 할 기독교교육 전공자들은 비전임 교육전도사나 무보수 자원 봉사자인 교사로서 봉사하는 것이 대부분이다. 아직도 기독교교육 전문가(석사학위 이상)를 교회의 전임 인력으로서 채용하지 못하는 목회자들과 교회가 존재하는 한 기독교교육의 전문성은 교회교육의 필요충분조건이 될 수 없을 것이다.

박상진은 전통적인 교사교육의 많은 공헌과 한계를 지적하면서 현재까지 이루어져온 한국교회의 교사대학은 학교식 체제와 근대교육이 지니는 문제점을 그대로 지니고 있다고 비판하였다(박상진, 2007, p. 125). 은준관은 교사교육은 구약성서에 나타난 사무엘 선지시대의 '선지학교'에서 유래되었으며, 이 학교는 성격상 수도원적 의미를 지니고 있었다고 지적한다. 따라서 이러한 수도원적 선지학교의 성격을 지닌 교사교육은 대중을 가르칠 교사를 엄격하고 경건하게 훈련하는 것이 목적이었다(은준관, 1988, p. 309). 뿐만 아니라 선지학교라는 명칭으로 불리기는 하였으나 학교체제라기보다는 양육체제였다고 볼 수 있다. 왜냐하면 선지학교에서의 교사와 학생의 관계는 멘토(mentor)와 멘티(mentee, ex. 엘리-사무엘)와의 인격적 관계를 이루는 일종의 사제공동체를 형성하고 있었기 때문이다. 또한 이러한 양육적 교사교육의 체제에서는 지식전달에만 머무르지 않고 지, 정, 의가 통합된 전인 교육, 상상을 통한 교육과 스승의 경험을 통한 도제식 교육을 추구하는 것이 보편적인 방법이다. 사무엘의 선지학교만큼은 아니더라도 현대의 개신교 교회들도 학교식 교육체제가 아닌 양육체제를 유지하여 신앙과 인성과 성경지식을 균형되게 겸비한 교사를 양성하는 체제로 전환되어야 할 것이다.

둘째, 교육환경 조성에 무관심하다. 교회의 교육환경에 대한 무관심은 어제 오늘의 문제는 아니다. 아무리 강조해도 해소되지 않는 교회의 한국병이 바로 교육에 대한 무관심, 무투자, 무성의(3無 현상)이다. 담임목사와 예배를 위해서는 헌금을 아낌없이 사용하면서 교회학교 교육여건을 개선하는 데는 교회의 크기에 관계없이 인색하다. 한국에 있는 세계적인 대형교회들도 교회학교의 교육시설만큼은 그 이름에 걸맞지 않게 초라하다. 전술한 바와 같이 아이들이 교회학교에 오지 않는 이유는 저출산으로 인한 어린이 인구의 감소도 원인이 되겠지만 교회가 학원이나 학교보다 화장실에서부터 교실, 식당에 이르기까지 더 열악한 시설을 갖추고 있기 때문인 것으로 조사되었다(한미라, 2005). 외국의 경우, 공립학교의 시설은 나무랄 데가 없어도 학부모들은 사립학교의 그것에 비해 교육환경이 열악하다고 비판하며 동질의 시설을 요구한다. 한국의 공립학교도 옛날보다는 많이 개선되어 교실에 냉난방시설이 거의 다 갖춰지고 있는 상태이다. 그러나 교회학교의 시설은 아직도 일반 공립학교에 비하면 열악한 환경이라는 사실을 교회 전 회중들이 먼저 의식하고 개선을 요구해야 할 것이다(한춘기, 1991, p. 141). 교회의 교육공간을 어린 세대에게만 국한할 필요는 없다. 그렇기 때문에 모든 세대가 공감하는 교육시설로 개선될 수 있도록 교회 어른들이 나서주지 않으면 안 된다.

미국이나 유럽의 교회에 가보면 교회 문의 문고리 장식 하나에서부터 교회학교의 책상과 의자에 이르기까지 교회 어른들의 정성이 스며 있다. 그리고 한번 지으면 100년 이상 가는 그들의 교회와 교육관을 본받을 필요가 있다. 전통은 교회와 교육관의 건물에도 배어 있어야 한다. 195년도 넘는 역사를 가진 미국 보스톤의 한 감리교회는 지상에는 대예배실이 있고 지하에는 교회학교의 활동을 위한 분반 교실과 친교 공간(function rooms), 실내 체육관, 식당까지 모두 갖추고 있다. 대부분의 개척교회나 작은 교회는 예배실의 뒷면에 딸린 투명한 유리로 된 방에서 어린이가 보호되고 있는 상황에서 예배를 드린다. 연구자가 조사한 바에 의하면 대형교회라 할지라도 분반 교실을 위한 충분한 공간을 확보한 상태는 아니다. 여의도 S교회나 천호동 C교회와 같이 교사를 위한 부별 연구실이나 도서실을 갖춘 교회도 있으나 매우 협소하며 아직은 소수의 교회에 지나지 않는다. 또한 도서실을 갖추었다 하여도 교사에게 실질적으로 도움을 줄 수 있는 연구 자료와 장서는 태부족이다. 최근에 들어와서 멀티미디어를 많이 사용하고는 있으나 아직도 빔 프로젝터 한 대 갖지 못한 교회가 무수히 많다. 있다 하더라도 교회별로 평균 1대 이상의 빔 프로젝터를 구비하고 있는 교회는 아직도 소수에 지나지 않는다. 교회학교 내에 교육부서가 최소 5개 이상인 한국 개신교 교회학교에서 멀티미디어 수업이나 영상 매체를 활용하려고 할 때 교회 전체에 빔 프로젝터가 1대일 경우 이것을 사용하기 위해서는 경쟁을 치러야 한다고 교사들은 말한다. 불필요하게 초대형 TV를 강대상 옆에 설치하여 철거하지도 못한 채 흉물스럽게 남아있는 예배당을 주변에서 어렵지 않게 발견하게 될 것이다. 예배실에 불필요하게 큰 영상기자재를 설치하여 교회 예산을 낭비하지 말고 차라리 이동 가능한 빔 프로젝터 여러 대를 구입하여 교회예배와 교회학교 및 다른 부서들도 쓸 수 있게 하는 것이 최소의 예산으로 최대의 효과를 가져올 수 있는 지혜가 될 것이다. 물론 좋은 시설과 여건이 갖추어지지 않는다고 해서 교회교육과 교사교육이 이루어지지 않는다는 것은 아니다. 좋은 시설과 환경은 교사의 교육 생산성을 높이는 데 기여할 뿐 아니라 교회 전체 분위기를 쇄신하는 일이 될 것이기 때문이다. 앞서 말한 바와 같이 교육 공간과 시설은 전교인을 위한 것이지 교사와 어린 학생들만을 위한 것은 아니라는 것을 인식하는 것이 중요하다. 교사들이 다음 세대들에게 신앙의 유산을 제대로 전달하고 교육하기 위해서는 머리로 가는 이성적 신앙교육보다는 관계를 통한 감성적 신앙교육에 몰입할 수 있도록 가능한 한 교육시설의 구조를 전면적으로 개선해야 할 긴급한 필요(urgent need)를 교회 전체가 인식해야 할 것이다.

3. 교사의 개인적 요인

개신교 교회의 교사교육이 진보하지 못하는 데에는 교사 자신이 지닌 문제도 있다. 그것은 크게 세 가지로 지적할 수 있을 것이다. 첫째, 소명 결핍 및 자질 결여의 문제, 둘째, 체계적이고 지속적인 교사양성 프로그램의 부재, 셋째, 학습자에 대한 교사의 몰이해이다.

첫째, 교사교육의 가장 큰 문제는 교사 자신에게 있다. 교회학교 교사는 무임의 청지기, 자원 봉사 직임이다. 그렇기 때문에 모든 교회학교교사는 하나님의 소명을 부여받은 자기-동기 부여자(self-motivator)가 되어야 하고, 교사직임에 대한 소명의식 또한 투철해야 한다. 그런데 현대 교회학교 교사들의 최대의 문제는 부름받은 교사(call-hearer)로서의 소명의식이 약화되어 있다는 것이다(신언혁, 2003).

또한 이 시대에는 교사훈련의 취약성으로 인하여 준비된 일꾼, 훈련된 교사, 부모와 같은 교사가 태부족이다.[11] 교사의 자질은 교회교육의 질을 결정하는 중요한 요인이다. 교사의 학력이 교회교육에 반드시 긍정적으로 역할을 하는가에 대해서는 반론도 있지만 가급적이면 피교육자에 비해 교육자의 교육수준이 더 높아야 한다는 주장은 객관적인 설득력을 지닌다. 그러나 교사의 연령은 교사의 학력과는 다른 관점에서 고려해보아야 한다. 교회의 교육현장에서는 다양한 연령층의 교사를 필요로 한다. 학생들이 무조건 젊은 교사들을 선호한다고 생각하는 것도 선입견이다. 교사의 경륜과 지혜를 더 요하는 신앙교육에서는 노년층이 담당하기에 적절한 일들도 있다고 볼 때 20~30대의 연령대로 교사를 편중되게 충원하는 것도 바람직하지는 않다 하겠다.

대부분의 교회에서는 전문적인 경력이 없어도 교회에 열심히 다니고 봉사를 열심히 하여 목사의 신임을 받는 사람들을 교사로 선발하는 경우가 있다. 이것은 교사로서의 객관적인 자질인 학력, 신앙, 능력, 연령 등을 전혀 고려하지 않는 무책임한 결과를 초래할 수 있다. 교사의 자질은 하나님, 학생, 자기 자신, 교재와의 관계에서 그 차이를 드러낸다. 하나님과의 관계에서는 교사의 영적 자질(신앙)이 되고, 교재와의 관계에서는 지적인 능력이 요구되며, 학생과 자신과의 관계에서는 인격과 신체적 능력이 요구된다(김희자, 1998, p. 102). 다시 말해 교사가 되기 위해서는 전인적 자질(holistic qualification)이 요구된다는 말이다. 그러므로 교사는 헌신만 하면 무조건적으로 임명할 수 있는 것이 아니라 가르치는 자질을 갖춘 자

11 그리스도 안에서 1만의 스승은 있으되 아비는 있지 아니하니…(고전 5:15)

가 감당해야 하는 직임이다. 타인에게 감동을 줄 만한 영성을 지닌 교사, 양의 털을 깎고 물을 먹여주는 목자 같은 교사, 시대를 앞서 첨단을 걷는 교사가 되어야 한다. 그래야만 시대의 첨단이 자신의 양을 해할지 흥하게 할지 알게 되는 것이다.

둘째, 교회를 활성화시키는 체계적이고 지속적인 교사양성 시스템의 부재이다. 유진 롤케파튼(Eugene C. Roehlkepartain, 1993, p. 100)은 교사는 교회학교 활성화에 가장 중요한 요인이라고 주장한다. 교사는 태어나는 것이 아니고 만들어지는 것이며 교육을 통하여 양성되는 것이다. 한 사람의 헌신적인 교사를 양성하는 것은 교사 자신뿐 아니라 그가 가르칠 학생들에게도 변화를 일으키기 때문에 교회학교를 부흥시키는 실질적인 저력이 된다는 말이다. 그러나 문제는 교사에게 이런 파워를 갖게 하는 교사교육이 존재하느냐는 것이다. 교사교육은 교회의 지도자를 세우는 교육이요, 교회를 활성화(revitalization)시키는 교회의 내적 선교(internal mission)이기도 하다. 이런 개념에서 볼 때 외국선교나 구제보다도 우선되어야 할 것은 바로 교사를 제대로 세우는 교사교육시스템의 설계이다. 모든 유형의 교육은 학생, 교사, 교육내용, 교육방법, 교육환경의 5대 필수 요소가 교육 목적에 맞게 효율적으로 충족되고 운용될 때 제대로 기능하게 된다. 이러한 기능이 교회의 적재적소에서 발휘되기 위해서는 한 사람의 교사를 세우더라도 제대로 된 교사를 양육해야 하는 것이다.

대한 예수교 장로회 통합 측은 1985년부터 총회 본부가 실시하는 교사사범대학을 운영하고 있고, 기독교 대한 성결교 측에서도 1988년부터 총회 본부가 주관하는 교사 대학을 운영하고 있다. 기독교 대한 감리회는 헌법상으로 "교사는 교사 교육원에서 수업하며 교사 자격증을 2년 내에 취득하거나 그렇지 못할 경우 2년 내에 통신 과정을 이수하여 교사 자격증을 얻어야 한다"고 명문화하고 있다(기독교 대한 감리회 [교리와 장정] 제15장 부칙 5조 다, 라항). 그러나 위의 교파들의 운영하는 교사교육의 성격이 직전 교육(pre-service training)인지 계속교육(on the job training)인지 그 성격과 정체가 애매모호하다. 왜냐하면 각 교파의 교육국이 주관하는 교사교육과 유사한 성격의 교육이 교회별로 또는 지방회와 연회별로 운영되고 있기 때문이다. 예를 들어 최근까지만 해도 매년 신년 초에 행하고 있는 교파별 신년 교사 세미나는 교육 대상과 성격을 특별히 정하지 않는 불특정 다수의 교사를 위한 것으로서 장기적 안목에서 볼 때 주최측의 장기 교사교육과정에 의해 계획된 것이 아니라면 낭비성 교육이 되기 쉽다. 더욱이 교사교육을 주관하는 교육국의 책임자가 바뀔 때마다 이와 같은 교사 세미나는 성과주의적 일회성 행사로 끝나는 경우가 대부분이기 때문이다.

개 교회 차원에서 실시되는 교사대학도 문제가 있기는 마찬가지이다. 교사 대학을 운영하는 책임자는 이론적으로는 교회의 교육위원회와 교회학교 지도자들, 그리고 교역자(목사 및 전도사) 또는 교육사와 담임 목사라고 말할 수 있다. 그러나 실제로 작은 교회의 경우, 담임 목사가 기획에서 강사 섭외 및 강사까지 다 하는 경우도 있고, 간혹 교육 위원장이나 교육부장이 하는 경우도 있으나 대개는 교육 목사가 교사 대학의 모든 프로그램을 기획하고 있다. 교육 목사가 교사대학의 교육을 기획하고 운영 및 관리하기 위해서는 무엇보다도 그 자신이 기독교교육의 전문성을 갖추어야 한다. 또한 교회학교가 제대로 운영되기 위해서는 소명이 확실한 훈련받은 교사가 있어야 한다. 경건과 지혜를 겸비한 교사가 헌신하는 교회학교는 사실상 모든 교회들이 바라는 바이다. 교회는 현대 청년들과 성도들이 교사직임을 수행하는 가운데 야기되는 갈등을 최소화해 줄 수 있는 현실적 교사자원 활용 방안을 모색해야 한다. 예를 들어 시간제 교사, 교사 안식년제, 전문교사 bank를 구축하여 활용한다면 교회의 인력난을 해소할 수 있을 것이다. "한번 소명 받은 교사는 영원히 교사다"라는 말이 모든 이에게 복음이 될 수 있도록 체계적인 교사양성 및 관리 시스템을 개발해야 한다.

어거스틴(Augustine, 1993, pp. 154-155)의 De Doctrina Christrina 제4권

16장에 따르면 하나님은 참된 교사를 만드시지만 우리가 사람의 교훈도 무시하면 안 된다고 권고한다.[12] 교회학교 교사는 "소명을 듣는 존재(call-hearer)"이며 "소명을 실천하는 하나님의 도구"이다. 한 사람의 교사가 가르침을 행한다 하더라도 하나님의 도움이 없는 그 가르침은 배우는 자에게 아무런 유익을 주지 못한다. 어거스틴은 하나님은 약의 도움 없이도 병을 낫게 하지만 약은 하나님의 도움 없이 병자를 고치지 못한다고 말한다. 즉, 하나님은 교사의 도움 없이도 신자를 깨닫게 할 수 있는 분이다. 그러나 교사는 하나님의 도움 없이 사람들에게 감동을 줄 수가 없는 이치와 같다. 어거스틴은 실제로 교사가 가르치기 전에는 반드시 기도부터 하라고 가르쳤다. 그러므로 교회는 교사로 하여금 감동을 줄 수 있는 교육을 펼칠 수 있도록 지성보다는 지혜를, 감성보다는 영성을 훈련하는 체계적인 교사교육을 제공해야 할 것이다.

셋째, 교사들의 학습자들에 대한 몰이해이다. 위에서 언급한 것처럼 교사 자신이 감동을 주는 교사가 되기 위해 성령의 도움도 필요하지만 사람의 지혜도 필요하다. 이 말은 현대 교회학교 교사들이 학습자들을 이해하기 위한 지적인 노력이 필요하다는 것을 함축하는 것이다. 2006년 통계청 사회통계조사보고서에 의하면 청소년들이 가장 많이 고민하는 문제는 첫째가 학교성적(56.5%), 그 다음이 신체용모(15.0%), 직업(10.2%)의 순으로 나타났다. 2002년도 조사에서는 공부-신체용모-가정환경의 순으로 나타났었고 직업은 5.2%로 낮은 비율을 나타냈었다. 2002년과 2006년을 비교해볼 때 청소년들에게는 여전히 공부가 가장 큰 고민거리이다. 그러나 성형기술의 진보 때문인지 용모에 대한 걱정은 줄고 대신 직업에 대한 고민이 배로 증가했다. 이것은 최근 들어 점차 늘어나는 청년 실업 때문에 어린 세대들이 자신이 원하는 직업과 취업할 수 있는 직업 사이에서 벌써부터 갈등하고 있는 것으로 해석된다.

---

12 교사의 지위를 얻은 자는 디모데서와 디도서를 항상 눈앞에 두라고 권면한다.

또 한 가지 흥미로운 사실은 학생들이 고민을 누구와 상담하는가이다. 2006년 통계청 자료에 의하면 15~19세 청소년들의 고민 상담자 1순위는 친구(48.8%)이며, 2순위는 부모(22.6%)로 나타났다. 실망스럽게도 성직자에게 상담을 의뢰하고자 하는 청소년은 거의 없었다(0.2%). 학생들은 왜 성직자나 교회학교 교사에게 찾아가 자신의 고민을 상담하지 않는 것인가? 왜, 교회학교 교사는 그들의 상담자가 되어주지 못하는 걸까? 교회학교 교사들은 과연 얼마나 N(network)세대들을 이해하고 있을까?[13]

제일기획은 2003년 P세대 보고서를 발표한 데에 이어 2007년 상반기에 포스트디지털(post-digital)세대의 라이프스타일(lifestyle)과 특성을 발표하였다. 포스트디지털세대란 13~24세의 소비자로 현재 중, 고, 대학교에 재학 중인 소비자들을 말한다. 이들의 특징은 한마디로 말해 디지털 문화를 적극적으로 활용하는 세대이다. 이들은 기성세대가 차갑고 기계적이라고 느끼는 디지털 문화에서 따뜻하고 인간적인, 아날로그적 정감을 찾아내어 표현하는 세대이기도 하다.

그들의 라이프스타일은 다음과 같다. 첫째, 이들은 의식과 행동면에서 초기 디지털시대에 만연했던 라이프스타일인 '고립된 개인'으로부터 '집단 속의 개인'으로 진화하는 중이다. 이 세대는 디지털 시대에 비해 덜 개인주의적 성향을 나타내고, 고립된 개인주의의 성향은 낮게 나타나지만 자신의 욕구에는 누구보다 충실한 모습을 보인다는 것이다. 둘째, 문자 위주의 커뮤니케이션을 '천편일률적'이고 '몰개성적'인 것으로 받아들인다. 이들의 커뮤니케이션은 직설적이고 단문적이다. 또한 이들은 '자유로움'과 '무책임'이라는 익명성이 주는 장단점을 고루 갖고 온라인 게시판에서

---

13 2003년 제일기획연구소가 발표한 P세대와 2007년 발표한 포스트디지털세대 보고서는 10대 아동 및 청소년들의 특징을 가장 잘 대변하는 연구보고서라고 할 수 있다. 2003년 제일기획 연구소의 「젊은 그들을 말한다」라는 P세대 연구보고서에서는 P세대가 사회 전반에 걸친 적극적인 참여 속에서(Participation), 열정(Passion), 힘(Potential Power)을 바탕으로 사회 패러다임의 변화를 일으키는 세대(Paradigm-shifter)라고 정의한다.

의 '답글(댓글, 혹은 리플)'을 누구보다 잘 활용하는 세대이다. 각종 할인 쿠폰과 혜택을 적극적으로 활용하는 등 계획구매의 경향도 높은 야누스적인 소비행태를 보이기도 한다. 셋째, 이 세대에게 있어 디지털 기기는 낯선 기기가 아니라 일상적이고 필요에 의해서 자연스럽게 터득되는 생필품일 뿐이다. 생산자가 알려주는 사용 방법과 용도, 상황을 일방적으로 받아들이지 않고, 자신의 필요와 해석에 의해 새로운 용도를 만들어내기도 하는 재해석자 또는 재창조자(re-interpreter, re-creator)들이다. 포스트디지털세대는 자신과 관련된 인간관계를 유지 · 강화하는 도구로서, 정서적인 도구로서 디지털 기기를 활용하고 있다는 점이 다른 세대와는 전혀 다른 양상을 띤 생활방식을 지닌다. 이들을 이해하는 가장 좋은 미디어는 랩과 댄스와 개그와 게임이다.

현대 교회학교 교사들은 아동 및 청소년들을 감동시켜야 한다. 어떻게 그들을 감동시킬 것인가를 생각하기 전에 먼저 성령의 도움을 위해 기도해야 할 것이다. 시편 143편 10절의 말씀처럼 "주는 나의 하나님이시니 나를 가르쳐 주의 뜻을 행하게 하소서"라고 말이다. 이제는 교회 예배당의 장의자에 10명씩 앉아 있는 학생들 앞에서 성경지식만을 주입하려는 시대착오적인 생각을 과감히 버려야 할 때이다. 때론 부모와 같이, 때론 이웃집 형과 언니와 같은 멘토로서, 찾아오길 기다리기보다는 먼저 다가가는 교사, 그의 가르침과 생활이 일치됨을 보여주는 교사가 더욱 학생들을 감동시킨다는 것은 옛날부터 내려오는 불변하는 교육의 원리인 것이다. 예수님은 제자들의 개인사를 말하지 않아도 너무나 잘 아셨다. 적을 알아야 이길 수 있듯이 학생을 알아야 학생의 문제를 치유할 수 있으며 교사가 진실해야 그의 가르침이 그들을 감동시킬 것이다.

II. 성서적 관점에서 본 교회학교 교사

어거스틴은 하나님은 우리를 즐거워하시는 것이 아니라 사용하신다고 말했다(De Doctrina Christina, 1권 31장). 만일 그가 우리를 즐거워하신다면 우리를 필요(덕)로 하신다는 것인데 하나님은 그런 분은 아니라는 것이다. 시편 16편 2절은 이것을 분명히 증거하고 있다. 예수는 우리의 양선을 필요로 하지 않으신 분이다. 왜냐하면 빛(하나님)은 비춰주는 자(인간)에게 빛을 받을 필요가 없다는 것을 아무도 의심하지 않기 때문이다. 그러므로 하나님은 우리를 즐거워하는 것이 아니라 사용하신다. 만일 하나님이 우리를 사용조차 하지 않으신다면 우리가 하나님의 사랑을 알 수 있는 방법은 없을 것이다. 하나님은 우리의 선이 필요한 분이 아니라 그 자신이 선이시다. 우리가 즐기는 선은 모두 하나님에게로부터 온 것이요 바로 하나님 자신인 것이다(약 1:7). 인간을 사랑하시되 외아들을 보내셔서(요 3:16) 십자가에서 죽기까지 하시는 하나님, 그분의 콜(call, 부름, 소명)을 받은 교사들은 어떤 자들인가, 아니 어떤 일을 맡기고자 부르신 것일까? 성경은 그 콜이 무엇을 위한 콜이라고 말하고 있는가를 해석하는 것이 여기에서 논의해야 할 과제이다. 이것을 해석해가는 과정은 교회가 어떤 교사를 원하고 있는가를 묻는 질문에 대한 해답이며 바람직한 교사상을 정립하는 성경적 기초를 탐구하는 일도 되는 것이다.

1. 하나님의 지식을 가르치는 교사

생텍쥐페리(Saint-Exupery)의 『어린 왕자(Le Petit Prince)』(1943) 이야기에 등장하는 소혹성에 사는 지리학자, 그는 실제로 가보지도 않은 산과 강, 그리고 도시들이 나와 있는 지도책을 만들었다. 어린 왕자가 그를 만나 물어본다. "당신은 이 산과 강들이 어디에 있는지 아십니까?" "아니요." "그런데 어떻게 지도책을 만들었습니까?" "나는 바쁘고 매우 중요한 사람입니다. 그래서 나 대신 탐험가를 보내고 그들이 탐험한 내용을 토대로 이 지도책을 만들었습니다." 가보지 않고도 지도를 그리는 자는 대단한 (문자적) 지식의 소유자임에 분명하다. 구원에 대한 확신이 없는 교회학교 교사는 마치 가보지도 않고 지도책을 만든 이 지리학자와 다를 바가 없을 것이다.

호세아서 4장 1절은 당시 이스라엘 백성들에게는 진실(אֱמֶת, 에메트)도 없고(אַיִן, 아인) 헤쎄드(הֶסֶד, 자비로움)도 없고, 다아트 엘로힘(דַעַת אֱלֹהִים, 하나님을 아는 지식)도 없다고 경고하고 있다. 이어서 6절에서 말하기를 "지식이 없는 백성은 망할 것이라"고 예언한다. 여기에서 지식이란 하나님의 언약의 신학이요, 하나님이 인간에게 베푸신 사랑에 대한 지식이다. 그러므로 이스라엘이 그들을 향한 하나님의 사랑에 대한 지식이 없으면 (알지 못하면) 희망도 꿈도 없어지는 것이기에 망하리라 하신 것이다.

> 이스라엘 자손아, 주의 말씀을 들어라. 주께서 이 땅의 주민들과 변론하신다. 이 땅에는 진실도 없고, 사랑도 없고, 하나님을 아는 지식도 없다.(호 4:1)

> 내 백성이 나를 알지 못하여 망한다. 네가 제사장이라고 하면서 내가 가르쳐 준 것을 버리니, 나도 너를 버려서 네가 다시는 나의 성직을 맡지 못하도록 하겠다. 네 하나님의 율법을 네가 마음에 두지 않으니, 나도 네 아들딸들을 마음에 두지 않겠다.(호 4:6) (표준새번역)

교회학교 교사가 지녀야 할 지식은 하나님의 3대 속성인 자비로우심, 진실하심, 그리고 사랑하심에 관한 지식이다. 그 사랑이 무엇인지 모르는 교사가 하나님이 누구인지를 아이들에게 가르친다는 것은 모순일 것이다. 아이를 생산하지 못한 여성이라 할지라도 아동을 가르치거나 아동 심리에 관한 지식을 강의할 수는 있을 것이다. 그러나 하나님의 사랑에 관해서는 그것을 직접 경험하지 못한 교사는 사실상 가르치기가 불가능하다.

무엇보다도 하나님의 사랑에 관해서는 하나님을 믿어야 그 사랑을 알 수 있기 때문이다.

영화 「밀양」의 여주인공 신애(전도연 분)는 교회 부흥회 장소에서 왜 김추자(70년대 여자 가수)의 「거짓말이야」라는 노래를 틀었을까? 신애는 그 아들을 유괴 살해한 범인을 용서할 수 없어 괴로워하던 중 교회 부흥회에 나가서 처음으로 하나님을 만난다. 그 후 신애는 그 유괴범을 용서하려고 감옥으로 면회를 갔으나 범인은 "하나님이 저의 죄를 용서하셨고 구원해주셨습니다"라고 말한다. 그 말을 듣는 순간 신애의 하나님에 대한 믿음은 산산조각 나버린다. 이로 인해 잃어버린 것은 비단 신애의 인애함 뿐만이 아니라 그가 알고 있던 하나님에 대한 지식이었다. 하나님에 대한 지식(참된 하나님을 아는 능력)을 잃어버린 신애에겐 이제 꿈도 희망도 없어졌다. 하나님께 대한 반항과 방황이 계속된다. 그래서 그가 처음 은혜를 받았던 부흥회에 가서 "하나님의 말씀은 거짓말"이라고 말하고자 김추자의 노래 「거짓말이야」를 확성기가 찢어져라 크게 틀어놓으며 부흥회를 방해하였다. 이 이야기는 실화이며 우리들의 교회에도 신애와 같은 신자와 학생들이 없다고는 말할 수 없다. 자칫 잘못하면 수많은 신애가 나올 수도 있을 것이다. 이미 우리가 가르친 제자들 중에 하나님의 지식을 잃어버린 자가 수없이 많을 것이다. 그들은 신애처럼 직접적으로 불만을 표출하지 않고 어느 날 갑자기 교회를 떠날 뿐이다. 교사는 하나님의 지식을 가르치는 자이다. 하나님의 인간을 사랑하심은 하나님 자신이 선이고 사랑이라는 것을 깨닫기 전까지는 인간의 이성으로 이해될 수 없다. 그의 진실하심과 자비로우심을 베푸시는 것도 우리를 구원하기 위한 목적이며 이것을 위해 지금도 우리를 사용하기 위해 부르고 계심을 가르쳐야 하는 것이다.

2. 직책을 감당하는 교사

오늘날 교회뿐만 아니라 사회의 모든 교육기관에서 가르치는 자 또는 직책을 지닌 지도자들이 범하는 공통된 오류가 있다. 직분(office)만을 즐기고 직책(responsibility)은 감당하지 않으려고 한다는 것이다. 기독교대학 교수를 예로 들어보자. 기독교대학 교수가 되려면 아무리 천재적인 사람도 면접과 학력 및 경력검증 외에 신앙을 확인하는 임용절차를 거치게 된다. 임용 당시는 모두 대단한 신앙의 소유자인 것처럼 보인다. 그러나 임용되자마자 교회와 거리를 두는 교수, 월 1회 교내의 예배조차 참석하지 않는 교수, 아예 배교자라고 선언하는 교수와 더 나아가 기독교대학에서 신자로 교수자격을 제한하는 것을 철폐하자고 저항운동까지 선동하는 교수까지 나타난다. 신앙이 교수나 교사가 되기 위한 조건이나 수단으로 이용되는 행위는 직분을 즐기되 직책은 감당하지 않으려는 무책임한 행위요 더 나아가 신성모독에 해당되는 것이다.

요한삼서 1장 9절에 나오는 디오드레베는 사도 요한이나 또는 그의 대리자를 영접하지 않고, 자기의 반대자들을 교회에서 추방하여 교회의 우두머리 노릇을 하려던 자이다. 성경은 그에 대해 "저희 중에 으뜸 되기를 좋아하는" 자라고 정의하고 있다. 그는 가이오 장로가 써 보낸 훈계도 받아들이지 않았고 악한 말로 형제들을 비난하고 모함하며 홀대하였다. 뿐만 아니라 그를 영접하고자 하는 자들조차 못하게 하고 교회에서 내쫓았으며 사실상 그의 직분(아마도 교회 목사)이 지닌 지위를 이용하여 형제들과 장로와 싸웠던 자이다. 한마디로 디오드레베는 '권위는 행사하면서 책임은 지지 않으려는 자'들의 표상이라 할 수 있을 것이다. 반대로 12절에 나오는 데메드리오에 대해서 사도요한은 이렇게 말한다. "뭇사람에게도, 진리에게도 증거를 받았으며, 우리도 증거하노니 너는 우리의 증거가 참된 줄을 아느니라"(요삼 1:12). 그는 사도의 최상의 추천을 받고 있는 초대교회의 신자였다. 하나님의 콜을 받은 교사란 디오드레베처럼 직분만을 즐기는 자가 아니라 직책을 감당하는 자이어야 한다. 하나님이 사람을 사용하시는 방법은 다양하시다. 기회는 누구에게나 주어지지만 하나님의 참뜻을 헤아려 선을 펼치지 못한다면 데메드리오와 같이 칭찬받은 일꾼은 되지 못할 것이다.

3. 견인차 역할을 하는 교사

자동차 운전을 하다 보면 뜻하지 않게 사고를 내거나 당할 때가 있다. 이럴 때 나타나는 차가 바로 견인차(tow truck 또는 wrecker)이다. 물론 견인차란 앞장서서 여러 사람을 이끌고 가는 사람을 비유하는 말이기도 하다. 바울은 빌레몬의 노예인 도망자 오네시모를 인도자로 바꾸었고, 무익한 종인 그를 유익한 종으로 바꾸었다. 또한 어린 청년 디모데를 에베소 감독이 되도록 이끌어주어 그를 "사랑하는 나의 아들"이라고까지 호칭하였다. 모세가 여호수아를 후계자로 세워주고, 엘리야가 엘리사에게 그의 망토를 입혀주었던 것처럼(후계자 임명을 의미함), 교회학교 교사는 소수의 특정한 사람들에게 멘토(mentor)이면서 튜터(tutor)이면서 셀파(sherpa, 산악 등반 안내자)와 같은 자들이어야 한다. 예수가 부활 승천하신 이후 이제 성령이 강림하셔서 우리를 도우신다. 우리가 어린 자녀들을 가르칠 때나 그들이 위험에 처했을 때에도 길을 안내하고 도움을 주시며 위험에 빠지지 않도록 도와주신다.

견인차로서의 교회학교 교사는 이끄는 역할뿐 아니라 용골, 즉, 무게 중심을 잡는 추의 역할을 해야 한다. 배의 밑창에는 큰 쇳덩어리가 달려 있다. 배의 무게 중심을 잡아주어서 배가 전복되지 않도록 하기 위함이다. 이와 같이 교회학교 교사는 자신이 가르치는 학생들이 공교육에서 배우는 지식과 교회학교에서 배우는 지식 사이에서 혼돈하지 않고 분별하는 능력을 가질 수 있도록 진리의 무게 중심인 용골의 역할을 해주어야 한다. 세상으로부터의 지혜와 성령으로부터 오는 지혜 사이에서 무게 중심을 잡아주는 용골과 같은 존재가 교회학교 교사의 역할인 것이다.

4. 상처입은 치유자(wounded healer)로서의 교사

"상처입은 치유자"는 네덜란드 출신의 예수회 사제요 예일대학교 심리학과 교수였던 헨리 나우엔(Henri Nouen, 1999)이 쓴 책의 제목이다. 이 책에는 다음과 같은 탈무드의 우화가 소개되어 있다. 한 남자가 예언자 엘리야에게 질문을 한다. "메시아는 어디에 계십니까?" "성문 앞으로 가 보시오." "그분인 줄 어떻게 알아보나요?" "가난하고 상처받은 자가 바로 그분입니다." "그러나 상처받고 가난한 자가 많은데 어떻게 그분을 구별하나요?" "아, 자기도 상처받은 자임에도 다른 사람을 치유하고 있는 분, 그분이 바로 메시아요." 이 시대의 크리스천은 이 이야기 속의 예수처럼 자신의 상처를 치유해야 됨에도 불구하고 남의 상처를 치유할 수 있는 자가 되도록 부름을 받았다는 것이다. 시편 147편 3절은 하나님께서 우리의 상처 입은 마음을 고치시고 터진 상처를 싸매 주신다고 증거하고 있다. 교회학교 교사 역시 이런 예수를 본받아 이 세상, 가정과 학교에서 상처받은 어린 영혼들을 치유해야 할 사명을 가진 사역자들이다. 그러나 그들 역시 치유받아야 할 상처를 가지고 있는 자들이라는 사실을 알아야 한다.

친구 집에 놀러 갔던 한 아이가 엄마에게 보고를 한다. "내 친구 집에는 꽃도 많고, 그림도 많고, 냄새도 좋았고, 아름다운 음악도 흐르고 있었어요." 듣고 있던 엄마는 이렇게 말한다. "그거 돈만 있으면 다 살 수 있어." 순수하고 건강하지 못한 어른의 눈과 마음은 탁할 수밖에 없다. 건강한 영혼은 병들지 않는 영혼이다. 영혼이 병들지 않았다면 그는 건강한 사람이다. 하나님의 자비와 진실하심에 대한 확실한 지식이 있는 사람은 건강한 영혼을 가진 사람이요 어떤 어려움이 닥쳐도 극복할 수 있는 자이다. 한국 교회는 이런 사람들에게 교사직을 맡겨야 하는 것이다.

5. 꿈을 잉태케 하는 교사

필자의 남자 제자들은 대부분 목사가 되어 각자의 자리에서 목회를 잘 하고 있다. 그중에 필자와 영적으로 가장 잘 통하는 제자는 김 목사이다. 김 목사는 S 신학생 시절 신임교수였던 나의 꿈을 훔친 자이다. 당시 많은 제자들 중에서도 김 목사만이 나와 나의 꿈을 공유하며 같은 길을 가고 있는 것이다. 그의 꿈은 주님의 진실한 종이 되는 것이었으며 그의 유일한 비전은 하나님께 돌아갈 때까지 하나님이 기뻐하시는 목회를 하는 것이라고 한다. 창의적인 성서해석과 영감 있는 김 목사의 설교는 많은 사람들에게 영향을 주고 있으며 상처받은 치유자로서, 꿈을 지닌 자로서, 꿈을 잉태하게 하는 자로서, 디모데전서 3장에서 말하는 "교육 잘하는 감독"과 같은 목사가 되었다.

출애굽기 33장 11절의 말씀이 증거하고 있듯이 모세는 하나님과의 대화를 마치면 회막을 떠나 처소로 돌아갔다. 그러나 여호수아는 전혀 회막을 떠나지 않고 지켰다. 회막에서 여호수아는 모세의 기도와 일거수일투족을 다 보고 들었을 것이다. 모세의 비전과 꿈을 보며 그것을 자신의 것으로 잉태하고자 하였을 것이다. 즉 여호수아는 그의 리더십의 역할 모델이요, 스승인 모세의 꿈을 훔치고 싶었다. 위대한 사람의 꿈을 훔치고 싶게 만드는 것, 그것이 바로 교회학교 교사의 역할이라 할 수 있을 것이다.

그렇다면 우리는 어떻게 어린이와 청소년을 가르쳐야 꿈을 훔치는 자, 즉, 꿈을 잉태하게 하는 자로 만들 수 있을까? 무엇보다도 교사는 학생들과 "더불어 함께 하는 자"가 되어야 한다. 아이들의 눈높이에 교사의 눈높이를 강하(降下)시켜야 한다. 아이들의 관심에 하나님의 관심을 맞추는 것이다.[14] 바울은 헬라인과 대화할 때는 헬라인의 수준에 맞추고 유대인과 대화할 때는 유대인의 주파수에 맞추었다. 그는 어떤 문화를 접해도

14 마태복음 18장 3-4절 참조.

복음을 전할 수 있는 설득의 언어 능력과 해박한 지식이 준비되어 있었던 사도요, 탁월한 선교사요, 가르치기를 잘하는 위대한 교사였다. 그의 비전과 꿈은 디모데에게 고스란히 전이되었다. 에베소 교회의 감독이 되어 꿈을 이룬 젊은 디모데는 바울의 영적 아들이 되어 영원히 성경책에 기록된 제자가 되었다. 학생들이 닮고 싶어 하는 존재, 더불어 함께하고 싶은 존재, 희망을 전달하는 자, 스승의 꿈을 훔치고 싶도록 만드는 자, 그가 바로 한국 교회가 필요로 하는 교사일 것이다.

Ⅲ. 결론: 교사교육 개선방안

앞에서 언급한 5가지 교회학교 교사상을 정립하기 위해서는 전문적인 교사훈련이 필요하다. 그러나 교회에서 교사교육을 담당하는 목사나 전도사는 대부분 기독교교육을 전공한 전문가가 아니다. 일반 목사나 전도사가 각 교회의 상황과 특성에 맞는 자체 교사훈련 커리큘럼을 개발한다는 것은 큰 무리가 있다. 교사훈련이 제대로 이루어지지 않는 것은 자체 프로그램의 독창성, 전문성이 결여되어 있기 때문이라고 해도 과언이 아니다. 그러므로 개교회에서는 기독교교육을 전공한 석사 이상의 전도사나 목사, 혹은 교육사를 활용하여 보다 체계적이고 전문적인 교사훈련 프로그램을 개발하고 실시하는 것이 바람직하다고 본다. 이러한 맥락에서 필자는 교사훈련프로그램 개발을 위한 몇 가지 기준만을 제시하고자 한다.

1. 교사교육의 3차원-영성, 지식, 제자도

교사훈련 프로그램을 기획하는 데에는 대전제가 따른다. 신지행일치(信知行一致), 즉 믿고 알고 행동하는 것이 일치되어야 한다는 것이다. 교사가 하나님을 올바로 믿지 않고 지식도 없으며 위선으로 학생들을 대한다면 올바른 교사라고 할 수 없을 것이다. 위의 대전제 하에 교사교육은 다음의 3차원으로 진행되어야 한다. 첫째, 영성훈련이다. 영성훈련이란 기도훈련이며 기독교적 인성을 갖추는 훈련이다. 설리번이 헬렌 켈러를 위해 평생을 기도했던 것처럼 훌륭한 제자는 스승의 평생 기도와 헌신으로 이루어진다는 사실을 알아야 할 것이다. 기독교적 인성을 갖춘다는 것은 올바른 기독교적 가치와 윤리, 기독교적 정체성, 기독교적 리더십을 갖는다는 것이다(Holmes, 1987, pp. 33-34). 기독교적 인성을 갖추지 못한 교사가 학생들에게 하나님의 형상을 닮도록 이끌고 가르치는 것은 불가능하다. 그러므로 교사교육에 있어서 가장 중요한 1차원은 교사가 되고자 하는 사람이나 이미 교사된 자들의 영성훈련이라고 할 수 있겠다.

둘째, 지식의 획득이다. 교사는 영성만 있으면 모두 감당할 수 있는 직책이 아니다. 하나님의 지식을 습득하고 깨달아 알아야 한다. 즉 성서와 교리, 신학과 기타 인문학에 대한 다양한 지식을 습득해야 한다. 초등학생을 자녀로 둔 엄마도 자녀를 잘 가르치기 위해 그들의 숙제와 학습문제를 함께 풀고 고민한다. 하물며 학생들의 영성을 담당하는 교회학교 교사가 성경을 공부하지 않고 교리와 기타 지식을 모른다면 교사로서의 자격을 갖추었다고 말할 수 없을 것이다. 최근 많은 교회에서 교사교육을 통해 신학과 윤리학, 기타 인문지식들을 함께 가르치기 시작한 것도 바로 이 때문이다.

셋째, 제자도의 연마이다. 교회학교 교사는 영성을 갖추고 지식도 풍부해야 하나 교수 기술과 리더십, 섬김과 봉사를 온몸으로 체득하여 자기화하는 제자도의 훈련이 무엇보다도 중요하다. 제자도란 예수의 제자로서 갖추어야 할 자격과 실행해야 할 사명과 역할을 포함한 제자정신이다. 즉 예수의 제자 될 자격은 리더십을 가지고 섬김과 봉사를 사명으로 여기며 철저히 순종하는 데 있다. 자주 장사 루디아는 자신의 집을 예배하는 곳으로 내어주고 과부들의 겉옷과 속옷을 지어 입힌 섬김과 봉사의 사람으로 유명하다(행 16:14). 교사란 하나님께로부터 예수의 제자 될 자격을 모두 갖추었다고 인정받은 사람들이다. 야고보서 2장 17절에서는 행함이 없는 믿음은 그 자체가 죽은 것이라고 하였다. 믿음이 지식에 머물러 있을 때에는 온전하지 못하나 섬김과 봉사의 실천으로 나타날 때 비로소 믿음은 온전하여진다.

2. 교사교육의 형태와 교육기간

한국교회 교사교육의 문제는 무계획, 무투자, 무성의에서 비롯되었다. 더욱 심각한 것은 교사가 되기 전(예비교육)과 후(계속교육)의 교육에 대한 경계가 모호하여, 교사경력 1년이든 10년이든 교사교육의 형태와 내용이 차별화되어 있지 않다는 것이다. 전문가적 입장에서 볼 때 교사교육의 형태는 1) 예비-계속-전문교육의 3단계 교사교육 구조를 유지해야 한다. 몇몇 대형교회를 제외한 대부분의 교회에서는 계속교육만 실시하고 있을 뿐 예비교육과 전문교육은 개설되어 있지 않거나 있어도 실시하지 않는 실정이다.[15] 예비교육은 소명확립교육으로서 교사가 되기 직전에 교사의 기초적인 자질과 소양을 쌓는 교육을 의미한다. 소명확립교육의 목적은 교사의 소명을 확인하고, 소명을 수용하며, 소명을 실천함으로써 소명의 정체성을 확립하는 것이다(신언혁, 2003, p. 58). 계속교육은 자질향상 교육을 의미한다. 자질향상 교육의 목적은 교사로서의 자질을 업그레이드하는 것을 말한다. 교회학교는 부서별로 다양한 학년이 존재한다. 따라서 교사도 학년과 부서에 맞게 위계가 있어야 할 필요가 있다. 자질향상 교육을 마친 교사는 학년 주임교사로서의 자격이 주어져야 한다. 전문화교

15 서울 강남구 신사동에 위치한 S교회는 연 1회 신임교사대학을 운영하고 있다. 교육기간은 3월부터 12월까지이며 예비교육에 참가하는 교사들에게 참가비는 의무적이다. 교사대학은 1년을 주기로 1학기(3~6월), 2학기(9~12월)로 나누어 총 2회 각 4개월씩 운영한다. 특히 S교회는 교사대학 과정 중 4주간은 교육실습을 하도록 한다. 이 기간 동안 실습일지를 작성하여 4주가 끝나면 교육부 사무실로 제출한다.

육은 교사 자신의 역할을 강화하는 전문교육을 말한다. 역할강화 교육의 궁극적 목적은 교사 경력 5년차 이상 10년 정도의 경력을 가진 교사들에게 단계별 전문교육을 실시하여 교회학교 교육부의 중직을 감당할 수 있도록 하는 것이다. 이 과정을 위해서 교사는 신학적으로는 고차원의 신학이론 과목과 리더십 개발에 관한 과목을 집중적으로 훈련받게 해야 한다.

2) 단기-중기-장기 교육기간을 영속화해야 한다. 단기적으로는 1년에서 중기 1~3년, 장기 3~5년에 이르기까지 교육기간을 차별화해야 한다. 특히 5년 이상의 교육기간이 끝난 교사들에 대하여는 연 1~2회 재교육프로그램을 지속적으로 실시하여 평생교사가 될 수 있도록 교사로서의 전문적 자질을 키워주어야 한다. 3) 교사의 직급은 보조교사, 인턴교사, 정교사로 승격될 수 있으며 직급별 자격증도 발급하여 교사들의 사기와 자부심을 고취시켜야 한다. 4) 교육과정은 정규교육, 특별세미나, 인텐시브(몰입)교육으로 나누어 운영한다. 정규과정은 주중, 특별세미나는 연 1~2회, 방학 중에는 MT형태의 웍샵으로 인텐시브 교육을 진행함으로써 기존에 교회 안에서만 행해졌던 교사교육의 형태에 다양한 변화를 주는 것도 교사훈련에 크게 도움이 된다. 5) 현재 한국에서 진행되고 있는 교사교육은 크게 개 교회 중심 교육, 연합회-교단 주최 교사교육, 전문협회 주최 교사교육으로 나눌 수 있다. 교회의 상황에 따라 개 교회 중심 교사교육에만 치중하는 교회도 있고 연합회 중심의 교사교육만을 선호하는 교회도 있다. 그러나 이러한 편식주의 교사교육이 계속된다면 교사들은 변화무쌍한 글로벌문화를 이해하고 받아들이는 데 큰 어려움을 겪을 것이다. 교회 자체 교사교육과 교단이나 전문협회 주최의 교사교육을 개 교회 상황에 맞게 수용하고 적절히 활용한다면 편견 없는 교사교육이 이루어질 것이라고 전망한다.

3. 교육방법 및 내용

1) 교육방법

필자는 구약성서 신명기 6장 4-9절에 기초하여 6가지 교육방법을 제시하고자 한다.[16] 첫째, "들으라"(שְׁמַע, 쉐마)이다. 쉐마는 '지적으로 듣다', '경청하다', '순종하다', '이해하다' 등의 뜻이 내포되어 있다. 즉 쉐마는 스쳐지나가듯 듣는 것이 아니라 자세히 경청하는 것이다. 교육의 기본은 듣는 것이다. 로마서 10장 17절에 믿음은 들음에서 난다고 하였다. 기독교교육은 그리스도의 말씀을 믿고 그를 본받아 살도록 가르치는 것이 목적이다. 듣지 않으면 믿을 수 없으므로 듣는 것, 즉 경청하도록 하는 것은 매우 중요한 교육의 첫 번째 방법이다.

둘째, "사랑하라"(אָהַב, 에하브)이다. 인간에게는 세 가지 사랑법이 존재한다. 먼저 필리아의 사랑이다. 필리아의 사랑은 친구간의 인간적 사랑을 뜻한다. 에하브도 필리아와 일맥상통하는 뜻으로 인격적인 사랑, 친구간의 사랑을 의미한다. 두 번째로는 에로스의 사랑이 있다. 에로스의 사랑은 이성간의 사랑을 말한다. 세 번째로 아가페의 사랑이다. 이 사랑은 하나님이 인간에게 값없이 주시는 희생과 헌신의 사랑이다. 교사는 인격적인 에하브의 사랑으로 학생들을 가르쳐야 하며 더 나아가 아가페의 사랑, 즉 희생과 헌신의 사랑으로 학생들을 지도해야 할 것이다.

셋째, "마음에 새기는"(לְבָב, 알 레바브)이다. 현대인의 성경에 의하면 새기라는 '잊지 말라'로 번역되어 있다. 마음은 인간의 몸 가장 내부에 있

16 신 6장 "4 여러분, 잘 **들으십시오**. 우리 하나님 여호와는 단 한 분밖에 없는 여호와이십니다. 5 여러분은 마음을 다하고 정성을 다하고 힘을 다하여 여러분의 하나님 여호와를 **사랑하십시오**. 6 그리고 오늘 내가 여러분에게 전하는 이 말씀을 언제나 **잊지 말고** 7 여러분의 자녀들에게 부지런히 **가르치십시오**. 여러분은 집에 있을 때나 길을 갈 때나 잠자리에 들 때나 아침에 일어날 때나 이것에 대하여 항상 **이야기하십시오**. 8 또 여러분은 그것을 손에 매어 달고 이마에 붙여 항상 생각해야 합니다. 9 그리고 여러분의 집 **문기둥과 문에 그 말씀을 기록하십시오**."(현대인의 성경)

는 기관으로서 속사람이라고도 한다. 마음에 새긴다는 것은 어떠한 단어나 사건을 인간의 의지나 영혼 깊숙한 곳에 잊혀지지 않도록 단단히 넣어 두는 것이다. 삶에 있어서 충격적인 일을 겪은 사람은 결코 그 일을 잊지 않는다. 교육은 충격이어야 한다. 그러므로 하나님의 진리가 충격적으로 마음에 새겨질 수 있도록 가르치는 것이 교사의 역할이자 의무인 것이다.

넷째, "가르치는"(שָׁנַן, 솨난)이다. 가르침이란 찌를 수 있을 만큼 날카롭게 깎고 또 깎는 것을 의미한다. 즉 교사는 학생들이 진리를 깨달을 때까지 계속적이고 반복적으로 가르쳐 진리의 무지에서 벗어날 수 있도록 깎고 다듬는 역할을 해야 한다. 연필은 심이 나올 때까지 깎지 않으면 쓸 수 없다. 그러나 깎은 연필의 심은 또다시 무뎌진다. 교사는 학생들이 무지에서 진리의 눈을 뜨게 될 때까지만 가르치는 것이 아니라 무뎌지면 또 깎아내야 사용할 수 있는 연필처럼 깎고 또 깎아 계속 사용할 수 있는 힘을 길러주는 것이 더욱 중요한 교사의 역할이라고 할 수 있다.

다섯째, "강론하는"(דָּבַר, 다바르)이다. 강론하다는 상징적으로 '말하다'의 뜻으로 사용되며 명령하다, 약속하다, 선언하다의 의미도 포함되어 있다. 예수를 포함한 성경의 많은 위대한 예언자들과 설교가들이 무지한 사람들을 위해 많은 강론을 하였다. 그들의 강론은 단순히 하나님의 말씀을 선포하는 데에 그치지 않았다. 그 말씀은 하나님과의 신성한 약속으로 사람들의 머리와 골수를 흔들었고 지켜야 하는 의무를 확실히 각인시키는 데에까지 이르렀다. 교육은 강론이다. 교육은 단순히 가르치는 것이 아니라 학습자와의 약속이며 학습자가 지켜야 할 의무인 것이다.

여섯째, 문설주에 "매라"(קָשַׁר, 카솨르)이다. "매라"에는 신체적으로 허리를 "졸라매다"라는 뜻이 있다. 그러나 함께 묶다, 동맹하다, 더 강하게 하다라는 상징적 의미로 더 많이 사용된다. 예수는 항상 제자들과 함께하셨다. 제자 공동체와 함께 다니셨고 식사하시며 말씀을 선포하셨다. 교육은 교사와 학생이 함께하는 것이다. 교사가 학생을 가르치는 것만이 교육이 아니라는 것이다. 학생은 교사를 통하여 배우고 교사는 학생을 통하여 배우는 동맹의 관계, 진리의 끈으로 서로 매인 관계가 교육인 것이다.

2) 교육내용: 쉐마와 토라(to listen and read), 디다케(to teach)

필자가 제안하는 교육의 내용은 쉐마와 토라와 디다케이다. 쉐마는 '듣기'이며 토라는 '읽기', '디다케'는 가르침을 의미한다. 즉 마음에 새기도록 경청하는 훈련, 집중하여 읽는 훈련, 다양한 컨텐츠를 활용하여 가르칠 수 있는 능력을 갖추는 것이다. 아래의 표는 필자가 제안하는 교육방법과 내용을 단계별로 나누어 교육과정을 작성한 것이다.

표 1. 공통 교사교육과정의 교과목(예)

공통교육과정 1: 성서와 신학	공통교육과정 2: 교육학과 심리학 plus
(1) 성경과 해석: 정경 66권 통독 및 해석	(1) 교육학 개론: 철학적 접근
(2) 교회사: 교회의 성립과 변천사	(2) 발달심리: 학습자이해를 위한 심리학적 기초
(3) 교리사: 삼위일체, 구원, 기독론	(3) 교수법 및 컨텐츠 제작: 교수 학습론 교재개발
(4) 이단사: 교파의 분파와 이단	(4) 디지털 미디어(UCC 등)와 인터넷 활용법
(5) 신조학: 믿음의 본질과 종말이해	(5) 설득과 스피치 기술
	(6) 어린이 및 청소년 전도학
	(7) 예술적 교수기술: 데코레이션/연출기법
	(8) 신체적 표현 기술: 스트레칭과 에어로빅
	(9) 식품의 기본지식과 기본 요리
	(10) 환경과 생명: 환경 및 생명(성 포함) 교육

표 2. 고급과정 및 특별과정 교과목(예)

고급과정 및 특별과정
(1) 리더십 개발을 위한 교과목 - 리더십의 유형/감성적 리더/섬김의 리더십/참여하는 리더십, 모세/에스라/예수/바울 - 성공하는 리더의 특성과 조건
(2) 닮고 싶은 리더와의 만남: 자신의 리더십 모델 개발
(3) 미래사회의 전망: 정치, 경제, 과학, 교육 등에 대한 전망

(4) 성공한 결혼과 실패한 결혼
(5) 가정교육 세우기: 예절과 질서교육 통한 인성교육
(6) 부부 교사(사역자, 맞벌이 부부)를 위한 탁아교육
(7) 좋은 부모 되기: 아버지 교실/모성애 교실
(8) "나도 엄마 되고 싶어요" - 임신과 출산을 앞둔 예비 엄마 교육
(9) 칭찬받는 아빠 되기: 남편이 하면 더욱 빛나는 가사 노동 노하우
(10) 더불어 함께하는 기술: 자녀들에게 비전과 꿈을 갖게 하는 교육

종합하면, 현대 교회학교의 교사는 예나 다름없이 성경을 가르치는 교사이다. 뿐만 아니라 그는 상처 받은 영혼을 회복시키는 치유하는 자이어야 한다. 하나님이 누구신가를 묻는 학생들의 질문에 하나님이 아닌 분을 하나님이라 가르치는 교사가 어렵지 않게 관찰된다. 하나님에 관한 지식이 짧아서 그렇다. 교사 자신이 하나님에 대한 경험이 깊지 못하면 결국 대답이 궁색할 수밖에 없고 그런 수업에 감동은 없다. 어거스틴이 말한 것처럼 교회에서의 배움에는 반드시 감동이 있어야 한다. 교사가 하나님에 대해 가르칠 때 그것을 듣는 학습자의 눈에 이슬이 맺힐 수 있게 하는 자라야 감동을 주는 교사라고 할 수 있을 것이다. 이 시대는 현실이 가상이고 가상이 현실이 되는 시대이다. 하나님은 어느 곳에나 계시기 때문에 인터넷 세상이 도래되었다고 교회교육이 위축될 일은 없다. 유비쿼터스 시대의 디지털의 진보는 점점 더 하나님의 속성을 닮아가고 있다. 언제 어디서 누구에게나 무엇이든지 다 하실 수 있는 분(Anywhere, Anyone, Anything: 3A), 무소부재하시고, 전지, 전능하신 하나님의 속성이 놀랍게도 점점 인터넷 세상의 특징이 되어가고 있다는 것이다. 교회학교 교사들에게는 더 없이 좋은 기회가 온 것이다. 우리가 살아온 세대와는 너무 다른 방식으로 생각하고 행동하는 post-digital 세대에게 하나님을 어떻게 알게 할까? 하나님이 그들을 사랑한다는 것을 어떻게 가르쳐줄 수 있을까? 하나님이 N세대를 어떻게 사용하시고 있는지 어떻게 증거할 수 있을까?

그 해답은 생각보다 아주 가까이 와 있다는 것이다.

시편 기자의 말대로 하나님이 우리를 가르치시어 그분의 뜻을 이루게 하시는 분임을 잊어서는 안 될 것이다. 우리 앞에 어떤 IT 기술의 진보가 일어나도 이 말씀은 언제나 진리일 수밖에 없음을 성경은 오늘도 우리에게 교훈하고 있다. 왜냐하면 하나님은 우리를 사용하셔서 그분의 목적을 이루시는 분이기 때문이다. 아무리 복잡한 기술시대가 도래해도 우리는 그것을 알게 되고 얼마 가지 않아 신기술을 활용할 수 있게 된다. 인터넷이 들어온 지 약 15년 정도 되었으나 이제는 남녀노소 모두가 이것을 사용하며 즐기고 있는 것처럼, 언젠가는 지구상의 모든 사람이 하나님을 알게 되고 하나님(선)을 즐기는 날이 오게 될 것이다. 그날이 오기까지 교사들은 하나님의 사랑과 자비와 진리를 세상에 알리는 복음의 전령들인 것이다.

> "그리하여… 신부들은 죽고, 저만 살아남았습니다.
> 하지만 실제로 죽은 건 나고, 산 자는 그들입니다.
> 언제나 그렇듯 죽은 자의 정신은 산 자의 기억 속에
> 남아 있기 때문입니다."
>
> — Mission에서 알타미라노(Altamirano) 추기경

참고 문헌

Anthony, Michael J. & Warren S. Benson (2003). *Exploring the history and philosophy of Christian education*. Kregel Academic & Professional.

Brashear, Nancy (1996). *Nurturing Christians as reflective educators.* CA, Claremont: Learning Light Press.

Bredfeldt, Gary (1988). *Creative bible teaching.* Moody Publishers.

Galindo, Israel (1998). *The craft of Christian teaching: essentials for becoming a very good teacher.* Judson Press.

Groome, Thomas H. (2007). *Christian education as evangelism by foreword.* Fortress Press.

Holmes, Arther F. (1987). *The Idea of Christian college.* Grand Rapids: Wm. B. Eerdmans Publishing Co.

Issler, Klaus (2002). *How we learn a Christian teachers guide to educational psychology.* Wipf & Stock Publishers.

Lines, Timothy A. (1992). *Functional images of the religious educator.* Birmingham, Alabama: Religious Education Press.

Pazmiño, Robert W. (2001). *God our teacher: theological basics in Christian education.* Baker Academic.

Ratcliff, Donald & Blake J. Neff (1993). *The complete guide to religious education volunteers.* Birmingham, Alabama: Religious Education Press.

Roehlkepartain, Eugene C. (1993). *The teaching church: moving christian education to center stage.* Nashville: Abingdon Press.

Shea, John (2006). *Spiritual wisdom of the gospels for Christian preachers and teachers: the relentless widow.* Liturgical Press.

Tye, Karen B. (2000). *Basics of Christian education.* Chalice Press.

Yount, William R. (1996) *Created to learn.* Nashville, Tennessee: Broadman & Holman Publishers.

Augustinus, A. (1993). **기독교교육론.** (김종흡 역). 크리스챤 다이제스트.

Nouen, Henri (1999). **상처입은 치유자.** (최원준 역). 서울: 두란노.

Saint Exupery (2006). **어린왕자.** (장진영 역). 서울: 미래사.

김문철 (2000). **교회 교육 교사론.** 서울: 종로서적성서출판사.

김보영, 안구선, 문은종 (1986). 교회학교 교사양성 프로그램 실태. **교육교회**, 119.

김현주 (1989). **교회교사 훈련 프로그램에 관한 연구**. 석사학위논문. 장로교신학대학원, 서울.

김희자 (1998). **교사론**. 서울: 대한예수교장로회 총회.

박상진 (2007). **교사교육의 새로운 패러다임**. 서울: 예영커뮤니케이션.

신언혁 (2003). **교사의 소명교육 효과에 관한 연구**. 박사학위논문. Drew University, D.Min., N.J., USA.

______ (2005). **개신교 교회의 교사교육 실태 분석 및 개선방안 연구**. 박사학위논문. 호서대학교, 천안.

안현주, 서명실, 김하자 (1963). 서울지구 교회학교 교사 실태 조사에 대한 보고. **포도나무**, 2.

양성대 (1986). 교회학교 교사의 실태. **교육교회**, 119.

오인탁, 정웅섭 (1987). **교회 교사교육의 현실과 방향**. 서울: 대한기독교서회.

은준관 (1988). **기독교교육현장론**. 서울: 대한기독교출판사.

한미라 (1987). 교육기획에서 체제접근의 적용. **교육교회**, 783-792.

______ (1988). 종교교육의 새 교육체제 개발에 관한 연구. **학술진흥재단** 연구과제.

______ (1991). 교회학교 교사 모집의 양성에 관한 효과적 방안 탐색. **신앙교육,** 14-22.

______ (1995). 21세기의 교회학교상. **교육교회,** 231호.

______ (2005). **개신교교회교육**. 서울: 대한기독교서회.

한춘기 (1992). **한국교회 교육의 현실과 전망.** 서울: 한국로고스연구원.

Abstract

Some Biblical Recommendations for Improving the Current Issues of Teacher Education in the Korean Church

Meerha Hahn
(Professor, Hoseo University)

This article has three points to make. First, is to address some of obstacles that have long hindered teacher education in the protestant church of Korea. Second, the image and the roles of teacher in the Bible were sought and reinterpreted in light of the current situation of the Korean church's teacher training. And the last point is to suggest some of recommendations for the sake of improving the current issues in the biblical perspectives.

There are three factors explaining the social influences on the declining the church school: the student population decline seems a natural phenomenon due to the low birth rate. Second factor is the emergence of the internet, globalization, and multi-cultural family and third, the new policy-implementation of five-days per week working system and no-school on Saturdays. These surely affected on the attendance of the church's Sunday service.

From the church perspective, two problems can be addressed. First, the church school adopts the public school system in many ways. Second, the church is indifferent to the development of its educational environment. As for the teacher's respect, he or she has his or her own problems. They are such as lack of calling or qualification and efforts to understand their clients and the absence of systemic and continuous teacher training program.

The second point of this paper is to seek the cases in the O.T. and N.T.

that refer to the ideal image of teacher to modern church teachers. Five types of teacher were found and reinterpreted in light of the current situation: the teacher who teaches the knowledge of God, the teacher who takes not authority but responsibility, the teacher who keeps the balance like the keel of a ship, the teacher who heals the wounded, and the teacher who makes the student to bear a dream.

In conclusion, some of directions and suggestions are recommended for improving the current situation of teacher education. First, the church's teacher training must be developed at the three dimensions: spirituality knowledge, and discipleship. Also the term of the teacher training can be suggested to the three steps, 1) pre-service, 2) on the job, and 3) advanced training. It can also alter to a short-middle-long term training format. Various classes of teacher with a license are introduced, for instance, assistant to the teacher, intern teacher, senior teacher. Lastly, methods and contents for training the church teacher are proposed based on the biblical texts. A teacher without a deep experience of God can only give a poor answer to students asking who God is and how God use them. So a teacher always seeks for the God's guidance before teaching. For God is the source of all teaching.

Key words: teacher education, teacher training, image of teacher, biblical implications of teacher, curriculum for teacher education, obstacles of the church's teacher education.

4부

기독교교육의 공공성

공교육의 위기와 기독교교육학의 역할 재정립*

한미라 (호서대학교 교수)
mrhahn2022@gmail.com

I. 공교육의 위기

1. 예상되는 파장

교육인적자원부는 지난 2004년 10월 28일 2008년부터 공교육의 내실화와 사교육비 경감을 위해 대입제도를 전면 개편한다고 발표하였다. 그러나 지금 한국 사회는 개편되는 대학 입시 정책으로 인해 첫 번째 시행 대상 해당 학생(고1)들이 촛불시위에 나서는가 하면 학부모들의 불만이 팽배해지고 있다.[1] 새 대입제도의 주요 쟁점은 다음 세 가지로 압축할 수

* 이 논문은 한국기독교교육정보학회 2005년도 춘계학술대회(2005. 5. 28)에서 발표된 원고를 수정보완한 것임.

1 우리나라의 대학 입시 제도는 1945년 이후 총 10회에 걸쳐 개선해왔으나 "대학 예비고사와 본고사를 병행했던 시기(1969~1980년)"를 제외하곤 어느 시대의 것도 10년 이상을 지속된 입시정책은 없다.

있을 것이다.

첫째, 학교(고교)등급제이다. 지난해 서울 명문사립대학이 신입학생 전형에서 고교등급제를 시행했다는 사실은 한국 사회에 큰 파장을 몰고 왔다. 한국교육과정평가원에 의하면 한 고등학교의 경우는 전국 상위 10% 안에 드는 학생이 0.1%에 불과한 반면 어느 고등학교는 상위 10%에 드는 학생이 30%나 된다고 한다. 이러한 모순 때문에 대학들은 현재 고교내신 성적은 학생 선발 자료로서 신뢰할 수 없으므로 고교등급제를 시행해야 하는 것이 타당하다고 주장한다. 고교 등급제가 시행되면 앞으로 학생의 성적은 학교와 개인 변인으로 설명할 수 있을 것이다. 즉, 어느 고등학교를 다녔는가(부모의 거주지)와 성적을 위해 학생 개인이 얼마나 노력했는가(사교육)에 의해 내신이 결정될 것이다. 그러나 이 두 요인은 결국 학생 자신보다는 부모의 사회 경제적 지위에 의해 더 많은 영향을 받는다고 볼 수 있다. 궁극적으로 고교 등급제는 우리나라 사회계층을 등급화하게 될 것이다. 또한 인간을 지적 능력만으로 평가한다는 것 자체에도 한계와 모순은 있다. 상대 평가라는 잣대를 통해 청소년 시절부터 지나치게 경쟁적이고 자기중심적인 인성을 갖도록 조장하는 학교는 한국의 미래 세대들에게 선보다는 악을 가르치는 현장으로 전락할지도 모른다.

둘째, 본고사 부활 가능성이다. 현재 대학별로 자율적으로 채택하고 있는 심층면접이나 논술 등은 거의 국 · 영 · 수 중심의 지필고사 형식이라는 것이 관계자들의 지적이다. 앞으로 대학의 학생 선발 자율권이 더욱 강화되

· 대학별 단독시험제(1945~1953)
· 국가연합고사, 대학별고사 병행제(1954)
· 대입예비고사, 대학별 본고사제(1969~1980)
· 대입예비고사, 고교내신제(1981)
· 대입학력고사, 고교내신 병행제(1982~1985)
· 대입학력고사, 고교내신, 논술고사 병행제(1986~1987)
· 대입학력고사, 고교내신, 면접고사 병행제(1988~1993)
· 대학수학능력시험, 고교내신, 대학별 자율결정 병행제(1994~현재)

면 결국 대학별 본고사와 차이가 없어진다는 예상이다. 교육부의 3불(不) 정책 고수 노력에도 불구하고 서울 주요 대학들은 '고교등급, 본고사 부활, 기여 입학제'의 필요성을 끊임없이 강조하고 있다. 대학마다 차이가 있지만 현재도 주요 대학들은 논·구술을 최대 70%까지 반영하고 있다. 학생 선발의 변별력을 극대화하기 위해 논술과 면접을 채택하지만 일부 대학을 제외하고는 재원만 낭비하고 실효성이 없기 때문에 차라리 본고사를 부활하자는 주장으로 갈 확률이 크다. 결국 학부모 학생만 부담이 커질 공산이다.

셋째, 공교육 정상화의 역기능이다. 우리나라 교육의 모든 것을 대학입시와 결부시키는 맥락에서 아이러니하게도 공교육의 정상화란 사교육에 대한 비정상적인 의존도를 낮추는 것이며 한마디로 학생들의 내신 성적을 철저히 관리하고 교사와 학교의 교육권을 정상화시키겠다는 의미로 통한다. 교육부는 전 국민의 사교육에 대한 지출 부담을 최소화하기 위해 교육방송을 통해 내신과 논술특강을 활성화하고 있다. 그렇다고 사교육에 대한 학부모의 열의가 하루아침에 식는 것은 아니다. 교육부는 이제 학교 공부에만 열중하면 된다고 말하지만 학부모들은 논술, 수능 준비에다 내신까지 신경 쓰려면 결국 다니는 학원 수만 늘게 된다고 우려한다. 뿐만 아니라, 학생생활기록부나 교사 평가 등이 강화되면 교사와 학교와의 유대관계나 부모의 재력은 여전히 자녀의 내신 성적에 큰 변수로 작용하게 될 것이라고 전망한다.

2. 공교육의 사각지대

1) 자살하는 아이들

2005년 3월 이후 신학기 들어서만 10명이 성적 또는 대학 입시 때문에 스스로 목숨을 끊었다(통계청, 2003, 103). 청소년의 자살 원인 중 가장 큰 원인은 성적으로 인한 압박이다. 민감한 시기의 청소년들이 학교 성적이 자기 의지대로 나오지 않을 경우 쉽게 극단적인 행동으로 나아가게 되는 이유는 한 번의 시험은 곧 자신의 내신이 되며 그것은 곧 대학입시와 직결되고 있기 때문이다. 현재 중, 고교의 시험은 중간과 학기말 시험과 평소 시험 1~2회 정도인데 그중에 한 번을 망쳤다면 어린 학생의 소견으로서는 감당하기 어려운 심리적 압박과 극심한 좌절을 겪게 된다. 교육부는 "학교 중심의 교육 실현과, 내신 성적에 대한 신뢰성 제고"를 위해 상대평가제에 기반을 둔 내신등급제를 2008학년도부터 전격 시행할 뜻을 밝혔으나 정작 학생들은 '내신등급제 때문에 더 힘들다'며 하소연하고 있는 실정이다. 지난 5월 7일 징계 위협에도 불구하고 광화문에서 촛불시위를 벌인 고1 학생들의 목소리에 귀 기울여야 할 때이다. 모두가 대학에 가야 한다고 전제하는 입시 중심의 공교육의 사각지대에서 앞으로 얼마나 많은 어린 학생의 생명이 더 희생될지 모를 일이다(프레시안. 2005. 5. 10).

2) 폭력과 포르노에 노출된 아이들

학교폭력의 행동 양태를 보면 동급생을 때리는 것이 전체의 29.5%, 후배 23.4%, 다른 학교 학생들 26.6%이다. 학교폭력은 피해자의 신체 등에 상해를 입히거나, 정신적으로 괴롭혀 정신질환이 되게 하는 등 그 희생자에게 평생 치유될 수 없는 후유증을 남긴다는 점에서 사태의 심각성을 인식해야 한다. 최근 학교폭력에 대한 실태자료를 보면 폭력으로 검거되거나 구속 수사 받은 학생 수는 예년에 비해 상당히 감소하고 있는 반면, 폭력으로 학교에서 징계받은 학생 수는 소폭 감소하고 있어 학교가 아직도 폭력의 사각지대에 있음을 실감한다(김학일, 2005).

교육부, 청소년보호위원회 및 경찰청이 공동으로 조사(초교 4학년~고교 3학년, 650만 명 대상)한 결과에 의하면 전년도에 비해 집단따돌림 현상은 많이 감소한 것으로 조사되었으나 금품 및 협박 피해가 급격히 증가하고 있다.[2] 폭력을 당하는 장소는 교내(26.8%), 등하교길(17.47%), 놀이터, 공원(12.6%), 학원 주변(12.1%), 오락실과 PC방(10.9%) 순으로 나타나

학교는 아직도 폭력의 사각지대임을 말해준다. 폭력 피해 발생 시 도움을 요청하는 우선순위는 가족-학교, 또는 교사-친구-경찰-선배 순으로 조사되었다.

표 1. 최근 5년간 학교폭력의 처벌과 징계

(단위: 명)

처벌 및 징계	2000	2001	2002	2003	2004
학교폭력사범(검찰)	33,833	27,446	23,921	12,559	11,886
학교폭력으로 검거, 구속된 학생 수(경찰)	31,691	28,653	28,289	11,440	7,880
폭력으로 징계받은 학생 수(교육부)	11,562	11,310	7,318	7,769	7,488
폭력서클 파악 및 해체	73	39	63	72	50

학교폭력은 폭력을 행사하는 학생 개인과 그것을 방조하는 교육 환경과 구조 자체에서도 그 원인을 파악해야 한다. 폭력의 가해자인 개인의 인성 특성과 그 개인이 처한 사회, 문화적 특성 및 상황적 요인을 복합적으로 고려하여야 한다. 최근 청소년 비행의 특성은 향락성, 집단성, 즉흥성, 공격성, 흉포화 경향, 성비행의 증가로 나타난다. 청소년 비행의 원인을 조사한 한 연구에서 분석한 내용을 살펴보면 개인적인 측면에서는 외향적이고, 감정적인 사람이 비행 관련성이 높고, 우울한 감정 성향의 소유자와 충동성 및 공격성을 가진 경우와 약물 사용자, 내적 통제신념보다 외적 통제신념이 강한 학생, 그리고 지능지수가 낮은 경우, 또는 자아 개념이 미성숙한 청소년이 비행과 관련될 확률이 높다고 한다(나영아, 2004).

청소년의 비행 중에서 음란물(포르노) 접촉은 사실상 정상적인 청소년들도 67.5% 이상은 다 경험한다고 조사되었다(한미라, 2004, 151). 문제

2 신체적 폭행 2.51%('03. 2.97%), 협박피해 3.08%('03. 1.11%), 금품피해 4.22%('03. 3.49%), 집단괴롭힘 0.63%('03. 0.92%)의 순으로 나타남.

는 음란물을 처음 접촉한 연령이 갈수록 초등학생으로까지 내려간다는 사실이다. 또 하나의 문제는 인터넷을 가장 잘 다루고 그것에 익숙한 청소년 세대에게 무방비 상태로 인터넷 음란 사이트가 개방되어 있다는 것이며, 그 사이트에 중독된 청소년도 상당수 있다고 조사되었다(주 3~4회 접속하는 경우, 전체 고교생의 23%)(이백현, 2001). 음란물의 접촉은 폭력과 밀접한 관련이 있으며, 성범죄뿐 아니라 강력 범죄와도 상관(연쇄 살인범 대부분이 청소년기의 포르노 및 폭력 접촉 사실 시인)이 높기 때문에 이 문제에 대한 학교의 관심이 더욱 요구된다. 특히, 유해한 교육 및 가정환경, 폭력 가해 학생 부모의 무관심과 그 학생의 정서적인 불안정 및 불량한 성격도 주요한 학교폭력의 요인으로 지적되고 있다(청소년폭력예방재단, http://www.jikim.net/의 조사결과, 2002).

최근 전 교원의 학교폭력 예방 및 상담 요원화, 학교폭력 피해 신고망 정비,[3] 가정통신문을 통해 학교폭력 신고기간(매년 3~4월)을 운영하는 등과 같이 모든 예방활동[4]을 시행하고 있으나 아직도 학교 폭력은 근절되지 않고 있다.

3. 늘어나는 사교육비

한국에서 부모가 되는 길은 무척 고달프다. 초·중·고등학교 학생은 물론 대학생들까지도 학교에 내는 등록금보다도 학원에 내는 사교육비가 더 부담스럽다. 국민의 사교육비 지출 세계 1위를 자랑하는 한국, 과중한 사교육비 부담으로 많은 가정에서 어려움을 겪고 있다. 이러한 사교육 열

3 1588-7179(학생고충상담), 학교폭력상담신고센터(경찰서), 1366(여성긴급전화), 1388(청소년긴급전화), 학교·교육청 신고전화 등.

4 학교폭력대책기획위원회(교육부), 학교폭력전담부서(교육청), 학교폭력근절추진협의체(지역사회), 학교폭력대책자치위원회(학교), 학교폭력대책반(경찰청), 지역사회 학교폭력 협력망(청보위).

풍은 가정의 문제가 아니라 우리나라 부동산 값에도 지대한 영향을 주고 있다(한만중, 2003, 1). 전국 초 · 중 · 고등학교 학생들의 2003년 사교육비는 총 13조 6천억 원으로 추정된다. 이것은 2001년도에 비해 23.6%인 2조 6천억 원 정도 증가한 것으로 추정된다.[5] 초등학교의 경우 83.1%, 중학교의 경우 75.3%, 고등학교의 경우 56.4%가 사교육을 받고 있다. 2005년 현재 자녀 1인당 월평균 교육비 지출액이 30만 원에 육박하는 것으로 나타났다. 통계청에 따르면 지난해 국민 1인당 월평균 교육비 지출액은 28만 7000원으로 2000년의 22만 1000원보다 29.9% 늘어난 것이다. 국민 1인당 교육비는 취학 전 15만 8000원에서 초등학생 18만 6000원, 중학생 23만 9000원, 고등학생 34만 8000원, 대학교 이상 57만 3000원으로 상급학교로 갈수록 크게 늘어났다. 또한 2004년 사교육비(학원 및 보충 수업비)는 국민 1인당 13만 5000원으로 2000년의 7만 7000원에 비해 무려 75.3%나 증가했다(통계청, 사회조사통계결과, www.mso.go.kr).

사교육비 문제보다 근본적인 원인은 학력과 학벌 위주의 한국 사회의 구조에서 야기된다. 명문대=취업=성공이라는 등식이 한국인에게 뿌리 깊게 각인되어 있기 때문이고 이를 근본적으로 해결하지 못하는 공교육의 무능 역시 학부모들이 세대를 거쳐 사교육에 의존하는 주된 이유가 된다. 최근 교육인적자원부가 추진하고 있는 사교육비 경감 대책에서는 공교육 내실화를 통해 학교교육의 신뢰를 제고한다는 기본방향 아래 중 · 장기적으로 대학 서열화에 따른 과도한 대입경쟁체제를 완화하고, 고질적인 학벌주의를 극복하려고 한다. 학원의 교육시설이나 강사진이 학교에 비해 우수하지 않은데도 불구하고 학생들은 학원 수업을 선호하고 있다. 그 주된 이유는 학원은 학생들을 고객으로 여기며 그들의 욕구를 적극 수용하

---

5 2003년 정부예산 규모인 111조 4,830억 원의 약 12%가 사교육비로 지출(기획예산처, "2003년 예산안," 주요재정 통계자료, www.mpb.go.kr). 전국 초 · 중 · 고등학교 학생들의 사교육비 규모: 한국교육개발원 정책연구결과보고서 '사교육비 실태조사 및 경감방안 연구'의 통계 인용.

려는 사(私)부문 특유의 경영방식이 있기 때문일 것이다. 그러나 학교는 학생을 책임지고 지도하도록 유인하거나, 그 실적에 따라 보상하는 인사 · 보수제도 등이 마련되어 있지 않다. 국민의 사교육비 부담을 해결하기 위해서는 공교육이 정상화되어야 한다. 이를 위해 학교는 교사의 질을 향상시키고 아울러 철저한 책임경영을 해야 할 것이다. 학교경영에도 사부문(private sector)의 경영같이, 실적에 입각한 교원 인사 · 보수제도가 도입되어야 할 것이다.

4. 아동 및 청소년의 두뇌 유출

2003년 한 해 동안 서울의 초 · 중 · 고교생 중 4,427명이 해외로 조기유학을 떠났다. 이것은 서울 지역 학생 1만 명당 31.4명에 해당하는 수치이다. 서울 지역 조기 유학생은 2001년부터 3년간 매년 4,400명을 넘어섰다. 특히 조기 유학생이 가장 많은 지역인 강남, 서초구의 경우는 두 지역을 합쳐 지난해 2,937명(이 지역 학생 1만 명당 220명)이 해외 유학을 떠났다(동아일보 사회면, 2004. 10. 3). 2004년 10월 3일 교육인적자원부가 국회에 제출한 자료를 보면 조기유학을 떠난 초 · 중고교생은 2000년 4,397명에서 2001년 7,944명으로 80.7%(3,547명)나 증가했고, 또 2002년도엔 1만 132명으로 전년에 비해 27.5%(2,188명) 증가해 해마다 지속적으로 늘고 있다. 2001~2002년 유학 대상국을 국가별로 보면 미국(1만 5737명), 캐나다(6,381명), 뉴질랜드(5,131명), 중국(4,981명), 호주(1,823명), 영국(1,012명), 일본(981명) 등의 순으로, 영어권 국가가 상위 7개국 중 5개국이다. 교육 전문가들은 국내 공교육에 대한 불신과 영어 교육에 대한 높은 관심을 조기 유학 붐의 가장 중요한 원인으로 꼽고 있다. 경기침체에도 불구하고 2004학년도에 해외로 조기 유학을 떠난 서울 지역 초 · 중 · 고교생 수는 사상 최대를 기록했다. 특히 해외근무 파견동행과 해외이주를 제외한 순수 유학 목적으로 해외에 간 학생 수는 전년 대비 무려

33.9% 증가했다.

서울시 교육청에 따르면 2004학년도 3월부터 2005년 2월 말까지 유학을 간 초·중·고교생 수(이민 및 해외 파견 근무동행 포함)는 1만 2,317명으로 2003학년도의 1만 1,546명에 비해 6.68% 증가했다. 조기 해외유학 초·중·고교생 수는 2000년 11월 자비 해외유학 자율화 대상이 고교 졸업 이상에서 중학교 졸업 이상으로 대폭 확대된 이후 꾸준한 증가세를 보이다 2004학년도에 최고치를 기록하였다. 이것을 각급 학교별로 보면 일반계 고교가 1,723명에서 2,091명으로 21.4%나 폭증했고 중학교도 3,810명으로 전년동기(3,313명)에 비해 15.0% 늘어났다. 반면 초등학교는 6,385명으로 전년동기 대비 1.39% 감소했다. 그러나 이민 및 해외 파견 근무동행을 제외한 순수 유학만을 따졌을 경우에는 초등학생과 중학생, 고등학생 모두 큰 폭으로 증가하였다. 고등학생이 1,624명으로 전년보다 무려 39.4% 늘어난 것을 비롯, 초등학생 38.6%, 중학생 25.8% 등이었다. 따라서 평균 증가율은 33.9%였다. 현행 국외유학 관리규정은 중졸 이상 자비유학은 제한하지 않고 있지만 초등학생과 중학생은 지역 교육장이나 국제교육진흥원장으로부터 유학자격 심사를 의무적으로 받도록 하고 있다.

초·중·고교생 유학 급증의 원인은 공교육의 무능과 공교육에 대한 불만족 때문이다. 공교육의 기능이 제대로 수행되지 못하는 상황에서 공교육 불신풍조가 조성되었고 이로 인한 과도한 사교육비 부담을 느낀 상당수 가정이 자녀를 차라리 외국으로 보내거나 아예 이민을 가고 있기 때문이다. 서울시 교육청은 "경기가 장기 불황을 겪고 있지만 상당수 부모들이 자녀 교육을 위해 해외이민이나 조기유학을 선택하고 있다"고 분석한다(연합뉴스, 2005. 3. 30).

II. 기독교교육학의 역할 재정립

학문은 특정 분야의 지식이 체계화되어 있는 것으로, 그 지식을 현장에 활용하는 전문가 단체(예: 학회 또는 협회)가 오랜 연마와 연구를 통하여 형성된 전문성(profession)과 세부 분야(field)의 분류와 융합이 발생되면서 진보해간다. 학문의 출발은 학문마다의 전제와 특성에 따라 선험적(a priori)일 수도 있지만 후험적(a posteriori)일 수도 있다. 기독교교육학은 선험적 명제(하나님의 존재와 계시) 위에 후험적 진리를 쌓아가는 학문이라고 할 수 있을 것이다. 학문으로서의 종교교육학 또는 기독교교육학의 성격 규명은 하루아침에 이루어진 것은 아니다. 은준관은 호레스 부쉬넬(Horace Bushnell)의 저서 『기독교적 양육』의 출간(1861년)을 학문으로서의 기독교교육학의 출발점으로 간주하나 필자는 학문은 그것을 배우고 익히는 공동체를 필요로 하기 때문에 전문가들이 학문공동체를 결성한 시점을 학문의 시발점으로 보는 것이 보다 더 타당하다고 보는 것이다. 이런 맥락에서 볼 때, "기독교교육학"이 어떤 성격의 학문인가에 대한 규명은 짧게는 100년(미국 REA 창설, 1903)이 넘었고, 길게는 220년(1785년 영국 레익스에 의한 The Sunday Schools Society 창설)이 넘었다고 말할 수 있을 것이다. 우리나라의 경우는 1922년 조선주일학교 연합회가 창립되었고, 이것은 다시 1948년 대한기독교교육협회로 명칭이 변경되었고, 1961년에는 기독교교육학 교수들이 주축이 되어 결성한 기독교교육학회가 창설되었다. 그러나 기독교교육학의 교파적 한계를 극복하고 보다 개방적이고 다양한 학문 상호간 접근을 시도하는 학문으로 발전시키고자 2000년 5월 한국기독교교육정보학회가 설립되었다.

학문을 정의하는 일은 사실상 오랫동안 전문가들의 탐구와 연구 결과로 얻어지게 된다. 그러므로 자신들이 수행하고 성찰한 연구 결과를 다른 사람들과 함께 공유하여 공동의 학문적 힘을 기르는 일은 학문 공동체에 속한 사람이면 누구나 해야 할 의무요 과정인 것이다. 이런 의미에서 본 논문은 기독교교육학의 학문적 성격을 규명하고 그것에 기초하여 오늘의 공교육의 위기를 극복하는 우리 학문의 역할을 재정립할 필요를 역설하려고 한다.

1. 전문 단체 결성을 통해 본 기독교교육학의 성격

1) 18세기 영국 주일학교 협회의 창설-자선적 학문으로 출발, 비형식교육의 모델

영국의 신문 『글로스터 저널』(*Gloucester Journal*)의 편집인이며 소유주였던 로버트 레익스(Robert Raikes)는 1783년 처음 쓴 사설(editorial)에 그가 시작한 주일학교(Sunday School)에 대하여 언급을 하였다. 이 사실은 영국 전역에 급속하게 퍼져 나갔고 드디어 1785년 전국적인 비교파 조직(undenominational national organization)인 주일학교협회(the Sunday School Society)가 창설되었다. 당시 이 협회에 가입한 회원은 대개 복음적인 교회와 집단들이었고, 이 운동을 지지하는 사람들은 영국의 노동자 계층이 많았다. 특히 주일학교 교육에 참여하는 평신도들이 교육활동을 개발하고 이에 참여한다는 것이 알려지자 많은 사람들이 이로 인해 자극과 격려를 받았다고 한다. 이러한 운동은 당시 영국의 근엄하고 권위적이기만 하던 교육에 큰 도전과 자극을 주기에 충분하였고 특히 영국 사회교육(informal education)의 개혁과 발전에 큰 공헌을 한 것으로 평가된다. 이 협회의 창립 목적은 "영국 사회의 범죄를 예방하기 위해 어린 시절부터 근면의 미덕을 가르치며 무지의 암흑을 추방하여 지식의 빛 아래서 살게 하려는 것"이었다. 영국교회의 켄터베리 대주교는 이 협회의 운동을 제거하기 위해 탄압을 가했으나 주일학교 운동은 빠른 속도로 영국 전역으로 확산되었고, 1787년에는 약 25만 명의 주일학교 학생으로 성장하였다.

주일학교는 노동자층 자녀들의 교육기관이나 다름없었다. 1800년대 중반까지 주일학교에는 45% 이상의 노동자계층의 어린이들이 출석하여 주일학교는 영국 노동자층을 대변하는 기관이 되었다. 라쿼(T. W. Laqueur)는 주일학교운동의 성공 비결은 노동자층 부모가 원하는 "자기-통제, 근면, 절약, 개선, 평등주의, 공동체주의"와 같은 가치와 교육을 제공하여 노동 귀족층의 고상한 가치관을 전승했기 때문이라고 하였다(Laqueur, 1976, 44). 이런 맥락에서 주일학교는 영국의 형제회, 무역협회와 신용조합 등과 같은 노동자층 기관 중 하나로 인식된 것이다. 주일학교는 문맹을 퇴치하고 종교지식을 전파했을 뿐만 아니라, 노동자층의 삶의 문화를 향상시키고 개선했다. 그러나 딕(M. Dick, 1980)은 주일학교가 실질적으로 보수 중산층이 운영한 기관으로서 젊은이들로 구성된 노동자층을 개선하는 것이 목적이었다고 주장한다. 톰슨(E. P. Thompson) 역시 주일학교는 급진 노동자층을 제압하는 데 공헌했다고 말하나 또 다른 학자는 교회와 주일학교는 같은 운동의 통합된 부분이었다고 주장한다(Thompson, 1968, 411-440).

주일학교교육은 명백히 기독교교육의 영역이다. 성경을 가르칠 때에는 직접 읽도록 하였다. 더 많은 비공식적이고 연합적 활동들의 비중도 중요시 여겨졌다. 예배와 주일학교교육 그리고 연계된 다른 활동들은 성차별이 없는 고상한 사회적 상황에서 삶의 특별한 이점을 가지도록 하였다. 1890년대 교회 예배는 더 많은 것을 수용하게 되었다. 더 좋은 음악, 찬양, 바느질반, 바자, 음악회, 연극, 크리켙, 축구 클럽, 여행 클럽과 같은 사교클럽들이 젊은이에게 매력을 느끼게 하였다(Cunningham, 1980, 181).

이렇게 주일학교의 연계된 활동은 중요한 의미를 지닌다. 즉 교육의 힘을 과소평가해서는 안 된다는 것이다. 1900년대 콘라드 엘즈던(Konrad Elsdon)은 영국의 지역별 자원봉사 조직에 대하여 큰 규모로 조사를 단행하였다. 여기서 두 가지를 깨닫게 되고 놀랄 만한 발견을 하였다. 첫째, 1천 2백만 명의 남녀가 1,300만 개의 지교의 운영에 참여하고 있다. 그는 이것을 작은 민주주의라고 기술하였다(Elsdon et al, 1995). 둘째, 엘즈던은 이 자원 집단에 놀라운 교육적 잠재력이 있다고 말한다(Elsdon, 1995). 주일학교 운동은 개인적인 성장뿐 아니라 정치적인 수확도 있었다. 말콤 노울즈(Malcolm Knowles)는 이 집단들이 영국 민주주의의 초석이 되었고 그들의 목적은 영국사회의 목적을 결정하는 데 중요한 역할을 하였다고 평가했다(Knowles, 1950, 9).

이상과 같이 영국 주일학교협회가 결성됨으로 인해 영국 교회의 기독교교육 발전뿐 아니라 영국 사회의 공적 분야인 민주주의 발전에도 주일학교가 큰 공헌을 했다는 사실은 한국의 교회학교에 시사하는 바가 매우 크다 하겠다.

2) 20세기 미국 종교교육협회(REA)의 창설과 그 후 100년

사회과학과의 접목, 교회교육 이론의 최신화, 공교육의 종교 교수기능 회복

자선적 동기에서 출발한 영국의 주일학교운동이 교회와 사회 개혁을 위해 공헌함으로써 기독교교육학의 전문성을 발전시켜왔다면, 1903년 시카고에서 있었던 미국의 종교교육협회(Religious Education Association) 창설은 19세기 말 미국 교육을 위기로 몰아넣었던 세속화와 종교다원화를 우려하며 공교육에서의 종교 및 도덕교육의 회복과 교회주일학교교육의 비전문성을 개선할 것을 목표로 내걸었던 역사적 사건으로서 기독교교육학이 현대 학문으로서 거듭나는 출발점이었다고 평가할 수 있을 것이다.

19세기 말, 미국의 기독교교육을 위기로 몰아넣었던 주된 원인은 문학, 과학, 역사학에서의 신학문의 진보였다. 특히 19세기 초부터 출현한 성서비평학인 문학 및 역사 비평의 출현은 개신교를 크게 흔들어놓았다. REA의 창립총회에서는 개신교의 종교적 권위요 경건의 자원인 교리적(전통적) 성서가 미국 개신교 학문분야에서 사라지고 있다는 데에 공감하며, 공립학교의 종교교육과 심지어 신학교에서조차 교리적 성서를 사용하지 않게 됨을 심히 우려하였다. 그러나 리즈(Rush Rhees, 로체스터 대학 총장)는 성서적 계시에 관한 어떤 이론이 나온다 해도 성서는 모든 의심을 초월하여 그것이 지니는 영감만으로도 살아남아왔다고 천명하였다.

또한 이 시기에는 미국의 많은 교회의 주일학교교육에 대한 사회적인 불만이 팽배하게 되었다. 공교육은 진보되는데 교회의 교육은 자원교사(volunteer)들에 의해서 행해지던 비전문적인 교육에 대해서 교회 밖으로부터 도전이 시작되고 있었다. 이러한 도전과 불만은 결국 종교교육운동으로 발전하였으며 하나의 단체를 형성케 하는 계기가 되었다. 1903년에 당시 시카고 대학의 총장이었던 윌리암 R. 하퍼(William R. Harper)는 45명의 대학 총장들을 설득하고 교회 목회자, 학자, 종교교육자 400명이 참석하는 종교교육협회의 창립에 산파 역할을 담당하게 되었다(Harper, 1903, 230-240). 하퍼는 "새로운 조직의 목적과 범위"에 대하여, 존 듀이(John Dewey)는 "심리학과 교육학에 의해 조건화된 종교교육"이라는 제목으로 강연하였고(Dewey, 1903, 60-66), 뒤이어 조지 알버트 코우(George Albert Coe)는 "일반교육의 한 부분으로서의 종교교육"이라는 제목으로 강연하였다(Coe, 1903, 44-52). 여기에서 듀이는 종교교육도 심리학과 일반 교육학의 원리를 따라야 한다고 주장한 반면 코우는 심리학의 원리를 적용하는 것에 동의를 하면서도 참된 교육은 종교를 떠나 존재할 수 없다고 전제하고 종교를 배제한 공교육은 참교육이 될 수 없음을 강조하여 두 학자의 입장 차이를 볼 수 있다.

지난 2003년 브렐스포드(Theodore Brelsford, 2003)는 REA 창설 100주년(2003년)을 넘긴 미국의 기독교교육의 상황은 그때와 크게 달라지지 않았다고 회고한다. 차이가 있다면, 학교교육에서 종교교육의 실종과 공공부문의 세속화는 100년 전보다 더 심각하고, 미국 문화와 종교의 다원화는 각기 다른 종교적 전통에 대한 인식과 이해를 요구하고 있으며, 100년 전에는 심리학(특히 발달심리학)과 교육학의 원리를 종교교육에 적용하는 것이 학문으로서의 기독교교육학의 전문성을 높이는 것이라고 이해하였으나 현재는 새롭게 진보된 심리학(예: 진화론적 심리학)과 사회과학으로부터의 통찰을 적용할 것을 촉구하고 있다. 창립 당시 조지 앨버트 코우, 윌리암 레이니 하퍼와 함께 기조연설자 중 한 사람이었던 존 듀이는 "종교교육과 현대 심리학의 관계"라는 제목으로 강연하면서, 어린이를 단축된 성인(abbreviated adult)으로 전제하고 행하는 종교교육은 인간의 발달 단계를 거스르는 모순이며, 모든 교육에서 따르고 있는 일반 심리학적 원리를 종교교육이라고 해서 무시해도 되는 것은 아니라고 지적하였다. 1903년 창립 당시 코우는 참된 교육은 인간의 이성의 모든 정상적인 능력을 발달시키는 것이라 언급하고, 종교는 그 정상적인 능력 중의 하나라고 말하였다. 근대 이전에 사실상 모든 교육은 기본적으로 종교적이었다. 그러므로 공교육인 학교교육에서 종교를 가르쳐야 한다고 주장하였다. 이 창립총회에서 코우는 노스웨스턴(Northwestern) 대학교 철학교수에서 종교교육자로 회심하여 REA 50주년을 맞이할 때까지 미국의 종교교육학의 발전에 지대한 족적을 남겼다. 한편 창립회의 이후 노골적으로 종교교육에 문제를 제기하던 존 듀이는 1904년 REA 위원으로 선출되었으나 다시는 이 협회에서 볼 수 없었으며 결국 일반 교육학 분야에서만 활동하는 교육철학자요 심리학자로 살았다. 이 두 학자들은 REA 창립총회에서 만났으나 코우는 기독교교육을 진보적 학문으로 발전시키는 데 기여했고, 듀이는 미국 교육 철학의 대표적 학자로서 미국 실용주의 또는 실험주의 교육철학의 발전에 지대한 공헌을 남겼다.

20세기에 들어오면서 미국은 국가가 종교교육에 관여치 않게 되므로 가정과 교회가 전적으로 그 과제를 떠맡게 되었다. 국가가 일반교육에 대한 책임을 갖게 되면서 공교육에서 종교교육을 제거하는 권리를 갖게 되었다. 우리나라 경우에도 개신교 선교 초기에 선교사들이 세웠던 중등사학은 그 후 교회나 교단에서 운영하였으나, 중학교 의무교육, 고교평준화 정책 실시 이후 기독교 학교들은 폐교하거나 재정난에 국고로 환수 조치되었고, 1997년 고시된 이후 2001년부터 실시된 7차 교육과정에서는 종립학교라 할지라도 주 1~3시간의 창의적 재량학습시간 이외에는 종교교육이 공식적으로 허용되지 않고 있다. 미국과 한국의 기독교사회 교육기관들(YMCA, YWCA 등)의 종교교육도 21세기에 들어오면서 많이 위축 또는 약화되었다. 미국과 마찬가지로 한국에서도 학교교육에서의 종교교육 실종은 청소년의 도덕과 종교성의 실종을 의미하고 이것은 최근 나타나고 있는 현상인 청소년의 폭력, 성 범죄, 비행, 약물중독, 자살, 에티켓의 실종 등의 증가와 무관하지 않다.

현대 개신교 교회는 주일교회학교를 통하여 아동에서 성인, 노인에 이르기까지 기독교교육을 행하고 있다(최근 한국의 미자립 교회는 상당수가 교회학교의 문을 닫는 경우도 생겨나고 있다). 그러나 21세기 현대 사회의 도덕성과 종교성을 회복하기에는 주일교회학교만으로는 충분하지 않다고 욜란다 스미스(Yolanda Y. Smith, 2003)는 주장한다.

21세기 기독교교육은 교회와 신학교육기관에게 신학교육과 교역의 새로운 파트너쉽의 가능성을 모색하라는 도전을 주고 있다. 욜란다 스미스(2003)는 21세기 기독교교육학은 적어도 4가지 과제에 직면해 있다고 말한다. 첫째, 기독교교육학에 대한 총체적인 이해를 제공하는 것, 둘째, 교회와 신학교육기관에 힘을 실어주는 것, 셋째, 학문 상호간의 대화를 증진시키는 것, 넷째, 다양성을 수용하는 것이다.

3) 21세기 한국 기독교교육정보학회–초교파적 다학문적 접근

기독교교육학의 새로운 지평과 역할 탐구

2000년 3월 18일 한국 신학계와 한국 기독교교육학 역사에 큰 개혁이 일어났다. 21세기 정보화 및 세계화로 특성화되는 시대적 변화에 대응하기 위해서 기독교교육학 연구의 과감한 변화가 필요하다고 인식한 고 강희천(연세대), 김희자(총신대), 한미라(호서대), 손삼권(현 기감 출판국 총무), 권순택(그리스도 신대), 김명숙(현 이화여대), 박문옥(한세대), 이숙종(강남대), 손원영(서울기독대), 김현숙(연세대), 김기숙(서울여대), 윤화석(천안대), 이규민(호남신대), 임영택(협성대), 오춘희(아신대), 한철희(나사렛대), 원광호(당시 전국 교목협의회 회장, 대성고 교목) 등을 위시한 300여 명의 목회자와 기독교학교 교목과 일선 교회교육자들이 서울 소망교회에서 모여 역사적인 학회를 창립하게 되었다.

한국기독교교육정보학회(이하 한기정)는 국내외 기독교교육학 및 인접 학문 분야의 전문가들 간의 활발하고 개방적인 학술 교류를 통하여 기독교교육의 이론체계 정립 및 지적 정보의 공유와 확산을 도모하며, 더 나아가 한국 기독교교육학의 학문적 발전을 목적으로 창립되었다(한국기독교교육정보학회, http://www.ksceit.org). 한기정은 한국 기독교교육학을 고도의 전문성을 지닌 학문으로 발전시키기 위해 창립 당시부터 한국에서는 처음으로 학문의 세분화를 시도하였다. 그러나 한기정은 5개의 전문 학술분과로 나누어 독립적인 학술활동을 하는 동시에 필요에 따라서는 융합하는 유연한 학문 활동을 지향하고 있다. 첫째 분과는 교육신학 및 철학 분과이다. 둘째는 교육과정 및 방법 분과이다. 셋째는 교육공학 분과이다. 넷째는 교육체제 및 환경 분과이다. 다섯째는 교육실천 분과이다.

매년 봄과 가을에 다양한 주제를 탐구하는 정기적인 학술대회와 각 분과별로 연 2회 이상 콜로키움을 개최하며, 특히 한기정의 강점이라 할 수 있는 2차례 이상의 국제학술세미나를 개최함으로써 국제적으로 저명한 기독교교육학자와 교육공학자, 신학자들 간의 활발한 학술교류를 쌓아가고 있다. 한국 기독교교육학의 국제적 위상을 정립하기 위하여 국외의 기독교교육학자들과의 국제적 정보교환 및 교류를 도모하고 있다.

우리 학회는 21세기의 시작과 함께 시작한 학회이다. 학회는 시대적 특성에 걸맞게 급속도로 발전하고 있다. 그동안 논의된 학술주제만도 다양하여 이미 한 권의 단행본으로 출간(디지털 환경과 기독교교육, 나남출판사, 2002)을 하였다. 디지털 시대와 기독교교육학자들의 학술 연구 간의 유기적 관계를 형성하기 위해 해마다 "디지털 시대 또는 문화"를 공통분모로 하여 "기독교교육, 교회교육, 신학교육, 가정교육, 특수교육 그리고 올해 홈 스쿨링과 기독교학교"의 순서로 학술대회 주제를 정해왔다.

올해로 학회 설립 5주년이 되는데 길지 않은 이 기간에 한기정이 이룩한 가장 분명한 학문적 업적은 연 2회 이상 발간되는 한국어 전문학술지

『기독교교육정보』와 매년 2회 출간되는 영문학술지 *Christian Education & Information Technology*가 학술진흥재단에 등재(후보지로)된 것이다.

한국의 종교다원화의 문제와 공교육의 세속화의 문제는 미국의 문제보다 더 심각할지 모른다. 미국은 오랫동안 기독교의 저변 인구가 확보되어 있어 기독교문화가 아직까지는 주류문화로 자리 잡고 있다. 그러나 한국은 개신교 외에도 불교, 유교, 민족 종교들, 가톨릭과 같이 다양한 종교가 있으며, 개신교는 현재 전 국민의 23% 정도이다. 이것은 다양한 종교 인구가 공존하는 것에 비추어볼 때 적은 인구 구성비는 결코 아니다. 공교육 속에서 우리 자녀들에게 기독교 가치관과 윤리를 가르치라고 주장할 수 있는 수적 근거는 충분하다. 그러나 타 종교 역시 같은 주장을 하게 될 것이기에 정부는 예외 없이 어떤 종교교육도 공교육에서는 허용하지 않을 것이다. 그렇다고 23%나 되는 기독교인들의 자녀를 세속화된 학교교육에서 몰가치적인 교육을 받도록 방관해야 하는가? 결국, 미국 REA가 내린 결론처럼 한국에서 법적으로 종교교육을 제한적으로나마 허용받은 기독교 학교와 체계적으로 기독교교육을 할 수 있는 가장 유력한 교육기관인 교회학교와 비형식적 교육기관인 기독교 대안학교나 홈 스쿨에 이르기까지 다차원적인 기독교교육을 위한 이론적 체계를 발전시켜야 할 때이다.

2. 연구사적으로 본 기독교교육학의 학문적 성격

20세기 종교교육 운동에 있어서 신학적 관점들은 경이로운 역사의 장을 제공하였다. 이 말은 종교교육이 20세기의 산물이라는 뜻이 아니고 또한 신학이 종교교육을 이해하는 데 있어서 필수적인 방법이라는 것을 의미하는 것도 아니다. 다만 종교교육의 최근 역사를 관찰해보면 다양한 신학의 흐름이 해석되고 소개되어왔다. 20세기 종교교육은 어떤 신학에 헌신할 것인가에 대하여 논의하다가 대부분은 신학에서 그 해결방안을 찾는 것으로 끝나곤 했다. 당시 종교교육학에서 논의되었던 신학적 관점을 두 가지로 요약하면 첫째, 자유주의 신학이 종교교육의 필수적인 기초라는 주장이 있었고 둘째, 신정통주의 신학이라 부르는 좀 더 보수적인 신학의 브랜드가 이들을 도전했다는 것이다. 그러나 최근의 종교교육의 이슈는 과연 신학이 종교교육에서 꼭 필요한 중요한 이슈냐 하는 것이다.

1) 자유주의 신학의 관점

전반적으로 볼 때 20세기의 종교교육자라고 하면 신학적으로 자유주의자를 의미했다. 스미스(H. Shelton Smith)는 자유주의자들에게 도전을 주기 위해 쓴 글에서 19세기의 사상으로부터 4가지의 경향을 발견한다고 하였다(Smith, 1941, 19). 첫째, 신적 임재란 하나님이 초월적으로 임재한다는 입장에서 떠나 인간의 과정 안에서 내재하면서 계속적으로 인간과 함께 계신다는 뜻이다(Smith, 1941, 5). 둘째, 스미스는 다음 3가지의 성장을 지적하였다. 1) 개인적인 종교의 성장, 2) 종족의 종교의 성장, 3) 개인적인 것과 사회적 변화를 동시에 성취하는 종교의 성장이다(Smith, 1941, 10). 세 번째 발견은 인간의 본성적 선에 관한 문제이다. 자유주의 신학은 인간의 타락보다 오히려 사회적 악에 더 관심을 갖는 경향이 있어왔다는 것이다(Smith, 1941, 14). 네 번째는 역사적 예수에 관한 연구이다(Smith, 1941, 17). 스미스는 여기에서 예수의 생애를 역사적으로 연구한 노력에 대해서 지적한다. 이러한 노력은 결국 예수를 1세기의 랍비보다는 20세기 근대주의자로 기능하도록 만들었다(Smith, 1941, 19). 또한 코우(George Albert Coe)는 누구보다도 자유주의 종교교육을 형성하는 데 공헌을 한 사람으로서 자유주의 신학에 입각한 종교교육의 본질을 제안했다(Coe, 1929, 296). 즉, 그는 자유주의 종교교육이란 예수에 의해서 안내된 체제적이며 비판적인 성찰로서 사람들 간의 관계회복과 인간의 무한한 가치와 신의 존재에 대한 가설 그리고 인간에 대해 더 많은 가치를 부여하는 것이라고 말했다. 위에서 언급한 스미스의 4가지 발견들은 코우의 자유주의 종교교육의 정의에서 다시 공명되고 있다는 것을 알 수 있다.

1940년 자신을 근본주의자로서 칭한 엘리옷(Harrison Elliott)은 그의 저서 『종교교육은 기독교적인가?』에서 자유주의와 관련하여 언급하였다. 그의 질문에 대하여 자신은 '기독교적'이란 용어가 실험적인 정의에 따라 해석된다면 '그렇다'라고 답하였다(Elliott, 1940, 9-11). 엘리옷은 실제로 그와 반대의 입장을 취하는 신학과 화해하는 문호를 열어놓은 셈이다.

2) 신정통주의 관점

1941년에는 스미스의 『신앙과 양육(Faith & Nurture)』이라는 책이 출간되었다. 그는 다음과 같은 언급을 통해서 자유주의에 대한 날카로운 분석을 시작했다. "개신교 종교교육의 최근 운동은 그것에 대한 신학적 성향을 거의 부인하려고 하는 중대한 결정에 직면해 있다"(Smith, 1941). 또 다음과 같은 질문을 하면서 자유주의 종교 교육자에게 도전했다. "개신교적 양육이 그의 신학적 기초와 새로운 기독교적인 사상(신정통주의)을 융합할 것인가, 아니면, 그 새로운 사상을 배격하고 단순히 전형적인 자유주의의 신앙을 재확인할 것인가?" 이 질문으로부터 우리는 스미스가 자유주의 신학을 배격하고 있는 것을 분명하게 알 수 있다. 그리고 그는 보다 분명하게 새로운 사상(신정통주의)을 지지한다고 말했고, 그것을 신정통주의 신학이라고 부르게 된 것이다. 스미스는 종교교육의 실천에 관한 새로운 프로그램을 제안하기 위해서가 아니라 오래된 시스템(자유주의)의 결핍을 드러내기 위해 이 책을 썼다고 말했다. 그렇다면 신정통주의란 무엇인가?

컬리(Kendig Cully)는 신정통주의 방향에 대해서 다음과 같이 언급한다.

첫째, 기독교의 정통 또는 전통에 관한 확신을 의미한다. 그러나 과거보다는 정통이나 전통을 새롭게 그리고 활력적으로 표현한 것이다. 스미스의 4가지 자유주의 비판이 자연스럽게 신정통주의 쪽으로 향하게 되었다. 이런 의미에서 신정통주의 입장은 자유주의의 정반대의 입장이라는 것이다. 둘째, 자유주의자들이 하나님의 내재성을 강조하는 데 반하여 신정통주의 신학자들은 하나님의 초월성을 강조한다. 그리고 하나님은 인간과 세상과는 분별되는 전적으로 다른 타자(Wholly other)로 이해한다. 셋째, 자유주의자들이 인간역사를 통하여 성장과 진보를 이해하는 반면에 개혁자(신정통주의자)들은 인간의 타락과 사회 부패를 더 강조한다. 즉, 인간의 본성적 선을 거스르는 인류의 어두운 측면을 인식한다. 인간은 타락한 죄 많은 존재이며, 구원이란 육신의 한계를 넘어서야만 가능하다고 말한다. 넷째, 자유주의자들이 역사의 예수를 탐구하는 반면에 신정통주의자들은 신앙의 그리스도를 탐구한다. 신정통주의자들이 주는 메시지는 인간은 스스로 자신을 구원할 수 없다는 것이다. 자유주의자들의 꿈은 이 땅 위에 하나님의 나라를 건설하는 것이나 그들의 꿈은 험한 현실 속에서 더 이상 가능한 것이 되지 못하고 있다. 다섯째, 이제 희망(자유주의)은 인간이성의 영역 바깥에 계시며 인간의 도움 없이도, 우주의 목적을 성취하시는 하나님의 주권으로 그 방향을 틀게 되었다. 이러한 도전 앞에서 종교교육은 다시 신학적 관점이 아닌 종교교육만의 문제를 제기하게 된 것은 의심의 여지가 없었다. 그러나 컬리는 교회에 가장 많은 유익을 준 것은 신정통주의에 입각한 교육이론가들의 해답이었다고 평가한다(Cully, 1965, 75).

3) 역사적, 이론적 접근

신학적 관점만으로 종교교육의 문제를 해결할 수 없다고 생각한 종교교육학자들은 자신들이 직접 이론화를 시도하기 시작하였다.

버지스(Harold William Burgess): 종교교육의 4가지 이론적 접근

현대 종교교육에서 가장 영향력 있는 저술을 한 사람 중의 하나가 헤롤드 버지스(Harold William Burgess)이다. 그의 책 『종교교육으로의 초대(An Invitation to Religious Education)』는 종교교육의 분야에서 이론의 필요성을 널리 알리는 역할을 하였다. 버지스는 이 책에서 종교교육에 대한 4가지 접근을 소개한다. 첫째, 엘리옷을 기점으로 하는 전통 신학적 접근, 둘째, 사회 문화적 접근, 셋째, 현대 신학적 접근, 넷째, 제임스 마이클 리(James Michael Lee)로 대표되는 사회과학적 접근이다(Burgess, 1975, 14). 4가지 이론적 접근은 다음과 같은 기준으로 분류되고 분석되었다: 목적, 내용, 교사의 역할, 학생의 위치, 환경의 기능, 평가의 수단 등이다. 이 책의 두드러진 특징 중의 하나는 어떻게 종교교육에서 이론적인 관점을 수용하느냐를 보여준 것이다. 전통적 신학적 접근에서는 개블린(Frank Gaebelein), 루이스 르바(Lois Le Bar), 조셉 융만(Josef Jungmann) 등과 같은 교육학자들이 이 접근에 분류되었고, 그들의 대표적인 입장을 학생들에게 어떻게 전승하느냐에 초점을 두었다. 두 번째, 사회문화적 접근 그룹에는 코우(George Albert Coe), 바우어(W. C. Bower), 체이브(Ernest Chave)가 속했다. 그들은 이상적인 사회질서를 창조하기 위해 개인이 사회에 참여하는 것에 관심을 두었다. 셋째로, 현대 신학적 접근에 있어서는 랜돌프 밀러(Randolph Crump Miller), 루이스 쉐릴(Lewis Joseph Sherrill), 제임스 스마트(James D. Smart)가 여기에 속하며, 이들은 공동체의 의미와 교회 안에서의 소속감을 강조하였다. 넷째, 제임스 리(James Michael Lee)의 사회과학적 접근은 신학적 관심을 최소화하면서 학생의 바람직한 행동의 변화에 목적을 두어야 한다고 주장했다. 버지스는 이 4가지 접근 중에서 마지막 접근이 종교교육의 미래를 위한 최선의 대안이 될 것이라고 전망했다. 물론 이러한 버지스의 결론에 찬성하지 않는 사람도 많았다. 어찌하든 버지스는 종교교육 분야의 이론 체계수립을 위한 기준을 제공하였고, 무엇보다도 그로 인하여 종교교육자들은 종교교육에서 중요한 이론들을 명료화할 수 있게 되었다.

녹스(Ian P. Knox)

버지스의 뒤를 이어 1년 후에 녹스(Ian P. Knox)는 *Above or Within?*이

라는 책을 저술하였다. 버지스의 책만큼 세인들의 관심을 받지 못했지만 녹스의 책은 종교교육 분야에서 특별한 공헌을 한 책임에 분명하다. 녹스 역시 종교교육 이론화에 더 많은 관심을 기울여야 한다는 버지스의 견해에 동의한다. 녹스는 버지스와는 차별화하여 종교교육의 목적, 내용, 교사 역할, 학생, 환경 평가의 수단을 연구한 것이다. 녹스가 이 책을 통해 기여한 부분은 '초(超)관점(metaperspective)'이라는 개념이다. 초관점이란 개인적이면서 파노라마적인 형판 또는 패턴으로서 그것을 통해 자신의 경험을 여과하고 자신이 직면한 현실에 대하여 의미를 부여한다. 초관점은 우리가 개인적 경험을 통합하거나 그것을 특정한 관점에서 해석하려 할 때도 사용된다. 녹스는 우리는 자신의 초관점이 보도록 허락하는 것만을 본다고 주장한다(Piaget가 말하는 스키마(Schema, 도식)와 유사하다). 녹스의 핵심은 초(超)관점의 개념을 보여주는 것이다. 이것은 계시에 대한 자연적 이해와 초자연적 이해의 양극이 공존하는 연속적 시공간에서만이 가능하다고 하였다. 어떻게 특정한 초관점이 종교교육의 이론과 실제에 의해서 해석되는가에 의해서 이 개념은 분명해진다. 여기서 녹스의 연구문제는 자연(인간)과 초자연(하나님)적 관계에 대한 어떤 특정한 초관점이 과연 종교교육의 이론과 실제에 어떻게 영향을 주는가였다. 그는 종교교육자들의 이론과 어떤 신학적 초관점 사이에 강한 결합이 있다고 말했다. 녹스의 초관점에 대한 3가지 입장은 다음과 같다.

1. 초자연적 존재가 자연적 존재보다 우월하다고 인식할 때 초관점은 그를 초월주의자라고 간주한다. 이 분류에 해당되는 종교교육자는 융만, 호핑거(Johannes Hofinger), 스마트(James D. Smart)이다.
2. 자연적인 것이 초자연주의보다 우월하다고 하는 사람은 내재주의자라고 정의하였다. 이 그룹에 해당되는 사람은 코우, 모란(Gabriel Moran), 리(James Michael Lee)이다.
3. 절충주의, 융합주의자라 했는데 이 입장은 어쩌면 실험적이고 녹스가 우려하는 것처럼 성공할 확률이 희박하다는 입장이다. 그는 또한

세 번째 입장의 이론가들이 앞의 두 가지 입장을 균형되게 가질 수 있느냐에 대해서도 확실하지 않다고 말한다. 이 그룹에 속하는 학자로는 밀러(Randolph Crump Miller)를 꼽았다. 녹스의 초관점이란 종교교육에서 이론을 분류하는 기준이 되며, 그로 인하여 초관점의 영향과 이론의 가치를 재발견하게 된 셈이다.

컬리(Kendig Brubaker Cully)

1940년 이후 『기독교 교육의 탐색』(1965년)이란 책을 쓴 컬리는 종교교육의 가치를 계속해서 연구해왔다(Cully, 1940, 25). 이 책에서 컬리는 3가지 종교교육에 관한 관심을 제시한다.

1. 역사적 관점에서 본 현대 종교교육

컬리는 종교교육을 시대적으로 1940년과 그 이후로 분류한다. 1940년의 사건으로는 엘리옷의 『종교교육이 기독교 교육이 될 수 있느냐』라는 책의 출간이었다. 이것이 전환점이 되어 그 다음 해부터 엘리옷의 이런 질문에 대해 스미스의 『신앙과 양육』에 대한 길고도 지속적인 논쟁이 시작되었다. 그러나 스미스의 이 책과 더불어 기독교교육의 새로운 시대가 열리게 되었다(Cully, 1940, 20-23).

2. 1940년 이후에 종교교육의 형태를 제안했다. 여기서 컬리는 그가 저술한 당시까지 종교교육자들을 8개의 그룹으로 분류하였다(Cully, 1940, 153). 누가 어느 그룹에 속하는가는 중요하지 않다. 다만 혼돈에 대한 질서를 부여했다는 측면에서 예표적이었다. 분열에 대한 고도의 통일성과 융합을 시도한 것이다.

3. 1940년 이후 종교교육은 방향성을 잃고 있다는 증거를 제시했다. 이 부분이 이 책에서 가장 중요한 부분이다. 자유주의 신학의 뿌리로부터 떨어져나간 종교교육자들은 그들의 방법을 새롭게 하려고 노력하였다. 이것을 가리켜 컬리는 종교교육은 그의 정체성을 재발견하려고 안간힘을 쓰고 있다고 표현하였다. 그래서 성서신학으로의 회귀(신정통주의)와 에큐

메니컬 운동(Ecumenical Movement)이 시도되었다(Cully, 1940, 169). 현재의 종교교육이 컬리가 저술할 당시보다 더 정착되었는가라는 질문에 대해서는 아직도 논쟁의 여지가 남아 있다. 그는 교육을 위한 기독교적인 탐구는 어느 세대에도 있어왔고, 그러나 어떤 종류의 교육보다도 가장 확실한 가치와 믿음을 요구하는 교육을 우리는 '기독교적'이라고 부른다고 하였다(Cully, 1940, 162).

테일러(Marvin J. Taylor), 시모어(Jack L. Seymour)와 밀러(Donald E. Miller)

1966년 마빈 테일러(Marvin J. Taylor)가 쓴 *An Introduction to Christian Education*에서 그는 기독교교육의 분야를 여섯 가지 영역에서 세분화하였다. 첫째, 기독교교육의 성격, 원리 및 역사에 관한 연구, 둘째, 종교적 성숙과 교수-학습과정에 관한 연구, 셋째, 종교교육을 위한 조직과 행정체제에 관한 연구, 넷째, 종교교육과정에 관한 연구, 다섯째, 종교교육의 교수방법에 관한 연구, 여섯째, 종교교육에서의 의례에 관한 연구이다. 위의 영역 세 분류에서 볼 수 있듯이 기독교교육학은 철학, 심리학, 행정학, 사회학, 교육학 및 예술 분야의 이론들을 부분적으로, 그러나 비판적으로 수용하면서 이를 실천과 관련지어 재성찰하려고 하는 "종합적 학문"으로서의 정체감을 형성해가고 있다.

1982년 시모어(Jack L. Seymour)와 밀러(Donald E. Miller)는 『기독교교육학의 최근 연구』라는 책에서 다섯 가지 주요 연구주제를 제시하고 각 연구주제에 접근하는 독특한 연구방법을 분류하였다(Seymour & Miller, ed, 1982). 첫째, 교수학습이론에 기초한 종교수업의 형태, 둘째, 사회학적 이론에 근거한 '신앙공동체' 학습모형, 셋째, 발달심리학에 기초한 신앙발달의 교육모형, 넷째, 프락시스 이론으로 접근하는 해방교육의 형태, 다섯째, 성서적으로 접근하는 '해석학적' 종교교육의 모형이다.

III. 결론

지금까지의 역사적 고찰을 종합하면 크게 세 가지 사실을 발견하게 된다. 첫째, 종교교육 또는 기독교교육이 하나의 학문으로서 발전해오는 데 있어서 준거학문이 되는 신학과 도구 학문이 되는 심리학과 사회과학과의 관계를 지속적으로 규명하려고 노력했다는 것이다. 둘째, 신학과 사회과학의 어느 한쪽을 준거 혹은 도구학문으로 택하기보다는 양자를 구성물로 사용하여 최선의 혼합(the best mix)을 만들어내려는 방향으로 향하고 있다는 것이다. 셋째, 기독교교육학을 정의하는 데 있어서 그것을 실천신학이나 응용신학으로 정의하는 것도 완전하지는 못하다. 왜냐하면 기독교교육학이란 용어에서 주어적 기능을 하는 것은 교육학이지 신학은 아니기 때문이다. 또한 그것을 종교교육학으로 부르기엔 기독교가 특수계시가 아닌 일반 계시의 종교로 인식될 수 있는 우려 때문에 이것도 완전하지는 못하다. 그룸은 기독교종교교육이라고 제안하였지만 이것도 역시 기독교가 아닌 종교교육이 주어적 역할을 하고 있으므로 최선은 아니다.

아직도 많은 신학자들은 기독교교육학을 주일학교 교육과 실천신학의 한 지류나 부록(appendix) 정도로 간주한다. 그러나 이제 기독교교육학이 하나의 독자적인 학문으로서 자신만의 체계를 세울 충분한 역사와 시간이 흘렀다. 언제까지나 신학의 주변에서 신학적 연구나 성서적 연구 결과가 나오기만을 소극적으로 기다릴 필요는 없을 것이다. 현대 학문으로서도 미국의 경우는 100년이나 지났고, 영국의 경우도 200년의 역사를 지니게 되었으며 한국도 한국 조선주일학교 연합회와 기독교교육학회를 기준으로 해서 본다면 최고 80년과 40년의 역사를 만들어가고 있는 학문이 되었다. 이제 기독교교육학의 학문적 정체성을 논할 때 기독교교육 앞에 더 이상의 "－로서"라는 수식어가 필요하지 않는 독자적인 학문의 체계를 세워야 할 때이다. 이를 위하여 한기정과 같은 학회가 창립되었기에 한국뿐 아니라 세계적으로 기독교교육학의 학문적 체계를 세우는 데 주도적인 역할을 하게 되리라 전망한다.

이를 위해서 기독교교육학의 학문적 역할을 다음과 같이 전망한다.

첫째, 21세기는 기독교교육학이 신학도 교육학도 아닌 하나의 독자적인 학문으로 거듭나야 하는 세기가 될 것이다.

둘째, 이를 위해 무엇보다도 기독교교육학을 학문적으로 연구하는 노력이 요구된다. 학문적으로 연구해야 한다는 것은 단순히 역사적, 해석학적 연구를 의미하는 것이 아니라, 논리적이고 과학적인 연구 방법에 의하여 실험적이면서도 현장중심적인 연구들이 많이 수행되어 그것이 다양한 기독교교육의 현장(이슈와 문제)을 개선하는 데 실질적인 도움을 주어야 할 것이다.

셋째, 기독교교육학이 독자적인 학문으로 발전이 아닌 도약을 하기 위해서는 외국학자들의 사상이나 이론들을 단순히 번역하는 수준의 기독교교육학을 지양하고 한국적 기독교교육의 현장에 기초한 이론적 성찰이 되어야 한다. 그렇지 않으면 탁상공론에 지나지 않는 화려한 수사학만 집적되는 사변적인 학문으로만 남게 될 것이다.

넷째, 기독교교육학이 독립된 하나의 학문이 되기 위해서는 융합학문(fused or mixed discipline)으로서의 정체성에 대한 확신을 가져야 한다. 기독교교육학은 신학과 철학, 교육학, 심리학, 사회학, 교수공학 등과 같이 선행 학문들의 도움을 받아왔고 앞으로도 그것을 사용할 것이다. 그렇다면 기독교교육학자 자신이 먼저 그것을 자원(source)과 도구(tool, 듀이는 심리학은 종교교육학에서 중립적 도구로 사용되어야 한다고 언급하였다)로서 사용할 수 있도록 고도의 전문 훈련을 필요로 한다. 이들 학문에 대한 표피적 지식(surface knowledge)만을 가지고 연구할 때 기독교교육학의 학문에 대한 정체성이 확실히 없기 때문에 "－로서"의 학문적 정의에 집착하게 될 것이다.

다섯째, 21세기는 융합의 시대라고 정범모(2000) 박사는 언급한 적이 있다. 유사한 것과 이종이라 할지라도 현실적 필요에 의해서 융합이 일어난다. 기독교교육학을 많은 학자들이 종합학문이라고 말하고 있다. 엄격히 말해서 종합학문이라는 말은 마치 명절마다 기획 상품으로 내놓는 대기업의 종합선물세트와 같은 이미지를 떠올릴 수 있을 것이다. 그 선물종합세트를 열어보면 서로 다른 용도의 상품이 한두 가지의 목적을 위해서만 사용되도록 단순히 모아진 것이다. 샴푸와 세수를 위한 제품들이 각기 따로 들어 있을 뿐이지 융합은 없다. 융합은 샴푸와 린스 또는 샤워 젤을 융합하여 하나 또는 두 개의 제품으로 만들었을 경우를 말한다. 그러므로 기독교교육학에서의 융합은 기독교교육의 목적을 위해 위의 학문들이 융합되어 독자적인 기능을 갖게 됨을 뜻한다. 예를 들어 "성서교수법"과 "기독교교육 컨텐츠 개발"(호서대 신학부에서 필자가 개발한 기독교교육학 과목)이 그 대표적인 예라고 할 수 있을 것이다.

끝으로, 지면상 공교육의 위기 극복을 위한 구체적인 기독교교육적 대안을 제시하지 못한다. 기독교교육적 대안은 먼저 우리가 기독교교육학을 어떤 학문으로 이해하는가와 관계되어 있다. 기독교교육학을 실천신학의 한 지류로서 이해한다면 그가 의미하는 실천의 컨텍스트는 실천신학이 갖는 고유의 학문적 기능과 한계에 구속을 받게 될 것이다. 분명한 것은 기독교교육학을 실천하는 장을 교회라고만 인식할 때 공교육의 위기는 궁극적으로 극복될 수 없다는 점이다. 공교육의 위기를 먼저 기독교교육의 위기로 인식하는 문제의식이 요구된다. 공교육의 수혜자인 학생들이 주일에는 교회학교의 학생(초등학생의 36%, 중고교생의 26%)도 된다는 사실을 인식하는 것은 그리 어려운 일만은 아닐 것이다.

공교육에서 우리의 어린 학습자들이 겪는 비교육적 경험들이 그대로 교회학교에 전이되고 있다. 그러기 때문에 어느 때보다도 교회교육의 치유와 회복의 역할이 요구된다. 그러나 교회학교의 기독교교육만으로 공교육의 위기가 근원적으로 해결되는 것은 아닐 것이다. 다양한 현장에서 동시 다발적 접근이 필요하다. 우선, 기독교학교의 종교교육의 정상화를 요구해야 한다. 기독교학교는 설립 정신과 이념이 기독교이므로 그 취지에 맞는 교육을 해야 할 권리와 책임이 있다. 그러나 최근의 교회들은 기독교학교에서의 기독교교육에 대해 거의 기억 상실증에 걸린 것 같다. 아예 관심조차 갖지 않는다는 말이다. 자신들의 교회도 생존하기 힘든데 공교육에서까지 학원선교를 할 여유가 없다고 할 것이다. 그러나 위에서 언급한 것처럼 기독교교육이 교회의 교육관에서만 머문다면 한국 미래세대에게 크리스천의 가치관과 문화를 전승시키는 일은 더욱 힘들어질 것이다.

공교육의 현 위기를 기독교교육학자라고 해서 무관심해야 할 이유는 없을 것이다. 지금 한국의 미래세대들에게 학교가 행복한 곳이 아니라 공포와 불행과 스트레스를 경험하는 온상이라면 우리의 미래세대는 불행해지거나 정신 이상적 어른이 될 것이 분명하다. 미래를 준비하며 꿈을 가꾸어가야 할 중요한 시기에 악을 행하고 또 그것의 피해자가 되어 고통당하고 있는 어린 자녀들을 위해서 기독교교육학은 이제 고상한 이론과 화려한 수사학의 유희에서 벗어나 종교교육이 실종된 공교육의 현실에 대한 보다 실질적 대안을 정부와 한국 사회와 교회에 내놓을 수 있는 연구와 담론 개발에 매진할 때이다.

참고 문헌

Brelsford, Theodore W. (2003). Factors Fueling Religious Education Then and Now: Similarities at the Beginnings of the 20th and 21st Centuries. *REACH (REA Newsletter)*.

Burgess, H. W. (1975). *An Invitation to Religious Education*. Ala: Religious Education Press.

Coe, George Albert (1903). Religious Education as a Part of General Education. The Religious Education Association: Proceedings of the First Convention, Chicago.

___________ (1929). *What is Christian Education?* NY: Charles Scribner's Sons.

Cully, Kendig Brubaker (1965). *The Search for a Christian Education Since 1940.* Philadelphia: The Westminster Press.

Cunningham, H. (1980). *Leisure in the Industrial Revolution.* Beckenham: Croom Helm.

Dewey, John (1903). Religious Education As Conditioned by Modern Psychology And Pedagogy. The Religious Education Association: Proceedings of the First Convention, Chicago.

Dick, M. (1980). The Myth of the Working Class Sunday School. *History of Education* 9(1).

Elliott, Harrison S. (1940). *Can Religious Education Be Christian?* NY: Macmillan.

Elsdon, K. T., Reynolds, J. and Stewart, S. (1995). *Voluntary Organizations: Citizenship, Learning and Change.* Leicester: NIACE.

Hahn, Meerha (2004). A Christian Education Perspective on the Effects of Pornography on Korean Adolescents. *Journal of Christian Education & Information Technology,* 6, 151.

Harper, William Rainey (1903). The Scope and Purpose of the New Organization. *The Religious Education Association: Proceedings of the First Convention,* Chicago.

Hobsbawm, E. (1964). *Labouring Men. Studies in the History of Labour.* London: Weidenfeld.

Kelly, T. (1970). *A History of Adult Education in Great Britain.* Liverpool: Liverpool University Press.

Knowles, M. (1950). *Adult Informal Education.* New York: Association Press.

Knox, Ian P. (1976). *Above or Within: The Supernatural in Religious Education.* Birmingham, Ala: Religious Education Press.

Laqueur, T. W. (1976). *Religion and Respectability: Sunday Schools and Working*

Class Culture. New Haven: Yale University Press.

Lee, James Michael (1971). *The Shape of Religious Education: A Social Approach*. Ala: Religious Education Press.

McDonald, James (1974). A Transcendental Development Ideology of Education. *Heightened Consciousness, Cultural Revolution, and Curriculum Theory*. ed. William Pinar. Macutchan Publishing Corp.

McLeod, H. (1984). *Religion and the Working Class in Nineteenth Century Britain*. London: Macmillan.

Seymour, Jack L. & Miller, Donald E. ed. (1982). *Contemporary Approach to Christian Education*. Abingdon Press.

Smith, Yolanda Y. (2003). Not Just Sunday School! Religious Education in the New Millenium: New Visions for Partnership in Ministry and Theological Education. *REACH(REA Newsletter)*.

Sutherland, G. (1990). Education' in F. M. L. Thompson, ed. Social Agencies and Institutions. *The Cambridge Social History of Britain 1750-1950,* vol. 3.

Thompson, E. P. (1968). *The Making of the English Working Class*. London: Penguin.

Tracy, David (1975). *Blessed Rage for Order: The New Pluralism in Theology*. Minneapolis, Minn.: Winston, Seabury Press.

Young, A. F. and Ashton, E. T. (1956). *British Social Work in the Nineteenth Century*. London: Routledge and Kegan Paul.

강용원 (2004). **기독교교육의 과제와 전망.** 서울: 한국기독교교육학회.

강희천 (1989). 기독교교육학의 학문적 성격. **신학논단,** 18집.

______ (1999). **기독교교육의 비판적 성찰.** 서울: 대한기독교서회.

고용수 (2002). 한국 기독교교육 현황과 방향. **새 시대 기독교교육학의 방향과 과제.** 서울: 한국기독교교육학회.

김학일 (2005). 학교폭력 예방 및 대책 5개년 기본계획. **교육정책포럼,** 통권 99.

나영아 (2004). 비행청소년의 심리기능과 성격특성에 관한 연구. **少年保護論集,** 6.

서울신학대학교 기독교교육연구소 편 (1994). **기독교교육개론.** 서울: 기성출판부.

오인탁 (2004). 기독교교육학이란 무엇인가. **기독교교육학개론.** 서울: 한국기독교교육학회.

은준관 (1976). **교육신학.** 서울: 대한기독교서회.

이백현 (2001). 인터넷상의 음란물이 청소년 자아정체감에 미치는 영향. 성균관대학교 석사학위논문.

통계청 (2003). **사망원인 통계연보.** 서울: 통계청.

한만중 (2003). 사교육 문제에 대한 인식과 해결방안. 함께하는 시민모임 교육세미나 발제논문.

동아일보, 2004. 10. 3.

연합뉴스, 2005. 3. 30.

교육인적자원부 http://www.moe.go.kr/

교육통계서비스시스템 http://std.kedi.re.kr/jcgi-bin/educ/educ_frme.htm

기획예산처 http://www.mpb.go.kr/

서울특별시 교육청 http://www.sen.go.kr/

청소년폭력예방재단 http://www.jikim.net/

통계청 http://www.nso.go.kr/newnso/s_data/j_potal.html

한국교육개발원 http://www.kedi.re.kr/

Abstract

Recent Crisis of Korean Public Education and Envisioning New Roles of Christian Education

Meerha Hahn
(Professor, Hoseo University)

This paper seeks feasibility of Christian education as an academic discipline that can resolve the crisis recently emerging among Korean public schools. It is not too much to say that the problems of public schools are the same in nature as church schools. One fourth of the public school students go to church in Korea.

There are three main issues that are in dispute in the public schools today. The first issue is about "ranking high schools." Second is the revival of main entrance examination by colleges; and third, dysfunctions of normalization of the public schools. Adolescent suicide, juvenile violence, and exposure to pornography are increasingly emerging among the public schools in Korea. The public schools seem to have lost their function to discipline students and to fulfill their immediate needs for the college entrance examination. There is a growing concern among parents who distrust the public schools. This will cause unnecessary financial burden on them for their children's private lessons. Some parents choose to immigrate to a foreign country for the sake of their children's education.

Since the twentieth century, REA in the USA has contributed to revive religious education within the field of public education. On March 2000, the Korea Society for Christian Education & Information Technology was established with an interdisciplinary approach between religious education, information technology and the social sciences. Its mission is a new horizon, seeking to inquire into the role of Christian education as an academic discipline.

Based upon the historical reflection of the role of Christian education, three findings are as follows. First, Christian education has continuously strived to clarify the relationship between theology, psychology, and the social sciences. Second, it looks at how to blend rather than one to dominate. Third, it is not a perfect definition to refer to it as a practical theology or an applied theology. As for the term, Christian education, theology does not play a role in this subject area.

Christian educators need to build up their own academic system, so that the current crisis of public education can be resolved. First, it needs to be revived as an independent academic discipline, neither pedagogy nor a theology. Second, more experimental and action researches need conducted by logical and scientific methods, rather than theoretical and hermeneutical researches. In addition, this research would give substantial help to improve the various fields of Christian education. Third, it will build up a firm identity of Christian education in Korea as an independent academic discipline. One of distinguishing modern characteristics of Christian education in this era is a fused or mixed discipline. However, one must not forget that modern Christian education is like a double-edged razor: one that reconciles adjacent disciplines in theology and biblical interpretation; and the other, being inter-independent of them, for the fulfillment of its purpose.

Key words: public education, Christian education, role of Christian education, academic society, REA.

공교육에서 개신교학교 종교교육의 희생[*]

한미라 (호서대학교 교수)
mrhan@hoseo.edu

I. 한국 공교육에서 개신교 종립학교의 이슈

종교교육의 이슈가 지금처럼 뜨겁게 전 국민의 관심사가 된 적은 없었던 것 같다. 최근 한국에서 개신교 종립학교[1]의 종교교육과 관련하여 그동안 학계나 교계에서 논의되어왔던 결과들, 그리고 현재 법제화하려고 하는 현안을 중심으로 종합해보면 다음의 네 가지 이슈로 분류해볼 수 있을 것이다. 사실 이러한 이슈들의 원초적인 발단은 의무교육(초등학교, 중학교 무상교육)제도[2]의 도입에서부터 시작되었다고 봐야 할 것이다. 당시

* 본 논문은 호서대학교로부터 2011학년도 교내 연구비 지원을 받은 것임.
한국기독교교육정보학회 춘계학술대회(2011년 5월 28일, 호서대학교)의 주제강연 원고를 보완한 것임.

1 개신교 선교사, 교파, 개 교회 및 신자 개인이 설립한 초, 중, 고, 대학교들 의미한다. 그러나 이 논문에서 주된 논의의 대상은 중, 고등학교가 될 것이다.

2 초등학교는 1954년에 시작하여 1959년에 전 학년이 의무교육을 실시하게 되었고, 중학교는 1985년 도서벽지 지역부터 시작되었으나, 2004년이 되어서야 전국의 모든 중학생

사립 중학교들은 정부의 강권에 의하여 모두 공립화되었고, 이어서 과열된 입시경쟁(당시 학생들은 대학까지 입학시험을 3번 치러야 했음)과 국민의 천문학적 사교육비 지출과 그로 인한 각종 사회적 불평등의 문제를 근원적으로 해소하기 위해 1974년 고교평준화 정책이 시행되었다. 그러나 당시 한국 정부가 선택했던 교육의 기회균등과 평등 정책은 40여 년을 지나오면서 향상된 한국 교육수혜자들의 권리의식으로 인하여 강의석 사건에서 보듯이 종교교육이 또 다른 차원의 교육 불평등의 이슈로 떠오르고 있다. 특히 사립 종립학교의 종교교육의 자유와 학생의 종교선택의 자유에 대한 가치가 충돌하면서 법적인 해결로 종교교육의 문제를 해결하려는 양상을 띠고 있으나 종교인의 관점에서 볼 때는 종교의 문제를 인간의 잣대로 판단하려는 것 자체가 모순이라는 생각이 든다.

대한민국은 분명 사회주의 국가가 아니라 민주주의 국가며 동시에 자본주의 경제적 이념이 실현되어 사유재산이 인정되고 있는 나라이다. 국민 누구나 보장된 종교의 자유가 있어 스스로에게 맞는 종교를 선택할 권리가 있고 동시에 자신의 신념과 종교적 이상에 따라 학교를 설립하고 교육을 구현할 수 있는 권리 또한 보장되고 있다. 종교가 다양화되고 있는 21세기 한국 사회에서 정부는 어떤 한 종파를 편파적으로 지지해서도 안 될 것이다. 앞으로 학생들의 종교자유에 대한 권리의식도 기독교에만 국한되지는 않을 것이다. 모든 현존하는 종교가 다 학교교육에 참여하는 것이 아니므로 지금까지 한국 사회와 교육 문화 발전에 오랫동안 영향을 끼쳐오고 또 공헌을 해온 종교들의 역사와 전통을 존중해주어 그 종교들이 지속적으로 한국 사회와 국민 통합을 위해 기여할 수 있는 합리적인 가이드라인을 마련해야 할 때라고 본다.

이 무상의무교육 혜택을 받게 되었다.

1. 학생 강제 배정정책

학생 강제 배정정책은 1974년 고교 평준화 정책 이후로 지역 간 고등학교 수준의 차이를 완화하기 위하여 고등학교에서 학생을 자율적으로 선발하지 않고 추첨을 통하여 학생이 속한 학군별로 각 지역의 일반계 학교에 나누어 강제 배정하는 국가의 교육정책이다. 이로 인해 개신교 종립학교들은 종교가 다른 학생들을 강제적으로 배치받을 수밖에 없으며, 이로 인해 크고 작은 송사에 시달려왔다. 강의석 사건은 사실 종교가 달라서 발생한 송사인지 아닌지는 확실히 알 수 없고, 학교의 의무적인 종교교육에 대한 반발로 시작되어 결국 명분은 학생의 종교자유를 위한 투쟁의 승리로 끝났으며, 학교의 획일적인 종교수업에 대한 반발에 원인을 제공한 것은 바로 정부의 고교 평준화 정책이라는 결론도 도출되었다. 이러한 평준화정책이 지속되는 한 기독교학교의 예배와 성경과목 수업에 대해 종교 자유를 부르짖는 학생들이 더욱 많아질 전망이다. 더욱이 서울시 교육감이 주도하고 있는 학생 인권조례안이 금년 10월 서울시 의회에서 상정될 경우 기독교학교로서는 화상가유(火上加油)를 당하는 격이 될 것이다. 현재 일부 개신교 학교들은 이미 자립형 또는 자율형 사립고로 전환하여 학생 모집을 시작하였다. 학생 선발과 교육과정 운영의 자율권이 주어지는 사립고교로의 전향은 말처럼 쉬운 것은 아니다. 아직도 국고 보조를 받아야 하는 기독교 학교가 그만큼 많기 때문이다.

강의석 사건에 대한 대법원의 최종 판결(2010. 4. 22)은 결국 종교교육을 그 존립목적으로 설립된 사립학교에 학생들의 종교자유를 보장하라는 것이며 사립학교의 기본권을 제약하는 방법으로 충돌을 방지하려 하였다. 그러나 종교교육을 목적으로 설립된 사립학교에게 종교교육을 못하도록 강제하는 것은 학교의 존립근거를 버리라는 것과 진배없는 요구이다. 현재의 학생 강제배정제도는 학교와 학생의 기본권 보호를 위한 어떠한 고려도 없는 것으로 위헌적인 요소가 강한 제도라는 법리적 해석들이 나오고 있다(정형근, 2010). 그러나 이와는 반대로 송기춘은 학생이 사립학교를 선택하여 입학하는 방식으로 입시제도가 바뀐다고 하여도 그 학교가 학생에게 종교교육을 실시하는 것은 헌법상 허용될 수 없다고 주장한다. 그는 학생 입장에서는 그 학교에 배정되었다는 한 가지 이유로 일방적으로 학교에서 실시하는 종교교육을 받아야 될 의무는 없다고 덧붙인다(송기춘, 2004). 같은 입장에서 박종보는 현행 교육제도에서 종립학교는 공교육체제에 편입되어 있으므로 강제적인 종교교육을 행할 수는 없고, 학생의 선택권이 보장되는 종교교육 대체 과목을 개설하거나 필요한 경우에 전학을 허용하는 방안을 모색해야 한다고 주장한다(박종보, 2007). 그러나 이에 반대 입장을 분명히 표명하는 정형근은 학생과 학부모가 종교교육을 할 것을 사전에 동의하고 입학하였는데도 종교교육을 할 수 없다는 것은 사립학교의 종교교육의 자유를 부인하는 것이라고 말하면서, 이 문제를 근원적으로 해결하려면 사립학교 학생의 강제배정제도는 폐지되어야 한다고 강력히 주장한다.

2. 종교과목의 선택적 운영 법제화

1997년 12월 30일 발표된 '교육부 고시 제1997-15호'는 교육법 제155조 제1항[3]에 의거하여 "학교가 종교과목을 부과할 때에는 종교 이외의 과목을 포함, 복수 과목을 편성하여 학생에게 종교 외 과목의 선택 기회를 주어야 한다"고 명시하고 있다. 그로부터 12년 후 2009년 8월 민주당 신낙균 의원은 "초·중등교육법 일부 개정 법률안"을 발의하였다. 이 법안의 내용은 종교사학에서 종교교육을 강제하지 못하게 하고, 대체 과목을 만들라는 것이다. 헌법 제23조의 2항(종교과목 선택권 보장)에 의하면 종

---

3 '대학, 사범대학, 전문대학, 각종 학교를 제외한 각 학교의 학과와 교과는 대통령령으로 교육과정은 교육부 장관이 정한다.'

립학교가 종교과목을 가르칠 때에는 대체과목을 복수로 열어줌으로써 학생들의 과목 선택권을 보장해야 한다. 이에 대해 김용관(오산고 교목실장, 2004)은 "종교 과목 개설 시 종교 이외 과목과 함께 편성토록 법으로 강요하는 것은 기독교 학교에서 성경을 가르치지 말라는 것이므로, 이 또한 사립학교의 교육권을 침해하는 것"이라고 밝혔다. 특히 이것은 상위법인 교육기본법 제25조(국가 및 지방자치단체는 사립학교의 특성 있는 설립 목적이 존중되도록 해야 한다)에도 배치되는 것이며, "개정안이 법제화되면 복수 선택을 하지 않고 설립 목적에 따라 복음을 전하고 있는 기독교 학교의 교장이나 교목은 범법자가 되어 고발, 징계, 파면, 해임될 우려가 있다"고 지적하였다. 현재 "초·중등교육법 일부 개정(종교과목 선택권 보장)" 건은 한국기독교총연합회 교목위원장 김용관을 위시로 한 중·고교 교목들과 지역교계지도자로부터 여러 차례 항의가 있었고, 당시 발의자인 신낙균 의원을 면담[4]하여 이 개정안의 부당함을 읍소하였으나, 올해 서울시 교육청은 종교교육을 하는 해당 학교들에게 종교교과개설 시 선택교과목 편성상황과 평가기준 및 방법에 대한 보고를 하라는 공문을 내려보낸 바 있다.

제7차 교육과정에서는 종교 교과를 중학교와 고등학교 1학년의 경우 교과재량활동의 기타선택과목으로, 고등학교 2, 3학년은 교양과목의 하나로 편성하였다. 2008년 2월에 고시된 제7차 개정교육과정에서는 과목명이 '생활과 종교'로 바뀌었다. '생활과 종교'의 성격은 종교에 관한 기본 지식과 일반 이론을 습득하고 우주의 의미나 삶과 죽음 같은 인생의 궁극적 문제에 대한 종교적 해답의 다양성을 이해함으로써 건전한 종교관을 정립하도록 도와주는 것이다(교육과학기술부, 2007). 그런데 2009년 개정

4 대한예수교장로회 교목전국연합회장 한동윤 목사(숭의여고), 감리교교목전국회장 이희인 목사(금란여고), 성결교교목회장 원광호 목사(D고), 한국기독교학교연맹 교목회장 전교식 목사(광주 숭일고), 증경 감리교목회장 이종용 목사(전 이화여고), 대한예수교장로회 교목전국연합회 총무 이광형 목사(보성여중), 호남교목회장 원화종 목사(광주숭일중).

교육과정에서는 학기당 이수과목을 최대한 줄이고 교과 집중이수제를 도입해 예 · 체능 등의 과목을 특정 학기에 몰아서 수업하며 학교 자율에 따라 교육과정을 20% 범위 내에서 증감 운영할 수 있게 하였다. 교과 집중이수제는 학기당 이수 과목을 10~13과목이던 것을 8과목 이하로 축소하는 것이다. 2009년 개정 교육과정에 따른 집중이수제 시행 결과 중학교에서 영어와 수학 시간이 두드러지게 증가했다는 조사 결과가 나왔다. 2010년 3월 한국교원단체총연합회(교총)가 공개한 '2009년 개정 교육과정에 따른 초 · 중학교 수업시수 변화'에 따르면 설문에 응답한 251개 학교 중 영어수업 시수가 늘어난 학교는 179곳으로 71.3%에 달한 것으로 나타났다. 반면 영어, 수학을 제외한 다른 교과의 수업시수는 감소했다(천지일보, 2011년 4월 19일). 모순된 개정교육법으로 청소년들의 가치와 도덕을 바로 세워줄 기독교적 인성을 가르치지 못하도록 막는 국가적 행위는 그들을 전인적 핵심인재로 키우기를 거부하고 로봇과 같은 냉혈한들로 만들어 더욱 경쟁을 부추기려고만 하는 것처럼 보인다.

교과 집중이수제 도입에 대하여 개신교 단체들이 강력하게 항의한 결과, 현재는 8개 과목에다 20% 이내로 과목을 추가 이수케 할 수 있다는 안이 절충되었다고 한다. 다행히 선교와 종교교육의 의지가 단호한 종립학교에서는 추가 이수케 된 과목을 종교로 지정할 수 있겠지만 학생들의 반발과 송사에 휘말리는 것을 피하려는 종립학교들은 차제에 종교교육을 아예 포기하려는 학교도 속출하고 있고 또 종교교육을 하더라도 교과목 수업은 포기하고 종교적 활동도 대폭 감축하려고 할 것이다. 이런 맥락에서 볼 때, 기독교인들이 이와 같은 교육부의 조치들을 종교탄압이라고 느끼는 것을 지나친 피해의식이라고만 여길 수는 없을 것이다.

3. 학생의 종교자유 인정

D 고등학교의 종교교육 관련 고소사건에 대하여 대법원은 학생을 강제

로 배정받은 사립미션스쿨일지라도 학생 개인의 종교의 자유는 인정되어야 한다는 취지로 원고 강의석의 승소를 판결하였다. 한편 피고 D학교학원은 종교교육 자체는 불법이 아니나 그것을 강제하였다는 이유로 패소하였다. 따라서 향후 기독교학교에서는 일체의 종교행위를 강요할 수 없게 되었다. 기독교학교에서 이제 예배에 참석하라고 강제하는 것은 불법이라는 것이다. 그러나 당시 대법관 중에는 반대의견도 있었다. 안대희 · 양창수 · 신영철 대법관은 "학생에게 전학의 기회를 주는 등 보완책을 제시하지 않은 채 일방적으로 강제한 종교교육이 위법한 것"이라며 "D고교의 종교교육은 그렇지 않아 과실을 인정하기 어렵다"고 밝혔다(크리스찬헤럴드, 2010년 5월 7일).

현 평준화 시스템 하에서 사립학교 내 종교의 자유를 인정할 수 없다는 논란이 최고조에 다다랐을 때 교육당국은 자율형 사립고(이하 자사고)라는 차선책을 제시했다. 2010년 13개 학교로 시작했던 자사고는 시행 1년 만에 "실패했다"는 평가를 받게 되었다. 전문가들은 실패의 원인을 "1년 만에 자사고가 너무 많이 만들어졌다"고 분석하였다. 2009년 서울 지역 자사고는 13곳이었지만, 1년 만에 26곳으로 2배가 늘어났다. 당초 교육과학기술부는 3년 동안 자사고를 100개 학교로 늘린다는 계획이었다. 그러나 자사고에 대한 수요는 교과부의 예측만큼 높지 않았던 것이다. 학생충원 미달사태가 발생한 자사고에 대하여 학부모들은 일반고와 차별성이 없기 때문이라고 말한다. 학교에 대한 평판이 좋지 않거나 교사와 시설은 그대로이고, 입시를 위한 프로그램도 특별한 것이 없는데도 등록금은 3배나 비싼 학교에 학부모들은 쉽게 자녀들을 보낼 수 없다는 것이다. 다양성 확대라는 표면적인 이유로 정부가 자사고의 확대를 밀어붙였지만, 자사고의 시행으로 고교평준화 정책은 시행된 지 37년 만에 더욱 흔들리게 되었다(주간경향, 2011년 1월 11일). 그러나 일부 학부모들이 자사고에 대해 찬성하는 입장을 나타내는 것은 사회 및 교육환경의 급격한 변화는 획일적인 평준화 학교보다는 다양한 형태의 차별화된 학교를 요청하고 있으며, 고교 평준화로 인하여 자율성이 극히 제한된 사립고교의 건학 이념에 맞는 자율적 학교운영을 보장하는 것은 시대적으로도 당연하다고 보기 때문이다. 아울러 종립학교에 있어서는 종교교육의 분쟁을 불식시키는 기회가 될 수 있을 것이라는 긍정적 평가가 있기도 하다.

4. 학생인권 조례 제정의 파장

2010년 10월 5일 경기도 교육감은 경기도 학생인권조례를 공포하고 2011년 3월 1일부터 시행하고 있다. 이후 2010년 7월 학생인권조례제정운동 서울본부가 발족되어 토론과 공청회를 거쳐 서울시 교육감은 조례안을 공고하고 10월부터 서울시민의 1%인 81,855명 서명캠페인을 벌였다. 이후 2011년 5월 서명자가 약 8만 5천 명으로 집계되어 서울학생인권조례 주민발의가 성사되었다. 경기도 학생인권조례안 제15조(양심 · 종교의 자유) 3항이 종교교육과 직접 관련된 조례인데, "학교는 학생에게 특정 종교행사 참여 및 대체과목 없는 종교과목 수강을 강요하여서는 아니된다"고 명시하고 있다. 경기도 교육감은 "종교의 자유는 학생인권조례뿐만 아니라 헌법에도 나와 있는 국민의 기본권"이라며 선교의 자유가 학생들이 종교를 선택할 자유보다 상위에 있지 않다고 단언했다. 앞으로 학생인권조례 위반으로 야기되는 사항에 대해서는 "사실 관계를 파악한 후 적절한 행, 재정적 조치를 취할 방침"이라고도 밝혀 개신교 종립학교의 종교교육은 더욱 위축될 전망이다.

학생인권조례가 법제화될 경우 무엇보다도 중등교육과정에서 종교과목과 종교 활동만 선택을 허용한다면 종교교육의 운영 자체가 어려워진다. 둘째, 이것을 학교현장에서 공, 사립의 구분이 없이 적용할 경우 사립학교의 기본권이 침해될 우려가 있다. 셋째, 사립학교 교직원의 선교 협력이나 활동이 제한될 수 있다. 넷째, 종립학교가 역점하는 인성교육으로서 전교생이 참여하는 신앙수련회, 입학식 및 졸업식을 위해 교회 시설물을 사용할 경우 15조 3항 7을 위반하게 될 것이다. 다섯째, 학생들의 인권을 위해서 학교가 해야 될 일만 나열하고 감독기관인 교육청이 해야 할 의무나 제도 개선이 요구되는 종교 전학, 종교 회피제도 등에 대해서는 언급이 없다. 여섯째, 훈련이나 지침(행정적 시정 명령)과 달리 승격된 법조항이 될 경우 이 조례를 어기는 학교와 교직원은 바로 행정처분을 받게 되는 준법적 구속력을 가질 수 있어 학교 현장이 교육이 아닌 심판의 장으로 전락할 수 있다.

지금도 이미 체벌 금지령으로 인해 교권이 추락한 상태인데, 학생인권 조례안이 법제화되면 아예 종립학교의 종교교육을 뿌리부터 발본색원하겠다는 저의로밖에는 보이지 않는다. 사랑으로 신의 존재를 인식하며 선한 품성과 인격을 도야하도록 돕는 종교적 학습의 취지를 오직 학생인권이라는 법적 관점에서만 보려고 한다면 이것이야말로 사제지간이 아닌 살벌한 이해타산적 인간관계로 전락하게 될 것이다. 교사가 훈육을 목적으로 주게 될 아주 작은 불쾌한 자극에도 인권을 들추며 손해배상을 추궁하고 고소 고발하는 괴물들을 양성해내는 학교가 될 것이다. 가장 민감한 시기인 청소년기에 지, 덕, 체, 영적 발달이 조화롭게 이루어지도록 돕는 데 많은 영향을 준 종교교육이 종립학교에서나마 지속될 수 있도록 한국 사회 각 분야의 지도자들은 이 조례안 법제화를 신중하게 고려해야 할 것이다.

인터넷 중독과 사이버 폭력과 포르노 접촉으로 나날이 순수성과 건강을 해치고 있는 한국의 십대 청소년들의 영혼을 오염시키고 있는 것들을 해독하는 데 있어서 현재로서는 학교에서 종교를 가르치는 것이 유일한 대안이다. 대학 입시는 한국 공교육에서 인성교육을 실종하게 한 주범이다. 종립학교는 그 실종된 인성교육을 종교교육에서 찾으려 마지막 힘을 다 기울이고 있는데, 강의석의 최종 승소와 학생인권 조례안 추진은 소명을 가지고 학교 현장을 성결하게 하려는 종교교사들의 의지와 사기를 땅에 떨어뜨리고 있다. 이름도 없이 빛도 없이 오직 인간 영혼 구원에 소망을 두며 교육에 헌신하고 있는 교목들과 종교교사들이 부디 실족하지 않기를 바랄 뿐이다. 하나님은 불가능한 가운데에서도 바라게 하시는 분이요, 어떤 상황에서도 우리들의 필요를 공급해주시는 분임을 믿기에 우리는 교육환경이 나날이 더욱 종교교육을 어렵게 한다 하더라도 실망해서는 안 될 것이다. 기독교 신앙은 어떤 어려움 속에서도 길과 진리로 안내해주시는 이의 능력에 따라 반드시 길을 찾게 될 것이라 믿기 때문이다.

II. 개신교 종립학교의 선교적 사명의 희생

한국의 근대화 과정에서 개신교는 하나님의 소명을 받은 젊은 미국 청년 선교사들이 제물포항을 통해 한국 땅을 밟으면서 들어오게 되었다. 그들은 사실상 한국을 잘 알지도 못했던 신실한 서양인들이었다. 말도 통하지 않는, '은둔자의 왕국'으로 알려진 한국에 이 선교사들은 오직 하나님이 가라 하시기에 온 것이다. 마치 아브라함이 그가 갈 길을 알지 못한 채 오직 하나님의 소명만을 붙들고 정든 땅을 떠났던 것처럼 말이다. 그러나 선교적 사명을 띤 그들은 이 땅에 온 이후 그들의 종교를 전도하는 것과 마찬가지로 중요한 민생 관련 일을 하기 시작하였다. 그들은 교회(아펜젤러, 정동제일교회, 1897년)보다 먼저 학교(배재학당, 1885년)와 병원(광혜원, 세브란스 병원과 최초의 연희 의학전문학교, 1885년)을 지었고, 한국 최초로 복지관(마이어스, 태화관, 1921년)을 세우고 사회교육을 시도하면서 빈곤층을 위한 여성 야학반도 개시하는 등 우리 민족을 위해 새로운 문화변혁의 역사를 창조하기 시작하였다. 한의학에 의존하던 한국인들에게 서양의학을 최초로 가르쳐서 질병을 치유하고 많은 생명을 구했고, 미신과 축첩 같은 구습을 타파시킨 놀라운 사회변혁의 힘을 지닌 종교로 출발한 기독교는 다른 어떤 종교보다도 전도 효과가 빠른 종교가 되었다.

현재 한국 개신교의 위상은 세계 20위 안에 손꼽히는 대형 교회가 6개, 미국에 이어 세계에서 두 번째로 선교사를 많이 파송하는 나라, 18대 현

역 국회의원의 41%, 상장기업 임원들의 49%가 개신교회 신자라는 것이 잘 대변해줄 것이다(한국일보, 2011년 6월 3일). 이러한 개신교의 사회적 성취 지표도 두드러질 뿐만 아니라, 한국의 종교인구 중에서 대졸 이상 고학력자가 가장 많은 종교이며, 9세 이하부터 그리고 10~19세 연령대에 신앙을 갖기 시작하는 자 비율이 가장 높은 종교가 개신교다(이원규, 1994, pp. 192-194). 이 수치는 개신교 학교 종교교육과 관련하여 많은 것을 시사한다. 9세 이하 어린이들이 신앙을 갖게 되는 것은 당연히 교회나 조기교육기관의 종교교육 때문이다. 교회에서 운영하는 어린이집과 유치원, 그리고 기독교 초등학교는 바로 이러한 수치를 가능하게 한다. 그리고 10~19세 때 처음으로 기독교를 믿게 되는 학생들도 역시 개신교 학교의 종교교육의 열매라고 볼 수 있을 것이다.

역사적으로 볼 때, 종교사학으로서의 개신교 학교는 한국 최초로 학교의 형식과 내용을 갖춘 학교로서 관립학교보다 먼저 시작되었다(www.modernculture.culturecontent.com). 1885년 8월 미국 북감리교회 선교사 아펜젤러(Appenzeller)는 배재학당을 설립하여 한국 최초의 근대식 교육을 시작하였고, 이후 언더우드(Underwood) 선교사가 경신학교를, 스크랜턴(Scranton) 여사가 이화학당 등을 세웠다. 이 밖에도 다양한 국적의 외국 선교사들이 한국에 들어와서 지방에서도 학교와 병원을 세워나갔다. 1895년 고종이 공포한 교육입국조서에는 근대학교 설립을 위한 학교관제와 규칙이 포함되어 있다. 대부분이 일본의 학제를 모방하긴 하였지만 신학문을 받아들이려는 의지가 대단히 높았음을 보여주는 것이다. 1895년 4월 '한성사범학교관제'라는 최초의 현대식 학교법규가 등장하면서부터 관립학교의 설립이 활기를 띠기 시작하였다(한기언 · 이계학 · 이길상 공편, 1993). 그러나 일제 강점을 전후로 하여 국 · 공립학교(1911년 당시 60개교 정도)의 공급은 턱없이 부족했고, 이에 개신교 학교(당시 23개교)를 포함한 많은 사립학교들[5]이 설립되어 공교육을 대체하기 시작하였던 것이 현재에까지 이르고 있는 것이다.

김귀성에 의하면, 1995년 기준으로 한국 공교육에서 중등 사학의 의존도(전체 중학교의 26%, 고등학교의 50%가 사립학교)는 일본(4.1%, 29%)과 미국(12%)보다 상대적으로 높다. 그것은 앞에서도 언급하였듯이 한국의 의무교육제도의 도입과 고교 평준화 정책의 시행이 가져온 한국만의 독특한 공교육의 특성 때문이라고 할 수 있을 것이다. 한국의 사립학교들은 사립이면서 공립화된 학교이다. 학생 선발은 정부가 통제하고, 학교재정도 정부가 보조하며, 국가가 정한 교육과정령에 의해 학교교육의 내용 및 방법이 결정되는 사립학교의 교육 자율성은 지극히 제한되어 있고, 이른바 평준화 공교육이 실시된 지 37년, 작금의 대학 입시는 한국의 모든 학생들을 움직이는 종교보다 강력한 종교가 되었다. 한국사회에서 대학입시는 모든 종교도 그 앞에서 포기되는, 어떤 정부도 바꿀 수 없는 모든 교육의 최우선순위가 되었다. 이것 때문에 재정이 취약하고 운영이 부실했던 사립학교도 학생들이 대학만 많이 합격하면 명문학교로 비상하는 시절이 되었다. 이러한 독특한 교육구조 속에서 사립학교의 설립이 증가된 이유는 학생 충원에 대한 걱정 없고 국고의 교부금(1:2의 비율) 지원으로 보다 안정된 환경에서 학교를 운영할 수 있다는 이점 때문이었을 것이다.

2009년 기독교학교연맹 자료에 의하면 이 연맹에 가입한 개신교 중, 고등학교의 수는 전체 중등 종립학교 중 46%를 차지한다(표 1 참조).

표 1. 2009년 개신교 및 사립 중등 교육기관 현황(학교 수)

	전체	사립		종립			개신교			
	수	수	비율	수	비율(전체)	비율(사립)	수	비율(전체)	비율(사립)	비율(종립)
중학교	3,106	650	20.9	217	7.0	33.4	97	3.1	14.9	44.7
고등학교	2,252	937	41.6	296	13.1	31.6	138	6.1	14.7	46.6
합계	5,358	1,587	29.6	513	9.6	32.3	235	4.4	14.8	45.8

* 출처: 김귀성(2010), 교육통계서비스(http://cesi.kedi.re.kr), 기독교학교연맹(2009)

5 1910년까지 62개교의 사립학교와 23개의 종교학교가 있었다고 함(최기영, 2010 참조).

표 2. 1995년 개신교 및 사립 중등 교육기관 현황(학교 수)

	전체	사립		종립			개신교 학교			
	수	수	비율	수	비율(전체)	비율(사립)	수	비율(전체)	비율(사립)	비율(종립)
중학교	2,705	694	25.7	145	5.4	20.9	112	4.1	16.1	77.2
고등학교	1,856	914	49.3	179	9.6	19.6	118	6.4	12.9	65.9
합계	4,561	1,608	35.3	324	7.1	20.2	230	5.0	14.3	71.0

* 출처: 김귀성(2010), 교육통계서비스(http://cesi.kedi.re.kr), 문화체육관광부(2008)

표 3. 평준화 이전의 개신교 및 사립 중등교육기관 현황(학교 수, 1970)

	전체	사립		개신교(기독교학교연맹 회원교만)		
	수	수	비율	수	비율(전체)	비율(사립)
중고등학교	2,497	1,116	44.7	79	3.2	7.1

* 출처: 교육통계서비스(http://cesi.kedi.re.kr), 기독교학교연맹(1970)

개신교 종립학교는 개신교 전래 초기부터 한국의 종교 사학 중 단연 1위를 차지하고 있다. 127년 이상이 지난 현재에 이르기까지 개신교 학교들은 한국에서 가장 오래된 명문 사립학교들로 존재하며 초기 선교사들이 세운 몇몇 종립학교들은 한국의 명문 사학이 되었다. 그러나 최근 15년 동안 개신교 학교 수의 증가를 보면, 전체 종교사학 중의 비중은 평준화 이전보다는 많이 증가되었지만(71%),[6] 최근에는 전체 종립학교 대비 46%로 그 비중이 현저하게 떨어진 것을 알 수 있다. 이것은 아마도 타 종교에서 개신교보다 더 많은 학교를 신설했기 때문인 것으로 추정된다. 개신교가 세운 사학들은 한국근대사를 통하여 근대교육의 터전이었고, 이를 통하여 한국 사회의 수많은 지도자들이 배출되었으며, 서구학문에 대한 접촉이 활발하게 이루어져 한국 사회 각계각층의 발전에 크게 기여하여왔던 것은 주지의 사실이다.

6 표 2 참조. 15년 전 전체 종립학교 중 개신교 중·고교의 비율.

해방 이후 개신교 종립학교들은 공교육을 대체하는 역할을 하면서도 설립취지 및 목적에 따라 종교교육 및 선교활동을 계속하여왔다. 그러나 이들 교육기관에 의한 종교교육이 오늘날 강의석 사건처럼 사회적 이슈로 부각되지는 않았다. 비록 종립학교에서 종교 교육과정을 미리 정해놓고 있다 하더라도 학교의 선택권이 학생과 학부모에게 있는 한국의 공교육의 제도 하에서는 학교에서 종교교육이 실시된다고 하더라도 그것은 본인의 선택에 의한 것이므로 사회적 문제가 될 수 없었다. 왜냐하면 대부분의 학생들은 자신이 입학한 학교의 건학이념을 존중하고 학교 교사들의 가르침에 비교적 순응하던 시대였기 때문이다.

전 경신고등학교 교목실장 김종희 목사는 "평준화 이전에는 학생들에게 교과수업의 종교교육이 아닌 전인적인 신앙교육을 시켰다. 학생들에게 일주일에 두 번 교회 가서 실제로 예배를 드리고 오라고 한 적도 있었다. 그래도 학생들은 교목들의 말에 잘 순응해주었고, 방학 때는 교사와 함께 가는 봉사활동을 실시하여 남을 위해 봉사하는 일에 직접 참여하게 하면서 사랑의 실천을 몸소 익히게 하였다"고 회고한다. 이렇게 평준화 이전에는 적극적으로 선교 사명을 실천하여왔으나 학교가 소속된 교단이 허락지 않아 2000년이 되어서야 처음으로 300명에게 세례를 줄 수 있었다고 한다. 그러나 6차, 7차 교육과정 개정 이후 예전처럼 개신교 특유의 선교 교육은 이제 더 이상 기대하기가 힘들다고 말한다. 개신교 종립학교들은 이제 학생들에게 교회 예배에 참석하라고, 세례를 받으라고 할 수도 없게 되었고, 성경도 예배도 하나의 교과목으로 취급하는 제한적인 종교교육을 하고 있을 뿐이다. 이것은 종교교육의 모양은 그대로 남아 있으되, 그것의 내용과 프로그램은 예전과 같지는 않기 때문이다. 이제 모든 공교육 현장에서 학생의 종교자유를 보장해야 하며, 종교교육을 하더라도 선택과목으로서의 종교과목 수업으로 제한해야 한다. 과거 초기 선교사들과 평준화 이전의 기독교학교의 교목들과 교사들이 지녔던 선교에의 열정은 점차로 식어가고, 다종교사회 속의 개신교 종립학교는 그들의 선교 교육적 사명을 희생시킬 수밖에 없는 기로에 서 있다.

III. 개신교 학교의 종교교육의 본질

하나님의 교육이 인간의 법의 심판대에 오르다!

종립학교 중 개신교의 종교교육이 유난히 인간의 법의 심판대에 오르는 것은 어쩌면 기독교의 특성상 당연한 것인지도 모르겠다. 예수께서는 "너희가 세상으로부터 미움을 받게 될 것인데 그것은 너희의 죄 때문이 아니라 나로 인함이다"(요 15:19)라고 이미 성경에서 말씀하신 바 있다. 기독교 역사는 박해와 순교의 역사이며 그것은 기독교가 지닌 종교성에서 기인하는 것이다. 학생들이나 교육관계자들은 모든 종교들이 다 그러하듯이 기독교만의 독특한 종교성을 제대로 이해할 필요가 있다. 그래야만 왜 기독교 학교가 예배를 교육과정 속에 편성하였는지, 선교가 왜 기독교학교의 목적이 되었는지, 그것이 무슨 의미인지, 그리고 이러한 종교교육이 어떻게 학생들을 포함한 인간을 이롭게 하는지를 이해할 수 있을 것이다. 더 나아가 인간은 왜 그리스도로 말미암아 구원을 얻고 영원한 평화와 영생을 희망으로 가질 수 있게 되는지도 알 수 있을 것이다.

이와 같은 각 종교들의 종교성에 대해 종교학적으로나, 교육학적으로 심도 있는 논의는 없고, 종교의 문제를 '개인의 권리와 학교의 의무와 국가의 책임'과 같이 3자의 구도로만 판단하려는 오늘의 교육풍토는 마치 신의 문제를 인간의 잣대로 평가하고 판단하려는 것 같은 형국이다. 신학적으로 강의석 사건을 본다면 하나님의 디다케를 가이사랴의 법정의 심판대 위에 세웠던 것과 같다. 지난 7년간 한국 교회와 한국의 기독교학교에게 이 사건은 분명 핍박이었고 이러한 핍박을 기독교 학교들은 잘 견디어왔다고 본다. 물론 인간의 법의 잣대로 하나님의 교육을 강권한 것이 불법이라고 판결하였다 하더라도 그것은 가이사랴 법정에서의 판결일 뿐,

하나님 보시기엔 D고교의 종교교육이 수치스런 것도 불법인 것도 아니라는 것을 천만 기독교인들은 잘 알고 있다. 대법관들은 이 시대 국민들이 임명한 판관(judge)들이지 하나님이 임명한 사사들은 아니다. 따라서 하나님의 법을 따르는 사사들은 과연 최근의 종교교육과 종교 자유 간의 논쟁을 어떻게 판단할 것인가를 깊이 성찰해보아야 한다.

1. 기독교의 종교성과 예배

기독교의 종교성은 간단히 말하면 인간에게 빛과 길과 진리 되신 하나님을 믿는 신앙 그 자체에 있다. 따라서 기독교는 인간과 인간의 삶의 근본을 이해하기 위해 우주의 원리를 깨닫는 형이상학이 아니라 인간을 창조하시고 사랑하시어 참 진리의 길, 구원의 길을 열어주신 하나님을 알고 신뢰하며 그 참뜻을 실천하는 신앙이요 신학이다. 이러한 기독교의 신앙을 가르친다는 것은 지, 정, 의, 영의 총체적인 경험을 요구하는 것이다. 그러므로 기독교 종교교육의 궁극적 목표는 한 사람을 종교를 믿게 만드는 것이 아니라, 자신이 영적인 존재임을 인식하고 하나님과 그의 아들 예수그리스도를 통하여 주신 구원의 초대에 응하여, 자신의 모든 과오를 진심으로 회개하고 하나님의 거룩성(하나님의 형상)을 닮은 자녀로 다시 태어나, 이웃과 공동체와 온 인류를 위해 그리스도처럼 살도록 이끌어주고 기독교인의 인격을 형성하도록 돕는 것이다.

기독교의 종교교육은 그리스도를 닮아가는 것을 가르치는 것이다. 왜 그래야 하는지, 어떻게 그리스도를 닮아야 하는지에 대한 모든 것은 성경에 다 기록되어 있다. 그렇기 때문에 기독교를 건학이념으로 삼는 학교에서 종교를 가르친다는 것은 바로 이러한 기독교 신앙을 가르치는 것이다. 다 함께 하나님 앞에 나와서 자신과 이웃과 공동체를 위한 기도를 드리며, 설교자를 통해 하나님의 말씀을 듣고 삶의 지혜와 깨달음을 얻으며, 성직자들의 축복을 통해 권능(용기와 자신감)을 얻어 보다 충만한 삶을 살 수 있는 영성을 갖도록 하는 것이 바로 예배의 기능이요 목적인 것이다. 그러므로 참된 종교교육은 교실수업만으로는 그 목표하는 바를 성취하기 어렵다.

신학적으로는 예배를 가리켜 인간의 하나님께로 나아감과 하나님이 인간을 만나러 오심이 일어나는 사건이라고 정의한다. 그러나 현대 기독교의 예배는 신의 강림이나 인간의 입신과 같은 것이 경험되는 원시적 형태의 희생 제사가 아닌 언약의 자녀들과 하나님과의 관계를 확인하고 그 신앙의 전승을 위한 예전이 포함된다. 개신교의 예배는 하나님께 우리가 받은 모든 것에 대한 감사의 기도로 시작하여, 아름다운 음악과 시편으로 하나님을 찬양하고, 주기도문이나 사도신경을 통해 하나님의 아들, 그리스도로 인하여 구원받은 자들임을 확인하며, 믿는 자 공동체의 공적 신앙을 고백하여 신앙공동체의 하나 됨을 선포하고, 항상 하나님의 자비와 사랑과 인도함으로 살아가겠다는 결단과 성직자의 축복으로 끝난다. 이러한 예배는 학교에서 자주 드릴 수 없기에 주어진 학사일정에서 정규적으로 날을 정하여 일주일에 한 번 대략 1시간 안팎의 시간을 전교생이 함께 모여 자기성찰과 삶의 충만함을 얻도록 설계된다. 이 시간은 또한 매우 중요한 자기반성과 영적 에너지를 얻고, 하나님을 만나는 영적 채널인 동시에 기독교의 예전을 통해 직접 배우고 경험하는 훌륭한 체험적 종교교육인 것이다. 그러므로 예배하는 처소는 그곳이 교회이든 학교이든 간에 생명을 살리는 하나님을 만나는 곳이요, 하나님의 위로와 값없이 주시는 용서와 사랑의 선물이 치유와 회복의 기적을 일으키는 능력의 장소가 되기도 하는 것이다.

기독교 학교의 예배는 신앙의 깊이와 수준은 달라도 함께 찬양하고, 기도하고, 목사를 통해 선포되는 좋은 소식을 들으며 젊은 날의 고민과 갈등에 대한 답을 얻고 미래에 대한 비전을 다지는 총체적인 종교학습의 장이요, 하나님을 모르는 자들에게는 새롭게 하나님을 만나는 통로가 되기도 한다. 실제로 학교에서의 예배는 성장기에 있는 청소년들에게 인성발달에도 적절한 교훈과 훈계를 지시적, 비지시적으로 소통할 수 있는 효과적인 교육의 매체인 동시에 방법이기도 하다. 학교 측에서 볼 때도 예배는 학생의 예절과 교양과 사회성을 증진시키는 훌륭한 잠재적 교육과정으로서 그 기능을 충분히 수행해왔다고 대부분의 교목들은 평가하고 있다. 물론 지금까지 기독교학교의 지나친 선교의 열정으로 인하여 과도한 선교적 홍보 행사를 예배시간에 진행했던 것은 반성해야 할 점이며, 예배의 방법과 내용상 다소 지나치게 선교 의도와 헌금을 강요하는 일부 몰지각한 교역자들의 행위는 지양되어야 할 것이다.

2. 영적 체험과 기독교 종교교육

기독교 학교의 종교교육에서 강조하는 두 번째 요소는 영적 체험이라고 할 수 있을 것이다. 기독교 학교라고 하는 컨텍스트에서 학생들에게 기대하는 것은 기독교신앙과 만나는 사건이다. 특히 이 만남의 사건에서 교육적으로 기대하는 것은 학습자들의 회심이다. 세계역사상 위대한 회심자를 예로 든다면, 우선 성경의 인물로서는 예수의 박해자 사울이 바울이 된 회심 사건이다. 그의 회심은 기독교의 신약성경의 3분의 2에 해당하는 책을 쓰게 하였고 현대에 와서까지 세계적인 행사 때마다 바울서신은 빈번히 낭독되고 있다. 뿐만 아니라 종교개혁자인 마틴 루터와 웨슬리의 회심은 기독교의 새로운 역사를 쓰게 한 위대한 회심 사건이며, 최근에 한국에서도 공비 출신 김신조, 교수며 학자인 이어령의 회심은 한국 개신교의 지평을 더 넓게 해주는 것뿐만 아니라 많은 국민들에게 사랑과 용서와 감사함을 가르치는 교과서가 되고 있다. 이렇게 기독교는 하나님이 그가 선택한 사람들을 부르시고 권능을 부여하면, 그 부름 받은 사람들이 또 다른 사람을 구원하는 일에 참여하도록 연쇄적으로 초대한다.

회심(conversion)은 기독교학교의 종교교육에서 중요시 여기는 덕목이자 학생에게는 매우 의미 있는 영적인 체험이다. 축약해서 말한다면 성서가 말하는 회심은 곧 인간의 변화이다. 지금까지의 삶의 방식에서 180도 방향을 선회하여 하나님께로 돌아가는 것을 의미한다(V. Bailey Gillespie, 1979, p. 16). 회심은 신학적으로 볼 때 악에서 하나님께로 전향하는 것으로 이 말에는 회개, 중생, 거듭남의 의미가 수반된다. 참된 회심자에게 주시는 하나님의 선물은 '칭의'이다. 칭의는 하나님이 우리를 의롭다고 인정해주는 것으로서 하나님만이 주실 수 있는 가장 값진 선물이며 이 선물은 또한 하나님이 우리의 믿음에 안수하심으로 얻게 되는 자신감을 말한다.

로너간(Bernard Lonergan)은 종교적인 삶에 있어서 가장 기본적인 것이 회심이며, 이 회심은 단순한 변화나 발달이 아니라 근본적인 변형을 의미하는 것이라고 하였다. 사람들은 이러한 변형에 따라서 삶의 모습을 변화시키게 된다. 이제까지 인식 못했던 것이 생생하고 현실적인 것으로 떠오르게 되고 중요하지 않게 생각했던 것이 가장 중요한 것으로 바뀌게 된다. 자기 안에서, 다른 사람과의 관계 속에서, 또한 하나님과의 관계 속에서 커다란 변화가 일어나게 되는 것이다(1978, p. 13).

기독교학교는 기독교의 기본교리인 '회심한 자 만들기'를 위해 2009년 개정교육과정으로 종교를 옥죄어오는 현실 속에서도 젊은 세대를 영적으로 깨우기 위한 역할을 충실히 수행하고 있다. 이 사명을 위해서 기독교학교는 예배를 포함하여 성경수업, 봉사활동에 이르기까지 다양한 기독교교육 프로그램을 실시해오고 있다. 그러나 학교 평준화와 입시 위주의 교육제도 아래에서 종교교육은 많은 제약을 받을 수밖에 없었다. 현실이 그렇다 하더라도 비인간화 현상과 바람직한 자아상 상실 등의 문제에 직면해 있는 학생들에게 자신의 참모습을 찾게 하고, 하나님 안에서 참된 삶의 의미를 깨닫도록 도와주기 위해서는 예배와 성경수업을 통한 자기성찰과 수련의 기회가 주어져야 할 것이다.

존 웨슬리도 1738년 5월 24일 올더스게잇(Oldersgate)거리에서 처음으로 믿음에 의한 칭의의 참된 의미를 배웠다고 하였다. 그러나 영적 체험이 급진적으로만 나타나는 것은 아니다. 점진적으로 나타나는 경우도 있다. 대부분의 청소년들에게는 급진적인 회심을 경험하는 경우보다는 학교나 교회에서의 종교교육을 바탕으로 신앙생활의 경험을 하게 되고, 더 나아가 영성이 형성되고 유지되는 경우가 많다. 종립학교들의 꾸준한 종교교육을 통해 졸업 후에라도 점진적 회심이 일어나도록 동기를 부여해줄 수 있다면, 그러한 희망이 1%라도 있다면, 기독교종립학교는 예배를 비롯한 영적훈련을 포기할 수는 없을 것이다.

3. 선교로서의 종교교육

기독교 학교들이 중요시하는 세 번째 정신은 제자도이다. 제자도란 예수의 제자로서 갖추어야 할 자격과 실행해야 할 사명과 역할을 포함한 제자 정신이다. 여기에서 제자란 한 위대한 스승을 추종하는 자가 아닌, 인류를 구원한 구세주의 제자임을 뜻하기에 특별한 이해가 요구된다. 기독교교육의 기본적 모델은 제자도(예수의 교육)이다.

산상수훈(마 5-7장)에는 예수가 가르치신 제자의 참 모습과 사명(마 5:13-16)에 대한 교훈이 담겨 있다. 마태복음 28장은 예수의 교육유언이라고 할 수 있는 장으로서 차세대 교육과 전도를 동시에 요청하고 있다. 이것은 부활하신 예수가 제자들에게 마지막으로 주신 지상명령으로서 선교와 교육에 관한 것이다. 즉, 모든 족속을 제자로 삼고, 세례를 주고 주의 말씀을 가르치고 지키게 해야 할 사명을 주신 것이다. 다시 말하면 예수처럼 제자들을 가르치고 그들에게 세례를 베풀고, 예수가 주신 모든 교훈을 잘 지키도록 하는 것이 오늘을 사는 먼저 크리스천이 된 모든 자들의 과제인 것이다(한미라, 2007).

먼저 믿은 자는 나중 믿은 자가 더욱 순종하도록 양육할 책임이 있다. 그러므로 우리는 모든 신앙의 사람들이 그리스도 안에서 지, 정, 의 그리고 영적 능력을 고루 갖춘 전인적인 인격체로 성장하고 의로운 삶을 살도록 가르치는 일에 힘써야 한다. 기독교적 양육으로 회심하는 자들이 많아지고 이들이 사회적 구원까지 관심을 가지고 참여하는 성화된 인간이 되어가는 것이 제자화의 과정인 것이다. 따라서 제자화는 선교의 과정과 방법이라고도 할 수 있을 것이다.

기독교 학교교육을 제자화의 과정으로 볼 때, 기독교학교의 궁극적인 목적은 역사 전체를 그리스도 안에서 구속하고 새로운 역사로 변혁해가시는 하나님의 구원에 동참하고 증언하는 것이다. 이것은 기독교학교의 모든 구성원(교장, 교목, 교사나 학생)이 하나님과 역사 앞에서 순종과 헌신을 결단하는 것을 뜻한다(은준관, 1996). 좀 더 구체적으로 기독교학교에서의 교육 목적은 학생들에게 창조주 하나님을 알게 하여, 그리스도가 말씀하신 복된 길로 인도하며, 그들의 삶이 하나님에 대한 사랑으로 표현되고, 하나님의 뜻을 행하기를 힘쓰는 자로 발전하도록 도와주는 것이다. 또한 학생으로 하여금 하나님의 창조세계를 이해하고 순종과 섬김의 자세를 배움으로 모든 환경에서 하나님을 신뢰하고 경배하는 삶을 살게 하는 것이다. 이러한 신앙훈련을 통하여 그리스도의 제자로 거듭난 학생들은 또 다른 영적 제자를 양육하기 위해 순종과 섬김의 자세를 계속 유지해나갈 수 있게 될 것이다.

기독교학교는 하나님을 위해, 그리스도에 의해 이 세계 속에 파견된 학교, 즉 기독교복음에 기초한 교육의 사명을 위임받고 있는 학교인 것이다(정웅섭, 1983). 결국 우리나라의 기독교학교는 교육을 통한 선교라는 생각에서 시작되었음을 알 수 있다. 기독교학교의 태동은 우리나라 근대화의 문을 여는 계기가 되었고, 그 영향은 교육 분야에만 국한되는 것이 아니라 사회 전반에 깊은 영향을 끼쳤고, 지금도 끼치고 있다.

하나님의 선교의 장은 교회나 어떤 특정한 단체가 아니요, 전 역사와 세계로 볼 수 있다. 기독교학교도 역사 속에서 진리추구와 참 인간으로서의 변화를 목표로 삼는 공동체라 볼 때, 하나님의 선교의 장임에 틀림이 없다. 그러나 전통적으로 생각해온 학교 사역은 학교라는 특수한 공동체 속에서 학생이나 교직원에게 그리스도의 복음을 전하고 타 종교 문화권에서 기독교를 변증하고 옹호하는 토착화의 시도에 만족해왔다. 하나님의 선교의 차원에서 보면 이것은 성숙한 사역이라 말할 수 없다.

진정한 기독교학교의 사명은 교목을 청빙하여 예배를 드리고 성경공부를 가르치는 것으로 끝나는 것이 아니라 학교 내에서 행해지는 모든 교육적 행위가 예수 그리스도 안에 나타난 하나님의 사랑과 정의 아래서 실천되고, 이해되고, 용납되도록 도와야 한다. 뿐만 아니라 기독교학교는 학생, 직원, 교사 등이 하나 된 사랑의 유기체가 되도록 도와야 한다. 이렇게 될 때 기독교학교는 교육적으로나 행동양식에 있어서 민족과 역사 속에 하나님 나라를 건설하는 데 효과적으로 참여하게 되고, 이것이 곧 하나님의 선교에 동참하게 되는 것이다(이계준, 1981, p. 180).

19세기 말 "은둔자의 왕국"이라 부르던 낯선 한국 땅으로 하나님이 가라고 명하신 지상명령 그 한마디에 죽음을 각오하며 이 땅에 건너온 서양의 선교사들이 있었다. 그들은 하나님으로부터 자신을 돌아보고 아직 복음을 접하지 못한 민족을 개화하여 그들에게 도덕과 윤리적 인성을 갖도록 예수의 복음을 선포하고 교육하라는 소명을 받은 것이다. 현대에 들어와서는 기독교학교의 교사와 교목들이 초기 선교사들의 역할을 대신하고 있는 것이다. 이들이 선교명령을 지키고 실천하여 참된 그리스도의 제자를 양육하는 일에 애쓰고 노력하는 한 한국에 있는 기독교학교의 명맥은 세상 끝날까지 유지될 것이라고 확신한다.

Ⅳ. 결론: 개신교 학교의 종교교육 회복을 위한 제언

21세기가 가기 전 개신교학교의 종교교육 전통은 부활될 수 있을까? 나날이 정부와 교육지자체의 규제가 심해지고 있는 상황에서, 더욱이 고교 평준화체제는 쉽게 개선될 여지가 없어 보이는 상황에서, 과연 개신교 학교는 온갖 장애를 극복하고도 살아남을 수 있을까? 공교육에서의 종교교육을 개선한다면 이제 어떤 형식으로 유지를 해야 하는가? 이런 어려운 질문에 가능한 대안을 제시해야 하는 것이 이번 학술대회의 발제자의 과제일 것이다.

강의석 사건 이후 개신교 학교와 한국 교회는 학교에서의 종교교육을 과연 어떻게 부활시키고 활성화시킬 것인가를 고민해왔다. 최근에 와서 학교 현장의 교목들과 법조인들, 그리고 기독교교육학자들과 교회 지도자들은 세미나와 공개 토론회를 열고 다양한 대안과 방향을 탐색하고 제시한 바 있다. 그 결과들을 종합해보면 이들이 제시하고 있는 대안은 크게 3가지로 압축된다. 첫째, 적극적 종교교육을 해야 한다는 입장으로, 공교육으로부터 독립하여 기독교 신앙의 본질에 충실한 제대로 된 종교교육을 해야 한다고 주장한다. 둘째, 소극적 종교교육의 입장에서 기독교신앙이 기본이 되어야 하지만 다변화되는 교육 현실의 상황을 고려하여 공교육체제 안에서 계속 공존해야 한다고 주장한다. 셋째, 진보적 입장으로서 학교에서의 기독교 종교교육은 학생의 배경이 다종교, 다문화인 만큼 그러한 컨텍스트의 관점에서 실시해야 한다는 것이다.

첫째, 개신교 학교에서의 종교교육은 기독교 신앙의 본질에 기초한 신앙교육이 되어야 한다. 홍은숙(2009)은 그의 연구에서 다음과 같이 네 가지를 제안하였다. 1) 기독교 종립학교의 본래의 본질적 역할과 위상을 회복하는 일이 급선무이다. 기독교 종립학교들이 오늘날까지 국가의 발전을 위해 빛과 소금의 역할을 해왔던 것을 기억하고 밝히며 그 전통을 이어나갈 필요가 있다. 2) 기독교학교의 종교교육은 종교학에 관해 가르치는 것이 아니라 기독교 신앙의 본질과 그것에 기초한 자아 정체성과 삶의 양식을 가르치는 것이 되어야 한다. 3) 신앙인은 이중적 시민권을 가지고 있기 때문에 기독교 시민교육의 필요성과 방향에 대한 적극적인 연구와 교육이 필요하다. 4) 기독교 학교에 비신앙인이 입학할 경우 문제를 야기할 수도 있지만 다른 각도에서 보면 좋은 신앙적 영향력을 미칠 수 있는 절호의 기회이기도 하다. 기독교대학들이 하고 있는 학생 동아리나 제자반 등, 각종 프로그램과 채플의 다양화 등의 노력과 같이 중등학교에서도 이에 대한 적극적 대안 마련이 필요하다.

같은 맥락에서 박상진(기독교학교연구소 소장, 2010)은 기독교학교의 정체성 확립을 위한 제도적 개선방안으로 종교교육의 위치가 종교과목이 아닌 기독교(신앙)과목이 되어야 함을 주장하였다. 구체적으로는 기독교학교를 미션스쿨과 크리스천 스쿨로 구별하고 대상의 차이와 이로 인한 교육의 초점의 차이를 충분히 고려한 기독교교육이 이루어져야 한다고 말하였다. 즉, 국, 공립학교를 비롯한 모든 학교가 교양과목으로서 종교교과를 모두 다 선택할 수 있도록 권장하고, 미션스쿨도 이런 수준에서 타 종교나 무종교학생에게도 선택의 장애가 없도록 특정 종교에 대한 설명보다는 종교일반에 대한 이해를 강조한 종교학으로서의 종교교과가 되어야 할 것이다. 그러나 크리스천 스쿨에서는 기독교신앙과목을 개설해야 한다고 주장하였다.

손원영(2009)은 법제의 차원에서 초중등교육법 개정안의 폐기, 평준화 제도의 개정 내지 폐기를 강력하게 주장하였다. 초중등교육법 개정안은 사학이 갖고 있는 고유한 종교교육의 자유를 심각히 훼손할 우려가 있으며 상위법인 교육기본법과 헌법의 정신에 위배가 되므로 개정안 폐기가 마땅하고 관련법 규정들은 사학의 종교교육의 자유라는 차원에서 일관성 있게 개정되어야 한다는 의견을 밝혔다. 또한 박상진과 마찬가지로 종교사학에서만 종교교육이 필요한 것이 아니라 공교육 전체에도 종교교육이 필요하다고 강력히 주장했다.

둘째, 소극적 종교교육의 입장으로는 공교육과 공존하는 방안을 제시한다. 즉, 공교육의 현실 속에서 살아남기 위한 대안으로 공교육과 공존해야 함을 주장하고 있다. 김재웅(2010)은 기독교학교의 정체성을 살리는 길은 자율성을 확립하는 길이라고 전제하고, 이를 위한 제도적 개선방안을 다음 세 가지로 제시하였다. 1) 평준화 정책을 보완하는 것이다. 종교적 건학이념에 따라 설립된 종교계 사립학교들이 학생들을 직접 선택하고 학생들도 학교를 선택할 수 있도록 하는 것이다. 2) 자립형 사학으로의 전환이다. 정부로부터 재정지원이 중단되기 때문에 학교가 스스로 학교운영비를 조달해야 하는 어려움이 따른다. 따라서 질 높은 교육프로그램을 운영하는 것만이 학생들로 하여금 자발적으로 찾아오게 만들 수 있을 것이다. 3) 종교에 관한 교육으로서의 종교교육의 수용이다. 종교교육은 특정 종교의 영향으로부터 자유로워야 한다는 교육부의 원칙은 종교의 중립성을 표방하는 것이다. 그러므로 교육기본법의 취지에 맞게 모든 국, 공립학교에서도 종교교육을 시행할 것을 제안하였다. 같은 맥락에서 박현범(숭의여중 교목, 2010)은 기독교학교에서의 종교교육문제를 해결하기 위한 가장 이상적인 대안은 평준화 이전으로 돌아가는 것이라고 말한다. 그러나 그것이 불가능하다면 1) 원치 않는 특정 종립학교에 배정받지 않을 권리를 부여하고, 2) 만약 위의 방안이 허용될 수 없다면 전학을 허용하는 방안도 차선책으로 고려해야 한다고 주장하였다. 김용관(오산고교 교목실장, 2004) 역시 다양한 종교적인 견해에서의 공존을 모색해야 함을 주장한다. 그는 종립학교의 건학이념인 종교교육이 중단 없이 지속되기 위해서 다음과 같이 제안하였다. 1) 종립학교의 건학정신은 반드시 지켜져야 한다. 2) 다양성과 포괄성을 갖춘 종교교육을 해야 한다. 선택권이 없이 배정된 학교에서 거부감 없이 종교과목을 학습하려면 다양한 종교적인 견해의 공존을 모색하고 갈등을 해소할 수 있는 교육적인 배려가 있는 교육과정으로 구성되어야 한다. 3) 종교를 단일선택과목으로 하여야 한다. 평준화 이전에 단일과목이었고, 종립학교의 건학이념의 구현이라는 측면에서 종교과목은 최우선으로 가르쳐야 하는 필수과목이기 때문이다. 4) 종립학교는 궁극적으로 자립형사립학교로 가야 한다. 자립형 사립고는 건학이념에 맞는 자율적 학교운영을 가능하게 하고 교육수요자의 입장에서도 다양하고 특색 있는 교육을 받을 수 있기 때문이다.

김유환(이화여대 법학과 교수, 2008) 또한 공교육과 종립학교의 종교교육이 더불어 함께 부딪히지 않고 살아가는 타협의 방안을 설득한 바 있다. 그는 당시 현행법 하에서의 개선 가능한 종교교육 제도의 방향으로 선지원제도의 전면실시를 제시하였고, 이것은 현재 정책입안에 영향을 주고 있다. 권역별로 이 제도를 실시하는 데 있어서 차이는 있으나 학생의 학교선택권을 공교육에서 인정해야 한다는 논의가 현재 한국사회에서 공론화되었다는 것만으로도 큰 성과라고 보아야 할 것이다. 어떤 제도를 보완하더라도 공교육제도 안에서 사학이 병존하는 사립학교에서의 종교교육은 이원화될 수 있도록 길을 열어두어야 한다. 국가가 아니라 학교 자체가 선택할 수 있는 정식교과목을 제한된 범위에서 인정하고, 그러한 학교가 선택하는 교과목 안에 일반종교 및 특정종교의 교육이 가능하도록 하여야 한다. 그러나 자립형 사립학교가 되지 않고서는 특정종교교육을 실시한다는 것이 현재의 교육체제 하에서는 불가능해 보인다.

셋째, 종교교육은 다종교, 다문화의 관점에서 다루어져야 한다. 송기춘(2008)은 학교는 기본적으로 선교하는 곳이 아니라는 주장이다. 그래서 학교에서는 종교인 또는 신자를 만들려 하지 말고 진리를 추구하는 사람을 길러야 한다고 말한다. 공교육에서 종교교육이 필요한 이유는 다원종교사회에서 타종교에 대한 몰이해로 인해 종교의 배타성과 공격성이 강화될 수 있기 때문이다. 종교교육은 사회의 갈등을 미연에 완화하고 조정하며 종교일반에 대한 이해와 다른 종교에 대한 관용을 배우기 위해서라도 교육되어야 한다. 이와 같은 송기춘의 주장은 우리 사회의 안정과 발전을 위하여서는 매우 개방적이고 앞서가는 생각이기는 하나 종립학교의 건학이념과 신앙의 전승의 관점에서 볼 때 특히 기독교종립학교에겐 설득력이 없어 보이는 대안이다.

끝으로 현재 개신교 사립고등학교에서 교편을 잡고 있는 현직 교사와 교장, 그리고 은퇴 교목실장을 만나 기독교학교 종교교육의 위기상황에 대처하는 그들의 목소리를 종합해보면 다음과 같다. 첫째, 김종희(전 경신고교 교목실장)는 평준화 이전에는 선교도 종교교육도 소신껏 할 수 있었다고 회고한다. 평준화 이후 개신교 학교들에게 강제배정제도와 추첨제의 장점은 무엇보다도 우수한 학생과 비신자 학생들의 유입이었다. 즉 이런 학생들에게 전도할 기회가 생긴 것은 기독교학교로서는 오히려 장점이 되었다. 무엇보다도 우수한 인재에게 기독교교육을 시켰다는 것은 큰 보람이었다. 일제 강점기에도 똑같은 사립학교법 개정 15호(1915년)에 종교과목은 선택으로 하고 대체 과목을 개설하라고 요구하였고, 목사들에게도 교사자격증을 따라고 하였으며, 예배와 성경공부는 원하는 학생들에게만 실시하라고 하였다. 그는 현재의 법적인 논의는 사실상 일제 강점기 때의 요구를 반복하는 것이라 말한다. 평준화가 갖다 준 가장 큰 장점은 개신교 학교에서 목사의 신분보장이 되었던 것, 그러나 단점은 교육당국의 간섭을 받는다는 것이다. 현재 개신교학교 교목들은 이러한 어려움에도 불구하고 외형적으로는 예배하고, 성경도 가르쳐왔으나 앞으로는 많은 제약이 있을 것으로 전망한다. 그러므로 이제는 목사를 제외한 타 교과의 교사들도 영적으로 훈련시켜 교육의 전 영역에서 기독교세계관을 가르치도록 해야 할 필요가 있다고 주장한다.

이렇게 하기 위해서는 더욱 치밀한 종교교육의 커리큘럼이 설계되어야 할 것이다. 교회의 일도 담임 목사 혼자 다 할 수 없듯이, 학교의 종교교육 역시 교목만이 전담할 수 있는 일은 아니라고 본다. 신앙의 확신 있는 담임교사, 신실하고 사랑으로 제자를 가르치는 교과목 선생님들로 구성된 기독교학교가 되는 것, 이것만이 지금 개신교 학교에 닥친 위기 상황을 해소할 수 있는 지혜임에 분명하다. 그러나 훌륭한 소명의식 없는 교사로는 이 소명을 감당하기가 어려울 것이다.

종립학교의 종교교육의 성패는 교사에게 달려 있다. 교원 채용은 그만큼 중차대한 일이란 의미이다. 원광호 목사(D고등학교 교목)는 "학원선교는 마지막 남은 선교의 황금어장이다"라며 "지역교회가 지역학교에 대해 지속적인 관계와 후원을 갖는다면 복음전파뿐만 아니라 학생들에게 건강한 가치관을 심어주는 데 도움을 줄 수 있을 것"이라고 말한다. 지금과 같이 교육당국의 행정규제가 심한 상황 하에서 학교 교사들의 영적 무장도 중요하지만 기독교학교 경영자의 흔들리지 않는 결연한 종교교육의 의지가 더욱 중요하다고 역설한다.

결론적으로 말하면 한국과 같이 묘한 공교육의 체제하에서 사립학교로서의 개신교 학교는 무엇보다도 학교의 존립이 무엇을 위한 것인지를 먼저 깊이 성찰하고, 기독교를 건학이념으로 지키려는 믿음의 확신을 학교 공동체 구성원들에게 분명하게 제시하여야 할 것이다. 그래야만 종교교육을 담당하는 목사들도, 교사들도 다 협력하여 학교의 부름 받은 소명을 지키며 다음 세대로 전승할 수 있을 것이다. 사립학교로서의 개신교학교는 사학의 자율성과 교육권을 공고히 하여 더 이상 법적 무지와 소홀로 인하여 교육당국으로부터 법적인 제재를 당하는 불상사가 재발되지 않도록 학교행정의 법적, 제도적 장치를 갖추어야 할 것이다.

학생의 종교자유의 바람이 기독교학교의 종교교육을 위축시킬 것으로 전망하고 있다. 그럼에도 불구하고 학생을 그리스도 안에서 끝까지 사랑으로 돌보고 양육하는 예수의 제자도를 포기하지 않는 모범을 보여주어야 할 때이다. 사제 간, 학교와 학생 간의 관계가 법으로 심판받는 일이 발생되지 않도록 보다 더 헌신적이고 희생적인 종교교육이 요구된다 하겠다. 지금 기독교학교 운영자들과 교사들에게는 한 마리의 양을 위해서 99마리의 양을 잠시 버려두는 희생을 각오해야 할 시기에 직면해 있다. 강의석 사건은 어쩌면 잃은 양 한 마리를 소홀히 하여 생겨난 일인지도 모른다는 생각이 든다. 한 사람의 작은 목소리라도 중하게 여기고 들어주는 기독교학교 현장이 되길 진심으로 기원해본다. 기독교학교가 모두 다 자사고로 전환하는 것도 준비가 충분하지 않다면 신중을 기할 것을 권고한다. 재정이 취약한 기독교학교가 시류에 휩쓸려 이미 역사적으로나 평준화 이전부터 명성을 쌓아온 명문 사립 종립학교의 경우와 자신의 학교를 동일시하여 자사고로 전환하는 경우 모 고교처럼 학생 미달 사태를 맞이하게 될 것이다.

박상진이 제안한 기독교학교 후원회 결성은 학교마다 노력을 한다면 불가능한 일은 아닌 것 같다. 예를 들어, 가상적으로 이렇게 추정을 해볼 수 있을 것이다. 2009년 현재 기독교학교연맹에 가입된 개신교 고등학교가 138개교, 중학교는 97개교이다. 현재 한국의 총 개신교 교회 수는 약 6만 개 교회로 추정된다. 이 교회들 중 40%는 재정 미자립 상태의 교회이므로 제하면 기독교학교를 후원할 수 있는 실제 교회 수는 약 3만 6천 교회가 된다. 이 교회들이 일 년에 한 교회당 월 10만 원씩 120만 원을 기독교학교 후원기금으로 헌금해줄 수 있다면 일 년에 총 432억 원의 기부금이 조성될 수 있다. 이것을 중, 고교를 다 합해서 일괄적으로 지원한다면 한 학교당 일 년에 1억 8천만 원을 지원할 수 있고, 만일 고등학교에만 지원한다면 지원금은 3억 1천만 원으로 훨씬 지원 금액이 많아진다. 여기에다 현재 개신교학교 중 재정적으로 완전 독립이 된 학교들을 제한다면 (현재 약 50개교 자사고로 전환, 물론 국고의 보조를 받는 자사고도 있음) 한 학교당 약 5억이라는 후원금을 지원할 수 있게 된다. 한 교회에서 한 달에 1만 원을 열 사람의 성도가 헌금한다고 가정하면 불가능한 일도 아니며 반드시 큰 교회만이 할 수 있는 일도 아니라고 본다.

기독교학교가 청소년들에게 종교교육과 선교를 보다 더 적극적으로 할 수 있는 교육환경이 마련되기 위해서 현재 교회가 할 수 있는 일은 후원회를 조직하는 일이다. 그러기 위해 초 교파적으로 기독교학교 후원재단을 설립하고 각 교파별로 대표를 선임하여 개신교 종립학교 살리기 운동에 적극 동참할 것을 긴급히 제안한다.

참고 문헌

강돈구, 윤용복, 이혜정, 송현주, 류성민 (2007). 한국의 종교정책과 종교교육. **종교연구**, 139-162.

강영택 (2007). 고교평준화 정책에 대한 기독교 교육적 이해. **기독교교육정보**,

17, 269-292.

고병철 (2009). 종립사학과 종교교과교육의 공공성과 자율성. **정신문화연구**, 32(4), 83-111.

고시면 (2010). 종립학교(미션스쿨)에 '뺑뺑이'형 강제배정 · 입학시 종교의 자유와 관련된 강의석군 사건에 관한 연구: '대판 2010.04.22., 2008다38288' [파기환송]을 중심으로. **사법행정**, 51(7), 2-13.

교육과학기술부 (2009). **2009 개정 교육과정**. 서울: 교육과학기술부.

김귀성 (1997). 한국의 중등학교에 있어서 종교교육의 현황과 과제: 불교계와 원불교를 중심으로. **종교교육학연구**, 3, 129-147.

김귀성 (2008). 현행 종교과 교사 양성의 실태와 개선방안. **종교교육학연구**, 27, 11-29.

김귀성 (2010). **학교에서 종교교육의 이해**. 서울: 도서출판 문음사.

김기숙 (2006). 공동체와 인성교육. **기독교교육정보**, 14, 43-66.

김선아 (2009). 종교교과를 위한 새로운 교수-학습 설계 모형 탐구. **기독교교육정보**, 24, 225-253.

김성재 (1982. 3). 하나님의 선교와 교육. **기독교사상**, 285, 26-36.

김용관 (2004). 종교계 사립학교에서의 종교교육 운영 방안. **기독교윤리실천위원회포럼 발표논문**. 10월 28일. 서울: 강남교회.

김유환 (2008). 초중등학교 종교교육의 문제점과 해결방향: 강의석사건 판결의 의미와 전망. **공법학연구**, 9(1), 305-322.

김유환 (2010). 대법원 2008다 38288 판결의 의미와 사립학교 종교교육의 방향. **기독교학교교육연구소 정책세미나**, 5월 25일. 서울: 한국교회 백주년 기념관.

김재웅 (2006). 사립학교 종교교육에 대한 교육정치학적 분석: 기독교 학교를 중심으로. **교육정치학연구**, 13(3), 31-53.

김재웅 (2010). 기독교학교의 자율성 확립을 위한 제도적 개선방안. **기독교학교교육연구소 정책세미나**, 5월 25일. 서울: 한국교회 백주년 기념관.

김재웅 (2010). 기독교학교의 정체성 확립을 위한 기독교학교와 한국교회의 대응방안. **기독교학교교육연구소 정책세미나**, 5월 25일. 서울: 한국교회 백주년 기념관.

류성민 (2008). 한·미·일 삼국의 종교정책과 종교교육 비교. **종교교육학연구**, 26, 165-194.

문화체육관광부 (2008). **한국의 종교현황**. 서울: 문화체육관광부.

박상진 (2007). 한국 기독교학교의 자율성 및 정체성 재확립을 위한 과제. **기독교교육논총**, 15, 61-96.

박은조 편 (1999). **하나님이 기뻐하시는 학교**. 서울: 예영커뮤니케이션.

박종보 (2007). 사립학교에서 종교교육의 자유와 학생의 신앙의 자유. **법학논총**, 24(3), 49-67.

박창언 (2009). 종교 교육과정의 교육법적 쟁점과 과제. **교육법학연구**, 21(1), 89-117.

박헌욱 (2006). 일본의 공교육에 있어서 기독교교육의 의의와 역할. **기독교교육논총**, 12, 91-106.

박현범 (2010). 기독교학교에서의 종교교육의 문제와 해결방안 모색. **기독교학교교육연구소 정책세미나**, 5월 25일. 서울: 한국교회 백주년 기념관.

서울특별시교육청 (2010). **중학교 교육과정 편성·운영 지침**. 서울: 서울특별시교육청.

손원영 (2006). 영국에서의 학교 종교교육에 대한 연구. **기독교교육정보**, 14, 211-232.

손원영 (2008). 한국 중등학교의 종교교사 자격에 관한 연구. **종교교육학연구**, 27, 31-49.

손원영 (2010). 기독교계 사립학교에서의 종교교육: 「초중등교육법 일부 개정법률안」과 관련하여. **종교교육학연구**, 32, 211-230.

송기춘 (2004). 종교학교에서의 종교교육과 학생의 종교의 자유. **공법연구**, 33(1), 339.

송기춘 (2008). 사학의 종교교육의 자유와 학생의 종교의 자유. **민주법학**, 37, 405-444.

양봉식 (2009). **공교육에도 구원이 필요하다**. 교회와 신앙. http://www.amennews.com/news/articleView.html.에서 12월 10일 인출.

양은용 (2008). 종교교사의 자질과 종교교육. **종교교육학연구**, 27, 1-9.

유승우 (2001). 사립학교의 종교교육. **考試界**, 277-282.

윤진숙 (2010). 종교의 자유의 의미와 한계에 대한 고찰. **법학연구**, 20(2), 113-136.

은준관 (1996). 한국의 근-현대화와 기독교학교의 역할. **기독교사상**, 447, 12-15.

이혜정 (2007). 미국 공립학교에서의 종교교육. **종교연구**, 47, 221-240.

장요한 (2011). **2009 개정 교육과정 본격 시행… 현장 부작용 심각**. 천지일보. http://www.newscj.com에서 2011. 4. 19 인출.

정상우, 최정은 (2010). 학생의 신앙의 자유와 중등 종립학교에서의 종교교육의 자유의 조화 방안 연구. **교육법학연구**, 22(2), 191-217.

정웅섭 (1983). 선교 100년과 기독교학교의 과제, **신학연구**, 25, 232-246.

정일환, 박재윤, 황준성, 문성모, 신지수 (2007). 종교계 사학의 전개과정과 발전 방향 탐색: 가톨릭계 학교를 중심으로. **종교교육학연구**, 25, 273-299.

정형근 (2010). 사립학교의 종교교육의 자유: 대법원 2010.4.22. 선고, 2008다38288 전원합의체 판결. **한양법학**, 21(3), 189-213.

최기영 (2010). 애국계몽운동II. (한국독립운동사편찬위 편). **한국 독립운동의 역사**. 천안: 독립기념관 한국독립운동사연구소.

최현종 (2010). 종교 인구에 대한 센서스 결과 분석. **신학과 실천**, 24(2), 371-397.

한국기독교학교연맹 (1970). **1970년 연맹요람**. 서울: 한국기독교학교연맹.

한국기독교학교연맹 (2009). **2009년 연맹요람**. 서울: 한국기독교학교연맹.

한미라 (2005). 공교육의 위기와 기독교교육학의 역할 재정립. **기독교교육정보,** 12, 11-47.

한미라 (2009). 현대 공교육의 위기 극복을 위한 칼뱅의 교육사상 이해. **현상과 인식**, 33(3), 144-165.

한춘기 (2004). **한국교회 교육사**. 서울: 대한예수교장로회총회.

한춘기 (2006). 한국에서의 공교육과 기독교교육의 사명. **기독교교육논총**, 12, 137-152.

황준성, 박재윤, 정일환, 문성모, 신지수 (2007). '종교교육의 자유'의 법리 및 관련 법령 · 판례 분석. **교육법학연구**, 19(2), 181-208.

홍은숙 (2009). 민주사회에서의 중등학교 종교교육의 문제와 방향 고찰. **기독교교육논총**, 21, 153-183.

Carr, D. (2007). Religious education, religious literacy and common schooling: A philosophy and history of skewed reflection. *Journal of Philosophy of Education*, 41(4), 671-672.

Evans, C. (2008). Religious education in public schools: An international human rights perspective. *Human Rights Law Review*, 2008.

Gillespie, V. Bailey (1979). *Religious conversion and personal identity: How and why people change*. Birmingham, AL: Religious Education Press.

Kent, Greenawalt (2007). *Does God belong in public schools.* Princeton University Press.

Loder, James E. (1989). *The transforming moment*. Colorado Springs: Helmers & Howard Publishers.

Lonergan, Bernard (1978). Theology in its new context. *Conversion*. Walter E. Conn (ed). New York: Alba House.

Sherrill, Lewis (1954). *The rise of Christian education*. NY: The Macmillan Company.

교육통계서비스, http://cesi.kedi.re.kr.

Abstract

Sacrifice of the Protestant School's Religious Education in the Korean Public Education

Meerha Hahn
(Professor, Hoseo University)

In spite of the sacrificial contribution of the early missionaries in Korea, the religious educations at Protestant schools are now at stake. With respect to the unique situation of the schools which have been supervised and financially subsidized by the Korean government, they may not be as successful as they were in terms of teaching Christianity to their secondary school students. Due to the supreme court's final verdict on the Euiseok Kang's case, the Christian schools are now responsible for respecting the student's freedom of religion. No religious class can be forced to take in the Korean Christian schools since 2010.

This article is focused on the four points: first, the recent issues of the Protestant schools in the realm of the Korean public education, second, the sacrifice of the school's mission, third, the nature of religious education at the secondary Protestant schools, and fourth, suggestions for the survival of their religious education in the field of the public education.

As for the current issues of the Christian schools in the midst of the public education context, the schools confront the big three problems. Mandatory student assignment policy for the sake of the government's high school leveling policy is the first issue that actually caused the major problem creating conflict between the student's religious freedom and the school's freedom of religious education. Second, due to the legislation of the elective class of religious subjects, religion classes in any secondary schools in Korea are now prohibited except under the above condition. However, it also violates against the freedom of religious education. Third issue is to approve the Autonomous Private High School as an alternative for recognition of the student's religious freedom, and the fourth is to expect the ripple effect derived from the enactment of the new Student's Human Rights Ordinance.

What the Protestant schools lose through this muddle is their long and traditional religious mission. The schools' teacher and chaplains' passion toward the mission went cold. The school must give up some of their key mission work such as the weekly worship service with the entire students. Now the Korean Protestant schools are at the crossroad.

It is partly because that people who are engaged in making public education policy would not sufficiently understand why the schools want to maintain their religious education for the youth. As for it, better communication must also be needed between religions, religious educators, policy makers and clergies on the nature of their own religious tradition and education. In this paper, the author vindicated the rationale for having the school's worship service as a good example of latent curriculum that the school can practice without a significant reformation of the school's infrastructure.

At last, some ideas were suggested for the sake of reconciliation between the religious freedom and religious education. Most of Christian schools in Korea want to continue their religious education. Their basic argument is that the public education today is not enough to provide the character and spiritual education for the young and growing generations. Authenticity and true humanity must be nurtured by religious education even in the public education arena. However, the religious education at the Christian schools has to resolve the problem of student's right in order to keep their faith. Therefore, ideas that enable the school coexist within the public education sphere must be sought. Finally, the issue must also be handled from the multi-religious and multi-cultural perspectives. Recently, religious landscape in Korea has variously been changed due to the increase of migration from different Asian countries.

Key words: Korean Protestant school, Christian religious education, religious education in the Korean public education, issues of religious education in Korea, sacrifice of religious education.

기독교적 관점에서 본 미래인재상에 대한 비판적 성찰

한미라 (호서대학교 교수)
mrhahn2022@gmail.com
김소연 (호서대학교 강사)
sens24@hanmail.net

I. 지식기반사회의 도래와 미래핵심인재

최근 한국 사회가 지식기반사회로 돌입하면서부터 미래사회의 우수인재를 양육하기 위한 연구들이 활발하게 전개되기 시작되었다. "지식기반사회"라는 말은 1990년대 후반부터 빈번히 사용되기 시작하였다. 미국의 사회학자 다니엘 벨(Daniel Bell, 1973)은 이미 1970년대에 산업사회의 후기적 징후를 지식기반사회라고 예견하였고, 피터 드러커(Peter F. Drucker, 1993)는 2010년이나 2020년에는 지식이 자본 노동을 대체하는 지식사회가 탄생할 것이라고 예측하였고, 1998년 6월 국제지식경영정상회의에서 앞으로 지식이 없는 나라는 망하게 될 것이라고 역설하기도 하였다.

서이종에게 있어서 '지식화'는 지식의 도입과 배분, 흡수, 창조 등으로 이어지는 일련의 복합적인 과정으로서 그것은 정보가 저장되고 가공 · 전달되는 속도나 양을 중시하는 정보화와는 달리 지식의 질적 내용을 보다

중시하는 과정이다(서이종, 1998, 10). 이돈희에 의하면 지식기반사회는 정보와 지식이 개인, 기업, 국가의 경쟁력을 좌우하는 핵심요소이자 가치 창출의 원천이 되는 사회이다. 다시 말하면 잘 조직되고 다듬어진 지식을 생산, 사용, 교환, 재구성할 때 거기서 창출되는 생산적 힘과 사회적 가치에 우리의 삶이 크게 의존되게 되는 사회를 의미하는 것이다(이돈희, 2000).

지식기반사회(Knowledge-based Society)란 일반적으로 지식이 가치창출을 위한 중요한 자원이 되고 생산된 지식이 중요한 가치가 되는 사회를 말한다. OECD(국제협력기구)는 지식기반사회를 지식과 정보를 생산, 배포하는 사업에 기반을 둔 경제로 정의하였다. 지식을 4가지 유형으로 분류하면서 "정보"라는 의미에 가까운 know-what, know-why를 넘어서 측정이 어려운 know-who, know-how라는 요소가 지식기반경제의 핵심요소라고 하였다(김상묵, 2003). 또한 APEC에서는 "산업 전반에 걸쳐 지식을 생산, 분배, 이용함으로써 경제를 발전시키고 부를 창출하며 고용을 확대하는 원동력이 되는 경제"라고 정의하였다.

여기서 '지식'이라 함은 단순히 안다는 것만을 의미하지는 않는다. 아는 것을 바탕으로 무엇인가를 새롭게 창출하고 체계화함으로써 다시 새로운 것을 창출할 수 있는 기술과 정보까지도 포괄하는 개념인 것이다. 20세기 산업사회에서 자본과 노동은 소모품이었으나 21세기 지식기반사회에서 지식은 지속적으로 축적과정을 거쳐서 개인, 기업 및 국가의 경쟁력을 좌우할 수 있다는 점에서 그 가치는 더욱 중요한 의미를 지닌다. 미국 브루킹스 연구소(Brookings Institution)의 아마코스트(Michael Armacost) 소장은 미국 S&P 500대 기업의 가치 중 무형자산이 차지하는 비중이 급격히 증가하고 있으며 21세기 신경제의 가장 중요한 특징은 눈에 보이지 않는 무형적 요소가 부의 창출에 지배적인 역할을 하는 것이라고 주장하였다. 또한 그는 현대의 경제활동에서 무형자산의 구축과 활용은 모든 조직의 생존 이슈이며, 특히 무형자산 중에서도 기술, 디자인, 브랜드, 마케팅 등은 '경쟁력 있는 자산'이라고 하였다.

최근 국내 신문사가 실시한 미래 학자들과의 인터뷰[1]에서 앨빈 토플러(Alvin Toffler)는 전문가의 장벽이나 기존 사고(思考)의 틀을 깨고 넘나드는 인재, 더 열려 있고 더 신축적인 인재가 중요해질 것이라고 예상하면서 "교육 제도를 확 바꿔야 한다"고 제안하였다. 리처드 왓슨(Richard Watson)도 "첨단 기술이 발전하면 할수록, 감성 · 디자인을 맡고 있는 우뇌가 경제 경영의 중심으로 떠오른다"고 내다봤다. 감성과 디자인, 창조 경영의 아이콘인 '애플(Apple)'이 만드는 자동차를 한번 상상해보라는 게 그의 제언이다. 또한 차세대 미래학자 다니엘 핑크(Daniel Pink)는 "글로벌 경제 위기 탓에 어느 분야에서든 넓고 큰 시야를 갖고, 큰 그림을 그릴 줄 아는 전문가를 원하게 됐다"며 "이런 '하이콘셉트의 능력', '우뇌의 능력'은 갈수록 가속화할 '자동화'가 결코 대체할 수 없다는 점에서 더욱 각광받을 수밖에 없다"고 진단하였다. 3인의 미래학자들의 의견을 종합하면, 한국은 "미래가 벌써 싹트고 있는, 재미있고 아름답고 역동적인 나라", "IT 분야에서 세계 최고 국가 중 하나가 될 것이고, 현 위기에서 미래로 나아가는 창의적 방법을 발견할 것", "풍요의 극적인 사례를 이룬 국가"라는 의견에 입을 모았다.

한국에서 핵심인재라는 용어는 2000년대 들어와 지식기반사회의 기업 경영 핵심 키워드로 자리매김하면서 본격적으로 쓰이기 시작했다. 그러나 외국에서는 이미 1980년대 정보화시대의 도래와 함께 인재전쟁이 시작되고 있었다. 지식노동자에 대한 수요 증가, 인재 부족, 그로 인해 주도권이 기업에서 개인으로 넘어가는 현상이 맞물리면서 인재전쟁이 벌어지게 된 것이다(Ed Michaels, 2002). 삼성 등 국내 대기업의 경우에도 2000년대에 들어서면서 인재 부족에 따른 인재 확보의 중요성을 절감하고 핵심인재의

1 조선일보 2009년 4월 4일자. 저명한 미래학자 3인 앨빈 토플러(Toffler), 리처드 왓슨(Watson), 다니엘 핑크(Pink)와 토론을 한 바 있다(http://www.chosun.com).

확보에 기업의 사활을 걸고 있다. 이는 핵심인재가 2~3년 후 또는 10년 뒤의 기업 성과를 결정짓는 핵심요소가 되기 때문이다(이주인, 2002). 이러한 핵심인재전쟁 속에서 인재를 개발하고 관리하고자 하는 사명감으로 발족된 학회들이 있었다. 한국인적자원개발학회(1997년 6월 창립)와 한국인적자원관리학회(1999년 10월 창립)가 바로 그것이다.

이제 인재의 글로벌 경쟁력은 전 세계의 핵심적인 이슈가 되었고, 인재의 양성과 활용을 위한 정부-기업-학교의 협력, 나아가 전 세계 공동의 노력이 요청되기에 이르렀다. 한국 정부는 이러한 인재 개발과 활용에 대한 국제적 협력과 연계의 중요성을 미리 인식하고 민간 부문과 협력하여 2006년에 글로벌 인재포럼을 창설하였다. 제1회 글로벌 인재포럼은 '인재는 미래다(Global Talent! Global Prosperity!)'라는 주제로 개최되었다. 참가한 석학들은 개막강연에서 "21세기에는 지식, 서비스 산업만으로는 한계가 있다. 혁명적 사고를 하는 인재가 필요하다"면서 인재와 관련한 새로운 패러다임을 제시하였다. 2007년 2회 인재포럼은 '다음 세대를 위한 인적자원 활용전략'이라는 주제로 세부 인재 양성 및 활용에 대한 구체적 방안을 논의하였다. 2008년 3회 포럼의 주제는 '창조적 인재와 글로벌 협력(Creative Talents for Global Collaboration)'이었다. 주요 발표 사항은 '세계정세의 변화와 정부의 새로운 역할'이었는데, 세계경제 악화에 대해 전원참여형 시대에 맞는 인재를 양성해야 하며, 아시아지역 및 전세계적인 네트워크 간의 연계와 공동 프로젝트, 공동연구를 통해 양성해야 함을 제시하였다. 2009년 4회 포럼에서는 '모두를 위한 창의적 인재양성(Creative Education for All)'이란 주제를 가지고, 정책 방안, 글로벌 기업의 창조적 인재 전략, 창조적 교육과 노동시장과의 연계 전략 등을 집중적으로 논의하였다. 2010년 제5차 포럼은 지난 10월 26일(화)~28일(목)까지 '세계가 함께하는 미래준비(Open and Ready for Tomorrow)'를 주제로, 미래지향의 개방형 글로벌 인재양성을 위한 교육개혁과 정부 정책, 글로벌인재의 양성과 활용을 위한 기업의 진화와 공공부문의 역할, 국제 연대 노력 등이 논의되었다. 또한 창의와 배려의 조화를 통한 인재육성 경험의 축적과 확산을 도모하기 위한 전문가들의 심층적인 논의도 있었다. 특히 '21세기 교육, 모험이 필요하다'(사회적 책임과 세계시민의식)라는 주제로 10월 27일 진행된 세션에서는 급속히 세계화되고 있는 미래 사회에서는 '세계시민의식'을 갖춘 인재를 양성해야 한다는 의견도 나왔다. 또 미래형 인재 양성을 위해선 기존의 교육 방식을 벗어나야 한다는 지적도 잇따랐다.

이상에서 살펴본 것과 같이 최근 5년 동안 글로벌 인재포럼에서 발표된 이슈들 중 미래인재교육에 관한 대안들을 종합해보면, 인적자원개발은 신뢰와 진실을 바탕으로 창의적 사고와 세계시민으로서의 자의식을 심어주는 데에 초점을 맞추어야 한다는 것이었다. 국가 대 국가 간의 경쟁보다는 세계가 지식을 공유하고 활용하고 다시 필요한 곳에 환원하는 세계적 공동교육을 지향하고 있는 것이다.

미래사회의 핵심인재로 양육하기 위한 또 하나의 노력은 미래인재포럼에서 잘 나타난다. 미래인재 포럼은 산 · 학 · 연 · 관의 전문가들이 미래인재개발 및 R&D 관련 이슈에 대해 자유롭게 토론하고, 정보와 지식을 교류하기 위해 교육과학기술부, 전국경제인연합회, 한국직업능력개발원이 공동주최하는 정례 포럼으로, 2005년에 시작되어 격월로 개최하고 있다. 현재 2010년 10월로 31번째 포럼을 개최하였다. 미래인재포럼은 글로벌 인재포럼보다 1년 앞서 시작되긴 하였으나 글로벌인재포럼의 준비기간 1년을 계수한다면 동년대(2005년)에 시작되었다고 보아야 할 것이다. 미래의 글로벌 인재를 양성하기 위한 노력은 1990년대 후반부터 그 중요성이 대두되기 시작하여 2005년 본격적으로 세계적인 화두가 되었다.

결국 한국사회가 글로벌화되어 가면 갈수록 미래 사회에 필요한 인적자원은 일반적 인재가 아닌 핵심인재를 요구하게 될 것이다. 이를 위해 정부, 기업, 그리고 교육 연구기관은 계속적으로 어떤 인재가 핵심인재인가를 묻고 그것에 대한 해답을 찾으려 할 것이다. 뿐만 아니라 한국교회 역시 그들의 회중 속에 미래 한국 사회의 각계 각층의 지도자들이 자라고 있다는 것을 유념하여 이들이 현재와 미래 한국의 지도적 위치에서 영적 리더십을 잘 발휘할 수 있도록 신앙교육 프로그램을 전면적으로 개정해야 할 때이다. 이러한 맥락에서 본 논문은 한국 사회 미래인재에 대한 전망을 기독교적 관점에서 평가하고 한국사회를 이끌고 갈 미래핵심인재들을 양성하는 가치덕목에 대해 제언하고자 한다.

II. 21세기 미래인재의 조건

1. 21세기의 새로운 키워드—'스마트'

21세기에 빈번하게 사용하는 키워드 중 하나는 '스마트'이다. 제품이 사람처럼 마음을 읽고 원하는 것을 채워줄 수 있는 능력인 스마트는 현재 21세기 풍요의 시대를 헤쳐 나가는 과학기술의 새 패러다임이요 국가 및 기업들의 전략으로 제시되고 있다(etnnews, 2010. 11. 4). 박영서는 지금 세계는 지식기반 사회에서 스마트한 사회로 진화하고 있다고 주장한다. 그에 의하면 스마트한 사회는 단순히 지식을 확보하는 데 그치는 것이 아니라, 다양한 지식이 융합되어 고도화된 지능과 성공을 위한 지혜로 활용되는 사회를 말한다(박영서, http://www.koreabrand.net). 김영호도 요즘 지식정보화의 첨단인 스마트화가 화두라고 말하면서 대중매체를 도배하고 있는 광고카피부터 미래성장 동력이라는 스마트그리드를 홍보하는 국가정책에 이르기까지 '스마트'가 중요한 이슈로 부각되고 있다고 밝혔다. LG경제연구원 손민선이 기고한 "스마트 시대와 기업"에 관한 글에서 보면 웹에 의한 개방성을 특징으로 하는 새로운 스마트 환경을 맞이한 기업은 '스마트 시대의 기업경영'에 관한 본질적이고 진지한 고민으로 생존의 과제를 풀어야 한다. 현재는 '개성이 폭발하는 시대'이며, 이는 많은 선택권 중에서 개인이 '스스로 결정하는' 시대와 다름 아니다. 자기선택권이 있는 소비자와 공급자인 기업이 '각자, 그리고 함께 생각'하는 스마트 환경은 새로운 시너지효과를 가져와 그동안의 기업 환경에서는 누릴 수 없었던 장점을 기업에게 제공한다. "스마트화를 끌고 가는 힘의 본질은 소비자 주권과 창의적 개성의 힘이 기업의 한계를 넘어설 수 있다는 믿음"임을 강조하며 기업의 변화를 요구하고 있다는 것이다. 산업화 시대와는 다른 지식정보사회가 도래하자 모범적인 인생의 내용이 달라졌다. 맹목적 순응보다는 일탈적 개성이 바람직한 것으로 여겨지면서 멀티플레이어적인 능력을 펼칠 수 있는 기회를 담을 수 있는 창의적인 인재상이 선호되었다. 지식의 독점이 아닌 공유, 정보의 폐쇄가 아닌 개방을 요구하는 공유와 개방의 시대가 세계적으로 확산되고 있다(대전일보, 2010. 11. 18).

2. 기업이 원하는 핵심인재의 요건

그렇다면 미래사회, 기업이 원하는 핵심인재란 어떤 자들인가? William J. Rothwell(2003)은 핵심인재를 미래의 리더이며 현재뿐만 아니라 미래의 탁월한 성과를 달성할 수 있는 조직원으로 보았다. 권대봉(2003)은 조직내에서 핵심적 지위를 점하고 이를 수행하면서 조직의 미래를 책임지게 될 인재로 정의하였다. Tom Peters(2006)는 신경제하에서의 새로운 부가가치의 핵심은 창조력, 상상력, 지적자본이며 따라서 인재(Talent)가 가장 중요하다고 주장하였다. 김현동, 송보화(2009)는 기업의 입장에서 핵심인재는 평균인재에 비하여 차별화된 전문적 기술과 창의적 지식을 활용하여 기존의 제품과 서비스를 혁신할 수 있는 잠재력을 지닌 인재로 정의하였다. 이와 같이 기업의 입장에서 바라보는 핵심인재는 전반적으로 기업조직과 결부하여 뛰어난 능력을 갖춘 사람으로서 '인재(人才)'의 개념에 근접 한 것이다.

'핵심인재'는 지식정보화가 급진전되면서 등장한 용어이다. 핵심인재는 환경이 바뀌면 그 환경에 적합한 모습으로 변화할 수 있는 인재를 일컫는다. 강한 애사심, 농업적 근면성의 산업화 시대 인재상에서 정보화 사회, 창조화 시대의 인재상은 상식과 기존의 틀을 깨는, 지적 창의력과 자기 분야에 대한 전문성이 필요하다는 것이다. 다시 말해 미래시대는 변화 대응능력과 모험심, 도전정신을 가지고 상식과 기존 틀을 깨는 창조적 글로벌 인재를 절실히 요구하고 있다는 것이다. 핵심인재는 전문적 과업능력과 열정을 겸비, 조직의 혁신을 주도할 수 있는 인물을 일컫는다. 핵심인재는 미래지향형 핵심 인재상으로서 전문성, 지적역량, 조직충성도, 도덕성, 인간적 매력을 지닌 자이다. 주어진 과업만을 수행하기보다 전략적 통찰과 추진력을 지니고 조직의 변화를 주도하고, 미래 수익원천을 창출할 능력을 가지고 있다(삼성경제연구소 보고서, 제353호).

2003년 9월 전국경제인연합회에서 발표한 보고서에 의하면 기업이 요구하는 인재상은 경쟁구도의 변화에 따라 함께 변화되어왔다. 아날로그 시대의 경쟁구도 속에서 경험과 기술의 축적, 근면성이 강조되던 인재상은 디지털 시대로 전환되면서 우수한 두뇌와 창의/도전정신으로 변화를 주도해가는 능동적 인재상으로 변화하였다. 즉 학점, 학력, 학벌 등 외형적 요소를 중시하고 단순암기, 주입식 교육의 지식을 반복하여 활용하던 것에서 탈피하여, 잠재적 능력과 다양한 경험, 문제해결능력 등 질적 요소를 더욱 중요시하기 시작하였다는 것이다. 거대한 정보의 바다에서 지식을 캐내어 능동적, 창의적으로 문제를 해결하는 인재가 바로 미래사회가 원하는 인재상인 것이다.

미래사회는 글로벌 환경 아래에서 전문지식과 프로근성을 가지고 올바른 가치관, 창의성, 도전정신으로 조직구성원과 상호 협력하여 맡은 바 임무를 완수하는 국제화된 인재를 원한다. 즉 인간적이며 올바른 가치관을 유지하되 유연한 사고, 창의력, 도전정신과 열정을 지니고 있는 성취인(가치관), 기본에 충실하되 폭넓은 교양과 끊임없는 자기개발로 노력하며 변화를 리드하는 프로패셔널(개인역량), 상호존중, 깨끗한 매너로 신용을 지키고 책임을 다하는 예의바른 협력자(조직역량), 국제적 감각으로 외국어

구사능력을 갖춘 세계인(글로벌 능력)을 원한다(이병욱, 2007).

2010년 4월 8일(목) 교육과학기술부가 주관한 제28회 미래인재 포럼에서 주제발표를 한 이각범 국가정보화전략위원회 위원장은 "미래는 소프트파워의 시대가 될 것이며, 소프트파워는 지식력, 문화콘텐츠 실력, 기술력의 3요소[2]가 유기적으로 연결되어야 한다"고 하면서, 소프트파워 시대의 인재 조건으로 창조적 인재, 글로벌 인재, 하이테크(High Tech) 인재, 도덕적 인재 등 4가지를 제시하였다. 창조적 인재란, 현재 경쟁의 틀을 창조적으로 파괴하고 종합적 사고와 판단을 하는 융합형 인재를 말하며, 창조성은 지식 창출의 파워 엔진이다. 글로벌 인재는 국제경험과 감각, 글로벌 시야를 갖추고, 글로벌 사업능력과 국제적 자원 관리 능력이 있는 자를 말하며, "Think Global, Act Local"로 요약할 수 있다. 하이테크 인재는 High Touch(공감/네트워크 능력), High Tech(논리/선형적 능력)를 지닌 인재를 말하며, 도덕적 인재란 신뢰와 믿음, 올바른 가치관과 성실함에서 나오는 무형의 자산을 가진 사람을 뜻한다(이각범, 2010).

삼성경제연구소 보고서에 의거하여 볼 때, 핵심인재의 조건은 변화주도, 인간미, 전문능력, 도덕성이다. 변화주도는 변화와 혁신을 주도하면서 조직내 고착된 관행과 고정관념을 타파하고 혁신적 아이디어를 관철시키는 열정과 에너지로 신가치를 창출하는 능력을 말한다. 인간미란 주변에 사람이 모이고 어려울 때 도움을 받을 수 있는 능력이다. 전문능력은 제품, 기술, 시장 관련 전문지식을 충분히 보유하고 향후 회사의 사업을 주도할 능력을 일컫는다. 도덕성은 투철한 가치관과 조직관을 갖춘 인재에게만 있는 것이다. 도덕성은 조직 및 고객과의 일체감을 통한 조직충성과 고객만족을 구현하는 근본 에너지를 나타낸다(삼성경제연구소,

2 지식력: 기초과학, 인문과학적 지식, 합리적 의사소통구조, 사회조직력 등 / 문화콘텐츠 실력: 문화, 디자인, 커뮤니케이션, 감동적인 역사소재 등 / 기술력: 창조, 개방, 혁신, 수요중심의 기술력 등.

"CEO Information 제353호").

표 1. 한국 주요 기업이 원하는 핵심인재의 요건

	개인역량	글로벌 능력	조직역량	태도 및 가치관	기타
삼성	전문지식, 끊임없는 학습, 폭넓은 교양	국제 감각능력	협력, 에티켓	유연적 사고, 창의력, 도덕성, 자기표현능력 등	시장경제에 긍정적 시각
LG	기본에 충실	넓은 시야 외국어 실력	협조, 양보	창의력, 개성, 올바른 가치관 등	
SK	경영지식, 기획력, 과학적 지식	국제감각	사교성	적극성, 진취성, 도전정신 등	가정 중시 및 건강관리
현대차	학습하는 전문인	국제감각	더불어 사는 사회구성원	창의력, 인간미, 유연한 사고	정직, 근면
포스코	프로정신, IT능력	국제감각, 외국어실력	신용	창의력	
롯데	자기개발	국제화능력	협력과 양보	패기, 투지, 도전정신, 인내 등	

* 자료: 이병욱, "기업의 인재상 및 인적자원관리," 대한민국과학기술연차대회 자료집, 2007. 7. 10.

SONY의 핵심인재요건은 호기심(Curiosity), 마무리에 대한 집착(Persistence), 사고의 유연성(Flexibility), 낙관론(Optimism), 리스크 감수(Risk-taking)이다. 호기심은 다양한 분야에서 최고, 최신의 것을 알고 있어야 하며 "나라면 이렇게"라는 아이디어를 가지고 있어야 한다는 것이다. 마무리에 대한 집착은 상품을 제작하는 데 있어서 비즈니스에 대해 마지막까지 최선을 다하는 것이다. 사고의 유연성은 집착할 것과 유연하게 대응할 것을 구분할 줄 아는 것이다. 낙관론은 반드시 잘될 것이라는 자세로 곤란한 일에 도전하는 것이다. 마지막으로 리스크(risk) 감수는 곤경에서도 스스로 책임지고 위험을 감수하는 것이다. 매릴 린치(Merrill Lynch)는 핵심인재 요건을 지적능력(분석력, 이슈 발굴 능력), 열정(조직과 개인을 감동시키고 열정을 심어주는 능력), 혁신지향(변화를 수용하고 항상 준비하며 신속대응이 가능한 능력), 인재양성(우수한 후배를 배출하고 뛰어난 리더를 양성하는 능력), 인간적 매력(서비스업의 개념에 부합되는 흡인력과 인간미를 발휘하는 것)으로 구분하였다(삼성경제연구소 보고서, 2002).

3. 기업 미래인재상에 대한 비판

표 1에서 요약된 국내 굴지의 기업들이 표방하는 미래사회의 핵심인재란 결국 경쟁적인 글로벌 지식사회에서 생존해갈 수 있는 치열한 승부욕(도전정신의 또 다른 표현)을 지닌 엘리트를 뜻하고 있다. 특히 대부분의 기업에서 중시하는 가치관을 보면 창의성과 도전정신을 최우선으로 내세운다. 창의와 도전은 상대적으로 강한 자아성취감을 기본적으로 요구하는 덕목이다. 표현의 차이는 있으나 대기업들의 핵심인재가치는 유연적 사고나 '도덕성, 인내, 인간미' 같은 덕목에 높은 비중을 두기보다는 '도전, 진취, 패기, 투지, 자기표현, 창의성' 등과 같이 개인의 성격과 성향에 기인된 가치를 더욱 중요시 여기는 것으로 드러나고 있다. 전반적으로 공동체성보다는 개인의 역량과 경쟁력, 생존능력에만 치중하는 핵심인재의 요건은 앞으로 한국사회를 이끌어갈 인재로서 심각한 인성의 결핍현상이 예측된다. 이러한 우려는 이미 현대 한국사회의 부정과 부패 속에 소위 노블리스 오블리즈를 표방하는 자들의 추락 속에서 익히 검증되고 있는 것이다. 이러한 파워엘리트, 핵심인재들의 도덕적 데카당스를 더 이상 반복하지 않기 위해서는 대기업들의 핵심인재상의 조속한 수정이 있어야 할 것이다.

아무리 선한 의도로 기업이 필요로 하는 인재상을 설득하려 해도 사용자가 아닌 피고용자의 입장에서는 누구나 다 핵심인재 요건을 갖추려고 하는 것은 자명한 사실이다. 이 때문에 기업들의 미래인재 조건에 부합하기 위해서 차세대들은 고등학교 또는 대학 졸업 후 치열한 경쟁사회의 대열에 합류하게 된다. 더욱이 미모와 지성과 인성의 3박자를 겸비한 우수한 인재로 당당히 대기업의 문을 두드리기 위해 족집게 취업면접학원이 봇물 터지듯 성행하고 있는 것은 지나친 제2의 입시경쟁이라고 할 수 있는 입사경쟁에서 오는 병폐가 아닐 수 없다.

매일경제신문사에서는 최근 난립하고 있는 취업면접학원에 대해 집중 조명하였다. 매일경제신문사에 의하면 지난 2년 사이 40여 개의 취업면접학원이 생겨났다고 한다. 취업면접학원이 또 하나의 과외병폐를 조장하고 있는 셈이다. 서울 강남의 한 취업면접학원 원장은 하반기 대기업 면접 시즌이 다가오면서 문의 전화가 부쩍 늘었다며 기분 좋은 변명을 하였다고 한다. 그는 대입 수험생들을 대상으로 논술과 면접을 가르치는 학원에서 요즘엔 취업면접 전문으로 전략을 바꾸고 있다며 입사경쟁의 치열함을 암시하였다. 이제우 잉텍아카데미 원장은 "기업 면접이 점점 더 정교해지면서 취업을 위해 보다 전문성을 갖춘 학원을 찾는 수요가 늘었다"고 말했다. 1명당 수강료는 강남 지역의 경우 6번 수업에 70만 원 선, 그 외 지역은 50만 원 정도라고 한다. 비싼 과외비를 지불하면서까지 기업면접을 통과해야 한다는 차세대들의 취업경쟁은 한국사회에서 또 하나의 입사트랜드로 자기매김하고 있다. 이제우는 "4~5년 전부터 면접 스터디가 유행하자 이를 사업 수단으로 삼은 학원들이 급격히 늘었다"고 말한다. 최근에는 실제 기업체 인사담당이나 컨설팅 업체 출신들이 학원을 운영하는 사례도 나타나고 있다. 현대건설 인사부, 기획실 출신 기업전략가였던 송영상 원장은 취업이 어려워지면서 보다 전문적인 면접 스킬을 요구하는 수요가 늘어나는 것을 보고 2007년 "혜안문제해결스쿨"을 세웠고, "생각보다 반응이 폭발적이었다"고 한다. 이제는 취업을 위한 개별 과외를 원하는 예비 취업생은 물론 각 대학에서도 강의를 요청하는 목소리가 커지고 있다(이코노미, 2008년 10월 1477호).

미래인재상이 가져온 또 하나의 병폐는 스펙[3] 경쟁이다. 갈수록 좁아지

---

3 스펙: specification(명세서)의 줄임말. 취업준비생들 사이에서 학력 · 학점 · 외국어 성적 ·

는 취업문을 뚫기 위해 남들보다 조금이라도 더 좋은 조건을 갖추려는 취업 준비생들의 '스펙 경쟁'은 필요 이상의 낭비를 조장하고 있다. 토익 10점, 학점 0.1점에 연연해 반복해서 영어시험에 응시하거나 비싼 등록금을 내고 학기를 연장하는 등 사회적인 낭비가 심각한 수준이라는 것이다. 졸업을 미루면서까지 '학점 세탁'을 위해 한 과목을 재수강 · 삼수강하는 학생이 많은 것은 대학가의 골칫거리가 된 지 오래다. 이 때문에 서울대 · 고려대 · 이화여대 등은 재수강을 하려면 이전 성적이 반드시 'C+' 이하여야 한다는 제한선을 마련하였다. 현재 취업 준비생들은 단지 입사지원서의 자기소개서에 '튀는' 이력을 한 줄 더 써넣기 위해 이색 자격증 취득에 시간과 돈을 퍼붓고 있는 셈이다(조선일보, 2008. 10. 19). 이 또한 현장에 사용하지도 않는 불요불급한 자격증 교육을 난립시키는 원인이 되며 국가적, 개인적 사교육비만 증가시키는 결과를 초래할 뿐이다.

취업 준비생들이 이처럼 '스펙'에 몰입하는 이유는 물론 극심한 취업난 때문이다. 조선일보 보도에 따르면 대학생들이 주로 취업하려는 대기업의 자리는 2008년 하반기 2만 개 안팎에 불과하였다. 2008년 6월 대한상공회의소가 국내 500대 기업을 대상으로 조사한 하반기 신규채용 규모는 1만 9464명이었다. 그러나 지난 8월 기준으로 취업준비생 41만 7000명과 실업자 등을 합친 20대 이하 '청년 백수'는 약 106만 명으로 집계되었다. 이런 상황에서 수백 대 일까지 치솟는 취업난을 뚫기 위해 '경쟁자보다 조금이라도 더 좋은 스펙을 갖춰야 한다'는 압박감이 취업준비생들을 지배하고 있는 것이다. 허재준 한국노동연구원 노동시장연구본부장은 취업 준비생들의 과도한 '스펙 경쟁'으로 인한 우리 사회의 연간 손실 규모가 최소 2조 850억 원에 이를 것이라는 분석을 내놓았다. 문제는 이렇게 많은 돈과 시간을 들인 '높은 스펙'이 취업을 보증하지도 않을 뿐 아니라 상관관계도 불분명하다는 점이다.

자격증 등의 조건을 뜻함.

현대 기업들이 원하는 미래 인재상은 분명 그 기준이 있다. 즉, 실력을 갖추는 것은 물론이고 인성과 사회성을 갖춘 협력적 인간을 선호하는 것이다. 그러나 그 기준을 넘어서서 남들보다 더 뛰어난 이력으로 입사하고자 하는 취업경쟁으로 인한 국가적, 경제적 손실과 지나친 낭비는 더욱 심각한 병폐가 되고 있다.

Ⅲ. 성서에 나타난 인재의 덕목

성서에서 말하는 덕목을 갖춘 인재는 하나님이 들어 쓰시는 자이다. 즉, 하나님은 사람을 외모로 판단하시지 않고 그 중심을 보신다고 하셨다(삼상 16:7). 이것은 다윗이 이새의 여덟 아들 중에서 사무엘에 의해 선발되는 과정에 잘 나타나 있다. 사무엘이 생각하고 있던 인재는 아마도 왕으로서의 기품과 외적으로 구별되는 조건이었는지도 모른다. 그러나 하나님은 당시 가장 어린 다윗을 지명하셨다. 성서가 말하는 핵심인재들은 어쩌면 오늘날 기업이 말하는 것과는 거리가 멀 수도 있다. 사무엘이 다윗을 선발한 과정이 바로 이를 증명하고 있다. 즉 성서가 말하는 인재의 조건은 하나님을 닮은 인성의 소유자이다. 즉 자신의 개인적 뜻과 야망을 좇는 자가 아니라 하나님의 뜻을 받드는 자이다. 하나님의 계획하심에 부르심에 순종하고 공동체를 섬기는 자일 것이다.

1. 하나님의 형상으로서의 인성

일반적으로 인성이란 인간의 성품, 즉 인간됨을 나타내는 말이다. 그렇다면 기독교적 인성은 인간됨과 영성이 겸비된 인성을 뜻한다고 할 수 있다. 기독교의 인성은 구원받은 거룩한 존재로부터 시작된다. 구원은 인간의 전인적인 구원을 말한다. 즉 영적인 구원과 육체적인 구원과 인격적인 구원을 모두 포함하는 것이다. 구원받지 않는 인간이 거룩한 성품이나 성숙한 인격을 가질 수는 없다. 기독교적 인성은 구원으로부터 시작되는 것이다(Calvin, 2004).

구원은 믿음과 회개의 행위를 통해서 이루어진다. 믿음은 하나님이 인간에게 주시는 전적인 은혜이다. 그러나 인간은 인성의 파괴, 인격의 상실, 성품의 혼돈에 대한 회개도 병행해야 한다. 이러한 회개 속에 인성 회복을 위한 과정이 내포되어 있는 것이다. 그러므로 인성회복을 위한 회개는 구원에 있어서 필수적인 과정이다. 사전적 의미에서 회개란 죄에 관련된 마음의 성향을 진지하고도 철저하게 변화시킨 것으로서 개인의 죄책감과 무력감으로 인해 하나님의 자비를 이해하며 죄로부터 탈피 내지는 구원하고자 하는 강한 욕구와 죄를 자발적으로 버리는 소행이라는 뜻이 내포된 것이다(김춘배 편, 1963). 회개는 넓은 의미로 말해서 근본적으로 마음이 변화하는 것이다.

만물의 시작과 함께 인간의 창조를 보여주고 있는 창세기에서 인간의 인간다움이나 인간성의 본질은 하나님의 형상대로 지음받은 영적 존재라는 사실을 보여준다(창 1:26-27). 코메니우스(Johann Amos Comenius, 2003)는 하나님의 형상으로서의 인간을 첫째, 모든 피조물 가운데 가장 탁월한 존재로 지음받은 피조물로 보았다. 이것은 인간을 이성적 존재로 지으셨다는 것을 의미한다. 둘째, 하나님의 형상으로서의 인간은 하나님의 기쁨의 동산이라고 하였다. 그것은 인간 속에 영원한 뿌리를 박았으므로 인간은 그가 세워진 자리에 머무는 한 진실로 하나님의 기쁨의 동산이 된다는 것이다. 셋째, 그는 하나님의 형상으로서의 인간은 원형이신 하나님의 완전함을 대표한다고 보았다. 즉 하나님은 자신이 거룩하고 완전한 것 같이 인간 역시 완전함에 이를 수 있는 존재임을 말하고자 한 것이다. 코메니우스의 인간이해로부터 다음의 세 가지 사실을 확인할 수 있다. 첫째, 인간은 모든 것을 아는 생득적 지식을 가진다. 둘째, 인간은 모든 것과 자신을 제어하는 능력을 가진다. 셋째, 인간은 자신과 모든 것을 만물의 근원이신 하나님께 의탁하는 본능이 있다. 이러한 인간존재의 세 가지 본성은 코메니우스의 잘 알려진 용어로 표현하자면 지성과 덕성과 경건성(신앙)이다.

인간에게 보여주신 완전한 하나님 형상은 성육하신 하나님 즉 예수님이다. 따라서 빌립보서와 히브리서에 다음과 같이 말하고 있다.

> "너희 안에 이 마음을 품으라 곧 그리스도 예수의 마음이니 그는 근본 하나님의 본체시나 하나님과 동등됨을 취할 것으로 여기지 아니하시고 오히려 자기를 비어 종의 형체를 가져 사람들과 같이 되었고 사람의 모양으로 나타나셨으매 자기를 낮추시고 죽기까지 복종하셨으니 곧 십자가에 죽으심이라." (빌 2:5-8)
>
> "우리에게 있는 대제사장은 우리 연약함을 체휼하지 아니하는 자가 아니요 모든 일에 우리와 한결같이 시험을 받은 자로되 죄는 없으시니라." (히 4:15)

여기서 하나님의 형상은 인격적 관계를 맺고 다른 사람을 사랑할 수 있는 능력과 기능이라 할 수 있다. 이 하나님의 형상은 전인에 있고 인간의 총체에 반영되어 있다(신원하, 2000, p. 273). 하나님 형상에 대한 이해를 관계적 맥락에서 살펴보는 것은 매우 중요한 일이다. 신학자 칼 바르트는 예수님이 타인을 위해 존재하셨음을 상기시키면서 인간성은 타인과 함께 하는 존재 안에서 결정되어짐을 언급하고 있다(Patton, 2000, p. 106). 성경은 이러한 하나님 형상으로서의 인성에 대한 성장을 분명하게 말하고 있다.

2. 성령의 열매로서의 인성

인본주의적 교육은 교육을 통해서 의도적인 인간형성이 가능하다고 말한다. 그러나 기독교에서의 인성교육은 인간의 변화와 성숙이 인간의 노력과 힘만으로는 불가능하고 반드시 성령의 힘과 개입이 있어야 한다고 믿고 있다. 인간은 태어나면서부터 죽을 때까지 끊임없이 발달하고 성숙되어 간다. 이 세상을 창조하신 하나님의 피조물인 인간이 발달하는 과정에도 보편적인 원리와 질서가 있으며 그 특성에 따라서 인간을 자연스럽게 교육하는 것이 교육자가 해야 할 과제인 것이다. 이러한 맥락에서 기독교교육도 일반교육과 인간발달의 원리를 공유할 수 있는 것이다. 즉 인간이 된다고 하는 것은 인성의 모든 측면에서 충분히 성숙하고 발달한다는 것을 의미하는 것으로서 그것은 기본적으로 인간을 창조하신 하나님의 뜻에서 기인하고 있는 것이다(Downs, 1994, pp. 77-78).

그러므로 기독교적 관점에서 교육이란 인간이 지닌 본성의 본질적 변화에 대한 경험을 의미하는 것이다. 성경은 인간에게 있어서 본질적 측면에서의 전인적 변화에 대한 체험을 요구하고 있다. "너희는 이 세대를 본받지 말고 오직 마음을 새롭게 함으로 변화를 받아…"(롬 12:2)라고 권면하고 있으며 더 나아가 바울은 옛 사람(the old self)과 새 사람(the new self)이라는 표현을 통해 인성의 온전한 본질적 변화를 말하고 있다(엡 4:23-24).

성서에서의 영(Spirit)이란 말은 구약에서 루아흐(ruach)로, 신약에서는 퓨뉴마(πνευμα)로 표현된다. 이 단어들은 바람, 폭풍, 숨결 등의 의미로 이해되고 있다. 구약에서의 영은 자연과 역사 안에서 신이 택한 예언자들을 통해 수행되는 신의 기운, 신의 능력, 신의 권능으로서 이해된다. 성령의 중요한 역할은 첫째, 특정한 개인에게 하나님의 영이 부어져 특별한 능력이 되어 하나님의 일을 수행케 하시는 것이다. 둘째, 하나님의 영이 신자들에게 부어지면(사 44:13) 그들은 새 영과 마음을 받게 되고(중생), 자기 죄를 애통하게 되는 것이다(슥 12:10). 셋째, 하나님의 영은 그의 역사를 거역하는 자에게는 노하시기도 한다는 것이다(사 63:10, 시 106:33). 성령의 역할은 하나님의 자녀로서의 완성을 목적으로 하는 하나님의 전적인 계획이다.

인간은 성장과정에서 역동적으로 인성을 형성하게 된다. 그러나 불행하게도 모든 인간이 올바른 인성을 가진 것은 아니다. 올바른 인성을 형성하도록 인간을 변화시키는 역동적 역할은 성령에게 있다(이종성, 1997). 성령의 역할이란 신자들의 육체적 삶과 영혼의 삶을 끊임없이 훈련시켜 예수그리스도와 같은 성숙한 인격을 형성하도록 돕는 것이다. 성령에 의한 인간의 인성훈련은 12가지의 열매로 나타난다(갈 5:22-23). 이 12가지 성령의 열매는 현대의 인간이 갖추어야 할 가장 기초적인 인격의 덕목과도 상통하는 것으로 결코 무관한 것이 아니다. 사랑, 희락, 화평, 오래참음, 자비, 양선, 충성, 온유, 절제라는 성령의 9가지 열매(갈 5:22-23)는 변화된 새 사람의 인성을 나타내주는 척도인 것이다. 나와 하나님의 관계 속에서의 열매는 사랑, 희락, 화평이다. 하나님을 사랑할 수 있다는 것은 기독교인이 지니는 최대의 특권이다. 항상 기쁘고 마음의 평안을 얻을 수 있는 비결은 바로 하나님을 사랑하는 것이다. 오래참음, 자비, 양선은 나와 타인과의 관계 속에서 이루어지는 성령의 열매이다. 예수는 한 율법학자가 영생을 얻기 위한 방법에 관하여 질문했을 때, 강도 만난 레위인에 대한 비유로 이웃을 내 몸과 같이 사랑하라(마 22:39)는 실천적 강령을 그에게 알려주셨다. 타인을 사랑하기 위해 기독교인이 갖추어야 할 덕목은 인내와 자비와 양선이다. 마 18장 23-25절은 이웃에게 베풀어야 할 인내와 자비와 양선을 잘 표현해놓은 비유이다. 왕은 만 달란트를 빚진 종이 돈을 갚을 수 없으니 기다려달라고 애원하자 그에게 자비를 베풀어 갚을 돈을 탕감해주었다. 그러나 그 종은 백 데나리온 빚진 동료를 독촉하고 기다려달라는 말을 무시한 채 감옥에 넣어버렸다. 이 사실을 안 왕은 그 종도 감옥으로 보내버렸다. 마지막으로 충성, 온유, 절제는 나와의 약속과도 같은 성령의 열매이다. 이 세 가지 열매는 자기훈련방법의 하나이다. 충성은 성실성을 의미하며 온유는 겸손함, 절제는 자신의 곧은 의지를 나타내는 단어들이다. 특히 겸손함과 자기제어의 능력은 하나님의 성품에 도달하기 위한 오랜 성화의 훈련을 통해 이루어지며, 이 훈련은 생을 마칠 때까지 해야 하는 종신훈련이다. 요약하면 기독교적 인성을 지닌 사람은 삶 속에서 성령의 열매가 나타나는 사람들이다. 이 사람들은 그리스도의 인격을 지닌 사람이며 하나님의 성품에 도달하기 위해 끊임없이 노력하는 사람들이다.

3. 성서에 나타난 기독교 핵심인재의 모델

성서에 나타난 기독교 핵심인재의 모델로는 모세와 사도바울을 들 수 있겠다. 이들은 하나님의 권세와 가르침에 전적으로 순종하고 헌신한 사람들이었다. 모세와 사도바울의 삶 속에는 미래사회가 필요로 하는 핵심인재가 지녀야 할 특성들이 잘 나타나 있다.

1) 하나님의 핵심 인재, 모세

자아정체성: 모세는 떨기나무를 통해 하나님과 간접적으로 대면했던 지도자였다. 또한 하나님께서 직접 돌판에 새겨주신 십계명을 직접 목도한 자이다. 십계명은 하나님께서 인간에게 주신 기독교의 정체성의 덕목이며 지켜야 할 윤리규범이다. 개인적인 고난을 극복하고 40여 년간 자신을 성찰해온 모세가 자아정체성을 확실히 갖게 된 것은 그가 하나님으로부터 소명을 확인하면서부터일 것이다.

강 · 온 병행 리더십: 모세는 언제나 카리스마적 리더십을 가졌던 인물은 아니었다. 그는 오히려 부드러운 리더십을 가진 인물이기도 했다. 이스라엘 백성의 우상숭배에 대해서는 무서울 정도의 강한 리더십을 보여주었다(민 13:25-33). 그러나 한편으로는 모세의 온유함은 지면의 어느 누구보다도 승하였다는 성경의 기록도 있다(민 12:3). 모세는 강할 때는 강하고 온유할 때는 부드러운 양면의 장점을 다 갖춘 지도자였다.

벤처정신: 모세의 벤처정신은 부모의 벤처 신앙에서부터 비롯된 것이다. 모세의 부모는 모세가 하나님이 택하신 지도자라는 것을 미리 알고 하나님의 뜻에 따라 그를 애굽 왕실의 양자로 보내 양육하게 하는 모험을 단행하여 이스라엘의 훌륭한 지도자로 키워냈다. 이러한 정신을 이어받아

모세도 오직 하나님께서 비춰주시는 구름기둥과 불기둥만을 믿고 의지하여 두려움 없이 이스라엘 백성을 이끌 수 있었던 것이다. 뿐만 아니라 오늘날 모든 인간조직의 근간이 된 십부장, 백부장의 조직원리는 비록 장인 이드로의 제안에 의한 것이지만, 그것을 과감히 수용하여 실천에 옮기는 벤처리더십의 전형을 모세가 보여준 것이다.

통전적, 헌신적 삶: 모세는 철저한 순종형 인간이었다. 모세가 하나님께 받은 십계명을 가지고 시내산을 내려왔을 때, 금송아지를 섬기고 있는 백성들을 보고 크게 분노하였다. 왜냐하면 모세에게 있어서 불순종은 하나님께서 가장 싫어하시는 죄이기 때문이다. 모세가 하나님으로부터 택함을 받은 지도자가 될 수 있었던 것은 그의 삶 전체를 하나님을 위해 헌신했기 때문이다. 성서 전반에 흐르는 일관된 가치덕목은 삶과 신앙의 통전성이다. 그것은 자신을 온전히 신께 드렸던 모세와 같은 지도자들의 삶이 잘 대변해주고 있다.

2) 예수의 핵심인재, 사도바울

자기비움의 정체성: 모세와 사도바울은 모두 사회적 신분이 높은 사람들이었다. 그러나 사회적 신분으로는 기독교 정체성을 나타내며 사는 것은 불가능하였다. 예수는 철저히 자기를 낮추시고 비우셔서 종의 몸으로 이 땅에 오셨다. 사도바울도 마찬가지로 다메섹 도상에서 낙마하여 회심한 순간 자기를 비우는 훈련을 시작하게 된 것이다. 철저한 자기 비움(kenosis)에서 오는 기독교 정체성은 하나님에 대한 전적인 신뢰와 순종의 종교적 경험에서 비롯된 것이다.

동반적 리더십: 바울의 리더십의 가장 큰 장점은 동역자를 세우는 일이었다. 바울은 후계자를 세우고 협력하는 동역의 의미를 중요시했던 사람이었다. 바울은 선교 사역에서 바나바, 아굴라와 브리스가, 아볼로, 에바브로디도 등의 동역자들과 함께 활동하였다. 또한 디모데, 디도, 실라, 두기고를 데리고 선교 사역을 수행하면서 깊은 관심과 사랑으로 그들을 지

도자로 양성하고 세웠다(행 15:37-39; 16:3).

자기희생적 벤처정신: 바울의 직업은 천막을 만드는 수공업자였다. 바울은 하루 중 대부분의 시간을 천막을 만드는 작업장에서 일하면서 보냈다. 바울은 "아무에게도 누를 끼치지 않기 위하여 밤과 낮으로 수고와 애씀으로 일하면서 하나님의 복음을 전파하였다"(살전 2:9)고 하였다. 이 구절은 자신의 선교비, 목회자금을 스스로 마련하고자 하였던 바울의 진취적인 벤처정신을 보여준다. 바울의 이런 태도는 교인의 도움으로만 살아가려고 하는 안일한 사고에 사로잡혀 있는 목사와 선교사들에게 경종을 울린다.

자족과 감사의 삶: 바울의 삶은 외적으로는 화려해 보일지 몰라도 그 내면을 살펴보면 주를 위한 거룩한 매질과 죽을 고비를 여러 번 겪은 고난의 흔적이 잘 나타나 있다. 그는 누구보다도 철저히 자기를 비우고 그 안에 예수의 십자가만을 채워나가기 위해 날마다 죽는 연습을 했던 사람이었다(갈 6:14). 부요할 때나 궁핍할 때나 각기 그 상황에 처할 줄 아는 바울은 자족하는 사람이었다. 그의 자족의 삶의 기본가치는 바로 '감사'였다는 것, 즉 매사에 감사하는 모데하니(Modehani)의 사상에서 기인한 것이다.

Ⅳ. 기독교교육 관점에서 본 미래 인재상

21세기 사회가 원하는 미래의 인재상은 핵심역량을 지닌 우수한 인재이다. 즉 현대 기업들은 실력과 교양과 창의적 개성을 겸비한 수퍼엘리트를 선호하고 있다. 이러한 인재를 많이 입사시키는 것이 기업경쟁사회에서 생존하는 유일한 방법이기 때문이다. 일반사회가 원하는 미래의 인재는 난사람이다. 무엇이든 잘하고 잘해야만 하는 빼어난 수재여야 한다. 그러나 기독교 인재양성이 기업적 엘리트를 양성하는 것과 동일시될 수는 없을 것이다. 기독교 인재는 난사람보다는 된사람에 초점을 맞추고 있기 때문이다. 물론 인재에 대한 사전적 정의는 '학식과 능력이 뛰어난 사람'이다. 일반적으로 인재는 소수의 똑똑한 사람을 의미한다. 그러나 기독교 인재는 기업형 엘리트 인재만을 의미하지는 않는다. 그렇다면 기독교가 지향하는 핵심인재는 어떤 사람이어야 하는가?

1. 기독교 핵심인재란 하나님의 일꾼이다.

첫째, 기독교 핵심인재는 두 가지 의미의 '하나님의 일꾼'으로 재해석될 수 있다. 즉 후페레테스(ύπηρέτης)와 오이코노모스(οἰκονόμος)이다. 후페레테스는 종으로서의 그리스도의 일꾼, 섬기는 자, 노젓는 일꾼을 뜻하고, 오이코노모스는 하나님의 비밀을 맡은 자, 즉 청지기를 뜻한다. 사회 각 분야에서 '하나님의 나라'를 추구하는 일꾼을 의미한다. 그리고 소수만이 살아남은 기업형 엘리트에 비해 기독교 인재는 그 대상을 모든 크리스천으로 보기 때문에 대중적이라고 할 수도 있는 것이다. 기독교 인재양성이 엘리트주의로 전락해서는 안 된다. 기독교 인재는 특정 지식만 뛰어나거나 학업성적만 특출한 사람이 아니라 기독교적 비전과 가치관, 기독교적 성품, 그리고 그 비전을 실현할 수 있는 대화와 소통의 능력을 지닌 사람을 의미한다. 성경은 하나님은 외모로 사람을 판단하지 않으셨음을 증거한다. 실력과 능력과 술수가 아닌, 내면에 하나님을 향한 믿음과 그것의 진정성이 있는가의 여부를 먼저 확인하셨다.

둘째, 기독교 인재는 전인적 영성을 지닌 자이어야 한다. 전인적 영성이란 지(知), 정(情), 의(意)가 완전히 조화된 영성을 의미한다(서울대 교육연구소, 1994). 심성보(2000)는 '전인'이 가지는 의미를 4가지로 설명하고 있다. 첫째, 한 인간의 '전체를 하나'로 보는 이념으로 부분들의 조화와 균형을 이룬 온전하고 원만한 인간을 의미한다. 둘째, 폭넓은 이해력과 인간의 존엄성에 대한 신념과 가치관을 갖고 있으며 책임을 충실히 수행하는 사람을 지칭한다. 셋째, 주체성과 자율성을 갖고 자신의 자주적 삶을 영위할 수 있고 자아가 정립된 사람을 말한다. 넷째, 원만한 인간관계를 유지하며 공동체 관계를 잘 유지하고 살아가는 사람을 가리킨다.

이와 같은 기독교 핵심인재를 양성하기 위해서는 기독교적 전인교육이 필요하다. 기독교적 전인교육은 영적인 차원 안에서 인지적, 정의적, 신체적, 사회적인 모든 부분이 조화를 이루는 것이다. 기독교적 전인교육은 토마스 그룸(Thomas H. Groome, 2003)이 말한 기독교적 종교교육과도 같은 맥락에서 해석되어야 할 것이다. 그룸은 기독교적 종교교육의 목적은 사람들로 하여금 기독교 신앙이 성숙되도록 돕는 것이라고 말한다. 이러한 교육적 관점에서 신앙의 본질적 측면들을 살펴보면 다음과 같다. 첫째, 기독교 신앙은 하나님의 선물이다. 그의 은총은 사람의 내면적 핵심을 건드리며 그로 하여금 예수 그리스도 안에 있는 하나님과의 활력있는 관계를 가지려는 마음을 갖게 한다. 둘째, 기독교 신앙에는 인식적인 차원, 즉 믿으려 함의 활동이 있다. 셋째, 기독교 신앙에는 감정적인 차원, 곧 신뢰의 활동이 있다. 넷째, 기독교 신앙에는 행위적인 차원, 즉 "행함"의 활동이 있다. 다시 말해 기독교 신앙은 하나님의 선물에 대한 응답으로, 또한 예수 그리스도 안에 있는 하나님 나라의 명령에 대한 응답으로 우리에게 세상에 참여할 것을 요청한다. 다섯째, 기독교 신앙은 전체 인간과 관련된 전생애에 걸치는 발전적 과정이라는 것이다. 이 말을 요약하면 기독교 신앙은 하나님이 주신 선물로서, 이것은 지, 정, 의적 활동을 통해 전생애에 걸치는 발전적 과정이라 할 수 있다. 이것이 바로 그룸의 "총체적 신앙" 개념이다. 즉 기독교 핵심인재가 지녀야 할 첫 번째 덕목은 바로 이러한 개념의 총체적 신앙인 것이다.

셋째, 기독교 인재는 하나님의 영의 속성을 지닌 사람들이다. 하나님이 지니신 영의 속성을 토대로 기독교교육 관점에서 미래 인재상을 제언해 보면 다음과 같다.

1) 영성의 근원이 하나님의 생령이므로 기독교 인재도 하나님의 생령을 소유한 자다. 생령이란 살아 있는 영이시다. 기독교 인재는 몸 안에 살아 있는 하나님의 영이 함께하심을 늘 인식하면서 살아야 한다. 하나님이 함

께 계신 몸은 영의 성전인 것이다. 그러므로 기독교 인재는 거룩한 하나님의 성전인 몸을 소중히 여기고, 함부로 사용해서는 안 된다. 최근 현대의학의 발달로 인해 원하는 대로 자신의 외모를 바꿀 수 있는 마술 같은 일들이 빈번히 발생하고 있다. 더욱이 심각한 다이어트와 성형중독은 죽음을 불러일으키기도 한다. 기독교 인재는 하나님의 영이 생동감 있게 살아 숨 쉬도록 소통하는 것이 가장 아름다운 것임을 다시 한번 상기해야 할 것이다.

2) 영성은 하나님이 주시는 지혜와 지성이다. 하나님이 세우신 리더인 요셉도 모세도 모두 하나님이 지혜의 영을 부어주신 자들이다(창 41:38, 민 27:18). 기독교 인재는 세상 안에서 하나님이 세우신 리더가 되어 전문능력과 리더십을 갖춘 인재가 되어야 한다. 다중지능이론으로 널리 알려진 하워드 가드너는 『미래마인드』라는 책에서 다음과 같이 기술하고 있다. 21세기는 최소한 한 종류의 사고방식(특정 학문분야나 기술, 전문직업의 특징)을 통달해야 한다는 것이다(Gardner, 2006). 전문성을 갖추는 훈련을 위해 기술과 지식을 증진시키려면 오랜 시간에 걸쳐 꾸준한 노력이 요구된다. 그러기 위해서는 자신의 잠재력을 극대화하는 노력이 필요하다. 기독교 인재는 하나님이 주시는 지혜와 지성으로 지속적인 훈련과 학습을 통하면 모두 이룰 수 있다. 따라서 고도의 전문성을 갖추려면 목표를 세우고 노력해야 한다.

3) 영성은 민감성이다. 하나님은 인간의 욕구를 예민하게 알고 계시며 민감하게 반응하신다. 하나님은 인간이 선악을 구별하는 데에 탁월한 민감성을 가지기를 원하신다. 기독교 인재는 하나님의 주신 계명에 민감한 자이다. 그래서 그 계명을 주야로 묵상하며 하나님과의 관계 속에서 하나님의 음성에 민감하게 반응하는 자이다. 이러한 기독교 인재는 세상과 친하여 돈과 권력과 명예와 세상의 유혹에서 선과 악을 민감하게 판단할 수 있어야 한다. 그 어떤 것도 하나님의 우위에 있을 수 없음을 알고 세상에 속한 악의 모양을 버리는 지속적인 성화의 훈련이 필요하다. 대기업에서

도 인재를 선발할 때 선한 인성을 지닌 자를 선호하고 있다. 능력도 중요하지만 함께 더불어 살아가기 위해서는 선한 인성을 지닌 자가 기업에 필요한 인재라고 판단하기 때문이다. 그러므로 기독교 인재는 사회와 더불어 살면서도 선과 악을 분별할 수 있는 능력을 위해 기도하고 악의 유혹에 빠지지 않도록 하나님과 소통하는 민감함이 있어야 한다.

4) 영성은 도덕적이고 윤리적인 속성을 지녔다. 기본적으로 하나님의 영은 선하시고 성령의 행위도 도덕적이며 윤리적이다. 도덕적이고 윤리적 속성인 영성은 인간에게 판단과 정의, 하나님에 대한 헌신, 인내와 기도를 하도록 하는 힘이다. 기독교 인재도 이러한 도덕과 윤리적 불감증에서 벗어나 올바른 양심을 갖는 인재가 되어야 한다. 대기업에서는 핵심인재의 조건의 하나인 도덕성을 조직과 고객과의 일체감을 통한 조직충성과 고객만족을 구현하는 근본적인 에너지라고 본다. 즉 조직과 고객 사이에서의 올바른 양심을 지키는 기본적인 능력이라는 것이다. 이러한 수준 높은 도덕성이 조직의 장기 비전을 제시하고 사회와 공존공영을 주도하는 기반이 되기 때문이다. 아무리 탁월한 인재라고 할지라도 기업이 추구하는 가치에 순응하지 못한다면 퇴출될 수밖에 없는 것이 현실이다. 그러므로 기독교 인재는 먼저 비양심적인 마음에서 오는 부도덕한 행위가 잘못된 것이라는 것을 인식시키는 것이 우선시되어야 할 것이다. 그리고 이러한 행동이 사회적으로 어떠한 병폐를 가져오는가에 대한 심각성에 대해서도 교육이 필요할 것이다.

5) 영성은 활력적이며 생산적이다. 하나님은 인간과 자연에 대하여 활동적인 행동을 나타내신다. 그러므로 하나님의 영을 생기로 받은 인간은 하나님 안에서 생명력과 파워를 가진다. 이것은 기독교적 인성의 의지적 영역을 뒷받침해주는 좋은 근거이다. 기독교 인재는 사회와 기업에서 산소와도 같은 역할을 해야 한다. 즉 하나님께서 주시는 생산적인 활력으로 남에게도 활력을 나누어줄 수 있는 리더가 되어야 한다. 즉 사회적 관계성과 유연성을 가진 인재가 되어야 한다.

가드너(2006)는 사회적으로 성공한 사람의 공통점은 개인이해지능과 대인관계지능이 뛰어나고 바람직한 성격으로 조성된 사람이라고 하였다. 다른 사람을 존중하고 공동체를 존중하는 마음, 조화롭게 공존하는 마음은 성공의 지름길이라는 것이다. 이러한 사회적 관계성은 하루아침에 생기는 것은 아니다. 평소의 노력과 소문으로 주변의 신뢰를 얻는 것이 사회적 관계성에 성공한 사람이다. 함께 일을 할 때에도 유연성을 유지하면서 내 주변의 상황과 어려움을 살피고 배려하는 것이 바로 사회적 관계성인 것이다. 이 시대의 유능한 기독교 인재는 이러한 관계성에서 사람들로부터 사회로부터 인정받는 사람일 것이다. 끝으로 인재가 갖추어야 할 영성은 심미적 영성이다. 하나님은 선하시고 아름다우시기 때문에 그의 피조물 또한 선하고 아름답기를 원하신다. 그러므로 인간의 영성 또한 선하고 아름다워야 한다(안재웅, 2005). 기독교 인재는 창의적 상상력과 예술적 감각을 지닌 변화주도형 인재가 되어야 한다. "창의력과 상상력, 도전정신이 나를 이끌어온 키워드이다." 이 말은 조그마한 레코드 회사에서 출발해 현재 200여 개 이상의 계열사를 거느리고 있는 버진그룹 리처드 브랜슨(Richard Branson) 회장의 말이다. 기술이 발달하고 지식의 축적이 방대해지면서 오히려 강조되고 있는 창의력과 상상력은 이미 21세기의 화두가 된 지 오래다. 대기업들도 창의성을 채용의 중요한 요건으로 내세우고 있는 추세다. 이제 "무조건 열심히 하겠습니다"라는 식의 마당쇠형 인물보다는 새로운 것을 만들어내는 창의적 역량을 중시한다는 것이다. 취업전문 사이트 '사람인'(http://www.saramin.co.kr)은 4월 27일 상반기 주요 대기업 신입사원 공채 요강을 분석한 결과, 기업의 70%(복수응답)가 '창의성'을 으뜸 인재상으로 꼽았다고 밝혔다. 삼성경제연구소도 비슷한 결과를 발표했다. 2008년 4월 27일 최고경영자(CEO)를 상대로 설문조사를 실시한 결과, 89.2%가 기업을 경영하면서 자신과 조직의 창의성 부족으로 어려움을 겪은 적이 있다고 응답했다고 밝혔다. 창의성은 선택이 아닌, 생존의 필수적 요소가 된 만큼(인터넷과학신문, 2008년 12월 31일자)

기독교 인재는 하나님이 주신 무한한 상상력과 창의성을 발휘하여 미래를 이끌어가는 주역이 되어야 한다.

2. 기독교 인재교육의 가치영역

기독교 핵심인재는 기독교신앙 및 학문공동체에서 양육된다. 정부, 기업, 사회단체, 교회 등에서 필요로 하는 기독교적 성품과 지도력을 지닌 핵심인재들을 양성하기 위해 연구자가 재직하고 있는 기독교대학에서 역점하고 있는 기독교 인성교육의 가치영역은 다음과 같다. 기독교 핵심가치로서의 인성요소는 4가지로 기독교 정체성, 기독교 리더십, 기독교 벤처정신, 기독교적 삶의 스타일이다. 그리고 이 4요소는 개인에만 국한되는 것이 아니라 공동체와 글로벌세계의 3차원에서 훈련되어야 한다.

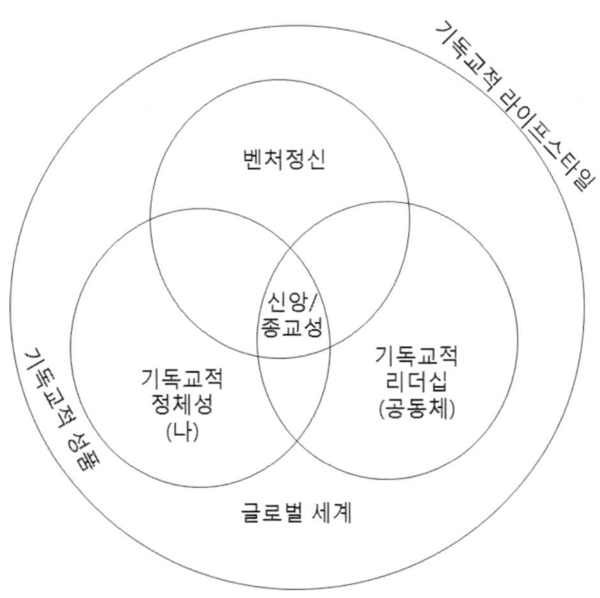

그림 1. 기독교 인재교육의 가치영역

그림 1에서 나타나고 있듯이 대학의 각 전공학과들은 각기 전문성을 함양하고 졸업 후 해당 분야로 진출시키기 위해 노력을 경주하고 있다. 그렇기 때문에 미래 사회 핵심인재를 양성하기 위한 가치교육을 실시하려는 기독교대학에서는 학과보다는 대학 전체 차원의 인재교육 과정을 별도로 마련하여 특성화 프로그램으로서 운영하는 것이 바람직하다. 인재교육은 단순히 종교적 서비스의 제공 차원을 넘어서 인재역량을 전문적으로 훈련해야 하기 때문에 차별화할 필요는 있을 것이다.

결론적으로 미래사회는 소프트한 파워, 즉 부드러우면서 강한 인재를 원하고 있다. 또한 일의 능력과 인간성이 모두 상위급인 인재를 선호한다. T형 인재는 일본 도요타자동차에서 처음 사용한 단어로 자신이 일하는 분야에만 정통한 사람을 말하는 'I자형 인재'와 달리 특정 분야의 전문가이면서 동시에 일반 경영 관련 교양의 폭도 넓은 인재를 뜻한다. 즉, 두 분야 이상의 전문적(special) 지식을 가지고 있으면서 그 외의 분야에 대해서도 기본적으로(general) 알고 있는 인재를 말한다. 현대 기업들과 정부, 민간단체들은 저마다 미래사회의 인재상을 내놓고 선언적으로 자신들의 조직에 필요한 인재를 양성해줄 것을 요구하고 있다. 그러나 정작 그 요구를 수용해야 할 교육기관들에게 이러한 미래사회 핵심인재상이 저변에서부터 형성되고 있지는 않는 것 같다. 사실상 인재는 어렸을 적부터 형성되고 있는 것임을 간과해서는 안 될 것이다. 인재란 분명 교육에 의해서 개발된다. 그러나 하루아침에 인재는 만들어지지 않는다. 인재의 요건에 그의 삶의 방식이 매우 지대한 영향을 준다는 것을 고려한다면 교육보다 더 오래 영향을 끼치는 습관과 태도의 형성에 이제는 눈을 돌릴 때이다.

참고 문헌

Ahn, J. W. (2005). *Windows into ecumenism.* Hongkong: Christian Conference of Asia.

Berkhof, H. (1964). *The doctrine of the Holy Spirit.* Richmond: John Knox Press.

Calvin, J. (2004). **기독교강요(상)**. (원광연 역). 서울: 크리스천 다이제스트.

Comenius, J. A. (2003). **코메니우스의 범교육학**. (정일웅 역). 서울: 그리심.

Drucker, P. (1994). **지식근로자가 되는 길**. (이재규 역). 서울: 한국경제신문사.

Gardner, H. (2006). *Changing minds.* Boston, MA.: Harvard Business School Press.

Groome, T. (1980). *Christian religious education.* San Francisco: Jossey-Bass.

Michaels, E. (2001). *The war for talent.* Boston, MA: Harvard Business School Press.

Patton, J. (1993). *Pastoral care in context.* Louisville, KY: Westminster John Knox Press.

Peters, T. (2006). *Re-imagine.* NY: DK Adult Press.

Pink, D. H. (2006). *A whole new mind: why right-brainers will rule the future.* CA: Penguin Group.

Rothwell, W. J. & Kazanas, H. C. (2003). *Planning and managing human resources.* Amherst, MA: HED Press.

Tapscott, D. (2008). *Grown up digital: how the net generation is changing your world*. NY: McGraw-Hill.

Toffler, A. (1990). *Power shift.* NY: Benten Books.

Watson, R. (2008). *Future files: the 5 trends that will shape the next 50 years.* London, UK: Nicholas Brealey Publishing.

공병호 (2008). **미래 인재의 조건.** 서울: 21세기 북스.

권태봉 (2003). **인적자원개발의 개념변화와 이론에 대한 종합적 고찰.** 서울: 원미사.

김현동, 송보화 (2009). 핵심인재우대정책과 제도의 실행이 기업성과에 미치는 영향에 관한 실증적 고찰. **직업능력개발연구,** 12(1).

서울대학교 교육연구소 편 (1994). **교육학 용어사전.** 서울: 서울대학교 교육연구소.

서이종 (2001). **지식정보화사회의 이론과 실제**. 서울: 서울대학교출판부.

심성보 (2000). **한국교육의 새로운 모색**. 서울: 내일을 여는 책.

이각범 (2010). 소프트파워 강국이 되기 위한 인재전략. **제28회 미래 인재포럼 강연집**.

이돈희 (2000). 21세기 교육과 교육개혁. **새교육공동체위원회 세미나 자료집.**

이종성 (1997). **신학적 인간학.** 서울: 대한기독교출판사.

전국경제인연합 (2008). **기업이 원하는 인재상**. 서울: 전경련 산업본부.

한국교육개발원 (1999). **연구보고서: 지식기반사회에서의 한국교육정책 방향과 과제**. 서울: 한국교육개발원.

한국인사관리협회 (2005). **핵심인재, 그들은 누구인가.** 서울: 한국인사관리협회 편집부.

Abstract

A Critical Reflection on the Image of the Future Core Leader in the Christian Education Perspective

Mee-Rha Hahn
(Professor, Hoseo University)
So-Yeon Kim
(Lecturer, Hoseo University)

The purpose of this paper is to evaluate the image of future leadership recently suggested by the major Korean business firms in the Christian education perspectives. The paper is consisted of four parts. First, the coming of knowledge-based society, and the core leadership of future Korean society, second, the conditions of future leaders of the 21st century, third, the conditions of the core leaders in the Bible, and fourth, the image of the core future leadership in Christian education perspective.

Knowledge-based society is a kind of society where knowledge becomes critical resources for value creation, and its produced knowledge also, an important value. Greater portions of intellectual ability, organizational loyalty, with less emphasis on morality and humanness are attractive characters that the business companies today want the most for their talented key leaders. However, these requirements are only focused on individual capabilities, competitiveness, and viability. If South Korea were led by this kind of the gifted leaders then future society will have a serious deficiency.

Man looks at the outward appearance, but God looks at the heart(1 Samuel 16:7). The Bible says that the condition of the core leader resembles the image of God, which is a holistic personality. More specifically the future image of leader in a Christian education perspective, refers to a devoted servant of God (ύπηρέτης) and a steward (οίκονόμος) as a minister of the kingdom of God. Second, the leader must have holistic spirituality which balances the cognitive, affective and volitional characters. Third, the leader also equips with the six attributes of the Holy Spirit: the living spirit, intellect, sensitivity, morality and ethics, productivity, and the aesthetic capacity.

The gifted Christian leader can be raised in faith and the academic community. The government, business firms, community organizations, and churches propose their own preferential images of the future leaders or key staffs. For example, it presented the core values of Christian leadership education in the following areas: Christian identity, Christian leadership, venture spirit, and Christian life style. And these four elements not only relates to the personal but also to the communal and global world.

Modern business corporations, governments, and NGO organizations are now presenting their value preference for developing human resources for the future. However, if one recognized the importance of the life style and character that rather influence the leader over time, then one must pay attention to the formation of habits and attitudes.

Key words: the Core leader, the gifted leader, Christian characters of the future leader, Christian education for leadership.

한국 청소년 가치관의 연구사적 고찰

한미라 (호서대학교 교수)
mrhan@hoseo.edu

I. 서론: 촛불세대의 가치관

『십대들의 뇌에서는 무슨 일이 벌어지고 있나?』(*The Primal Teen*, 바버라 스트로치, 2004)는 단순히 책의 제목만은 아닌 것 같다. Facebook의 창시자 마크 주커버그(Mark Zuckerberg, 2004년 설립)로 하여금 5억 6천 명의 회원을 가진 소셜네트워크를 만들게 한 동기는 "지금 무슨 생각을 하니? (What's on your mind)"라는 질문이었다고 한다. 같은 맥락에서 연구자 역시 최근 청소년들의 학교와 학교 밖에서의 대담하고도 상상을 초월한 일탈 및 패륜적 행동을 보면서, "한국의 청소년들에게 중요한 것들은 무엇이며, 그것을 위해 어떤 생각을 하며 살아가고 있는가?"라는 질문을 하게 되었다. 이에 대한 논의는 다방면에서 탐구될 수 있을 것이나 본 논문에서는 한국 청소년들의 가치관이 지난 80년대 이후 30년 동안 어떻게 변화되어 왔는지를 시대적으로 고찰해봄으로써 그 해답을 찾아보고자 한다. 구체적으로는 지난 30년간 행해진 청소년의 가치관에 관한 조사 연구들과 연구 논문에 나타난 결과를 토대로 80년대, 90년대, 2000년대 이후 청소년들의 인생관, 가정관, 교육관, 직업관, 사회관, 국가관, 윤리관 등이 어떻게 달라져왔는가를 비교하며 논의하고자 한다.

2008년 5월 2일, 우리 사회에 교복 입은 십대들의 혁명이 일어났다. 이것을 가리켜 시위 2.0 또는 민주주의 2.0(웹 2.0세대를 빗대어)이라고 칭하기도 한다("촛불시위," www.wikipedia.org). 지금까지는 상상도 하지 못했던 십대들이 미국산 소고기 수입반대를 외치며 서울광장으로 모여든 촛불시위였다. 초기 참여자 60% 이상이 십대였던 이 시위는 시간이 갈수록 연령을 초월한 국민들의 자발적인 참여로 2개월간 계속되었다. 늦은 밤에도 불구하고 어린 십대들의 촛불시위 현장은 웹캠과 디카, 인터넷 방송 등에서 중계한 까닭에 국내뿐 아니라 전 세계에 알려지기 시작하였다. 촛불시위의 결과로 정부는 국민의 FTA 재협상요구를 받아들였고 추가논의를 추진해 미국과의 가축전염병 예방법을 개정하기에 이른다. 이에 따라 30개월 이상의 쇠고기나 30개월 미만의 특정위험물질(SRM)이 함유된 쇠고기는 수입이 금지되고 있다. 이 후로 전국의 음식점에서는 원산지 표시제가 도입되었고, 그 외에도 집시법 개정과 사이버모욕죄 신설 등과 같이 새로운 정책이 추진되고 입법화되는 데 영향을 주었다. 그러나 촛불시위의 사회적 비용(조경엽 외, 2008)에 있어서는 직, 간접비용을 합하여 3조 7천억 원에 달하는 사회적 비용의 손실을 가져왔다는 주장이 대두되었다. 이에 대해 진보진영 측은 촛불시위를 구체적인 액수로 따져 정치적으로 이용하려는 의도가 있어 신뢰할 수 없다고 반박하였다. 광우병 전문연구자인 김기홍(2008)에 의하면, 지금까지 영국이 광우병 진단과 억제를 위해 치른 대가는 약 655억 달러로 잠정 집계된다. 즉, 한국의 촛불시위가 남긴 사회적 손실(약 34억 달러)은 이에 비하면 아무것도 아니라는 반박메시지가 담겨 있다.

십대들의 촛불시위가 한국 사회에 남긴 교훈은 크게 세 가지로 집약될 수 있을 것이다. 첫째, 비록 이 집회가 십대들에 의해 발아되긴 하였으나 전 국민적 운동으로 확산되었다는 점에서 볼 때, 정부의 정책수립 및 결정 과정에서 청소년들의 참정권과 의사 표현의 권리를 무시해서는 안 된다는 것을 한국사회에 확실하게 알리는 계기가 되었다. 십대 청소년들은 FTA가 국익에 끼치는 영향을 먼저 생각하기보다는 광우병 확률이 의심되는 수입 소고기가 그들의 생존에 끼칠 영향을 더 우려했던 것이다. 이러한 십대들의 의식 속에는 정부의 정책 결정자들에 대한 불신뿐만 아니라 기성세대 전체에 대한 뿌리 깊은 불신이 자리 잡고 있다고 봐야 할 것이다. 진보주의자들의 해석처럼 중·고등학생들이 촛불 집회에 대거 참여한 것은 십대들의 반란이 아니라 이유 있는 항거라고 말할 수 있는 것이다. 비록 어린 세대들의 주장이 과학적으로 반론의 여지가 많다 하더라도 국민으로서의 알 권리와 기본권을 행사하는 데 있어서는 그 연소함으로 인하여 배제당하거나 무시되어서는 안 된다는 것을 일깨워준 민주주의의 산교육이었다.

둘째, 보수주의자들은 청소년들의 촛불시위는 그들의 원 주제(미국 광우병 쇠고기 수입반대)와는 무관하게 진보세력의 정치적 목적에 의해 오히려 조종당하고 이용된 집회였다고 주장한다. 촛불 집회 현장에는 사랑보단 미신과 증오심만 가득 차 있어서 어린 영혼들을 현혹시켰으며 이것은 어린이 성추행보다 더 나쁜 '영혼 추행'과 같은 것이라고 신랄하게 비판하였다. 존스 홉킨스대 한미연구소의 돈 오버도퍼 소장 역시 촛불시위는 미국산 쇠고기 수입에 반대하는 것이 아니라, 한국의 보수정권에 대한 진보그룹의 정치적 저항이라고 논평한 바 있다(조선일보, 2008. 7. 3).

셋째, 좌도 우도 아닌 중도주의자들은 보수와 진보의 관점 모두를 수용하지 않는다. 최장집 교수는 '촛불' 집회를 초래한 정권도 잘못이지만, 이것으로 인하여 '정권 퇴진'을 부르짖는 개혁파의 구호 역시 민주주의 대의제로는 빈약하다고 말하였다. 즉, 국가의 정책 결정 과정에서 나타난 권위주의적 요소에 대한 십대들의 자발적 문제제기와 저항은 긍정적으로 평가하지만, 그것이 반정부 시위로 국한되면서 오히려 21세기의 신 자유무역 경쟁체제에 대한 보다 본질적인 논의의 기회를 놓쳤다는 것이다. 또한 캐롤린 시어(Carolyn Scheer) 교수(한국외대 통번역대학원)는 광우병에 민감하게 반응하는 것은 다분히 정치적 상황과 연계된 듯하며, 십대들은 집회 목적 자체보다는 참가하는 것 자체를 즐기며, 이것을 마치 유행이나 영웅 심리의 충족으로 여기는 것 같다고 비판하였다. 그러나 한국정부는 시민들의 불만의 목소리에 귀 기울여 보다 지혜로운 국정을 수행해야 한다고 조언하였다(매일경제, 2008. 5. 28).

촛불 집회에 대한 전문가들의 평가는 정치적 성향에 따라 엇갈리지만 보다 냉정한 평가를 통해 사회 발전의 계기로 삼아야 한다는 점에서 공감하고 있는 것 같다. 그러나 박효종은 촛불집회가 참여민주주의였다는 주장이 있지만 우리 사회의 시위문화가 가졌던 폭력적인 성격이 답습되었다는 점에서 긍정적으로 평가하기는 힘들 것이라고 지적했다. 뿐만 아니라, 십대가 성인들과 함께 참여하면서 배울 수 있는 민주적 집단 의견의 소통 방식을 교육하는 데에는 정부나 야당 및 NGO 단체들 모두 본을 보이지는 못했다고 평가하였다(연합신문, 2010. 5. 12). 촛불 집회 이후 청소년들이 학교에서 교사를 희롱하거나 폭행과 욕설을 하며 교권에 도전하는 패륜적 행동이 빈번하게 나타나고 있어 우리를 경악하게 만든다. 보다 더 객관적인 자료를 가지고 인과 관계를 분석해봐야 하겠지만, 이것은 최근 정부가 모든 학교에서의 체벌금지령을 발표(2010년 11월 1일)한 것과 무관하지 않은 것 같다. 청소년들에게 학교 체벌이 법으로 금지되었다고 십대들의 촛불이 완전히 꺼질지는 아직 더 지켜봐야 할 것이다.

연구자가 생활 속에서 만난 한국 청소년들 대부분은 "신뢰, 효도, 생명" 등과 같은 덕목에 높은 가치를 두며 살아가고 있다. 그러나 인터넷 상에서 사기범죄를 많이 저지르는 세대가 고교생들이고,[1] 교사에게 반말, 욕설

1 최근 3개월 동안 검거된 인터넷 사기범 6,500명 중 23%가 십대 청소년이었다(문화일보, 2010. 11. 15).

을 거침없이 하는 초등생들도 있으며,[2] 무분별한 성관계로 인해 임신이 되었을 때는 주저 없이 생명을 낙태하는 모순적인 세대가 또한 십대이기도 하다.[3]

십대들의 반항이 가장 심각하게 나타나는 곳은, 하루의 대부분을 보내는 학교라는 공간이어서 교권 침해가 더욱 심각한 이슈가 되고 있다. 최근 2~3년 사이, 교권에 도전하는 어린 학생들의 반항이 그 도를 넘어 패륜에 이르고 있다. 최근에는 피의 학생의 부모까지 가세하여 무분별한 자녀 감싸기로 교권을 침해하는 사태가 비일비재하다. 청소년들의 패륜은 학교 내에서만 일어나는 것이 아니다. 2010년 인터넷의 핫 이슈였던 의정부에서 발생한 여학생의 50대 여교사 폭행 사건과 지하철에서 발생한 70대 할머니와 십대 소녀 사이의 폭행 사건[4] 등은 이제 한국 사회에서 연령주의(ageism)가 파괴되고 있음을 시사하고 있다 해도 지나치지 않는다. 연령주의의 파괴는 노인과 손녀, 손자 세대의 몸싸움에서 그치는 것이 아니라, 남학생이 여교사를 성희롱하고,[5] 여교사는 중학생 제자와 부적절한 성관계[6]를 갖는 등, 그림자조차 밟지 않던 스승과 제자의 관계가 상식을 넘어서는 패륜으로까지 발전하고 있다.

N세대란 디지털과 인터넷 환경 속에서 태어나고 자라면서 오프라인보

---

2 서울 한 초등학교 5학년 교실에서 교사가 수업시간에 과자를 먹는 남학생에게 "나중에 먹으라"고 과자를 빼앗자, "먹는데 네가 무슨 상관이냐"며 교사를 때린 사건이 발생했다(조선일보, 2010. 7. 13); "KBS스페셜 〈실태보고〉"에 따르면 청소년의 95% 이상이 욕을 사용하고 있다(2009년 3월 8일 방송분).

3 여 중 · 고등학교 34,200명 중 3.4%가 성관계 경험이 있으며, 13.8%가 임신을 경험했고, 85.4%가 임신 후 대처방법으로 낙태를 선택했다(데일리메디, 2010. 4. 13).

4 십대 여학생이 지하철 안에서 할머니에게 막말을 하며 소란을 피우는 장면이 찍힌 동영상이 큰 파문을 일으켰다(스포츠조선, 2010. 10. 5).

5 2009년 서울의 한 고등학교에서 남학생이 여교사에게 부적절한 행동을 하는 동영상이 인터넷에 퍼졌다. 당시 남학생들은 여교사의 어깨를 감싸 안거나 손목을 붙잡고 "누나 사귀자"라고 외쳤다.

6 30대 기혼 여교사가 중학교 3학년 학생과 성관계를 가졌고, 여교사는 학교에서 해임되었다(서울신문, 2010. 10. 24).

다는 온라인 세계에서 더욱 그들의 존재감을 드러내는 세대들이다. 그 후속세대인 스마트폰(S)세대들의 사이버 세계에서의 행동은 더 과감하여 상상을 넘어서고 있다. 십대들은 그들이 가장 익숙하게 잘할 수 있는 사이버 공간에서, 성인 인증을 요구하는 사이트까지 부모의 신용카드나 신상정보(주민번호)를 도용하여 그들에게 금지된 것조차 접근할 수 있는 전형적인 T.G.i.F.(Tweeter, Google, i-Phone, Facebook)의 겁 없는 SNS 세대이다. 이른바 컴맹이나 인터넷에 취약한 부모들이 이 세대를 디지털과 SNS로 따라잡기는 거의 불가능해 보인다. 즉, 성인으로서 이러한 S세대와 소통하고 훈계라도 하려면 그들에게 다가갈 수 있는 최소한의 프로토콜(protocol)에 익숙해야 한다는 말이다. 한국의 십대 자녀를 둔 보통의 부모들은 생계를 위하여 부부가 매일 일터로 나가야 하고, 직장과 가정 양쪽에서 받는 스트레스를 가지고 살아간다. 과거에는 자녀의 인성과 가치관 교육이 대부분 가정에서 이루어졌으나 현대 부모들은 대부분 이 기능을 학원과 사교육에 내어준 지 오래다. 이른바 구약성서 신명기가 권하는 일차적 교사로서의 부모의 역할은 이제 희망사항일 뿐이다(신 6:4-9).[7]

한국사회가 보다 질적으로 성숙한 시민사회가 되기 위해서는 먼저 가정에서의 가치교육이 회복되어야 한다. 물론 학교의 인성교육 개선을 통해 건전한 가치가 학교 공동체에서도 지속될 수 있도록 학교, 종교단체가 협력해야 한다. 어려서부터 민주주의와 합리주의의 핵심 가치들이 이 삼자(가정-학교-교회(또는 여타의 종교단체))의 공동체에서 공동으로 논의되어 선을 이루어야 한다. 사이버 세계의 청소년들은 이제 우리가 통제할 수 없을 정도로 기민하다. 그들에게 가치의 기준을 제대로 제시하지 않으면 아마도 지금까지 지켜온 한국의 전통적 가치와 선의 추구는 크게 왜곡

7 신 6:5 너는 마음을 다하고 성품을 다하고 힘을 다하여 네 하나님 여호와를 사랑하라/ 6 오늘날 내가 네게 명하는 이 말씀을 너는 마음에 새기고/ 7 네 자녀에게 부지런히 가르치며 집에 앉았을 때에든지 길에 행할 때에든지 누웠을 때에든지 일어날 때에든지 이 말씀을 강론할 것이며….

될 수 있다는 우려가 앞선다. 필자는 교육자로서 이대로 방치할 수는 없다는 생각이 이 논문을 쓰게 된 동기이다. 이를 위해 연구자는 지난 30년간 한국사회에서 청소년의 가치관이 어떻게 변화되어 왔는지를 조사하고 논의하여 미래 한국 청소년들을 위한 가치교육의 향방을 제언해보고자 한다.

II. 한국 청소년 가치관의 역사적 변화

본 연구에서는 한국 청소년의 가치관이 지난 30년간 어떻게 변화되어 왔는가를 알아보기 위하여 비교적 유사한 문항으로 조사된 선행 연구 약 20편을 선별하여 그들의 연구 결과들을 활용하였다. 각 시기별로 실시된 가치관 조사는 그 방법과 응답자가 다양하고 상이하므로 동일 청소년 집단에 대한 가치관의 변화를 종단적으로 알아보는 연구가 아님을 밝혀둔다. 뿐만 아니라, 연구자들마다 각기 다른 청소년의 정의를 사용하고 있어서 응답 대상 청소년의 생활연령 범위도 13~24세까지 남, 여가 다 포함되어 있다. 연구자들이 사용한 가치관 또는 의식조사의 문항들의 경우, 문자적으로 일치하지 않더라도 의미가 같은 것은 동질적 가치 항목으로 분류하였음을 또한 밝혀둔다. 본문은 1980년대 이후 활발하게 수행되어왔던 30년간의 청소년 가치관 및 의식 조사 연구와 선행연구 논문들이 사용한 연구의 논리나 방법의 신뢰도와 타당성을 분석하는 것이 아니라 당시 청소년들은 어떤 가치관을 가지고 살고 있었고, 한국 사회의 시대적 변화에 따라 그들의 가치관이 어떻게 변화되었는가를 탐색하는 것에 보다 더 큰 관심을 두고자 한다.

1. 한국 청소년의 가치관 연구사

한국 청소년의 가치관 연구가 시대별로 어떻게 수행되어 왔는가를 살펴보는 작업은 흥미롭고 유익한 것이다. 90년대 이후부터 현재까지는 아직도 진행 중인 연구들이 있기에 연구사를 고찰하는 데 있어서는 60~80년대까지 수행된 연구들만 시대별로 고찰해보자 한다. 이후의 연구들은 가치덕목별 청소년 가치관의 변화를 논의할 때 포함시키게 될 것이다.

한국에서 청소년의 가치관에 관한 선행연구 중 비교적 초기연구로 보이는 것은 아마도 김태길(1967)의 청소년 가치관 연구인 것 같다. 그는 한국 청소년의 가치관이 지니는 전통성과 근대성의 특성에 관심을 가지고 조사하였다. 당시 한국 청소년들은 부모의 지시가 옳지 않을 때는 따르지 않겠다고 답하고 있다(응답자의 40%). 즉, 부모들이 가지고 있는 전통적 가치관에 도전하고 있는 것을 알 수 있다. 당시의 시대상으로 볼 때, 70년대 한국사회의 서구화가 가져온 변화 중 하나는 청소년 세대들의 전통적 가치에 대한 도전과 반항의 문화의 시작이었다. 이것은 이후 젊은 세대들이 한국 사회의 불합리와 모순들에 대해 어떠한 가치 선택을 하게 되었는지를 이해하는 중요한 근거를 제공하였다고 말할 수 있을 것이다. 이와 같은 연구 결과는 1969년 홍승직의 연구에서도 잘 입증되고 있다. 그의 가치관 연구에 의하면, 당시 청소년들은 예를 들면, 배우자 선택에 있어서, 부모의 의견에 맹종하기보다는 본인의 선택이 중요하다고 응답하고 있는 것을 알 수 있다(전체 응답자의 65%). 뿐만 아니라 이 시기의 청소년들은 진정한 효도란 부모에게 무조건 복종하는 것이 아니라 본인의 건전한 삶의 영위에 있다고 말하여, 전통적 효의 가치를 지양하고 서구화된 경향을 보이고 있다. 1980년대에 실시한 이훈구(1980)의 연구는 청소년 가치관의 무규범성을 심각하게 우려하고 있다. 이 연구의 의도는 중·고생과 재수생뿐 아니라 소년원생들까지를 포함한 천 명 이상의 청소년을 대상으로 그들의 도덕과 규범의식에 관한 것을 조사한 것이다. 그 결과 놀라운 사실들이 발견되었다. “노력하면 출세한다는 것을 믿는 것은 바보들이나 하는 것”(전체 응답자의 91%), “가장 중요한 가치는 돈”(79%), “한국의 도덕은 고리타분”(72%), “수단과 방법을 가리지 않고 출세하기"(65%)와 같이 물질주의, 요령주의, 편법주의적 가치관이 나타났다. 그는 이와 같은 무규범적 청소년 가치관은 당시 한국 사회의 어두운 면(부정부패와 도덕적 타락)의 잔영이라고 분석하였다. 당시의 부정적인 사회의식은 청소년들뿐만 아니라 성인들의 가치관에서도 동일하게 나타나고 있음을 알 수 있다. 1981년에 실시된 연구들인 서울 청소년회관의 「청소년 가치관 변화에 관한 연구」와 한국 교육개발원의 「청소년문제 종합 진단 연구」의 결과는 청소년들의 가치관 속에는 개인주의가 국가와 사회보다 우선하는 경향성이 팽배해 있음을 확인시켜준다. 이러한 사실은 또한 1983년 이재창의 「한 · 미 청소년의 국가관 비교」 연구에서도 잘 드러나고 있다. 미국 청소년들은 "권리, 자유, 기회균등"과 같이 對 사회적, 집단적 가치를 상위의 가치덕목으로 여기고 있는 데 반하여, 한국 청소년들의 의식 속에는 "가족의 안전, 성취감"이 궁극적 최상위 가치로 자리 잡고 있다. 특히 당시 한국 청소년들의 "국가안위"에 대한 가치의 중요도가 전체 18개 가치항목 중 14위에 머무르고 있다는 것은 충격적인 결과가 아닐 수 없다. 1986년 김동일은 「한국사회의 변천과 가치관의 혼란」 연구에서 청소년보다 기성세대가 갖고 있는 가치의 이중구조가 더 문제라고 지적하였다. 즉, "우리 사회에서는 권력이 있는 사람은 법을 어겨도 버젓이 잘 산다"(58%), "우리 사회에서는 성실한 사람보다는 수단이 좋은 사람이 출세한다"(62%) 등의 응답이 나온 것은 현실에 적용되는 가치 규범과 이상적 가치 규범 사이의 괴리가 있다는 것을 실감케 한다. 이와 같은 괴리감은 청소년들에게도 그대로 전수되고 있음을 간과해서는 안 될 것이다. 문용린(1987)은 「현대 청소년의 가치관」 연구에서 "첫째, 청소년을 공평한 눈으로 바라보자. 둘째, 청소년의 가치지향성은 건전하다. 셋째, 청소년들의 실재(reality) 인식은 부정적이다. 넷째, 청소년이 아니라 성인들이 더 문제다. 다섯째, 자연스럽고 진지한 대화가 필요하다"고 밝혔다.

이재창(1983)을 포함한 80년대의 선행연구들을 종합해보면, 한국사회의 격동기였던 1960년대~80년대까지 청소년기와 후기 청년기를 살았던 세대들은 서구문화의 유입 속도가 가속화되면서, 그 어느 시대의 청소년들보다도 부모와 사회의 기득권층을 향하여, 그들이 전승하길 원하는 전통적 가치에 대한 더 많은 반항을 표출했던 세대들이다. 그러면서도 격동의 한국 근대사에서 잊을 수 없는 정치적 중대 사건들(1979년 10 · 26 사건, 1979년 12 · 12 사태, 1980년 5 · 18 광주민주화운동)의 소용돌이 한복판에서 그것을 직접 겪었고, 불의하고 불합리한 현실을 개혁하기 위해 당시 절대 권력층에 항거했었던 이른바 민주화 세대와 어린 386세대까지도 다 포함된 세대들이었다. 그러므로 이 시대 청소년 가치관의 혼란과 변화는 어쩌면 당시 한국 사회와 부정적인 시대상을 그대로 반영해놓은 것이라고 보는 견해는 타당한 것이다. 이런 맥락에서 필자는 청소년의 가치관 조사는 한 시대의 사회적 도덕성을 분석하고 다음 시대가 어떤 시대가 될 것인가를 예측하는 척도가 된다고 보는 것이다.

2. 가치덕목별 청소년의 가치관 변화

청소년의 가치관 변화를 보다 심도 있게 알아보기 위하여 연구자는 1980년대 초부터 2010년까지 온라인과 오프라인으로 검색 가능한 선행연구 20여 편을 선별하여 본 논문의 기본 자료로 삼았다(연구보고서 목록은 참고문헌 참조). 본 논문의 기초자료로 활용된 청소년 가치관의 선행연구들은 다음과 같다. 이재창, 최운실, 정영애, 최경선의 「청소년 의식구조 및 형성 배경」(1983), 차재호의 「청소년의 가치관 연구」(1986), 김형립의 「한국 청소년의 가치관」(1995), 성경옥의 「서울 청소년의 가치관과 가치관의 변화경향에 관한 조사연구」(1996), 윤덕진의 「사회환경 변화와 청소년들의 문제점」(1997), 한상철, 김영한의 「청소년 가치관 조사: 인생관, 가정관, 교육관, 직업관」(2003), 한국청소년정책연구원의 「한국 청소년 가치관 조사연구 보고서」(2007), 한국보건사회연구원의 「2006년 전국 청소년 결혼, 자녀, 성평등 가치관 조사」(2007), 백혜정과 김은정의 「청소년 성의식 및 행동실태와 대처방안 연구」(2008), 통계청의 「2010 청소년 통계」(2010) 등이다.[8] 연구자는 위의 선행연구들을 분석한 결과 다음과 같은 7개의 가치 덕목들, 즉, 인생관, 가정관, 교육관, 직업관, 사회관, 국가관, 윤리관을 공통된 논의의 준거로 추출하였다. 이를 토대로 지난 30년간 수행된 청소년들의 가치관 연구 결과들을 비교 분석하였다. 선행 연구자들의 가치 척도의 주관성과 다양성에 비추어볼 때, 가치덕목이 반드시 일치하지 않더라도 조사내용상 유사하거나 동일하다고 판단되는 것은 위의 가치 준거 중에서 가장 근사치에 포함시켰음을 밝혀둔다.

1) 인생관

청소년들에게 삶의 목표를 어디에 두고 있는가를 묻는 것은 그들의 가치관을 알아볼 수 있는 핵심적인 질문이다. 인생의 목적에 대한 청소년들의 응답을 조사한 연구결과들을 비교하면 다음과 같다. 먼저 80년대 이재창 外(1983)와 차재호(1986)의 연구에서는 당시 청소년들(지금의 386세대)은 '열심히 일하여 부자가 되는 것'이나 '국가 사회를 위해 봉사하는 것'보다는 '인생을 즐겁게 사는 것' 또는 '공부하여 이름을 날리는 것'과 같은 방향으로 삶의 목표를 두고 있다고 응답하였다. 이 같은 결과는 90년대 김형립(1995)의 조사에서도 동일하게 나타나고 있다. 즉, 응답 청소년의 과반수 이상(56.2%)이 '인생을 즐겁게 산다'에 응답하였다. 2000년대 한상철과 김영한(2003)의 연구에서, 당시 청소년들(88 올림픽세대)은 '소시민적인 생활, 취미생활, 부자, 즐거운 생활'을 인생의 목표라고 답하였다. 특히 남학생은 '소시민적인 삶'(33.6%, 여 23.2%)에 더 큰 가치를 두는 반면, 여학생은 '취미생활'(28.4%, 남 22.3%)과 '부자' 되는 것(22.7%,

---

8 이하 본문에서는 꼭 필요한 경우를 제외하고는 연도만 표시하되, 2007년의 경우 한국청소년정책연구원의 연구는 (2007a)로, 한국보건사회연구원의 연구는 (2007b)로 표기하였다.

남 19.2%) 등에 더 많은 비중을 두고 있는 것으로 조사되었다. 한국이 선진국으로 도약하는 시점에서 태어난 2000년대의 청소년들은 유명하고 부자가 되는 것보다는, 자신의 취미를 즐기며 사는 평범한 시민의 행복에 보다 더 큰 가치를 두고 있는 것으로 나타나고 있다. 이것을 8, 90년대의 청소년이 가졌던 인생관과 비교해볼 때, 유사한 것 같으면서도 다르다는 것을 알 수 있다. 즉, 80년대는 자기가 하고 싶은 대로 사는 것(그것은 아마도 부모의 뜻이 아닌 자신의 의지대로라는 것 같다)이 인생의 목적이요, 성공의 조건은 개인의 능력과 노력에 달렸다는 의식이 강하게 나타났다. 그러나 90년대에는 확실하지는 않지만 즐겁게 사는 것에, 그리고 2000년대의 청소년들은 소시민적 삶을 추구하면서도, 취미생활을 할 수 있을 정도로 부자였으면 좋겠다는 것이 그들의 인생관인 것으로 나타나 8, 90년대보다 더 복합적인 인생관을 가지고 있는 것으로 나타났다. 성공의 조건에 있어서도 80년대하고는 달리 90년대는 개인적 노력 부분이 많이 약화되면서 2000년대에 들어오면 개인의 능력과 성실성에 대한 신념은 현저하게(40%) 그 가치 비중이 낮아지고 있다. 이것은 분명 청소년들이 개인의 노력 이외의 어떤 것이 성공의 조건으로 작용하고 있다고 보는 것이다. 21세기 청소년들의 가치관에 영향을 주는 것은 기성세대에게 그 일차적 책임이 있을 것이다. 한상철과 김영한의 연구(2003)에 의하면, 21세기 청소년들은 가장 중요한 행복의 조건으로 화목한 가정(36.5%)과 건강(17.1%), 그리고 경제적 여유(15.8%)의 순으로 답하였다. 현대가정의 붕괴와 해체의 심각성이 청소년의 가치관에서도 간접적으로 나타나고 있음을 감지할 수 있는 것이다.

한국이 중진국에서 선진국으로 발돋움해가는 90년대 이후 청소년기를 보낸 사람들에게는 가난과 온갖 난관을 극복하여 성공한 60~80년대 자수성가형 부모세대(베이비부머와 그 부모세대)처럼 사회와 국가에 이바지하는 삶의 목표나 비전을 갖는 거시적 인생관이나 헝그리 정신은 기대하기 어려운 것 같다. 보다 정확히 말한다면, 한국 사회의 기득권자들이 권력과 부, 그리고 명예를 추구하는 과정에서 보여준 추태와 부패 현상들은 청소년들에게 건전한 역할 모델도 동기도 제공하지 못했던 것이다. 전직 대통령들과 재벌들이 권력의 오, 남용과 정경유착, 탈세 및 부정한 재산 증식 등으로 검찰에 송환되고 투옥되는 모습을 지켜보며 자란 현대의 청소년들이 권력과 부와 명예는 결코 행복을 보장해주지 않는다는 교훈을 너무 일찍 깨달은 때문이라고 해석할 수 있을 것이다. 따라서 이 시대의 청소년들이 애국이나 사회봉사를 인생의 궁극적 가치로 삼는 대신 개인적 자유와 개성을 살려 가족과 더불어 소시민의 즐거운 삶에 더 많은 가치를 부여한 것은 어쩌면 당연한 결과라 할 수 있을 것이다.

그렇다면 요즘 청소년들은 그들이 원하는 이러한 삶을 살고 있을까 하는 의문이 든다. 한국청소년정책연구원(2007) 조사에 의하면, N세대들 중 현재의 삶에 만족한다고 한 청소년들은 약 66% 정도였고, 34%는 그렇지 않다고 응답하였다. 2009년에 와서는 55%만이 스스로 행복하다고 응답하여 청소년들의 삶의 만족도가 2년 사이 10% 이상 감소된 것으로 조사되었다(문화일보, 2009. 5. 8). 이것을 청소년의 자살률과 사망원인(1위가 자살) 통계(메디팜뉴스, 2010. 10. 12, 오마이뉴스, 2011. 4. 15)와 관련 지어 볼 때, 위의 만족도 조사들 자체에 의문이 들지 않을 수 없다. 왜, 우리나라의 청소년들은 현재의 삶에 그럭저럭 만족한다고 말하면서도 자살은 세계에서 제일 많이 하는 것일까? 오늘날의 청소년들이 입시와 진로와 취업문제로 그만큼 스트레스가 많은 삶을 살고 있다는 말일 것이다. 이미 정답은 나와 있는데도 문제를 해결하지 못하는 것이 오늘의 한국 청소년의 문제인 것 같다.

2) 청소년의 가정관

청소년의 가치관의 변화를 추적해보는 두 번째 과제는 그들의 가정관에 관한 가치 지향성을 조사하는 것이다. 청소년의 가정관을 알아보는 가치 덕목들은 행복의 조건, 결혼관, 효도관이다. 이 세 가지 가치덕목에 대한 선행연구를 분석한 결과, 다음과 같이 나타났다.

첫째, 청소년들이 생각하는 최상의 행복의 조건은 화목한 가정에 있는 것으로 나타났다. 시대를 막론하고 '가정'은 청소년들이 생각하는 중요한 가치인 것으로 드러났다. 80년대 연구(이재창 등, 1983; 차재호, 1986)와 90년대의 다른 연구자들(김형립, 1995; 성경옥, 1996; 윤덕진, 1997)의 조사에서도 동일한 결과가 나타남으로써, '화목한 가정'은 시대의 변화에 관계없이 청소년들에게 불변의 핵심가치임을 확인시켜주고 있다. 2000년대의 연구에서도, 행복의 조건 순위는 화목한 가정(2003: 36.5%, 2007a: 50.2%), 건강(17.1%, 20.4%), 경제적 여유(15.8%, 12.3%) 순이었다. 즉, 청소년의 행복에 대한 가치관은 현 사회의 성인들의 보편적인 가치관과도 다르지 않다는 것을 알 수 있다. 그러나 현대 한국 가정의 위기와 해체, 그리고 독신 가정의 증가 현상을 보면 현대 청소년들이 지향하는 화목한 가정은 이상적 가치로만 남게 될지도 모른다는 우려가 앞선다.

둘째, 청소년의 결혼에 관한 가치관의 변화이다. 본 논문에서는 이것을 알아보기 위하여 세 가지 구체적인 척도를 사용하였다: 결혼의 필요성, 배우자 선택기준, 그리고 자녀 출산이다. ① 결혼의 필요성: 80년대의 청소년들은 45% 정도 결혼을 해야 한다고 응답했고, 90년대는 60% 이상으로 훨씬 높아졌으나, 2000년대에 들어와서는 20% 대로 낮아져, 결혼 자체에 대해 소극적인 태도를 보이고 있다. 즉, 현재는 우리나라 청소년 4명 중 1명(25.9%)은 결혼에 대해 '반드시 해야 하는 것은 아니다'라는 생각을 하고 있는 것으로 드러났다. 보다 구체적으로 보면, 남학생의 22.8%만이 결혼을 필수조건으로 생각한 데 비해, 여학생은 단지 10.8%만이 긍정적으로 답함으로써 여자가 남자보다 더 결혼에 대해 부정적인 것으로 나타났다(2007a). 이러한 결과는 위에서 진술한 청소년의 가정관(가정을 행복의 제1조건으로 여긴다는 가치지향성)과 정면으로 충돌하고 있는 것이다. 왜냐하면 결혼은 가정을 형성하는 기본 조건이며 전제가 되는 것인데, 결혼은 하지 않으면서, 가정을 행복의 제1조건이라고 여기는 모순은 분명히 현대 청소년들의 가치관에 혼란과 갈등이 일어나고 있다는 것을 시사하고 있는 것이다.

② 배우자 선택기준: 80년대의 연구에서 배우자 선택 조건의 순위는 성격-용모-학식의 순으로 나타났다(경향신문, 1983. 6. 24). 90년대와 2000년대 청소년들이 생각하는 배우자의 조건 1위는 성격이고 그 다음이 외모 그리고 경제력의 순으로 나타났다. 구체적으로 보면, 90년대 김형구의 연구(1995)에서는 청소년들이 선호하는 배우자 선택의 기준으로 성격(59.4%), 외모(29.2%)가 단연 우세하였으며, 학벌, 가문, 교양, 능력, 직업 등은 소수를 차지할 뿐이었다. 성별로도 약간의 차이를 보였는데, 남학생의 반수 이상(50.2%)은 외모는 신붓감을 결정하는 중요한 조건이라고 답하였다. 그러나 여학생(10.7%)에게 배우자의 외모는 대수롭지 않은 것으로 나타났다(김형구, 1995). 2000년대 조사에서도 성격(2003: 59.5%, 2007a: 58.3%), 경제력(18.8%, 15.8%), 외모(13.8%, 10.2%) 등의 순서로 나타나 90년대의 연구 결과와 대동소이하였다. 특이한 것은 성별에 따라 유의미한 응답의 차이를 나타냈다는 것이다. 좀 더 단순하게 결과를 해석한다면, 한국의 청소년들은 남자는 외모를, 여자는 경제력을 보고 장래의 배우자를 선택한다고 말할 수 있을 것이다. 한상철 外의 연구(2003)에서는 지역별 편차도 존재했는데, 대도시에 사는 청소년들일수록 배우자의 성격을 더 중요하게 생각하고, 중소도시나 농촌지역 청소년들은 배우자의 경제력을 보다 중요한 선택기준으로 여긴다는 것이다. 동 시대를 살아가는 청소년들이라도 자신이 처한 상황과 환경에 따라 가치관의 차이가 생길 수 있다는 가설을 만들게 한다. 그러나 90년대 이후 우리나라 청소년들의 배우자 선택기준은 대도시 농촌 할 것 없이 모두 외모와 경제력으로 좁혀지고 있다. 한 가지 해석을 덧붙인다면, 남성이 여성 배우자를 선택할 때, 외모를 먼저 본다는 것은 이미 주지의 사실이지만 그 의식의 저변에는 아직도 한국사회의 여성을 보는 가치관이 크게 개선되지 않고 있다는 것을 입증하고 있다는 것이다.

③ 자녀 출산: 최근에 들어와서 한국사회는 극심한 저출산으로 정부는 미래 한국의 인적 자원의 공급에 대해 심각하게 고민하고 있다. 그런데 사실상 이런 고민이 80년대부터 시작되었다는 것을 알 수 있다. 8~90년대 청소년들의 이상적인 자녀의 수는 2명 이하이며, 이러한 성향은 2000년대에 들어와서는 아예 출산 자체를 하지 않겠다는 청소년들도 있는 것으로 나타나고 있다. 여학생의 21.8%와 남학생의 13.2%는 자녀가 없어도 상관없다고 응답하였고, 여학생의 9.8%와 남학생의 5.8%는 자녀를 출산할 의향이 전혀 없다고까지 하였다(2007a). 이것은 90년대 연구 결과와 비교하면, '자녀를 낳지 않겠다'고 응답한 청소년(3.7%)들이 6% 정도 늘어난 것이다. 위 두 조사결과와 비교해볼 때, 최근 청소년들의 자녀출산에 대한 생각은 국가적 차원에서의 심각성을 여실히 드러내고 있다. 출산 장려 정책을 전환하여 어린 청소년 세대부터 건전한 결혼관과 자녀 출산의 필요성에 대한 교육이 시급하다는 생각이다.

셋째, 청소년의 가정에 관한 가치관의 세 번째 척도는 그들의 효도관이다. 효도관은 효의식과 부모 부양에 대한 청소년의 의식을 조사함으로써 조사되었다. ① 효의식: 80년대 청소년들이 인식하고 있는 효란 부모의 뜻에 전적으로 순종(거의 100%)하는 것이었다. 그러나 90년대에는 부모에 대한 무조건적 순종은 20% 수준으로 떨어지고 대신 부모를 존경하는 것(82%)을 효로서 인식하고 있다. 2000년대 청소년의 효의 인식은 복합적인 양상을 띠고 있다. 즉, 효란 노후에 함께 사는 것이요, 부모를 외롭지 않게 해드리며, 대화 상대가 되어주는 것이라고 말한다(2003). 최근에 초등학생을 대상으로 한 다른 조사에서는 '효도하는 가장 좋은 방법'은 '순종', '부모를 아껴줌', '학업충실'이며, 반대로, 불효에 대한 생각은 '순종하지 않음'이 57%로 가장 높게 나타났다(신영이/박영신/김의철, 2008). 또한 효도하는 이유(2006)에 대해서는 '낳아주심', '키워주심', '희생에 대한 보답' 순으로 답변되었고, 2008년에는 '낳아주심', '부모의 희생에 대한 보답', '자식 된 도리' 등의 순서로 조사되었다(정부용/박영신, 2006;

신영이/박영신/김의철, 2008).

②부모 부양: 80년대의 청소년들 70% 정도는 부모는 반드시 내가 부양한다는 생각을 하고 있었다. 90년대에는 청소년들의 46%는 부모가 원하는 자녀가 부양해야 한다고 응답하였다. 그러나 2000년대에 들어와서는 부모의 의견에 따라야 한다며 부양의무를 부모의 선택에 맡기는 풍조로 바뀌고 있다. 더욱 흥미로운 발견 사실은 장남의 부양의 의무는 18% 정도만이 그렇게 생각하고 있으며 오히려 경제적인 능력이 있는 자녀가 부모를 부양해야 한다는 의견이 22%로 장남의 의무보다 더 높게 나왔다는 것이다. 80년대에는 경제적인 여력이 있는 한 부모를 부양하겠다는 의견이 28% 정도 나왔고, 90년대는 부모 부양을 같은 집이 아니라 집 근처의 별도의 거처에서 모신다는 의미로 이해하고 있는 것을 알 수 있었다. 1994년 어린이 5천 명을 대상으로 한 국제 의식조사에서 부모를 '양로원에 보내겠느냐'는 설문에 '그렇게 하겠다'는 항목에서 가장 높게 나온 나라는 일본(24.1%)인 반면, 한국은 0.4%로 가장 낮았다(김인득, 1994). 또한 2007년에는 모든 자녀들이 '공동부양'하거나 '장남 가정'의 순으로 부모를 부양해야 한다고 응답하였다. 현대에 들어와서 장남 부양의 의무에 대한 가부장적 가치관은 많이 사라지고 있으나, 남자의 경우 장남이나 아들 가정에서 부양해야 한다는 응답이 여자들에 비해 훨씬 많이 나타나고 있다. 이것은 아직도 상당수의 한국 남성의 의식 속에는 가부장적 전통을 지켜 부모부양은 장남의 의무라는 의식이 지배적임을 알 수 있다. 그러나 최근의 부모부양에 대한 청소년들의 의식 속에는 일단 부모에게 의사를 묻고, 함께 살고 싶은 자녀와 살도록 하자는 것과, 자녀 모두가 평등하게 공동 부양의 의무를 지자는 합리적인 가치관이 등장하고 있다고 하는 것은 고무적으로 들린다. 그러나 경제적 여유가 있는 자녀나 장남인 자만은 언제나 부모부양의 의무에서 자유로울 수는 없을 것 같다. 종합해보면, 한국의 청소년들은 부모를 꼭 부양해야 하는 대상에서 점차 부모의 선택에 맡기거나 경제력이 있는 자녀만이 할 수 있는 것으로 가치관이 변화되고

있음은 분명하다.

3) 교육관

청소년의 가치관 변화를 분석하는 세 번째 가치 덕목은 교육에 관한 것이다. 이것은 공부하는 목적, 교육제도에 대한 불만, 교사에 대한 존경심을 통해 구체적으로 알아보았다. ① 공부하는 목적: 80년대 청소년들이 학교에서 배우고 경험한 것은 친한 친구를 사귀거나(71%), 일반교양을 습득하거나(58%), 전문지식을 획득(34%)하는 것이었다고 한다. 90년대의 청소년들은 대학을 가서 출세하기 위해서 공부를 한다고 답하였다(42%). 2000년대는 취업(44%)과 지식과 기술을 연마하고(30%), 인격과 교양을 쌓기 위해서라고 하였다(4%). 80년대까지는 대학진학은 좋은 친구와 인격과 교양을 쌓는 것 같은 고상한 목적을 위함이었다. 90년대로 진입하면서 한국사회에 부와 명예를 획득하기 위한 출세주의 바람이 불면서 청소년들의 공부에 대한 가치관은 점차 현실적으로 변화되어갔다.

2000년대에 들어와서 대학은 이제 학생들의 취업을 장려하고 돕는 직업 교육센터의 역할까지 해내야 한다. 특이한 것은 인격이나 교양을 쌓기 위해서 공부한다는 응답은 크게 줄어든 반면에, '좋은 직업을 갖기 위해서'라고 하는 응답은 2004년 41.3%에서 2008년 51%로 상당히 증가한 것이다(통계청, 2010). 이것은 IMF와 취업대란을 직접 경험한 청소년들이, 학력 인플레가 시작되면서, 좋은 직업을 갖기 위해서 공부에 대한 새로운 가치관을 갖기 시작했음을 시사하고 있다. 한편 학교교육이 점차로 고상한 교양이나 인성을 연마하는 목표를 상실해가고 있다는 것을 여실히 보여주는 것이기도 하다. 학교교육은 이제 직업교육이라고 불려도 손색이 없을 정도로 학생 취업에 비상한 관심을 보이고 있는 것이 현실이다.

② 교육제도에 대한 불만: 청소년들이 가장 많은 시간을 보내는 곳은 학교나 학원이다. 이러한 교육현장에서 느끼는 학생들의 제도에 대한 불만은 큰 것으로 나타나고 있다. 80년대 학생들은 약 64% 정도가 학교생활

에 만족을 나타냈다. 그러나 90년대는 같은 비율의 학생들이 학교교육의 유용성에 의문을 던진다. 그리고 2000년대에 들어와서는 아예 70% 이상의 학생들이 현 교육제도를 개혁해야 한다는 적극적인 의견을 표출하고 있다. 뿐만 아니라, '학교수업보다 학원수업이 더 낫다', '학업을 그만두고 싶다', '우열반 편성 반대', '학교 시설에 대한 불만족'을 나타내는 청소년들도 각각 45%나 되었다(한상철 외, 2003). ③ 교사에 대한 존경심: 80년대 교사는 존경의 대상이었지만 선호도 높은 직업은 아니었다고 말한다. 90년대에는 학생의 교원 폭행사건이 지속적으로 증가추세에 있었다(1997년 36건/1998년 70건/1999년 77건). 2000년대의 한국 청소년들은 교사를 더 이상 존경하지 않는 것 같다. 아시아 3개국 중 가장 교사 존경지수가 낮고, 중국이 존경지수가 가장 높은 것으로 조사되었다(중국 95.9%, 일본 63.4%, 한국 53.6%, 한국청소년정책연구원, 2008). 2009년 한국갤럽이 교사와 학부모를 대상으로 실시한 조사에서는 학생의 72%가 '선생님을 존경하지 않는다'고 응답하였다. 전국 중고생 3,228명을 대상으로 실시한 설문조사에서도 응답자 중 46.4%가 선생님에 대한 존경심이 과거보다 더 낮아졌다고 답한 반면 더 존경하게 됐다는 응답은 10.5%에 그쳤다(일요시사, 2009. 9. 15). 교권이 땅에 떨어지고, 교실이 붕괴되는 교육현실에서, 가치관 교육의 중요성은 더욱 크게 부각된다. 이러한 결과는 최근 3년 동안 교육현장에서 지속적으로 불거져 나온 학생의 교사 폭행 및 여교사 희롱 등의 사례 등을 통해서도 증명된다. 중요한 것은 한국 청소년의 교사 무시 및 폄하 현상은 시대별로 점차 악화되어왔고 교권에 도전하는 연령대가 점차 낮아지고 있다는 것에 주의를 기울일 필요가 있다는 것이다. 이것으로 보아 2010년 11월 1일 교육부의 체벌 금지 훈령 이후 교권에 도전하는 학생들이 더욱 기승을 부릴 것으로 예측된다.

4) 직업관

청소년의 직업에 관한 가치관은 직업 선택의 이유, 선호 직업의 형태와 존경하는 직업인을 조사함으로써 분석되었다. ① 직업을 갖는 이유: 80년대 청소년들에게 직업은 첫째, 돈을 벌기 위한 것이었고(83년: 37.8%, 88년: 44.7%), 둘째, 자기발전, 그리고 셋째, 사회구성원으로서의 역할 수행을 위한 것이라고 답하였다. 90년대는 첫째, 둘째 이유는 80년대와 대동소이하지만, 한 가지 차이점은 인생을 즐기기 위해서라고 답변하였다(24.6%). 2000년대 청소년들이 생각하는 직업관은 먼저 안정된 사회생활(46.5%)을 위해서가 가장 많고, 경제적 수입(23.3%)과 사회적 인정(15.2%)이 다음으로 높은 반응을 나타내었다(2003). 2002년에는 청소년의 가장 큰 고민이 '공부', '외모와 건강'이었으나, 2008년에는 '공부'와 '직업'으로 조사되었다(통계청, 2010). 국가적으로 취업대란이 일어나면서, 청소년들에게도 취업이 큰 문제가 되기 시작한 것이다. 특히, 20~24세의 청(소)년들에게 있어서의 고민은 '취업'(41.6%), '외모와 건강', '공부'의 순으로 나타나 취업에 대해 심각하게 고민하고 있음을 분명히 보여주었다(통계청, 2010).

② 선호하는 직업 형태: 80년대 청소년들이 선호하는 직업은 남에게 존경받는 직업이었다. 90년대에 청소년들은 '개인 자유가 많은 직업'이나 '취미와 소질을 살릴 수 있는 직업'을 선호하는 것으로 나타났다(83.4%). 사회에 공헌을 하거나, 수입이 많거나, 인기가 있거나, 권세가 당당한 직업을 원하는 학생은 많지 않았다(1995). 이것은 같은 시기 청소년들의 인생관에 나타난 가치지향성과 그 맥을 같이 하고 있다. 즉, 권력이나 돈보다는 소시민적으로 살아도 취미와 즐거운 삶을 살기를 원한다는 것이다. 그러나 2003년에 와서는 흥미와 적성에 적합한 직업, 경제력도 직업 선호요소인 것으로 조사되어 앞선 연구와는 차이를 나타내고 있다. 직업선택의 기준으로는 개인의 능력(31.4%)과 적성(29.2%)이 대다수를 차지하였지만, 직업의 장래성과 수입도 중요 기준인 것으로 나타났다. 이것은 능력과 적성, 흥미에 적합한 직업을 선호하고, 이를 직업 선택의 기준으로 삼고 있는 것과 부분적으로 일치하지만, 자유가 많은 직업을 가장 선호하고

있다는 90년대의 연구 결과와는 다소 차이를 보이고 있다.

③ 존경하는 직업인: 80년대 청소년들이 존경하는 직업인은 변호사, 대학교수, 관공서 공무원 등이었다. 90년대는 판사, 교수 군인의 순으로 나타났으나, 2000년대에는 예술가, 교육자, 기업가의 순으로 나타나 8~90년대와는 전혀 다른 직업인의 모델을 보여준다. 이러한 경향성은 성별에 따라 유의미한 차이가 있었다. 남학생은 운동선수, 기업가, 교육자 순으로, 여학생은 예술가, 연예인, 교육자 등의 순으로 응답하였다(2003). 청소년들이 존경하는 직업인들은 명예나 권력 등을 가진 자가 아니라, 예술가와 교육자와 같은 타 직종에 비해 진정성과 창의성이 요구되는 직업인의 유형이다. 그러나 3위에는 기업가가 포함되어 돈을 잘 버는 직업에 대한 선호도가 그들의 직업관 저변에 존재하고 있다는 사실을 간과해서는 안 될 것 같다. 다시 말하면, 비록 청소년들이 돈을 직업선택의 기준으로 응답은 하지 않았지만, 그들이 존경하는 직업인의 반열에는 남자의 경우 2순위, 여자는 3순위에 올라와 있다는 것이다. 남자의 경우는 개인 취미와 관련한 부분을 빼면 1순위로 존경하는 직업인이 기업인이라는 말이 된다. 즉, 돈을 잘 벌고 많이 가진 자를 부러워하고 동경하는 것은 현대 자본주의 국가에 살고 있는 모든 어른이나 청소년들이나 마찬가지인 것이다.

5) 사회관

청소년의 사회관은 다음 세 가지 하위덕목을 통하여 분석할 수 있다. ① 사회의 공정성과 신뢰도: 80년대 청소년들에 비친 한국 사회는 서열을 중시하고 빈부격차가 극심하여 불공정한 사회였다(75%). 90년대에는 사회에 대한 불만족도가 50%대로 떨어졌으나 빈부격차에 대한 불만은 오히려 증가되고(86%), 돈의 힘과 법의 불합리성을 믿는 청소년들이 50%를 넘었다. 사회 현실에 대해 만족하는 청소년이 20%도 안 된다는 것은 문용린 교수의 말처럼 청소년의 사회관은 부정적이라는 것이 사실이다. 더욱더 심각한 현상은 2000년대 이후의 연구에서 확인된다. 우리나라 청소년 79.1%가 '우리 사회가 공정하지 못하다'고 보고 있으며, 이것은 청소년의 '사회신뢰지수'도가 100점 만점에 41.2점에 머무르고 있다는 것을 의미한다(2007a). 부모님, 친구, 대통령, 국회의원, 언론 등에 대한 신뢰의 정도를 묻는 항목에서는 부모님과 친구에 대해서는 '매우 믿을 수 있다'(각각 68.2%, 18.9%)와 '믿을 수 있는 편'(각각 27.3%, 70.2%)이라는 긍정적 답변이 높은 반면에, 대통령과 국회의원, 언론에 대해서는 '매우 믿을 수 없는 편'(각각 34.1%, 53.7%, 24.2%) 내지는 '믿을 수 없는 편'(각각 42.6%, 36.7%, 43.2%)이라는 부정적인 답변이 높게 나타났다. 이러한 응답에서 알 수 있는 사실은 공공 부분에 대한 한국 청소년들의 불신이 매우 심각한 수준에 와 있다는 것이다. 오늘날 청소년들이 한국 사회를 이렇게 부정적으로 보게 된 데에는 전술한 바와 같이 한국사회의 지도층과 어른들에게 일차적 책임이 있다는 것은 주지의 사실이다. 콩 심은 데 콩 나고, 뿌린 대로 거둔다는 속담대로 청소년의 사회적 가치관에는 한국사회의 어두운 과거가 자리 잡고 있다는 것을 우리는 기억해야 할 것이다. 다음으로 청소년들이 사회적으로 존경하는 인물에 대한 질문에 나타난 그들의 가치지향성을 보면 다음과 같다.

②존경하는 인물: 80년대 연구조사는 존경하는 특정 인물의 예가 없이 몰두형이 62%를 차지하여 1순위이다. 이어서 칠전팔기 인간 승리형, 그리고 사회 봉사형이 뒤를 잇는다. 말하자면 김탁구 같은 유형의 인물이 존경을 받았던 것 같다. 그러나 90년대 청소년들은 교사를 제일 존경하였고, 이순신 장군과 세종대왕의 순으로 답하여 자신과 가장 친밀하게 교감하는 사람들을 존경하고 있는 성향이 나타나기 시작한다. 이러한 현상은 한국청소년정책연구원의 2007년 연구에서도 확인되었다. 전체 응답자 5,521명 중 1,592명이 '부모님'을 가장 존경한다고 꼽았다. 이어서 세종대왕(332명), 이순신, 빌 게이츠, 선생님(112명), 헬렌 켈러 등의 순으로 나타났다. 8~90년대의 연구결과와 크게 다른 점은 가족을 가장 존경한다고 한 점이다. 그리고 교사가 1순위에서 끝 순위로 밀려나 있다는 것이 충격

적이다. 인터넷, 사교육의 진보가 학교 교사의 교권과 존경을 빼앗아 간 것 같다. 교사가 없어도 청소년들의 지식 검색도 보충수업도 다 해결되는 세상, 사이버 세상이 있기 때문일 것이다. 그러나 더욱 충격적인 것은 청소년들이 우리나라 역대 대통령을 존경하지 않는다는 것이며(65.8%), 있다 할지라도 김대중(18.3%), 박정희(11.4%) 대통령 등의 순으로 평균 20% 이하의 낮은 지지를 나타냈다(2007a). 이와 같은 결과는 대통령이나 국회의원들이 임기 후나 임기 중에 보여준 부도덕한 행동들이 초래한 불신 때문으로 추측된다. 한국 청소년들이 존경하는 인물 중에 역대 대통령이나, 정치 지도자나 과학자, 성직자도 찾아보기 힘들다는 것은 한국 사회가 도덕성과 진정성에 있어서 후진국을 면치 못하고 있다는 것을 간접적으로 말해주는 척도라고 생각한다. 이와 같은 현상은 신뢰를 무너뜨리는 소위 후진국형 범죄가 우리 사회에서 사라지지 않고 있기 때문이기도 하다.[9]

③ 다문화 의식: 한국에서 다문화라는 용어는 아시안 게임 직후 1986년 외국인 노동자가 처음으로 국내에 유입되면서부터 소개되고 사용하기 시작하였다. 따라서 80년대 청소년들에게 이것은 아직 생소하기만 하였다. 90년대 들어와서 청소년들은 다문화를 외국어 구사능력(31%), 외국과의 교류접촉(20.1%), 외국사회 문화이해(17.9%) 정도로 알고 있는 것으로 드러났다. 2000년대 청소년들은 다문화란 용어를 분명히 인지하고는 있으나(56.3%), 다문화 사회의식이 아직은 충분히 형성되어 있지 않는 것으로 드러났다. 그러나 다문화사회로의 전환이 국가발전에 필요하고 또 기여한다는 것에 대해서는 긍정적(67.7%)인 태도를 보이고 있다.

2010년 한국사회는 국내체류 외국인이 118만 명에 육박하며 다문화 사회로의 본격 진입을 눈앞에 두고 있다. 이러한 상황에서 2007년 조사에서

9 한국경제신문에 의하면 2008년 발생한 사기 사건은 횡령이 2만 6,750건, 배임 5,135건 등 총 23만 7,025건이었다고 한다. 또한 일본에서 2007년 한 해 동안 위증죄로 기소된 사람이 9명인 데 반해 한국은 무려 1,544명, 무고죄로 기소된 사람은 일본 10명, 한국 2,171명이었다(한국경제신문, 2010. 10. 18).

청소년들은 한국은 더 이상 단일민족이 아니라는 응답이 47.4%에 달했다. 최근 들어 다문화 가정에 대한 관심이 고조되고 있어서, 청소년들에게도 이와 관련된 교육이 시급하다. 지금 청소년들의 학교환경은 교권에 대한 도전과 근절되지 않는 학교 폭력만으로도 충분히 스트레스를 받고 있다. 여기에 급속도로 증가되고 있는 다문화 가정의 혼혈 자녀들의 학교 취학이 이미 시작되었다. 교육현장에서 이국적인 다문화 가정의 자녀들과 예민한 십대 청소년들과 대화하고 함께 학습하기엔 언어나 문화적으로 모든 교육여건이 아직은 미흡하다고 판단된다. 이제 다문화는 세계적인 추세임을 청소년들에게 알게 하고 인종과 피부색에 관계없이 한국 사회 공동체의 일원으로 함께 살아가도록 글로벌 마인드와 인류애에 대한 가치관을 형성하도록 가르쳐야 한다. 이미 2천 년 전에 예수께서는 승천하시기에 앞서 제자들에게 글로벌 공동체의 도래를 예언하신 것이다. 한국이 제2의 인종차별국가가 되지 않기 위해 청소년들에게 균형된 글로벌 가치관이 시급히 가르쳐져야 할 것이다. 이러한 가치관은 30년 전에는 깊이 논의조차 되지 않았던 덕목들이었다. 시대의 변화에 따라 국가 공동체 구성원이 글로벌 세계의 다민족으로 다양화되고 확대됨에 따라 청소년들을 차별이 아닌 차이를 존중하는 가치관을 갖도록 지도해야 할 책임이 가정, 학교, 정부뿐 아니라 교회를 포함한 제3섹터의 모든 자원 봉사기관에 있다 할 것이다.

6) 국가관

청소년의 국가관에 대한 가치지향성은 다음 세 가지의 질문으로 조사되었다. 선행연구들에서 공통된 질문은 ①'한국인이라는 사실'에 대해 어떻게 생각하는가? ② 전쟁이 나면 어떻게 하겠는가? 그리고 ③ 한국은 통일되어야 하는가? 였다. 그 결과 현 시대의 청소년들이 과거의 청소년들보다 한국을 더 자랑스럽게 생각하는 것으로 나타났다(80년대 14%, 90년대 34%, 2000년대 75.5%). 그러나 전쟁이 일어나면 '앞장서서 싸우겠다'

는 청소년들이 가장 많은 것은 80년대(88%)였고, 가장 적은 시대는 90년대로서 20.8%, 2000년대는 청소년들의 약 40%가 위급상황이라면 무엇이든 하겠다고 반응하였다. 통일에 대한 청소년의 가치관은 90년대가 가장 긍정적으로 나타나고 있다. 진보 성향의 국민의 정부 시절 통일정책은 청소년들의 국가관에게도 영향이 있었던 것으로 평가된다. 이 시기의 청소년들의 통일관은 '반드시 통일해야 한다'가 69% 이상이 되었다. 2007년에 와서는 65.9%로 약간 감소하고 있으나 2009년도 청소년 통일의식조사에서는 70% 이상의 청소년들이 통일의 필요성에 대해 긍정적으로 대답했다. 그러나 북한에 대해서는 66.7%가 부정적이라고 답했다(통일교육협의회, 2009). 청소년의 국가관과 통일관은 국가 원수인 대통령의 통일 철학과 정책에 의해 영향을 받는다는 것을 가치관 조사에서도 알 수 있다. 지난해 천안함과 연평도 피격 사건으로 모든 세대들이 국가 안보에 대한 쟁점을 놓고 첨예하게 논의했던 것을 보면 아직도 안보와 통일에 대해 국론이 통합되지 못하고 있는 현실이 안타깝다. 이 나라의 미래인 청소년들에게 분단 현실 속에서 그들이 가져야 할 건전한 국가관과 통일관을 스스로 생각할 수 있도록 균형된 정보와 자료를 제공하고 그것들이 국가 안위에 미치는 영향을 솔직하게 교육하는 냉철한 판단과 경험의 장을 마련해주어야 할 것이다. 낙관도 비관도 할 수 없는 한반도의 정전현실 속에서 청소년들이 국가를 위해 가져야 하는 마음가짐과 자발적 애국심을 형성할 수 있도록 사회 지도층부터 분열이 아닌 통합된 노력과 본을 보이는 자세가 무엇보다도 필요한 것 같다.

7) 윤리관

청소년의 가치관 변화를 알아보는 마지막은 덕목은 성과 생명 윤리의식 및 정직에 관한 가치 지향성이다. 혈기왕성하고 건강한 청소년들에게 성(性)은 사실상 윤리와 도덕을 연단하고 시험하는 삼손의 머리카락이나 아킬레스의 건과 같은 것이다. 한국 청소년들은 서양의 청소년들하고는 달리 사회적으로 가정적으로 성에 대한 폐쇄적인 문화 때문에 성에 대한 많은 부분을 교육받지 못한 채 성인으로 성장해간다. ① 혼전 순결: 80년대까지만 하더라도, 청소년들의 순결에 대한 가치관은 상당히 보수적이었던 것으로 나타났다(81.5%). 90년대에 들어와서는 결혼 전까지 순결을 꼭 지켜야 한다는 의견(42.4%)과 지키지 않아도 된다는 응답이 서로 비슷하게 조사되었다. 그러나 2000년대 청소년들은 우리가 과거에 알았던 청소년들하고는 다른 성의식을 지닌 세대라는 것이 드러났다. 한국여성인권진흥원은 2010년 6~7월 전국 중 · 고등학생 2,894명을 대상으로 '청소년 성문화 의식조사'를 진행한 결과, 응답자의 79.4%가 인터넷 음란물을 접촉한 경험이 있는 것으로 조사됐다(뉴스비트, 2010. 10. 27). 처음 접한 시기도 초등학교가 45.3%, 중학교가 52.7%로 조사되었다(이철원, 2009). 50% 이상의 청소년들이 혼전 동거까지 가능하다는 개방적 성의식을 가지고 있으며(통계청, 2010), 그들 중 80%가 이미 인터넷으로 음란물을 접촉하고 있으며, 그 첫 접촉 시기도 초등학생까지로 연령이 낮아지고 있다. 뿐만 아니라 성관계경험도 전체 응답 청소년의 6% 이상이 되었고, 첫 성관계 연령도 14세 정도로 점차 어려지고 있다. 흥미로운 것은 청소년 자체도 혼전순결에 있어서는 남자보다는 여자에게 더 엄격한 이중적 가치기준을 적용하고 있다는 것이다(2003; 2008). 시대가 변화함에 따라 청소년들의 성적 순결에 대한 가치관이 점차 느슨해지고 혼전 동거까지 개방하는 가치관의 변화를 확연히 볼 수 있다. 새천년의 시작은 인터넷의 개발로 인하여 지식의 혁명을 가져왔으나, 다른 한편으로는 양날의 칼처럼 우리 자녀들이 독버섯 같은 사이버 포르노 컨텐츠에 다가가도록 만들고 있다. 이렇듯 사이버 포르노 접촉 실태가 심각한데도 불구하고 학교와 가정에서는 그 근본적인 치유책이 없어 절치부심하고 있다.

② 낙태율로 살펴본 생명존중의식: 한국의 낙태율은 세계 1위인 것으로 보고되고 있다. 중앙여중 김성애 보건교사는 "학생들은 낙태를 반대한다고 하면서도 자신에게 벌어지면 서슴없이 낙태를 선택하겠다"며 "애 하

나 때문에 자신의 인생을 담보 잡히고 싶지 않다고 하고 있다"고 말했다(메디파나뉴스, 2010. 4. 13). 2010년에 열린 '청소년 임신과 낙태, 이대로 방치할 것인가'라는 정책토론회에서 발제를 맡은 박형무는 "중·고등학교 여학생 34,200명 가운데 3.4%가 성관계 경험이 있으며, 이 중 13.8%가 임신을 경험했다. 또한 임신 경험 여학생 가운데 85.4%가 임신 후 대처방법으로 낙태를 선택하고 있다"고 밝혔다(메디파나뉴스, 2010. 4. 12). 1979년 서울시 일원의 인공유산에 대한 연구에 의하면, 1978년 한 해 동안 청소년 낙태 건수는 약 15,836건인 것으로 조사되었다(홍성봉, 1979). 1990년대 초에는 한 해 낙태 건수가 200만 건이 넘은 적도 있었다. 2005년 고려대 의대 김해중 교수가 보건복지부 의뢰로 조사한 낙태 건수는 2005년 35만 590건(미혼여성 42%)으로 추산되며 이 중 30% 이상이 청소년인 것으로 추정하였다.

③ 컨닝 여부를 통해 본 정직성: 윤덕진(1997)의 조사에 의하면 컨닝을 해본 경험이 있는 학생은 남학생 78%, 여학생 49%인 것으로 나타났다. 컨닝을 한 이유는 첫째, '좋은 성적을 얻기 위해서'(40.3%)가 가장 높았고, '다른 학생들이 하니까 나도 했다'가 15.5%로 조사되었다. 한편, 2008년 실시된 한 설문조사에서는, 약 1000명의 대학생 중 66%의 대학생이 입학 후 컨닝을 한 적이 있다고 응답했다. 컨닝에 대해서는 '부끄럽고 비양심적인 행동'이라는 의견이 36.4%로 1위를 차지했다. 분명 이들은 '컨닝'을 정직하지 못한 것으로 인식하고 있으면서도(26.5%) 컨닝을 하고 있는 것으로 드러났다(시사뉴스, 2008. 5. 6). 2004년 11월 광주에서도 휴대폰을 이용한 대학수학능력시험의 조직적 부정행위 사건이 발생하여 한국 사회에 적지 않은 충격을 주었다.[10] 학생들은 커닝이 부도덕한 행동인 줄을 몰랐고, 재미로 가담했다고 말했다. 이후 입시 제도를 바꾸느니, 내신을 강

10 2004년 수능부정 파문에 따른 경찰과 검찰 수사 등으로 2004~2005학년도 수능시험에서 부정행위가 적발되어 시험 자체가 무효 처리된 수험생이 363명이다.

화하느니 말은 무성하였으나 정작 더 중요하고 먼저 바뀌어야 할 것은 어떤 수를 쓰더라도 좋은 대학에 가야 한다는 학부모와 교사들의 의식이다. 청소년들이 무의식중에 어른들의 가치관과 태도를 보고 배우기 때문이다(서명숙, 2004).

이 밖에도 정직성을 측정하는 공영 방송의 프로그램 중 우산 빌려간 것 돌려주기(이경규가 간다(2002)-"양심 우산 편"), 흘린 돈 주워서 주인 찾아주기, 교통법규 잘 지키기 등에서 나타난 한국 국민들의 도덕의식과 청소년의 정직성은 상당한 상관관계가 있다는 것이다. 그래서 옛말에 아이들 앞에서는 찬물도 제대로 마실 수 없다고 하였다. 한국 대학에서 학생들의 논문 표절 사건은 아직도 끊이지 않고 있다. 학위 취소 사태까지 갔어도 표절을 포기하지 않는 것을 보면 확실히 한국인들의 정직성에는 도덕불감증이 있는 것이 틀림이 없다. 우리 사회 만연한 도덕불감증이 존재하는 한 청소년들의 정직성은 좀처럼 개선될 수 없을 것이다. 이런 청소년들이 대학에 입학하여 컨닝 페이퍼를 만들고 취업을 해서는 자기 회사의 컨텐츠를 팔게 되는 것이다. 성직자들조차 논문 표절과 거짓말을 일삼고 있는 한국 사회의 낮은 도덕성, 이것은 슬픈 한국의 얼굴임에 분명하다. 청소년의 시대별 가치관의 변화를 분석하면서 우리나라 사회의 어두운 과거와 현재의 모습이 많은 부분에서 떠오른다. 그래서 더욱 우리보다 먼 미래를 살아갈 청소년들에게 전승해주어야 할 핵심가치를 어떻게 가르쳐야 할 것인가를 고심하게 된다.

Ⅲ. 결론

1980년대는 한국인들에게 힘든 격동의 세월이었지만 그 시대의 청소년들은 그들의 삶이 대체로 만족스러웠다고 말하였다. 그러나 그들이 계획하는 인생의 목적은 자기 의지대로 사는 것이라고 응답하고 있어 부모의 의지가 청소년의 인생의 향방에 개입이 되고 있었음을 시사한다. 80년대 만 해도 어린 그들은 성공이란 자신의 능력과 노력 여하에 따라 이루어진다고 믿고 있다. 그들의 최상의 가치는 화목한 가정에 있다고 하였다. 그래서 이들에게 있어서 결혼은 바람직한 것이며 배우자를 선택할 때도 재력보다는 건강과 성격이 기준이 되었고, 자녀도 평균 2명을 가지고 싶다고 응답하였다. 또한 80년대 청소년들에게 효란 부모의 의견에 순응하는 것과 특히 어머니께 무언가를 해드리는 것으로 이해되고 있었다. 부모부양에 대하여서는 그 어느 시대의 청소년들보다도 적극적인 효심을 보이고 있다. 그래서 부모의 노후는 자신들이 반드시 돌봐드려야 한다는 효도관을 나타내고 있다.

한편 80년대 교사는 아직까지는 존경의 대상이었지만 그들이 닮고 싶은 직업인은 아니었던 것 같다. 그러나 이 시대 청소년들은 대체로 즐겁게 학교생활을 하고 있었음을 알 수 있다. 학교에서 친한 친구도 사귀고, 자유시간도 즐기며, 일반교양을 습득하는 일은 그들에게 즐거운 공부였다. 지금처럼 학교가 폭력을 휘두르고 교사를 희롱하고 친구를 괴롭히는 살벌한 공간은 적어도 아니었다는 것을 알 수 있다. 그들의 직업관은 지극히 평범하여, 돈을 벌기 위해서이며, 존경하는 직업인으로는 변호사, 대학교수, 공무원의 순으로 나타났다. 이들은 한국 사회가 서열을 중시하고 빈부격차가 극심한 불공정한 사회라고 인식하고 있었다. 존경하는 인간형은 한 가지에 몰두하고, 칠전팔기하며, 어려운 이웃을 위해서도 사회봉사를 솔선수범하는 자라고 답하였다. 이 시기의 청소년들은 투철한 국가관이 서 있었다. 전쟁이 일어날 경우, 이 시기 청소년들은 국가를 위해서 기꺼이 싸우겠다고 응답하였다. 상황을 봐서 또는 일단 피한다고 답한 90년대 청소년들과 사뭇 다르다. 그러나 한국인으로서의 긍지는 높은 편은 아니었다. 남북통일에 대한 가치관은 반공교육의 결과로 인식하고 있는 정도였다.

80년대 청소년들의 윤리의식을 살펴보면, 성적 순결에 대하여서는 보수적 성향을 가지고 있으나, 규범과 규칙에 대해서는 50% 정도만이 준수해야 한다고 하여 사회적 윤리의식이 취약하다. 즉 가벼운 교통위반이나 부정행위는 봐줄 수 있는 일이라고 답하여 상대적 도구주의적 도덕성의 단계에 있음을 알 수 있다. 더욱이 이들의 생명존중의식은 빈약하여 혼전임신으로 인하여 낙태를 한 건수가 약 16,000건에 이르고 있다.

종합해본다면, 80년대 청소년들은 국가관과 효도관, 성윤리에 있어서는 보수적인 가치관을 가지고 있지만, 정직과 생명 존중의식에 있어서는 상대주의적 윤리의식을 가지고 있었다. 또한 직업을 돈 버는 것으로 동일시하는 것은 청소년들에게 제대로 된 직업교육이 결핍되어 있었다는 것을 반증하는 것이라 할 수 있겠다. 이들의 결혼과 효도와 애국에 관한 가치관이 변하지 않았다면, 지금쯤 우리 사회의 마지막 보수 세대가 되어 있을 것이다.

90년대 청소년들은 IMF가 있었음에도 불구하고 그들의 삶의 만족도는 80년대보다 높았다. 특히 가정생활에 높은 만족을 나타내고 있다. 이 시기의 청소년들은 인생의 목적을 즐겁게 사는 것이라고 말하였다. 이것이 무엇을 뜻하는지를 알기 위해서 그들의 직업관을 살펴보면, 첫째, 돈을 벌기 위해서, 둘째, 자신의 발전을 위해서, 셋째, 인생을 즐기기 위해서라는 답이 나온다. 직업을 선택할 때도 개인의 자유가 많이 주어지고, 자신의 취미와 소질을 개발해줄 수 있는 직업을 선택하고 싶다고 말한다. 따라서 그들에게 있어서 인생을 즐긴다는 것은 개인의 자유와 취미와 소질을 개발할 수 있는, 즉 자신을 발전시켜줄 수 있는 직업을 선택하여 돈도 벌고 인생을 즐기며 사는 것이라는 말이 된다. 이렇게 하기 위해서는 타고난 재능과 인품도 있어야 하지만 꾸준한 노력이 우선되어야 한다고 말한다.

시대를 막론하고 청소년세대에게 행복의 조건은 화목한 가정이다. 이것은 80년대 청소년들도 마찬가지였다. 결혼에 대한 가치관도 80년대 청소년들과 같은 비중을 두고 있으나 90년대 청소년들은 누구와 결혼하느냐가 더욱 중요하다고 말한다. 즉, 배우자 선택기준은 80년대와는 조금 다르다는 것이다. 80년대 배우자 선택기준은 건강/성격, 용모, 학식, 재산의 순인 반면 90년대는 성격, 경제력, 외모의 순이었다. 90년대에서 변화된 결혼에 관한 가치관은 경제력(맞벌이)이나 용모가 학식이나 성격보다 우선시되고 있다. 또 다른 흥미로운 변화는 90년대 청소년들은 80년대 청소년들과는 조금 다른 효의식을 가지고 있는 것으로 나타났다. 즉, 무조건 부모에게 순종하는 것이 효라고 생각하는 것에서 부모님을 존경하는 것이 효라고 생각하고, 또 부모 부양에서 반드시 같은 집이 아니라도 집 근처에서 부양하기를 원한다. 뿐만 아니라 그들이 원하는 것이 아니라 부모가 원하는 자녀가 부모를 부양하는 것이 참된 효라고 생각하였다.

90년대는 대학졸업이 출세의 수단이 되고 있다는 것이 청소년의 가치의식 속에 잘 나타나고 있다. 그렇다고 학교가 시키는 공부가 다 소용이 있다고는 생각하지 않았다. 그래서 간혹 그들은 교권에 도전하는 교원폭행사건을 일으켜서 1999년도에는 77건에 이르렀다고 보고하고 있다. 사실상 90년대 초엽부터 이미 교사에 대한 존경심은 사라지고 교권에 대한 학생들의 도전이 점점 더 대담해지기 시작한다. 이전 시대의 청소년들과 마찬가지로 90년대 청소년들은 한국 사회현실에 대해 불만을 가지고 있으며 특히 빈부의 격차와 법의 합리성에 대하여 문제를 제기하였다. 즉, 권력과 돈의 힘 때문에 사회는 불공정하며 신뢰할 수 없다고 말한다. 그들이 존경하는 인물에는 역대 한국 대통령은 없었다. 약화되기는 하였지만 그래도 90년대까지는 선생님을 존경하는 인간형으로 내세우고 있다. 또한 1986년 이후부터 시작된 한국에서의 다문화 형성에 대하여 조금씩 그 필요성을 이해하고 있으며, 외국과의 교류접촉에 대해서도 적극적인 인식을 하기 시작하였다. 90년대 청소년은 한국인으로서의 상당한 긍지를 갖고 있는 것으로 나타났다. 그러나 애국심에 있어서는 80년대와는 상이한 가치지향성을 보인다. 즉 국가의 위기발생 시 상황을 보고 결정한다 또는 일단 몸을 피한다라고 응답하여 개인주의적 사고가 상당히 만연되어 있는 것으로 볼 수 있다. 오직 20%의 학생들만 앞장서서 싸우겠다고 응답하였다. 그러나 통일관에 있어서는 80년대와 마찬가지로 반드시 통일해야 한다는 의식을 유지하고 있다. 90년대 청소년들의 성윤리는 점차 개방적으로 변화되어가고 있다는 것을 알 수 있다. 그 예로서 결혼 전까지 성적순결을 꼭 지켜야 한다는 청소년들은 반도 안 되어 혼전 순결의 가치가 점차 약화되고 있는 것을 알 수 있다.

청소년들의 도덕성에 적신호가 된 또 하나의 충격은 학생들의 컨닝 경험이다. 그들이 부정행위를 하는 이유는 좋은 성적을 얻기 위해서이며, 남자는 78%, 여자는 50%가 이미 부정행위의 경험이 있는 것으로 나타났다. 뿐만 아니라 90년대는 추정치이긴 하나 약 200만 건에 달하는 청소년 낙태가 자행되었다는 통계가 있다.

이상과 같이 90년대 청소년들은 한국인으로서의 분명한 긍지를 가지고는 있으나 애국심은 지난 시대 청소년들보다 약화되어 있었다. 반면, 서구의 청소년들과 같이 개방적인 성의 자유를 인식하기 시작했으며, 대학교육을 출세의 발판으로 아는 현실적인 세대였다고 평할 수 있을 것이다. 결혼과 효도, 그리고 배우자를 선택할 때도 경제력(여자에게는 맞벌이 능력)과 외모를 더 중시하는 다분히 세속주의적, 자기중심적 가치관의 특성을 볼 수 있었다.

80년대 청소년하고는 달리, 90년대 청소년들은 힘들지 않고 여가를 즐기며 돈을 벌 수 있는 직업을 갖는 것이 인생을 즐기는 것이라고 말한다. 이런 가치관 속엔 희생과 헌신보다는 개인의 쾌락과 유익만을 추구하는 세속주의와 개인주의가 자리 잡고 있다. 그들에게 전통적 가치조차도(예를 들면, 장남의 부모부양 의무) 경제력이 우선되어야 한다는 논리가 전제되어 있는 것이다.

이번 연구를 통하여 21세기 청소년들의 가치관은 많은 부분에서 8, 90년대 청소년들의 그것과 매우 다르다는 것을 알게 되었다. 우려되는 것은 현대 청소년들의 삶은 이전 시대의 청소년들의 삶에 비하여 만족스럽지 못한 것으로 나타난 것이다. 특히 청소년 자살 증가율이 OECD국가 중

1위이고, 우울증을 앓고 있는 청소년들이 매년 빠른 속도로 늘고 있는 것이 이것을 설명해줄 수 있을 것이다. 이 시대 청소년들이 바라는 궁극적인 삶은 소시민적 생활이요, 그러면서도 부자가 되어 취미생활을 할 수 있는 즐거운 삶을 말한다. 그들이 생각하는 성공의 조건은 개인의 능력과 노력과 성실성이다. 이런 맥락에서 행복의 조건이란 화목한 가정, 건강, 경제적 여유라고 말한다. 최상의 조건을 다 알고 있는 2000년대 청소년들이야말로 무서운 아이들이 아닐 수 없다. 청소년의 가치관이 시대마다 진보하고 있다는 생각이 든다. 지식과 정보화 시대에 태어난 21세기의 청소년들은 그들의 가치관에서도 매우 유식하고 합리적인 생각을 하고 있다. 그러나 그들의 가정관에는 문제가 있어 보인다. 우선 결혼의 필요성에 대하여 이들은 매우 회의적이다. 4명 중 1명은 결혼을 반드시 하지 않아도 좋다고 생각하고 있다. 또한 배우자를 선택할 때도 90년대하고는 조금 달라진 기준을 보이고 있다. 성격보다는 직업을 더 중시하고 있으며 남자는 여성의 외모, 여자는 남자의 경제력을 제일 중요시한다고 조사되었다(2005). 더욱 놀라운 것은 DINK족에 대한 선호도이다. 자녀를 출산할 의사가 없다고 답한 청소년들은 전체 20~30%로 나타났다. 이런 세대들에게 효란 부모가 늙었을 때 함께 살며 그들을 외롭지 않게 해드리는 것으로 이해하고 있다. 부모부양은 부모의 의견에 따르며 경제력이 있는 자녀가 부양하는 것이 옳다고 생각한다.

촛불세대가 포함된 21세기 청소년들의 78%는 우리나라 교육제도는 개혁되어야 한다고 믿고 있다. 그들은 학교의 우열반 편성과 시설에 강한 불만을 표시하면서 학교수업보다는 학원 수업을 더 선호하고 신뢰한다. 교사에 대한 존경심은 아시아 3개국 중 가장 낮게 나타나, 한국에서의 교권과 교사의 이미지는 실추되고 있다. 이들에게 직업은 첫째, 안정된 사회생활을 위한 것이요, 둘째, 경제적 수입, 셋째, 사회적 인정을 받기 위함이다. 따라서 그들은 개인의 능력과 적성, 그리고 그 직업이 자신에게 줄 장래성과 수입을 고려하며 직업을 선택해야 한다고 믿고 있다. 이렇게 21세기 청소년들은 자기가 선택해야 할 직업에 대해서도 현명하게 생각하고 행동하고 있다는 것을 가치관 조사를 통해 잘 알 수 있었다. 그들이 가장 존경하는 직업인은 예술가, 교육자, 기업가의 순이며, 특히 남자의 경우, 운동선수, 기업가, 교육자, 여자의 경우, 예술가, 연예인, 기업가를 존경하는 직업인으로 꼽고 있어 남녀 간의 차이를 발견할 수 있다.

현대 청소년들의 눈에는 아직도 우리나라 사회는 신뢰할 수 없고 공정하지 못한 사회이다. 그들은 대통령, 국회의원, 언론을 불신하고 부모와 친구를 더 신뢰한다. 뿐만 아니라 존경하는 사회적 인물로는 부모님, 세종대왕, 이순신, 빌 게이츠, 교사를 꼽고 있으나 그들 속에도 전직 대통령은 없다. 오늘의 청소년들에게 다문화는 앞선 세대들보다는 훨씬 더 친숙하게 인식하고 있는 개념이나 실질적인 다문화 사회의식은 아직 형성되어 있지는 않다. 그들의 국가관 속에는 90년대하고는 달리 나라가 위급하면 무엇이든지 하겠다는 적극적인 애국심이 자리 잡고 있다. 통일도 반드시 해야 한다고 믿고 있다.

21세기에 들어와 한국의 스포츠 스타들의 약진과 세계대회에서의 우승, 그리고 한류 열풍, S전자의 세계적 상품개발 등으로 한국의 위상은 매우 고양되어 있다. 이로 인하여 오늘의 청소년들은 역대 청소년들 중에서 가장 높은 자긍심을 나타내고 있다. 이 세대들의 심각한 문제는 바로 윤리의식에 있다. 성윤리의 실종이라 할 만큼 성에 대한 가치관은 충격적이라 할 수 있다. 첫째, 남녀가 결혼하지 않더라도 동거할 수 있다는 의식이다. 이와 같은 성윤리 의식 속에서 성의 개방이 얼마나, 어디까지 와 있는가를 느낄 수 있다. 뿐만 아니라 인터넷 상에서의 사이버포르노 접촉경험도 80%를 육박하며, 음란물을 처음 접촉한 시기는 날이 갈수록 어려지고 있다. 초등생의 45%, 중학생의 반, 고등학생의 90% 이상이 이미 사이버 상에서 포르노물을 접촉했다는 결과는 우리를 경악게 한다. 더욱이 이들 중 3~7%는 성관계 경험이 있는 청소년들이고, 성관계를 시작하는 연령도 평균 14세로 낮아지고 있다. 이들의 성윤리의 실종은 여기서 멈추는 것이 아니라 성관계를 가진 청소년들 중에서 임신을 경험한 여학생이 14% 이상이며 그들 중에 85% 이상은 이미 낙태를 경험하였다고 한다. 2005년 한 해만 하더라도 35만 건 중 30% 이상이 청소년의 낙태 건이다.

최근의 보고에 의하면 한국의 대학생들은 66% 이상은 컨닝을 한 적이 있다고 하였다. 더 놀라운 사실은 부정행위가 비양심적이고 부끄러운 행동인 줄 알면서도 커닝을 했다는 것이다. 느슨한 윤리의식, 법을 어겨도 불이익을 주지 않는 온정주의 한국 사회가 청소년의 윤리의식에 어떻게 영향을 끼쳤는지 우리 모두 심각하게 반성해보아야 할 것이다.

종합하면, 2000년대의 청소년들은 더 이상 철없는 10대와 20대가 아니었다. 그들은 지적으로 매우 균형된 사고를 하고 있고, 비판적인 성찰까지도 가능한 세대이다. 촛불집회에서 보여준 그들의 저력은 청소년 세대들의 지적 진보를 나타내주는 단적인 증거들이다. 그러나 그들의 몸은 지적인 수준을 따라가지 못하고 본능과 정욕에 이끌리는 가치를 선택하고 있다. 그것이 성인이 된 이후에 자신에게 어떻게 되돌아올 것인지를 유추하지 못한 채 현재의 쾌락과 현재의 자유를 만끽하기 위하여 부끄러운 줄 알면서도 비양심적인 수치스러운 행위를 한다는 것이다. 그러므로 현실에서 대면하는 도덕적 딜레마 상황에서 올바르고 현명한 도덕적 판단을 도와주는 가치관 교육이 필요하다.

가치관 교육에서는 청소년의 지, 정, 의, 그리고 영성의 조화로운 발달을 촉진하도록 지도해야 한다. 이런 관점에서 볼 때 2000년대 청소년들은 지적으로는 이미 전문가의 수준이지만 정신적으로나 의지적 차원에서는 아직도 질풍노도기의 불완전함을 그대로 드러내고 있다. 동시에 이들은 기성세대로부터 개인주의와 세속주의를 그대로 답습하여 물질과 성, 쾌락을 추구하며, 인격이나 교양을 쌓는 고상한 일에는 점차 흥미를 잃어가고 있다. 앞으로 청소년세대들을 위한 가치교육은 장점인 역동적이고 왕성한 지적 탐구심을 살리되 약점인 절제와 경건을 위한 인격 및 교양에 있어서의 기본적인 가치를 가르치는 데 교육의 초점을 두어야 할 것이다.

오늘의 청소년들은 필자가 청소년이었던 시대와 비교해볼 때, 모든 면에서 너무나 달라진 환경 속에서 살고 있다. 가치관의 시대별 특징을 비교하면서 느낀 것은 시대별 청소년의 가치관은 곧 지나간 시대의 우리들의 초상이었다. 다시 말하면 청소년들의 가치관에는 그 시대 기성세대의 문제와 희망이 동시에 깃들어 있다는 말이다. 물론 본 논문은 각 시대의 어떤 요인들이 청소년의 가치관 형성에 영향을 주는가를 탐구하는 것이 아니라 청소년의 가치관이 어떻게 변화되어왔는가를 비교하는 것에 그 목적을 두었다. 그러므로 후속 연구에서는 그 시대상과 청소년들의 가치관 사이에 어떤 상관이 있는지를 심층적으로 밝혀보기를 기대해본다.

참고 문헌

강명석 (2008). 촛불집회, 텐 미닛 사건 뿌리는 인터넷 공론문화. **신문과 방송**.

권대봉. (2003). **인적자원개발의 개념변천과 이론에 대한 종합적 고찰**. 서울: 원미사.

권정은 (2010. 11). TGiF, 모르면 소외되는 신 소통도구. Fashion Channel.

김기연, 신수진, 최혜경 (2003). 한국인의 세대별 가치관과 생활행동. **한국가정관리학회지,** vol. 21, no. 3.

김동일 (1986, 봄). **한국사회의 변천과 가치관의 혼란**. 국책연구.

김명언, 김의철, 박영신 (2000). 청소년과 성인간의 세대차이와 유사성. **사회문제,** 제6집, 제1호.

김영한, 이혜연, 한상철, 오홍석 (2002). **청소년 가치관 정립 및 가치의식 함양 방안 연구**. 서울: 한국청소년개발원.

김옥수 (2005). 한국, 중국, 일본 청소년들의 가치관 비교. **청소년 문화포럼,** 제12권.

김태길 (1967). **한국 대학생의 가치관**. 서울: 일조각.

김태준 (2004). 교육현장에서 세대간 갈등과 해소 구조의 탐구. **발달,** vol. 17.

김태헌 (1996). 자녀관이 경제사회에 미치는 영향. **경제교육**. 서울: KDI경제정보센터.

김형립 (1995). 한국 청소년의 가치관. **연구논총**.

노정화 (2009). 급변하는 디지털 시대의 효과적인 커뮤니케이션 방안. *Oricom Brand Journal*, no. 48.

대구경북개발연구원 (2000). **대구경북지역 청소년 의식조사 연구**. 대구: 대구경북개발연구원.

문용린 (1987. 7). 현대 청소년의 가치관. **사목**, 통권 112호.

문화관광부 한국청소년개발원 (1997). **한 · 중 · 일 청소년 의식 비교연구**. 서울: 한국청소년개발원.

______ (2000). **새천년 청소년 의식의 국제비교**. 서울: 한국청소년개발원.

박재홍 (1999). 기성세대의 생애사와 세대차이 인지에 관한 연구. **한국사회학,** 33집.

배규한, 이창호 (2008). **청소년의 세대특성 및 세대간 소통방식에 관한 연구: 2008년 촛불집회를 중심으로**. 서울: 한국청소년정책연구원.

백혜정, 김은정 (2008). **청소년 성의식 및 행동실태와 대처방안 연구**. 서울: 한국청소년정책연구원.

성경옥 (1996). 서울 청소년의 가치관과 가치관의 변화경향에 관한 조사연구. **청소년 문제연구 보고서**. 서울: 서울특별시 청소년사업관.

손대일 (2006). **연구보고서: 유비쿼터스 시대의 소비자 트렌드**. 서울: 전자부품연구원.

손승영 (2000. 12). 청소년과 부모세대간 의식차이: 청소년의 학교생활을 중심으로. **한국청소년연구**, 제11권, 제2호.

신수진 (1998). **한국의 가족주의 전통과 그 변화**. 박사학위논문, 이화여자대학교.

신영이, 박영신, 김의철 (2009). 초등학생의 부모에 대한 효도 인식. **연차학술발표대회 논문집**, vol. 2009.

윤덕진 (1997). 사회환경 변화와 청소년들의 문제점. **소아과**, 제40권, 제10호.

이기동 (2007). 현대 청소년 교육의 현실적 과제와 미래지향적 정향: 자녀 교육의 일곱 가지 철칙. **한국의 청소년문화**, vol. 9.

이민규 (2008). **네 꿈과 행복은 십대에 결정된다**. 서울: 더난출판사.

이운형 (2004). 청소년의 가치관. **학생생활연구**, vol. 19.

이원희 (2009). 교육환경의 변화와 교원의 윤리적 · 사회적 책무성. **09중등교장 자격연수과정 자료집**.

이재창 (1983). **한국 청소년의 민족관, 국가관**. 서울: 광장.

이재창, 최운실, 정영애, 최경선 (1983). **청소년 의식구조 및 형성 배경**. 서울: 한국교육개발원.

이항재, 고옥심 (1998). 교사집단의 세대간 교사의식 차이에 관한 연구. **인문과학논총**, 제5집.

이훈구 (1980). 내외통제성(internal-external control): 한국 초 · 중 · 고등학생의 내외통제 경향성. **학생생활 연구**, 제5집.

이해진 (2008 겨울). 촛불집회 십대 참여자들의 참여 경험과 주체 형성. **경제와 사회**, 통권 제80호.

임희섭 (1986). **시대변동과 가치관**. 서울: 정음사.

장기근 (2001). 孝道의 原理와 現代的 解義. **한국의 청소년 문화**, 창간호.

장우귀, 박영신 (2006). 한국 아동의 효도에 대한 토착심리 분석: 효도를 표현하는 말과 행동을 중심으로. **한국심리학회 논문집**, vol. 2006.

정명숙, 김혜리 (2005). 삶에 대한 가치관과 청소년의 일상행동에 대한 지각에서 세대간 차이점과 유사점. **발달**, vol. 18, no. 1.

정범모 (1976). **가치관과 교육**. 서울: 배영사.

정부용, 박영신 (2006). 한국 아동의 효도에 대한 토착심리 분석: 효도의 이유와 효도의 방법에 대한 지각을 중심으로. **한국심리학회 논문집**, vol. 2006.

정세구 (1986). **가치, 태도교육의 이론과 실제**. 서울: 배영사.

정원식, 김경동, 김신일, 배규한, 최일섭 (1985). **청소년 의식구조 조사연구**. 서

울: 서울대 사회과학연구소.

정현숙 (2009). 부모-대학생 세대 간 갈등 사례연구: 실제 커뮤니케이션에 초점을 둔 다차원적 접근법을 중심으로. *Speech & Communication*, vol. 11.

제일기획 (2007). **연구보고서: 디지털이 만든 新시대의 주역 '포스트디지털세대'(PDG)**. 서울: 제일기획.

조경엽, 송원근, 정연호, 김필헌 (2008). **촛불시위의 사회적 비용**. 서울: 한국경제연구원.

조성남, 최유정 (2002. 10). 가치관과 행위양식의 세대간 차이: 가족내 세대문제와 통합. **한국사회학회 특별심포지움 자료집**.

차재호 (1986). 가치관의 변화. **한국사회의 변화와 문제**. 한국사회과학연구회 (편). 서울: 법문사.

통계청 (2010). 2010 청소년 통계. 서울: 통계청.

한국교육개발원 (1981). **청소년문제 종합진단 연구: 자아개념과 가치관을 중심으로**. 서울: 한국교육개발원.

한국보건사회연구원 (2007). **저출산 및 인구고령화 대응 연구—2006년 전국 청소년 결혼, 자녀, 성평등 가치관 조사**. 서울: 경제 인문사회연구회.

한국인터넷진흥원 (2009). **인터넷 이용자의 SNS 이용실태조사**. 서울: 한국인터넷진흥원.

한국청소년정책연구원 (2007). **한국 청소년 가치관 조사연구 보고서**. 서울: 국가청소년 위원회 한국청소년정책연구원.

______ (2009). **한중일 청소년 가치관 조사 연구 보고서**. 서울: 보건복지부.

한상철, 김영한 (2003). 청소년 가치관 조사: 인생관, 가정관, 교육관, 직업관. **교육학논총**, 제24권, 제1호.

홍성봉 (1979). 서울시 일원의 인공유산의 최근 경향. **대한산부인과학회지**, vol. 22.

홍승직 (1969). 한국인의 가치관 연구. **아세아문제연구소 한국사회과학연구총서**, 제11집.

홍승직 (1978). **지식인의 가치관 연구**. 서울: 대한교과서주식회사.

Bell, D. (1973). *The coming of post-industrial society*. New York: Basic Books.

Drucker, P. (1993). *Post-capitalist society*. New York: Harper Collins.

______ (1994). **지식근로자가 되는 길**. (이재규 역). 서울: 한국경제신문사.

Elder, G. H. Jr. (1997). Time, human agency, and social change: Perspectives on the life course. *Social Psychology Quarterly*, vol. 57.

Gardner, H. (1985). *Theory of multiple intelligence*. New York: Basic Books.

______ (2006). *Five minds for the future*. MA: Harvard Business School Press.

Tapscott, D. (2009). **디지털 네이티브**. (이진원 역). 서울: 비즈니스북스.

Triandis, H. C. (1995). *Individualism & collectivism*. San Francisco: Westview Press.

김기홍 (2008). 광우병이라는 유령의 배회. **민중언론 참세상**, 2008년 5월 13일, http://www.newscham.net에서 2011. 4. 2 인출.

김남권, 안홍석 (2010. 5. 12). 촛불이 남긴 사회적 숙제: 소통 문화. **연합신문**.

김민구 외 (2008. 5. 28). 주한 외국인들이 보는 서울 도로점거 불법시위. **매일경제**.

김영호 (2010. 11. 18). 스마트화는 유행이 아니다. **대전일보**.

김이석 (2010. 10. 24). 문화의 세대차이. **중도일보**.

김칠호 (2010. 7. 26). '14.2세 되면 성경험' 청소년 성행태조사. **국민일보**.

김행수 (2011. 4. 14). 저, 죽고 싶은데 어디 가서 도움을 청해야 하죠. **오마이뉴스**. http://www.ohmynews.com에서 2011. 4. 15 인출.

김홍선 (2009. 5. 18). 디지털 네이티브와 오바마 리더십 살펴보니. http://ceo.ahnlab.com/35에서 2010. 8. 20 인출.

나기황 (2010. 7. 26). TGiF 시대의 아웃사이더. **동양일보**.

서명숙 (2004. 12. 2). 어른들도 공범자다. **시사저널**.

이승엽 (2010. 8. 4). 세대차 없는 끈끈한 조직 만들려면. IGM Business Review.

이지성 (2009. 10. 23). 디지털 미래 주도한 신인류, 넷세대. **디지털 타임스**.

이혜경 (2010. 4. 13). 십대 미혼모 낙태 후 재임신 2.7명 당 1명. **메디파나뉴스**.

장경영 (2010. 10. 18). 거짓말 잘하는 한국인, 신뢰사회로 가자. **한국경제신문**.

장은영 (2008. 11. 3). 배우자 선택시 성격 좋은 배우자가 최고. **웨딩뉴스**.

정호재 (2009. 3. 20). 웹 3.0 시대의 사회. **동아일보**.

채은하 (2010. 8 .4). 김미화, 이하늘, 김C… '트위터가 연예계를 바꾼다?'. **프레시안**.

편집부 (2010. 10. 12). 청소년 자살, 예방할 수 있나. **메디팜뉴스**. http://www.medipharmnews.co.kr에서 2011. 4. 10 인출.

홍경희 (2008. 5. 6). 대학생 66%, 컨닝 경험 있다. **시사뉴스**.

Abstract

An Historical Reflection of Previous Researches on the Youth Values in Korea

Mee-Rha Hahn
(Professor, Hoseo University)

The purpose of this article is to investigate changes in the seven core values of the Korean adolescent over the last thirty years; goal of life, family values, educational priority, career goal, social and ethical awareness, and patriotism. Twenty previous studies were selected, analyzed and compared according to these values. Major findings are as followed. First, young generations in the 80s held a conservative position on patriotism, filial piety and sexual ethics, however, they had relatively instrumental morality on honesty and abortion.

Second, adolescents in the 90s were proud to be a Korean. However, it was not the same as their patriotism. Some noticeable changes were made: taking more liberal position in sex, taking college education as the means of success, and considering economic ability as the first value in marriage and nursing parents. In short, secularism and individualism began to influence style and quality of their life. Third, the way in which young people in the millenium age think and act seem more balanced than before. They can even criticize a national issue like FTA-importing American beef. However, their body and instinct tend to be vulnerable in controlling lust and pleasure. The surprising numbers of adolescent abortions and cheating at school verified this. In sum, Korean young generations seem to live in imbalanced value system. In general, their value tendency seem normal except on abortion and honesty. What we concern is the teen's fearless decision on human fetus and self-conscience. The value education for balancing between soma(body) and spirit(pneuma) must not to be postponed anymore for this generation.

Key words: value education, the core values of adolescent, value changes, millenium kids.

5부

기독교교육의 정보성

기독교교육 정보화의 가능성과 한계*

한미라 (호서대학교 교수)
mrhan@office.hoseo.ac.kr

Ⅰ. 기독교교육 정보화의 정의

정보화란 정보를 생산, 유통 또는 활용하여 사회 각 분야의 활동을 가능하게 하거나 효율화를 도모하는 것이다.[1] 교육 정보화란 광의(廣義)로는 기존 교육의 틀과 방식은 물론, 관련법과 관행, 개개인의 의식과 행동을 정보화 사회에 맞게 재구성하는 조직적이고 체계적인 활동이며, 보다 구체적으로는 교육 서비스의 전 과정(생산, 공급, 유통, 소비)에서 IT(information technology)를 접목하고 활용하는 조직적이고 체계적인 활동이라고 정의할 수 있다.[2] 또한 좁은 의미의 교육 정보화란 교수 · 학습 및 교육행정 활

* 한국기독교교육정보학회(KSCEIT) 제1회 학술대회(2000년 5월 20일, 연세대학교 아산캠퍼스)의 분과 콜로키움.

1 김영석, 『멀티 미디어와 정보 사회』(서울: 나남출판, 1999), 604.

2 한유경, "가상 학원 설립·운영을 위한 법·제도 정비 방안", 『정보화 저널』 6권 4호(용인: 한국전산원, 1999. 12).

동의 효율을 개선하고 증진시키기 위하여 정보 통신기술을 접목하는 정보화 활동을 말한다. 이러한 정의들에 기초하여 기독교교육의 정보화를 정의하면 다음과 같다. 광의로서는, 기독교교육의 발전을 위하여 기존 정보의 재생산과 새로운 정보의 생산, 그리고 그것의 유통과 활용을 도모하는 과정이며 활동이다. 협의로는 기독교교육을 실제로 행하는 기관과 수요자를 위하여 공급하는 정보 서비스의 개념으로서, 기독교교육의 교수 · 학습 및 교육 행정 활동에 관련된 데이터 베이스를 구축하고, 정보 통신 기술을 접목하는 정보화 활동을 말한다.

이상과 같이 기독교교육의 정보화를 정의했지만, 기독교교육 정보화의 필요성을 논하기 전에 먼저 기독교교육에서 다루는 지식[3]이 정보[4]인지 아

---

3 Merriam-Webster's Collegiate Dictionary, Encyclopedia Britannica, 2000 Deluxe(CD ROM).
지식의 의미는 크게 네 가지로 나타나고 있다. 첫째, 사실의 인지(認知), 둘째, 경험과 연상에 의해서 그리고 과학, 예술, 기술의 이해를 통하여, 어떤 것을 알고, 이해하고, 의식하고 있는 사실이나 그것들을 숙지(熟知)한 상태를 뜻한다. 즉, 여기에는 개인이 이해하거나 배워서 소유하게 된 정보의 범위와 이성의 작용을 통해 깨우친 비범한 진리와 사실의 이해와 그 배경도 포함된다-인식(認識). 셋째, 성적(性的) 관계를 뜻한다. 히브리어 야다(ידע, 삿 11:39)와 헬라어 기노스코(Υινωσκω, 눅 1:34)의 뜻 중에는 "남녀가 성적 관계를 맺다"의 뜻이 포함된다. 넷째, 알려진 것의 합(合)으로서 진리, 정보, 원리의 체계를 뜻한다. 영어 "knowledge"의 동의어로는 "erudition, learning, scholarship"이 있는데 erudition은 책으로부터 얻은 난해하고 심연의 박식함을, scholarship은 전문 분야의 학문연구를 통해 얻어진 학습의 소유 및 박학함을 뜻한다. learning은 학습이란 뜻 외에도 공식 교육을 통하여 획득된 지식을 일컫는다.

칸트는 지식을 선험적 지식(a priori knowledge)과 후험적 지식(a posteriori knowledge)으로 구분하였다. 원인과 결과의 구분에서부터 유래된 지식의 전과 후의 문제는 단순히 앞선 것과 뒤에 오는 것의 시차가 아닌 보다 더 깊은 철학적 논의를 발전시키게 되었다.

4 조경국, "정보", 『한메 디지털 세계대백과 밀레니엄』 2000.
정보(情報, information)란 사정이나 정황의 보고를 말한다. 최근에는 통신 · 컴퓨터 · 자동제어가 발달하게 되자 새로이 개념화되어, 인간을 떠나 객관적으로 전달 · 처리될 수 있는 단계에서의 정보를 가리키게 되었다. 정보는 기술적 정보와 의미 내용의 정보로 분류될 수 있다.

기술적 정보란 의미내용을 떼어내고 부호(코드)만을 채택한 경우의 정보로서 일반적으로 패턴(pattern)이라 한다. 정보전달(통신) · 정보처리에서 다루어지며 양적으로 규정될 수 있다. 1928년 벨 전화연구소의 R. V. 하틀리가 최초로 N개의 구별할 수 있는 상태를

닌지를 먼저 생각해보아야 한다. 각주에서 보듯이 현대 정보사회에서 지식(知識)과 정보(情報)는 거의 유사한 개념으로 인식되고 있다. "정보만 있고 지식이 없는 사람, 정보가 없는 지식인"이라는 문구가 말해주듯이 현대 사회에서 지식과 정보는 상호 의존적(interdependent) 의미이면서 동시에 상호 독립적(inter-independent) 의미를 지닌 용어가 되어가고 있다.

기독교교육은 기독교를 가르치고 배우는 과정이며 활동이다. 기독교의 내용은 본질적으로 정보다. 정보란 공동의 유익을 위해 알려져야(유통) 하는 것이 일차적 목적일 진데, 복음은 바로 정보의 이러한 특성을 가장 잘 충족시키는 좋은 소식이기 때문이다. 따라서 기독교교육 내용 역시 기독교에 대하여 가르치고 배우는 정보이어야 한다. 지금까지 기독교교육이 다루던 내용은 책(성서와 교리)의 지식에 제한되어왔다. 그러나 최근 뉴미디어[5]의 개발로 인해 기독교교육의 정보화 가능성은 그 어느 때보다도

지닌 기억장치의 정보용량을 수학적으로 정의하고 이것을 양적으로 측정할 수 있는 〈정보〉라 하였다. 이것이 최초의 기술적 정보의 개념이고 정보량의 측정단위를 비트(bit)라고 한다.

의미 내용의 정보란 인간의 행동이나 사회의 존속에 있어 의미 있는 사물에 관한 "알림"으로 이해된다. "정보수집"이라든가 "정보의 누설"이라고 할 경우에는 부호뿐만이 아니라 그 의미내용도 포함하고 있는 것이다. 인문 · 사회과학에 있어서 대상이 되는 정보의 개념도 이에 가깝다. 실용주의적 의미에서는 "가치적 정보"라고 부를 수도 있다.

의미내용의 정보의 특징은 다음과 같다. 첫째, 시간의 차원을 갖는다. 시간과 함께 가치가 감소하고(가령, 예보는 시간이 지나면 가치가 없어짐) 미래의 시간을 반영한다. 둘째, 많은 복사를 할 수 있어 대량생산이 가능하게 되자 복제라는 것의 의의가 변화된다. 복사는 원 정보를 잃지 않게 한다. 셋째, 정보를 받는 사람도 노력을 필요로 한다. 즉, 필요한 메시지를 얻기 위해서는 대량의 정보 중에서 선택해야 하며 정보 해독을 위한 코드를 알고 있지 않으면 안 된다.

5 김영석, 『멀티 미디어와 정보사회』, 41-46. 20세기 후반 이후 컴퓨터 공학과 정보 통신 기술의 급격한 발달로 새롭게 등장하여 광범위하게 사용되는 정보 기술(information technology)을 지칭하는 용어로서 과거와는 전혀 다른 형태의 정보 수집, 처리와 가공, 전송, 분배와 이용을 가능케 하는 미디어이며, 멀티미디어(multimedia)와 혼용해서 쓰인다. 멀티미디어란 영상, 음성, 데이터 등 이질적인 형태의 정보를 디지털 신호라고 하는 단일한 신호처리 방식에 따라 통합적으로 처리하고 전송하고 표시하는 미디어이다. 1990년대 이후 새로운 미디어를 말할 때 뉴미디어라는 용어 대신 멀티미디어라는 용어를 빈번히 사용

커지고 있다. 성경 자료의 전산화와 인터넷 사용자 및 교회와 기독교 사이버 기관의 웹사이트 개설의 증가는 가상공간에서의 정보의 검색과 수집, 유통과 활용을 촉진시키고 있다. 이제 기독교의 지식은 그것의 유통방식을 종이 문서에서 웹 기반(web based)으로 전환해가고 있다. 물론 아직까지 기독교계의 정보화 속도는 정부나 학교와 법률제도[6]보다도 더 느린 수준이지만, 종교 개혁자들이 인쇄술을 활용하여 종교개혁을 성공적으로 이끈 것처럼, 앞으로 기독교계가 무엇을 위해, 어떻게 첨단 정보 통신기술을 사용하게 될지는 누구도 예측하지 못할 것이다.[7] 분명한 것은 정보화는 기독교계가 21세기에 성취해야 할 목적이 아니라 그것을 위해 사용할 수단이라는 점이다. 같은 맥락에서 기독교교육의 정보화 역시 그 자체가 목적이 아니라 기독교교육의 목적을 효율적으로 성취하도록 돕는 이기(利器)가 되어야 할 것이다.

한다. 멀티미디어의 특성은 정보의 디지털화(digitalization), 정보의 통합적 처리(integration), 정보 이용의 상호 작용성(interactivity)이다.

6 www.chosun.com(디지털조선일보 인터넷 신문, 4월 1일자): 토플러는 "정보화에 기업은 일류, 정부는 삼류"라고 말하면서 기업은 지식기반 경제 중심의 정보화에 시속 100마일로 가장 빨리 변화하고 있고 뒤를 이어 비정부기구(NGO) 등 시민단체들이 시속 95마일 정도로 달리고 있으나, 정부와 정부 산하 규제기관들은 시속 40마일 정도의 '털털이 차량'과 같이 변화에 빨리 적응치 못하고 사회 전체의 변화를 주도하지 못하고 있고, 이와 같은 현상은 어느 나라에서나 공통적인 양상이라고 주장했다. "정부보다도 더 느린 조직은 학교와 법률제도라고 할 수 있는데 시속 10마일 정도에 불과, 변화하는지조차 의심스럽다"며 "인터넷과 정보화로 대변되는 새로운 경제, 사회 체제를 구축하는 데 사회 모든 조직의 도움이 필요하다"고 강조했다.

7 Peter F. Drucker, *Management Challenges for the 21st Century*, Harper Collins, 1999. 드러커에 의하면 15세기 인쇄술의 혁명은 현대의 정보 기술 혁명보다 더 거대한 변화를 가져왔다. 종교개혁, 지도제작, 신대륙 발견 등이 그 예이다. 따라서 현재의 정보 기술혁명이 앞으로 어떤 변화를 가져올지 예측하기 힘들다. 지금까지는 T(technology)에 초점을 두었지만 앞으로는 I(information)에 초점을 두어야 한다고 주장한다.

II. 기독교교육 정보화에 대한 성서적 접근

왜 기독교교육이 정보화가 되어야 하는지 그 이유를 먼저 성서에서 찾아보려고 한다.

첫째로, 인간의 정보생산 능력은 생득적인 것이다.

기독교교육의 역사는 하나님이 인간을 창조하신 시점에서부터 시작되었다고 해도 지나치지 않는다. 하나님이 최초의 인간 아담을 창조하고 그에게 나머지 피조물의 명명(naming)[8]권을 준 것은 인간에게 정보를 생산하는 능력이 있음을 인정한 것이다. 그러나 여기에서 흥미로운 사실 하나는 하나님은 아담이 동물에게 이름을 붙일 때, 그것을 지켜보셨다는 것이다.[9] 여기에서 "보다"라는 말은 방관적 주시가 아니라 기대나 호기심을 가지고 바라봄을 의미한다. 만일 인간이 잘못 명명을 하였다면 하나님은 그것을 고치셨을 것이다. 즉, 하나님이 인간의 정보 생산 과정에서 개입할 가능성을 함축하고 있다.

인간에게 정보 생산능력이 있게 한 근본적 이유는 최초 인간 아담의 독처함 때문이었다(창 2:18-23). 하나님은 고독한 하나님이 아니다. 하나님은 가축과 공중의 새를 만드셔서 아담의 독처함을 위로하려 하였다. 그러나 그들이 아담의 참된 파트너는 되지 못하였다. 하나님은 다시 아담의 갈비뼈를 취하여 여자를 만드시고 그를 아담에게 데리고 가 명명하게 하셨다. 아담은 그를 가리켜, "내 뼈 중의 뼈요, 내 살 중의 살이요, 나는 이

---

8 공동번역 창 2:19. "…아담에게 데려가 주시고는 그가 무슨 이름을 붙이는가 보고 계셨다. 아담이 동물 하나 하나에게 붙여준 것이 그대로 그 동물의 이름이 되었다."

9 창 2:19는 생명체에 대한 명칭을 붙이는 일은 인간만이 할 수 있는 정보 생산능력의 특권임을 보여주는 본문이다. 아무리 정보 통신 기술이 진보하여도 그것은 인간이 명명하기 전까지는 비 활성적 기술에 지나지 않는다. 인간의 정보생산 및 처리능력은 하나님이 위임하신 특권이다.

제 그를 '이쉬샤(ishshah, 여자)'로 부르겠다. 그가 '이쉬(ish, 남자)'로부터 나옴이라."[10] 흥미로운 사실은 히브리어 아다마(adamah, 흙으로 만든 인간)는 이제 명칭이 이쉬와 이쉬샤로 재 명명이 되었다. 이 본문에 대한 본 논문의 관심은 인간 창조에 대한 페미니스트 이슈가 아니라 단지 최초의 인간 아담은 자신의 파트너에게 새로운 이름을 붙이면서 자신의 이름도 다시 명명했다는 것이다. 이것은 또한 인간의 정보 생산 및 재생산 능력은 인간 창조에서부터 그 유래를 찾을 수 있다는 것을 시사하는 것이기도 하다. 최초 인간 아담의 명명(정보 능력)력은 홀로 살아가기 위함이 아니라 이웃과 자연 생태계와 더불어 살아가기 위해 하나님이 부여한 최초의 정보 통신 능력(communication skill)이었다는 것이다.

기독교교육의 정보화는 남자와 여자가, 나와 이웃이, 인간과 자연 생태계가, 국가와 국가가 서로 돕고 평등한 하나님의 피조물로서 올바른 관계를 형성하며 살아가기 위해 필요한 인간의 조건을 구비하는 것을 대전제로 삼아야 할 것이다.

둘째, 정보를 적극적으로 찾아야 할 책임이 우리에게 있다.

대 홍수 이후 노아는 하나님이 주신 정보를 확인하기 위해 비둘기를 정보 수집원으로 활용하였다.[11] 노아는 어떤 정보가 그에게 필요한지 알고 있었다. 그 정보는 땅이 얼마나 걸려야 마를 것이냐에 관한 것인데 이미 하나님이 그 정보를 노아에게 말씀하셨다. 그러나 노아는 그 정보를 실제

---

10 *The Harper Collins Study Bible*, NRSV, 1993, 8.

11 공동번역 창 8:6-13. 사십 일 뒤에 노아는 자기가 만든 배의 창을 열고 까마귀 한 마리를 내보내었다…. 다시 지면에서 물이 얼마나 빠졌는지 알아보려고 비둘기 한 마리를 내보내었다. 그 비둘기는 발을 붙이고 앉을 곳을 찾지 못하고 그냥 돌아왔다…. 이레를 더 기다리다가 그 비둘기를 다시 배에서 내보내었다. 비둘기는 저녁 때가 되어 되돌아왔는데 부리에 금방 딴 올리브 이파리를 물고 있었다…. 다시 이레를 더 기다려 비둘기를 내어 보냈다. 비둘기가 이번에는 끝내 돌아오지 않았다…. 노아가 배 뚜껑을 열고 내다보니, 과연 지면은 말라 있었다.

로 확인하기 위해 적극적으로 정보 수집을 나서야 했다. 노아는 비둘기(정보 수집원)를 3번씩이나 밖으로 내보내면서 비둘기가 수집해 온 정보를 분석하는 치밀함을 보였다. 또한 모세는 하나님으로부터 가나안 땅에 대한 사전 정탐에 관한 정보를 받는다.[12] 모세는 정보 수집과정에서 정탐꾼으로 선발된 눈의 아들 호세아를 여호수아로 이름을 바꾸기도 한다.[13] 모세의 뒤를 이어 여호수아[14] 역시 가나안을 정탐하기 위해 적극적인 정보 수집 활동을 펼쳤으며, 사사기에서는 요셉 가문[15]이 베델을 치러 올라갈 때에도 사전 정탐이 있었음을 알 수 있다. 한 가지 분명한 것은 하나님은 한 종족의 역사를 바꾸는 일과 같은 대사를 위해 직접 정보 수집의 방향과 이유를 설명하신다는 것이다. 그러나 그 지침에 따라 적극적으로 그 정보를 수집해야 할 책임은 우리에게 있음을 또한 분명히 하신다.

정보 수집에 있어서 수집한 자의 양식이 문제가 된 경우도 있음을 성경은 증거한다. 민수기 13:31-14:11에는 모세가 보낸 정탐꾼이 서로 다른 입장에서 정보를 해석한다. 긍정적인 정보 해석을 한 갈렙과 여호수아와 달리 함께 갔던 정탐꾼들은 정보를 잘못 해석하며 백성들을 오도(誤導)하려 한다. 정보를 수집하는 것만이 중요한 것이 아니라 그것을 어떤 기준에 준하여 해석해야 할 것인가를 바로 알지 못할 때 기독교교육의 정보화는 학습자를 오도하게 될 것이다. 정보의 올바른 해석의 기준은 하나님 또는 하나님 나라이다. 이것은 오늘날 모든 기독교교육자들이 당면한 정

12 민 13:1-3. 야훼께서 모세에게 이르셨다. "내가 이스라엘 백성에게 줄 가나안 땅을 정탐하게 사람들을 보내어라. 각 지파에서 한 사람씩, 수령들을 보내어라." 모세는 야훼의 분부대로 바란 광야에 사람을 보내었다. 그들은 모두 이스라엘 백성의 수령들이었다.

13 민 13:16. 눈의 아들 호세아의 이름을 여호수아라고 고쳐준 것은 모세였다.

14 수 2:1-2. 눈의 아들 여호수아는 시띰에서 정탐원 둘을 밀파하며 예리고 지역을 살펴보고 오라고 일렀다…. 예리고로 가서 라합이라는 창녀의 집을 찾아가 거기에서 누군가가 예리고 왕에게 이 사실을 전했다. "아뢰니다. 이스라엘 사람 몇이 이 땅을 정탐하러 오늘 밤 이리로 왔습니다."

15 삿 1:22-3. 요셉 가문이 베델을 치러 올라갈 때에도 야훼께서 함께하셨다. 일찍이 루즈라 불리던 베델 성을 요셉 가문이 정탐하게 되었다.

보 해석에서의 과제이기도 하다.

셋째, 하나님의 말씀은 세대와 세대로 전승되어야 하는 정보다.

모세가 시내산에서 돌판에 받은 십계명은 하나님이 주신 율법 정보였다. 신명기에서 모세는 십계명을 율법으로서만이 아닌 삶의 안내서와 교훈[16]으로서 정보를 해석하여 이스라엘 백성에게 전달하였다.[17] 모세의 교육서(Mosaic instruction)라고 알려진 신명기는 오경(Pentateuch)을 해석하는 열쇠를 지닌 책(정보)으로서만이 아니라 언약의 백성으로서 살아가는데 지켜야 할 하나님의 의지를 계시하고 해석해주는 기준서의 역할을 한다. 사실 모세는 신명기에서 정보를 재생산했을 뿐 아니라 목적(언약 백성인 신세대를 교육시켜 가나안 땅에 잘 적응하도록 돕는)을 성취하기 위해 그 정보를 유효 적절히 처리하여 사용했던 구약의 대표적인 정보화 선구자이다. 모세가 사용했던 정보 해석의 방법이나 노래를 정보 전달의 수단으로 사용했던 점은 심층 연구를 해볼 만한 충분한 가치를 지니고 있다 하겠다.

넷째, 하나님 나라 언어(Kingdom language)는 해독(解讀)을 요하는 의미 내용의 정보이다.

정보의 유형으로 분류하자면 예수가 선포한 하나님 나라 지식(Kingdom knowledge)[18]은 의미 내용의 정보이다(각주 4 참조). 의미 내용의 정보가

16 *The Harper Collins study Bible*, 266. Torah라는 말은 instruction, 즉 가르침이라는 뜻이 있으며 특히 신명기에서 토라는 종합적이고 신령한 절도 있는 가르침(the sense of comprehensive and divinely sanctioned instruction)이라는 의미로 쓰인다.

17 신 5:1-30. 모세는 온 이스라엘을 불러 모으고 그들에게 일렀다. "이스라엘은 들어라. 내가 오늘 너희의 귀에 들려주는 규정과 법령들을 들어라…." 나는 야훼와 너희 사이에 서서 다음과 같은 야훼의 말씀을 너희에게 알려주어야 했다. 이 말씀을 조금도 보태지 않으시고 그대로 두 돌판에 새겨 나에게 주셨다.

18 Kingdom은 sexist 용어이므로 본 논문에서는 하나님 나라로 번역함. 영어로 Kingdom

지니는 3가지 특징은 첫째, 시간의 차원을 갖는 것, 둘째, 정보의 대량 생산이 가능한 것, 셋째, 정보를 받는 사람의 해독(解讀)을 위한 노력이 필요한 것이라 할 수 있다. 기독교교육에서 기본적으로 통용되는 언어는 하나님 나라의 언어이다. 정보화의 관점에서 볼 때 예수의 성육신 사건은 하나님이 인간과 화해(커뮤니케이션)하려고 직접 정보가 되신 사건이다. 이제 인간은 하나님과 화해하기 위해 예수라는 구속적 중재자(redemptive mediator)를 통하여야만 한다. 구원에 이르는 진리(참 정보)는 오직 예수로부터 얻을 수 있게 되었다. 인간은 구원 정보를 얻기 위해 예수가 선포한 하나님 나라에 관한 메시지(정보)를 해독하고 깨닫는 것이 요구된다. 그러기 위해서는 먼저 예수가 사용한 하나님 나라의 언어(복음)를 문자적으로 읽고 이해할 수 있어야 한다. 이것은 마치 인터넷을 잘하기 위해서는 인터넷 사용 규칙을 알아야 하는데, 그것의 대부분은 영어로 쓰여져 있으므로 먼저 영어를 독해할 수 있어야 한다는 이치와 같다. 물론 한글로 인터넷을 할 때에도 마찬가지다. 한글이라 할지라도 인터넷 용어를 배워야 인터넷을 잘 사용할 수 있게 된다. 이것을 information literacy라 하는데, 번역하면 "정보 문해능력"(허운나)[19] 또는 "정보 활용지식"(김영석)[20]이라고 하나 필자는 "정보 해독력"(한미라)이라 명명하겠다. 다시 말하면, 정보 해독력(解讀力, IL)은 기독교교육 정보화에서 정보 문맹(文盲)을 없애기 위해 기본적으로 성취해야 할 목표인 것이다.

예수는 당시 바리새(Pharisee)인과 같은 유대사회의 식자층만이 해독할 수 있었던 왕국 언어(Kingdom language)를 어부나, 농부, 그리고 여자와 빈자(貧者)들이 쉽게 이해(easy access)할 수 있도록 비유로 말씀하시되 그 속에서 농어촌 생활의 언어와 예화를 주로 사용하셨다. 예수는 부자보다

---

language로 표기하되 우리말로는 하나님 나라 언어로 사용하겠음.

19 허운나, 「인터넷의 교육적 활용방식-선진 사례를 중심으로」, 『정보화 저널』 제4권 1호(용인: 한국전산원, 1997. 3).

20 김영석, ibid., 524.

는 가난한 자, 정상인보다는 장애인과 병든 자, 소외된 자, 핍박받는 자들에게 구원의 정보를 주시기 위해 오셨다(Jesus opts for the poor, the sick, and the oppressed). 따라서 예수가 사용한 비유(metaphor)[21]들은 그들이 쉽게 이해할 수 있어야 했다. 그러나 예수의 언어는 쉬운 것 같지만 비유가 의미하는 바를 온전히 깨닫는 것은 난해하였다.[22] 종종 비유들의 의미를 몰라 당황한 제자들에게 예수는 "귀 있는 자들은 들을지어다"라고만 대답하셨다. 비유를 알아듣는다는 것은 천국의 비밀(정보)을 이미 깨달았다는 것이다. 그러므로 천국 비유를 이해하기 위해서 무엇보다도 기본적인 하나님 나라에 관한 정보 해독력을 길러주어야 한다. 기독교 신앙의 기본은 복음이며 기독교교육은 바로 그 기본에 관한 언어를 읽고, 쓰고, 말하고, 깨닫게 하는 것을 기초로 해야 한다.

다섯째, 복음은 모든 사람에게 유통되어야 하는 신성한 정보이다.[23]

광의로 볼 때 기독교교육의 무한한 대상과 지리적 한계는 온 인류와 땅끝까지라고 할 수 있을 것이다. 이는 예수가 그의 제자들에게 그렇게 명했고(마 28:19-20), "하늘나라의 복음이 온 세상에 전파되어 모든 백성에게 밝히 알려질 때 비로소 끝이 올 것이다"(마 24:14)라고 하였기 때문이다. 사도행전은 실제로 복음이 어떻게 땅 끝까지 전파(유통)하게 되었는지 잘 보여준다. 집사 빌립(Phillip)은 아프리카 이디오피아(당시 땅 끝)에서 온 내시 한 사람에게 복음을 전한다.[24] 땅 끝에서 온 이디오피아 내시

---

21 마 13:10. 귀 있는 자는 들으라 하시니라 제자들이 예수께 나아와 가로되 어찌하여 저희에게 비유로 말씀하시나이까(헬라어 아쿠오(ἀκούω)는 듣다(hear) 이외에도 이해하다(comprehend, understand)라는 뜻이 있다).

22 막 4:9-13. "…너희에게는 하나님 나라의 신비를 알게 해주었지만 다른 사람들에게는 모든 것을 비유로 들려준다. 그것은 그들이 보고 또 보아도 알아보지 못하고 듣고 또 들어도 알아듣지 못하게 하려는 것이다…."

23 행 1:8. 그러나 성령이 너희에게 오시면 너희는 힘을 받아 예루살렘과 온 유다와 사마리아뿐만 아니라 땅 끝에 이르기까지 어디에서나 나의 증인이 될 것이다.

는 빌립으로부터 강해(講解)받은 복음을 자신의 나라에서도 설파했을 것이며, 이렇게 하여 통신수단이 원시적인 시대에도 복음은 땅 끝까지 전파(유통)될 수 있게 되었던 것이다.

오늘날 우리는 필립이 살았던 시대에 비하면 비교도 안 될 만큼 신속하고 편리하게 그리고 동시에 다수의 수신자에게 똑같은 메시지를 전파시킬 수 있는 탁월한 디지털 통신 기술 시대에 살고 있다. 아날로그 방식마저 구시대의 유물로 여겨지게 하는 첨단 통신 기술인, 디지털 방식은 우리의 사고뿐만 아니라 일상의 통신 행동에 있어서도 급전환을 요구하고 있다. 교육도 이제는 집에서 받을 수 있는 원격교육이 이미 실시되고 있고, 쇼핑, 은행, 관공서, 직장 일도 이제는 재택근무와 서비스가 일상화된 시대에 살고 있다. 우리의 일상은 이제 디지털식[25] 사고와 존재 방식으로 변화될 것이다. 디지털 시대의 기독교교육은 복음의 디지털화와 상관이 있다. 디지털 시대의 기독교교육 정보화 속도는 얼마나 교회와 기독교계

---

24 행 8:27-38. "필립보는 그곳을 떠나 길을 가다가 에디오피아 사람 하나를 만났다…. 필립보가 달려갔을 때 그는 이사야 예언서를 읽고 있었다. 그래서 필립보는 '지금 읽으시는 것을 아시겠습니까?' 하고 그래서 그 내시는 '누가 나에게 설명해주어야 알지 어떻게 알겠습니까?'… 필립보는 이 성서 말씀을 비롯하여 여러 가지 말씀을 풀어 예수에 관한 복음을 전하였다…."

25 Nicholas Negroponte, *Beng Digital*(서울: 커뮤니케이션북스, 2000): 디지털 생활에서는 실시간 방송이 거의 없을 것이다. 디지털로 방송되면 비트는 쉽게 시간을 변환할 수 있다. 또한 비트는 사용할 때 전송 당시와 같은 비율(속도)이나 순서로 받을 필요도 없다. 예를 들어 1시간짜리 비디오는 광섬유를 통해 1초 안에 전송될 수 있다(최근의 실험에서는 VHS화질의 1시간짜리 비디오를 1/100초 정도에 전송하였다). 반면에 가는 선이나 협대역 라디오 전파(narrow radio frequency)를 사용하면 10분짜리 (개인화된) 비디오 뉴스를 전송하는 데 밤새 6시간의 방송시간이 필요하다. 광섬유는 비트를 컴퓨터에 일시에 쏟아붓는 데 반해, 전파를 사용하면 물방울처럼 졸졸 흘러든다.
디지털 시대는 부정할 수도, 멈출 수도 없다. 탈중심화(decentra-sizing), 세계화(globalizing), 조화력(harmonizing), 분권화(empowering), 이 네 개의 강력한 특질이 궁극적인 승리를 얻을 것이다. 디지털 시대 기계의 의인화는 재미있고, 덜 긴장되게 하며, 사용이 편리하고, 친근감을 주어 기계라는 딱딱한 느낌을 감소시켜준다. 실제로 미래의 디지털 세상에서는 무역권(trade zone)보다 시간대(time zone)가 더 중요한 역할을 하게 될 것이다(sirh@conterworld.com).

가 복음의 원격 교육과, 멀티미디어와 웹에 기반을 둔 신앙 교육을 수용하는가에 따라 좌우될 것이다.

III. 종교교육론 입장에서 본 기독교교육의 정보화

언어 분석가 로만 제이콥슨(Roman Jakobson)은 종교교육에 대한 접근 방식은 의사소통 양식(커뮤니케이션)을 결정한다고 보았다.[26] 그는 또한 의사소통을 설명하는 요소를 다음의 6가지로 제시하였다. 첫째, 준거상황(의사 소통이 일어나는 상황), 둘째, 사용하는 기호와 상징체계, 셋째, 전달한 내용 또는 메시지, 넷째, 메시지를 보내는 자(발송자, 화자), 다섯째, 그것을 받는 자(수신자, 청자), 여섯째, 접촉이다. 이것을 샐노(Ronald Sarno)는 벌지스(Harold Burgess)[27]가 유형화한 4가지 종교교육의 접근 방식에 따라 다음과 같이 분석하였다. 샐노의 논의는 종교교육에 대한 우리의 접근 유형이 커뮤니케이션을 구성하는 데 있어서 어떤 차이를 만드는가를 잘 설명해준다.[28]

1. 전통 신학적 접근

먼저 기독교교육을 전통 신학적으로 접근하는 사람들의 의사소통은 공식적이고 문서화된 매체를 통한 커뮤니케이션에 의존한다. 이들이 커뮤니케이션하는 상황은 기독교에 대한 배타적 상황을 전제하기 때문에 적대

26 Roman Jakobson, *Essais de linguistique générale* (Paris: Minuit, 1963-73), Vol 2.

27 Harold Burgess, *An Invitation to Religious Education* (Birmingham, Alabama: REP, 1975), 127-65.

28 Ronald Sarno, *Using Media in Religious Education* (Birmingham, Alabama: REP, 1997), 23-37.

적인 컨텍스트이다. 둘째, 이 유형이 종교교육에서 사용하는 기호체계는 선험론에 기초한 신학언어가 주를 이룬다. 셋째, 교육내용은 성서의 정확한 메시지와 교리 내용과 같이 권위적이고 정통 신학적 증거를 채택한다. 넷째, 교사는 발신자와 화자로서, 종교교수의 중심 역할이며 메시지의 대리인이다. 그러므로 무엇보다도 소통하려는 메시지(하나님 말씀, 교리적 메시지)에 대한 교사의 믿음이 중요시된다. 다섯째, 수신자인 학습자는 청자로서 구원의 메시지를 받도록 예정되고 선택된 자들로 간주한다. 여섯째, 이 종교교육 유형에서의 접촉(contact between teacher & student)은 공식적 수업과 인지적 언어매체를 수단으로 하는 것이다. 발신자이며 화자인 교사는 기독교 메시지의 언어와 그것을 통한 지적 형성에 집중한다. 이러한 입장을 지지하는 대표적인 종교교육학자들로서는 개신교 측에서는 개블린(Frank Gaebelein) 등과 레바(Lois Lebar), 가톨릭 측에서는 호핑거(Johannes Hofinger) 등과 한국에서는 보수적 종교교육학자들 대부분이 이 유형에 속한다고 보겠다.

2. 사회-문화적 접근

19세기 후반과 20세기에 출현한 해방신학에 기초하여 태동한 종교교육의 접근 유형이다. 이 유형은 기본적으로 비공식적인 의사소통을 선호하며, 구두 의사소통(oral communication)과 국제적 감각의 시청각 커뮤니케이션도 어느 정도는 허용한다. 이 접근에서 이해되고 있는 하나님은 창조를 계속하시며 이 세계 속에서 활동하시는 분이다. 초기 주창자인 코우(George Albert Coe)는 그리스도의 구속의 의의는 하나님의 가계 안에서 사회질서를 개혁하는 것이며 종교교육은 사회의 민주주의 이상을 실현하는 것이라고 하였다.[29] 따라서 사회-문화적 종교교육의 관심은 사회 정의

29 George Albert Coe, *A Social Theory of Religious Education* (New York: Scribner's, 1917), 41.

와 사회 복지, 세계화에 있다 하겠다.

첫째, 이 유형은 사회와 관련된 모든 분야를 교육적 컨텍스트로 여긴다. 즉, 학습자는 사회로의 적응을 위해 그 사회의 언어 체계와 사회적 규범을 습득하여야 하고, 과학, 예술, 문학 등에의 관심뿐만 아니라 사회생활에 관련된 교과를 통해 사회를 심층 이해해야 되며, 직업인이 되기 위한 적절한 훈련도 받는 크리스천이 되어야 한다고 믿는다.

둘째, 사용하는 기호체계도 언어적이거나 인지적인 것만으로 제한받지 않는다. 이러한 다원적 의사소통의 방법은 교사와 학습자로 하여금 기독교 자체를 재창조하는 모험에 함께 참여하게 한다. 셋째, 교육 내용은 인쇄된 사실들이 아니라 사회적 경험 그 자체이다. 바우어(William Clayton Bower)는 사회 문화적 종교교육의 내용은 학습자가 현재 살고 있는 상황과, 학습자의 과거 경험(새로운 학습 상황에 접목시킴), 교육내용이 갖고 있는 학습 경험 자체로 구성되어야 한다고 주장한다.[30] 이들 사회 · 문화적 종교교육자들은 교육 내용이란 논리적으로 구성되기보다는 심리적으로 구성되어야 한다고 믿는다. 이런 맥락에서 성서적 교리적 지식은 현재 인간의 경험을 이해하기 위해 의지하는 수단(a recourse)이다. 하나님의 거룩한 임재는 "지금 그리고 여기"의 사회적 과정에 참여함으로써 인간과 의사소통하게 된다.

넷째, 교사의 과제는 잘 숙련된 그룹 활동의 참여를 통하여 학습자의 개인적 성장을 증진시키는 것이며, 나아가 모든 학생이 온전하고 적극적인 하나님 민주주의의 구성원이 되도록 자유케 하는 것이다. 이와 같은 교육을 이끌어 가는 데는 전인적이고 승자의 인성을 지닌 교사가 필요하다. 다섯째, 사회 · 문화주의자들은 학습자를 그가 지닌 자원을 사회적으로 또는 종교적으로 개발하는 살아 있는 유기체(a living, organism)로 이해

---

30 William Clayton Bower, *Religious Education in the Modern Church* (St. Louis: Bethany, 1929), 115-21.

한다. 이러한 인간 이해는 학습자를 원죄론의 희생자로 보지 않고, 본능적인 종교적 가능성이 손상되지 않은 채 남아 있는 가능적 존재로 이해한다. 이런 관점에서 볼 때 교육은 학습자를 전인적 인간으로 발달될 수 있도록 의도하는 것이며, 공동체 속에서 정의로운 사람으로 성장할 수 있게 증진시키는 것이다.

여섯째, 교사와 학습자의 접촉은 메시지를 전달하는 것만으로 끝나지 않는다. 구체적인 교수 학습의 상호작용 이후에도 접촉은 유효하며, 교회는 그가 가르치는 것에 대해 사회적으로 책임을 져야 한다. 그러므로 기독교교육의 교수 학습의 접촉은 접촉 이후의 변화와 결과에까지도 책임적이 되어야 한다. 이러한 유형의 종교교육은 삶의 변화, 인성의 변화, 행동의 변화와 같이 행함과 실천의 신앙 교육을 강조한다고 말할 수 있을 것이다.[31]

3. 현대 신학적 접근

현대 신학적 접근은 내재철학(內在哲學)[32]의 현대적 수용이라 할 수 있다. 현대 신학의 문자적 의사소통에 기초를 두고 있으면서, 사회적 관심과

---

31 George Herbert Betts, *How to Teach Religion. Principles and Methods* (New York: Abingdon, 1969), 39-40, 91.

32 『한메 디지털 밀레니엄 대백과』, "내재철학", 2000. 內在哲學(immanence philosophy)이란 19세기 말에 나타난 의식일원론(意識一元論)을 가리키는 말. 이 사상의 출발점은 모든 경험이 우리의 의식에 내재적(內在的)이며 따라서 '경험일반, 즉 자기의 의식내용의 주관적 경험'이라는 원칙이다. 인식하는 사유(思惟) 없이는 어떠한 경험도 존재하지 않으며, 의식 없이는 어떤 물건도 존재하지 않는다. 그러므로 현실적이란 것은 의식되어 있는 것이며, 객관이란 곧 표상(表象)인 것이다. 또 슈페에 의하면 자아(自我)는 자아점(點)에서 서로 합치하는 객관, 즉 의식 내용의 통일이다. A. 르클레르, R. 슈베르트 졸데론, F. 카우프만과 생리학자 M. 페르보른 등이 이 파에 속하며 J. 렘케도 이에 가깝다. 넓은 의미로 해석하면 T. E. 흄의 경험론, E. 마하의 감각일원론, F. 아베나리우스의 순수경험철학도 여기에 포함된다고 할 수 있다.

공동체 일치감을 중시하는 시청각적 의사소통의 방식에도 관심을 갖는다. 이 접근은 전통적 신학을 수정한 입장을 취하긴 하지만, 역사적인 기독교 가치관의 타당성을 아직도 유지하려고 한다. 그래서 어느 정도는 해방신학과 낙관주의적 신학의 사회 · 문화적인 해석에 반대를 보인다. 현대 신학적 접근의 종교교육에는 아직도 인간은 구속을 필요로 한다는 예리한 인식의 여백이 남아 있다. 이런 관점에서 기독교 공동체는 종교 생활과 종교교육 활동의 중심이 된다.

첫째, 현대 신학적 종교교육의 컨텍스트는 성서적, 교리적 타당성과 함께 공존하는 문화적 변화에 대한 인식을 포함한다. 따라서 성서, 교회생활, 문화, 인간적 상황 등은 서로 상호 작용하는 유기체적 전체(an interactive organic whole)이다.[33] 이 유형의 종교교육에서 계시는 단순히 과거에 소통되었던 신령한 내용으로서가 아니라 지금도 진행 중인 계속과정으로서, 그 속에서 하나님과 인간이 인격적으로 의사소통을 하고 있다고 이해한다. 현대 신학적 종교교육의 초기 주장자였던 쉐릴(Lewis Sherill)은 일차적 교육 행위는 계시와의 만남이라고 정의하고, 이 계시는 하나님을 대면하는 학습자 자신의 내면에서 일어나는 것이라고 하였다.[34] 이에 덧붙여, 가톨릭에서 이 입장을 지지하는 모란(Gabriel Moran)은 종교교육의 목적에서 자유가 더 이상 측면 이슈(a side issue)가 될 수 없다고 주장했다. 왜냐하면 자유에 대한 의식은 현대인들의 삶에서 주된 관심이 되고 있으며, 세계를 하나의 복합 망으로 엮는 양방향 커뮤니케이션의 진보로 인하여 자아와 타자 양자에 대한 개인의 자유 의식이 고조되고 있기 때문이다.[35] 모란은 또한 오늘날 도덕적 기준이 되는 것은 "해서는 안 되는 것"과 "해

33 이것은 체제(system)의 개념과 동일한 의미이다. 체제의 개념에 대해서는 한미라의 논문 「교회 교육에 있어서 체제론적 사고의 필요성」(한국 기독교교육 정보학회 체제 및 환경 분과 발표 논문, 2000년 4월 18일)을 참조할 것.

34 Lewis Sherrill, *Gift of Power* (New York: Macmillan, 1965), 82, 65-91.

35 Gabriel Moran, *Vision and Tactics: Toward an Adult Church* (New York: Herder, 1996), 75.

도 좋은 것"의 목록이 아니라, 예수의 삶과 죽음 그리고 부활을 우리가 개인적으로 어떻게 이해하는가에 달려 있다[36]고 하였다.

둘째로, 현대 신학적 접근의 종교교육에서는 기독교 공동체의 신앙생활이 잘 유지되고 번성하도록 모든 언어와 상징의 형태를 기호로 사용한다. 이 기호들은 사람들 사이에서 양방향의 영적이고 효과적인 커뮤니케이션을 증진시키는 데 사용된다. 밀러(Randolph Miller)는 종교교육의 과제는 신학을 위한 신학을 가르치는 것이 아니라 하나님과 올바른 관계를 갖는 기본 도구로서 신학을 사용하는 것이라고 하였다. 셋째, 쉐릴, 그라임스(Howard Grimes)와 같은 개신교 학자들도 종교교육의 내용은 본질적으로 기독교 공동체 안에서 발생한 상호 작용(커뮤니케이션)을 통하여 성장한 개인들의 내면적 변화의 모음이어야 한다고 말한다. 특히 쉐릴은 보다 더 심연의 커뮤니케이션에 관심을 두며 이렇게 말했다. "기독교 공동체 안에서 하나님이 구속적 계시를 드러내실 때 그것에 응답하기 위해 우리들은 서로에게 깊은 영향을 주는 커뮤니케이션을 발생시키게 된다."[37] 이들에게 있어서 교육 내용은 성서, 기독교 신학, 기독교 역사, 오늘날의 교회에 대한 이야기를 포함한다.

넷째로, 이 유형에서 교사는 전반적인 면에서 교회를 대표하는 사람이다. 교사는 불변하는 지식을 전달하거나 새로운 사회·질서를 설득하는 사람이 아니라 하나님이 오늘의 우리 인간에게 자신을 계시하시는 과정에서 참여자로서 촉진자로서의 역할을 하는 것이다. 그는 "위로부터의 지도(from above)"를 하기보다는 "내면으로부터의 안내(from within)"에 충실한 교사가 되어야 한다.[38] 다섯째로, 메시지의 수신자인 학생은 여기에서 하나님의 자녀이면서 동시에 구속이 필요한 죄인으로 이해한다. 이 유형

---

36 Ibid, 18, Idem, *Catechesis of Revelation* (New York: Herder & Herder, 1986), 100-2.

37 L. Sherrill, *Gift of Power*, 79-91; Howard Grimes, *The Church Redemptive* (New York: Abingdon, 1958), 104-6.

38 Gabriel Moran, *Vision & Tatics*.

에서 추구하는 교육목적은 한 사람으로서의 성장과 발달을 도모하는 것이며, 더 나아가 분별력 있고, 책임적인 성인 크리스천이 될 수 있도록 하는 것이다.

여섯째, 현대 신학적 종교교육에서 사용되는 접촉의 방식은 기독교 공동체이며, 특히 기독교 가정에서 교육적 접촉이 일어난다고 여긴다. 그러므로 성인 크리스천은 공동체로서의 접촉이 일어나도록 조건을 조성할 책임이 있다고 강조한다. 이 접근을 지지하는 교육학자들은 평가의 필요성에 대해서는 별 관심을 두지 않는다. 대신 교육의 성패를 결정하는 규범적 지침서를 마련해줄 것을 선호한다.

4. 사회과학적 접근

기독교교육을 사회과학적으로 접근한 대표적인 학자는 제임스 마이클리(James Michael Lee)이다. 그는 종교교육은 신학의 양식이 아니라 사회과학의 양식이라고 주장한다. 리는 종교교육의 컨텍스트를 이해하는 데에는 다음 3가지 입장이 있다고 구분한다. (1) 주지주의자들의 입장이다. 이들은 종교를 지적으로 성취해야 할 지적 교과라고 생각하고 기독교적 가치관과 교리의 교수·학습을 종교교육의 목표로 삼는다. (2) 도덕주의자들은 학습자들을 그리스도에게 더 가까이 안내하여 높은 도덕을 구비하도록 한다. (3) 통합주의자들의 교육의 목표는 기독교적 이해, 행위, 평등한 사랑 등에 관한 개인적 경험들을 융합하는 것이다. 리의 입장에서 종교 교수의 목적은 지, 정, 의, 세 영역의 종교적 행동 군(群)을 통합하는 것이다. 종교적 삶이란 학습자가 경험하고 획득하는 지, 정, 의 행동들의 복합체이며, 이것을 교수·학습하는 것은 다른 차원의 행동을 습득하는 것과 다르지 않다.

사회과학적 접근에서는 기독교적 행동이 교수되고 학습되는 데 있어서 어떤 형태의 인간 경험과 커뮤니케이션도 기호 체계의 일부분으로 사용될 수 있다고 한다. 리는 이러한 맥락에서 종교교육의 교육내용은 종교에 관한 본질적인 내용과 구조적 내용(교육적 실천을 위한)이 융합된 것이어야 한다고 주장한다. 종교의 본질적 내용이란 단순히 개념화된 것이 아닌 살아온 신앙 경험이며, 참된 신앙 교육은 그러므로 결과–과정–내용이 함께 융합된 것이어야 한다. 종교교육은 생활 방식(내용)을 개발하는 것이기 때문에, 결과와 과정 자체도 교육의 내용이 된다고 믿는다.

사회과학적 접근 유형에서 교사는 교육과정을 수립하고 가르치고 평가하는 교육전문가이면서 동시에 학습자들을 그의 교수과정에 적극적으로 참여하도록 돕는 촉진자이어야 한다. 학습자 역시 그의 고유한 학습 방식에 따라 스스로 학습하는 존재로 간주된다. 학습자는 인간의 보편적 발달 원칙에 따라 성장하며 전인격적 자아를 형성해간다. 그러므로 학습자의 관점에서 종교 교수란 학습자의 발달 상태를 지속적으로 평가하고 그들의 현재 경험 위에 교수를 통해 제공되는 다양한 내용을 능숙하게 통합시키는 작업이다. 리는 교수란 협동적 예술-과학이라고 말한다. 이 협동적 모델은 전 교수과정에서 학습자의 피드백이 절대적으로 중요시되는 학습자의 중심의 교수학습 과정이다.

이러한 접근방식의 종교교육에서 선호하는 접촉은 의도적이고 구조화된 환경을 요구한다. 학습자가 종교의 이름 하에서 경험하는 것은 계속 진행 중인 하나님의 계시이다. 이들의 경험은 의도적으로 구조화된 교육 환경 하에서 가장 효과적이다. 의도적으로 구조화된 환경이란 커뮤니케이션 이론에서 "완벽한 기술적 환경"이라고 표현된다. 기독교교육이 한 개인의 삶을 철저하게 기독교적으로 이끌려는 의도가 있다면, 우리는 그 의도를 효과적으로 성취하기 위하여 "적절한 커뮤니케이션 환경"을 제공하여야 할 것이다.

이상에서와 같이 기독교교육의 접근 방식의 유형에 따라 어떠한 정보화의 요소를 어디까지 개발해야 하는가를 이론적으로 살펴보았다. 이론적 근거(rationale)에 기초하지 않는 기독교교육의 정보화는 설계도면 없이 집을 짓는 것과 같을 것이다. 이제 기독교교육의 정보화를 위해 실질적으로 무엇을 어떻게 해야 하는지에 대하여 제안하려고 한다.

Ⅳ. 기독교교육 정보화를 위한 제언

지금까지는 정보화가 무엇이며, 왜 기독교교육이 정보화되어야 하는가, 그리고 정보화를 설계하기 전에 고려해야 할 사항들이 무엇인지에 관하여 중점적으로 논의하였다. 이것을 토대로 무엇을 어떻게 정보화해야 하는지에 관하여 제안하려고 한다. 제안을 하기 전에 먼저 기독교교육의 전 과정을 하나의 체제로 개념화하여 인지할 것이 요구된다. 지면상 기독교교육 체제의 개념과 모형에 대한 제시는 생략하고 교회 교육체제를 한 예로 들어 그것의 윤곽 안에서 기독교교육 정보화를 위한 구체적 대안들을 제시하려고 한다.

1. 기독교교육 투입(inputs)의 정보화

첫째, 교회의 모든 자료가 전산화되어야 한다.

교회교육체제는 진공관에서 출발하는 것이 아니다. 성도와 예배당과 교역자가 없는 교회가 교회로서 기능할 수 없듯이 교회학교 투입에 대한 전산화 자료 없이 정보화는 불가능하다. 교회교육에 필요한 투입은 가깝게는 교회 내부로부터, 보다 넓게는 외부환경으로부터 동원된다. 교회에 출석하는 학생이나 교사들은 교회에 거주하는 것이 아니기 때문에 엄격히 말하면 교회교육에 투입된 학생, 교사, 물적 자원들은 환경으로부터 교회체제 내에 들어온 후 다시 교회교육체제로 재투입된다. 맨 처음 교회에 들어올 때 학생은 처음부터 교회학교에 배치되나 교사는 그렇지 않다. 그들 중에 집사, 권사, 장로들과 같은 성인들도 처음엔 평범한 구도인이었다. 그러나 교회체제 들어와 활동하면서, 교사, 성가대원, 임원 등과 같이 교회체제 내에서 각기 맡은 기능이 부가되어 교회의 기관(하위체제)으로 재투입된 것이다. 이 모든 요소들이 귀중한 교육 정보다. 그러나 이것이 정보가 되기 위해서는 먼저 교회는 투입에 관한 기존의 교육 자료를 전산화하는 것이 시급하다.

둘째, 학습자에 관한 정보는 교육의 효율성을 증진시키기 위해 전산화되어야 한다.

교회교육의 학습자는 우선 그 연령층이 영아(1~2세)에서 청년, 대학부(19~28세)까지 다양하다. 필자가 몇 년 전에 조사한 바에 의하면, 수적으로 교회학교 인구는 전 교회 회중의 48%라는 큰 비중을 차지하고 있었다. 구체적으로는 어린이 학습자가 전체 학습자의 58%, 청소년 학습자가 30%, 청년 · 대학부의 학습자가 12%의 순으로 나타났었다. 그러나 최근에는 어린이 인구 자체가 줄고 있기 때문에 이 수치는 의미가 없을지도 모르겠다. 교회학교의 학습자 중 어린이가 많은 이유는 한국 개신교교회가 지닌 교회학교 전통이 아직까지는 계승되고 있기 때문이라고 해석할 수 있으며 기독교인 부모들의 어린 자녀에 대한 종교교육열도 또 다른 요인이 될 것이다. 연령이 높아질수록, 예를 들어, 청소년들이나 대학생 및 청년들은 학습자 자신이나 친구 또는 교사의 권유로 교회학교에 들어오는 경우가 보편적이다. 우리나라의 종교인들이 처음 종교를 선택했던 연령층은 다름 아닌 중 · 고등학교 시기였던 것으로 나타났다. 그러나 현재 교회학교에서 가장 많은 유동 인구를 가진 부서가 중 · 고등부이다. 종교적 존재로서의 자아에 대해 눈을 뜨기 시작할 나이인 청소년기이지만 대학 입시와 청소년 문화의 반문화적 특성은 어느 때보다 현재 한국 개신교 교회학교의 위기의 주 요인이 되고 있다. 교회는 질풍노도와 같이 변화가 많은 정서와 대학 입시라는 복병을 안고 살아가는 중 · 고등부의 부활을 위해 획기적 방안을 내놓아야 할 것이다.

기독교 교육체제는 환경으로부터 들어오는 투입인 학습자가 어떤 환경에서 살고 있으며, 그들이 해결하고자 하는 문제가 무엇이고 무엇이 결핍되어 있는가(욕구)를 신속하고도 정확히 아는 것이 중요하다. 이를 위해 기독교교육의 정보화는 무엇보다도 학습자에 대한 정보를 전산화하고 정보의 최신화가 우선적으로 확립되어야 한다.

셋째, 인적 자원에 대한 데이터베이스가 구축되어야 한다.

기독교교육의 두 번째 투입은 교육 활동에 있어서 없어서는 안 될 교사와 직원들이다. 첨단공학이 발달되고 인터넷으로 인간의 할 일을 대부분 하는 시대에 살고 있다 하더라도 교육에 있어서 교사의 자리와 역할을 대신할 수 있는 대체물은 아직까지 없다. 특히 어린이와 청소년들에게 삶과 신앙과 같은 종교적 주제를 실존적으로 다루어야 하는 교회교육에서 교사는 다른 어느 것과도 대체될 수 없는 소중한 인적 자원이다.

교회교육에 있어서 교사는 모두가 자원(무보수) 봉사자이다. 일반교육에서 교사는 대가를 지불하고 구매할 수 있는 인적 자원이다. 그러나 교회학교에서 교사는 그의 노력과 봉사에 대한 경제적 대가를 받지 않는다. 다만 심리적 소득이나 영적 소득만을 받을 수 있다. 이것이 교회학교 인적 자원의 독특성이다. 자신이 하는 일에서 만족을 얻고자 하는 것은 모든 노동자와 봉사자의 공통된 욕구이다. 그래서 고용주들은 고용인의 직무만족도를 높게 하느라 임금인상, 작업조건 개선, 인간관계 개선, 인정과 상벌 등과 같이 고용원을 동기화하는 데 부심하고 있다. 그러나 교회학교 교사들은 무보수로 자원한 자들이기 때문에 경제적 요인으로 동기화되지는 않는다. 교회학교 교사들에게는 매슬로우(A. Maslow)가 말한 자아실현의 욕구나 존경과 인정의 욕구와 같은 사회적 욕구를 만족시킬 수 있는 방도를 마련해야 한다. 교사의 봉사에 대해 감사를 표하고 그들의 노고를 인정해주며, 교사의 전문성을 향상시키기 위해 계속교육(교사훈련)의 기회를 제공해주는 것 등과 같은 일은 교회학교 교사의 직무를 생산적으로 동기화시키는 계기가 된다. 이를 위해 교회는 교사에 관한 인사 자료들을 전산화하고 그들의 전문성을 향상시키기 위해 인터넷을 기반(web-based)으로 하는 가상 도서관을 설치하여 교회 내외의 단말기에서 교사가 원하는 교수 정보들을 수집하고 사용하도록 해야 한다. 가상 교사대학을 설치하여 집에서 원하는 시간대에 단계에 맞추어서 적절한 교사 훈련을 받을 수 있게 한다(현재 인터넷 기독교 교육방송 cebs.tv가 시도하고 있다).

넷째, 기독교교육을 위해 사용되는 모든 물적 자원(기자재 포함)은 멀티 미디어와의 호환성을 고려해야 한다.

기독교교육은 학생과 교사로만 성립될 수 없다. 교육정보화가 원활히 진행되기 위해서는 교육관, 예배실, 분반 공부실, 특별활동실, 도서실 시설과 조명, 융판, 시청각기자재, 스마트 보드(전자칠판), 멀티미디어, 첨단 인터넷카페, CD ROM 도서관 등과 같은 교육시설과 기자재들이 있어야 한다. 특히, 교회교육활동은 각종 기독교 절기의 특별활동과 수련회, 친교, 회의 등과 같은 행사가 빈번히 있으므로 많은 소모품과 경비가 소요된다. 이제는 교회교육에서도 문서를 통한 공과 전달 위주에서 탈피하여 모든 교사용 연구 자료가 컴퓨터와 internet을 통해서 접근할 수 있도록 구비되어야 한다.

위와 같이 정보화를 위한 제반조건들이 갖추어지기 위해서는 교육재원이 필요하다. 교회교육비의 수입원은 교회수입이며, 교회수입의 주요 원천은 교인들이 내는 헌금이다. 물론 교회학교 자체의 헌금수입도 있으나 약 50%는 교회의 일반회계에서 보조를 받고 있다. 현재 한국에서 교인이 2천 명 이상인 교회의 교회교육 예산은 전체 예산 10%를 넘지 못하고 있다. 교육예산의 적정수준에 대해서 구체적으로 분석한 연구가 아직은 없기 때문에 몇 %가 적정선이라고 말하기는 어렵다. 그러나 기독교교육의 정보화가 원활히 그리고 효율적으로 잘 이루어지게 하려면 최저 교육경비를 확보하는 종래의 교육예산 편성방법에서 정보화를 위한 단기 특별예산(정보화 재원 마련 특별 주일 헌금)을 집중적으로 투입해야 한다. 갑

자기 교육예산을 증가시키기란 무리가 있기 때문에 점진적으로 정보화 중점 사업을 장기적으로 계획하여 매년 한 가지 사업을 특화하는 방법을 채택하는 것이 바람직하다.

예를 들어 적어도 여섯 개의 교육부서가 있는 교회학교에서 멀티미디어 프로젝터와 디지털 카메라를 각 부서별로 한 대씩 구입하는 것은 낭비일 것이다. 그러므로 최소 물량만을 구입하고 수업시간을 중복되지 않도록 사용함으로써 최소의 투입으로 최대의 활용을 창출해야 한다. 뿐만 아니라 컴퓨터나 LCD projector같이 고가품의 교육기자재는 지출이 가장 많은 하기 성경학교 기간을 피하여 지출하는 것이 현명하다.

2. 기독교교육의 전환과정(transformation or thruputs)

온라인(웹 기반) 교수 · 학습과정, 멀티미디어 교수 · 학습, 원격 교육, 가상 도서관, 스마트 교실 운영 등을 위해 필요한 기본 시설을 설치하고 재정비한다.

기독교교육 체제의 심장부에 해당되는 과정을 전환(transformation, 신학 용어로는 회심)이라고도 한다. 과정의 단계에서는 서로 다른 특성을 가진 투입(학생, 교사, 물적 자원)들이 공동의 목적을 향하여 같이 출발하나 서로 다른 길을 선택한다. 즉 학생은 예배와 분반학습 그리고 특별활동과 같은 과정에 직접적으로 참여하며, 교사는 각 부서 혹은 중앙 교육행정조직인 교육부나 교육위원회에 배치되어 각자의 역할과 업무를 분담한다. 이것을 모형에서는 "교육조직"이라고 명명하였다. 물적 자원 투입은 각 교육활동의 목적에 맞도록 건물을 배정하고, 교육기자재를 사용하며, 교육경비인 재화를 필요한 물품구입을 위해 지불하는 것이다. 물적 자원을 실질적 교육활동인 예배-분반 공부-특별활동을 위해 지원하는 과정에서 경영활동과 행정활동이 발생한다. 목적달성을 위해 어떤 수단을 선택하고 선택된 수단에 대한 최대의 교육효과를 모색하는 경영전략은 주로 교육위원장(또는 교육부장)과 각 부서장의 직무이며, 교사간의 화합 및 협동을 도모함으로써 계획된 교육일정을 잘 진행하도록 감독하고 조정하는 역할은 총무나 학감 또는 부감(교회마다 명칭이 다름)의 경영 및 행정활동이다. 뿐만 아니라 정기적으로 교사기도회(교역자가 인도하는 경우도 많음)와 사이버 교재 연구위원회를 조직함으로써, 교사의 영성과 교수능력 증진을 도모하는 주임교사의 역할도 행정과정에서 빼놓을 수 없을 것이다.

교사는 학생의 신앙과 삶의 변화에 대한 것을 주의 깊게 관찰하고 문제가 생겼을 때 시기 적절히 지도하는 것 등과 같이 교사 본래의 의무가 있는 반면, 기타 학급의 친교 및 봉사활동에 적극적으로 참여하고 때로는 심방도 하여 학생의 삶의 변화과정에서 오는 짐을 함께 나누어 져야 하는 도덕적 의무도 있다. 이 과정을 위해 교사는 교회 웹사이트를 통하여 또는 개인적으로 학생과 전자 메일을 주고받고, 사이버 카운슬링까지도 가능한 정보화가 되어야 할 것이다. 다시 말하여 교사는 학생에게 성서 지식을 가르치고 해석해주는 단순한 지식의 전달자가 아니라 성서의 지식을 학습자의 삶과 연관 지을 수 있도록 안내해주고 통찰을 얻게 도와주는 촉진자요 조력자이며 그리스도 안에서의 부모와 형제의 역할을 다 감당해야 한다. 그러기 위해서 교사는 친절하고 인내력이 있으며, 말을 많이 하기보다는 잘 들어주는 사람으로 보이는 것이 더 바람직하다.

기독교교육 체제의 과정에서 중요한 점은 체제의 과정으로 들어온 투입은 각각의 교육목적을 향한 길을 선택하지만 모두 하나의 공통된 목적을 향하여 상호 작용하면서 상호관련을 맺는다는 것이다(관계의 형성). 특히 교회교육 체제의 과정에서는 관련된 요소들 간의 상호작용 관계 속에서 전환이 일어나며 이러한 전환은 각 부분의 성장을 촉진시키는 특성을 가지게 된다. 바로 이러한 상호 작용, 커뮤니케이션을 위해 정보화가 필요한 것이다.

3. 기독교교육의 산출(outputs)의 정보화

기독교교육의 산출은 크게 두 가지인, 성장과 성과에서의 산출이다. 첫째, 성장의 산출이란 교사가 학습자에게 가한 교육적 작용과 양자 간의 상호작용 또는 교회교육의 잠재적 교육과정에 의하여 학습자가 무의도적으로 획득하고 변화된 산출이다. 둘째로 이러한 성장에 투자된 모든 교육적 노력에 대한 결과로서의 산출이 있다. 성장이든, 성과이든 그것은 교회교육의 목적이 달성된 것이며 성취상태요, 최종결과이다. 본고에서는 기독교교육의 산출을 크게 세 가지 측면에서 제시한다.

첫째, 신앙공동체의 사회화이다(의도적 형성).

사회화란 개인이 속한 공동체나 사회에서 요구하는 언어, 관습, 의식, 태도, 지식, 가치관, 상징 등에 대하여 자신을 조율하고 적용시켜 나가는 과정이다. 따라서 사회화는 먼저 개인이 그가 속한 공동체의 전통과 문화를 수용하겠다고 하는 의지가 전제되어 있어야 한다. 물론 사회화는 억압적 사회화와 참여적 사회화가 있는데 여기서 의미하는 사회화란 후자를 의미한다. 교회교육은 결국 기독교인의 형성을 돕는 의도적 교육이다. 기독교교육의 정보화는 신앙공동체, 또는 교회에서 태어나서부터 죽을 때까지 평생을 통해 계속적으로 교육을 받음으로써 전 생애 동안 기독교인이 되어가는 과정을 시간과 공간을 초월하여 접근할 수 있게 한다.

다시 말하면, 정보화는 교회의 예배와 의식에 참여를 증진시키고 교회의 주변 환경을 더 깊고 넓게 이해하게 하고, 공동체 안에서의 친교의 경험을 다양하게 하며, 교회의 시간과 조직과 프로그램에 익숙하게 되며, 교회의 언어와 상징을 배우고 바르게 사용할 수 있게 한다.

중요한 것은 사회화란 그 공동체의 일원이 되어가는 과정이라는 점이다. 그러므로 이 부분의 산출은 개인의 교회생활에서 나타나는 언어 및 상징의 사용 정도, 교회 역사 이해도, 예배 참석 정도, 집회 및 친교활동에의 적극성을 기준으로 평가할 수 있을 것이다. 정보화는 이러한 평가과정도 교사가 쉽게 접근하고 수행할 수 있게 해줄 것이다.

둘째, 기독교적 자아정체감이다.

교회교육이 지나치게 첫 번째의 산출을 강조한 나머지 학습자를 교회에 너무 순종시키고 말았다는 비판을 받았던 것이 사실이다. 지나친 기독교적 사회화의 강조는 학습자의 개성과 자율성의 개발을 약화시킨다. 예를 들어 교회에 오래 나온 신자에게 당신은 누구인가라고 물으면 "×× 장로요, ×× 집사요"라는 대답이 "그리스도인"이라는 말보다 또 다른 교회적 계층의 상징인 장로, 권사, 집사를 형성시켰다고 하는 비판이다. 그러나 장로든 집사든 간에 그들이 지닌 교회적 지위보다 먼저 그리스도 안에서 자신을 책임적 자아로 만들어야 한다. 즉, 하나님 안에 홀로 섰을 때 과연 나는 얼마나 그리스도를 닮은 인격체이며 나의 신앙의 깊이는 어느 정도인가를 반성하고 채찍질하여 자신이 체험한 것을 해석하고, 그 의미를 이해하며 실천할 때까지 계속해야 한다.

신앙의 완성이란 있을 수 없다. 바울이 고백한 것처럼 죽을 때까지 정해진 푯대를 향하여 달려갈 뿐이다. 그렇기 때문에 기독교교육은 살아 있는 동안 맺어진 사회적 관계 속에서 기독교적 자아정체감을 확립하도록 돕는 것이다. 따라서 기독교교육의 두 번째 산출은 다음과 같은 질문을 통하여 관찰할 수 있다고 제언한다. 즉, "이웃과의 관계 속에서 그리스도인인 나는 그들의 짐을 과연 얼마나 나누면서 살고 있는가?" 이 질문에 대답을 구함으로써 기독교적 자아정체감을 확인할 수 있을 것이다. 기독교적 자아정체감이란 하나님 앞에서 약속한 자신의 사명과 역할을 어떤 어려운 상황 속에서도 수행하게 하는 계속적이고 일관된 응답이며 결단이다. 여기에서 기독교적 자아정체감은 기독교 신앙의 윤리를 표현할 수 있고 기독교적인 것과 비 기독교적인 것을 분별(discern)할 수 있는 능력이며 기준이기도 한다. 기독교적 자아정체감이란 기독교인으로 의식을 훈련시킴으로써 개발될 수 있다. 현재 한국 개신교의 교회교육에서 결핍된 신행일치의 교육문제는 교회가 성도에게 비판적 성찰보다는 순종을 강조하고 현실에 순응하는 획일적이고 행동주의적 교육방법을 지향해온 데 그 원인이 있다고 본다.

셋째, 신앙과 삶의 통합이다.

기독교교육 체제의 산출은 신앙공동체와 그 주변 환경에서 기독교적 삶을 살고 적응해가는 데만 목적을 두는 것이 아니다. 체제적 교육이 의미하듯이 여기에서 신앙과 삶이 분리되지 않고 통합된 하나로서 보여지고 실천되기 위해서 보다 큰 환경을 요구한다. 자신의 신앙이 삶 속에서 완전히 통합되어 있지 못하는 사람은 삶이 혼돈되고 분해되기 시작한다. 혼돈과 분해는 체제의 엔트로피가 증가되어 궁극에는 체제의 죽음을 가져오게 한다. 반면에, 신앙과 삶의 통합을 이룬 학습자는 교회에서나 사회에서 솔선수범해서 봉사하고 자신이 속한 보다 큰 환경의 도전을 기꺼이 극복해간다. 신앙과 삶의 통합은 마치 예수를 증거하기 위하여 모든 훈련을 마친 선교사가 세계 선교를 위해 보다 넓은 체제로 흩어지는 것을 의미한다. 위의 첫 번째, 두 번째 산출이 체제 안으로 모이는 특징을 가졌다고 한다면 이것은 보다 큰 체제 속으로 흩어져서 신앙을 다른 차원의 환경에서 실천하는 일종의 선교적 산출이다.

넷째, 사이버네틱스를 가지고 있다.

개방된 체제로서의 교회교육체제는 살아 있는 체제이다. 체제를 살아 있게 하는 것은 그 체제의 내외에서 들어오는 피드백 루트(feedback route)가 있기 때문이다. 피드백은 체제로 기능을 하기 위해서 그것을 토대로 "평가"를 정기적으로 해야 함을 의미한다. 그 결과에 의하여 전환과정에서 수정해야 할 문제들이 제기되면 전환과정에서 문제를 해결하고, 투입단계에 문제가 있다면 유입되는 것부터 통제를 할 수 있는 이른바 사이버네틱스(제어기능)를 가지고 있다. 사이버네틱스는 정보화의 꽃이며 교회교육에 유용한 정보를 처리하고 지나친 정보의 양을 통제하며, 문제가 발생한 곳을 즉시 발견하여 체제가 무질서의 상태에 있지 않도록 하는 자체 정보관리 및 인공적 통제기능을 갖는다.

본고에서 이것을 정보화 체제의 피드백으로 표현한다. 피드백이란 작게는 교실에서 교사와 학생이 수업을 통해 상호작용하는 채널이 될 수도 있고 크게는 교회 전반적으로 여론을 조사하거나 각종 위원회와 회의를 통해 수렴된 의견을 정책과 의사결정에 반영시킴으로 체제를 개선하고 통제해가는 경로이다. 따라서 이 채널이 얼마나 개방되어 있고 활성화되어 있는가는 체제의 정보관리 및 통제망인 사이버네틱스에 달려 있다. 교회에는 잘 알려진 통신망이 있는 반면, 비공식적인 통신망이 다양하게 많으므로 때로는 이러한 비공식적 통신망에 의한 소문과 파괴적 정보들이 교회 체제를 위기에 몰아넣기도 한다.

끝으로 교회교육체제는 살아있는 하나의 유기체이다. 즉, 유기체란 폐쇄된 것이 아니라 하나의 개방체제이다. 개방된 교회교육체제란 교육의 환경인 교회와 환경으로부터 필요한 것을 수입하고 그것을 전환시켜 다시 교회와 환경으로 수출하는 특성을 갖고 있다. 교회교육체제의 환경은 항상 열려 있다. 열려 있음은 임의성으로 인해 교회교육체제의 엔트로피(entropy)가 증가될 수도 있음을 시사한다. 이것을 웨스터호프는 주일학교의 죽음이라고 선포하였고 은준관은 교회교육의 위기라고 표현한다. 교회가 세속의 정보화를 따라잡지 못하고 있는 가운데 교회 밖에서 어린이와 청소년들은 새로운 전자 문명의 이기에 점점 더 익숙해져간다. 21세기 아이들에게 19세기의 도구로 가르친다는 것은 분명 재미없는 일이다. 지금 한국 교회교육은 새로운 전환(교육의 정보화)이 필요하다. 정보화는 마치 멀리 가기 위해 보다 편안하고 효율적인 신발로 갈아 신는 것처럼 한국 기독교교육의 도약을 위해 긴급한 처방이기도 하다.

V. 결론

요즘 건축에서 새로운 집을 짓는 것보다 헌집을 리모델링(renovation이라고도 함)하는 것이 유행하고 있다. 집의 기초인 골조는 그냥 두고 내부만을 재구성하고 외양도 새롭게 한다. 이렇게 리모델링한 집은 겉보기에는 새롭지만 기본 뼈대는 그대로이다. 기독교교육의 정보화는 바로 이런 아이디어라고 생각하면 될 것이다. 기독교교육의 정보화는 복음과 교육의 본질을 왜곡시키지 않는 것이어야 한다. 도구가 아무리 좋아도 텍스트가 되지는 않는다. 그러나 기독교교육의 정보화는 전혀 새로운 개념화가 필요하다. 어떤 이는 우리가 지금 사는 집도 좋은데 왜 굳이 새 단장을 해야 하느냐라고 반문할 것이다. 이것에 대한 해답은 "새 술은 새 부대"에 담아야 한다는 성서의 말씀처럼 지금 우리는 새 부대에 담아야 할 새로운 것들에 둘러싸여 있기 때문이다. 헌 부대(현 기독교교육의 체제)에 새 술을 담으면 새 술이 지닌 화학적 힘 때문에 헌 부대는 곧 터지고 말 것이다. 지금도 486 컴퓨터를 사용하는 사람이 많고 멀티미디어를 사용할 줄 모르고 인터넷을 못해도 당장 목숨이 위태로운 것은 아니다. 그러나 우리가 가르치는 학습자들은 동영상과 음성, 문자의 매체를 자유자재로 넘나드는 최첨단 초고속 정보 고속도로를 통하여 사물과 세계를 인식하고 경험하고 있는데, 우리가 그들의 경험을 수용할 수 있는 능력과 도구가 없다면, 기독교교육은 기본적인 접촉(교수와 학습)인 경험의 공유에서부터 실패할 수밖에 없다. 메시지를 보내는 교사와 받는 학습자 간의 통신 수단의 불일치로 충돌이 일어나면 메시지는 서버에서 거부되고 만다.

인터넷 인구가 1,000만이 넘었다는 말이 있다. 인터넷 사용자의 50%는 10대에서 20대이다. 한국 정부는 앞으로 세계에서 컴퓨터를 가장 잘 쓰는 국민으로 만들겠다고 선언까지 했다. 작은 노트북 컴퓨터 하나로 TV를 보고 음악도 듣는다. 음악은 CD도 Tape도 아닌 인터넷상에서의 MP3 음악파일이다. 세계적인 도서관은 이제 자신의 15.5인치 TFT액정화면에 손끝 하나로 불러들일 수 있다. 편지를 부치기 위해 우체국을 가는 것이 아니라 자신의 노트북에서 인터넷을 통해 서신(메일)을 주고받으며 15초 이내로 발송이 끝난다. 학생들과 교실에서 초록색 칠판을 사이에 두고 강의하는 정경은 이제 보기 드문 일이 되어갈 것이다. 교수가 강의를 해도 노트 필기를 하느라 진땀빼지 않아도 된다. 가상 공간에서 강의록을 얼마든지 열람하고, 또 다운로드까지 가능하게 되어 있기 때문이다. 학생들과 함께 강의 도중, 도서관으로 여행을 떠나기도 한다. 이 모든 것이 가능한 이유는 무선통신과 인터넷, 그리고 이동전화가 있기 때문이다. 이동전화는 단순히 전화 걸고 받는 기계가 아니라, 필요한 데이터를 전송받을 수 있는 훌륭한 이동하는 정보원이다. 인터넷은 이제 CUSeeMe라는 화상회의(visual conference)를 가능케 하였다. 이제는 원거리에서도 화상으로 전화, 회의, 강의를 할 수 있다. 헐리웃에서 만든 최신 영화는 수입되는 데 1시간도 채 안 걸린다. 동영상 파일로 다운로드받기 때문이다. 현대인들은 매일 놀라운 속도로 정보 고속도로를 달리며 살아가고 있다. 이제 교회가 변해야 할 차례이다. 그리고 신학은 종이 문서에 대한 향수와 집착을 버려야 한다. 구체적으로 감각해야만 사고할 수 있는 구체적 조작기의 미분화성을 버리고, 만지지 않고도 사물을 상상할 수 있는 가상적 인식능력을 길러야 한다. 궁극적으로 이것은 교회처럼 교육에 대해 제한된 예산밖에 쓸 수 없는 체제에서는 가상공간에서 무상으로 이용할 수 있는 정보들을 수집하여 최대한의 경제적 효과를 얻을 수 있을 것이다. 21세기에는 우리의 상상을 무한히 펼칠 수 있는 디지털의 가상 공간에서 계시와의 만남이 이루어질 수 있을 것이고 사이버 이웃과의 아름다운 교제와 나눔도 더욱 빈번해질 것이다. 현실적으로는 불가능한 국경을 넘는 선교까지도 자유롭게 감당할 수 있는 날이 곧 현실로 다가왔다.

기독교교육에 관한(about) 정보화도 시급하지만 기독교교육을 위한(for) 정보화가 되기 위해선 기독교교육자 자신이 무엇보다 정보화에 민감해야 될 것이며 교육자 자신이 복음을 가르치고 기독교적 인성을 지도하는 데

정보화가 어떤 성과를 가져올 것인지를 숙고하여 현명한 선택을 해야 할 것이다.

참고 문헌

Lyotard, Jean-François (1992). *La Condition Postmoderne*. **포스트모던적 조건: 정보사회에서의 지식의 위상**. (이현복 역). 서울: 서광사.

Martin, James (1983). *Telematic Society*. **정보화사회**. 서울: 정보시대.

Ronfeldt, David F. (1997). **정보시대사회가 오고 있다: 사이버시대와 정보 통신 혁명**. 서울: 자작나무.

Webster, Frank (1997). **정보사회이론**. 서울: 사회비평사.

강현두 (1994). **뉴미디어와 초정보사회: 유네스코 커뮤니케이션 기초자료집**. 서울: 오름사.

김경태 (2000). **정보혁명: 21세기 정보사회의 예측과 대응**. 서울: 다다미디어.

김수중 외 (1999). **정보사회의 철학적 진단**. 서울: 철학과 현실사.

김영석 (1999). **멀티미디어와 정보사회**. 서울: 나남출판.

서삼영 (2000). "21세기 교육의 변화와 대응 전략." **한국 전산원 웹진**, 2000년 2월호.

손연기 (1999). **정보사회와 정보문화: 사회 문화정책적 접근과 방향**. 서울: 김왕출판사.

이영일 (1995). **멀티미디어의 신세기**. 대전: 한국전자통신연구소.

이종수 (1998). **정보사회와 매스컴**. 서울: 이진출판사.

전석호 (1993). **정보사회론: 커뮤니케이션 혁명과 뉴미디어**. 서울: 나남.

정보사회학회 (1998). **정보사회의 이해**. 서울: 나남출판.

정종기 (1999). **21세기 정보화 사회**. 서울: 글로벌.

천세영 (1999). **정보사회 교육론**. 서울: 원미사.

크리스찬아카데미 (1999). **시민사회 정보포럼, 시민이 열어가는 지식 정보사회**. 서울: 대화출판사.

한국교육개발원 (1998). **정보사회에서의 청소년 정보범죄 동향에 관한 교육적 논의**. 서울: 한국교육개발원.

한국사회학회 (1996). "정보화사회와 시민사회: 하버마스와의 대화." 한국사회학회.

__________ (1999). **정보화시대의 사회구조와 문화: 추계특별심포지움**. 서울: 한국사회학회.

한국전자통신연구소 (1987). **20세기말 7대변화**. 대전: 한국전자통신연구소.

________________ (1988). **정보사회와 교육**. 대전: 한국전자통신연구소.

홍재성 (1989). **정보사회와 교육**. 서울: 도서출판 나남

Abstract

Feasibility of Informatization for Christian Education

Mee-Rha Hahn
(Professor, Hoseo University)

Nothing seems impossible on the internet in times like this. In a sense, we all became the internet users. Post-moderns spend more days & nights on the internet than in real life.

Browsing, searching, downloading, uploading, e-mailing are most frequently conducted behaviors on the internet. Instead of casting a net to catch a fish in the sea, we use the world wide web for seeking and hunting the areas for fishing. Not until few years ago, the internet was known to an invisible, virtual, cyber space, but it has now become a tangible space where we can hear and see.

Three questions were raised in terms of informatization for Christian education: why CE needs IT?, what is informatization of CE? and what to be considered when establishing the informatization for CE.

First, informatization is defined to enable or promote activities in every aspect of contemporary society by way of creating, processing, and circulating information. Educational informatization, in a broader sense, a set of systematic activities the way in which entire process of the existing educational services including the related law, customs, and an individual's thought and acts are to restructure in accordance with the demand of current information society. In a narrower sense, it means the activities using IT in order to improve the efficiency of teaching-learning and educational administrative services. Then, the informatization of Christian education refers to the process and activities for promoting reproduction of the existing information and creating a new information for the sake of Christian education. More specifically, it signifies that the information service is provided by an educational agency or institute for establishing data base for T-L and administration of Christian Education, and for importing IT & CT(communication technology) into it.

Second, informatization of Christian Education were examined its biblical validity both in the Old and the New Testament. Five positions were claimed by the Scriptures. 1) our ability to produce information is God's intent, 2) seeking information is our responsibility, 3) the Word of God is the transmittable information generation to generation, 4) the Kingdom language as content-information needs literacy and interpretation, 5) the Gospel is a sacred information for circulation among all people.

Third, the informatization of Christian education was also discussed in the perspectives of religious education theories. Four different approaches were employed traditional theological approach, socio-cultural approach, contemporary theological approach, and social science approach. In sum the theoretical reflection gives an idea and a rationale for what-to-do about the informatization of Christian education.

Finally, some suggestions were made in order to activate the informatization of Christian education as follows: 1) all the church data is to be computer-based, 2) all the information on students of the church school is to be computer-based, 3) the data-base must be established for church's human resource, 4) all the physical resource being used for Christian education must be compatible with multi-media devices, 5) CE is to import instructional technology in order to improve the T-L efficiency, e. g. web-based instruction, interactive computer-based instruction is also recommended. As Leon Sweet once said the future church is EPIC(experiential, participatory, image-driven, and connectedness) church. The informatization enables the church being EPIC at any time any place both to on/off line. So does it to Christian education. Above all Christian educators must be alert about changes in IT and its applicability to Christian education. Teaching religion is to seek efficiency and the informatization promotes it.

Key words: Feasibility of informatization in Christian Education, Informatization, Digital Culture, Christianity in Culture, Digital Divide

디지털문화와 인간화: 기독교교육학적 관점에서*

한미라 (호서대학교 교수)
mrhan@office.hoseo.ac.kr

Ⅰ. 서론: 주제를 보는 기독교교육학적 관점이란?

본 주제는 사실상 모든 학문 분야에서 다룰 수 있는 논쟁적 이슈를 많이 함유하고 있다. 그러나 한 가지 분명한 것은 디지털문화를 어떻게 보느냐(디지털문화가 없다는 주장도 있지만)에 따라 "인간화"에 대한 접근과 대안은 차이를 만들 것이라는 점이다. 또한 이 주제에 대한 연구자의 전문성과 학문적 성향에 따라 그 접근 방식 또한 달라질 수 있다. 만일 이 주제를 가지고 사회과학자들이 접근한다면 그들은 아마도 디지털문화로 인해 야기되는 사회적 불평등에 관심하며 그것을 개선하려는 노력으로서 인간화 방안을 탐구할 것이다. 한편 의학자들은 디지털문화 속에서 방치되고 있는 인간의 생물학적 생명권 침해에 관심하며 생명의 존엄성

* 이 논문은 한국기독교교육정보학회 2004년 추계학술대회(2004. 11. 8. 호서대학교)의 주제강연 원고를 수정보완한 것임.

을 지키고 돌보는 의학적 처치 방법을 모색하는 것으로 인간화를 연구할 것이다. 그렇다면 공학적으로 이 주제에 접근한다는 것은 무엇인가? 공학은 인간과 산업 환경을 보다 편리하고 효율적으로 만들어 주는 데 공헌하고 있는 분야이며, 사실상 사회와 학문 전 분야는 공학에게 많은 빚을 지고 있다 해도 지나친 말은 아니다.

종교 역시 그 시대의 문화와 기술과 밀접한 관련을 갖고 있다. 종교는 그 자체가 문화적 기능을 가지고 있고 또 시대마다의 문화 양식을 빌려 표현되어왔다. 21세기 공학(디지털)이 문화에 깊이 관여하고 있기에 종교 역시 공학이 전망하는 인간화에 대한 관점과 성찰에 관심을 갖지 않을 수 없다. 18세기 초부터 종교는 과학과의 대화를 시도해왔다. 그러나 21세기는 종교와 공학과의 대화가 활발히 전개될 것으로 전망된다. 최근에 들어와서 한국에서도 기독교교육학자들은 기독교교육와 공학 또는 ICT(Information & communication technology, 정보통신기술, 이하 ICT라 칭함)와의 접목을 통해 "기독교교수공학"뿐 아니라 "기독교교육정보학회"라는 새로운 용어를 만들어내고 있듯이 공학과의 학문간 융합(interdisciplinary fusion)을 시도하기 시작하였다. 공학도 종교도 궁극적으로는 인류의 보다 나은 미래를 위한 것이요 그 미래는 바로 교육이라는 문화 작용을 통해 보장될 수 있는 것이다. 본 학회에 의하여 국내에선 처음 시도되는 현 시대의 디지털문화에 대한 종교와 공학과의 대화는 이런 맥락에서 역사적 의미와 논제의 시기 적절성을 지닌다고 하겠다.

기독교교육학적 관점에서 이 주제에 접근하는 것은 기독교적 입장에서 디지털문화를 논의함을 뜻한다. 따라서 먼저, 기독교와 문화의 관계성 속에서 이 주제를 비판적으로 성찰하고 그것에 기초하여 기독교의 문화적 기능으로서의 기독교교육이 추구해야 할 인간화에 대하여 논의하고자 한다. 이 논의를 위해서 다음과 같은 세 가지 질문을 제기하고 이것에 대한 해답을 귀납적으로 탐구하려고 하는 것이 본 논문의 목표가 될 것이다.

첫째, 디지털문화란 무엇인가? 디지털문화는 어떻게 정의되며, 그 문화의 순기능과 역기능은 어떻게 구별되는가? 그 역기능이 인간화를 저해(沮害)하고 있는가?

둘째, 디지털 문화의 맥락 속에서 **인간화란 무엇인가?** 디지털문화의 역기능이 야기하는 비인간화 현상들은 무엇이며, 기독교와 디지털 문화의 관계는 어떻게 이해해야 하는가?

셋째, 디지털 시대 **인간화를 위해 기독교교육이 당면한 과제는 어떤 것인가?**

II. 디지털문화란 무엇인가?

문화 인류학자인 클리포드 기어츠(Clifford Geertz)[1]에 의하면 문화란 현실에 대한 사회적 구성이며 상징으로 구체화되어 역사적으로 전승된다. 문화는 또한 상징적 양식 속에 표현된 개념들의 체계이며 사람들은 이것을 통하여 그 시대 사람들의 지식과 태도를 소통하고 지속시키며 발전시켜간다. 문화 속에는 한 집단이나 민족의 세계관이 깃들여져 있다. 한 집단의 정신은 그 집단의 색조이며, 기질이며, 그 집단의 삶의 질이다. 그것은 또한 삶의 방식을 특성화하는 도덕적, 심미적 스타일과 풍조이고, 세계관은 사람들이 가지고 있는 현실과 질서에 대한 일반적 생각의 서술이다. 기어츠의 문화의 정의를 토대로 디지털문화를 이해하면, "디지털"은 이제 더 이상 공학적인 용어가 아닌 이 시대의 정신과 세계관에 공통되게 작용하고 있는 단서(clue)임에 분명하다.[2]

---

1 Clifford Geertz, *Interpretation of Cultures* (NY: Basic Books, 1973), 126-27.

2 G. H. Bantock는 문화를 상위 문화와 하위 문화, 두 가지로 나눈다. 하이 컬쳐(high culture)란 엘리트 계층과 관련된 삶의 방식을 말하며 반면에 하위 문화인 로우 컬쳐(low culture)는 노동자 계층에 관련된 문화를 말한다. 밴의 관점에서 볼 때 각기 다른 사회적 계층은 각자 독특한 문화를 갖는다. 반대로 P. H. Hirst는 문화와 하위문화에 있어서 역사적 사회적 차이를 인정하지 않았다. 대신 헐스트는 문화를 삶의 방식으로 정의한다. Raymond Williams는 문화를 역사적인 상황과 관련하여 이해하였다. 특히 시대에 따라 문화의 변

1. 디지털문화의 최근 정의들

찰스 기어(Charles Gere)는 *Digital Culture*에서 디지털문화를 디지털 기술로 인한 인간의 삶의 방식에 관한 현상이라고 정의한다.[3] 기술적인 용어로서 디지털이란 불연속적(이산) 요소들의 형태로 된 데이터를 뜻한다. 컴퓨터는 디지털 방식인 0과 1의 이진법적인 방식으로 데이터를 조작하고 저장하기 때문에 컴퓨터 기술과 디지털 기술이란 말을 교차적으로 사용하며 컴퓨터를 디지털이라고도 한다. 그러나 이제 디지털은 공학적 의미 이상으로 사용되고 있다. 디지털이란 가상적 이미지의 전신이며, 즉시적인 의사소통을 위한 다양한 "미디어와 글로벌 연결성"이라고 부를 수 있다.[4]

보다 구체적으로 **디지털문화는 디지털 기술이 만들어내는 광범위한 영역의 응용과 미디어의 양식**인데 그것은 가상현실, 디지털 특수효과, 디지털 필름, 디지털 텔레비전, 전자음악, 컴퓨터 게임, 멀티미디어, 인터넷, 디지털 전화, 무선 인터넷 등과 같이 다양하며, **디지털 기술의 다양성에 따라 다양한 문화적, 예술적 응답이 나타난다.** 예를 들면, 사이버 펑크 소설, 사이버 영화, 사이버 펑크 영화, 테크노 팝 음악, 새로운 인쇄술, 네트 아트(Net art) 등

화에 대해 교육자들은 민감해야 된다고 주장한다. 왜냐하면 교육은 그 시대의 문화의 조류를 따르고 있는 젊은 세대에 가장 영향을 주는 것이라고 보기 때문이다(Raymond Williams, *Culture* (London: Fontana, 1981)).

3 Charlie Gere, *Digital Culture* (London, UK: Reaktion Books, 2002), 10. 지난 30년간 세계의 도처에서 정보와 통신기술의 사용이 증가되면서 디지털 기술은 미디어와 커뮤니케이션에 있어서 기술 발전의 지배적 역할을 해왔다. 디지털 기술에 의존한 과학과 미디어와 자본의 개발은 급 성장률을 발생시키는 초고속 전진 효과를 생산해냈다. 그렇기 때문에 이것은 행복감과 동시에 공포를 불러일으킨다. 예를 들면, 가상 혹은 텔레커뮤니케이션 기술에 보여진 물리적인 현실의 해체와 물리적인 거리의 허무성 앞에 포스트 휴먼이라고 부르는 현상이 제기되며, 이것은 인간의 실질적 종말을 고한다. 9·11 테러와 이라크 전쟁의 예가 바로 이것을 잘 말해준다.

4 Ibid., 11.

이다. 디지털은 또한 인터넷상에서의 닷컴(dot.com) 기업들, 소니, 마이크로소프트와 같은 하이테크 회사들에 의해서 지배되는 무선 자본주의(wireless capitalism)의 세계를 만들어냈다. 이것은 또 다른 디지털 현상을 만들어내는데, 예를 들면, 컴퓨터가 조종하는 새로운 패러다임으로서 가상 전쟁, 또는 인간 게놈(genome) 프로젝트에서 나타난 바와 같은 유전정보의 컴퓨터화이다. 여기에서 유전된 특성은 그 자체로 디지털적이 되었다. 그러므로 **디지털이란 용어는 간단히 말하면 현상의 복합체라고 정의할 수 있으며, 특정한 역사적 시기에 있어서 한 집단이나 집단들의 특정한 삶의 방식이라고 정의할 수 있을 것이다.** 여기에서 기어는 디지털은 커뮤니케이션과 의미의 체계화 기법을 포함하고 있으며 그것에 의하여 우리의 현재 삶의 방식을 다른 것과 분명히 구별할 수 있기 때문에 디지털리티(digitality)는 문화의 징표로서 간주될 수 있다고 주장한다.[5]

디지털문화에 관한 담론은 다음 두 가지의 상호 관련된 신념에 의하여 보다 분명하게 논의될 수 있다. 디지털문화는 **분명 지나간 문화와는 거리를 두고 있다는 것이다. 다른 하나는 디지털문화는 디지털기술의 존재에 의하여 결정되고, 그것으로부터 유래된다는 것이다.** 이 두 가지 신념은 모두 합리적으로 보인다. 분명히 디지털문화의 존재는 최근의 기술적 진보 측면에서만 인식 가능한 것이다. 그리고 이전의 문화와는 명백히 구분이 되는 모습을 보여준다. 그러나 기어는 문화란 그것의 외양만큼 새롭지도 않으며 또한 기술의 진보에 의해서만 그 문화가 발전되는 것도 아니다라고 주장한다. 이것은 우리가 경험하는 **디지털문화는 사실상 새로운 문화는 아니며 이미 역사**

5 North Western대학의 데이비드 에이브라햄슨(David Abrahamson)은 최근에 디지털, 문화, 정보기술, 웹에 대한 책과 논문들의 참고 문헌집을 출판하여 Journal of Magazine & New Media Research라는 온라인 잡지에 소개한 바 있다. 여기에 소개된 대부분 책들이 디지털문화와 또는 이러한 주제에 관련된 것이다. 예를 들면 사이버 문화(cyberculture), 전자문화(electronic culture) 또는 정보사회(Information Society)와 같은 것이다. 또 다른 것들은 디지털 미학(Digital aesthetics), 디지털 예술(digital art), 디지털로 살기(being digital)와 같은 것도 있다.

적으로 축적되어 수정을 거듭하여온 것의 산물이며, 그 문화는 단지 디지털기술만으로 발전할 수는 없다는 것을 의미한다.

디지털 기술은 디지털문화의 산물이다. 즉, 디지털문화가 디지털 기술의 산물이 아니라는 것이다. 들뢰즈(Gilles Deleuze)가 지적한 것처럼 기계는 그것이 기술적이기 이전에 먼저 사회적이 되어야 한다.[6] 기술은 사회에 의해서 사용되고 선택되지 않으면 무의미한 기술에 지나지 않는다는 말이다. 따라서 이 시대의 디지털이란 특정기술의 가능성과 효과만을 의미하는 것은 아니다. 그것은 인간의 사고방식과 기술로 인해 구체화된 행동 그리고 그것이 만들어내는 발전 가능성으로 정의될 수 있을 것이다. 디지털은 그러므로 추상화(abstraction), 성문화(codification), 자기 조정(self-regulation), 가상화(virtualization), 프로그래밍(programming)을 포함한다.[7] 기어는 인간문화는 불연속적 속성의 언어를 다루기에 대부분 디지털적이라고 말한다. 또한 현재 디지털문화의 구체적인 양식은 역사적이고 상황적 현상이며 기술은 디지털문화의 발전에 공헌한 많은 자원 중에 하나일 뿐이라고 결론짓는다.[8]

곽동훈은 디지털문화란 정보통신기술의 발전에 따라 새롭게 발견되고 소비되는 문화 양상으로 정의한다.[9] 게임, 인터넷 채팅, 전자 상거래, 가상 체험 등과 같이 소비 측면의 디지털문화를 말한다. 한국은 전 인구의 50% 이상이 인터넷을 통하여 온라인 게임을 즐기고 있으며, 디지털 가전제품이 소비자에게 각광을 받으며, 컴퓨터와 인터넷과 더불어 성장한 세대가 앞으로의 디지털문화를 주도해갈 것이라고 전망한다. 대부분의 디지털화된 정보들은 아날로그 기반에서 생성된 것들이기에 디지털문화와 아날로그 문화를 대립적으로 파악해서는 안 된다고 주장한다.[10] 온라인상에서 존재하는 텍스

---

6 Gilles Deleuze & Claire Parnet, *Dialogues* (London, UK: Suhrkamp, 1977), 126-67.

7 Charlie Gere, *Digital Culture*, 13.

8 Ibid., 13-14.

9 곽동훈, 「디지털과 아날로그의 행복한 만남」, 『숙명여대 뉴스레터』 No. 25. http://sookmyung.ac.kr 참조.

트, 정보, 사진, 동영상 등이 온라인상에서만 보여지고 읽혀지는 것은 아니다. 오히려 인쇄매체와 필름으로 제작되는 경우가 더 많다. 그러므로 아날로그 문화가 사라질 가능성은 전혀 없으며 아날로그 문화와 디지털 문화는 공존하게 될 것이다.[11] 디지털 문화를 미디어가 기반이 되는 것으로 이해하는 사람들은 "**미디어는 새로운 문화의 성장을 돕는 역할을 할 뿐이지 미디어 자체가 문화는 아니다**"라고 말한다. 또 "디지털문화란 **용어도 존재하지 않지만, 그래도 표현하자면 그것은 '언어문화'나 '잡지 문화' 정도가 될 것**"이라고 디지털문화의 존재를 과소평가하는 사람들도 있다.[12]

종합하면, 넓은 의미의 디지털문화는 특정한 역사적 시기에 있어서 한 집단이나 혹은 집단들의 특정한 삶의 방식이라고 정의할 수 있다. 좁은 의미의 디지털문화는 디지털 기술이 만들어낸 다양한 미디어의 양식과 그 응용에 따라 나타난 다채로운 문화적 예술적 응답이라고 정의한다. 디지털문화는 디지털 기술에 의하여 결정되고, 그것으로부터 유래된 것도 사실이지만 동시에 그것은 디지털문화 자체의 산물이기도 하다. 디지털문화는 분명 과거의 문화와는 차별화되나 사실상 새로운 문화는 아니며, 이미 역사적으로 그 기술이 축적되고 수정을 거듭해온 결과의 산물이며, 이 문화는 디지털기술만으로는 발전할 수 없을 것이다.

2. 디지털문화의 순기능과 역기능

디지털문화의 순기능과 역기능의 판단 기준은 무엇보다도 디지털문화가 원래 의도성에 비추어 바람직한 방향으로 나아가고 있느냐 아니냐에 달려 있다. 디지털문화의 효과나 영향이 공동체에게 바람직하지 못한 결

---

10 Ibid.

11 10대 청소년이 인터넷에 올린 연재소설은 인기드라마나 영화로 탈바꿈을 하여 안방극장에 전해지고 있다. '엽기적인 그녀'(김호식), '옥탑방 고양이'(김유리) 등이 바로 그 예이다.

12 http://ny4u.hihome.com/ventureman.html.

과를 낳거나 또는 개인이나 특정 집단의 삶에 害惡을 초래할 때 역기능이라고 말할 수 있을 것이다.

1) 디지털문화의 순기능과 전망

첫째, **지식과 정보에 대한 접근이 용이하다.** 디지털이 우리 삶에 들어온 이후 가장 현저하게 달라진 것은 지식과 정보를 획득하는 방법일 것이다. 과거에는 전문지식은 지적 엘리트들만이 소유하는 것이었으나 디지털 시대는 대부분의 전문지식이 누구에게나 공유할 수 있도록 개방되어 있다. 따라서 일반 대중들의 지식과 정보 수준이 전반적으로 상향 평준화를 이룩할 수 있게 되었다. 특히 시간과 경제적 여유가 없는 사람들은 세계적인 음악가의 연주나 영화나 설교를 인터넷을 통해 듣고 볼 수 있는 기회가 더 많이 주어지게 된 것이다.[13] 장소, 시간, 기상 조건에 관계없이 누구나 문화를 공유할 수 있게 된 것은 디지털문화의 제1 순기능이라 할 수 있겠다.

둘째, **대용량의 정보와 지식을 신속하고 정확하게 동시 다발적으로 전달하는 것이다.** 디지털 방식으로 정보를 전달하는 것은 기존의 방식과는 다음 두 가지 면에서 뚜렷이 구분된다. 첫째, 기존의 방식(아날로그)의 전송에 비해서 정보의 손실과 왜곡을 줄일 수 있다는 점이다. 둘째, 다양한 종류의 정보 사이에 상호 호환성을 높인다는 점이다. 이것이 가능한 것은 종합정보통신망(ISDN), 초고속통신망(information super highway, ISH) 같은 기술이 개발되었기 때문이다.[14] 전 세계인은 이제 자신의 가정과 직장 그리고 공공시설에 설치된 ISDN이나 ISH를 이용하여 전자우편을 보내거나 메신저(messenger)를 이용하여 양방향의 상호 정보 전달이 가능하다. 이것은 전송속도와 전송내용에 있어서 획기적인 변화가 가속화되고 있음을 말해준

---

13 한판암, 「디지털문화는 축복인가」, 『문화도시 문화사회』 vol. 102(2001년 5월).
14 이광형, 「디지털문화 혁명」, 『교육마당 21』 215호(2000년 1월), 69.

다. 앞으로 우리는 빛의 속도에 더 가까운 인터넷 속도를 체감할 수 있을 것이다.

셋째, **생활과 일의 문화를 질적으로 향상시킨다.** 디지털문화는 우리들의 일상을 보다 편리하고 실용적으로 개선한다. 디지털 기술이 사용하는 모든 가전제품과 전자 기기들에 도입되면서 삶의 질이 달라지고 있다(예: 디지털화된 오븐, 디지털 열쇠, 멀티미디어용 휴대전화 등). 일은 사무 공간에서만 일어나는 것이 더 이상 아니다. 휴대폰이 기반이 되는 일이 점차 생활을 지배한다. 일과 사생활과의 경계가 점점 없어지고 있다. 뿐만 아니라 오피스 자동화는 점점 더 인공지능을 사용한 기계와 기기들을 선호한다. 문서철을 보관하는 공간은 사라진 지 오래고 모든 것은 개인용 컴퓨터나, 가상의 공간인 웹 디스크(web disk)에 올려놓고(저장한다는 뜻) 어느 곳에서나 그것을 열람하고 사용할 수 있다. 현대인에게 노트북과 무선 인터넷은 생존 장비(survival kit)와 같은 것이 되고 있다.

넷째, **편리와 신뢰를 추구하는 생산과 소비문화를 형성한다.** 인간은 자신의 소득의 반 이상을 소비하는 존재들이다. 따라서 소비는 우리 생활에서 매우 중요한 부분이다. 디지털은 이러한 소비 생활에 큰 변화를 가져왔다. 즉, 전자상거래(e-business)의 출현이다. 전자상거래란 인터넷을 통해 이미지로 진열된 상품을 직접 보고, 주문하고, 신용카드로 결제하면 개인구좌에서 자동적으로 지불되는 시스템이다.

전자상거래는 상품과 서비스의 수요자와 공급자 모두에게 영향을 주고 있다. 소비자는 웹상에서 동일한 상품에 대한 유통 가격을 비교할 수 있어 최소의 비용으로 최고의 만족을 주는 상품을 스스로 선택할 수 있다.[15] 생산자는 중간 이윤과 상품홍보 및 유통비용을 절감할 수 있다. 무엇보다도 전자 상거래의 기초는 믿음이기 때문에 시장 경제에서의 생산자와 소비자 모두에게 신용사회를 만들어야 한다는 신념을 심어주는 것은 전자

---

15 황희영, 「전통적 경제학의 장르가 붕괴한다」, 『지식의 최전선』(서울: 한길사), 680-81.

상거래의 최대 순기능이 될 것이다.

다섯째, 디지털문화는 **인간의 상상력과 창의성을 실험할 수 있는 가상의 환경을 제공한다.** 디지털문화가 갖는 독특한 점은 현실의 자연적, 물리적, 사회적, 생물학적 제약(예, 공간, 시간, 날씨, 성, 빈, 부, 연령, 신분 등)을 초월할 수 있게 하여 무한한 상상의 나래를 펼 수 있게 하는 점이다. 가상의 세계에 대한 상상은 인간의 창의를 자극하여 지금까지 생각해보지 못한 예술과 음악을 생산해낸다. 또한 시공간을 초월한 과거와 미래의 역사 속의 사건과 문화를 상상하면서 가상적 대화와 체험도 가능하다. 매트릭스(matrix)[16]나 마이너리티 리포트(minority report)[17]와 같은 영화가 현실로 다가올 날이 멀지 않다. 인간의 창의와 상상 없이 문화란 창조되지 않을 것이다. 디지털문화 역시 인간의 창의와 상상을 기초로 진보해갈 것이다.

2) 디지털문화의 역기능과 비인간화

a) 디지털 디바이드(Digital Divide)

: 디지털문화로 인한 신종 사회적 불평등

디지털 디바이드란 계층간의 소득 격차가 디지털문화의 확산에 의해 더욱 악화되는 현상을 말한다. 서이종은 디지털 디바이드란 신기술에 접근한 자와 접근하지 못한 자, 정보 부자와 빈자, 또는 가진 자와 가지지

---

16 매트릭스(matrix): 워쵸스키 형제(Wachowski Brothers)의 두번째 연출 작품. 컴퓨터가 지배하는 가상 세계와 저항하는 인간과의 대결을 그린 영화. 매트릭스는 일반적으로는 어떤 것이 유래되고 발달되고 내포되는 상황과 배경을 뜻하며, 의학적으로는 여성의 '자궁'을 뜻하기도 한다. 또 수학적으로는 행렬을 가리키며 컴퓨터 과학적 용어로서는 컴퓨터를 이루고 있는 투입과 산출 사이의 교차적 네트워크를 말하며 이것은 기호화(encoder)와 그것의 해독화(decoder)의 기능을 갖는다. 따라서 영화는 이 모든 의미를 다 함축한다고 보아야 할 것이다. http://www.cineline.co.kr 참조.

17 마이너리티 리포트(minority report): 스티븐 스필버그 감독의 2002년 작품. 디지털 기술이 인간의 범죄 행동의 동기까지 예측하는 서기 2050년 오히려 디지털 수사 기술을 역이용한 고도의 지능적 범죄에 맞서는 순수한 인간적 수사를 하는 한 미래경찰관의 보고서, 즉, 마이너리티 리포트이다. http://www.cineseoul.com 참조

못한 자 사이의 분할이라고 정의하고,[18] OECD(Organization for Economic Cooperation and Development)는 "정보와 커뮤니케이션 기술에 대한 접근과 활동을 위한 인터넷 활용능력이 사회 경제적 수준에 따라 개인, 가정, 기업, 지역 차원에서 발생하는 격차"라고 정의한다.[19] 또한 '정보격차해소에 관한 법률'에서는 "경제적 · 지역적 · 신체적 또는 사회적 여건으로 인하여 정보통신망을 통한 정보통신서비스에 접근하거나 이용할 수 있는 기회에서의 차이"라고 정의한다.[20] 이 밖에도 디지털 디바이드에 관한 다양한 정의가 내려지고 있다.[21]

Dianne Martin(NSF: National Science Foundation, 대학교분과 컴퓨터 과학 프로그램 소장)은 "인터넷에 접속하지 못하는 현대인은 교육기회, 직업기회뿐만 아니라 건강, 복지, 법률서비스, 재테크, 정치 등의 중요한 정보로부터 멀어질 위험성이 있다. 기술이 빨리 변화할수록 디지털 격차는 더욱 커질 것"이라고 경고한다.[22]

카렌 모스버거(Karen Mossberger), 캐롤린 토버트(Caroline J. Tobert), 매리 스탠스베리(Mary Stansbury)의 최근 연구에 의하면 현재까지 디지털 격차에 관한 연구는 주로 기술(technology)에 대한 접근성(access)에 비중을

---

18 서이종, 「디지털환경에서 정보격차의 개념」, 『행정과 전산』(2001년 3월), 29.

19 OECD, "Understanding the Digital Divide," 2001. http://www.oecd.org 참조.

20 한국정보문화진흥원, 정보격차해소에 관한 법률 제6356호. http://www.kada.or.kr 참조.

21 *인터넷 매트릭스*에 따르면 "디지털 디바이드란 컴퓨터와 인터넷 등 디지털문화가 보편화되면서 이들에 대한 보유 정도와 활용능력의 상대적 차이가 발생하는 정보화 소외현상을 가리키는 것이다"(인터넷매트릭스 2000: 50).

미국 상무성이 1995년 7월부터 2000년 10월에 이르기까지 네 차례에 걸쳐서 발표한 보고서에 의하면 디지털 디바이드는 성, 연령, 인종, 소득, 학력, 지역, 고용상의 지위, 주거형태 등에 따라서 디지털 정보기기 및 네트워크 서비스에 접근과 이용이 활발한 층과 그렇지 못한 층의 분화라고 보았다. 네 번째 보고서에서 디지털 디바이드를 "상이한 인구학적 집단간 컴퓨터 · 인터넷 접근율에 있어서의 차이"라고 풀이하고 있다. 따라서 그 개념을 디지털 격차 혹은 디지털 분화라고 번역해도 무리는 없겠지만, '디지털 양분화'가 그 개념의 특성과 함의를 더욱 잘 드러내준다(디지털경제연구회 편, 2001: 185).

22 www.nsf.gov/pubs/2000/tip00121/tip00121.txt.

두고 "%(퍼센트)"와 같이 단순 통계치를 이용한 것이었다. 그러나 이들의 최근 연구는 두 가지 특징을 가진다. 첫째, 디지털 격차라는 용어의 협의를 벗어나 보다 광범위하게 정의한다. 예를 들어 "기술"에 접근할 수 있어도 컴퓨터를 다룰 수 있는 기능이 부족할 수 있다. "경제적 기회", "정치적 참여"와 같은 분야에서 정부의 정치적 개입 여하에 따라 디지털 격차는 달라질 수 있다. 정보기술에 대한 "접근격차(access divide)" 문제는 "기술을 사용하는 능력(ability to use technology)"의 문제보다는 "기술을 사용할 수 있는 재정적인 능력("afford ability" to use technology)"에 있다.[23] 컴퓨터와 인터넷에 대한 "접근성과 기술"의 격차가 공공정책으로서 타당성을 갖기 위해서는 이들이 경제 및 정치 분야의 참여 도구임이 증명되어야 한다. 기술의 불평등성은 기회균등과 민주주의와 같은 중요한 규범적 이슈를 위한 시사점을 가지므로 사회적 타당성을 갖는다. 로버트 푸트만(Robert Putman)은 정보기술의 불평등을 "사이버 인종차별(cyber-apartheid)"이라고 칭하면서 사회의 분열요소들을 연결시켜주는 사회적 자본이 오히려 그것의 연결을 감소시키고 있다고 비난한다.[24]

이 연구의 두 번째 특징은 디지털 디바이드를 보다 구체적으로 측정하는 네 가지 척도를 제시한 것이다.[25] 첫째, 접근격차(The Access Divide)이다. 이것은 컴퓨터의 위치와 접근방법(가정인가, 직장인가, 아니면 공공시설에서인가), 인터넷 사용 장소, 사용빈도에서의 차이를 의미한다.[26] 둘째, 기술 격차(The Skills Divide)이다. 기술 격차는 기술적 자질과 정보문해력(Technological Competence & Information literacy), 기술을 습득하는

23 Karen Mossberger, et al., *Virtual in Inequality: Beyond the Digital Divide* (Washington D.C.: Georgetown University Press, 2003), 4.

24 Robert Putman, *Bowling Alone: The Collapse and Revival of American Community* (NY: Simon & Schuster, 2000), 175.

25 Karen Mossberger, et al., Ibid., 9.

26 Ibid., 15-35.

선호도(1대 1로 배움, 집단교수, 온라인, 매뉴얼), 도서관과 같은 공공시설에서 컴퓨터를 사용하는 태도 등을 포함한다.[27] 셋째, 경제적 기회격차(The Economic Opportunity Divide)이다. 컴퓨터에 대한 신념, 경제적 진보, 온라인 구직에 대한 경험, 태도, 온라인 과목이수 등에 대한 기회에 있어서의 차이를 말한다.[28] 넷째, 민주적 격차(The Democratic Divide)이다. 이것은 선거 등록, 정부에 관한 정보 찾기, 정치적 정보 찾기, 전자반상회 참여 등과 같이 인터넷을 사용하여 정치에 참여하는 경험과 태도에서의 격차를 의미한다.[29]

b) 개인 사생활의 침해

디지털문화는 대부분의 네티즌을 정보의 생산자보다는 소비자로 전락시켜 정보의 생산과 소비의 불균형을 초래하게 되었다. 참된 공유란 주고받는 지식과 정보의 양과 질이 균형을 이룰 때 성립되는 것이다. 정보를 받기만 한다면 지적 재산권 침해의 문제에서 영원히 자유롭지 못하게 될 것이다.[30] 정보통신부에서 마련한 개인정보보호지침에 따르면, '개인정보'라 함은 생존하는 개인에 관한 정보로서 성명, 주민등록번호 등의 사항에 의하여 해당 개인을 식별할 수 있는 정보(그 정보만으로는 특정 개인을 식별할 수 없더라도 다른 정보와 용이하게 결합하여 식별할 수 있는 것을 포함함)를 말한다.[31]

프라이버시 침해는 단순히 개인적인 문제를 넘어서서 사회적인 문제가 되고 있다. 특히, 주민등록번호나 전화번호 등이 노출될 경우 이

27 Ibid., 38-56.

28 Ibid., 60-82.

29 Ibid., 86-110.

30 Ibid.

31 '개인정보'라는 용어의 정의는 정보통신망이용촉진 및 정보보호 등에 관한 법률 제2조(정의)를 준용함.

를 악용한 범죄에 이용될 수 있기 때문이다. 프라이버시 보호를 위해서는 개인 데이터에 관한 수집, 이용의 규제는 물론 자신에 관한 데이터가 어디 있으며 그것이 어떤 내용으로 되어 있는가를 알아야 하며 만약 오류가 있다면 그것을 정정할 수 있는 참여의 권리 등도 충분히 존중되어야 할 것이다.[32] 디지털문화는 정보의 공유를 전제하지만 그 기능이 지나쳐 자기의 개인 정보가 상업과 범죄에 악용되어도 모른 채 개인의 인격과 인권이 침해당하고 있는 것은 분명 부도덕한 비인간화이다.

c) 성적 문란

① 컴퓨터 음란물

음란물이란 노출이 심하고 포즈가 건전하지 못하거나 노골적인 성행위 장면이 담긴 사진, 잡지, 비디오, 만화, 그림, 소설 등을 말한다. 이와 같은 형태의 음란물을 컴퓨터를 이용해서 볼 수 있도록 프로그램 파일로 변환시키거나 제작된 것을 컴퓨터 음란물이라고 할 수 있다. 법률적으로 음란물이란 불법적인 성행위에 대한 욕망을 불러일으키도록 고의적으로 만들어진 모든 것을 의미한다.[33] 한국정보보호진흥원의 2000년과 2001년 조사에 의하면 조사대상자(2년 합산 6,000명)의 80% 이상이 음란물을 접촉한 경험이 있는 것으로 나타났다.

이세용(사회정신건강연구소 연구원)의 조사에 의하면 인터넷을 통해 음란물을 접촉한 경험이 있는 청소년은 33.7%였으며 특히 남자고등학생의 비율이 77.5%로 가장 높게 나타났다. 그러나 초등학교 남학생 가운데도 음란물을 본 경험이 22.1%나 되는 것으로 나타나 인터넷을 통한 청소년들의 음란물 접촉이 저연령화되고 있음을 알 수 있다.[34] 더욱 심각한 것

32 alri.new21.org/newmedia.

33 이영제, 『미션소프트』(경기: 도서출판 컴퓨터선교회, 2001), 279.

은 음란 사이트 접촉의 중독성에 있다 하겠다. 충청남도 청소년상담실에서 청소년 1,200명을 대상으로 조사한 결과 일주일 평균 음란 사이트 접속시간은 4시간 이하가 응답자의 91.3%를 차지하고 있는 것으로 나타났다. 성별로 볼 때 남학생들이 음란 사이트 접속시간이 길고 심지어는 일주일 평균 40시간 이상 접촉하는 음란물에 중독된 남학생도 2% 정도 있는 것으로 조사되었다.[35] 어린 청소년들이 음란물에 접촉되는 동기는 혼자서 인터넷을 하다가(45.3%), 또는 친구나 선배를 통해서(40.4%) 또는 이메일에 온 스팸 광고를 통해서(7.9%)가 전체의 약 94%를 차지하고 있다. 분명한 사실은 음란 정보의 출처의 반 이상이 인터넷으로부터 온다는 것이다.

②사이버 성폭력: 폭력과 성을 이용한 테러행위

사이버 성폭력은 사이버 공간에서 상대의 의중에 관계없이 성을 도구로 영향력을 행사하여 상대를 괴롭히는 행위이다. 사이버 성폭력의 피해자는 오프라인의 경우와 마찬가지로 대부분 여성이다. 사이버 성폭력에 포함되는 것은 사이버 음란물 게시, 사이버 성희롱, 사이버 스토킹, 사이버 명예훼손 등이다.[36] 인터넷상에서의 폭력과 성폭력을 가장 많이 경험

---

34 이세용, 「청소년 인터넷 활용에 관한 실태 조사(서울시내 초중고생, 2000년 7월) 결과」, '삼성생명 공익재단 사회정신건강연구소 보도자료' 16.

35 김영순, 「청소년의 인터넷 음란물 중독실태와 대응방안(주제강연)에 대한 토론 원고」, 『청소년의 음란물 중독 대처방안 모색에 관한 자료집』, 충청남도여성정책개발원 여성교육부 편(2002), 22-24.

36 첫째, 사이버 음란물 게시는 전자 우편이나 PC통신을 통해서 음란한 부호, 문언, 음향, 영상을 유포하고 판매하는 행위, 또는 임대하거나 전시하는 행위(전기통신기본법 제48조의 2조 참조)를 말한다(이백수, 「사이버성폭력의 법적 대처」, 2000년 아우성 심포지움에서 인용).
둘째, 사이버 성희롱이다. 전자우편이나 채팅을 통해서 상대에게 성적 수치심이나 모멸감을 느끼게 하는 글, 음향, 영상을 보내는 행위이다.
셋째, 사이버 스토킹이다. 스토킹은 일반적으로 상대가 싫다는 의사 표현을 분명히 밝혔거나 좋아하지 않음에도 불구하고 의도적으로 반복해서 따라다니는 등 정신적, 신체적으로 괴롭히는 행위를 말한다. 미국의 경우 지난 2001년 제정된 일리노이주 사이버 스

하는 층은 인터넷을 가장 많이 사용하는 십대 청소년들과 20대 청년들이다. 사회적으로나 성적으로 건전하게 성장하여야 할 그들이 잔인하고 음란한 폭력과 성폭력의 경험자가 되는 것은 명백한 비인간화 현상이다.[37]

d) 인터넷 중독[38]

1996년 심리학자인 이반 골드버그(Ivan Goldberg)에 의해 인터넷 중독이라는 용어가 처음 사용되었고, 같은 해 심리학자 킴벌리 영(Kimberley Young)[39]에 의해서 공식화되었다. 영에 의하면, 인터넷에 중독된 사람들은 인터넷에서 새로운 정보를 찾는 데 몰두하면서 주변의 일상사에 흥미를 상실하고 실생활에서 무력감을 느끼게 되며, 현실의 인간관계에서 얻을 수 있는 만족과 즐거움을 상실한다. 심할 경우 이들은 오직 가상공간에서만 즐거움을 느끼고 인터넷을 사용하지 않으면 금단현상까지 나타내며, 실생활의 인간관계에 무심해지고 대인 기피증을 보이기도 한다. 영이 서

토킹 관련법은 이메일이나 메신저 등을 통한 스토킹을 직접적인 미행과 같은 중죄로 취급해 최대 3년형에 처할 수 있다.

넷째, 사이버 명예훼손이다. 사이버 공간에서 게시판이나 성 관련 사이트에 특정인의 사생활, 특히 성생활과 이와 관련한 허위사실을 글, 음향, 영상 등으로 올려서 개인의 명예를 훼손한 행위를 말한다. 정보 통신 관련법은 "정보통신 등을 이용하여 다른 사람의 허위사실을 적시, 명예를 훼손할 경우 7년 이하의 징역 또는 5천만 원 이하의 벌금에 처한다"고 규정하고 있다.

37 김은경, 「사이버 성폭력의 현실과 쟁점들」, 『사이버 커뮤니케이션 학보』 통권 7호(2001년 1월), 83-86. 김은경(한국형사정책연구원 선임연구원)의 조사에 의하면 1999년 8월~2000년 7월 사이 1년 동안, 사이버 공간에서 사이버 성폭력을 한 번이라도 당한 경험을 가진 사람들은 조사대상자(602명)의 36.4%(219명)나 된다. 성별로는 여성 네티즌의 40%(102/255명), 남성 네티즌의 약 33.7%(117/347명)로 나타났다. 연령별로는 10대 피해율은 44.2%, 20대는 39.9%, 30대는 23.4%로 주로 10대와 20대의 피해 경험률이 30대에 비해서 2배 가까이 높다.

38 황상민, 황희영, 이수진, 『인터넷 중독 현황 및 실태 조사 보고서』(서울: 한국정보문화센터, 2001), 2-3에서 참조.

39 Kimberley Young, "Internet Addiction: The Emergence of a New Clinical Disorder," *Paper Presented at 104th Annual Conversation of the American Psychological Association* (Toronto, Canada, 1996).

술한 바와 같이 인터넷에 너무 탐닉해 병적 증세를 나타내는 현상들을 총체적으로 인터넷 증후군(Internet Syndrome), 웨바홀리즘(Webaholism) 혹은 인터넷 중독 장애(Internet Addiction Disorder; IAD)라 부른다.[40]

e) 도덕과 에티켓의 실종

디지털문화 속에서도 예절은 존재해야 한다. 올바른 통신 문화를 만들고, 사이버 공간을 보다 유익한 공간으로 만들기 위해서는 흔히 넷티켓(net+etiquette)이라 하는 예절을 지켜야 한다. 그럼에도 불구하고, 사이버 대화방이나 게시판, 이메일을 보면 욕설이나 험담, 유언비어 배포 등과 같이 비인격적 행위들이 비일비재하게 일어나고 있다. 사이버 세계는 인간의 아름다운 상상과 창의가 넘치는 전혀 새로운 신세계이어야 되는데 고도의 디지털 기술로 고작 벗은 여자의 몸이나 남녀의 성행위 장면이나 부도덕한 컨텐츠를 만들어 어린 청소년들에게 유포한다면 여기에는 어떤 의도된 악의적 세력이 내재한다고 보아야 할 것이다. 어린 세대들이 음란물을 보았을 때의 충격으로 성인이 될 때까지 겪어야 할 도덕의 상실과 인격 장애를 기독교교육자들은 간과해서는 안 될 것이다.

---

40 Young과 Goldberg가 말하는 인터넷 통신 중독자들에게 나타나는 흔한 증상들은 다음과 같다.
- 집이나 직장에서 거의 매일 빠짐없이 인터넷에 접속한다.
- 접속하고 나면 시간감각을 상실한다.
- 집이나 직장에서 외출하거나 어울려 식사하는 시간이 줄고, 컴퓨터 모니터 앞에 앉아 식사한다.
- 인터넷 상에서 많은 시간을 소비하고 있다는 것을 부인한다.
- 하루에도 수없이 전자우편함을 확인한다.
- 다른 사람들에게 자신의 인터넷 주소를 알리는 데 몰두한다.
- 집에 배우자나 다른 식구들이 없으면, 안도감을 갖고 인터넷에 접속한다.

f) 디지털 증후군

디지털 증후군은 디지털문화로 인하여 일상생활에 지장을 받을 정도의 신체적, 정신적 이상 현상을 경험하는 것을 말한다. 디지털 증후군에는 우울증, 외로움, 공격성, 사이버 질환 등이 있다.

① 우울증

우울증은 인터넷 중독 증상을 보이는 사람들에게 주로 나타나고 있다. 영(Young)은 그의 책 *Caught in the net*에서 인터넷 중독자의 54%가 우울증 경력을 가지고 있음을 밝혀냈다. 우울 성향이 높은 사람들은 현실에서의 대인관계보다는 사적인 공간에 머무를 수 있는 인터넷을 선호하는 경향이 높은 것으로 추측할 수 있다.[41]

② 외로움

인터넷의 사용이 많은 사람일수록 외로움을 더 느낀다는 사실이 보고된 바 있다. 연구자들의 해석에 의하면 인터넷에 접속하는 시간이 사회적 활동을 대신하는 역할을 하기 때문에 현실에서의 인간관계를 더 그리워하여 외로움이나 불만족을 유발할 수 있다고 한다. 그러나 아직까지는 인터넷을 통해 이루어지는 사회적 만남들이 현실의 사회적 만남과 동일한 또는 그 이상의 정서적 효과를 줄 수 있다는 주장도 꾸준히 제기되고 있기 때문에 인터넷 사용과 사회적 고립감이나 외로움과의 관계에 대해서는 논란의 여지가 있다.[42]

③ 공격성

청소년뿐만 아니라 성인에게도 인터넷은 익명성과 표현의 자유로 인해 내면의 공격성을 표출할 수 있는 좋은 공간이다. 특히 우려가 되는 분야가 인터넷 게임이다. 대부분의 온라인 게임은 사행심이나 폭력, 성을 기본 개념으로 가진다. 인터넷 게임에서는 살인과 성폭력, 인종 차별 등과 같은

---

41 Kimberly Young, Ibid.

42 황상민, 황희영, 이수진, 『인터넷 중독 현황 및 실태 조사 보고서』, 13-14.

비인간화 주제들이 오락과 게임이라는 전제하에 아무런 제재 없이 자행되고 있다.[43] 즉, 게임이 가지고 있는 폭력성은 청소년들로 하여금 폭력을 정당화시키는 경향이 있으며, 실제적으로 게임중독 증상을 보이는 청소년들은 현실과 게임을 구별하지 못하고 게임 내의 상황을 무의식적으로(범죄인 줄도 의식하지 못한 채) 현실 세계에서 행하는 경우가 발생하고 있다.

④사이버 질환

위의 증상 이외에도 인터넷이나 컴퓨터에 지나치게 몰입을 할 경우, 신체적으로 많은 이상 현상이 나타나게 된다. 청각장애가 그것이다. 청소년들은 인터넷에 접속하여서도, 라디오, 카세트 플레이어, CD 플레이어, MP3 플레이어를 들을 때에도 볼륨을 최대로 하여 듣는 경향이 있는데 이것은 청소년의 청각에 많은 문제를 발생하게 만든다. 뿐만 아니라 스타크래프트와 같은 컴퓨터 게임에 빠져 있는 학생들에게는 '수근관 증후군'이 생길 수 있다. 수근관 증후군은 손목의 인대 사이를 주행하는 신경에 너무 많은 압박이 가해질 때 일어나는 신경계통의 질환이다.[44] 채팅과 게임을 하기 위해 모니터, 키보드, 카메라를 계속하여 주시함으로 인하여 안구건조증의 위험성도 제기된다. 현대인들의 대부분은 디지털 질환의 대명사로 불리는 'VDT(Visual Display Terminal) 증후군'에 노출되어 있다. VDT 증후군은 장시간 모니터를 보면서 키보드를 치는 작업을 지속적으로 할 때 생기는 병으로 시력장애, 어깨와 목의 근육피로, 후두 압박 통증 등을 수반하게 된다.[45]

지금까지 살펴본 디지털문화의 역기능을 종합하면 첫째, 개인의 정체성과 권리에 관한 침해가 가장 심각한 것이고, 둘째로 인간의 도덕성의 몰락이다. 정보의 복제와 해킹은 남의 것을 불법적으로 훔치는 행위요 강

---

43 Ibid., 14-16.

44 컴퓨터관련 질환 연구소, 「수근관 증후군」, http://www.vdt.co.kr 참조.

45 서재현, 「컴퓨터 단말기 증후군」, http://user.chollian.net 참조.

도에 해당되는 범죄다. 저작권의 침해는 디지털 시대의 실종된 양심을 잘 말해준다. 세 번째의 심각한 역기능은 한국 사회의 총체적 성문란이다. 현실에서의 여성에 대한 성폭력, 성희롱이 이제는 인터넷상에서도 무방비 상태로 자행되고 있다. 여기에다 성 매매춘이 사이버를 기반으로 극성을 떨고 있다. 본인의 의사와 무관하여 무료로 보내주는 포르노 스팸 메일은 자라는 청소년과 아동들까지 사각지대에 이르렀고 여자의 몸은 이제 더 이상 하나님의 신성한 피조물이 아닌, 남성의 동물적 본능을 충족하는 성적 도구로 전락하였다. 포르노 사이트의 24시간 상설 운영은 어린 사춘기 청소년들의 성적 호기심이 이 사이트에 쏠리게 하고 정부와 교계는 어린 세대의 성적 타락을 물리적으로 막을 해결책은 없다. 인터넷은 이제 은밀한 악마의 유혹을 맛보는 죄의 공간이 되었고 손끝으로 찾아가는 비밀의 공간으로 최적한 환경이 되고 있다. 네 번째 역기능은 인터넷 중독으로 인한 각종 신드롬이다. 이미 정신과 병원에는 청소년들과 대학생, 주부들에 이르기까지 인터넷 과다 사용으로 인해 빚어진 심한 대인 기피증과 우울증 등을 호소는 환자들이 증가하고 있다. 이 외에도 증상은 인터넷 중독증처럼 심하진 않아도 인터넷을 직업상 사용해야만 하는 사람들에게서 전반적으로 나타나는 소외감과 외로움이 우리 주변에서 흔히 발견되는 역기능들이다.

Ⅲ. 디지털문화와 인간화

위에서 살펴본 것과 같이 디지털문화는 원래의 바람직한 기능에서 벗어나 많은 문제점들을 야기하고 있다는 것을 알 수 있다. 디지털 시대의 추락된 인간성을 회복하기 위해 기독교는 이런 문화에 대해 어떤 역할을 해야 하는가? 위의 질문들에 대해 두 가지로 답하려고 한다. 먼저 인간화의 정의를 설명하고 둘째, 디지털문화와 기독교는 어떤 관계이어야 하는

지 논의한다.

1. 인간화란 무엇인가?

인간화란 말은 다음 세 가지의 의미를 함축하고 있다. 첫째, 인간적 성품이 주어지는 것, 이것을 의인화라고도 한다. 둘째, 인간적이 되는 것 또는 보다 인간적(humane)으로 만들어지는 것 혹은 문명인(civilized)이 되는 것, 인간적으로 개선되는 것(ameliorated)을 의미한다. 셋째, 잔인한 성격과 무례한 습관이 극복되는 것을 말한다. 인간화란 의미 속에는 "인간적인(humane), 인간적으로(humanly), 인간적 매너(in human manner)로, 인간의 지혜와 지식에 따라"라는 뜻도 있다. 또한 인간화는 인간성(humanness)과 깊은 관련을 가지는데 인간성이란 인간으로서의 상태 또는 질(quality or state of being human)을 뜻한다.[46]

본 논문에서 사용하려는 인간화의 뜻은 사전적 의미로는 두 번째와 세 번째 의미가 가장 가깝다. 즉, **인간화란 전 인격적 존재(신체와 정신 그리고 영적인 특성을 지닌 존재)로서의 인간의 삶의 질을 위해서, 신이 주신 생명의 존엄성과 문명의 혜택(디지털문화)과 인간으로서 지켜야 할 예절과 건강한 성품을 갖추는 것으로 정의할 수 있으며, 개인과 사회는 모두 자신의 인간화를 위해 책임과 의무를 다해야 한다.** 인간화의 정의를 네 가지 관점에서 심층적으로 설명하면 다음과 같다.

---

46 *Webster's 3rd New International Dictionary of the English Language Unarbridged* (1989), 1101. 인간적(humane)이란 자선(benevolent)과 친절(kind)로써 인간이나, 동물을 대하는 동정적 성향을 가짐을 나타내는 말이다. 유사한 용어로서 인도주의적(humanistic)은 인간성과 인간적 헌신을 나타내는 말이다. 인도주의자(humanitarian)는 박애가(philanthropist)이나 신학적으로는 인본주의자 즉, 예수의 신성(神性)을 인정치 않는 자들을 뜻한다. 그리스도의 본성을 인간적 견해로만 보려는 자들이다.

1) 의학적 인간화(medical humanization)

먼저 의학적 관점에서 본 인간화란 인간의 생명권과 관련되어 있다. 다음은 산부인과 의사들이 동의한 인간화의 정의이다. 의사들은 인간화를 인간에 대한 연민을 통해 생명에 대한 기본정신을 이해하고 인간을 돌보는 사람들(간호사, 의사 등)간의 의사소통과 돌봄(care)의 과정으로 이해한다.[47] **의학적으로 인간화란 충만한 삶의 즐거움과 지속적인 사회의 발전을 위하여 집단과 개인을 격려하고 권능을 주는 중요한 수단이며 과정인 것이다.** 의학에서는 21세기 지속적 사회 발전의 중심 개념을 인간화로 보고 있다. 유엔과 각 나라의 정부 민간단체, 국제기구 등에게 이제 인간화를 증진시키기 위한 구체적 행동을 취하도록 권면해야 한다고 의사들은 주장한다.

2) 사회학적 인간화

사회학자들이 보는 **인간화는 사회 정의와 평등 그리고 복지적 개념이 강하다. 즉, 시민사회의 불평등을 찾아내어 그 원인을 분석하고 가능한 대안을 제기하여 불평등을 개선하도록 돕는 과정이다.** 개인의 힘으로는 극복할 수 없는 사회 경제적 불평등과 기회의 불균등으로 인해 시민 사회의 일원으로서 불이익과 소외와 차별이 지속될 경우(예: 디지털 디바이드) 인간화의 목표는 절대 빈곤을 개선하기 위한 것뿐만 아니라 상대적 빈곤을 해소할 목표를 가질 수도 있다.

3) 신학적 인간화

신학적 인간화는 유신론적 인간화를 뜻한다. 즉, 죄의 상태에 머물던 인간이 예수 그리스도로 인하여 구원받아 하나님의 사람이 되어가는 과정을 인간화라고 정

---

47 T. Umenai, M. Wagner, L.A. Page, "Conference Agreement on the Definition of Humanization and Humanized Care," *International Journal of Gynecology & Obstetrics*, 75 (2001), s3-s4. www.elsvier.com/locate/ijgo 참조.

의할 수 있다. 신학적 인간화는 사실상 의학적 사회학적 인간화의 이해를 다 포함하고 있는 통합적 개념이다. 죄의 상태(sinful state)란 육체적으로, 정신적으로 그리고 영적으로, 동물적 본성에 의존하는 삶의 상태를 뜻한다. 기독교의 인간이해는 기본적으로 하나님을 배제하고 논할 수 없을 것이다. 따라서 하나님이 인간을 창조하신 그 상태(선한 상태)가 인간의 환경과 문화에 의해 파괴되고 훼손될 때 그것을 타락이라고 칭하며 그러한 타락의 상태(fallen state)로부터 인간을 회복하는 것을 인간화라고 칭한다.

성서는 이스라엘 백성이 강대국들과 가진 자에 의해 비인간화되는 상황 속에서 하나님이 어떻게 인간의 인간화를 위해 역사하셨는가를 증거하고 있다. 그러므로 성서적으로 인간화를 이해하는 것은 하나님의 인간, 특히 약자와 빈자와 환자를 향한 우선적 선택과 돌보심의 행위(God opts for the weak, the poor and the sick)인 것이다. 땅의 백성은 히브리어로 암하레츠(עַם הָאָרֶץ, Am-Haaretz)이다. 이것은 상대적 개념으로서 상류층에 대한 하층, 귀족에 대한 서민, 또는 도시인에 대한 농민을 가리킨다. 어부, 농민 또는 하위의 세리, 하위 관리, 하층 노동자들은 대부분 예수를 따랐던 암하레츠였다. 암하레츠가 예수로 인하여 구원받아 하나님으로부터 새로운 존재(new being)로서 거듭나는 과정을 인간화라고 할 수 있다. 새로운 존재로 거듭난 인간은 인간의 생명권에 대한 하나님의 주권과, 오직 예수 그리스도로 인한 구원만이 참된 인간화의 길임을 깨닫고, 인간을 비인간화하는 사회적 경제적 문화적 상황과 요소들을 구속(redeem)해야 할 의무와 책임을 가진다. 이런 관점에서 문화도 회개와 구원의 대상이며 따라서 디지털문화도 신학적 인간화의 대상이 되는 것이다.

4) 여성신학적 인간화

여성신학에서 여성은 인간화되어야 할 주된 대상이다. 왜냐하면 기독교에서 여성의 인간화를 저해한 주된 원인은 바로 남성 중심적 성서 전통과 가부장적 교회 전통이기 때문이다. 성서에서 여자들은 일부 상류층 여성을 제외하고 사람다운 대우를 받지 못하고 있다. 오랜 세월 동안 비인간화된 인간으로서 살아온 여성의 인간성은 현대에 이르러 여성들의 "페미니스트"[48] 정체성 선언을 통해 회복되고 있다. 즉, 그리스도가 주시는 구원의 권능으로 지배자(그것이 남자든 여자든)에 의한 종속화를 불식시키고 한 새로운 피조물이 되는 것이며 이제 당당히 하나님의 동반자로서의 자유와 책임을 다하는 여성이 되는 것, 이것이 인간화에 대한 여성 신학적 이해이다. 남성도 여성과 같은 비인간화 경험과 상황에 놓였다면 페미니스트가 될 수 있으며 여성 신학적 인간화를 적용할 수 있다.

레티 럿셀(Letty Russell)은 인간화란 하나님이 창조하신 피조물로서 남여가 모두 하나님의 동반자가 되어 각자 하나님 안에서 참 자유를 얻고 참인간성을 회복하며 하나님의 영광을 위해 살아가는 것이라고 정의한다.[49] 여성 신학에서 인간화란 자신의 삶 속에서 그리스도의 현존을 발견하고 그 안에서 자유로운 존재가 되어 자유를 실천하는 인간이 되어가는 과정으로 이해한다. 즉, 그리스도 안에서의 자유는 인간으로서 여성의 삶의 길이다.

기독교의 구원은 남성, 여성 모두의 인간화 과정에 관련된 것이다. 즉, 하나님과 인간의 깨어진 관계를 회복(화해)시키는 과정은 하나님의 구원행위에 근거한다. 그리스도는 비인간화 상황에서 모든 사람들을 다시 인간화시키기 위해 이 땅에 오셨고, 그 자신도 인간적 삶을 사셨고, 우리의 인간화를 위한 죗값을 치르며 십자가에서 죽으셨고, 부활하셨다. 한 사람의 죽음으로 많은 사람이 인간화의 가능성을 얻게 된 것이다.[50] 그러므로 인간

48 페미니스트들은 인간을 "자기의식이 뚜렷하고 존재로서의 용기와 확신을 가지고 성차별로 인한, 소외, 착취, 희롱, 폭력 등과 같이 지배적 성(남성)의 억압과 종속화에 저항하고 투쟁할 수 있는 의지를 지닌 인간"으로 정의한다. 한미라, 『여자가 성서를 읽을 때』(서울: 대한기독교서회, 2002), 20.

49 Letty Russell, *Becoming Human*, 『인간화』, 장상 역(서울: 이화여자대학교 출판부, 1985), 72-77.

50 "한 사람 예수그리스도의 은혜로 말미암은 선물이 많은 사람에게 넘쳤으리라"(롬 5:1-5).

이 되기 위해 인간이 할 일은 그리스도가 치른 대가를 자신의 인간화를 위함으로 받아들이며 그 안에서 참 자유를 얻는 일이다. 참 자유를 얻은 자만이 모든 분열된 인간성과 비참한 인간성으로부터 해방되어 하나님이 주신 Imago Dei(그의 형상)와 피조물로서의 동등한 권리와 새로운 인간성을 회복하는 것이다. 결국, 이러한 신학적 인간화는 기독교가 하나님의 은총과 그리스도의 존재를 전제로 하는 인간화를 말해야 하는 까닭에 디지털문화가 지닌 다양한 종교적 그리고 심지어 무신론적 성향까지를 다 포함한 문화의 총체에 대해 비판적 입장을 취하지 않을 수 없게 한다.

2. 기독교와 디지털문화: 비판적 성찰

기독교와 디지털문화는 어떤 관계에 있는가? 디지털문화로 인해 야기된 인간 차별(디지털 디바이드), 인간소외(고독과 외로움), 인간성의 왜곡(정체성 혼란, 중독으로 분열된 인간성), 인권의 유린(사생활 침해, 여성의 성 상품화 등) 등은 인간을 추락하게 하는 주된 비인간화 요소들이다. 기독교계는 현 디지털문화에 대한 정확한 진단과 대안의 제시 없이 디지털 기술의 효용성만을 목회적으로 적용하는 것에만 관심하고 있는 듯하다. 본고는 기독교와 문화의 관계를 보다 근원적으로 성찰함으로써 디지털문화에 대한 기독교적 입장에 대해 논의하려고 한다.

폴 틸릭(Paul Tillich)은 문화와 종교와의 관계에 대해 다음과 같이 설명한다. 첫째, 문화는 **종교의 직접적 표현 양식**이며 종교는 우리가 궁극적으로 관심하는 것(신, 기독교의 하나님)이라고 정의한다.[51] 신앙이란 바로 이러한 신에 의해 포섭된 상태를 말한다. 이러한 개념으로 종교를 이해할 때 기독교의 하나님은 참된 신이며 그는 궁극적 관심의 참된 주체이다. 만일 **기독교 신앙이 궁극적 관심(하나님)에 의해 포섭된 삶의 상태라면 이러한 상태는**

51 Paul Tillich, *Theology of Culture* (London, UK: Oxford University, 1977), 40-43.

어떤 특수한 영역(예, 교회)에만 제한될 수 없다는 것이다. 문화는 우리들의 삶의 방식이므로 그 속에도 하나님이 계시며 **하나님은 우리의 일상에서 역사하시며 우리의 삶을 거룩하게 하신다. 그러므로 틸릭에게 있어서 종교적인 것과 세속적인 것은 본질적으로 다른 것이 아니며** 종교 안에 문화가, 문화 안에 종교가 있듯이 그들은 상호 내재하고 있다.

둘째, 종교란 문화의 실체요, 문화는 종교의 양식이다. 모든 종교적인 행위는 그것이 제도화된 종교이든 또는 가장 사적인 영적 활동(예: 개인 기도)이든 간에 문화적으로 형성된다. 틸릭은 궁극적 관심을 나타내지 않는 문화적 창조란 있을 수 없기에 문화는 종교적 요소를 다 포함하고 있다고 주장한다. 그는 종교의 기능을 이론적 기능과 실천적 기능으로 나누어 설명하면서 전자는 예술적 직관 또는 예술적 작품을 통해서 행해지고 후자는 개인과 사회의 변혁을 통해서 가능하다고 말한다. 인간의 문화적 창조성을 전체적 맥락에서 볼 때 이러한 종교의 기능들에 의하여 결국 문화 속에도 궁극적 관심이 나타난다. 즉, 종교의 직접적인 표현은 문화의 양식을 취한다. 그러므로 문화의 양식을 읽을 수 있는 사람은 그 속에서 궁극적 관심을 발견할 수 있게 되고 또 그것의 종교적 실체를 발견할 수 있게 된다고 설득한다.[52]

우리가 틸릭의 주장을 수용한다면 우리는 그것이 기독교적이든 악마적이든(demonic) 현시대의 디지털문화가 함유한 종교적 실체를 발견할 수 있어야 한다. 즉, 이 시대의 문화를 제대로 읽어야 이것은 가능한 것이고 이를 위해서는 현재의 문화를 읽는 틀(frame of reference for reading the contemporary culture)이 필요하다. H. 리차드 니버(H. Richard Niebuhr)의 그리스도와 문화의 관계 모형은 기독교의 입장에서 디지털문화를 어떻게 읽어야 하는지에 대한 "읽기의 틀"을 제공한다.

니버의 '그리스도와 문화' 관계[53]를 선교학적 입장에서 재해석한 크래

52 Ibid.

프트(Charles H. Kraft)는 하나님과 문화의 관계를 크게 세 가지로 유형화 하였다.[54] 첫째, 문화의 창조자이며 대항하는 하나님, 둘째, 문화 안에 계시는 하나님, 셋째, 문화 밖에 또는 위에 계신 하나님이다. 그는 먼저 문화를 향한 하나님의 태도에 대해 고린도전서 9장 19-22절을 통해 말한다. 인간의 문화는 기독교적 목적을 위해 도구로 사용된다. 그러므로 문화는 싸우고 넘어뜨려야 할 적이 아니라고 이해한다. 이러한 입장은 기본적으로 틸릭이 말한 문화는 종교의 양식이란 말과 같은 맥락이라고 이해된다.

1) 문화에 대항하는 하나님[55]

이 입장은 하나님은 문화를 반대한다는 견해이다. 이러한 관점으로 디지털문화를 본다면 문화 자체를 세상과 동일시하는 것을 말한다. 예수는 인간의 문화와 싸우다가 죽었고 문화는 전적으로 사탄의 권세 아래 있기 때문에 문화의 본질이 악하다고 보는 입장이다. 결국 이러한 입장은 이 세상을 저주하고 이 세상으로부터 도피하여 성결한 길을 찾고자 하는 것이다. 현대 교회에서는 근본주의자들의 집단에서 다양하게 경험되는데,

---

53 H. Richard Niebuhr, *Christ and Culture* (NY: Harper & Row, 1956). 니버는 그리스도와 문화 사이에는 다음과 같은 다섯 가지 관계가 가능하다고 제안하였다. 첫째, 문화와 충돌하는 그리스도: 그리스도는 모든 것에 우선하는 권위이다. 따라서 문화의 주장들은 모두 거부된다. 둘째, 문화의 그리스도: 기독교 체계는 그 종류와 질에 있어서 문화와는 질적으로 다르다. 즉, 최고의 문화란 그리스도에게 순응하도록 선택된 것이어야 한다. 즉, 그리스도가 문화의 중심에 있다는 말이다. 셋째, 문화 위에 그리스도: 비록 이 둘 사이에 지속적이고 완만한 상호작용은 없다 할지라도 은총을 수용함은 문화를 완전하게 하고 문화를 완성한다. 즉, 그리스도는 문화를 초월하여 그것을 완전하고 완성하게 하는 자이다. 넷째, 그리스도와 문화의 역설적 관계: 사람들은 두 권위에 모두 순종한다. 그러므로 신자들은 이 둘 사이의 긴장과 갈등, 혼돈 속에 살아간다. 다섯째, 그리스도는 문화의 변혁자: 문화는 인간의 타락된 상태를 반영한 것이다. 그러므로 그리스도 안에서만이 인간의 구원이 있고 문화는 하나님의 목적을 증진시키고 하나님을 영화롭게 하기 위해서 갱신될 수 있는 것이다. David J. Hesselgrave, *Communicating Christ Cross-Culturally* (Grand Rapids, MI: Zondervan, 1979), 79-80.

54 Charles H. Kraft, *Christianity in Culture* (NY: Orbis Books, 1979).

55 Ibid., 104-106.

실질적으로 물리적인 조정이 없다면, 태도에 있어서도 수도원적 고립에 가까운 입장으로 문화를 해석한다. 문화를 대항하는 하나님에 대한 대답은 즉, 크리스천들은 그들의 성결을 유지하기 위해 이 세상으로부터 자신을 도피하고 소외시키는 것이다. 이러한 입장은 다음과 같은 세 가지의 심각한 오류를 범하게 된다.

첫째, 요한복음 3장 16절[56]의 코스모스(κόσμος)라는 희랍어는 하나님의 사랑의 대상이며, 존경하며 중립적인 의미로 사용되었다. 그러므로 이 세상을 사랑한다는 것은 하나님 이외의 또 다른 준거의 틀로서 문화를 사용하겠다는 원리인 것이다. 따라서 기독교적인 방법은 하나님을 위하여 문화를 사용하고, 하나님께 충성하는 것이다. 두 번째 오류는 문화를 단순히 외적인 것으로 단정하는 것이다. 우리의 문화는 우리들 내부와 주변에 있다. 우리가 문화를 개선하고 대체하고 부과하고 변화시키고 수용하는 문화의 용법을 다른 방법으로 바꿀 수 있다. 세 번째, 사탄은 그의 목적을 위하여 사용한다는 원리의 해석이다.[57] 중요한 것은 문화 자체에 있는 것이 아니라 사탄이 어떤 문화를 사용했을 때 그것에 참여하느냐 안 하느냐의 문제인 것이다. 문화를 반대하는 하나님 집단은 딜레마 속에 살아간다. 왜냐하면 문화는 외적이면서 동시에 내적이어서 문화로부터 완전히 도피할 수 없기 때문이다.

2) 문화 안에 있는 하나님[58]

문화 안에 있는 하나님에 대한 입장은 두 가지로 설명할 수 있다. **첫째, 하나님 또는 그리스도를 단순히 문화적 영웅이라고 본다. 사람들은 그들의 이미지**

56 "하나님이 세상을 이처럼 사랑하사 독생자를 주셨으니 이는 저를 믿는 자마다 멸망치 않고 영생을 얻게 하려 하심이니라"(요 3:16).

57 우상을 위해서 바쳐진 음식을 먹는 문제와 관련한 바울의 원리는 '어떤 것도 성결한 것은 아니다'라는 것이다(롬 14:14).

58 Charles H. Kraft, *Christianity in Culture*, 106-108.

대로 하나님을 창조한다. 그리고 주장하기를 어떤 특정한 사람에게 절하는 것이 아니라 인간들이 창조해낸 개념에 대해서 숭배한다고 말한다. 이러한 입장은 세상 속에 퍼져 있는 신성에 대한 다양한 문화적 정의를 전파한다. 크리스천들은 이런 종류의 하나님에 대한 완전한 상대주의화를 거부해야만 한다. 누구든지 단지 문화에만 근거하여 하나님을 이해한다면 이런 우를 범할 수 있다. 예를 들어 진보적인 서구 신학자들은 이상적인 하나님의 사랑을 강조한 나머지 심판하시는 하나님에 대한 성경 본문을 해석하는 데 어려움을 겪는다.

둘째, 문화 안에 있는 하나님을 보는 입장은 하나님의 임재를 문화 안에서 확인할 수 있다고 말한다. 또는 하나님이 적어도 한 특정 문화를 대변해주는 것으로 이해한다. 간단히 말하면, 하나님은 기독교 안에서 나의 문화만을 대변해준다는 주장의 근거는 바로 "문화와 대항하는 하나님"의 입장으로부터 찾을 수 있다는 말이다. 히브리인들이나 서구인들이 자신들의 역사적인 문화를 절대화하는 양식을 취하게 된 것은 이러한 입장의 좋은 예가 된다. 이런 관점에서 기독교문화는 단순히 성서 문화를 가리키는 용어라고 말할 수 있을 것이다. 그러나 이러한 기독교인들의 문화에 대한 배타적 이해는 기독교인과 비기독교인들 사이에 주된 문화적 차이를 만들게 하였다. 예를 들면, 기독교 정신에 반대되는 노예제도가 한때는 크리스천들에 의해서 운영되어왔는데 그것은 기독교가 주어진 문화의 양식을 최대한 활용해왔다는 것을 단적으로 말해준다.

3) 문화 위의 하나님[59]

이 견해에는 다음과 같은 다섯 가지 입장이 있다. **첫 번째 입장은 많은 사람들이 문화 위에 있는 하나님은 문화 속에 있는 인간에게 무관심하다고 생각한다.**[60] 이것은 서양 문화에서 대중적인 사고이며, 理神論의 입장이다. 그러

---

59 Charles H. Kraft, *Christianity in Culture*, 108-115.

나 적어도 예수의 교훈을 선택할 때는 하나님께 밀접하게 다가간다. 이런 방식으로 많은 신학적, 비신학적 인본주의가 하나님 안에서의 믿음을 주장하는 방법으로 나타났다. 하나님을 아는 우리들의 능력을 부인하며 하나님의 비인격화를 영원(eternal)에 관한 원리로 발전시켜갔다. 우리들의 관심을 완전히 인간에게 돌려놓았고, 인간은 외적인 도움을 기대하지 말고 스스로 운영해야 한다는 필요성을 강조하게 되었다. 고대의 의미 없는 언어에 힘쓰지 말고, 의미 있는 조직이나 기관 또는 교회의 기도회와 같은 의식에 참여함으로써 인간의 행복 증진을 위해 헌신해야 된다고 생각했다.

인간 문화에 무관심하고 문화 위에 있는 하나님에 대한 견해는 비록 위의 것과는 다른 신학적 기초를 가지고 개발되었지만 다음과 같은 공통된 견해를 지닌다. **서양의 인본주의자들은 그리스도가 그들의 삶의 문제를 해결하는 가능성을 지녔다는 것을 부인한다.** 왜냐하면 예수에게 자신을 구속하고 서약하는 것을 후퇴하는 단계로 보기 때문이다. 그러므로 이들에게 하나님이 문화와 상호작용하고 의사소통하는 관계와 그것에 대한 정확한 성서적 관점을 이해한다는 것은 거의 불가능한 것이다.

두 번째 입장은 저스틴 마터(Justin Martyr), 클레멘트(Clement of Alexandria), 토마스 아퀴나스(Thomas Aquinas) 등과 같이 가톨릭 신학에 큰 영향을 주었다.[61] **니버는 이들을 통합주의자(synthesist)라고 명명하였다.** 이들이 이해한 **그리스도는 참된 사회의 제도를 유지하는 자이나 예수가 문화에 내재하거나 직접 문화에 공헌하는 것은 없다.** 모든 인간적 성취를 초월하지 않는 한 참된 문화란 불가능하다. 즉, 그리스도는 위로부터 인간의 삶 안으로 들어오시며, 그리스도가 초자연적으로 사회와 인간에게 새로운 가치관을 제안하지 않는 한 인간의 문화적 노력으로 그것을 획득할 수는 없다. 그러므로 **그리스**

60 Ibid., 109.

61 Ibid., 110.

도는 문화의(표현하고 의미하는) 그리스도지만 문화 위에 있는 그리스도인 것이다. 이러한 그리스도와 문화에 대한 견해로부터 다음과 같은 크리스천의 현실 윤리에 대한 요구가 나오게 된다. 마태복음 22장 21절이 말하듯이 "가이사의 것은 가이사에게 하나님의 것은 하나님에게 바치라."[62] 성경은 우리가 그리스도와 문화 둘 다의 권위를 심각하게 확인하고 그것에 대한 의무를 가지라고 말씀한다. 세상에는 예수 그리스도의 법 이외에 다른 법도 있으나 그것 역시도 하나님에게서 온 것이므로 우리가 따라야 할 의무가 있다는 논리이다.

통합주의자들은 역사를 하나님과 영혼의 궁극적 소통을 위해 교회와 복음과 이성과 율법 안에서 준비하는 기간이라고 보았다. 이러한 견해는 실질적으로 아퀴나스로 하여금 세계를 부인하도록 하였으며, **교회를 참된 문화를 창조하는 하나님의 도구**라고 보게 된 것이다. **이 견해 하에서 하나님은 문화적인 관점을 인간에게 위임하는 분이다.** 그 결과 교회가 생산한 문화가 절대화된 경향을 가지게 되었으며 그 속에는 하나님의 무한성이 감소되고 참된 기독교 신앙의 역동성이 상실되게 되었다.

세 번째 입장은 니버에 의해서 이원론자로 명명된 신학자들의 견해이다.[63] 로저 윌리암스(Roger Williams) 같은 기독교 지도자가 그리고 후에 부분적으로 마틴 루터(Martin Luther)도 영향을 받게 되었다. 이 입장의 이슈는 하나님과 자아의 "의로움"에 대한 것이다. 이 상황에서 그리스도와 문화에 대한 질문은 하나님이냐 인간이냐에 관한 질문이다. 이원론자들은 인간 노력의 죄악성을 평가하는 데 있어서 매우 치밀하다. 즉, 인간의 모든 일에 있어서 부패와 타락을 성별하였다. 하나님의 성결하심 앞에서 예수그리스도의 은총이 나타나며, 철학자들의 지혜와 단순한 사람의 거짓 사이

---

62 마 5장, 23장, 롬 13:1, 6 참조.
"각 사람은 위에 있는 권세들에게 굴복하라 권세는 하나님께로 나지 않음이 없나니 모든 권세는 다 하나님의 정하신 바라"(롬 13:1).

63 Charles H. Kraft, *Christianity in Culture*, 111.

에는 별 차이가 없다고 보았다. 신성 모독에 의한 세속화나 거룩한 추기경들의 죄는 하나님의 거룩성 앞에서 어떤 의미 있는 차이도 없다고 하였다. 왜냐하면 어차피 모든 인간의 일을 포함한 인간의 문화는 타락한 것이고 철학과 신학을 포함하는 교회 밖의 어떤 문화적 성취도 모두 타락했다고 보기 때문이다. **이원론자들은 인간의 전적 타락성(totus peccata)에 대하여 극단적인 입장을 취한다.** 하나님은 예수그리스도를 통하여 화해와 용서를 제공하신다. 그러므로 인간은 가던 길을 멈추고 돌아서야 한다. 그러나 이 현존의 세계에서 모든 것은 역설적이다. **그리스도와 문화의 역설적 관계에 있어서 유일한 실질적인 해법은 이 현존의 세계가 다른 것으로 대체되는 미래에 놓여 있다.** 크래프트는 그리스도인들은 땅과 물 두 영역 속에 사는 양서류와 같다고 표현하였다.

네 번째 입장은 어거스틴(Augustine), 칼빈(J. Calvin), 웨슬레(J. Wesley)가 갖는 그리스도와 문화에 관한 견해이다. 니버는 이 사람들을 회심주의자(conversionist)라고 불렀다.[64] 이 입장이 비록 이원론자들과 유사하긴 하지만 그리스도를 율법의 수여자라고 하기보다는 구속자로 더 이해했다는 점이 다르다. 그들은 이원론자처럼 모든 인간의 활동에 죄가 만연되어 있기 때문에 인간이 하는 모든 행위는 타락으로 귀결된다고 보았다. **그러므로 모든 인간의 문화는 하나님의 심판 아래 놓여야 한다고 주장한다. 이 입장은 문화를 하나님의 주권 아래 두고, 주님에게 순종하면서 문화적인 사역을 수행해야 할 의무가 있다고 말한다. 그러므로 회심주의자들은 이원론자들보다는 문화에 대하여 좀 더 긍정적이고 희망적이다.**

이들에게 인간의 문화는 타락을 위한 질서라기보다는 타락된 질서다. 즉, 왜곡된 선이지 왜곡으로서의 악은 아니며 존재의 결함도 아니다. **그러므로 회심주의자들에게 문제가 되는 것은 문화의 회심의 문제이지 역설주의자나 이원론자들과 같이 인간문화를 어떤 새로운 것으로 대체시키는 것은 아니다.** 문화

---

64 Ibid., 112.

는 타락한 것이지만 하나님의 권능과 은총으로 인하여 회심이 가능하고, 사용 가능하며, 아마도 구속 가능한 것이다. 문화는 왜곡되어 있다. 그러나 본질적으로 악한 것은 아니다. 역사란 그 속에서 하나님의 사역이 나타나며 인간과 문화의 회심과 변혁이 가능한 영역이다.

다섯 번째 입장은 문화 위에 그러나 문화를 통하여 역사하는 하나님이다.[65]

이 입장은 니버에 의해 제안된 문화와 하나님의 관계 이해에 대한 가장 최근의 견해라고 할 수 있을 것이다. 지금까지 하나님과 문화 관계를 종합하여보면 하나님은 문화 위에 계시지만 인간과 상호작용하기 위한 수단으로 문화를 사용하신다. 문화 자체는 하나님의 친구도 적도 아니다. 그것은 오히려 인간 개인들과 하나님과 사탄에 의하여 사용되는 것이다. 인간의 문화는 양식과 기능면에서 복잡성을 띤다. 문화는 길을 안내하는 지도와 같이 다양한 양식을 취한다. 그래서 사람들이 가고자 하는 곳을 안내한다. 이러한 문화의 양식과 기능은 사용되기 위한 것이다. 몇 가지 예외는 있지만, 하나님과 인간 사이의 상호작용에서 중립적으로 사용된다. 인간에게 유용한 문화의 과정은 그 자체가 선하며, 원초적으로 악한 것은 아니다. 그러나 인간은 죄성에 의해서 왜곡적으로 감염되어 있다. 이것으로 인하여 그들이 문화 양식과 패턴과 과정을 사용할 때, 그 죄성에 의해 영향을 받게 된다. 이것은 **인간이 사용하는 문화 방식에 따라 "의도된 의미"와 "수용된 의미"가 변질되는 것의 주된 원인이 된다**. 분명, 어떤 인간의 동기도 죄에 의하여 영향을 안 받는다고 할 수 없다. 그러므로 인간에 의해서 사용된 문화의 어떠한 측면도 순수한 의도를 가질 수 없다.

그러나 인간은 구속 가능한 존재이다. 구속받은 인간이 행동수정이 일어나듯이 그들의 문화 양식이나 패턴, 과정을 바꾸게 된다. 이때 바뀐 것은 문화의 패턴을 사용하는 방법이지 문화의 패턴 자체는 아니다. 구속받은 개인들은 그들이 크리스천이 된 후에도 전과 다르지 않게 거의 같은

65 Ibid., 113-15.

패턴에 따라 살아간다. 그러나 지금 그들은 새로운 서약과 더불어 문화를 사용한다. 인간은 항상 그들 자신과 그들의 문화를 변화시키는 존재들이다. 그러므로 개인적인 회심이 일어날 때, 그들의 삶에서 문화와 그 구조의 사용에 있어서 변화를 가져오게 된다.

결론적으로 우리는 하나님과 문화의 관계를 이렇게 종합할 수 있을 것이다. 하나님과 문화의 관계는 사람들이 사용하는 문화의 수단과 하나님이 사용하시는 수단과의 관계이다. 하나님은 무한하시고 절대적이신 분이다. 그는 인간의 문화를 자유로이 선택하시며, 사람들과 상호작용할 때, 문화의 능력을 어느 정도 제한적으로 사용하신다. 우리가 기적이라고 정의하는 사건들에서 볼 수 있듯이 하나님의 인간 문화의 사용은 때때로 시간적인 제약과 공간적인 제약, 그리고 초문화적인 제약을 자유롭게 선택하신다. 그러나 기적에서조차 하나님은 인간의 문화에 반대하기보다 그 문화적 요소들을 광범위하게 운영하신다. 한 가지 분명한 것은 하나님은 문화를 선택적으로 사용하시며 자신을 드러냄을 제한하신다는 것이다.

위의 세 가지 문화와 하나님의 관계 모형에 기초하여 디지털문화를 이해한다면 디지털문화의 역기능 즉, 비인간화는 기본적으로 디지털문화가 하나님에 의하여 사용되기보다는 디지털문화의 사탄적 사용에 대한 인간의 맹종에서 비롯되었다고 해석된다. 이런 관점에서 디지털문화는 그 자체는 선하게 사용될 목적으로 형성되었지만 사용자의 동기와 오 남용, 악용으로 인하여 악하게 인식되고 있다. 특히 인터넷을 포르노 사이트화시키는 문화양식은 하나님의 피조물 중 하나인 특히 여성의 성과 몸을 인간성을 타락시키는 주된 도구로 사용하기에 하나님의 관점에서는 회복될 수 없는 죄를 범하고 있는 것이다.

궁극적으로 니버가 제안한 그리스도와 문화의 관계 모형들을 상황에 맞게 다원적으로 수용해야 할 것이다. 예를 들면 디지털문화의 사탄적, 악의적 사용에 대해서는 단호하게 디지털문화에 대항하는 그리스도와 같은 태도를 가져야 할 것이다. 그러나 극단적 이원론자처럼 디지털문화를 아예 거부하고 악마로 여기는 태도도 바람직하지는 않다.

모든 디지털문화 위에 기독교가 군림하는 것 같은 제왕적이고 배타적인 문화의 그리스도적 태도 역시 우리의 삶을 불편하게 할 것이다. 뿐만 아니라 회심주의자들처럼 모든 문화를 보는 대로, 경험하는 대로 다 회개시킬 수도 없을 것이다. 각자의 문화적 상황에서 기독교 정신에 위배되는 비인간화를 조장하는 디지털문화는 거부하고 그중에서 우리의 힘으로 회심 가능한 것은 회심시키며 디지털문화를 개선시키는 적극적 신앙인의 자세가 바람직하다.

기독교가 디지털문화에 대해 가져야 되는 공통된 입장은 무엇보다도 디지털문화를 사용하는 주체의 동기와 목적을 성별할 수 있어야 한다. 이때 틸릭의 말처럼 문화 양식보다는 문화의 컨텐츠와 그것을 개발하고 사용하는 동기와 기능을 보고 선악을 구별해야 한다. 하나님께서는 시대마다 가장 많이 사용되는 문화의 양식을 선택하여 인간과의 대화를 시도하신다는 점을 기억하면서 지금 여기에 디지털문화 속에서 변장하고 오시는 그리스도를 판별할 수 있는 영적인 혜안이 무엇보다도 필요하다.

Ⅳ. 결론: 인간화를 위한 기독교교육의 과제

디지털문화는 디지털 시대 사람들의 삶의 방식이며 또한 디지털 기술이 만들어낸 다채로운 문화적 예술적 응답이다. 그러나 이러한 디지털문화가 야기하는 역기능은 인간의 인간됨을 방해하여 인간의 도덕성의 몰락과 총체적 성적 타락, 인터넷 중독과 같은 심리적 이상 현상과 분열된 인간성을 초래하고 있다. 인간화를 저해하는 디지털문화 속에서 기독교교육의 과제가 무엇인지를 논한다는 것은 기독교교육의 문화에 대한 역할이 무엇인가를 묻는 것이다. 인간은 문화를 창조하고 전달하며 문화를 통해 양육된다. 그러한 문화가 오염되었다면 기독교교육은 크게 세 가지 과제를 수행해야 할 것이다. 첫째, 하나님의 인간화에 대한 성서적 교훈(Biblical teaching), 둘째, 디지털문화에 대한 도덕적 훈계(Exhortation), 셋째, 디지털문화에 대한 영적 분별(Discernment)이다.[66]

1. 하나님의 인간화에 대한 성서적 교훈

인간화를 회복하기 위한 기독교교육의 첫 번째 과제는 디지털문화의 홍수 속에서 사람들에게 인간이 된다는 것(인간화)의 성서적 의미를 교훈하는 것이다. 인간화에 대한 성서적 교육은 세 가지의 주안점을 가져야 한다.

첫째, 인간화는 하나님의 인간을 향한 구원의 과정임을 교훈한다. 하나님의 외아들이 성육신한 이유는 죄인(비인간화된 상태)이 죄인을 핍박하고, 억압하고, 착취, 차별, 폭력하고, 희롱하고, 소외하는 것으로부터 자유롭게 하기 위함이다. 따라서 인간은 자신을 성별하게 지킬 의무와 예수 그리스도의 구원의 초대에 응할 책임이 있다.[67]

둘째, 하나님은 인간을 그의 형상대로 창조하셨음을 재확인한다. 인간은 하나님의 창조하신 의도대로 인간이 되어야 하며 따라서 모든 인간은 그의 창조 의도를 따라 인간답게 살 권리와 책임을 가진다. 뿐만 아니라 하나님의 피조물인 인간 안에는 하나님의 형상(Imago Dei)이 있다. 여기에서 의미하는 하나님의 형상은 하나님의 거룩성을 의미한다. 레위기 11장 44절의 말씀은 하나님과 그의 형상을 입은 인간과의 질적 관계를 말씀한다.[68]

---

66 Richard R. Osmer, "The Teaching Ministry of Contemporary Christian Congregations," *Journal of Christian Education & Information Technology*, vol. 3 (2002), 16-17. 바울의 3가지 중심 교육과제와 같은 기준을 적용함: 1) 성서를 재해석하는 신앙교육(catechesis to faith), 2) 도덕적 훈계와 교육(moral exhortation & education), 3) 성령의 지혜와 삶의 그것을 분별하는(discernment) 교육을 말함.

67 "나는 너희의 하나님이 되려고 너희를 애굽 땅에서 인도하여낸 여호와라 내가 거룩하니 너희도 거룩할지어다"(레 11:45, 참조: 레 20:7-8, 26, 21:6, 8).

셋째, 하나님은 비인간화된 상황에 있는 인간을 우선적으로 돌보신다. 그러므로 성서적으로 인간화를 이해하는 것은 하나님의 특히 약자와 빈자와 환자를 향한 우선적 선택과 돌보심의 행위이다. 하나님의 인간화는 기본적으로 하나님의 헤세드(חֶסֶד, chesed) 사상에서 기인한다. 하나님께 용서받지 못할 인간의 죄는 사실상 없어 보인다. 그러나 그의 선택한 백성들이 죄인들에 의해 비인간화되고 있는 모든 상황에서 하나님의 개입하심을 성서는 증거한다. 이런 맥락에서 디지털문화가 약자와 빈자를 차별하고 소외하여 인간으로서의 존엄과 권리를 누리지 못하게 한다면, 그리고 그 문화가 인간을 죄와 타락의 길로 유인하고 조장한다면 디지털이라 할지라도 회개와 구속의 대상이 되어야 한다는 것이 본 논문의 논지이다.

2. 디지털문화에 대한 도덕적 훈계(Exhortation)

인간화를 위한 기독교교육의 두 번째 과제는 디지털문화 자체에 대해 기독교인이 가져야 할 태도를 훈계하는 것이다. 훈계는 교훈보다 조금 더 간곡한 경고성 교육이라 할 수 있다. 모세는 광야 36년 동안 그의 백성들의 2세들에게 총 3번에 걸쳐 하나님의 율법을 훈계하였다. 그의 교육은 단순한 가르침이 아니라 지켜야 할 하나님의 율법을 가르치는 것이기에 강한 도덕적 훈계였다. 하나님의 자녀로서 현대 문화에 대해 갖추어야 할 기본 태도는 디지털문화를 접촉하면서 실천되어야 하기에 훈계의 방식을 권장하는 것이다. 디지털문화에 대해서는 다음 세 가지를 훈계해야 할 것이다. 이것은 앞에서 논의한 기독교와 디지털문화의 관계 속에서 얻어진 결과이기도 하다.

첫째, 기독교는 현재의 디지털문화에 대해 지나친 낙관도 비관도 아닌 중립적

68 "나는 여호와 너희 하나님이라 내가 거룩하니 너희도 몸을 구별하여 거룩하게 하고 땅에 기는바 기어다니는 것으로 인하여 스스로 더럽히지 말라"(레 11:44).

입장을 갖는다. 디지털문화 자체는 악하다고 할 수 없으나 그것을 사용하는 자의 동기와 목적이 선하지 못할 때 그것은 악해질 수 있음을 인식하여야 한다.

둘째, 기독교인은 디지털문화의 양식이 반드시 기독교적인 것이어야 한다는 배타적인 태도를 지양해야 한다. 배타적인 태도로 디지털문화를 사용하는 것은 결국 그것에 실망하게 될 경우 디지털문화와 단절된 채로 살아가기 쉬우며 결국 문화 지체(실조)[69]를 경험하게 된다. 기독교는 다른 종교에 비해 디지털화의 속도가 빠른 편이나, 사회의 타분야에 비해서는 지체되고 있는 것도 사실이다. 범을 잡으려면 산에 가야 한다는 말이 있다. 디지털문화를 구속하기 위해 우리는 디지털문화 속으로 들어가야 할 필요가 있다는 말이다.

셋째, 그러나 문화의 창조자는 하나님이시며, 소돔과 고모라와 바벨탑 사건처럼 문화가 타락할 때 하나님의 심판이 있음도 또한 훈계하여야 한다. 하나님은 문화에 무관심한 분이 아니라 하나님의 문화 개입능력을 제한하시고 있을 뿐임을 깨닫게 한다. 하나님은 인간과 대화를 필요로 할 때 왜곡된 인간 문화도 사용하실 수 있는 분임을 알게 한다. 결론적으로 디지털문화는 완전하지도 무흠하지도 않는, 다른 문화와 마찬가지로, 회개와 구원의 대상일 뿐이다.

오스머는 위와 같은 도덕적 훈계 방식의 교육은 가정에서 또는 교회에서 성인들의 삶의 프락시스에서 구체화되어야 한다고 주장한다. 뿐만 아니라 도덕적 훈계는 도덕적 영향을 줄 수 있는 사람들과의 관계 형성을

---

69 www.kr.yahoo.com, 백과사전, "문화지체(cultural lag)". 미국의 사회학자 W. F. 오그번이 "사회변동론(社會變動論)"에서 주장한 이론이다. 한 사회의 문화는 물질적인 것과 비물질적인 것을 모두 포함하고 있다. 문화변동의 속도와 관련해서 본다면 이 2가지 영역이 밀접한 관계를 유지하면서 함께 변하는 것이 가장 이상적이나, 실제로는 물질적인 영역에서의 변화가 앞서기 때문에 정치 · 경제 · 종교 · 윤리 · 행동양식 등 이와 관련된 여러 가지 제도나 가치관의 변화가 이를 따르지 못하는 경우가 많다. 이처럼 비물질문화가 물질문화의 변동 속도를 따라가지 못할 때 심각한 사회적 부조화현상이 야기된다.

필요로 하며, 강의가 아닌 대화를 통해서 실행될 때 보다 효과적이라고 권면한다.[70]

3. 디지털문화에 대한 영적 분별(Discernment)[71]

디지털문화는 언제 어디서나 그것의 원래 목적에 관계없이 인간의 사악한 목적에 의해 사탄적으로 사용 가능한 타락의 접촉점을 셀 수 없이 가지고 있다. 인간의 손끝에서 광속으로 달려오는 디지털문화를 매순간 클릭을 해야 하는가, 말아야 하는가에 대한 분별력을 요구하고 있다. 과거에 비해 인간이 범죄할 수 있는 기회가 많아지고 사탄의 유혹은 이제 어린아이의 손끝에까지 와 있다. 기독교교육은 이제 더 이상 고상한 잠언만을 가르치면서 자족할 수는 없다. 우리 자녀들 세대에게 무엇이 건전하고 무엇이 악한 것인지를 분별하는 능력을 길러주어야 할 때이다. 아무리 분별력을 훈련한다 해도 인터넷의 현란한 그래픽과 요란한 사운드의 유혹을 자율적으로 극복할 수 있는 어린 세대는 많지 않다. 그들은 어느새 부모의 간곡한 훈계도, 교회학교 교사의 걱정 어린 충고도 소용없는 막강한 디지털 온라인 게임과 인간의 추한 욕정을 자극하는 성행위 동영상을 클릭하고 만다는 것이다.

오늘날 기독교교육은 기로에 서 있다. 인성교육, 분별력, 창의력, 첨단매체, 무엇 하나 제대로 세상 교육의 여건을 이겨보지 못한다. 기독교교육이 이러한 디지털 세대를 위해 해야 할 중요한 교육과제는 바로 정신력 교육인 것이다. 기독교에서는 이것을 영적 분별력 교육이라 한다. 기독교인 된 이후 모든 크리스천에게 변하지 않는 걱정은 일상생활에서 어떻게 기독교적인 것과 아닌 것을 분별하는가이다. 신앙의 연륜이 아무리 높은

---

70 Osmer, Ibid., 36-38.

71 Ibid., 16-17.

신자들도 실족하기 쉬운 문제가 바로 기독교인의 생활 윤리인 것이다. 윤리적으로 완전한 삶을 사는 것은 사실 쉽지 않다. 디지털문화를 분별하여 사용할 수 있는 능력이 있다면 사실 그는 매우 확고한 신앙과 양심이 있는 사람이라고 평가할 수 있을 것이다.

디지털문화를 영적으로 분별하는 것은 디지털문화 속의 요소들을 비교할 때 그것이 성령으로부터 오는 것인지 아닌지를 판단하는 것을 말한다(고전 2:13). 결국 영적 분별력은 성별(거룩한 것을 구별하는 것)할 수 있는 능력을 말한다. 디지털문화가 도덕적으로 선한가 아닌가를 판단하고 또한 그것이 윤리적으로 타당한가를 판단하는 것이다. 그러나 무엇보다도 성별의 궁극적 주체는 하나님이시다(갈 1:5, 딛 2:14). 바울은 하나님께서 신자를 온전히 거룩하게 하시기를 기도하였다(살전 5:23). 그는 이것이 사람의 힘으로써는 실현 불가능한 것임을 잘 알고 있기 때문에, 분별력의 원천이신 하나님께 기도한 것이다.

오스머 역시 분별력을 키우는 교육적 과제로서 기도와 소그룹을 통한 나눔과 모의 논쟁을 통해 어린 학습자들의 분별능력을 키울 수 있다고 주장한다.[72]

첫째, 디지털문화의 도덕성을 분별하는 제1기준은 문화 양식보다는 컨텐츠와 사이트의 개설 동기나 기능이다. 아무리 동기가 선한 사이트라 할지라도 인간화를 저해하는 것이라면 거부해야 한다.

둘째, 사이트나 컨텐츠 자체가 중독성이 있다고 판단되는 것, 예를 들어 사행심을 조장하는 것과 지나친 욕심을 자극하는 것, 과대광고를 하여 현혹하는 것, 음란한 무료 광고, 살인 게임, 남의 사생활을 침해하는 고발성 컨텐츠, 자살을 부추기는 사이트, 성매춘을 광고하는 사이트 등은 모두 인간화를 저해하는 사이트임을 알게 한다.

셋째, 인터넷 사용 시간을 하루 3시간이 넘지 않도록 하는 것도 중요한

---

72 Ibid., 41-44.

기준이다. 그 이상 사용해야 할 경우 반드시 중간에 휴식을 취하도록 하여 디지털 증후군에 걸리지 않도록 한다. 인터넷을 사용하는 공간과 환기도 충분히 고려하도록 한다.

넷째, 디지털문화는 스스로 분별하는 힘이 있을 때만이 최대의 효과를 얻을 수 있으며, 그것으로부터 자유로울 수 있다는 것을 알게 한다.

끝으로, 신앙을 가진 사람들은 모두 경건한 삶을 살기를 원한다. 크게 보면 경건(piety)에 대한 태도는 두 가지로 양분된다.[73] 하나는 세상은 악하므로 되도록 그것으로부터 멀어져야 된다고 보고, 다른 하나는 오히려 그 세상 속에서 신앙으로 악한 현실을 변화시키며 살아야 한다고 생각한다. 경건은 저 세상 것만도 아니고 이 세상 것만도 아니다. 경건이 살아있는 인간에 의해 추구되는 것이기에 그것은 하나님과 현실, 그리스도와 문화, 그리고 믿음과 의심, 구원의 가능성과 죄 사이에 있는 것만은 분명한 것이다.

그렇다면 디지털문화는 악한 것인가? 그것은 분명 세속적 문화임에 분명하다. 그러나 과거의 기독교역사가 말하고 있듯이, 하나님은 인간의 문화를 사용하신다. 디지털문화도 하나님이 인간과 소통하시고 그를 계시하시는 도구로서 사용하신다. 디지털문화는 양날을 가진 검과 같다. 칼이 유익한 생활의 도구이면서 동시에 범죄의 도구가 되듯이 디지털문화 역시 사용자의 동기와 용도와 방법에 따라 도구가 흉기로 변할 수 있는 위험을 지니고 있다. 디지털문화를 배제한 현대 기독교교육은 상상하기가 어렵다. 그만큼 기독교를 교육하는 데 디지털문화는 이제 중요한 컨텍스트가 되고 있다. 기독교교육자들의 디지털문화에 대한 올바른 이해와 사용이 중요한 때이다. 디지털문화에 대한 정확한 이해와 더불어 그 문화의

---

73 터툴리안(Tertullian)은 문화 도피적 경건을 주장하였고 오리겐(Origen)은 문화 참여적 경건을 주장했다. 터툴리안은 문화에 대항하는 그리스도의 입장에 놓이고 오리겐은 문화를 개혁하는 그리스도의 입장에 가깝다. 즉, 분별력과 책임감을 가지고 세상 속에서 문화를 수용하며 그것을 개혁해야 한다는 크리스천의 소명을 강조한다.

역기능을 인식하기 위한 문화 비판적 신학적 태도가 교육자에게 요구된다. 본 논문에서는 현시대의 문화를 비판하는 다양한 신학적 태도를 "그리스도와 문화의 관계" 모형으로 소개하였다. 복음적인 교사든 진보적인 교사든 이 시대의 문화를 어떤 신학적 눈으로 읽을 것인가는 매우 중요한 교육적 차이를 만들게 될 것이다.

디지털문화에 대한 기독교교육의 과제로서 세 가지를 제안하였다. 성서적 성결을 가르치는 것과 디지털문화와 살아가는 방식과 그리고 문화를 사용하여 우리에게 다가오시는 하나님을 성별하는 영성을 가르치자고 제안하였다. 과거, 현재, 미래에도 하나님은 전지(omniscience), 전능(omnipotent), 편재(omnipresence)하신다. 인터넷도 언제(anytime), 어디서나(anywhere), 어떤 것(anything)도 할 수 있다. 그러나 파워가 꺼지면 무용지물이다. 디지털이 하나님의 속성을 닮아가는 것이지 디지털이 하나님의 속성은 아니다. 왜냐하면 하나님은 스스로가 파워이시며 모든 인간의 문화 위에 존재하시는 분이기 때문이다. 이것은 기독교교육자의 신앙이요 학문이 되어야 할 것이다.

참고 문헌

Darley, Andrew (2000). *Visual Digital Culture*. NY: Routledge.

Deleuze, Gilles & Claire Parnet (1977). *Dialogues*. London, UK: Suhrkamp.

Drucker, Peter F. (2002). *Next Society*. NY: St. Martin's Press.

Geertz, Clifford (1973). *Interpretation of Cultures*. NY: Basic Books.

Gere, Charlie (2002). *Digital Culture*. London: Reaktion Books Ltd.

Hesselgrave, David J. (1978). *Communicating Christ Cross-Culturally*. Grand Rapids: Zondervan.

Huntington, Samuel P. (1968). *Political Order in Changing Societies*. New Haven,

CT: Yale University Press.

Kraft, Charles H. (1979). *Christianity in Culture.* NY: Orbis Books.

Mossberger, Karen & Caroline J. Tolbert, Mary Stansbury (2003). *Virtual Inequality: Beyond the Digital Divide.* Washington, D.C.: Georgetown University Press.

Niebuhr, Richard H. (1956). *Christ and Culture.* NY: Harper & Row.

Norris, Pippa (2001). *Digital Divide: Civic Engagement, Information Poverty, and the Internet Worldwide.* MA: Cambridge University Press.

Pazmino, Robert W. (1997). *Foundational Issues in Christian Education.* MI: Grand Rapids.

Putman, Robert (2000). *Bowling Alone: The Collapse and Revival of American Community.* NY: Simon & Schuster.

Rheingold, Howard (1993). *The Virtual Community: Homesteading on the Electronic Frontior.* NY: Addison-Wesley.

Russell, Letty M. (1985). *Becoming Human.* Philadelphia: The Westminster Press.

Sweet, Leonard (2000). *Post-Modern Pilgrims.* Nashville, TN: Broadman & Holman Publishers.

Tilich, Paul (1977). *Theology of Culture.* London: Oxford University Press.

Umenai, T., M. Wagner, L.A. Page (2001). "Conference Agreement on the Definition of Humanization and Humanized Care." *International Journal of Gynecology & Obstetrics*, 75, 3-4.

Warschauer, Mark (2003). *Technology and Social Inclusion: Rethinking the Digital Divide*. MA: MIT Press.

Wilson, Walter P. (2000). *The Internet Church*. Nashville, TN: A Thomas Nelson Company.

Brooks, David (2001). *Bobos in Paradise.* **보보스**. (형선호 역). 서울: 동방미디어.

Cairncross, Frances (2002). **거리의 소멸ⓝ디지털 혁명**. (홍석기 역). 서울: 세종서적.

Darley, Andrew (2000). **디지털 시대의 영상문화**. (김주환 역). 서울: 현실문화연구.

Giddens, Anthony (1991). **포스트모더니티**. (이윤희, 이현희 역). 서울: 민영사.

______________ (1999). **제3의 길**. (한상진, 박찬욱 역). 서울: 생각의 나무.

Huxley, Aldous (1988). **멋진 신세계**. (이덕형 역). 서울: 문예출판사.

Kollock, Peter and Marc A. Smith (2001). **사이버공간과 공동체**. (조동기 역). 서울: 나남출판.

Lyotard, Jean-François (1998). **포스트모던의 조건**. (유정환, 이삼출, 민승기 역). 서울: 민음사.

Mazarr, Michael (2000). **트랜드 2005**. (김승욱 역). 서울: 경영정신.

Negroponte, Nicholas (2001). **디지털이다**. (백욱인 역). 서울: 커뮤니케이션북스.

Rushkoff, Douglas (1997). **카오스의 아이들**. (김성기, 김수정 역). 서울: 민음사.

고려대장경연구소 편 (2001). **디지털 시대의 문화변동**. 서울: 고려대장경연구소.

김영석 (1997). **멀티미디어와 정보사회**. 서울: 나남출판.

김주환 (2001). **사이버중독과 인터넷 심리**. 서울: 창작과 비평사.

김주환 외 (2001). **디지털시대와 인간 존엄성**. 서울: 나남출판.

김호기, 임경순, 최혜실 외 52인 (2002). **지식의 최전선**. 서울: 한길사.

백욱인 (1998). **디지털이 세상을 바꾼다**. 서울: 문학과 지성사.

성동규, 라도삼 (2001). **인터넷과 커뮤니케이션**. 서울: 한울아카데미.

오택섭 외 (2003). **미디어와 정보사회**. 서울: 나남출판사.

원우현 외 (2002). **인터넷 커뮤니케이션**. 서울: 박영사.

이광형 (1995). **멀티미디어에서 사이버스페이스까지**. 서울: 솔출판사.

이광형 외 9인 (1999). **디지털 시대의 문화예술**. 최혜실 편. 서울: 문학과 지성사.

이형용 (1997). **디지털 시대의 휴머니즘**. 서울: 한국문화사.

임경순 (2000). **21세기 과학의 쟁점**. 서울: 사이언스 북스.

정보통신윤리위원회 (2002). **우리들이 만드는 건강한 인터넷**. 서울: 정보통신윤리위원회 교육홍보국.

조성남 외 2인 (2002). **청소년의 하위문화와 정체성**. 서울: 집문당.

최정호 외 (1996). **정보화 사회와 우리**. 서울: 소화출판사.

한국간행물 윤리위원회 (2001). **청소년과 성인의 성의식 변화연구**. 서울: 한국간행물 윤리위원회.

한국청소년문화연구소 (1998). **정보사회와 청소년 I: 통신중독증**. 서울: 한국청소년문화연구소.

한국청소년상담원 (1999). **청소년의 사이버문화**. 서울: 한국청소년상담원.

한미라 외 6인 (2003). **디지털 환경과 복음**. 천안: 호서대학교출판부.

홍성태 (1996). **사이버공간, 사이버문화**. 서울: 문화과학사.

-정기간행물 및 연구보고서-

김기영 (2000. 12). "디지털 격차의 국내외 현황." **고려대학교 경영대학: 경영논집**, 제18집, 213.

김선희 (2000. 3). "사이버 공간에서의 청소년 음란물 접촉 실태." **소비자시대**, 15-17.

김영순 (2002). "청소년의 인터넷 음란물 중독실태와 대응방안(주제강연)에 대한 토론 원고," **청소년의 음란물 중독 대처방안 모색에 관한 자료집**. 충청남도여성정책개발원 여성교육부 편. 22-24.

노병성 (2001. 9). "디지털 컨텐츠 시대의 디지털 디바이드에 관한 연구." **협성대학교 협성논총**, 제13집, 237-38.

박성호 (2003). "사이버 공간의 매체적 특성과 사회적 영향에 대한 연구." **한국방송학보**, 제17권 1호.

이광형 (2000. 1). "디지털 문화 혁명." **교육마당** 21, 215, 69.

이세용 (2000. 7). "청소년 인터넷 활용에 관한 실태 조사 결과(서울시내 초중고생)." **삼성생명 공익재단 사회정신건강연구소 보도자료**, 16.

주정민 (2002). “인터넷 이용과 제3자 효과.” **한국방송학보**, 제16권 1호.

진수명 (2001. 3/4). “스토킹의 개념 및 유형.” **형사정책연구소식**, 64호.

한판암 (2001. 5). “디지털 문화는 축복인가.” **문화도시 문화사회**, 102.

- 인터넷 뉴스 및 신문 -

“P2P. 커뮤니티사이트 불법음란물 통로.” 연합뉴스, 2003년 7월 31일.

“사이버 스토킹에 골머리.” 디지털 타임즈, 2003년 7월 21일.

“인터넷을 통한 개인정보 유출 급증.” YTN뉴스, 2003년 8월 17일.

“인터넷 이용자 3명 중 1명은 스팸 메일 피해.” 연합뉴스, 2002년 5월 30일.

“청소년 4명 중 1명은 사이버 중독.” 경향신문, 2003년 3월 12일.

“한국, 기괴한 인터넷 세상.” 포브스, 2003년 7월 14일.

- Webliography -

http://alri.new21.org/newmedia.

http://korea.internet.com/channel/content.asp?kid=34&cid=219&nid=21715

http://ny4u.hihome.com/ventureman.html.

http://sookmyung.ac.kr/~sq9065/newsletter/25theme2_1.htm.

http://stat.nic.or.kr/iuser/korea_survey.html

http://user.chollian.net/~pain7575/vdt.htm

http://www.elsvier.com/locate/ijgo

http://www.kado.or.kr/f1/f1_s4_t4.asp

http://www.nsf.gov/pubs/2000/tip00121/tip00121.txt.

http://www.nua.com/surveys/how_many/ online, Retrieved Dec. 15, 2001.

http://www.oecd.org/dataoecd/38/57/1888451.pdf

http://www.terms.co.kr/domain.htm.

http://www.vdt.co.kr/safe/safe14.htm

Abstract

Digital Culture and Humanization
: A Christian Education Perspective

MeeRha Hahn
(Professor, Hoseo University)

This article deals with two contradicting themes. As digital telecommunication advances, it becomes difficult to challenge and to shake traditionally significant values and foundations. In this essay, problems of contemporary digital culture will be analyzed. The positions Christian education must take and the tasks needed to resolve them will be sought.

After reviewing related literature, two major definitions for digital culture stood out. In a wider sense, digital culture is defined as a unique way of life for a group, living in a certain historical time. In a narrower sense, it refers to colorful, artistic response emerging from the style and application of diverse digital technological media.

Five positive functions and prospects of digital culture are identified. They are an easy accessibility to knowledge and information, ubiquity, upgraded quality of life, convenient e-shopping and virtuality for attesting human imagination and creativity. The malicious application of digital culture creates at least six dysfunctions which are seriously harmful to humanity. These negative effects are shown in the digital divide, invasion of privacy, sexual lewdness on the Internet including cyber pornography, internet addiction, deprivation of morals and etiquette, and digital syndrome. Digital culture itself has nothing to do with society evil; however, when used inappropriately, it could dehuamanize humanity.

Humanization in this essay refers to equipping or maintaining the quality or state of being human, which seeks for the dignity of life and the benefit of civilization that would be equally given to every human being.

Three positions are reviewed in relating Christianity to Digital Culture: God against Culture, God within Culture, and God above Culture. Paul Tillich's Theology of Culture and H. Richard Niebuhr's Christ and Culture are used as the major theoretical references. It is suggested that Christianity needs the wisdom to discern the true motivation and intention of the user of the digital culture. As Tillich states, it is not a matter of cultural form, but of content and the user's motivation. The discernment to decide if the digital culture is good or evil is based on the user's purpose and motivation.

Three tasks are proposed for Christian educators seeking humanization within the digital culture: Biblical teaching, moral exhortations, and spritual discernment. Three points are made concerning Biblical teaching on humanization. First, is to teach that humanization is the divine process toward humanity. Second, is to reassure that God is the creator of all living creatures. Third, is to point out that God opts for the poor who are in a dehumanizing situation. In Moral exhortation, three positions are recommended. First, modern Christianity seems to take a neutral position toward contemporary digital culture. Second, the extremely exclusive Christian perspective against digital culture needs to be put in balance. Third, there must be a clear moral exhortation that the creator of all human culture is God, and when it comes to corruption, as with the cities of Sodom and Gomorrah, the digital culture will not be exempted from God's judgement.

Regarding spiritual discernment, three criteria tips are suggested for preventing dehumanization. First, to discern if the media or internet site is harmfully based on malicious content or motivation or is it based on the cultural form itself. Second, to use discerning criteria to determine whether the internet site or digital content includes potential for addiction, a gambling, lewdness, an invasion of privacy, exaggerated advertising, or encouraging suicidal activity. Third, awareness of the time used for internet activity, recognizing that a limit of three hours is recommended for preventing cyber syndrome.

Digital culture is now becoming getting ubiquitous and has already become part of our daily routine. What will come next with this technology is unpredictable. Although digital culture makes our lives safe, efficient, and powerful; if it goes wrong (unfortunately it has already happened), then God's judgement will not pass over it.

Key words: digital culture, humanization, Christian education, internet addiction, cyber syndrome, dysfunction of digital culture, dehumanization of digital culture.

한미라 교수 연보

Hahn, Meerha (韓美羅), Ph.D.

학력			
구분	학교명	학위	기간
초등학교	장충초등학교	졸업	Feb. 1966
중/고등학교	무학여자중 · 고등학교	졸업	Mar. 1966~ Feb. 1972
대학	홍익대학교	공학사(B.E.)	Mar. 1972~ Feb. 1976
대학원	연세대학교 교육대학원	교육학석사(M.Ed.)	Mar. 1976~ Feb. 1978
박사	뉴욕 주립대학교 Dep't of Educational Administration Leadership and Policy(ELP)	철학박사(Ph.D.)	Sep. 1979~ June 1982
박사 후	하버드 대학교 신학대학원 Harvard University, The Divinity School	신학석사(M.T.S.)	Sep. 1991~ June 1993

경력	
2013년 3월~2018년 6월	호서대학교 연합신학전문대학원 원장
2012년 3월~2013년 2월	호서대학교 연합신학전문대학원 부원장
2015년 3월~2019년 4월	한국기독교대학신학대학원협의회 4대, 5대 이사장
2015년 5월~2018년 5월	한국기독교교육정보학회 4대, 5대 이사장
2018년 1월	5차 성지순례(이스라엘) 인솔 : "복음서의 현장을 가다-예수의 탄생부터 부활 승천까지"

2017년 1월	4차 성지순례(이스라엘) 인솔 : "다윗과 예수 그리스도-메시아의 흔적을 찾아서"
2015년 6월	3차 성지순례(스페인 & 로마) 인솔: "바울이 바라본 땅끝"
2014년 7월	2차 성지순례(미국 서부 성지순례) 인솔 : "미국 서부 미션트레일과 성장하는 교회 탐방"
2013년 1월	1차 성지순례(이스라엘) 인솔: "이스라엘에서의 8일"
2009년 3월~2010년 2월	교환교수, 하버드 신학대학원 하비 콕스 교수 협력 연구원
2007년 3월~2011년 2월	한국기독교대학신학대학원협의회 4대, 5대 회장
2011년 3월~2015년 2월	한국기독교대학신학대학원협의회 상임이사
2007년 3월~2009년 2월	호서대학교 교목실장
2005년 3월~2007년 2월	호서대학교 국제교육원 원장 한국기독교대학신학대학원협의회 총무
2005년 9월~2012년 6월	호서-루터 라이스 디민(D.Min.) 프로그램 디렉터 총 2기 9명 Luther Rice University 목회학박사 학위취득
2005년 6월~현재	한국기독교교육정보학회 이사
2004년 5월~2005년 5월	한국기독교교육정보학회 회장
1998년 12월~2006년 6월	호서-드루 디민(D.Min.) 프로그램 디렉터 총 3기 41명 Drew University 목회학박사 학위취득
1996년 3월~2006년 2월	호서대학교 신학인간개발학부 학부장, 신학부 학부장, 기독교학부 학부장
1994년 3월~현재	호서대학교 신학과/신학인간개발학부/기독교학부(과) 연합신학전문대학원 기독교교육학 교수
1989년 1월~1991년 6월	한국교회교육목회 연구원(현 TBC 성서 연구원) 상임전문위원(성서교육과정 개발 및 미디어 제작자)
1982년 9월~12월	서울신학대학교 기독교교육학과 강사

국제 및 주요 활동	
1986년 4월	W.C.C./P.T.E.(신학교육 프로그램)회의 한국 대표 발표, 싱가폴
1989년 6월	세계복음주의협의회(WEF) 제1회 복음주의 여성대회 기획위원, 싱가폴
1995년 5월	동북아 신학교육협의회 총회(NEAATS) 한국대표 발표, 히로시마, 일본
1999년 8월	아시아교회협의회 전문가회의(Consultation for Ecumenical Enabler's Program) 주강사, C.C.A.(Christian Conference for Asia), 방콕, 타일랜드

2001년 6월	호서-드루 디민 프로그램 여름학기 개강 특강 드루 대학교, 뉴저지 주, 미국
2004년 5월	제5회 국제 화이트헤드 학술대회(페미니즘과 생태학) 발표, International Process Network, 서울
2005년 11월	한국-체코 코메니우스학회 국제학술대회 할라마(Jindrich Halama, 찰스대학교, 체코) 교수 통역, 성은교회, 서울
2007년 2월	제7회 한기정 국제학술대회(다문화 사회에서의 기독교교육) 발표, 필리핀 장로회신학대학, 카비테, 필리핀
2008년 12월	제8회 한기정 국제학술대회(기독교교육과 선교) 좌장, 횃불트리니티신학대학교, 서울
2011년~2014년	호서대학교 신학부 미국 하계 어학 및 문화체험 연수 프로그램 총괄 디렉터: 애틀란타, 조지아주, 미국
2015년 5월	영산 국제신학 심포지엄 좌장 및 통역, 한세대학교
2015년 5월	한국종교교육학회 창립 20주년 기념 공동학술대회 : Thomas Groome 교수 통역 및 논찬, 가톨릭대학교 성심교정
2017년 3월	하버드 대학교 신학대학원 David Hempton 학장 초청 특별강연회 총괄 및 사회, 통역
2019년 2월	제18회 한기정 국제학술대회(4차 산업혁명시대의 리더십) 좌장, 백석대학교 비전센터, 서울
2019년 3월	18기 한국기독교대학신학대학원협의회 안수례 · 예배 안수례 위원장, 이화여자대학교 대학교회, 서울
2019년 5월	2019년 한기정 춘계학술대회: 4차 산업혁명시대, 기독교교육의 정체성과 전문성, 주제발표, 감리교신학대학교, 서울

통역 및 번역 경력	
1986년	John Westerhoff(듀크 대학교)
1998년	Harvey Cox(하버드 신학대학원)
1999년	Thomas H. Groome(보스턴 대학교, Boston College)
1999년	Elizabeth Moore(에모리 대학교, 현 보스턴 대학교)
2002년~2004년	Maxine C. Beach(드루 대학교) Michael Christensen(드루 대학교)
2003년	John M. Edington(카디프 대학교, 영국)
2003년	Richard Osmer(프린스턴 신학대학교)

2004년	John Cobb(클레몬트 대학교)
2006년	James Flanagan(루터 라이스 대학교 총장)
2006년	Jim Waddle(루터라이스 이사장)
2006년	Kevin Lawson(탈봇 대학교 교수)
2007년	John Micklethwait(경제매거진 이코노미스트 편집장, UK)
2014년	Prof. Dean Borgman(Golden Conwell Theological Seminary)
2015년	Robert K. Martin(웨슬리 신학대학교)
2015년	Rev. Steve Tomkins(Deputy Garrison Chaplain), USAG Humphreys, Korea
2017년	Dr. David Hempton(Dean of The Divinity School, Harvard University)

Honor & Awards		
1976년 9월~1978년 3월	성적 우수 장학생	연세대학교 교육대학원
1973년 3월~1975년 9월	성적 우수 장학생	홍익대학교
1980년 9월~1982년	연구 조교	버팔로 뉴욕 주립대학교 교육 리더십, 행정 및 정책 학부(E.L.P.)
1996년	최우수 연구자상	호서대학교
1991년 9월~1993년 6월	전액 장학금(Grant)	하버드 신학대학원
1998년 2월	우수전공상(호서대학교 신학 전공), 우수강의계획서상	호서대학교
1988년	연구비 수주: 개신교 교회를 위한 새로운 종교교육 시스템 개발	한국학술진흥재단
1999년	연구비 수주: 불입에 대한 성서적 언어 연구	한국학술진흥재단
2002년	연구비 수주: 기독교 대학 기본 교양 과목 디지털 콘텐츠 개발	한국학술진흥재단
2004년 9월	근속 10년상	호서대학교
2005년 3월~현재	연구 교수	한국-체코 코메니우스 연구소
2005년 5월	최우수 리더십 상	드루 대학교, N.J., USA
2011년 5월	탁월한 학문적 리더십 상	루터 라이스 대학교, GA., USA
2014년 9월	근속 20년상	호서대학교

2017년 9월	설립 39주년 기념 우수교원 (우수호서인상)	호서대학교
2019년 5월	명예의 전당 등재	호서대학교

한미라 교수 연구 업적

학위논문

• 박사학위논문: An Investigation of Factors in School Productivity: The Input-output Analysis of School Performance in High Schools of Seoul, Korea Thesis (Ph.D.), University New York at Buffalo Educational Administration, 1982.

• 석사학위논문: 中等工業教育의 私的收益率 測定에 관한 연구, 연세대학교, 1977.

저서

• **여자가 성서를 읽을 때**, 대한기독교서회, 2002.

• **개신교 교회교육**, 대한기독교서회, 2005.

번역서

• **나눔의 교육과 목회(Sharing Faith: A Comprehensive Approach to Christian Religious Education and Pastoral Ministry)**, 기독교대한감리회 홍보출판국, 1997.

공저 및 교재 개발

• **TBC 성서연구교재**, 한국교회교육목회연구원, 1991.

• **신앙과 지성**, 호서대학교 신학과, 1997.

• **기독교대한감리회 교육과정, 말씀과 청소년, 중등부 1. 2학기**, 기독교대한감리회 홍보출판국, 총 381쪽, 1997.

• **국가와 민족 공동체 위기를 극복한 여성**, 여선교회 월례회 공과, 기독교대한감리회 여선교회 전국 연합회, 1998.

• **정의로운 새 세상을 만들어 가는 여성**, 여선교회 월례회 공과, 기독교대한감

리회 여선교회 전국연합회, 1999.

- **평화의 새 시대를 이끌어 가는 여성**, 여선교회 월례회 공과, 기독교대한감리회 여선교회 전국 연합회, 2001.
- **기독교교육개론**, 대한기독교서회, 2006.
- **기독교의 발견**, 호서대학교 신학과, 2006.
- **Exploring Christian Education**, HAGYO Press, 2007.
- **기독교와 벤처정신**, (도)한기정, 2013.

학술논문

1984년

- Review and Analysis of Competencies in Educational Administration, **신학과 선교**, vol. 9, 서울신학대학, 1984, pp.367-404.

1985년

- 체제이론과 교회조직에 관한 소고, **신학과 선교**, vol. 10, 서울신학대학, 1985. 3, pp.91-103.

1986년

- 교회조직을 위한 OD program의 활용, **신학과 선교**, vol. 11, 서울신학대학, 1986. 3, pp.103-121.

1987년

- 사회과학으로서의 기독교교육, **디다케**, 서울신학대학 기독교교육과 학생회, 1987, 봄, pp.14-25.
- 교육기회에서 체제접근의 적용, **교육교회**, vol. 138, 장로회 신학대학 기독교교육 연구원, 1987. 9, pp.783-792.
- **성결교회교육의 회고와 전망**, 서울신학대학 기독교교육연구소, 1987. 11. 20.
- 코우의 사회적 종교교육론에 관한 소고, **화해**, 제5호, 서울신학대학 교지편집위원회, 1987, pp.84-92.

1988년

- 성 차별에 관한 여성 신학적 고찰, **師母와 교회여성**, 서울서적, 1988. 11. 10, pp.83-91.
- 기독교교육과정 개발에 요구된 기법과 인력의 효과적인 활용, **교육교회**, vol.

148, 장로회신학대학 기독교교육연구원, 1988. 8, pp.627-640.

- 성결한 삶을 위한 교육신학적 설계, **어린양**, vol. 19, 기독교 대한성결교회 교회학교 전국연합회, 1988. 12, pp.19-26.
- 종교교육을 위한 새 교육체제의 개발-개신교 교회교육 체제를 중심으로(1), **신학사상**, vol. 63, 한국신학연구소, 1988, 겨울, pp.946-973.
- **여성 신학교육 개선을 위한 정책연구**, 전국신학대학협의회-한국 신학연구원, 1988.

1989년

- 종교교육을 위한 새 교육체제의 개발(II), **신학사상**, vol. 64, 한국 신학연구소, 1989, 봄, pp.197-214.
- 한국 개신교 교회학교 제도와 행정, **교육실천**, vol. 2, 감리교신학대학 기독교교육학과 학생회, 1989. 4, pp.96-134.

1990년

- '90년대 기독교교육 교수-학습이론의 새로운 탐색, **기독교교육**, vol. 266, 대한기독교교육협회, 1990. 6, pp.154-161.

1991년

- 교회학교 교사모집과 양성에 관한 효과적 방안 탐색, **신앙과 교육**, vol. 48, 기독교대한감리회, 1991. 1, pp.14-22.

1992년

- Does Patriarchy Exist in Heaven?, *Voices*, CCA, vol. 16, 1992. 12, pp.22-25.

1993년

- Three Attributes of the Historical Jesus, *Voices*, CCA, vol. 17, 1993. 9, pp.16-20.
- 현대 여성 신학의 전망과 과제(1), **세계와 선교**, vol. 140, 세계와 선교사, 1993. 10, pp.11-14.
- 현대 여성 신학의 전망과 과제(2), **세계와 선교**, vol. 141, 세계와 선교사, 1993. 12, pp.12-14.
- A Feminist Bible Study Plan Based on 1 Corinthians 11:2-16/14:33-35, **인문논총**, vol. 12, 호서대학교 인문과학연구소, 1993, pp.67-91.

1994년

- 호레스 부슈넬 이야기, **기독교교육**, vol. 309, 대한기독교교육협회, 1994. 5,

pp.76-86.

- 마리아 몬테소리 이야기, **기독교교육**, vol. 310, 대한기독교교육협회, 1994. 6, pp.90-99.
- 하나님의 사람을 만드는 교회교육, **기독교교육**, vol. 311, 대한기독교교육협회, 1994, 7/8, pp.82-93.
- 기독교 영성을 위한 "기도의 교육과정," **기독교교육**, vol. 312, 대한기독교교육협회, 1994. 9, pp.55-68.
- 하나님에 대한 사랑과 순종, 어떻게 교육할 것인가?-십계명교육의 회복을 위하여, **기독교교육**, vol. 314, 대한기독교교육협회, 1994. 11, pp.67-79.
- 그리스도의 계절-'성육신'의 디다케, **기독교교육**, vol. 315, 대한기독교교육협회, 1994. 12, pp.91-104.
- 페미니스트 조직신학 가능한가, **기독교사상**, vol. 426, 대한기독교서회, 1994. 6, pp.70-85.

1995년

- '나눔의 기독교교육'-기초편, **기독교교육**, vol. 316, 대한기독교교육협회, 1995, 1/2, pp.78-94.
- 하나님의 통치를 위한 나눔의 기독교교육, **기독교교육**, vol. 317, 1995. 3, pp.72-89.
- 나눔의 기독교교육: 과정과 특징, **기독교교육**, vol. 318, 1995. 4, pp.92-106.
- 나눔의 기독교교육: 교육과정의 주제 설정, **기독교교육**, vol. 320, 1995. 6, pp.95-108.
- 나눔의 기독교교육-제 1 무브먼트: 현재 프락시스를 표현하기, **기독교교육**, vol. 321, 1995. 7, pp.90-100.
- 비판적 성찰을 위한 신앙교육(1), **기독교교육**, vol. 322, 1995. 8, pp.70-79.
- 비판적 성찰을 위한 신앙교육(2), **기독교교육**, vol. 323, 1995. 9, pp.95-105.
- 교사를 위한 해석학: 나눔의 기독교 교육 제 3 무브먼트, **기독교교육**, vol. 324, 1995. 10, pp.74-87.
- 기독교 신앙의 자기화와 응답: 나눔의 기독교교육 제 4와 5 무브먼트, **기독교교육**, vol. 326, 1995. 12, pp.112-127.
- 21세기 교회학교상, **교육교회**, vol. 231, 1995. 12, pp.15-26.

1996년

- A Reflection on "Pragmatism and Religion" in the Work of William James(윌리암 제임스의 실용주의적 구원관에 관한 소고), **인문논총**, 제14집, 호서대학교 인문과학 연구소, 1996. 2.
- A Critical Reflection on the Viability of Ministerial Formation/Theological Education in Asian Contexts, *Korea Journal of Theology*, Vol. 2, 1996, pp.242-256.
- Can Globalization be a New Virtue for Koreans? Asian Regional Fellowship(ARF) Assembly, Bangkok, Thailand, 한국 대표 발표 논문, 1996. 7, 12쪽.

1997년

- Pedagogical Clues for Engaging with the Sacred Texts, APRRE's Proceedings, 북미종교교육학회(APRRE), 10쪽, 1997. 11.
- Jesus, the Divine Homeless, Jesus, the Grass-roots Politician Jesus, the Bodily and Spiritually Resurrected, **인문논총** 제15집, 호서대학교 인문 과학 연구소, 101-111쪽, 1997. 3.
- 호서대학 신입생 선발 방식의 효과 분석, **호서대학교 입시 A to Z, 입시백서,** 호서대 입학홍보처, 1997. 11, 24-38쪽.
- 기독교 교육의 관점에서 본 성경 공부, **신앙과 교육**, 통권 115호, 기독교대한감리회 교육국, 1997. 2, pp.14-31.
- A Reflection on Anselm's Cur Deus Homo in Light of Intellectual Development of the 11th & 12th Centuries, **인문논총** 제15집(1996년판), 호서대학교 인문과학 연구소, 1997. 2, 12쪽.

1998년

- 호서대 신학과 입시전형 방법연구: 학술제 실시에 따른 대안과 전망, **호서신학**, 제4집, 호서대학교, 1998, pp.191-211.
- 21세기 한국 교회교육의 전망과 과제, **호서신학**, 제4집, 호서대학교, 1998, pp.109-133.
- The Children and the Dogs: An Exegetical Paper on the Story of Syrophoenician Woman, **인문논총** 제16집, 호서대학교 인문 과학 연구소, 1998. 2, 14쪽.

1999년

- 불임에 관한 성서언어, **기독교언어문화논집**, 제2집, 국제기독교언어문화연구

원, 1999. 2, pp.144-169.

- PEDAGOGICAL CLUES FOR ENGAGING WITH THE SACRED TEXTS, **인문논총**, 제17집, 호서대학교 인문대학, 1999. 2, pp.83-100.
- "포스트 모던 이슈와 기독교교육의 치유적 기능", 8회 호서신학 심포지엄 발표논문, 지구촌 선교신학연구소, 호서대학교, 아산, 1999. 12.
- "Is God Language Clear to You: A wholistic Way of Reading the Bible", paper presented at the Summer Workshop for Asian Mission Leaders, CCA (Chrisitan Conference of Asia, Hong Kong), YWCA, Bangkok, Thailand, August 26th, 1999. (10 pages).

2000년

- 생명윤리, 21세기 기독교교육의 화두, **기독교사상, 생명과학과 신학의 대화**, 제45권 2월호, 2000. 2, pp.163-175.
- "기독교교육 정보화의 가능성과 한계", 한국 기독교교육정보학회 1회 춘계 학술대회 B광역분과 발표논문, 연세대학교 루스 채플, 2000. 5. 20, 23쪽.
- "체제론적 세계관과 종교교육: 한국 교회교육을 위한 체제적 사고의 필요성," 한국 기독교교육정보학회/교육체제 및 환경 분과, 1회 학술 콜로퀴엄, 연세대학교 알렌관, 2000. 4. 17, 23쪽.
- "Shared Praxis Approach to Feminist Bible Study", paper presented at the First International Conference of Korea Society for Christian Education & Information Technology (www.ksceit.org), Allen, Hall, Yonsei University, May 17th, 2000. (20 pages).
- "불임 치유"와 생명윤리 문제, **기독교교육정보**, 창간호, 한국기독교교육정보학회, 2000. 9, pp.98-130.
- "A Shared Praxis Approach to Feminist Bible Study." *Journal of Christian Education & Information Technology*, vol. 1 (2000. 10): 116-38.

2001년

- 기독교교육 덕목(德目)으로서의 생명윤리, **기독교교육정보**, 제2집, 한국기독교교육정보학회, 2001. 4, pp.7-49.
- 기독교교육 정보화의 가능성과 한계, **기독교교육정보**, 제3집, 한국기독교교육정보학회, 2001. 10, pp.39-71.

2002년

• "Globalization and Gospel: Global Faith, Local Ministry." *Journal of Christian Education & Information Technology*, vol. 3 (2002. 4): 97-120.

2003년

• "Therapeutic Function of Christian Education." *Journal of Christian Education & Information Technology*, vol. 4 (2003. 4): 61-95.

2004년

• 디지털문화와 인간화: 기독교교육학적 관점에서, **기독교교육정보** 8, 한국기독교교육정보학회, 2004. 4, pp.55-109. (55 pages).
• "Three Ways of Interpreting Jesus' Life and Resurrection." *Journal of Christian Education & Information Technology*, vol. 5 (2004. 4): 85-100.
• "A Christian Education Perspective on the Effects of Cyber Pornography." *Journal of Christian Education & Information Technology*, vol. 6 (2004. 10): 149-98.

2005년

• "Spirituality of Women in Digital Era." *Journal of Christian Education & Information Technology*, vol. 7 (2005. 4): 31-69.
• "A New Paradigm for Pedagogical Ministry." *Journal of Christian Education & Information Technology*, vol. 8 (2005. 10): 67-96.
• 공교육의 위기와 기독교교육학의 역할 재정립, **기독교교육정보** 12, 한국기독교교육정보학회, 2005. 12, pp.11-47. (37 pages).

2006년

• 교회교육의 규모와 과제, **기독교교육정보** 13, 한국기독교교육정보학회, 2006. 4, pp.179-210. (32 pages).

2007년

• "Religious Imagination, Artistry, and Multimedia in a Christian Education Perspective, vol. 11 (2007. 4): 27-50.
• 기로에 선 기독교대학의 채플: 문제점과 개선방향, **기독교교육정보** 18, 한국기독교교육정보학회, 2007. 12, 69-111 (43 pages).

2008년

• 기독교교육학자의 관점에서 본 예배의 위기와 성서적 대안, **기독교교육정보**

20, 한국기독교교육정보학회, 2008. 8, pp.39-68. (30 pages).

- 교회의 교사교육 실태와 성서적 대안, **기독교교육정보** 21, 한국기독교교육정보학회, 2008. 12, pp.275-314. (40 pages).

2009년

- "Emerging Concepts of Leadership for Modern Church Focused on Barack Hussein Obama." *Journal of Christian Education & Information Technology*, vol. 15 (2009. 4): 43-69.
- 기독교 대학의 예배에 대한 창의적 접근: 채플 교육과정의 개발 및 평가, **기독교교육정보** 23, 한국기독교교육정보학회, 2009. 8, pp.69-108. (40 pages).

2010년

- "Teaching Christian Education as Practical Theology in Korean Contexts." *Journal of Christian Education & Information Technology*, vol. 18 (2010. 10): 41-70.
- 기독교적 관점에서 본 미래인재 象에 대한 비판적 성찰, 한미라 · 김소연, **기독교교육정보** 27, 한국기독교교육정보학회, 2010. 12, pp.29-62. (34 pages).

2011년

- 한국 청소년 가치관의 연구사적 고찰, **기독교교육정보** 29, 한국기독교교육정보학회, 2011. 6, pp.99-143. (45 pages).
- 공교육에서 개신교학교 종교교육의 희생, **기독교교육정보** 30, 한국기독교교육정보학회, 2011. 9, pp.25-62. (38 pages).

2012년

- 포스트 모던적 관점에서 본 교회 교육자 이성봉, **기독교교육정보** 33, 한국기독교교육정보학회, 2012. 6, pp.283-315. (33 pages).
- 포스트모던시대의 핵심 인재개발을 위한 기독교 영성교육모델: 기독교대학의 위기극복을 위한 대안, **기독교교육정보** 35, 한국기독교교육정보학회, 2012. 12, pp.69-113. (45 pages).

2013년

- 포스트모더니즘과 기독교교육: 상생인가 해체인가?, **기독교교육정보** 36, 한국기독교교육정보학회, 2013. 3, pp.1-43. (43 pages).
- 포스트모던 관점에서 본 십대문화 위기와 기독교교육적 대안: 학업중단 청소년 문제를 중심으로, **기독교교육정보** 39, 한국기독교교육정보학회, 2013. 12,

pp.1-39. (39 pages).

2014년

- "Teaching the Truth in Love." *Journal of Christian Education & Information Technology*, vol. 25 (2014. 4): 7-26.
- 근대 교육의 사도 코메니우스, **기독교교육정보** 43, 한국기독교교육정보학회, 2014. 12, pp.353-378. (26 pages).

2015년

- 인성교육, 기독교는 어떻게 할 것인가, **기독교교육정보** 47, 한국기독교교육정보학회, 2015. 12, pp.321-359. (39 pages).

2016년

- 예수의 제자도와 제자교육의 모형화, **기독교교육정보** 50, 한국기독교교육정보학회, 2016. 9, pp.183-228. (46 pages).

2017년

- Groome의 'Sharing Faith'에 나타난 '앎'에 대한 철학적 논의, 한미라 · 전예령, **기독교교육정보** 54, 한국기독교교육정보학회, 2017. 9, pp.309-343. (35 pages).

2018년

- 「기독교교육정보」 학술지의 핵심 가치체계와 학문적 성과에 관한 연구: 2015-2017년 게재논문을 중심으로, 김기숙 · 한미라, **기독교교육정보** 57, 한국기독교교육정보학회, 2018. 6, pp.295-327. (33 pages).

준학술에세이

1986년

- 청소년과 여가선용, **교사의 벗**, 한국기독교교육연구원, vol. 232, 1986. 4, pp.30-34.
- 기독교인의 가정관, **활천**, 기독교 대한성결교회 출판소, vol. 418, 1986. 5, pp.25-32.

1989년

- 크리스천 여성을 위하여/한국 남성들 이대로 좋은가, **신앙생활**, ㈜신앙생활, vol. 67, 1989. 4, pp.130-133.

1991년

- 고난은 살아 계신 그리스도를 만나는 통로이다, **크리스천저널**, 강남출판사, vol. 58/59, 1991, 2/3, pp.18-19.

1994년

- 철학이 빈곤한 교회교육, **교회와 신앙**, vol. 7, 한국교회문화사, 1994. 4, pp.74-78.
- 독신여성이 홀로 서기 어떻게 할 것인가?, **크리스천 라이프**, vol. 308, 크리스천 라이프사, 1994. 8, pp.27-30.

1995년

- 사순절에 기억되는 여인의 향기, **월간 금식기도**, 제8호, 강남 신학원, 1995. 4, pp.6-9,
- 아시아에서의 에큐메니칼 운동 방향 모색 (God in Our Midst by Ahn, Jae-Woong), **기독교사상**, 제39권 6호, vol. 438, 대한기독교서회, 1995. 6, pp.138-143.

1996년

- 어느 소년의 색칠 공부: CBS 칼럼, **기독교 방송**, 통권 111호, 1996. 5, pp.10-11.
- 아이들은 누가 키우나?: CBS 칼럼, "새아침입니다" 기독교 방송 원고, 1996. 4. 3.
- 중학교에서 본 것들: CBS 칼럼, "새아침입니다" 기독교 방송 원고, 1996. 4. 22.
- 일본에서 배우자: CBS 칼럼, "새아침입니다" 기독교 방송 원고, 1996. 5. 2.
- 출신 성분: CBS 칼럼, "새아침입니다" 기독교 방송 원고, 1996. 5. 9.
- 교과서의 위력: CBS 칼럼, "새아침입니다" 기독교 방송 원고, 1996. 5. 16.
- 우리들의 자유/몬테소리의 교훈: CBS 칼럼, "새아침입니다" 기독교 방송 원고, 1996. 5. 22.
- 우크라이나의 불안: CBS 칼럼, "새아침입니다" 기독교 방송 원고, 1996. 5. 29.

1997년

- 뇌물 없는 세상에서 살고 싶다, **승리의 생활**, 기독교 문서 선교회, 1997. 9, pp.123-125.

2006년

- 행복하십니까, **기독교타임즈**, 2006. 2. 11.

- 믿음의 프로 정신, **기독교타임즈**, 2006. 3. 11.
- 다빈치 코드, 소설일 뿐이다, **느티나무**, 2006. 5.
- 용서할 수 있습니까, **기독교타임즈**, 2006. 5. 13.

2007년

- 권두언: 2007년을 회고하며, **기독교교육정보**, 18, 2007. 12, pp.3-5.

2008년

- 권두언, **기독교교육정보**, 19, 2008. 4, pp.3-4.
- 권두언, **기독교교육정보**, 20, 2008. 8, pp.3-5.

2009년

- 페어웰, 이숙종 교수, **기독교교육정보**, 2009. 12.
- 세계적인 석학 하비 콕스 하버드대 교수를 만나다: 국민일보 창간 21주년특집, **국민일보**, 2009. 12. 9.

2010년

- '한기정' 이야기, **기독교교육정보**, 2010. 8.

2011년

- '샬롬'의 학문, 기독교교육, **기독교교육정보**, 2011. 3.
- 권두언, **기독교교육정보**, 30, 2011. 9, pp.1-2.

2012년

- 권두언: 2014년이 걱정된다, **기독교교육정보**, 32, 2012. 3, pp.276-278.
- 권두언: 여성리더십과 한국의 신학교육기관, **기독교교육정보**, 34, 2012. 9, pp.246-248.
- 올림픽을 통해 본 한국 스포츠, **영혼의 소통**, 2012. 9.

2013년

- 권두언: 일희일비(一喜一悲)하는 한국의 대학들, **기독교교육정보**, 38, 2013. 9, pp.268-272.
- 한국 교회, 디톡스가 필요하다, **영혼의 소통**, 2013. 10.
- 권두언: 교육의 적조현상, **기독교교육정보**, 39, 2013. 12, pp.414-415.

2014년

- 나루터를 묻는 자, **영혼의 소통**, 2014. 2.
- 웹-친화적 학술지의 세 가지 과제, **기독교교육정보**, 2014. 3.

2016년

- 두루미의 침묵, **영혼의 소통,** 2016. 9.
- 고통, 교만의 해독제, **국민일보,** 2016. 9. 26.

2018년

- 하나님 우리 기도를 들으셨나요, **국민일보,** 2018. 6. 12.
- 편견이 없는 그리스도인 양육하는 것이 나의 소명: 우먼 칸타타, **국민일보,** 2018. 11. 2.

2019년

- 4차 산업혁명 막연한 자녀교육 해법 '창 · 조 · 주'에 열쇠 있다, **국민일보,** 2019. 5. 4.

감사의 글

이 논문집은 무엇보다도 사랑하는 어머니 라순경 여사님과 아버지 한정수 부지사님께서 저를 이 땅에 태어나게 해주심과 남다른 돌봄과 사랑으로 양육과 교육적 후원을 해주지 않았다면 출간되지 못했을 것입니다.

필자가 만난 매우 특별한 두 분의 목사님들, 그래서 나의 멘토요 오빠가 된 "이상근 박사님(옥포제일교회)과 이덕록 박사님(예일국제특허법률사무소), 자랑스러운 나의 제자들, 박우삼 박사(서울기독대), 오영희 박사(다사랑교회), 그리고 나의 든든한 아우 한현우 대표님(Modus Link)"의 실질적인 후원이 있었기에 이 책을 출간하게 되었습니다.

그리고 언제나 교수의 그림자처럼 섬겨주는 사랑하는 이종식 박사는 나에게는 여호수아 같은 인재입니다. 끝까지 교수를 지켜주고 도와준 이 목사에게 주님께서 부족하지 않은 인생을 허락하실 것으로 믿고 축복합니다.

나의 영적인 딸 이지나 박사, 그리고 막내 함영혜 전도사에게도 주님의 넘치는 축복이 있을 줄 믿습니다.

그동안 부족한 교수를 의지하고 따라와준 호서대학교 대학원과 연합신학전문대학원 기독교학과 석박사학위 과정 제자들과 기독교학부생 제자들, 동문들의 기도와 사랑으로 이 책이 세상에 나올 수 있게 되었음에 깊은 감사를 드립니다.

이름도 없이 소리도 없이, 나의 교수 인생에서 우연히라도 보이지 않게 한 목사를 위하여 축복해주고 기도해주셨던 대신교회 권사님들과 장로님

들께, 그리고 한기신협의 목사 동역자들에게도 감사의 말씀을 드립니다.

끝으로, 아무리 원고가 좋아도 출판사를 잘 만나야 책이 잘 만들어지는 것인데, 뉴요커 배건수 작가의 소개로 조이웍스 출판사를 만난 것은 큰 축복이었습니다. 책을 잘 낼 수 있도록 도움을 주신 조이웍스 임직원 여러분께 진심 어린 감사의 말을 전합니다.

2019년 7월

한미라

초연결 시대
기독교교육의 핵심 가치

초판 1쇄 발행 | 2019년 7월 22일

지은이 | 한미라
펴낸이 | 김영애
펴낸곳 | 조이웍스
등 록 | 제406-2010-000106호
주 소 | 경기도 파주시 광인사길 223
전 화 | (031)955-7580
전 송 | (031)955-0910
전자우편 | thaehaksa@naver.com
홈페이지 | www.thaehaksa.com

값은 뒤표지에 있습니다.

ISBN 979-11-85172-11-8 93230